Curso de
Direito Processual do Trabalho

Luciano Martinez
Jorge Cavalcanti Boucinhas Filho
Bruno Freire e Silva
Coordenadores

Curso de Direito Processual do Trabalho

Homenagem da Academia Brasileira de Direito do Trabalho
a Christovão Piragibe Tostes Malta e Wagner D. Giglio

EDITORA LTDA.
© Todos os direitos reservados

Rua Jaguaribe, 571
CEP 01224-003
São Paulo, SP – Brasil
Fone (11) 2167-1101
www.ltr.com.br
Junho, 2019

Produção Gráfica e Editoração Eletrônica: LINOTEC
Projeto de Capa: FABIO GIGLIO
Impressão: PSP Digital

Versão impressa: LTr 6209.4 — ISBN: 978-85-301-0005-6
Versão digital: LTr 9575.4 — ISBN: 978-85-301-0047-6

Dados Internacionais de Catalogação na Publicação (CIP)
(Câmara Brasileira do Livro, SP, Brasil)

Curso de direito processual do trabalho / Luciano Martinez, Jorge Cavalcanti Boucinhas Filho, Bruno Freire e Silva, coordenadores. – São Paulo : LTr, 2019.

Vários autores.
Bibliografia.
ISBN 978-85-301-0005-6

1. Direito processual do trabalho 2. Direito processual do trabalho – Brasil I. Martinez, Luciano; Boucinhas Filho, Jorge Cavalcanti; Silva, Bruno Freire e.

19-26035   CDU-347.9:331

Índices para catálogo sistemático:
1. Direito processual do trabalho   347.9:331
Cibele Maria Dias - Bibliotecária - CRB-8/9427

Sumário

Prefácio 7

1. Principiologia do Direito Processual do Trabalho 9
José Augusto Rodrigues Pinto

2. Organização da Justiça do Trabalho 28
Bruno Freire e Silva e João Renda Leal Fernandes

3. Acesso à Justiça e Jus Postulandi no Processo do Trabalho 38
Ricardo Pereira de Freitas Guimarães e Henrique Garbellini Carnio

4. Atos, Termos e Prazos Processuais 52
Sergio Pinto Martins

5. Competência da Justiça do Trabalho 54
Carolina Tupinambá e Fábio Rodrigues Gomes

6. Petição Inicial 83
Raimar Machado e Nairo Venício Wester Lamb

7. Respostas do Réu 99
André Jobim de Azevedo e Eugênio Hainzenreder

8. Audiência Trabalhista 121
Luciano Martinez e Raphael Miziara

9. Provas

9.1. Prova Pericial e Inspeção Judicial 161
Sebastião Geraldo de Oliveira e Murilo Rodrigues Coutinho

9.2. Da Prova Documental 185
Rodolfo Pamplona Filho e Tercio Roberto Peixoto Souza

9.3. Prova Testemunhal 195
Marcelo Rodrigues Prata

10. Sentença Trabalhista 211
Sérgio Torres Teixeira

11. A Fundamentação das Decisões Judiciais Trabalhistas 234
Luiz Eduardo Gunther

12. Teoria Geral dos Recursos Trabalhistas 254
Bruno Freire e Silva e Carolina Monteiro de Castro Silveira

13. Recurso Ordinário 273
Gilberto Stürmer

14. Recurso de Revista 279
Bruno Freire e Silva

15. Recurso Extraordinário.. 297
Georgenor de Sousa Franco Filho

16. Repercussão Geral nos Recursos Extraordinários em Matéria Trabalhista................ 304
José Alberto Couto Maciel

17. Embargos de Declaração 310
Nelson Mannrich

18. Agravo de Petição 326
Sandro Nahmias Melo e Túlio Macedo Rosa e Silva

19. Reclamação Constitucional 335
Cláudio Brandão

20. Uniformização de Jurisprudência.. 363
Flávia Moreira Guimarães Pessoa

21. A Liquidação de Sentença.. 367
Eduardo Henrique Raymundo von Adamovich, Ricardo José Leite de Sousa e Válter da Silva Pinto

22. Atos de Constrição e de Expropriação.. 384
Vicente José Malheiros da Fonseca e Lorena Sirotheau da Fonseca Lestra

23. Responsabilidade Patrimonial 404
Bento Herculano Duarte Neto e Higor Marcelino Sanches

24. Desconsideração da Personalidade Jurídica 419
Yone Frediani e Thereza Christina Nahas

25. A Defesa do Executado... 423
Jorge Cavalcanti Boucinhas Filho

26. Intervenção de Terceiros.. 429
Gustavo Filipe Barbosa Garcia

27. Sistema de Invalidação e Nulidades.. 435
Vitor Salino de Moura Eça

28. Ação Rescisória 440
José Claudio Monteiro de Brito Filho e Vanessa Rocha Ferreira

29. Métodos de Solução de Conflitos Individuais e Coletivos Extrajudiciais 450
Vólia Bomfim Cassar

30. Ação Civil Pública 463
Carlos Henrique Bezerra Leite

31. Execução Coletiva: Liquidação e Cumprimento da Sentença Coletiva...................... 475
Joselita Nepomuceno Borba

32. Ações Anulatórias.. 484
Tereza Aparecida Asta Gemignani

33. Custas 491
Jorge Cavalcanti Boucinhas Filho e Rafael Lara Martins

34. Honorários advocatícios 499
Estêvão Mallet e Flávio da Costa Higa

35. Reforma Trabalhista. Limites ao Ativismo Judicial 515
Luiz Carlos Amorim Robortella

Prefácio

Fundada em 10 de outubro de 1978, a Academia Brasileira de Direito do Trabalho (ABDT), sua atual denominação, celebra 40 anos de sua fundação.

Como entidade científica, plural e sem vinculação de qualquer natureza, a Academia se consolidou, ao longo dessas quatro décadas, como centro de irradiação do pensar profundo em Direito do Trabalho e Processo do Trabalho.

A ABDT prestou inúmeras contribuições científicas à comunidade jurídica. Seminários, colóquios, congressos nacionais e internacionais, vídeos desses conclaves, revistas, livros e dicionários de Direito do Trabalho e Processo do Trabalho instrumentalizaram sua atuação, a par da profícua atividade, no Brasil e no exterior, dos 100 (cem) acadêmicos que a integram e abrilhantam os mais reputados conclaves dessa área de conhecimento.

Este livro é mais uma contribuição da Academia Brasileira de Direito do Trabalho à reflexão e debate qualificado e profundo sobre o Direito Processual do Trabalho.

Estruturado sobre um plano de obra cuidadoso, completo e atualizadíssimo, este Curso de Direito Processual do Trabalho abarca desde os temas introdutórios da principiologia, da organização judiciária do trabalho e do acesso à justiça, até os temas específicos das fases de conhecimento, de recursos e de execução, sem esquecer do trato de procedimentos especiais e de questões polêmicas. As interações entre o regramento específico de processo do trabalho e o Código de Processo Civil de 2015 são enfrentadas.

E tudo por alguns dos mais respeitados doutrinadores de processo do trabalho do país, na atualidade, que participam desta obra e emprestam o seu talento com profundidade e visão didática sobre cada um dos eventos processuais.

Esta obra é uma contribuição da Academia Brasileira de Direito do Trabalho para todos os públicos, desde os alunos da graduação dos cursos de Direito, bem como os estudiosos em nível de pós-graduação e aqueles que se preparam para os concursos públicos. Por aliar com maestria a teoria e a prática, este livro é fonte privilegiada para os que operam com o Direito Processual do Trabalho no cotidiano da jurisdição trabalhista, entre os quais se destacam os advogados, magistrados, membros do Ministério Público, professores, auditores-fiscais do trabalho e, especialmente, os cidadãos interessados nos seus trâmites processuais.

A coordenação da obra esteve sob os cuidados do acadêmico Luciano Martinez, Diretor de Publicação da ABDT, acompanhado pelos também acadêmicos Jorge Boucinhas Filho e Bruno Freire e Silva. A eles coube a iniciativa de homenagear dois reputados nomes das letras processuais trabalhistas do país, Christovão Piragibe Tostes Malta e Wagner Drdla Giglio. A ideia foi abraçada pelo corpo acadêmico e se insere à altura dos festejos pelos 40 anos de fundação da Academia Brasileira de Direito do Trabalho.

Os expoentes homenageados despontaram para o Direito Processual do Trabalho numa época em que não muitos se aventuravam a tratar autonomamente do processo do trabalho em livros dedicados ao tema. Exerceram a advocacia, o magistério e ingressaram na magistratura do trabalho. Tostes Malta no Rio de Janeiro, sendo promovido ao Tribunal Regional do Trabalho da 1ª Região. Wagner Giglio em São Paulo, após ser promovido para o Tribunal Regional do Trabalho da 9ª Região, por desmembramento da 2ª Região. Foi convocado por longo período para atuar no Tribunal Superior do Trabalho. Jubilados, ambos regressaram às hostes da advocacia e às letras jurídicas. São membros fundadores da Academia Brasileira de Direito do Trabalho. Christovão na Cadeira n. 42 e Wagner na Cadeira n. 43. Cruzaram a linha dessa existência no ano de 2017.

Seus livros são obras de referência.

Christovão Piragibe Tostes Malta transmitia claras lições em estilo direto, incisivo, preocupado com a efetividade na aplicação do Direito, sem perda de substância teórica. "Prática de Processo Trabalhista" é o livro proeminente, com mais de 30 edições, sucessivamente revistas e ampliadas. Mas não menos importantes são "Introdução ao Processo do Trabalho", "A Prova no Processo do Trabalho", "Fontes e Pressupostos Processuais", "Ação Cautelar no Processo Trabalhista", "A Execução no Processo Trabalhista", "Você Conhece o Processo Trabalhista?", "Jurisprudência Trabalhista", "Prova de Sentença – Concurso para Juiz do Trabalho", "Curso Elementar de Processo Civil", "Dicionário Jurídico", "Comentário à CLT", "Teoria e Prática de Direito do Trabalho", "Direito do Trabalho Resumido", "Rudimentos de Direito do Trabalho", "Contrato Individual de Trabalho", "Alteração do Contrato de Trabalho", todos com renovadas edições. Registro singular para o livro "O Fundo de Garantia do Tempo e Serviço, Conforme a Opinião de Altamirando J. Casais", pseudônimo usado para comentar o recém-criado sistema do FGTS. Um sucesso de venda. Por ironia, quando pretendeu revelar sua autoria o editor não permitiu... Fato por ele relatado com seu característico fino humor[1].

Wagner Drdla Giglio, vigoroso conferencista, legou aos cultores do Direito obras notáveis, com abordagem detalhada e densa da variada temática processual. Aprofundou as bases teóricas desse ramo especializado. Seu mais reputado livro é "Direito Processual do Trabalho", um clássico com mais de 20 edições, ao lado dos não menos importantes "Processo do Trabalho na América Latina", "A Conciliação nos Dissídios Individuais do Trabalho", "Anteprojeto de Código Judiciário do Trabalho", em coautoria com José Luiz Vasconcelos, "Justa Causa: Teoria, Prática e Jurisprudência dos arts. 482 e 483 da CLT", "Direito do Trabalho para Estudantes", com Boris Grinberg, "Férias e Descansos Remunerados", "Natureza Jurídica da Indenização de Antiguidade", "O.I.T. e Convenções Internacionais do Trabalho Ratificadas pelo Brasil". É autor de mais de uma centena de artigos publicados em revistas especializadas. Presenteou a comunidade jurídica ao traduzir primorosamente o clássico "Princípios de Direito do Trabalho", de Americo Plá Rodríguez, bem como "Solução dos Conflitos Trabalhistas: Perspectiva Ibero-Americana" de Néstor de Buen Losano. Participou de inúmeras obras coletivas com seleto grupo de juslaboralistas da América Latina. Projetou-se além das fronteiras nacionais, atuando em prestigiosos congressos internacionais e em cursos de Direito Comparado do Trabalho, realizados sucessivamente em vários países.

Dois eminentes juristas, ícones do Direito Processual do Trabalho e do Direito do Trabalho. As lições por eles legadas saciam a sede de saber de gerações de cultores do Direito e fermentam debates jurídicos. Suas obras, fértil semeadura, atravessam o tempo como "livros de cabeceira" de advogados, magistrados, procuradores, professores e estudantes de Direito.

Christovão Piragibe Tostes Malta e Wagner Drdla Giglio são expoentes merecedores da reverência incomum que a Academia Brasileira de Direito do Trabalho lhes presta, ao homenageá-los com este Curso de Direito Processual do Trabalho. Porém, assim o faz na exata compreensão de que "a grandeza não consiste em receber honras, mas em merecê-las" (Aristóteles).

Rio de Janeiro, 05 de março de 2019.

João de Lima Teixeira Filho
Presidente da Academia Brasileira de Direito do Trabalho
www.andt.org.br

---

[1] GALLIAN, Dante Marcello Claramonte, in "Vida, Trabalho, Memória: A História da Academia Nacional de Direito do Trabalho nas Histórias de Vida de seus Fundadores e Presidentes", Lex Magister, 2012, p. 102. Disponível em: <http://www.andt.org.br/f/LivroANDT.pdf>.

1.
PRINCIPIOLOGIA DO DIREITO PROCESSUAL DO TRABALHO

José Augusto Rodrigues Pinto[1]

1. SIGNIFICADO COMUM E QUALIFICADO DE "PRINCÍPIO"

O primeiro cuidado no estudo dos princípios do direito é não esquecer que direito e idioma se interligam tão indissoluvelmente quanto ideia e palavra. Isso porque o direito é essencialmente ideia, quer dizer, representação mental de alguma coisa concreta ou abstrata, enquanto a palavra é a exteriorização articulada da ideia que a mente concebeu.

Essa associação lógica demonstra insofismavelmente que o Direito nunca se faria entender pela sociedade sem o idioma, que o liberta do cárcere subjetivo do pensamento humano. Nisso se reflete uma sensação doutrinária que definimos como de mal-estar ao enfrentar o tema:

> Um dos maiores entraves ao discorrer sobre os princípios de um fenômeno jurídico repousa em precisar-lhe o significado. Afinal, o que se deve entender com o vocábulo princípio?[2]

Para nós, princípio precisa ser entendido em dois sentidos muito claros e distintos, porém, intercomplementares.

Semanticamente, princípio é começo, "ideia fundamental ou fonte estrutural de todos os fatos do universo"[3], que incita na inteligência o esforço obsessivo de desvendá-lo e compreendê-lo como único meio de obter o completo descortino dos fenômenos naturais ou sociais a que, invariavelmente, dá causa. Por isso, nas páginas dos dicionários será esta, sempre, a acepção comum de princípio.

Entretanto, a singeleza da definição substantiva do princípio não basta quando o acompanha o qualificativo de jurídico. Neste caso, seus mistérios e dificuldades somente se revelarão aos olhos de quem tiver o domínio seguro do seu fundamento filosófico. Por isso, não se pode perder de vista que a força da ideia jurídica é capaz de subjugar circunstancialmente a simplicidade básica da palavra que irá expressá-la, restringindo ou distendendo a acepção comum, para diferenciá-lo de acordo com o que pretende exteriorizar.

É assim que ocorre com o direito: logo que se obtiver o domínio dos seus fundamentos filosóficos, desaparecerão automaticamente todos os sortilégios e percalços que obstariam seu completo domínio intelectivo. Esta é a razão pela qual nos dicionários se achará sempre o significado básico do princípio; nunca, entretanto, a força da ideia jurídica apta a ampliar circunstancialmente a singeleza do seu sentido original até o ponto do que pretende expressar.

Desse modo, se for para entendê-lo adstrito à noção pura do substantivo, "princípio é o momento em que algo tem origem, começo, início"[4]. Nada mais do que isso. Porém, se tivermos que usá-lo com a noção cientificamente qualificada do direito, chegaremos à intelecção imensamente mais larga e profunda de que "princípio é lei, doutrina ou acepção fundamental em que outras são baseadas ou derivadas"[5], ou "proposição que se coloca, na base da ciência, informando-a"[6].

---

(1) Da Academia Brasileira de Direito do Trabalho.
(2) MARQUESI, Roberto Wagner. *Os princípios do contrato na nova ordem civil*. Disponível em: <https://.jus.com.br/artigos/5996>. Acesso em: 15 out. 2018.
(3) RODRIGUES PINTO, José Augusto. *Processo Trabalhista de Conhecimento*. 7. ed. São Paulo: LTr, 2007. p. 51.
(4) DICMAX MICHAELLIS (Português). ed. Eletrônica. São Paulo: Melhoramentos. Verbete *Princípio*.
(5) *Idem, ibidem*.
(6) CRETELLA JÚNIOR, José, *apud* NASCIMENTO, Amauri Mascaro. *Compêndio de Direito do Trabalho*. São Paulo: LTr, 1978 p. 208.

O Direito, que é ciência, trabalha com a mesma extensão de significado do vocábulo princípio, conforme o interesse da ideia que quer difundir, desde a visão unitária do seu todo ontológico até a perspectiva específica de cada um dos seus ramos. Quando, na sua pluralidade, abarcam todo o direito, os princípios "significam os *pontos básicos* de partida ou de elementos vitais do próprio direito"[7] (grifos do original). Quando sob a perspectiva do ramo específico, do Direito Processual, compartimentado no direito público, eles passam a significar "preceitos fundamentais que dão forma e caráter aos sistemas processuais"[8]. Ao estreitar-se ainda mais o campo da perspectiva, cingindo-a ao Direito Processual do Trabalho, eles se mostram como preceitos que dão forma e caráter ao sistema processual trabalhista posto que "cada sistema processual se calca em alguns princípios que se estendem a todos os ordenamentos e em outros que lhe são próprios e peculiares"[9].

É importante notar que, independentemente da visão do observador, os princípios são muito mais do que simples origem ou começo: eles são, na verdade, os alicerces do Direito, comparáveis às sólidas fundações dos grandes edifícios a cuja falta desabariam as portentosas estruturas visíveis. Por estarem situados no subsolo da complexa estrutura jurídica, como ocorre com todo alicerce, não é estranho que sua essencialidade seja despercebida por juristas de menor acuidade. Daí também sua lembrança só acudir às suas preocupações quando a inconsistência da norma ou a insegurança da doutrina lhes traz a vertiginosa sensação de insustentabilidade de suas teses.

O bom estudioso do Direito precisa estar atento a estas observações fundamentais para principiar a entender o princípio – com o perdão do trocadilho. E não é por outra razão que seu estudo costuma ocupar os primeiros capítulos das obras didáticas e merece a minudente sistematização que lhe reservamos aqui, a começar pela resposta a uma intrigante indagação: se o princípio é o alicerce do Direito, de que argamassa provém uma vez que, sendo origem, consoante o sentido comum do substantivo, nada deveria existir antes dele?

2. DISTINÇÃO ENTRE PRINCÍPIOS E REGRAS

No seu tempo em que Rui Barbosa lamentava "a pouca importância que dão, em geral, os nossos publicistas às questões de princípios", embora considerando que "os princípios são tudo", pois "os interesses materiais da nação movem-se derredor deles ou, por melhor dizermos, dentro deles", daí não ser particularmente relevante diferençá-los da norma ou regra, à falta de imbricação entre suas funções. Isso mudou à medida que essa característica se exibiu no compartilhamento da força normativa por ambas as figuras, cada qual a seu modo, atualmente reconhecida sem contestações. A mudança tornou importante que a distinção se faça, didaticamente, entre princípio e regra de direito.

Está-se longe de um consenso doutrinário sobre qual o mais seguro critério para consegui-lo. À nossa compreensão, é suficientemente elucidativa a síntese conceitual de Amaral Junior sobre suas diferenças, *in verbis*:

> Princípios são pautas genéricas, não aplicáveis à maneira de 'tudo ou nada', que estabelecem verdadeiros programas de ação para o legislador e para o intérprete. Já as regras são prescrições específicas que estabelecem pressupostos e consequências determinadas. A regra é formulada para ser aplicada a uma situação especificada, o que significa, em outras palavras, que ela é elaborada para um determinado número de atos ou fatos. O princípio é mais geral que a regra porque comporta uma série indeterminada de aplicações. Os princípios permitem avaliações flexíveis, não necessariamente excludentes, enquanto as regras, embora admitindo exceções, quando contraditadas, provocam a exclusão do dispositivo colidente.[10]

Essas ponderações permitiram a Marcio Yukio Tamada as seguintes deduções lógicas, quando se debruçou sobre elas:

> O ordenamento jurídico é composto por previsões distintas, que ora qualificam valores, ora qualificam condutas.
>
> Os conceitos, entretanto, não possuem fronteiras rígidas ou estanques, considerando que o objeto do Direito é único e indivisível.
>
> Assim, toda regra deve contemplar um princípio. E todo princípio deve ter ínsito um certo grau de

---

(7) DE PLÁCIDO E SILVA, *Vocabulário Jurídico*. 15. ed. Rio de Janeiro: Forense, p. 639.
(8) CINTRA, Antonio Carlos de Araújo; DINAMARCO, Cândido; GRINOVER, Ada Pellegrini. São Paulo: RT, 1974. p. 51.
(9) Auts. e ob. e loc. cits.
(10) AMARAL JUNIOR, Alberto do. A boa-fé e o controle das cláusulas abusivas nas relações de consumo, *apud* BENJAMIN, Antônio Herman. In: *Revista de Direito do Consumidor*, v. 6, São Paulo: RT, 1993.

regramento e força normativa, conforme à evolução histórica considerada.[11] (grifos nossos)

Por outra ótica, muito próxima, porém, diversa, merece ser refletida a fundamentação de Luiz Flávio Gomes ao mesmo propósito:

> O Direito se expressa por meio de normas. As normas se exprimem por meio de regras e princípios. As regras disciplinam uma determinada situação; quando ocorre essa situação, a norma tem incidência; quando não ocorre, não tem incidência. Para as regras vale a lógica do tudo ou nada (Dworking). Quando duas regras colidem, fala-se em 'conflito': ao caso concreto uma só será aplicável (uma afasta a aplicação da outra). O conflito entre regras pode ser resolvido pelos meios clássicos de interpretação: a lei especial derroga a lei geral, a lei posterior afasta a anterior etc. Princípios são as diretrizes gerais de um ordenamento jurídico (ou de parte dele). Seu espectro de incidência é muito mais amplo que o das regras. Entre eles pode haver 'colisão', não conflito. Quando colidem, não se excluem. Como 'mandados de otimização', que são (Alexy) sempre podem ter incidência em casos concretos (às vezes concomitantemente dois ou mais deles).[12]

Uma boa visão panorâmica da diversidade de sistematizações a respeito das diferenças entre princípios e regras por autores que se ocupam da matéria encontra-se num cuidadoso trabalho de pesquisa que aborda tal diversidade[13]. Vale a pena a transcrição abreviada de sua análise:

> José Gomes Canotilho preocupa-se com a necessidade dogmática de uma classificação tipológica da estrutura normativa. Dispõe que, embora a metodologia tradicional distinguisse entre normas e princípios, o mais correto é considerar princípios e regras como espécies de normas e distinguir as referidas espécies.
>
> ....
>
> Segundo De Plácido e Silva é importante o caráter de fundamentalidade, que faz os princípios se exprimirem com um sentido mais relevante do que a própria norma jurídica, constituindo-se na principal razão de ser das coisas jurídicas, perfeitos axiomas.
>
> ....
>
> Outros doutrinadores, como Nelson Rosenvald, elencam o grau de abstração, bem como a posição hierárquica, como fatores de distinção de tais normas.
>
> ....
>
> Para Humberto Ávila, enquanto as regras são normas imediatamente descritivas, na medida em que estabelecem obrigações, permissões e proibições, mediante a descrição da conduta a ser adotada, os princípios são normas imediatamente finalísticas, já que estabelecem um estado de coisas para cuja realização é necessária a adoção de determinados comportamentos (normas-do-que-fazer). Os princípios são normas cuja finalidade frontal é, justamente, a determinação de um fim juridicamente relevante (normas-do-que-deve-ser), ao passo que a característica dianteira das regras é a previsão do comportamento.
>
> ....
>
> Segundo Walter Claudius Rothenburg, este critério de distinção (**a proximidade da ideia de direito**) consideraria a proximidade dos princípios em relação à ideia básica de direto que orienta a ordem jurídica.
>
> ....
>
> Completa Canotilho que os princípios seriam verdadeiros *standards*, ao passo que as regras seriam normas vinculantes com caráter de conteúdo meramente funcional.
>
> ....
>
> Os princípios, enfim, se caracterizam como fundamentos das regras, desempenhando uma função normogenética fundante.

Como se vê, nenhuma dessas explicações seria capaz, só por si, de saciar plenamente a ânsia de certeza do pesquisador. Juntas, no entanto, cada qual trazendo sua pitada de lógica, compõem uma espécie de coquetel de aceitável sabor para o convencimento de que

---

(11) TAMADA, Marcio Yukio. *Princípios e regras.* Disponível em: <www.ambito-juridico.com.br>. Acesso em: 20 maio 2018.

(12) GOMES, Luiz Flávio. Normas, Regras e Princípios: Conceitos e Distinções, *Jus Navigandi*, Teresina, ano 9, n. 851, nov. 2005. Disponível em:<http//jus.com.br/revista/texto/7257//>.

(13) PRETEL E PRETEL, Mariana. *Princípios constitucionais:* conceitos, distinções e aplicabilidade. Disponível em: <www.conteudojuridico/artigo.com.br>. Acesso em: 20 maio 2018.

diferenças existem e são importantes para harmonizar a convivência inevitável das duas figuras jurídicas. Daí a razão de as havermos transcrito tão compactamente quanto possível para a dimensão do capítulo que está sendo escrito.

3. FONTES DOS PRINCÍPIOS JURÍDICOS

As fontes dos princípios do Direito são, por natureza, extrajurídicas e abstratas. Substanciam-se na condensação de uma espécie de imaginário da perfeição, por meio do qual o homem procura se convencer de sua qualidade de ser superior e iluminado de toda a criação. Assim, as grandes abstrações da perfeição humana (a liberdade e a dignidade, a fraternidade e a igualdade, a honra e a lealdade, a equidade e a paz), reunidas na abstração máxima da Justiça, estabelecem os preceitos básicos de regência das interrelações sociais dos interesses individuais do homem. Que sensação diferente disso é capaz de transmitir, por exemplo, o princípio da razoabilidade, firmando o império da razão sobre o direito? Ou o princípio da boa-fé nos contratos, especificando em um dos seus ramos o que Plá Rodriguez reputa ser "algo que devemos admitir como premissa de todo ordenamento jurídico"[14]? Ou, no próprio Direito do Trabalho, o princípio da proteção e no Direito Penal o do *in dubio pro reu*, eloquentes projeções jurídicas do respeito à abstração da dignidade humana? Ou, finalmente, no Direito Processual do Trabalho, o princípio da conciliabilidade, penhor concreto de realização do compromisso com a paz social? Para que abstração final, senão a da justiça, convergem todos eles?

Cremos não remanescer nenhuma dúvida de que em todos os princípios jurídicos está presente a ideia do Direito e que, sem ele, por sua vez, as abstrações que alimentam os princípios encontrariam intransponíveis barreiras à sua própria condensação. Por isso, para bem entender, no seu conjunto, os princípios do Direito, é fundamental identificar suas fontes extrajurídicas e abstratas; mais do que isso, pela associação lógica entre a natureza dessas fontes e sua conversão em preceitos estruturais, chegar à irreversível convicção da transcendência da matéria ora versada, não somente para disciplinar as relações concretas de interesse, mas, muito acima disso, para modelar o homem pelos parâmetros abstratos que sua inteligência é capaz de criar e sua miserável condição terrena tem sido incapaz de alcançar.

4. PRINCÍPIOS COMO FONTE DO DIREITO

Pelo que acabamos de ver, soa absolutamente correto dizer que as fontes dos princípios jurídicos estão fora do Direito. Quando estes, uma vez estabelecidos, serão fontes do Direito?

A opinião dos doutos não revela unanimidade na resposta. De Plácido e Silva, por exemplo, quando procurou identificá-las, mencionou fontes do Direito como sendo "texto sem que ele se funda, ou elementos subsidiários que possam formular e esclarecer" e fontes originárias do Direito como sendo "aquelas que introduzem o Direito sem circulação anterior, a exemplo da revolução, da formação de um novo país e até mesmo do poder constituinte originário"[15]. Em nenhuma das tentativas, aparecem os princípios, direcionando-se as definições para o aspecto positivo ou normativo do Direito.

Todavia, diante de uma paisagem mais aberta da ciência jurídica, o mesmo autor elaborou um conceito de fontes de produção do Direito, nelas incluindo "o poder constituinte, a função legislativa, a doutrina e a jurisprudência", em contraposição a fontes do conhecimento, que seriam os textos legislativos, o costume e os princípios gerais do Direito. Nota-se aí, então, a presença dos princípios como um contraponto do conhecimento jurídico à formação do Direito.

No nosso modesto entender, dentro de absoluto rigor lógico de raciocínio, é irrecusável incorporar os princípios à noção de fonte do Direito e seus diversos ramos. Primeiramente, pela identidade semântica entre fonte e princípio: sendo ambos o início ou a origem dos fatos da vida, não podem ser dissociados da criação do Direito. Em segundo, por ser impossível arrolar a doutrina entre essas fontes, sem trazer com ela os princípios que constituem a base de sua formação. Por último, por se lembrar a ilegitimidade de qualquer doutrina ou norma afrontosa ao alicerce principiológico.

Essa última evidência já levou à observação de que "não conseguimos afastar da ideia da fonte auxiliar do Direito material do Trabalho seus princípios peculiares, naturalmente identificados com suas fontes materiais, em face da marcante participação como substrato ou alicerce das fontes formais diretas. Segundo esplêndida advertência de Plá Rodriguez, 'um princípio é algo mais geral do que uma norma porque serve para inspirá-la, para entendê-la e para supri-la'"[16]. (grifos do original)

---

(14) PLÁ RODRIGUEZ, Américo. *Curso de Direito do Trabalho*. São Paulo: LTr, 1978. p. 262.
(15) DE PLÁCIDO E SILVA. Ob. e loc. cits.
(16) RODRIGUES PINTO, José Augusto. *Tratado de Direito Material do Trabalho*. São Paulo: LTr, 2007. p. 101.

Por toda a análise desta epígrafe, sentimo-nos à vontade para não somente inscrever os princípios no rol das fontes do Direito, em sua universalidade científica ou na especificidade de seus ramos, como para considerá-lo a fonte mais pura, pela força subjacente que empresta ao fenômeno de sua criação.

5. FUNÇÕES DOS PRINCÍPIOS DO DIREITO

Até um passado razoavelmente próximo, não era habitual dar-se ao estudo dos princípios a profundidade merecida por sua hoje reconhecida eficácia normativa na aplicação do direito, assim explicada na doutrina moderna:

> Por *eficácia positiva dos princípios*, entende-se a inspiração, a luz hermenêutica e normativa lançadas no ato de aplicar o Direito, que conduz a determinadas soluções em cada caso, segundo a finalidade perseguida pelos princípios incindíveis no mesmo; por *eficácia negativa dos princípios*, entende-se que decisões, regras, ou mesmo subprincípios que se contraponham aos princípios serão inválidos por contraste normativo.[17]

Essa desatenção doutrinária obteve de Vicente Ráo a cáustica observação de que: "a ignorância dos princípios, quando não induz a erro, leva à criação de *rábulas* em lugar de juristas"[18]. (grifos do original)

Hoje, corrigida pelo cuidado com que a matéria é tratada, vale a observação consequente de que: "não basta, porém, ao operador do direito conhecer os princípios; fundamental, outrossim, é saber para que eles servem, ou seja, insta saber qual a função dos princípios para que se apliquem corretamente"[19]. (grifos nossos)

Tomamos como ponto de partida a feliz expressão da Canotilho ao dizer que os princípios são multifuncionais. Isso é confirmado pela variedade de funções sugerida de autor para autor, os quais, em alguns casos, se diferenciam mais pela preferência terminológica das denominações do que pela distinção de conteúdo. Mas, para o propósito didático desta obra, é impossível evitar passá-las em revista cingidas por um método que procure atender, ao mesmo tempo, as metas de abrangência e concisão requestadas pela matéria, tal como expusemos em obra anterior:

Firmada uma noção sobre *princípios*, realça-se, imediatamente, sua função dentro do Direito Processual, que é objeto de nossa cogitação.

Conforme Plá Rodriguez, essa função se abre em três direções, tornando-se:

Informadora por dotar o legislador de subsídios para constituir o ordenamento jurídico;

a) Normativa por se prestar à integração do direito nas lacunas do seu ordenamento;

b) Interpretativa por ensejar critérios de orientação sobre o significado e o alcance precisos da norma jurídica.

Na opinião de Perez Botija existem no Direito *princípios* voltados para uma função *político-jurídica* e outros limitados a uma *função puramente jurídica*. A distinção adviria do conteúdo mais programático ou mais normativo de que se revistam. De toda forma, no pensar do jurista ibérico, os *princípios* dão um lastro essencial à firmeza de qualquer sistema jurídico e são responsáveis por sua vitalidade, pouco importa sejam notados de modo mais discreto ou ostensivo.[20] (grifos do original)

Apenas para ilustrar a afirmativa inicial de que o elenco de funções é bem menos farto do que sugere a vã filosofia das variantes denominativas, cremos ser bastante comparar, por exemplo, o significado das três funções nucleares condensadas na sistematização de Plá Rodriguez com as seis desdobradas na sistematização de Trabucci e Bobbio (fundamentadora, interpretativa, integrativa, supletiva, diretiva e limitativa)[21]. Concluir-se-á, fatalmente, pela identidade de conteúdo explicativo na diversidade dos títulos assumidos.

6. CONSTITUCIONALIZAÇÃO DOS PRINCÍPIOS DO DIREITO

À medida que se aprofundou a atenção dos juristas para a importância dos princípios do direito, acentuou-se o fenômeno de sua aproximação e inserção nas constituições ao redor do mundo. O fenômeno se explica pelo fato de caber aos princípios a responsabilidade pela estruturação e norteamento do moderno Estado de direito e caber aos textos constitucionais a

---

(17) ESPÍNDOLA, Ruy Samuel. *Conceito de Princípios Constitucionais*. São Paulo: RT, n. 67, 1999.
(18) RÁO, Vicente. *O Direito e a vida dos Direitos*. 5. ed. São Paulo: RT, 1999. p. 48.
(19) LIMA, Jorge Marmelstein. As funções dos Direitos Constitucionais. *Revista Jus Navigandi*, Teresina, ano 7, n. 54, fev. 2002.
(20) RODRIGUES PINTO, José Augusto. *Processo Trabalhista de Conhecimento*. 7. ed. São Paulo: LTr, 1997, p. 54.
(21) *Apud* BONAVIDES, Paulo. *Curso de Direito Constitucional*. 7. ed. São Paulo: Malheiros, 1998. p. 254.

responsabilidade de definir e fundamentar as bases dessa estrutura.

Deu-se, assim, o passo decisivo para o surgimento dos principios básicos constitucionais, a serem compreendidos como preceitos fundamentais de conduta do indivíduo diante da nacionalidade, complementados com as exigências essenciais de comportamento diante de situações determinadas, que formam a base do Direito no seu todo ou nas suas ramificações.

Por sua índole e direcionamento, tais princípios costumam ser grupados sob as classificações de político-constitucionais e jurídico-constitucionais, que consideraremos nessa ordem de precedência absoluta, como se infere de seus conceitos.

Os primeiros são aqueles que fixam as opções políticas fundamentais para a organização do Estado. Entre nós, estão taxativamente distribuídos, sob o expressivo título de princípios fundamentais, entre os arts. 1º e 4º da Constituição de 1988.

Os segundos são os preceitos gerais estruturantes da ordem jurídica do Estado organizado, como os princípios da legalidade e o do juiz natural, só para exemplificar.

A interação do Direito Constitucional, por sua condição de "direito-síntese", como apropriadamente foi cognominado[22], ocorre com todos ramos jurídicos infraconstitucionais.

No particular do Direito Processual, tal interação tem o aspecto de um trânsito em mão dupla, isto é, uma parte dos princípios que lhe dizem respeito, por sua maior densidade, têm sua fonte no próprio Direito Constitucional e migram para o Direito Processual com o típico perfil de princípios gerais ou peculiares dos sistemas processuais, onde completam seu papel de dar-lhes "forma e caráter" definitivos; enquanto isso, outros, inversamente, nascem no interior do próprio Direito Processual, de onde migram, numa espécie de *up grade* hierárquico, para o texto constitucional, nele ganhando o tratamento devido aos direitos constitucionais de processo, e passando a conviver com outros geneticamente constitucionais.

A Constituição brasileira de 1988, com seu volumoso elenco de garantias fundamentais e de enunciados jurídicos de natureza tipicamente principiológica, oferece numerosos exemplos da interação e do trânsito em mão dupla que referimos, como é o caso do contraditório, da duração do processo e da legalidade, entre outros.

7. SISTEMATIZAÇÃO DA MATÉRIA NO DIREITO PROCESSUAL DO TRABALHO

O enunciado desta epígrafe recomenda adiantar que não existe distinção essencial de conceitos entre processo e direito processual. Este último expressa o revestimento teórico do processo, a partir precisamente da formação dos princípios que sustentam sua normatização e aplicação. Processo, portanto, é a visão interior que se tem Direito Processual. Nas palavras de Coqueijo Costa, "o direito é norma e o processo é fato"[23], ou seja, trata-se de duas manifestações de um só fenômeno, amalgamadas para transmitir a unidade da ideia que representam.

Advirta-se, por outro lado, para a divisão clássica do Direito em material e processual, de aceitação até hoje tranquila, sem embargo do desprezo com que é tratada pela teoria unitária do ordenamento jurídico.

Por essa divisão, o Direito material engloba as normas de disciplina das relações jurídicas relativas aos bens e utilidades da vida, enquanto o Direito processual abarca as regras de disciplina da relação e atuação dos sujeitos nas ações em que buscam solução para os seus dissídios. Desse modo, como apropriadamente concluiu o precitado Coqueijo Costa:

> ... o direito processual é, assim, por sua própria natureza e finalidade, um *instrumento* a serviço do direito material: todos os seus institutos básicos (jurisdição, ação, exceção, processo) são concebidos e justificam-se como instrumento de realização do *fim* do direito processual, assegurando-lhe a função complementar em relação ao direito material.[24] (grifos do original)

A complementariedade funcional do processo diante do direito material conduz a concluir pela unidade ontológica do Direito Processual. Assim, não há processos, porquanto o Direito Processual guarda num corpo único os preceitos fundamentais que dinamizam sua função dentro do Direito. Mas, sendo ele um sistema de solução de conflitos, além de, por esse mister, constituir-se em um braço específico do Direito material (no caso, o Direito do Trabalho), cumpre-lhe, ao

---

(22) Cf. CHAVES JÚNIOR, Edgard de Brito. *Instituições de Direito Público e Privado*. Rio de Janeiro: Forense, 1988. p. 142.
(23) COQUEIJO COSTA, Carlos. *Direito Processual do Trabalho*. Rio de Janeiro: Forense, 1986. p. 2.
(24) Aut. e ob. e loc. cits.

mesmo tempo, conservar as linhas sistêmicas gerais do sistema processual e adaptar-se, por meio de linhas subsistêmicas próprias ao atendimento de peculiaridades do ramo de direito material a que dá complemento.

Lembre-se, ainda, do efeito do fenômeno produzido pela constitucionalização dos princípios do Direito, de um lado, para criar no texto das constituições princípios atinentes aos ramos jurídicos infraconstitucionais, e remetê-los aos seus diferentes destinos e, de outro, para promover o *up grade* para o seu texto de princípios já anteriormente firmados em qualquer das ramificações processuais.

A nosso ver, a principal dificuldade em definir uma sistematização unívoca desta matéria reside na grande variação de critérios entre os seus mais abalizados teóricos. Atribuímos isso à divergência de noções do que seja cada uma das partes componentes do conjunto.

Não será temerário afirmar que inexistem dois critérios coincidentes, neste particular. Devido ao enorme impulso inovador da emancipação, incialmente titubeante e incompleta, do Direito Processual do Trabalho, nos anos 1930, o senso de universalidade da natureza genuína dos princípios levou a englobar princípios gerais e princípios peculiares, numa só noção, e a confundi-los ambos com a noção de técnicas de procedimento. Do mesmo modo, soi confundir-se os princípios peculiares com simples peculiaridades legislativas. Em todos esses casos, a nosso ver, misturam-se conceitos inequivocamente distintos, como convém logo esclarecer.

São princípios gerais aqueles preceitos fundamentais abrangentes do todo do ordenamento jurídico ou do todo de um dos ramos em que se desdobra.

São princípios peculiares aqueles abrangentes de um segmento específico de determinado ramo do ordenamento jurídico. Aplicado ao Direito Processual, esse conceito revela que, constituindo o Processo um sistema de complementação do direito material comum (Processo Comum), peculiariza-se em subsistemas especiais que complemetem com plena eficácia a atuação específica do Direito do Trabalho. Com eles, não se devem confundir possíveis idiossincrasias legais, inicialmente abundantes na nossa CLT, por seu pioneirismo, mas desprezíveis por falta de profundidade dos preceitos.

São técnicas de procedimento as regras atinentes ao modo de desenvolvimento do processo, por isso mesmo desprovidas do viés axiomático do princípio. O mais seguro sinal para distingui-los entre si é o de que as regras tipificam sempre situações alternativas, ao passo que os princípios, por sua intransigência axiomática, jamais admitirão isso, a despeito de poderem ser excepcionados.

Neste aspecto em exame, há uma observação de Cintra, Pellegrini e Dinamarco que vale realçar:

> A doutrina distingue os *princípios gerais* do direito processual daquelas normas ideais que representam uma aspiração de melhoria do aparelhamento processual; por esse ângulo, quatro regras foram apontadas sob o nome de "princípios informativos" do processo: *a)* o *princípio lógico* (seleção dos meios mais eficazes e rápidos de procurar e descobrir a verdade e de evitar o erro; *b)* o *princípio jurídico* (igualdade no processo e justiça na decisão); *c)* o *princípio político* (o máximo de garantia social com o mínimo de sacrifício individual da liberdade; *d)* o *princípio econômico* (processo acessível a todos, com vistas ao seu custo e à sua duração.[25]

As observações de fundo são perfeitas e as subscrevemos. Mas dissentimos, com toda vênia, da denominação contraditória. Nossa preferência, então, é por entender essas regras como arautos da principiologia que as sucederá.

Tais colocações servem de prólogo à compreensão da seguinte classificação sistemática, concorde-se, ou não, com ela.

7.1. Dos princípios constitucionais do processo

Todos eles são princípios gerais do processo, instalados na Constituição de 1988, quer originariamente, quer por migração do direito infraconstitucional anterior, refletindo a face da uma "nova hermenêutica", o modo mais seguro de fazê-los instrumento da efetividade processual, transparente na norma de aplicação imediata do art. 5º, § 1º, da referida Carta.

Acentua a doutrina:

> Essa nova hermenêutica tem por objetivo precípuo a adequação da normatividade jurídica aos anseios da sociedade por um sistema processual que assegure de fato os direitos e garantias descritos na Constituição. Por meio de um

---

(25) CINTRA, Antonio Carlos de Araújo; GRINOVER, Ada Pellegrini; DINAMARCO, Cândido. *Teoria Geral...*, cit.

processo mais eficaz é possível a promoção da justiça, o respeito às instituições e ainda a promoção do bem-estar social por meio da justiça, ensejando oportunidades iguais e um processo justo e célere.⁽²⁶⁾

São eles, sucintamente analisados:

a) *Princípio da Celeridade Processual*

É colocado no primeiro plano, por ter sido o *leitmotiv* da emancipação do Direito Processual do Trabalho, como o princípio da proteção o foi para a emancipação do Direito do Trabalho.

De fato, iniciando sua formação peculiar ainda no tempo em que o formalismo era o traço obrigatório do processo, com ampla predominância sobre o resultado, as normas que emergiram do sistema ideado para a solução dos dissídios do trabalho tiveram em vista a necessidade de solucioná-los com rapidez e economia (de tempo e pecúnia) compatíveis com a insuficiência das retribuições remuneratórias para o sustento pessoal e familiar do empregado e com a carga social negativa dos conflitos entre o capital e o trabalho.

Nesse terreno, germinou o que pode ser considerado, na sua origem, o preceito-chave do Processo do Trabalho, por longo tempo tratado como princípio da celeridade e economia, como expressão de um princípio e não de princípios distintos, porque

> nos impomos o raciocínio de ser a economia (aqui concebida em relação aos atos processuais) integrada à celeridade, como um dos elementos de sua essência.⁽²⁷⁾

De início, a rebelião contra o primado do formalismo dos atos processuais sobre o fim a que deveriam atingir chegou a ser desprezada como iconoclastia pelos processualistas clássicos, em face das estonteantes (para a época) inovações, quer na cognição geradora da prestação jurisdicional, quer na execução, responsável por sua entrega ao vencedor da lide, hoje unificadas pela doutrina e pela norma jurídica no chamado "processo sincrético" do NCPC.

Esse ímpeto inovador, que chegou à CLT de 1943 e continuou, com seguidas complementações, até a Lei n. 5.584/70, justificou classificá-los como peculiaridades do sistema processual trabalhista, por extensão dos princípios gerais do processo. Lembrem-se, a título de exemplos mais expressivos, do exercício do *jus postulandi* pelas partes leigas, a simplificação de rito da prova técnica, a oralidade e concentração de atos da audiência trabalhista, a tentativa obrigatória de conciliação pelo juízo, a instauração *ex officio* da execução da sentença, e por aí vai.

A modernidade, porém, sobretudo pelo vigor irresistível da *Revolução Tecnológica*, deu razão aos iconoclastas, tanto que a varredura atualizadora empreendida pelo legislador processual comum no CPC/73, a partir da Lei n. 8.455/92, culminada com sua reforma pelo NCPC de 2015, absorveu sistematicamente as outrora chocantes extravagâncias do legislador processual trabalhista, às vezes até as ultrapassando, a ponto dar ao propósito do princípio a ênfase qualificativa da efetividade, que vai muito mais além do sentido da celeridade, como atualmente se considera.

Graças ao crucial realce que foi ganhando, pelo tempo afora, a ideia de rapidez passou de peculiaridade nascida no berço do legislativo trabalhista a princípio geral nutrido no farto seio da Teoria Geral do Processo e foi trazida, por fim, à culminância de princípio constitucional pela EC n. 45/2000 com o acréscimo ao art. 5º da Constituição de 1988 do inciso LXXVIII, deste preceito fundamental: "a todos, no âmbito judicial e administrativo, são assegurados a razoável duração do processo e a celeridade de sua tramitação" (grifos nossos).

b) *Princípio do Juiz e do Promotor Natural*

Seu preceito é que nenhum litígio poderá ser levado a julgamento sem prévia existência legal de um órgão de jurisdição com competência, também previamente estabelecida, para julgá-lo. Em contraposição, é inaceitável criar juízos de exceção ou de ocasião, sempre de inspiração política autoritária, para exercerem o poder jurisdicional do Estado.

O promotor natural é, literalmente, a extensão desse preceito aos órgãos oficiais de acusação. Vemo-lo inserido nos arts. 5º, LIII, e 129, I, da Constituição em vigor. O primeiro desses dispositivos taxativamente dispõe que "ninguém será processado nem sentenciado senão por autoridade competente". O outro o complementa com vistas à função institucional do Ministério Público: "promover, privativamente, a ação penal pública, na forma da lei" (grifos nossos).

---

(26) CAJÁ, Glaston Almeida. *Princípios constitucionais e sua aplicação no direito processual*. Disponível em: <www.conteudo.com.br/artigo>. Acesso em: 25 maio 2018.

(27) RODRIGUES PINTO, José Augusto. *Processo Trabalhista de Conhecimento...*, cit., p. 72.

c) *Princípio da Inafastabilidade da Jurisdição*

Preceitua que "a lei não excluirá da apreciação do Poder Judiciário lesão ou ameaça a direito" (CF, art. 5º, XXXV).

O preceito proscreve qualquer prática destinada a impedir o exercício do direito de ação ou a impedir o direito de defesa na ação proposta. A propósito, a Constituição de 1988 baniu do nosso ordenamento jurídico a figura da jurisdição condicionada, caracterizada na legislação infraconstitucional anterior pela exigência de esgotamento da via administrativa para a propositura de determinadas ações, naquilo de se alcunhou de "instância administrativa de cunho forçado"[28].

No particular, resulta de infeliz impropriedade do legislador constituinte a qualidade que emprestou, nos §§ 1º e 2º do art. 217 de sua Carta, à "justiça desportiva", absolutamente incabível a órgãos de natureza privada, impossíveis de se enquadrar no conceito de justiça especializada.

d) *Princípio do Devido Processo Legal*

Em obra anterior, assim resumimos sua essência:

> ninguém será privado da liberdade ou do patrimônio sem ser submetido a processo previamente determinado para isso.[29]

Ele se acha explicitado no art. 5º, LIV, da Constituição de 1988, sendo clara sua origem anglo-saxônica na Magna Carta de 2015 com a formulação original de *"due process of law"*. Observamos também, na mesma obra referida, sua "perfeita interseção com o princípio do juízo natural, pois cria o amálgama entre o árbitro e o instrumento da arbitragem, cimentando uma garantia sólida em favor de quem invoca a atividade do primeiro para aplicação do segundo"[30].

A fim de realçar sua absoluta relevância no quadro que estamos compondo, basta citar este lembrete:

> A título de informação, registre-se que as mais célebres doutrinas processualísticas brasileiras frequentemente destacam que a publicidade dos atos processuais, a vedação da prova ilícita, o juiz natural, o contraditório e a ampla defesa encontram-se entre muitos outros princípios na condição de manifestações do devido processo legal.[31]

e) *Princípio da Isonomia*

A amplitude do princípio da isonomia se revela em sua própria enunciação, abrindo o art. 5º da Constituição para ser cortejado, de modo mais ou menos ostensivamente indireto, pelos setenta e sete incisos que o complementam.

Diz o *caput* da norma: "Todos são iguais perante a lei, sem distinção de qualquer natureza, garantindo-se aos brasileiros e estrangeiros residentes no país, a inviolabilidade do direito à vida, à liberdade, à segurança, à igualdade e à propriedade" (grifamos).

O princípio deve ser entendido em dois sentidos: o da igualdade formal, que é igualdade perante a lei vigente ou a criar, impeditiva de reconhecimentos de privilégios pela norma ou por sua interpretação, e o da igualdade material, instrumento que uniformiza o tratamento igual e harmônico de todos os seres humanos.

Interessa-nos, para o momento, a primeira das conformações, com vistas ao Direito Processual do Trabalho, em cujo seio se enfrentam sujeitos asperamente desigualados em suas relações de direito material, em razão da condição econômica e, consequentemente, social e jurídica.

Essa desigualdade originou o princípio da proteção do hipossuficiente econômico, coluna mestra de toda a estrutura do Direito do Trabalho, que não se furtaria, obviamente, de jogar todo o peso de sua influência sobre a principiologia de seu ramo complementar processual. Assim é que, por força dessa influência, o Direito Processual do Trabalho é permeado por regras evidentemente inspiradas no princípio da proteção do hipossuficiente, como é notório no art. 840 da CLT, que concede às partes leigas a faculdade de exercício pessoal do *jus postulandi*, em transparente favorecimento do empregado; no art. 884, que pune a ausência do trabalhador à audiência trabalhista com o simples arquivamento e ao empregador com a severa conjugação de revelia e confissão da matéria de fato; no art. 878, que autoriza a instauração pelo juízo, *ex officio*, da execução da sentença, não estando as partes representadas por advogado, além de outros dispositivos que vieram a ser afastados pela Lei n. 13.467/2017, como se comentará mais adiante.

Em todos esses exemplos, há visível favorecimento da parte economicamente fraca da relação processual,

---

(28) CRETELLA NETO, José. *Fundamentos principiológicos do processo civil*. Rio de Janeiro: Forense, 2006. p. 5.
(29) RODRIGUES PINTO, José Augusto. *Processo Trabalhista de Conhecimento*, cit., p. 63.
(30) Aut. e ob., cits., p. 63/64.
(31) CAJÁ, Gladston Almeida, *Princípios constitucionais...*, Disponível em: <www.conteudo.com.br/artigos>. Acesso em: 25 maio 2018.

compensando-a com condições que a igualem juridicamente no pleito.

Nada que objetar a essa absorção reflexa do princípio-chave do direito material por seu processo, até a medida em que vier a conflitar com o princípio fundamental da igualdade de tratamento processual das partes no processo, o que será demolidor das suas estruturas.

Uma clara mostra dessa agressão à lógica, em que insistem não pouco julgadores e consideram correta respeitáveis doutrinadores, é a aplicação da regra do *in dubio pro misero*, emergente do princípio da proteção dispensada ao empregado pelo direito material, em situações de interpretação do contrato, às situações em que não se desincumbe do ônus de provar fato constitutivo de sua pretensão no processo, em face de resposta fundamentada do empregador. Haverá sempre nesta hipótese processual o constrangimento jurídico intolerável de dar prevalência a princípio apenas aceito como reflexo do Direito do Trabalho sobre princípio impostergável do Direito Processual do Trabalho.

f) *Princípio do Contraditório e da Ampla Defesa*

Elevados ao *status* de princípios constitucionais do Processo, o contraditório e a ampla defesa são tratados por uns como preceitos distintos, por outros, entre os quais nos alinhamos, como partes inseparavelmente integradas de um único princípio, à semelhança física de irmãos siameses. É assim, aliás, que os considera o art. 5º, LV, da Constituição, ao estatuir: "aos litigantes, em processo judicial ou administrativo, são assegurados o contraditório e a ampla defesa" (grifos nossos), com os meios e recursos a ela inerentes.

A ampla defesa significa a autorização aos litigantes de trazer ao processo todas as arguições e provas lícitas de suas pretensões e pronunciar-se sobre as trazidas por seu oponente. Isso fortalece, evidentemente, o resultado de uma visão simétrica da demanda, único meio de assegurar o contraditório completo e a irrestrita liberdade de estabelecê-lo, que é o fundamento de outro princípio crucial, o da igualdade de tratamento das partes no processo.

Como observam os doutrinadores, o contraditório "surge como uma garantia de justiça para as partes, tendo como ponto de partida o brocardo romano *audiatur et altera pars* – a parte contrária também deve ser ouvida"[32].

A ampla defesa, por sua vez é o mais legítimo dos direitos do homem.

g) *Princípio da inafastabilidade do controle jurisdicional*

Está inscrito no art. 5º, XXXV, da Constituição de 1988, que "a lei não excluirá da apreciação do Poder Judiciário lesão ou ameaça a direito". Para se ter a medida da conexão da ideia fundamental desse preceito com a da garantia dos direitos individuais e com o respeito à dignidade humana, basta lembrar o que prescreveu o art. 11 do famigerado Ato Institucional n. 5, de 1968: "Excluem-se de qualquer apreciação judicial, todos os atos praticados de acordo com este Ato Institucional e seus Atos Complementares, bem como os respetivos efeitos." (grifos nossos)

O que a Lei Fundamental proclama é um direito público subjetivo vital à cidadania e exercitável contra quem quer que seja, inclusive a própria autoridade estatal.

Por força do equilíbrio que deve reinar entre os princípios, a garantia crucial de invocação do controle jurisdicional dos atos jurídicos não envolve nenhum comprometimento com a entrega da prestação jurisdicional necessariamente favorável ao seu postulante, despropósito que vulneraria outro princípio capital do Processo, o da imparcialidade do juízo. Envolve, porém, o direito ao julgamento, que repercute o conteúdo do direito subjetivo de ação, cujo exercício o processo não pode recusar, independentemente de ser, ou não, procedente a pretensão nele veiculada.

Em termos pragmáticos, abaixo da transcendência de garantir o respeito incondicional à cidadania, o direito de acesso à Justiça, como também é conhecido este princípio, configura, igualmente, a garantia constitucional ao jurisdicionado de, sendo-lhe negada a autotutela, valer-se do Judiciário em busca de solução para seus litígios e receber dele uma resposta justa, adequada, tempestiva e efetiva.

Em outras palavras, parece ser bem razoável a definição de Gustavo Medeiros Melo de que este princípio "estabelece a garantia ao cidadão de uma tutela jurídica universal, quanto ao seu acesso, tempestiva, quanto ao momento de sua prestação, legítima em relação ao ordenamento jurídico e efetiva, em relação à aplicação das consequências derivadas de suas decisões"[33].

---

(32) CARNEIRO, Douglas Mattoso. *Princípios do contraditório e da ampla defesa*. Disponível em: <https://jus.com.br/artigos>. Acesso em: 20 maio 2018.

(33) LOPES, Felipe. *Aspectos do princípio da inafastabilidade da tutela jurisdicional*. Disponível em: <https.felipelopes31.jusbrasil.com.br/artigos>. Acesso em: 25 maio 2018.

h) *Princípios da Publicidade e da Motivação das Decisões*

Ao paramentar como princípios algumas ideias que se tornaram deveres do magistrado, o constituinte de 1988 enunciou, no art. 93, IX, de sua Carta, que "todos os julgamentos dos órgãos do Poder Judiciário serão públicos, e fundamentadas suas decisões, sob pena de nulidade, podendo a lei, se o interesse público o exigir, limitar a presença em determinados atos, às partes e seus advogados, ou somente a estes". Vê-se que foram reunidos num só dispositivo dois preceitos que não são necessariamente correlacionados, justificando comentá-los nesta mesma alínea.

Quanto à publicidade dos atos processuais, sua relevância pode ser ilustrada pelo que se conta como fato histórico:

> Estando Danton para ser julgado pelo Terror que o condenou, teria dito aos amigos que temiam a parcialidade do julgamento: "podem dar-me o juiz que quiserem: parcial, corrupto, meu inimigo até. De nada terei medo, se o julgamento for feito à vista de todos." E tinha razão, porque o Processo é um fenômeno dialético e a dialética não sobrevive sem transparência, nem a atuação do Estado no julgamento dos dissídios que conhecer será segura sem a ampla fiscalização do acompanhamento por toda a sociedade.

Tudo isso só será verdade pelo caráter público que a lei der aos processos.

Seu caráter se revela na realização pública das audiências e sessões dos tribunais, no acesso de qualquer cidadão aos atos e autos da demanda, no comportamento do órgão auxiliar do juízo e do próprio juízo, dentro ou fora do dissídio, no direito dos advogados de obter certidões, no julgamento aberto, de preferência oralmente, em audiência.

É certo que o próprio art. 93, IX, da Constituição, excepciona a observância do princípio, com a adoção do chamado segredo de justiça, em situações nas quais o interesse público superior, declarado na lei processual ordinária e fundamentado pelo juízo, as recomende, como nos casos taxativamente previstos no art. 189 do NCPC. Ainda aí, porém, deve ser notado que mesmo o sigilo do curso da ação é relativo, pois não exclui o amplo conhecimento dos atos pelas próprias partes e seus advogados, do mesmo modo que o garante a qualquer terceiro que demonstre legítimo interesse para participar da relação jurídica processual, de acordo com o discernimento do juízo.

Atente-se para a nova redação dada ao inciso IX do art. 93 pela EC n. 45, no sentido de limitar o acesso a determinados atos apenas ao advogado, quando estiver em jogo a preservação do direito à intimidade do interessado no sigilo, ainda assim se isso não prejudicar o interesse público à informação.

Quanto à motivação das decisões, fizemos alhures esta crítica ao texto constitucional de 1988, que ainda mantemos:

> Misturou dois princípios distintos (o da motivação, que se revela na *fundamentação dos julgamentos* e o da *publicidade*). Melhor teria sido que não fizesse a mistura, mormente porque abriu espaço próprio para garantir o *direito à motivação das decisões* ao tratar desta matéria, especificamente, no inciso X do mesmo art. 93, assim redigido: "X – as decisões administrativas dos tribunais serão motivadas, sendo as disciplinares tomadas pelo voto da maioria absoluta de seus membros." Aí cometeu um segundo equívoco técnico, *vinculando o princípio da motivação das decisões* ao terreno dos atos administrativos, numa clara contradição com o enunciado do inciso anterior, que o generaliza. Com a EC n. 45/2004, este inciso X recebeu uma proveitosa intercalação, passando a ter o seguinte texto: "X – as decisões administrativas dos tribunais serão motivadas *e em sessão pública*, sendo as disciplinares tomadas pelo voto da maioria absoluta de seus membros."[34] (destaque dado à intercalação.)

> Proveitosa foi a *extensão explícita da publicidade dos atos processuais* aos processos administrativos, embora ela já estivesse consagrada na generalização do inciso IX. Ainda mais proveitoso seria que a Emenda promovesse a fusão dos incisos IX e X do art. 93 em um só, em benefício da concisão e da clareza da norma.[35]

Infelizmente, como um dos reflexos mais danosos do congestionamento dos juízos e tribunais, tem havido uma desatenção mais ou menos habitual para a necessidade de se fundamentarem as decisões, em qualquer

---

(34) RODRIGUES PINTO, José Augusto. *Processo Trabalhista de Conhecimento*, cit., p. 63.

(35) Ob. cit., p. 67.

grau da jurisdição. Isso além do natural desapontamento trazido às partes às quais se dirige a autoridade da sentença, é fator de multiplicação de recursos e, pior ainda, de ações rescisórias, que agravam o próprio congestionamento e protraem a solução final dos dissídios com maléficos abalos ao princípio da celeridade tão caro ao Direito Processual do Trabalho.

Essas observações justificam duas advertências da doutrina. Uma delas é de *Uadi Bulos*:

> Para que uma decisão seja motivada não basta a menção pura e simples aos documentos da causa, às testemunhas ou à transcrição dos argumentos dos advogados. **O requisito constitucional só será satisfeito se existir análise concreta de todos os elementos e demais provas dos autos, exaurindo-lhes a substância e verificando-lhes a forma.** Só assim a higidez de um *decisum* se aferirá, compatibilizando-se com a mensagem insculpida no preceito em epígrafe.[36] (grifos do original)

A outra é do grande Calamandrei:

> A fundamentação da sentença é, sem dúvida, uma grande garantia de justiça, quando consegue reproduzir exatamente, como num levantamento topográfico, o itinerário lógico que o juiz percorreu para chegar à sua conclusão, pois, se ela é errada, pode facilmente encontrar-se, através dos fundamentos, em que altura do caminho o magistrado se desorientou.[37]

Mais não é preciso dizer para convencer da relevância desse princípio tão maltratado atualmente.

i) *Princípio da Revisibilidade das Decisões*

No nosso entender, este é o antigo e tradicional princípio geral do Direito Processual, conhecido como duplo grau, que foi atraído para a órbita dos princípios constitucionais do Processo, onde se incorporou aos do contraditório e da ampla defesa (art. 5º, LV), embutido na expressão "com os recursos a ela inerentes".

O que ele preceitua é a obrigatoriedade imposta a toda decisão proferida por um órgão jurisdicional (salvo exceções determinadas por lei) de sujeitar-se a revisão e modificação por outro órgão colegiado do mesmo ou de grau superior, se assim provocar(em) o(s) vencidos(s), por meio de recurso(s) voluntário(s) ou, *ex officio*, nos casos assim determinados por lei infraconstitucional.

Seu fundamento repousa na consciência universal da falibilidade humana, que expõe à séria ameaça de injustiça irreparável os possíveis erros substanciais ou formais de julgamento. Desse fundamento, provém a exigência de composição plural do órgão revisor, salvo se expressamente dispensada por lei, como ocorre, *e. g.*, com os embargos de declaração cuja competência para o julgamento é do próprio prolator da decisão embargada, apesar da possibilidade de efeito modificativo da decisão originária.

7.2. Dos princípios gerais do processo

Os princípios gerais são aqueles que, aproveitando a feliz colocação doutrinária de Dinamarco "dão forma e caráter ao sistema processual trabalhista". Como procedido anteriormente, são eles, em sucinta análise:

Princípio da Imparcialidade do Juiz e Simetria de Tratamento Processual das Partes

São apreciados em conjunto por força da eventual imbricação entre eles, em situações que exigirão do juiz atilada sensibilidade para manter-se fiel ao seu dever de intepretação harmônica de princípios expostos a entrechoques capazes de lesionar interesses das partes.

A imparcialidade do juiz é atributo implícito da seriedade da justiça. Sendo seus órgãos jurisdicionais a vívida imagem do Estado, árbitro dos inevitáveis conflitos de interesses inevitáveis da vida gregária, a equidistância das partes é o penhor da confiança que a sociedade deposita em sua atuação.

Segundo pontifica a doutrina:

> a imparcialidade do juiz é um pressuposto da relação processual validamente instaurada. É nesse sentido que se diz que o órgão jurisdicional deve ser *subjetivamente capaz*.[38] (grifos do original)

E arremata-se:

> A incapacidade subjetiva do juiz, que se origina da suspeita de sua imparcialidade, afeta profundamente a relação processual. Justamente para assegurá-la, as Constituições lhe estipulam ga-

---

(36) BULOS, Uadi Lammêgo. *Constituição Federal Anotada*. 8. ed. São Paulo: Saraiva, 2008. p. 948.
(37) CALAMANDREI, Piero. *Eles, os juízes, vistos por nós, os advogados*. 7. ed. Lisboa: Livraria Clássica Editora. p. 143.
(38) CINTRA, Antonio Carlos de Araújo *et al*, *Teoria Geral do Processo*. 8. ed. São Paulo: RT, 1974. p. 52.

rantias, prescrevem vedações e proíbem juízes e tribunais de exceção.[39]

Como se vê, embora continue tratando-se de um princípio geral do processo, há nele um visível laivo de constitucionalismo, que lhe qualifica a importância entre os seus pares de enumeração na lei infraconstitucional.

Na seara processual trabalhista, sua compreensão exige redobrada atenção, tendo em vista a delicada convivência que deve manter com o *princípio da proteção do economicamente fraco*, que pressiona com sua influência os dissídios do trabalho, como deixam ver a atribuição do *jus postulandi* a quem não deveria ter capacidade postulatória, a natureza opcional da postulação oral, a interposição dos recursos por simples petição etc.

Todos esses dispositivos da CLT têm em mira privilegiar o empregado no acesso à Justiça do Trabalho. O ponto de equilíbrio com essa proteção, que seria em tese inaceitável, pois induz o processo a absorver um conjunto tutelar de regras de direito material, destinado a desequilibrar a igualdade jurídica, como forma de renivelar a desigualdade econômica dos sujeitos, está em que, conforme a regra de direito formal, o benefício conferido ao empregado o é também ao empregador.

Quando, porém, esse ponto de equilíbrio é rompido pelo juiz que se arroga, indevidamente, o papel de tutor do mais fraco, estendendo a regra do *in dubio pro misero* tipicamente protecionista do direito material, à aplicação das consequências processuais da divisão do ônus da prova, sujeitas à norma do art. 818 da CLT, cristalizadora do preceito de que a decisão será contra a parte que teria o dever de produzi-la, dá-se irreparável lesão à imparcialidade, que é princípio geral do processo.

Isso alerta para a circunstância de que, na aplicação do princípio da igualdade de tratamento processual das partes, tem o juiz imparcial, em face do choque de princípios, que dar prevalência ao preceito processual, afastando peremptoriamente a projeção do preceito de direito material lesivo ao direito do empregador.

a) *Princípio da Lealdade Processual*

Nunca é demais lembrar que Moral, Princípio e Ética são três virtudes espirituais que se encadeiam nessa ordem para distinguir a razão humana do instinto animal.

Por Moral, se traduz a noção daquilo que o homem pode permitir-se ou deve proibir-se, na forma como se conduz diante de seus semelhantes para a garantia do bom convívio em sociedade.

A Ética é a postura de aceitação pelos indivíduos dos valores morais estabelecidos pela sociedade como padrão de conduta nas suas relações.

Ao feitio de elo que as interliga, os princípios emprestam a esses altos desígnios a autoridade axiomática que os dotará da força obrigatória da norma jurídica.

O amálgama dos três valores mostra a importância do princípio da lealdade no Direito Processual e sua equivalência, em relação às partes, com princípio da imparcialidade, em relação ao juiz. É que tanto compromete a dignidade da Justiça o juiz parcial quanto a desafia a parte temerária ou desleal, que assume atitudes de perturbação do desenvolvimento da lide com a eiva da traição ou agressão ao adversário ou à própria Justiça. Daí estar bem assinalado pelos mais destacados elaboradores da Teoria Geral do Processo o rigor das leis que regulam seu sistema na repressão e punição de infrações éticas dos litigantes. Isso é visto no tratamento da NCPC, no seu Livro III (Dos Sujeitos do Processo), aos deveres de lealdade e civilidade das partes e de seus procuradores (esta última extensiva aos juízes e representantes do *parquet*),desde a cognição até o cumprimento das sentenças e a execução fundada em títulos extrajudiciais (arts. 77, 78, 513 e 771, parágrafo único), tanto quanto à apuração e sanção da responsabilidade por danos patrimoniais resultantes (arts. 80 a 82).

b) *Princípio da Preclusão*

Parece-nos absolutamente correto elevar a figura da preclusão ao patamar dos princípios gerais do processo, pela concretude que dá à ideia axiomática de marcha para a frente, fundamento por excelência de todo o Direito Processual. Sua aplicação coíbe a desenvoltura com que se pretenda travar o andamento das ações, pela invalidação dos atos praticados por meio da inércia, voluntária, ou não, dos seus sujeitos.

Ele se torna palpável nas regras concernentes à nulidade dos atos jurídicos processuais, extensivo a todos os subsistemas processuais, inclusive o trabalhista, que a submete a um regime de usura extrema no reconhecimento da invalidação desses atos.

c) *Princípio da Conciliabilidade*

Foi deixado por último, nesta relação de princípios gerais, por algumas nótulas que merecem preceder sua análise.

Assim é que, primeiramente, parece-nos absolutamente incorreto o rótulo de princípio da conciliação, como habitualmente acontece. Pior ainda é rotulá-lo de

---

(39) Auts., ob. e loc. cits. Quanto às garantias e vedações, ver na Constituição de 1988, art. 95 e incisos. Quanto às vedações, ver parágrafo único. Quanto aos tribunais de exceção, ver art. 5º, inc. XXXVII.

princípio da conciliação obrigatória, contrassenso que não poucos chegam a perfilhar.

O que ele preceitua, em verdade, é a caraterística do que é conciliável, ou a qualidade de ser conciliador, como se vê nos dicionários. Isso é a vocação moderna do Direito Processual, hoje presente em todos os seus sistemas, sob a forma de tentativas (não de imposição) de acomodação dos interesses em choque pelo juízo, pois se houvesse imposição cairíamos exatamente no contrassenso da conciliação obrigatória há pouco referida, que seria uma derrogação da livre manifestação da vontade pela coação da lei.

Em segundo lugar, *et pour cause*, a conciliação é prevista como tentativa do juízo, esta, sim, processualmente obrigatória, para atender precisamente ao espírito de conciliabilidade que hoje paira sobre a solução dos dissídios.

Por fim, a ideia pregada por este princípio emergiu com a emancipação do sistema processual trabalhista, do qual se tornou um dos dois princípios originários, até completar o percurso migratório para o território dos princípios gerais, completado na segunda metade do século passado.

Tal migração foi assinalada assim, no devido tempo:

> O fenômeno da intercomunicação dos ramos jurídicos vem determinando uma visível generalização desse preceito fundamental, tendente a convertê-lo em princípio geral do processo.[40]

Essa evolução justifica o reconhecimento, entre outros, de Ada Pellegrini, a respeito da influência do processo trabalhista sobre o comum; mas realça, acima de tudo, a densidade do princípio, sublinhando sua força estrutural.

Feitas essas anotações preambulares, o sentido substancial da conciliabilidade, no seu berço laboral, foi priorizar a negociação sobre o arbitramento cogente para pôr fim às disputas judiciais entre empregadores e empregados. Tal postura, desde sua primitiva adoção, alimenta proveitosamente outros princípios relevantes do Processo, notadamente o da celeridade (hoje qualificada como efetividade) e economia (na dupla abrangência de tempo e despesas), ademais de assumir o transcendental papel de fiador da paz social, sempre conectada ao consenso dos parceiros das relações de trabalho.

Tenha-se em vista que essa ideia fundamental se multiplicou em vários frutos legais, seja no Direito material, a exemplo da instituição das comissões de conciliação prévia, seja no Direito processual, a exemplo da presença obrigatória das associações sindicais na negociação coletiva.

Registre-se também quanto de interesse público revelam seu encaminhamento como primeiro ato depois da abertura da audiência (CLT, art. 846) e sua renovação como último ato, antes de se proferir a sentença, em ambos os momentos com o sentido de esvaziar a intensa carga de tensão social do dissídio trabalhista, que a simples existência da ação potencializa.

A conciliação, uma vez obtida, é o meio de aplacar essa tensão, deletando o efeito mais direto do choque de interesses contrários. O princípio da conciliabilidade tem atestado seu sucesso nas frutuosas iniciativas para obtê-la, nos processos em curso, *à forfait* da instrução regular, em inciativas como o agendamento de audiência prévia precipuamente para esse fim e a promoção das "Semanas de Conciliação Trabalhista" pelo Conselho Superior de Justiça do Trabalho, em cooperação com os Tribunais Regionais do Trabalho.

Por sua vez, o êxito do seu *up grade* a princípio geral do processo pode ser positivamente medido no excerto das considerações doutrinárias sobre o NCPC divulgadas em excelente artigo:

> Ao iniciar a leitura do Novo Código de Processo Civil (Lei n. 13105/2015, é possível observar que o Capítulo I do Título Único do Livro I se dedica a apresentar, ao longo dos seus doze artigos, as normas fundamentais sobre as quais se assentará a nova sistemática processual civil brasileira. No rol dessas normas fundamentais estruturantes, é possível extrair vários princípios, a exemplo da duração razoável do processo (art. 4º), da boa-fé objetiva (art. 5º), da cooperação (art. 6º), da isonomia (art. 7º), dentre outros. Ao lado desses princípios, surge com ineditismo na processualística civil pátria, o estímulo estatal à autocomposição, outrora denominado princípio da conciliabilidade (de vasta aplicabilidade na seara trabalhista), que se traduz num esforço do Estado, demonstrado através de expressa letra normativa, no sentido de privilegiar a conciliação acima do conflito. Decerto, no elenco das normas fundamentais que dão sustentação à nova sistemática do processo civil, o estímulo estatal à autocomposição

---

(40) RODIGUES PINTO, José Augusto. *Processo Trabalhista de Conhecimento*, cit., p. 74.

se extrai do texto dos §§ 2º e 3º do art. 3º do CPC. Vejamos o que estabelecem estes dispositivos: *§ 1º O Estado promoverá, sempre que possível, a solução consensual dos conflitos. § 2º A conciliação, a mediação e outros métodos de solução consensual dos conflitos deverão ser estimulados por juízes, advogados, defensores públicos e membros do Ministério Público, inclusive no curso do processo judicial*.[41] (grifos nossos e negrito do original)

Em seguimento o douto articulista indica

a concretização material do princípio em diversas regras espalhadas pelo CPC/2015', entre as quais se destacam o art. 334 e seus 12 parágrafos, o oitavo dos quais deve merecer especial leitura dos juízes e intérpretes do Processo laboral para aproveitamento em seu corpo normativo, ou simplesmente para aplicação supletiva em suas demandas: § 8º O não comparecimento injustificado do autor ou do réu à audiência de conciliação é considerado ato atentatório à dignidade da justiça e será sancionado com multa de até dois por cento da vantagem econômica pretendida no valor da causa, revertida em favor da União ou do Estado[42]. (grifos nossos)

7.3. Dos princípios peculiares do Processo do Trabalho

Desde os primeiros estudos que dedicamos aos princípios dentro da teoria geral do processo, a lúcida metodologia adotada por três grandes expressões da processualística brasileira numa obra de pequeno volume e denso conteúdo[43], que concluiu por distinguir o Direito Processual como um sistema amplo e unitário de fundamentos e seus diversos desdobramentos como subsistemas tópicos e divisionários, tomamos por critério cindir o significado dos seus fundamentos em princípios gerais e princípios peculiares do Direito Processual, conforme exprimissem proposições básicas de toda a unidade ontológica do processo, ou apenas da unidade ontológica de um dos seus subsistemas.

Ao lado dessas peculiaridades originárias do Direito Processual do Trabalho, entrevimos algumas outras, provindas de sugestões do pensamento doutrinário ou jurisprudencial em que pressentimos o potencial de se elevarem ao patamar principiológico. Elas ainda pairam num plano ideal ou, no máximo, transicional, mas já chamam a atenção para a tendência de incorporação e ampliação da base filosófica desse subsistema processual. Por isso mesmo, demo-lhes a qualificação de originárias.

Também notamos algumas peculiaridades da lei trabalhista, sem a força axiomática dos princípios, porém, significativamente marcantes do subsistema que regula. Em consequência, demo-lhes a qualificação de emergentes.

Mantemos até hoje esse critério, cuja coerência lógica acreditamos que ficará clara na prospecção analítica a seguir.

7.3.1. Peculiaridades originárias

Foram apenas duas, porém, fortemente marcantes da identidade do Processo do Trabalho.

A primeira delas (conciliabilidade) continua a imperar, porém, na condição de princípio geral do Processo a que foi promovida e robustecida, conforme comentado no n. 7.2, *d*, supra.

A segunda (representação paritária das partes nos órgãos jurisdicionais) deixou de existir desde que a Emenda Constitucional n. 24, de 09.12.1999, o art. 112 da Constituição para autorizar a instituição de Varas do Trabalho e, *ipso facto*, extinguiu as Juntas de Conciliação e Julgamento e a representação classista, além do art. 116, que secamente determinou: "Nas Varas do Trabalho a jurisdição será exercida por um juiz singular" (grifos nossos).

Para a virtual unanimidade das opiniões, essa representação se revelou apenas um inútil e custoso aparato, diante da absoluta falta de resultados práticos que a presença de leigos nos tribunais trabalhistas trouxe para a solução da questão social dentro dos dissídios. Wagner Giglio abriu uma visão realista da razão da inutilidade ao indicar que "as falhas apresentadas pelo sistema paritário são provenientes dos homens que os compõem, entre nós, e não das instituições..."[44].

Com efeito, foram os homens que a transformaram em cabide de empregos e covil de carreiristas inescrupulosos, salvo as honrosas exceções de sempre. O desprezo pelo fundamento de confiabilidade que devia inspirar sua exação no exercício das funções e a

---

(41) BRAGA, Pedro Henrique Silva Santos de. *A mudança pardigmatica do CPC à luz do princípio do estímulo estatal à autocomposição*. Disponível em: <https://jus.com.br/artigos>. Acesso em: 30 maio 2018.

(42) Aut.ob. e loc. cits.

(43) CINTRA, Antonio Carlos de Arajuo; PELLEGRINI, Ada; DINAMARCO, Cândido. *Teoria Geral do Processo*, cit.

(44) GIGLIO, Wagner. *Direito Processual do Trabalho*. São Paulo: LTr, 1986. p. 81.

vivência prática da negociação para encontrar soluções aceitáveis e livres dos traumas frequentemente provocados pelo tecnicismo extremado do Direito, foi o que a matou, sem deixar saudade sequer naqueles aos quais deveriam ter teoricamente amparado.

7.3.2. Peculiaridades emergentes

a) *Restrição à inépcia da inicial*

É uma concepção que tem ganhado terreno na jurisprudência trabalhista. Ela se funda na imperiosidade de certa margem de tolerância com os deslizes técnicos ou as lacunas de postulação do autor, nos dissídios do trabalho, em virtude do acesso aberto ao leigo para o exercício pessoal do *jus postulandi*. Por esse raciocínio, em lugar de indeferir, de plano, a inicial, que é a sanção rigidamente formal imposta à inépcia, alarga-se o poder saneador do juízo trabalhista, concedendo-lhe suprir ou diligenciar, de ofício, as falhas que desabilitem a postulação e comportarem sua intervenção. Não sendo possível alcançar esse desiderato, a consequência da inépcia desloca-se para aplicação na sentença, indeferindo-se a inicial somente nos pontos por ela prejudicados, o que possibilitará a renovação do pleito com as correções postulatórias necessárias. Ainda que seja abolido o reconhecimento da capacidade postulatória do empregado e do empregador leigos – uma figura aceita como mal necessário em troca da acessibilidade à Justiça do Trabalho – a restrição moderada à figura da inépcia da inicial tem de positivo o fomento ao princípio da celeridade (hoje, qualificada como efetividade).

b) *Julgamento sem pedido*

É uma postura que tem merecido crescente especulação na doutrina, por sua conexão com a instrumentalidade do procedimento, meio eficaz de facilitar o acesso das partes à jurisdição com solução mais ágil dos seus dissídios. Isso já era preconizado por *Nicolliello* e outros, como modo de ampliar a atuação do juízo nas lides laborais e efeito leniente da liberação das partes do dever postulatório dos litigantes que, tendo indicado com clareza os fatos controvertidos, ficam obrigados a deduzir os pedidos decorrentes para delimitar o arco da investigação da lide. Em suma, trata-se da materialização do brocardo "*da mihi factum, dabo tibi jus*". Na própria legislação, já se encontram exemplos nítidos da adoção e do conteúdo dessa ideia: a faculdade de conversão pelo juízo da reintegração em indenização dobrada (CLT, art. 496), a imposição de acréscimo de 50% aos salários retidos incontroversos (CLT, art. 467) e a conversão de pagamento em dinheiro do pedido de liberação de depósitos do FGTS são três deles. Com sentido similar ao do julgamento sem pedido (no particular, além do pedido), mostram-se as condenações que adaptam ao que foi apurado nos autos os pedidos genéricos de férias e gratificação natalina. Elevado isso ao *status* de princípio peculiar, ultrapassaria revolucionariamente a enraizada concepção da impossibilidade de ser apreciado o que estiver fora do círculo fechado do *petitum* dos litigantes. Em compensação, agilizaria enormemente a marcha processual, mormente considerada a formulação cumulativa de pedidos, usual nas reclamações trabalhistas.

c) *Pluralização dos dissídios individuais*

Batizando-a de coletivização dos dissídios individuais, *Wagner Giglio*, sustentou tratar-se

> de uma tendência evidente do processo do trabalho, como revela a ampliação dos casos da substituição processual. Um desdobramento desse princípio levaria o juízo trabalhista a estender o âmbito da ação. A iniciativa da provocação do Poder Judiciário ainda seria da parte, mas a título de economia processual, o próprio Poder Judiciário ampliaria a abrangência da ação, para que dela participassem outros trabalhadores que se encontrassem na mesma situação de fato do autor. Em outros termos, corresponderia a uma chamada ao processo dos litisconsortes ativos necessários, determinada de ofício[45]. (grifos nossos)

Em certa medida, as regras dos arts. 195, § 2º, e 872, parágrafo único, da CLT, levam a resultado de igual teor pela via da substituição processual antes aludida, a qual nos parece ter sido generalizada pelo art. 8º, III, da Constituição, em que pese a contrariedade de autores grande porte, como Octavio Magano[46].

7.3.3. Peculiaridades legais.

Nos seus primórdios, a legislação processual trabalhista mostrou fértil imaginação criativa de normas destinadas a simplificar e agilizar seu sistema processual, a ponto de formar um expressivo conjunto de preceitos legislativos que foram frequentemente confundidos com genuínos princípios processuais. São estas as mais importantes a lembrar:

---

(45) GIGLIO, Wagner D.; GIGLIO, Claudia Veltri Corrêa. *Direito Processual...*, cit., p. 89.

(46) MAGANO, Octavio Bueno. A organização sindical na nova Constituição. *Revista LTr*, São Paulo, v. 53, n. 1, 1989.

a faculdade de impulso inicial da ação pelo juízo (CLT, art. 878), uma espécie de marca registrada da execução das sentenças proferidas nos dissídios individuais, reflexiva do princípio da proteção e tributária do princípio da celeridade, mas hoje fortemente restringida pela Lei n. 13.467/2017 "apenas aos casos em que as partes não estiverem representadas por advogados";

o triplo grau da jurisdição, que rompeu com o princípio clássico do duplo grau ao estruturar sua organização judiciária em três patamares hierárquicos (JCJ's, grau inferior, TRT's e TST (graus superiores), todos constituídos por tribunais, ou seja, órgãos colegiados e com representação paritária das partes. Essa peculiaridade se desfigurou, quanto à composição dos órgãos de grau inferior, cuja jurisdição passou a ser exercida por juízo singular, desde a EC n. 24/99, e dissolveu-se, enfim, na medida em que todas as demais esferas do Poder Judiciário foram desertando o modelo do duplo grau em favor da estrutura pioneira da Justiça do Trabalho, permanecendo o Supremo Tribunal Federal, na posição que sempre ocupou de instância extraordinária, num quarto grau jurisdicional;

o poder normativo dos tribunais do trabalho, que lhes dá competência para "criar normas e condições de trabalho" nos dissídios coletivos" (CF, art. 114, § 2º), o que lhes reconhece competência virtualmente legislativa, embora radicalmente amputada pela redação que lhe deu a EC n. 45/2000, ao circunscrever seu exercício ao comum acordo das representações sindicais para a instauração do processo;

finalmente, o reconhecimento da capacidade postulatória a empregados e empregadores, nos dissídios individuais e coletivos do trabalho, que rompeu o princípio também clássico da reserva legal dessa capacidade aos bacharéis em direito habilitados ao exercício da advocacia, abrindo-lhes as portas à faculdade de dirigir-se ao juiz no processo. Assinale-se que essa franquia deixou de alcançar o Tribunal Superior do Trabalho e, ao contrário, foi estendida às partes leigas em outras esferas jurisdicionais que não a trabalhista, como ocorre com as causas de defesa dos direitos do consumidor.

7.4 Das técnicas de procedimento

São técnicas de procedimento, consoante o conceito dado para essa figura jurídica no item 7, *supra*, do qual não abrimos mão:

a) *Oralidade*

É uma técnica firmada na prevalência dos atos orais sobre os escritos na marcha do processo, favorecendo a simplicidade e a rapidez do desenvolvimento das lides. Suas técnicas alternativas são o procedimento escrito e a consequente desconcentração dos atos.

Note-se que a concentração dos atos é visivelmente serviçal do princípio da celeridade. No procedimento trabalhista brasileiro, caracteriza-se nitidamente na audiência, que exaure praticamente todos os atos da instrução, só deixando escapar, nos dissídios individuais de cognição, a postulação do reclamante e os atos intermediários dos órgãos auxiliares, e nos dissídios coletivos o opinativo do MP, que, assim mesmo, é *facultado* a pronunciar-se na sessão de julgamento (CLT, art. 93, § 1º).

Remarque-se, ainda, a tendência, bem visível no NCPC, de alargamento à oralidade e de sua irmã gêmea concentração de atos para o processo comum, em cujo sistema cresce o anseio pelo princípio da efetividade.

b) *Concentração de atos*

É uma técnica decididamente tributária do princípio da celeridade, dispensando explicações alongadas, neste aspecto. No procedimento trabalhista, mormente de cognição, mostra-se bem caracterizada na audiência, que abarca praticamente todos os atos de desenvolvimento do processo, exceção feita, nos dissídios individuais de conhecimento, da postulação do autor, que pode ser apresentada oralmente ou por escrito, e dos atos intermediários dos órgãos auxiliares do juízo, que encaminham o fechamento da relação processual com o réu. Nos dissídios coletivos apenas se excepciona o opinativo do órgão do Ministério Público, autorizado a emiti-lo oralmente na sessão de julgamento (Lei n. 7.701/88, art. 11).

A mesma técnica de concentração de atos inspirou a regra do art. 799, § 1º, da CLT, pela qual somente as *exceções dilatórias* (de incompetência e de suspeição) são processadas com suspensão do curso da ação. Do mesmo modo, inspirou a recusa de recurso direto contra decisões interlocutórias, que só virão a ser apreciadas a título de preliminares do recurso de mérito.

c) *Instrumentalidade*

A ideia difundida pela técnica da instrumentalidade é de que é mais importante ao Direito Processual, especialmente ao seu ramal trabalhista, que os atos nele praticados atinjam o fim para que foram previstos do que satisfaçam a forma que deve revesti-los. Este é o pensamento dos doutrinadores, em geral, *e. g.*, Campos Batalha, Tostes Malta e Isis de Almeida, em obras clássicas sobre a matéria⁽⁴⁷⁾. Por tal ângulo de análise, sua importância se realça como contribuição da técnica procedimental para a celeridade processual, princípio a que serve com visível eficácia.

Por outro lado, malgrado a nossa firmeza em catalogá-la como técnica de procedimento, não desprezamos a perspectiva de contornos filosóficos que a tomam para embasamento de proposta de remodelação do processo, no seu todo, tendo em mira convertê-lo em instrumento de realização de um fim social, muito mais além, portanto, de um fim que se encerra em si mesmo. A esse respeito, deve ser pensada a lição de Cândido Dinamarco, que sintetizamos em dois blocos de pensamento:

> 1º) É a instrumentalidade o núcleo e a síntese dos movimentos pelo aprimoramento processual, sendo consciente ou inconscientemente tomada como premissa pelos que defendem o alargamento da via de acesso ao Judiciário e a eliminação das diferenças de oportunidades em função da situação econômica dos sujeitos [...]
> 2º) É vaga e pouco acrescenta ao conhecimento do processo a usual afirmação de que ele é um *instrumento*, enquanto não acompanhada da indicação dos *objetivos* a serem alcançados mediante o seu emprego. Todo instrumento, como tal, é um *meio*; e todo meio só é tal e se legitima em função dos fins a que se destina.⁽⁴⁸⁾ (grifos do original)

Vê-se por aí – e admitimos isto – que a Instrumentalidade comporta especulações e conclusões que vão além da fixação de sua identidade apenas como técnica de procedimento. Mas, dentro do campo de interesse deste Capítulo, ela não vai além disso.

Neste campo, a ela se opõe a técnica alternativa do formalismo processual, tão desprezada pelas legislações modernas de processo quanto prevalecente nos textos legais mais antigos, consistindo em privilegiar a forma sobre o fim dos atos, com visível prejuízo para o princípio da celeridade, hoje qualificada como efetividade processual.

d) *Inquisitoriedade*

É uma técnica na qual se reúnem duas virtudes particularmente caras ao Direito Processual do Trabalho e diretamente conectadas com o princípio da celeridade: primariamente, turbina a liberdade da direção e condução do processo pelo Juízo, facilitando o trabalho investigativo das causas; secundariamente, *et pour cause*, libera-o para impulsionar *ex officio* o desenvolvimento dos atos processuais, compreendendo até mesmo o impulso inicial da execução da sentença, nos termos do art. 878 da CLT.

Juntando-se as duas virtudes, obtém-se dupla e valiosa vantagem: chancelam-se os atos praticados, ainda que defeituosos, quando permitam aproveitamento para o desfecho do mérito da lide, poupando o pronunciamento de nulidades cuja declaração importa em retrocesso, ou marcha para trás; prestigia-se, desse modo, a rapidez de entrega da prestação jurisdicional.

Seu reverso é a técnica da dispositividade, mediante a qual é conferida aos órgãos uma posição mais estática e dependente dos impulsos provocados pelas partes interessadas na prestação jurisdicional.

Na anteposição das duas técnicas, percebe-se a influência da natureza mais ou menos caracteristicamente privada ou social da relação de direito material convertida em objeto do dissídio. Nessas condições, não poderia deixar de impregnar-se o procedimento trabalhista pela índole mais forte da inquisitoriedade, atuante na maioria de suas regras, constituindo mesmo peculiaridades legislativas da CLT dispositivos como os dos arts. 848, 878, 879, 884, § 2º, por exemplo.

e) *Não identidade física do juiz com a causa*

É um fator de fortalecimento do princípio da celeridade, já que consiste em não vincular o dever de decidir determinada lide ao juiz que iniciou sua instrução. Sua técnica alternativa é a da identidade física, que cria esse vínculo formal.

8. ATUALIZAÇÃO E REVISÃO DE PRINCÍPIOS JURÍDICOS

Fala-se muito que está em curso um processo de revisão dos princípios do Direito Processual do Trabalho. Cremos ser necessário refletir com cuidado sobre tal afirmativa, para não perder o foco de sua compreensão.

Pela conceituação de Miguel Reale, "princípios são verdades fundamentais que servem de suporte ou de garantia de certeza a um conjunto de juízos"⁽⁴⁹⁾. Por aí se entende facilmente sua natureza axiomática, ou seja,

---

(47) CAMPOS BATALHA, Wilson de Souza. *Tratado de Direito Judiciario do Trabalho.* São Paulo: LTr, 1977; TOSTES MALTA, Christovão Piragibe. *Prática do Processo Trabalhista.* Rio de Janeiro: Edições Trabalhistas, 1977; ALMEIDA, Isis de. *Curso de Direito Processual do Trabalho.* São Paulo: Sugestões Literárias, 1981.
(48) DINAMARCO, Cândido. *A instrumentalidade do Processo.* São Paulo: RT, 1990. p. 22/23 e 206/207.
(49) REALE, Miguel. *Filosofia do Direito.* 5. ed. São Paulo: Saraiva, 1969. p. 54.

de verdades inquestionáveis, universalmente aceitas, por isso mesmo revestidas do atributo da perenidade e da força da imutabilidade.

Em sentido inverso, a vida humana, sobretudo em sociedade, é um moto-contínuo de mudanças insopitáveis. Considerando-se que os princípios se destinam a estabelecer parâmetros de comportamento humano e social que aliam a obediência à irrefutabilidade com a firmeza da perenidade, o choque de conceitos é inevitável.

Nosso cuidado, nesta circunstância, é o de evitar rupturas, como se faz com o algodão entre cristais. O modo mais eficiente de proceder com esse propósito, na área de atividade do direito, é dar ordem ao comportamento humano mediante normas obrigatórias de conduta que assegurem paz e harmonia à convivência social.

Dentro dessa ordem de ideias, é admissível que, de um lado, o direito procure evoluir acompanhando a rapidez da evolução social, mas, de outro, sejam contidos os possíveis excessos de ambos pela supraestrutura axiomática dos princípios.

Exatamente em função disso, os princípios provindos de fontes extrajurídicas e abstratas (ver n. 4 *supra*), que formam o pilar dos princípios gerais do direito, são terminantemente infensos a atualizações e revisões, e só não diremos que sejam literalmente imutáveis, por estarem inseridos na metamorfose ambulante que é a vida. Todavia, em relação a eles, não há lugar para o fenômeno da revisão ou da extinção: quando as metamorfoses da vida impõem um axioma que entre em choque total ou parcial com outro já estabelecido, simplesmente afasta-se sua aplicação.

Já os chamados princípios legais (porque gerados pela norma jurídica) são suscetíveis de atualização ou extinção em face da temporariedade da própria lei. Isso é o que se está passando com o Direito Processual do Trabalho que, tendo surgido como sistema dissidente do Direito Processual Comum, normatizou princípios e técnicas peculiares à sua índole inovadora, que hoje desapareceram ou se incorporaram aos princípios gerais do processo, em sua maior parte por absorção pelo sistema originário.

É o que nos mostra, por exemplo a extinção da peculiaridade legal da representação paritária nos órgãos jurisdicionais trabalhistas e da instância única nas causas de pequeno valor, tanto quanto a migração da conciliabilidade e do triplo grau da jurisdição para o campo dos princípios gerais do processo.

2.
Organização da Justiça do Trabalho

Bruno Freire e Silva[1]
João Renda Leal Fernandes[2]

1. INTRODUÇÃO

A jurisdição constitui expressão da soberania de um Estado e, nessa condição, ela é substancialmente una. Não obstante, em face da necessidade de maior especialização e familiaridade no trato das questões trabalhistas, diante da importância da conciliação, celeridade e eficiência nesta seara tão singular (que lida diretamente com a satisfação de créditos alimentares, a efetivação de direitos sociais e o justo equilíbrio dos conflitos entre capital e trabalho), o Estado brasileiro historicamente optou – assim como vários outros – por possuir cortes e magistrados especializados na resolução de conflitos advindos das relações de trabalho.

As normas trabalhistas propiciam aparente harmonia entre segmentos sociais com interesses distintos, o que torna possível a própria existência e sobrevida do modo capitalista de produção. Ao regulamentar as condições e as contrapartidas para a aquisição da força produtiva alheia, o Direito do Trabalho legitima o próprio sistema de produção capitalista e tenta, de alguma forma, humanizá-lo, o que minimiza os riscos de rupturas institucionais abruptas e violentas. Neste sentido, não é exagerado dizer que o Direito do Trabalho constitui não apenas um produto da sociedade capitalista moderna, mas também instrumento relevante para a sua preservação.

Na mesma toada, por ter sua atuação voltada à aplicação do direito material do trabalho aos conflitos surgidos no âmago das relações (individuais e coletivas) entre trabalhadores e tomadores de serviços, a Justiça do Trabalho não apenas realiza a composição das demandas específicas que lhe são submetidas, mas também contribui para que haja pacificação social. Ao possibilitar a amenização de conflitos entre classes com interesses divergentes, a Justiça do Trabalho acaba por colaborar indiretamente com a modernização do país, seu desenvolvimento socioeconômico e a estabilidade de suas instituições, além de abrir caminho para a própria expansão e evolução do capitalismo industrial.

Em face da natureza dos litígios apreciados e das particularidades desse ramo jurídico tão específico, uma prestação jurisdicional trabalhista eficiente deve partir de algumas premissas: (i) necessidade de efetividade dos seus pronunciamentos, para que suas decisões possam concretamente influir na realidade; (ii) importância do acesso fácil pelos jurisdicionados, sem burocracia que dificulte o livre exercício do direito de ação; (iii) gratuidade dos processos, ao menos para um segmento, porque o litigante trabalhista típico geralmente não dispõe de recursos que o permitam arcar com as despesas processuais sem prejuízo de seu próprio sustento; (iv) especialização como fator de aperfeiçoamento da jurisdição e que permita ao juiz uma visão mais ampla e profunda dos conflitos e interesses em disputa; e (v) o imperativo da celeridade, pois os processos judiciais normalmente são demorados e a natureza dos créditos trabalhistas impõe uma breve solução[3].

---

(1) Advogado. Graduado e Especialista em Direito Processual do Trabalho na UFBA. Mestre e Doutor em Direito Processual na PUC-SP. Professor Adjunto de Teoria Geral do Processo na UERJ (Graduação, Mestrado e Doutorado). Membro do Instituto Brasileiro de Direito Processual, do Instituto dos Advogados de São Paulo e do Centro de Estudos Avançados de Processo. Membro Titular da Cadeira n. 68 da Academia Brasileira de Direito do Trabalho.

(2) Juiz do Trabalho Substituto no Tribunal Regional do Trabalho da 1ª Região. Especialista em Direito Público. Mestrando em Direito do Trabalho e Direito Previdenciário na UERJ. *Visiting Researcher* na *Harvard Law School* (2019-2020). Ex-bolsista da Japan Student Services Organization na *Tokyo University of Foreign Studies*.

(3) Neste sentido, NASCIMENTO, Amauri Mascaro. Conceito e modelos de jurisdição trabalhista. *Revista LTr*, v. 61, n. 8, p. 1019. ago. 1997,

A existência de ramo autônomo do Poder Judiciário especializado na resolução de conflitos trabalhistas certamente não é exclusividade do Brasil. Nossa Justiça do Trabalho e sua estrutura guardam similitudes, por exemplo, com a Justiça do Trabalho alemã, que conta com Tribunais do Trabalho (*Arbeitgerichts* – ARBG) como órgãos de base, Tribunais Regionais do Trabalho (*Landsarbeitsgericht* – LAG) em cada *lander* (região) e um Tribunal Federal do Trabalho (*Bundesarbeitsgericht* – BAG). A Justiça do Trabalho também está presente na Grã-Bretanha, onde a primeira instância conta com os *Employment Tribunals* (no passado, chamados *Industrial Tribunals*) e a segunda instância, com o *Employment Appeal Tribunal* (EATS).

A título meramente exemplificativo, citamos alguns outros países onde a Justiça do Trabalho constitui igualmente um ramo especial integrante do Poder Judiciário: Bélgica, Camarões, Costa do Marfim, Egito, Israel, Madagascar, Noruega, Senegal e Suécia. Há países, ademais, em que a Justiça do Trabalho constitui um setor especializado da Justiça Comum, como é o caso da Argentina, Austrália, Bolívia, Colômbia, Costa Rica, Chile, Espanha, Itália, Panamá, Paraguai, Peru, República Dominicana e Uruguai[4].

2. A HISTÓRIA DA JUSTIÇA DO TRABALHO NO BRASIL

Ao longo do século XIX, a partir da crescente adoção do trabalho produtivo alheio e subordinado, oferecido mediante o pagamento de contraprestações, surgiu também a necessidade de se criarem mecanismos eficientes para a resolução de conflitos trabalhistas, tanto os individuais quanto os coletivos. No Brasil, a evolução desses mecanismos passou por diferentes fases e períodos.

Durante o Império e primeiros anos da República, o trabalho subordinado era basicamente regido pela disciplina do contrato de locação de serviços e alguns diplomas legislativos passaram a prever ritos mais céleres e abreviados para a apreciação de causas relativas a tal modalidade contratual[5]. As demandas eram normalmente decididas pelos juízes de direito da comarca, no âmbito da Justiça Comum.

O Decreto n. 2.827, de 15 de março de 1879, estabeleceu que demandas de prestação de serviços no âmbito rural deveriam ser solucionadas por juízes de paz, com apelação, dotada de efeito devolutivo, para o juiz de direito.

Em 1907, o Decreto n. 1.637, editado no governo de Afonso Pena, previa a instituição de *Conselhos Permanentes de Conciliação e Arbitragem* no âmbito dos sindicatos. Porém, essa previsão não chegou a se concretizar e esses órgãos não foram efetivamente instituídos.

No estado de São Paulo, a Lei Estadual n. 1.869, de 10.10.1922, instituiu os chamados *Tribunais Rurais*, comumente referidos como os primeiros órgãos judiciais especializados na resolução de conflitos trabalhistas no Brasil. Tais órgãos eram compostos pelo juiz de direito da comarca em que situada a propriedade rural, juntamente com um representante designado pelo trabalhador e outro, pelo fazendeiro. A economia do estado de São Paulo era, à época, essencialmente agrícola, com grande ênfase para o cultivo do café. Esses tribunais tinham competência para decidir litígios decorrentes da interpretação e execução dos contratos de locação de serviços agrícolas, no valor de até 500 mil réis.

A experiência dos Tribunais Rurais do estado de São Paulo não teve grande êxito, uma vez que a decisão dependia geralmente do entendimento adotado pelo juiz de direito, já que os demais membros do tribunal (designados pelo trabalhador e pelo fazendeiro) costumavam decidir em favor da respectiva parte que o havia indicado.

Com a Revolução de 1930 e a ascensão de Vargas à Presidência da República, foi criado o Ministério do Trabalho, Indústria e Comércio (Decreto n. 19.433/1930). Em 1932, instaurou-se, dentro do âmbito desse Ministério, um sistema oficial para a resolução de conflitos coletivos trabalhistas, através das *Comissões Mistas de Conciliação* (Decreto n. 21.396, de 12.05.1932). Para dirimir os conflitos individuais, foram instituídas as *Juntas de Conciliação e Julgamento*, órgãos de natureza administrativa (também vinculados ao Ministério do Trabalho, Indústria e Comércio) onde somente os empregados sindicalizados poderiam demandar (Decreto n. 22.132, de 25.11.1932). Esses dois órgãos

---

(4) A enumeração é de MARTINS FILHO, Ives Gandra da Silva. Breve História da Justiça do Trabalho. In: NASCIMENTO, Amauri Mascaro et al. *História do trabalho, do Direito do Trabalho e da Justiça do Trabalho*: homenagem a Armando Casimiro Costa, 3. ed. São Paulo: LTr, 2011. p. 159.

(5) Julio Assumpção Malhadas menciona as Leis de 13 de setembro de 1830 e de 11 de outubro de 1837, além do Decreto de 15 de março de 1842, como os primeiros diplomas a prever trâmite especial para causas derivadas do contrato de locação de serviços, que deveriam seguir o rito sumariíssimo e estavam afetas à Justiça Comum (MALHADAS, Julio Assumpção. *Justiça do Trabalho*: sua história, sua composição, seu funcionamento. São Paulo: LTr, 1998. v. 1, p. 106).

foram, segundo Süssekind, os embriões da Justiça do Trabalho[6].

As Constituições de 1934 e 1937 faziam referência à criação de uma Justiça do Trabalho, porém, ainda sem o reconhecimento de sua natureza judicante, *in verbis*:

> Art. 122 (Constituição de 1934). Para dirimir questões entre empregadores e empregados, regidas pela legislação social, fica instituída a Justiça do Trabalho, à qual não se aplica o disposto no Capítulo IV do Título I.
>
> Parágrafo único. A constituição dos Tribunais do Trabalho e das Comissões de Conciliação obedecerá sempre ao princípio da eleição de membros, metade pelas associações representativas dos empregados, e metade pelas dos empregadores, sendo o presidente de livre nomeação do Governo, escolhido entre pessoas de experiência e notória capacidade moral e intelectual.
>
> Art. 139 (Constituição de 1937). Para dirimir os conflitos oriundos das relações entre empregadores e empregados, reguladas na legislação social, é instituída a Justiça do Trabalho, que será regulada em lei e à qual não se aplicam as disposições desta Constituição relativas à competência, ao recrutamento e às prerrogativas da Justiça comum.
>
> A greve e o *lock-out* são declarados recursos anti-sociais nocivos ao trabalho e ao capital e incompatíveis com os superiores interesses da produção nacional.

O Decreto-lei n. 1.237, de 02.05.1939, veio instituir e dispor sobre a organização da Justiça do Trabalho, composta dos seguintes órgãos: *Juntas de Conciliação e Julgamento* (JCJs), *Conselhos Regionais do Trabalho* (CRTs) e *Conselho Nacional do Trabalho* (CNT), estrutura que encontra paralelo, de certa forma, até os dias atuais.

Não obstante, apenas em 1º de maio de 1941, o Presidente Getúlio Vargas proferiu discurso, no Estádio de São Januário (campo de futebol do Clube de Regatas Vasco da Gama), em que declarava efetivamente instalada a Justiça do Trabalho, cuja estrutura, à época dessa inauguração oficial, contava com 36 JCJs, 8 CRTs, além do CNT. Nesse período, a Justiça do Trabalho permanecia ainda vinculada administrativamente à estrutura do Ministério do Trabalho, Indústria e Comércio. Apesar disso, no mencionado discurso, o Presidente da República a ela se referiu como a "nova magistratura".

Além do mais, em decisão histórica proferida em 1943, o próprio STF reconheceu o caráter jurisdicional das cortes trabalhistas, ao admitir recurso extraordinário contra decisão do CNT que alegadamente contrariava preceito da Constituição, o que acabou por atestar a natureza judicante deste órgão de cúpula da Justiça do Trabalho:

> Essa Justiça especial, autônoma, que gravita fora da influência da Justiça comum, pode aplicar, também, preceito constitucional, ou deixar de aplicá-lo. Ora, quando suas decisões ferem preceito constitucional – e só então – é que caberá recurso extraordinário para o Supremo Tribunal. De fato, é a este que compete a guarda soberana da lei constitucional, ferida que seja através de qualquer órgão judicante, inclusive a Justiça do Trabalho. (STF, 2ª Turma, RE 6.310, DJU 30.09.1943.)[7]

Contudo, foi apenas em 1946 que a Justiça do Trabalho deixou de funcionar dentro da esfera administrativa do Ministério do Trabalho e passou a integrar a estrutura do Poder Judiciário, tornando-se, assim, independente. Isso se deu por meio do Decreto-lei n. 9.797, de 09.09.1946, e da Constituição de 1946, cujo art. 94 expressamente se referia aos Juízes e Tribunais do Trabalho como órgãos do Poder Judiciário.

Além disso, a Carta de 1946 estabeleceu competência à Justiça do Trabalho para conciliar e julgar dissídios individuais e coletivos resultantes das relações de trabalho, podendo, no julgamento dos dissídios coletivos e nos casos especificados por lei, "estabelecer normas e condições de trabalho" (art. 123, *caput* e § 2º). O texto constitucional enumerou, ainda, os seguintes órgãos na estrutura da Justiça do Trabalho: Juntas ou Juízes de Conciliação e Julgamento, Tribunais Regionais do Trabalho e Tribunal Superior do Trabalho (art. 122).

As Constituições de 1967/69 e 1988 mantiveram a competência da Justiça do Trabalho, inclusive para os dissídios coletivos, porém, a Carta de 1988 facultou às partes a escolha, por consenso, da arbitragem como meio de resolução do conflito coletivo, o que excluiria a intervenção judicial.

Depois de sua instalação (em 1941) e desde sua integração ao Poder Judiciário (em 1946), a Justiça do Trabalho muito cresceu, evoluiu e se modernizou.

---

(6) SÜSSEKIND, Arnaldo. Tribunais do Trabalho no direito comparado e no Brasil. *Revista do Tribunal Superior do Trabalho*. Brasília, v. 65, n. 1, p. 124, out./dez. 1999.

(7) Decisão citada por SÜSSEKIND, Arnaldo. O cinquentenário da justiça do trabalho. *Revista do Tribunal Superior do Trabalho*, São Paulo, v. 60, p. 17, 1991.

A Emenda Constitucional n. 24, de 09.12.1999, extinguiu a representação classista. As antigas Juntas de Conciliação e Julgamento transformaram-se em Varas do Trabalho, as quais passaram a contar apenas com juízes que detêm formação jurídica. O mesmo ocorreu nos Tribunais Regionais do Trabalho e no Tribunal Superior do Trabalho.

A Emenda Constitucional n. 45, de 08.12.2004, aumentou consideravelmente as atribuições da Justiça do Trabalho, cuja competência era antes eminentemente estabelecida em razão da pessoa (conflitos oriundos *da relação entre empregados e empregadores* e, excepcionalmente, controvérsias decorrentes das relações de trabalho) e passou a ser fixada em razão da natureza jurídica da relação material (relação de trabalho em sentido amplo).

3. ORGANIZAÇÃO E ESTRUTURA DA JUSTIÇA DO TRABALHO

A Justiça do Trabalho integra a estrutura do Poder Judiciário da União, sendo composta pelos seguintes órgãos: Tribunal Superior do Trabalho (TST), Tribunais Regionais do Trabalho (TRTs) e Juízes do Trabalho (arts. 92, II-A e IV, e 111, da CRFB/88).

Nas unidades judiciárias de primeira instância (Varas do Trabalho), o exercício da jurisdição incumbe aos juízes do trabalho, cujo ingresso na carreira depende de aprovação em concurso público de provas e títulos. O cargo inicial é de Juiz do Trabalho Substituto e a promoção a Juiz Titular de Vara do Trabalho ocorre, alternadamente, por merecimento e por antiguidade[8]. No primeiro grau, o Juiz do Trabalho adquire vitaliciedade após dois anos no exercício do cargo (art. 95, I, da CRFB).

De acordo com a Constituição, nas localidades onde não houvesse Vara do Trabalho, a jurisdição trabalhista seria atribuída ao juiz de direito, cujas decisões admitiriam recurso para o TRT da respectiva região (art. 112 da CRFB). Deve-se lembrar de que o sistema recursal seguiria, neste caso, as normas processuais trabalhistas. Assim, não caberia, por exemplo, recurso imediato de eventual decisão interlocutória proferida, em face do disposto no art. 893, § 1º, da CLT. Em todo caso, com a atual organização da Justiça do Trabalho, na prática, não há mais juízes de direito investidos de jurisdição trabalhista, pois todos os municípios do território nacional encontram-se abrangidos pela jurisdição de alguma Vara do Trabalho.

No segundo grau, os Tribunais Regionais do Trabalho são compostos por no mínimo sete juízes, com o número total de seus membros variando de acordo com o volume de processos em cada região. O recrutamento é feito entre brasileiros com mais de 30 e menos de 65 anos. Embora a maioria desses membros seja oriunda da magistratura de carreira (promovidos, de forma alternada, por antiguidade e merecimento), um quinto das vagas (sempre com arredondamento para cima) é destinado a membros do Ministério Público do Trabalho com mais de 10 anos de efetivo exercício e advogados com mais de 10 anos de efetiva atividade profissional (art. 115 da CRFB). Em que pese o ato de nomeação seja de competência do Presidente da República, não há necessidade de sabatina ou aprovação pelo Senado Federal. Os membros de TRTs originários do quinto constitucional são vitalícios a partir da posse.[9]

A fim de evitar disparidades nos nomes dos cargos utilizados para designar magistrados de 1º e 2º graus, a Resolução n. 104/2012 do CSJT procurou proceder a uma uniformização de tratamento: o ingresso na carreira se dá no cargo de *Juiz do Trabalho Substituto*, com posterior promoção a *Juiz Titular de Vara de Trabalho*, sendo o membro do 2º grau designado como *Desembargador do Trabalho*. Não obstante, via Regimento Interno, alguns TRTs outorgaram aos seus magistrados de 2º grau o título de *Desembargador Federal do Trabalho*, em que pese a própria Constituição se refira a estes como *juízes* (art. 115, *caput*).

Atualmente, o Brasil possui 24 Tribunais Regionais do Trabalho. O estado de São Paulo é o único a contar com dois TRTs: o da 2ª Região, sediado na capital do estado (cuja jurisdição abrange a região metropolitana da cidade de São Paulo, além de alguns municípios da Baixada Santista), e o da 15ª Região, com sede em Campinas (cuja jurisdição compreende os municípios do interior do estado não abrangidos pela 2ª Região). A jurisdição de alguns outros TRTs abrange o território de mais de um estado, como é o caso da 8ª Região

---

(8) É obrigatória a promoção do juiz que figure por três vezes consecutivas ou cinco alternadas em lista de merecimento. Na apuração de antiguidade, o tribunal somente pode recusar o juiz mais antigo pelo voto fundamentado de dois terços de seus membros, conforme procedimento próprio, e assegurada ampla defesa, repetindo-se a votação até se fixar a indicação (art. 93, II, *d*, da CRFB).

(9) Art. 22 da LC n. 35/1979 (LOMAN). São vitalícios:
I – a partir da posse: (...)
d) os Ministros e Juízes togados do Tribunal Superior do Trabalho e dos Tribunais Regionais do Trabalho; (...)

(Pará e Amapá), 11ª Região (Amazonas e Roraima) e 14ª Região (Rondônia e Acre). Por sua vez, a jurisdição do TRT-10ª Região se estende pelo Distrito Federal e Tocantins. A jurisdição de cada um dos demais TRTs compreende o território dos respectivos estados onde situados (por exemplo, o TRT-1ª Região tem sua jurisdição adstrita ao estado do Rio de Janeiro e o TRT-18ª Região, ao estado de Goiás).

O TST é o órgão de cúpula da Justiça do Trabalho, com sede em Brasília e jurisdição em todo o território nacional. Surgido em 1946 (mesmo ano em que a Justiça do Trabalho passou a integrar o Poder Judiciário), é ele que confere a última palavra em matéria trabalhista infraconstitucional e possui a missão de unificar a jurisprudência e a interpretação da legislação trabalhista no âmbito de sua competência[10].

O TST é atualmente composto pelo total de 27 Ministros, escolhidos entre brasileiros com mais de 35 e menos de 65 anos (art. 111-A da CRFB), dos quais 6 (um quinto, com arredondamento para cima) são escolhidos entre advogados com mais de 10 anos de efetiva atividade profissional e membros do MPT com mais de 10 anos de efetivo exercício. Os Ministros oriundos do quinto constitucional são vitalícios a partir da posse (art. 22, I, *d*, da LOMAN). Os demais 21 Ministros devem ser escolhidos entre Juízes dos TRTs oriundos da magistratura de carreira, indicados pelo próprio TST. Dessa forma, não é possível que as vagas destinadas à magistratura de carreira sejam preenchidas por Desembargadores que tomaram posse nos respectivos TRTs de origem através do quinto constitucional. O ato de nomeação dos Ministros compete ao Presidente da República, após aprovação em sabatina realizada pelo Senado Federal.

Consoante previsto no art. 111-A, § 2º, I, da CRFB (incluído pela EC n. 45/2004), funciona junto ao TST a Escola Nacional de Formação e Aperfeiçoamento de Magistrados do Trabalho (ENAMAT), que tem como objetivo promover a formação e o aperfeiçoamento técnico dos magistrados do trabalho, os quais necessitam de qualificação profissional específica e atualização contínua, em face da relevância da função estatal que exercem. Os juízes do trabalho participam de cursos, seminários e colóquios promovidos pela ENAMAT ao longo de toda a carreira, o que lhes possibilita constante atualização. A Escola promove cursos de formação inicial presenciais, realizados em sua sede em Brasília (localizada no 5º andar, Bloco A, do TST), dirigidos aos juízes do trabalho substitutos recém-empossados. Há também os cursos de formação continuada (presenciais ou a distância), dirigidos a todos os magistrados trabalhistas em exercício, de qualquer grau de jurisdição. Existem, ademais, cursos de formação de formadores, dirigidos a juízes-formadores aptos a exercerem atividade discente no âmbito das Escolas Regionais de Magistratura (existentes em cada um dos TRTs). Com isso, a ENAMAT e as Escolas Regionais desempenham papel de extrema relevância, ao possibilitarem a capacitação e constante atualização dos magistrados do trabalho, contribuindo para uma prestação jurisdicional em nível de excelência.

Ainda, junto ao TST, funciona também o Conselho Superior da Justiça do Trabalho, a quem compete a supervisão administrativa, orçamentária, financeira e patrimonial da Justiça do Trabalho de primeiro e segundo graus, como órgão central do sistema e cujas decisões possuem efeito vinculante, conforme art. 111-A, § 2º, II, da CRFB, dispositivo também incluído pela EC n. 45/2004. O CSJT não exerce função jurisdicional e sua composição conta com o total de 11 membros: 3 membros natos (o Presidente e o Vice-Presidente do TST, além do Corregedor-Geral da Justiça do Trabalho); 3 outros Ministros eleitos pelo Pleno do TST; e 5 presidentes de TRTs, cada um representando uma das cinco regiões geográficas do País (Sul, Sudeste, Centro-Oeste, Nordeste e Norte).

Embora externo ao Judiciário e alheio à estrutura organizacional da Justiça do Trabalho, merece menção a existência do Conselho de Presidentes e Corregedores dos Tribunais Regionais do Trabalho (COLEPRECOR), sociedade civil de âmbito nacional, sem fins lucrativos, composta pelos Presidentes e Corregedores dos TRTs, tendo como membros de honra o Presidente do TST e CSJT e também o Corregedor-Geral da Justiça do Trabalho. O COLEPRECOR possui os seguintes objetivos: defesa dos princípios, prerrogativas e funções institucionais da Justiça do Trabalho, especialmente dos TRTs; intermediação nas relações entre a Justiça do Trabalho e os Poderes constituídos, para aperfeiçoar a prestação da tutela jurisdicional trabalhista, sem prejuízo da representatividade do TST; integração dos TRTs em todo o território nacional, com intercâmbio de experiências funcionais e administrativas; estudo e aprofundamento de temas jurídicos e de questões judiciais de repercussão

---

(10) De acordo com o art. 65 de seu Regimento Interno, o TST é composto pelos seguintes órgãos: Tribunal Pleno, Órgão Especial, Seção Especializada em Dissídios Coletivos, Seção Especializada em Dissídios Individuais (dividida em duas subseções); e Turmas (atualmente, em número total de oito).

em mais de um estado da Federação, buscando a uniformização de entendimentos, respeitadas a autonomia e as peculiaridades locais.

4. A JUSTIÇA DO TRABALHO EM NÚMEROS: UM RETRATO ATUAL

Como já visto, a Justiça do Trabalho conta com o Tribunal Superior do Trabalho, sediado no Distrito Federal, e com 24 Tribunais Regionais do Trabalho. No que se refere ao quantitativo de magistrados, de acordo com a última edição do *Relatório Justiça em Números* do CNJ, o TRT-2ª Região é o Tribunal Regional de maior porte (com 538 magistrados, incluídos os Desembargadores e os Juízes de 1º grau), seguido do TRT-15ª Região (416 magistrados) e do TRT-1ª Região (330 magistrados). Os TRTs da 22ª (PI) e 20ª Região (SE), por sua vez, possuem 37 e 36 magistrados em seus quadros, respectivamente. A Justiça do Trabalho conta com o total de 1.572 Varas do Trabalho instaladas e em funcionamento, 3.658 magistrados (incluindo Ministros, Desembargadores e Juízes), 40.712 servidores, além dos trabalhadores terceirizados e estagiários[11].

Entre os magistrados, as mulheres já constituem maioria no 1º grau, onde correspondem a 51%. Nos TRTs, esse percentual cai para 40% e, no TST, para 24%[12].

Em 2017, a Justiça do Trabalho arrecadou o total de R$ 3.588.477.056,26 em custas, emolumentos e tributos, valor correspondente a 18,2% de sua despesa orçamentária (no valor total bruto de R$ 19.746.742.664,13, devendo-se recordar, contudo, que a União retém tributos também sobre a folha de pagamento de seus servidores). No mesmo ano, os montantes pagos aos trabalhadores corresponderam a R$ 27.082.593.692,57 (dos quais 43,4% foram decorrentes de acordos judiciais)[13].

As Varas do Trabalho receberam o total de 2.630.842 casos novos em 2017. Nos TRTs, esse número foi de 837.331 e, no TST, de 206.869[14]. Deve-se ressaltar, neste particular, que os números relativos aos TRTs e TST englobam também os recursos, o que certamente acaba por incluir nessa estatística centenas de milhares de casos não propriamente "novos" no âmbito da Justiça do Trabalho como um todo[15].

O total a julgar por magistrado tem apresentado aumentos consecutivos ao longo dos anos e alcançou, em 2017, o impressionante quantitativo de 1.884 processos[16].

A Justiça do Trabalho, sob diversos enfoques, é o ramo do Poder Judiciário que mais realiza conciliações no Brasil. Em 2017, 38,4% dos processos em fase de conhecimento no 1º grau foram solucionados dessa forma (contra 14,2% na Justiça Estadual e 10,1% na Justiça Federal). O TRT da 9ª Região (PR) atingiu o incrível índice de 48,6% de processos conciliados na fase de conhecimento ao longo do ano de 2017[17].

Como se sabe, a busca pela conciliação é um dos aspectos fundamentais do processo de resolução de conflitos trabalhistas no Brasil e tal elemento caracteriza a Justiça do Trabalho desde sua criação, e ao longo de toda a sua história.

Como incentivo adicional à pacificação de conflitos, vale lembrarmos que, por meio de sua Resolução n. 174/2016, o CSJT instituiu uma nova política de tratamento de disputas trabalhistas, cujo teor prevê que todos os TRTs devem criar estruturas físicas para as audiências de conciliação e mediação. Esses Centros Judiciários de Métodos Consensuais de Solução de Disputas (CEJUSCs) fomentam as soluções autocompositivas também no segundo grau de jurisdição.

Ao longo do ano de 2017, concluiu-se também o processo de implantação do sistema processual eletrônico *PJe* em todas as Varas do Trabalho do país, ou seja, na atualidade, pode-se dizer que todas as novas ações ajuizadas perante as unidades judiciárias de 1º grau da Justiça do Trabalho brasileira têm seus arquivos mantidos através de um sistema processual eletrônico de armazenamento de dados, e não mais em registros

---

(11) CONSELHO NACIONAL DE JUSTIÇA. *Justiça em números 2018*: ano-base 2017. Brasília: CNJ, 2018. p. 29, 66-70.

(12) TRIBUNAL SUPERIOR DO TRABALHO, Coordenadoria de Estatística e Pesquisa. *Relatório geral da Justiça do Trabalho 2018*. Brasília: TST, 2018. p. 14-15.

(13) Idem, p. 37-39.

(14) Ibidem, p. 40.

(15) Neste sentido, veja-se SILVA, Alessandro da. A 'reforma' trabalhista e o mito da litigiosidade. In: MAIOR, Jorge Luiz Souto; SEVERO, Valdete Souto. *Resistência*: aportes teóricos contra o retrocesso trabalhista. São Paulo: Expressão Popular. p. 47-57.

(16) TRIBUNAL SUPERIOR DO TRABALHO, Coordenadoria de Estatística e Pesquisa. *Relatório geral da Justiça do Trabalho 2018*. Brasília: TST, 2018. p. 6.

(17) CONSELHO NACIONAL DE JUSTIÇA. *Justiça em números 2018*: ano-base 2017. Brasília: CNJ, 2018. p. 141.

físicos de papel[18]. Isso significa que os processos novos são ajuizados e analisados através de registros em computador, disponíveis em qualquer aparelho que possua acesso à internet.

Aliás, também ao longo do ano de 2017, a Justiça do Trabalho lançou o aplicativo *JTe*, para acesso através de aparelhos de telefonia celular (*smartphones*), ferramenta que conta com as seguintes funcionalidades: consulta de processos judiciais; consulta de pautas de audiências, sessões e conciliação; consulta de jurisprudência com opção de compartilhamento; seleção de processos favoritos para recebimento de notificações sobre movimentação processual e realização de audiências; emissão de boletos para depósitos judiciais com opção de compartilhamento (por enquanto, apenas para o TRT-5ª Região); notícias dos TRTs; envio de sugestão para melhorias/correções no aplicativo; autenticação para consulta a documentos restritos; anotação de audiências na agenda local do dispositivo; instrumento para verificação de autenticidade de documentos do *PJe*; ferramentas de *chat*; *backup* e recuperação de dados; compartilhamento de processos; e módulo de ajuda.

No que se refere aos indicadores consolidados de informatização, confira-se a análise comparativa empreendida pelo CNJ no último *Relatório Justiça em Números*:

> Destaca-se a Justiça Trabalhista, segmento com maior índice de virtualização dos processos, com 100% dos casos novos eletrônicos no TST e 96,3% nos Tribunais Regionais do Trabalho, sendo 86,1% no 2º grau e 99,5% no 1º grau. Em contrapartida, na Justiça Eleitoral, apenas 11,4% dos processos judiciais foram iniciados eletronicamente. A Justiça Militar Estadual começou a implantação do Processo Judicial Eletrônico (PJe) ao final de 2014, mas não avançou entre os anos de 2016 e 2017 (de 33,4% para 34%, respectivamente). As justiças Federal e Estadual figuraram como os segmentos com maior avanço comparativamente ao ano anterior, com crescimento de 8,4 e 8,0 pontos percentuais, respectivamente[19].

Frise-se novamente: com o feito atingido no decorrer do ano de 2017, a Justiça do Trabalho é a única – entre todos os ramos do Judiciário – a possuir 100% dos novos processos já sendo ajuizados de forma eletrônica não apenas em todas as suas unidades judiciárias de 1º grau, mas também em seu órgão de cúpula (TST). Isso colabora para a efetivação dos princípios constitucionais da celeridade, contraditório, ampla defesa e acesso à Justiça.

A título meramente ilustrativo, podemos recordar que a competência territorial, no processo do trabalho, se estabelece, em regra, de acordo com o local da prestação de serviços (art. 651, *caput*, da CLT). Neste sentido, um reclamado notificado para responder à reclamação trabalhista perante Vara localizada a mais de 3 mil quilômetros de distância do local, onde ocorreu a efetiva prestação de serviços, poderá agora apresentar exceção de incompetência territorial sem a necessidade e os custos de deslocamento, graças ao sistema *PJe* e à nova regra do art. 800 da CLT (com redação determinada pela Lei n. 13.467/2017)[20]. Isso evita certamente despesas desnecessárias (com viagens e com a contratação de advogados) e, consequentemente, favorece o acesso à justiça (em especial para empresas de menor porte), viabilizando o pleno exercício do contraditório e da ampla defesa.

Além do *PJe*, outros sistemas desenvolvidos no âmbito da Justiça do Trabalho, como o *JurisCalc* e o *PJe-Calc*, também têm evoluído constantemente, sempre no interesse de possibilitar uma prestação jurisdicional em nível de excelência. O mesmo se pode dizer em relação aos diversos sistemas eletrônicos que buscam propiciar maior efetividade à execução trabalhista.

5. A JUSTIÇA DO TRABALHO DEVE SER EXTINTA?

No Brasil, um almejante ao cargo de Juiz do Trabalho necessita ter, no mínimo, 3 anos de prática jurídica já depois de formado em Direito (seja atuando como advogado, servidor público ou em outra função ou cargo que exija a utilização efetiva de conhecimentos jurídicos) e o ingresso na carreira depende da aprovação numa série de exames realizados durante um longo

---

(18) TRIBUNAL SUPERIOR DO TRABALHO, Notícias do TST. *Processos recebidos na Justiça do Trabalho já são 100% eletrônicos*. Disponível em: <http://www.tst.jus.br/noticias/-/asset_publisher/89Dk/content/id/24446854>. Acesso em: 9 nov. 2018.

(19) CONSELHO NACIONAL DE JUSTIÇA. *Justiça em números 2018*: ano-base 2017. Brasília: CNJ, 2018. p. 91.

(20) Inspirada nas facilidades proporcionadas pelo processo eletrônico, a Lei n. 13.467/2017 (Reforma Trabalhista) introduziu mudanças significativas na regência da exceção de incompetência territorial (art. 800 da CLT) e passou a prever a possibilidade de oferecimento dessa modalidade de defesa antes da audiência, através peticionamento via *PJe*, no prazo de 5 (cinco) dias úteis a contar da notificação, com suspensão do feito até que se decida a exceção.

processo público de seleção (prova objetiva, prova discursiva, prova de sentença, sindicância de vida pregressa, exames médicos e psicotécnico, prova oral e prova de títulos).

O ingresso na carreira depende de anos de estudo e preparação específica direcionada ao trato de questões trabalhistas, além de conhecimento técnico-especializado sobretudo em matérias como Direito do Trabalho, Processo do Trabalho, Processo Civil, Direito Constitucional, Direitos Humanos e Direito Previdenciário.

Depois da posse, o Juiz do Trabalho é submetido a longos cursos de formação inicial, sendo um na ENAMAT e outro na Escola Regional de Magistratura existente em cada um dos 24 TRTs. Ao longo de toda a carreira, o Juiz do Trabalho precisa também realizar, a cada semestre, extensos cursos, o que garante aperfeiçoamento técnico e atualização constante.

A Justiça do Trabalho conta, ainda, com quadro de pessoal altamente especializado: servidores competentes, aprovados em concursos públicos que incluem provas de Direito do Trabalho, Processo do Trabalho e outras disciplinas. Os advogados e promotores (Procuradores do Trabalho) atuantes na Justiça do Trabalho possuem igualmente conhecimento técnico e prático em questões trabalhistas.

O trato da matéria trabalhista é, sem dúvidas, melhor realizado com especialização. Brilhantes advogados da área cível, tributária ou criminal, por exemplo, habitualmente sentem dificuldades de adaptação ao tentarem militar na área trabalhista.

Em face da necessidade de maior especialização e familiaridade no trato dessas questões, o Estado brasileiro historicamente optou – assim como vários outros – por possuir cortes e magistrados especializados na resolução de conflitos advindos das relações de trabalho. E essas cortes vêm desempenhando um nobre papel, destacando-se, como já visto, como o ramo mais célere, produtivo, informatizado, eficiente e conciliatório de todo o Judiciário nacional.

Ao longo de quase oito décadas, a Justiça do Trabalho tem não apenas realizado a composição das demandas que lhe são submetidas, mas também contribuído para a pacificação da sociedade brasileira. Ao possibilitar a amenização de conflitos entre classes com interesses divergentes, essa Justiça especializada sem dúvida teve sua parcela de contribuição para o desenvolvimento socioeconômico do país e para a estabilidade de suas instituições. Abriu, ainda, caminho para a própria expansão e evolução do capitalismo industrial brasileiro.

Desde a criação dos primeiros órgãos judiciais especializados na resolução de conflitos trabalhistas, apesar de todas as dificuldades e obstáculos (já superados e ainda por superar), a economia brasileira (antes fundada quase que exclusivamente no cultivo do café e outros gêneros primários para exportação) apresentou considerável evolução e chegou a ocupar recentemente o posto de 6ª maior economia do mundo[21].

Infelizmente, vem ganhando força um discurso com viés utilitarista economicista, que tenta inferiorizar o papel desempenhado pela Justiça do Trabalho mediante argumentos exclusivamente matemáticos e contábeis, que enfatizam apenas as cifras referentes ao seu custo. Com esses argumentos, alguns políticos e economistas têm chegado a pregar a extinção da Justiça do Trabalho ou sua incorporação à Justiça Federal. Tal discurso, contudo, desconsidera as funções precípuas dessa Justiça especializada, que não apenas soluciona conflitos de interesses, mas também assegura proteção à dignidade humana e promove a efetivação de direitos sociais relacionados à garantia de um patamar civilizatório mínimo a todos os cidadãos.

Essa análise economicista baseada exclusivamente no exame dos montantes totais distribuídos aos trabalhadores em confronto com as despesas orçamentárias da Justiça do Trabalho esquece, por completo, que existe distribuição de justiça muito além das providências condenatórias em obrigações de pagar quantia certa que recebem julgamentos favoráveis pelos juízes do trabalho.

Existe, da mesma forma, distribuição de justiça quando se julga improcedente uma demanda absolutamente infundada ou quando se concedem tutelas específicas, por exemplo, para determinar a reintegração de um trabalhador dispensado de forma discriminatória em virtude de uma grave doença neurológica, ou para fazer cessar atividade que coloque em risco a vida ou a integridade física de outros seres humanos (provimentos condenatórios cuja expressão não pode propriamente ser materializada em cifras). Há distribuição de justiça, ainda, nas providências declaratórias e também nas constitutivas.

A Justiça do Trabalho desempenha papel igualmente relevante em questões diretamente relacionadas à preservação da dignidade humana, ao proferir decisões

---

(21) ISTOÉ INDEPENDENTE. *Brasil ultrapassa Reino Unido e se torna 6ª economia do mundo*, 26.12.2011. Disponível em: <https://istoe.com.br/184334_BRASIL+ULTRAPASSA+REINO+UNIDO+E+SE+TORNA+6+ECONOMIA+DO+MUNDO/>. Acesso em: 11 nov. 2018.

relativas ao combate do trabalho escravo, inclusão de pessoas com deficiência, erradicação do trabalho infantil e do tráfico de pessoas, garantia de segurança e saúde no ambiente de trabalho, prevenção de acidentes, combate ao trabalho em condições degradantes e à discriminação (de gênero, por idade, opção sexual etc.), entre muitos outros exemplos.

Nas palavras de Rodrigo Trindade:

> Vamos perguntar às crianças com infâncias abreviadas nas carvoarias de Mato Grosso quanto elas acham que deve custar impedir, reprovar e condenar exploração de trabalho infantil.
>
> Vamos perguntar aos escravos contemporâneos das confecções terceirizadas de São Paulo qual valor que acham que deve ser investido no resgate de suas famílias da escravidão.
>
> Vamos perguntar aos mutilados das indústrias moveleiras do sul do Brasil quanto eles acreditam que o Estado deveria ter gasto para evitar o corte da sua mão.
>
> A Justiça não é uma empresa. Não estamos falando de serviços empresariais; tratamos aqui de pessoas e valores de convivência, como polícia, vacinação pública, assistência a menores abandonados.
>
> Não há sociedade organizada sem jurisdição[22].

A existência de uma Justiça do Trabalho forte, autônoma e independente é importante não apenas para a classe trabalhadora, mas também para os bons empresários, cujos concorrentes que sonegam direitos trabalhistas não poderão competir em situação desleal de vantagem.

Se nosso país adotou opção histórica pela existência de cortes judiciais especializadas no trato da matéria trabalhista, e se este ramo tem oferecido respostas, em geral, satisfatórias à população, prestando serviço público relevante e se destacando – ano após ano – como o ramo mais célere, produtivo, eficiente e conciliatório do Poder Judiciário, entendemos que deslocar o julgamento da matéria trabalhista para outro ramo importaria inegável retrocesso, o que não significa que não devamos pensar e investir no aperfeiçoamentos da organização e estrutura da Justiça do Trabalho.

Concordamos com as sábias palavras de Amauri Mascaro Nascimento, para quem "o que de melhor se poderá fazer é aperfeiçoar a jurisdição laboral para que continue a cumprir os seus fins. Suprimi-la seria retrocesso. Cumpre valorizá-la e reordená-la numa perspectiva de modernidade adequada à realidade contemporânea"[23].

6. CONCLUSÃO

Paralelamente à afirmação e consolidação do Direito do Trabalho no Brasil, foi sendo desenvolvido um ramo do Poder Judiciário especializado na resolução de conflitos trabalhistas.

Em discurso proferido no dia 1º de maio de 1941, Vargas declarou efetivamente instalada a Justiça do Trabalho, cuja estrutura permanecia ainda vinculada administrativamente ao Ministério do Trabalho, Indústria e Comércio. Apesar disso, o Presidente da República a ela se referiu como a "nova magistratura".

Em 1946, a Justiça do Trabalho deixou de funcionar dentro da esfera administrativa do Ministério do Trabalho (órgão do Poder Executivo) e passou a integrar a estrutura do Poder Judiciário, tornando-se, assim, independente.

De lá para cá, essa Justiça especializada muito cresceu, evoluiu e se estruturou. Hoje, a Justiça do Trabalho é reconhecida como o ramo do Judiciário com os maiores índices de produtividade, informatização e conciliação. A busca pela conciliação, aliás, é um dos aspectos fundamentais do processo de resolução de conflitos trabalhistas no Brasil e tal elemento caracteriza a Justiça do Trabalho desde sua criação e ao longo de toda a sua história. Há tribunais trabalhistas que resolvem praticamente a metade das novas ações ajuizadas através de conciliação, como é o caso do TRT do Paraná (índice de 48,6% de conciliação na fase de conhecimento).

A Justiça do Trabalho é o único ramo do Judiciário a ter 100% dos novos processos já sendo ajuizados de forma eletrônica não apenas em suas unidades judiciárias de 1º grau (Varas do Trabalho), mas também em seu órgão de cúpula (TST). No 2º grau, esse índice já está bem próximo de atingir também os 100%.

Isso contribui para um outro aspecto que igualmente caracteriza a Justiça do Trabalho: a celeridade na prestação jurisdicional. E não poderia ser diferente, uma vez que os interesses em disputa guardam direta relação com a satisfação de créditos alimentares,

---

(22) TRINDADE, Rodrigo. *A Justiça do Trabalho deve dar lucro? A contabilidade judicial daquilo que o dinheiro não compra*. Disponível em: <http://revisaotrabalhista.net.br/2018/07/07/a-justica-do-trabalho-deve-dar-lucro-a-contabilidade-judicial-daquilo-que-o-dinheiro-nao-compra-05-8-2017/>. Acesso em: 9 nov. 2018.

(23) NASCIMENTO, Amauri Mascaro. *Op. cit.*, p. 1.025.

efetivação de direitos sociais, dignidade humana e justo equilíbrio dos conflitos entre capital e trabalho.

A organização, estrutura, história e números da Justiça do Trabalho que foram analisados no presente trabalho, pois, demonstram um riquíssimo passado, importante presente e muitas perspectivas de realizações para o futuro, incompatíveis com a equivocada e absurda ideia propagada por alguns poucos de sua necessária extinção.

7. REFERÊNCIAS

BERNARDES, Felipe. *Manual de Processo do Trabalho*. Salvador: JusPodivm, 2018.

CONSELHO NACIONAL DE JUSTIÇA. *Justiça em números 2018*: ano-base 2017. Brasília: CNJ, 2018.

ISTO É INDEPENDENTE. *Brasil ultrapassa Reino Unido e se torna 6ª economia do mundo*, 26 dez. 2011. Disponível em: <https://istoe.com.br/184334_BRASIL+ULTRAPASSA+REINO+UNIDO+E+SE+TORNA+6+ECONOMIA+DO+MUNDO/>. Acesso em: 11 nov. 2018.

MALHADAS, Julio Assumpção. *Justiça do Trabalho*: sua história, sua composição, seu funcionamento. São Paulo: LTr, 1998. v. 1.

MARTINS FILHO, Ives Gandra da Silva. Breve História da Justiça do Trabalho. In: NASCIMENTO, Amauri Mascaro *et al.*). *História do trabalho, do Direito do Trabalho e da Justiça do Trabalho*: homenagem a Armando Casimiro Costa. 3. ed. São Paulo: LTr, 2011.

NASCIMENTO, Amauri Mascaro. Conceito e modelos de jurisdição trabalhista. *Revista LTr*, v. 61, n. 8, p. 1.017-1.025, ago. 1997.

SCHIAVI, Mauro. *Manual de Direito Processual do Trabalho*. 10. ed. São Paulo: LTr, 2016.

SILVA, Alessandro da. A 'reforma' trabalhista e o mito da litigiosidade. In: MAIOR, Jorge Luiz Souto; SEVERO, Valdete Souto. *Resistência*: aportes teóricos contra o retrocesso trabalhista. São Paulo: Expressão Popular.

SÜSSEKIND, Arnaldo. O cinqüentenário da justiça do trabalho. *Revista do Tribunal Superior do Trabalho*, São Paulo, v. 60, p. 15-24, 1991.

_____. Tribunais do Trabalho no direito comparado e no Brasil. *Revista do Tribunal Superior do Trabalho*, Brasília, v. 65, n. 1, p. 115-126, out./dez. 1999.

TRIBUNAL SUPERIOR DO TRABALHO, Coordenadoria de Estatística e Pesquisa. *Relatório geral da Justiça do Trabalho 2018*. Brasília: TST, 2018.

_____. Notícias do TST. *Processos recebidos na Justiça do Trabalho já são 100% eletrônicos*. Disponível em: <http://www.tst.jus.br/noticias/-/asset_publisher/89Dk/content/id/24446854>. Acesso em: 9 nov. 2018.

_____. Notícias do TST. *Justiça em Números 2018: Justiça do Trabalho lidera ranking de conciliações em 2017*". Disponível em: <http://www.csjt.jus.br/web/csjt/noticias3/-/asset_publisher/RPt2/content/justica-do-trabalho-lidera-ranking-de-conciliacoes-em-2017?inheritRedirect=false>. Acesso em: 9 nov. 2018.

TRINDADE, Rodrigo. *A Justiça do Trabalho deve dar lucro? A contabilidade judicial daquilo que o dinheiro não compra*. Disponível em: <http://revisaotrabalhista.net.br/2018/07/07/a-justica-do-trabalho-deve-dar-lucro-a-contabilidade-judicial-daquilo-que-o-dinheiro-nao-compra-05-8-2017/>. Acesso em: 9 nov. 2018.

3.
ACESSO À JUSTIÇA E *JUS POSTULANDI* NO PROCESSO DO TRABALHO

Ricardo Pereira de Freitas Guimarães[1]
Henrique Garbellini Carnio[2]

> *"O conflito entre a justiça e a segurança jurídica pode ser resolvido da seguinte maneira: o direito positivo, assegurado por seu estatuto e seu poder, tem prioridade mesmo quando, do ponto de vista do conteúdo, for injusto e não atender a uma finalidade, a não ser que a contradição da lei positiva e a justiça atinja um grau tão insustentável que a lei, como "direito incorreto", deva ceder lugar à justiça."*
>
> Gustav Radbruch

1. INTRODUÇÃO

A palavra justiça encontra uma gama de significados (polissemia), a depender do contexto de sua utilização e vinculação[3]. Tal fato é reconhecido com bastante tranquilidade na sociedade, bastando observar diálogos que dissentem sobre posicionamentos das pessoas em suas mais simples atitudes, em que a palavra justiça é substituída pelas expressões certo ou errado e ainda direito ou não direito. A primeira ideia de justiça que nos envolve diz respeito exatamente ao que seria ou será certo como solução de uma possível divergência nas relações humanas.

Em verdade, a justiça é um conceito fundamental, de certa maneira irredutível, da ética, da filosofia social e jurídica, bem como da vida política, social, religiosa e jurídica[4].

A abrangência desse conceito estrutura-se, na maioria das vezes, a partir de alguns pontos que acabam sendo utilizados para direcionar o seu estudo, como identificar a igualdade como início de uma resposta para a justiça, como seu cerne, essencialmente.

No entanto, compreendendo a plurivalência do sentido da justiça, importa primeiramente para seu entendimento identificar a sua formação e desenvolvimento histórico[5].

A expressão justiça ocupa diferentes postos de compreensão advinda principalmente dos estudos da

---

(1) Advogado. Professor de graduação e pós-graduação. Especialista, mestre e doutor em Direito do Trabalho pela PUC de SP. Titular da Cadeira 81 da Academia Brasileira de Direito do Trabalho.

(2) Advogado. Mestre e doutor em teoria do estado e filosofia do direito pela PUC/SP. Pós-doutor em filosofia pela UNICAMP. Professor do Núcleo de Filosofia e Teoria Geral do Direito do Mackenzie e do Programa de Mestrado e Doutorado da FADISP.

(3) Neste sentido, é relevante a análise de Ota Weinberger ao demonstrar, a nosso ver, que a complexidade de definição da justiça esteja por trás da noção da condição humana e aquilo que a própria humanidade busca como ideal da justiça; por essa razão, que o autor entende a justiça como *a ubliquitous problem*. Cf. WEIBERGER, Ota. *Law, institution and legal politics: fundamental problems of legal theory and social philosophy*. Dordrecht: Kluwe Academic Publishers, 1991. p. 247.

(4) Cf. KAUFMANN, Arthur. *Filosofia do Direito*. Trad. António Ulisses Cortês. Lisboa: Ed. Fundação Calouste Gulbenkian, 2004. p. 225.

(5) Sobre o assunto, cf. nosso artigo: ABBOUD; Georges; CARNIO, Henrique Garbellini. Genealogia da justiça uma abordagem a partir do conceito de *obligatio* do direito privado romano. *Revista de direito Privado*, 48, 2011. No referido artigo a ideia de uma proposta genealógica sobre o conceito

teoria geral do direito e da própria filosofia, com desdobramentos significativos, tendo como mote central a aplicabilidade de uma teoria do direito, encontrando essa divisa fulcral importância na avaliação da norma ou sistema normativo, seja em seu aspecto interno, esse vinculado a sua motivação independente de sua formação, seja ainda no seus aspecto externo, sanção pela sua não observância, como ensina Alexy[6]. Entre os grandes estudiosos apontamos Hans Kelsen e Herbert Hart, sob a égide do positivismo – o primeiro sob a perspectiva normativista e o segundo sob a perspectiva analítica –, que encontra como pedra angular o afastamento da moral enquanto ator da aplicação normativa.

Desde que o Estado atraiu para si a responsabilidade de distribuir "justiça" em razão de insatisfação proveniente de relações e negócios jurídicos entabulados no tecido social e não solucionados entre partes diretamente, alinhou-se a essa possível entrega a ideia de regramentos procedimentais para que o cidadão busque tal desiderato, com a criação do direito subjetivo de todos em pleitear uma resposta do Estado assentada no escopo "solução do conflito".

Não custa relembrar, como nos ensina Nery[7], que referido direito subjetivo nos foi retirado em interstício temporal não tão longínquo denominado período de exceção, com a Edição do Ato institucional n. 5 de

---

de justiça. A proposta genealógica será desenvolvida a partir do método histórico-crítico genealógico de Friedrich W. NIETZSCHE. Empreendendo seu método genealógico, caracterizado como um método histórico-crítico de investigação de instituições, saberes e práticas sociais, históricas e culturais que busca revelar as valorações que lhes servem de fundamento, Nietzsche promove uma reviravolta no solo antropológico e psicológico que fomenta a criação e a construção do direito. De maneira concernente ao seu esclarecimento genealógico em *Para genealogia da moral*, Nietzsche recorre insistentemente em querer demonstrar o modo como certos filósofos utilizaram uma genealogia da moral estropiada, principalmente quando se nota o modo pelo qual foi realizada a pesquisa sobre a origem (*Ursprung*) e proveniência (*Herkunft*) de certos conceitos, como o de "bom" ou o de "culpa/dívida" (*Schuld*). Assim, Nietzsche emprega o estudo da genealogia das palavras para descrever o processo metafórico pela qual algumas palavras fundamentais – como as suprarreferidas – aos poucos assumiram significados de caráter moral. Ele encara o significado como algo radicalmente histórico, sendo um dos pontos-chave não se confundir a origem de algo com a sua finalidade. Isso revela ainda mais sua crítica aos genealogistas da moral, indicando que a eles falta um senso histórico genuíno que os faz acabarem escrevendo não uma genealogia, mas uma história da emergência de uma coisa (*Entstehungsgeschichte*). Para Nietzsche, analisando-se as "origens", demonstra-se que no começo das coisas são encontrados o conflito, a luta e a contestação. Ao reconstruir o passado, seus objetivos são práticos, desejando opor-se aos preconceitos do presente que impõem uma interpretação do passado com o fim de sustentar seus valores democráticos e altruísticos. Sua tentativa, enfaticamente, na *Genealogia* é de maneira original e provocadora mostrar que a moral e as noções legais têm uma história e que o homem estudado como animal político e moral precisa "vir-a-ser". Para Nietzsche, quase tudo que existe está aberto à interpretação. A própria vida nada mais é do que uma disputa e conflito de valores. Foucault analisa bem essa característica do método genealógico de encontrar no começo histórico das coisas a discórdia, o disparate. Para Foucault, a genealogia se opõe ao desenvolvimento metaistórico das significações ideais e das indefinidas teleologias. Opõe-se à pesquisa de origem, pois o que se encontra no começo da história das coisas não é a identidade ainda preservada de sua origem, mas a discórdia entre as coisas, o disparate. Assim, fazer a genealogia dos valores, da moral, do conhecimento nunca será deter-se em busca de sua origem, "mas deter-se nas meticulosidades e nos acasos dos começos: prestar uma atenção escrupulosa em sua derrisória maldade, esperar vê-las surgir, máscaras finalmente retiradas, com o rosto do outro; não ter pudor de ir buscá-los lá onde eles estão, 'escavando as profundezas'". Para tanto, cf. GIACÓIA JR, Oswaldo. *Pequeno dicionário de filosofia contemporânea*, São Paulo: Publifolha, 2006. p. 89. NIETZSCHE, Friedrich W. *Genealogia da moral*: uma polêmica. Trad. Paulo César de Souza, São Paulo: Companhia das Letras, 2007, Primeira Dissertação, § 17, p. 45, ANSELL-PEARSON, Keith. *Nietzsche como pensador político*: uma introdução. Trad. Mauro Gama e Cláudia Martinelli. Rio de Janeiro: Jorge Zahar, 1997. p. 140/141 e FOUCAULT, Michel. Nietzsche, a genealogia, a história. *Arqueologia das ciências e história dos sistemas de pensamento*. Trad. Elisa Monteiro, Rio de Janeiro: Forense, 2000. p. 264. Finalizando, seria ainda interessante notar como a perspectiva genealógica privilegia a visão historicista para compreensão do Direito e seus institutos. Essa relação entre Direito e História é ressaltada e defendida por Harold Berman nos seguintes termos: "O conceito tradicional de Direito como um conjunto de regras derivadas de atos normativos e decisões jurisprudenciais – refletindo a tese de que a fonte última do Direito é a vontade do legislador (Estado) – é inteiramente inadequado para servir de base para um estudo sobre uma cultura jurídica transnacional. Para falar da Tradição Jurídica Ocidental, é necessário postular um conceito de Direito que seja diferente de um conjunto de regras, que o veja como um processo, como um empreendimento no qual as regras só têm valor no contexto das instituições e procedimentos, valores e modos de pensar. Desse ponto de vista mais amplo, as fontes do Direito ultrapassam a vontade do legislador, para abranger também a razão e a consciência das comunidades e os seus usos e costumes. Essa não é a visão dominante no Direito. Contudo, não é, de modo algum, uma visão heterodoxa, pois, não muito tempo atrás, costumava-se dizer que as fontes do Direito eram a legislação, os precedentes, a equidade e os costumes. Na era de formação da Tradição Jurídica Ocidental, não havia tanta legislação ou tantos precedentes como passou a haver nos séculos posteriores. A maior parte do Direito era derivada dos costumes, que eram visto à luz da equidade (definida como razão e consciência). É necessário reconhecer que o costume e a equidade são tão integrantes do Direito quanto as normas e as decisoes, se se deseja seguir e aceitar a história da Tradição Jurídica Ocidental". BERMAN. Harold J. *Direito e revolução*: a formação da tradição jurídica ocidental. São Leopoldo: Unisinos, 2004. p. 22.

(6) ROBERT, Alexy. *Conceito e validade do direito*. 1. ed. São Paulo: Martins Fontes, 2009. p. 18 e 19.
(7) NERY JUNIOR, Nelson. *Princípios do Processo na Constituição Federal*. 11. ed. São Paulo: RT, 2013. p. 186.

13 de dezembro de 1968, que destacava em seu art. 11: "Excluem-se de qualquer apreciação judicial todos os atos praticados de acordo com este Ato Institucional e seus atos complementares, bem como os respectivos efeitos", em clara indicação dos atos praticados pelo comando da revolução, com notória violação ao texto constitucional de 1967 e supostamente constitucionalizados em 1969.

Hoje, com a Constituição de 1988, consagrado o princípio da inafastabilidade do controle jurisdicional, denominado ainda de princípio do direito de ação, como se observa no art. 5º, XXXV, da Carta de 1988: "a lei não excluirá da apreciação do Poder Judiciário lesão ou ameaça a direito."

O exercício desse direito subjetivo, sobretudo no processo do trabalho, encontra candentes discussões, principalmente em razão da previsão que emana da legislação laboral procedimental, que autoriza a busca de uma resposta e resistência junto ao Poder Judiciário diretamente pelo detentor do direito postulado ou resistido, ou seja, sem que esse necessariamente tenha um patrono, um representante, um advogado constituído.

Referida previsão infraconstitucional entrou em rota de colisão com o texto constitucional de 1988, tendo em vista que esse destacou: "O advogado é indispensável à administração da justiça, sendo inviolável por seus atos e manifestações no exercício da profissão, nos limites da lei" (art. 133), lançando luzes de dúvida, num primeiro momento, sobre a recepção ou não pelo texto da Carta Maior do chamado *jus postulandi*.

O objetivo do presente capítulo é re(discutir) na presente quadra, e após alterações recentes da legislação, jurisprudência e decisões, se o *jus postulandi* ainda se sustenta, sua possível imbricação com a Constituição Federal e o acesso à justiça, avaliar sua eficácia (positiva ou negativa) e, ainda, demonstrar os entendimentos que circundam referido tema.

2. *JUS POSTULANDI* E SEU DESENVOLVIMENTO

O nascedouro do *jus postulandi* no mundo das relações de trabalho possui sua origem fora do Poder Judiciário, o que aliás ocorreu com o próprio surgimento da Justiça do Trabalho, que se origina num primeiro momento fora das paredes do Judiciário.

O Conselho Nacional do Trabalho – criado pelo Decreto n. 16.027, de 1923 –, ainda no segmento da administração pública, tinha por objetivo aproximar partes para possível composição e apenas com o Decreto n. 1.237, de 1939, e Decreto-lei n. 6.596, de 1940, restou consagrado o instituto do *jus postulandi*, mantido posteriormente, com a edição da Consolidação das Leis do Trabalho, por meio do Decreto n. 5.452 de 1º de maio de 1943.

Como se vê, a questão de postular, pedir, requerer, em causa própria, sem a utilização de um profissional da área do direito, não é tema recente no mundo jurídico-processual, e teve sua gênese debruçada no eixo central da possibilidade de permitir àqueles que não dispunham de possibilidade econômica para contratar advogados o acesso à discussão de eventual direito violado.

Importante afastar-se, de plano, confusão comumente diagnosticada entre dois institutos, a saber: capacidade de ser parte e capacidade de estar em Juízo, como assevera o saudoso jurista Wagner. D. Giglio: "A simples personalidade jurídica ou capacidade de ser parte não é suficiente para autorizar o ingresso em Juízo e o exercício, por si, de atos processuais. Os absolutamente incapazes podem ser partes; têm portanto capacidade *de direito*, personalidade jurídica, mas carecem de capacidade de estar em juízo, de capacidade processual, ou em linguagem mais técnica, *de legitimatio ad processum*. No processo trabalhista têm *legitimatio ad processum* todos os que possuem no processo civil."[8]

Depois do início da vigência da Constituição Federal de 1988, avaliações no próprio Poder Judiciário foram contraditórias sobre a permanência ou não do *jus postulandi*. Inúmeros Tribunais compreenderam pela extinção do *jus postulandi* inclusive com a extinção de processos ajuizados pela própria parte, ou mesmo inviabilizando as reclamações verbais, ainda que com previsão na legislação infraconstitucional, em especial na própria Consolidação das Leis do Trabalho (art. 791).

Contudo, essa visão não prosperou, tendo em vista que referida questão chegou às barras do Supremo Tribunal Federal no *Habeas Corpus* n. 67.390-2-PR – Relator Ministro Moreira Alves, que acabou por reconhecer vivo o *jus postulandi*.

Na discussão processual, o Eminente Ministro Celso de Mello destacou que a suposta indispensabilidade do advogado deveria ser observada na composição dos tribunais através do quinto constitucional (art. 94 da CF/1988), sua participação em concursos para o cargo de juiz substituto (art. 93, I da CF/1988) e do Ministério Público. Noutras palavras, indicou sua visão da indispensabilidade do advogado e situações correlatas.

---

[8] D. GIGLIO, Wagner. *Direito Processual do Trabalho*. 13. ed. rev., atual. e ampl.. São Paulo: Saraiva, 2003. p. 106.

A discussão encontrou novo terreno fértil ainda, quando da edição da Lei n. 8.906, de 1994, que trata do Estatuto da Advocacia, em seu art. 1º, I, ao destacar ser privativo da advocacia "a postulação a qualquer órgão do poder judiciário e aos juizados especiais", mantendo uma única exceção direcionada ao *Habeas Corpus*.

Novamente, acionado o STF, através da Ação Direta de Inconstitucionalidade n. 1.127-DF de relatoria do Ministro Marco Aurélio Mello, ficou assentado que o advogado é indispensável à administração da Justiça, porém, há possibilidade de ser dispensado em certos atos jurisdicionais. Noutras palavras, o instituto do *jus postulandi* ficou assentado como intacto pelo Supremo Tribunal Federal.

Mesmo em face da coragem e resistência do *jus postulandi* ante a própria Constituição e lei especial, outra questão teve de ser submetida ao Judiciário, no intuito de assentar o alcance do *jus postulandi* no próprio caminho dentro dos tribunais. Noutras palavras, necessário seria entender se todo e qualquer procedimento junto ao Judiciário Trabalhista era de fato alcançado pelo *jus postulandi* ou se exceções existiam a exigir a presença técnica de um advogado.

A discussão nasce, sobretudo, da redação do art. 791 da Consolidação das Leis Trabalhistas vigente, com a seguinte redação: "os empregados e os empregadores poderão reclamar pessoalmente perante a justiça do trabalho e acompanhar suas reclamações <u>até o final</u>."

A expressão "até o final" constante no artigo refletiu nas seguintes indagações: estaria a significar o Supremo Tribunal Federal? Estaria a indicar o Tribunal Superior do Trabalho ou apenas as instâncias ordinárias?

O Tribunal Superior do Trabalho enfrentou a questão que deu origem à Súmula n. 425 em incidente de uniformização, que possui o seguinte teor:

> Súmula n. 425 do TST
> JUS POSTULANDI NA JUSTIÇA DO TRABALHO. ALCANCE. Res. 165/2010, DEJT divulgado em 30.04.2010 e 03 e 04.05.2010
> O *jus postulandi* das partes, estabelecido no art. 791 da CLT, limita-se às Varas do Trabalho e aos Tribunais Regionais do Trabalho, não alcançando a ação rescisória, a ação cautelar, o mandado de segurança e os recursos de competência do Tribunal Superior do Trabalho.

Ao se observar os precedentes sumulares para a fixação da tese, cabe destacar de forma pontual trechos relevantes do processo, com nossos grifos – um dos precedentes originários da Súmula em destaque – constantes no EAIRR e no RR 8558100-81.2003.5.02.0900, e consequente incidente de uniformização de redação do Ministro João Oreste Dalazen, provido por maioria que circundou a discussão nos seguintes aspectos merecedores de comentários:

> INCIDENTE DE UNIFORMIZAÇÃO DE JURISPRUDÊNCIA. *"JUS POSTULANDI"* PERANTE O TRIBUNAL SUPERIOR DO TRABALHO.
> 1. ADMISSIBILIDADE DO INCIDENTE
> Admito o presente Incidente de Uniformização de Jurisprudência, com fundamento no art. 76, inciso IV, do RITST, em razão da relevância da questão jurídica debatida.
> 2. MÉRITO DO INCIDENTE DE UNIFORMIZAÇÃO JURISPRUDENCIAL.
> A meu juízo, a capacidade postulatória assegurada às partes no art. 791 da CLT não é absoluta, por seus graves e notórios inconvenientes às próprias partes e à administração da Justiça.
> **A um**, porque, sob um prisma psicológico, sem o concurso do advogado, a parte louva-se do processo para um desabafo sentimental pouco produtivo; obcecada pela paixão e pelo ardor, não tem, como regra, a serenidade para captar os pontos essenciais do caso e expor as razões de modo tranquilo e ordenado, ao passo que o advogado, sem rancores pessoais, garante uma defesa mais razoável, selecionando com calma e ponderação os argumentos mais eficazes e persuasivos.
> **A dois**, porque, como se sabe, o processo é instrumento de técnicos, sobretudo ante a progressiva complexidade das causas e a complicação das leis escritas, no particular, a legislação trabalhista, que muitas vezes apresenta-se confusa, difusa e profusa. Como afirma VALENTIN CARRION, *a norma do art. 791 da CLT "é uma armadilha que o desconhecimento das leis lhe prepara, posto que ou não é necessitado e poderia pagar, ou, sendo-o, teria direito à assistência judiciária gratuita e fácil.*[9]

Essa convicção e a imperiosa necessidade de modular-se o alcance do art. 791 da CLT ainda mais se robustece após o advento da Lei Complementar n. 80, de 12.01.1994, que, ao organizar a Defensoria Pública da União, prescreve:

---

(9) CARRION, Valentin. *Comentários à Consolidação das Leis do Trabalho*. 34. ed. atual. por Eduardo Carrion. São Paulo: Saraiva, 2009. p. 605.

Art. 14. A defensoria pública da União atuará junto às Justiça Federal, do Trabalho, Eleitoral, Militar, **Tribunais Superiores** e instâncias administrativas da União.

[...]

§ 3º A prestação de assistência judiciária pelos órgãos próprios da Defensoria Pública da União dar-se-á, preferencialmente, perante o Supremo Tribunal Federal e os **Tribunais superiores**. (Parágrafo incluído pela LCP n. 98, de 3.12.1999) (grifo nosso)

A rigor, é forçoso convir que a capacidade postulatória que se teima em manter no processo do trabalho não é direito, é desvantagem.

Penso que, sob a enganosa fachada de uma norma que busca emprestar acessibilidade à Justiça do Trabalho, é um ranço pernicioso, oriundo da fase administrativa da Justiça do Trabalho e que ainda hoje persiste em total discrepância com a realidade atual.

No caso, exigir-se de leigos que dominem a técnica dos recursos de natureza extraordinária, em que a matéria é estritamente jurídica, sem transformar o processo em veículo para o desabafo pessoal inconsequente, *data venia*, é desconhecer a complexidade processual, em que o próprio especialista, não raro, titubeia.

Por outro lado, já se considera essencial o advogado na Justiça do Trabalho em certas causas, mesmo em primeiro e segundo graus de jurisdição, o que evidencia que a capacidade postulatória das partes no processo trabalhista não é absoluta.

Recordo que, no tocante aos Embargos de Terceiro, pacificamente não se aplica o art. 791 da CLT, pois o Terceiro Embargante não é o empregador demandado na reclamação trabalhista ou sustenta não o ser.

Dá-se o mesmo no que tange à Ação Rescisória. Como sabemos, o art. 836 da CLT admite tal ação no âmbito da Justiça do Trabalho; seu disciplinamento, todavia, rege-se essencialmente pelo disposto no Código de Processo Civil.

Além disso, afasta-se o *jus postulandi* das partes na Ação Rescisória porque não se trata de "reclamação" trabalhista, conforme previsto no art. 791 da CLT.

Diga-se o mesmo do Mandado de Segurança, não apenas porque obviamente não é "reclamação" trabalhista de que cogita o art. 791 da CLT, como também porque a petição inicial do Mandado de Segurança deve atender aos requisitos da legislação processual, conforme previsto no art. 6º da Lei n. 12.016, de 7 de agosto de 2009.

Entendo, assim, sobretudo depois do advento da referida LC n. 80/94, que o art. 791 da CLT presentemente comporta e exige, *data venia*, uma interpretação conforme o referido diploma legal, de maneira a cingir-se a capacidade postulatória ao primeiro e segundo graus, estritamente onde se podem examinar fatos e provas e, assim, postular-se distribuição de Justiça.

A meu juízo, o *jus postulandi* das partes não subsiste em relação aos recursos interpostos no TST ou dirigidos ao Tribunal Superior do Trabalho, em que sobressaem aspectos estritamente técnico-jurídicos, máxime nos recursos de natureza extraordinária, bem assim em petições avulsas e em ações da competência originária do TST.

Lembramos, ainda, que nesse sentido palmilham diversos precedentes da Corte:

> "*IUS POSTULANDI*". RECURSO DE NATUREZA EXTRAORDINÁRIA. IMPOSSIBILIDADE. ATO PRIVATIVO DE ADVOGADO. EDAGERR 292840/1996 – Min. Francisco Fausto Paula de Medeiros, DJ 15.12.2000 – Decisão unânime; ROAR 295970/1996 – Min. João Oreste Dalazen – DJ de 14.05.1999 – Decisão unânime; ROAG 250082/1996, Ac. OE 212/1996 – Min. Almir Pazzianotto Pinto, DJ 19.12.1996 – Decisão por maioria; AIRR 654682/2000, 1ª Turma – Min. João Oreste Dalazen, DJ 07.12.2000 – Decisão unânime; AIRR 886/2000-401-05-00.1, 4ª Turma – Juiz Conv. Luiz Antônio Lazarim, DJ 12.08.2005 – Decisão unânime.

Em derradeira análise, considero indispensável a intervenção de advogado no âmbito do Tribunal Superior do Trabalho, à exceção do *habeas corpus*, haja vista que a Constituição Federal, em relação ao referido instituto, manteve a possibilidade de sua impetração sem a assistência do advogado.

Em abono a esse entendimento, menciono os seguintes precedentes do Supremo Tribunal Federal, aplicáveis, aqui, por analogia:

> *HABEAS CORPUS*. CAPACIDADE POSTULATORIA DO PACIENTE E IMPETRANTE. INTERPRETAÇÃO DO ART. 133 DA CONSTITUIÇÃO FEDERAL. A constitucionalização do princípio geral já constante do art. 68 da Lei n. 4.215/63, princípio que diz respeito à advocacia como instituição, não lhe deu caráter diverso do que ele já tinha, e, assim, não revogou, por incompatibilidade, as normas legais existentes que permitem – como sucede no *habeas corpus* – que, nos casos previstos expressamente, exerça as funções de advogado quem não preencha as condições necessárias para a atividade profissional da advocacia. – Não-ocorrência, no caso, da prescrição alegada. – Não é o 'habeas cor-

pus' meio idôneo para o reexame aprofundado das provas, para verificar-se se foram, ou não, insuficientes para a condenação. 'Habeas corpus' conhecido, mas indeferido. (STF – *Tribunal Pleno – HC 67390/PR – Relator Ministro Moreira Alves – DJ de 06.04.1990.*)

EMENTA – DIREITO PROCESSUAL PENAL – REVISÃO CRIMINAL PLEITEADA PELO PRÓPRIO SENTENCIADO, SEM ASSISTÊNCIA DE ADVOGADO: ADMISSIBILIDADE – ART. 623 DO CÓDIGO PENAL, MESMO APÓS O ADVENTO DA CONSTITUIÇÃO FEDERAL DE 1988. O aresto recorrido, ao denegar o "habeas corpus" em que o paciente pleiteava a anulação do primeiro pedido de Revisão, por ter sido feito sem assistência de advogado, está na conformidade da orientação do Plenário desta Corte (RTJ 146/49), cujos fundamentos são aqui adotados." (STF – *Primeira Turma – ROHC 80763-1/SP – Relator Ministro Sydney Sanches – DJ de 22.06.2001.*)

À vista do exposto, voto no sentido de que **não** subsiste o *"jus postulandi"* das partes em recursos interpostos no TST ou dirigidos ao Tribunal Superior do Trabalho, bem assim em petições avulsas e em ações da competência originária do TST, **exceto habeas corpus**. Remetam-se os autos à Eg. SbDI-1 desta Corte para prosseguir no julgamento.

ISTO POSTO

ACORDAM os Ministros do Tribunal Pleno do Tribunal Superior do Trabalho, por maioria, não admitir o *jus postulandi* das partes em recursos interpostos no TST ou dirigidos a essa Corte Superior, exceto *habeas corpus*, vencidos os Exmos. Srs. Ministros Relator, Lelio Bentes Corrêa, Vieira de Mello Filho, Alberto Luiz Bresciani, Dora Maria da Costa, Fernando Eizo Ono e Márcio Eurico Vitral Amaro. Ficaram vencidos, parcialmente, os Exmos. Srs. Ministros Pedro Paulo Manus e Caputo Bastos, que não admitiam o *"jus postulandi"* na instância extraordinária, mas entendiam que a decisão deveria ser observada no futuro, não se aplicando aos processos em curso. Redigirá o acórdão o Exmo. Sr. Ministro João Oreste Dalazen. Juntarão voto convergente os Exmos. Srs. Ministros Maria Cristina Peduzzi e Aloysio Corrêa da Veiga. Os Exmos. Srs. Ministros Brito Pereira e Vieira de Mello Filho juntarão justificativa de voto vencido. **Brasília, 13 de outubro de 2009 – Presidente do Tribunal Superior do Trabalho – Ministro João Oreste Dalazen.**

Ao que parece, a decisão constituída em redação sumular teve por objetivo a própria proteção das partes em recursos e ações que exigem inarredável gama de conhecimento técnico e ausência de paixão nos pleitos e, no nosso modo de ver, interpretou a expressão "até o final" constante no diploma consolidado (art. 791) como o esgotamento da discussão em instância ordinária, tendo como premissa os próprios critérios da organização do Judiciário.

Necessário não deixar escapar a ampliação da competência da Justiça do Trabalho ocasionada pela chegada da Emenda Constitucional n. 45/2004, que ampliou de forma substancial o rol de competência da Justiça do Trabalho, atribuindo ao Judiciário Trabalhista a apreciação de demandas oriundas das relações de trabalho e não só de emprego. Contudo, a utilização do instituto do *Jus Postulandi* se limita, nos termos da lei, e *a priori*, ao empregado e empregador na forma da lei, ou seja, está afastado das ações que tratam de regimes jurídicos diversos da dita relação de emprego, como se observa na Instrução Normativa n. 7/2005.

Importante ressaltar que no mundo tecnológico já houve preocupação com o *jus postulandi* enquanto possibilidade de acesso à Justiça. A Resolução n. 94/2012 do CSJT que trata do PJ-E (Processo Judicial Eletrônico), determina em seu art. 5º, parágrafo único:

> A prática dos atos processuais será viabilizada por intermédio de servidor da unidade judiciária destinatária da petição ou do setor responsável pela redução a termo e digitalização de peças processuais.

3. PRINCÍPIOS MITIGADOS PELA REFORMA TRABALHISTA E O *JUS POSTULANDI*

Inegável que inúmeros princípios recebidos e percebidos no arcabouço social vinculados ao processo do trabalho foram extremamente mitigados direta ou indiretamente pela reforma trabalhista.

A reforma em seu contexto geral, acabou por tentar – em certa medida – atrair uma maior isonomia processual das partes demandantes na reclamação trabalhista, tornando, em momentos pontuais, letra morta os princípios da informalidade e da simplicidade da forma.

Uma interessante comparação em relação a este ponto é como a lei dos juizados especiais disciplina limites objetivos para as partes serem assistidas por advogado.

A previsão é a seguinte:

> Lei n. 9.099/95 (juizados especiais)
> Art. 9º Nas causas de valor até vinte salários mínimos, as partes comparecerão pessoalmente, podendo ser assistidas por advogado; <u>nas de valor superior, a assistência é obrigatória.</u>

§ 1º Sendo facultativa a assistência, se uma das partes comparecer assistida por advogado, ou se o réu for pessoa jurídica ou firma individual, **terá a outra parte, se quiser, assistência judiciária prestada por órgão instituído junto ao Juizado Especial, na forma da lei local**. (não temos isso como igualdade de armas na justiça do trabalho)

§ 2º O Juiz alertará as partes da conveniência do patrocínio por advogado, quando a causa o recomendar.

O interessante é que em termos comparativos dois pontos são fundamentais.

Primeiro que não há limite na justiça do trabalho em relação ao valor; em qualquer ação, pode a parte se valer do *jus postulandi*.

Segundo que, conforme a previsão do § 1º, do art. 9º, da referida lei, não há previsão na justiça do trabalho de que a outra parte, se quiser, poderá ter assistência judiciária prestada por órgão competente, algo que traria igualdade de armas na justiça do trabalho.

Tal fato claramente configura uma mitigação também no princípio da paridade de armas.

4. A LEI N. 13.467/2017 (REFORMA TRABALHISTA) E O *JUS POSTULANDI*

Depois do ingresso no ordenamento jurídico da reforma trabalhista, inegável o destaque da necessidade de se voltar ao tema do *jus postulandi*, tendo em vista que, mesmo entre os técnicos do direito de todas as esferas, há considerável divergência sobre as consequências de atitudes tomadas antes, durante e ao final de cada processo.

E mais, tal justificativa encontra eco ainda, como dito *alhures*, quanto à própria intensidade de aplicação das inovações processuais produzidas pelo novo diploma processual civil e sua implicação no processo do trabalho de forma subsidiária, supletiva ou inaplicabilidade, posto que são extremamente recentes.

Talvez um clássico exemplo repouse já na distribuição de reclamação trabalhista escrita, que passou por considerável alteração do art. 840 da CLT, em especial seu § 1º que dita:

> Sendo escrita, a reclamação deverá conter a designação do juízo, a qualificação das partes, a breve exposição dos fatos de que resulte o dissídio, o pedido, que deverá ser certo, determinado e com indicação de seu valor, a data e a assinatura do reclamante ou de seu representante.

Aqui abrem-se parênteses, cabendo pontuar uma alteração para avaliação do leitor. O § 2º, do art. 840, da CLT, que já previa e continua na mesma linha quanto às situações de reclamação verbal, não obstante continue com a expressão "no que couber" referindo-se ao § 1º antes destacado, criou agora uma situação no mínimo confusa. Isso se dá em razão da enorme amplitude e subjetivismo da expressão "no que couber" nas hipóteses de reclamação verbal reduzida a termo, pois sem o pedido certo, determinado e com indicação do valor realizado pelo escrivão ou secretário (distribuidor), o(s) pedido(s) do processo poderia(m) ser ou não extinto(s) sem resolução de mérito.

Noutras palavras, independente de se discutir ou não a questão de emenda ou aditamento, possível é que a parte tenha seu pedido extinto por desídia ou ausência de técnica do próprio funcionário da justiça do trabalho, já que o art. 791 da CLT, como já dito, permanece vigente. Fechando parênteses.

Voltando à redação do § 1º supradestacada, de se observar que o *jus postulandi* permanece intacto para a propositura da reclamação trabalhista, tendo em vista a possibilidade da assinatura "do reclamante ou de seu representante". Contudo, exige a legislação agora que o pedido realizado deva ser certo, determinado e com indicação de seu valor.

Relembro, como destacamos na CLT comentada[10], que o ilustre doutrinador Arnaldo Lopes Süssekind, ao elaborar a redação original do texto do art. 840 da CLT, disse ter pensado num empregado escrevendo uma carta para um juiz do trabalho narrando o fato junto ao distribuidor, ou seja, a simplicidade da forma tinha por objetivo facilitar o acesso à própria Justiça e ao próprio Judiciário, tanto é verdade que nunca exigiu o fundamento dos pedidos, mas sim, uma narrativa simples e o pedido.

Observa-se com o novo texto que há um espaço dedicado, no nosso sentir, à necessidade de conhecimento técnico para elaboração da petição inicial, pois o pedido certo, determinado e com indicação de valores, como implemento legislativo, não permite, na maioria dos casos, que o empregado atue sem um representante. Ao contrário de muitas vozes, entendemos que pedido com indicação de valores não possui o mesmo significado de pedido líquido. E mais, sua não indicação pode

---

(10) GUIMARÃES, Ricardo Pereira de Freitas. *CLT comentada*. São Paulo: RT, 2014. p. 1.248.

quando muito redundar na extinção do respectivo pedido, mas nunca na extinção da ação.

Pedido certo é o pedido expresso, ou seja, não implícito. Determinação se vincula à clareza quanto aos limites da pretensão. Em relação à questão de indicação de valor, que se vincula ou pode se vincular em certa medida à determinação, é questão de compatibilidade valorativa racional com o que se pede. Tanto é verdade, que há expressa previsão de ausência de exigência de certeza e determinação nas ações universais, quando não for possível determinar, desde logo, as consequências do ato ou do fato ou, ainda, quando a determinação do objeto ou do valor da condenação depender de ato que deva ser praticado pelo réu[11].

Noutras palavras, a previsão normativa está agora a exigir conhecimento doutrinário e legal mais aprofundado para a propositura de uma reclamação trabalhista, mas não é só!

O § 3º, do mesmo art. 840, da CLT, destaca que:

> Os pedidos que não atendam ao disposto no § 1º deste artigo serão julgados extintos sem resolução do mérito.

Aqui, uma consequência clara de um prejuízo que poderá ser causado à parte, que sem conhecimento técnico ingressar com ação sem o implemento das novas regras de natureza processual e, pior, ainda poderá ter como consequência a condenação em honorários e custas processuais ainda que beneficiário da justiça gratuita, de acordo com os arts. 791-A e § 4º do mesmo artigo, também implementados pela reforma.

De outro lado, não podemos deixar de destacar que a reforma trabalhista afastou o *jus postulandi* na hipótese de homologação extrajudicial. Expliquemos.

Inserido pela Lei n. 13.467/2017, o art. 855-B da CLT assim dispõe:

> O processo de homologação de acordo extrajudicial terá início por petição conjunta, **sendo obrigatória** a representação das partes por advogados. (grifamos)

O processo em destaque, chamado de jurisdição voluntária, cria uma possibilidade para que partes, na possibilidade da existência de composição do provável litígio antes do ingresso da ação, realizem composição e apresentem referida proposta de composição para a homologação através de sentença do Juiz do Trabalho.

Observe-se que nessa hipótese exigiu o texto legal de forma expressa a presença do advogado, no intuito de prestigiar a proteção dos direitos transacionados pelas partes. Exigiu ainda a norma que cada parte compareça com seu advogado, não permitindo que apenas um representante atue conjuntamente para empregado e empregador, em mais uma perspectiva de proteção do direito das partes.

5. O *JUS POSTULANDI* E A ARBITRAGEM

Um ponto de destaque na atual questão do *jus postulandi* no âmbito das relações trabalhistas é o da discussão sobre a arbitragem, como forma de resolução de conflitos de interesses.

Já é tempo de que se reconheça a natureza jurídica de jurisdição da arbitragem, bem como a importância e viabilidade da utilização da arbitragem em conflitos individuais e coletivos na justiça trabalhista.

A despeito de alguns estudiosos do tema não aceitarem a natureza jurídica de jurisdição da arbitragem e mesmo sua utilização em causas trabalhistas, a pretensão é de se superar tais perspectivas, evidenciando os pontos pelos quais os mencionados posicionamentos são superados.

A dimensão processual da Constituição é um tema que a partir da teoria alemã do processo constitucional apresenta um interessante ponto de análise para a colocação da natureza jurídica de jurisdição da arbitragem.

Segundo a teoria alemã, na esteira do pensamento de Wolfganf Grunsky, há uma dimensão daquilo que há de processual nos direitos fundamentais, em especial em seus aspectos garantísticos, nos quais se tem direitos, de natureza processual, que são direitos material ou formalmente fundamentais. Eis o catálogo fornecido pelo referido autor[12]:

> 1º Garantia de existência de independência dos juízes para proferirem suas decisões – o que pode vir a ser incrementado com alguma forma de controle externo
>
> 2º Garantia de acesso à justiça, que não se esgota com a simples previsão do direito (individual) de ação, mas exige também uma efetividade social da prestação da tutela judicial, compensando aqueles mais favorecidos e atendendo a reclamos de celeridade desfavorecidos

---

(11) Ver arts. 322, 323 e 324 do CPC.

(12) Sobre o quadro indicativo do referido autor, a referência utilizada foi a obra *Teoria Processual da Constituição* de Willis Santiago Guerra Filho, para tanto, cf. GUERRA FILHO, Willis Santiago. *Teoria processual da Constituição*. 3. ed. São Paulo: RCS, 2007. p. 27 e 28.

pelo desenvolvimento do processo cautelar e outras técnicas de elaboração judicial

3º Garantia de tutela judicial para todas as posições jurídicas subjetivas, através tanto de um processo de conhecimento como de um processo de execução aptos a induzirem a adimplemento específico de obrigações fungíveis e infungíveis

4º Garantia do devido processo legal com previsão de juiz natural, do contraditório, da ampla defesa, da oralidade e publicidades nos procedimentos

5º Garantia de Arbitragem Privada.

Note-se que no rol dos direitos fundamentais processuais indicados por Wolfganf Grunsky a arbitragem privada está relacionada, incorporando de maneira incontestável o albergamento de sua utilidade enquanto garantia constitucional como forma aprovada constitucionalmente para resolução de conflitos.

A partir desta constatação, vislumbra-se o primeiro equívoco de parte da doutrina brasileira que entende que a arbitragem não teria natureza jurídica de jurisdição.

Como bem evidencia Nelson Nery Jr., o tema da jurisdição arbitral é resolvido tranquilamente pelo próprio sentido constitutivo da arbitragem. Segundo o referido autor, a natureza jurídica da arbitragem é de jurisdição. Fato é que o árbitro exerce jurisdição porque aplica o direito ao caso concreto e coloca fim à lide que existia entre as partes[13].

Ademais, a arbitragem é instrumento de pacificação social, sendo sua decisão exteriorizada por meio de sentença, que tem qualidade de título executivo judicial, conforme previsão do art. 475-N, IV, do CPC, não havendo necessidade de ser homologada pela jurisdição estatal e sua execução é aparelhada por título judicial, sendo passível de impugnação ao cumprimento de sentença com fundamento no art. 475-L do CPC e no art. 33, § 3º, da Lei n. 9.307/96[14].

Na mesma linha desse entendimento, se encontra o pensamento de Carlos Alberto Carmona que sustenta a natureza jurisdicional da arbitragem, uma vez que esta tem como característica o objetivo de pacificar pessoas e eliminar conflitos com justiça[15].

Do exposto, entendemos que a importância da natureza jurisdicional da arbitragem se revela no aporte constitucional anteriormente traçado e ainda, pois esta se caracteriza, tal qual o processo judicial, como uma técnica de resolução de conflitos com poder decisório final, sem necessidade de homologação pelo poder judiciário.

Interessante mencionar também que a não possibilidade de revisão judicial – salvo nos termos legais a partir da possibilidade de nulidade da convenção da arbitragem – em nenhum momento fere o princípio da inafastabilidade do controle jurisdicional e tampouco do juiz natural.

Nelson Nery Jr. evidencia muito bem que a arbitragem não ofende os princípios constitucionais da inafastabilidade do controle jurisdicional, nem do juiz natural, uma vez que a Lei de Arbitragem (9.307/96) deixa a cargo das partes a escolha de que sua lide seja ou não julgada pelo juízo arbitral. Somente seria inconstitucional se estipulasse arbitragem compulsória, excluindo do exame do Poder Judiciário, a ameaça ou lesão a direito, e não fere o princípio do juiz natural, pois as partes já estabelecem previamente, como será julgado eventual lide existente entre ela, ou seja, o princípio da *pré-constituição* na forma da lei, caracterizador

---

(13) NERY JR., Nelson. *Código de processo civil comentado e legislação extravagante*. 9. ed. São Paulo: RT, 2006. p. 1.167.

(14) Cf. NERY JR., Nelson. *Código de processo civil comentado e legislação extravagante*, cit., p. 1.167.

(15) CARMONA, Carlos Alberto. *A arbitragem no processo civil brasileiro*. São Paulo: Malheiros, 1993. p. 7 e 8. Destaque nesse ponto do posicionamento de Cândido Rangel Dinamarco no prefácio da obra. Mencionado autor, em linha diferente da aqui adotada, revela ainda que "Mais recentemente, tenho pensado em uma natureza parajurisdicional das funções do árbitro, a partir da idéia de que, embora ele não as exerça com o escopo jurídico de atuar a vontade da lei, na convergência em torno do escopo social pacificador reside algo muito forte a aproximar a arbitragem da jurisdição estatal. Essa expressiva aproximação entre o processo arbitral e o estatal é suficiente para abrigá-lo sob o manto do direito processual constitucional, o que importa considerar seus institutos à luz dos superiores princípios e garantias endereçados pela Constituição da República aos institutos processuais. Isso implica também, conseqüentemente, incluir o processo arbitral no círculo da teoria geral do processo, entendida esta muito amplamente como legítima condensação metodológica dos princípios e normas regentes do exercício do poder. A doutrina especializada esmera-se em fazer essa atração da arbitragem ao sistema de regras destinadas ao processo civil comum, o que constitui valiosa premissa metodológica indispensável ao seu bom entendimento e à correta solução dos problemas que lhe são inerentes. Assim está em precioso estudo no qual Vincenzo Vigoriti destaca, em relação ao juízo arbitral, a necessidade "do respeito às regras fundamentais dos juízos cíveis, tradicionalmente resumidas na fórmula do *procedural due process*". Cf. DINAMARCO, Cândido Rangel. Limites da sentença arbitral e de seu controle jurisdicional. In: *Estudos de Arbitragem Mediação e Negociação* v. 2.

do princípio do juiz natural, está presente no tribunal arbitral[16].

Por essas razões, a prática da arbitragem há de ser encampada e reconhecida na justiça do trabalho, para além dos limites indiretamente indicados na CLT que indicam uma valoração financeira em relação ao que um trabalhador receba para permitir ou não a realização de transação extrajudicial válida.

Daí que é preciso mesmo superar tal polêmica, pois se arbitragem tem jurisdição, não estamos falando numa mera categoria extrajudicial de resolução de conflitos, mas sim de uma forma alternativa jurisdicional de resolução de conflitos.

6. ACESSO À JUSTIÇA E ACESSO À JUSTIÇA SOCIAL

A perspectiva do acesso à justiça remonta, no escopo do presente texto, a necessidade de pensar sobre a relação entre o processo e a justiça social, bem como entre a igualdade jurídico-formal e a desigualdade socioeconômica.

A primeira questão a ser levantada é quanto à oferta e ao acesso/procura à justiça produzida pelo Estado. Existiram várias tentativas de minimizar essas discrepâncias; por parte do Estado, vieram as reformas do processo – sendo destaque atualmente as promovidas no âmbito do CPC e da CLT – e, nas classes sociais mais baixas, a tentativa de criação de centros de consulta jurídica.

A crise sobre o tema do acesso à justiça é agravado no pós-segunda guerra mundial, isso porque "novos direitos" sociais e econômicos são apresentados por diversas leis e Constituições.

Com isso, gerou-se uma explosão de pleitos judiciais de quem efetivamente não acessava a justiça.

Boaventura de Souza Santos constata que a organização da justiça não pode ser reduzida a sua dimensão técnica, socialmente neutra, como habitualmente entende a maioria dos processualistas, mas deve se pautar na investigação das funções sociais desempenhadas pela organização da justiça[17], observando o modo como as opções técnicas no seu seio veiculam opções a favor ou contra interesses sociais divergentes ou até antagônicos, como a clássica questão relação no direito do trabalho entre o Operário x Empregador.

6.1. Os três grandes obstáculos ao acesso à justiça

Em suma, alguns obstáculos podem ser identificados como pontuais para o acesso à justiça, cabendo destaques para três, a saber: econômicos, sociais e culturais.

1º Obstáculo – Econômico: custos para litigar eram muito elevados, inclusive para os mais débeis. No pós-segunda guerra, o modelo da gratuidade ganha força, mas não qualidade. O voluntarismo privado tenta oferecer acessibilidade à justiça, mas não é tão frutífera essa iniciativa, embora sirva de base para a justiça gratuita em um modelo público subsidiado pelo Estado.

Ainda, no primeiro obstáculo e no primeiro momento, mesmo com o decréscimo da litigação, até mesmo com reformas processuais, há uma lentidão da justiça.

Para tal tema, muitas vezes, o processo demora por dois motivos que são alheios ao número de litígios, quais sejam:

1 – fator racional ou irracional dos critérios de distribuição territorial dos magistrados;

2 – benefícios que a lentidão gera para os advogados.

2º e 3º Obstáculos – Boaventura aponta que a distância dos cidadãos em relação à administração da justiça é tanto maior quanto mais baixo é o estrato social a que pertencem e tal distância tem como causas próximas não apenas fatores econômicos, mas também sociais e culturais. A pergunta é: por que existe essa distância entre os cidadãos e a administração da justiça?

A distância entre os cidadãos e a administração da justiça se dá por dois grandes motivos, quais sejam: 1º) porque existe uma dificuldade de conhecer e reconhecer seus direitos; e 2º) porque falta uma disposição das pessoas débeis de interpor a ação, seja porque: a) existem experiências anteriores ruins com o judiciário que traumatizam as pessoas; b) há um temor de represálias de se recorrer aos tribunais; ou ainda c) quanto mais pobre a pessoa mais provável que não conheça um advogado.

Nessa medida, tem destaque o tema da assistência judicial e seu relacionamento com o *jus postulandi*.

Como bem nota Boaventura de Sousa Santos, a concentração na assistência judiciária faz com que o sistema se limite apenas a tentar vencer os obstáculos econômicos ao acesso à justiça, mas não os obstáculos sociais e culturais.

---

(16) NERY JR., Nelson. *Código de processo civil comentado e legislação extravagante*, cit. p. 1.164.

(17) Cf. sobre esse tópico, SANTOS, Boaventura de Sousa. Introdução à sociologia da administração da justiça. *Revista Crítica de Ciências Sociais*, n. 21, nov. de 1986.

No Brasil, esse papel vem mudando gradativamente. Um exemplo é o papel das defensorias públicas de diversos Estados que criam programas de informação e aproximação da população à justiça, e um passo importante deste processo é pensar na possibilidade sobre o *jus postulandi* na justiça do trabalho.

7. O ART. 791-A DA CLT: O *JUS POSTULANDI* E OS HONORÁRIOS ADVOCATÍCIOS

A reforma trabalhista introduziu o art. 791-A na CLT permitindo a concessão de honorários de sucumbência. Vejamos:

> Art. 791-A. Ao advogado, ainda que atue em causa própria, serão devidos honorários de sucumbência, fixados entre o mínimo de 5% (cinco por cento) e o máximo de 15% (quinze por cento) sobre o valor que resultar da liquidação da sentença, do proveito econômico obtido ou, não sendo possível mensurá-lo, sobre o valor atualizado da causa.
>
> § 1º Os honorários são devidos também nas ações contra a Fazenda Pública e nas ações em que a parte estiver assistida ou substituída pelo sindicato de sua categoria.
>
> § 2º Ao fixar os honorários, o juízo observará:
>
> I – o grau de zelo do profissional;
>
> II – o lugar de prestação do serviço;
>
> III – a natureza e a importância da causa;
>
> IV – o trabalho realizado pelo advogado e o tempo exigido para o seu serviço.
>
> § 3º Na hipótese de procedência parcial, o juízo arbitrará honorários de sucumbência recíproca, vedada a compensação entre os honorários.
>
> § 4º Vencido o beneficiário da justiça gratuita, desde que não tenha obtido em juízo, ainda que em outro processo, créditos capazes de suportar a despesa, as obrigações decorrentes de sua sucumbência ficarão sob condição suspensiva de exigibilidade e somente poderão ser executadas se, nos dois anos subsequentes ao trânsito em julgado da decisão que as certificou, o credor demonstrar que deixou de existir a situação de insuficiência de recursos que justificou a concessão de gratuidade, extinguindo-se, passado esse prazo, tais obrigações do beneficiário.
>
> § 5º São devidos honorários de sucumbência na reconvenção.

A inovação da reforma trabalhista dá tratamento isonômico aos advogados que militam na seara trabalhista aos outros advogados.

De todo modo, uma ressalva sobre o referido tratamento isonômico deve ser feita, já que a relação entre o mínimo e máximo legal delimitado no art. 791-A, é de 5% a 15%.

Entretanto, a previsão do art. 85 do CPC determina uma variação entre 10% a 20%. A nosso ver, não há motivos para tal diversidade, de forma que deveria a lei trabalhista ter se adequado ao quanto exposto no CPC. De qualquer modo, mesmo sem a previsão, os juízes podem aplicar o entendimento do CPC subsidiariamente estipulando como condenação mínima os 10% indicados na legislação civil.

8. CONCLUSÃO

A reforma trabalhista perdeu uma excelente oportunidade de extirpar do ordenamento jurídico o *jus postulandi*. Referido instituto não parece mais possuir espaço no cenário jurídico criado para o processo do trabalho pós-reforma, tendo em vista os seguintes pontos:

1. a existência da sucumbência no processo do trabalho, que permite a contratação de advogados e seu pagamento pela parte contrária, contemplando o acesso à Justiça;
2. o próprio número de advogados em todo o território nacional (sem falar dos sindicatos), que é capaz de atender aos anseios de empregados e empregadores;
3. a necessidade de conhecimento técnico e tecnológico (muitas vezes) para ingressar e acompanhar reclamações trabalhistas;
4. os efeitos criados pela legislação atual que podem, em muitos casos, piorar a própria situação daqueles que pretendem buscar eventuais direitos junto à justiça do trabalho.

O processo, enquanto sequência de *atos*, em forma de *manifestação externa* de outro fenômeno jurídico, a saber, uma *sequência de normas*, em que os atos do processo são sequenciados, porque são sequenciadas as normas que disciplinam tais atos e em obediência às quais os mesmos atos são (ou devem ser) realizados, se mostra sempre enquanto unidade complexa, indiferentemente à estrutura de entendimento que lhe perfaz, de cariz técnico e de difícil domínio, o que declina razão à usual reserva de atuação em sua estrutura a profissionais que guardam habilitação técnica e conhecimento para tanto.

E isso porque, sempre se orientou a função de *dizer* e *concretizar* o direito em torno de algum sentido de autoridade, tanto mais esta pôde se inteirar da relação jurídica a ela submetida quanto mais sofisticadamente caminhou o desenvolver da ritualização de procedimentos que lhe informam a estrutura – sofisticação de rito aqui referida que pretende remeter ideia não a sua mais originária forma, enquanto meio sacral de sustentação/ celebração de dada estrutura de poder, mas precisamente aqui tomada a partir de um alvorecer do moderno, quando da implosão das estruturas sociais presentes no Baixo Medievo, em face da construção dos primeiros Estados absolutistas e do longo processo, ainda hoje legatário de sentido à realidade político-social, de racionalização do poder, enquanto autoridade organizada e sustentada por meio de prismas legais, responsáveis por afastar – ao menos em pretensão pronunciada, alerta-se – o componente familiar e muito personalíssimo presente nas relações estamentais daquela outra estrutura social.

Como o processo judicial se estrutura em torno da noção que é mais cara e usual à atuação da função jurisdicional a cargo do Estado, que é propriamente aquela dada em sede judiciária e em seu mais interior âmago de influência, natural que sob sua chancela resfoleguem somente aqueles que mais proximamente conhecem sua estrutura; é dizer, de outra maneira: a atividade advocatícia é essencial à administração da Justiça[18]. Classicamente[19], referenciada como num interstício de um pêndulo que caminha entre os espaços próprios ao interesse privado de, ao fim, se verem mais bem resguardados os interesses por aquele tido como serenamente distante de paixões e rancores compreendido então como restritos às partes, habilitado tecnicamente à defesa em juízo de pretensões alheias, bem como ao interesse público de, tanto mais estruturadas a defesa, a persecução e a dedução formal de pretensões em juízo, tanto mais prontamente possível a resposta judicial, certo de que as razões que subjazem como fundamentos do patrocínio forense são afastadas pontualmente quando da interlocução com interesses ainda mais prementes, como da hipótese trabalhista.

Diz-se isto tendo em conta o fato de que, mesmo que pressuposta a tônica administrativista e, por isso, ao menos em sua inicial face, corporativista que subjaz social e politicamente ao corpo originário da Consolidação das Leis do Trabalho, a legitimidade *ad processum* por ela conferida a todos os seus postulantes demarca muito mais efeitos em face do seu asseguramento[20] do que propriamente daquele referente à sua medida.

Isto último tendo em vista que esta, em delineamento de contornos próprios, se volta propriamente às ações trabalhistas típicas, quais sejam, as empregatícias – o que exclui, por óbvio, as demais relações de trabalho inseridas à competência da Justiça Obreira por meio da Emenda Constitucional n. 45, de 08.12.2003, em face do inequívoco caráter civilístico que as perfaz, fazendo de sua figuração neste ramo especializado na justiça federal uma manifestação do fortuito, enquanto marginalmente veiculadas à mais clássica forma opositora de forças sociais, presente na relação de embates entre proletário e empregador[21]-[22]–, assim como não conhece instâncias extraordinárias, mas acompanha todas as fases processuais. A respeito destas duas últimas questões imbricadas no chamado *jus postulandi*, a Súmula n. 425 do Tribunal Superior do Trabalho já apresentada.

---

(18) CF (05.10.1988): Art. 133. O advogado é indispensável à administração da justiça, sendo inviolável por seus atos e manifestações no exercício da profissão, nos limites da lei.

(19) Sob base dos ensinamentos de Calamandrei, ver: NASCIMENTO, Amauri Mascaro. *Curso de Direito Processual do Trabalho*. 19. ed. ampl. e atual. São Paulo: Saraiva, 1999. p. 328-331.

(20) Ainda que escassamente verificada na realidade prático-forense, frente à dificuldade determinada àquele que pretende lhe fazer uso, em consideração das complexidades próprias à condução de uma dada causa, mesmo que tomando em conta um homem ilustrado e com tempo para a dedicação integral ao processo, muitos são os feitos da capacidade postulatória universal da legislação trabalhista, como a vedação genérica à possibilidade dos honorários advocatícios (Súmula n. 219 do TST), a reclamação verbal (art. 786) e a própria simplicidade da petição inicial propugnada pelo Diploma Consolidado (art. 840).

(21) Marca-se ressalva, todavia, ao caso do representante comercial autônomo, em face da peculiaridade jurídica que quase sempre perfaz a sua condição jurídica. Nos termos sempre esclarecedores do juslaboralista Homero Batista Mateus da Silva, a partir mesmo da diferenciação doutrinária por ele sustentada no que diz respeito à gradação de intensidade também encontrada dentro da própria subordinação das relações de emprego, tem-se que *"o caso que merece maior atenção do ponto de vista jurídico, é o representante comercial autônomo, porque ele normalmente é associado com a prestação de serviços autônomos (logo, não detêm prerrogativas e direitos próprios dos empregados), mas vivencia situação de vulnerabilidade próprio dos empregados. Por esse motivo, a norma que rege essa profissão (Lei n. 4.886/1965) está plena de fatores de proteção, como a necessidade de aviso-prévio, a manutenção da média remuneratória, a defesa das zonas de atuação e a competência territorial mais favorável ao trabalhador. Assim sendo, é razoável que se interprete o art. 791 da CLT também a favor do representante comercial autônomo, dadas as similitudes de condições entre os empregados subordinados e os representantes comerciais. (...) Nem todo o universo fora de um contrato de trabalho é realmente formado por pessoal autônomo. Temos de admitir, mesmo dentro de uma relação de emprego, a existência de subordinações de diferentes graus, desde aqueles mais intensos, especialmente no caso do trabalhador braçal, até aqueles mais tênues, no caso dos altos empregados. E, além disso, fora das relações também há diferentes graus de autonomia, sendo o representante comercial autônomo detentor de um dos menores espaços de independência, porque dificilmente podem negociar valores e prestações diferentes dos patamares autorizados pelo representado. Enfim, a interpretação teleológica, que busca atingir a finalidade da norma, está a exigir a*

O *jus postulandi* das partes, estabelecido no art. 791 da CLT, limita-se às Varas do Trabalho e aos Tribunais Regionais do Trabalho, não alcançando a ação rescisória, a ação cautelar, o mandado de segurança e os recursos de competência do Tribunal Superior do Trabalho.

Excepcionando então esta possível atuação da parte no processo trabalhista em seu próprio nome, sem representação formal, que mais se legitima tanto mais se tem em conta a inicial figuração da organização das relações trabalhistas brasileiras em forma ainda administrativa e não propriamente judiciária, há que delinear alguns poucos matizes interpretativos que se fazem à seara justrabalhista no que diz respeito à habilitação de procurador. Como pressuposto, enquanto instrumento de mandato, inequívoco que a procuração se faz sempre como necessária à atuação em juízo de dado advogado. Todavia, poderá este constituinte de interesses alheios, a fim de evitar decadência ou prescrição, pleitear em nome da parte, bem como intervir no processo para a prática de atos urgentes, ainda que sem a instrumentalização formal firmado por seu constituidor. Nestas hipóteses, obrigar-se-á o advogado à apresentação, indiferentemente de caução, do instrumento de mandato no prazo de 15 (quinze) dias, prorrogável no máximo em igual período, por despacho do juiz (art. 104, *caput*, do CPC).

Corrobora a importância da ratificação por posterior apresentação de mandato o fato de que, aqueles atos que não tenham sido ratificados no prazo são tidos como inexistentes, responsabilizando-se o advogado por despesas e eventuais perdas e danos sofridos (art. 104, § 2º).

Como há muito assentado na jurisprudência laboral, tem-se que é admitido o chamado mandato tácito, consistindo este na hipótese em que a parte comparece em audiência acompanhada de advogado que, em nome dela, pratica uma série de atos próprios à audiência, mas sem a instrumentalização formal de seus poderes em documento próprio.[23] E a isso acudiu a inovação legislativa veiculada pela Lei n. 12.437, de 06.07.2011, responsável por acrescer o § 3º ao art. 791 do Diploma Laboral, posto expressamente propugnar a possibilidade de que a constituição de procurador com poderes para o foro em geral poderá ser efetivada mediante simples registro em ata de audiência, a requerimento verbal do advogado interessado, a partir da anuência da parte interessada.

Atualmente, não se pode deixar de levar em conta a dificuldade técnica de um reclamante ingressar sem advogado, dificuldade que será de acesso, muitas vezes, a própria distribuição da ação pela via eletrônica. E se pensarmos num país como o nosso em que as dimensões são continentais e há uma variação muito grande de número de pessoas para cada região, bem como diferenças sociais e culturais gritantes, não há como se sustentar sem olvidar o *jus postulandi* na justiça laboral.

Nesse trilho, já é tempo de se fazer valer o que nossa legislação amadureceu em relação ao *jus postulandi*, a nosso ver, o disposto no art. 103 do Novo Código de Processo Civil é norma que deve ser aplicada de forma subsidiária às causas trabalhistas e ele assegura que a parte deve ingressar em juízo somente representado por advogado.

Sentido que acompanha a previsão do Estatuto da OAB, Lei n. 8.906, que traz em seu texto a previsão legal de que seria privativa do profissional habilitado "a postulação a qualquer órgão do Poder Judiciário e aos juizados especiais"

Do tudo quanto exposto, uma última questão paira no ar: o que interessa é a representação ou a efetiva busca da resposta?

9. REFERÊNCIAS

ABBOUD, Georges; CARNIO, Henrique Garbellini. Genealogia da justiça uma abordagem a partir do conceito de *obligatio* do direito privado romano. *RDPRIV* 48/11.

---

extensão da capacidade postulatória também para esses representantes de subordinação moderada". *Curso de Direito do Trabalho Aplicado*. 1. ed. Rio de Janeiro: Elsevier, 2010. v. 9 – Processo do Trabalho, p. 131.

(22) No entanto, há que se esclarecer que este não é o entendimento propugnado, como um todo, pelos magistrados do trabalho, ao menos quando em perspectiva o Enunciado n. 67, aprovado na 1ª Jornada de Direito Material e Processual na Justiça do Trabalho, promovida pelo Tribunal Superior do Trabalho (TST), Escola Nacional de Formação e Aperfeiçoamento de Magistrados do Trabalho (ENAMAT) e Associação Nacional dos Magistrados de Trabalho (ANAMATRA), nos dias 21 a 23 de novembro de 2007, que, da seguinte maneira, propugna: Enunciado n. 67: *Jus postulandi*. Art. 791 da CLT. Relação de trabalho. Possibilidade. A faculdade de as partes reclamarem, pessoalmente, seus direitos perante a Justiça do Trabalho e de acompanharem suas reclamações até o final, contida no art. 791 da CLT, deve ser aplicada às lides decorrentes da relação de trabalho.

(23) OJ n. 286 da SDI-I do TST. Agravo de instrumento. Traslado. Mandato tácito. Ata de audiência. Configuração (alterada – Res. n. 167/2010, DEJT divulgado em 30.04.2010 e 03 e 04.05.2010). I – A juntada da ata de audiência, em que consignada a presença do advogado, desde que não estivesse atuando com mandato expresso, torna dispensável a procuração deste, porque demonstrada a existência de mandato tácito. II – Configurada a existência de mandato tácito fica suprida a irregularidade detectada no mandato expresso.

ANSELL-PEARSON, Keith. *Nietzsche como pensador político*: uma introdução, Trad. Mauro Gama e Cláudia Martinelli. Rio de Janeiro: Jorge Zahar, 1997.

BERMAN, Harold J. *Direito e revolução*: a formação da tradição jurídica ocidental. São Leopoldo: Unisinos, 2004.

CARMONA, Carlos Alberto. *A arbitragem no processo civil brasileiro*. São Paulo: Malheiros, 1993.

CARRION, Valentin. *Comentários à Consolidação das Leis do Trabalho*. 34. ed. atual. por Eduardo Carrion. São Paulo: Saraiva, 2009.

FOUCAULT, Michel. Nietzsche, a genealogia, a história. *Arqueologia das ciências e história dos sistemas de pensamento*, Trad. Elisa Monteiro. Rio de Janeiro: Forense, 2000.

GIACÓIA JR, Oswaldo. *Pequeno dicionário de filosofia contemporânea*. São Paulo: Publifolha, 2006.

GIGLIO, Wagner D. *Direito Processual do Trabalho*. 13. ed. rev., atual. e ampl. São Paulo: Saraiva, 2003.

GUERRA FILHO, Willis Santiago. *Teoria processual da Constituição*. 3. ed. São Paulo: RCS, 2007.

GUIMARÃES, Ricardo Pereira de Freitas. *CLT comentada*, São Paulo: RT, 2014.

KAUFMANN, Arthur. *Filosofia do Direito*. Trad. António Ulisses Cortês. Lisboa: Fundação Calouste Gulbenkian, 2004.

NASCIMENTO, Amauri Mascaro. *Curso de Direito Processual do Trabalho*. 19. ed. ampl. e atual. São Paulo: Saraiva, 1999.

NERY JR., Nelson. *Código de processo civil comentado e legislação extravagante*. 9. ed. São Paulo: RT, 2006.

_____. *Princípios do Processo na Constituição Federal*. 11. ed. São Paulo: RT, 2013.

NIETZSCHE, Friedrich W. *Genealogia da moral*: uma polêmica. Trad. Paulo César de Souza. São Paulo: Companhia das Letras, 2007.

ROBERT, Alexy. *Conceito e validade do direito*. 1. ed. São Paulo: Martins Fontes, 2009.

SANTOS, Boaventura de Sousa. Introdução à sociologia da administração da justiça. *Revista Crítica de Ciências Sociais*, n. 21, nov. 1986.

SILVA, Homero Mateus Batista da. *Curso de Direito do Trabalho Aplicado*. 1. ed. Rio de Janeiro: Elsevier, 2010. v. 9 – Processo do Trabalho.

WEIBERGER, Ota. *Law, institution and legal politics*: fundamental problems of legal theory and social philosophy. Dordrecht: Kluwe Academic Publishers, 1991.

4.
Atos, Termos e Prazos Processuais

Sergio Pinto Martins[1]

Atos processuais são os praticados no curso do processo.

Termo é a redução a escrito de certos atos processuais praticados nos autos de um processo (exemplo: ata da audiência)[2].

Prazo processual é o período em que o ato processual deve ser praticado.

Os atos processuais serão públicos salvo quando o contrário determinar o interesse social (ar. 770 da CLT), que os levará a correr em segredo de justiça. A lei pode limitar a presença, em determinados atos, às próprias partes e a seus advogados, ou somente a estes, em casos nos quais a preservação do direito à intimidade do interessado no sigilo não prejudique o interesse público à informação (art. 93, IX, da Constituição).

São realizados os atos processuais em dias úteis entre as 6 e 20 horas (art. 770 da CLT). A penhora poderá ser realizada em dia feriado, mediante autorização expressa do juiz (parágrafo único, do art. 770, da CLT).

Poderão os atos e termos processuais ser escritos à tinta, datilografados ou a carimbo. Na prática, são realizados pelo sistema de processo judicial eletrônico, mas também por estenotipia, taquigrafia, etc.

Os atos e termos processuais, que devam ser assinados pelas partes interessadas, quando estas, por motivo justificado, não possam fazê-lo, serão firmados a rogo, na presença de duas testemunhas, sempre que não houver procurador legalmente constituído.

Salvo disposição em contrário, os prazos contam-se, conforme o caso, a partir da data em que for feita pessoalmente ou recebida a notificação, daquela em que for publicado o edital no jornal oficial ou no que publicar o expediente da Justiça do Trabalho, ou, ainda, daquela em que for afixado o edital na sede da Vara, juízo ou tribunal (art. 774 da CLT). Não se observa a regra do processo civil de que o prazo começa a contar da juntada do mandado aos autos.

No período de 20 de dezembro a 6 de janeiro, ocorre o recesso na Justiça do Trabalho (art. 62, I, da Lei n. 5.010/66), não podendo ser praticados atos processuais. O TST entende que o recesso forense e as férias coletivas dos Ministros do Tribunal Superior do Trabalho suspendem os prazos recursais (S. 262, II).

Suspende-se o curso do prazo processual nos dias compreendidos entre 20 de dezembro e 20 de janeiro, inclusive (art. 775-A da CLT). O dispositivo trata de suspensão de prazos e não de férias do advogado.

Ressalvadas as férias individuais e os feriados instituídos por lei, os juízes, os membros do Ministério Público, da Defensoria Pública e da Advocacia Pública e os auxiliares da Justiça exercerão suas atribuições durante o período previsto no *caput* deste artigo (§ 1º, do art. 795-A, da CLT). Durante a suspensão do prazo, não se realizarão audiências nem sessões de julgamento.

Presume-se recebida a notificação 48 horas depois de sua postagem. O seu não recebimento ou a entrega após o decurso desse prazo constitui ônus da prova do destinatário (S. 16 do TST).

Os prazos são contados com exclusão do dia do começo e inclusão do dia do vencimento, e são contínuos e irreleváveis, podendo, entretanto, ser prorrogados pelo tempo estritamente necessário pelo juiz ou tribunal, ou em virtude de força maior, devidamente comprovada (art. 775 da CLT). Os prazos que se vencerem em sábado, domingo e feriado terminarão no primeiro dia útil seguinte.

Serão contados os prazos estabelecidos em dias úteis, com exclusão do dia do começo e inclusão do dia do vencimento (art. 775 da CLT).

---

(1) Desembargador do TRT da 2ª Região.
(2) MARTINS, Sergio Pinto. *Direito processual do trabalho*. 40. ed. São Paulo: Saraiva, 2018. p. 232.

Os prazos podem ser prorrogados, pelo tempo estritamente necessário, nas seguintes hipóteses:

I – quando o juízo entender necessário;

II – em virtude de força maior, devidamente comprovada.

Ao juízo, incumbe dilatar os prazos processuais e alterar a ordem de produção dos meios de prova, adequando-os às necessidades do conflito de modo a conferir maior efetividade à tutela do direito.

No processo do trabalho, a CLT usa notificação para qualquer comunicação processual. Entretanto, citação é o ato de chamar a juízo o réu ao processo para apresentar defesa, se assim quiser. Intimação é o ato de dar ciência a alguém do processo para que faça ou deixe de fazer algo no processo. Notificação pode ser judicial, de dar conhecimento em juízo a alguém sobre certo fato e extrajudicial, que é feito pelos cartórios extrajudiciais.

A citação no processo do trabalho é feita pelo Correio. Não existe citação por hora certa. Da citação postal, passa-se imediatamente para a citação por edital, caso o empregador não seja encontrado ou se recuse a receber a comunicação processual.

Na execução, a citação é feita por oficial de justiça (§ 2º, do art. 880, da CLT) para iniciar a fase de execução.

Entre a data do recebimento da citação e a da realização da audiência devem existir cinco dias, sob pena de nulidade. Para a União, Estados, Distrito Federal e Municípios, suas autarquias e fundações, o prazo será de 20 dias.

Em casos de intimação feita na sexta-feira, o prazo judicial começará a correr na segunda-feira imediata, salvo se não houver expediente, caso em que começará a correr no primeiro dia útil que se seguir (S. 1 do TST).

Intimada a parte no sábado, o início do prazo dar-se-á no primeiro dia útil imediato e a contagem no subsequente (S. 262, I, do TST). Assim, considera-se realizada efetivamente a comunicação processual na segunda-feira, iniciando-se o prazo na terça-feira, salvo se não forem dias úteis.

O vencimento dos prazos será certificado nos processos pelos escrivães ou secretários (art. 776 da CLT).

Os requerimentos e documentos apresentados, os atos e termos processuais, as petições ou razões de recursos e quaisquer outros papéis referentes aos feitos formarão os autos dos processos, os quais ficarão sob a responsabilidade dos escrivães ou secretários (art. 777 da CLT).

Os autos dos processos da Justiça do Trabalho não poderão sair dos cartórios ou secretarias, salvo se solicitados por advogados regularmente constituídos por qualquer das partes, ou quando tiverem de ser remetidos aos órgãos competentes, em caso de recurso ou requisição (art. 778 da CLT).

As partes, ou seus procuradores, poderão consultar, com ampla liberdade, os processos nos cartórios ou secretarias (art. 779 da CLT).

Os documentos juntados aos autos poderão ser desentranhados somente depois de findo o processo, ficando traslado (art. 780 da CLT).

As partes poderão requerer certidões dos processos em curso ou arquivados, as quais serão lavradas pelos escrivães ou secretários. As certidões dos processos que correrem em segredo de justiça dependerão de despacho do juiz ou presidente (art. 781 da CLT).

5.
COMPETÊNCIA DA JUSTIÇA DO TRABALHO

Carolina Tupinambá[1]
Fábio Rodrigues Gomes[2]

1. INTRODUÇÃO

Competência. Eis o ponto de partida de qualquer demanda judicial, seja ela qual for. O juiz, o advogado e os profissionais do direito em geral devem compreender bem a divisão de tarefas desenhada pela Constituição e complementada pela legislação ordinária, a fim de que não haja desperdício de tempo e de dinheiro na solução da controvérsia.

De fato, a medida da jurisdição trabalhista sofreu mudanças de peso nos últimos anos, especialmente no tocante à sua delimitação material. A Emenda Constitucional n. 45/2004 trouxe assuntos que vão muito além da conhecida relação de emprego, tipificada nos arts. 2º e 3º da CLT. Mas isso não é só.

A organização da atividade judicial apenas se inicia pela definição da espécie de jurisdição a ser realizada. Descartada a atuação das justiças federal, militar, eleitoral e estadual, e firmada a competência material da justiça do trabalho, ainda se deverá saber se o conflito deve ser dirimido pela jurisdição nacional, se o órgão judicial escolhido possui a função de julgá-lo e se o local do ajuizamento da ação é o apropriado.

Em suma, nas páginas a seguir discorreremos sobre os conceitos, as disposições normativas e a jurisprudência adequados a auxiliá-lo a percorrer os labirintos jurisdicionais brasileiros, caso o seu objetivo final seja adentrar à Justiça do Trabalho.

Boa leitura!

2. CONCEITO DE COMPETÊNCIA

A jurisdição, tomada como o poder do Estado dizer o direito, é distribuída e medida de acordo com a competência de cada órgão judicial, legitimando o exercício do poder jurisdicional. A competência, portanto, é o exercício limitado da jurisdição, sendo o resultado da distribuição de poder jurisdicional, ou seja, a faculdade e o exercício da jurisdição no caso particular[3].

Tomada a jurisdição nacional, para se definir a competência interna, recomenda-se, primeiramente, investigar se a causa se enquadra dentro de uma das hipóteses de competência originária do STF ou do STJ. Prosseguindo-se, necessário questionar se acaso o feito deva ser entregue a um dos organismos ou ramos de especialização do Poder Judiciário: Justiça Trabalhista, Eleitoral ou Militar, e, por último, se a causa é de competência da Justiça Federal. Não se enquadrando em nenhuma das hipóteses, encontra-se a competência da Justiça dos Estados por exclusão, sendo residual, portanto.

Definido o tronco da Justiça competente, o passo seguinte está em se saber qual a localização do foro para o que, em geral, utiliza-se o critério territorial. Sabido o foro, há que se determinar o órgão.

Assim, parte-se da primeira etapa de definição da competência, qual seja, se nacional ou internacional.

---

[1] Mestre em Direito Processual pela Universidade do Estado do Rio de Janeiro. Doutora em Direito Processual pela Universidade do Estado do Rio de Janeiro. Doutora em Direito do Trabalho pela Universidade de São Paulo. Professora Adjunta de Processo do Trabalho e Prática Trabalhista da Universidade do Estado do Rio de Janeiro. Professora Assistente de Direito do Trabalho da Universidade Federal do Estado do Rio de Janeiro. Membro da Academia Brasileira de Direito do Trabalho. Advogada.

[2] Mestre em Direito Público pela Universidade do Estado do Rio de Janeiro. Doutor em Direito Público pela Universidade do Estado do Rio de Janeiro. Professor Adjunto de Processo do Trabalho e Prática Trabalhista da Universidade do Estado do Rio de Janeiro. Juiz Titular da 41ª Vara do Trabalho do Rio de Janeiro.

[3] TUPINAMBÁ, Carolina. *Competência da Justiça do Trabalho à luz da reforma constitucional*. Rio de Janeiro: Forense, 2006. p. 22.

3. COMPETÊNCIA INTERNACIONAL E COMPETÊNCIA INTERNA

A jurisdição de cada Estado vai até onde chega sua soberania. Neste contexto, o problema a ser enfrentado pelo legislador é justamente a delimitação territorial da jurisdição nacional.

A aplicação do princípio da efetividade é o principal norte definidor da delimitação da jurisdição nacional. A impossibilidade de se tornarem efetivas decisões no estrangeiro acaba por conter naturalmente o âmbito espacial de atuação dos órgãos jurisdicionais.

No caso brasileiro, o Código de Processo Civil dedicou um capítulo à competência internacional (Capítulo I, do Título II, da Lei n. 13.105/2015). Enquanto os arts. 21 e 22 do CPC/15 tratam das hipóteses da competência internacional concorrente, o art. 23 traz a chamada competência internacional exclusiva.

A competência internacional exclusiva é prevista no art. 23 do CPC/15. Nessas matérias, somente o Brasil terá jurisdição, não podendo qualquer outro país ser competente para julgamento.

O Tribunal Superior do Trabalho tem jurisdição sobre todo o território nacional.

Atualmente, o Brasil conta com vinte e quatro Tribunais Regionais do Trabalho. Estados como Pará e Amapá dividem o mesmo tribunal, assim como o Distrito Federal e Tocantins. Já São Paulo conta com dois regionais, um para capital e outro para o interior. De acordo com a Consolidação das Leis do Trabalho, a competência de cada Vara do Trabalho abrange toda a comarca onde se situa, somente podendo ser alterada por lei federal.

4. CRITÉRIO OBJETIVO DE DEFINIÇÃO DE COMPETÊNCIA

Critério objetivo definirá a competência em razão da pessoa e da matéria, fixada em virtude da qualidade que ostenta a parte em determinada relação jurídica de direito material ou do objeto da ação. A competência da Justiça do Trabalho em razão da pessoa e da matéria é definida no art. 114 da Constituição Federal.

5. CRITÉRIO FUNCIONAL DE DEFINIÇÃO DE COMPETÊNCIA

A competência funcional da Justiça do Trabalho, também denominada hierárquica ou interna, reparte a jurisdição entre órgãos de primeiro, segundo e terceiro graus, dentro da organização judiciária trabalhista. Essa competência está diretamente relacionada às diversas fases do processo e à hierarquia dos órgãos judiciários, estando prevista a partir do art. 652 da CLT.

Assim como a competência em razão da matéria, a competência funcional é absoluta, podendo, portanto, ser reconhecida de ofício pelo magistrado.

A competência funcional pode ser classificada em originária, recursal e executória.

A competência funcional originária consiste na competência para conhecer a causa, em um primeiro plano. Por regra, é a competência das Varas do Trabalho. Já a competência recursal só terá vez em um cenário de cognição recursal, sendo competentes os tribunais para tanto. Por fim, a executória objetiva a realização da execução do processo, através de títulos judiciais ou extrajudiciais, prevista nos arts. 877 e 877-A da CLT.

6. CRITÉRIO TERRITORIAL DE DEFINIÇÃO DE COMPETÊNCIA

A competência territorial, também conhecida como *ratione loci* (em razão do lugar), consiste na limitação da quantidade de jurisdição utilizando o critério do foro, ou seja, da circunscrição geográfica sobre a qual atua o órgão jurisdicional e é regida, basicamente, pelo art. 651 da CLT e seus parágrafos.

Diferente da competência material e da funcional, a territorial é relativa, estando sujeita às hipóteses de modificação, entendimento pacífico, a despeito da literalidade do art. 795, § 1º, da CLT. A SBDI-2/TST editou a OJ n. 149[4] a qual veda a possibilidade de o juiz declarar a incompetência relativa de ofício.

7. A COMPETÊNCIA DA JUSTIÇA DO TRABALHO – ART. 114 DA CONSTITUIÇÃO FEDERAL

A Emenda Constitucional n. 45/2004 mudou o enfoque da competência da Justiça do Trabalho. Se antes, a competência em razão das pessoas, ou seja, dos

---

(4) Orientação Jurisprudencial n. 149/TST-SDI-II – 11.07.2017. Competência. Conflito. Incompetência territorial. Hipótese do art. 651, § 3º, da CLT. Impossibilidade de declaração de ofício de incompetência relativa.
Não cabe declaração de ofício de incompetência territorial no caso do uso, pelo trabalhador, da faculdade prevista no art. 651, § 3º, da CLT. Nessa hipótese, resolve-se o conflito pelo reconhecimento da competência do juízo do local onde a ação foi proposta.

empregados e empregadores, era a mais importante para definição da competência da Justiça do Trabalho, após a reforma constitucional a relação jurídica de trabalho tornou-se o centro da competência da Justiça Obreira.

São, portanto, a causa de pedir e o pedido os elementos fixadores da competência material, de natureza absoluta, da Justiça do Trabalho.

A seguir, serão tratadas as principais matérias submetidas à jurisdição trabalhista e respectivos fundamentos.

7.1. Controvérsias oriundas e decorrentes da relação de trabalho

O art. 114 da Constituição Federal, com redação atual conferida pela EC n. 45/2004, confere competência à Justiça do Trabalho para julgar as relações de trabalho, gênero a englobar as relações de emprego e outras espécies de prestação de serviços. Neste particular, vale pontuar alguns casos de maior projeção na jurisprudência.

7.1.1. Trabalhador autônomo

Trabalhador autônomo é aquele que dirige sua própria atividade, ou seja, não se subordina ao tomador de seus serviços. Esse tipo de trabalhador tem liberdade para escolher a forma de prestar seus serviços e a maneira de realizá-los. Por ser seu próprio patrão, o trabalhador autônomo corre os riscos da atividade que desempenha.

A legislação previdenciária indica o conceito de trabalhador autônomo, na alínea *h*, do inciso V, do art. 12, da Lei n. 8.212:

> Art. 12. São segurados obrigatórios da Previdência Social as seguintes pessoas físicas:
>
> V – como contribuinte individual:
>
> h) a pessoa física que exerce, por conta própria, atividade econômica de natureza urbana, com fins lucrativos ou não; (...)

Com a EC n. 45/2004 e a ampliação da competência da Justiça do Trabalho, as relações oriundas de trabalho autônomo também passaram a ser resolvidas na justiça especializada.

É importante fazer uma ressalva sobre as relações de consumo. Quando o Código de Defesa do Consumidor foi elaborado, a competência da Justiça do Trabalho limitava-se às relações de emprego.

Precioso exemplo da diferença entre relação de consumo e relação de trabalho envolvendo o trabalhador autônomo é a relação entre o médico, seu paciente e uma empresa tomadora de seus serviços, ou seja, uma clínica médica.

Entre o médico e o paciente, institui-se típica relação de consumo, já que o paciente é o destinatário final da prestação de serviço médico, sendo competente a Justiça Comum para tais casos. Contudo, a relação estabelecida entre o médico e a clínica é de trabalho, sendo competente a Justiça do Trabalho para dirimir eventuais conflitos oriundos dessa relação. Para Mauro Schiavi, mesmo que a relação de trabalho também consista em relação de consumo, a competência será da Justiça do Trabalho, uma vez que a Constituição Federal não exclui da competência da Justiça do Trabalho as lides que envolvam as relações de consumo. O Enunciado n. 64 da 1ª Jornada de Direito Material e Processual do Trabalho realizada no TST segue o mesmo entendimento do autor.

> Enunciado n. 64 da 1ª Jornada de Direito Material e Processual do Trabalho: COMPETÊNCIA DA JUSTIÇA DO TRABALHO. PRESTAÇÃO DE SERVIÇO POR PESSOA FÍSICA. RELAÇÃO DE CONSUMO SUBJACENTE. IRRELEVÂNCIA. Havendo prestação de serviços por pessoa física a outrem, seja a que título for, há relação de trabalho incidindo a competência da Justiça do Trabalho para os litígios dela oriundos (CF, art. 114, I), não importando qual o direito material que será utilizado na solução da lide (CLT, CDC, CC etc.).

Por certo, a Justiça Trabalhista poderá aplicar a legislação civil e consumerista, não sendo a legislação aplicável critério para determinação da competência da Justiça.

Em que pesem as ações oriundas de relações de trabalho autônomo, a ação de cobrança de honorários ajuizada por profissional liberal em face de seu cliente é de competência da Justiça comum, conforme será abordado no tópico a seguir.

7.1.2. Contrato de honorários advocatícios

O contrato particular de honorários advocatícios em que o advogado atua como profissional autônomo poderá originar relação de trabalho e de consumo.

Se o tomador do serviço for o destinatário final, haverá relação de consumo; é o que ocorre, normalmente, com a relação entre advogado e cliente. Contudo, se o tomador utilizar o trabalho do advogado como meio para realizar negócios em face de terceiros, a relação será de trabalho.

O STJ, na Súmula n. 363, esclarece ser da competência da Justiça Comum o julgamento de ação de cobrança de honorários de profissionais liberais.

Súmula n. 363-STJ: Compete à Justiça estadual processar e julgar a ação de cobrança ajuizada por profissional liberal contra cliente.

O STF, em 2014, assentou o entendimento de que a competência para tais feitos não é da Justiça do Trabalho:

> AGRAVO REGIMENTAL NO RECURSO EXTRAORDINÁRIO. AÇÃO DE COBRANÇA. HONORÁRIOS ADVOCATÍCIOS. COMPETÊNCIA. JUSTIÇA COMUM. AGRAVO A QUE SE NEGA PROVIMENTO. I – O Plenário desta Corte, no julgamento da ADI n. 3.395-MC/DF, Rel. Min. Cezar Peluso, concluiu que a relação de trabalho se limita à relação jurídica estabelecida entre o trabalhador e o empregador, regida pela CLT, em virtude de vínculo empregatício. II – Ausente, na espécie, vínculo empregatício entre o profissional liberal e seu cliente, cabe à Justiça Comum o julgamento da presente demanda. III – Agravo regimental a que se nega provimento. (STF-RE 700131, AgRg, Rel. Min. Ricardo Lewandowski, 2ª Turma, DJe-120 de 23.06.2014.)

7.1.3. Trabalhador eventual

O trabalhador eventual é aquele que presta atividade para alguém de forma ocasional e normalmente desempenha atividade relacionada com os fins normais da empresa[5], de maneira descontínua, eventual.

Sua contratação é estabelecida mediante contrato de trabalho precário, definido na alínea g, do inciso V, do art. 12, da Lei n. 8.212.

7.1.4 Trabalhador avulso

A competência da Justiça do Trabalho para julgar causas que envolvam o trabalhador avulso está prevista no art. 114 da Constituição Federal, bem como no art. 643 da CLT:

> Art. 643. Os dissídios oriundos das relações entre empregados e empregadores, bem como de trabalhadores avulsos e seus tomadores de serviços em atividades reguladas na legislação social, serão dirimidos pela Justiça do Trabalho, de acordo com o presente título e na forma estabelecida pelo processo judiciário do trabalho.
>
> (...)
>
> § 2º As questões referentes a acidentes do trabalho continuam sujeitas à justiça ordinária, na forma do Decreto n. 24.637, de 10.07.34, e legislação subsequente.
>
> § 3º A Justiça do Trabalho é competente, ainda, para processar e julgar as ações entre trabalhadores portuários e os operadores portuários ou o Órgão Gestor de Mão-de-Obra – OGMO decorrentes da relação de trabalho.

O trabalhador avulso não tem vínculo nem com o sindicato nem com as empresas tomadoras de serviço, prestando serviços de curta duração, mediante remuneração paga, basicamente, em forma de rateio procedido pela entidade agenciadora. Esse tipo de trabalho é o que ocorre na região portuária, estando regido pela Lei n. 8.630/93.

7.1.5. Empregados de cartórios extrajudiciais

Os cartórios extrajudiciais, apesar de instituídos por delegação do poder público, com titulares empossados através de concurso público, possuem corpo de empregados regidos pela CLT, de acordo com o art. 20 da Lei n. 8.935/94.

> Art. 20. Os notários e os oficiais de registro poderão, para o desempenho de suas funções, contratar escreventes, dentre eles escolhendo os substitutos, e auxiliares como empregados, com remuneração livremente ajustada e sob o regime da legislação do trabalho.

Antes da referida lei, o STF já havia decidido que a relação entre os cartórios extrajudiciais e seus trabalhadores era de emprego, sendo a atuação da Corregedoria dos Tribunais meramente fiscalizatória e disciplinar, razão pela qual, consequentemente, será competente a Justiça do Trabalho para dirimir eventuais conflitos envolvendo tais empregados.

7.1.6. Contrato de empreitada

O empreiteiro, aquele que se compromete a realizar obra certa, recebendo remuneração pelo serviço terminado, mesmo antes da Reforma do Judiciário, tinha seus conflitos resolvidos pela Justiça do Trabalho, de acordo com o art. 652, III, da CLT:

> Art. 652. Compete às Juntas de Conciliação e Julgamento:
>
> a) conciliar e julgar:
>
> III – os dissídios resultantes de contratos de empreitadas em que o empreiteiro seja operário ou artífice.

A doutrina denomina esse tipo de contrato de *"pequena empreitada"*.

---

(5) SCHIAVI, Mauro. *Manual de Direito Processual do Trabalho*. 9. ed. São Paulo: LTr, 2015, p. 255.

A competência da Justiça do Trabalho justifica-se pelo objetivo de se conferir maior acesso ao Judiciário.

7.1.7. Contrato entre médico e plano de saúde

O Tribunal Superior do Trabalho decidiu ser incompetente a Justiça do Trabalho para apreciar ação de médicos credenciados contra os planos de saúde. O entendimento baseou-se na argumentação de que as operadoras de planos de saúde apenas são intermediadoras entre usuários e médicos, prestadores de serviço, não sendo factível se interpretar ser hipótese de relação de trabalho, efetivamente. Confira-se:

> Incompetência da Justiça do Trabalho. Ação civil pública. Reajuste dos honorários repassados pelas operadoras de plano de saúde aos médicos credenciados. Relação de trabalho não configurada. A Justiça do Trabalho é incompetente para processar e julgar ação civil pública na qual se postula o reajuste dos honorários repassados pelas operadoras de plano de saúde aos médicos credenciados, pois a relação entre eles não possui natureza trabalhista. As operadoras de plano de saúde, ligadas à chamada autogestão, atuam como intermediadoras entre os interesses dos usuários e dos prestadores de serviço, ao passo que os médicos credenciados não prestam serviço diretamente às operadoras, mas aos beneficiários/usuários, não havendo falar, portanto, em relação de trabalho nos moldes do art. 114, I, da CF. Sob esses fundamentos, a SBDI-I, por unanimidade, não conheceu do recurso de embargos da Conab, mas conheceu dos recursos de embargos interpostos pela Cassi, Geap, Petrobras e Embratel, e, no mérito, deu-lhes provimento para restabelecer o acórdão do Regional que manteve a sentença que julgou extinto o processo, sem resolução de mérito, por incompetência da Justiça do Trabalho para apreciar o pedido de correção de honorários médicos de profissionais vinculados às gestoras de plano de saúde. (TST-E-ED-RR-1485-76. 2010.5.09.0012, SBDI-I, rel. Min. Guilherme Augusto Caputo Bastos, 30.06.2016.)

7.1.8. Residência médica

A residência médica é uma modalidade de ensino de nível de pós-graduação *lato sensu*. O TST decidiu em 2011 que a Justiça do Trabalho só é competente para julgar ações que envolvam residentes quando a causa de pedir for o desvirtuamento da residência e consequente reconhecimento de vínculo empregatício. Se o pedido for o pagamento de bolsa-auxílio, não será a Justiça do Trabalho a competente para apreciar tal ação:

> RECURSO DE REVISTA. RESIDÊNCIA MÉDICA. INCOMPETÊNCIA DA JUSTIÇA DO TRABALHO. 1. Ação em que se pleiteia o pagamento de bolsa-auxílio, sem descaracterização da residência médica. 2. Na lição de Alice Monteiro de Barros, "a residência médica constitui modalidade de ensino de pós-graduação, sob a forma de curso de especialização. Caracteriza-se por treinamento em serviço e funciona sob a responsabilidade de instituição de saúde, universitária ou não, sujeita a orientação de médicos de elevada qualificação ética e profissional (art. 1º da Lei n. 6.932, de 1981)". 3. A espécie, enquanto atividade vinculada ao ensino, não reúne trabalhador a pessoa física ou jurídica que o remunere, essencialmente, pelo serviço prestado, assim recusando a qualificação de relação de trabalho, segundo a vocação do art. 114 da Constituição Federal. 4. Incompetência da Justiça do Trabalho reconhecida, com invalidação dos atos decisórios e remessa dos autos à Justiça Comum do Estado de origem. Recurso de revista conhecido e provido. (TST, RR-29500-53.2008.5.15.0046, 3ª Turma, Rel. Min. Alberto Luiz Bresciani de Fontan Pereira, j. 03.06.2011.)

7.2. Relação de trabalho no âmbito da Administração Pública

São agentes públicos as pessoas físicas juridicamente vinculadas a quaisquer entes da Administração Pública Direta ou Indireta, podendo ser agentes políticos, detentores de mandatos eletivos, servidores públicos e particulares em colaboração com o Poder Público.

Os servidores públicos podem ser divididos em três espécies: os servidores estatutários, o empregado público e os servidores temporários.

A despeito da literalidade do art. 240 da Lei n. 8.112/90[6] que cuida dos servidores públicos federais, o STF entendeu inconstitucional, no julgamento da ADI n. 492-1, a possibilidade de negociação coletiva e o ajuizamento por servidores de ações individuais e coletivas perante a Justiça do Trabalho.

---

(6) Lei n. 8.112/90 – Art. 240. Ao servidor público civil é assegurado, nos termos da Constituição Federal, o direito à livre associação sindical e os seguintes direitos, entre outros, dela decorrentes:

a) de ser representado pelo sindicato, inclusive como substituto processual;

b) de inamovibilidade do dirigente sindical, até um ano após o final do mandato, exceto se a pedido;

7.2.1. Servidor estatutário

O servidor estatutário tem vínculo com a Administração Pública não decorrente de contrato, mas de lei.

A Justiça do Trabalho, de acordo com o art. 114 da CF, seria competente para decidir demandas relativas aos servidores estatutários ou titulares de cargo em comissão.

Na ADIn n. 3.395[7], foi suspensa toda e qualquer interpretação conferida ao inciso I, do art. 114, da CF, que pudesse conferir competência à Justiça do Trabalho para julgamento de causas que envolvam os servidores estatutários:

> INCONSTITUCIONALIDADE. Ação direta. Competência. Justiça do Trabalho. Incompetência reconhecida. Causas entre o Poder Público e seus servidores estatutários. Ações que não se reputam oriundas de relação de trabalho. Conceito estrito desta relação. Feitos da competência da Justiça Comum. Interpretação do art. 114, inc. I, da CF, introduzido pela EC n. 45/2004. Precedentes. Liminar deferida para excluir outra interpretação. O disposto no art. 114, I, da Constituição da República, não abrange as causas instauradas entre o Poder Público e servidor que lhe seja vinculado por relação jurídico-estatutária. (STF, Pleno, ADI n. 3395 MC, Relator(a): Min. Cezar Peluso, j. 05.04.2006, DJ 10.11.2006)

Portanto, ações que envolvam servidores estatutários, investidos em cargos públicos, de provimento efetivo ou em comissão, não são julgadas pela Justiça do Trabalho.

7.2.2. Servidor temporário

O servidor temporário é aquele que exerce função pública sem estar vinculado a cargo ou emprego público, atendendo à eventual necessidade temporária de excepcional interesse público, de acordo com o disposto no art. 37, IX, da CF.

O art. 39 da CF, com redação dada pela EC n. 19/98, havia suprimido a exigência do regime jurídico único para os servidores da administração direta, autárquica e fundacional. Contudo, a referida redação foi suspensa em sede do julgamento da ADI n. 2.135-4, razão pela qual toda contratação sob o regime temporário deve ser efetivada com base no regime estabelecido para os servidores permanentes.

Com isso, caso os servidores permanentes sejam estatutários, os temporários terão seus conflitos dirimidos pela Justiça Comum. Vale destacar que, por força dos efeitos *ex nunc* da referida ADI, a Justiça do Trabalho é competente para julgar causas que envolvam as contratações temporárias pelo regime celetista, desde que a lei determine, expressamente, que o regime de contratação temporária seja o da CLT[8].

O Supremo Tribunal Federal, em julgamento da Reclamação Constitucional n. 4.351, em 2016, reafirmou a competência da Justiça Comum para dirimir causas que envolvam servidores temporários[9].

7.2.3. Servidor celetista (empregado público)

O empregado público é contratado sob o regime da Consolidação das Leis do Trabalho para prestação de serviços em empresas públicas e sociedades de economia mista.

A competência para julgar causas que envolvam interesses de empregados públicos é da Justiça do Trabalho, por força de sua competência em razão da matéria, prevista no art. 114 da CF.

---

c) de descontar em folha, sem ônus para a entidade sindical a que for filiado, o valor das mensalidades e contribuições definidas em assembléia geral da categoria.

(7) INCONSTITUCIONALIDADE. Ação direta. Competência. Justiça do Trabalho. Incompetência reconhecida. Causas entre o Poder Público e seus servidores estatutários. Ações que não se reputam oriundas de relação de trabalho. Conceito estrito desta relação. Feitos da competência da Justiça Comum. Interpretação do art. 114, inc. I, da CF, introduzido pela EC n. 45/2004. Precedentes. Liminar deferida para excluir outra interpretação. O disposto no art. 114, I, da Constituição da República, não abrange as causas instauradas entre o Poder Público e servidor que lhe seja vinculado por relação jurídico-estatutária. (STF, Pleno, ADI n. 3395-MC, Relator(a): Min. Cezar Peluso, j. 05.04.2006, DJ 10.11.2006.)

(8) LEITE, Carlos Henrique Bezerra. *Curso de Direito Processual do Trabalho*. 13. ed. São Paulo: Saraiva, 2015. p. 271.

(9) Administrativo e Processual Civil. Dissídio entre servidor temporário e o poder público. ADI n. 3.395/DF-MC. Competência da Justiça comum. Reclamação julgada procedente. 1. Compete à Justiça comum pronunciar-se sobre a existência, a validade e a eficácia das relações entre servidores e o poder público fundadas em vínculo jurídico-administrativo temporário. 2. Não descaracteriza a competência da Justiça comum o fato de se requererem verbas rescisórias, FGTS e outros encargos de natureza símile, dada a prevalência da questão de fundo, a qual diz respeito à própria natureza da relação jurídico-administrativa, ainda que desvirtuada ou submetida a vícios de origem. 3. Agravo regimental provido e reclamação julgada procedente para se anularem os atos decisórios proferidos pela Justiça do Trabalho e se determinar o envio dos autos de referência à Justiça comum. (STF, Rcl 4351 MC-AgR, Relator(a): Min. Marco Aurélio, Relator(a) p/ Acórdão: Min. Dias Toffoli, Tribunal Pleno, j. 11.11.2015, p. 13.04.2016.)

Importante destacar que, com a adoção do regime jurídico único para a administração direta, autárquica e fundacional, apenas as empresas públicas e sociedades de economia mista têm empregados públicos sob julgamento da Justiça do Trabalho.

7.2.4. Servidores de agências reguladoras

A Lei n. 10.871/2004 revogou expressamente a Lei n. 9.986/2000 que estabelecia o regime celetistas aos servidores das agências reguladoras. A nova lei instituiu regime jurídico estatutário para seus servidores.

Com isso, a justiça competente para dirimir eventuais conflitos acerca de tais servidores será a Justiça Comum, ressalvada a competência da Justiça do Trabalho para o período anterior à entrada em vigor da Lei n. 10.871/2004.

7.2.5. Servidor público, regime jurídico único e competência residual

O regime jurídico único, estabelecido na redação original do art. 39 da CF, foi abolido com a reforma administrativa. Porém, o STF, no julgamento da ADI n. 2.135-4, suspendeu a redação conferida pela EC n. 19/98 ao referido artigo e, atualmente, a Administração direta, autárquica e fundacional rege-se pelo regime jurídico único. Apesar da referida ação ainda não ter transitado em julgado, em sede de Medida Cautelar concedida em 2008, determinou-se que a Justiça do Trabalho poderia julgar os casos de celetistas admitidos dentro do período em que vigorou o regime plural de contratação, o que se segue:

> O Tribunal, por maioria, vencidos os Senhores Ministros Nelson Jobim, Ricardo Lewandowski e Joaquim Barbosa, deferiu parcialmente a medida cautelar para suspender a eficácia do art. 39, caput, da Constituição Federal, com a redação da Emenda Constitucional n. 19, de 04 de junho de 1998, tudo nos termos do voto do relator originário, Ministro Néri da Silveira, esclarecido, nesta assentada, que a decisão – como é próprio das medidas cautelares – terá efeitos ex nunc, subsistindo a legislação editada nos termos da emenda declarada suspensa. (STF, ADI n. 2135, relatora atual Min. Cármen Lúcia, j. 07.03.2008.)

Sendo o regime estatutário o estabelecido para os servidores de tais entes, de acordo com a Lei n. 8.112/90, a justiça competente será a Comum. A Justiça do Trabalho terá competência residual, de acordo com a Orientação Jurisprudencial n. 138 da SDI-1[10], ou seja, a ela caberá julgar as causas referentes ao período anterior à Lei n. 8.112/90.

7.3. Entes do direito público externo

Apesar da norma contida no art. 114 da Constituição Federal atribuir à Justiça do Trabalho competência para compor conflitos entre trabalhadores e entes de direito público externo, a questão é polêmica.

A discussão trazida remete à imunidade de jurisdição possuída pelos entes de direito público externo situados no território brasileiro.

A opção feita pelo constituinte derivado teve como objetivo garantir o acesso à Justiça, precavendo-se dos casos em que, eventualmente, a legislação viesse a obrigar o trabalhador a procurar a Justiça do país que o contratou.

O Supremo Tribunal Federal entendeu que o ente de direito público externo, ao contratar um empregado brasileiro, não exerce ato de império, mas, sim, mero ato de gestão. Somente os atos de império estariam abarcados pela imunidade de jurisdição, razão pela qual a Justiça do Trabalho brasileira é sacramentada competente para tais causas. Assim, a Justiça do Trabalho será competente para processar e julgar as demandas oriundas dessas relações de trabalho, não obstante eventual imunidade de execução a impedir a efetividade dos julgamentos. Eventual "imunidade de execução" poderá ser renunciada, de acordo com os arts. 81 e 82 da Consolidação dos Provimentos da Corregedoria-Geral da Justiça do Trabalho[11]. Nesse sentido, igualmente a OJ n. 416 da SDI-1[12].

---

(10) OJ n. 138 da SD-1: COMPETÊNCIA RESIDUAL. REGIME JURÍDICO ÚNICO. LIMITAÇÃO DA EXECUÇÃO
Compete à Justiça do Trabalho julgar pedidos de direitos e vantagens previstos na legislação trabalhista referente a período anterior à Lei n. 8.112/90, mesmo que a ação tenha sido ajuizada após a edição da referida lei. A superveniência de regime estatutário em substituição ao celetista, mesmo após a sentença, limita a execução ao período celetista.

(11) Consolidação dos Provimentos da Corregedoria-Geral da Justiça do Trabalho, art. 81. Salvo renúncia, é absoluta a imunidade de execução do Estado estrangeiro e dos Organismos Internacionais.
Consolidação dos Provimentos da Corregedoria-Geral da Justiça do Trabalho, art. 82. Havendo sentença condenatória em face de Estado estrangeiro ou Organismos Internacionais, expedir-se-á, após o trânsito em julgado da decisão, carta rogatória para cobrança do crédito.

(12) OJ-SDI1 n. 416. IMUNIDADE DE JURISDIÇÃO. ORGANIZAÇÃO OU ORGANISMO INTERNACIONAL. (DEJT divulgado em 14, 15 e 16.02.2012)

7.4. Outras controvérsias decorrentes da relação de trabalho (inciso IX, do art. 114, da CRFB)

Apesar de o inciso I do art. 114 já prever a competência da Justiça do Trabalho para julgar e processar controvérsias oriundas da relação de trabalho, o inciso IX do mesmo dispositivo refere-se à competência para julgar *outras controvérsias decorrentes da relação de trabalho*.

O referido inciso dá abertura ao legislador ordinário atribuir novas competências à Justiça do Trabalho como aplicar multas administrativas; executar de ofício o imposto de renda; decidir as controvérsias sobre cadastramento de empregado no PIS etc.

7.4.1. Ações que envolvem o exercício do direito de greve

A greve é respaldada no art. 9º[13] do diploma constitucional e disciplinada pela Lei n. 7.783/89, sendo um direito sujeito a limitações. A principal delas, intrínseca ao conceito, qual seja, de paralisação coletiva, temporária e pacífica da prestação de serviços, evidencia que são afastados da proteção constitucional os atos que não se manifestam na conformidade das exigências dessa definição.

Diante da importância constitucional conferida ao direito de greve, sendo, inclusive, um instituto inerente à relação de emprego, o art. 114 da Constituição, em mais de um momento, preocupou-se com as ações que possam eventualmente versar sobre o exercício do direito de greve.

Interessante destacar que o constituinte escolheu a nomenclatura "envolvam", no inciso II do referido artigo. Com isso, muito mais do que serem ações oriundas ou decorrentes do exercício do direito de greve, a Justiça do Trabalho será competente para todas as ações em que esse direito esteja relacionado. Assim, a Justiça do Trabalho será competente para julgar ações que versem, por exemplo, sobre eventuais aplicações de justa causa aos empregados envolvidos com o movimento paredista, como também o será para julgar lides decorrentes de eventuais danos causados por grevistas, ou ações em que o empregador cobre lucros cessantes sobre o período da paralisação da atividade empresarial etc.

Interessante destacar que até as ações possessórias que envolvam o exercício do direito de greve serão de competência da Justiça do Trabalho, e essa hipótese é crucial para se evitar decisões destoantes da dicotomia Trabalho *versus* Capital.

A matéria suscitou divergência doutrinária e jurisprudencial. Em um primeiro momento, o STJ entendeu continuar a ser o interdito proibitório integrante da competência da Justiça Comum. Porém, o STF editou a Súmula Vinculante n. 23[14], pacificando o conflito e firmando, corretamente, a competência da Justiça do Trabalho para tais causas.

7.4.2. Greve dos servidores públicos estatutários

O STF decidiu, em sede do Mandado de Injunção n. 712-8 que o direito de greve dos servidores públicos, apesar de não regulamentado, deverá ser regulamentado analogicamente pelas disposições da Lei n. 7.783/89, enquanto não sobrevenha lei específica. Neste contexto, de acordo com o definido pelo STF, no julgamento da ADI n. 3395, não pode ser dada qualquer interpretação no sentido de incluir na competência da Justiça do Trabalho causas que envolvam os servidores públicos estatutários, incluindo aquelas que envolvam o seu exercício do direito de greve. Essa decisão foi corroborada na Reclamação n. 6.568.

7.5. Ações envolvendo sindicatos

Apesar da divergência doutrinária existente, a melhor interpretação do art. 114, inciso III[15], dá-se no sentido de que não só a representação sindical, como também todas as ações que envolvam questões natureza sindical, devem ser dirimidas perante a Justiça do Trabalho.

As organizações ou organismos internacionais gozam de imunidade absoluta de jurisdição quando amparados por norma internacional incorporada ao ordenamento jurídico brasileiro, não se lhes aplicando a regra do Direito Consuetudinário relativa à natureza dos atos praticados. Excepcionalmente, prevalecerá a jurisdição brasileira na hipótese de renúncia expressa à cláusula de imunidade jurisdicional.

(13) Constituição Federal – Art. 9º É assegurado o direito de greve, competindo aos trabalhadores decidir sobre a oportunidade de exercê-lo e sobre os interesses que devam por meio dele defender.

§ 1º A lei definirá os serviços ou atividades essenciais e disporá sobre o atendimento das necessidades inadiáveis da comunidade.

§ 2º Os abusos cometidos sujeitam os responsáveis às penas da lei.

(14) Súmula Vinculante 23. A Justiça do Trabalho é competente para processar e julgar ação possessória ajuizada em decorrência do exercício do direito de greve pelos trabalhadores da iniciativa privada.

(15) Constituição Federal – Art. 114. Compete à Justiça do Trabalho processar e julgar:

III – as ações sobre representação sindical, entre sindicatos, entre sindicatos e trabalhadores, e entre sindicatos e empregadores; (...)

7.5.1. Representação sindical

O art. 8º, inciso II, da Constituição Federal[16], estabelece só poder haver uma organização sindical por base territorial. Com isso, é muito comum a existência de ações propostas por entidades sindicais tendo em vista a declaração de sua legitimidade para representar as categorias ou mesmo a declaração de ilegitimidade de outro sindicato para tal[17]. Neste contexto, a Justiça do Trabalho deverá processar e julgar as ações que tenham disputa sobre representação sindical como objeto, podendo, inclusive, declarar incidentalmente a representação sindical, com potencial de formação de coisa julgada material.

7.5.2. Contribuições confederativa e assistencial

A contribuição confederativa de que trata o texto constitucional em dispositivo autoaplicável, segundo o Supremo Tribunal Federal, é precedida de assembleia geral de trabalhadores sindicalizados, na qual será fixada a contribuição que, em se tratando de categoria profissional, será descontada em folha, para custeio do sistema confederativo da representação sindical respectiva, independentemente da contribuição prevista em lei.

Considerando o princípio da liberdade sindical, o Supremo Tribunal Federal possui julgados no sentido de que a contribuição confederativa não é obrigatória para os não filiados à entidade sindical. As controvérsias decorrentes do inadimplemento e respectivas cobranças desses créditos, até a Emenda Constitucional n. 45 eram resolvidas pela Justiça Comum, de acordo com entendimento dos Tribunais Superiores.

A chamada Contribuição Assistencial ou quota de solidariedade, por sua vez, é respaldada pela inteligência do art. 513 da CLT[18].

A partir da Emenda Constitucional n. 45, qualquer ação que envolva o pedido de recolhimento assistencial, previsto em sentença normativa, convenção ou acordo coletivos também passou a ser dirimida sob auspícios do Poder Judiciário Trabalhista.

7.5.3. Contribuição sindical

Todos os conflitos envolvendo contribuições sindicais estão abarcados pela competência da Justiça do Trabalho: o antigo "imposto compulsório" do alterado art. 578 da CLT[19], a contribuição confederativa, a assistencial, as mensalidades sindicais e eventuais taxas de participações dos sindicatos nas negociações coletivas.

A contribuição sindical, que antes era obrigatória, só poderá ser recolhida pelo empregador, descontada do empregado caso esse o autorize expressamente.

7.5.4. Eleições sindicais

A Súmula n. 4 do STJ[20] parece não ter sido recepcionada pela EC n. 45/2004, visto que atribuía à Justiça Comum a competência para dirimir eventuais conflitos relacionados ao processo eleitoral sindical.

É importante destacar que, a depender do regime do servidor público, pode ou não ser a Justiça do Trabalho competente para julgar e processar causas que envolvam eleições sindicais. Como já explícito em outras oportunidades, se o regime for celetista, será ela competente; porém, se for estatutário, as celeumas serão solucionadas pela Justiça Comum.

---

(16) Constituição Federal – Art. 8º. É livre a associação profissional ou sindical, observado o seguinte:
  II – é vedada a criação de mais de uma organização sindical, em qualquer grau, representativa de categoria profissional ou econômica, na mesma base territorial, que será definida pelos trabalhadores ou empregadores interessados, não podendo ser inferior à área de um Município; (...)

(17) LEITE, Carlos Henrique Bezerra, *Curso de Direito Processual do Trabalho*. 13. ed. São Paulo: Saraiva, 2015. p. 289.

(18) CLT – Art. 513. São prerrogativas dos sindicatos:
  a) representar, perante as autoridades administrativas e judiciárias os interesses gerais da respectiva categoria ou profissão liberal ou interesses individuais dos associados relativos à atividade ou profissão exercida;
  b) celebrar contratos coletivos de trabalho;
  c) eleger ou designar os representantes da respectiva categoria ou profissão liberal;
  d) colaborar com o Estado, como órgãos técnicos e consultivos, na estudo e solução dos problemas que se relacionam com a respectiva categoria ou profissão liberal;
  e) impor contribuições a todos aqueles que participam das categorias econômicas ou profissionais ou das profissões liberais representadas.
  Parágrafo único. Os sindicatos de empregados terão, outrossim, a prerrogativa de fundar e manter agências de colocação.

(19) CLT – Art. 578. As contribuições devidas aos sindicatos pelos participantes das categorias econômicas ou profissionais ou das profissões liberais representadas pelas referidas entidades serão, sob a denominação de contribuição sindical, pagas, recolhidas e aplicadas na forma estabelecida neste Capítulo, desde que prévia e expressamente autorizadas.

(20) Súmula n. 4 do STJ: Compete a Justiça Estadual julgar causa decorrente do processo eleitoral sindical.

7.5.5. Danos materiais e extrapatrimoniais decorrentes de inadequada atuação do sindicato como substituto processual

O Superior Tribunal de Justiça, em sede do Conflito de Competência n. 124.930-MG[21], de relatoria do Ministro Raul Araújo, julgado em 2013, entendeu pela competência da Justiça do Trabalho para julgamento das causas que versem sobre indenização por danos morais e materiais decorrentes de atuação inadequada do sindicato como substituto processual em reclamação trabalhista.

7.5.6. Outras questões envolvendo sindicatos

É da competência da Justiça do Trabalho as ações de prestação de contas propostas pelos trabalhadores e empregadores em face de seus sindicatos. Contudo, a ação de cobrança de honorários advocatícios proposto por advogado perante o sindicato para o qual presta serviços, a competência seria da Justiça Comum e não da Justiça do Trabalho, seguindo a lógica jurisprudencial tratada oportunamente.

7.6. Habeas corpus

O *habeas corpus* é garantia constitucional, prevista no inciso LXVIII, do art. 5º[22], da Constituição Federal, do direito individual de locomoção, previsto no inciso XV[23] do referido art. 5º.

Por ser o *writ*, ora em estudo, remédio constitucional assecuratório de uma das liberdades mais caras ao homem, não incidem quaisquer custas judiciais quando da impetração da referida garantia. Acresce-se a isso que, qualquer pessoa possui legitimidade para ajuizar a ação de *habeas corpus*, em benefício próprio ou alheio. Cabe o *writ* toda vez que o ato envolver a jurisdição trabalhista, ou seja, estiver sujeito à competência material da Justiça do Trabalho[24].

Importante destacar que, apesar de ser uma ação constitucional de caráter penal, a Justiça do Trabalho também será competente. Por ser uma ação mandamental com rito especial, o juiz do trabalho deverá aplicar os arts. 647 e seguintes do CPP, por força do art. 769 da CLT[25], já que a Consolidação das Leis Trabalhistas é omissa sobre o tema.

Apesar de, em um primeiro momento, parecer difícil encontrar exemplos de situações em que cabíveis *habeas corpus* na Justiça do Trabalho, a prática evidencia que a realidade dispensa grandes esforços imaginativos. É mais comum do que deveria o empregador manter o empregado no ambiente de trabalho, restringindo sua liberdade de locomoção, a autoridade policial restringir a liberdade de grevista etc. Um exemplo recente pode ser encontrado no julgamento do HC n. 1000462-85.2018.5.00.0000, cujo relator foi o Ministro Alexandre de Souza Agra Belmonte. Nesse caso, deferiu-se "liminarmente a ordem de *habeas corpus*, a fim de autorizar o paciente a estar livre para exercer suas atividades profissionais perante o clube que escolher, valendo esta decisão como mandado inclusive para registro de novo contrato em Federação ou Confederação de futebol, permanecendo *sub judice* as demais questões que emergem da rescisão contratual".

Com relação à competência funcional, o STF julgará o *habeas corpus* eventualmente impetrado em face

---

(21) CONFLITO NEGATIVO DE COMPETÊNCIA. JUSTIÇA DO TRABALHO. JUSTIÇA COMUM ESTADUAL. AÇÃO DE INDENIZAÇÃO PROPOSTA POR TRABALHADOR CONTRA SINDICATO. DANOS MORAIS E MATERIAIS. VÍCIO NA REPRESENTAÇÃO EM ANTERIOR AÇÃO TRABALHISTA. COMPETÊNCIA DA JUSTIÇA LABORAL (CF, ART. 114, VI E IX). 1. Na hipótese, o trabalhador ajuizou ação de indenização por danos materiais e morais em face do respectivo sindicato, imputando ao réu conduta deficiente e danosa ao representá-lo em anterior reclamação trabalhista, na qual supostos acordos lesivos teriam sido firmados e homologados. 2. Somente a Justiça Especializada terá plenas condições de avaliar a procedência das alegações formuladas pelo autor contra o sindicato réu, porquanto a ação por ele movida faz referências a temas notadamente de direito trabalhista e processual trabalhista. 3. Conflito conhecido para declarar competente a Justiça do Trabalho. (STJ – CC 124930/MG-2012/0209566-6, Relator: Ministro Raul Araújo, Data de Julgamento: 10.04.2013, S2 – Segunda Seção, Data de Publicação: DJe 02.05.2013.)

(22) Art. 5º. Todos são iguais perante a lei, sem distinção de qualquer natureza, garantindo-se aos brasileiros e aos estrangeiros residentes no País a inviolabilidade do direito à vida, à liberdade, à igualdade, à segurança e à propriedade, nos termos seguintes:
LXVIII – conceder-se-á *habeas corpus* sempre que alguém sofrer ou se achar ameaçado de sofrer violência ou coação em sua liberdade de locomoção, por ilegalidade ou abuso de poder; (...)

(23) XV – é livre a locomoção no território nacional em tempo de paz, podendo qualquer pessoa, nos termos da lei, nele entrar, permanecer ou dele sair com seus bens; (...)

(24) SCHIAVI, Mauro. *Manual de Direito Processual do Trabalho*. 9. ed. São Paulo: LTr, 2015. p. 264.

(25) CLT – Art. 769. Nos casos omissos, o direito processual comum será fonte subsidiária do direito processual do trabalho, exceto naquilo em que for incompatível com as normas deste Título.

de Ministros do TST, de acordo com o art. 102[26], I, alínea d, do diploma constitucional. Se o HC foi impetrado em face de decisão de juiz integrante de Tribunal Regional do Trabalho de segundo grau, ou seja, de desembargador do trabalho, o tribunal competente será o STJ, de acordo com o art. 105[27], alínea c, da Constituição Federal.

Habeas Corpus impetrado perante juiz do trabalho de primeiro grau deve ser julgado pelo seu respectivo Tribunal Regional do Trabalho, por simples questão hierárquica. Em qualquer outra hipótese não prevista em artigos específicos como os citados, será competente para julgar *habeas corpus* o juiz do trabalho de primeiro grau. Interessante destacar que a despeito da interpretação literal do art. 114, IV[28], da Constituição Federal determinar ser a Justiça do Trabalho competente para julgar mandados de segurança e *habeas corpus*, remédios constitucionais muito utilizados na área penal, o STF considerou inconstitucional tal interpretação, limitando a atuação da Justiça do Trabalho apenas aos casos cíveis:

> COMPETÊNCIA CRIMINAL. Justiça do Trabalho. Ações penais. Processo e julgamento. Jurisdição penal genérica. Inexistência. Interpretação conforme dada ao art. 114, incs. I, IV e IX, da CF, acrescidos pela EC n. 45/2004. Ação direta de inconstitucionalidade. Liminar deferida com efeito *ex tunc*. O disposto no art. 114, incs. I, IV e IX, da Constituição da República, acrescidos pela Emenda Constitucional n. 45, não atribui à Justiça do Trabalho competência para processar e julgar ações penais. (ADI n. 3684 MC / DF – Distrito Federal. Medida Cautelar na Ação Direta de Inconstitucionalidade, Relator(a): Min. Cezar Peluso. Órgão Julgador: Tribunal Pleno, Julgamento: 01.02.2007.)

7.7. Mandado de segurança

O mandado de segurança, consagrado no art. 5º, inciso LXIX[29] da Constituição Federal, é remédio assecuratório de toda liberdade não amparada por *habeas corpus* ou por *habeas data*. Esse remédio tem caráter residual e subsidiário e só pode ser impetrado em caso de direito líquido e certo.

Apesar de não ser essa a sua finalidade constitucional, o mandado de segurança tem sido muito utilizado para impugnar decisões interlocutórias que violem direito líquido e certo, não passíveis de impugnação via recurso, conforme dicção do art. 893, § 1º, da CLT[30].

---

(26) Constituição Federal – Art. 102. Compete ao Supremo Tribunal Federal, precipuamente, a guarda da Constituição, cabendo-lhe:
I – processar e julgar, originariamente:
c) nas infrações penais comuns e nos crimes de responsabilidade, os Ministros de Estado e os Comandantes da Marinha, do Exército e da Aeronáutica, ressalvado o disposto no art. 52, I, os membros dos Tribunais Superiores, os do Tribunal de Contas da União e os chefes de missão diplomática de caráter permanente;
d) o *habeas corpus*, sendo paciente qualquer das pessoas referidas nas alíneas anteriores; o mandado de segurança e o *habeas data* contra atos do Presidente da República, das Mesas da Câmara dos Deputados e do Senado Federal, do Tribunal de Contas da União, do Procurador-Geral da República e do próprio Supremo Tribunal Federal; (...)

(27) Constituição Federal – Art. 105. Compete ao Superior Tribunal de Justiça:
I – processar e julgar, originariamente:
a) nos crimes comuns, os Governadores dos Estados e do Distrito Federal, e, nestes e nos de responsabilidade, os desembargadores dos Tribunais de Justiça dos Estados e do Distrito Federal, os membros dos Tribunais de Contas dos Estados e do Distrito Federal, os dos Tribunais Regionais Federais, dos Tribunais Regionais Eleitorais e do Trabalho, os membros dos Conselhos ou Tribunais de Contas dos Municípios e os do Ministério Público da União que oficiem perante tribunais;
c) os *habeas corpus*, quando o coator ou paciente for qualquer das pessoas mencionadas na alínea a, ou quando o coator for tribunal sujeito à sua jurisdição, Ministro de Estado ou Comandante da Marinha, do Exército ou da Aeronáutica, ressalvada a competência da Justiça Eleitoral; (...)

(28) Constituição Federal – Art. 114. Compete à Justiça do Trabalho processar e julgar:
IV – os mandados de segurança, *habeas corpus* e *habeas data*, quando o ato questionado envolver matéria sujeita à sua jurisdição; (...)

(29) Constituição Federal – Art. 5º. Todos são iguais perante a lei, sem distinção de qualquer natureza, garantindo-se aos brasileiros e aos estrangeiros residentes no País a inviolabilidade do direito à vida, à liberdade, à igualdade, à segurança e à propriedade, nos termos seguintes:
LXIX – conceder-se-á mandado de segurança para proteger direito líquido e certo, não amparado por *habeas corpus* ou *habeas data*, quando o responsável pela ilegalidade ou abuso de poder for autoridade pública ou agente de pessoa jurídica no exercício de atribuições do Poder Público; (...)

(30) CLT – Art. 893. Das decisões são admissíveis os seguintes recursos:
§ 1º Os incidentes do processo são resolvidos pelo próprio Juízo ou Tribunal, admitindo-se a apreciação do merecimento das decisões interlocutórias somente em recursos da decisão definitiva.

O mandado de segurança pode ser impetrado tanto quando o ato questionado estiver sob jurisdição trabalhista quanto quando a matéria em questão for administrativa, *interna corporis*[31].

O critério determinante para definição da competência da Justiça do Trabalho é a competência para desfazer o ato praticado e não a qualidade da autoridade coatora, como poderia ser imaginado em uma análise precipitada. Além disso, o rito a ser aplicado é o da Lei n. 12.016/2009 e não da CLT, pela mesma razão apresentada no subtópico do *habeas corpus*.

A competência funcional para julgar mandado de segurança impetrado diante de ato de juiz do trabalho será dos Tribunais do Trabalho. Porém, de acordo com o art. 2º da Lei n. 7.701/88[32], ato praticado por Presidente do Tribunal ou por qualquer ministro da SDC será julgado pela mesma Corte, assim como será competente a SDI para julgar *writs* interpostos em face de suas decisões.

7.8. Habeas data

O *habeas data* é mais um remédio constitucional, previsto no art. 5º, inciso LXXII, da Constituição Federal[33], e na Lei n. 9.507/97[34]. O direito de interpor o referido *writ* é personalíssimo.

Sempre que se queira ter conhecimento ou se deseje fazer a retificação do registro e o ato contrário envolver matéria sujeita à jurisdição da Justiça do Trabalho, a esta competirá julgar o *habeas data*.

As hipóteses, de fato, são escassas. Pelo esforço exemplificativo, pode-se supor que determinada Delegacia Regional do Trabalho se recuse a exibir ao empregado documento que lhe diga respeito. É importante, em suma, destacar que é necessário o caráter público

---

(31) SCHIAVI, Mauro. *Manual de Direito Processual do Trabalho*. 9. ed. São Paulo: LTr, 2015. p. 267.

(32) Lei n. 7.701/88 – Art. 2º Compete à seção especializada em dissídios coletivos, ou seção normativa: (...)

d) julgar os mandados de segurança contra os atos praticados pelo Presidente do Tribunal ou por qualquer dos Ministros integrantes da seção especializada em processo de dissídio coletivo; e

II – em última instância julgar:

b) os recursos ordinários interpostos contra as decisões proferidas pelos Tribunais Regionais do Trabalho em ações rescisórias e mandados de segurança pertinentes a dissídios coletivos; (...)

Art. 3º Compete à Seção de Dissídios Individuais julgar: (...)

b) os mandados de segurança de sua competência originária, na forma da lei.

(33) Constituição Federal – Art. 5º Todos são iguais perante a lei, sem distinção de qualquer natureza, garantindo-se aos brasileiros e aos estrangeiros residentes no País a inviolabilidade do direito à vida, à liberdade, à igualdade, à segurança e à propriedade, nos termos seguintes:

LXXII – conceder-se-á *habeas data*:

a) para assegurar o conhecimento de informações relativas à pessoa do impetrante, constantes de registros ou bancos de dados de entidades governamentais ou de caráter público;

b) para a retificação de dados, quando não se prefira fazê-lo por processo sigiloso, judicial ou administrativo; (...)

(34) Interessante destacar o art. 20 da referida lei que trata da competência funcional para processar e julgar o *habeas data*:

Lei n. 9.507/94 – Art. 20. O julgamento do *habeas data* compete:

I – originariamente:

a) ao Supremo Tribunal Federal, contra atos do Presidente da República, das Mesas da Câmara dos Deputados e do Senado Federal, do Tribunal de Contas da União, do Procurador-Geral da República e do próprio Supremo Tribunal Federal;

b) ao Superior Tribunal de Justiça, contra atos de Ministro de Estado ou do próprio Tribunal;

c) aos Tribunais Regionais Federais contra atos do próprio Tribunal ou de juiz federal;

d) a juiz federal, contra ato de autoridade federal, excetuados os casos de competência dos tribunais federais;

e) a tribunais estaduais, segundo o disposto na Constituição do Estado;

f) a juiz estadual, nos demais casos;

II – em grau de recurso:

a) ao Supremo Tribunal Federal, quando a decisão denegatória for proferida em única instância pelos Tribunais Superiores;

b) ao Superior Tribunal de Justiça, quando a decisão for proferida em única instância pelos Tribunais Regionais Federais;

c) aos Tribunais Regionais Federais, quando a decisão for proferida por juiz federal;

d) aos Tribunais Estaduais e ao do Distrito Federal e Territórios, conforme dispuserem a respectiva Constituição e a lei que organizar a Justiça do Distrito Federal;

III – mediante recurso extraordinário ao Supremo Tribunal Federal, nos casos previstos na Constituição.

da instituição, conforme já determinado pelo Supremo Tribunal Federal, no RE n. 165.304-3[35].

Há prioridade de tramitação do *habeas data* sobre todos os atos judiciais, exceto o *habeas corpus* e o mandado de segurança, devendo ser levados em julgamentos na primeira sessão posterior à data da distribuição, em instância superior[36].

7.9. Ações de indenização por danos materiais e extrapatrimoniais decorrentes da relação de trabalho

A fim de tratar da competência da Justiça Obreira para ações de indenização, importa definir dano como qualquer prejuízo, material ou não, causado a uma pessoa, ou seja, uma lesão a alguém ou ao seu patrimônio.

Danos materiais são conhecidos como patrimoniais, e são subdivididos em lucros cessantes e danos emergentes. A ligação dos mesmos com o contrato de trabalho é bem direta, razão pela qual não há questionamentos acerca da competência da Justiça do Trabalho para tais pedidos.

Por outro plano, a competência para processamento de pedidos de danos extrapatrimoniais envolvia grande divergência, inclusive jurisprudencial. De início, o STJ entendia que a ligação como contrato de trabalho era remota, no que tocaria a esse tipo de dano, daí entender ser a Justiça Comum a competente. Com a alteração da redação do art. 114, inciso VI, da Constituição Federal[37], ratificou-se a evolução jurisprudencial que vinha sendo lapidada ao longo dos últimos anos perante os Tribunais Superiores, a remeter para a Justiça do Trabalho a competência para julgamento dessas lides.

Depois de imenso debate jurisprudencial, os Tribunais Superiores, com destaque ao STF, que editou até a Súmula Vinculante n. 22[38], já haviam entendido ser a Justiça do Trabalho a mais competente para processar tais feitos.

7.9.1. Danos na fase pré-contratual

A fase pré-contratual caracteriza-se pelo processo seletivo adotado por uma empresa, pela prestação de serviços sob forma de testes etc. Outros casos exemplificativos referem-se às lesões decorrentes de atos discriminatórios ou arguições de opiniões pessoais, também passíveis de ocorrência de danos morais.

Poderiam surgir dúvidas acerca da competência da Justiça do Trabalho por não haver, ainda, uma efetiva relação de trabalho. Porém, tal entendimento não merece prosperar visto que os danos que surgem nessa fase decorrem de um futuro contrato de trabalho, mesmo que esse não chegue a se realizar. Se não houvesse, ao menos, a possibilidade desse tipo de contrato não haveria sequer relação entre as partes, razão pela qual será competente a Justiça do Trabalho para tais causas.

7.9.2. Danos na fase pós-contratual

A situação era um pouco mais complexa, antes da EC n. 45/2004, em relação à competência da Justiça do Trabalho para os danos ocorridos após a extinção da relação de trabalho. A controvérsia baseava-se no fato de que o ato lesivo à honra não seria mais praticado em função da relação de trabalho, visto que ela já não mais existia, mas sim com objetivo danoso específico em relação ao patrimônio moral do empregado, como pessoa e cidadã.

A Reforma do Judiciário colocou uma pá de cal sobre a discussão e garantiu, finalmente, a competência da Justiça do Trabalho para tais demandas, quando os danos ocorrerem em virtude da qualificação jurídica própria de uma relação de trabalho.

Por fim, é importante ressaltar que só será competente a Justiça do Trabalho quando o dano tiver um liame jurídico com o contrato de trabalho. Portanto, se o antigo empregador, eventualmente, abalroar o veículo de seu ex-funcionário, sem nem saber que ele era o motorista, a Justiça competente será a Comum, pois não há

---

(35) *Habeas Data*. Ilegitimidade passiva do Banco do Brasil S.A. para a revelação, a ex-empregada, do conteúdo da ficha de pessoal, por não se tratar, no caso, de registro de caráter público, nem atuar o impetrado na condição de entidade Governamental (Constituição, art. 5º, LXXII, *a* e art. 173, § 1º, texto original). (STF, RE n. 165.304-3, Órgão julgador: Tribunal Pleno, Rel. Min. Octavio Gallotti, j. 19.10.2000.)

(36) Lei n. 9.507/99 – Art. 19. Os processos de *habeas data* terão prioridade sobre todos os atos judiciais, exceto *habeas corpus* e mandado de segurança. Na instância superior, deverão ser levados a julgamento na primeira sessão que se seguir à data em que, feita a distribuição, forem conclusos ao relator.

Parágrafo único. O prazo para a conclusão não poderá exceder de vinte e quatro horas, a contar da distribuição.

(37) Constituição Federal – Art. 114. Compete à Justiça do Trabalho processar e julgar:

VI – as ações de indenização por dano moral ou patrimonial, decorrentes da relação de trabalho.

(38) Súmula Vinculante n. 22. A Justiça do Trabalho é competente para processar e julgar as ações de indenização por danos morais e patrimoniais decorrentes de acidente de trabalho propostas por empregado contra empregador, inclusive aquelas que ainda não possuíam sentença de mérito em primeiro grau quando da promulgação da Emenda Constitucional n. 45/2004.

qualquer liame trabalhista que justifique a competência da Justiça do Trabalho.

7.9.3. Competência da Justiça do Trabalho para apreciação dos danos morais e materiais decorrentes de acidente do trabalho

As chamadas ações acidentárias são lides previdenciárias derivadas de acidentes de trabalho promovidas contra o INSS – Instituto Social de Seguridade Social. Portanto, nas ações em que o pedido seja a concessão de auxílio-doença acidentário ou aposentadoria por invalidez por exemplo, a competência será da Justiça Comum, mais especificamente da Justiça Estadual, de acordo com a seguinte súmula do STF:

> Súmula n. 501. Compete à Justiça Ordinária Estadual o processo e o julgamento, em ambas as instâncias, das causas de acidente do trabalho, ainda que promovidas contra a União, suas autarquias, empresas públicas ou sociedades de economia mista.

Já as ações ajuizadas em face do empregador postulando indenizações derivadas de acidentes de trabalho serão da competência da Justiça do Trabalho, consoantes termos da Súmula Vinculante n. 22:

> A Justiça do Trabalho é competente para processar e julgar as ações de indenização por danos morais e patrimoniais decorrentes de acidente de trabalho propostas por empregado contra empregador, inclusive aquelas que ainda não possuíam sentença de mérito em primeiro grau quando da promulgação da Emenda Constitucional n. 45/2004.

As ações regressivas previdenciárias, previstas no art. 120 da Lei n. 8.213/91[39], serão de competência da Justiça Federal, uma vez envolverem o empregador e a Previdência Social:

> Definição de competência e causas em que o INSS figura como parte. (...) As ações regressivas interpostas pelo Instituto Nacional do Seguro Social em face de empregadores, a fim de ver ressarcidas as despesas suportadas com o pagamento de benefícios previdenciários, causadas por atos ilícitos dos empregadores, devem ser julgadas pela Justiça Federal, porquanto o debate não diz respeito à relação de trabalho, mas à responsabilização civil do empregador, a ensejar a aplicação da regra geral contida no art. 109, I, da Constituição Federal. Verifica-se, portanto, que o acórdão recorrido divergiu do entendimento desta Corte, no sentido de ser competente a Justiça Federal para julgar ações em que a autarquia previdenciária for parte ou tiver interesse na matéria. (STF, RE 666.333, Rel. Min. Edson Fachin, dec. monocrática, j. 23.06.2016, DJe 133 de 27.06.2016.)

7.9.4. Competência da Justiça do Trabalho para julgar danos morais em ricochete

Danos morais em ricochete são aqueles que atingem reflexamente em pessoa diversa da que diretamente tenha sofrido o dano moral. Exemplo da hipótese[40] é o caso da esposa que perde o marido vítima de um acidente de trabalho e busca indenização por danos morais. É importante salientar que os danos pleiteados não são os da vítima, mas próprios da viúva que sofrera indiretamente pela morte do marido. Portanto, o terceiro tem direito próprio à reparação fundamentado na ofensa de terceiro.

O STF, em decisão plenária no Conflito de Competência n. 7.545[41] pacificou a discussão acerca da

---

(39) Lei n. 8.213/91 – Art. 120. Nos casos de negligência quanto às normas padrão de segurança e higiene do trabalho indicados para a proteção individual e coletiva, a Previdência Social proporá ação regressiva contra os responsáveis.

(40) LEITE, Carlos Henrique Bezerra. *Curso de Direito Processual do Trabalho*. 13. ed. São Paulo: Saraiva, 2015. p. 221.

(41) CONFLITO DE COMPETÊNCIA. CONSTITUCIONAL. JUÍZO ESTADUAL DE PRIMEIRA INSTÂNCIA E TRIBUNAL SUPERIOR. COMPETÊNCIA ORIGINÁRIA DO SUPREMO TRIBUNAL FEDERAL PARA SOLUÇÃO DO CONFLITO. ART. 102, I, *O*, DA CB/88. JUSTIÇA COMUM E JUSTIÇA DO TRABALHO. COMPETÊNCIA PARA JULGAMENTO DA AÇÃO DE INDENIZAÇÃO POR DANOS MORAIS E MATERIAIS DECORRENTES DE ACIDENTE DO TRABALHO PROPOSTA PELOS SUCESSORES DO EMPREGADO FALECIDO. COMPETÊNCIA DA JUSTIÇA LABORAL. 1. Compete ao Supremo Tribunal Federal dirimir o conflito de competência entre Juízo Estadual de primeira instância e Tribunal Superior, nos termos do disposto no art. 102, I, *o*, da Constituição do Brasil. Precedente [CC n. 7.027, Relator o Ministro CELSO DE MELLO, DJ de 1.9.95] 2. A competência para julgar ações de indenização por danos morais e materiais decorrentes de acidente de trabalho, após a edição da EC n. 45/2004, é da Justiça do Trabalho. Precedentes [CC n. 7.204, Relator o Ministro CARLOS BRITTO, DJ de 09.12.2005 e AgR-RE n. 509.352, Relator o Ministro MENEZES DIREITO, DJe de 1º.08.2008]. 3. O ajuizamento da ação de indenização pelos sucessores não altera a competência da Justiça especializada. A transferência do direito patrimonial em decorrência do óbito do empregado é irrelevante. Precedentes. [ED-RE n. 509.353, Relator o Ministro SEPÚLVEDA PERTENCE, DJ de 17.08.2007; ED-RE n. 482.797, Relator o Ministro RICARDO LEWANDOWSKI, DJe de 27.6.08 e ED-RE n. 541.755, Relator o Ministro CÉZAR PELUSO, DJ de 7.3.08]. Conflito negativo de competência conhecido para declarar a competência da Justiça

competência da Justiça do Trabalho para tais ações, o que acarretou o cancelamento da Súmula n. 366 do STJ[42] que definia a Justiça Comum como sendo a competente.

7.10. Cadastramento de PIS/PASEP

A Lei Complementar n. 7 criou o PIS – Programa de Integração Social, enquanto a Lei Complementar n. 8 criou o PASEP – Programa de Assistência ao Servidor Público, ambas a constituírem o empregador como responsável por realizar depósitos mensais calculados sobre o faturamento, folha de salário ou sobre as receitas, destinados ao financiamento do programa do seguro-desemprego e ao pagamento de abono pecuniário, previsto no § 3º, do art. 239, da Constituição Federal[43].

De acordo com a Súmula n. 300 do TST[44], a competência para ações que envolvam descumprimento da obrigação do empregador em relação ao cadastramento do trabalhador no PIS/PASEP será da Justiça do Trabalho. Apesar de o enunciado de súmula referir-se apenas ao PIS, analogicamente, também será competente a Justiça Especializada para casos versando sobre o PASEP, quando versarem sobre servidores celetistas.

7.11. Meio ambiente de trabalho

O meio ambiente do trabalho tem a relevância atestada nos arts. 200, VIII[45], 7º, XXII e XXVIII[46], da Constituição Federal, e é definido como o "conjunto de condições, leis, influências e interações de ordem física, química, biológica e psicológica que incidem sobre o homem sua atividade laboral, esteja ou não submetido ao poder hierárquico de outrem"[47].

O STF editou a Súmula n. 736[48] que fixa a competência da Justiça do Trabalho para as causas que versarem sobre o meio ambiente do trabalho, especificamente à segurança, higiene e saúde dos trabalhadores.

7.12. FGTS

As ações que abordarem correção monetária dos rendimentos do FGTS têm como ré a Caixa Econômica Federal, circunstância que atrai a competência da Justiça Federal, nos termos do art. 109 da CF.

Até 2005, a Justiça do Trabalho, por força da Súmula n. 176 do TST[49], só era competente para autorizar

---

do Trabalho. (STF – CC 7545 SC, Relator: Min. Eros Grau, Tribunal Pleno, Data de Publicação: DJe-152 DIVULG 13.08.2009 PUBLIC 14.08.2009 EMENT VOL-02369-04 PP-00769.)

(42) Súmula n. 366 do STJ: Compete à Justiça estadual processar e julgar ação indenizatória proposta por viúva e filhos de empregado falecido em acidente de trabalho.

(43) Constituição Federal – Art. 239. A arrecadação decorrente das contribuições para o Programa de Integração Social, criado pela Lei Complementar n. 7, de 7 de setembro de 1970, e para o Programa de Formação do Patrimônio do Servidor Público, criado pela Lei Complementar n. 8, de 3 de dezembro de 1970, passa, a partir da promulgação desta Constituição, a financiar, nos termos que a lei dispuser, o programa do seguro-desemprego e o abono de que trata o § 3º deste artigo.

§ 3º Aos empregados que percebam de empregadores que contribuem para o Programa de Integração Social ou para o Programa de Formação do Patrimônio do Servidor Público, até dois salários mínimos de remuneração mensal, é assegurado o pagamento de um salário mínimo anual, computado neste valor o rendimento das contas individuais, no caso daqueles que já participavam dos referidos programas, até a data da promulgação desta Constituição.

(44) Súmula n. 300 do TST: COMPETÊNCIA DA JUSTIÇA DO TRABALHO. CADASTRAMENTO NO PIS (mantida) – Compete à Justiça do Trabalho processar e julgar ações ajuizadas por empregados em face de empregadores relativas ao cadastramento no Programa de Integração Social (PIS).

(45) Constituição Federal – Art. 200. Ao sistema único de saúde compete, além de outras atribuições, nos termos da lei:
VIII – colaborar na proteção do meio ambiente, nele compreendido o do trabalho.

(46) Constituição Federal – Art. 7º São direitos dos trabalhadores urbanos e rurais, além de outros que visem à melhoria de sua condição social:
XXII – redução dos riscos inerentes ao trabalho, por meio de normas de saúde, higiene e segurança;
XXVIII – seguro contra acidentes de trabalho, a cargo do empregador, sem excluir a indenização a que este está obrigado, quando incorrer em dolo ou culpa; (...)

(47) FELICIANO, Guilherme Guimarães; URIAS, João. *Direito Ambiental do Trabalho* – apontamentos de uma teoria geral, p. 13.

(48) Súmula n. 736 do STF. Compete à Justiça do Trabalho julgar as ações que tenham como causa de pedir o descumprimento de normas trabalhistas relativas à segurança, higiene e saúde dos trabalhadores.

(49) Súmula n. 176 do TST. FUNDO DE GARANTIA. LEVANTAMENTO DO DEPÓSITO (cancelada)
A Justiça do Trabalho só tem competência para autorizar o levantamento do depósito do Fundo de Garantia do Tempo de Serviço na ocorrência de dissídio entre empregado e empregador.

o levantamento de depósito do Fundo de Garantia por Tempo de Serviço quando havia efetivamente um litígio entre partes, empregado e empregador. Ocorre que, com o cancelamento dessa súmula, no referido ano, passou a Justiça Obreira a ser competente para qualquer caso, independente da existência de litígio.

Esse alargamento da competência foi positivo para abarcar as hipóteses de levantamento do Fundo em decorrência de conversão do servidor celetista para o estatutário, o que não ocorre com a existência de um litígio propriamente dito.

7.13. Contribuições previdenciárias e imposto de renda

A responsabilidade pela cobrança das contribuições previdenciárias, em um primeiro momento, foi tratada pela Lei n. 8.212, de 24 de julho de 1991[50], que determinava o recolhimento das verbas previdenciárias nos autos do processo em que houvesse condenação trabalhista.

Na prática, limitavam-se os juízes trabalhistas a comunicar à autarquia federal a constituição do crédito trabalhista que implicaria no recolhimento do tributo, para que se providenciasse sua execução em juízo próprio.

Nesse contexto, foi editada a Lei n. 8.620/1993, alterando a redação dos arts. 43 e 44[51] da mencionada lei, a fim de impor a responsabilidade do juiz caso descumprisse a determinação legal. Mais uma vez o preceito foi inócuo.

A Emenda Constitucional n. 20/1998, com o fito de solucionar o impasse, introduziu o § 3º ao art. 114 da Carta Magna, atribuindo à Justiça do Trabalho competência para executar, de ofício, as contribuições sociais previstas no art. 195, I, *a*, e II, e seus acréscimos legais, decorrentes das sentenças que proferir.

É importante frisar que após muita discussão doutrinária, fixou-se o entendimento de que a Justiça Especializada somente é competente, de fato, para a execução das contribuições originadas pelo provimento judicial dela emanada. Frise-se, por oportuno, que a expressão constitucional "*decorrentes das sentenças que proferir*" não faz qualquer restrição, o que significa não estar limitada às sentenças condenatórias ou homologatórias de acordos.

O TST editou a Súmula n. 368[52] acerca do tema registrando que a Justiça do Trabalho é incompetente para ação proposta em face do empregador com pedido de condenação em efetuar os depósitos relativos a contribuições previdenciárias não recolhidas. A Justiça

---

(50) Lei n. 8.212/91 – Art. 43. Em caso de extinção de processos trabalhistas de qualquer natureza, inclusive a decorrente de acordo entre as partes, de que resultar pagamento de remuneração ao segurado, o recolhimento das contribuições devidas à Seguridade Social será efetuado *incontinenti*.
Lei n. 8.112/91 – Art. 44. A autoridade judiciária exigirá a comprovação do fiel cumprimento ao disposto no artigo anterior.

(51) Lei n. 8.620/93 – Art. 43. Nas ações trabalhistas de que resultar o pagamento de direitos sujeitos à incidência de contribuição previdenciária, o juiz, sob pena de responsabilidade, determinará o imediato recolhimento das importâncias devidas à Seguridade Social. Parágrafo único. Nas sentenças judiciais ou nos acordos homologados em que não figurarem, discriminadamente, as parcelas legais relativas à contribuição previdenciária, esta incidirá sobre o valor total apurado em liquidação de sentença ou sobre o valor do acordo homologado.
Lei n. 8.620/93 – Art. 44. A autoridade judiciária velará pelo fiel cumprimento do disposto no artigo anterior, inclusive fazendo expedir notificação ao Instituto Nacional do Seguro Social (INSS), dando-lhe ciência dos termos da sentença ou do acordo celebrado.

(52) Súmula n. 368 do TST: DESCONTOS PREVIDENCIÁRIOS. IMPOSTO DE RENDA. COMPETÊNCIA. RESPONSABILIDADE PELO RECOLHIMENTO. FORMA DE CÁLCULO. FATO GERADOR.
I – A Justiça do Trabalho é competente para determinar o recolhimento das contribuições fiscais. A competência da Justiça do Trabalho, quanto à execução das contribuições previdenciárias, limita-se às sentenças condenatórias em pecúnia que proferir e aos valores, objeto de acordo homologado, que integrem o salário de contribuição. (ex-OJ n. 141 da SBDI-1 – inserida em 27.11.1998)
II – É do empregador a responsabilidade pelo recolhimento das contribuições previdenciárias e fiscais, resultantes de crédito do empregado oriundo de condenação judicial. A culpa do empregador pelo inadimplemento das verbas remuneratórias, contudo, não exime a responsabilidade do empregado pelos pagamentos do imposto de renda devido e da contribuição previdenciária que recaia sobre sua quota-parte. (ex-OJ n. 363 da SBDI-1, parte final)
III – Os descontos previdenciários relativos à contribuição do empregado, no caso de ações trabalhistas, devem ser calculados mês a mês, de conformidade com o art. 276, § 4º, do Decreto n. 3.048/1999 que regulamentou a Lei n. 8.212/1991, aplicando-se as alíquotas previstas no art. 198, observado o limite máximo do salário de contribuição (ex-OJs ns. 32 e 228 da SBDI-1 – inseridas, respectivamente, em 14.03.1994 e 20.06.2001).
IV – Considera-se fato gerador das contribuições previdenciárias decorrentes de créditos trabalhistas reconhecidos ou homologados em juízo, para os serviços prestados até 4.3.2009, inclusive, o efetivo pagamento das verbas, configurando-se a mora a partir do dia dois do mês seguinte ao da liquidação (art. 276, *caput*, do Decreto n. 3.048/1999). Eficácia não retroativa da alteração legislativa promovida pela Medida Provisória n. 449/2008, posteriormente convertida na Lei n. 11.941/2009, que deu nova redação ao art. 43 da Lei n. 8.212/91.

do Trabalho será competente para execução de ofício apenas das contribuições previdenciárias decorrentes de suas sentenças condenatórias e homologatórias, devendo haver discriminação das verbas salariais que sirvam de base de cálculo das respectivas contribuições previdenciárias, conforme previsto na Súmula Vinculante n. 53[53].

Em relação às contribuições previdenciárias destinadas a terceiros, o TST tem entendimento pacificado de que a Justiça do Trabalho não é competente para processar causas que as envolvam, em atenção ao art. 114, VIII[54], da Constituição Federal.

Finalmente, ainda que o SAT – Seguro de Acidente do Trabalho tenha natureza de contribuição previdenciária parafiscal, o TST editou a Súmula n. 454[55] que pacificou a competência da Justiça do Trabalho para julgamento de tais causas.

7.14. Seguro-desemprego

De acordo com a Súmula n. 389 do TST[56], compete à Justiça do Trabalho a lide entre empregado e empregador cujo objeto seja a indenização pelo não fornecimento das guias do seguro-desemprego.

7.15. Complementação de aposentadoria, pensão e previdência privada

Complementação de aposentadoria é benefício de natureza contratual pago pelo empregador consistente na diferença entre o valor de aposentadoria pela Previdência Social e o salário que o empregado recebia na ativa. É um caso de previdência complementar privada. O benefício é custeado como parte do salário do empregado[57].

O STF, no RE n. 586.453/SE[58], em sede de Repercussão Geral, fixou entendimento acerca da competência da

---

V – Para o labor realizado a partir de 5.3.2009, considera-se fato gerador das contribuições previdenciárias decorrentes de créditos trabalhistas reconhecidos ou homologados em juízo a data da efetiva prestação dos serviços. Sobre as contribuições previdenciárias não recolhidas a partir da prestação dos serviços incidem juros de mora e, uma vez apurados os créditos previdenciários, aplica-se multa a partir do exaurimento do prazo de citação para pagamento, se descumprida a obrigação, observado o limite legal de 20% (art. 61, § 2º, da Lei n. 9.430/96).

VI – O imposto de renda decorrente de crédito do empregado recebido acumuladamente deve ser calculado sobre o montante dos rendimentos pagos, mediante a utilização de tabela progressiva resultante da multiplicação da quantidade de meses a que se refiram os rendimentos pelos valores constantes da tabela progressiva mensal correspondente ao mês do recebimento ou crédito, nos termos do art. 12-A da Lei n. 7.713, de 22.12.1988, com a redação conferida pela Lei n. 13.149/2015, observado o procedimento previsto nas Instruções Normativas da Receita Federal do Brasil.

(53) Súmula Vinculante n. 53. A competência da Justiça do Trabalho prevista no art. 114, VIII, da Constituição Federal alcança a execução de ofício das contribuições previdenciárias relativas ao objeto da condenação constante das sentenças que proferir e acordos por ela homologados.

(54) Constituição Federal – Art. 114. Compete à Justiça do Trabalho processar e julgar:
VIII – a execução, de ofício, das contribuições sociais previstas no art. 195, I, a, e II, e seus acréscimos legais, decorrentes das sentenças que proferir;

(55) Súmula n. 454 do TST. Competência da justiça do trabalho. Execução de ofício. Contribuição social referente ao seguro de acidente de trabalho (SAT). Arts. 114, VIII, e 195, i, a, da Constituição da República.

(56) Súmula n. 389 do TST. SEGURO-DESEMPREGO. COMPETÊNCIA DA JUSTIÇA DO TRABALHO. DIREITO À INDENIZAÇÃO POR NÃO LIBERAÇÃO DE GUIAS.
I – Inscreve-se na competência material da Justiça do Trabalho a lide entre empregado e empregador tendo por objeto indenização pelo não-fornecimento das guias do seguro-desemprego.
II – O não-fornecimento pelo empregador da guia necessária para o recebimento do seguro-desemprego dá origem ao direito à indenização.

(57) SCHIAVI, Mauro. *Manual de Direito Processual do Trabalho*. 9. ed. São Paulo: LTr, 2015. p. 280.

(58) Recurso extraordinário – Direito Previdenciário e Processual Civil – Repercussão geral reconhecida – Competência para o processamento de ação ajuizada contra entidade de previdência privada e com o fito de obter complementação de aposentadoria – Afirmação da autonomia do Direito Previdenciário em relação ao Direito do Trabalho – Litígio de natureza eminentemente constitucional, cuja solução deve buscar trazer maior efetividade e racionalidade ao sistema – Recurso provido para afirmar a competência da Justiça comum para o processamento da demanda – Modulação dos efeitos do julgamento, para manter, na Justiça Federal do Trabalho, até final execução, todos os processos dessa espécie em que já tenha sido proferida sentença de mérito, até o dia da conclusão do julgamento do recurso (20.02.2013). 1. A competência para o processamento de ações ajuizadas contra entidades privadas de previdência complementar é da Justiça comum, dada a autonomia do Direito Previdenciário em relação ao Direito do Trabalho. Inteligência do art. 202, § 2º, da Constituição Federal a excepcionar, na análise desse tipo de matéria, a norma do art. 114, inciso IX, da Magna Carta. 2. Quando, como ocorre no presente caso, o intérprete está diante de controvérsia em que há fundamentos constitucionais para se adotar mais de uma solução possível, deve ele optar por aquela que efetivamente trará maior efetividade e racionalidade ao sistema. 3. Recurso extraordinário de que se conhece e ao qual se dá provimento para firmar a competência da Justiça comum para o processamento de demandas ajuizadas

Justiça Comum para julgamento das ações, que versem sobre essa complementação. Na referida decisão, foram modulados seus efeitos no sentido de que as ações com sentença de mérito deveriam permanecer na Justiça do Trabalho, enquanto as que ainda não estivessem com o mérito decidido deveriam ser imediatamente remetidas para a Justiça Comum.

7.16. Penalidades administrativas impostas aos empregadores pelos órgãos da fiscalização do trabalho

O art. 114, inciso VII[59], da Constituição Federal, trata da competência da Justiça do Trabalho para processar e julgar ações relativas às penalidades administrativas impostas aos empregadores.

Com esse inciso, a Justiça do Trabalho pode discutir a validade de multas impostas às empresas, por fiscais do trabalho.

Assim, tanto as execuções fiscais quanto as ações que visam anular os autos de infração lavrados por infração administrativa em matéria de trabalho passaram a ser julgados pela justiça laboral especializada, assim como os mandados de segurança impetrados por empregadores contra ato de autoridade administrativa do Ministério do Trabalho.

Deve restar claro, portanto, que a competência em questão é tanto para execução de título extrajudicial proposta pela Fazenda Pública Federal como para qualquer demanda intentada pelo empregador, para invalidar a sanção administrativa trabalhista, por exemplo.

Tanto o empregador como os empregados e os órgãos de fiscalização das relações do trabalho estão legitimados para a propositura, perante a Justiça do Trabalho, de ações tendo em vista anulação, modificação, declaração ou execução das penalidades administrativas impostas pelos órgãos fiscalizadores, quer da regularidade da instauração e da execução do vínculo empregatício, quer das obrigações relativas à segurança e higiene do trabalho.

7.16.1. Execução fiscal das multas decorrentes da fiscalização do trabalho

As autuações tratadas no tópico anterior, uma vez confirmadas, se transformam em multas a serem inscritas na dívida ativa, dando início ao processo executivo que determinará o pagamento do valor.

Quanto à competência para execução fiscal dessas multas[60], dependerá de legislação infraconstitucional regulamentadora. A doutrina majoritária entende que o art. 876 da CLT[61] traz rol exaustivo dos títulos executivos extrajudiciais que possam ser executados na Justiça do Trabalho, não estando a certidão de dívida ativa no referido elenco.

Contudo, o melhor entendimento é de que o supramencionado artigo não contenha rol taxativo, já que não faz o menor sentido se admitir que a Justiça do Trabalho possa desconstituir as penalidades administrativas, mas não executá-las.

7.16.2. Órgãos de fiscalização do exercício de profissões regulamentadas

O inciso VII, do art. 114, da Constituição Federal, trata das penalidades administrativas impostas aos empregados, não abrangendo, portanto, as impostas aos órgãos de fiscalização do exercício de profissões regulamentadas.

Não é competente a Justiça do Trabalho para tais causas porque, apesar desses órgãos serem prestadores de serviços, não há relação de trabalho que justifique a competência da Justiça Especializada. Além disso, a relação entre os órgãos e os profissionais é institucional e de direito público.

Portanto, é competente para essas demandas a Justiça Federal, já que esses órgãos têm natureza jurídica de autarquia federal, de acordo com o entendimento do

---

contra entidades privadas de previdência buscando-se o complemento de aposentadoria. 4. Modulação dos efeitos da decisão para reconhecer a competência da Justiça Federal do Trabalho para processar e julgar, até o trânsito em julgado e a correspondente execução, todas as causas da espécie em que houver sido proferida sentença de mérito até a data da conclusão, pelo Plenário do Supremo Tribunal Federal, do julgamento do presente recurso (20/2/2013). 5. Reconhecimento, ainda, da inexistência de repercussão geral quanto ao alcance da prescrição de ação tendente a questionar as parcelas referentes à aludida complementação, bem como quanto à extensão de vantagem a aposentados que tenham obtido a complementação de aposentadoria por entidade de previdência privada sem que tenha havido o respectivo custeio. (STF – RE 586453 SE, Rel.Min.: Ellen Gracie, j.: 20.02.2013, Tribunal Pleno.)

(59) Constituição Federal – Art. 114. Compete à Justiça do Trabalho processar e julgar:
VII – as ações relativas às penalidades administrativas impostas aos empregadores pelos órgãos de fiscalização das relações de trabalho; (...)

(60) LEITE, Carlos Henrique Bezerra. *Curso de Direito Processual do Trabalho*. 13. ed. São Paulo: Saraiva, 2015. p. 303.

(61) CLT – Art. 876. As decisões passadas em julgado ou das quais não tenha havido recurso com efeito suspensivo; os acordos, quando não cumpridos; os termos de ajuste de conduta firmados perante o Ministério Público do Trabalho e os termos de conciliação firmados perante as Comissões de Conciliação Prévia serão executadas pela forma estabelecida neste Capítulo.

STF na ADI n. 1.717-6/DF, o que atrai a incidência do art. 109, I, da Constituição Federal.

7.17. Competência material executória

A redação original da parte final do art. 114 da Constituição Federal previa a competência da Justiça do Trabalho para executar suas próprias sentenças. Por óbvio, a redação era pleonástica e sua supressão com a EC n. 45/2004 foi salutar em termos linguísticos, visto que se a Justiça do Trabalho é competente para processar e julgar determinada demanda, também o é para executar a sentença proferida para decidi-la.

Apesar da Lei n. 11.101/2005 ter abolido a figura da concordata, a Súmula n. 227 do STF continua vigente, com a devida reparação[62]. Com isso, a falência do empregador não impede a execução do crédito trabalhista. Contudo, não é pacífica a competência da Justiça do Trabalho quando no polo passivo figura massa falida.

De acordo com o § 1º, do art. 6º, da Lei de Falências[63], o processamento das ações trabalhistas na Justiça do Trabalho dá-se até a apuração do respectivo crédito, devendo esse ser inscrito no quadro geral de credores pelo valor determinado em sentença.

Interessante realizar o destaque ao previsto no § 4º do art. 5º[64] no que toca às recuperações judiciais, determinando o dispositivo a suspensão das execuções pelo prazo de 180 (cento e oitenta) dias a partir da decretação da recuperação judicial. Após o referido prazo, as execuções são retomadas de pronto.

O STF, em sede do Recurso Extraordinário n. 583.955/RJ[65], decidiu que é o juízo da recuperação judicial que deve promover a execução dos créditos trabalhistas.

Quanto à falência, destaque-se a jurisprudência do TST sobre o tema, no Agravo de Instrumento em Recurso de Revista[66], que decidiu pela competência da Justiça do Trabalho apenas até a apuração do crédito trabalhista. Após essa determinação, o trabalhador deverá se habilitar no juízo universal.

8. COMPETÊNCIA EM RAZÃO DA FUNÇÃO

8.1. Competência funcional das Varas do Trabalho

As Varas do Trabalho consistem no primeiro grau da Justiça Trabalhista e detêm os poderes previstos nos arts. 652[67] e 653 da CLT[68], protagonizando, via de regra, a primeira instância das ações trabalhistas.

---

(62) Súmula n. 227 do STF. A concordata do empregador não impede a execução de crédito nem a reclamação de empregado na Justiça do Trabalho.

(63) Lei n. 11.101/2005 – Art. 6º A decretação da falência ou o deferimento do processamento da recuperação judicial suspende o curso da prescrição e de todas as ações e execuções em face do devedor, inclusive aquelas dos credores particulares do sócio solidário.
§ 1º Terá prosseguimento no juízo no qual estiver se processando a ação que demandar quantia ilíquida.

(64) Lei n. 11.101/2005 – Art. 5º Não são exigíveis do devedor, na recuperação judicial ou na falência:
§ 4º Na recuperação judicial, a suspensão de que trata o *caput* deste artigo em hipótese nenhuma excederá o prazo improrrogável de 180 (cento e oitenta) dias contado do deferimento do processamento da recuperação, restabelecendo-se, após o decurso do prazo, o direito dos credores de iniciar ou continuar suas ações e execuções, independentemente de pronunciamento judicial.

(65) STJ, RE 583955/RJ, Rel. Min. Ricardo Lewandowski. Repercussão Geral, j. 27.08.2009.

(66) AGRAVO DE INSTRUMENTO. RECURSO DE REVISTA. NÃO APLICAÇÃO DA RESTRIÇÃO DO ART. 896, § 2º, DA CLT. EXECUÇÃO FISCAL. MULTA POR INFRAÇÃO À LEGISLAÇÃO TRABALHISTA. FALÊNCIA DO EXECUTADO SOB A ÉGIDE DA LEI N. 11.101/2005. INCOMPETÊNCIA DA JUSTIÇA DO TRABALHO. Esta Corte entende que não se aplica a regra do art. 896, § 2º, da CLT e da Súmula n. 266 do TST no caso em que se discute execução fiscal de multa administrativa por descumprimento de legislação trabalhista. De acordo com o art. 6º, § 2º, da Lei n. 11.101/2005, a competência da Justiça do Trabalho para executar créditos contra a massa falida estende-se até a individualização e quantificação do crédito, após o que cabe ao credor habilitá-lo no Juízo Universal da Falência. Decretada a falência da empresa em data posterior ao início da vigência da Lei de Falências e Recuperação – Lei n. 11.101 de 09.02.2005, o crédito decorrente de executivo fiscal deve ser habilitado no juízo universal da falência e observada a ordem de classificação dos créditos estabelecida no art. 83 da referida lei. Precedentes. Agravo de instrumento a que se nega provimento. (TST – AIRR: 919009620085040018, Rel. Min. Kátia Magalhães Arruda, Data de Julgamento: 23.04.2014, 6ª Turma, Data de Publicação: DEJT 16.05.2014.)

(67) CLT – Art. 652. Compete às Varas do Trabalho:
a) conciliar e julgar:
I – os dissídios em que se pretenda o reconhecimento da estabilidade de empregado;
II – os dissídios concernentes a remuneração, férias e indenizações por motivo de rescisão do contrato individual de trabalho;
III – os dissídios resultantes de contratos de empreitadas em que o empreiteiro seja operário ou artífice;
IV – os demais dissídios concernentes ao contrato individual de trabalho;
b) processar e julgar os inquéritos para apuração de falta grave;
c) julgar os embargos opostos às suas próprias decisões;
d) impor multas e demais penalidades relativas aos atos de sua competência;
f) decidir quanto à homologação de acordo extrajudicial em matéria de competência da Justiça do Trabalho.

COMPETÊNCIA DA JUSTIÇA DO TRABALHO

Será das Varas do Trabalho, inclusive, a competência para processar e julgar ação civil pública proposta pelo Ministério Público do Trabalho ou associação sindical em decorrência de lesão ou ameaça de lesão a direitos coletivos, difusos e individuais homogêneos relativos à relação de emprego (LC n. 75/93, art. 83, c/c Lei n. 8.078/90, art. 93, e Lei n. 7347/85, art. 2º).

8.2. Competência funcional dos Tribunais Regionais do Trabalho

Os Tribunais Regionais do Trabalho podem ser divididos, funcionalmente, em Turmas, porém, essa divisão não é obrigatória. O art. 678 da CLT[69] traz a competência do Tribunal Pleno e das Turmas, quando existentes. Por óbvio, quando não se compuserem de Turmas, os Tribunais não julgarão conflito entre as mesmas, conforme art. 679 da CLT[70].

A competência funcional dos Tribunais divididos em Turmas está prevista no art. 680 da CLT[71].

8.3. Competência funcional do Tribunal Superior do Trabalho

Ao analisarmos a competência funcional do Tribunal Superior do Trabalho, faz-se mister ter em mente que a função precípua da Corte é a de uniformização

---

(68) CLT – Art. 653. Compete, ainda, às Juntas de Conciliação e Julgamento:
a) requisitar às autoridades competentes a realização das diligências necessárias ao esclarecimento dos feitos sob sua apreciação, representando contra aquelas que não atenderem a tais requisições;
b) realizar as diligências e praticar os atos processuais ordenados pelos Tribunais Regionais do Trabalho ou pelo Tribunal Superior do Trabalho;
c) julgar as suspeições argüidas contra os seus membros;
d) julgar as exceções de incompetência que lhes forem opostas;
e) expedir precatórias e cumprir as que lhes forem deprecadas;
f) exercer, em geral, no interesse da Justiça do Trabalho, quaisquer outras atribuições que decorram da sua jurisdição.

(69) CLT – Art. 678. Aos Tribunais Regionais, quando divididos em Turmas, compete:
I – ao Tribunal Pleno, especialmente:
a) processar, conciliar e julgar originariamente os dissídios coletivos;
b) processar e julgar originariamente:
1) as revisões de sentenças normativas;
2) a extensão das decisões proferidas em dissídios coletivos;
3) os mandados de segurança;
4) as impugnações à investidura de vogais e seus suplentes nas Juntas de Conciliação e Julgamento;
c) processar e julgar em última instância:
1) os recursos das multas impostas pelas Turmas;
2) as ações rescisórias das decisões das Juntas de Conciliação e Julgamento, dos juízes de direito investidos na jurisdição trabalhista, das Turmas e de seus próprios acórdãos;
3) os conflitos de jurisdição entre as suas Turmas, os juízes de direito investidos na jurisdição trabalhista, as Juntas de Conciliação e Julgamento, ou entre aqueles e estas;
d) julgar em única ou última instâncias:
1) os processos e os recursos de natureza administrativa atinentes aos seus serviços auxiliares e respectivos servidores;
2) as reclamações contra atos administrativos de seu presidente ou de qualquer de seus membros, assim como dos juízes de primeira instância e de seus funcionários.
II – às Turmas:
a) julgar os recursos ordinários previstos no art. 895, alínea *a*;
b) julgar os agravos de petição e de instrumento, estes de decisões denegatórias de recursos de sua alçada;
c) impor multas e demais penalidades relativas e atos de sua competência jurisdicional, e julgar os recursos interpostos das decisões das Juntas dos juízes de direito que as impuserem.
Parágrafo único. Das decisões das Turmas não caberá recurso para o Tribunal Pleno, exceto no caso do item I, alínea *c*, inciso 1, deste artigo.

(70) CLT – Art. 679. Aos Tribunais Regionais não divididos em Turmas, compete o julgamento das matérias a que se refere o artigo anterior, exceto a de que trata o inciso I da alínea *c* do item I, como os conflitos de jurisdição entre Turmas.

(71) CLT – Art. 680. Compete, ainda, aos Tribunais Regionais, ou suas Turmas:
a) determinar às Juntas e aos juízes de direito a realização dos atos processuais e diligências necessárias ao julgamento dos feitos sob sua apreciação;
b) fiscalizar o comprimento de suas próprias decisões;

da jurisprudência, e toda sua estrutura é arregimentada de forma a propiciar o melhor desenvolvimento dessa atividade.

> Compete, em linhas gerais, ao Tribunal Superior do Trabalho processar, conciliar e julgar, na forma da lei, em grau originário ou recursal ordinário ou extraordinário, as demandas individuais e os dissídios coletivos entre trabalhadores e empregadores que excedam a jurisdição dos Tribunais Regionais, os conflitos de direito sindical, bem assim outras controvérsias decorrentes de relação de trabalho e os litígios relativos ao cumprimento de suas próprias decisões, de laudos arbitrais e de convenções e acordos coletivos.

O Tribunal Superior do Trabalho está dividido em: Tribunal Pleno, Órgão Especial, Seção Especializada de Dissídios Coletivos e Seção Especializada de Dissídios Individuais, subdividida em duas Subseções e oito Turmas[72].

A competência do Tribunal Pleno do TST está prevista no art. 68 do Regimento Interno do TST. A competência do Órgão Especial do TST está prevista no art. 69 do RITST. O Tribunal é dividido na Seção Especializada em Dissídios Coletivos e na de Dissídios Individuais. A competência da primeira está prevista no art. 70 do RITST[73].

A competência da referida Sessão está prevista no art. 70 do RITST[74] e é dividida em duas subseções. A Subseção I está voltada para o julgamento de recursos, enquanto a Subseção II julga demandas de competência originária do TST.

---

c) declarar a nulidade dos atos praticados com infração de suas decisões;

d) julgar as suspeições arguidas contra seus membros;

e) julgar as exceções de incompetência que lhes forem opostas;

f) requisitar às autoridades competentes as diligências necessárias ao esclarecimento dos feitos sob apreciação, representando contra aquelas que não atenderem a tais requisições;

g) exercer, em geral, no interesse da Justiça do Trabalho, as demais atribuições que decorram de sua Jurisdição.

(72) RITST – Art. 72. Compete a cada uma das Turmas julgar:

I – os recursos de revista interpostos contra decisão dos Tribunais Regionais do Trabalho, nos casos previstos em lei;

II – os agravos de instrumento dos despachos de Presidente de Tribunal Regional que denegarem seguimento a recurso de revista;

III – os agravos e os agravos regimentais interpostos contra despacho exarado em processos de sua competência; e

IV – os recursos ordinários em ação cautelar, quando a competência para julgamento do recurso do processo principal for atribuída à Turma.

(73) RITST – Art. 70. À Seção Especializada em Dissídios Coletivos (SDC) compete:

I – originariamente:

a) julgar os dissídios coletivos de natureza econômica e jurídica, de sua competência, ou rever suas próprias sentenças normativas, nos casos previstos em lei;

b) homologar as conciliações firmadas nos dissídios coletivos;

c) julgar as ações anulatórias de acordos e convenções coletivas;

d) julgar as ações rescisórias propostas contra suas sentenças normativas;

e) julgar os agravos regimentais contra despachos ou decisões não definitivas, proferidos pelo Presidente do Tribunal, ou por qualquer dos Ministros integrantes da Seção Especializada em Dissídios Coletivos;

f) julgar os conflitos de competência entre Tribunais Regionais do Trabalho em processos de dissídio coletivo;

g) processar e julgar as medidas cautelares incidentais nos processos de dissídio coletivo; e

h) processar e julgar as ações em matéria de greve, quando o conflito exceder a jurisdição de Tribunal Regional do Trabalho.

II – em última instância, julgar:

a) os recursos ordinários interpostos contra as decisões proferidas pelos Tribunais Regionais do Trabalho em dissídios coletivos de natureza econômica ou jurídica;

b) os recursos ordinários interpostos contra decisões proferidas pelos Tribunais Regionais do Trabalho em ações rescisórias e mandados de segurança pertinentes a dissídios coletivos e em ações anulatórias de acordos e convenções coletivas;

c) os embargos infringentes interpostos contra decisão não unânime proferida em processo de dissídio coletivo de sua competência originária, salvo se a decisão embargada estiver em consonância com precedente normativo do Tribunal Superior do Trabalho, ou com Súmula de sua jurisprudência predominante; e

d) os agravos de instrumento interpostos contra despacho denegatório de recurso ordinário nos processos de sua competência.

(74) RITST – Art. 71. À Seção Especializada em Dissídios Individuais, em composição plena ou dividida em duas Subseções, compete:

I – em composição plena, julgar, em caráter de urgência e com preferência na pauta, os processos nos quais tenha sido estabelecida, na votação, divergência entre as Subseções I e II da Seção Especializada em Dissídios Individuais, quanto à aplicação de dispositivo de lei federal ou da Constituição da República.

9. COMPETÊNCIA EM RAZÃO DO FORO OU COMPETÊNCIA TERRITORIAL

Segundo o *caput* do art. 651 da CLT[75], adota-se a teoria *lex leci executionis* para solução de conflitos de competência territorial. A regra facilita a instrução do processo trabalhista, especialmente no que tange à prova testemunhal, mais ágil de ser acessada quando perto do local da prestação do trabalho[76].

Entretanto, o objetivo primordial corresponde à facilitação do acesso do trabalhador à Justiça. Nesse contexto, a depender do caso, a regra pode não se mostrar justa, devendo o intérprete buscar a verdadeira finalidade do dispositivo. Se o demandante, por exemplo, ajuizar reclamação trabalhista no foro de seu domicílio, distinto do local da prestação do trabalho, por eventualmente ter se mudado e não ter condições para arcar com as despesas de um processo distante de sua residência, casuisticamente, a regra do *caput* do art. 651 poderá ser afastada.

Caso o empregado tenha trabalhado em diversos locais, em épocas distintas, a competência territorial deverá ser a do último local trabalhado, podendo optar-se pelo foro de seu domicílio[77].

Em caso de transferência, em regra, a competência será do último lugar de trabalho. Diz-se "em regra", pois, se a transferência for ilegal, será competente a comarca do local onde a prestação de serviços se dava anteriormente.

Em caso de transferência definitiva, poderá o trabalhador escolher entre o local da celebração do contrato ou o da prestação de serviço.

A Primeira Jornada de Direito Material e Processual da Anamatra firmou entendimento, preconizado pelo Enunciado n. 7, de que o trabalhador pode optar por ajuizar a reclamação em seu domicílio, no local da prestação dos serviços ou da contratação, caso tenha domicílio em outro município ou Estado da Federação[78].

O local da prestação, portanto, será a regra geral, ressalvadas as possibilidades de flexibilização.

9.1. Empregado agente ou viajante comercial

Para as hipóteses de prestação de serviço por empregado agente ou viajante comercial, deve-se atentar ao disposto no § 1º do art. 651 da CLT. Por conseguinte, esse tipo de empregado poderá optar por promover a demanda trabalhista no foro da Vara da localidade em que a empresa tenha agência ou filial ou no foro da Vara de seu domicílio, desde que declarado na exordial que não tem condições econômicas de promover a demanda no domicílio o Reclamado.

II – à Subseção I:

a) julgar os embargos interpostos contra decisões divergentes das Turmas, ou destas que divirjam de decisão da Seção de Dissídios Individuais, de Orientação Jurisprudencial ou de Súmula; e

b) julgar os agravos e os agravos regimentais interpostos contra despacho exarado em processos de sua competência.

III – à Subseção originariamente:

1. julgar as ações rescisórias propostas contra suas decisões, as da Subseção I e as das Turmas do Tribunal;

2. julgar os mandados de segurança contra os atos praticados pelo Presidente do Tribunal, ou por qualquer dos Ministros integrantes da Seção Especializada em Dissídios Individuais, nos processos de sua competência;

3. julgar as ações cautelares; e

4. julgar os *habeas corpus*.

b) em única instância:

1. julgar os agravos e os agravos regimentais interpostos contra despacho exarado em processos de sua competência; e

2. julgar os conflitos de competência entre Tribunais Regionais e os que envolvam Juízes de Direito investidos da jurisdição trabalhista e Varas do Trabalho em processos de dissídios individuais.

c) em última instância:

1. julgar os recursos ordinários interpostos contra decisões dos Tribunais Regionais em processos de dissídio individual de sua competência originária; e

2. julgar os agravos de instrumento interpostos contra despacho denegatório de recurso ordinário em processos de sua competência.

(75) CLT – Art. 651. A competência das Juntas de Conciliação e Julgamento é determinada pela localidade onde o empregado, reclamante ou reclamado, prestar serviços ao empregador, ainda que tenha sido contratado noutro local ou no estrangeiro.

(76) LEITE, Carlos Henrique Bezerra. *Curso de Direito Processual do Trabalho*, 13. ed. São Paulo: Saraiva, 2015. p. 333.

(77) *Idem*, p. 334-336.

(78) Enunciado n. 7. ACESSO À JUSTIÇA. CLT, ART. 651, § 3º. INTERPRETAÇÃO CONFORME A CONSTITUIÇÃO. ART. 5º, INC. XXXV, DA CONSTITUIÇÃO DA REPÚBLICA. Em se tratando de empregador que arregimente empregado domiciliado em outro município ou outro Estado da federação, poderá o trabalhador optar por ingressar com a reclamatória na Vara do Trabalho de seu domicílio, na do local da contratação ou na do local da prestação dos serviços.

Essa opção ofertada pelo legislador busca facilitar o acesso à Justiça do trabalhador que não tinha localidade fixa para executar suas atividades.

9.2. Empregado brasileiro que trabalha no exterior

Por interpretação *contrario sensu* do § 2º do art. 651[79], temos que a Justiça do Trabalho só não será competente se o empregado não for brasileiro e houver convenção internacional limitando a jurisdição.

O fato de o empregador ser estrangeiro ou, ainda, de a contratação ter ocorrido fora do país não tem o condão de afastar a competência da Justiça Trabalhista brasileira, se a prestação de serviços aqui ocorreu. Nesses casos, será competente a vara do local da prestação. Porém, se o empregado não prestou serviços no Brasil, ainda assim, poderá estar submetido a nossa jurisdição se for brasileiro e se não houver convenção internacional dispondo contra. Nesses casos, a vara competente não poderá ser a da prestação de serviço, obviamente, já que essa não se deu em território nacional. O empregado poderá ajuizar a ação no local onde foi contratado ou onde a empresa tenha filial, ambos se tratando de território nacional, logicamente.

Há quem sustente que a jurisdição será nacional apenas se a empresa tiver sede no Brasil. A exigência, no entanto, não guarda fundamento legal[80].

O debate doutrinário deve ser analisado à luz do princípio de direito internacional privado, qual seja, o princípio da efetividade. Enquanto a lei processual indica a Justiça do Trabalho brasileira como a competente para julgar e processar tais demandas, a lei material indica que a lei a ser aplicada será a do país em que o serviço foi efetivamente ou deveria ter sido prestado, ou seja, a lei do outro país[81].

A competência internacional, melhor dizendo, a Jurisdição brasileira, sujeita-se, primeiramente, às normas contidas na Lei de Introdução às Normas de Direito Brasileiro – LINDB, especificamente seu art. 12[82].

Não podemos olvidar que, nos termos do art. 7º, § 8º[83], do mesmo preceito normativo, quando o réu, não tendo domicílio, aqui se encontre, será competente a autoridade judiciária brasileira. A inexistência de domicílio, a bem da verdade, é o caso de muitas empresas multinacionais que, hodiernamente, sequer possuem matriz, mas diversas sedes.

9.3. Empresa que promove atividade fora do lugar da celebração do contrato

Mesmo não tendo a empresa empregadora estabelecimento na localidade de contratação ou execução dos serviços, os critérios de definição de competência não se alteram, de acordo com o § 3º do art. 651, da CLT.

Não importa se o trabalhador praticou atividade fora do local de celebração do contrato de maneira temporária ou permanente, podendo, em ambos os casos, o trabalhador fazer a opção pelo foro de sua preferência, tal qual elucida a Orientação Jurisprudencial n. 149 da SBDI-II[84].

9.4. Competência territorial e funcional para ação civil pública

Segundo a OJ n. 130 da SBDI-II/TST[85], a competência funcional e territorial da Vara do Trabalho para

---

(79) § 2º A competência das Juntas de Conciliação e Julgamento, estabelecida neste artigo, estende-se aos dissídios ocorridos em agência ou filial no estrangeiro, desde que o empregado seja brasileiro e não haja convenção internacional dispondo em contrário.

(80) Mauro Schiavi faz importante crítica ao dispositivo no que tange a sua aplicabilidade em casos que a empresa não tenha sede ou filial, no Brasil. Por isso, interpreta o autor que só se aplicará o referido artigo quando houver meios de efetiva atuação da Justiça do Trabalho no caso, ou seja, quando a empresa tiver sede ou filial no nosso país. Também destaca o autor que o dispositivo é uma exceção à competência do local da prestação de serviços, devendo ser interpretado restritivamente. SCHIAVI, Mauro. *Manual de Direito Processual do Trabalho*. 9. ed. São Paulo: LTr, 2015. p. 307.

(81) LEITE, Carlos Henrique Bezerra. *Curso de Direito Processual do Trabalho*. 13. ed. São Paulo: Saraiva, 2015. p. 340.

(82) LINDB – Art. 12. É competente a autoridade judiciária brasileira, quando for o réu domiciliado no Brasil ou aqui tiver de ser cumprida a obrigação.

(83) LINDB – Art. 7º, § 8º. Quando a pessoa não tiver domicílio, considerar-se-á domiciliada no lugar da sua residência ou naquele em que se encontre.

(84) CONFLITO DE COMPETÊNCIA. INCOMPETÊNCIA TERRITORIAL. HIPÓTESE DO ART. 651, § 3º, DA CLT. IMPOSSIBILIDADE DE DECLARAÇÃO DE OFÍCIO DE INCOMPETÊNCIA RELATIVA.
Não cabe declaração de ofício de incompetência territorial no caso do uso, pelo trabalhador, da faculdade prevista no art. 651, § 3º, da CLT. Nessa hipótese, resolve-se o conflito pelo reconhecimento da competência do juízo do local onde a ação foi proposta.

(85) Orientação Jurisprudencial n. 130/TST-SDI-II – 11.07.2017. Ação civil pública. Competência. Local do dano. CDC, art. 93. Lei n. 7.347/1985, art. 2º.

julgar Ação Civil Pública deve ser fixada de acordo com a extensão do dano. A depender da abrangência deste, variar-se-á o juízo competente. Vejamos: se o dano atingir uma região com mais de uma Vara do Trabalho, a competência será de qualquer uma delas, por livre distribuição, mesmo que vinculadas a Tribunais Regionais do Trabalho diferentes. Exemplo disso é eventual dano que atinja o Rio de Janeiro e São Paulo, vinculados a TRT diversos. A ação civil pública terá como juízo competente aquele em que primeiro for distribuída.

Mesma lógica segue o dano suprarregional ou nacional, em que as Varas do Trabalho das sedes dos Tribunais Regionais do Trabalho sejam competentes para julgar e processar ação civil pública correspondente.

9.5. Foro de eleição

Via de regra, doutrina e jurisprudência, seguindo lógica protecionista, não admitem a instituição de foro de eleição, compreendido este o constante de termo contratual firmado *a priori*.

O foro de eleição está previsto no art. 63 do CPC[86] e é o local escolhido, consensualmente, entre as partes para apreciar eventual demanda.

Importante destacar que a declaração de nulidade da cláusula de eleição de foro seria exceção à impossibilidade de declaração de ofício da incompetência territorial, portanto, relativa, conforme o art. 190, parágrafo único, do CPC[87].

Sobre o tema, entendemos plenamente possível o foro de eleição não se tratando de relação de emprego.

Nos casos de vínculo empregatício, mister a prova de ocasional vício de consentimento para eventual afastamento de foro acordado entre as partes.

10. COMPETÊNCIA ABSOLUTA E COMPETÊNCIA RELATIVA

A distribuição do exercício da função da jurisdição entre órgãos ou organismos judiciários atende, por vezes, ao interesse público e, em outras, ao interesse das partes.

Quando a competência é determinada segundo o interesse público (competência de jurisdição, hierárquica, de juízo, interna), em princípio, o sistema jurídico-processual não tolera modificações nos critérios estabelecidos, e muito menos em virtude da vontade das partes. Esta é a competência absoluta. Indelegável. Que pode ser declarada a qualquer tempo, por qualquer das partes e, inclusive, *ex officio*.

Enfim, absoluta é a competência improrrogável, que não comporta modificação alguma.

Competência relativa é aquela que pode ser modificada dentro de certos limites – portanto, prorrogável, ou seja, que pode ser ampliada, modificada, fazendo com que um determinado órgão judiciário atue em um processo para o qual não seria normalmente competente.

11. MEIOS DE ARGUIÇÃO DE INCOMPETÊNCIA

O art. 800 da CLT[88], de redação determinada pela Reforma Trabalhista, trata da exceção de incompetência

---

I – A competência para a Ação Civil Pública fixa-se pela extensão do dano.

II – Em caso de dano de abrangência regional, que atinja cidades sujeitas à jurisdição de mais de uma Vara do Trabalho, a competência será de qualquer das Varas das localidades atingidas, ainda que vinculadas a Tribunais Regionais do Trabalho distintos.

III – Em caso de dano de abrangência suprarregional ou nacional, há competência concorrente para a Ação Civil Pública das Varas do Trabalho das sedes dos Tribunais Regionais do Trabalho.

IV – Estará prevento o juízo a que a primeira ação houver sido distribuída.

(86) CPC – Art. 63. As partes podem modificar a competência em razão do valor e do território, elegendo foro onde será proposta ação oriunda de direitos e obrigações.

§ 1º A eleição de foro só produz efeito quando constar de instrumento escrito e aludir expressamente a determinado negócio jurídico.

§ 2º O foro contratual obriga os herdeiros e sucessores das partes.

§ 3º Antes da citação, a cláusula de eleição de foro, se abusiva, pode ser reputada ineficaz de ofício pelo juiz, que determinará a remessa dos autos ao juízo do foro de domicílio do réu.

§ 4º Citado, incumbe ao réu alegar a abusividade da cláusula de eleição de foro na contestação, sob pena de preclusão.

(87) CPC – Art. 190. Versando o processo sobre direitos que admitam autocomposição, é lícito às partes plenamente capazes estipular mudanças no procedimento para ajustá-lo às especificidades da causa e convencionar sobre os seus ônus, poderes, faculdades e deveres processuais, antes ou durante o processo.

Parágrafo único. De ofício ou a requerimento, o juiz controlará a validade das convenções previstas neste artigo, recusando-lhes aplicação somente nos casos de nulidade ou de inserção abusiva em contrato de adesão ou em que alguma parte se encontre em manifesta situação de vulnerabilidade.

(88) CLT – Art. 800. Apresentada exceção de incompetência territorial no prazo de cinco dias a contar da notificação, antes da audiência e em peça que sinalize a existência desta exceção, seguir-se-á o procedimento estabelecido neste artigo.

territorial. O dispositivo é bem claro e trata com pormenores da sistemática processual sobre o tema. A exceção de incompetência deve ser apresentada no prazo de cinco dias a contar da notificação da reclamada. Com o protocolo da exceção, o processo será automaticamente suspenso e a audiência previamente marcada para apresentação de defesa não será realizada. O *ex adverso* terá cinco dias para apresentar manifestação contrária à exceção, se for o caso, e após esse prazo, o juiz decidirá sobre a exceção, podendo até designar audiência para produção de prova oral apenas quanto a esse objeto.

12. CONFLITOS DE COMPETÊNCIA

Os conflitos de competência entre órgãos com jurisdição trabalhista serão resolvidos pela Justiça do Trabalho.

O inciso V, do art. 114[89], da CF, no entanto, ressalva que a Justiça Laboral não terá competência para resolver os conflitos nos casos do art. 102, inciso I, alínea *o*, da CF[90]. Trata-se dos casos em que o conflito se dá (i) entre o STJ e qualquer Tribunal; (ii) entre Tribunais Superiores: e (iii) entre Tribunais Superiores e outros Tribunais. Nessas hipóteses, é o Supremo Tribunal Federal que decidirá a questão.

São legitimados para suscitar conflito de competência, nos termos do art. 805 da CLT[91], os próprios juízos e tribunais do trabalho, o Ministério Público do Trabalho ou as partes interessadas, pessoalmente ou por meio de seus representantes.

O conflito de competência poderá ser de duas ordens: negativo ou positivo. O primeiro ocorre quando dois ou mais juízos se derem por incompetentes para julgar uma lide. Se, por outro lado, dois ou mais juízos se arrogam simultaneamente a competência para conhecer de uma mesma causa, o conflito será positivo.

Destarte, quando o conflito, positivo ou negativo, se der entre um juiz do trabalho e um juiz de direito, a competência para dirimi-lo será, como previsto na norma constitucional, do Superior Tribunal de Justiça, nos termos da alínea *d*, do inciso I, do art. 105, da Constituição Federal[92].

Nesse particular, é preciso atentar para um aspecto. Se, eventualmente, o juiz de direito estiver investido de jurisdição trabalhista, tal como previsto na CLT, nos arts. 668 e 669[93], o conflito será apreciado pela Justiça do Trabalho, tanto mais pela redação enfática da Emenda n. 45.

Uma vez suscitado o conflito de competência, será formado um processo com as informações do juiz, bem como as provas extraídas dos autos, que serão remetidos ao Tribunal competente para julgamento.

Assim, depois da distribuição, poderá ser julgado de plano pelo relator, se houver jurisprudência dominante sobre a questão suscitada.

---

§ 1º Protocolada a petição, será suspenso o processo e não se realizará a audiência a que se refere o art. 843 desta Consolidação até que se decida a exceção.

§ 2º Os autos serão imediatamente conclusos ao juiz, que intimará o reclamante e, se existentes, os litisconsortes, para manifestação no prazo comum de cinco dias.

§ 3º Se entender necessária a produção de prova oral, o juízo designará audiência, garantindo o direito de o excipiente e de suas testemunhas serem ouvidos, por carta precatória, no juízo que este houver indicado como competente.

§ 4º Decidida a exceção de incompetência territorial, o processo retomará seu curso, com a designação de audiência, a apresentação de defesa e a instrução processual perante o juízo competente.

(89) Constituição Federal – Art. 114. Compete à Justiça do Trabalho processar e julgar:

V – os conflitos de competência entre órgãos com jurisdição trabalhista, ressalvado o disposto no art. 102, I, *o*.

(90) Constituição Federal – Art. 102. Compete ao Supermo Tribunal Federal, precipuamente, a guarda da Constituição, cabendo-lhe:

I – processar e julgar, originariamente: os conflitos de competência entre o Superior Tribunal de Justiça e quaisquer tribunais, entre Tribunais Superiores, ou entre estes e qualquer outro tribunal; (...)

(91) CLT, art. 805. Os conflitos de jurisdição podem ser suscitados:

a) pelos Juízes e Tribunais do Trabalho;

b) pelo procurador-geral e pelos procuradores regionais da Justiça do Trabalho;

c) pela parte interessada, ou o seu representante.

(92) Constituição Federal – Art. 105. Compete ao Superior Tribunal de Justiça: –processar e julgar, originariamente:

d) os conflitos de competência entre quaisquer tribunais, ressalvado o disposto no art. 102, I, *o*, bem como entre tribunal e juízes a ele não vinculados e entre juízes vinculados a tribunais diversos.

(93) CLT – Art. 668. Nas localidades não compreendidas nas Varas do Trabalho, os Juízos de Direito são órgãos da administração da Justiça do Trabalho, com a jurisdição que lhes for determinada pela lei de organização judiciária local. Art. 669, da CLT. A competência dos Juízos de Direito, quando investidos na administração da Justiça do Trabalho, é a mesma das Varas do Trabalho, na forma da Seção II, do Capítulo II.

13. PERPETUAÇÃO DA COMPETÊNCIA

A perpetuação da competência, também denominada perpetuação da jurisdição, está prevista no art. 43 do Código de Processo Civil[94]. A perpetuação da competência busca evitar que as partes, após proporem a ação, alterem o juiz natural em razão de eventuais modificações nas circunstâncias do caso, preservando a respectiva garantia, nos termos do art. 5º, XXXVII, LIII e LIV, da Constituição Federal[95].

Apesar da regra geral ser a perpetuação da competência, a parte final do art. 43 do CPC é clara ao prever duas hipóteses em que haverá alteração da mesma: casos de supressão do órgão judiciário e de alteração da competência absoluta.

A extinção de um órgão judiciário dá-se em função da desnecessidade do mesmo, ou seja, de uma maior racionalização do serviço judiciário. É ilógico manter um órgão ativo se não há demanda que o justifique, por exemplo. Nesses casos de supressão, as causas que antes tramitavam no órgão extinto passarão a ser de competência de outro órgão.

Já a alteração da competência absoluta poderá ocorrer quando da alteração de leis de organização judiciária, ao criarem novas varas especializadas, por exemplo. É prática comum que nesses casos as leis estabeleçam disposições transitórias estabelecendo a continuidade da competência dos órgãos antigos para os feitos que neles já se encontram em andamento.

Finalmente, outra hipótese de perpetuação de competência é prevista no art. 113 do Código de Processo Civil, em seus §§ 1º e 2º[96], o qual traz hipóteses de desmembramento do processo em casos de excesso de litigantes, que, eventualmente, traga prejuízo para solução eficiente do litígio. Apesar de novos processos serem iniciados por força do desmembramento do processo original, o juízo continuará a ser o mesmo perante o qual tramitava a ação originária.

14. MODIFICAÇÕES DE COMPETÊNCIA

Enquanto os critérios absolutos de fixação de competência são normas de ordem pública, impondo-se aos litigantes de forma cogente, e, portanto, indeclinável, os critérios relativos podem ser, se as partes assim o desejarem, afastados, o que demonstra seu caráter meramente dispositivo.

Dentro da chamada competência relativa, há duas causas para sua modificação: a conexão e a continência, previstas no art. 54 do CPC/15[97], a ser aplicado no processo trabalhista por força do art. 769 da CLT[98].

14.1. Prevenção e distribuição por dependência

A prevenção, a rigor, não é causa de modificação de competência, mas um critério para solução de competência de conexão. O juízo prevento, conforme o disposto no art. 59 do CPC[99], é definido pelo registro ou distribuição da petição inicial.

Importante destacar que o parágrafo único, do art. 2º, da Lei n. 7.347/85[100], determina a prevenção do juízo da ação civil pública para todas as ações que envolverem mesma causa de pedir ou mesmo objeto. A

---

(94) CPC – Art. 43. Determina-se a competência no momento do registro ou da distribuição da petição inicial, sendo irrelevantes as modificações do estado de fato ou de direito ocorridas posteriormente, salvo quando suprimirem órgão judiciário ou alterarem a competência absoluta.

(95) Constituição Federal, art. 5º. Todos são iguais perante a lei, sem distinção de qualquer natureza, garantindo-se aos brasileiros e aos estrangeiros residentes no País a inviolabilidade do direito à vida, à liberdade, à igualdade, à segurança e à propriedade, nos termos seguintes:
XXXVII – não haverá juízo ou tribunal de exceção;
LIII – ninguém será processado nem sentenciado senão pela autoridade competente;
LIV – ninguém será privado da liberdade ou de seus bens sem o devido processo legal; (...)

(96) CPC – Art. 113. Duas ou mais pessoas podem litigar, no mesmo processo, em conjunto, ativa ou passivamente, quando: (...)
§ 1º O juiz poderá limitar o litisconsórcio facultativo quanto ao número de litigantes na fase de conhecimento, na liquidação de sentença ou na execução, quando este comprometer a rápida solução do litígio ou dificultar a defesa ou o cumprimento da sentença.
§ 2º O requerimento de limitação interrompe o prazo para manifestação ou resposta, que recomeçará da intimação da decisão que o solucionar.

(97) CPC – Art. 54. A competência relativa poderá modificar-se pela conexão ou pela continência, observado o disposto nesta Seção.

(98) CLT – Art. 769. Nos casos omissos, o direito processual comum será fonte subsidiária do direito processual do trabalho, exceto naquilo em que for incompatível com as normas deste Título.

(99) CPC – Art. 59. O registro ou a distribuição da petição inicial torna prevento o juízo.

(100) Lei n. 7.347/85 – Art. 2º As ações previstas nesta Lei serão propostas no foro do local onde ocorrer o dano, cujo juízo terá competência funcional para processar e julgar a causa.

OJ n. 130 da SBDI-2[101], em seu item IV, também destaca a prevenção na ação civil pública.

14.2. Conexão

O art. 55 do CPC/15 define como conexas ações com idêntico pedido ou causa de pedir[102].

A causa de pedir a que se refere o supracitado dispositivo legal nada mais é do que o fato gerador que leva a parte a buscar a tutela da prestação jurisdicional. São, portanto, as circunstâncias de fato que fundamentam a sua pretensão. O objeto, por sua vez, nada mais é do que a prestação propriamente dita.

Assim, tendo sido propostas, perante dois juízos distintos, demandas que se correlacionam, que se ligam irresistivelmente pelo *"objeto ou causa de pedir"*, deverão as mesmas, consoante o disposto no art. 58 do CPC[103], pela atuação do chamado juízo prevento, ser julgadas conjuntamente.

A razão de ser do instituto ora em exame é, primordialmente, evitar que sejam prolatadas sentenças contraditórias acerca de demandas que, como já restou demonstrado, estariam intrinsecamente ligadas. Justifica-se, ainda, pela necessidade de se trazer para um mesmo juízo causas que, originariamente, tenham sido propostas em juízos distintos, tanto pela preocupação com a celeridade processual, como pelo conjunto probatório comum a ambas as demandas.

14.3. Continência

Da conexão se deflui uma segunda causa de modificação de competência – a continência. Pela redação do art. 56 do CPC[104], pode-se inferir que sempre se verificará a continência entre duas ou mais demandas quando houver identidade entre as partes e entre as causas de pedir, exigindo-se, ainda, que o objeto de uma das demandas contenha – daí o termo continência – o pedido das demais, ou seja, verificar-se-á a continência sempre que o objeto da demanda de uma delas abranger o da outra, proposta perante juízo distinto.

Por ser a continência uma forma especial de conexão, natural que seus efeitos sejam os mesmos já verificados na apresentação daquela.

14.4. Prorrogação da competência

Em se tratando de incompetência relativa, será defeso ao juiz declará-la de ofício, pois a inércia, a inatividade das partes, possui o condão de tornar competente um juízo originariamente incompetente. Essa extensão, ou ampliação de competência, denomina-se prorrogação. Vê-se, por conseguinte, que a prorrogação somente será admitida quando proposta ação perante juízo relativamente incompetente.

Dessa forma, dependendo a decretação de incompetência relativa do juízo de provocação da parte interessada, deverá esta requerê-la, de acordo com o art. 800 da CLT[105], no prazo de cinco dias da notificação, quando será dada oportunidade de manifestação da Reclamante e de seus litisconsortes, se houver, em prazo comum também de cinco dias. Enquanto não decidida a exceção, o processo será mantido suspenso.

Reconhecida tempestivamente a incompetência relativa, os autos serão remetidos a juízo competente para conhecer da ação. Os atos, entretanto, proferidos pelo juízo incompetente, inclusive e principalmente os decisórios, não serão anulados.

Importante ressalvar que o art. 795, § 1º, da CLT[106], pode trazer dúvida em uma leitura precipitada.

Parágrafo único. A propositura da ação prevenirá a jurisdição do juízo para todas as ações posteriormente intentadas que possuam a mesma causa de pedir ou o mesmo objeto.

(101) OJ N. 130 SBDI-2: AÇÃO CIVIL PÚBLICA. COMPETÊNCIA. LOCAL DO DANO. LEI N. 7.347/1985, ART. 2º. CÓDIGO DE DEFESA DO CONSUMIDOR, ART. 93.
I – A competência para a Ação Civil Pública fixa-se pela extensão do dano.
II – Em caso de dano de abrangência regional, que atinge cidades sujeitas à jurisdição de mais de uma Vara do Trabalho, a competência será de qualquer das varas das localidades atingidas, ainda que vinculadas a Tribunais Regionais do Trabalho distintos.
III – Em caso de dano de abrangência suprarregional ou nacional, há competência concorrente para a ação civil pública das varas do trabalho das sedes dos Tribunais Regionais do Trabalho.
IV – Estará prevento o juízo a que a primeira ação houver sido distribuída.
(102) CPC – Art. 55. Reputam-se conexas 2 (duas) ou mais ações quando lhes for comum o pedido ou a causa de pedir.
(103) CPC – Art. 58. A reunião das ações propostas em separado far-se-á no juízo prevento, onde serão decididas simultaneamente.
(104) CPC – Art. 56. Dá-se a continência entre 2 (duas) ou mais ações quando houver identidade quanto às partes e à causa de pedir, mas o pedido de uma, por ser mais amplo, abrange o das demais.
(105) Ver nota de rodapé n. 97.
(106) CLT – Art. 795. As nulidades não serão declaradas senão mediante provocação das partes, as quais deverão argüi-las à primeira vez em que tiverem de falar em audiência ou nos autos.

A expressão "foro" no referido parágrafo deve ser interpretada como sendo jurisdição trabalhista. Por isso, é a Justiça do Trabalho incompetente para decidir causas que estejam fora de sua jurisdição como causas cíveis.

14.4.1. Causas ou ações acessórias e incidentes

Causa acessória, nas lições de Leonardo Greco[107], é uma causa que só existe para produzir efeitos em outra, sendo sua dependente. Exemplo clássico é a ação cautelar que, por força do art. 61 do CPC/15[108], está vinculada ao juízo competente da ação principal.

As medidas cautelares podem ser antecedentes, quando são propostas antes da ação principal ou incidentes, no curso do processo principal, devendo ser ajuizadas perante o juízo em que tramita a ação principal.

As ações cautelares antecedentes devem ser propostas ante o juízo que seria competente para conhecer da ação principal. Contudo, há exceções a essa regra, como se pode inferir do art. 381, §§ 2º e 3º, do CPC/15[109], que trata da produção antecipada de prova.

A segunda hipótese de prorrogação de competência são as chamadas de ações incidentes, aquelas propostas no curso de outras. Apesar de serem autônomas, incidem sobre causas que já estejam em andamento[110].

Apesar do CPC/15 não trazer mais disposição expressa sobre a prorrogação de competência nesses casos, através de uma interpretação sistêmica, infere-se o mesmo. Exemplos de ações incidentais são a reconvenção, prevista no art. 343 do CPC[111], o incidente de arguição de falsidade dos arts. 430 a 433 do CPC/15, entre outros.

14.4.2. Natureza das regras sobre prorrogação da competência

Em relação ao tema da natureza das regras sobre prorrogação da competência, pode-se classificá-las como convencionais e legais.

No primeiro caso, estão englobadas as espécies de prorrogação de competência voluntária e do foro de eleição. A primeira hipótese consiste na situação de ser caso de competência relativa não excepcionada pelo reclamado. Apesar de não haver um acordo claro e expresso, a preclusão da arguição prorroga a competência territorial, o que evidencia aceite tácito acerca da competência do juízo em que a ação tramita. Também se vislumbra nessa espécie a natureza punitiva, visto que se afigura como sanção à inércia do réu, que não a alegou no prazo para defesa, não perdendo, porém, sua natureza convencional.

A jurisprudência tem reputado válida a eleição de foro por meio de cláusula inserta em contrato de adesão, desde que esta não se mostre abusiva, ou seja, que não constitua qualquer espécie de obstáculo para a parte.

Já as hipóteses de prorrogação de competência legal podem ser ilustradas pelos casos de conexão e continência, previstos no art. 54 do CPC[112].

Se, por um lado, a doutrina considera as referidas regras predominantemente imperativas, por outro,

---

§ 1º Deverá, entretanto, ser declarada *ex officio* a nulidade fundada em incompetência de foro. Nesse caso, serão considerados nulos os atos decisórios.

(107) GRECO, Leonardo. *Instituições de processo civil*. 5. ed. Rio de Janeiro: Forense, 2015. v. I, p. 173.

(108) CPC – Art. 61. A ação acessória será proposta no juízo competente para a ação principal.

(109) CPC – Art. 381. A produção antecipada da prova será admitida nos casos em que: (...)

§ 2º A produção antecipada da prova é da competência do juízo do foro onde esta deva ser produzida ou do foro de domicílio do réu.

§ 3º A produção antecipada da prova não previne a competência do juízo para a ação que venha a ser proposta.

(110) GRECO, Leonardo. *Instituições de processo civil*. 5. ed. Rio de Janeiro: Forense, 2015. v. I, p. 174.

(111) CPC – Art. 343. Na contestação, é lícito ao réu propor reconvenção para manifestar pretensão própria, conexa com a ação principal ou com o fundamento da defesa.

§ 1º Proposta a reconvenção, o autor será intimado, na pessoa de seu advogado, para apresentar resposta no prazo de 15 (quinze) dias.

§ 2º A desistência da ação ou a ocorrência de causa extintiva que impeça o exame de seu mérito não obsta ao prosseguimento do processo quanto à reconvenção.

§ 3º A reconvenção pode ser proposta contra o autor e terceiro.

§ 4º A reconvenção pode ser proposta pelo réu em litisconsórcio com terceiro.

§ 5º Se o autor for substituto processual, o reconvinte deverá afirmar ser titular de direito em face do substituído, e a reconvenção deverá ser proposta em face do autor, também na qualidade de substituto processual.

§ 6º O réu pode propor reconvenção independentemente de oferecer contestação.

(112) CPC – Art. 54. A competência relativa poderá modificar-se pela conexão ou pela continência, observado o disposto nesta Seção.

a jurisprudência tem analisado mais casuisticamente quando da aplicação das mesmas. Isso se deve ao fato de que certas regras de prorrogação de competência acabam por dificultar o acesso à Justiça, como é o caso do foro de eleição, sendo justamente efeito contrário ao objetivo do instituto.

15. CONCLUSÃO

Depois de lidas estas páginas, talvez o leitor já consiga se encontrar com mais tranquilidade dentro do intrincado labirinto jurisdicional brasileiro.

Em qual justiça ajuizar a ação de indenização por danos morais ocorridos na fase pré-contratual? Onde ajuizá-la: no local de residência do empregado ou no local da contratação que não aconteceu? E a ação anulatória de norma coletiva? Qual o órgão judicial funcionalmente competente: o de primeiro ou o de segundo grau? E se o autor da ação se ausentar e os autos forem arquivados: distribuo livremente a nova ação ou o juízo anterior está prevento?

Certamente, não pretendemos resolver todos os problemas inerentes à competência trabalhista. Mas, se as respostas às perguntas anteriores se tornaram mais fáceis ou menos duvidosas, acreditamos ter atingido o nosso objetivo.

16. REFERÊNCIAS

GOMES, Fábio Rodrigues. *A relação de trabalho na Constituição*: fundamentos para uma interpretação razoável da nova competência da Justiça do Trabalho à luz da EC n. 45/04. Rio de Janeiro: Lumen Juris, 2006.

GRECO, Leonardo. *Instituições de processo civil*. 5. ed. Rio de Janeiro: Forense, 2015. v. I.

LEITE, Carlos Henrique Bezerra. *Curso de Direito Processual do Trabalho*. 13. ed. São Paulo: Saraiva, 2015.

SCHIAVI, Mauro, *Manual de Direito Processual do Trabalho*. 9. ed. São Paulo: LTr, 2015.

TUPINAMBÁ, Carolina. *Competência da Justiça do Trabalho à luz da reforma constitucional*. Rio de Janeiro: Forense, 2006.

6.
Petição Inicial

Raimar Machado[1]
Nairo Venício Wester Lamb[2]

1. CONSIDERAÇÕES INICIAIS

O desenvolvimento de uma legislação trabalhista voltada às relações de emprego urbano tiveram seu desenvolvimento no País em especial após a Lei Áurea de 1888, pois até então a mão de obra predominante era baseada no sistema escravista, em um País cuja matriz econômica era quase totalmente agrária.

Nesse cenário, surge a questão do reconhecimento do direito dos trabalhadores quando da discussão sobre o Código Civil a partir do ano de 1892, o qual só veio a ser aprovado em 1916, onde a rubrica Locação de Serviços estabelecia que toda espécie de serviço ou trabalho lícito, material ou imaterial, poderia ser contratada mediante retribuição (VIEIRA; SILVA, 2015).

A legislação civilista estabelecia diferença entre o trabalho manual e o trabalho intelectual, sendo o primeiro regido pelos contratos de trabalho, que foram extintos pela Lei n. 62, de 1935, a qual veio regulamentar a Constituição Federal de 1934, que trazia a igualdade entre as atividades desempenhadas, não havendo diferença entre trabalho manual e intelectual.

Com o surgimento da Consolidação das Leis do Trabalho em 1943, o país passou a contar com uma legislação unificada sobre as questões trabalhistas, que porventura asseguravam alguns direitos aos trabalhadores, os quais estavam reconhecidos nas Cartas Constitucionais de 1934 e 1937.

Anos após a CLT, tivemos o advento da Lei Federal n. 13.467/2017 (Reforma Trabalhista), caracterizando uma série de mudanças no ordenamento jurídico trabalhista brasileiro, com destaque para as alterações implementadas na Consolidação das Leis do Trabalho (CLT).

A CLT, surgida em 1943 pelo Decreto-lei n. 5.452, de 1º de maio daquele ano, é a base da legislação trabalhista brasileira, a qual vinha sendo motivos de muitas manifestações em prol de sua reforma, a fim de se adequar ao mercado de trabalho atual.

A Lei n. 13.467/2017 é reflexo do Projeto de Lei n. 6.787/2016, que inicialmente buscava alterar 07 (sete) artigos na legislação e terminou em um substitutivo que alterou 104 (cento e quatro) artigos da CLT.

Entre as mudanças, destacamos aquela realizada no art. 840 da CLT, alterando os requisitos da petição inicial trabalhista, cuja redação atual assim passou a vigorar:

> Art. 840 – A reclamação poderá ser escrita ou verbal.
>
> § 1º Sendo escrita, a reclamação deverá conter a designação do juízo, a qualificação das partes, a breve exposição dos fatos de que resulte o dissídio, o pedido, que deverá ser certo, determinado e com indicação de seu valor, a data e a assinatura do reclamante ou de seu representante. (Redação dada pela Lei n. 13.467, de 2017)
>
> § 2º Se verbal, a reclamação será reduzida a termo, em duas vias datadas e assinadas pelo escrivão ou secretário, observado, no que couber, o disposto no § 1º deste artigo.(Redação dada pela Lei n. 13.467, de 2017)
>
> § 3º Os pedidos que não atendam ao disposto no § 1º deste artigo serão julgados extintos sem resolução do mérito. (BRASIL, 2017.)

---

(1) Pós-Doutor em Direito pela Universidade de Roma TRE-Itália. Doutor em Direito do Trabalho pela USP. Advogado trabalhista. Membro da Academia Brasileira de Direito do Trabalho.

(2) Especialista pela Escola de Administração-UFRGS. Advogado e Servidor Público. Integrante do grupo de pesquisa do Mestrado e Doutorado em Direito da UNISC: Direitos Sociais no Constitucionalismo Contemporâneo.

Considerando o artigo e incisos supradispostos, percebe-se que a nova redação deu ao rito ordinário características próximas ao sumariíssimo, ao determinar a liquidez do pedido, trazendo com isso uma série de implicações de ordem prática e também possibilidade de confronto com a norma constitucional.

Para fins de análise da inicial trabalhista, primeiro, fizemos uma breve retomada sobre a evolução histórica dos direitos sociais e a consolidação do direito do trabalho, o que se deu a partir do início do século XX, especialmente com advento do chamado Estado de Bem-Estar Social (*Welfare State*), cujo marco é a Constituição de Weimar (1919) e a Constituição Mexicana (1917).

Em um segundo momento, passamos a analisar os requisitos estabelecidos pela legislação processual trabalhista que devem ser cumpridos pela parte autora na propositura de sua ação e devem constar na peça inicial. Antes, fizemos um breve relato sobre a estrutura da Justiça do Trabalho, para enfim adentrar nos requisitos da exordial trabalhista, abordando o disposto no art. 840 da CLT.

Na última parte deste artigo, buscamos discutir os pontos polêmicos da inicial trabalhista, trazendo a visão da doutrina, centrando a discussão nos problemas advindos da nova redação dada ao § 1º, do art. 840, da CLT, o qual estabeleceu a obrigatoriedade de que o pedido seja certo, determinado e com indicação de seu valor, além do disposto no § 3º do mesmo artigo.

2. APONTAMENTOS HISTÓRICOS SOBRE O DIREITO SOCIAL

Desde o início daquilo que conhecemos como uma vida organizada em sociedade, da qual temos como primeiros exemplos os povos mesopotâmicos e sumérios, os seres já tinham dentro de si a busca por conhecimento de outras civilizações e áreas de terras.

Desse período, avançamos mais de mil anos até o surgimento do mercantilismo no século XV e a conquista de novas áreas de terras, entre os quais destacamos a descoberta do caminho das Índias, que favoreceu o acúmulo de capital pela burguesia que em 1789, na França, depõe o Rei e estabelece um novo paradigma de governo e dá início ao Estado Democrático de Direito.

Posteriormente, a Revolução Industrial dá nova dinâmica às relações entre os Estados, pois a partir dela o modelo de produção até então artesanal passa a ser fabril e em larga escala. Nessa medida, multiplicam-se os intercâmbios internacionais não apenas em relação à produção industrial, mas também em outros aspectos da vida. Diante desses fatos, surgiu a necessidade de se dotar a ordem jurídica de uma disciplina que regesse as relações individuais e coletivas do trabalho. A partir daí, expandiu-se pelo mundo industrializado com grande velocidade.

Sua trajetória é contada em períodos os quais, informa Nascimento (2011), existem diversos critérios de periodizações. Um deles é o cronológico: de fins de 1800 a 1917 o período inicial; de 1917 a 1927 o período de constitucionalização; de 1927 a 1945 o período pós-corporativista; de 1945 a 1970 o período pós-corporativista (*sic*); de 1970 até hoje, denominado período de flexibilização.

Outro critério divide a história segundo fatos relevantes: Revolução Industrial do século XVIII e a questão social; o pensamento liberal; o intervencionismo do estado; as primeiras leis; a construção dogmática; a concepção heterotutelar do trabalhador; a concepção econômica da flexibilização; as transformações no mundo do trabalho; o direito do trabalho pós-moderno ou contemporâneo (NASCIMENTO, 2011).

É dentro do período inicial que ocorrem os movimentos marcantes em prol de um Direito comum entre todos os países industrializados à época, que garantissem as mínimas condições de vida digna aos trabalhadores.

Também é nesta época que temos o surgimento daquilo que convencionamos chamar de gerações de direitos. Em princípio, foram consagrados os direitos civis e políticos, também chamados direitos de primeira geração, seguidos pelos direitos sociais ou direitos de segunda geração, até chegarmos aos direitos de grupos ou categorias, ou direitos de terceira geração.

A primeira geração de direitos, fruto da Revolução Francesa e Americana, baseada no liberalismo, defendendo a proteção dos direitos e liberdades individuais, transforma o Estado em mero espectador do mercado capitalista, competindo-lhe apenas dar garantias para o livre desenvolvimento da nova concepção econômica.

No século XIX, conforme lecionam Streck e Morais (2000), os movimentos e partidos liberais mudaram a estrutura econômica, social e política da Europa e modificaram drasticamente a comunidade internacional, terminando com a escravidão, garantindo a tolerância religiosa, a liberdade de imprensa, ampliando o acesso à educação, permitindo o sufrágio universal às mulheres, elaborando constituições que limitavam e responsabilizavam o Governo pelos seus atos.

Inseridos nesse cenário, surgem novos setores sociais, tornando os governos suscetíveis às solicitações populares, o que vai impor uma mudança de rota no projeto do Estado Mínimo no sentido da intervenção do poder público estatal em espaços até então próprios à iniciativa privada (STRECK; MORAIS, 2000).

Dessa liberdade surgem crescentes conflitos decorrentes das condições desumanas nos locais de trabalho que levaram à organização dos trabalhadores, sobretudo após a primeira metade do século XIX (MEIRELES, 2011). Diante desse cenário, há a necessidade da intervenção estatal e surgimento da ideia de justiça social, vista como a necessidade de apoiar aqueles indivíduos quando suas condições de autoconfiança e/ou iniciativa não podiam mais lhes dar proteção, ou quando o mercado não demonstrava possuir a flexibilidade ou a sensibilidade que era suposto demonstrar na satisfação das necessidades básicas dessas pessoas (STRECK; MORAIS, 2000).

Da filosofia liberal para a ideia de justiça social, cria-se o chamado Estado Social, caracterizado pela maior proteção dada aos cidadãos, especialmente aos trabalhadores. Este surge em meio a três documentos jurídicos e fatos históricos, totalmente contraditórios e simultaneamente complementares, quais sejam: a Revolução Russa de 1917, a derrota da Alemanha na Primeira Grande Guerra e a Revolução Mexicana, os quais resultaram na Declaração dos Direitos do Povo Trabalhador e Explorado – na Rússia comunista de 1918 –, na Constituição de Weimar de 1919 e na Constituição Mexicana de 1917 (MACIEL; SOUZA, 2012).

O advento do século XX traz uma nova ideia de Estado, o qual abandona o âmago de ações minimalistas até então dedicadas exclusivamente à segurança interna e externa, passando a executar o papel de regulador e promotor do bem-estar social, derivando a ideia do *welfare state*, integrado ao vocabulário jurídico-político do século XX, conforme afirma Morais (1997).

É o direito social comumente visto como um conjunto de regras próprias à disciplina das relações de trabalho e à organização das questões de trabalho e as relativas à seguridade social (CARVALHO, 2010), que não elimina o direito individual, mas antes completa o seu âmbito de ação, não estando situado fora nem contra o Estado (MORAIS, 1997). O direito social define-se, na visão de Carvalho (2011), como um complexo de princípios e leis sociais imperativas, tendo o Estado a função supletiva de proteção das deficiências do indivíduo.

Conforme demonstrado pela história, era imprescindível um Estado que garantisse à população prestações positivas, capaz de tutelar os indivíduos mais fracos economicamente, que não se mostravam capacitados para concorrer e competir com os mais fortes. Neste período ocorre a substituição de um constitucionalismo clássico cujo objetivo era tão somente a proteção dos direitos fundamentais (caracterizado como de 1ª geração), por um constitucionalismo social, representando um compromisso com os grupos sociais em choque e que buscavam a garantia de direitos para exercício do trabalho digno (MACIEL; SOUZA, 2012).

A concretização do constitucionalismo social se dá com a Constituição mexicana de 1917, a qual é possível considerar a primeira tentativa em conciliar os direitos de liberdade com os direitos sociais ao superar as dicotomias existentes entre o individualismo e o coletivismo. Mas o Texto Constitucional mais importante, sem dúvida, é o da Constituição de Weimar (1919), a qual, na segunda parte da citada norma, formulavam-se os "direitos e deveres fundamentais dos alemães", reconhecendo-se, juntamente com as liberdades individuais tradicionais, direitos sociais referentes à proteção da família, à educação e ao trabalho.

A Constituição de Weimar foi, durante muito tempo, o texto inspirador das cartas constitucionais que desejaram conjugar em seu sistema de direitos fundamentais as liberdades com os direitos econômicos, sociais e culturais. Essa orientação influenciou a Constituição brasileira de 1934, continuando nas constituições posteriores (em especial a de 1988), bem como na maior parte do constitucionalismo surgido após o fim da Segunda Guerra Mundial. É o caso, por exemplo, da Constituição italiana de 1947, da grega de 1975, da portuguesa de 1976 e da espanhola de 1978 (CARVALHO; COSTA, 2010).

Essas Constituições trataram deliberadamente de estabelecer um marco de direitos fundamentais integrado pelas liberdades públicas (tendentes a garantir as situações individuais), como também pelos direitos sociais. Talvez um dos pontos distintivos destes textos seja, precisamente, a ampliação do estatuto dos direitos sociais com o objetivo de satisfazer as novas necessidades de caráter econômico, cultural e social que conformam o ícone determinante de nossa época (CARVALHO; COSTA, 2010).

Foi através da proteção social e da distribuição dos ganhos da produtividade, que se garantiu o aumento da renda dos assalariados, permitindo assim um equilíbrio financeiro, o qual foi responsável pelo crescimento econômico nas economias capitalistas (LEITE, 1994).

A expansão do consumo e a relativa demora do progresso tecnológico permitiram ao mercado de trabalho absorver uma grande quantidade de mão de obra, enquanto sindicato e fábricas se reuniam em prol do trabalho em massa e a extensa legislação trabalhista se integrava ao sistema. Como afirma Gombar (2010, p. 73):

le contraddizioni del capitalismo sembravano risolte o, per lo meno, dimenticate, poiché gli stipendi in aumento servivano al datore di lavoro (permettendo il consumo), allo Stato (che tassava di più), al sindacato (che si irrobustiva) ed anche agli stessi lavoratori. Tutti i pezzi incassavano. Lo Stato del Welfare, delle politiche economiche keynesiane e della crescita stabile strutturavano i rapporti di lavoro.

Ocorre que em algum momento a contradição entre o sistema capitalista e o sistema de proteção social acabaram se chocando, principalmente após a crise do petróleo de 1973, a qual originou uma profunda recessão mundial. Conforme Harvey (2001), a profunda recessão de 1973, exacerbada pelo choque do petróleo, evidentemente retirou o mundo capitalista do sufocante torpor da estagflação e pôs em movimento um conjunto de processos que solaparam o compromisso fordista.

Em consequência, as décadas de 80 e 90 foram um conturbado período de reestruturação econômica e de reajustamento social e político. Uma série de mudanças nos domínios da organização industrial e da vida social começaram a tomar forma de um regime de acumulação inteiramente novo, associado com um sistema de regulamentação política e social bem distinta (HARVEY, 2001).

Esse novo sistema que começou a ser gestado a partir da crise trouxe uma nova forma de relação entre o Estado e a proteção dos direitos dos trabalhadores. A partir de agora, temos a figura de um estado Mínimo, o qual deve possuir uma atividade interventiva mínima. É nesse contexto que temos a ideia de uma Reforma Trabalhista que torne mais dinâmica a relação entre empregos e empregadores, incluída aí a mudança no modelo processual trabalhista, buscando garantir segurança jurídica aos investimentos produtivos.

3. OS REQUISITOS "CLÁSSICOS" DA PETIÇÃO INICIAL

A Constituição Federal de 1934 previu em seu art. 122 a criação da Justiça do Trabalho, porém, a mesma passou a funcionar somente a partir de 1941, ainda sem uma natureza jurídica definida, a qual passou a ser responsável pela aplicação da Consolidação das Leis do Trabalho que surgiria em 1943. Mas foi somente na Constituição de 1946 que foi incluída como parte integrante do Poder Judiciário, quando passou a ser autônoma e a executar sua competência específica.

O art. 840 da Consolidação das Leis do Trabalho é que normatiza os requisitos da petição inicial trabalhista, destacando que esta poderá ser escrita, quando atender aos requisitos do § 1º, ou verbal (§ 2º), quando for reduzida a termo, devendo observar as informações dispostas no parágrafo antecedente.

É através do ajuizamento da petição inicial que é dado início ao processo judicial, tendo em vista que vigora no nosso ordenamento jurídico o entendimento de que o juízo só pode agir mediante provocação.

Um destaque para a legislação trabalhista fica pela possibilidade de peticionamento verbal, mediante redução à termo, o qual hoje é pouco utilizado. Esse *jus postulandi* é outorgado ao trabalhador e também, ao empregador pelo art. 791[3] da CLT, o acesso à Justiça do Trabalho, sendo permitido o acompanhamento do processo sem constituir procurador até o julgamento perante o Tribunal Regional do Trabalho, consoante o disposto na Súmula n. 425 do Tribunal Superior do Trabalho[4].

Na opinião de Aguiar (2017), não haveria mais espaço na justiça laboral para a existência da figura do *jus postulandi*, destacando que a Constituição Federal reconheceu o advogado como figura essencial ao funcionamento da justiça. Além disso, as partes do processo não teriam capacidade técnica para atuar, comprometendo os princípios do contraditório e da ampla defesa.

---

(3) Art. 791. Os empregados e os empregadores poderão reclamar pessoalmente perante a Justiça do Trabalho e acompanhar as suas reclamações até o final.

§ 1º Nos dissídios individuais os empregados e empregadores poderao fazer-se representar por intermédio do sindicato, advogado, solicitador, ou provisionado, inscrito na Ordem dos Advogados do Brasil.

§ 2º Nos dissídios coletivos é facultada aos interessados a assistência por advogado.

§ 3º A constituição de procurador com poderes para o foro em geral poderá ser efetivada, mediante simples registro em ata de audiência, a requerimento verbal do advogado interessado, com anuência da parte representada. (Incluído pela Lei n. 12.437, de 2011) (BRASIL, 1943)

(4) Súmula n. 425 do TST:

JUS POSTULANDI NA JUSTIÇA DO TRABALHO. ALCANCE. Res. 165/2010, DEJT divulgado em 30.04.2010 e 03 e 04.05.2010

O *jus postulandi* das partes, estabelecido no art. 791 da CLT, limita-se às Varas do Trabalho e aos Tribunais Regionais do Trabalho, não alcançando a ação rescisória, a ação cautelar, o mandado de segurança e os recursos de competência do Tribunal Superior do Trabalho.

Martins (2005) reafirma o entendimento de que o empregado que exerce o *jus postulandi* não teria a mesma capacidade técnica frente ao empregador que comparece com advogado, dando azo para a ocorrência de desigualdades processuais[5].

Em relação à necessidade de constituir um procurador para propositura de ação judicial, o Supremo Tribunal Federal no julgamento da ADI n. 1.127-DF[6] decidiu que o advogado é indispensável à justiça, porém, poderá ter sua presença dispensada em certos atos jurisdicionais, como no caso dos Juizados Especiais (Leis ns. 9.099/1995 e 10.240/2001) e da justiça trabalhista.

No entanto, importante observar que o acesso à justiça, através do *jus postulandi*, pode ser benéfico especialmente ao trabalhador, sendo esta cláusula significado social ao permitir que a parte hipossuficiente leve sua demanda ao Poder Judiciário (ALMEIDA, 1994).

Em que pese a discussão sobre a viabilidade do *jus postulandi* no ordenamento jurídico atual ante o advento do processo judicial eletrônico, o mesmo é previsto na legislação o que permite concluir que pode ser aplicado no âmbito da justiça laboral, ressaltando-se que, conforme o disposto pelo § 2º, do art. 840, da CLT, na tomada do pedido a termo, devem ser observados os requisitos da petição escrita.

Assim, passamos para análise dos requisitos estabelecidos pela legislação quanto a reclamação escrita. O primeiro ponto é a designação do juízo o qual será competente para o julgamento da causa.

Conforme disposto pelo Código de Processo Civil[7], no § 1º do art. 319, a petição inicial indicará o juízo a que é dirigida; portanto, deve designar o juiz da Vara do Trabalho a quem compete o julgamento da causa em primeira instância. Se a competência originária for do Tribunal Regional do Trabalho, deverá ser endereçada ao juiz presidente (ou desembargador) do TRT, enquanto nas ações de competência do Tribunal Superior do Trabalho serão destinadas ao seu Ministro presidente.

A competência do juízo singular de primeiro grau da Justiça do Trabalho está prevista no art. 114 da Constituição Federal, *in verbis*:

> Art. 114. Compete à Justiça do Trabalho processar e julgar: (Redação dada pela Emenda Constitucional n. 45, de 2004)
>
> I – as ações oriundas da relação de trabalho, abrangidos os entes de direito público externo e da administração pública direta e indireta da União, dos Estados, do Distrito Federal e dos Municípios; (Incluído pela Emenda Constitucional n. 45, de 2004)
>
> II – as ações que envolvam exercício do direito de greve; (Incluído pela Emenda Constitucional n. 45, de 2004)
>
> III – as ações sobre representação sindical, entre sindicatos, entre sindicatos e trabalhadores, e entre sindicatos e empregadores; (Incluído pela Emenda Constitucional n. 45, de 2004)
>
> IV – os mandados de segurança, *habeas corpus* e *habeas data*, quando o ato questionado envolver matéria sujeita à sua jurisdição; (Incluído pela Emenda Constitucional n. 45, de 2004)
>
> V – os conflitos de competência entre órgãos com jurisdição trabalhista, ressalvado o disposto no art. 102, I, *o*; (Incluído pela Emenda Constitucional n. 45, de 2004)
>
> VI – as ações de indenização por dano moral ou patrimonial, decorrentes da relação de trabalho; (Incluído pela Emenda Constitucional n. 45, de 2004)
>
> VII – as ações relativas às penalidades administrativas impostas aos empregadores pelos órgãos de

---

(5) Em sentido semelhante se expressam outros doutrinadores como Nascimento (2007), Süssekind *et al* (2009) e Saraiva (2015), defendendo, o último, que não há motivos para a sua manutenção no ordenamento jurídico atual.

(6) AÇÃO DIRETA DE INCONSTITUCIONALIDADE. LEI 8.906, DE 4 DE JULHO DE 1994. ESTATUTO DA ADVOCACIA E A ORDEM DOS ADVOGADOS DO BRASIL. DISPOSITIVOS IMPUGNADOS PELA AMB. PREJUDICADO O PEDIDO QUANTO À EXPRESSÃO "JUIZADOS ESPECIAIS", EM RAZÃO DA SUPERVENIÊNCIA DA LEI 9.099/1995. AÇÃO DIRETA CONHECIDA EM PARTE E, NESSA PARTE, JULGADA PARCIALMENTE PROCEDENTE. I – O advogado é indispensável à administração da Justiça. Sua presença, contudo, pode ser dispensada em certos atos jurisdicionais. [...] XIII – Ação direta de inconstitucionalidade julgada parcialmente procedente. (STF – ADI: 1127 DF, Relator: Min. Marco Aurélio, Data de Julgamento: 17.05.2006, Tribunal Pleno, Data de Publicação: DJe-105 DIVULG 10.06.2010 PUBLIC 11.06.2010 EMENT VOL-02405-01 PP-00040.) (grifos nossos)

(7) Conforme o previsto no art. 769 da CLT:
Art. 769. Nos casos omissos, o direito processual comum será fonte subsidiária do direito processual do trabalho, exceto naquilo em que for incompatível com as normas deste Título.
Ainda, dispõe o Código Processo Civil:
Art. 15. Na ausência de normas que regulem processos eleitorais, trabalhistas ou administrativos, as disposições deste Código lhes serão aplicadas supletiva e subsidiariamente.

fiscalização das relações de trabalho; (Incluído pela Emenda Constitucional n. 45, de 2004)

VIII – a execução, de ofício, das contribuições sociais previstas no art. 195, I, *a*, e II, e seus acréscimos legais, decorrentes das sentenças que proferir; (Incluído pela Emenda Constitucional n. 45, de 2004)

IX – outras controvérsias decorrentes da relação de trabalho, na forma da lei. (Incluído pela Emenda Constitucional n. 45, de 2004) (BRASIL, 1988.)

Importante observar que, até o advento da Emenda Constitucional n. 45/2004, a competência da justiça trabalhista era mais restrita, limitada às relações de emprego, tendo sofrido um aumento expressivo da sua competência (SENA, 2004).

Ainda, deve-se levar em consideração a ampliação das competências a partir das súmulas do Tribunal Superior do Trabalho, como a de n. 454, a qual entendeu que a competência para execução de ofício da contribuição do Seguro de Acidentes do Trabalho[8] é da Justiça do Trabalho, ainda que tenha cunho previdenciário.

Segundo o § 3º, do art. 111-A, da Constituição Federal, compete ao TST processar e julgar originariamente a reclamação para a preservação de sua competência e garantia da autoridade de suas decisões.

Já em relação aos Tribunais Regionais do Trabalho, sua competência está disciplinada no Regimento Interno. No caso do Rio Grande do Sul, estão entre elas, julgar originariamente as ações de inconstitucionalidade de lei ou de ato do Poder Público, quando acolhidas pelas Turmas, Seções Especializadas ou Órgão Especial, ou quando opostas em processos de sua competência originária.

Definida a competência, próximo aspecto a ser considerado na petição inicial é a qualificação do reclamante e do reclamado. Para isso, deverá ser observado o disposto no art. 319, II, do Código de Processo Civil, que exige as seguintes informações: os nomes, os prenomes, o estado civil, a existência de união estável, a profissão, o número de inscrição no Cadastro de Pessoas Físicas ou no Cadastro Nacional da Pessoa Jurídica, o endereço eletrônico, o domicílio e a residência do autor e do réu.

No caso do descumprimento dos requisitos do art. 319, II, do CPC, quais os impactos na petição inicial?

Neste ponto, a doutrina tem se manifestado pela possibilidade de emenda da inicial, não acarretando no indeferimento da exordial (JÚNIOR; LEITE, 2015).

Como afirma Garcia (2017), caso não seja possível obter todas as informações possíveis para qualificação da parte, pode o autor pleitear ao juiz que providencie em diligências para obtê-las, em acordo com o disposto no § 1º do mesmo artigo. O autor ainda ressalta que a petição inicial não deve ser indeferida, se a obtenção das informações tornar impossível ou excessivamente oneroso o acesso à justiça.

Ainda sobre a qualificação das partes, a Consolidação dos Provimentos da Corregedoria-Geral da Justiça do Trabalho expedida em 2016 traz no art. 41 as informações de que elas deverão apresentar quando da propositura da ação, as seguintes informações:

> Art. 41. Salvo impossibilidade que comprometa o acesso à justiça, o juiz do trabalho determinará às partes a apresentação das seguintes informações:
>
> a) no caso de pessoa física, o número da CTPS, RG e órgão expedidor, CPF e PIS/PASEP ou NIT (Número de Inscrição do Trabalhador);
>
> b) no caso de pessoa jurídica, o número do CNPJ e do CEI (Cadastro Específico do INSS), bem como cópia do contrato social ou da última alteração feita no contrato original, constando o número do CPF do(s) proprietário(s) e do(s) sócio(s) da empresa demandada.
>
> Parágrafo único. Não sendo possível obter das partes o número do PIS/PASEP ou do NIT, no caso de trabalhador, e o número da matrícula no Cadastro Específico do INSS – CEI, relativamente ao empregador pessoa física, o juiz determinará à parte que forneça o número da CTPS, a data de seu nascimento e o nome da genitora. (BRASIL, 2016.)

Desde que seja possível identificar a parte, como nome fantasia, apelido e outros elementos de identificação do empregador, não haverá impedimento para o reclamante propor sua ação, tendo em vista que o processo trabalhista é guiado pelo informalismo (SANTOS; HAJEL FILHO, 2018). Como lembram os autores, muitas vezes, o reclamante não possui todos os dados do empregador, não podendo este fato ser óbice ao exercício do acesso à justiça.

---

(8) Súmula n. 454 do TST – COMPETÊNCIA DA JUSTIÇA DO TRABALHO. EXECUÇÃO DE OFÍCIO. CONTRIBUIÇÃO SOCIAL REFERENTE AO SEGURO DE ACIDENTE DE TRABALHO (SAT). ARTS. 114, VIII, E 195, I, "A", DA CONSTITUIÇÃO DA REPÚBLICA. (conversão da Orientação Jurisprudencial n. 414 da SBDI-1) – Res. 194/2014, DEJT divulgado em 21, 22 e 23.05.2014 Compete à Justiça do Trabalho a execução, de ofício, da contribuição referente ao Seguro de Acidente de Trabalho (SAT), que tem natureza de contribuição para a seguridade social (arts. 114, VIII, e 195, I, "a", da CF), pois se destina ao financiamento de benefícios relativos à incapacidade do empregado decorrente de infortúnio no trabalho (arts. 11 e 22 da Lei n. 8.212/1991).

Nesse mesmo sentido, tem sido decidido na maioria dos tribunais do País, como o Tribunal de Justiça de Minas Gerais:

> AGRAVO DE INSTRUMENTO – QUALIFICAÇÃO INCOMPLETA DAS PARTES – OMISSÃO SANÁVEL – DESNECESSIDADE DA EMENDA. A exigência legal de qualificação completa das partes prevista no art. 282 do CPC é satisfeita quando o autor indica os dados que lhe são disponíveis, não podendo lhe ser exigido apresentar dados que não são do seu conhecimento. (TJ-MG – AI 10231130360812001 MG, Relator: Evangelina Castilho Duarte, Data de Julgamento: 27.02.2014, Câmaras Cíveis/14ª Câmara Cível, Data de Publicação: 12.03.2014.)

Em igual diapasão, encontramos decisão do Tribunal de Justiça do Amazonas:

> DIREITO CIVIL. AÇÃO DE DESPEJO. PETIÇÃO INICIAL – QUALIFICAÇÃO INCOMPLETA DAS PARTES. FALTA DE INDICAÇÃO DO NÚMERO DE CPF – INDEFERIMENTO – IMPOSSIBILIDADE – INEXISTÊNCIA DE PREJUÍZO PARA AS PARTES E PARA O PROCESSO – INVENTARIANTE PARTE LEGÍTIMA NA AÇÃO DE DESPEJO – RECURSO CONHECIDO E IMPROVIDO – SENTENÇA MANTIDA NA INTEGRALIDADE. Na ação de despejo, provado inadimplemento contratual acertada é a decisão que determina a desocupação do imóvel. *In casu*, os apelantes pleiteiam a reforma na sentença em razão do apelado não ter informado na petição inicial o número do seu RG e do CPF, o que, segundo os requerentes, ensejaria no indeferimento da exordial. No entanto, conforme entendimento sedimentado na doutrina pátria, não há de se falar em inépcia da inaugural pela ausência de algum dos dados das partes quando tal situação não acarretou prejuízo ao réu ou ao processo; Outrossim, é firme a jurisprudência no âmbito do Superior Tribunal de Justiça Federal que "sendo possível a individualização das partes, ainda que incompleta a qualificação, encontra-se preenchido o requisito do art. 282,II, do Estatuto Processual Civil" (STJ, REsp 232.655/BA, Rel. Min. Jorge Scartezzini, 5ª Turma, jul. 03.10.2000, DJ 13.11.2000, p. 151). (*omissis*) Precedentes; Sentença mantida; Recurso conhecido e não provido. (TJ-AM 06050816520158040001 AM 0605081-65.2015.8.04.0001, Relator: Yedo Simões de Oliveira, Data de Julgamento: 29.10.2017, Primeira Câmara Cível.)

Desta forma, podemos concluir que, quanto à qualificação das partes, não há óbice ao aceite da petição inicial caso faltem informações que não prejudiquem o início do processo judicial, especialmente se levarmos em consideração que o processo trabalhista prima pela informalidade. Além disso, pensar de outra forma poderia acarretar no cerceamento do direito constitucional do acesso à justiça, sem contar que a norma processual civil traz no § 1º do art. 319 a possibilidade de realização de diligências para obtenção de informações.

O terceiro requisito previsto pelo § 1º, do art. 840, da Consolidação das Leis do Trabalho, dispõe sobre a necessidade de uma breve exposição dos fatos de que resulte o dissídio, o qual corresponde à causa de pedir da petição inicial trabalhista (GARCIA, 2017).

O Código de Processo Civil traz nos incisos III do art. 319 a exigência de que a peça inicial contenha o fato e os fundamentos jurídicos do pedido. A exposição dos fatos, na opinião de Santos e Hajel Filho (2018), não necessita de um formalismo exagerado quando a parte se utilizar do *jus postulandi*, bastando que haja uma breve exposição dos fatos que originaram o conflito e que motivam o pedido. Porém, quando a peça inicial for elaborada por escrito, especialmente aquelas assinadas por procurador constituído, a regra da singeleza não deve permanecer.

Importante lembrar que o processo civil brasileiro, o qual se aplica ao ordenamento processual trabalhista, adotou a Teoria da Substanciação, conforme explica Dinamarco (2009, p. 132):

> vige no sistema processual brasileiro o sistema da substanciação, pelo qual os fatos narrados influem na delimitação objetiva da demanda e consequentemente da sentença (art. 128) mas os fundamentos jurídicos não. Tratando-se de elemento puramente jurídico e nada tendo de concreto relativamente ao conflito e à demanda, a invocação dos fundamentos jurídicos na petição inicial não passa de mera proposta ou sugestão endereçada ao Juiz, ao qual compete fazer depois os enquadramentos adequados para o que levará em conta a narrativa de fatos contida na petição inicial, a prova realizada e sua própria cultura jurídica, podendo inclusive dar aos fatos narrados e provados uma qualificação jurídica diferente daquela que o demandante sustentara (*narra mihi factum dabo tibi jus*).

Percebe-se que a atuação do juiz no processo deverá se limitar a conceder às partes aquilo que elas pediram, portanto, [...] o julgador deve decidir a pretensão do autor com base nos fatos jurídicos por ele alegados, não podendo admitir outros como fundamento da procedência da ação [...] (BARBI, 2008, p. 403).

No caso do processo trabalhista, Garcia (2017) afirma que há necessidade de apresentação dos fatos que decorre o pedido, enquanto que o fundamento jurídico que não tenha sido objeto de menção na peça exordial não deve ser levado em consideração. Destaca que o fundamento jurídico não se confunde com os dispositivos da lei aplicáveis ao caso (fundamento legal), sendo este facultativo ao autor, inclusive no âmbito processual trabalhista.

Conforme a jurisprudência trabalhista, o pedido apresentado pela parte deve decorrer de forma lógica quanto à narrativa dos fatos e fundamentos levados ao juízo[9]. O entendimento pela ampla maioria dos tribunais e também já exarado pelo Tribunal Superior do Trabalho é que o pedido deve permitir a ampla defesa por parte do Reclamado[10]. Cumprindo este requisito, não há que se falar em inépcia da exordial.

A ausência de narratória dos fatos pode acarretar na inépcia da petição inicial? Entendemos que sim, tendo em vista a manifestação dos tribunais superiores ao exigirem que haja lógica nos fatos narrados. Além disso, a ausência de descrição também prejudicaria a ampla defesa do Reclamado, haja vista que muitos casos dependem de análise fática, sem contar que o próprio art. 840 da CLT condiciona a sua breve exposição.

O quarto ponto a ser observado na petição inicial trabalhista é o pedido, que deverá ser certo, determinado e com indicação de seu valor, conforme redação dada pela Reforma Trabalhista (Lei n. 13.467/2017). Neste ponto, está uma das maiores mudanças provocadas pela nova legislação, com sérias implicações no processo trabalhista e no direito dos trabalhadores.

Primeiro ponto a ser observado é a necessidade de o pedido apresentado ser certo, aqui cabendo a indagação sobre o seu conceito. Segundo os processualistas, a causa de pedir está ligada à possibilidade jurídica do pedido, sendo um dos elementos identificadores da ação, composta pelos fatos e fundamentos jurídicos do pedido constantes na exordial.

Como exemplo prático, Greco (2015) cita o caso de um consumidor de entorpecentes que ingressa com ação pedindo a condenação do réu para que entregue dez quilos de substância entorpecente. Como causa de pedir, alega que efetuou a compra e realizou o pagamento pelo entorpecente; neste caso, o pedido é juridicamente impossível, visto que não respaldado pelo ordenamento jurídico este tipo de transação.

Diante dessa hipótese, caberá a extinção do processo sem resolução do mérito, com base no art. 485 do CPC, julgando que o autor carece de ação por impossibilidade jurídica do pedido. O art. 330, no inciso I, § 1º, do mesmo Código, informa que será considerada inepta a petição inicial quando lhe faltar o pedido ou a causa de pedir (GRECO, 2015).

Importante lembrar que, nos termos do art. 329 do CPC, o autor poderá até a citação alterar a causa de pedir, independente do consentimento do réu; já após a citação, terá oportunidade para essa mudança até o saneamento do processo, desde que obtenha consentimento do réu e seja assegurado o contraditório nos prazos estabelecidos pela lei.

Conforme o *caput* do art. 840 da CLT, o pedido deverá ser certo, determinado e com indicação de seu valor. Como já mencionado, este é o ponto mais polêmico da alteração legislativa implementada pela Lei n. 13.467/2017 no aspecto na petição inicial trabalhista, pois até o advento da Reforma Trabalhista, o § 1º apenas exigia que a petição inicial contivesse o pedido,

---

(9) AUSÊNCIA DE CAUSA DE PEDIR. ART. 840 DA CLT. PEDIDO INEPTO. Embora no Processo do Trabalho prepondere o princípio da simplicidade, bastando à inicial uma breve exposição dos fatos de que resulte o dissídio, nos termos do art. 840 da CLT, não pode prosperar o pedido que não decorra logicamente da narrativa dos fatos trazidos a juízo. (TRT-19 – RECORD: 636200200119004/AL-00636.2002.001.19.00-4, Relator: Pedro Inácio, Data de Publicação: 04.08.2004.)

(10) PCCS. CEB DISTRIBUIÇÃO. EMPRESA PÚBLICA. AUSÊNCIA DE ALTERNÂNCIA DE CRITÉRIOS DE PROMOÇÃO POR ANTIGUIDADE E MERECIMENTO. EFEITOS. EQUIPARAÇÃO SALARIAL. PEDIDO SUCESSIVO DE REENQUADRAMENTO. PROVA. (*omissis*). PRELIMINAR DE INÉPCIA DA INICIAL 1 – Foram atendidos os requisitos do art. 896, § 1º-A, da CLT, introduzidos pela Lei n. 13.015/2014. 2 – Nos termos do art. 295, parágrafo único, do CPC, considera-se inepta a petição inicial quando lhe faltar pedido ou causa de pedir, quando os pedidos forem incompatíveis entre si, ou quando o pedido é juridicamente impossível. Igualmente, é inepta a petição que narra os fatos sem clareza, e não expressa com exatidão a pretensão, impossibilitando que se chegue à conclusão consistente do pedido. O § 1º do art. 840 da CLT, por sua vez, dispõe que a petição inicial deverá conter "uma breve exposição dos fatos de que resulte o dissídio, o pedido". 3 – **Conclui-se, portanto, que a inépcia da petição inicial está relacionada à impossibilidade de compreensão do pedido e, em face dele, à impossibilidade de defesa da parte.** 4 – No caso, a peça inicial do reclamante possui pedido de pagamento de verbas rescisórias associada a causa de pedir suficientemente clara a possibilitar a ampla defesa da reclamada, a qual foi apresentada de maneira ampla e integral. 5 – Recurso de revista de que não se conhece. (TST – RR 1830003820135170005, Relator: Kátia Magalhães Arruda, Data de Julgamento: 08.03.2017, 6ª Turma, Data de Publicação: DEJT 10.03.2017.) (grifos nossos)

bem como a data e a assinatura do reclamante ou seu representante[11].

O pedido é o mérito do processo, entendido como o vetor da pretensão buscada pelo autor, sendo classificado em imediato (providência jurisdicional) e mediato (objeto ou bem jurídico passível de apreciação pelo Judiciário), o qual vincula o juiz, devendo haver congruência entre o pedido e a decisão proferida no processo (SANTOS; HAJEL FILHO, 2018).

No entendimento de Santos e Hajel Filho (2018), o pedido como elemento identificador da demanda serve para que sejam identificadas as hipóteses de litispendência, coisa julgada ou conexão, e, considerando a importância atribuída ao pedido, opinam que a reforma da CLT acertou em exigir que o pedido deva ser certo, determinado e com a indicação de seu valor.

O valor da causa passou a ser exigido após a Reforma, porém, lembram Santos e Hajel Filho (2018) que em virtude dos processos eletrônicos, já havia implicitamente esta exigência, visto que todos os processos ajuizados exigiam a indicação de um valor à causa.

Discorrendo sobre a necessidade de liquidez da petição inicial trabalhista, Carvalho (2018), também, lembra que o Poder Judiciário, antes mesmo da Reforma Trabalhista, já exigia que constasse na exordial a indicação do valor de cada pedido. Para o autor, questões como a celeridade processual e estatísticas apontando uma melhor efetividade na execução trabalhista justificariam a sua exigência.

Assim, a própria experiência positiva experimentada pelo processo eletrônico e os aspectos antes elencados justificariam a introdução do rito sumariíssimo na CLT, justificando a busca pelo cumprimento ao disposto no art. 840, § 1º, em sua máxima eficácia, devendo a petição inicial ser acompanhada de planilha de cálculos, ainda que possam surgir aparentes dificuldades na liquidação dos pleitos (CARVALHO, 2018).

O Código de Processo Civil trouxe em seu ordenamento a ideia de que o pedido deve ser certo e ao mesmo tempo determinado, visto que:

> [...] a liquidez, prelecionada no art. 491 do Novo Código de Processo Civil, representa a definição do que a parte será condenada e direcionada a pagar, sendo que nos casos de iliquidez da decisão judicial, poderá haver a "liquidez da sentença", onde a decisão deixará de ser ilíquida para se "transformar" em líquida [...]. (ROCHA; SILVA NETA, p. 331, 2017.)

No caso do processo trabalhista, conforme os argumentos mencionados por Carvalho (2018) e Santos e Hajel Filho (2018), constata-se a necessidade de que a petição inicial tenha liquidez, assemelhando-se ao rito sumariíssimo. Ressaltamos que esta discussão será retomada no próximo capítulo.

O último ponto obrigatório da petição inicial apontado pelo art. 840 da Consolidação das Leis do Trabalho traz a necessidade de que a peça inicial da ação trabalhista contenha a data e a assinatura do reclamante ou de seu representante. Tais informações são necessárias para a observância dos prazos prescricionais da ação trabalhista.

Ainda, deve a petição trabalhista ser acompanhada de todos os documentos necessários à propositura da ação, quando esta for apresentada de forma escrita, conforme o art. 787 da CLT[12].

4. A REFORMA TRABALHISTA E AS MUDANÇAS NA PETIÇÃO INICIAL

A Reforma Trabalhista (Lei n. 13.467/2017) trouxe uma série de alterações na CLT, com vários reflexos. Uma delas foi a alteração do art. 840, onde o § 1º passou a prever a exigência de pedido certo, determinado e com indicação de seu valor; também foi acrescido o § 3º, dispondo que o não atendimento do disposto no § 1º acarretaria na extinção dos processos sem resolução do mérito.

As alterações no processo trabalhista causaram impacto na atuação do advogado, bem como na discussão sobre a caracterização de um verdadeiro retrocesso social no direito de petição e de acesso à justiça conferido aos empregados, beneficiando os empregadores.

Conjunto de princípios e regras que regulam a prestação do trabalho subordinado diante das relações individuais e coletivas, com as suas consequências jurídicas, eis a definição dada por Martinez (2016) para o direito do trabalho.

Stürmer (2014) lembra que o direito ao trabalho é um direito social reconhecido pelo ordenamento jurídico pátrio e, portanto, um direito humano consagrado, competindo ao legislador a regulação dos limites e

---

(11) Sobre as divergências e polêmicas, estas serão objeto do próximo capítulo deste trabalho, porém, aqui vamos abordar de forma simples as novas exigências legais.

(12) Art. 787. A reclamação escrita deverá ser formulada em 2 (duas) vias e desde logo acompanhada dos documentos em que se fundar.

condições ao trabalho, as quais são reguladas pelas normas juslaborais.

O relatório sobre a Reforma Trabalhista, apresentado na Câmara dos Deputados, traz a visão de que era necessária a modernização da legislação trabalhista brasileira, mas sem esquecer os dispositivos constitucionais, destacando a existência de mais 13 milhões de desempregados e que na sua visão a CLT era um instrumento de exclusão por deixar pessoas à margem da modernidade e da proteção legal (BRASIL, 2017). Neste relatório, encontra-se a justificativa para alteração implantada no art. 840 da CLT, *in verbis*:

> A exigência de que o pedido seja feito de forma precisa e com conteúdo explícito é regra essencial para garantia da boa-fé processual, pois permite que todos os envolvidos na lide tenham pleno conhecimento do que está sendo proposto, além de contribuir para a celeridade processual com a prévia liquidação dos pedidos na fase de execução judicial, evitando-se novas discussões e, consequentemente, atrasos para que o reclamante receba o crédito que lhe é devido. (BRASIL, 2017, p. 72.)

Segundo o relator, a mudança legal também teve por objetivo deixar o dispositivo legal em consonância com a regra estabelecida pelo Código de Processo Civil[13].

Pela justificativa, é perceptível que o relator buscou aproximar o processo trabalhista do processo civil, deixando de lado as peculiaridades deste, quando tornou aquele mais parecido com o disposto no rito sumaríssimo estabelecido pela Lei n. 9.957/2000, que acrescentou os arts. 852-A a 852-I na CLT.

O primeiro ponto em comum com o rito sumaríssimo e a nova sistemática está nos requisitos trazidos pelo inciso I do art. 852-B[14] da CLT, o qual estabelece que as reclamações enquadradas nesse rito deverão conter pedido certo ou determinado e com indicação do valor correspondente.

Outro aspecto em comum está na disposição normativa contida no § 1º do art. 852-B, determinando que o descumprimento do requisito dos incisos I e II da norma acarretarão no arquivamento do processo e condenação ao pagamento de custas sobre o valor da causa.

A redação dada ao § 1º do art. 840 da CLT rompeu com a tradição processual trabalhista em relação ao tema do valor da causa, com sua aproximação do processo civil, pois:

> (...) embora o legislador tenha avançado na direção ao processo civil, não teve os cuidados necessários para criar, no processo do trabalho, um regramento próprio que prescindisse da aplicação subsidiária da legislação processual. Isso, porque as alterações efetuadas pela Lei n. 13.467/2017 não permitem enfrentar diversos problemas que surgirão em razão da exigência de indicação de valor do pedido na petição inicial trabalhista, dentre os quais, quando ocorrer a completa impossibilidade de fazê-lo (...). (BARACAT, 2018, p. 94-95.)

Para exemplificar sua afirmação, o autor traz dois exemplos em que entende não ser possível a aplicação do dispositivo legal, visto que na petição inicial não poderá identificar o valor do respectivo pedido, seja porque depende de ato do empregador (apresentação de cartões-ponto) ou de perícia para fixar grau de insalubridade (competência exclusiva de engenheiro ou médico do trabalho, conforme art. 195 da CLT).

---

(13) Art. 491. Na ação relativa à obrigação de pagar quantia, ainda que formulado pedido genérico, a decisão definirá desde logo a extensão da obrigação, o índice de correção monetária, a taxa de juros, o termo inicial de ambos e a periodicidade da capitalização dos juros, se for o caso, salvo quando:

I – não for possível determinar, de modo definitivo, o montante devido;

II – a apuração do valor devido depender da produção de prova de realização demorada ou excessivamente dispendiosa, assim reconhecida na sentença.

§ 1º Nos casos previstos neste artigo, seguir-se-á a apuração do valor devido por liquidação.

§ 2º O disposto no *caput* também se aplica quando o acórdão alterar a sentença.

(14) Art. 852-B. Nas reclamações enquadradas no procedimento sumaríssimo: (Incluído pela Lei n. 9.957, de 2000)

I – **o pedido deverá ser certo ou determinado e indicará o valor correspondente**; (Incluído pela Lei n. 9.957, de 2000)

II – não se fará citação por edital, incumbindo ao autor a correta indicação do nome e endereço do reclamado; (Incluído pela Lei n. 9.957, de 2000)

III – a apreciação da reclamação deverá ocorrer no prazo máximo de quinze dias do seu ajuizamento, podendo constar de pauta especial, se necessário, de acordo com o movimento judiciário da Junta de Conciliação e Julgamento. (Incluído pela Lei n. 9.957, de 2000)

§ 1º O não atendimento, pelo reclamante, do disposto nos incisos I e II deste artigo importará no **arquivamento da reclamação e condenação ao pagamento de custas sobre o valor da causa**. (Incluído pela Lei n. 9.957, de 2000). (grifos nossos)

Como solução, Baracat (2018) lembra que o § 1º, do art. 324[15], do CPC, prevê a hipótese de pedido genérico, indicando como solução para o exemplo da falta dos cartões-ponto a aplicação do inciso III, visto que o ato deve ser praticado pelo réu (apresentação dos cartões) e para o segundo exemplo deve ser aplicado o inciso II o qual informa que o cabimento do pedido genérico quando não for possível determinar as consequências do ato ou do fato.

Ressalta que o Reclamante deverá indicar na exordial a impossibilidade de indicar o valor do pedido, o qual só será quantificado quando da liquidação da sentença, se for o caso. Porém, tal ato "(...) não exime o reclamante de indicar uma estimativa de valor para aquele pedido que, somados a outros, se houver, representará o valor da causa (...)" (BARACAT, 2018, p. 95).

Em análise das mudanças aplicadas na petição inicial, Coelho (2018) diz que não é razoável exigir do trabalhador que liquide os pedidos para ajuizar a demanda, entendendo que a exigência trazida pela CLT obriga que seja colocado valor aproximado e que o pedido seja determinado em correlação lógica com o valor pedido. Este valor não deverá ser confundido com o valor da causa, sobre o qual incidirão as custas e os honorários sucumbenciais.

> Exigir que o trabalhador faça verdadeira liquidação, com cálculos específicos, sobre uma documentação à qual não tem acesso, e incidir custas e honorários sobre tais valores, é verdadeiro impedimento de acesso à justiça, tornando desproporcionais os riscos da demanda em um processo que visa prover obrigação de cunho alimentar. Na mesma toada, o entendimento diverso poderia ensejar uma enxurrada de ações exibitórias, o que viria em prejuízo mesmo do empregador, que teria que colocar à disposição do trabalhador todos os documentos exigidos, para que esse pudesse liquidar uma reclamatória trabalhista; isso sem contar as polêmicas e controvérsias que ocorreriam no curso da ação de exibição de documentos prevista nos arts. 396 a 404 do CPC caso a empresa se recusasse a apresentar determinado documento pedido pelo trabalhador. (COELHO, 2018, p. 95.)

Outro argumento utilizado por Coelho (2018) para justificar seu entendimento de que a peça inicial não deverá ser líquida é baseada no disposto no § 2º, do art. 879, da CLT[16], segundo o qual a conta deverá ser elaborada e tornada líquida. Assim, se a liquidação deve ser apresentada na exordial, não haveria sentido em exigir a realização de liquidação posterior.

Para Schiavi (2017), não há exigência legal de que o pedido esteja liquidado com apresentação detalhada de cálculos complexos e detalhados, interpretando que o Reclamante deve indicar o valor dos pedidos de forma justificada, ainda que por estimativa. Uma vez havendo a indicação do valor do pedido, este não vincula o Juízo, pois na fase de conhecimento o valor lançado é apenas estimativo, passando a ser certo apenas quando da fase da liquidação de sentença (BASÍLIO, 2018).

Já para Molina (2018), o principal argumento da doutrina e jurisprudência clássica para admitir os pedidos genéricos, com valores atribuídos por estimativas ou de forma aleatória, tem sido baseado na ideia de que o trabalhador e seu procurador não teriam acesso aos documentos dos contratos laborais.

Essa questão ficou superada com a recepção da ação autônoma de produção antecipada de provas, prevista pelo art. 381 do Código de Processo Civil, o qual permite ao Reclamante buscar todos os documentos do contrato e ponderar sobre a viabilidade de uma ação judicial (MOLINA, 2018).

Ainda sobre a liquidez do pedido, Santos e Hejel Filho (2018) afirmam que o pedido que não contiver o respectivo valor será extinto sem julgamento de mérito, porém, isso não significa a extinção do processo, mas tão somente do pedido ao qual não foi apresentado valor.

Portanto, interpretam pela impossibilidade da apresentação de pedido ilíquido, e sendo este

---

(15) Art. 324. O pedido deve ser determinado.
§ 1º É lícito, porém, formular pedido genérico:
I – nas ações universais, se o autor não puder individuar os bens demandados;
II – quando não for possível determinar, desde logo, as consequências do ato ou do fato;
III – quando a determinação do objeto ou do valor da condenação depender de ato que deva ser praticado pelo réu.

(16) Art. 879. Sendo ilíquida a sentença exequenda, ordenar-se-á, previamente, a sua liquidação, que poderá ser feita por cálculo, por arbitramento ou por artigos.
[...]
§ 2º Elaborada a conta e tornada líquida, o juízo deverá abrir às partes prazo comum de oito dias para impugnação fundamentada com a indicação dos itens e valores objeto da discordância, sob pena de preclusão. (Redação dada pela Lei n. 13.467, de 2017)

apresentado, pode o juiz oportunizar que o Reclamante corrija o erro, nos termos dos arts. 6º (princípio da cooperação)[17] e 321[18] do Código de Processo Civil. No sentido de aplicação do processo civil ao processo trabalhista, com abertura de prazo para correção, também é o entendimento exarado por Martinez (2017) e explicitado pela Súmula n. 263 do Tribunal Superior do Trabalho[19].

A nova sistemática estabelecida pela Reforma Trabalhista trouxe a necessidade de que a Reclamatória contenha os pedidos com valores mensurados, os quais somados revelam o valor da causa, servindo estes de base para o cálculo dos honorários de sucumbência a serem fixados pela sentença do juiz (DALLEGRAVE NETO, 2017).

Segundo Baracat (2018), o valor estimado do pedido genérico deverá ser somado aos outros para fixação do valor da causa, cujo somatório deverá representar o proveito econômico pretendido pelo Reclamante, servindo este para apuração dos honorários de sucumbência, conforme o art. 791-A da CLT[20].

Por conseguinte, o proveito econômico do trabalhador com o processo é apenas um e deve se referir à totalidade dos pedidos que o Reclamante pretende com a ação e que contribuem para formar o valor da causa (BARACAT, 2018).

> Assim, caso o valor da causa – enquanto soma de todos os pedidos, inclusive genéricos –, por exemplo, representar 100, mas a sentença reconhecer ao reclamante o direito a 70, o proveito econômico do reclamante correspondente a 70 e servirá de base de cálculo dos honorários de sucumbência devidos pelo reclamado ao advogado que patrocina a causa do reclamante. Por outro lado, o reclamante será condenado ao pagamento de honorários de sucumbência ao advogado do reclamado sobre a base de cálculo de 30. (BARACAT, 2018, p. 96.)

Essa mudança legislativa traz como consequência uma maior cautela dos atores do contrato de trabalho em provocar o Judiciário, devendo levar em consideração o impacto financeiro da ação, visto que as regras para concessão da gratuidade ficaram mais rigorosas (a parte deverá comprovar a hipossuficiência financeira, não bastando mera declaração) e também a regra dos honorários sucumbenciais (SANTOS; HAJEL FILHO, 2018).

Ainda sobre os honorários sucumbenciais que a novel legislação tratou, ressaltamos que a norma previu a possibilidade de sucumbência recíproca (conforme disposto pelo art. 791-A, § 2º), segundo o qual na hipótese de procedência parcial, o juízo arbitrará honorários de sucumbência recíproca, sendo vedada a compensação entre os honorários.

Outro aspecto polêmico a ser discutido a respeito da petição inicial trabalhista é acerca da previsão legal estabelecida no § 3º, do art. 840, da CLT, o qual dispõe que os pedidos que não atendam ao disposto no § 1º deste mesmo artigo serão julgados extintos sem resolução do mérito.

Sobre a diferença entre o disposto no § 3º do art. 840 (processo sumário ou comum ordinário) e do § 2º do art. 852-B (processo sumaríssimo), os quais são semelhantes, esclarece Leite (2017) que no primeiro caso haverá extinção do pedido sem resolução do mérito, sendo mantida a tramitação do processo em relação aos demais pedidos; enquanto no procedimento sumaríssimo, ocorrerá a extinção do processo (com arquivamento da exordial) e condenação do autor ao pagamento das custas sobre o valor da causa.

Para Leite (2018), os dispositivos do art. 840, especialmente no tocante ao § 3º, devem ser interpretados

---

(17) Art. 6º Todos os sujeitos do processo devem cooperar entre si para que se obtenha, em tempo razoável, decisão de mérito justa e efetiva.

(18) Art. 321. O juiz, ao verificar que a petição inicial não preenche os requisitos dos arts. 319 e 320 ou que apresenta defeitos e irregularidades capazes de dificultar o julgamento de mérito, determinará que o autor, no prazo de 15 (quinze) dias, a emende ou a complete, indicando com precisão o que deve ser corrigido ou completado.

(19) Súmula n. 263 do TST:
PETIÇÃO INICIAL. INDEFERIMENTO. INSTRUÇÃO OBRIGATÓRIA DEFICIENTE (nova redação em decorrência do CPC de 2015) – Res. n. 208/2016, DEJT divulgado em 22, 25 e 26.04.2016.
Salvo nas hipóteses do art. 330 do CPC de 2015 (art. 295 do CPC de 1973), o indeferimento da petição inicial, por encontrar-se desacompanhada de documento indispensável à propositura da ação ou não preencher outro requisito legal, somente é cabível se, após intimada para suprir a irregularidade em 15 (quinze) dias, mediante indicação precisa do que deve ser corrigido ou completado, a parte não o fizer (art. 321 do CPC de 2015).

(20) Art. 791-A. Ao advogado, ainda que atue em causa própria, serão devidos honorários de sucumbência, fixados entre o mínimo de 5% (cinco por cento) e o máximo de 15% (quinze por cento) sobre o valor que resultar da liquidação da sentença, do proveito econômico obtido ou, não sendo possível mensurá-lo, sobre o valor atualizado da causa.

conforme a Constituição Federal, buscando afastar qualquer interpretação que acarrete em vedação ao acesso à Justiça do Trabalho, em razão da sua função social e onde há o *jus postulandi* de acordo com o art. 791 da CLT.

> Especificamente, em relação ao novel § 3º do art. 840 da CLT, indaga-se: e se a petição inicial tiver apenas um pedido não líquido? Neste caso, penso que o juiz deverá interpretar essa regra conforme a Constituição (CF, art. 5º, XXXV), de modo a considerar que a liquidez do pedido é faculdade do autor, e não obrigação. Trata-se de interpretação analógica dada pelo STF ao art. 625-D da CLT, que foi interpretado conforme a Constituição no sentido de ser faculdade do autor a submissão da demanda à CCP (STF ADI 2.139-7), de modo que qualquer juiz ou tribunal pode/deve, incidentalmente, interpretar o § 3º do art. 840 da CLT conforme a CF para assegurar ao autor o pleno exercício do seu direito fundamental de acesso à justiça. (LEITE, 2017, p. 16-17.)

Questionando sobre a hipótese de a petição inicial conter apenas um pedido que não observe nenhum dos requisitos estabelecidos para a peça inicial, especialmente se o pedido não for líquido, Leite (2017), mantém o entendimento antes explanado, entendendo que deverá ser feita interpretação conforme a Carta Magna. Como exposto por Porto e Pessoa (2018), somente a análise das normas perante a Constituição é que permitirá adequada solução jurídica das lides trabalhistas.

Caso o juiz do trabalho entenda pela interpretação literal do disposto no § 3º do art. 840 da CLT, antes de determinar a extinção do processo, evitando a decisão surpresa, deverá conceder a oportunidade para que a parte interessada realize o saneamento do defeito, falha ou irregularidade presente na petição inicial (LEITE, 2017).

Para Molina (2018), o § 3º, do art. 840, da CLT, deve ser interpretado sob a garantia da incidência do instituto da emenda à inicial, por aplicação subsidiária das regras do processo civil, como também sinalizado pela Súmula n. 263 do TST, aplicável em todos os ritos processuais trabalhistas, pois a parte tem direito de corrigir os defeitos da exordial, antes de se cogitar a extinção anômala do processo.

> A despeito da garantia de saneamento do processo como projeção dos direitos humanos e fundamentais, poderá ocorrer de a parte não atender a ordem do magistrado e deixar escoar o prazo para retificação, ocasião em que não haverá dúvida da incidência da decisão de extinção do processo, que poderá ser parcial ou total, conforme o vício contamine parte da petição ou toda ela, quando se estaria diante do instituto dos julgamentos antecipados parciais (art. 843, § 3º, da CLT e arts. 354, 355 e 356, todos do CPC). (MOLINA, 2018, p. 12.)

Conforme Molina (2018), haverá apenas a extinção do processo no tocante ao objeto defeituoso da ação, sendo possível o julgamento de extinção parcial (nos casos de cumulação objetiva, por exemplo) seguindo o processo com a instrução e julgamento da parcela saudável da peça inicial.

As mudanças legislativas implementadas trazem um maior refinamento e formalização da petição inicial trabalhista, nos dizeres de Molina (2018), traçando limites mais estreitos para atuação jurisdicional, decorrente das exigências do art. 840 da CLT, exceto nas hipóteses em que admitidos os pedidos implícitos, genéricos e ilíquidos, cujo valor atribuído será meramente estimativo.

Pelo que vimos até aqui, a Reforma Trabalhista no tocante à petição inicial trabalhista buscou aproximar o processo do trabalho da legislação processual civil brasileira. Há que se ressaltar que o próprio processo civil já era aplicado às lacunas processuais trabalhistas.

No tocante aos requisitos da inicial, as mudanças aproximaram o procedimento sumário do procedimento sumaríssimo, porém, não se confundem, visto que neste não há possibilidade de apresentação de pedido sem liquidez, o que é plenamente possível no processo comum, conforme entendimento da maioria da doutrina.

5. CONSIDERAÇÕES FINAIS

O presente trabalho teve por objetivo analisar as mudanças realizadas pela Reforma Trabalhista (Lei n. 13.467/2017) no tocante à petição inicial trabalhista, tendo em vista as inúmeras alterações realizadas na Consolidação das Leis do Trabalho (CLT).

A consolidação dos direitos sociais como direitos fundamentais se deu no início do século XX, pelo Estado de Bem-Estar Social (*Welfare State*), cujo marco é a Constituição alemã de Weimar (1919) e a Constituição Mexicana (1917).

Prevista pela Constituição Federal de 1934, a Justiça do Trabalho passou a funcionar somente a partir de 1941, posteriormente, passando a ser responsável pela aplicação da Consolidação das Leis do Trabalho (CLT) que surgiria em 1943. É no art. 840 da CLT que encontramos os requisitos da petição inicial trabalhista, destacando que esta poderá ser escrita, quando deverá atender os requisitos do § 1º do artigo citado, ou verbal, quando deverá ser reduzida a termo.

A Reforma Trabalhista (Lei n. 13.467/2017) trouxe modificações para o art. 840 da Lei Trabalhista, alterando os requisitos a serem cumpridos pela petição inicial. A principal mudança foi a necessidade de que o pedido constante na peça exordial seja certo, determinado e com indicação de seu valor (§ 1º do art. 840), bem como a possibilidade de extinção do processo pelo descumprimento dos requisitos do § 1º.

Como colocado por Molina (2018), as alterações legislativas trouxeram um maior refinamento e formalização da petição inicial trabalhista, estabelecendo limites mais estreitos para atuação jurisdicional, decorrente das exigências do art. 840 da CLT, entendendo o autor e boa parte da doutrina pela hipótese em admissão dos pedidos implícitos, genéricos e ilíquidos, cujo valor atribuído será meramente estimativo.

Sobre os requisitos da inicial, as mudanças aproximaram o procedimento sumário do procedimento sumaríssimo no processo trabalhista, porém não se confundem, visto que neste não há possibilidade de apresentação de pedido sem liquidez, o que é plenamente possível no processo comum, conforme entendimento da maioria da doutrina.

Outro aspecto relevante é a possibilidade de emenda da inicial nos casos em que não sejam atendidos os requisitos do § 1º do art. 840, aplicando as regras de processo civil e fazendo uma interpretação conforme a Constituição Federal, a qual veda a restrição ao acesso à Justiça.

As mudanças provocadas na petição inicial podem ser vistas como benéficas por permitirem uma atuação mais célere da Justiça do Trabalho, considerando-se a exigência de liquidez da peça inicial.

Contudo, consideramos que o valor da causa pode ser um empecilho no exercício do pleno direito de ação, entre outras coisas porque a parte interessada pode não contar com todos os elementos para a correta liquidação do pedido, atraindo os riscos de eventual condenação decorrente da sucumbência total ou parcial.

No entanto, como vimos, tais riscos trazidos pelas alterações impostas à petição inicial podem ser superados, especialmente pela adoção de uma interpretação mais próxima das regras e princípios do Direito Processual Civil (segundo relator da Reforma, era este o seu objetivo) e da Constituição Federal Brasileira.

6. REFERÊNCIAS

AGUIAR, Gustavo Bastos Marques. *Análise principiológico--constitucional do jus postulandi no processo do trabalho*. Dissertação (Programa de Pós-Graduação *Stricto Sensu*) – Universidade FUMEC, Belo Horizonte, 2017. Disponível em: <http://www.fumec.br/revistas/pdmd/article/view/5639/2810>. Acesso em: 21 jun. 2018.

ALMEIDA, Amador Paes de. *Curso Prático do Processo do Trabalho*. 7. ed. São Paulo: Saraiva, 1994.

BARACAT, Eduardo Milléo. Honorários de sucumbência recíproca na Justiça do trabalho – Lei n. 13.467/2017: segurança jurídica, aplicação intertemporal e critérios de fixação. *Revista eletrônica [do] Tribunal Regional do Trabalho da 9ª Região*, Curitiba, v. 7, n. 67, p. 80-104, abr. 2018. Disponível em: <https://hdl.handle.net/20.500.12178/139842>. Acesso em: 02 jul. 2018.

BARBI, Celso Agrícola. *Comentários ao Código de Processo Civil*. Rio de Janeiro: Forense, 2008.

BASÍLIO, Paulo Sérgio. Reforma trabalhista em rápidas análises para advogados. *Revista Direito UNIFACS – Debate Virtual*, Salvador, n. 212, p. 1- 15, fev. 2018. Disponível em: <http://revistas.unifacs.br/index.php/redu/article/view/5229/3345>. Acesso em: 01 jul. 2018.

BRASIL. Câmara dos Deputados. Parecer do Relator ao Projeto de Lei n. 6.787, de 2016, que altera o Decreto-lei n. 5.452, de 1º de maio de 1943 – Consolidação das Leis do Trabalho, e a Lei n. 6.019, de 3 de janeiro de 1974, para dispor sobre eleições de representantes dos trabalhadores no local de trabalho e sobre trabalho temporário, e dá outras providências. Disponível em: <http://www.camara.gov.br/proposicoesWeb/prop_mostrarintegra?codteor=1544961&filename=Tramitacao-PL+6787/2016>. Acesso em: 03 jul. 2018.

_____. Constituição da República Federativa do Brasil de 1988. Disponível em: <http://www.planalto.gov.br/ccivil_03/constituicao/constituicaocompilado.htm>. Acesso em: 18 jun. 2018.

_____. Decreto-Lei n. 5.452, de 1º de maio de 1943. Aprova a Consolidação das Leis do Trabalho. Disponível em: <https://www.planalto.gov.br/ccivil_03/decreto-lei/del5452.htm>. Acesso em: 01 jul. 2018.

_____. Lei n. 13.105, de 16 de março de 2015. Código de Processo Civil. Disponível em: <http://www.planalto.gov.br/ccivil_03/_ato2015-2018/2015/lei/l13105.htm>. Acesso em: 30 jun. 2018.

_____. Lei n. 13.467, de 13 de julho de 2017. Altera a Consolidação das Leis do Trabalho (CLT), aprovada pelo Decreto-Lei n. 5.452, de 1º de maio de 1943, e as Leis ns. 6.019, de 3 de janeiro de 1974, 8.036, de 11 de maio de 1990, e 8.212, de 24 de julho de 1991, a fim de adequar a legislação

_____. às novas relações de trabalho. Disponível em: <https://www.planalto.gov.br/ccivil_03/_Ato2015-2018/2017/Lei/L13467.htm#art1>. Acesso em: 20 jun. 2018.

_____. Supremo Tribunal Federal. Ação Direta de Inconstitucionalidade n. 1.127/DF – Distrito Federal. Relator: Ministro Marco Aurélio. Disponível em: <http://www.stf.jus.br/portal/jurisprudencia/pesquisarJurisprudencia.asp>. Acesso em: 20 jun. 2018.

_____. Tribunal de Justiça do Estado do Amazonas. Apelação n. 0605081-65.2015.8.04.0001, Relator: Yedo Simões de Oliveira, Data de Julgamento: 29.10.2017, Primeira Câmara Cível. *JusBrasil*, 2017. Disponível em: <https://tj-am.jusbrasil.com.br/jurisprudencia/>. Acesso em: 26 jun. 2018.

_____. Tribunal de Justiça do Estado de Minas Gerais. Agravo de Instrumento n. 10231130360812001, Relator: Evangelina Castilho Duarte, Data de Julgamento: 27.02.2014, Câmaras Cíveis/14ª Câmara Cível, Data de Publicação: 12.03.2014. *JusBrasil*, 2014. Disponível em: <https://tj-mg.jusbrasil.com.br/jurisprudencia/119592824/agravo-de-instrumento-cv-ai-10231130360812001-mg?ref=serp>. Acesso em: 26 jun. 2018.

_____. Tribunal Regional do Trabalho da 4ª Região. Regimento Interno do Tribunal Regional do Trabalho da 4ª Região. Disponível em: <https://www.trt4.jus.br/portais/media/164778/REGIMENTO%20INTERNO%20-%20VERS%C3%83º%20EDIT%C3%81VEL%20AR%2012%202018.pdf>. Acesso em: 19 jun. 2018.

_____. Tribunal Regional do Trabalho da 19ª Região. Recurso Ordinário n. 636200200119004. Relator: Pedro Inácio, Data de Publicação: 04.08.2004. *JusBrasil*, 2004. Disponível em: <https://trt-19.jusbrasil.com.br/jurisprudencia/19046032/recurso-ordinario-ro-636200200119004-al-0063620020011900-4>. Acesso em: 28 jun. 2018.

_____. Tribunal Superior do Trabalho. Consolidação dos Provimentos da Corregedoria-Geral da Justiça do Trabalho. Versão atualizada e sistematizada de acordo com o art. 6º, inc. V, do Regimento Interno da Corregedoria-Geral da Justiça do Trabalho. Diário Eletrônico da Justiça do Trabalho de 24 fev. 2016. Disponível em: <http://www.tst.jus.br/documents/10157/553d2fd8-5268-4b78-b6ca-14909e054f17>. Acesso em: 22 jun. 2018.

_____. Tribunal Superior do Trabalho. Recurso de Revista n. 1830003820135170005, Relator: Kátia Magalhães Arruda, Data de Julgamento: 08.03.2017, 6ª Turma, Data de Publicação: DEJT 10.03.2017. *JusBrasil*, 2017. Disponível em:<https://tst.jusbrasil.com.br/jurisprudencia/437327477/recurso-de-revista-rr-1830003820135170005?ref=serp>. Acesso em: 29 jun. 2018.

_____. Tribunal Superior do Trabalho. Súmula n. 263. Salvo nas hipóteses do art. 330 do CPC de 2015 (art. 295 do CPC de 1973), o indeferimento da petição inicial, por encontrar-se desacompanhada de documento indispensável à propositura da ação ou não preencher outro requisito legal, somente é cabível se, após intimada para suprir a irregularidade em 15 (quinze) dias, mediante indicação precisa do que deve ser corrigido ou completado, a parte não o fizer (art. 321 do CPC de 2015). Disponível em: <http://www3.tst.jus.br/jurisprudencia/Sumulas_com_indice/Sumulas_Ind_251_300.html#SUM-263>. Acesso em: 03 jul. 2018.

_____. Tribunal Superior do Trabalho. Súmula n. 425. O *jus postulandi* das partes, estabelecido no art. 791 da CLT, limita-se às Varas do Trabalho e aos Tribunais Regionais do Trabalho, não alcançando a ação rescisória, a ação cautelar, o mandado de segurança e os recursos de competência do Tribunal Superior do Trabalho. Disponível em: <http://www3.tst.jus.br/jurisprudencia/Sumulas_com_indice/Sumulas_Ind_401_450.html#SUM-425>. Acesso em: 01 jul. 2018.

_____. Tribunal Superior do Trabalho. Súmula n. 454. Compete à Justiça do Trabalho a execução, de ofício, da contribuição referente ao Seguro de Acidente de Trabalho (SAT), que tem natureza de contribuição para a seguridade social (arts. 114, VIII, e 195, I, *a*, da CF), pois se destina ao financiamento de benefícios relativos à incapacidade do empregado decorrente de infortúnio no trabalho (arts. 11 e 22 da Lei n. 8.212/1991). Disponível em: <http://www3.tst.jus.br/jurisprudencia/Sumulas_com_indice/Sumulas_Ind_451_600.html#SUM-454>. Acesso em: 01 jul. 2018.

CARVALHO, Maximiliano. Petição inicial líquida: e agora? = Initial petition in numbers: and now? *Revista de direito do trabalho*, São Paulo, v. 44, n. 185, p. 105-120, jan. 2018. Disponível em: <https://hdl.handle.net/20.500.12178/126954>. Acesso em: 02 jul. 2018.

CARVALHO, O. F.; COSTA, E. R. O Princípio da Proibição do Retrocesso-Social no atual marco jurídico-constitucional brasileiro. *Revista DPU*, Brasília, n. 34, p. 7-40, jul./ago.2010. Disponível em: <https://www.portaldeperiodicos.idp.edu.br/direitopublico/article/view/1813/995>. Acesso em: 01 jun. 2018.

COELHO, Luciano Augusto de Toledo. Alguns aspectos da reforma trabalhista: aplicabilidade, petição inicial, defesa e audiência. *Revista eletrônica [do] Tribunal Regional do Trabalho da 9ª Região*, Curitiba, v. 6, n. 61, p. 93-97, jul./ago. 2017. Disponível em: <https://hdl.handle.net/20.500.12178/111514>. Acesso em: 02 jul. 2018.

DALLEGRAVE NETO, José Affonso. (In)aplicabilidade imediata dos honorários de sucumbência recíproca no processo trabalhista. *Revista eletrônica [do] Tribunal Regional do Trabalho da 9ª Região*, Curitiba, v. 7, n. 67, p. 38-46, jul./ago. 2017. Disponível em: <https://hdl.handle.net/20.500.12178/111552>. Acesso em: 03 jul. 2018.

DINAMARCO, Cândido Rangel. *Instituições de Direito Processual Civil*. São Paulo: Malheiros, 2009.

GAMA JÚNIOR, A. ; LEITE, G. *A petição inicial e as novidades no novo Código De Processo Civil*. Disponível em: <http://www.prolegis.com.br/a-peticao-inicial-e-as-novidades-no-novo-codigo-de-processo-civil/>. Acesso em: 26 jun. 2018.

GARCIA, Gustavo Felipe Barbosa. *Curso de Direito Processual do Trabalho*. Rio de Janeiro: Forense, 2017.

GOMBAR, Jane. *La Tendenza della Flessibilizzazione negli Spazi Normativi Mediante Il Lavoro Temporaneo*. Tese (Dottorato do Ricerca in Diritto-Scuola Internazionale di Diritto ed Economia Tullio Ascarelli-XXII Ciclo) – Università Degli Studi Roma Tre, Roma, 2010.

GRECO, Leonardo. *Instituições de Processo Civil* – Introdução ao direito processual civil. Rio de Janeiro: Forense, 2015.

HARVEY, David. *Condição pós-moderna*: uma pesquisa sobre as origens da mudança cultural. São Paulo: Edições Loyola, 2001.

LEITE, Carlos Henrique Bezerra. A Reforma Trabalhista (Lei 13.467/2017) e a desconstitucionalização do acesso à Justiça do Trabalho: Breves comentários sobre alguns institutos de direito processual do trabalho. *Revista Direito UNIFACS – Debate Virtual*, Salvador, n. 208, p. 1-18, out. 2017. Disponível em: <http://www.revistas.unifacs.br/index.php/redu/article/view/5087>. Acesso em: 30 jun. 2018.

LEITE, Márcia de Paula. *O futuro do trabalho*: novas tecnologias e subjetividade operária. São Paulo: Página Aberta, 1994.

MACIEL, A. L.; SOUZA, N. B. A Reserva do Possível e a Dignidade da Pessoa Humana como fonte de não retrocesso social. *Revista Direitos Fundamentais & Democracia*, Curitiba, n. 3, 2008. Disponível em: <revistaeletronicardfd.unibrasil.com.br>. Acesso em: 10 mai. 2018.

MARTINEZ, Luciano. *Curso de Direito do Trabalho*. São Paulo: Saraiva, 2016.

_____. *Reforma trabalhista* – entenda o que mudou: CLT comparada e comentada. São Paulo: Saraiva, 2017.

MARTINS, Sergio Pinto. *Direito do Trabalho*. 21. ed. São Paulo: Atlas, 2005.

MEIRELES, Gustavo Fernandes. *O direito do trabalho no cenário internacional contemporâneo*: produção e controle de normas no âmbito da Organização Internacional do Trabalho. Monografia (Curso de Direito) – Universidade Federal do Ceará, Fortaleza, 2011.

MOLINA, André Araújo. A nova petição inicial trabalhista. *Revista Legislação do Trabalho*, São Paulo, v. 82, n. 05, p. 1-17, maio 2018.

MORAIS, José Luís Bolzan de. *A ideia de direito social*: o pluralismo jurídico de Georges Gurvitch. Porto Alegre: Livraria do Advogado, 1997.

NASCIMENTO, Amauri Mascaro. *Curso de Direito Processual do Trabalho*. 19. ed. rev. e atual. São Paulo: Saraiva, 2007.

_____. *Curso de direito do trabalho*: história e teoria geral do direito do trabalho: relações individuais e coletivas do trabalho. 26. ed. São Paulo: Saraiva, 2011.

PORTO, N.; PESSOA, F. M. G. Alteração legislativa ("reforma"), trabalho como construção de cidadania e necessidade de proteção aos Direitos Fundamentais. *Revista eletrônica [do] Tribunal Regional do Trabalho da 10ª Região*, Brasília, DF, v. 22, n. 1, p. 87-105, jun. 2018. Disponível em: <http://revista.trt10.jus.br/index.php/revista10/article/view/206/190>. Acesso em: 05 jul. 2018.

ROCHA, A. T. S; SILVA NETA, E. A. O novo CPC: Os princípios, o magistrado e a decisão judicial. In: II Encontro de Pesquisas Judiciárias da Escola Superior da Magistratura do Estado de Alagoas, 2017, *Anais...*, Maceió, ESMAL, 2017.

SANTOS, E. R.; HAJEL FILHO, R. A. B. *Curso de Direito Processual do Trabalho*. São Paulo: Atlas, 2018.

SARAIVA, Renato. *Direito do Trabalho para concursos públicos*. 18. ed. Rio de Janeiro: Forense; São Paulo: Método, 2015.

SCHIAVI, Mauro. *A reforma trabalhista e o processo do trabalho*: aspectos processuais da Lei n. 13.467/2017. São Paulo: LTr, 2017.

SENA, Adriana Goulart de. Ampliação da competência da Justiça do Trabalho – Algumas relevantes considerações. *Revista do Tribunal Regional do Trabalho da 3ª Região*, Belo Horizonte, v. 40, n. 70, p. 79-94, jul./dez. 2004. Disponível em: <https://www.trt3.jus.br/escola/download/revista/rev_70_II/Adriana_Sena.pdf>. Acesso em: 22 jun. 2018.

STRECK, Lenio Luiz; MORAIS, José Luis Bolzan de. *Ciência política e teoria geral do Estado*. Porto Alegre: Livraria do Advogado, 2000.

STÜRMER, Gilberto. *Direito Constitucional do Trabalho no Brasil*. São Paulo: Atlas, 2014.

SÜSSEKIND, Arnaldo *et al*. Justiça do Trabalho, Advogado e Honorários. *Revista do Tribunal Regional do Trabalho da 1ª região*, Rio de Janeiro, v. 20, n. 46, dez. 2009.

VIEIRA, F. B.; SILVA, R. C. Contrato Individual de Trabalho. In: SIQUEIRA NETO, J. F; BERTOLIN, P. T. M. (Org.). *Direito do Trabalho no Brasil de 1930 a 1946*. São Paulo: Atlas, 2015. v. 1.

7. RESPOSTAS DO RÉU

André Jobim de Azevedo[1]
Eugênio Hainzenreder[2]

A parte que nos toca compor a obra são as repostas do réu no processo do trabalho em face do já não tão novo Código de Processo Civil de 2015 e das alterações trazidas pela Reforma Trabalhista – Lei n. 13.467/2017, ora em vigor, mas que ainda acerca das novas regras paira enorme insegurança.

Estas alterações no Diploma Adjetivo Civil, de aplicação subsidiária à CLT, por expressa disposição do art. 769, bem como as da Lei n. 13.467/2017, são importantíssimas.

A supletividade do Código de Processo Civil ao Processo do Trabalho, particularmente no que refere à defesa trabalhista, precisa avaliar compatibilidade do novo diploma processual civil ao processo especializado do trabalho. Partindo-se do pressuposto da incompletude do ordenamento jurídico, é importante examinar as alterações procedidas pelo novo Código de Processo Civil que, por meio da integração de subsistemas processuais, se inter-relacionem com o direito processual do trabalho. Não sem lembrar a suprainvocada regra do artigo celetista 769.

O novo CPC, ao dispor expressamente em seu art. 15 que, *"na ausência de normas que regulem processos eleitorais, trabalhistas ou administrativos, as disposições deste código lhes serão aplicadas supletiva e subsidiariamente"*, reforçou a disciplina do art. 769 da CLT, no sentido da aplicação subsidiária do CPC ao processo do trabalho. Fazendo cruzadas as orientações de aplicação entre as normativas.

Em relação à reforma trabalhista e o estudo da defesa no processo do trabalho, conforme será destacado de modo específico adiante, os artigos da CLT que sofreram alterações pela Lei n. 13.467/2017 foram os arts. 800 (altera as regras quanto à apresentação da exceção de incompetência territorial), 841, § 3º (que disciplina não ser permitido ao reclamante, após oferecida a contestação, ainda que eletronicamente, desistir da ação sem o consentimento do reclamado), 843, § 3º (passa a prever expressamente que o preposto não precisa ser empregado da parte reclamada)[3], 844 (traz novas regras sobre a ausência das partes à audiência em relação às figuras da revelia e do arquivamento) e o art. 847, parágrafo único, da CLT (que passa a abordar o momento para apresentação da defesa escrita pelo sistema de processo judicial eletrônico). Todos estas modificações serão analisadas nos pontos próprios a seguir estudados.

1. DO CONTRADITÓRIO E DA AMPLA DEFESA

O princípio constitucional da ampla defesa e do contraditório (art. 5º, LV, da CRFB) consagra o direito de resposta do réu. No processo do trabalho, a defesa trabalhista, ainda que tratada de forma ampla, foi disciplinada na CLT por meio das regras contidas no Título X, "Do Processo Judiciário do Trabalho", que se inicia

---

(1) Advogado. Professor PUC-RS Processo Civil e Trabalho desde 1990. Membro da ABDT – Academia Brasileira de Direito do Trabalho e da ASRDT- Academia Sul-Rio-Grandense de Direito do Trabalho.

(2) Advogado. Professor da PUC-RS. Pós-doutor pela Universidade de Sevilha. Doutor e mestre em direito pela PUC-RS. Presidente da Associação dos Advogados Trabalhistas de Empresa no Estado do RS. SATERGS –Titular da cadeira n. 23 da Academia Sul-Rio-Grandense de Direito do Trabalho.

(3) Registre-se que, diante desta nova disciplina no parágrafo terceiro do art. 843 da CLT, o TST terá de reformular seu entendimento manifestado na Súmula n. 377, no sentido de que? *"PREPOSTO. EXIGÊNCIA DA CONDIÇÃO DE EMPREGADO. Exceto quanto à reclamação de empregado doméstico, ou contra micro ou pequeno empresário, o preposto deve ser necessariamente empregado do reclamado. Inteligência do art. 843, § 1º, da CLT e do art. 54 da Lei Complementar n. 123, de 14 de dezembro de 2006."*

no art. 763. Cumpre reiterar que, havendo omissão da CLT e compatibilidade com as normas nela contidas com o processo civil comum, este será fonte subsidiária, nos termos do art. 769 da CLT, antes citado.

Portanto, antes de adentrar nas espécies das respostas/alegações do réu no processo do trabalho, impende destacar alguns aspectos importantes sobre o tema diante do novo diploma processual civil.

O Tribunal Superior do Trabalho, a fim de analisar as normas do Código de Processo Civil de 2015 aplicáveis e inaplicáveis ao Processo do Trabalho, editou a Instrução Normativa n. 39/2016 (por meio da Resolução n. 203, de 15 de março de 2016), a qual disciplina, no art. 1º que:

> Aplica-se o Código de Processo Civil, subsidiária e supletivamente, ao Processo do Trabalho, em caso de omissão e desde que haja compatibilidade com as normas e princípios do Direito Processual do Trabalho, na forma dos arts. 769 e 889 da CLT e do art. 15 da Lei n. 13.105, de 17.03.2015.

Destaque-se que, já em seus artigos inaugurais, o novo CPC enaltece o princípio do contraditório e da ampla defesa, assim dispondo nos arts. 9º e 10:

> Art. 9º Não se proferirá decisão contra uma das partes sem que ela seja previamente ouvida.
>
> Parágrafo único. O disposto no *caput* não se aplica:
>
> I – à tutela provisória de urgência;
>
> II – às hipóteses de tutela da evidência previstas no art. 311, incisos II e III;
>
> III – à decisão prevista no art. 701.
>
> Art. 10. O juiz não pode decidir, em grau algum de jurisdição, com base em fundamento a respeito do qual não se tenha dado às partes oportunidade de se manifestar, ainda que se trate de matéria sobre a qual deva decidir de ofício.

Apesar de uma primeira impressão sugerir que essas novas disposições do Código de Processo Civil supra podem ferir o princípio da celeridade em que se pauta o processo do trabalho, a Instrução Normativa n. 39/2016 do Tribunal Superior do Trabalho, buscando, conforme já referido, verificar as normas do Código de Processo Civil de 2015 aplicáveis ao Processo do Trabalho, dispôs, em seu art. 4º, que se aplicam ao Processo do Trabalho as normas do CPC que regulam o princípio do contraditório, em especial os arts. 9º e 10, no que vedam a decisão surpresa[4]. Por óbvio, não se desconhece o caráter meramente orientador da referida Instrução Normativa.

2. A DEFESA TRABALHISTA

As respostas do réu no processo do trabalho foram disciplinadas em sentido amplo, uma vez que a Consolidação das Leis do Trabalho não abordou expressamente as figuras jurídicas da contestação e da reconvenção, tratando genericamente do termo "defesa", conforme expressamente disposto no art. 847 da CLT.

As regras processuais diretamente aplicáveis ao tema são aquelas contidas no Título X, "Do Processo Judiciário do Trabalho" da CLT, que se inicia no art. 763 da CLT. Os principais dispositivos legais que tratam, direta ou indiretamente, da defesa trabalhista são os arts. 767 (disciplina que o instituto da compensação é matéria de defesa), 799/802 (trata das exceções) e o art. 847 **(aborda a oportunidade da apresentação da defesa, agora, inclusive com previsão expressa do momento para apresentação da defesa escrita pelo sistema de processo judicial eletrônico, conforme nova redação dada pela Lei n. 13.467/17).**

No Código de Processo Civil de 1973, o Capítulo II dedicava-se "às respostas do réu", sendo disciplinado, nos termos do art. 297 do CPC, que "*o réu poderá oferecer, no prazo de 15 (quinze) dias, em petição escrita, dirigida ao juiz da causa, contestação, exceção e reconvenção*". Portanto, como exercício do direito de resposta, elencavam-se as seguintes espécies de defesa: contestação, exceção e reconvenção. Dessa maneira, diante da omissão da CLT e da compatibilidade com as normas nela contidas com o processo comum, nos termos do art. 769 da CLT, as três espécies de resposta anteriores sempre foram aplicáveis ao processo do trabalho.

O novo CPC, contudo, inovou em relação ao tema das respostas do réu, visto que, diferente da disposição do diploma processual anterior, que previa fosse o réu citado para, no prazo de quinze dias, apresentar a sua

---

(4) Instrução Normativa n. 39/2016 do TST, editada por meio da Resolução n. 203, de 15 de março de 2016, assim disciplina em seu art. 4º: Aplicam-se ao Processo do Trabalho as normas do CPC que regulam o princípio do contraditório, em especial os arts. 9º e 10, no que vedam a decisão surpresa.

§ 1º Entende-se por "decisão surpresa" a que, no julgamento final do mérito da causa, em qualquer grau de jurisdição, aplicar fundamento jurídico ou embasar-se em fato não submetido à audiência prévia de uma ou de ambas as partes.

§ 2º Não se considera "decisão surpresa" a que, à luz do ordenamento jurídico nacional e dos princípios que informam o Direito Processual do Trabalho, as partes tinham obrigação de prever, concernente às condições da ação, aos pressupostos de admissibilidade de recurso e aos pressupostos processuais, salvo disposição legal expressa em contrário.

defesa, o código atual alterou a ordem dos atos processuais, sobretudo no que se refere ao momento para a apresentação da defesa. Isso porque, a exemplo do que dispõe a CLT, o CPC atual, no Capítulo V, disciplinou a "*audiência de conciliação ou de mediação*", passando a priorizar a tentativa da conciliação, sendo o réu agora citado para comparecer à audiência, e não mais para oferecer contestação, exceção ou reconvenção, conforme art. 334, o qual assim dispõe:

> Art. 297 do CPC/1973. O réu poderá oferecer, no prazo de 15 (quinze) dias, em petição escrita, dirigida ao juiz da causa, contestação, exceção e reconvenção.
>
> Art. 334 do CPC/2015. Se a petição inicial preencher os requisitos essenciais e não for o caso de improcedência liminar do pedido, o juiz designará audiência de conciliação ou de mediação com antecedência mínima de 30 (trinta) dias, devendo ser citado o réu com pelo menos 20 (vinte) dias de antecedência.

Em realidade, o regramento do novo CPC não alterou o procedimento trabalhista em relação à apresentação da resposta pelo reclamado, uma vez que, pela aplicação dos Princípios da Concentração de Atos e da Celeridade, já consagrados pela CLT, o processo do trabalho, até o advento da Lei n. 13.467/2017, não regulava prazo específico para apresentação da defesa, mas sim reservava um momento, qual seja, a audiência trabalhista, para que o reclamado nela comparecesse e, na hipótese de restar inexitosa a conciliação, apresentasse a sua defesa, segundo os arts. 841 e 847 da CLT:

> Art. 841 da CLT. Recebida e protocolada a reclamação, o escrivão ou chefe de secretaria, dentro de 48 horas, remeterá a segunda via da petição ou do termo, ao reclamado, **notificando-o ao mesmo tempo, para comparecer à audiência de julgamento**, que será a primeira desimpedida depois de cinco dias.

> Art. 847 da CLT. Não havendo acordo, o reclamado terá vinte minutos **para aduzir sua defesa**, após a leitura da reclamação, quando esta não for dispensada por ambas as partes.

Ocorre que, com a modernização das relações sociais e a informatização dos processos no âmbito do Judiciário, a Justiça do Trabalho passou a adotar o processo judicial eletrônico, em que a apresentação de peças processuais, tais como a defesa, não são mais apresentados fisicamente pela parte em audiência, mas sim por meio de petição eletrônica. Esta situação, diante da necessidade de adaptação da CLT ao processo eletrônico, passou a gerar dúvidas sobre o momento específico de apresentação da resposta escrita pelo reclamado, já que a defesa teria que ser anexada ao processo eletrônico e não mais apresentada de forma física em audiência. Tal situação, inclusive, causou insegurança jurídica, já que, por vezes, cada magistrado possuía um procedimento próprio em relação ao momento em que a resposta deveria ser protocolada no processo eletrônico.

Nesse sentido, bastante oportuna foi a resposta dada pela reforma trabalhista, pois a Lei n. 13.467/2017 inseriu o parágrafo único no art. 847 da CLT, para disciplinar que "*A parte poderá apresentar defesa escrita pelo sistema de processo judicial eletrônico até a audiência*".

Dessa maneira, embora o *caput* do art. 847 da CLT discipline que a defesa deve ser apresentada em audiência, se deve atentar quanto à nova redação do art. 847, parágrafo único suprarreferido.

Outro aspecto que merece ser destacado é que, conforme art. 843 da CLT[5], a presença das partes, independe dos seus procuradores[6]. Este foi o entendimento disciplinado pela Instrução Normativa n. 39/2016 do TST que, no seu art. 2º, dispôs que não se aplica ao Processo do Trabalho o art. 334 (audiência de conciliação ou de mediação), tampouco o

---

(5) Artigo 843 da CLT: Na audiência de julgamento deverão estar presentes o reclamante e o reclamado, independente do comparecimento de seus representantes, salvo nos casos de Reclamatórias Plúrimas ou Ações de cumprimento, quando os empregados poderão fazer-se representar pelo Sindicato de sua categoria.
§ 1º É facultado ao empregador fazer-se substituir pelo gerente, ou qualquer outro preposto que tenha conhecimento do fato, e cujas declarações obrigarão o proponente.
§ 2º Se por doença ou qualquer outro motivo poderoso, devidamente comprovado, não for possível ao empregado comparecer pessoalmente, poderá fazer-se representar por outro empregado que pertença à mesma profissão, ou pelo seu sindicato.
Atenção para inclusão do parágrafo terceiro no **art. 843 da CLT pela Lei n. 13.467/2017**:
§ 3º *O preposto a que se refere o § 1º deste artigo não precisa ser empregado da parte reclamada.*

(6) Atente-se para inclusão do § 5º no **art. 844 da CLT pela Lei 13.467/17, que assim disciplina**: § 5º Ainda que ausente o reclamado, presente o advogado na audiência, serão aceitos a contestação e os documentos eventualmente apresentados. Veja-se que a nova redação do art. 844 da CLT, pelo novo parágrafo quinto, exigirá revisão pelo TST em relação à Súmula n. 122 do TST, que assim disciplina: *A reclamada, ausente à audiência em que deveria apresentar defesa, é revel, ainda que presente seu advogado munido de procuração, podendo ser ilidida a revelia mediante a apresentação de atestado médico, que deverá declarar, expressamente, a impossibilidade de locomoção do empregador ou do seu preposto no dia da audiência.*

art. 335 (prazo para contestação) do novo Código de Processo Civil[7].

Além disso, no novo CPC, a incompetência, absoluta ou relativa, passou a ser tratada como preliminar de contestação, e não mais em forma de "exceção de incompetência", conforme era disciplinada pelo art. 112 do CPC de 1973, consoante será adiante abordado em tópico específico.

Outra alteração significativa no CPC atual diz respeito à reconvenção, pois, enquanto o CPC de 1973 exigia a apresentação da contestação e da reconvenção em peças distintas (art. 299 do CPC), o novo CPC disciplinou que o demandado pode reconvir na própria contestação (art. 343 do CPC), de acordo com o retrodemonstrado no quadro comparativo:

> Art. 299 do CPC/1973. A contestação e a reconvenção serão oferecidas simultaneamente, em peças autônomas; a exceção será processada em apenso aos autos principais.
>
> Art. 343 do CPC/2015. Na contestação, é lícito ao réu propor reconvenção para manifestar pretensão própria, conexa com a ação principal ou com o fundamento da defesa.

3. MOMENTO DE OFERECIMENTO DA DEFESA NO PROCESSO DO TRABALHO

Conforme disposto no art. 847 da CLT:

> Art. 847 da CLT. Não havendo acordo, <u>o reclamado terá vinte minutos para aduzir sua defesa</u>, após a leitura da reclamação, quando esta não for dispensada por ambas as partes.
>
> *Parágrafo único. A parte poderá apresentar <u>defesa escrita pelo</u> sistema de processo judicial eletrônico <u>até a audiência</u>.* (NR Lei n. 13.467/2017)

Veja-se que o artigo supra, na sua redação original antes da Lei n. 13.467/1207 não revelava um prazo específico para apresentação da defesa, na medida em que qualquer uma das espécies de resposta (contestação, exceção e reconvenção) seria apresentada em audiência, verbalmente (20 minutos) ou em peça escrita. Tal situação decorreu dos Princípios da Oralidade, da Concentração de Atos e da Celeridade. Contudo, com a reforma trabalhista, consoante antes exposto, a parte poderá apresentar <u>defesa escrita pelo</u> sistema de processo judicial eletrônico <u>até a audiência</u>.".estando claro o momento para a realização do ato.

Cumpre registrar que o prazo de 05 dias (previsto no art. 841 da CLT) refere-se ao período mínimo entre recebimento da notificação[8] pelo reclamado e realização da audiência trabalhista; não significando, assim, que a resposta será apresentada no prazo de 05 dias, mas sim na data em que a audiência for designada. Senão, vejamos:

> Art. 841 da CLT. Recebida e protocolada a reclamação, o escrivão ou chefe de secretaria, dentro de 48 horas, remeterá a segunda via da petição ou do termo, ao reclamado, notificando-o ao mesmo tempo, para comparecer à audiência de julgamento, que será a primeira desimpedida depois de cinco dias.

A seguir, serão analisadas as formas de defesa, bem como a aplicação prática no processo do trabalho.

4. DA CONTESTAÇÃO E SUA APRESENTAÇÃO

A faculdade disposta ao réu de opor-se à tese inicial por meio da contestação, permitindo a ele sustentar os fundamentos fáticos e jurídicos para se opor à procedência da ação, restou disciplinada no Capítulo V, no art. 335 no novo CPC[9]. Este diploma processual priorizou a autocomposição do litígio, alterando a ordem dos atos processuais, para, primeiro, designar a audiência conciliatória e, somente após, em restando inexitosa a conciliação, oportunizar o oferecimento da contestação ao réu. Esta alteração do Novo CPC acabou

---

(7) Art. 2º Sem prejuízo de outros, não se aplicam ao Processo do Trabalho, em razão de inexistência de omissão ou por incompatibilidade, os seguintes preceitos do Código de Processo Civil: (...) IV – art. 334 (audiência de conciliação ou de mediação); V – art. 335 (prazo para contestação).

(8) Sobre a notificação, importante referir que, conforme entendimento da **Súmula n. 16 do TST**, "Presume-se recebida a notificação 48 horas depois de sua postagem. O seu não-recebimento ou a entrega após o decurso desse prazo constituem ônus de prova do destinatário".

(9) Art. 335. O réu poderá oferecer contestação, por petição, no prazo de 15 (quinze) dias, cujo termo inicial será a data:
I – da audiência de conciliação ou de mediação, ou da última sessão de conciliação, quando qualquer parte não comparecer ou, comparecendo, não houver autocomposição;
II – do protocolo do pedido de cancelamento da audiência de conciliação ou de mediação apresentado pelo réu, quando ocorrer a hipótese do art. 334, § 4º, inciso I;
III – prevista no art. 231, de acordo com o modo como foi feita a citação, nos demais casos.
§ 1º No caso de litisconsórcio passivo, ocorrendo a hipótese do art. 334, § 6º, o termo inicial previsto no inciso II será, para cada um dos réus, a data de apresentação de seu respectivo pedido de cancelamento da audiência.
§ 2º Quando ocorrer a hipótese do art. 334, § 4º, inciso II, havendo litisconsórcio passivo e o autor desistir da ação em relação a réu ainda não citado, o prazo para resposta correrá da data de intimação da decisão que homologar a desistência.

por aproximar o processo comum ao processo do trabalho, uma vez que neste o reclamado é "notificado" para comparecer à audiência de conciliação e, no mesmo ato se, infrutífera a conciliação da lide, ocorrer a apresentação da defesa, devendo ser recordado que a partir da inserção do § 5º ao art. 847 da CLT, parte poderá apresentar defesa escrita pelo sistema de processo judicial eletrônico **até a audiência**.

Assim, ante a inexistência de lacuna nesse particular, quanto ao particular, o novo CPC não trouxe nenhuma alteração na sistemática processual trabalhista, pois, como referido anteriormente, diante do princípio da celeridade e da concentração de atos, a produção da defesa, quando apresentada verbalmente, se dará em audiência, ou, se na forma escrita, deverá ser protocolada pelo reclamado no sistema de processo judicial eletrônico **até a audiência**.

Dessa maneira, ainda que o processo civil estabeleça um prazo próprio para apresentação da defesa no art. 335 do CPC/2015[10], conforme observado anteriormente, o momento para apresentação da contestação no processo do trabalho permanece disciplinado pelo art. 847 da CLT, agora com previsão específica para a defesa escrita no processo judicial eletrônico. Para tanto, é indispensável que na audiência, de acordo com o art. 843 da CLT, estejam presentes as partes independentemente dos seus procuradores, conforme a seguir tratado.

5. REVELIA E CONFISSÃO FICTA

O não comparecimento do reclamado à audiência inaugural em que deveria apresentar defesa importará em decretação de revelia[11], além da aplicação da penalidade da confissão ficta, ao passo que a ausência injustificada do reclamante terá como consequência o arquivamento do feito[12], conforme art. 844 da CLT:

> Art. 844 da CLT. O não comparecimento do reclamante à audiência importa o arquivamento da reclamação, e o não comparecimento do reclamado importa revelia, além de confissão quanto à matéria de fato.

Portanto, no processo do trabalho, diferente do processo civil[13], a revelia ocorre quando o reclamado não comparece injustificadamente à audiência trabalhista para apresentação de defesa, e a penalidade da confissão ficta é imposta como consequência ao desinteresse da parte demandada em se defender e prestar depoimento pessoal. A confissão ficta faz presumir verdadeiros os fatos alegados pela parte contrária[14].

O reclamado revel será intimado da sentença da mesma forma que é notificado para comparecer à audiência inaugural, ou seja, por via postal, conforme art. 852 da CLT[15].

Em relação à ausência das partes à audiência, envolvendo as situações de revelia e do arquivamento da reclamação, deve ser registrado que a Lei n. 13.467/2017 trouxe consideráveis alterações ao art. 844 da CLT. Veja-se que o parágrafo único da antiga redação deste dispositivo, que disciplinava a possibilidade de o juiz suspender o julgamento e designar nova audiência na hipótese da ocorrência de motivo relevante quanto ao não comparecimento das partes à audiência, foi transformado no § 1º na nova redação do art. 844 da CLT, sendo inseridos outros quatro parágrafos.

---

(10) Art. 335. O réu poderá oferecer contestação, por petição, no prazo de 15 (quinze) dias, cujo termo inicial será a data:
   I – da audiência de conciliação ou de mediação, ou da última sessão de conciliação, quando qualquer parte não comparecer ou, comparecendo, não houver autocomposição;
   II – do protocolo do pedido de cancelamento da audiência de conciliação ou de mediação apresentado pelo réu, quando ocorrer a hipótese do art. 334, § 4º, inciso I;
   III – prevista no art. 231, de acordo com o modo como foi feita a citação, nos demais casos.
   § 1º No caso de litisconsórcio passivo, ocorrendo a hipótese do art. 334, § 6º, o termo inicial previsto no inciso II será, para cada um dos réus, a data de apresentação de seu respectivo pedido de cancelamento da audiência.
   § 2º Quando ocorrer a hipótese do art. 334, § 4º, inciso II, havendo litisconsórcio passivo e o autor desistir da ação em relação a réu ainda não citado, o prazo para resposta correrá da data de intimação da decisão que homologar a desistência.

(11) Conforme OJ n. 152 da SDI-1 do TST, pessoa jurídica de direito público sujeita-se à revelia prevista no art. 844 da CLT.

(12) Súmula n. 9 do TST: Ausência do reclamante. A ausência do reclamante, quando adiada a instrução após contestada a ação em audiência, não importa arquivamento do processo.

(13) No Novo Código de Processo Civil, a revelia foi disciplinada no art. 344, segundo o qual: Se o réu não contestar a ação, será considerado revel e presumir-se-ão verdadeiras as alegações de fato formuladas pelo autor.

(14) Súmula n. 74, I do TST. Confissão I. Aplica-se a confissão à parte que, expressamente intimada com aquela cominação, não comparecer à audiência em prosseguimento, na qual deveria depor.

(15) Art. 852 da CLT: Da decisão serão os litigantes notificados, pessoalmente, ou por seu representante, na própria audiência. No caso de revelia, a notificação far-se-á pela forma estabelecida no § 1º do art. 841.

Dessa maneira, o novo § 2º, do art. 844, da CLT, passou a prever que, na hipótese de ausência do reclamante, este será condenado ao pagamento das custas calculadas na forma do art. 789 da CLT, ainda que beneficiário da justiça gratuita. Tal situação apenas será excepcionada se o reclamante comprovar, no prazo de quinze dias, que a ausência ocorreu por motivo relevante. Ademais, o pagamento das custas será condição para a propositura de nova demanda (art. 844, § 3º, da CLT).

No que se refere à revelia, houve relevante alteração no art. 844, pois o § 4º passou assim disciplinar:

> § 4º A revelia não produz o efeito mencionado no *caput* deste artigo se:
>
> I – havendo pluralidade de reclamados, algum deles contestar a ação;
>
> II – o litígio versar sobre direitos indisponíveis;
>
> III – a petição inicial não estiver acompanhada de instrumento que a lei considere indispensável à prova do ato;
>
> IV – as alegações de fato formuladas pelo reclamante forem inverossímeis ou estiverem em contradição com prova constante dos autos.

Por fim, merece registro que a alteração do art. 844 da CLT passou a tratar de uma situação prática ocorrida no processo do trabalho que até então somente recebia tratamento da jurisprudência, qual seja, a hipótese de o advogado do reclamado comparecer à audiência desacompanhado da parte. Conforme Súmula n. 122 do TST, a presença do advogado do reclamado em audiência, mesmo munido de procuração e contestação, não elidirá a revelia decorrente da ausência injustificada do demandado[16]. No entanto, com a Lei n. 13.467/2017, tal entendimento deverá ser revisto pelo TST, pois o art. 844, § 5º, da CLT, passou a dispor expressamente que *"Ainda que ausente o reclamado, presente o advogado na audiência, serão aceitos a contestação e os documentos eventualmente apresentados.*

Para melhor visualização e comparação pelo leitor das alterações supracomentadas, segue a comparação do art. 844 da CLT antes e depois da reforma trabalhista:

> **Art. 844 da CLT/antes da reforma.** O não comparecimento do reclamante à audiência importa o arquivamento da reclamação, e o não comparecimento do reclamado importa revelia, além de confissão quanto à matéria de fato.
>
> Parágrafo único. Ocorrendo, entretanto, motivo relevante, poderá o presidente suspender o julgamento, designando nova audiência.
>
> **Art. 844 da CLT/após a reforma.** O não comparecimento do reclamante à audiência importa o arquivamento da reclamação, e o não comparecimento do reclamado importa revelia, além de confissão quanto à matéria de fato.
>
> § 1º Ocorrendo motivo relevante, poderá o juiz suspender o julgamento, designando nova audiência.
>
> § 2º Na hipótese de ausência do reclamante, este será condenado ao pagamento das custas calculadas na forma do art. 789 desta Consolidação, ainda que beneficiário da justiça gratuita, salvo se comprovar, no prazo de quinze dias, que a ausência ocorreu por motivo legalmente justificável.
>
> § 3º O pagamento das custas a que se refere o § 2º é condição para a propositura de nova demanda.
>
> § 4º A revelia não produz o efeito mencionado no *caput* deste artigo se:
>
> I – havendo pluralidade de reclamados, algum deles contestar a ação;
>
> II – o litígio versar sobre direitos indisponíveis;
>
> III – a petição inicial não estiver acompanhada de instrumento que a lei considere indispensável à prova do ato;
>
> IV – as alegações de fato formuladas pelo reclamante forem inverossímeis ou estiverem em contradição com prova constante dos autos.
>
> § 5º Ainda que ausente o reclamado, presente o advogado na audiência, serão aceitos a contestação e os documentos eventualmente apresentados.

6. NECESSIDADE DE ALEGAÇÃO DE TODA A MATÉRIA DE DEFESA E IMPUGNAÇÃO ESPECÍFICA DOS FATOS NA CONTESTAÇÃO

Na peça contestatória, exige-se a arguição de toda a matéria de defesa – princípio da Eventualidade, devendo ser indicadas as razões de fato e de direito que afastam a pretensão do autor[17]. Neste particular, o novo CPC, no art. 336, tratou de reiterar as disposições do CPC de 1973 (art. 300), no sentido de não se admitir a contestação genérica (princípio da concentração da

---

(16) Súmula n. 122 do TST. Revelia. Atestado médico. A reclamada, ausente à audiência em que deveria apresentar defesa, é revel, ainda que presente seu advogado munido de procuração, podendo ser ilidida a revelia mediante a apresentação de atestado médico, que deverá declarar, expressamente, a impossibilidade de locomoção do empregador ou do seu preposto no dia da audiência.

(17) A consequência de o reclamado não abordar toda a matéria de defesa na peça contestatória gera a preclusão. A título exemplificativo, observe-se que, nos termos do art. 767 da CLT: A compensação, ou retenção, só poderá ser argüida como matéria de defesa. Da mesma forma, a Súmula n. 48 do TST disciplina que: A compensação só poderá ser argüida com a contestação.

defesa), especificando, ainda, os meios de prova que se pretende valer para provar as alegações suscitadas, o que se apresenta compatível com o processo do trabalho. Veja-se a comparação entre os dois diplomas:

> Art. 300 do CPC/1973. Compete ao réu alegar, na contestação, toda matéria de defesa, expondo as razões de fato e de direito, com que impugna o pedido do autor e especificando as provas que pretende produzir.
>
> Art. 336 do CPC/2015. Incumbe ao réu alegar, na contestação, toda a matéria de defesa, expondo as razões de fato e de direito com que impugna o pedido do autor e especificando as provas que pretende produzir.

Da mesma forma, no que tange à necessidade de **impugnação específica dos fatos na contestação pelo réu**, o novo CPC, no art. 341, ratificou as disposições do CPC de 1973 (art. 302). Assim, permaneceu, no novo CPC, o ônus da impugnação específica pelo réu, isto é, o dever de impugnar um a um os pedidos da inicial, indicando as razões de fato e de direito que afastam a pretensão do autor, sob pena de presumirem-se verdadeiras aquelas não impugnadas, conforme a seguir se demonstra:

> Art. 302 do CPC/1973. Cabe também ao réu manifestar-se precisamente sobre os fatos narrados na petição inicial. Presumem-se verdadeiros os fatos não impugnados, salvo:
>
> I – se não for admissível, a seu respeito, a confissão;
>
> II – se a petição inicial não estiver acompanhada do instrumento público que a lei considerar da substância do ato;
>
> III – se estiverem em contradição com a defesa, considerada em seu conjunto.
>
> Art. 341 do CPC/2015. Incumbe também ao réu manifestar-se precisamente sobre as alegações de fato constantes da petição inicial, presumindo-se verdadeiras as não impugnadas, salvo se:
>
> I – não for admissível, a seu respeito, a confissão;
>
> II – a petição inicial não estiver acompanhada de instrumento que a lei considerar da substância do ato;
>
> III – estiverem em contradição com a defesa, considerada em seu conjunto.

> Parágrafo único. O ônus da impugnação especificada dos fatos não se aplica ao defensor público, ao advogado dativo e ao curador especial

7. DESISTÊNCIA DE AÇÃO DEPOIS DO OFERECIMENTO DA CONTESTAÇÃO

Com a reforma trabalhista, ainda que já houvesse disposição própria no Código de Processo Civil, a CLT passou a disciplinar regra própria no processo do trabalho, no art. 841, § 3º, da CLT, para assim dispor: "*§ 3º Oferecida a contestação, ainda que eletronicamente, o reclamante não poderá, sem o consentimento do reclamado, desistir da ação.*" (Incluído pela Lei n. 13.467, de 2017)

8. QUESTÕES PROCESSUAIS E DE MÉRITO

Sobre as matérias de defesa, sabe-se que a contestação pode ser (i) contra o processo (não se ataca diretamente a pretensão do autor, mas sim questões de ordem processual)[18]; ou (ii) contra o mérito (quando o réu reconhece o fato constitutivo do direito do autor, mas opõe outro fato impeditivo, modificativo ou extintivo do pleito formulado na inicial, como a arguição da prescrição; ou quando o réu nega a existência do fato constitutivo do direito do autor ou das suas consequências jurídicas)[19].

Desta forma, compete ao réu, antes de insurgir-se quanto ao mérito da causa, a arguição das questões prejudiciais ao regular prosseguimento da relação processual, o que, na prática, usualmente se denomina de "preliminares de contestação". Justifica-se tal divisão, na medida em que o acolhimento da preliminar obsta ao julgador a análise do mérito.

Em relação às preliminares de contestação, a Consolidação das Leis do Trabalho foi omissa, razão pela qual se aplicam ao processo do trabalho as disposições do processo comum relativas ao tema naquilo que for compatível com os princípios processuais trabalhistas.

Sobre o assunto, o novo CPC praticamente reproduziu no seu art. 337 as disposições do art. 301 do diploma anterior. A essência das preliminares de contestação permaneceu a mesma, contudo, com pequenas alterações, conforme grifado no artigo a seguir,

---

(18) A defesa processual pode ser classificada em peremptória e dilatória. Esta, quando acolhida, não acarreta a extinção do processo sem resolução de mérito, mas apenas determina a paralisação provisória do processo enquanto não sanada a irregularidade, como a irregularidade de representação da parte. Aquela, se acolhida, ocasiona a extinção do processo sem resolução do mérito, como a inépcia, a litispendência e a coisa julgada. LEITE, Carlos Henrique Bezerra. *Curso de Direito Processual do Trabalho*. 7. ed. São Paulo: LTr, 2009. p. 461 a 478.

(19) Sobre o assunto vide LEITE, Carlos Henrique Bezerra. *Curso de Direito Processual do Trabalho*. 7. ed. São Paulo: LTr, 2009. p. 461 a 478.

especificamente nos incisos II, III, XI, XIII e §§ 3º ao 5º, as quais não afetam o processo do trabalho:

> Art. 301 do CPC/1973. Compete-lhe, porém, antes de discutir o mérito, alegar:
>
> I – inexistência ou nulidade da citação;
>
> II – incompetência absoluta;
>
> III – inépcia da petição inicial;
>
> IV – perempção;
>
> V – litispendência;
>
> Vl – coisa julgada;
>
> VII – conexão;
>
> Vlll – incapacidade da parte, defeito de representação ou falta de autorização;
>
> IX – convenção de arbitragem;
>
> X – carência de ação;
>
> XI – falta de caução ou de outra prestação, que a lei exige como preliminar.
>
> § 1º Verifica-se a litispendência ou a coisa julgada, quando se reproduz ação anteriormente ajuizada.
>
> § 2º Uma ação é idêntica à outra quando tem as mesmas partes, a mesma causa de pedir e o mesmo pedido.
>
> § 3º Há litispendência, quando se repete ação, que está em curso; há coisa julgada, quando se repete ação que já foi decidida por sentença, de que não caiba recurso.
>
> § 4º Com exceção do compromisso arbitral, o juiz conhecerá de ofício da matéria enumerada neste artigo.
>
> Art. 337 do CPC/2015. Incumbe ao réu, antes de discutir o mérito, alegar:
>
> I – inexistência ou nulidade da citação;
>
> II – incompetência absoluta e relativa;
>
> III – incorreção do valor da causa;
>
> IV – inépcia da petição inicial;
>
> V – perempção;
>
> VI – litispendência;
>
> VII – coisa julgada;
>
> VIII – conexão;
>
> IX – incapacidade da parte, defeito de representação ou falta de autorização;
>
> X – convenção de arbitragem;
>
> XI – ausência de legitimidade ou de interesse processual;
>
> XII – falta de caução ou de outra prestação que a lei exige como preliminar;
>
> XIII – indevida concessão do benefício de gratuidade de justiça.
>
> § 1º Verifica-se a litispendência ou a coisa julgada quando se reproduz ação anteriormente ajuizada.
>
> § 2º Uma ação é idêntica a outra quando possui as mesmas partes, a mesma causa de pedir e o mesmo pedido.
>
> § 3º Há litispendência quando se repete ação que está em curso.
>
> § 4º Há coisa julgada quando se repete ação que já foi decidida por decisão transitada em julgado.
>
> § 5º Excetuadas a convenção de arbitragem e a incompetência relativa, o juiz conhecerá de ofício das matérias enumeradas neste artigo.
>
> § 6º A ausência de alegação da existência de convenção de arbitragem, na forma prevista neste Capítulo, implica aceitação da jurisdição estatal e renúncia ao juízo arbitral.

A seguir, serão analisadas as preliminares de contestação do art. 337 do CPC/2015, com algumas observações pontuais no que tange à defesa trabalhista.

a) Preliminares de contestação

Consoante já exposto, a matéria objeto de preliminar trata-se de defesa contra o processo que, uma vez acolhida, prejudicará a análise do mérito.

No processo do trabalho, antes da análise específica das preliminares do art. 337 do CPC/2015, recomenda-se a verificação das situações retro:

1 – Observar a regra do litisconsórcio ativo:

Inicialmente, deve-se atentar para o fato de reclamações plúrimas, uma vez que, sendo várias as reclamações e havendo identidade de matéria, poderão ser acumuladas num só processo, se se tratar de empregados da mesma empresa ou estabelecimento, segundo o art. 842 da CLT:

> Art. 842 da CLT. Sendo várias as reclamações e havendo identidade de matéria, poderão ser acumulada num só processo, se tratar de empregados da mesma empresa ou estabelecimento.

Nessa situação, caso não seja formado regularmente o polo ativo, deve-se requerer a extinção do processo sem resolução do mérito (ausência de pressupostos de constituição e de desenvolvimento válido e regular do processo), com base no art. 842 da CLT e art. 485, IV, do CPC/2015, combinado com o art. 769 da CLT.

2 – Das novas exigências à petição inicial diante da alteração do art. 840 da CLT pela Lei n. 13.467/2017

Nos termos da nova redação do art. 840, § 1º, da CLT, a reclamação trabalhista escrita deverá conter, além dos requisitos normais até então consagrados na texto original do artigo (a designação do juízo, a qualificação das partes, a breve exposição dos fatos de que resulte o dissídio, o pedido, a data e a assinatura do reclamante ou de seu representante), **o pedido certo, determinado e com indicação de seu valor**, ou seja, passou-se a exigir a quantificação dos pedidos da petição inicial. Caso tal disciplina não seja observada pelo reclamante, conforme art. 844, § 3º, da CLT, os pedidos que não atenderem a tal determinação serão julgados extintos sem resolução do mérito.

Nessa situação, caso não sejam regularmente quantificados os pedidos da petição inicial, pode-se requerer a extinção do processo sem resolução do mérito (ausência de pressupostos de constituição e de desenvolvimento válido e regular do processo), com base no art. 840, § 3º, da CLT, e art. 485, IV, do CPC/2015, combinado com o art. 769 da CLT.

Para melhor visualização e comparação pelo leitor das alterações antes comentadas, segue a comparação do art. 840 da CLT antes e depois da reforma trabalhista:

> **Art. 840 da CLT/antes da reforma.** A reclamação poderá ser escrita ou verbal.
>
> § 1º Sendo escrita, a reclamação deverá conter a designação do Presidente da Junta, ou do juiz de direito a quem for dirigida, a qualificação do reclamante e do reclamado, uma breve exposição dos fatos de que resulte o dissídio, o pedido, a data e a assinatura do reclamante ou de seu representante.
>
> § 2º Se verbal, a reclamação será reduzida a termo, em 2 (duas) vias datadas e assinadas pelo escrivão ou secretário, observado, no que couber, o disposto no parágrafo anterior.
>
> **Art. 840 da CLT/após a reforma.** A reclamação poderá ser escrita ou verbal.
>
> § 1º Sendo escrita, a reclamação deverá conter a designação do juízo, a qualificação das partes, a breve exposição dos fatos de que resulte o dissídio, o pedido, que deverá ser certo, determinado e com indicação de seu valor, a data e a assinatura do reclamante ou de seu representante.
>
> § 2º Se verbal, a reclamação será reduzida a termo, em duas vias datadas e assinadas pelo escrivão ou secretário, observado, no que couber, o disposto no § 1º deste artigo
>
> § 3º Os pedidos que não atendam ao disposto no § 1º deste artigo serão julgados extintos sem resolução do mérito.

3 – Não submissão da demanda à Comissão de Conciliação Prévia:

Nos termos do art. 625-D da CLT, qualquer demanda de natureza trabalhista, antes de ajuizada na Justiça do Trabalho, deverá ser submetida à Comissão de Conciliação Prévia[20] se, na localidade da prestação de serviços, houver sido instituída a Comissão no âmbito da empresa ou do sindicato da categoria. Senão, vejamos:

> Art. 625-D da CLT. Qualquer demanda de natureza trabalhista **será submetida à Comissão de Conciliação Prévia**, se na localidade da prestação de serviços, houver sido instituída a Comissão no âmbito da empresa ou do sindicato da categoria.

Portanto, consoante artigo supra, caso existisse Comissão de Conciliação Prévia na localidade em que foi distribuída a demanda e não fosse comprovada a submissão da mesma à Comissão, o reclamado poderia requerer, como preliminar de contestação, a extinção do processo sem resolução do mérito, com fulcro no art. 485, IV e VI, do CPC/2015.

No entanto, cumpre ressaltar que o Supremo Tribunal Federal, em 13.05.2009[21], por reputar caracterizada, em princípio, a ofensa ao princípio do livre acesso ao Judiciário (CF/88, art. 5º, XXXV), por maioria de votos, deferiu parcialmente medidas cautelares em duas ações diretas de inconstitucionalidade, para dar interpretação conforme a Constituição Federal relativamente ao art. 625-D da CLT. Dessa forma, o STF entendeu que as reclamações trabalhistas podem ser submetidas à Justiça do Trabalho, **não havendo obrigatoriedade de submissão à Comissão de Conciliação Prévia**. Este já era o entendimento de diversos Tribunais Regionais, como o TRT da 4ª Região (RS), consoante Súmula n. 35 deste Tribunal de que:

> Súmula n. 35 do TRT 4ª Região: A ausência de submissão de qualquer demanda de natureza trabalhista à Comissão de Conciliação Prévia, não autoriza a extinção do processo sem julgamento do mérito.

Assim, no exame de ordem, deve-se ter muita atenção em relação a tal questão, pois, de acordo com o entendimento atual do STF, **não há obrigatoriedade da submissão da demanda à Comissão de Conciliação Prévia**.

Superadas as considerações anteriores, para enfrentar as preliminares da contestação, deve-se observar a disposição do art. 337 do CPC, aplicado, por força do art. 769 da CLT, de forma subsidiária ao processo do

---

(20) Caso não ocorra conciliação no âmbito da Comissão, será fornecida ao empregado e ao empregador declaração da tentativa conciliatória, que deverá ser anexada à petição inicial pelo reclamante (art. 625-D, § 2º, da CLT).

(21) (ADI n. 2.139 MC/DF, Rel. orig. Min. Octavio Gallotti, red. p/ o acórdão Min. Marco Aurélio – j. em 13.05.2009. ADI n. 2.160 MC/DF, rel. orig. Min. Octavio Gallotti, red. p/ o acórdão Min. Marco Aurélio – j. em 13.05.2009).

trabalho. Assim, o advogado do reclamado deverá buscar as preliminares aplicáveis ao caso concreto. Senão, vejamos:

Preliminares do art. 337 do CPC

Primeiramente, se deve observar o fato de que a reclamação trabalhista é uma cumulação objetiva de ações. Assim, considerando que a reclamatória pode abrigar diversos pedidos, haverá possibilidade da aplicação das preliminares a seguir analisadas em relação a apenas um dos pedidos e não a toda a ação necessariamente. Exemplificativamente, em uma mesma demanda, entre os vários pedidos formulados, a inépcia poderá ser aplicada ao pedido de equiparação salarial, enquanto a litispendência pode se dar em relação ao pedido de adicional de insalubridade. Nessa situação, somente ocorrerá a extinção do processo sem resolução de mérito no que se refere ao pedido específico objeto da preliminar.

Art. 337, inciso I, do novo CPC – "inexistência ou nulidade da citação", conforme o art. 238 do Novo CPC, a *"citação é o ato pelo qual são convocados o réu, o executado ou o interessado para integrar a relação processual"*. Como já referido, o processo do trabalho utiliza a denominação "notificação", consoante se infere do art. 841 da CLT, quando disciplina que o reclamado será "notificado" para comparecer à audiência. Cumpre ressaltar que a CLT possui disciplina própria no sentido de que a notificação do reclamado não será pessoal, mas, sim, realizada por meio de registro postal[22], presumindo-se recebida 48 (quarenta e oito) horas depois da sua regular expedição, de acordo com a Súmula n. 16 do TST[23].

Portanto, no âmbito do processo do trabalho, uma situação possível em relação à irregularidade da notificação/citação poderia ocorrer em relação ao prazo mínimo entre o recebimento desta pelo reclamado e realização da audiência trabalhista. Conforme o art. 841 da CLT, este período não poderá ser inferior a 05 (cinco) dias, sob pena de nulidade. Nessa hipótese, na prática trabalhista, como a defesa é apresentada em audiência, o reclamado normalmente requer previamente o adiamento da solenidade, peticionando nos autos (físicos ou eletrônicos), ocasião em que, via de regra, o diretor de secretaria certifica nos autos e o juiz designa nova data para realização da audiência, e portanto, para a defesa.

"Incompetência absoluta e relativa", preliminar disposta no art. 337, II, do novo CPC

Alteração significativa no processo civil ocorreu em relação à incompetência relativa, visto que no CPC de 1973 somente a incompetência absoluta deveria ser alegada como preliminar de contestação. No novo CPC, foi excluída a figura da "exceção de incompetência", disciplinada pelos arts. 112 e 304 do CPC de 1973. Assim, no diploma processual atual, tanto a incompetência absoluta quanto a relativa devem ser alegadas em preliminar de contestação, conforme os arts. 64, 65 e 340 do CPC/2015, e não mais por meio de exceção.

No entanto, no âmbito do processo do trabalho, entendemos que permanece a aplicação da CLT em relação à apresentação da incompetência relativa (incompetência em razão do lugar, nos termos dos arts. 651[24] e 799 da CLT) em peça apartada pela parte, em forma de exceção, somente sendo matéria de preliminar de contestação a incompetência absoluta. Isso porque, no processo do trabalho, as exceções foram expressamente previstas pela CLT, dispondo o art. 799, *caput* e § 1º da CLT que:

> Art. 799 da CLT. Nas causas da jurisdição da Justiça do Trabalho, somente podem ser opostas, com suspensão do feito, as exceções de suspeição ou incompetência.
>
> § 1º As demais exceções serão alegadas como matéria de defesa.

---

(22) Art. 841, § 1º, da CLT: A notificação será feita em registro postal com franquia. Se o reclamado criar embaraços ao seu recebimento ou não for encontrado, far-se-á a notificação por edital, inserto no jornal oficial ou no que publicar o expediente forense, ou, na falta, afixado na sede da Junta ou Juízo.

(23) Súmula n. 16 do TST: Presume-se recebida a notificação 48 (quarenta e oito) horas depois de sua postagem. O seu não-recebimento ou a entrega após o decurso desse prazo constitui ônus de prova do destinatário.

(24) Art. 651 da CLT. A competência das Juntas de Conciliação e Julgamento é determinada pela localidade onde o empregado, reclamante ou reclamado, prestar serviços ao empregador, ainda que tenha sido contratado noutro local ou no estrangeiro.
§ 1º Quando for parte no dissídio agente ou viajante comercial, a competência será da Junta da localidade em que a empresa tenha agência ou filial e a esta o empregado esteja subordinado e, na falta, será competente a Junta da localização em que o empregado tenha domicílio ou a localidade mais próxima.
§ 2º A competência das Juntas de Conciliação e Julgamento, estabelecida neste artigo, estende-se aos dissídios ocorridos em agência ou filial no estrangeiro, desde que o empregado seja brasileiro e não haja convenção internacional disposto em contrário.
§ 3º Em se tratado de empregador que promove realização de atividades fora do lugar do controle de trabalho, é assegurado ao empregado apresentar reclamação no foro da celebração do contrato ou no da prestação dos respectivos serviços.

Assim, ao contrário da incompetência absoluta, que deve ser objeto de preliminar de contestação no processo do trabalho e pode ser declarada de ofício pelo juízo (a exemplo do processo civil), a incompetência relativa depende de provocação da parte (art. 337, § 5º, do novo CPC), sendo, contudo, no processo do trabalho, apresentada em peça apartada da contestação, apesar da disposição do art. 64 do novo CPC, pois, como já referido, o art. 799 da CLT apresenta regra específica.

Igualmente, ante a ausência de lacuna normativa na CLT, defende-se que a nova regra do CPC que extirpou a figura da exceção de incompetência relativa, migrando a sua alegação para as preliminares da contestação, não deve ser integrada ao processo do trabalho. Tal se deve ao fato de que, inexistindo despacho saneador no processo do trabalho, eventual decisão acolhendo a incompetência acabaria por ser proferida somente na sentença, causando prejuízo às partes ante a necessidade de remessa dos autos ao juízo competente e declaração de nulidade dos atos até então praticados (inclusive, já tendo ocorrido a instrução do feito e transcorrido significativo lapso temporal de tramitação).

Feitas estas considerações, entendemos que, no processo do trabalho, a preliminar disposta no art. 337, II, do novo CPC, restará restrita à incompetência absoluta. Sobre esta, deve ser analisado o disposto no art. 114 da Constituição Federal, que trata, concomitantemente, da competência em razão da matéria (é determinada pela natureza da relação jurídica submetida ao juízo; são as lides referentes às relações de emprego e às relações de trabalho) e da competência em razão da pessoa (disciplinada em relação à qualidade da parte que figura na relação jurídica processual)[25]. Por força da Emenda Constitucional n. 45, de 2004, que alterou o art. 114 da Constituição Federal, a Justiça do Trabalho, além dos conflitos entre empregado e empregador decorrentes do contrato de trabalho (tais como dano moral, acidente do trabalho, cadastramento de PIS, FGTS, ações possessórias que tenham origem na relação de emprego, indenização pelo não fornecimento das guias de seguro-desemprego, conforme Súmula n. 389 do TST etc.), passou também a dirimir litígios decorrentes do meio ambiente do trabalho (Súmula n. 736 do STF[26]), execução das contribuições previdenciárias das sentenças que proferir (art. 114, VIII, da CF), litígios envolvendo o exercício do direito de greve (art. 114, II, da CF), ações envolvendo os sindicatos (art. 114, III, da CF) e penalidades administrativas impostas ao empregador pelos Órgãos de Fiscalização do Trabalho (art. 114, VII, da CF).

Dessa maneira, uma vez constatando o reclamado a incompetência em razão da matéria (absoluta), considerando que a competência material do Juízo é um dos pressupostos processuais, bem como que a inexistência de algum destes implica na extinção do processo sem resolução de mérito, deverá a contestação, com base no art. 485, inciso IV, do novo CPC, requerer a extinção do processo sem resolução de mérito.

Preliminar disposta no inciso III, do art. 337, do novo CPC – "incorreção do valor da causa"

Até a reforma trabalhista (Lei n. 13.467/2017), esta preliminar não apresentava relevante aplicação no processo do trabalho, pois teria utilidade caso a demanda fosse ajuizada pelo procedimento sumariíssimo e não restassem observados os requisitos específicos deste rito. Exemplificativamente, no procedimento sumariíssimo, o valor da causa não poderá exceder 40 salários mínimos, conforme art. 852-B da CLT. Assim, se deve atentar para o fato de que a ausência dos requisitos do art. 852, B, I, da CLT, importará no arquivamento da reclamação, com base no artigo, 852-B, § 1º, da CLT.

No entanto, a partir das alterações dadas pela Lei n. 13.467/2017, é possível ao reclamado se insurgir quanto à incorreção dos valores atribuídos aos pedidos da petição inicial também no procedimento ordinário. Conforme já destacado, com a nova redação do art. 840, § 1º, da CLT, a reclamação trabalhista escrita deverá conter pedido certo, determinado e com indicação de seu valor. Caso tal disciplina não seja observada pelo reclamante, esta questão poderá ser aventada em defesa, consoante art. 844, § 3º, da CLT, uma vez que os pedidos que não atenderem a tal determinação serão julgados extintos sem resolução do mérito.

9. A INÉPCIA DA PETIÇÃO INICIAL DISPOSTA NO INCISO IV, DO ART. 337, DO NOVO CPC

Esta preliminar deve ser aplicada com cautela ao processo do trabalho, visto que neste prevalece o princípio do *Jus Postulandi* (art. 791 da CLT[27]), bem

---

(25) LEITE, Carlos Henrique Bezerra. *Curso de Direito Processual do Trabalho*. 7. ed. São Paulo: LTr, 2009. p. 230 a 236.

(26) Súmula n. 736 do STF. Competência – Causa de Pedir – Descumprimento – Normas Trabalhistas. Compete à Justiça do Trabalho julgar as ações que tenham como causa de pedir o descumprimento de normas trabalhistas relativas à segurança, higiene e saúde dos trabalhadores.

(27) Art. 791 da CLT: Os empregados e empregadores poderão reclamar pessoalmente perante a Justiça do Trabalho e acompanhar suas reclamações até o final.

como o princípio da Informalidade (ver requisitos da inicial contidos no art. 840 da CLT[28]). No entanto, em que pese a existência de tais princípios, quando não for possível ao reclamado a contestação dos pedidos em decorrência de defeito da petição inicial, em manifesto prejuízo ao direito de defesa, verificar-se-á vício processual apto ao acolhimento da inépcia[29], com a consequente extinção do processo sem resolução do mérito. Tal situação ocorrerá, segundo o art. 330, § 1º, do novo CPC, quando na petição inicial: I – lhe faltar pedido ou causa de pedir; II – o pedido for indeterminado, ressalvadas as hipóteses legais em que se permite o pedido genérico; III – da narração dos fatos, não decorrer logicamente a conclusão; e IV – contiver pedidos incompatíveis entre si. Assim, se deve arguir a extinção do processo sem resolução de mérito em relação ao pedido inepto, com fulcro nos arts. 330, I e § 1º e 485, I, do novo CPC.

10. A FIGURA DA PEREMPÇÃO DISCIPLINADA NO INCISO V, DO ART. 337, DO NOVO CPC

A perempção trata-se da existência de impedimento legal para propositura da ação. No processo civil, a perempção é caracterizada quando o autor abandonar a causa por mais de trinta dias, não promovendo os atos e diligências que lhe competir, ensejando a extinção do processo sem resolução do mérito, conforme arts. 485, III, e 486, § 3º, do novo CPC. Todavia, o Processo do Trabalho possui regramento específico. Os arts. 731 e 732 da CLT estabelecem, respectivamente, que, quando apresentada a reclamação verbal e o reclamante não comparecer no prazo de cinco dias para reduzi-la a termo ou, quando escrita a reclamação, o autor der causa ao arquivamento por duas vezes seguidas, não poderá ajuizar nova demanda pelo prazo de 06 (seis) meses). Assim, ocorrendo uma dessas situações, o reclamado poderá arguir a extinção do processo sem resolução do mérito.

Art. 337, inciso VI, do novo CPC: litispendência

A figura da litispendência ocorre quando se reproduz ação idêntica à outra já ajuizada (art. 337, §§ 1º, 2º e 3º, do CPC/2015[30]). Nessa situação, deve-se postular a extinção do processo sem resolução de mérito em relação à segunda reclamação ajuizada (ou apenas ao pedido que se deduz novamente caso a litispendência ocorra apenas em relação a um dos pedidos da inicial), com base no art. 485, V, do CPC/2015, combinado com o art. 769 da CLT.

Art. 337, inciso VII, do novo CPC: coisa julgada

Segundo a disposição do art. 337, § 4º, do novo CPC, ocorre coisa julgada *"quando se repete ação que já foi decidida por decisão transitada em julgado."* A CLT, no art. 836, disciplina que é vedado aos órgãos da Justiça do Trabalho conhecer de questões já decididas. Importante observar que os acordos homologados pela Justiça do Trabalho têm efeito de coisa julgada (atente-se para o fato de que, conforme o art. 831, paragrafo único, da CLT, a decisão homologatória de acordo não comporta recurso pelas partes, exceto para o INSS em relação às contribuições previdenciárias[31]). Assim, deve-se requerer a extinção sem resolução de mérito, com fulcro no art. 485, V, do CPC/2015, combinado com o art. 769 da CLT.

Atenção: a coisa julgada pode ser pronunciada em relação apenas a um pedido (exemplo: reclamada fez acordo em ação anterior somente sobre o pedido do adicional de insalubridade e, posteriormente, ajuíza nova demanda repetindo o pedido objeto do acordo, juntamente com outras postulações não deduzidas na ação anterior. Nesta situação, a coisa julgada somente ocorrerá em relação à postulação objeto do acordo).

Art. 337, inciso VIII – Causa de modificação da competência – Conexão

A conexão possui a função de evitar decisões conflitantes; não gera, via de regra, a extinção do processo sem resolução de mérito, mas somente a modificação

---

(28) Nos termos do art. 840, § 1º, da CLT, que trata dos requisitos da petição inicial, apenas é determinado que se observe a autoridade a quem é dirigida, a qualificação das partes e uma breve exposição dos fatos de que resulte o dissídio, o pedido, a data e a assinatura do reclamante ou de seu representante.

(29) Sobre inépcia no processo do trabalho, *vide* Súmula n. 263 do TST: Petição inicial. Indeferimento. Instrução obrigatória deficiente. Salvo nas hipóteses do art. 295 do CPC, o indeferimento da petição inicial, por encontrar-se desacompanhada de documento indispensável à propositura da ação ou não preencher outro requisito legal, somente é cabível se, após intimada para suprir a irregularidade em 10 (dez) dias, a parte não o fizer.

(30) Art. 337, § 1º Verifica-se a litispendência ou a coisa julgada quando se reproduz ação anteriormente ajuizada.
§ 2º Uma ação é idêntica a outra quando possui as mesmas partes, a mesma causa de pedir e o mesmo pedido.
§ 3º Há litispendência quando se repete ação que está em curso.

(31) Conforme Súmula n. 259 do TST: Rescisória Trabalhista – Termo de Conciliação. Só por rescisória é atacável o termo de conciliação previsto no parágrafo único do art. 831 da Consolidação das Leis do Trabalho.

de competência para o juiz prevento, que julgará as demandas. Conforme disposto no art. 54 do CPC/2015, a competência relativa poderá se modificar pela conexão ou pela continência, e, conforme art. 55:

> Reputam-se conexas 2 (duas) ou mais ações quando lhes for comum o pedido ou a causa de pedir.
>
> § 1º Os processos de ações conexas serão reunidos para decisão conjunta, salvo se um deles já houver sido sentenciado.
>
> (...)
>
> § 3º Serão reunidos para julgamento conjunto os processos que possam gerar risco de prolação de decisões conflitantes ou contraditórias caso decididos separadamente, mesmo sem conexão entre eles.

Art. 337, inciso IX – Incapacidade da parte – Defeito de representação ou falta de autorização

Trata-se de defesa processual dilatória, ou seja, mesmo quando acolhida, não provoca a extinção do processo, mas apenas a ampliação ou dilação do curso do procedimento. Observe-se que, na reclamação trabalhista, os menores de dezoito anos, em regra, necessitam de assistência, que poderá ser prestada pelos pais ou responsáveis, ou pelo Ministério Público do Trabalho, conforme art. 793 da CLT[32].

A falta de capacidade processual pode ser alegada pelo reclamado em preliminar de contestação, de acordo com o art. 337, IX CPC/2015. Nesse caso, consoante disciplinado no art. 76 do CPC/2015:

> Verificada a incapacidade processual ou a irregularidade da representação da parte, o juiz suspenderá o processo e designará prazo razoável para que seja sanado o vício.
>
> § 1º Descumprida a determinação, caso o processo esteja na instância originária:
>
> I – o processo será extinto, se a providência couber ao autor;
>
> II – o réu será considerado revel, se a providência lhe couber.

Registre-se que a Instrução Normativa n. 39/2016 do TST, no art. 3º, entende ser aplicáveis ao Processo do Trabalho, em face de omissão e compatibilidade, os preceitos do art. 76, §§ 1º e 2º (saneamento de incapacidade processual ou de irregularidade de representação), do CPC/2015.

Portanto, conforme suprademonstrado, o juiz deverá conceder prazo à parte para a devida regularização. Não sendo regularizada a representação, o juiz declarará extinto sem resolução de mérito por falta de pressuposto processual de validade, conforme art. 485, IV, do CPC.

Art. 337, inciso X – Convenção de arbitragem

Embora a arbitragem seja reconhecida no âmbito do direito civil e do coletivo do trabalho (art. 114, § 1º, da CRFB), há bastante controvérsia quanto à sua aplicação no direito individual do trabalho, tendo em vista o princípio da indisponibilidade de direitos pelo empregado. Dessa forma, há entendimento de que a Lei n. 9.307/96 apenas seria aplicável às relações civis e comerciais. No entanto, sem entrar no mérito da questão, visto que não constitui escopo deste trabalho, na hipótese de contestação pelo reclamado em que se verificar a submissão do objeto da demanda impugnada à arbitragem (seja por meio da cláusula compromissória ou do compromisso arbitral, conforme art. 3º da Lei n. 9307/96[33]), pode o reclamado arguir, como preliminar de contestação (art. 337, X do CPC/2015), a extinção do processo sem resolução de mérito, com fulcro no art. 485, VII, do CPC/2015 (acolher a alegação de existência de convenção de arbitragem ou quando o juízo arbitral reconhecer sua competência), combinado com o art. 769 da CLT.

Art. 337, inciso XI – "Ausência de legitimidade ou de interesse processual"

Quanto à preliminar em tela, verifica-se alteração pelo novo CPC, visto que o inciso X, do art. 301, do CPC de 1973, que disciplinava a "carência de ação", no atual, passou a ser disciplinado pelo art. 337, XI. Veja-se que, no lugar da "carência de ação" do antigo CPC, encontra-se, agora, "ausência de legitimidade ou de interesse processual". Em relação ao interesse de agir, decorre do binômio necessidade/utilidade (a parte necessita exercitar o seu direito de ação para alcançar um resultado útil). Por sua vez, a legitimidade de parte refere-se à titularidade ativa ou passiva da ação (discute-se, na doutrina trabalhista, se a inexistência de reconhecimento do vínculo de emprego acarretaria a extinção do processo sem resolução do mérito, por ilegitimidade passiva do reclamado ou geraria a improcedência do pedido. Segundo Bezerra Leite[34]: "*se o autor alega que*

---

(32) Art. 793 da CLT: A reclamação trabalhista do menor de 18 anos será feita por seus representantes legais e, na falta destes, pela Procuradoria da Justiça do Trabalho, pelo sindicato, pelo Ministério Público estadual ou curador nomeado em juízo.

(33) Art. 3º da Lei n. 9307/96: As partes interessadas podem submeter a solução de seus litígios ao juízo arbitral mediante convenção de arbitragem, assim entendida a cláusula compromissória e o compromisso arbitral.

(34) *Op. cit.*, p. 300.

era empregado da ré, o caso é de se rejeitar a preliminar de ilegitimidade ativa ou passiva, devendo o juiz enfrentar, através da instrução probatória se referida alegação era ou não verdadeira. Se as provas revelarem inexistência de relação empregatícia, o caso é de improcedência do pedido e não de carência do direito de ação").

Sobre ilegitimidade passiva, observar as questões mais frequentes na Justiça do Trabalho, como pedido de condenação solidária (decorrente do grupo econômico: art. 2º, § 2º, da CLT[35]) e subsidiária (terceirização de serviços, com base na Súmula n. 331, IV, do TST) dos reclamados. Ainda, cumpre registrar o disposto no art. 455 da CLT[36], em relação à responsabilidade no contrato de subempreitada, e na OJ n. 191 da SDI-1 do TST[37] no que se refere à empreitada.

Cumpre referir que a preliminar de ilegitimidade passiva merece destaque especial no novo CPC, pois, segundo o art. 338, *"Alegando o réu, na contestação, ser parte ilegítima ou não ser o responsável pelo prejuízo invocado, o juiz facultará ao autor, em 15 (quinze) dias, a alteração da petição inicial para substituição do réu"*.

Além disso, nos termos do art. 339:

> Quando alegar sua ilegitimidade, incumbe ao réu indicar o sujeito passivo da relação jurídica discutida sempre que tiver conhecimento, sob pena de arcar com as despesas processuais e de indenizar o autor pelos prejuízos decorrentes da falta de indicação.
> § 1º O autor, ao aceitar a indicação, procederá, no prazo de 15 (quinze) dias, à alteração da petição inicial para a substituição do réu, observando-se, ainda, o parágrafo único do art. 338.
> § 2º No prazo de 15 (quinze) dias, o autor pode optar por alterar a petição inicial para incluir, como litisconsorte passivo, o sujeito indicado pelo réu.

Tal dispositivo poderia ser muito útil e integrado ao processo do trabalho, uma vez que auxiliaria na regularização do polo passivo da ação, especialmente em situações frequentes na Justiça do Trabalho, conforme exemplos supramencionadas. No entanto, considerando a inexistência de despacho saneador no âmbito do processo trabalhista, é muito provável que se encontre resistência e dificuldade de aplicação destas novas disposições ao processo do trabalho, sobretudo em razão dos princípios da celeridade e da concentração de atos, que lhe são inerentes.

Por fim, ocorrendo a ausência de legitimidade ou de interesse processual, o reclamado deverá requerer a extinção do processo sem resolução de mérito, com fulcro no art. 485, VI, do CPC, c/c 769 da CLT.

Art. 337, inciso XII – Falta de caução ou de outra prestação que a lei exige como preliminar

Tal preliminar possui aplicabilidade limitada no processo do trabalho, na medida em que não se exige qualquer caução ou pagamento prévio de custas para ajuizamento da reclamação trabalhista, visto que estas são pagas ao final, pelo vencido (conforme art. 789 da CLT), salvo na novel hipótese do reformado art. 844, § 3º. No entanto, é importante atentar que a proposição da ação rescisória, conforme art. 836 da CLT[38], exige-se o depósito prévio de 20% (vinte por cento) do valor da causa, salvo prova de miserabilidade jurídica do autor.

Dessa forma, uma vez constatada a inexistência de caução legalmente exigível, o réu poderá requerer a extinção do processo sem resolução do mérito, com base nos arts. 337, XII, e 485, IV do CPC/2015, combinado com o art. 769 da CLT.

Art. 337, inciso XIII – Indevida concessão do benefício da gratuidade da justiça

Até o advento da Lei n. 13.467/2017, a preliminar em tela apresentava difícil aplicabilidade no processo

---

(35) Sobre o assunto, importante observar o cancelamento do Enunciado n. 205 do TST, segundo o qual somente seria possível executar a empresa integrante do grupo econômico caso ela constasse no título executivo judicial. Além disso, sobre grupo econômico, cumpre registrar o disposto na Súmula n. 129 do TST: A prestação de serviços a mais de uma empresa do mesmo grupo econômico, durante a mesma jornada de trabalho, não caracteriza a coexistência de mais de um contrato de trabalho, salvo ajuste em contrário.

(36) Art. 455 da CLT: Nos contratos de subempreitada responderá o subempreiteiro pelas obrigações derivadas do contrato de trabalho que celebrar, cabendo, todavia, aos empregados, o direito de reclamação contra o empreiteiro principal pelo inadimplemento daquelas obrigações por parte do primeiro. Parágrafo único. Ao empreiteiro principal fica ressalvada, nos termos da lei civil, ação regressiva contra o subempreiteiro e a retenção de importâncias a estes devidas, para a garantia das obrigações previstas neste artigo.

(37) OJ n. 191 da SDI-1 do TST. Diante da inexistência de previsão legal, o contrato de empreitada entre o dono da obra e o empreiteiro não enseja responsabilidade subsidiária nas obrigações trabalhistas contraídas pelo empreiteiro, salvo sendo o dono da obra uma empresa construtora ou incorporadora.

(38) Art. 836 da CLT: É vedado aos órgãos da Justiça do Trabalho conhecer de questões já decididas, excetuados os casos expressamente previstos neste Título e a ação rescisória, que será admitida na forma do disposto no Capítulo IV do Título IX da Lei n. 5.869, de 11 de janeiro de 1973 – Código de Processo Civil, sujeita ao depósito prévio de 20% (vinte por cento) do valor da causa, salvo prova de miserabilidade jurídica do autor.

do trabalho, na medida em que a justiça gratuita decorria do disposto no § 3º, do art. 790, da CLT. Na seara processual trabalhista, para a concessão do benefício, era suficiente que a parte se declarasse pobre e que não tinha condições de demandar sem prejuízo do sustento próprio e da família, nos termos do art. 4º, § 1º, da Lei n. 1.060/1950. Contudo, a partir da alteração do art. 790 da CLT, especificamente em relação à nova redação dos §§ 3º e 4º, exigências foram impostas ao reclamante para ser beneficiário da justiça gratuita, ensejando, assim, a possibilidade de insurgência pelo reclamado, na sua defesa, no que se refere à observância dos novos requisitos do art. 790, §§ 3º e 4º da CLT. Senão vejamos:

> Art. 790 da CLT
> (...)
> § 3º É facultado aos juízes, órgãos julgadores e presidentes dos tribunais do trabalho de qualquer instância conceder, a requerimento ou de ofício, o benefício da justiça gratuita, inclusive quanto a traslados e instrumentos, àqueles que perceberem salário igual ou inferior a 40% (quarenta por cento) do limite máximo dos benefícios do Regime Geral de Previdência Social. (Redação dada pela Lei n. 13.467, de 2017)
> § 4º O benefício da justiça gratuita será concedido à parte que comprovar insuficiência de recursos para o pagamento das custas do processo. (Incluído pela Lei n. 13.467, de 2017)

11. DAS EXCEÇÕES

11.1. Fundamento legal

No novo CPC, diferente do CPC de 1973, a incompetência, absoluta ou relativa, passou a ser tratada como preliminar de contestação, e não mais em forma de "exceção de incompetência", conforme era disciplinada pelo art. 112 do CPC de 1973. O novo CPC, de acordo com os arts. 64 e 340, passou a disciplinar a incompetência do seguinte modo:

> Art. 64. A incompetência, absoluta ou relativa, será alegada como questão preliminar de contestação.
> Art. 340. Havendo alegação de incompetência relativa ou absoluta, a contestação poderá ser protocolada no foro de domicílio do réu, fato que será imediatamente comunicado ao juiz da causa, preferencialmente por meio eletrônico.

No âmbito do processo do trabalho, as exceções estão previstas nos arts. 799 a 801 da CLT. A CLT apenas trata do assunto em sentido amplo, não distinguindo, por exemplo, incompetência absoluta e incompetência relativa. Logo, a Consolidação das Leis do Trabalho trata como exceção tanto a incompetência em razão do lugar quanto a incompetência em razão da matéria. Senão, vejamos o disposto no art. 799 da CLT:

> Art. 799 da CLT. Nas causas da jurisdição da Justiça do Trabalho, somente podem ser opostas, com suspensão[39] do feito, as exceções de suspeição ou incompetência.
> § 1º As demais exceções serão alegadas como matéria de defesa.

Contudo, apesar de a CLT não especificar qual espécie de incompetência é tratada como exceção no artigo supracitado, impende ressaltar que a incompetência em razão da matéria, isto é, a incompetência absoluta, conforme já exposto anteriormente, será arguida em preliminar de contestação (consoante posteriormente abordado neste mesmo capítulo). Registre-se que a incompetência que poderá ser arguida como exceção é a incompetência em razão do lugar (incompetência relativa, que também será analisada adiante).

11.2. Das "exceções" de incompetência em razão da matéria e do lugar

As exceções sofreram alteração significativa no processo civil, sobretudo em relação à incompetência relativa, visto que o novo CPC excluiu a figura da "exceção de incompetência", disciplinada pelos arts. 112 e 304 do CPC de 1973. A incompetência relativa, nos termos do novo sistema processual, deve ser alegada em preliminar de contestação, conforme os arts. 64, 65 e 340, e não mais por meio de exceção. Rezam os novos dispositivos que:

> Art. 299 do CPC/1973. A contestação e a reconvenção serão oferecidas simultaneamente, em peças autônomas; a exceção será processada em apenso aos autos principais.
> Art. 112 do CPC/1973. Argüi-se, por meio de exceção, a incompetência relativa.
> Art. 304 do CPC/1973. É lícito a qualquer das partes argüir, por meio de exceção, a incompetência (art. 112), o impedimento (art. 134) ou a suspeição (art. 135).

---

(39) A suspensão do feito disciplinada no artigo significa que, uma vez apresentada a exceção, o processo não segue seu rumo normal enquanto não decidido o incidente. Tal situação somente ocorre em relação às exceções de suspeição ou incompetência.

> Art. 64 do CPC/2015. A incompetência, absoluta ou relativa, será alegada como questão preliminar de contestação.
>
> § 1º A incompetência absoluta pode ser alegada em qualquer tempo e grau de jurisdição e deve ser declarada de ofício.
>
> § 2º Após manifestação da parte contrária, o juiz decidirá imediatamente a alegação de incompetência.
>
> § 3º Caso a alegação de incompetência seja acolhida, os autos serão remetidos ao juízo competente.
>
> § 4º Salvo decisão judicial em sentido contrário, conservar-se-ão os efeitos de decisão proferida pelo juízo incompetente até que outra seja proferida, se for o caso, pelo juízo competente.
>
> Art. 65 do CPC/2015. Prorrogar-se-á a competência relativa se o réu não alegar a incompetência em preliminar de contestação.
>
> Parágrafo único. A incompetência relativa pode ser alegada pelo Ministério Público nas causas em que atuar.
>
> Art. 340 do CPC/2015. Havendo alegação de incompetência relativa ou absoluta, a contestação poderá ser protocolada no foro de domicílio do réu, fato que será imediatamente comunicado ao juiz da causa, preferencialmente por meio eletrônico.

Todavia, no âmbito do processo do trabalho, as exceções possuem disciplina específica nos arts. 799 a 801 da CLT. Ao contrário do que disciplina o Código de Processo Civil, que aborda as exceções como defesa indireta contra o processo, a CLT apenas tratou do assunto em sentido amplo, não distinguindo, por exemplo, a incompetência absoluta da incompetência relativa; tratou como exceção tanto a incompetência em razão do lugar quanto a incompetência em razão da matéria, dispondo o art. 799, *caput* e § 1º da CLT que:

> Art. 799 da CLT. Nas causas da jurisdição da Justiça do Trabalho, somente podem ser opostas, com suspensão do feito, as exceções de suspeição ou incompetência.
>
> § 1º As demais exceções serão alegadas como matéria de defesa.

Contudo, apesar de a CLT não especificar qual espécie de incompetência é tratada como exceção no artigo supracitado, impende ressaltar que a incompetência em razão da matéria, isto é, a incompetência absoluta, consoante já exposto, deve ser arguida em preliminar de contestação (conforme anteriormente abordado); já a incompetência em razão do lugar deve ser arguida pela parte, por meio de exceção. Trata-se de espécie de defesa processual oposta quando não observada a competência territorial, ou seja, existe a competência material da Justiça do Trabalho, porém, a Vara na qual foi ajuizada a demanda não é a competente[40].

Assim, ao contrário da incompetência absoluta, que deve ser objeto de preliminar de contestação no processo do trabalho e pode ser declarada de ofício pelo juízo (a exemplo do processo civil), conforme abordado no tópico relativo às preliminares de contestação, a incompetência relativa depende de provocação da parte (art. 337, § 5º, do novo CPC). Contudo, no processo do trabalho, a incompetência em razão do lugar deve ser apresentada em peça apartada, ainda que a disposição do art. 64 do novo CPC discipline que "a incompetência, absoluta ou relativa, será alegada como questão preliminar de contestação". Tal conclusão se deve ao fato de que o art. 799 da CLT apresenta regra específica.

Assim, diante da ausência de lacuna normativa na CLT, defende-se que a nova regra do CPC que extirpou a figura da exceção de incompetência relativa, migrando a sua alegação para as preliminares da contestação, não deve ser integrada ao processo do trabalho. Tal se deve ao fato de que, inexistindo despacho saneador no processo do trabalho, eventual decisão acolhendo a incompetência relativa acabaria por ser proferida somente na sentença, causando prejuízo às partes ante a necessidade de remessa dos autos ao juízo competente e declaração de nulidade dos atos até então praticados (inclusive, já tendo ocorrido a instrução do feito e transcorrido significativo lapso temporal de tramitação).

É por esta razão, inclusive, que o art. 795, § 1º, da CLT, ao disciplinar que serão pronunciadas *ex officio* as nulidades fundadas em incompetência de foro, refere-se à incompetência absoluta (matéria) e não à incompetência em razão do lugar.

---

(40) Art. 651 da CLT: A competência das Juntas de Conciliação e Julgamento é determinada pela localidade onde o empregado, reclamante ou reclamado, prestar serviços ao empregador, ainda que tenha sido contratado noutro local ou no estrangeiro.
§ 1º Quando for parte no dissídio agente ou viajante comercial, a competência será da Junta da localidade em que a empresa tenha agência ou filial e a esta o empregado esteja subordinado e, na falta, será competente a Junta da localização em que o empregado tenha domicílio ou a localidade mais próxima.
§ 2º A competência das Juntas de Conciliação e Julgamento, estabelecida neste artigo, estende-se aos dissídios ocorridos em agência ou filial no estrangeiro, desde que o empregado seja brasileiro e não haja convenção internacional disposto em contrário.
§ 3º Em se tratado de empregador que promove realização de atividades fora do lugar do controle de trabalho, é assegurado ao empregado apresentar reclamação no foro da celebração do contrato ou no da prestação dos respectivos serviços.

Logo, a incompetência em razão do lugar no processo do trabalho não deve ser apresentada como preliminar da contestação, mas, sim, em peça autônoma. Em relação ao procedimento da exceção de incompetência territorial, importante registrar que houve profunda alteração no art. 800 da CLT pela Lei n. 13.467/2017, visto que, antes da reforma trabalhista, a incompetência deveria ser apresentada em audiência, abrindo-se, então, 24 (vinte e quatro) horas para o exceto oferecer a sua resposta. Porém, na prática trabalhista, já se verificava que, em regra, esta resposta era oferecida na própria audiência, seguida da decisão sobre a incompetência territorial no próprio ato pelo magistrado. Contudo, conforme será a seguir exposto em tópico próprio, a Lei n. 13.467/2017 deu disciplina totalmente distinta a este procedimento.

Sobre a possibilidade de cabimento de recurso quanto às decisões sobre as exceções de suspeição e incompetência em razão do lugar, nos termos do art. 799, § 2º, da CLT, não caberá recurso de imediato, uma vez que se trata de decisão interlocutória, conforme o disposto no art. 893, § 1º, da CLT. Assim, em regra, duas são as hipóteses de decisões sobre a incompetência em razão do lugar.

Na primeira hipótese, quando acolhida a exceção, o Juiz remeterá os autos à vara do trabalho competente, não cabendo nenhum recurso de imediato pela parte. Caso, no entanto, esta tenha interesse em recorrer, poderá fazê-lo somente quando da decisão final, consoante art. 893, § 1º, da CLT. Para isso, deverá lançar o seu protesto antipreclusivo.

Em relação à irrecorribilidade imediata, importante mencionar a situação disposta na Súmula n. 214, alínea c, do TST, pois havendo a remessa dos autos para Tribunal distinto, caberá recurso ordinário de imediato:

> Súmula n. 214 do TST. Decisão interlocutória. Irrecorribilidade. Na Justiça do Trabalho, nos termos do art. 893, § 1º, da CLT, as decisões interlocutórias não ensejam recurso imediato, salvo nas hipóteses de decisão: c) que acolhe exceção de incompetência territorial, com a remessa dos autos para Tribunal Regional distinto daquele a que se vincula o juízo excepcionado, consoante o disposto no art. 799, § 2º, da CLT. (grifo nosso)

Por outro lado, na hipótese de ser rejeitada a exceção, o processo seguirá normalmente na vara do trabalho em que foi ajuizada a demanda, devendo o reclamado apresentar sua.

b) Exceção de incompetência territorial

A incompetência territorial (também denominada de incompetência em razão do lugar *Ratione loci*) trata-se de incompetência relativa, devendo ser arguida pela parte, no processo do trabalho, por meio de exceção em peça autônoma, ainda que a disposição do art. 64 do novo CPC discipline que "a incompetência, absoluta ou relativa, será alegada como questão preliminar de contestação". Tal conclusão se deve ao fato de que o art. 799 da CLT apresenta regra específica.

Dessa maneira, diferente da incompetência absoluta (preliminar da contestação), a incompetência em razão do lugar não deve ser apresentada com a contestação, com fulcro no art. 799 da CLT, pois, uma vez apresentada a exceção de incompetência, haverá a suspensão do feito. Atente-se para o fato de que o art. 795, § 1º, da CLT, ao disciplinar que serão pronunciadas *ex officio* as nulidades fundadas em incompetência de foro, refere-se à incompetência absoluta (matéria) e não ao lugar, visto que esta depende de provocação da parte.

11.3. Previsão legal

A competência em razão do lugar (territorial) está disposta na CLT, no art. 651:

> Art. 651 da CLT. A competência das Juntas de Conciliação e Julgamento é determinada pela localidade onde o empregado, reclamante ou reclamado, prestar serviços ao empregador, ainda que tenha sido contratado noutro local ou no estrangeiro.
>
> § 1º Quando for parte no dissídio agente ou viajante comercial, a competência será da Junta da localidade em que a empresa tenha agência ou filial e a esta o empregado esteja subordinado e, na falta, será competente a Junta da localização em que o empregado tenha domicílio ou a localidade mais próxima.
>
> § 2º A competência das Juntas de Conciliação e Julgamento, estabelecida neste artigo, estende-se aos dissídios ocorridos em agência ou filial no estrangeiro, desde que o empregado seja brasileiro e não haja convenção internacional disposto em contrário.
>
> § 3º Em se tratando de empregador que promove realização de atividades fora do lugar do controle de trabalho, é assegurado ao empregado apresentar reclamação no foro da celebração do contrato ou no da prestação dos respectivos serviços.

11.4. Procedimento

Nos termos do art. 800 da CLT, com alteração dada pela Lei n. 13.467/17, o processo da exceção de incompetência territorial recebeu disciplina totalmente distinta da redação anterior, devendo agora ser observadas as seguintes regras para a apresentação da incompetência em razão do lugar:

- 1ª) a exceção de incompetência territorial deverá ser apresentada em 05 dias a contar da notificação, antes da audiência e em peça autônoma (art. 800 da CLT);
- 2ª) protocolada a petição da exceção de incompetência territorial, haverá a suspensão do feito, sem realização de audiência até a decisão da exceção (art. 800, § 1º, da CLT);
- 3ª) o reclamante deverá ser intimado para, no prazo 05 dias, se manifestar quanto à exceção (art. 800, § 2º da CLT);
- 4ª) caso o juiz entenda pela necessidade da *produção de prova oral*, designará audiência, garantindo o direito de o excipiente e de suas testemunhas serem ouvidos, por carta precatória, no juízo que este houver indicado como competente. (art. 800, § 3º, da CLT);
- 5ª) *decidida a exceção de incompetência territorial, o processo retomará seu curso, com a designação de audiência, a apresentação de defesa e a instrução* processual perante o juízo competente (art. 800, § 4º, da CLT).

Conforme art. 799, § 2º da CLT, das decisões sobre as exceções de suspeição e incompetência em razão do lugar, não caberá recurso de imediato, uma vez que se trata de decisão interlocutória, conforme art. 893, § 1º, da CLT. Assim, em regra, duas são as hipóteses de decisões sobre a incompetência em razão do lugar:

> a) Acolhida a exceção, o Juiz remeterá os autos à vara do trabalho competente, não cabendo nenhum recurso de imediato pela parte. Caso, no entanto, esta tenha interesse em recorrer, poderá fazê-lo somente quando da decisão final, consoante art. 893, § 1º da CLT. Para isso, deverá lançar o seu protesto antipreclusivo.

Em relação à irrecorribilidade imediata, importante mencionar a situação disposta na Súmula n. 214, *c*, do TST, pois havendo a remessa dos autos para Tribunal distinto, caberá recurso ordinário de imediato:

> Súmula n. 214 do TST. Decisão interlocutória. Irrecorribilidade. Na Justiça do Trabalho, nos termos do art. 893, § 1º, da CLT, as decisões interlocutórias não ensejam recurso imediato, salvo nas hipóteses de decisão: c) que acolhe exceção de incompetência territorial, com a remessa dos autos para Tribunal Regional distinto daquele a que se vincula o juízo excepcionado, consoante o disposto no art. 799, § 2º, da CLT. (grifo nosso)

11.5. Das exceções de suspeição e de impedimento

A resolução justa e equânime de determinada lide passa pelo princípio da imparcialidade do Juiz, ou seja, pela inexistência de suspeição e de impedimento do julgador, pressupostos de desenvolvimento válido e regular do processo. No âmbito do processo do trabalho, há apenas referência à figura da suspeição, no art. 801 da CLT, referindo-se, em regra, a motivos de foro íntimo do julgador, tendo este a obrigação de dar-se por suspeito. Caso não o faça, qualquer uma das partes poderá opor a exceção de suspeição, nos termos do referido artigo, conforme dita o artigo suprarreferido:

> Art. 801 da CLT. O juiz é obrigado a dar-se por suspeito e pode ser recusado por algum dos seguintes motivos em relação à pessoa dos litigantes:
>
> a) inimizade pessoal;
>
> b) amizade íntima;
>
> c) parentesco por consangüinidade ou afinidade até o terceiro grau civil
>
> d) interesse particular na causa.

Em relação à figura do impedimento, previsto no art. 134 do CPC de 1973, agora objeto do art. 144 do novo CPC, a CLT foi omissa, existindo, portanto, lacuna normativa nesse aspecto. Dessa maneira, como o impedimento é totalmente compatível com os princípios do processo do trabalho (imparcialidade do julgador), entendemos que a este será aplicável subsidiariamente. Inclusive, o impedimento do juiz é fundamento para ação rescisória (art. 966, II, do novo CPC).

A omissão da CLT em relação ao impedimento se justifica pois, há época desta (1943), o Código de Processo em vigor (1939) não o disciplinava, o que somente veio a ocorrer no CPC de 1973. Dessa maneira, ao processo do trabalho, aplica-se tanto a exceção de suspeição quanto a de impedimento, este por força do art. 769 da CLT e do art. 144 do novo CPC, que assim disciplina:

> Art. 144. Há impedimento do juiz, sendo-lhe vedado exercer suas funções no processo:
>
> I – em que interveio como mandatário da parte, oficiou como perito, funcionou como membro do Ministério Público ou prestou depoimento como testemunha;
>
> II – de que conheceu em outro grau de jurisdição, tendo proferido decisão;
>
> III – quando nele estiver postulando, como defensor público, advogado ou membro do Ministério Público, seu cônjuge ou companheiro, ou qualquer parente, consanguíneo ou afim, em linha reta ou colateral, até o terceiro grau, inclusive;

IV – quando for parte no processo ele próprio, seu cônjuge ou companheiro, ou parente, consanguíneo ou afim, em linha reta ou colateral, até o terceiro grau, inclusive;

V – quando for sócio ou membro de direção ou de administração de pessoa jurídica parte no processo;

VI – quando for herdeiro presuntivo, donatário ou empregador de qualquer das partes;

VII – em que figure como parte instituição de ensino com a qual tenha relação de emprego ou decorrente de contrato de prestação de serviços;

VIII – em que figure como parte cliente do escritório de advocacia de seu cônjuge, companheiro ou parente, consanguíneo ou afim, em linha reta ou colateral, até o terceiro grau, inclusive, mesmo que patrocinado por advogado de outro escritório;

IX – quando promover ação contra a parte ou seu advogado.

§ 1º Na hipótese do inciso III, o impedimento só se verifica quando o defensor público, o advogado ou o membro do Ministério Público já integrava o processo antes do início da atividade judicante do juiz.

§ 2º É vedada a criação de fato superveniente a fim de caracterizar impedimento do juiz.

§ 3º O impedimento previsto no inciso III também se verifica no caso de mandato conferido a membro de escritório de advocacia que tenha em seus quadros advogado que individualmente ostente a condição nele prevista, mesmo que não intervenha diretamente no processo.

Importante referir que, conforme art. 801, parágrafo único, da CLT[41], a exceção de suspeição (e por aplicação subsidiária de impedimento) deverá ser arguida na primeira oportunidade, sob pena de convalidação. Portanto, se o fato que ocasionou a suspeição ou o impedimento for posterior à audiência, deve-se alegar a exceção no primeiro momento que tiver de falar nos autos, sob pena de preclusão (art. 795 da CLT)[42].

11.6. Procedimento

A exceção de suspeição/impedimento, no processo do trabalho, será oposta em peça apartada da contestação ou, verbalmente, em audiência, sendo que será processada nos autos principais, uma vez que as decisões sobre a mesma têm natureza interlocutória[43], não cabendo, pois, nenhum recurso de imediato (art. 799, § 2º, da CLT)[44].

Em relação ao procedimento da exceção de suspeição e impedimento, conforme art. 802 da CLT, uma vez apresentada, "o juiz ou Tribunal designará audiência, dentro de 48 horas, para instrução e julgamento da exceção". Assim, verifica-se que era a própria Junta de Conciliação e Julgamento que julgava as exceções de suspeição opostas contra seus membros, ou seja, o juiz suspeito participava do julgamento da sua própria suspeição, juntamente com os demais juízes classistas. Não obstante, com a extinção das Juntas de Conciliação e Julgamento, oriunda da Emenda Constitucional n. 24/99, passou-se a questionar a coerência de tal norma, pois, considerando que as varas do trabalho passaram a atuar apenas com juiz singular, não seria razoável admitir que o próprio juiz reputado como suspeito ou impedido instruísse e julgasse sua própria suspeição. Esse é o entendimento de Bezerra Leite[45]:

> A partir do instante em que a vara do Trabalho passa a funcionar apenas com juiz singular, parece que o julgamento da exceção de suspeição ou impedimento deveria ser da competência do juízo *ad quem*, aplicando-se, neste caso, as regras dos arts. 313 e 314 do CPC.

Cumpre ressaltar que o entendimento supra encontra amparo nos arts. 12 e 13 da Consolidação dos Provimentos da Corregedoria-Geral da Justiça do Trabalho:

---

(41) Art. 801, parágrafo único da CLT: Se o recusante houver praticado algum ato pelo qual haja consentido na pessoa do juiz, não mais poderá alegar exceção de suspeição, salvo sobrevindo novo motivo. A suspeição não será também admitida, se do processo constar que o recusante deixou de alegá-la anteriormente, quando já a conhecia, ou que, depois de conhecida, aceitou o juiz recusado ou, finalmente, se procurou de propósito o motivo de que ela se originou.

(42) Art. 795 da CLT: As nulidades não serão declaradas senão mediante provocação das partes, as quais deverão argüi-las à primeira vez em que tiverem de falar em audiência ou nos autos.

(43) Na hipótese de a exceção ser julgada procedente, haverá a convocação de juiz substituto para acompanhar e instruir a demanda, conforme art. 802, § 1º da CLT: "Nas Juntas de Conciliação e Julgamento e nos Tribunais Regionais, julgada procedente a exceção de suspeição, será logo convocado para a mesma audiência ou sessão, ou para a seguinte, o suplente do membro suspeito, o qual continuará a funcionar no feito até decisão final. Proceder-se-á da mesma maneira quando algum dos membros se declarar suspeito", não cabendo, porém, nenhum recurso pela parte contrária.

(44) Caso a exceção seja julgada improcedente, tendo em vista se tratar de decisão interlocutória, nos termos do art. 893, § 1º, da CLT, não caberá nenhum recurso de imediato, podendo a parte interessada apenas lançar o seu protesto, conforme art. 799, § 2º da CLT.

(45) LEITE, Carlos Henrique Bezerra. *Curso de Direito Processual do Trabalho*. 7. ed. São Paulo: LTr, 2009. p. 460.

> Art. 12. Se o juiz de primeiro grau não reconhecer o impedimento ou a suspeição alegada, será aplicado o procedimento previsto nos arts. 313 e 314 do CPC, exceto, quanto a este último, na parte relativa à condenação às custas ao magistrado.
>
> Parágrafo único. Acolhido o impedimento ou a suspeição do juiz, será designado outro magistrado para dar prosseguimento ao processo, incluindo-o em pauta de julgamento, se for o caso, no prazo máximo de 10 (dez) dias.
>
> Art. 13. Na hipótese de impedimento ou suspeição de desembargador do trabalho, contemporânea ao julgamento do processo, este será mantido em pauta com a convocação de outro desembargador para compor o *quorum* do julgamento.

Portanto, entende-se que, corroborando o entendimento anterior e buscando a nova disposição do art. 146 do novo CPC, em substituição aos arts. 313 e 314 do CPC de 1973, o processamento da exceção de suspeição e impedimento deve observar o disposto no referido artigo, no sentido de que o julgamento da exceção deverá ser da competência do juízo *ad quem*, ressalvando-se, contudo, o fato de que, de acordo com o art. 799 da CLT, a exceção ocasionará, necessariamente, a suspensão do feito.

> Art. 146. No prazo de 15 (quinze) dias, a contar do conhecimento do fato, a parte alegará o impedimento ou a suspeição, em petição específica dirigida ao juiz do processo, na qual indicará o fundamento da recusa, podendo instruí-la com documentos em que se fundar a alegação e com rol de testemunhas.
>
> § 1º Se reconhecer o impedimento ou a suspeição ao receber a petição, o juiz ordenará imediatamente a remessa dos autos a seu substituto legal, caso contrário, determinará a autuação em apartado da petição e, no prazo de 15 (quinze) dias, apresentará suas razões, acompanhadas de documentos e de rol de testemunhas, se houver, ordenando a remessa do incidente ao tribunal. (...)

Em síntese, no que tange à suspeição, entende-se que não houve alteração no processo do trabalho com o advento do novo CPC, uma vez que a figura da suspeição permanece disciplinada pelo art. 801 da CLT, não havendo que se falar em lacuna normativa que autorize a aplicação subsidiária do processo comum. Já no que diz respeito ao impedimento, serão aplicáveis subsidiariamente ao processo do trabalho as hipóteses dispostas no art. 144 do novo CPC. Por fim, no que se refere ao processamento das exceções de suspeição e impedimento, resguardada a previsão expressa do art. 799 da CLT no sentido de que suspendem o feito, entende-se que, das novas disposições do CPC, mantém-se o julgamento das mesmas pelo Tribunal, tal qual se aplicava quando da vigência do CPC de 1973.

11.7. Denominação dos sujeitos

As partes são denominadas:

– *excipiente ou requerente*: quem apresenta a exceção;

– *excepto ou requerido*: quem responde à exceção.

11.8. Princípio da irrecorribilidade imediata das decisões interlocutórias

O princípio da irrecorribilidade imediata das interlocutórias (art. 893, § 1º, da CLT) revela que **as decisões que afastam ou que rejeitam as exceções de suspeição e incompetência não comportam, em regra, recurso de imediato**, conforme art. 799, § 2º, da CLT[46]. Dessa forma, somente caberá insurgência por meio de recurso quando da decisão final (sentença), devendo-se, para tanto, formular preliminar em sede de recurso ordinário[47].

11.9. Juiz de direito investido de jurisdição trabalhista

Se a exceção for oposta contra o juiz de direito investido da jurisdição trabalhista (art. 668 da CLT)[48], conforme art. 802, § 2º, será este substituído na forma da organização judiciária local.

---

(46) Art. 799, § 2º Das decisões sobre exceções de suspeição e incompetência, salvo, quanto a estas, se terminativas de feito, não caberá recurso, podendo, no entanto, as partes alegá-las novamente no recurso que couber da decisão final.

(47) Sobre o assunto, importante observar o disposto na Súmula n. 214 do TST: Decisão interlocutória. Irrecorribilidade. Decisão Interlocutória. Irrecorribilidade. Na Justiça do Trabalho, nos termos do art. 893, § 1º, da CLT, as decisões interlocutórias não ensejam recurso imediato, salvo nas hipóteses de decisão: a) de Tribunal Regional do Trabalho contrária à Súmula ou Orientação Jurisprudencial do Tribunal Superior do Trabalho; b) suscetível de impugnação mediante recurso para o mesmo Tribunal; c) que acolhe exceção de incompetência territorial, com a remessa dos autos para Tribunal Regional distinto daquele a que se vincula o juízo excepcionado, consoante o disposto no art. 799, § 2º, da CLT.

(48) Art. 668 da CLT: Nas localidades não compreendidas na jurisdição das Juntas de Conciliação e Julgamento, os Juízes de direito são os órgãos de administração da Justiça do Trabalho, com a jurisdição que lhes for determinada pela lei de organização judiciária local.

12. RECONVENÇÃO E SUBSIDIARIEDADE DO CPC

A reconvenção, segundo Wagner Giglio[49], "é a ação do réu contra o autor, no bojo dos mesmos autos em que aquele é demandado, a título de economia processual". Em que pese esta figura não esteja prevista na CLT, é compatível com o processo do trabalho, por força do art. 769 da CLT, uma vez que resguarda os princípios da celeridade e da economia processual. Trata-se de postulação promovida pelo réu/reconvinte no processo em que foi demandado em desfavor do autor.

12.1. Requisitos

Nos termos do art. 343 do CPC/2015, na contestação, é lícito ao réu propor reconvenção para manifestar pretensão própria, conexa com a ação principal ou com o fundamento da defesa (ou seja, a conexão deve ter como base a competência material da justiça do trabalho). Logo, o empregador não poderá deduzir, em reconvenção, pedido não decorrente de natureza trabalhista. Assim, nos termos do art. 343 do novo CPC, o réu pode reconvir toda vez que a reconvenção seja conexa com a ação principal ou com o fundamento da defesa.

12.2. Reconvenção diante das novas exigências à petição inicial em razão da alteração do art. 840 da CLT dada pela Lei n. 13.467/2017

Nos termos da nova redação do art. 840, § 1º, da CLT, a reclamação trabalhista escrita deverá conter, além dos demais requisitos básicos, **pedido certo, determinado e com indicação de seu valor**. Caso os pedidos não atendam à tal determinação, conforme art. 844, § 3º, da CLT, serão julgados extintos sem resolução do mérito. Nesse sentido, embora não seja feita referência expressa à reconvenção quanto à nova exigência legal de quantificação do pedido, entendemos que, por se tratar de verdadeira pretensão do réu em face do autor, também o reconvinte deverá observar a nova disposição legal quanto ao **pedido certo, determinado e com indicação de seu valor na reconvenção**.

12.3. Forma de apresentação da reconvenção

A forma de apresentação da reconvenção sofreu alteração significativa no novo CPC, visto que, enquanto o art. 299 do Código de Processo Civil de 1973 disciplinava que a reconvenção deveria ser apresentada em peça apartada e simultaneamente com a contestação, o CPC/2015 permite ao réu reconvir na própria contestação, conforme a redação do art. 343 abaixo transcrito:

> Art. 299 do CPC/1973. A contestação e a reconvenção serão oferecidas simultaneamente, em peças autônomas; a exceção será processada em apenso aos autos principais.

> Art. 343 do CPC/2015. Na contestação, é lícito ao réu propor reconvenção para manifestar pretensão própria, conexa com a ação principal ou com o fundamento da defesa.

Portanto, havendo contestação, a reconvenção deve ser ofertada na mesma peça. Contudo, caso o réu não conteste a ação, é possível o seu oferecimento autônomo, conforme preconiza o art. 343, § 6º, ao dispor que "O réu pode propor reconvenção independentemente de oferecer contestação".

De pronto, verifica-se que o art. 343 pode vir a ser perfeitamente aplicado de forma subsidiária ao processo do trabalho: a um, porque há lacuna normativa na CLT, já sendo aplicável anteriormente o instituto da reconvenção por força do art. 769 deste diploma; a dois, porque perfeitamente compatível com os princípios da celeridade e da concentração de atos que regem o processo trabalhista.

Cabe lembrar que a Lei n. 13.467/2017 inseriu o parágrafo único no art. 847 da CLT para disciplinar que "*A parte poderá apresentar defesa escrita pelo sistema de processo judicial eletrônico até a audiência.*" Nesse sentido, entende-se que a reconvenção deve observar este mesmo procedimento, isto é, necessita ser protocolada no processo eletrônico até o momento da audiência.

12.4. Apresentação de resposta à reconvenção

Embora discipline o art. 343, § 1º, do novo CPC, que "*Proposta a reconvenção, o autor será intimado, na pessoa de seu advogado, para apresentar resposta no prazo de 15 (quinze) dias*", entende-se que, por questão de celeridade, no processo do trabalho, a apresentação da defesa da reconvenção não se fará em nova audiência, mas, sim, por petição escrita no prazo de 15 dias, em regra, no mesmo momento em que o reclamante se manifestar sobre os demais tópicos da contestação e dos documentos apresentados pela reclamada.

---

(49) GIGLIO, Wagner D. *Direito processual do trabalho*. São Paulo: Saraiva, 2007. p. 187.

12.5. Desistência da ação e reconvenção

Conforme o § 2º, do art. 343, do novo CPC, restou determinado que *"a desistência da ação ou a ocorrência de causa extintiva que impeça o exame de seu mérito não obsta ao prosseguimento do processo quanto à reconvenção"*, o que também já era objeto do CPC de 1973, no art. 317.

12.6. Reconvenção e substituição processual

Consoante disposto no art. 315, parágrafo único, do CPC de 1973, não poderia o réu, em seu próprio nome, reconvir ao autor, quando este demandar em nome de outrem. Contudo, no novo CPC, no art. 343, §§ 3º ao 6º, foi disciplinado que a reconvenção pode ser proposta contra o autor e terceiro, bem como que a reconvenção pode ser proposta pelo réu em litisconsórcio com terceiro, e, ainda, se o autor for substituto processual, o reconvinte deverá afirmar ser titular de direito em face do substituído, e a reconvenção deverá ser proposta na presença do autor, também na qualidade de substituto processual.

12.7. Honorários de sucumbência e reconvenção

Com a Lei n. 13.467/2017, o processo do trabalho passou a admitir honorários de sucumbência, conforme nova redação do art. 791-A da CLT:

> *Art. 791-A. Ao advogado, ainda que atue em causa própria, serão devidos honorários de sucumbência, fixados entre o mínimo de 5% (cinco por cento) e o máximo de 15% (quinze por cento) sobre o valor que resultar da liquidação da sentença, do proveito econômico obtido ou, não sendo possível mensurá-lo, sobre o valor atualizado da causa. (Incluído pela Lei n. 13.467, de 2017)*

Sobre este tema, registre-se que o § 5º do art. 791-A, da CLT, disciplinou expressamente serem devidos honorários de sucumbência na reconvenção, conforme a seguir se demonstra:

> *Art. 791. (...)*
> *§ 5º São devidos honorários de sucumbência na reconvenção.*

Assim é pois a nova regência no particular, significativamente alterada pela reforma trazida pela Lei n. 13467/2017.

8.
AUDIÊNCIA TRABALHISTA

Luciano Martinez[1]
Raphael Miziara[2]

1. A ETIMOLOGIA DA PALAVRA "AUDIÊNCIA" E A DEFINIÇÃO DE "AUDIÊNCIA" JUDICIÁRIA

O substantivo feminino audiência deriva do latim *audientia*. Já *audientia* vem de *audiens*, particípio presente de *audio*, no sentido de ouvir. No português, a palavra ganha foros de polissemia, podendo significar, por exemplo, a estatística de ouvintes ou espectadores que assistem a determinados programas de televisão ou de rádio. Ainda, pode corresponder ao ato de ouvir ou de dar atenção àquele que fala. Outrossim, o vocábulo pode designar o ato de receber alguém com o objetivo de escutar ou de atender sobre o que fala ou alega.

Em acepção jurídica, audiência é um evento solene no qual se desenvolve um conjunto de atos processuais públicos perante o magistrado em sessão por ele presidida. Trata-se, em rigor, de um instante singular no qual ocorrem diversos eventos processuais relevantes, entre os quais a tentativa de conciliação entre as partes, a apresentação de defesa e a colheita da prova oral com o objetivo precípuo de aproximar o juiz da realidade vivenciada pelas partes, de dotá-lo de melhores condições para julgar o feito, se for o caso.

Manoel Antonio Teixeira filho define a audiência como o "*ato público, em princípio indispensável, no qual o réu pode apresentar sua resposta à petição inicial, e o juiz procede à instrução, formula propostas destinadas à solução consensual do litígio, concede prazos para razões finais e profere sentença*".[3]

O processo do trabalho é marcado pelo princípio da oralidade, sendo justamente na audiência em que ele encontra seu ápice de incidência. Com efeito, no procedimento oral, é ela o ponto alto, pois concentra os atos culminantes da disputa judicial. Nela, o juiz entra em contato direto com as provas, ouve o debate das partes e profere decisões. Por meio dela, põem-se em prática os princípios da oralidade e da concentração do processo moderno[4].

Como se vê, a audiência, em si, não é um ato processual isolado. Em verdade, a audiência judiciária é uma realidade complexa objetivada por um conjunto de atos processuais que a materializam. Pode-se dizer, portanto, que a audiência, pelo fato de ser integrada por uma série de atos, é, ela própria, um ato processual complexo.

Por fim, imperioso consignar que a Declaração Universal dos Direitos Humanos consagra a audiência como um direito humano, ao prever em seu art. 10 que "*Todo ser humano tem direito, em plena igualdade, a uma justa e pública audiência por parte de um tribunal independente e imparcial, para decidir seus direitos e deveres ou fundamento de qualquer acusação criminal contra ele*".

---

(1) Juiz Titular da 9ª Vara do Trabalho de Salvador – Bahia. Mestre e Doutor em Direito do Trabalho e da Seguridade Social pela USP e Professor Adjunto de Direito do Trabalho e da Seguridade Social da UFBA (Graduação, Mestrado e Doutorado). Titular da Cadeira 52 da Academia Brasileira de Direito do Trabalho e da Cadeira 26 da Academia de Letras Jurídicas da Bahia. Autor de diversas obras jurídicas, entre as quais o *Curso de Direito do Trabalho*: relações individuais, sindicais e coletivas, publicado pela editora Saraiva.

(2) Mestrando em Direito Do Trabalho e das Relações Sociais pela UDF. Professor. Advogado. Membro da ANNEP – Associação Norte Nordeste de Professores de Processo.

(3) TEIXEIRA FILHO, Manoel Antonio. *Manual da audiência trabalhista*. 2. ed. São Paulo: LTr, 2017. p. 56.

(4) THEODORO JÚNIOR, Humberto. *Curso de direito processual civil*. 59. ed. Rio de Janeiro: Forense, 2017. v. I, p. 883.

2. ESPÉCIES DE AUDIÊNCIA EXISTENTES NO PROCESSO DO TRABALHO

2.1. Audiência una

Dispõe o art. 849 da CLT que a audiência de julgamento será *contínua*. Mas, se não for possível, por motivo de força maior, concluí-la no mesmo dia, o juiz marcará a sua continuação para a primeira desimpedida, independentemente de nova notificação. Não se trata de uma nova audiência, mas, sim, de continuação da audiência *una*, que será fracionada por motivos de ordem prática.

Já o art. 850 da CLT estabelece que, terminada a instrução, poderão as partes aduzir razões finais, em prazo não excedente de 10 (dez) minutos para cada uma. Em seguida, o juiz renovará a proposta de conciliação e, não se realizando esta, será proferida a decisão.

Pela análise dos arts. 849 e 850 da CLT, extrai-se que os atos serão todos concentrados em uma só assentada, salvo hipóteses excepcionais, de modo que atinja sua finalidade de uma só vez. Logo, tecnicamente, a audiência trabalhista é *una*, embora possa ser, em alguns casos excepcionais, *descontínua*.

Contudo, mesmo apesar da norma prevendo que a audiência somente será fracionada nas hipóteses de força maior, a praxe forense demonstra que as audiências são cindidas, com bastante frequência e em várias sessões, em razão do acúmulo de trabalho e número de audiências.

O fracionamento acaba representando uma mitigação ao princípio da concentração dos atos, mas isso se faz também em zelo pelo efetivo contraditório (art. 7º do CPC), pois muitas vezes a complexidade da causa e o excessivo número de documentos impossibilitam o pleno exercício da ampla defesa e do contraditório.

Na prática, as audiências são fracionadas em: *a) audiência inicial; b) audiência de instrução e julgamento; e c) audiência de julgamento.*

2.2. Audiência inicial

Aberta a audiência, o juiz proporá a conciliação (art. 846 da CLT). Trata-se do primeiro ato da audiência. Se houver acordo lavrar-se-á termo, assinado pelo presidente e pelos litigantes, consignando-se o prazo e demais condições para seu cumprimento (art. 846, § 1º, da CLT)[5]. Essa audiência inicial é muitas vezes chamada de audiência de conciliação.

No processo do trabalho, a audiência de conciliação é obrigatória, não se aplicando o disposto no art. 334 do CPC, que prevê a facultatividade da audiência de conciliação caso ambas as partes expressamente se manifestem nesse sentido, conforme art. 2º, inciso IV, da Instrução Normativa n. 39 do TST, que dispõe sobre as normas do Código de Processo Civil de 2015 aplicáveis e inaplicáveis ao Processo do Trabalho, de forma não exaustiva.

Nos termos da Súmula n. 418 do TST o juiz não é obrigado a homologar o acordo, desde que o faça em decisão fundamentada. Desse modo, a súmula afirma que inexiste direito líquido e certo das partes tutelável pela via do mandado de segurança em razão da não homologação do acordo.

Questão que suscita dúvidas na prática diz respeito ao acordo feito com apenas uma das litisconsortes passivas, como se dá em casos nos quais o reclamante ajuíza a reclamação trabalhista em face da prestadora e da tomadora de serviços. Imagine-se que somente uma das litisconsortes aceite a conciliação. Nesse caso, diferentes situações podem surgir: *a)* se o reclamante concordar com a exclusão da lide da outra litisconsorte, o problema estará resolvido e o acordo será homologado; *b)* o reclamante não concorda com a exclusão da outra litisconsorte, caso no qual surgem duas correntes em relação ao procedimento a ser adotado pelo magistrado: b.1) o acordo não pode ser homologado só com uma das partes, caso no qual o feito deve prosseguir com a apresentação das defesas e demais trâmites; b.2) realiza-se o acordo com uma delas, realizando-se uma espécie de promessa de pagamento, com a consequente suspensão do processo até o cumprimento integral do acordo. Cumprido o acordo, o processo é extinto. Se o acordo não for cumprido, retoma-se o feito com o recebimento das defesas. Sobre a matéria, o seguinte aresto do C. TST:

> AGRAVO DE INSTRUMENTO EM RECURSO DE REVISTA – ACORDO JUDICIAL HOMOLOGADO – RESPONSABILIDADE SUBSIDIÁRIA. A segunda-reclamada foi devidamente representada na audiência de conciliação e anuiu com os termos do acordo homologado, não havendo notícia de protesto nos autos. Dessa forma, a reabertura da instrução para verificar a responsabilidade da segunda-reclamada pelo adimplemento do acordo não se trata de alteração ou rediscussão dos termos do acordo. A ata de audiência registrara expressamente que, em caso de mora, o processo retornaria

---

(5) Para maiores detalhes sobre a conciliação, conferir item 12 do presente capítulo.

para instrução e julgamento apenas em relação à responsabilidade da segunda-reclamada pelo valor do acordo e seus consectários. Violações e divergência afastadas. Agravo de instrumento desprovido. (AIRR-619-35.2010.5.09.0411, Relator Ministro: Luiz Philippe Vieira de Mello Filho, Data de Julgamento: 19.06.2013, 7ª Turma, Data de Publicação: DEJT 28.06.2013.)

Frustrada a primeira tentativa de conciliação, ou seja, em não havendo acordo, é chegado o momento da defesa. Nessa ocasião, o reclamado terá 20 (vinte) minutos para aduzir sua defesa, após a leitura da reclamação, quando esta não for dispensada por ambas as partes (art. 847, *caput*, da CLT).

Nos termos do parágrafo único, do art. 847, da CLT, incluído pela Lei n. 13.467, de 2017, a parte poderá apresentar defesa escrita pelo sistema de processo judicial eletrônico até a audiência.

Em se tratando de processo eletrônico, a contestação, reconvenção, exceção e documentos deverão ser protocolados no PJe até a realização da proposta conciliatória infrutífera, com a utilização de equipamento próprio, sendo automaticamente juntados, facultada a apresentação de defesa oral, na forma do art. 847 da CLT (art. 22, § 4º, da Resolução n. 185/2017 do CSJT).

Depois da apresentação da defesa, o juiz designará data para audiência de prosseguimento, que será a de instrução. Além disso, se for o caso, o juiz costuma abrir prazo para que o Reclamante faça a réplica em relação à contestação e aos documentos eventualmente apresentados pela parte contrária.

2.3. Audiência de instrução

Nos termos do art. 845 da CLT, as partes comparecerão à audiência acompanhados das suas testemunhas, apresentando, nessa ocasião, as demais provas. É na audiência de instrução que as provas serão produzidas. Assim, terminada a defesa, seguir-se-á a instrução do processo, podendo o juiz, de ofício ou a requerimento das partes, interrogar os litigantes (art. 848 da CLT). Findo o interrogatório, poderá qualquer dos litigantes retirar-se, prosseguindo a instrução com o seu representante. A seguir, serão ouvidas as testemunhas, os peritos e os técnicos, se houver.

No processo do trabalho, as provas são produzidas, em regra, na seguinte ordem: juntada de documentos, perícia, oitiva do perito e assistentes técnicos, depoimentos pessoais das partes e oitiva das testemunhas. A CLT não diz expressamente se primeiro devem ser ouvidas as testemunhas do autor ou do réu. De todo modo, a ordem de produção das provas pode ser alterada, pois o juiz pode determinar a produção probatória de acordo com o que lhe pareça mais compatível com a natureza e complexidade da causa debatida em juízo.

O art. 775, § 2º, da CLT, incluído dada pela Lei n. 13.467, de 2017, reforça esse entendimento ao prever que ao juízo incumbe *alterar a ordem de produção dos meios de prova*, adequando-os às necessidades do conflito de modo a conferir maior efetividade à tutela do direito.

Essa norma é reforçada pelo disposto no art. 765 da CLT, segundo a qual os Juízos e os Tribunais do Trabalho terão ampla liberdade na direção do processo e velarão pelo andamento rápido das causas, podendo determinar qualquer diligência necessária ao esclarecimento delas.

Nos termos do art. 850 da CLT, terminada a instrução, poderão as partes aduzir razões finais, em prazo não excedente de 10 (dez) minutos para cada uma. Em seguida, o juiz renovará a proposta de conciliação, e não se realizando esta, será proferida a decisão.

Todos os trâmites de instrução e julgamento da reclamação serão resumidos em ata, de que constará, na íntegra, a decisão (art. 851 da CLT).

2.4. Audiência de julgamento

Como dito, se frustrada a derradeira proposta de conciliação, o juiz proferirá decisão. Mas, na prática, para essa decisão é designada a chamada audiência de julgamento.

Não é comum o comparecimento das partes na audiência de julgamento. A Súmula n. 37 do TST, hoje cancelada, dispunha que *"O prazo para recurso da parte que não comparece à audiência de julgamento, apesar de notificada, conta-se da intimação da sentença"*.

Atualmente, o prazo conta-se da publicação, ou seja, a partir do momento em que a sentença é juntada ao processo e disponibilizada para as partes, pois tornou-se *pública* e, portanto, publicada está. Não se deve confundir o ato processual *publicação* com o ato processual *intimação*.

Assim, conforme atual Súmula n. 197 do TST, *"O prazo para recurso da parte que, intimada, não comparecer à audiência em prosseguimento para a prolação da sentença conta-se de sua publicação"*.

Logo, publicada a sentença na audiência de julgamento, as partes já saem cientes (art. 852, *caput*, primeira parte, da CLT) e o prazo recursal inicia-se no primeiro dia útil subsequente.

Contudo, se a sentença não for disponibilizada na audiência de julgamento designada, deverá ser juntada ao processo, devidamente assinada, no prazo improrrogável de 48 (quarenta e oito) horas, contado da audiência de julgamento, conforme Súmula n. 30 do TST, verbis: *"Quando não juntada a ata ao processo em 48 horas, contadas da audiência de julgamento (art. 851, § 2º, da CLT), o prazo para recurso será contado da data em que a parte receber a intimação da sentença."*

Sobre o tema, o TST já entendeu que na hipótese em que as partes não compareceram à audiência de julgamento previamente designada para o dia 06.10.2010, e a sentença foi juntada aos autos em 07.10.2010, considera-se como marco inicial da contagem do prazo recursal o dia útil seguinte à divulgação no Diário Eletrônico da Justiça do Trabalho ou a partir da notificação das partes, já que elas não tiveram acesso ao conteúdo da decisão no momento em que proferida. Ao caso não se aplicou o entendimento consolidado na Súmula n. 197 do TST, pois esta pressupõe a prolação da sentença na data designada para a audiência, e não no dia seguinte, como ocorrido[6].

Também, segundo a jurisprudência do TST, não se aplica a diretriz constante da Súmula n. 197 do TST à hipótese em que adiada a audiência anteriormente fixada para a prolação da sentença, e, designada outra data, não houve a intimação das partes da efetiva publicação, conforme determinação do juízo na ata de redesignação da audiência. Nessa hipótese, conta-se o prazo recursal a partir da notificação da publicação da sentença, e não da própria publicação. Assim, se as partes, não obstante estivessem cientificadas da primeira data para a prolação da sentença, não foram intimadas e tampouco comunicadas da designação da nova data fixada pelo juiz, resta inaplicável a Súmula n. 197 do TST[7].

No caso de revelia, a notificação far-se-á pela forma estabelecida no § 1º do art. 841, ou seja, pela via postal (art. 852, *caput*, parte final, da CLT).

3. ATOS PREPARATÓRIOS DA AUDIÊNCIA: DO AJUIZAMENTO DA AÇÃO AO AGENDAMENTO DA SESSÃO

Apresentada a reclamação, a audiência é automaticamente designada, respeitado o interstício mínimo de 5 (cinco) dias entre a efetivação da notificação e a data de sua realização. Mas, se no polo passivo constar alguma pessoa jurídica de direito público, tais como a União, os Estados, o Distrito Federal, os Municípios, as autarquias ou fundações que não explorem atividade econômica, o prazo a ser observado é em quádruplo, ou seja, 20 (vinte) dias, nos termos dos arts. 841 da CLT e 1º, inciso II, do Decreto-lei n. 779/69:

> Art. 841 da CLT. Recebida e protocolada a reclamação, o escrivão ou secretário, dentro de 48 (quarenta e oito) horas, remeterá a segunda via da petição, ou do termo, ao reclamado, notificando-o ao mesmo tempo, para comparecer à audiência do julgamento, que será a primeira desimpedida, depois de 5 (cinco) dias.
>
> Art. 1º do Decreto-lei n. 779/69. Nos processos perante a Justiça do Trabalho, constituem privilégio da União, dos Estados, do Distrito Federal, dos Municípios e das autarquias ou fundações de direito público federais, estaduais ou municipais que não explorem atividade econômica: (...) II – o quádruplo do prazo fixado no art. 841, *in fine*, da Consolidação das Leis do Trabalho (...)

Importante registrar que, nos termos da Súmula n. 16 do TST, presume-se recebida a notificação 48 (quarenta e oito) horas depois de sua postagem. O seu não recebimento ou a entrega após o decurso desse prazo constitui ônus de prova do destinatário.

A partir da Reforma Trabalhista, o prazo de 5 (cinco) ou 20 (vinte) dias deverá ser contado em *dias úteis*, nos termos do art. 775 da CLT, com redação dada pela Lei n. 13.467/2017: *"Os prazos estabelecidos neste Título[8] serão contados em dias úteis, com exclusão do dia do começo e inclusão do dia do vencimento."*

Cabe, porém, anotar a existência de posicionamentos no sentido de que o interstício entre o dia da citação e o da data de realização da audiência é não mais do que assegurador de um lapso temporal mínimo exigível para a garantia do direito de defesa. Por ser interstício, e não propriamente um prazo, há magistrados que não entendem aplicável a contagem em dias úteis, mas em dias corridos. O tema, entretanto, é delicado e em algum momento exigirá da jurisprudência um posicionamento consolidado. É sabido, entretanto, que o sistema eletrônico do PJe, ao menos por ocasião da redação deste texto, considera em dias úteis também a contagem dos interstícios, inclusive do lapso temporal exigido nas publicações de edital. Por ora, é importante que partes e magistrados atuem com as necessárias cautela e razoabilidade, sendo até preferível posições

---

(6) TST-E-ED-RR-382-05.2010.5.03.0108, SBDI-I, rel. Min. José Roberto Freire Pimenta, 17.12.2015 – Informativo TST n. 127.

(7) TST-E-ED-RR-95900-90.2005.5.09.0670, SBDI-I, rel. Min. Luiz Philippe Vieira de Mello Filho, 15.5.2014 – Informativo TST n. 82.

(8) O dispositivo se refere ao Título X – Do Processo Judiciário do Trabalho, que se inicia no art. 763 da CLT.

que arrimem a tese da ampla contagem em dias úteis do que aquelas que prejudiquem o exercício dos direitos de defesa.

De todo modo, cabe reconhecer que o interstício é, sim, muito exíguo. Para sanar essa problemática, a CLT permite ao magistrado que, fundamentadamente, *prorrogue* os prazos, pelo tempo estritamente necessário, quando entender necessário ou em virtude de força maior, devidamente comprovada (art. 775, § 1º, da CLT).

Ainda, incumbirá ao magistrado *dilatar* os prazos processuais e alterar a ordem de produção dos meios de prova, adequando-os às necessidades do conflito de modo a conferir maior efetividade à tutela do direito (art. 775, § 2º, da CLT).

Portanto, em determinadas situações, poderá o lapso temporal de 5 (cinco) ou de 20 (vinte) dias ser prorrogado ou dilatado. Tal possibilidade encontra fundamento, ainda, no art. 7º do CPC, que diz competir ao juiz *zelar pelo efetivo contraditório*. Como exemplo, pode-se mencionar caso no qual a petição inicial vem instruída com milhares de documentos. Nesse caso, não se afigura razoável que, em curto espaço de tempo, possa a reclamada exercer efetivamente seu direito de defesa, razão pela qual se justifica um maior interstício de tempo entre o recebimento da notificação e a realização da audiência.

4. A COMUNICAÇÃO PROCESSUAL DIRIGIDA ÀS PARTES

Como antedito, apresentada a reclamação, a audiência é automaticamente designada, e o reclamante já é notificado no ato da apresentação da reclamação, como de praxe acontece. Mas poderá também ser notificado na forma do § 1º do art. 841, da CLT, ou seja, via registro postal com franquia (art. 841, § 2º, da CLT).

Em relação à reclamada, determina o art. 841, § 1º, da CLT, que a notificação[9] será feita em registro postal com franquia. Se a reclamada criar embaraços ao seu recebimento ou não for encontrada, far-se-á a notificação por edital, inserto no jornal oficial ou no que publicar o expediente forense, ou, na falta, afixado na sede da Junta ou Juízo.

Embora a CLT nada mencione, nada impede também que se faça, no processo do trabalho, a citação por hora certa, nos moldes do art. 252 do CPC, aplicável ao processo do trabalho (art. 769 da CLT c/c art. 15 do CPC).

Sobre o tema, vale dizer que, no processo do trabalho, a citação não precisa ser pessoal. O art. 841, § 1º, da CLT, em momento algum prevê a obrigatoriedade de citação pessoal, bastando a remessa ao endereço correto do empregador.

Por sua vez, a Súmula n. 16 do TST estabelece que *"Presume-se recebida a notificação 48 (quarenta e oito) horas depois de sua postagem. O seu não recebimento ou a entrega após o decurso desse prazo constitui ônus de prova do destinatário"*.

A propósito, a SBDI-2 do TST possui entendimento pacificado entendendo que *"o art. 841 da CLT não exige que a citação ocorra na pessoa do reclamado, sendo suficiente que seja entregue no endereço da parte. No caso, embora o reclamado não negue que a carta de citação foi recebida por sua esposa, no endereço residencial do casal, alega que, à época, estava separado de fato, razão pela qual arguiu a nulidade da citação. Todavia, as provas produzidas nos autos não confirmaram que a parte residia em outro endereço, e os depoimentos colhidos ratificaram a informação de que a esposa do reclamado recebia as correspondências dele com habitualidade. Assim, ficou comprovado que tanto a citação quanto a intimação da sentença foram direcionadas para o endereço do reclamado e recebidas por pessoas a ele vinculadas, não havendo falar, portanto, em cerceio de defesa ou em ofensa ao princípio do contraditório"*[10].

5. AS POSTULAÇÕES DAS PARTES E DECISÕES JUDICIAIS FEITAS ANTES OU NO DECORRER DA OCORRÊNCIA DA AUDIÊNCIA

5.1. O aditamento da petição inicial

Discute-se no processo do trabalho qual é o prazo máximo para que a parte autora possa aditar a petição inicial, ou seja, acrescentar novo pedido ou causa de pedir.

---

(9) É interessante registrar que a CLT usa a expressão "notificação", mas, atualmente, o correto é se falar em citação, entendida esta como *"o ato pelo qual são convocados o réu, o executado ou o interessado para integrar a relação processual"* (art. 238 do CPC). A explicação está no fato de que, quando a CLT foi aprovada, em 1º de maio de 1943, a Justiça do Trabalho não era órgão integrante do Poder Judiciário, mas, sim, do Poder Executivo. Assim, não era correto se falar em citação para um processo que não tramitava perante o Poder Judiciário. Da mesma forma, utilizou-se a nomenclatura "reclamação trabalhista" e não "ação trabalhista". Atualmente, usa-se indistintamente as duas palavras. No entanto, de forma técnica, deve-se preferir a expressão "citação".

(10) TST-RO-1266-96.2012.5.03.0000, Rel. Min. Luiz Philippe Vieira de Mello Filho, Data de Julgamento: 09.08.2016, Subseção II Especializada em Dissídios Individuais, Data de Publicação: DEJT 12.08.2016.

No processo civil, o aditamento pode ser dar até a citação do réu, independentemente de sua anuência. Depois da citação, o aditamento só pode ocorrer com a concordância do réu, conforme art. 329 do CPC[11].

No Processo do Trabalho, a CLT é omissa a respeito. Surgem duas correntes a respeito. Uma primeira vertente de pensamento, embora minoritária, advoga a aplicação integral do art. 329 do CPC ao processo do trabalho. Logo, tendo em vista que, no processo do trabalho, a citação presume-se recebida 48 (quarenta e oito) horas depois de postada, esse é o prazo máximo para aditamento. Logo, só poderá aditar, após esse prazo, com a anuência do réu.

Por outro lado, em razão das peculiaridades do procedimento trabalhista, tem-se admitido que a petição inicial seja aditada *até o momento imediatamente anterior ao oferecimento da defesa*, ou seja, logo após a primeira tentativa de conciliação frustrada, independentemente da anuência da parte contrária. Depois da apresentação da defesa, é possível a alteração desde que haja anuência do reclamado.

Se oferecida a contestação eletronicamente, nos termos do art. 841, § 3º, da CLT, mas *sob sigilo*, o aditamento pode ser feito sem a anuência do réu até o término da primeira proposta de conciliação frustrada. Se apresentada *sem sigilo*, é necessária a anuência. É a mesma lógica em relação à desistência da ação, estudada no item 5.4.

Todavia, advirta-se que isso não é pacífico na doutrina e a jurisprudência precisa se sedimentar a respeito. Há quem entenda que a anuência não será necessária mesmo se já apresentada sem sigilo a contestação eletronicamente nos moldes art. 841, § 3º, CLT. Isso porque nem todo ato praticado no sistema, em que pese fazer parte dele enquanto tal, se converte em ato processual, a caracterizar distinção entre ato de sistema e ato de processo[12]. Ademais, no processo do Trabalho, a defesa só é recebida, de fato, em audiência (art. 847 da CLT). Assim, o ato material (inserção da contestação no PJE) não se confunde com ato jurídico (recebimento da contestação).

Pode acontecer também de ocorrer fato novo depois do ajuizamento da ação. Por exemplo, pode-se imaginar caso no qual um trabalhador, ainda com vínculo empregatício, tenha ajuizado reclamação trabalhista e, logo após citação, mas antes da audiência inicial, tenha sido dispensado. Nesse caso, a se adotar a corrente majoritária, permite-se o aditamento da inicial para alegação do fato novo. Mas, se a dispensa ocorrer após a apresentação de defesa, somente por nova ação poderá ser discutido o fato novo.

Mesmo no exemplo supranarrado, deve-se levar em consideração o objeto da inicial. Se, por exemplo, o reclamante pedia a rescisão indireta cumulada com a condenação da ré em verbas rescisórias, parece acertado que o juiz pode conhecer até mesmo de ofício do fato novo, nos termos do art. 493 do CPC[13].

Vale lembrar que a aplicação do art. 493 do CPC não pode dar lugar à alteração da causa de pedir. Não tendo o condão de alterar a causa de pedir, o fato superveniente pode ser conhecido a qualquer tempo nas instâncias ordinárias[14].

5.2. A emenda da petição inicial

Emendar significa corrigir. No processo do trabalho, geralmente, o juiz só tem contato com a petição inicial por ocasião da audiência. Nesse momento, conforme art. 321 do CPC, aplicável ao processo do trabalho (art. 769 da CLT c/c art. 15 do CPC) o juiz, ao verificar que a petição inicial não preenche os requisitos ou que apresenta defeitos e irregularidades capazes de dificultar o julgamento de mérito, determinará que o autor, no prazo de 15 (quinze) dias, a emende ou a complete, indicando com precisão o que deve ser corrigido ou completado.

A propósito, nos termos da Súmula n. 263 do TST, salvo nas hipóteses do art. 330 do CPC de 2015,

---

(11) Art. 329 do CPC – O autor poderá: I – até a citação, aditar ou alterar o pedido ou a causa de pedir, independentemente de consentimento do réu; II – até o saneamento do processo, aditar ou alterar o pedido e a causa de pedir, com consentimento do réu, assegurado o contraditório mediante a possibilidade de manifestação deste no prazo mínimo de 15 (quinze) dias, facultado o requerimento de prova suplementar. Parágrafo único. Aplica-se o disposto neste artigo à reconvenção e à respectiva causa de pedir.

(12) Essa distinção foi feita pelo próprio Tribunal Superior do Trabalho no julgamento do RR-25216-41.2015.5.24.0002, Data de Julgamento: 21.02.2018, Rel. Min. Cláudio Mascarenhas Brandão, 7ª Turma, Data de Publicação: DEJT 02.03.2018.

(13) O exemplo é de Ítalo Menezes, em conversa travada por meio de aplicativos de mensagens. Art. 493 do CPC – Se, depois da propositura da ação, algum fato constitutivo, modificativo ou extintivo do direito influir no julgamento do mérito, caberá ao juiz tomá-lo em consideração, de ofício ou a requerimento da parte, no momento de proferir a decisão. Parágrafo único. Se constatar de ofício o fato novo, o juiz ouvirá as partes sobre ele antes de decidir.

(14) MARINONI, Luiz Guilherme; ARENHART, Sérgio Cruz; MITIDIERO, Daniel. *Novo Código de Processo Civil comentado*. 3. ed. São Paulo: RT, 2017. p. 434.

o indeferimento da petição inicial, por se encontrar desacompanhada de documento indispensável à propositura da ação ou não preencher outro requisito legal, somente é cabível se, após intimada para suprir a irregularidade em 15 (quinze) dias, mediante indicação precisa do que deve ser corrigido ou completado, a parte não o fizer (art. 321 do CPC de 2015).

Portanto, em contexto tal, constatado vício sanável na inicial, não se sustenta a extinção do processo, em primeiro grau, sem, antes, oportunizar a emenda no prazo de 15 (quinze) dias, de forma a garantir o acesso do autor ao Judiciário (art. 321 do CPC) e prestigiar o princípio da preponderância ou primazia do julgamento de mérito, pelo qual as partes têm o direito de obter em prazo razoável a solução integral do mérito, incluída a atividade satisfativa (art. 4º do CPC).

Sobre o momento final para que a parte possa emendar a petição inicial parece acertado dizer que a correção de vícios sanáveis pode ser feita em dois momentos distintos:

a) *caso a emenda não implique em modificação do pedido ou da causa de pedir, até o momento anterior à prolação da sentença.* Nessa hipótese, se o juiz detectar o vício quando for prolatar a sentença, deverá intimar a parte para regularização[15]. Vale lembrar que no processo do trabalho não há saneamento do processo, e a verificação dos vícios da inicial geralmente é feita no momento da sentença. Sobre essa hipótese, o TST já enfrentou caso de equiparação salarial no qual a reclamante não havia indicado o paradigma. Uma das pretensões deduzidas em juízo consistia no pedido de diferenças salariais, em razão do pagamento de remuneração inferior à Autora, comparada com a remuneração dos demais empregados que desempenhavam a mesma função. A sentença, mantida pelo TRT, indeferiu o pedido, ao fundamento de que a ausência de indicação de paradigma, na petição inicial, inviabilizaria a análise do pleito. O TST entendeu, porém, tratar-se de hipótese típica de ausência de requisitos previstos no art. 319 do CPC (requisitos da petição inicial), notadamente defeitos no desenvolvimento da causa de pedir e na indicação da prova pela qual a Parte pretende demonstrar a verdade dos fatos, cujo saneamento, após a determinação do Juiz, não alteraria a substância da petição inicial e forneceria condições para o julgamento normal do mérito. Nesse caso, foi provido o recurso de revista para declarar a nulidade da sentença, apenas em relação a este ponto, e determinar o retorno dos autos ao Juízo da Vara de Trabalho de origem, para que determinasse a emenda da petição inicial, nos termos do art. 321, *caput*, do CPC, e prosseguisse no julgamento do pedido[16].

b) *caso a emenda implique em modificação do pedido ou da causa de pedir, até o momento do oferecimento da contestação sem sigilo,* hipótese em que, emendada a inicial, deverá ser dada vista à parte contrária para que seja observado o princípio do contraditório[17]; *se apresentada a contestação com sigilo, a correção de vícios sanáveis pode ser feita até o momento do oferecimento e recebimento da contestação em audiência.*

Além desses momentos, alternativa não terá o juiz a não ser extinguir o processo sem resolução do mérito.

5.3. O pedido de intimação de testemunhas e a juntada de cartas-convite dirigidas às testemunhas

Sobre o pedido de intimação de testemunhas e a juntada de cartas-convite dirigidas às testemunhas, a

---

(15) Nesse sentido, cita-se a lição do doutrinador Mauro Schiavi, ao tratar do art. 321 do CPC: referido dispositivo legal determina que o juiz, verificando que a inicial contém nulidade sanável (*que pode ser corrigida facilmente, sem alteração da substância da inicial*, como: erros materiais, falta de juntada de documentos, qualificação errônea das partes, endereçamento incorreto, esclarecimento sobre qual parte pretende o vínculo de emprego, quando não estiver especificado e houver mais de um reclamado no polo passivo etc.), deverá conceder à parte prazo para emendá-la. Segundo a jurisprudência, a concessão do prazo para a emenda não fica ao critério discricionário do juiz, sendo um direito subjetivo processual da parte (In: *Manual de direito processual do trabalho*. 12. ed. São Paulo: LTr, 2017).

(16) RR-702-71.2015.5.06.0019, Data de Julgamento: 05.09.2018, Rel. Min. Mauricio Godinho Delgado, 3ª Turma, Data de Publicação: DEJT 06.09.2018.

(17) Nesse sentido: PROCESSUAL CIVIL. RECURSO ESPECIAL. SUPOSTA OFENSA AO ART. 535 DO CPC. INEXISTÊNCIA DE VÍCIO NO ACÓRDÃO RECORRIDO. EMBARGOS À EXECUÇÃO. PETIÇÃO INICIAL QUE TRATA DE MATÉRIA ESTRANHA AO OBJETO DA LIDE. EMENDA À INICIAL. MODIFICAÇÃO DA CAUSA DE PEDIR E DO PEDIDO, APÓS OFERECIDA A CONTESTAÇÃO E SANEADO O FEITO. IMPOSSIBILIDADE PRECEDENTES. (...) 2. A jurisprudência desta Corte não admite a emenda da inicial após o oferecimento da contestação quando tal diligência ensejar a modificação do pedido ou da causa de pedir. Isso porque a regra prevista no artigo referido deve ser compatibilizada com o disposto no art. 264 do CPC, que impede ao autor, após a citação, modificar o pedido ou a causa de pedir, sem o consentimento do réu (*caput*); e, em nenhuma hipótese, permite a alteração do pedido ou da causa de pedir após o saneamento do processo (parágrafo único). 3. Destarte, após oferecida a contestação e saneado o feito, não se mostra possível a realização da diligência prevista no art. 284 do CPC quando ensejar a modificação do pedido e da causa de pedir, como ocorre no caso dos autos, impondo-se a extinção do processo sem resolução de mérito. 4. Recurso especial parcialmente provido. (REsp 1291225/MG, rel. Min. Mauro Campbell Marques, Segunda Turma, julgado em 07.02.2012, DJe 14.02.2012.

CLT confere tratamento diferenciado ao rito ordinário e ao rito sumário (para alguns, sumaríssimo).

No rito *ordinário*, o art. 825 da CLT reza que as testemunhas comparecerão à audiência *independentemente de notificação ou intimação*, ou seja, as partes devem levar, por contra própria, as testemunhas. As que não comparecerem serão intimadas, *ex officio* ou a requerimento da parte, ficando sujeitas à condução coercitiva, além das penalidades do art. 730, caso, sem motivo justificado, não atendam à intimação.

Perceba-se que, no procedimento *ordinário*, em momento algum, a CLT exige das partes que *comprovem* o convite à testemunha como condição para que sejam intimadas pelo Juízo.

No entanto, justamente em razão dessa desnecessidade de comprovação de convite à testemunha faltante como condição para o adiamento da audiência e para a intimação pelo juízo, é que muitos abusos aconteceram na prática, pois bastava que o advogado dissesse que o convite fora realizado para que a audiência fosse redesignada.

Por isso, a jurisprudência do TST tem entendido que, mesmo no rito ordinário, deve a parte comprovar o convite:

> NULIDADE. SENTENÇA. CERCEAMENTO DE DEFESA. AUDIÊNCIA INAUGURAL. ROL DE TESTEMUNHAS. INDEFERIMENTO. ART. 825 E PARÁGRAFO ÚNICO DA CLT.
>
> 1. A CLT (art. 825 e § – sic – único) é explícita ao dispor que as partes comparecerão à audiência acompanhadas de suas respectivas testemunhas. Somente se comprovado que, convidadas, não compareceram cabe ao Juiz determinar a intimação das testemunhas e, em caso extremo, a condução coercitiva.
>
> 2. No processo do trabalho, assim, não há lugar para o rol prévio de testemunhas e tampouco para intimação de testemunhas previamente arroladas, salvo o caso de comprovada recusa de atendimento ao convite da própria parte.
>
> 3. Não acarreta cerceamento do direito de defesa o indeferimento, pelo Juiz, na audiência inaugural, de requerimento de apresentação de rol de testemunhas para ulterior intimação. Cerceamento somente haveria se houvesse indeferimento da intimação das testemunhas que, convidadas, comprovadamente deixaram de comparecer para depor.
>
> 4. Embargos de que se conhece, por divergência jurisprudencial, e a que se dá provimento. (TST – Embargos em EDcl em Agravo em RR 346-42.2012.5.08.0014 – Subseção I Especializada em Dissídios Individuais – j. 08.05.2015 – rel. Min. Caputo Bastos, redator João Oreste Dalazen.)

Assim, segundo a mais atual jurisprudência do TST, nos termos do art. 825 da CLT, as testemunhas comparecerão à audiência independentemente de notificação ou intimação. Caso faltem, *cabe à parte provar que as convidou e registrar justificativa para tal ausência.* Não havendo o registro, o indeferimento na audiência inaugural do requerimento de intimação das testemunhas faltosas não implica cerceamento do direito de defesa.

A jurisprudência do Tribunal Superior do Trabalho, por meio da SBDI-I, vem admitindo também que o juiz possa determinar às partes que apresentem previamente rol de testemunhas, mesmo sem previsão legal expressa e direta nesse sentido. Assim, já entendeu o C. TST que, na hipótese em que a parte não observa determinação judicial prévia de apresentação de rol de testemunhas e não comprova a realização de convite à testemunha ausente, o indeferimento do pedido de adiamento de audiência para intimação de testemunha que não compareceu espontaneamente não caracteriza cerceamento do direito de defesa, nem viola o art. 825 da CLT[18].

No caso julgado, foi dada ciência ao reclamante quanto à designação de audiência una, registrando-se a recomendação de que as testemunhas não arroladas previamente deveriam ser trazidas independentemente de intimação, sob pena de preclusão.

Assim, observa o TST que, com o objetivo de imprimir razoável duração ao processo, a praxe nos Tribunais Regionais é no sentido de designar audiências unas e contínuas, em que as partes são previamente notificadas a respeito da necessidade de apresentar o rol de testemunhas antecipadamente ou trazer as não arroladas independentemente de intimação, sob pena de não serem ouvidas. Nesse contexto, o indeferimento do pedido de adiamento da audiência, para que fosse intimada a testemunha não arrolada e que não compareceu espontaneamente, não viola o art. 825 da CLT, nem caracteriza cerceamento do direito de defesa[19].

Já no rito *sumário* (ou, para alguns, *sumaríssimo*) o art. 852-H e parágrafos da CLT estabelece que todas

---

(18) TST-E-RR-2300-70.2007.5.02.0401, SBDI-I, rel. Min. Hugo Carlos Scheuermann, 28.09.2017 – Informativo TST n. 166.

(19) TST-E-RR-1810-18.2012.5.15.0108, SBDI-I, rel. Min. João Oreste Dalazen, red. p/ acórdão Min. Hugo Carlos Scheuermann, 12.4.2018 (*Cf. Informativo TST n. 166) – Informativo TST n. 176.

as provas serão produzidas na audiência de instrução e julgamento, ainda que não requeridas previamente, uma vez que as testemunhas, até o máximo de duas para cada parte, *comparecerão à audiência de instrução e julgamento independentemente de intimação*. Sendo assim, só será deferida intimação de testemunha que, *comprovadamente convidada*, deixar de comparecer. Não comparecendo a testemunha intimada, o juiz poderá determinar sua imediata condução coercitiva.

5.4. A desistência da ação

O art. 841, § 3º, da CLT, dispõe que oferecida a contestação, ainda que eletronicamente, o reclamante não poderá, sem o consentimento do reclamado, desistir da ação. Portanto, segundo a CLT, não mais se discute que o marco para desistência da ação sem a anuência da parte contrária é oferecimento da contestação. No entanto, o texto legal não pode ser interpretado apenas gramaticalmente.

Oportuno lembrar a razão de ser do § 3º do art. 841, ou seja, sua *ratio*, explicada no próprio parecer do Dep. Rogério Marinho ao PL da Reforma Trabalhista, qual seja, o de número 6.787/2016: "*Muitas vezes são ajuizadas reclamações sem fundamento fático, em que as partes reclamam direitos que sabem não serem devidos, diante da possibilidade de desistirem até mesmo no momento da audiência, tão logo tomam conhecimento da defesa da outra parte. Com isso, movimentam a máquina judiciária, mas não arcam com o ônus decorrente de sua iniciativa.*"

Diante desse cenário, indaga-se: *protocolada a defesa pelo PJe, o reclamante necessariamente terá conhecimento de seu conteúdo?*

A resposta é: nem sempre. O sistema do Processo Judicial Eletrônico permite, conforme art. 22, § 4º, da Resolução n. 185/2017 do CSJT, que a parte apresente sua defesa em sigilo: "*o PJe deve dispor de funcionalidade que mantenha oculta ao usuário externo a contestação, reconvenção, exceção e documentos que as acompanham, até a realização da proposta conciliatória infrutífera.*"

Logo, se o reclamante não teve ciência do conteúdo da defesa, poderá desistir da ação, sem o consentimento da parte contrária, ainda que apresentada eletronicamente a contestação.

Há ainda quem defenda a possibilidade de desistência da ação sem o consentimento da parte contrária ainda que não oferecida a contestação em, conforme se vê pelo Enunciado n. 106 da II Jornada ANAMATRA: "*A CLT estabelece que o momento processual próprio para o demandando "oferecer a contestação" é na audiência, depois de proposta a conciliação. Por isso, ainda que a parte demandada envie/protocole a contestação antes da fase processual prevista em lei, não há razão para a anuência pelo réu de desistência da ação enquanto não atingido tal momento processual.*"

5.5. O adiamento da audiência trabalhista: em que situações ele se torna possível?

Ocorrendo motivo relevante, poderá o juiz suspender o julgamento, designando nova audiência (art. 844, § 1º, da CLT, com redação dada pela Lei n. 13.467, de 2017).

Igualmente, nos termos do art. 362 do CPC, a audiência poderá ser adiada por convenção das partes; se não puder comparecer, por motivo justificado, qualquer pessoa que dela deva necessariamente participar, como em razão de motivo de saúde devidamente justificado; por atraso injustificado de seu início em tempo superior a 30 (trinta) minutos do horário marcado.

É importante anotar, no particular, que o art. 2º, inciso VI, da Instrução Normativa n. 39/2016 do TST, entende que não é aplicável ao processo do trabalho o inciso III, do art. 362, do CPC. Segundo a sua perspectiva, a audiência não poderá ser adiada caso ocorra o atraso injustificado de seu início em tempo superior a 30 (trinta) minutos do horário marcado.

A posição do TST, entretanto, parece ter relação com o ritmo das sessões e com a possibilidade de uma audiência trabalhista anterior demorar o suficiente para deixar a audiência seguinte em atraso superior a trinta minutos no que diz respeito ao horário marcado para o seu início. Isso, ao que parece, não poderia determinar a absoluta inaplicabilidade do referido dispositivo, uma vez que o atraso de uma audiência, porque outras estão em curso, é algo plenamente aceitável e ingressa no plano do "atraso justificado".

O que se deve considerar, nesse ponto, é que o processo do trabalho tem regra específica – e até mais rigorosa – no tocante à ausência do magistrado, tratado em maiores detalhes no item 13.2, infra. Diz-se no parágrafo único do art. 815 da CLT que "*Se, até 15 (quinze) minutos após a hora marcada, o juiz ou presidente não houver comparecido, os presentes poderão retirar-se, devendo o ocorrido constar do livro de registro das audiências*". Ora, o atraso do magistrado trabalhista deve ser tolerado, portanto, até o limite de quinze minutos, enquanto que o mesmo evento praticado pelo magistrado de outro órgão judiciário tem o limite de trinta minutos.

Cabe alertar, porém, que outras causas podem justificar o adiamento da sessão que não a relacionada à ausência do magistrado. Nesses casos, indistintamente deve ser aplicada, por analogia, a tolerância (a espera) de trinta minutos. Exemplo disso ocorre em situações de falta de energia elétrica ou de problemas com os sistemas do processo judicial eletrônico.

Cumpre observar, por outro lado, que o fato de ser assegurado o *ius postulandi* às partes não retira a necessidade da presença do advogado constituído por uma delas, se justificado o motivo da ausência. Assim, deve ser deferido o adiamento de audiência, em razão da impossibilidade de comparecimento do advogado, desde que justificado o motivo e apresentado o pedido de adiamento em tempo hábil. Tal diretriz se coaduna com a observância do princípio do contraditório e da ampla defesa (incisos LV e LIV, do art. 5º, da CRFB/88).

Contudo, e se a parte possui dois ou mais advogados, a ausência justificada de um deles é suficiente para que o juiz defira o adiamento? A resposta parece positiva. Nesse caso, o outro advogado deverá comparecer e a audiência será realizada normalmente.

É comum também o fato de um advogado possuir duas audiências concomitantes, designadas para o mesmo dia e horário, seja no mesmo local, sejam em locais distintos, como Justiça Comum e Justiça do Trabalho. Nesse caso, desde que não exista outro advogado cadastrado na procuração e desde quando a audiência tenha sido designada anteriormente, caberá ao juiz redesignar a audiência (art. 844, § 1º, da CLT, c/c art. 362, II, do CPC c/c LV e LIV, do art. 5º, da CRFB/88).

Por fim, conforme art. 800, § 1º, da CLT, se for apresentada exceção de incompetência territorial, protocolada a petição da exceção, será suspenso o processo e não se realizará a audiência a que se refere o art. 843 da CLT até que se decida a exceção. A propósito, segundo o art. 800, § 3º, da CLT, se entender necessária a produção de prova oral na exceção de incompetência, o juízo designará audiência específica para isso, garantindo o direito de o excipiente e de suas testemunhas serem ouvidos, por carta precatória, no juízo que este houver indicado como competente[20].

6. OS RECURSOS POSSÍVEIS ÀS DECISÕES TOMADAS ANTES DA AUDIÊNCIA E NA AUDIÊNCIA

No processo do trabalho, em regra, as decisões interlocutórias são irrecorríveis de imediato, em razão do princípio da irrecorribilidade em separado das decisões interlocutórias, oriundo do princípio da oralidade. A palavra interlocutória deriva de *inter locutus* que quer dizer, literalmente, pronunciado ou falado no meio. Em termos processuais, são decisões proferidas no curso do processo.

Logo, eventual insurgência deve ser manejada no momento da interposição de recurso contra a decisão final. Nesse sentido, é a dicção do art. 893, § 1º, da CLT: *"os incidentes do processo são resolvidos pelo próprio Juízo ou Tribunal, admitindo-se a apreciação do merecimento das decisões interlocutórias somente em recursos da decisão definitiva."*

Em razão do costume, fonte do direito que é, as partes apresentam em audiência suas impugnações na forma do conhecido "protesto", para demonstrar, de plano e na primeira oportunidade de se manifestar nos autos, seu inconformismo em relação às decisões proferidas pelo magistrado, sob pena de preclusão.

A jurisprudência do Tribunal Superior do Trabalho excepciona a regra de irrecorribilidade de plano das decisões interlocutórias nas hipóteses previstas na Súmula n. 214, *verbis*:

> DECISÃO INTERLOCUTÓRIA. IRRECORRIBILIDADE. Na Justiça do Trabalho, nos termos do art. 893, § 1º, da CLT, as decisões interlocutórias não ensejam recurso imediato, salvo nas hipóteses de decisão: a) de Tribunal Regional do Trabalho contrária à Súmula ou Orientação Jurisprudencial do Tribunal Superior do Trabalho; b) suscetível de impugnação mediante recurso para o mesmo Tribunal; c) que acolhe exceção de incompetência territorial, com a remessa dos autos para Tribunal Regional distinto daquele a que se vincula o juízo excepcionado, consoante o disposto no art. 799, § 2º, da CLT.

A regra é a mesma para decisões interlocutórias proferidas antes da audiência, como o deferimento ou indeferimento de uma tutela provisória. A decisão é recorrível, mas não de imediato. Por isso, em regra, não é cabível nem mesmo Mandado de Segurança. O TST entende que "Não cabe mandado de segurança contra decisão judicial passível de reforma mediante recurso próprio, ainda que com efeito diferido" (OJ-SDI2-92). Mas, em situações excepcionais, pode-se vislumbrar o cabimento do *mandamus*.

---

(20) Advirta-se que esse procedimento da exceção de incompetência não se aplica ao procedimento sumário (ou, para alguns, sumaríssimo), pois o art. 800, § 1º, faz referência expressa à audiência do art. 843, que é do rito ordinário. Além disso, há previsão expressa de resolução da exceção na própria audiência: *"Art. 852-G. Serão decididos, de plano, todos os incidentes e exceções que possam interferir no prosseguimento da audiência e do processo. As demais questões serão decididas na sentença."*

O próprio Tribunal Superior do Trabalho já flexibilizou o teor da sobredita orientação jurisprudencial, para admitir o mandado de segurança em casos excepcionais ou de decisões teratológicas nas quais, embora cabível o recurso, se verificar o risco de lesão irreparável à parte ou que a via processual disponível não é suficiente para evitar o dano. Nesse sentido:

> É assente nesse Colegiado (SBDI-2) a possibilidade de mitigação do rigor da OJ n. 92 da SBDI-2/TST, afastando a incidência de sua diretriz em situações excepcionais, quando se verificar o risco de lesão irreparável à parte ou que a via processual disponível não é suficiente para evitar o dano. (TST-ReeNec-26800-89.2009.5.23.0000, Relator Ministro: Douglas Alencar Rodrigues, Data de Julgamento: 14.04.2015, Subseção II Especializada em Dissídios Individuais, Data de Publicação: DEJT 17.04.2015.)

7. PRINCÍPIOS APLICÁVEIS ÀS AUDIÊNCIAS JUDICIÁRIAS

Segundo a clássica definição de Celso Antônio Bandeira de Mello, "*princípio é um mandamento nuclear de um sistema, verdadeiro alicerce dele, disposição fundamental que se irradia sobre diferentes normas compondo-lhes o espírito e servindo de critério para a sua exata compreensão e inteligência, exatamente para definir a lógica e racionalidade do sistema normativo, no que lhe confere a tônica de lhe dá sentido harmônico*"[21].

A audiência trabalhista é orientada por princípios próprios, verdadeiros alicerces que conduzem seu regramento e que lhe dão a tônica que lhe é peculiar. Entre os princípios que orientam a realização das audiências trabalhistas, pode-se mencionar: a) princípio da conciliabilidade; b) princípio da publicidade; c) princípio da oralidade; d) princípio da imediatidade; e) princípio da identidade física do juiz; f) princípio da concentração dos atos processuais; g) princípio da liberdade de produção de provas; h) princípio da irrecorribilidade em separado das decisões interlocutórias; i) princípio da unidade da audiência; e j) princípio da solenidade da audiência.

7.1. Princípio da conciliabilidade

Uma das grandes marcas do processo do trabalho é a obrigatoriedade da tentativa de conciliação, que deve ocorrer, pelo menos, em dois momentos distintos da audiência, quais sejam, logo na abertura da audiência, antes do recebimento da defesa (art. 846 da CLT) e depois das razões finais (art. 850 da CLT).

Como se percebe, essas tentativas ocorrem justamente na audiência. Pode-se dizer que a conciliação é o verdadeiro *leitmotiv* do processo do trabalho, por meio da qual se pretende alcançar a pacificação do conflito. Com efeito, dispõe o art. 764 da CLT que os dissídios individuais ou coletivos submetidos à apreciação da Justiça do Trabalho *serão sempre sujeitos à conciliação*.

Reforçando esse princípio, foi editada a Resolução n. 174 de 2016, do Conselho Superior da Justiça do Trabalho, que dispõe sobre a política judiciária nacional de tratamento adequado das disputas de interesses no âmbito do Poder Judiciário trabalhista, considerando, entre outros motivos, justamente a valorização das soluções conciliatórias como forma de entrega da prestação jurisdicional, prevista no art. 764 da CLT.

Segundo o art. 1º da citada Resolução, considera-se "conciliação" o meio alternativo de resolução de disputas em que as partes confiam a uma terceira pessoa – magistrado ou servidor público por este sempre supervisionado –, a função de aproximá-las, empoderá-las e orientá-las na construção de um acordo quando a lide já está instaurada, com a criação ou proposta de opções para composição do litígio. Por sua vez, considera-se "mediação" o meio alternativo de resolução de disputas em que as partes confiam a uma terceira pessoa – magistrado ou servidor público por este sempre supervisionado –, a função de aproximá-las, empoderá-las e orientá-las na construção de um acordo quando a lide já está instaurada, sem a criação ou proposta de opções para composição do litígio.

Ao contrário do processo civil, no qual a audiência de conciliação não acontece quando ambas as partes manifestarem desinteresse, no processo, ela é obrigatória, ainda que as partes não queiram. A própria obrigatoriedade de realização da audiência, com a consequente obrigatoriedade de comparecimento das partes, decorre justamente do princípio da conciliabilidade.

Portanto, o princípio da conciliabilidade é aquele que orienta a necessidade de que os dissídios submetidos à apreciação da Justiça do Trabalho sejam sempre sujeitos à conciliação, cuja tentativa é obrigatória.

7.2. Princípio da publicidade

Nos termos do art. 93, inciso IX, da CRFB/88, todos os julgamentos dos órgãos do Poder Judiciário

---

(21) MELLO, Celso Antônio Bandeira de. *Curso de direito administrativo*. 17 ed. São Paulo: Malheiros, 2004. p. 451.

serão públicos, e fundamentadas todas as decisões, sob pena de nulidade. Trata-se da consagração constitucional do princípio da publicidade dos atos processuais, cuja *ratio* é a de permitir o controle dos atos judiciais pela sociedade, conferindo assim maior transparência aos atos estatais.

No entanto, não se trata de princípio absoluto, pois o próprio texto constitucional permite ao legislador infraconstitucional limitar a presença, em determinados atos, às próprias partes e a seus advogados, ou somente a estes, em casos nos quais *a preservação do direito à intimidade do interessado no sigilo não prejudique o interesse público à informação*, conforme redação dada pela Emenda Constitucional n. 45, de 2004, ao *caput* do art. 93 da CRFB/88.

Observa-se que o legislador constituinte conferiu ao legislador infraconstitucional a missão de acomodar dois valores contrapostos entre si, quais sejam, o direito à intimidade do interessado e o interesse público à informação, de modo que sempre que o direito à intimidade do interessado no sigilo prejudicar o interesse público à informação, este último deverá prevalecer.

Outrossim, o inciso LX, do art. 5º, da CRFB/88, estabelece que a lei só poderá restringir a publicidade dos atos processuais quando *a defesa da intimidade* ou *o interesse social o exigirem*. Segundo esse dispositivo, prevalecerá a defesa da intimidade em detrimento da publicidade, já que esta poderá ser restringida para resguardar a primeira.

Há uma aparente contradição entre o art. 5º, inciso LX, da CRFB/88, e o art. 93, inciso IX, da CRFB/88, pois de acordo com o art. 5º, inciso LX, o legislador está autorizado a restringir a publicidade dos atos processuais em defesa da intimidade (*prevalência da intimidade*); por outro lado, pelo art. 93, inciso IX, o legislador está autorizado a restringir a publicidade para preservação do direito à intimidade do interessado no sigilo *desde que* não prejudique o interesse público à informação (*prevalência do interesse público à informação e não da intimidade*).

Mas, essa contradição é apenas aparente, porque o art. 93, inciso IX, é especial em relação ao disposto no art. 5º, inciso LX, já que possuem campos de incidência distintos. Com efeito, o art. 5º, inciso LX, trata de atos processuais em geral, enquanto o art. 93, inciso IX, cuida apenas de decisões judiciais, razão pela qual podem ser harmonizados.

Nessa diretriz, o legislador infraconstitucional editou o art. 189 do Código de Processo Civil, para determinar que os atos processuais são públicos, todavia, *tramitam em segredo de justiça os processos*: I – em que o exija o interesse público ou social; II – que versem sobre casamento, separação de corpos, divórcio, separação, união estável, filiação, alimentos e guarda de crianças e adolescentes; III – em que constem dados protegidos pelo direito constitucional à intimidade; IV – que versem sobre arbitragem, inclusive sobre cumprimento de carta arbitral, desde que a confidencialidade estipulada na arbitragem seja comprovada perante o juízo.

Vale asseverar que, apesar do processo tramitar em segredo em justiça, a abertura da audiência é feita publicamente, com os respectivos pregões, até porque o segredo de justiça se refere aos atos do processo e não à sua própria existência, que sempre será pública.

Em que pese pairar certa controvérsia na doutrina acerca da taxatividade ou não das hipóteses previstas no art. 189 do NCPC, nos parece que não há uma clara opção do legislador pelo regime da taxatividade, especialmente quando considerada a riqueza e a complexidade das relações jurídicas. Pode-se mencionar, por exemplo, processo que contenha dados empresariais sensíveis ou de natureza estratégica para determinada pessoa ou empresa.

Se o processo tramitar em segredo de justiça, o direito de consultar os autos de processo e de pedir certidões de seus atos é restrito às partes e aos seus procuradores (art. 189, § 1º, do CPC). O terceiro que demonstrar interesse *jurídico* pode requerer ao juiz certidão do dispositivo da sentença, bem como de inventário e de partilha resultantes de divórcio ou separação (art. 189, § 2º, do CPC).

Interessante saber quais as consequências da realização de uma audiência realizada às portas abertas, ou seja, publicamente, quando o processo tramita em segredo de justiça. Ainda, quais as consequências de uma audiência que deveria ser pública, mas que foi realizada com portas cerradas.

Em caso de audiência em segredo de justiça realizada com as portas abertas, em princípio, será nula, a não ser que não tenha havido prejuízo algum, em razão da aplicação do princípio da instrumentalidade das formas. Do mesmo modo, nula será a audiência realizada em segredo de Justiça fora das hipóteses legais.

7.3. Princípio da oralidade e seus consectários

O princípio da oralidade determina que certos atos devem ser praticados oralmente, ou seja, recomenda a prevalência da palavra falada sobre a escrita nos processos.

A oralidade contribui com a duração razoável do processo, permitindo uma prestação jurisdicional adequada e com maiores chances de efetividade. Da oralidade, derivam audiência una, com a concentração dos atos.

Pode-se dizer que uma das marcas características do processo do trabalho é justamente a oralidade, embora não se tenha um procedimento puro. Mas existe o predomínio de atos orais, em detrimento dos atos escritos. Há, assim, primazia da oralidade como meio de exteriorização dos atos.

No processo do trabalho, é durante a audiência trabalhista que a oralidade atinge seu clímax. Como observa Mauro Schiavi, há previsão para defesa oral (art. 847 da CLT), bem como de produção da prova testemunhal e depoimento pessoal das partes, tudo na forma oral (art. 820 da CLT). De igual modo, poderão as partes apresentar razões finais oralmente (art. 850 da CLT)[22].

A eficácia do princípio da oralidade está diretamente ligada a outros princípios processuais, como a concentração dos atos processuais, a identidade física do juiz e imediatidade.

7.3.1. Princípio da imediatidade

Em razão da imediatidade, há uma aproximação do Juiz em relação às partes, aumentando as chances do julgador de entender com clareza a ocorrência e a intensidade dos fatos trazidos ao juízo, bem como as chances de acordo.

É justamente em razão da imediatidade que o Juiz do Trabalho se obriga a ter um contato direto com as partes e com a produção da prova testemunhal, ou qualquer outro meio de prova para termos esclarecimentos na busca da verdade.

7.3.2. Princípio da identidade física do Juiz

Igualmente, como decorrência da oralidade, surge o princípio da identidade física do juiz, que privilegia o julgamento da causa pelo juiz que presidiu a produção das provas, possibilitando ao juiz avaliar a credibilidade da mesma. Em outros termos, o juiz que dirige a instrução do processo há de ser o juiz que decide o litígio.

A Súmula n. 222 do STF, aprovada em 13.12.1963, prevê que *"O princípio da identidade física do juiz não é aplicável às juntas de conciliação e julgamento da justiça do trabalho"*. Por sua vez, a Súmula n. 136 do TST, atualmente cancelada, previa que *"Não se aplica às Varas do Trabalho o princípio da identidade física do juiz"*.

Andou bem o TST ao cancelar referido verbete, pois a razão que dava sustentação ao entendimento da inaplicabilidade do princípio ao processo do trabalho já não mais subsiste. Com efeito, a composição colegiada dos órgãos de primeiro grau – à época denominadas de Juntas de Conciliação e Julgamento – já não mais existe desde a EC n. 24/1999.

Portanto, entende-se que o princípio da identidade física do juiz se aplica ao processo do trabalho.

7.3.3. Princípio da concentração dos atos processuais

O princípio da concentração orienta que devem ser praticados o maior número possível de atos processuais num determinado espaço de tempo. Indubitavelmente, está-se diante de um mecanismo densificador do princípio da duração razoável do processo, com o encadeamento concentrado dos atos, proporciona-se a rápida entrega da prestação jurisdicional.

Como exemplo de concentração dos atos no processo do trabalho, pode-se mencionar o disposto no art. 849 da CLT, ao determinar que a audiência de julgamento será contínua. Ainda, o art. 852-C da CLT, ao prever que as ações sujeitas ao rito sumariíssimo serão instruídas e julgadas em uma única audiência.

7.4. Princípio da eficiência e da duração razoável do processo

Segundo o art. 765 da CLT, os Juízos e Tribunais do Trabalho terão *ampla liberdade* na direção do processo e velarão pelo *andamento rápido* das causas, podendo determinar qualquer diligência necessária ao esclarecimento delas.

Por sua vez, o art. 5º, inciso LXXVIII, da CRFB/88, incluído pela Emenda Constitucional n. 45, de 2004, assegura e garante a todos, no âmbito judicial e administrativo, a *razoável duração* do processo e os meios que garantam a celeridade de sua tramitação.

O dispositivo celetista, notadamente no que tange às expressões "ampla liberdade" e "andamento rápido", não pode ser interpretado literalmente. Ao contrário, deve ser harmonizado com os princípios constitucionais do contraditório e da ampla defesa. Assim, não pode o magistrado, a pretexto de velar pelo rápido andamento das causas, desprestigiar a segurança jurídica.

Assim, a palavra "rápido", até por imperativo constitucional, deve ser entendida como "duração razoável",

---

(22) SCHIAVI, Mauro. *Manual de direito processual do trabalho*. 10. ed. São Paulo, LTr, 2016. p. 558.

de modo que os Juízos e os Tribunais do Trabalho terão ampla liberdade na direção do processo, desde que observadas as regras do jogo previamente estabelecidas (*due process of law*) e velarão pela duração razoável dos processos.

Advirta-se que não é possível, *a priori*, estabelecer qual seria ou não um tempo razoável. Somente no caso concreto isso pode ser aferido, a partir de circunstâncias como a complexidade da causa, o comportamento dos litigantes, a atuação do órgão jurisdicional, entre outros.

Fredie Didier leciona, como razão, que não existe um princípio da celeridade. O processo não tem de ser rápido e/ou célere. Ao contrário, o processo *deve demorar o tempo necessário e adequado à solução do caso submetido ao órgão jurisdicional*[23].

Nessa ordem de ideias, um processo que demore o tempo necessário e adequado à solução do caso submetido ao órgão jurisdicional, incluída a atividade satisfativa, será um processo efetivo e justo.

7.5. Princípio da liberdade de produção de provas

Segundo o art. 765 da CLT, os Juízos e os Tribunais do Trabalho terão *ampla liberdade na direção do processo e velarão pelo andamento rápido das causas*, podendo determinar *qualquer diligência necessária ao esclarecimento delas*.

Esse dispositivo, notadamente no que tange à expressão "ampla liberdade", não pode ser interpretado literalmente. Ao contrário, harmonizado com os princípios constitucionais do contraditório e da ampla defesa. Assim, não pode o magistrado, a pretexto de velar pelo rápido andamento das causas, descurar dos princípios do contraditório e da ampla defesa.

Também, em decorrência desse princípio, o juiz pode alterar a ordem de produção dos meios de prova, adequando-os às necessidades do conflito de modo a conferir maior efetividade à tutela do direito (art. 139, VI, do CPC c/c art. 775, § 2º, da CLT, incluído pela Lei n. 13.467, de 2017).

7.6. Princípio da irrecorribilidade em separado das decisões interlocutórias

Buscando a celeridade e a concentração dos atos processuais, vige no processo do trabalho o princípio da irrecorribilidade imediata das decisões interlocutórias. Também chamado de princípio da irrecorribilidade autônoma ou irrecorribilidade imediata, é consectário do princípio da oralidade e está previsto no art. 893, § 1º, da CLT, segundo o qual os incidentes do processo são resolvidos pelo próprio Juízo ou Tribunal, admitindo-se a apreciação do merecimento das decisões interlocutórias somente em recursos da decisão definitiva.

O art. 795 da CLT preceitua que as nulidades não serão declaradas senão mediante provocação das partes, as quais deverão argui-las à primeira vez em que tiverem de falar em audiência ou nos autos. Para garantir o debate futuro dessas decisões, a parte dispõe do protesto antipreclusivo. Assim, em caso de eventual decisão do magistrado, tomada em audiência, devem as partes se insurgir, sendo este o momento adequado de registrar o referido protesto.

7.7. Princípio da unidade da audiência

Nos termos do art. 849 da CLT, a audiência de julgamento será *contínua*; mas, se não for possível, por motivo de força maior, concluí-la no mesmo dia, o juiz ou presidente marcará a sua continuação para a primeira desimpedida, independentemente de nova notificação, ou seja, a audiência é *una*. Contudo, é praxe forense o fracionamento da audiência em três momentos: audiência de conciliação, audiência de instrução e audiência de julgamento, como mais adiante se detalhará.

7.8. Princípio da solenidade da audiência

A audiência é solene, ou seja, formalidades devem ser observadas, tais como postura e vestimentas das partes, local adequado, horário de início, tempo máximo de realização, localização topográfica das partes na sala de audiências, etc. Logo, tendo em vista a necessidade de observância de uma série de formalidades, trata-se de ato solene. Daí se dizer que a solenidade é característica da audiência trabalhista.

A infringência das formalidades, contudo, só acarretará invalidade na medida em que ofendido algum princípio fundamental do processo, como o do contraditório, por exemplo, e desde que demonstrado prejuízo (princípio da transcendência).

8. A POSIÇÃO TOPOLÓGICA DAS PARTES NA MESA: ONDE SENTA CADA UM DOS PERSONAGENS DA AUDIÊNCIA TRABALHISTA?

Reclamante(s) e Reclamada(s) e, eventualmente, seus advogados, sentam-se na mesa de audiências. O

---

(23) DIDIER JÚNIOR, Fredie. *Curso de direito processual civil*. 19. ed. Salvador: JusPodivm, 2017. v. 1, p. 108.

reclamante senta-se ao lado esquerdo da mesa, em relação à posição do juiz. Já a reclamada senta-se ao lado direito da mesa, em relação à posição do juiz.

Em relação ao membro do Ministério Público do Trabalho, o art. 18, inciso I, alínea *a*, da Lei Complementar n. 75/93[24], confere-lhe a prerrogativa institucional de se sentar no mesmo plano e imediatamente à direita dos juízes singulares ou presidentes dos órgãos judiciários perante os quais oficiem.

Discute-se essa prerrogativa quando o Ministério Público do Trabalho é o autor da ação. Alguns afirmam que ela somente seria exercida quando o MPT atuasse como *custos legis*. A diferenciação de *custos legis*, contudo, não mais é feita atualmente, pois o Ministério Público atua na defesa dos interesses sociais, seja na qualidade de fiscal da ordem jurídica, seja na condição de autor.

A propósito, a Resolução n. 07, de 27 de outubro de 2005, do CSJT, "*Estabelece o procedimento a ser adotado pelos Juízes do Trabalho, a fim de possibilitar o assento do Representante do Ministério Público do Trabalho, no mesmo plano e à direita do Magistrado*". O art. 1º da citada Resolução dispõe que "*A prerrogativa do assento à direita e no mesmo plano do Magistrado, prevista na alínea "a", do inciso I, do art. 18, da Lei Orgânica do Ministério Público da União, é assegurada a todo Membro do Ministério Público do Trabalho que oficiar como "custos legis" ou como parte nos Órgãos da Justiça do Trabalho*".

Logo, havendo disponibilidade de espaço físico nas Varas do Trabalho ou a possibilidade de adaptação das unidades, deve ser colocado o assento do Procurador no mesmo plano e à direita do Magistrado, nos termos do art. 2º da mesma Resolução. No mesmo sentido, está o art. 30 da Consolidação de Provimentos da Corregedoria-Geral da Justiça do Trabalho[25].

9. O TEMPO DAS AUDIÊNCIAS TRABALHISTAS: QUANDO? DURANTE QUANTO TEMPO?

As audiências dos órgãos da Justiça do Trabalho serão públicas e realizar-se-ão na sede do Juízo ou Tribunal em dias úteis previamente fixados, entre 8 (oito) e 18 (dezoito) horas, não podendo ultrapassar 5 (cinco) horas seguidas, salvo quando houver matéria urgente (art. 813 da CLT). Trata-se de prazo especial que prevalece sobre o geral do art. 770 da CLT, segundo o qual os atos processuais realizar-se-ão nos dias úteis das 6 (seis) às 20 (vinte) horas.

Ainda, nos termos do art. 775-A da CLT, incluído pela Lei n. 13.545/2017, o curso do prazo processual será suspenso nos dias compreendidos entre 20 de dezembro e 20 de janeiro, inclusive. E, durante a suspensão do prazo, *não se realizarão audiências* nem sessões de julgamento (art. 775-A, § 2º, da CLT, incluído pela Lei n. 13.545/2017).

Paira certa controvérsia na doutrina acerca do limite máximo de 5 (cinco) horas seguidas. Pode-se questionar se tal limite é aplicável para todas as audiências da pauta ou se é aplicável para uma única audiência.

Parece-nos que o dispositivo quis proibir a realização de 5 (cinco) horas seguidas de audiência, seja de uma ou mais. O que se quer evitar é o desgaste físico e mental, principalmente do magistrado e seus auxiliares. Mas nada impede, por exemplo, que as audiências em um dia somem mais de 5 (cinco) horas. A CLT não estabelece esse limite. Assim, *e.g.*, pode-se imaginar que uma pauta extensa seja dividida em 4 (quatro) horas pela manhã e 3 (três) horas pela tarde. O que se quer evitar é a realização contínua de audiências por longo período de tempo[26].

À hora marcada, o juiz declarará aberta a audiência, sendo feita pelo secretário ou escrivão a chamada das partes, testemunhas e demais pessoas que devam comparecer. Se, até 15 (quinze) minutos após a hora marcada, o juiz ou presidente não houver comparecido, os presentes poderão se retirar, devendo o ocorrido constar do livro de registro das audiências (art. 815 da CLT).

O art. 815 da CLT não contempla previsão de atraso para as partes, de modo que se essas não estiverem presentes à sessão no horário designado, consequências processuais poderão daí advir. Nesse sentido, a diretriz consagrada na Orientação Jurisprudencial n. 245 da

---

(24) Art. 18 da LC n. 75/1993 – São prerrogativas dos membros do Ministério Público da União: I – institucionais: a) sentar-se no mesmo plano e imediatamente à direita dos juízes singulares ou presidentes dos órgãos judiciários perante os quais oficiem; (...)

(25) Art. 30 da Consolidação de Provimentos da Corregedoria-Geral da Justiça do Trabalho – Será assegurado aos membros do Ministério Público do Trabalho assento à direita da presidência no julgamento de qualquer processo, judicial ou administrativo, em curso perante Tribunais Regionais do Trabalho. Parágrafo único. Igual prerrogativa será assegurada nas audiências das varas do trabalho a que comparecer o membro do Ministério Público do Trabalho, *na condição de parte ou na de fiscal da lei*, desde que haja disponibilidade de espaço ou possibilidade de adaptação das unidades judiciárias. (Resolução n. 7/2005 do CSJT)

(26) Manoel Antonio Teixeira Filho entende que as cinco horas contínuas dizem respeito a cada audiência da pauta, e não ao conjunto delas In: *Manual da audiência trabalhista*. 2. ed. São Paulo: LTr, 2017. p. 117.

SBDI-I do TST vaticina que *"Inexiste previsão legal tolerando atraso no horário de comparecimento da parte na audiência"*.

Conduto, a jurisprudência do próprio C. Tribunal Superior do Trabalho é farta na análise de casos que envolvem atrasos das partes e, em certa medida, tem admitido, excepcionalmente, a flexibilização da regra inscrita no dispositivo celetista e na citada orientação jurisprudencial.

Logo, em alguns casos, o TST tem relevado atrasos ínfimos das partes, *desde que demonstrada a ausência de prejuízos, ou seja, desde que a parte compareça antes da prática de atos processuais relevantes e do encerramento da audiência.*

Assim, já decidiu que o atraso de três minutos à audiência não acarreta, *por si só*, a decretação de revelia do reclamado, se, no momento em que a preposta adentrou a sala de audiência, nenhum ato processual havia sido praticado, nem mesmo a tentativa de conciliação. No caso concreto analisado, considerou-se que a decretação da revelia, nas aludidas circunstâncias, constitui desarrazoada sobreposição da forma sobre os princípios da verdade real e da ampla defesa e faz tábula rasa do princípio da máxima efetividade do processo e da prestação jurisdicional, que deve nortear o Processo do Trabalho. Levou-se em conta o bom-senso e a razoabilidade na aplicação do disposto no art. 844 da CLT, bem como da diretriz consagrada na Orientação Jurisprudencial n. 245 da SBDI-I do TST[27].

Em outra oportunidade, também já entendeu que conquanto a Orientação Jurisprudencial n. 245 da SBDI-I estabeleça que "Inexiste previsão legal tolerando o atraso no horário de comparecimento da parte na audiência", esse entendimento deve ser conjugado com os princípios da informalidade e da simplicidade que regem o Processo do Trabalho[28].

Por outro lado, na hipótese em que a reclamada somente se fez presente, por meio de seu preposto, 37 minutos após o início da audiência, e em momento posterior à tomada do depoimento do reclamante, não é possível, ainda que excepcionalmente, afastar a incidência da Orientação Jurisprudencial n. 245 da SBDI-I[29].

De igual modo, o TST já enfrentou caso no qual o advogado da reclamada chegou nove minutos atrasado. Constou em ata que, no momento do comparecimento, a audiência já estava encerrada e que a preposta, embora tenha chegado no horário, nenhuma informação útil pode prestar. Nesse caso, a SBDI-II, por unanimidade, negou provimento ao recurso ordinário, mantendo, portanto, a improcedência do corte rescisório por violação ao direito de defesa, bem como a pena de confissão ficta aplicada[30].

---

(27) TST-E-ED-RR-179500-77.2007.5.09.0657, SBDI-I, rel. Min. João Oreste Dalazen, 20.8.2015 – Informativo TST n. 114.

(28) No caso julgado, a audiência teve início com a presença do advogado da reclamada e o preposto adentrou a sala sete minutos após o início, no momento em que o juiz designava perito, porém, antes da tentativa de conciliação, participando da sessão até seu término. A SBDI-I, em sua composição plena, decidiu, pelo voto prevalente da Presidência, não conhecer dos embargos, ressaltando que, no caso, não há registro de que o comparecimento tardio do preposto tenha causado prejuízo à audiência ou retardado ato processual. Vencidos os Ministros Rosa Maria Weber, relatora, Antônio José de Barros Levenhagen, Lélio Bentes Corrêa, Horácio Raymundo de Senna Pires, Augusto César Leite de Carvalho, José Roberto Freire Pimenta e Delaíde Miranda Arantes, os quais conheciam do recurso por contrariedade à Orientação Jurisprudencial n. 245 da SBDI-I e, no mérito, davam-lhe provimento para declarar a revelia e aplicar a confissão à reclamada quanto à matéria de fato. (TST-E-RR-28400-60.2004.5.10.0008, SBDI-I, rel. Min. Rosa Maria Weber, red. p/ acórdão Min. Maria Cristina Irigoyen Peduzzi, 24.5.2012 – Informativo TST n. 10.)

(29) No caso concreto, o Juízo de 1º grau, no início da audiência, às 15 horas, registrou a ausência da primeira reclamada e declarou-a revel e confessa. Em seguida, no entanto, ficou registrado o comparecimento da patrona da primeira reclamada às 15h15, ainda na fase conciliatória, motivo pelo qual a juíza reconsiderou a declaração de sua revelia, sob os protestos do reclamante. Após recebidas as defesas das reclamadas e colhido o depoimento pessoal do autor, às 15h37, houve o registro do comparecimento do preposto da primeira reclamada, encerrando-se a instrução processual após a coleta de seu depoimento pessoal. Entendeu o TST que o comparecimento da advogada da reclamada com quinze minutos de atraso não é suficiente para afastar a revelia, de modo que a empregadora somente cumpriu os requisitos para a regular representação processual no momento em que seu preposto se fez presente, ou seja, após 37 minutos do início da audiência. Ademais, o fato de o atraso dever-se à presença da reclamada em outra audiência trabalhista não é motivo justificador para a sua ausência no horário marcado, cabendo aos reclamados o cuidado de designar quantos prepostos forem necessários para o acompanhamento das audiências. Assim, a SBDI-I, por unanimidade, conheceu do recurso de embargos, por divergência jurisprudencial e, no mérito, por maioria, deu-lhe provimento para, anulando a sentença, declarar a revelia da primeira reclamada e os seus efeitos materiais e processuais inerentes, mormente quanto à sua confissão ficta sobre a matéria de fato, e determinar o retorno dos autos à Vara do Trabalho de origem para prolação de nova decisão de mérito, como entender de direito, sem reabertura de nova instrução processual, ante o que preconiza o item II da Súmula n. 74 do TST. (TST-E-ED-RR-265500-36.2005.5.02.0046, SBDI-I, rel. Min. José Roberto Freire Pimenta, 2.6.2016 – Informativo TST n. 138.)

(30) TST-RO-10734-07.2013.5.01.0000, SBDI-II, rel. Min. Luiz Philippe Vieira de Mello Filho, 13.12.2016 – Informativo TST n. 151.

Por derradeiro, sobre o tema atraso da audiência, o art. 2º, inciso VI, da IN n. 39 do TST, que dispõe sobre as normas do CPC de 2015 aplicáveis e inaplicáveis ao Processo do Trabalho, de forma não exaustiva, prevê que o art. 362, inciso III, do CPC – adiamento da audiência em razão de atraso injustificado superior a 30 minutos –, não se aplica ao processo do trabalho, ou seja, no processo do trabalho, a audiência não poderá ser adiada caso ocorra o atraso injustificado de seu início em tempo superior a 30 (trinta) minutos do horário marcado.

No entanto, vale mais uma vez lembrar o disposto no parágrafo único, do art. 815, da CLT, segundo o qual se, até 15 (quinze) minutos após a hora marcada, o juiz ou presidente não houver comparecido, os presentes poderão se retirar, devendo o ocorrido constar do livro de registro das audiências. Nesse caso, outra audiência será marcada.

10. O LUGAR DAS AUDIÊNCIAS TRABALHISTAS: ONDE?

Nos termos do art. 813, *caput*, da CLT, as audiências dos órgãos da Justiça do Trabalho serão públicas e realizar-se-ão na sede do Juízo ou Tribunal em dias úteis previamente fixados, entre 8 (oito) e 18 (dezoito) horas, não podendo ultrapassar 5 (cinco) horas seguidas, salvo quando houver matéria urgente.

Mas, nos termos do § 1º do mesmo dispositivo, em casos especiais, poderá ser designado outro local para a realização das audiências, mediante edital afixado na sede do Juízo ou Tribunal, com a antecedência mínima de 24 (vinte e quatro) horas.

Vale lembrar que certas autoridades, em razão do cargo que ocupam, têm a prerrogativa de serem ouvidas em sua residência ou onde exercem sua função. São as chamadas testemunhas *gradas*. Assim, as autoridades arroladas no art. 454 do Código de Processo Civil (aplicável subsidiariamente ao processo do trabalho – art. 15 do CPC c/c art. 769 da CLT)[31] deverão indicar ao juízo dia, hora e local a fim de ser inquirida. Para tanto, o juiz remeterá cópia da petição inicial ou da defesa oferecida pela parte que a arrolou como testemunha e solicitará essa indicação.

Se passado 1 (um) mês sem manifestação da autoridade, o juiz designará dia, hora e local para o depoimento, preferencialmente na sede do juízo. De igual modo, o juiz também designará dia, hora e local para o depoimento, quando a autoridade não comparecer, injustificadamente, à sessão agendada para a colheita de seu testemunho no dia, hora e local por ela mesma indicados (art. 454, §§ 1º a 3º).

11. RITO SUMÁRIO E RITO ORDINÁRIO: ISSO MUDA ALGO NA AUDIÊNCIA?

11.1. A revogação do art. 2º, §§ 3º e 4º, da Lei n. 5.584/1970 pela Lei n. 9.957/2000

Antes de adentrarmos nas especificidades da audiência do rito previsto nos arts. 852-A e seguintes da CLT, mister esclarecer a confusão legislativa no trato dos ritos sumariíssimo e sumário.

A CLT, a partir da Lei n. 9.957/2000, nomeia de procedimento sumariíssimo o previsto nos arts. 852-A a 852-I da CLT. Por sua vez, o art. 2º, § 3º, da Lei n. 5.584/70, estipula que, quando o valor fixado para a causa não exceder de 2 (duas) vezes o salário mínimo vigente na sede do Juízo, será dispensável o resumo dos depoimentos, devendo constar da ata a conclusão da Junta quanto à matéria de fato. Esse último foi nomeado pela doutrina de *rito de alçada* ou *rito sumário*.

Assim, para parcela da doutrina, atualmente, existem dois ritos sumariíssimos no Processo do Trabalho: o da Lei n. 5.584/70, que foi batizado pela doutrina com o nome de rito sumário, e o da Lei n. 9.957/2000, denominado sumariíssimo (arts. 852-A a 852-I da CLT).

Particularmente, entende-se que a Lei n. 9.957/2000 revogou tacitamente o art. 2º, §§ 3º e 4º, da Lei n. 5.584/1970, que disciplina o procedimento para as causas cujo valor não ultrapasse dois salários mínimos. Nesse sentido, já se manifestaram José Augusto Rodrigues Pinto e Rodolfo Pamplona Filho:

---

(31) Art. 454 do CPC – São inquiridos em sua residência ou onde exercem sua função: I – o presidente e o vice-presidente da República; II – os ministros de Estado; III – os ministros do Supremo Tribunal Federal, os conselheiros do Conselho Nacional de Justiça e os ministros do Superior Tribunal de Justiça, do Superior Tribunal Militar, do Tribunal Superior Eleitoral, do Tribunal Superior do Trabalho e do Tribunal de Contas da União; IV – o procurador-geral da República e os conselheiros do Conselho Nacional do Ministério Público; V – o advogado-geral da União, o procurador-geral do Estado, o procurador-geral do Município, o defensor público-geral federal e o defensor público-geral do Estado; VI – os senadores e os deputados federais; VII – os governadores dos Estados e do Distrito Federal; VIII – o prefeito; IX – os deputados estaduais e distritais; X – os desembargadores dos Tribunais de Justiça, dos Tribunais Regionais Federais, dos Tribunais Regionais do Trabalho e dos Tribunais Regionais Eleitorais e os conselheiros dos Tribunais de Contas dos Estados e do Distrito Federal; XI – o procurador-geral de justiça; XII – o embaixador de país que, por lei ou tratado, concede idêntica prerrogativa a agente diplomático do Brasil.

Se consideramos não ter havido derrogação da Lei n. 5.584/70, na parte que trata das causas de pequeno valor, ficaríamos submetidos a dois critérios de incoerência incompreensível: um pequeno valor menor que sujeitará a causa a procedimento ordinário, com ampla possibilidade de produção de prova, sem comportar recurso; e um pequeno valor maior que sujeitará a causa a procedimento sumaríssimo, portanto com uma limitação da dilação probatória e ampliação dos poderes de direção do juiz comportando recurso [...]. Tudo nos leva, pois, à conclusão de que, embora as duas leis não disponham diretamente sobre a mesma matéria, as normas da Lei n. 9.957/2000, relativas a causas de pequeno valor, entram em conflito disciplinar com as do art. 2º e parágrafos da Lei n. 5.584/70. E, se entram, derrogam-nas. Não admitir isso é, *ultima ratio*, desprezar um dos princípios fundamentais do Direito Processual, a simetria de tratamento das partes pelo processo.[32]

Todavia, em que pesem os argumentos anteriormente declinados, há quem entenda que o rito sumário previsto na Lei n. 5.584/1970 não foi revogado expressa ou tacitamente pela Lei n. 9.957/2000, ao argumento de que não houve regulamentação total da matéria, não há incompatibilidade entre as duas leis e também não houve menção expressa à revogação (art. 2º da LINDB)[33].

11.2. As especificidades da audiência prevista no rito dos arts. 852-A a 852-I da CLT

O art. 852-C da CLT determina que as demandas sujeitas a rito sumaríssimo serão instruídas e julgadas em audiência única, sob a direção de juiz titular ou substituto, que poderá ser convocado para atuar simultaneamente com o titular. Em que pese tal determinação, não se revela incomum, na prática, o fracionamento da audiência. Nesse aspecto, a audiência do procedimento sumário em nada difere da audiência do procedimento ordinário, no qual "a audiência de julgamento será contínua", somente podendo ser fracionada por motivo de força maior, se não for possível concluí-la no mesmo dia (art. 849 da CLT).

Nos termos do art. 852-D, o juiz dirigirá o processo com liberdade para determinar as provas a serem produzidas, considerado o ônus probatório de cada litigante, podendo limitar ou excluir as que considerar excessivas, impertinentes ou protelatórias, bem como para apreciá-las e dar especial valor às regras de experiência comum ou técnica. Também, nessa parte, a audiência do procedimento sumaríssimo em nada difere da do procedimento ordinário.

Aberta a sessão, o juiz esclarecerá as partes presentes sobre as vantagens da conciliação e usará os meios adequados de persuasão para a solução conciliatória do litígio, em qualquer fase da audiência (art. 852-E da CLT). De igual modo, procederá no rito ordinário.

Já segundo o art. 852-F da CLT, na ata de audiência, serão registrados resumidamente os atos essenciais, as afirmações fundamentais das partes e as informações úteis à solução da causa trazidas pela prova testemunhal. Aqui há diferença substancial, pois no ordinário não há previsão de registro resumido *somente* dos atos essenciais, afirmações fundamentais e informações úteis.

Ainda, serão decididos, de plano, todos os incidentes e exceções que possam interferir no prosseguimento da audiência e do processo. As demais questões serão decididas na sentença (art. 852-G). Também nesse particular há significativa diferença, pois no rito ordinário nem todo o incidente ou exceção é decidido de plano, como a exceção de incompetência territorial, que ganhou nova roupagem com a reforma trabalhista (art. 800 da CLT).

No tocante ao momento de produção das provas, o art. 852-H da CLT estipula que todas serão produzidas na audiência de instrução e julgamento, ainda que não requeridas previamente. E sobre os documentos apresentados por uma das partes manifestar-se-á imediatamente a parte contrária, sem interrupção da audiência, salvo absoluta impossibilidade, a critério do juiz (art. 852-H, § 1º, da CLT).

---

(32) PINTO, José Augusto Rodrigues; PAMPLONA FILHO, Rodolfo. *Manual da conciliação preventiva e do procedimento sumaríssimo*. São Paulo: LTr, 2001. p. 161.

(33) SCHIAVI, Mauro. *Manual de direito processual do trabalho*. São Paulo: LTr, 2018. p. 880. É a posição também de Estêvão Mallet, para quem: "Revogação expressa da Lei n. 5.584 não houve. De outro lado, a Lei n. 9.957/2000 não regulou inteiramente a matéria tratada pela Lei n. 5.584, que cuida não apenas do procedimento aplicável a determinadas causas como, também, de outras matérias, como, por exemplo, remição e assistência judiciária. Ademais, a Lei n. 9.957 silencia por completo sobre as regras para fixação do valor da causa, e exclui de seu âmbito de aplicação a Administração Pública (parágrafo único, do art. 852-A, da CLT), o que não se verifica no procedimento da Lei n. 5.584/70." (MALLET, Estêvão. *Procedimento sumaríssimo trabalhista*. São Paulo: LTr, 2002. p. 21-22.)

Também há diferença no que toca ao número de testemunhas, pois no ordinário o número máximo é de três para cada parte, já no sumário (ou sumariíssimo, para alguns), as testemunhas serão até o máximo de duas para cada parte. Igualmente, deverão comparecer à audiência de instrução e julgamento independentemente de intimação, conforme art. 852-H, § 2º, da CLT. Nesse particular, só será deferida intimação de testemunha que, *comprovadamente* convidada, deixar de comparecer. Não comparecendo a testemunha intimada, o juiz poderá determinar sua imediata condução coercitiva (art. 852-H, § 3º, da CLT).

Somente quando a prova do fato o exigir, ou for legalmente imposta, será deferida prova técnica, incumbindo ao juiz, desde logo, fixar o prazo, o objeto da perícia e nomear perito (art. 852-H, § 4º, da CLT).

Se a audiência for interrompida, o seu prosseguimento e a solução do processo dar-se-ão no prazo máximo de trinta dias, salvo motivo relevante justificado nos autos pelo juiz da causa (art. 852-H, § 7º, da CLT).

Por ocasião da sentença, as partes serão intimadas na própria audiência em que prolatada (art. 852-I, § 3º, da CLT).

Também não se aplica ao rito sumário o procedimento da exceção de incompetência previsto no art. 800 da CLT. No ordinário, conforme art. 800, § 1º, da CLT, se for apresentada exceção de incompetência territorial, protocolada a petição da exceção, será suspenso o processo e não se realizará a audiência a que se refere o art. 843 da CLT até que se decida a exceção. Ainda, segundo o art. 800, § 3º, da CLT, se entender necessária a produção de prova oral na exceção de incompetência, o juízo designará audiência específica para isso, garantindo o direito de o excipiente e de suas testemunhas serem ouvidos, por carta precatória, no juízo que este houver indicado como competente.

Esse procedimento da exceção de incompetência não se aplica ao procedimento sumário (ou, para alguns, sumariíssimo), pois o art. 800, § 1º, faz referência expressa à audiência do art. 843, que é do rito ordinário. Além disso, há previsão expressa de resolução da exceção na própria audiência: "*Art. 852-G. Serão decididos, de plano, todos os incidentes e exceções que possam interferir no prosseguimento da audiência e do processo. As demais questões serão decididas na sentença.*"

12. A PRIMAZIA DA AUTOCOMPOSIÇÃO: A ONIPRESENÇA DAS TENTATIVAS DE CONCILIAÇÃO E O COMEÇO DE TUDO

A conciliação é um mandamento central de solução dos conflitos trabalhistas, tanto individuais como coletivos. Historicamente, os primeiros órgãos de solução de conflitos trabalhistas foram, eminentemente, de conciliação[34].

Como já mencionado em linhas pretéritas, uma das grandes finalidades da audiência é aproximar as próprias partes uma das outras, para fomentar uma tentativa de conciliação mais exitosa. Por isso, o art. 764, *caput*, da CLT, estabelece que "os dissídios individuais ou coletivos submetidos à apreciação da Justiça do Trabalho *serão sempre sujeitos à conciliação*".

Assim, mesmo que a Emenda Constitucional n. 45/2004 tenha retirado do *caput* do art. 114 da Constituição da República a expressão "*conciliar e julgar*", a conciliação continua sendo um mandamento presente na CLT.

O TST, no art. 14 da Instrução Normativa n. 39, afastou a aplicabilidade da previsão contida no art. 165 do CPC, referente à criação de centros judiciários de solução de conflitos para dissídios individuais, salvo para conflitos coletivos de natureza econômica (art. 114, §§ 1º e 2º, da CF). De igual modo, entendeu inaplicável ao processo do trabalho a audiência preliminar de conciliação ou mediação a ser realizada por mediadores ou conciliadores, nos termos do art. 334 do CPC (art. 2º, IV, da IN n. 39), pois a CLT possui regra própria a respeito.

Com efeito, aberta a audiência, como primeiro ato, o juiz ou presidente proporá a conciliação. Se houver acordo, lavrar-se-á termo, assinado pelo presidente e pelos litigantes, consignando-se o prazo e demais condições para seu cumprimento (art. 846, *caput* e § 1º, da CLT).

É principalmente nesse momento inicial da audiência que o juiz, bem como os advogados, deverão demonstrar suas competências perceptivas, emocionais, comunicativas e negociais, explorando ao máximo técnicas capazes de conduzir as partes à solução autocompositiva, entendida essa como a forma de solução de conflitos por meio da qual as partes, sem a imposição de uma decisão, decidem, por si só, a controvérsia.

---

(34) Como exemplo, pode-se mencionar o *Conseil de Prud'Hommes*, na França (1806) e os *Probiviri*, na Itália (1893). No Brasil, leciona Leonardo Tibo que os primeiros órgãos responsáveis para composição de conflitos trabalhistas foram os Conselhos Permanentes de Conciliação e Arbitragem, citados no Decreto n. 1.637/07. Antes desses Conselhos, o julgamento dos dissídios trabalhistas era de competência da Justiça Comum, cujo procedimento era sumário, como previsto no Regulamento 737, de 1850 (LIMA, Leonardo Tibo Barbosa. *História da Justiça do Trabalho no Brasil*: uma história de justiça. Trabalho apresentado ao I Concurso de Monografias da Biblioteca do Tribunal Regional do Trabalho da 3ª Região. Belo Horizonte, 2017).

Daí a importância de se compreender que a audiência é um fenômeno ou experiência multidimensional, pois não cobra só o conhecimento jurídico, mas todo um complexo de fatores intelectuais, sensitivos e mesmo psicossociais a reclamar não apenas o manuseio rigoroso de códigos e a observância austera de ritos, mas sobretudo sensibilidade para bem interpretar olhares, posturas, gestos, tons de voz e até o que não é dito[35].

Assim, nesse momento, é essencial que o magistrado crie o *rapport* com as partes, ou seja, estabeleça com elas uma relação de confiança. Para que essa relação de confiança seja exitosa e, por consectário, as chances de acordo aumentem, recomenda-se a observância de certas técnicas.

O juiz, conjuntamente com os advogados, deverá, a partir do conjunto de competências, conduzir as partes ao diálogo produtivo, ajudando-as a superar as barreiras de comunicação, a fim de que elas, voluntariamente, encontrem a melhor solução.

O ideal é que inicialmente o juiz não faça propostas de acordo. Ao contrário, recomenda-se que o magistrado explique às partes as vantagens da solução negociada e, ainda, demonstre que elas mesmas estão aptas a melhor dirimirem seu próprio conflito. Apenas num segundo momento é que o juiz fará propostas de acordo. Essa conduta por parte do magistrado permitirá que as partes se empoderem, ou seja, tenham percepção de que são capazes de, sem a intervenção de terceiros, administrar o conflito atual e prevenir futuros[36].

A propósito, a Resolução n. 174 do Conselho Superior da Justiça do Trabalho, de 30 de setembro de 2016, ao tratar da política de tratamento adequado das disputas de interesses no âmbito da Justiça do Trabalho, estabelece em seu art. 1º a necessidade de empoderamento das partes, ao definir a conciliação e a mediação:

> Art. 1º Para os fins desta resolução, considera-se:
>
> I – "Conciliação" é o meio alternativo de resolução de disputas em que as partes confiam a uma terceira pessoa – magistrado ou servidor público por este sempre supervisionado –, a função de aproximá-las, empoderá-las e orientá-las na construção de um acordo quando a lide já está instaurada, com a criação ou proposta de opções para composição do litígio;
>
> II – "Mediação" é o meio alternativo de resolução de disputas em que as partes confiam a uma terceira pessoa – magistrado ou servidor público por este sempre supervisionado –, a função de aproximá-las, empoderá-las e orientá-las na construção de um acordo quando a lide já está instaurada, sem a criação ou proposta de opções para composição do litígio; (...)

Nessa diretriz, como já dito, aberta a audiência, o juiz proporá a conciliação (art. 846 da CLT). Mas essa proposta não pode ser abrupta e interpretada literalmente. Geralmente, logo depois das saudações iniciais, o juiz já lança o questionamento: "Tem acordo?" Não parece ser esse o melhor caminho.

Recomenda-se que a proposta de conciliação siga mais ou menos a seguinte ordem, no afã de que o estabelecimento da confiança seja exitoso, o que aumentará as chances de acordo: 1) promoção do contato inicial entre as partes; 2) oitiva *atenta* do que está sendo dito por elas (técnica da escuta ativa)[37]; 3) demonstração das vantagens da solução autocompositiva; e 4) propostas de acordo pelo magistrado.

Perceba-se que o juiz deve, inicialmente, atuar como verdadeiro mediador, aproximando as partes e

---

(35) SOUZA JÚNIOR, Antonio Umberto de; SOUZA, Fabiano Coelho de; MARANHÃO, Ney; AZEVEDO NETO, Platon Teixeira de. *Manual prático das audiências trabalhistas*. São Paulo: RT, 2018. p. 19.

(36) Não se trata apenas de solucionar a controvérsia. De fato, a resolução da disputa é apenas um dos objetivos buscados. Contudo, uma negociação deve ter em mira outros também objetivos, entre os quais está a compreensão mútua das partes entre si. Isso faz com que as partes aprendam a valorizar os interesses e sentimentos do outro, vendo o conflito por uma nova perspectiva e estreitando o relacionamento com a parte contrária. Um outro objetivo é o encorajamento dado pelo juiz a cada uma das partes, para que estas tenham consciência de sua capacidade de resolver seus próprios conflitos e ganhem autonomia. Este último objetivo está ligado à noção de empoderamento das partes. Empoderar uma parte é fazer com que ela adquira consciência das suas próprias capacidades e qualidades. In: AZEVEDO, André Gomma de (Org.). *Manual de Mediação Judicial*. 6. ed. Brasília: CNJ, 2016. p. 211.

(37) Deve o juiz e o advogado da parte contrária ouvir a outra parte atentamente e ativamente. Não só ouvir, mas escutar, de fato. Devem demonstrar, inclusive com linguagem corporal, que está prestando atenção ao que está sendo dito, deixando para parte que a mensagem foi compreendida. A **escuta ativa**, entendida como a atenção plena sobre o que a outra pessoa deseja expressar é fundamental. Dentre as técnicas de escuta ativa pode-se mencionar: *a) a clarificar ou parafrasear*: o ouvinte reformula o que a pessoa disse, de modo a mostrar ao interlocutor que está interessado em compreender corretamente o que está a dizer, o que permite também que ela corrija eventuais erros de compreensão ou interpretação; *b) retomar o conteúdo*: recuperar o que a pessoa está a dizer ajuda-a a organizar e continuar a narrativa de onde parou ou se dispersou. É uma forma de reconduzir a comunicação e de ajudar a pessoa a situar-se novamente no tempo e no espaço; *c) perguntar*: a parte pode tornar-se lacônica quando está muito emocionada, de modo que a pergunta, aberta ou fechada,

permitindo que elas compreendam as razões de seu conflito. Somente em segundo plano deverá o juiz atuar como conciliador. A propósito, a CLT é expressa ao afirmar que *"Os juízes e Tribunais do Trabalho empregarão sempre os seus bons ofícios e persuasão no sentido de uma solução conciliatória dos conflitos"* (art. 764, § 1º, da CLT).

Está ultrapassado o juiz que tenta a todo custo "forçar" um acordo ameaçando as partes com um sonoro: "então eu vou julgar!" Essa figura do juiz competitivo – pois parece estar competindo com as partes – preocupado em vencer a necessidade de instrução e julgamento por meio de intimidação – deve ceder lugar ao magistrado sensível, que capta para si o conflito. É a figura do juiz cooperativo, que promove uma tratativa baseada em princípios e interesses comuns e não em posições antagônicas.

Por isso que se faz necessário aquilo que a escola de negociação de Harvard chamou de *despolarização do conflito*, compreendida como a técnica por meio da qual demonstra-se que, apesar do conflito, existem interesses congruentes entre as partes. Segundo o Manual de Mediação do Conselho Nacional de Justiça, o ato ou efeito de não perceber um diálogo ou um conflito como se houvesse duas partes antagônicas ou dois polos distintos (um certo e outro errado) denomina-se *despolarização*[38].

Isso é recomendável porque na maior parte dos casos os interesses reais das partes são congruentes e que, por falhas de comunicação, frequentemente as partes têm a percepção de que os seus interesses são divergentes ou incompatíveis[39]. Afasta-se, assim, da negociação posicional e aproxima-se da negociação baseada em interesses, pois o problema da tentativa de acordo não reside em posições conflitantes, mas no interesse comum que sempre existe entre elas, como a incerteza do julgamento.

Outro ponto relevante na temática da gestão de conflitos é a chamada psicologia ambiental, que já vem apresentando bons frutos no que toca ao êxito das soluções autocompositivas de conflito. A psicologia ambiental estuda o impacto de fatores sensoriais na disposição dos indivíduos.

Aplicando-se ao processo do trabalho, mais especificamente à audiência, a psicologia ambiental retrata que a disposição de determinados elementos físicos da sala de audiência, tais como iluminação, temperatura, cor da pintura das paredes e objetos, ruído, tamanho da sala, conforto das cadeiras, formato da mesa, decoração da sala, distância entre o respondente e a outra parte, distância entre respondente e a parede, distância entre o respondente e o juiz, mensagens de incentivo e visibilidade em relação a outra parte e ao juiz, refletem no sucesso ou insucesso da comunicação entre as partes e, por consequência, no número de acordos.

Trata-se da percepção ambiental como instrumento de gestão de conflitos, de modo que as alterações das disposições dos aspectos físicos da sala de conciliação são instrumentais positivos à solução conciliada.

Em dissertação de mestrado sobre o tema, Luís Cineas de Castro Nogueira estudou os impactos sobre a conciliação a partir da mudança física do próprio ambiente conciliatório, transformando as salas de audiências em locais emocionalmente mais propensos à resolução amigável do litígio. Para isso, se fez necessário intervir no ambiente físico de uma sala de audiências, tendo sido escolhida a 3ª Vara do Trabalho da cidade de Teresina/PI, em período de pesquisa compreendido entre 1º de dezembro de 2017 e 30 de janeiro de 2018.

Entre as alterações promovidas, pode-se destacar a) mensagens de incentivo (ou distratores positivos), tais como quadros promovendo sentimentos de concórdia e união; b) decoração da sala de audiência, com a inserção de uma planta; c) redução das barreiras visuais, tais como a melhor disposição dos monitores; d) quanto às cores, as paredes continuaram verdes, porém, com tonalidade mais clara. Além disso, não existe mais uma gama de cores em contraste, e a mesa (principal símbolo da sala) ganhou uma unidade de cor (branca) em combinação com a mesa do auxiliar e a parte interna das portas; e) o formato da mesa (em "Y" e não em "T") e a distância entre o jurisdicionado e o magistrado estão intrinsicamente conectados, haja vista que se transformou um paradigma de uma mesa em formato em "T" para formato em "Y" em que a centralidade dos ocupantes principais é seu ponto forte.

---

demonstrará para parte que o ouvinte está interessado na sua história; *d) referir sentimentos*: isso ajuda a reforçar a sensação de que a parte está sendo compreendida. Por exemplo, pode o juiz ou o advogado dizer: "imagino que esteja chateada com essa situação..."; e) *resumir*: repetir resumidamente os maiores blocos de informação pode ser útil para colocar os eventos na ordem devida, o que ajuda o ouvinte a memorizar a história, evita dispersões e reafirma a disposição para escuta. In: Conceitos de Escuta Ativa. *Cartilha produzida pelo Fórum Municipal de Cascais – Portugal*. Disponível em: <https://www.cascais.pt/sites/default/files/anexos/gerais/anexo_1.pdf>.

(38) AZEVEDO, André Gomma de (Org.). *Manual de Mediação Judicial*. 6. ed. Brasília: CNJ, 2016. p. 205.

(39) *Idem. Ibidem.*

Ao final da pesquisa, percebeu-se que a intervenção ambiental implicou em aumento da sensação de bem-estar das pessoas e incremento significativo de 15% (quinze por cento) na taxa de conciliação.

Assim, conclui o estudo que a comunicação não verbal, em especial a ambiental, é capaz de produzir imediatamente um estado interno que gera, por sua vez, pensamentos que dão sequência ao ciclo neurofisiológico capaz de produzir sentimentos os quais, quando perpetuados, produzem crenças que agem como certezas maiores e convicções profundas a respeito do ambiente onde se está inserido. Por isso, o ambiente físico do Fórum deve servir como extensão sensorial dos sentidos humanos de forma que a composição de elementos como a mobília, cores, luzes, ventilação, circulação, odores e sons incentivem um processo conciliatório[40].

Se, apesar de todos esses esforços, a tentativa de autocomposição for infrutífera, passa-se ao momento de apresentação da defesa. O reclamado terá vinte minutos para aduzir sua defesa, após a leitura da reclamação, quando esta não for dispensada por ambas as partes (art. 847, *caput*, da CLT). Mas, caso prefira, a parte poderá apresentar defesa escrita pelo sistema de processo judicial eletrônico até a audiência (art. 847, parágrafo único, da CLT, incluído pela Lei n. 13.467, de 2017).

Importante registrar que o magistrado poderá, a qualquer tempo, tentar promover a conciliação entre as partes, e a CLT ainda prevê como obrigatória uma segunda tentativa de conciliação, logo após as razões finais. Assim, nos termos do art. 850 da CLT, terminada a instrução, poderão as partes aduzir razões finais, em prazo não excedente de 10 (dez) minutos para cada uma. Em seguida, o juiz *renovará a proposta de conciliação*, e não se realizando esta, será proferida a decisão.

Por fim, discute-se se a ausência de uma ou de todas as propostas conciliatórias gera algum tipo de nulidade processual. Não há nulidade sem prejuízo (art. 794 da CLT), por aplicação do princípio da transcendência. Ademais, as partes podem celebrar acordo a qualquer tempo, inclusive em fase recursal ou executória. Nesse sentido, o TST vem entendendo que se aplica à hipótese a exceção ao princípio das nulidades prevista no art. 794 da CLT, segundo o qual "os processos sujeitos à apreciação da Justiça do Trabalho só haverá nulidade quando resultar dos atos inquinados manifesto prejuízo às partes litigantes"[41].

13. OS PERSONAGENS PRINCIPAIS DA AUDIÊNCIA TRABALHISTA: O JUIZ, AS PARTES, OS ADVOGADOS, OS MEMBROS DO MINISTÉRIO PÚBLICO E OS ASSISTENTES DO JUIZ

A audiência trabalhista, como já se viu até aqui, é o momento de encontro dos personagens dos litígios do mundo laboral. Ali as já combalidas partes ficam face a face e descobrem nesse instante – quando antes isso não foi noticiado – quem serão as testemunhas que sustentarão as teses, sendo natural o imenso bulício que se forma em torno daquilo que elas podem ou não provar. Nessa ocasião tão especial, os advogados estão, enfim, diante do magistrado que apreciará e julgará o conflito. Exatamente por conta desse contato próximo, eles muito se esforçam para fazer valer as suas versões e teses, não perdendo, é claro, a oportunidade de tentar impressionar aquele que os contratou.

Tudo será registrado em ata pelos secretários de audiências, fiéis escudeiros dos magistrados, verdadeiros assistentes para diversas tarefas burocráticas que compõem o cotidiano de quem vive no cenário aqui retratado. Atas, certidões, ofício, cartas, intimações, tudo passa pelo olhar atento de quem se dispõe a secretariar as audiências.

Por vezes, enfim, o Ministério Público comparece às audiências trabalhistas, seja na condição de autor de ações que envolvem interesses transindividuais, seja na qualidade de *custos legis* com a intenção de fiscalizar e de oferecer o seu parecer em busca do exato cumprimento da lei.

A audiência é, por essas e outras circunstâncias, um momento especial em homenagem aos princípios da oralidade e da concentração probatória. Nela muito se pede e se decide; nela muito se corrige; nela muito se ajusta. Os anseios e as aflições manifestam-se sem

---

(40) NOGUEIRA, Luís Cineas de Castro. *Psicologia ambiental, direito e gestão de conflitos*: intervenção ambiental numa sala de audiências do fórum trabalhista em Teresina. Dissertação (Mestrado Profissional) – Universidade de Fortaleza, 2018. Isso demonstra, como bem conclui o autor, que os tempos contemporâneos já pedem que os projetistas dos prédios onde funciona uma unidade do Poder Judiciário se preocupem não apenas com a construção em si, mas com o efeito comunicacional, espacial e da composição do ambiente onde será instalada a sala de audiência e as demais dependências forenses, dando maior importância e harmonia à boa convivência com o ambiente. De fato, o ambiente do Fórum é a primeira forma de comunicação não verbal que o jurisdicionado tem contato.

(41) Nesse sentido, entre vários outros julgados: RR-78500-23.2005.5.17.0191, Data de Julgamento: 25.10.2017, Rel. Min. Márcio Eurico Vitral Amaro, 8ª Turma, Data de Publicação: DEJT 27.10.2017.

as maquiagens das frias palavras constantes das peças elaboradas com tecnicidade. É instante de aflorar sensibilidades e tentar captar de cada um desses personagens o que de mais sincero e verdadeiro eles possam transparecer.

13.1. A justa causa (motivo ponderoso) para o não comparecimento de qualquer dos personagens da audiência: a extensão e os limites da aplicação do art. 223 do CPC

O art. 843 da CLT prevê, desde a sua redação originária, que deverão estar pessoalmente presentes na audiência o reclamante e o reclamado. Esse mesmo dispositivo, porém, permite, mediante seus parágrafos, que a presença pessoal ceda espaço à representação.

Ao empregador, nos moldes do § 1º do artigo em exame, é facultado fazer-se substituir pelo seu gerente, ou por qualquer outro preposto que tenha conhecimento do fato, e cujas declarações lhe obrigarão. Ao empregado, por sua vez, e nos limites do § 2º, é possível fazer-se representar por outro empregado que pertença à mesma profissão, ou pelo seu sindicato.

Nunca será demasiada a lembrança de que o representante do empregado não o submete à confissão. Ao contrário do que ocorre com o preposto mencionado no § 1º, que obriga o proponente com suas declarações, o representante do empregado não mais do que comparece à audiência para evitar o arquivamento e para pedir o seu adiamento. Não há a menor razoabilidade na interpretação que exija o depoimento desse representante do operário. Isso não está previsto em lei, e diante da ausência de fonte normativa, não há falar-se em confissão de qualquer declaração desautorizada prestada por algum desses ocasionais representantes do trabalhador ausente.

Seja lá como for, fato é que a ausência de qualquer uma das partes traz a grave consequência da confissão ficta que, entretanto, pode ser elidida caso demonstrada a existência de justa causa para tanto. Assim ocorre conforme a regra constante do art. 223 do CPC. Note-se:

> Art. 223. Decorrido o prazo, extingue-se o direito de praticar ou de emendar o ato processual, independentemente de declaração judicial, ficando assegurado, porém, à parte provar que não o realizou por justa causa.
>
> § 1º Considera-se justa causa o evento alheio à vontade da parte e que a impediu de praticar o ato por si ou por mandatário.
>
> § 2º Verificada a justa causa, o juiz permitirá à parte a prática do ato no prazo que lhe assinar.

Basta, portanto, que a parte que sofreu um revés demonstre que não compareceu à audiência, ou seja, que não efetivou o ato processual que deveria, por conta da ocorrência de uma justa causa, assim entendido, conforme antes expendido, o evento alheio à vontade da parte e que a impediu de praticar o ato por si ou por seu mandatário. Nesse caso, o magistrado permitirá à parte faltosa a repetição do ato processual no prazo que lhe assinar.

A grande crítica que se pode dirigir ao dispositivo constante do art. 223 do CPC é que, em decorrência do fato de a "justa causa" ser um conceito jurídico indeterminado, qualquer uma das partes pode maldosamente criar o cenário para sustentar as razões do impedimento e, consequentemente, conseguir autorização para a repetição do ato processual. Cabe, portanto, ao magistrado a atuação com cautela, razoabilidade e equilíbrio.

13.2. A ausência do juiz

E se o magistrado não comparecer à audiência?

De início, é importante anotar que a audiência não poderá acontecer sem a figura que orienta os seus trabalhos. Somente ocorrerá audiência trabalhista se houver um magistrado para conduzi-la. Exatamente por esta razão, o art. 815 da CLT prevê que "*À hora marcada, o juiz ou presidente declarará aberta a audiência, sendo feita pelo secretário ou escrivão a chamada das partes, testemunhas e demais pessoas que devam comparecer*". É, portanto, o juiz quem declara "aberta a audiência". Sem a sua participação nada terá início, sem ele coisa alguma se produzirá no recinto reservado às sessões.

Mas por que o art. 815 da CLT menciona "o juiz ou presidente"?

A resposta é simples. O "juiz" comanda a sessão no Juízo, vale dizer, na primeira instância, e o "presidente" conduz os trabalhos perante o Tribunal, ou seja, na segunda instância. Em ambas as estruturas – no Juízo ou no Tribunal –, podem se realizar audiências, sendo possível essa conclusão a partir da leitura do art. 813 da CLT, segundo o qual "*As audiências dos órgãos da Justiça do Trabalho serão públicas e realizar-se-ão na sede do Juízo ou Tribunal em dias úteis previamente fixados, entre 8 (oito) e 18 (dezoito) horas, não podendo ultrapassar 5 (cinco) horas seguidas, salvo quando houver matéria urgente*".

Pela indispensabilidade do magistrado, chega-se ao ponto de existir previsão expressa quanto à sua espera. Como já se informou alhures, diz-se no parágrafo único do art. 815 da CLT que "*Se, até 15 (quinze) minutos após a hora marcada, o juiz ou presidente não houver comparecido, os presentes poderão retirar-se,* devendo o ocorrido constar do livro de registro das audiências".

Há, portanto, um dever de espera do magistrado até o limite de 15 minutos após a hora marcada. Dessa forma, se a primeira sessão estiver marcada para as 08h e a segunda para as 08h30min, os presentes para a primeira audiência somente poderão retirar-se a partir das 08h15min e os da segunda audiência, a partir das 08h45min. Indispensável, entretanto, é o registro do acontecimento para que não se diga posteriormente que a parte retirante sequer compareceu.

Antes, porém, de o descrédito espalhar-se por conta da ausência do mais importante personagem da sessão, caberá ao diretor da secretaria do Juízo entrar em contato com o órgão responsável pela convocação de juízes substitutos para que seja honrado o compromisso do Estado-juiz com as partes que foram intimadas a comparecer. A audiência, afinal, precisa ocorrer.

É muito comum ouvir uma pergunta sobre o assunto aqui em análise: pelo princípio da igualdade, **as partes também podem valer-se dos 15 minutos de tolerância caso se atrasem para as suas sessões?**

A resposta é evidentemente negativa. Apenas os magistrados fruem dessa tolerância porque apenas eles são mencionados como destinatários desse tempo de espera, nos termos da lei. A Orientação Jurisprudencial n. 245 da SDI-1 do TST pacificou esse entendimento, deixando-se anotado que "inexiste previsão legal tolerando atraso no horário de comparecimento da parte na audiência". A despeito dessa posição jurisprudencial, pequenos atrasos das partes, justamente aqueles que nada atrapalham o desenvolvimento das atividades em audiência, podem ser excepcionalmente admitidos, cabendo ao magistrado a análise dessa particularidade.

13.3. A ausência do secretário de audiências

Sabe-se que sem o magistrado não se abre a sessão. **Mas sem o secretário de audiências, a sessão pode ser aberta?**

Em rigor, não se deveria iniciar a sessão sem a presença do secretário de audiências, pois, nos termos do art. 814 da CLT, "Às audiências **deverão estar presentes**, comparecendo com a necessária antecedência os escrivães ou secretários" (grifos nossos).

Apesar, porém, da locução "deverão estar presentes", não é raro ver-se no cotidiano das Varas do Trabalho o próprio magistrado, sozinho, a realizar os atos burocráticos da sessão, a promover a chamada dos litigantes e a anotação dos eventos em ata e em pauta. Tal ocorre em momentos excepcionais e extremamente delicados como durante as greves dos servidores do Tribunal. Afirma-se aqui sobre a excepcionalidade desses acontecimentos de atuação solitária do magistrado, porque, de um modo geral, a solução mais frequentemente encontrada é a do consenso de modo que os juízes, em regra, sem os seus secretários, simplesmente determinam o adiamento das sessões.

Há quem questione a referência a "escrivães ou secretários". Justifica-se essa menção diante do linguajar que identifica o assistente do magistrado no Judiciário Comum com jurisdição trabalhista e no Judiciário do Trabalho. No Judiciário comum, há os escrivães; no trabalhista, os secretários de audiência.

Duas observações, entretanto, são relevantes no tocante às nomenclaturas dos assistentes dos magistrados. A **primeira** é a de que esses nomes de cargos mudam com frequência, a depender da organização judiciária e das normas de classificação dos próprios cargos. Logo, é possível que os nomes utilizados para identificar os assistentes mudem de tempos em tempos.

A **segunda** diz respeito ao fato de que o *nomen iuris* "escrivão" somente era utilizado numa época em que existiam muitas Varas do Judiciário Comum com jurisdição trabalhista. Atualmente, desde a vigência da Lei n. 10.770, de 21 de novembro de 2003, não mais se vê essa realidade, pois os Tribunais do Trabalho estenderam a jurisdição de suas Varas para praticamente todos os municípios brasileiros, notadamente por conta da prerrogativa constante do art. 28 do citado diploma legal. Veja-se:

> Art. 28. Cabe a cada Tribunal Regional do Trabalho, no âmbito de sua Região, mediante ato próprio, alterar e estabelecer a jurisdição das Varas do Trabalho, bem como transferir-lhes a sede de um Município para outro, de acordo com a necessidade de agilização da prestação jurisdicional trabalhista.

Dessa foram, os assistentes de audiência tendem a ser encontrados sob a denominação secretário de audiências ou outra cuja especificidade tenha sido oferecida pelas normas de classificação de cargos do próprio judiciário trabalhista.

13.4. A ausência do acionante

Quando cessa o diálogo, surgem pretensões resistidas. Cada um dos litigantes afirma-se titular de uma vantagem invocada, cabendo a um deles, geralmente ao mais prejudicado, a iniciativa de despertar o poder-dever de jurisdição do Estado. É justamente nesse momento que o trabalhador – em regra ele – afora a ação trabalhista. A ativação da jurisdição dá-se, então, por meio de um instrumento informativo do conflito e das razões de quem se entende prejudicado. O reclamante, nos moldes do § 2º, do art. 841, da CLT, é notificado no ato da apresentação da reclamação, havendo clara presunção disso.

Apesar de todo o cuidado no ato de elaboração da petição inicial e da preparação das provas necessárias à demonstração do alegado, por vezes, o acionante não comparece à audiência. O não comparecimento do reclamante à audiência importa o arquivamento da reclamação, diz a primeira parte do art. 844 da CLT. Esse arquivamento importa em extinção do processo sem apreciação do mérito por clara "absolvição de instância", locução constante do CPC de 1939, aquele vigente à época da publicação da CLT, que sinaliza a situação de extinção do processo sem resolução do mérito, por paralisação ou abandono atribuído ao autor.

Note-se que as audiências concebidas por época da publicação da CLT eram unas, de modo que o acionante em regra não sofria confissão ficta, mas apenas o arquivamento. Se a audiência fosse bipartida para a tomada posterior do depoimento das partes, aí sim seria possível falar-se, nos moldes da Súmula n. 74 do TST, em aplicação de confissão ficta ao demandante. A audiência será bipartida quando, na forma do § 1º do art. 844 da CLT, "Ocorrendo motivo relevante, (...) o juiz suspender o julgamento, designando nova audiência".

13.4.1. O arquivamento

"Arquivamento" é o ato material de arquivar um processo, levando-o à inatividade. Entretanto, apesar de toda a atecnia da palavra que, como se viu, quer referir à absolvição de instância, o vocábulo continua em uso até os dias de hoje. E não poderia ser diferente, pois a própria CLT não se modernizou sob o ponto de vista processual. Manteve-se uma estrutura que originalmente foi construída para atender às exigências de um processo administrativo. Não se pode esquecer de que a Justiça do Trabalho, apesar do nome, era um órgão do Poder Executivo, somente sendo integrada ao Judiciário a partir do avento da Constituição de 1946.

Arquivar, portanto, é resolver o processo sem apreciação do mérito por manifestado desinteresse da parte autora que, por isso, é apenada com nada mais do que o encaminhamento dos autos para o arquivo geral de processos trabalhistas, valendo-se o demandante, porém, da interrupção do prazo prescricional em relação aos pedidos que formulou no processo arquivado. Veja-se, nesse sentido, o disposto no § 3º do art. 11 da CLT, segundo o qual "A interrupção da prescrição somente ocorrerá pelo ajuizamento de reclamação trabalhista, mesmo que em juízo incompetente, ainda que venha a ser extinta sem resolução do mérito, produzindo efeitos apenas em relação aos pedidos idênticos". (Incluído pela Lei n. 13.467, de 2017.)

13.4.1.1. O duplo arquivamento (arts. 731 e 732 da CLT)

Os arts. 731 e 732 da CLT têm redação que desafia o direito fundamental de acesso à jurisdição, sendo, por isso, questionada a sua exigibilidade. Veja-se:

> Art. 731. Aquele que, tendo apresentado ao distribuidor reclamação verbal, não se apresentar, no prazo estabelecido no parágrafo único do art. 786, à Junta ou Juízo para fazê-lo tomar por termo, incorrerá na pena de perda, pelo prazo de 6 (seis) meses, do direito de reclamar perante a Justiça do Trabalho.
>
> Art. 732. Na mesma pena do artigo anterior incorrerá o reclamante que, por 2 (duas) vezes seguidas, der causa ao arquivamento de que trata o art. 844.

Por mais nobres que sejam as justificativas no sentido de que é necessário apenar o abuso processual, nada motiva a violação ao disposto no art. 5º, XXXV, da Constituição da República. Afinal, nos contornos do texto constitucional que é condicionador de toda a legislação ordinária, "a lei não excluirá da apreciação do Poder Judiciário lesão ou ameaça a direito".

Ora, se assim é, não se pode sustentar que os referidos dispositivos foram recepcionados pela Constituição de 1988. Mesmo estando ainda escritos na CLT, são textos que não podem ser aplicados, mesmo porque produzem um constrangimento ao direito de ação de dimensões absurdas, chegando aos píncaros de afirmar-se que o violador "*incorrerá na pena de perda, pelo prazo de 6 (seis) meses, do direito de reclamar perante a Justiça do Trabalho*".

Destaque-se: "*perante a Justiça do Trabalho*". A pena sugerida pelo dispositivo em exame é tão desproporcional que é impediente do ajuizamento de qualquer ação, contra qualquer demandado, em toda a Justiça do Trabalho. A decadência processual sugerida no texto dos arts. 731 e 732 da CLT são exemplos extremos de normas anacrônicas que manifestam um pensamento despótico, bem peculiar ao contexto político da época em que foi publicada a CLT. Nunca se pode esquecer de que a CLT é um Decreto-lei de 1942, imposto pelo Poder Executivo, sem o submetimento ao processo legislativo, editado durante a vigência da Constituição de 1937, outorgada e antidemocrática.

13.4.1.2. O arquivamento e as custas processuais

O § 2º, do art. 844, da CLT, é obra da Lei n. 13.467, de 2017. Ela tornou mais onerosa a ausência do reclamante, pois este será condenado ao pagamento das custas calculadas na forma do art. 789 da CLT, mesmo que beneficiário da justiça gratuita, salvo se, mediante petição, comprovar, no prazo de 15 dias, que a sua ausência ocorreu por motivo legalmente justificável.

Nesse ponto duas questões importantes são salientadas[42]:

A primeira está relacionada à discussão da licitude da cobrança de custas de quem é beneficiário da justiça gratuita pelo simples fato de não ter comparecido à primeira sessão sem motivo legalmente justificável. É razoável apenar quem se encontra em estado de miserabilidade somente porque deixou de comparecer à primeira sessão? Isso inverte o seu estado de carência financeira?

A segunda questão diz respeito ao conceito de "motivo legalmente justificável". Afinal, que é isso? A literalidade da disposição parece indicar que o motivo legalmente justificável terá, obviamente, sede em lei e ali será previsto como uma justificativa para ausências. A julgar pela expressão, seriam, entre outros, exemplos de motivos legalmente justificáveis aqueles previstos no § 2º do art. 843 da CLT (doença ou outro motivo ponderoso) e no art. 223 do CPC/2015 (a justa causa como evento alheio à vontade da parte e que a impediu de praticar o ato por si ou por mandatário).

O § 3º, do art. 844, da CLT, também introduzido pela Lei n. 13.467, de 2017, qualificou a sanção prevista no § 2º de modo que o pagamento das custas ali mencionadas passou a ser condição para a propositura de nova demanda. Criou-se, portanto, uma nova situação de perempção trabalhista e, em certa medida, um pressuposto de acesso à jurisdição.

Registre-se aqui que foi proposta pelo Procurador-Geral da República ação direta de inconstitucionalidade (Medida Cautelar na Ação Direta de Inconstitucionalidade 5.766/DF, sob a relatoria do Min. Luís Roberto Barroso), tendo por objeto o art. 1º da Lei n. 13.467, de 13 de julho de 2017, que aprovou a "Reforma Trabalhista", nos pontos em que altera ou insere disposições nos arts. 790-B, *caput* e § 4º; 791-A, § 4º, e 844, § 2º (ora em exame), da CLT.

O requerente alegou que as normas impugnadas estabelecem restrições inconstitucionais à garantia de gratuidade de justiça, por impor aos seus destinatários: (i) o pagamento de honorários periciais e sucumbenciais, quando tiverem obtido em juízo, inclusive em outro processo, créditos capazes de suportar a despesa; e (ii) o pagamento de custas, caso tenham dado ensejo à extinção da ação, em virtude do não comparecimento à audiência, condicionando à propositura de nova ação a tal pagamento.

Segundo o requerente, tais dispositivos geram ônus desproporcionais para que cidadãos vulneráveis e desassistidos busquem o Judiciário; impõem a utilização de recursos obtidos em processos trabalhistas para custeio de honorários, sem considerar o possível caráter alimentar de tais valores ou a possibilidade de comprometimento de necessidades essenciais do trabalhador; condicionam a propositura de nova ação ao pagamento de importância por quem sabidamente não dispõe de recursos, podendo constituir obstáculo definitivo de acesso ao Judiciário e produzem tratamento desigual e geram impacto desproporcional sobre os mais pobres, na medida em que a exigência de pagamento de honorários periciais e sucumbenciais com valores conquistados em outros processos limita-se a causas em curso na Justiça Trabalhista, não se estendendo à Justiça comum ou aos Juizados Especiais Cíveis.

Com base em tais argumentos e no risco de imediato comprometimento do direito de acesso dos trabalhadores ao Judiciário, o requerente pleiteou a suspensão cautelar dos dispositivos impugnados e, no mérito, sua declaração de inconstitucionalidade, por violação aos arts. 1º, incisos III e IV; 3º, incisos I e III; 5º, *caput*, incisos XXXV e LXXIV e § 2º; e 7º a 9º, da Constituição da República.

13.5. A ausência do acionado

E se for do acionado a ausência à audiência? A segunda parte do art. 844 da CLT é, nesse particular, categórica. O não comparecimento do reclamado importa revelia, além de confissão quanto à matéria de fato.

Cabem dois alertas antes de ser caracterizado o estado fático de ausência do acionado.

O **primeiro alerta** diz respeito à verificação do respeito ao interstício de cinco dias entre o dia da citação e a data da ocorrência da realização da audiência. Segundo o art. 841 da CLT, "*Recebida e protocolada a reclamação, o escrivão ou secretário, dentro de 48 (quarenta e oito) horas, remeterá a segunda via da petição, ou do termo, ao reclamado, notificando-o ao mesmo tempo, para comparecer à audiência do julgamento, que será a primeira desimpedida, depois de 5 (cinco) dias*".

---

[42] Nesse ponto, recomenda-se a leitura da obra *Reforma Trabalhista*: entenda o que mudou, de Luciano Martinez, publicado pela Editora Saraiva, 2018.

Observe-se que esse interstício é contato em dias corridos, e não em dias úteis, haja vista não se tratar de prazo processual, mas de dilação temporal mínima entre a data da citação e a data da efetiva realização da audiência como forma de garantir um tempo mínimo para a elaboração da defesa.

O **segundo alerta** está relacionado à quantidade de demandados no polo passivo da ação. Diz-se isso porque, embora muitas vezes negligenciado, segundo esse dispositivo processual civil, somente começará a contar o prazo para a apresentação da resposta dos réus no momento em que o último deles tenha sido citado. Essa é a clara dicção do § 1º do art. 231 do CPC/2015, segundo o qual, *"quando houver mais de um réu, o dia do começo do prazo para contestar corresponderá à última das datas a que se referem os incisos I a VI do caput"*.

Assim, tratando-se de citação postal, considera-se dia do começo do prazo a data de juntada aos autos do aviso de recebimento referente ao último dos demandados. Se um dos réus não foi citado, não será possível caracterizar a revelia daqueles que, embora citados, não compareceram.

13.5.1. A preposição

Caso o reclamado não possa comparecer pessoalmente à audiência, ele poderá fazer-se representado, **caso seja o empregador**, pelo gerente ou preposto que tenha conhecimento do fato, e é certo que as suas declarações são vinculativas e comprometedoras. O § 3º, do art. 843, da CLT, criado pela Lei n. 13.467, de 2017, pôs fim a uma longa polêmica e, de forma simples e eficiente, deixou claro que o empregador pode ser representado por **qualquer preposto**, independentemente de este ser ou não empregado da parte reclamada.

Observe-se que, em rigor, apenas empregadores podem se valer da preposição. Um sócio, que, por exemplo, tenha sido demandado em virtude de pedido de desconsideração da personalidade jurídica, não pode invocar em seu favor a literalidade do § 3º do art. 843 da CLT. A despeito disso, muitos magistrados têm admitido a aplicação analógica do dispositivo sob o argumento de que diante da mesma razão há de haver a mesma disposição. Ademais, essa medida de aceitação da preposição não é normalmente capaz de produzir prejuízo para qualquer uma das partes envolvidas na disputa judicial.

Por fim, não se pode esquecer de que a representação do empregador doméstico é feita, independentemente de carta de preposição, por qualquer integrante da família, uma vez que, nos moldes do art. 1º da Lei Complementar n. 150/2015, a família é, integralmente, a destinatária do serviço prestado pelo empregado doméstico.

No entanto, que deve fazer o magistrado caso o suposto preposto não apresente a carta de preposição? Inicialmente é importante lembrar que a "carta de preposição" em si não é documento previsto em lei sendo, por isso, inexigível a sua apresentação. Bastará que o preposto se declare como tal e que o magistrado procure aferir se ele é mesmo a pessoa que representa os interesses patronais, valendo, para tanto, muitas vezes, a confirmação do advogado que se apresenta munido de procuração. A exigência da apresentação da carta de preposição é muito mais uma medida de proteção ao representado do que um pressuposto para a admissibilidade do preposto em juízo.

13.5.2. A advocacia e a preposição

Um advogado pode atuar como preposto? A resposta não é tão simples quanto parece. Diz-se isso porque o advogado pode, sem problemas, especialmente depois do advento do § 3º do art. 843 da CLT, atuar como preposto, mas não deve, sob o ponto de vista ético, acumular as duas condições no mesmo processo, simultaneamente.

Observe-se que a infração cometida pelo advogado restringe-se ao campo das suas relações institucionais, pois a vedação está contida no art. 23 do Código de Ética e Disciplina da OAB, segundo o qual *"É defeso ao advogado funcionar no mesmo processo, simultaneamente, como patrono e preposto do empregador ou cliente"*.

Mas por que é vedada essa forma de atuação do advogado? Essa forma de atuar é vedada porque o advogado que aceita essa condição cumulativa põe-se num imbróglio jurídico, porque, por um lado, não pode se recusar a depor (*vide* § 1º, do art. 385, do CPC) e, por outro, não é obrigado a depor sobre fatos a cujo respeito, por estado ou profissão, deva guardar sigilo (*vide* art. 388, II, do CPC). Diante desse bívio, ou o advogado/preposto altera a verdade dos fatos e, por assim agir, atua como litigante de má-fé (art. 80, II, do CPC) ou manifesta claramente a verdade dos fatos que, por profissão, deveria guardar sigilo.

Note-se que não há propriamente, sob o ponto de vista processual, e sob aquilo em que o magistrado deve interceder, uma situação de impedimento para a atuação do advogado que, por sua conta e risco, decide ser num mesmo momento preposto e advogado. Se ele assim agir, somente poderá ser apenado sob o ponto de vista institucional pelo seu órgão de classe, e não sob o ponto de vista processual pelo magistrado.

13.5.3. A ausência da Fazenda Pública: Recomendação CGJT n. 02/2013

Durante anos, se discutiu se o representante da Fazenda Pública precisaria comparecer às audiências sob as penas do art. 844 da CLT. Questionava-se, em verdade, se as pessoas jurídicas de direito público sofreriam a confissão ficta caso não se fizessem presentes às audiências trabalhistas.

Evidenciou-se, porém, que o Decreto-lei n. 779/69, ao elencar os privilégios processuais dos entes de direito público no âmbito da Justiça do Trabalho, não aludia à possibilidade de eximi-los da aplicação da revelia e dos seus efeitos processuais. Exatamente por isso esses entes estatais estavam, sim, sujeitos à revelia e à confissão, sendo esta a firme orientação contida na Orientação Jurisprudencial SDI-1 n. 152 do TST.

A despeito dessa particularidade, os advogados públicos ponderavam que as suas participações em audiências inaugurais eram meramente formais, pois a mera juntada das contestações não justificava o seu deslocamento para o fórum. Diante disso, foi expedida a Recomendação n. 02/2013 da Corregedoria Geral da Justiça do Trabalho (CGJT), sugerindo que os magistrados não designassem audiências iniciais que envolvessem a Fazenda Pública, salvo quando manifestado o interesse em conciliar.

Muitos magistrados seguiram a sugestão da CGJT e fizeram adaptações pontuais. Alguns, orientados pela razoabilidade, não retiraram os processos da pauta de audiências, mas apenas dispensaram a presença dos representantes dos entes políticos. Outros juízes foram além e dispensaram a presença dos representantes da Fazenda Pública mesmo em audiências de instrução por considerar desinfluente a sua oitiva.

Contudo, por que a oitiva do representante da Fazenda Pública seria desinfluente? Diz-se isso porque, em rigor, as pessoas jurídicas de direito público são representadas por seus procuradores (*vide* art. 75, I, II e III, do CPC) que de um modo geral não têm informações detalhadas sobre os fatos que efetivamente envolveram o conflito. O seu depoimento pessoal, assim, produziria respostas nem sempre úteis sob o ponto de vista fático. Ademais, sob o ponto de vista jurídico, é fato que a confissão feita por procurador sem o correspondente poder especial é ineficaz (vejam-se os arts. 116 e 213 do Código Civil).

O ideal, portanto, é que o magistrado, ao perceber em audiência eventual divergência entre o conteúdo da resposta da pessoa jurídica de direito público e a realidade, intime as pessoas que cuidaram das questões fáticas em cada um dos órgãos administrativos para serem ouvidas como testemunhas referidas ou para prestarem informações mediante ofício. Ilustrativamente, cite-se situação em que um Município nega ter sido destinatário de serviços prestados por um determinado trabalhador, embora reconheça que contratou a empresa especializada empregadora desse operário e que recebeu o objeto do contrato numa escola pública municipal. Nesse caso, em lugar de interrogar o Procurador do Município, talvez seja mais efetivo – e mais adequado – dirigir os questionamentos para quem dirigia a escola municipal à época do contrato de terceirização.

13.5.4. A revelia

Sabe-se que a revelia é uma das formas mediante as quais o réu pode responder à postulação do autor. Ela é, em verdade, um ato de plena rebeldia, materializado na escolha consciente de manter-se silente. Como estado de fato que é, a revelia torna *presumivelmente* verdadeiros os eventos noticiados na inicial. O art. 344 do CPC é bem claro: "Se o réu não contestar a ação, será considerado revel e presumir-se-ão verdadeiras as alegações de fato formuladas pelo autor".

No Judiciário trabalhista, não contestar a ação corresponde, em última análise, a não comparecer à audiência em que deveria defender. Observe-se que, na sistemática processual trabalhista, o demandado pode apresentar a sua defesa até o instante da audiência, pois ali, mediante o remanescente *ius postulandi*, poderá até mesmo contestar oralmente os fatos narrados na inicial.

O *caput* do art. 847 da CLT deixa clara a particularidade processual nos seguintes termos:

> Art. 847. Não havendo acordo, o reclamado terá vinte minutos para aduzir sua defesa, após a leitura da reclamação, quando esta não for dispensada por ambas as partes. (Redação dada pela Lei n. 9.022, de 05.04.1995)

Anote-se que a adição de um parágrafo único a este dispositivo mediante a Lei n. 13.467, de 2017, que prevê a possibilidade de apresentação de defesa escrita pelo sistema de processo judicial eletrônico até a audiência, nada mudou quanto à possibilidade de apresentação de defesa oral mediante o referido *ius postulandi*. Assim, caso o réu não apresente defesa escrita nem oral nos limites temporais aqui expendidos, haverá inexorável caracterização da revelia.

Registre-se, por fim, que a Lei n. 13.467/2017 incrustou o § 4º no art. 844 da CLT para dizer que a revelia não produzirá a confissão quanto à matéria fática quando: I – havendo pluralidade de reclamados, algum deles contestar a ação; II – o litígio versar sobre direitos indisponíveis; III – a petição inicial não estiver acompanhada de instrumento que a lei considere indispensável à prova do ato; e IV – as alegações de fato formuladas pelo reclamante forem inverossímeis ou estiverem em contradição com prova constante dos autos. Vejam-se as situações mediante algumas ilustrações visíveis em audiências:

13.5.4.1. Pluralidade de réus

Caso exista uma pluralidade de acionados, se algum deles apresentar contestação específica, esta aproveita aos demais. Tal ocorre quando, ilustrativamente, diante de uma terceirização, apenas a empresa tomadora dos serviços apresenta contestação e a empresa prestadora é revel. Nesse caso, o fato de a tomadora ter contestado especificamente o horário de trabalho tornará mantido com o demandante o ônus de provar a sobrejornada, mesmo que o seu empregador tenha sido declarado revel.

13.5.4.2. Direitos indisponíveis

Se a matéria fática envolver direito indisponível do acionado, este não sofrerá confissão ficta caso incorra em revelia. O art. 392 do CPC é, nesse sentido, reiterativo ao dispor que *"não vale como confissão a admissão, em juízo, de fatos relativos a direitos indisponíveis"*. Assim, não será suficiente a confissão presumida para tornar verdadeira a alegação do autor no sentido de que estaria autorizado a quebrar o sigilo bancário da empresa de quem foi empregado. Note-se que a absoluta indisponibilidade desse direito coloca-o em condição protegida dos efeitos da revelia.

13.5.4.3. Instrumento que a lei considere indispensável à prova do ato

Caso a lei imponha a apresentação de um instrumento como prova do ato jurídico, não será a revelia que sanará a correspondente ausência. Exemplifica-se aqui a situação com o pedido de pagamento de salário-família. Para que se possa falar no auferimento de tal vantagem, é necessário que o requerente demonstre ter filho ou equiparado ao filho de até 14 anos. Caso o acionante apenas afirme isso sem nada provar mediante a indispensável certidão de nascimento, não será a revelia que o ajudará a alcançar o seu propósito.

13.5.4.4. Alegações de fato formuladas pelo autor forem inverossímeis ou estiverem em contradição com prova constante dos autos

Segundo o disposto em epígrafe, as alegações de fatos inverossímeis ou em contradição com a prova constante dos autos não encontram apoio na revelia. Se o demandante sustenta fatos que violam a razoabilidade, caberá a ele, independentemente dos efeitos da confissão ficta, provar a ocorrência desses inusitados, extraordinários ou incríveis acontecimentos. Um exemplo muito reiterado é aquele que diz respeito ao trabalhador que alega jornada de trabalho de 20 horas por dia. Como a situação desafia a própria natureza humana, caberá ao acionante provar esse evento sobrenatural.

13.5.5. A presença do acionado e a não apresentação da resposta

Há situações em que o acionado comparece à audiência, mas não porta consigo nenhuma peça de contestação, tampouco se dispõe a oferecer oralmente a sua resposta. Nesse caso, não há propriamente uma revelia, pois o demandado comparece ao Judiciário e se põe à disposição da parte adversa e do magistrado. Ocorre, apenas, a confissão ficta dos fatos narrados na inicial, não se podendo, entretanto, falar em andamento do processo sem que seja o demandado intimado, tal qual ocorre com o revel.

Anote-se que, em decorrência da presença física do demandado, caberá ao magistrado, salvo se o entendimento pessoal dele conduza em sentido oposto, a oitiva do acionante e a oportunização ao réu de formulação de respostas. A oitiva do próprio demandado também pode ser esclarecedora e trará luzes para a decisão. Note-se que a confissão ficta do demandado o privará (apenas ele), de um modo geral, do direito de valer-se de testemunhas, salvo se entendimento diverso tiver o juiz, nos termos da Súmula n. 74, III, do TST, pois *"A vedação à produção de prova posterior pela parte confessa somente a ela se aplica, não afetando o exercício, pelo magistrado, do poder/dever de conduzir o processo"*.

13.5.6. A ausência do acionado e o *animus de defesa*

Muito se questionou sobre os efeitos emergentes da situação em que o réu não comparece à audiência, mas apenas o seu advogado, portando procuração, contestação e documentos. Situação semelhante ocorre com os demandados que juntam contestação, documentos e procuração, mas não se fazem presente à audiência. O que, enfim, lhes ocorrerá?

O novo § 5º, do art. 844, da CLT, legalizou o *animus* de defesa, no momento em que previu que ausente o reclamado, **mas presente o seu advogado na audiência**, serão aceitos a contestação e os documentos eventualmente apresentados. O demandado assumirá, portanto, os ônus de sua ausência (confissão ficta), mas poderá se valer da documentação e de alguns esclarecimentos constantes da peça de contestação para atenuar a sua desvantajosa situação.

Note-se que esses efeitos somente se darão se o advogado estiver presente na audiência, devidamente habilitado mediante procuração em mãos ou nos autos da ação. Caso não compareça o advogado ou caso o seu comparecimento se dê sem que ele porte a procuração, o efeito previsto no § 5º não acontecerá.

Arremate-se a questão deixando-se claro que essa situação, em rigor, não ingressa no figurino autorizador do pedido de juntada posterior de procuração, uma vez não se tratar de ato de urgência. Afinal, qual seria a urgência de um advogado apresentar-se de supetão em audiência, dizendo-se patrono do revel, com a única intenção de aproveitar a contestação e os documentos?

Outro ponto revelante visa deixar claro que, portando procuração, o advogado poderá, inclusive, apresentar contestação oral, uma vez que o fato de ter sido juntada anteriormente a contestação escrita nos autos eletrônicos é irrelevantes para os propósitos do dispositivo que protege o réu diante do manifesto ânimo de defesa. É sempre bom lembrar que o ponto essencial do novo § 5º é mesmo a *presença do advogado do réu na audiência*.

13.5.7. A confissão ficta e o confronto com prova pré-constituída. A produção de prova posterior

Aquele que é apenado com a confissão ficta somente pode se valer de prova pré-constituída (aquela existente no processo antes da caracterização da mencionada confissão) para fazer prova em sue favor. A jurisprudência firmou posicionamento no sentido de que não haverá falar-se em cerceamento de defesa no caso em que o magistrado venha a indeferir o pedido de produção de provas posteriores, como a prova testemunhal.

Veja-se o texto da Súmula n. 74, II, do TST:

> Súmula n. 74 do TST. CONFISSÃO. (...) II – A prova pré-constituída nos autos pode ser levada em conta para confronto com a confissão ficta (arts. 442 e 443, do CPC de 2015 – art. 400, I, do CPC de 1973), não implicando cerceamento de defesa o indeferimento de provas posteriores. (ex-OJ n. 184 da SBDI-1 – inserida em 08.11.2000)

A justificativa para a potência do ato é a valorização das determinações judiciárias. Imagine-se o quanto entraria um descrédito um magistrado que determinasse em vão o comparecimento de uma parte sob pena de confissão e essa mesma parte, posteriormente, depois de declarada confessa, conseguisse produzir prova capaz de elidir a confissão. Essa situação funcionaria como uma verdadeira cena de desprestigio à autoridade judiciária.

Nessa linha de raciocínio, como a tese constante do item II da Súmula n. 74 foi engenhada para valorizar as determinações judiciárias, seria mais do que razoável que, em busca da verdade, o mesmo magistrado não se visse inibido de determinar a produção de provas adicionais. Exatamente por essa razão, foi criado o item III na referida Súmula n. 74 para explicitar que "*A vedação à produção de prova posterior pela parte confessa somente a ela se aplica, não afetando o exercício, pelo magistrado, do poder/dever de conduzir o processo*". Assim, se o magistrado entender por bem, poderá determinar a produção da prova que entenda relevante. Essa é, aliás, a inteligência do art. 765 da CLT, consoante o qual "*os Juízos e Tribunais do Trabalho terão ampla liberdade na direção do processo e velarão pelo andamento rápido das causas, podendo determinar qualquer diligência necessária ao esclarecimento delas*".

13.5.8. A ausência do acionado e a pena do art. 467 da CLT: que são verbas rescisórias?

O art. 467 da CLT, desde a nova redação que lhe foi dada pela Lei n. 10.272, de 05.09.2001, passou a prever que, em caso de cessação do contrato de trabalho, havendo controvérsia sobre o montante das verbas rescisórias, o empregador estaria obrigado a pagar ao trabalhador, à data do comparecimento à Justiça do Trabalho, a parte incontroversa dessas verbas, sob pena de pagá-las acrescidas de cinquenta por cento.

Vê-se, portanto, que o referido dispositivo criou uma penalidade a ser aplicada ao empregador que, cônscio da sua condição de devedor das verbas rescisórias, não as adimpliu até a data de realização da primeira audiência, justamente a data do comparecimento inaugural à Justiça do Trabalho.

Trata-se, assim, de um evento importante ocorrido no contexto da audiência trabalhista e para o qual o demandado deve estar atento. Em rigor, cabe-lhe, no primeiro momento em que lhe for dada a oportunidade de falar nesta primeira audiência trabalhista, o pagamento das verbas rescisórias incontroversas, pois, se assim não atuar, pagará um acréscimo de 50% sob o rótulo de multa.

13.6. A ausência do membro do Ministério Público do Trabalho

E, se o membro do Ministério Público do Trabalho não se fizer presente à audiência, o que ocorrerá?

Cabe-nos separar duas situações bem diferentes: a **primeira** envolve a autuação do Ministério Público como parte autora de eventual ação; a **segunda** diz respeito à situação na qual o *Parquet* age como *custos legis*.

Na **primeira situação**, a ausência do MPT implicará os efeitos no art. 844 da CLT. Se ele for o autor da ação e se ele não comparecer à sessão inaugural, haverá arquivamento, salvo se o magistrado entender que a natureza da causa justifica o adiamento da sessão com nova intimação ao órgão. Em regra, entretanto, a solução é exatamente a mesma aplicável aos processos em geral. A ausência do autor, ainda que este seja o MPT, na primeira assentada, implicará a extinção do processo sem resolução do mérito e o seu consequente arquivamento.

Caso a ausência do membro do MPT se dê numa audiência de instrução (*vide* Súmula n. 74, I, do TST), não há falar-se, em rigor, em confissão ficta, pois o interesse defendido pelo Ministério Público normalmente se dá em atenção a interesses transindividuais e, por isso, indisponíveis. A situação imporá ao magistrado, então, o julgamento do processo segundo a distribuição do ônus da prova, a qual deve ser do conhecimento das partes antes mesmo da realização da sessão.

Cabe aqui a lembrança de que, em homenagem ao princípio da vedação às decisões-surpresa (*vide* art. 10 do CPC do 2015), e nos moldes do art. 357 do mesmo diploma processual civil, o juiz deverá, em decisão de saneamento e de organização do processo, **antes da marcação da audiência**, resolver as questões processuais pendentes, se houver; delimitar as questões de fato sobre as quais recairá a atividade probatória, especificando os meios de prova admitidos; **definir a distribuição do ônus da prova**, observado o art. 373; delimitar as questões de direito relevantes para a decisão do mérito; e, afinal, designar, se necessária, a audiência de instrução e julgamento.

Na **segunda situação** – aquela que diz respeito à atuação do MPT como *custos legis* –, *é importante* lembrar que, nos moldes do art. 83, inciso II, da Lei Complementar n. 75/93, o *Parquet* pode/deve se manifestar, acolhendo solicitação do juiz ou por sua própria iniciativa, quando entender existente interesse público que justifique a sua intervenção. Nesse caso, a dúvida reside na situação em que o MPT foi intimado a comparecer à audiência e a nela se manifestar e não se fez presente. O que ocorrerá? A sessão terá de ser adiada?

O entendimento majoritário é o de que a audiência deve ocorrer sem a presença do Ministério Público. Observe-se que, em caso análogo, mas em jurisdição até mais delicada (a jurisdição criminal), o CNJ, nos autos do Procedimento de Controle Administrativo n. 0000071-07.2015.2.00.0000, posicionou-se no sentido de que os magistrados podem realizar validamente as audiências de instrução sem a participação do representante do Ministério Público, **desde que tenha havido prévia intimação pessoal para comparecer aos referidos julgamentos**.

No procedimento suprarreferido, o CNJ manifestou-se também no sentido de que a ausência do representante do Ministério Público na audiência de instrução e julgamento, por si só, não acarreta a nulidade do ato praticado, devendo a parte prejudicada alegar, oportunamente, o defeito processual, bem como demonstrar os prejuízos efetivos eventualmente suportados com a ausência do *Parquet*.

13.7. A ausência de ambas as partes e a confissão recíproca: distribuição do ônus da prova?

E se houver ausência de ambas as partes à audiência para a qual elas foram intimadas/citadas a comparecer? Se não houver comparecimento de ambas as partes na audiência inaugural, o processo será arquivado, pois somente se pode falar em revelia se a parte autora se fizer presente para evitar o arquivamento. O arquivamento absolve a revelia.

Caso, entretanto, a ausência de ambas as partes ocorra em audiência em prosseguimento (*vide* Súmula n. 74, I, do TST), a confissão ficta será recíproca. Como a confissão recíproca produz efeitos inócuos, **caberá ao magistrado julgar o processo de acordo com a distribuição do ônus da prova**.

14. OS PERSONAGENS COADJUVANTES DA AUDIÊNCIA TRABALHISTA: AS TESTEMUNHAS, OS INFORMANTES, OS PERITOS E OS INTÉRPRETES

Em algumas situações, o magistrado pode determinar o comparecimento de personagens coadjuvantes à audiência com o objetivo de auxiliá-lo ou de oferecer-lhe esclarecimentos. Tal ocorre, por exemplo, com testemunhas, informantes, peritos e também com intérpretes. A participação de qualquer um deles em audiência dependerá do deferimento judicial e as suas contribuições serão registradas em ata de audiências por intermédio do magistrado condutor da sessão. Ele será o elo entre o questionamento oferecido pelas partes e seus procuradores e a resposta outorgada por cada um dos referidos personagens.

15. A ATUAÇÃO DOS ESTAGIÁRIOS EM AUDIÊNCIA TRABALHISTA: EXTENSÃO E LIMITES

Nos termos do art. 1º, inciso I, da Lei n. 8.906/94, é atividade privativa de advocacia a postulação a órgão do Poder Judiciário e aos juizados especiais. Logo, tirante situações em que a própria parte tem *ius postulandi* e que, nessa condição, age pessoalmente, somente o advogado pode funcionar como intermediário entre as postulações feitas pela parte e o Juízo.

Justamente, por isso, somente o advogado poderá manifestar-se na audiência trabalhista, realizando a referida intermediação. O estagiário jamais poderá fazê-lo, pois a sua atuação é meramente instrumental e, para ser validada, precisa da indispensável companhia e supervisão do advogado.

O § 2º, do art. 3º, do Estatuto da Advocacia, é bem claro no sentido de que o estagiário somente poderá praticar os atos de postulação *"em conjunto com advogado e sob responsabilidade deste"*. O estagiário, portanto, não tem autonomia, tampouco assume responsabilidades. Sua participação visa apenas à sua própria formação prática na linha teórica do Direito, não mais que isso.

16. A ORGANIZAÇÃO DA PAUTA DE AUDIÊNCIAS E A CONDUÇÃO DAS SESSÕES COMO PRERROGATIVA DO MAGISTRADO: EXTENSÃO E LIMITES

Os magistrados titulares das unidades jurisdicionais têm plena autonomia de organizar a sua própria pauta e de determinar, dentro das balizas legais, os horários de início e de termino de cada uma das suas sessões (*vide* art. 659, I, do CPC). Os magistrados substitutos, no exercício da titularidade, têm exatamente as mesmas prerrogativas, embora, por questões éticas, devam manter a mesma sistemática e dimensão da pauta nos períodos em que ele não atuará.

Quando aqui se fala em "baliza legal", evidentemente, há menção aos confins da autonomia do juiz e à necessidade de ajuste da pauta aos jurisdicionados e aos advogados, àqueles que labutam no cotidiano forense. Exatamente, por isso, a despeito de toda a liberdade que tem o magistrado de pautar as suas próprias audiências e de conduzir o que nelas ocorre, é que o legislador inseriu alguns limites como sem a intenção da exaustividade, o de que, (i) as audiências não podem começar antes das 8 horas, tampouco serem marcadas para ter início depois das 18 horas (*vide* art. 813 da CLT); e (ii) durante a suspensão dos prazos processuais nos dias compreendidos entre 20 de dezembro e 20 de janeiro, inclusive, não se realizarão audiências nem sessões de julgamento (§ 2º, do art. 220, do CPC).

17. O *DRESS CODE* DAS AUDIÊNCIAS TRABALHISTAS: HÁ ORIENTAÇÃO NORMATIVA SOBRE OS VESTUÁRIOS EXIGÍVEIS PARA A AUDIÊNCIA?

Entende-se por *dress code* o conjunto de regras escritas ou não em relação ao vestuário exigível ou adequado para determinadas circunstâncias ou ocasiões. Quando associado à atuação em juízos e tribunais, pode-se falar em um código de vestimenta em face dos órgãos judiciários. Pergunta-se, então: há orientação normativa sobre os vestuários exigíveis para a audiência?

17.1. Os juízes são obrigados a usar vestes talares?

Em rigor, o juiz não é obrigado a usar vestes talares. Há apenas, e quando muito, em alguns tribunais, recomendação nesse sentido até mesmo para corresponder à expectativa social de se deparar com o magistrado num vestuário compatível com o seu exercício funcional. Ninguém, entretanto, será mais ou menos magistrado se deixar de usar a toga, mas, decerto, produzirá visível dificuldade de distinção entre os diversos personagens que adentram às sessões de audiência. De todo modo, até mesmo o próprio magistrado estará sujeito às regras impostas pelo seu tribunal quanto aos trajes que devem ser utilizados dentro das suas instalações.

17.2. Os advogados são obrigados a usar terno e gravata?

No caso dos advogados, a Lei n. 8.906, de 04 de julho de 1994, prevê no seu art. 58, inciso X, que *"Compete privativamente ao Conselho Seccional, determinar, com exclusividade, critérios para o traje dos advogados, no exercício profissional"*.

Cabe anotar, porém, que a vestimenta precisa, rigorosamente falando, deve estar conforme os critérios exigidos pelos órgãos jurisdicionais nos quais eles vão atuar, pois, segundo já decidiu o Conselho Nacional de Justiça, fundado no art. 99 da Constituição da República, os tribunais possuem autonomia para decidir sobre os trajes a serem usados dentro das suas instalações.

17.3. As partes e os terceiros que assistem às sessões precisam observar algum vestuário específico?

Na linha do que se disse nos itens anteriores, é importante observar quais são os *dress codes* existentes em um determinado tribunal para nele ingressar e ali permanecer. Em geral, entretanto, o bom-senso é um excelente guia, pois o Judiciário não quer não mais do que manter a sua dignidade e decoro. Evidentemente que os casos especiais precisam ser tratados em sua especialidade e as pessoas que não podem ingressar no tribunal com a vestimenta exigível podem apresentar argumentos para justificar a sua situação. Caberá ao diretor do fórum – em regra, um magistrado – analisar as circunstâncias e, afinal, decidir sobre o assunto.

18. O PODER DE POLÍCIA DO MAGISTRADO EM AUDIÊNCIA TRABALHISTA

O art. 139, inciso VII, do CPC, é claro ao colocar que *"o juiz dirigirá o processo conforme as disposições deste Código, incumbindo-lhe (...) exercer o poder de polícia, requisitando, quando necessário, força policial, além da segurança interna dos fóruns e tribunais"*. Bem antes dele, a CLT, em seu art. 816, já dispunha que *"o juiz ou presidente manterá a ordem nas audiências, podendo mandar retirar do recinto os assistentes que a perturbarem"*.

O art. 360 do CPC, aplicado subsidiariamente, prevê em maiores detalhes que *"O juiz exerce o poder de polícia, incumbindo-lhe: I – manter a ordem e o decoro na audiência; II – ordenar que se retirem da sala de audiência os que se comportarem inconvenientemente; III – requisitar, quando necessário, força policial; IV – tratar com urbanidade as partes, os advogados, os membros do Ministério Público e da Defensoria Pública e qualquer pessoa que participe do processo; e V – registrar em ata, com exatidão, todos os requerimentos apresentados em audiência"*.

Observe-se que grande parte das situações contidas no referido art. 360 envolve conceitos jurídicos indeterminados, a exemplo de "ordem", "decoro", "comportamento inconveniente" e "urbanidade". Quem preenche esses conteúdos é o magistrado, sendo ele o detentor do poder de avaliação do grau de violação e da medida a ser tomada para assegurar o desenvolvimento regular dos trabalhos.

18.1. A inexistência de hierarquia ou de subordinação entre advogados, magistrados e membros do Ministério Público

Nunca será demasiada a lembrança da inexistência de hierarquia ou de subordinação entre advogados, magistrados e membros do Ministério Público. Cada um deles tem prerrogativas funcionais que lhe são específicas e são merecedores de respeito e de tratamento digno. Essa, aliás, é a redação contida no art. 6º do Estatuto da Advocacia:

> Art. 6º Não há hierarquia nem subordinação entre advogados, magistrados e membros do Ministério Público, devendo todos tratar-se com consideração e respeito recíprocos.

A despeito disso, ninguém pode ignorar que o magistrado é uma autoridade pública e que, como tal, não pode, nem mesmo no calor dos debates, ser desacatado. Essa reflexão é importante por conta da redação antes existente no § 2º do art. 7º do já mencionado Estatuto da Advocacia que dava imunidade aos advogados inclusive em face de eventual desacato.

A palavra "desacato", entretanto, foi sacada do texto do referido dispositivo por força de decisão tomada pelo STF nos autos da ADI n. 1.127, segundo o qual *"a imunidade profissional do advogado não compreende o desacato, pois conflita com a autoridade do magistrado na condução da atividade jurisdicional"*. Diante disso, a redação do mencionado dispositivo constante do § 2º, do art. 7º, do Estatuto da Advocacia, passou a ter riscada a palavra "desacato", não estando a ele imune o profissional da advocacia no exercício das suas atividades.

18.2. A ação tumultuária dos magistrados nas audiências

O magistrado, como qualquer outro sujeito do processo, também pode ser levado a atuar de forma excessiva durante as audiências. Os excessos por eles praticados desafiam normalmente o oferecimento de reclamação correicional, que será o caminho exigível quando constatado nos autos um tumulto processual em decorrência de omissão ou ação do juiz por erro ou abuso de poder.

A reclamação correicional é providência destinada a ordenar a administração do processo. Justamente por isso ela terá lugar apenas quando a questão posta em discussão for organizacional, ficando fora desse âmbito toda e qualquer discussão jurisdicional.

19. A ÉTICA ENTRE OS MAGISTRADOS TITULAR E SUBSTITUTOS E A MÉDIA DE PROCESSOS USUALMENTE POSTOS EM PAUTA

A ética nas relações entre os magistrados titular e substituto é matéria tratada de forma quase sempre parecida em todos os tribunais. De um modo geral, as normas administrativas internas das cortes, especialmente de suas corregedorias, preveem que o juiz titular não poderá designar pauta de audiências a ser presidida pelo juiz do trabalho substituto com número de processos superior à média usual da Vara. Também, normalmente se vê previsões no sentido de que os juízes do trabalho substitutos devem cumprir a pauta de audiências designada de acordo com a média usual da Vara.

Essas disposições de natureza ética que, em princípio, podem parecer questões *a latere* dos interesses dos jurisdicionados podem neles interferir fortemente. As discussões sobre o magistrado a quem cabe a apreciação e o julgamento de um determinado processo podem ser levadas a diversas instâncias administrativas e fazer com que as partes envolvidas aguardem atônitas pela solução de uma questão para a qual não contribuíram.

20. HÁ ORDEM DE PRODUÇÃO DE PROVAS EM AUDIÊNCIA?

No processo do trabalho, as provas são produzidas, em regra, na seguinte ordem: juntada de documentos, perícia, oitiva do perito e assistentes técnicos, depoimentos pessoais das partes e oitiva das testemunhas. A CLT não diz expressamente se primeiro devem ser ouvidas as testemunhas do autor ou do réu. De todo modo, a ordem de produção da provas pode ser alterada, pois o juiz pode determinar a produção probatória de acordo com o que lhe pareça mais compatível com a natureza e a complexidade da causa debatida em juízo.

O art. 775, § 2º, da CLT, incluído pela Lei n. 13.467, de 2017, reforça esse entendimento ao prever que ao juízo incumbe dilatar os prazos processuais e *alterar a ordem de produção dos meios de prova, adequando-os às necessidades do conflito* de modo a conferir maior efetividade à tutela do direito.

Essa norma é reforçada pelo disposto no art. 765 da CLT, segundo a qual os Juízos e os Tribunais do Trabalho terão *ampla liberdade na direção do processo* e velarão pelo andamento rápido das causas, podendo determinar qualquer diligência necessária ao esclarecimento delas.

21. O INTERROGATÓRIO E O DEPOIMENTO PESSOAL. DEPOIMENTO PESSOAL E CONFISSÃO DO MENOR

Depoimento pessoal não se confunde com interrogatório, principalmente pela finalidade de cada um e pelo momento em que são realizados.

A CLT não distingue bem os institutos, de modo que ora se refere a depoimento (art. 819, *caput*[43]), ora a interrogatório (art. 848, *caput*, § 1º[44]), fazendo com que o intérprete conclua que ela conferiu tratamento unitário à matéria, porquanto utiliza, de maneira indistinta, ambos os vocábulos[45].

Quanto ao depoimento pessoal, cabe à parte requerer o depoimento pessoal da outra parte, a fim de que esta seja interrogada na audiência, sem prejuízo do poder do juiz de ordená-lo de ofício. Logo, o depoimento pessoal pode ser requerido pela parte ou determinado de ofício pelo juiz (art. 349, *caput*, do CPC).

Se a parte, *pessoalmente* intimada para prestar depoimento pessoal e *advertida* da pena de confesso, não comparecer ou, comparecendo, se recusar a depor, o juiz aplicar-lhe-á a pena (art. 349, § 1º, do CPC). Trata-se aqui de confissão ficta.

Nos termos do § 2º, do art. 349, do CPC, por razões óbvias, é vedado a quem ainda não depôs assistir ao depoimento da outra parte.

Outrossim, conforme o art. 386 do CPC, quando a parte, sem motivo justificado, deixar de responder ao que lhe for perguntado ou empregar evasivas, o juiz, apreciando as demais circunstâncias e os elementos de prova, declarará, na sentença, se houve recusa de depor.

Não se admite depoimento pessoal por procuração, de modo que conforme o art. 387 do CPC a parte responderá *pessoalmente* sobre os fatos articulados, não podendo servir-se de escritos anteriormente preparados, permitindo-lhe o juiz, todavia, a consulta a notas breves, desde que objetivem completar esclarecimentos.

Por sua vez, a disciplina legal do interrogatório é encontrada no art. 139, inciso VIII, do CPC em vigor, "*o juiz dirigirá o processo conforme as disposições deste Código, incumbindo-lhe determinar, a qualquer tempo, o comparecimento pessoal das partes, para inquiri-las sobre os fatos da causa, hipótese em que não incidirá a pena de confesso*".

Ao contrário do depoimento pessoal, que ocorre na audiência de instrução e julgamento, o interrogatório pode ocorrer a qualquer tempo. Ainda, o interrogatório é determinado de ofício pelo juiz e não a requerimento da parte. Por fim, caso a parte não compareça, não ocorrerá a confissão ficta, ao contrário do que ocorre quando ela não comparece para o depoimento pessoal.

É claro que no interrogatório admite-se a confissão *real*. Assim, se a parte comparece ao interrogatório

---

(43) Art. 819. O *depoimento* das partes e testemunhas que não souberem falar a língua nacional será feito por meio de intérprete nomeado pelo juiz ou presidente.

(44) Art. 848. Terminada a defesa, seguir-se-á a instrução do processo, podendo o presidente, *ex officio* ou a requerimento de qualquer juiz temporário, *interrogar* os litigantes. § 1º Findo o *interrogatório*, poderá qualquer dos litigantes retirar-se, prosseguindo a instrução com o seu representante. § 2º Serão, a seguir, ouvidas as testemunhas, os peritos e os técnicos, se houver.

(45) TEIXEIRA FILHO, Manoel Antonio. *Manual da audiência na Justiça do Trabalho*. 2. ed. São Paulo: LTr, 2017. p. 343.

e admite a verdade de fato contrário ao seu interesse e favorável ao do adversário (art. 389 do CPC), tem-se por caracterizada a confissão *real*.

Afinal, pode acontecer a situação da pluralidade de partes no mesmo polo da relação jurídico-processual, mas com interesses contrapostos. Sendo caso de mera pluralidade de partes no mesmo polo do processo, com interesses divergentes, pode uma das partes pedir o depoimento pessoal daquela que se encontra no mesmo polo processual[46].

Por fim, embora o objeto do presente estudo não seja a análise dos meios de prova em espécie, convém traçar algumas linhas acerca do depoimento pessoal do menor. A esse respeito, indaga-se: a) é possível a realização de depoimento pessoal do menor de 18 anos? Em caso positivo, admite-se a confissão real? b) empregado menor que, embora notificado, não comparece para prestar depoimento. Admite-se a confissão ficta?

Não há maiores controvérsias quanto à possibilidade de realização de depoimento pessoal do menor. No entanto, em relação às confissões ficta e real, a matéria é objeto de significativa controvérsia na doutrina. Numa proporção, pode-se dizer que a doutrina majoritária entende pela possibilidade de confissão, real e ficta.

A primeira vertente doutrinária sustenta que se o empregado menor (entre 16 e 18 anos) pode praticar, com a assistência, todos os atos da vida trabalhista, é perfeitamente aplicável a confissão ficta, desde que presentes dois requisitos: a) seja maior de 14 (16 para alguns) anos; e b) esteja assistido. É a posição de Wagner Giglio, Gustavo Filipe Barbosa Garcia, Manoel Antonio Teixeira Filho, Francisco Antonio de Oliveira e Mauro Schiavi. Esse último leciona que:

> Quanto ao depoimento pessoal do menor de 18 anos na Justiça do Trabalho, desde que ele tenha, no mínimo, 16 anos e esteja assistido pelo seu representante legal na audiência (art. 793, da CLT), acreditamos, ao contrário do que pensam alguns doutrinadores e parte da jurisprudência, que ele possa confessar, pois tanto a CLT como o CPC não fazem distinção quanto à possibilidade de confissão do menor de 18 anos. Ora, se o menor de 18 ou maior de 16 tem capacidade para firmar contrato de trabalho, e prestar depoimento em favor de terceiros (art. 447, § 1º, inciso III, do CPC[47]), é razoável que possa depor e responder pelos fatos que declarar em juízo, inclusive que a confissão possa ser levada em consideração.[48]

Por sua vez, Gustavo Filipe Barbosa Garcia afirma que *"pode-se defender que, no caso de conflito decorrente de relação de emprego, o maior de 16 anos, e menor de 18 anos, se assistido pelo representante legal, pode confessar, uma vez que pode firmar contrato de trabalho e assinar recibo de salário (art. 439 da CLT)"*[49].

Por outro lado, Piragibe Tostes Malta, Valentin Carrion, Cléber Lúcio de Almeida e parte da jurisprudência entendem que mesmo que assistido por seus representantes legais e representado por advogado regularmente constituído não se pode admitir a confissão, na forma do art. 213 do Código Civil: *"Não em eficácia a confissão se provém de quem não é capaz de dispor do direito a que se referem os fatos confessados."* Para essa linha de entendimento, somente a parte plenamente capaz pode confessar.

Christovão Piragibe Tostes Malta afirma:

> Os menores entre 16 e 18 anos são relativamente incapazes, o que impede que confessem, isto é, mesmo que admitam claramente que praticaram atos cujos efeitos lhes são contrários e favorecem o adversário, como quando reconhecem haver praticado a falta de que são acusados, suas assertivas não podem ser classificadas como confissão. Não poder confessar, ou seja, não poderem as declarações do menor ser recebidas como confissão, no entanto, não é sinônimo de não poder depor. (...) Em razão de as declarações do menor não poderem ser tidas como confissão, não há exigência legal de que seus representantes estejam presentes no momento em que depõem.[50]

Cléber Lúcio de Almeida, no mesmo sentido, diz que:

> A confissão pressupõe capacidade para confessar. Com efeito, consoante dispõe o art. 213 do Código

---

(46) MARINONI, Luiz Guilherme; ARENHART, Sérgio Cruz; MITIDIERO, Daniel. *Novo Código de Processo Civil comentado*. 3. ed. São Paulo: RT, 2017. p. 502.

(47) Art. 447 do CPC – Podem depor como testemunhas todas as pessoas, exceto as incapazes, impedidas ou suspeitas. § 1º São incapazes: (...) III – o que tiver menos de 16 (dezesseis) anos; (...)

(48) SCHIAVI, Mauro. *Manual de direito processual do trabalho*. 11. ed. São Paulo: LTr, 2016. p. 731-732.

(49) GARCIA, Gustavo Filipe Barbosa. *Curso de direito processual do trabalho*. 4. ed. Rio de Janeiro: Forense, 2015. p. 478.

(50) MALTA, Christovão Piragibe Tostes. *Prática do processo trabalhista*. 35. ed. São Paulo: LTr, 2008. p. 327-328.

Civil, não tem eficácia a confissão que provém de quem não é capaz de dispor do direito decorrente dos fatos confessados. (...) Nesse compasso, reclamante ou reclamado menor de 18 anos não pode confessar, por força dos arts. 792 e 793 da CLT, dos quais infere-se que a plena capacidade trabalhista somente é alcançada aos 18 anos.[51]

Valentin Carrion, de seu turno, assim se manifesta:

A confissão do menor, assim como a renúncia, não pode ser acolhida com a plenitude que muitos defendem, por motivos óbvios: a incapacidade, mas o depoimento prestado, nessas condições, deve ser recebido e pesado, como uma notícia a mais vinda aos autos, a ser analisado em conjunto com as demais provas. Deve ser permitido ao genitor, ou a quem o assiste, que intervenha no depoimento (...).[52]

Na jurisprudência, quase não se encontram julgados a respeito, mas o único encontrado no TST foi pela inadmissão:

> RECURSO DE REVISTA. NÃO COMPARECIMENTO À AUDIÊNCIA DE INSTRUÇÃO. EMPREGADO MENOR. CONFISSÃO FICTA. INCABÍVEL. Empregado menor que, embora notificado, não comparece para prestar depoimento. Confissão ficta. Incabível. Recurso de revista a que se dá provimento. (TST-RR-705.972/2000.3, 5ª Turma, Rel. Min. Gelson de Azevedo, DJ 18.02.2005)
>
> *O empregado menor, apesar de ter capacidade para assinar recibos de salários e responder pelas violações contratuais porventura ocorridas, não pode sofrer os efeitos jurídicos de seu depoimento ou, como na presente hipótese, da ausência deste, equiparados ao do trabalhador maior de 18 anos, tendo em vista que na própria Consolidação das Leis do Trabalho eles não são considerados plenamente capazes, uma vez que se exige representação ou assistência para atuação em Juízo e para rescindir o respectivo contrato de trabalho, conforme previsão contida nos arts. 793 e 439 da CLT.* (RR-705972-71.2000.5.12.5555; Data de Julgamento: 03.11.2004, Relator Ministro: Gelson de Azevedo, 5ª Turma, Data de Publicação: DJ 18.02.2005.)

Ainda, pela impossibilidade da confissão: "*Pena de confissão a menor. Não se aplica ao menor a pena de confissão, posto que ele tem capacidade relativa.*" (TRT 3ª Região, RO n. 5950/92, rel. Álfio Amaury dos Santos. DJ/MG 03.02.1993.)

A despeito de opiniões em contrário, revela-se admissível o depoimento pessoal do menor de 18, desde que ele tenha, no mínimo, 16 anos e esteja assistido pelo seu representante legal na audiência (art. 793, da CLT) que, inclusive, poderá intervir no ato, sob pena de nulidade. Da mesma forma, pode ele confessar, seja a confissão real ou ficta, pois tanto a CLT como o CPC não fazem distinção quanto à possibilidade de confissão nesses casos.

Ora, o menor de 18 ou maior de 16 anos tem capacidade para firmar contrato de trabalho e prestar depoimento em favor de terceiros (art. 447, § 1º, inciso III, do CPC). E mais, pode o menor inclusive fazer testamento[53] e reconhecer a paternidade[54]. Assim, é razoável que possa depor e responder pelos fatos que declarar em juízo, inclusive que a confissão possa ser levada em consideração.

22. A COLHEITA DA PROVA TESTEMUNHAL

Nos termos do art. 828 da CLT, toda testemunha, antes de prestar o compromisso legal, será qualificada, indicando o nome, a nacionalidade, a profissão, a idade, a residência, e, quando empregada, o tempo de serviço prestado ao empregador, ficando sujeita, em caso de falsidade, às leis penais.

Os depoimentos das testemunhas serão resumidos, por ocasião da audiência, pelo secretário da Junta ou funcionário para esse fim designado, devendo a súmula ser assinada pelo Presidente do Tribunal e pelos depoentes (art. 828, parágrafo único).

Se a testemunha for parente até o terceiro grau civil, amigo íntimo ou inimigo de qualquer das partes não prestará compromisso e seu depoimento valerá como simples informação (art. 829 da CLT).

Dispõe o art. 820 da CLT que as testemunhas serão inquiridas pelo juiz, podendo ser reinquiridas, *por seu intermédio*, a requerimento das partes, seus representantes ou advogados. Percebe-se que quanto à inquirição

---

(51) ALMEIDA, Cléber Lúcio de. *Direito processual do trabalho*. 6. ed. São Paulo: LTr, 2016. p. 537.

(52) CARRION, Valentin. *Comentários à CLT*. 30 ed. São Paulo: Saraiva: 2005. p. 605.

(53) Art. 1.860 do Código Civil – Além dos incapazes, não podem testar os que, no ato de fazê-lo, não tiverem pleno discernimento. Parágrafo único. *Podem testar os maiores de dezesseis anos*.

(54) Art. 6º, § 4º, do Provimento 16 do Conselho Nacional de Justiça, *verbis*: "*O reconhecimento de filho por pessoa relativamente incapaz independerá de assistência de seus pais, tutor ou curador*".

de testemunhas a Instrução Normativa n. 39, de 2016 do TST estabelece em seu art. 11 que não se aplica ao Processo do Trabalho a norma do art. 459 do CPC, que permite a inquirição direta das testemunhas pela parte (*cross examination*).

Em relação ao número de testemunhas, cada uma das partes não poderá indicar mais de três, salvo quando se tratar de inquérito, caso em que esse número poderá ser elevado a seis. No procedimento sumariíssimo, esse número é reduzido para duas testemunhas.

Se a testemunha for funcionário civil ou militar e tiver de depor em hora de serviço, será requisitada ao chefe da repartição para comparecer à audiência marcada (art. 823 da CLT)

Na colheita da prova testemunhal, o juiz ou presidente providenciará para que o depoimento de uma testemunha não seja ouvido pelas demais que tenham de depor no processo (art. 824 da CLT).

23. A PRODUÇÃO DE PROVA DOCUMENTAL EM AUDIÊNCIA TRABALHISTA

A CLT estabelece que o momento processual próprio para o réu apresentar a contestação é na audiência, depois de proposta a conciliação. Com efeito, o art. 847, *caput*, da CLT, dispõe que não havendo acordo, o reclamado terá vinte minutos para aduzir sua defesa, após a leitura da reclamação, quando esta não for dispensada por ambas as partes. Já o parágrafo único do mesmo dispositivo, incluído pela Lei n. 13.467, de 2017, faculta à parte a apresentação de defesa escrita pelo sistema de processo judicial eletrônico até a audiência.

Fato é que, independentemente da forma como for apresentada a defesa, a documentação deve com ela ser apresentada, sob pena de preclusão. Só se admite a produção de prova documental em momento posterior em se tratando de "documento novo", assim entendido aquele documento que, embora existente ao tempo da instrução processual, a ele a parte não teve acesso, ou que tenha ocorrido justo motivo para a sua não apresentação tempestivamente, por aplicação analógica da Súmula n. 8 do C. TST.

Nos termos do art. 830 do CPC, o documento em cópia oferecido para prova poderá ser declarado autêntico pelo próprio advogado, sob sua responsabilidade pessoal. Mas, caso impugnada a autenticidade da cópia, a parte que a produziu será intimada para apresentar cópias devidamente autenticadas ou o original, cabendo ao serventuário competente proceder à conferência e certificação da conformidade entre esses documentos.

Questão interessante é saber se o ônus da impugnação especificada se aplica para a réplica. A jurisprudência do C. TST entende que ao reclamante não deve ser aplicada a pena de confissão ficta em razão da ausência de manifestação sobre a contestação e da não impugnação de documentos apresentados. Nesse sentido:

> AGRAVO DE INSTRUMENTO EM RECURSO DE REVISTA. (...). CONFISSÃO FICTA AO RECLAMANTE. AUSÊNCIA DE RÉPLICA E DE IMPUGNAÇÃO DE DOCUMENTOS APRESENTADOS PELA RECLAMADA. A reclamada pretende seja aplicada ao reclamante a pena de confissão ficta, em razão da ausência de manifestação sobre a contestação e da não impugnação de documentos apresentados. Todavia, verifica-se que a discussão não se resolve à luz do art. 302, *caput*, do CPC pois, segundo esse dispositivo, cujo destinatário é o réu e não o autor da demanda, compete àquele se manifestar sobre todos os fatos narrados pelo autor em sua petição inicial, sob pena de presunção de sua veracidade. (...) (AIRR-1414-39.2012.5.02.0064, Relator Ministro: José Roberto Freire Pimenta, Data de Julgamento: 30.09.2015, 2ª Turma, Data de Publicação: DEJT 09.10.2015.)

Assim, diante da ausência de réplica não se aplica a pena de confesso ao reclamante. Da mesma forma, a ausência da réplica não tem o condão de inverter o ônus da prova, muito menos incidir os efeitos da confissão ficta, quanto mais quando inexistir qualquer cominação na determinação judicial (TRT-5-RecOrd 0000096-90.2015.5.05.0271/BA, Relator Humberto Jorge Lima Machado, 3ª Turma, Data de Publicação: DJ 25.09.2015).

No entanto, poderá se falar em confissão caso haja cominação específica acerca da confissão na decisão que abriu prazo para réplica[55].

24. A OITIVA DE PERITOS E ASSISTENTES

Depois da juntada do laudo pericial aos autos do processo, o juiz intimará as partes para que se manifestem a respeito. Pode acontecer de as partes, o juiz ou o órgão do Ministério Público solicitarem o esclarecimento de tema sobre o qual exista divergência ou dúvida ou ponto divergente apresentado no parecer do assistente técnico da parte, nos termos do art. 477, § 2º, do CPC.

Se, mesmo com os esclarecimentos prestados, ainda houver necessidade de dilucidações, a parte requererá

---

(55) Esse também é o entendimento de Felipe Bernardes, conforme opinião manifestada em correio eletrônico enviado.

ao juiz que mande intimar o perito ou o assistente técnico a comparecer à audiência de instrução e julgamento, conforme art. 477, § 3º, do CPC.

Essa possibilidade de o juiz arguir os peritos também é prevista no art. 827 da CLT, ao dispor que o juiz poderá arguir os *peritos* compromissados ou os técnicos, bem como no art. 848, §§ 1º e 2º, da CLT ao prever que, findo o interrogatório, poderá qualquer dos litigantes retirar-se, prosseguindo a instrução com o seu representante, sendo que serão, a seguir, ouvidas as testemunhas, os *peritos* e os técnicos, se houver.

A CLT, embora preveja a possibilidade de oitiva do perito em audiência, não regula o procedimento para tanto. Por isso, algumas questões procedimentais devem ser respondidas. Logo, em relação à oitiva dos peritos, indaga-se: a) *ao requerer a intimação do perito para comparecer à audiência, deve a parte formular, desde logo, as perguntas, sob a forma de quesitos?* b)*Sendo necessária a apresentação prévia dos quesitos para a audiência de esclarecimentos, qual o interstício temporal entre a intimação do perito com a apresentação dos quesitos e a realização da audiência?* c) *Em caso positivo, podem as partes, na audiência, fazer perguntas fora das que estavam nos quesitos adrede apresentados?* d) *Caso o perito não comparece, poderá o juiz determinar sua condução coercitiva?* e) *O perito deve prestar compromisso?* f) *O assistente técnico de uma das partes pode ouvir o depoimento do perito ou do assistente técnico da parte contrária?* g) *As perguntas da parte ou do advogado podem ser feitas diretamente ao perito ou devem ser feitas por intermédio do juiz?* h) *Se os esclarecimentos prestados em audiência forem insuficientes, o que poderá ser feito pelo juiz?*

a) *Ao requerer a intimação do perito para comparecer à audiência, deve a parte formular, desde logo, as perguntas, sob a forma de quesitos?* Nesse ponto, é aplicável a parte final, do disposto no art. 477, § 3º, do CPC, pelo qual, se ainda houver necessidade de esclarecimentos, a parte requererá ao juiz que mande intimar o perito ou o assistente técnico a comparecer à audiência de instrução e julgamento, *formulando, desde logo, as perguntas, sob forma de quesitos*⁽⁵⁶⁾, podendo o juiz indeferir os quesitos impertinentes (art. 470, inciso I, do CPC). A exigência de formulação prévia de quesitos não é incompatível com as normas que regem o processo do trabalho, pelo contrário, harmoniza-se com a segurança jurídica e permite uma melhor preparação do perito,

que já saberá de antemão as principais perguntas que deverá esclarecer em audiência.

b)*Sendo necessária a apresentação prévia dos quesitos para a audiência de esclarecimentos, qual o interstício temporal entre a intimação do perito com a apresentação dos quesitos e a realização da audiência?* Nos termos do art. 477, § 4º, do CPC, o perito ou o assistente técnico será intimado por meio eletrônico, com pelo menos 10 (dez) dias de antecedência da audiência. Mas, em se tratando de processo do trabalho, parece acertado dizer que esse prazo deva ser de, pelo menos, 5 (cinco) dias úteis, por aplicação do art. 841, *caput*, da CLT.

c) *Podem as partes, na audiência, fazer perguntas fora das que estavam nos quesitos adrede apresentados?* Em regra, o perito deverá responder apenas aos quesitos previamente formulados por escrito. No entanto, nada impede que na audiência outras dúvidas decorram das novas explicações, de modo que caberá ao magistrado avaliar a pertinência dos novos questionamentos e deferir ou indeferir as novas perguntas.

d) *Caso o perito não compareça, poderá o juiz determinar sua condução coercitiva?* Se o perito justificar sua ausência, a audiência deverá ser redesignada, nos termos do art. 844, § 1º, da CLT (com redação dada pela Lei n. 13.467/2017), pois, ocorrendo motivo relevante, poderá o juiz suspender o julgamento, designando nova audiência. Caso contrário, o art. 468, inciso II, do CPC, prevê que o perito pode ser substituído quando sem motivo legítimo, deixar de cumprir o encargo no prazo que lhe foi assinado. Nesse caso, o § 1º do mesmo dispositivo dispõe que o juiz comunicará a ocorrência à corporação profissional respectiva, podendo, ainda, impor multa ao perito, fixada, tendo em vista o valor da causa e o possível prejuízo decorrente do atraso no processo. Logo, não parece possível a condução coercitiva do perito, devendo, em princípio, ser imposta a multa e nomeado outro para o encargo.

e) *O perito deve prestar compromisso?* A resposta a essa pergunta está no art. 827 da CLT, pelo qual o juiz poderá arguir os peritos *compromissados* ou os técnicos, e rubricar, para ser junto ao processo, o laudo que os primeiros tiverem apresentado.

f) *O assistente técnico de uma das partes pode ouvir o depoimento do perito ou do assistente técnico da parte contrária?* A CLT e o CPC nada falam a respeito. No entanto, pode-se aplicar analogicamente o art. 456 do

---

(56) Em sentido diverso, entende Manoel Antonio Teixeira Filho, para quem "*no processo do trabalho não haverá necessidade de as partes formularem, previamente e por escrito, as perguntas que desejavam ver respondidas pelo expert. Essas perguntas poderão ser formuladas, oralmente, na própria audiência, levando-se em conta a simplicidade do procedimento trabalhista*". In: Manual da audiência na Justiça do Trabalho. 2. ed. São Paulo: LTr, 2017. p. 491.

CPC, que determina ao juiz fazer a inquirição das testemunhas separada e sucessivamente; primeiro as do autor e depois as do réu, e *providenciará para que uma não ouça o depoimento das outras*. De igual modo, o art. 385, § 2º, do CPC, diz ser vedado a quem ainda não depôs assistir ao interrogatório da outra parte. Logo, pode-se aplicar peritos a regra da incomunicabilidade das pessoas que ainda não foram ouvidas.

g) *As perguntas da parte ou advogado podem ser feitas diretamente ao perito ou devem ser feitas por intermédio do juiz?* No processo do trabalho, não vigora o chamado *cross examination* presente no processo civil, de modo que, segundo o art. 820 da CLT, as partes e as testemunhas serão inquiridas pelo juiz, podendo ser reinquiridas, *por seu intermédio*, a requerimento dos vogais, das partes, de seus representantes ou, dos advogados. Assim, aplicando-se analogicamente o art. 820 da CLT, os peritos serão inquiridos *por intermédio* do juiz.

h) *Se os esclarecimentos prestados em audiência forem insuficientes, o que poderá ser feito pelo juiz?* Nos termos do art. 480 do CPC, o juiz determinará, de ofício ou a requerimento da parte, a realização de nova perícia *quando a matéria não estiver suficientemente esclarecida*. Vale lembrar que, segundo o § 3º do mencionado dispositivo, a segunda perícia não substitui a primeira, cabendo ao juiz apreciar o valor de uma e de outra.

25. A PARTICIPAÇÃO DOS SUJEITOS DA AUDIÊNCIA MEDIANTE VIA TELEPRESENCIAL: É POSSÍVEL?

O depoimento pessoal da parte que residir em comarca, seção ou subseção judiciária diversa daquela onde tramita o processo poderá ser colhido por meio de videoconferência ou outro recurso tecnológico de transmissão de sons e imagens em tempo real, o que poderá ocorrer, inclusive, durante a realização da audiência de instrução e julgamento (art. 385, § 3º, do CPC).

Esse dispositivo, que é novidade no CPC, é aplicável ao processo do trabalho, mormente diante da omissão celetista a respeito do tema e também porque se coaduna com as normas do processo do trabalho, notadamente com o princípio da duração razoável do processo.

26. A GRAVAÇÃO DA AUDIÊNCIA

O art. 367, §§ 5º e 6º, do CPC, estipula que a audiência poderá ser integralmente gravada em imagem e em áudio, em meio digital ou analógico, desde que assegure o rápido acesso das partes e dos órgãos julgadores, observada a legislação específica, e essa gravação também pode ser realizada diretamente por qualquer das partes, *independentemente de autorização judicial*.

Contudo, advirta-se que, no tocante às audiências de conciliação ou de mediação, realizadas perante os Núcleos Permanentes de Métodos Consensuais de Solução de Disputas (Resolução CSJT n. 174, de 30 de setembro de 2016), não há respaldo legal que autorize a gravação, pois as negociações levadas a efeito pelas partes nessas audiências estão protegidas pelo princípio da confidencialidade.

Sobre a utilidade da gravação da audiência, Kleber de Souza Waki e Cleber Martins Sales sustentam que a gravação da audiência realizada pela parte pode funcionar como elemento de prova daquilo que, na sessão, expressamente foi impugnado (contradições na transcrição). Na hipótese de ter sido obstado o registro da insurgência, a documentação em mídia eletrônica também poderá funcionar como prova que afaste a preclusão do ato processual supostamente eivado de nulidade[57].

27. A DECLARAÇÃO DE ENCERRAMENTO DA INSTRUÇÃO E OS SEUS EFEITOS PROCESSUAIS

Depois de findas todas as diligências processuais, o juiz declarará o encerramento da instrução, providência tomada nos momentos finais da audiência trabalhista. Com essa declaração, as partes não mais podem inserir novos elementos ao debate processual, cabendo-lhes apenas oferecer razões finais, ver renovada a tentativa de composição e aguardar o julgamento do processo.

No momento de declaração do encerramento do processo, o magistrado deve tomar o cuidado de verificar e de registrar, se essa for a vontade das partes, que elas revisaram todos os atos processuais e que não teriam nenhuma manifestação adicional a fazer, tampouco sobre os documentos até então juntados.

28. AS RAZÕES FINAIS, A RENOVAÇÃO DA TENTATIVA DE CONCILIAÇÃO E A CONCLUSÃO DO PROCESSO PARA JULGAMENTO

O art. 850 da CLT prevê que, terminada a instrução, poderão as partes aduzir razões finais, em prazo

---

(57) WAKI, Kleber de Souza; SALES, Cleber Martins. A gravação da audiência: método de documentação e prova. In: *Revista eletrônica do Tribunal Regional do Trabalho* da 9ª Região, v. 6, n. 55 out./nov. 2016.

não excedente de 10 (dez) minutos para cada uma. Em seguida, há registro no sentido de que o juiz ou presidente renovará a proposta de conciliação, e não se realizando esta, será proferida a decisão.

Alguns pontos importantes podem ser extraídos deste dispositivo processual trabalhista.

O primeiro ponto diz respeito à discussão sobre a indispensabilidade da audiência para adução de razões finais. O texto é muito claro quanto à sua existência, mas o direito processual moderno tem sido orientado muito fortemente pela instrumentalidade das formas. Assim, mesmo que a lei preveja a existência de uma audiência para serem tomadas formalmente as razões finais, nada obsta que o juiz as tome por escrito e dispense a realização da sessão final. A ausência de alegação de prejuízo permitirá essa solução. Tudo se dará na forma do art. 277 do CPC, segundo o qual "*Quando a lei prescrever determinada forma, o juiz considerará válido o ato se, realizado de outro modo, lhe alcançar a finalidade*".

O segundo ponto está relacionado à importância da adução de razões finais. Afinal, para que elas servem?

Em regra, as razões finais servem para serem oferecidas luzes aos magistrados. Por meio delas, as partes chamam a atenção do juiz para as particularidades do processo ou para alguma prova que é decisiva para a solução do feito. Ali também são reiteradas as manifestações de nulidade objeto de eventuais protestos que foram anotados em peças processuais ou nas atas de realização de audiência. Caso não sejam reiterados os protestos de nulidade, poderá ser entendida essa omissão como uma preclusão e, nesse sentido, será perdida a oportunidade de sua invocação em recurso.

Cabe assinalar aqui também uma utilidade que ora é anacrônica, mas que merece o registro pelo menos sob o ponto de vista histórico. A Lei n. 5.584/70 previu a existência de um chamado rito de alçada para os processos que tivessem valor de causa superior ao dobro do salário mínimo. O juiz, então, nos dissídios individuais, logo depois de proposta a conciliação, mas antes de passar à instrução da causa, fixava o valor para a determinação dessa alçada. Se fixasse em valor igual ou inferior ao dobro do mínimo legal, o processo teria recorribilidade limitada; se fixasse em valor superior ao dobro do mínimo legal, a recorribilidade seria ampla.

Pois bem. O momento para impugnar o valor fixado para a causa era justamente o de adução das razões finais, sob pena de preclusão. O texto do § 1º, do art. 2º, da mencionada Lei n. 5.584/70, era bem claro nesse sentido: "*§ 1º Em audiência, ao aduzir razões finais, poderá qualquer das partes, impugnar o valor fixado e, se o Juiz o mantiver, pedir revisão da decisão, no prazo de 48 (quarenta e oito) horas, ao Presidente do Tribunal Regional.*"

O anacronismo ora referido é justificado diante do advento da Lei n. 9.957/2000 que passou a considerar como submetido ao rito sumário com recorribilidade universal todos os processos que tivessem valor da causa inferior a quarenta salários mínimos. Como 40 (quarenta) abarca 2 (dois), entendeu-se revogado o chamado "rito de alçada" pelo "rito sumário".

As razões finais existentes na contemporaneidade são apenas um momento protocolar no qual as partes normalmente dizem que reiteram todas as manifestações praticadas nos autos e o fazem geralmente ao dizer, singelamente, "razões finais reiterativas".

Depois de apresentadas as razões finais, os autos, enfim, são considerados conclusos para julgamento, permanecendo em poder do magistrado até o seu julgamento.

9. PROVAS

9.1. PROVA PERICIAL E INSPEÇÃO JUDICIAL

Sebastião Geraldo de Oliveira[1]
Murilo Rodrigues Coutinho[2]

1. GENERALIDADES SOBRE A PROVA PERICIAL

1.1. Considerações iniciais

Todos os meios legais são hábeis para demonstrar a verdade dos fatos, mas a prova de determinadas alegações exige conhecimento técnico ou científico de profissionais especializados que atuam em outros ramos do conhecimento, tais como a química, a física, a medicina, a informática, a contabilidade e a engenharia.

Não detém o julgador formação ou experiência nas diversas áreas do conhecimento, razão pela qual deve-se valer do auxílio de um perito, conforme estabelece o art. 156 do CPC[3]. Assinala Amaral Santos que *"a perícia consiste no meio pelo qual, no processo, pessoas entendidas verificam fatos interessantes à causa, transmitindo ao juiz o respectivo parecer"*[4].

A perícia é um importante meio de prova no Direito Processual do Trabalho, cuja produção ocorre por exigência legal, a requerimento das partes ou por determinação de ofício do Juízo, para a verificação e esclarecimento de questões controvertidas da realidade fática que demandem conhecimentos técnicos especializados, de modo a proporcionar subsídios para a solução da lide.

Manoel Antonio Teixeira Filho classifica a prova pericial em judicial ou extrajudicial, obrigatória ou facultativa[5]. A prova pericial extrajudicial facultativa ocorre, por exemplo, no caso do art. 195, § 1º, da CLT, que trata da possibilidade de sindicatos ou empresas requererem ao Ministério do Trabalho a realização de perícia para identificar atividades insalubres ou perigosas. Já como prova extrajudicial obrigatória, pode ser indicada a prevista no art. 60 da CLT, para a prorrogação de jornada em atividade insalubre quando não há autorização em norma coletiva, a teor do art. 611-A, XIII, da CLT.

A prova pericial judicial é realizada com maior frequência, sendo obrigatória nas hipóteses previstas em lei, como é o caso do art. 195, § 2º, da CLT, ou seja, quando a parte postula o pagamento de adicional de insalubridade ou periculosidade. Será, todavia, facultativa quando a natureza da controvérsia deixar a critério do juízo o deferimento ou não da sua produção (art. 464 do CPC).

1.2. Cabimento da prova pericial

Frustrada a primeira tentativa de conciliação, depois de apresentada a contestação, o Juiz analisará as questões controvertidas, o pedido e a causa de pedir, para planejar a instrução probatória, quando decidirá pelo cabimento ou não da prova pericial.

O art. 765 da CLT confere ao Juiz ampla liberdade na direção do processo, podendo determinar, de ofício ou a requerimento das partes, qualquer produção de prova necessária ao esclarecimento da causa, devendo velar, ainda, pela solução célere do litígio em harmonia com os princípios da ampla defesa, do contraditório e do devido processo legal.

---

(1) Desembargador do TRT da 3ª Região. Mestre em Direito pela UFMG. Membro da Academia Brasileira de Direito do Trabalho. Gestor Nacional do Programa Trabalho Seguro da Justiça do Trabalho.
(2) Assessor Jurídico de Desembargador do TRT da 3ª Região. Ex-Assessor Jurídico de Ministros do TST.
(3) CPC, Art. 156 – O juiz será assistido por perito quando a prova do fato depender de conhecimento técnico ou científico.
(4) SANTOS, Moacyr Amaral. *Primeiras linhas de direito processual civil*. 15. ed. São Paulo: Saraiva, 1993. v. 2, p. 474.
(5) TEIXEIRA FILHO, Manoel Antonio. *A prova no Processo do Trabalho*. 8. ed. rev. e ampl. São Paulo: LTr, 2003.

A prova pericial pode ser realizada na fase de conhecimento ou de execução, sendo típicas da primeira as perícias de insalubridade, periculosidade, médica, grafotécnica e contábil e, da segunda, as contábeis e de arbitramento, para liquidação da sentença.

A parte que requerer a produção de prova pericial deverá indicar a sua finalidade; por exemplo, aferição da presença de agente insalubre, constatação de doença ocupacional, verificação do nexo causal entre o adoecimento e o trabalho ou, ainda, apuração dos valores devidos em liquidação judicial. O Juiz apreciará o pedido e, caso o entenda pertinente, nomeará um perito entre os que estão inscritos junto ao Tribunal respectivo, na forma do art. 156, § 2º, do CPC, regulamentado pela Resolução n. 233/2016 do CNJ.

1.3. Indeferimento da prova pericial

Nos termos do art. 370, parágrafo único, do CPC, o juiz poderá indeferir, de forma fundamentada, as diligências inúteis ou protelatórias. Em muitas ocasiões, a realização da prova pericial apenas retarda e onera a solução do litígio, sem contribuir efetivamente para esclarecer as questões controvertidas. Como exemplo, é desnecessária a perícia para apuração de cálculos que podem ser facilmente realizados a partir dos documentos juntados.

Todavia, o princípio da celeridade não pode obstar a prova, sob pena de nulidade, quando o indeferimento resultar em prejuízo para alguma das partes, a teor do art. 794 da CLT. Nessa hipótese, ficará caracterizado o cerceamento do direito de produzir prova, costumeiramente chamado cerceamento do direito de defesa.

Isso ocorrerá quando, ao indeferir o pedido de realização de perícia, a parte ficar inviabilizada de elucidar matéria fática controvertida que demande conhecimento técnico especializado. Assim, por exemplo, constitui indeferimento indevido quando a parte postula a realização de prova pericial para constatar uma doença ocupacional e o juízo conclui pelo indeferimento da pretensão deduzida com base no ônus da prova.

Quando a prova pericial tem previsão legal, como na hipótese do art. 195, § 2º, da CLT, somente poderá haver o julgamento sem a sua realização quando houver outras provas para viabilizarem a solução da controvérsia, não se podendo resolver a questão somente por meio do ônus da prova. Veja-se, por oportuno, o seguinte julgado do TST:

> Preliminar de nulidade processual – Adicional de periculosidade. Revelia e confissão ficta. Realização de perícia técnica. Obrigatoriedade. 1 – O TRT rejeitou a preliminar de nulidade processual, por entender que, uma vez declarada a revelia e a confissão da reclamada quanto à matéria fática, presumem-se verdadeiros os fatos narrados na reclamação trabalhista, sendo desnecessária a realização de perícia técnica para averiguar a ocorrência de labor em condições periculosas. 2 – O art. 195, § 2º, da CLT dispõe que, arguida em juízo a insalubridade ou a periculosidade, será designada pelo juiz a realização de perícia, a cargo de médico ou engenheiro do trabalho, e, na ausência destes, requisitada perícia ao órgão competente do Ministério do Trabalho. Como se vê, a lei não atribui faculdade ao julgador, mas a obrigação de determinar a realização de perícia técnica, a fim de se averiguar a caracterização de periculosidade ou da insalubridade no ambiente de trabalho. 3 – Nesse contexto, a presunção de veracidade da matéria fática resultante da revelia e da confissão ficta da reclamada não autoriza, por si só, o deferimento do adicional de periculosidade, sendo imprescindível a existência de prova pericial que demonstre a exposição do obreiro a agente perigoso. 4 – Recurso de revista a que se dá provimento. (TST, 6ª Turma, ARR n. 1157-93.2016.5.08.0003, Rel. Ministra Kátia Magalhães Arruda, DEJT 19 out. 2018.)

A realização da perícia também poderá ser indeferida quando a prova não depender de conhecimento especial de técnico, for desnecessária ante outras provas produzidas ou for impraticável, como previsto nos incisos do § 1º do art. 464 do CPC. Com efeito, a prova pericial pode ser indeferida se o fato alegado já foi confessado expressamente pelo reclamado, se os documentos para apuração de eventuais diferenças foram consumidos num incêndio, se a pretensão já foi alcançada pela prescrição alegada etc.

1.4. Prova pericial dispensável

O art. 472 do CPC atual faculta ao Juiz dispensar a realização de prova pericial quando as partes apresentarem pareceres técnicos ou documentos elucidativos suficientes sobre as questões de fato. Essa disposição, que já havia no CPC anterior, é compatível com o processo do trabalho porque possibilita o julgamento mais célere e menos oneroso.

Conquanto a jurisprudência do TST não acolha o deferimento do adicional de insalubridade ou de periculosidade por mera presunção decorrente da revelia ou pelo ônus da prova, a nova disposição legal autoriza que, em hipóteses excepcionais, seja dispensada a prova pericial quando os demais elementos dos autos sejam suficientes para esclarecer a questão de natureza técnica. Veja-se o seguinte julgado:

Agravo de Instrumento em Recurso de Revista do réu. Ausência de prova pericial. Deferimento com amparo em outros meios de prova. Possibilidade. O art. 195, § 2º, da CLT impõe a realização da prova técnica nos casos de alegação de trabalho insalubre ou perigoso. Tal determinação, contudo, não é absoluta, uma vez que o juiz pode formar o seu convencimento à vista de outros aspectos, como por fato notório, demonstração por outros meios de prova ou mediante admissão tácita da existência da condição adversa de trabalho. Consoante o art. 370 do Código de Processo Civil, cabe ao magistrado determinar quais provas são essenciais à instrução do processo, indeferindo as diligências que considere inúteis à elucidação da controvérsia. A esse dispositivo soma-se o art. 371 do CPC, pelo qual o juiz apreciará livremente a prova, atendendo aos fatos e às circunstâncias dos autos e motivando as razões de seu convencimento. No caso em exame, a Corte de origem manteve a condenação da empresa ao pagamento do adicional de insalubridade, após constatar a existência dos agentes insalubres e perigosos mediante a análise do PPRA e do PCMSO, programas e documentos esses que buscam justamente garantir a preservação da saúde e integridade dos trabalhadores. Além disso, o TRT registrou a ausência de comprovação de que a primeira ré forneceu regularmente os EPI's necessários para elidir a nocividade do ambiente de trabalho. Assim, a conclusão do Tribunal Regional, no sentido de ser prescindível a produção de prova pericial, não viola o art. 195 da CLT. Precedentes. Nesse cenário, estando a decisão regional em consonância com a jurisprudência desta Corte, afastam-se as alegações de divergência jurisprudencial. Inteligência da Súmula 333/TST. Agravo de instrumento conhecido e desprovido. (TST, 3ª Turma, AIRR n. 394-33.2015.5.08.0131, Rel. Ministro Alexandre Agra Belmonte, DEJT 19 out. 2018.)

Poderá haver também a dispensa da prova pericial quando, por exemplo, a norma coletiva juntada reconhece o direito ao pagamento de adicional de periculosidade aos empregados que exercem uma função específica ou lotados em determinada seção ou estabelecimento, de modo que o exame se limitará a outros elementos de prova sobre tais aspectos. Veja-se:

> Adicional de periculosidade – Perícia técnica – Dispensa. O art. 195 da Consolidação das Leis do Trabalho dispõe sobre a necessidade de perícia técnica para a caracterização e classificação da periculosidade e da insalubridade, de forma que, em regra, não é permitido ao juiz dispensar a prova técnica. Entretanto, tratando-se de hipótese em que a periculosidade decorre naturalmente da atividade exercida, entendo que, ante a desnecessidade de realização de qualquer medição ou constatação, é dispensável a prova pericial para o reconhecimento do direito ao adicional respectivo. Na situação dos autos, conforme ressaltado pela Turma, a prova oral foi suficiente para que se concluísse pelo enquadramento jurídico das atividades exercidas pelo reclamante em uma das hipóteses previstas na NR 16 do Ministério do Trabalho. Dessa forma, não há que se falar em nulidade da decisão que deferiu o pagamento de adicional de periculosidade sem a realização de perícia técnica. Recurso de embargos conhecido e desprovido. (TST, SBDI-1, E-RR n. 5700-37.2002.5.09.0025, Rel. Ministro Renato de Lacerda Paiva, DEJT 14 out. 2011.)

Nessa mesma linha, está o entendimento firmado na Súmula n. 453 do TST de que o pagamento de adicional de periculosidade efetuado por mera liberalidade da empresa, ainda que de forma proporcional ao tempo de exposição ao risco ou em percentual inferior ao máximo legalmente previsto, dispensa a realização da prova técnica exigida pelo art. 195 da CLT, pois torna incontroversa a existência do trabalho em condições perigosas.

1.5. Prova pericial emprestada

Com o objetivo de tornar o processo mais célere e menos oneroso, pode ser requerida a dispensa de produção de prova pericial e a adoção de prova emprestada, com apoio em laudos técnicos produzidos em outros processos. Nesse sentido, tanto a doutrina quanto a jurisprudência têm se manifestado favoráveis à utilização da prova pericial emprestada, desde que caracterizada a identidade dos fatos e garantidos o contraditório e a ampla defesa. Cabe destacar neste passo que a jurisprudência atual do TST acolhe a utilização de prova emprestada independentemente da anuência da parte contrária:

> Nulidade processual. Utilização de prova emprestada sem anuência da parte reclamada. Violação ao princípio do devido processo legal e cerceamento de defesa. 1 – O TRT entendeu que a utilização de prova produzida em outros processos não acarreta nulidade, até porque sopesadas as provas periciais apresentadas e o laudo de análise laboratorial. Destacou, ainda, que "as provas produzidas são suficientes para o equacionamento da controvérsia, na medida em que houve averiguação das condições de labor do cortador de cana, mesma função do reclamante, em áreas da reclamada, tendo sido observado o contraditório e a ampla defesa, pois a reclamada manifestou-se sobre o documento". 2 – A decisão recorrida está em conformidade com a jurisprudência atual, iterativa e notória desta Corte, no sentido de ser admissível a prova emprestada, quando caracterizada a

identidade de condições entre as situações periciadas, independente da anuência da parte contrária, desde que respeitados os princípios do contraditório e da ampla defesa, como ocorreu no caso dos autos. Julgados. Incidência do art. 896, § 7º, da CLT c/c Súmula n. 333 do TST. 3 – Agravo de instrumento a que se nega provimento. (TST, 6ª Turma, Ag-ARR n. 1641-32.2013.5.09.0021, Rel. Ministra Kátia Magalhães Arruda, DEJT 14 set. 2018.)

Convém mencionar, todavia, que o assunto continua gerando controvérsias, visto que há também entendimentos rejeitando a prova emprestada sob o argumento de que, conquanto tal prova tenha sido apreciada no feito em que foi produzida, ao aproveitá-la em outro processo, não há certeza de que tenha sido submetida aos mesmos rigores do contraditório e da ampla defesa. Vejam o seguinte julgado:

> Prova emprestada. Ausência de concordância da reclamada. Nulidade. Opondo-se a reclamada expressamente à determinação de que os depoimentos prestados nos autos de outro processo fossem adotados como prova nestes autos, torna-se, de fato, inviável a utilização da prova emprestada. Com efeito, a imposição de utilização de prova emprestada, sem o consentimento de uma das partes, configura cerceamento do direito de defesa, violando-se os princípios do contraditório e ampla defesa. (TRT 3ª Região, 10ª Turma, 0011857-11.2016.5.03.0184-RO), Rel.: Desembargador Paulo Mauricio R. Pires. DeJT 14 set. 2018.)

Em síntese, entendemos que, embora a prova emprestada possa ser aproveitada em outro feito, mesmo sem a anuência da parte contrária, é necessário a garantia de novo contraditório no processo em que será utilizada, conferindo oportunidade às partes de se manifestarem quanto à pertinência ou não da referida prova e à real identidade da situação com a hipótese dos autos, sob pena ficar caracterizado o cerceamento de defesa.

1.6. Cooperação nacional na prova pericial

O CPC de 2015 regulamentou nos arts. 67 a 69 a possibilidade de cooperação nacional para quaisquer atos judiciais, entre eles, a prova pericial. Desse modo, incumbe aos Órgãos do Poder Judiciário o dever de cooperação com o propósito de reduzir o tempo destinado à realização do exame pericial, reduzir os custos e possibilitar a aplicação da prova em diversos processos reunidos ou apensados, o que também contribui para evitar decisões contraditórias ou conflitantes. Vale aqui registrar o pensamento de Alexandre Freitas Câmara quanto ao assunto:

> Outra forma de cooperação se dá pela 'reunião ou apensamento de processos' (art. 69, II), o que poderá ocorrer quando for caso de modificação de competência por conexão ou continência. É possível, porém, o apensamento temporário de processos distribuídos a juízos distintos em casos nos quais estes juízos tenham de cooperar (por exemplo, para a colheita de uma prova pericial que seja comum a ambos os processos).[6]

Cabe registrar que a disposição mencionada é compatível com o Direito Processual do Trabalho, mormente porque o *caput* do art. 67 do CPC prevê que a cooperação ocorrerá entre os Órgãos do Poder Judiciário, inclusive com os ramos especializados, como é o caso da Justiça do Trabalho.

Essa hipótese de atuação cooperativa pode ser muito útil para acelerar a solução de processos repetitivos que tramitam em diversas Varas do Trabalho, envolvendo o mesmo empregador, numa mesma região. Vislumbra-se também a possibilidade de um Juiz do Trabalho atuar em regime de cooperação com um Juiz Cível em uma Ação Civil Pública, para a produção de prova pericial sobre a matéria de saúde, segurança e meio ambiente do trabalho.

2. OBJETOS DE PERÍCIA EM ESPÉCIE

2.1. Perícia contábil

A prova pericial contábil tem por escopo apurar valores, diferenças ou formular cálculos para auxiliar o Juízo na instrução processual sobre obrigações de pagar ou correções de pagamento de parcelas trabalhistas, tais como comissões, horas extras, gratificações, participação nos lucros e resultados, adicionais diversos, entre outros. É indicada também para apuração de cálculos de liquidação complexos, mormente quando há divergência entre os valores apresentados pelas partes, como previsto no art. 879, § 6º, da CLT.

A teor do disposto no art. 25 do Decreto-lei n. 9.295/46, essa modalidade pericial somente pode ser realizada por profissional com graduação em contabilidade e devidamente habilitado, conforme a

---

(6) CÂMARA, Alexandre Freitas. *O novo Processo Civil Brasileiro*. 3. ed. rev. e ampl. São Paulo: Atlas, 2017. p. 58.

Resolução n. 58/96 do Conselho Federal de Contabilidade. O referido Conselho também editou a Norma Brasileira de Contabilidade – NBC PP 01, de 27 de fevereiro de 2015, sobre perícia contábil, dispondo que os contadores em atividade pericial deverão observar o Código de Ética Profissional do Contador, NBC PG 100 e NBC PG 200, valendo mencionar, por exemplo, as normas de impedimento, suspeição e conflitos de interesses.

Conforme indicado nas normas supramencionadas, o perito ao ser nomeado para o encargo deverá planejar o desenvolvimento dos trabalhos considerando:

a) o conhecimento detalhado dos fatos concernentes à demanda;

b) as diligências a serem realizadas, relacionando os livros, os documentos e os dados de que necessite, solicitando-os, por escrito, em termo de diligência, sendo que eventual recusa no atendimento deve ser comunicada ao Juízo;

c) os livros e documentos a serem compulsados, aos quais deverá zelar pela sua guarda e segurança;

d) a natureza, a oportunidade e a extensão dos procedimentos de perícia a serem aplicados;

e) a equipe técnica necessária para a execução do trabalho;

f) os serviços especializados, necessários para a execução do trabalho;

g) os quesitos, quando formulados;

h) o tempo necessário para elaboração do trabalho até a entrega do laudo; e

i) a estimativa dos honorários de forma fundamentada.

A conclusão da perícia com objeto contábil deverá ser registrada em laudo, e o perito deverá demonstrar o cálculo e as premissas para apuração como a natureza das parcelas e a base de cálculo, registrando os livros e os documentos examinados, os dados e as particularidades de interesse da perícia.

O laudo também apresentará um resumo das conclusões periciais matemáticas e planilhas anexas com a apuração individualizada mês a mês de cada uma das parcelas. Se for o caso, deverá responder oportunamente às perguntas sobre o cálculo elaborado, não se ignorando que, na realidade prática, por muitas vezes, a interpretação do título exequendo para fins de apuração pericial não bastará ser meramente literal.

Um exemplo desse tipo de interpretação ocorre na liquidação de uma sentença com a determinação de pagamento de horas extras do período não prescrito a partir dos controles de jornada dos autos, mas percebe-se que estão faltando os documentos de alguns meses. A interpretação literal redundaria na não apuração – ou apuração zero – no referido período, mas, nesses casos, o perito deverá consultar o Juiz para resolver os pontos omissos do título exequendo. Quando o Perito conhece o ponto de vista do magistrado para as situações mais repetitivas, já deve antecipar os cálculos registrando o critério utilizado.

2.2. Perícia digital ou cibernética

É crescente a utilização dos meios digitais na sociedade e, muitas vezes, são apresentadas no âmbito do Direito Processual do Trabalho provas de conversas e/ou manifestações feitas em redes sociais como o *WhatsApp*, o *Facebook*, o *Instagram*, além de *e-mails* e outros meios digitais, sendo frequente a impugnação a tais documentos pelas partes alegando falsidade e/ou unilateralidade. O conhecimento sobre a existência e a necessidade de se realizar uma perícia digital ou cibernética por engenheiro ou cientista da computação permitirá, em cada caso, aferir a efetiva responsabilidade e autenticidade.

O legislador trouxe uma previsão inovadora no art. 384, parágrafo único, do CPC de 2015, ao estabelecer que a existência de um fato ou modo de existir representados em dados de imagem ou som, em arquivos eletrônicos, poderão ser atestados por meio de ata notarial, que é um documento por instrumento público lavrado por tabelião de Cartório de Notas, nos termos do art. 7º, III, da Lei n. 8.935/94[7].

O procedimento desse tipo de prova se dá pelo acesso por meio do computador do notário, que relata o dia, a hora, o conteúdo, as imagens e até os filmes, com registro descritivo com fé pública. Sucede que apenas é registrada a impressão da própria parte que tem interesse em produzir a prova, por exemplo, a vítima de mensagem tida como ofensiva, não se revelando apta a garantir se o conteúdo ali registrado é, de fato, autêntico quanto à sua materialidade e autoria. Assim, o procedimento é útil para verificar um documento digitalizado, ou seja, um documento que existia em meio

---

(7) CPC, Art. 384 – A existência e o modo de existir de algum fato podem ser atestados ou documentados, a requerimento do interessado, mediante ata lavrada por tabelião. Parágrafo único. Dados representados por imagem ou som gravados em arquivos eletrônicos poderão constar da ata notarial.

físico de papel e foi convertido por meio de fotografia ou digitalização propriamente dita, mas, ainda assim, é passível de adulteração digital, porquanto *"é importante lembrar que, se o documento original já tinha algum vício, seja em relação à autoria ou em relação ao conteúdo, ele permanece, mesmo após a digitalização, ainda que ela seja com certificado ICP-Brasil"*[8].

De outro lado, há também os documentos já criados digitalmente, muitas vezes com assinatura digital com certificação IPC-IP, sendo a ata notarial incapaz de verificar se o que está registrando é um crime virtual, se foi objeto de manipulação ou mesmo a efetiva autoria.

Como se verifica, cresce a importância das perícias digitais ou cibernéticas, apurando, por exemplo, a autenticidade e a responsabilidade de um determinado incidente que pode acarretar até a dispensa por justa causa de um engenheiro da computação ou de um publicitário gestor das redes sociais ou até mesmo a falha de um trabalhador comum no uso dos sistemas eletrônicos, mas cujo erro decorreu da invasão por terceiros de má-fé.

Ficou famoso o caso em que *hackers* invadiram a rede da empresa Sony e furtaram dados dos cartão de crédito de milhões de usuários, tendo a perícia digital apurado que, embora tenha havido o crime, as senhas utilizadas pelos empregados da empresa era demasiadamente simplórias e que ficavam reunidas num arquivo cujo título era "senhas.doc"[9].

Nas periciais cibernéticas ou digitais, como ensina Patrícia Peck, *"toda investigação tem início com base nas evidências e informações coletadas. O meio virtual não diverge do físico, isto é, as evidências e informações existem desta vez em um disco rígido, celular, ou até mesmo no código-fonte de um arquivo malicioso"*[10].

Para a referida autora, o conceito de evidência digital é *"toda a informação ou assunto criada e sujeita, ou não, a intervenção humana, que possa ser extraída de um computador ou de qualquer outro dispositivo eletrônico. Além disso, a evidência digital sempre deverá estar em formato de entendimento humano"*[11], devendo ser apurados para este fim o "Internet Protocol", certificações digitais quando presentes, arquivos de log, os espaços não utilizados no dispositivo de armazenagem, arquivos temporários, área de *swap*, *boot*, memória, periféricos, cartão *Subscriber Identity Module* (SIM), questões que cada vez mais são postas ao conhecimento do juiz em matéria de prova pericial, devendo o perito valer-se do uso do glossário padrão de nomenclaturas.

Aponta ainda Patrícia Peck cinco regras para apuração das evidências eletrônicas: a admissibilidade, ou seja, ter condições de ser usada no processo; autenticidade, ser certa e de relevância para o caso; a completude, pois esta não poderá causar ou levar a suspeitas alternativas; a confiabilidade, pois não devem existir dúvidas sobre sua veracidade e autenticidade; e a credibilidade, que é a clareza, o fácil entendimento e a interpretação[12].

Reflita-se ainda que, com a positivação do teletrabalho nos arts. 75-A a 75-E da CLT pela Lei n. 13.467/2017, aumentou a necessidade de conhecimento e exploração da prova pericial digital ou cibernética, até porque o art. 75-D da CLT dispõe que a *"(...) responsabilidade pela aquisição, manutenção ou fornecimento dos equipamentos tecnológicos e da infraestrutura necessária e adequada à prestação do trabalho remoto, bem como ao reembolso de despesas arcadas pelo empregado, serão previstas em contrato escrito"*, o que pode influenciar na apuração e atribuição da responsabilidade pela eventual falha ocorrida.

Aliás, há casos em que a prova pericial digital pode identificar a duração do trabalho, visto que alguns empregadores já fazem uso de grupos de trabalho via *WhatsApp* e utilizam de aplicativos instalados nos celulares de seus empregados para controlar a jornada efetivamente cumprida e direcionar as rotas dos vendedores externos[13].

2.3. Perícia de falsidade documental, grafia ou assinatura

Merece análise específica a perícia sobre falsidade ou autenticidade de documento, grafia ou assinatura,

---

(8) PINHEIRO, Patrícia Peck. *Direito Digital*. 5. ed. rev. e ampl. de acordo com as Leis ns. 12.735 e 12.737, de 2012. São Paulo: Saraiva, 2013. p. 211.
(9) Disponível em: <https://www.bbc.com/portuguese/noticias/2011/04/110427_sony_hacker_bg>. Acesso em: 28 out. 2018.
(10) PINHEIRO, Patrícia Peck. *Direito Digital*. 5. ed. rev. e ampl. de acordo com as Leis ns. 12.735 e 12.737, de 2012. São Paulo: Saraiva, 2013. p. 125.
(11) *Idem, ibidem*.
(12) *Idem*.
(13) Conferir julgamento do TRT da 3ª Região, 11ª Turma, RO n. 0011063-58.2016.5.03.0129, Rel. Desembargador Luiz Antônio de Paula Iennaco, DEJT 18.10.2018.

conhecida como perícia grafotécnica. No Processo do Trabalho, é muito comum a juntada de documentos, controles de jornada, recibos de pagamento, comunicação de aviso-prévio ou de férias, pedido de demissão, advertências, atestados, entre vários outros documentos. Pode haver, por vezes, dúvidas quanto à autenticidade de um documento, de modo que poderá surgir nos autos uma arguição de falsidade, que será resolvida como questão incidental, salvo se houve requerimento para que conste como questão principal. Veja-se um exemplo prático:

> Recurso ordinário em incidente de falsidade – Adulteração de aviso de recebimento em reclamação trabalhista – Declaração de falsidade com fundamento em perícia grafotécnica. 1. A falsidade documental consiste na alteração da verdade, consciente ou inconscientemente praticada, em detrimento do direito alheio. Assim, na seara processual civil, a intenção do agente não é essencial, interessando saber, tão-somente, se o documento reproduz os fatos de forma verídica ou falsa. O elemento volitivo subjetivo do responsável pela falsificação do documento faz-se relevante somente na esfera penal, para averiguação de crime de falsidade. 2. Na hipótese dos autos, a perícia grafotécnica registrou a falsidade da data do aviso de recebimento (AR), de forma que tal documento falece de autenticidade e, por isso, perde a sua força probatória, seja qual for a natureza de que se revestir o vício, porquanto, seja ideológica, com declarações falsas num documento extrinsecamente verdadeiro, seja material com o uso de documento falso, a confecção ou a adulteração, a falsidade retira-lhe a força probatória judicial. 3. O aviso de recebimento da Reclamada, declarado falso pela perícia grafotécnica neste incidente de falsidade (pelo acréscimo de grafia, adulterando data), não pode servir como prova da data de intimação da sentença proferida na reclamação trabalhista nem, portanto, como elemento para aferição da tempestividade do recurso ordinário interposto pela Reclamada naquela ação. Recurso ordinário a que se nega provimento. (TST, SBDI-2, ROIF n. 769375-61.2001.5.09.5555, Relator Ministro: Ives Gandra Martins Filho, DEJT: 06 fev. 2004.)

Suscitado o incidente, o Juiz determinará a prova pericial (art. 478 do CPC), que somente deixará de ser realizada se a parte que produziu o documento concordar em retirá-lo[14]. Veja-se que eventual concordância não deve ser reputada como confissão de falsidade, mas como uma iniciativa da parte de tentar tornar o feito mais célere e menos oneroso. A propósito, o Juiz poderá indeferir a produção dessa prova quando houver outras que viabilizem a resolução da controvérsia. Veja-se:

> Cerceamento de defesa. Realização de perícia grafotécnica. O Juiz tem ampla liberdade na direção do processo e, sendo o destinatário da prova, nos termos dos arts. 765 da CLT e 131 do CPC, pode indeferir as medidas que entender desnecessárias, cabendo-lhe verificar a necessidade ou não de sua realização quanto já tiver elementos suficientes para fundamentar a sua decisão. Na espécie, a realização de perícia grafotécnica mostrou-se desnecessária, porquanto a análise da prova documental esclareceu a questão controvertida sem a necessidade de onerar e atrasar o desfecho do processo. (TRT da 3ª Região, 2ª Turma, RO 0001504-80.2012.5.03.0044, Relator: Desembargador Luiz Ronan Neves Koury, DEJT 22 ago. 2013.)

O art. 478 do CPC traz normatização específica quanto a esta prova, dispondo que o perito será, preferencialmente, técnico de estabelecimento oficial especializado. Uma vez compromissado, os autos que tramitam pelo sistema PJe-JT serão disponibilizados ao estabelecimento oficial com o documento a ser periciado. Caso o objeto da perícia seja a verificação de autenticidade de letra ou assinatura, o perito pedirá diretamente documentos existentes em repartições públicas e, na falta destes, irá requerer ao Juiz, nos termos do art. 478, § 3º, do CPC, que a pessoa a quem se atribuir a autoria do documento lance em folha de papel, por cópia ou sob ditado, dizeres diferentes, para fins de comparação, de modo a identificar os padrões homógrafos, ainda que seja constatada variação da mesma grafia (dimorfismo). Veja-se interessante acórdão sobre o tema:

> Pedido de demissão. Negativa do empregado sobre a autenticidade da assinatura lançada no documento. Perícia técnica grafotécnica. O autor, em seu inconformismo, limita-se a, reiteradamente, afirmar e reafirmar que a assinatura no pedido de demissão não é sua, o que, obviamente, não é suficiente para infirmar a prova técnica. Vale pontuar que o minucioso trabalho pericial evidenciou que as mínimas discrepâncias existentes nas firmas examinadas, provenientes do punho do autor, decorrem do fenômeno do "dimorfismo", assim explicado pelo *expert*: "uso de duas formas para uma mesma letra – no caso, a consoante 'm', ora em guirlanda

---

(14) Art. 342. Fazer afirmação falsa, ou negar ou calar a verdade como testemunha, perito, contador, tradutor ou intérprete em processo judicial, ou administrativo, inquérito policial, ou em juízo arbitral: (...) § 2º O fato deixa de ser punível se, antes da sentença no processo em que ocorreu o ilícito, o agente se retrata ou declara a verdade.

(...) e ora em arcada (...)". Em outras palavras, as "incoerências" que o recorrente vislumbra e aponta são, na verdade, decorrentes do seu hábito de alterar a assinatura (ainda que o faça, talvez, inconscientemente). O que realmente importa, para fins de reconhecimento da firma, segundo deixa patente o perito, é que existe uma "completa harmonia" entre os movimentos formadores (gênese) dos feitios dos gramas que compõem as assinaturas exaradas nos documentos cotejados, que serviram para determinar, de maneira inequívoca, a autenticidade da firma aposta no pedido de demissão. (TRT da 3ª Região, 11ª Turma, Processo n. 0000054-44.2013.5.03.0052-RO, Rel. Juíza Convocada Maria Raquel Ferraz Zagari Valentim, DEJT 26 mar. 2014.)

Apresentadas as conclusões periciais, o Juiz decidirá o incidente declarando a falsidade ou autenticidade do documento, grafia ou assinatura. Constatando a falsidade, deverá determinar de ofício a remessa de cópia do laudo e dos documentos que o embasam e da decisão proferida ao Ministério Público ante o disposto no art. 40 do Código de Processo Penal, para municiá-lo em eventual oferecimento de denúncia, ainda que as partes venham a celebrar acordo no processo trabalhista.

2.4. Perícias de insalubridade e periculosidade

2.4.1. *Aspectos comuns à perícia de insalubridade e periculosidade*

A teor do já mencionado art. 195 da CLT, quando houver pedido de adicional por trabalho em condições insalubres ou perigosas, o juiz deverá designar perito habilitado para a constatação do agente nocivo.

A perícia deverá sempre observar a classificação dada pelo Ministério do Trabalho por meio da Portaria n. 3.214/78, que instituiu as Normas Regulamentadoras – NR para a matéria, sendo a NR-15 para as atividades insalubres e a NR-16 para as perigosas. Não é cabível ampliar o rol das atividades insalubres ou periculosas com apoio em fundamento científico ou da experiência do Perito sem que haja prévio enquadramento como tal pelo Ministério do Trabalho. Com efeito, a Súmula n. 460 do STF consagra que *"para efeito do adicional de insalubridade, a perícia judicial, em reclamação trabalhista, não dispensa o enquadramento da atividade entre as insalubres, que é ato de competência do Ministério do Trabalho"*.

Antes de adentrar sobre maiores especificidades quanto à insalubridade e periculosidade, é importante registrar que o perito deverá comparecer no dia, hora e local marcados para a realização da diligência pericial a fim de identificar as atividades desenvolvidas e compreender a dinâmica do trabalho, oportunidade em que deverá colher depoimentos, inclusive de terceiros, tirar fotografias e fazer medições para a identificação de eventual insalubridade ou periculosidade.

Todavia, pode ocorrer que o local de trabalho já esteja desativado ou a máquina operada não mais exista ou tenha sido sucateada. Como apurar a insalubridade em uma fábrica desativada ou em um ônibus que não mais existe? Nesses casos, conforme entendimento sedimentado pela OJ n. 278 da SBDI-1 do TST, considerando que a realização de perícia é obrigatória para a verificação de insalubridade, quando não for possível a realização de diligência para a sua realização, como em caso de fechamento da empresa, poderá o julgador utilizar-se de outros meios de prova, de modo que o perito também poderá realizar uma simulação ou analogia, valer-se de laudos emprestados, de testemunhas, solicitar e analisar documentos, entre outras medidas para elaborar o laudo pericial. É o caso de uma perícia para verificar a presença de agente físico vibração em um caminhão que não mais está em posse da reclamada ou que tenha sido destruído em um acidente, podendo a perícia ser realizada em veículo análogo, de preferência da mesma marca, modelo, ano e com a quilometragem semelhante. O mesmo pode ser aplicado para o adicional de periculosidade, com fundamento no art. 195, § 2º, da CLT, como no caso de um posto de gasolina desativado ou uma fábrica de armas inoperante.

Cabe outra observação de aspecto geral sobre perícias de insalubridade e periculosidade quanto à possibilidade de cumulação destes adicionais. Embora a melhor forma de tratar o risco seja eliminá-lo ou, se não for possível, neutralizá-lo, a monetização é o que ordinariamente acontece, tratando-se de forma de recompensar o trabalhador pelos riscos ou agressões sofridas à sua saúde ou integridade física. Entendemos ser viável a cumulação de adicionais de insalubridade e periculosidade, na forma do art. 11 da Convenção n. 155 da OIT, embora o TST tenha firmado entendimento pela impossibilidade de cumulação desses adicionais, ante os termos do art. 193, § 2º, da CLT:

> Cumulação dos adicionais de insalubridade e periculosidade – Impossibilidade. Incontroverso nos autos que a reclamada foi condenada ao pagamento do adicional de insalubridade em grau médio no percentual de 20% e do adicional de periculosidade equivalente a 30% do salário base do reclamante. O ordenamento jurídico brasileiro prevê a percepção do adicional de periculosidade, de que trata o art. 193 da CLT, ao trabalhador exposto à situação de risco, conferindo-lhe, ainda, o direito de optar pelo adicional de insalubridade previsto no art. 192 do mesmo diploma legal, quando este também lhe

for devido. É o que dispõe o art. 193, § 2º, da Consolidação das Leis do Trabalho: "§ 2º O empregado poderá optar pelo adicional de insalubridade que porventura lhe seja devido." Desse modo, o referido dispositivo legal veda a cumulação dos adicionais de periculosidade e insalubridade, podendo, no entanto, o empregado fazer a opção pelo que lhe for mais benéfico. Precedentes da SBDI-1 do TST. Recurso de embargos conhecido e provido. (TST, SBDI-1, E-RR – 1072-72.2011.5.02.0384, Rel. Ministro: Renato de Lacerda Paiva, DEJT 08 set. 2017.)

Registre-se ainda que, conforme sedimentado na Súmula n. 248 do TST, a reclassificação ou descaracterização da insalubridade repercute na satisfação do respectivo adicional, sem ofensa a direito adquirido ou ao princípio da irredutibilidade salarial, ou seja, o TST considera que tais adicionais são salário condição, de modo que a prova pericial em matéria de saúde e segurança do trabalho deverá se ater em definir o período em que o trabalhador esteve exposto ao agente insalubre ou perigoso, observando a norma regulamentar vigente no período.

2.4.2. Perícia de insalubridade

O conceito de insalubridade está mencionado no art. 189 da CLT, o qual dispõe que *"Serão consideradas atividades ou operações insalubres aquelas que, por sua natureza, condições ou métodos de trabalho, exponham os empregados a agentes nocivos à saúde, acima dos limites de tolerância fixados em razão da natureza e da intensidade do agente e do tempo de exposição aos seus efeitos"*.

O art. 192 da CLT estabelece que a repercussão econômica destes na forma de adicional ao trabalhador será no percentual entre 10%, 20% ou 40% do salário mínimo, conforme o grau do risco, respectivamente mínimo, médio ou máximo. O item 15.3 da NR-15 prevê que *"No caso de incidência de mais de um fator de insalubridade, será apenas considerado o de grau mais elevado, para efeito de acréscimo salarial, sendo vedada a percepção cumulativa"*, devendo o laudo pericial de insalubridade enquadrar a sua conclusão entre os graus de insalubridade.

De outro lado, a partir do próprio conceito legal, se percebe a necessidade de realização de perícia, que analisará o agente insalubre de forma quantitativa ou qualitativa, de acordo com a natureza de cada agente. A análise quantitativa está relacionada com os limites de tolerância conforme estabelecido pelo Ministério do Trabalho, com autorização legal na forma do art. 190 da CLT, para determinados agentes agressivos, considerando os meios de proteção e o tempo máximo de exposição conforme a intensidade do agente nocivo, ou seja, o limite de tolerância, cujo conceito está no item 15.1.5 da NR-15 da Portaria n. 3.214/78 do MTE: *"Entende-se como Limite de tolerância, para os fins desta Norma, a concentração ou intensidade máxima ou mínima, relacionada com a natureza e o tempo de exposição ao agente, que não causará dano à saúde do trabalhador, durante sua vida laboral."* O exemplo mais comum deste tipo de exposição é o ruído, em que o perito deve se utilizar de aparelho de medição (decibelímetro) para encontrar a sua intensidade, apurar o tempo de exposição do trabalhador e enquadrar a situação na NR-15, Anexo I, da Portaria n. 3.214/78 do MTE.

Assim, a avaliação quantitativa exige que o perito verifique a exposição do trabalhador, com identificação do agente e o detalhamento da exposição, seja em tempo e quantidade, subsidiando o juiz com informações quanto à implementação de medidas de proteção como o fornecimento de equipamentos de proteção coletivos ou individuais[15] suficientes para neutralizar ou eliminar o agente insalubre.

Como a avaliação quantitativa exige mensuração, o perito deverá registrar no laudo pericial não só a metodologia, mas também os equipamentos utilizados, que devem estar devidamente calibrados, conforme exige a NR-15, no item 15.6.

Outro aspecto importante é registrar o devido enquadramento da insalubridade constatada na relação oficial elaborada pelo Ministério do Trabalho, consoante entendimento firmado na Súmula n. 448, item I, do TST, assim como se o equipamento de proteção individual é específico para o tipo de agente, de acordo com a NR-06 do MTE, e se possui o devido certificado de aprovação, sendo observados o seu prazo de validade e a devida higienização. Deverá também constar se foi entregue mediante recibo aos empregados, de forma gratuita e que esteja em conformidade com as características antropométricas do empregado, ou seja, se ele utiliza calçado n. 42, a bota de segurança deverá ser desse número, não servindo uma de número 40 ou 44.

Além disso, que haja prova de que houve o devido treinamento quanto ao uso do EPI e se havia a devida fiscalização de uso, perquirindo inclusive se o empregado já recebeu alguma advertência ou outra sanção disciplinar pela recusa ou utilização inadequada do

---

(15) Item 15.4.1 da NR-15. A eliminação ou neutralização da insalubridade deverá ocorrer: a) com a adoção de medidas de ordem geral que conservem o ambiente de trabalho dentro dos limites de tolerância; b) com a utilização de equipamento de proteção individual.

EPI, na forma dos arts. 157 e 158 da CLT. Veja-se que o entendimento firmado na Súmula n. 289 do TST é de que *"O simples fornecimento do aparelho de proteção pelo empregador não o exime do pagamento do adicional de insalubridade, cabendo-lhe tomar as medidas que conduzam à diminuição ou eliminação da nocividade, dentre as quais as relativas ao uso efetivo do equipamento pelo empregado".* (sic)

Já na perícia qualitativa, não há mensuração de quantidade ou tempo de exposição, mas apenas o efetivo contato com o agente nocivo. Por exemplo, ao periciar a exposição ao agente insalubre frio de um trabalhador que labora em câmaras frigoríficas, o perito deverá usar um termômetro apropriado para medir a temperatura e, em seguida, cotejá-la com a temperatura considerada como frio na respectiva zona climática, segundo o IBGE, conforme o item 36.13.1.1 da NR-36, além de verificar os equipamentos de proteção individual nos termos do o Anexo 1 da NR-06, tais como capuz, balaclava, luvas, calças, calçados, macacão, entre outros. Não importa, neste caso, quanto tempo ficou exposto ou a qual temperatura, bastando que seja frio e não seja apenas fortuito ou eventual.

A apuração da insalubridade pelo critério apenas qualitativo ocorre nos agentes listados em alguns anexos da NR-15, tais como a umidade (Anexo 10), os óleos minerais (Anexo 13), os agentes biológicos (Anexo 14) e químicos (Anexo 13) como carvão, chumbo, fósforo, hidrocarbonetos, mercúrio etc.

Um aspecto importante em perícias qualitativas está na análise quanto ao efetivo contato com o agente, contudo, *"para efeito de concessão de adicional de insalubridade não há distinção entre fabricação e manuseio de óleos minerais – Portaria n. 3.214 do Ministério do Trabalho, NR-15, Anexo XIII"*, conforme entendimento pacificado pela OJ n. 171 da SBDI-1 do TST.

A análise pericial também deverá considerar o contexto em que a exposição ocorre. Neste sentido, o item II da Súmula n. 448 do TST sedimentou entendimento de que *"a higienização de instalações sanitárias de uso público ou coletivo de grande circulação, e a respectiva coleta de lixo, por não se equiparar à limpeza em residências e escritórios, enseja o pagamento de adicional de insalubridade em grau máximo, incidindo o disposto no Anexo 14 da NR-15 da Portaria do MTE n. 3.214/78 quanto à coleta e industrialização de lixo urbano".* Por isso, para que a perícia seja um instrumento efetivo e útil no auxílio da solução da controvérsia, há necessidade, por exemplo, que o perito registre as características do local em que houve a medição ou avalição e, se for o caso, outros detalhes adicionais como a quantidade de pessoas que ali frequentam que, no caso da higienização de instalações sanitárias, torna-se elemento imprescindível para aferir o enquadramento no tocante à circulação de pessoas e do cabimento do adicional.

Nessa mesma linha, é o entendimento firmado na OJ n. 173 da SBDI-1 do TST, visto que embora a exposição à radiação solar em atividade realizada sob céu aberto não venha a ensejar, por si só, direito à percepção ao adicional de insalubridade, o perito deve perquirir no ambiente externo se existe exposição ao calor acima dos limites de tolerância nas condições previstas no Anexo 3 da NR-15 da Portaria n. 3214/78 do MTE.

2.4.3. Perícia de periculosidade

A perícia para fins do adicional de periculosidade fará a verificação do labor com atividades ou operações que, por sua natureza ou métodos de trabalho, impliquem risco acentuado em virtude de exposição permanente do trabalhador a inflamáveis, explosivos, energia elétrica (art. 193, I, da CLT), radiações ionizantes (OJ n. 345 da SBDI-1 do TST), violência física nas atividades de segurança (art. 193, II, da CLT) ou no labor em motocicletas (art. 193, § 4º, da CLT).

A análise pericial deverá considerar, entre outros aspectos, os equipamentos que o trabalhador opera, o local, as atividades realizadas e o tempo de contato com o agente perigoso.

Quanto ao contato, o perito deverá verificar se o trabalhador interage com agente perigoso por meio dos equipamentos que opera ou locais que labora. É o caso, por exemplo, de operar bomba de gasolina ou laborar com equipamentos elétricos em atividades de instalação e reparação de linhas e aparelhos em empresas de telefonia (OJ n. 347 da SBDI-1 do TST).

O perito deverá também na perícia de periculosidade ser descritivo quanto ao local da atividade e percursos realizados, especialmente para fins de contato com explosivos. Por exemplo, laborar em prédio em que haja em algum de seus andares o armazenamento de inflamáveis (OJ n. 385 da SBDI-1 do TST). Outro caso seria, na forma da Súmula n. 447 do TST, que os tripulantes e demais empregados em serviços auxiliares de transporte aéreo que, no momento do abastecimento da aeronave, permanecem a bordo não têm direito ao adicional de periculosidade a que aludem o art. 193 da CLT e o Anexo 2, item 1, *c*, da NR-16 do MTE. Se o perito, todavia, na apuração, constatar que os tripulantes, por algum motivo, adentravam na área de risco onde era realizado o abastecimento junto aos aeroviários, tal fato deve ser registrado para a eventual análise pelo juiz.

A análise pericial também deve registrar cuidadosamente o tempo de exposição, se ocorreu de forma habitual, intermitente, eventual ou fortuita, registrando o que foi encontrado. Importante registrar que, embora a Lei n. 12.740/2012 que deu a atual redação ao art. 193, I, da CLT, tenha revogado a Lei n. 7.369/85, responsável por regulamentar o adicional de periculosidade para os empregados do setor de energia elétrica, não houve revogação expressa do Decreto n. 93.412/86, pelo que entendemos que ainda deve ser observada como parâmetros para aferir o tempo de exposição à energia elétrica e, ainda que tal norma tenha sido revogada, os conceitos nela inseridos como permanência habitual, ingresso intermitente ou eventual em área de risco devem ser observados e devidamente registrados no laudo pericial de forma fundamentada, sendo de grande importância para a análise do julgador.

Nesse sentido, a Súmula n. 361 do TST sedimentou entendimento de que o trabalho exercido em condições perigosas, embora de forma intermitente, dá direito ao empregado a receber o adicional de periculosidade de forma integral, tendo em vista que não há previsão legal que estabeleça qualquer proporcionalidade em relação ao seu pagamento. A propósito, o item I da Súmula n. 364 do TST firmou que o adicional de periculosidade será indevido quando o contato com o agente for *"eventual, assim considerado o fortuito, ou o que, sendo habitual, dá-se por tempo extremamente reduzido"*.

2.5. Perícia no acidente de trabalho ou doença ocupacional

Quando a vítima de acidente do trabalho postula indenização em face do seu empregador ou ex-empregador, apresenta como causa de pedir o relato das lesões, dos danos ou das perdas sofridas, indicando as repercussões na sua capacidade de trabalho e na vida pessoal.

Os fatos alegados, todavia, deverão ser comprovados, em confronto com as impugnações da defesa, para que o juiz possa apreciar com segurança o pedido formulado. Meras alegações do acidentado sem respaldo em provas convincentes não autorizam o deferimento das reparações pretendidas, salvo quando for cabível a distribuição dinâmica do ônus da prova a respeito de determinados fatos, de acordo com o previsto no art. 818 da CLT, com a redação alterada pela Lei n. 13.467/2017.

Além de buscar a comprovação do acidente ou doença ocupacional, deve o julgador, conforme o caso, avaliar a extensão dos danos; a capacidade residual de trabalho; a possibilidade de readaptação ou reabilitação profissional; o percentual da invalidez parcial ou o reconhecimento da invalidez total; as lesões estéticas e seus reflexos na imagem da vítima; os membros, segmentos, órgãos ou funções atingidas; os danos de natureza existencial; os pressupostos da responsabilidade civil etc.

Todos os meios legais são hábeis para demonstrar a verdade dos fatos, mas a prova de determinadas alegações exige conhecimento técnico ou científico de profissionais especializados que atuam em outros ramos do conhecimento. Não detém o julgador formação ou experiência na área médica para avaliar e mensurar todos os efeitos das lesões causadas pelo acidente ou doença ocupacional, razão pela qual deve se valer do auxílio de um perito, conforme estabelece o art. 156 do CPC[16].

Com efeito, nas ações indenizatórias, uma vez formada a relação processual, normalmente será determinada a realização da prova pericial, cujo laudo deverá retratar a extensão dos danos ou da invalidez e todas as variáveis consequentes. Deverá também fornecer informações técnicas a respeito do nexo de causalidade e da eventual conduta culposa do empregador, da própria vítima ou mesmo de terceiros, com o objetivo de proporcionar ao juiz informações completas sobre os fatos controvertidos, para que possa formar sua convicção e proferir o julgamento com segurança. Por tudo isso, a diligência pericial envolvendo acidente do trabalho ou doença ocupacional será mais demorada e trabalhosa, com laudos extensos muitas vezes complementados por esclarecimentos, pelo que deve merecer por parte dos magistrados o arbitramento de honorários condizentes para remunerar adequadamente o perito oficial, certamente bem acima dos valores fixados para os laudos envolvendo adicional de insalubridade ou de periculosidade.

Convém esclarecer que a realização da prova pericial nas ações de indenização por acidente do trabalho não é obrigatória, como ocorre quando se pede o adicional de insalubridade ou de periculosidade. Contudo, na quase totalidade das ações dessa natureza, a perícia torna-se imprescindível para fornecer subsídios técnico-científicos, de modo que o julgador possa dirimir com segurança a controvérsia.

O profissional indicado para realizar a perícia nas ações indenizatórias para mensurar a extensão dos danos causados à vítima por acidente do trabalho ou doença ocupacional é o médico com especialização em Medicina do Trabalho, conforme registramos no item 3.2.

---

(16) CPC, Art. 156 – O juiz será assistido por perito quando a prova do fato depender de conhecimento técnico ou científico.

Nos casos das ações envolvendo doenças ocupacionais, cujas controvérsias são mais complexas, o laudo pericial deve abranger com suficiente profundidade técnica três etapas sucessivas, para oferecer ao julgador amplo conhecimento dos fatos:

– diagnóstico detalhado, com mensuração do grau de invalidez e da capacidade residual de trabalho para a mesma ou para outras funções[17];

– minuciosa descrição das condições ergonômicas em que os serviços eram prestados e dos fatores etiológicos da doença, para aferir sobre a existência ou não de nexo causal ou concausal com o trabalho; e

– investigação sobre o possível descumprimento das normas legais, ergonômicas, técnicas e outras, bem como avaliação dos aspectos organizacionais e psicossociais aos quais o trabalhador esteve exposto, para verificar eventual culpa (grave, leve ou levíssima) do empregador.

Ocorre que, para o exame concomitante dessas três etapas, são exigidos conhecimentos multidisciplinares, que raramente um só profissional que atua como perito do juízo detém. Em diversos julgamentos de ações indenizatórias, temos observado maior atenção dos peritos para o diagnóstico, algumas observações sobre os fatores causais e quase nada a respeito dos fatores organizacionais e psicossociais.

A regra do art. 475 do CPC facilita a superação desse problema, visto que foi facultado ao juiz nomear mais de um perito quando se tratar de perícia complexa que abranja mais de uma área de conhecimento especializado, podendo a parte, também, indicar mais de um assistente técnico.

Como se vê, compete à perícia médica a importante tarefa de avaliar qualitativa e quantitativamente o dano causado no patrimônio físico e psíquico do acidentado, fornecendo elementos para o arbitramento da indenização. Para Primo Brandimiller, é de competência da perícia médica:

– diagnosticar as lesões e perturbações funcionais;

– examinar a compatibilidade entre as características das lesões e alterações funcionais diagnosticadas com as causas alegadas;

– avaliar as perdas ou reduções funcionais de órgãos, funções ou segmentos corporais;

– avaliar percentualmente o prejuízo no patrimônio físico e psíquico;

– indicar a eventual necessidade de tratamentos especializados, próteses e reabilitação profissional e estimar os respectivos custos.[18]

De qualquer forma, é importante repetir que o juiz não fica vinculado ao resultado do laudo pericial, podendo formar sua convicção com outros elementos ou fatos provados nos autos, ou determinar a realização de nova perícia, de ofício ou a requerimento da parte, quando a matéria não estiver suficientemente esclarecida. Ademais, pode a parte interessada pedir esclarecimentos do laudo pericial, impugnar suas conclusões ou até mesmo requerer que o perito oficial preste os esclarecimentos em audiência, conforme prevê o art. 477, § 3º, do CPC.

Pelo princípio da persuasão racional ou do livre convencimento motivado, goza o juiz de liberdade para valorar a prova, mas deve indicar na sentença as razões que motivaram o seu entendimento, considerando ou não as conclusões do laudo pericial.

2.6. Nexo causal e graus de concausa

A identificação do nexo causal nas doenças ocupacionais exige maior cuidado e pesquisa, pois nem sempre é fácil comprovar se a enfermidade apareceu ou não por causa do trabalho. Em muitas ocasiões, serão necessários exames complementares para diagnósticos diferenciais, com recursos tecnológicos mais apurados, para formar convencimento quanto à origem ou às razões do adoecimento.

Além disso, há muitas variáveis relacionadas com as doenças ocupacionais. Em determinados casos, o trabalho é o único fator que desencadeia a doença; em outros, o trabalho é tão somente um fator contributivo; pode ser ainda que o trabalho apenas agrave uma patologia preexistente ou determine a precocidade de uma doença latente. O manual de procedimentos dos serviços de saúde para as doenças relacionadas ao

---

(17) Segundo Primo Brandimiller, podem ser estabelecidos os seguintes diagnósticos: 1) Diagnóstico anatomopatológico – descreve o tipo de lesão ou de processo patológico que acomete determinado órgão, segmento corporal ou função: amputação da falange distal do polegar direito, tenossinovite dos extensores do punho esquerdo. 2) Diagnóstico funcional – indica o tipo e o grau de intensidade em que se encontra alterada determinada função: insuficiência respiratória obstrutiva; hipoacusia (ou disacusia) neurossensorial. 3) Diagnóstico sindrômico – tipifica a ocorrência de síndrome, entendida como um conjunto de sinais e sintomas comuns a um grupo de diferentes doenças: hipertensão arterial sistêmica, síndrome vestibular periférica, parkinsonismo, icterícia. 4) Diagnóstico etiológico – identifica a causa, ou causas, das lesões, reduções funcionais ou síndromes: tendinite do supraespinhoso por esforços repetitivos, perda auditiva induzida por ruído, silicose, dermatite de contato por cimento. Cf. *Perícia judicial em acidentes e doenças do trabalho*. São Paulo: Senac, 1996. p. 178.

(18) BRANDIMILLER, Primo A. *Perícia judicial em acidentes e doenças do trabalho*. São Paulo: Senac, 1996. p. 200.

trabalho, elaborado pelo Ministério da Saúde, aponta quatro grupos de causas das doenças que acometem os trabalhadores:

- doenças comuns, aparentemente sem qualquer relação com o trabalho;
- doenças comuns (crônico-degenerativas, infecciosas, neoplásicas, traumáticas etc.) eventualmente modificadas no aumento da frequência de sua ocorrência ou na precocidade de seu surgimento em trabalhadores, sob determinadas condições de trabalho. A hipertensão arterial em motoristas de ônibus urbanos, nas grandes cidades, exemplifica esta possibilidade;
- doenças comuns que têm o espectro de sua etiologia ampliado ou tornado mais complexo pelo trabalho. A asma brônquica, a dermatite de contato alérgica, a perda auditiva induzida pelo ruído (ocupacional), doenças musculoesqueléticas e alguns transtornos mentais exemplificam esta possibilidade, na qual, em decorrência do trabalho, somam-se (efeito aditivo) ou multiplicam-se (efeito sinérgico) as condições provocadoras ou desencadeadoras destes quadros nosológicos;
- agravos à saúde específicos, tipificados pelos acidentes do trabalho e pelas doenças profissionais. A silicose e a asbestose exemplificam este grupo de agravos específicos.[19]

Diante das inúmeras controvérsias a respeito da causalidade nas doenças relacionadas ao trabalho, acarretando profundas divergências nos laudos periciais, o Conselho Federal de Medicina baixou a Resolução CFM n. 1.488/1998, atualizada pela Resolução CFM n. 2.183, de 21 de setembro de 2018, recomendando os procedimentos e critérios técnicos mais apropriados para a confirmação ou negação do nexo causal nas perícias médicas a respeito das doenças ocupacionais:

> Art. 2º Para o estabelecimento do nexo causal entre os transtornos de saúde e as atividades do trabalhador, além da anamnese, do exame clínico (físico e mental), de relatórios e dos exames complementares, é dever do médico considerar:
>
> I – a história clínica e ocupacional atual e pregressa, decisiva em qualquer diagnóstico e/ou investigação de nexo causal[20];
>
> II – o estudo do local de trabalho;
>
> III – o estudo da organização do trabalho;
>
> IV – os dados epidemiológicos;
>
> V – a literatura científica;
>
> VI – a ocorrência de quadro clínico ou subclínico em trabalhadores expostos a riscos semelhantes;
>
> VII – a identificação de riscos físicos, químicos, biológicos, mecânicos, estressantes e outros;
>
> VIII – o depoimento e a experiência dos trabalhadores;
>
> IX – os conhecimentos e as práticas de outras disciplinas e de seus profissionais, sejam ou não da área da saúde.
>
> Parágrafo único. Ao médico assistente é vedado determinar nexo causal entre doença e trabalho sem observar o contido neste artigo e seus incisos.

Entendemos que os procedimentos técnicos recomendados por essa Resolução representam uma diretriz de segurança importante. Além de indicar todos os fatores que contribuem para o adoecimento, apontando dados que deverão ser considerados, privilegia o conhecimento científico multidisciplinar como roteiro mais seguro para se encontrar a verdade. A sua aplicação com certeza contribui para a melhoria da qualidade dos laudos periciais, oferecendo ao julgador melhores e mais convincentes subsídios para conceder a indenização ao que efetivamente foi lesado ou negar o pedido quando a doença não estiver relacionada com o trabalho.

O perito do juízo poderá também considerar as recomendações da Resolução INSS/DC n. 10, de 23 de dezembro de 1999, que aprovou os Protocolos Médicos sobre 14 grupos de doenças, com detalhamento sobre o diagnóstico, o procedimento médico para o estabelecimento do nexo causal, os fatores etiológicos, a

---

(19) MINISTÉRIO DA SAÚDE DO BRASIL. *Doenças relacionadas ao trabalho:* manual de procedimentos para os serviços de saúde. Brasília: Ministério da Saúde do Brasil, 2001. p. 27.

(20) "*Doença ocupacional equiparada a acidente do trabalho. Perda auditiva induzida pelo ruído (PAIR). Pluralidade de empregadoras no polo passivo.* Hipótese em que o reclamante ajuíza demanda em face de três ex-empregadoras, para as quais prestou a mesma atividade – operador de máquina perfuratriz – por diferentes períodos e em distintas condições de trabalho. Não verificado qualquer agravamento da perda auditiva da qual o reclamante já era portador quando do seu ingresso na segunda e terceira reclamadas, inviável o reconhecimento do elemento nexo causal entre a perda auditiva do reclamante e o labor prestado nessas empresas, não havendo falar em responsabilidade das empregadoras que não contribuíram para o evento danoso. Recurso da segunda e terceira reclamada provido para absolvê-las da condenação imposta." (Rio Grande do Sul, TRT 4ª Região, 4ª Turma, RO n. 0108400-24.2005.5.04.0511, Rel.: Desembargador Hugo Carlos Scheuermann, *DJ* 02 jul. 2009.)

mensuração da incapacidade laborativa, além de outras importantes recomendações. Vale transcrever o tópico dessa Resolução que aponta os procedimentos médicos para o estabelecimento do nexo causal:

> Recomenda-se, incluir nos procedimentos e no raciocínio médico, a resposta a dez questões essenciais, a saber:
>
> 1. Natureza da exposição: o "agente patogênico" é claramente identificável pela história ocupacional e/ou pelas informações colhidas no local de trabalho e/ou de fontes idôneas familiarizadas com o ambiente ou local de trabalho do Segurado?
>
> 2. "Especificidade" da relação causal e "força" da associação causal: o "agente patogênico" ou o "fator de risco" podem estar pesando de forma importante entre os fatores causais da doença?
>
> 3. Tipo de relação causal com o trabalho: o trabalho é causa necessária (Tipo I)? Fator de risco contributivo de doença de etiologia multicausal (sic) (Tipo II)? Fator desencadeante ou agravante de doença pré-existente (Tipo III)?
>
> 4. No caso de doenças relacionadas com o trabalho, do tipo II, foram as outras causas gerais, não ocupacionais, devidamente analisadas e, no caso concreto, excluídas ou colocadas em hierarquia inferior às causas de natureza ocupacional?
>
> 5. Grau ou intensidade da exposição: é ele compatível com a produção da doença?
>
> 6. Tempo de exposição: é ele suficiente para produzir a doença?
>
> 7. Tempo de latência: é ele suficiente para que a doença se desenvolva e apareça?
>
> 8. Há o registro do "estado anterior" do trabalhador segurado?
>
> 9. O conhecimento do "estado anterior" favorece o estabelecimento do nexo causal entre o "estado atual" e o trabalho?
>
> 10. Existem outras evidências epidemiológicas que reforçam a hipótese de relação causal entre a doença e o trabalho presente ou pregresso do segurado?
>
> A resposta positiva à maioria destas questões irá conduzir o raciocínio na direção do reconhecimento técnico da relação causal entre a doença e o trabalho.[21]

Os acidentes ou as doenças ocupacionais podem decorrer de mais de uma causa, ligadas ou não ao trabalho desenvolvido pela vítima. Estaremos diante do nexo concausal quando, juntamente com a presença de fatores causais extralaborais, houver pelo menos uma causa relacionada à execução do contrato de trabalho que tenha contribuído diretamente para o acidente ou adoecimento.

Com muita frequência os laudos periciais nas ações indenizatórias por doenças ocupacionais indicam que o trabalho atuou como concausa. Em determinados casos o trabalho é o único fator que desencadeia o acidente ou a doença; em outros, o trabalho é tão somente um fator contributivo; pode ser ainda que o trabalho apenas agrave uma patologia preexistente ou determine a precocidade de uma doença latente. O Manual de Procedimentos para as doenças relacionadas ao trabalho, elaborado pelo Ministério da Saúde, indica três categorias da relação trabalho e saúde, conforme classificação proposta pelo professor inglês Richard Schilling[22]:

CLASSIFICAÇÃO DAS DOENÇAS SEGUNDO SUA RELAÇÃO COM O TRABALHO	
Categoria	Exemplos
I – Trabalho como causa necessária	Intoxicação por chumbo
	Silicose
	Doenças profissionais legalmente reconhecidas

---

(21) Disponível em: <http://www81.dataprev.gov.br/sislex/paginas/72/INSS-DC/1999/10.htm>. Acesso em: 10 nov. 2012.
(22) MINISTÉRIO DA SAÚDE DO BRASIL. *Doenças relacionadas ao trabalho*: manual de procedimentos para os serviços de saúde. Brasília: Ministério da Saúde do Brasil, 2001. p. 28.

CLASSIFICAÇÃO DAS DOENÇAS SEGUNDO SUA RELAÇÃO COM O TRABALHO	
Categoria	Exemplos
II – Trabalho como fator contributivo, mas não necessário	Doença coronariana
	Doenças do aparelho locomotor
	Câncer
	Varizes dos membros inferiores
III – Trabalho como provocador de um distúrbio latente, ou agravador de doença já estabelecida	Bronquite crônica
	Dermatite de contato alérgica
	Asma
	Doenças mentais

Em síntese, quando a doença que acometeu o trabalhador tem como causa um ou alguns fatores extralaborais, deve-se verificar se o trabalho: a) atuou como fator contributivo para o adoecimento; b) atuou como fator desencadeante ou agravante de doença preexistente; e c) provocou a precocidade de doenças comuns, mesmo daquelas de cunho degenerativo ou inerente a grupo etário. Se a resposta for positiva, estaremos diante do nexo concausal.

Na seara da responsabilidade civil, uma vez constatado o nexo concausal no acidente ou na doença de natureza ocupacional, é necessário considerar o grau da contribuição dos fatores laborais (controlados pelo empregador) e o dos fatores extralaborais (não controlados pela empresa), o que servirá de fundamento para fixação dos valores indenizatórios.

Com efeito, evidenciada a presença de fatores laborais e extralaborais na etiologia da doença ocupacional, surge a indagação: como aferir o grau de contribuição para o resultado de cada classe dos fatores causais?

Comprovada a doença ocupacional e verificado o nexo concausal, cabe separar, entre as diversas condições e circunstâncias antecedentes ao adoecimento, aquelas de natureza determinante, ou seja, relacionar as condições que podem ser enquadradas na categoria de fatores causais. Com efeito, uma vez depuradas, entre os fatores condicionais e circunstanciais, as causas determinantes da doença que acometeu o trabalhador, impõe-se separá-las em dois grupos:

a) fatores causais ocupacionais; e
b) fatores causais não ocupacionais.

Depois da separação deve o perito mensurar, fundamentadamente, a contribuição direta dos fatores de cada grupo para o resultado final, qual seja, a doença incapacitante. O perito do juízo, após percorrer cuidadosamente as etapas supramencionadas, encontra-se apto para indicar (ou arbitrar) o grau de contribuição do trabalho na formação do nexo concausal.

Neste passo, surge nova indagação: quantos graus ou que escalas de intensidade da contribuição laboral no adoecimento deverão ser considerados? Em tese, poderíamos imaginar inúmeras escalas, diversos graus ou até percentuais, mas entendemos prudente recorrer aos sistemas classificatórios mais utilizados em casos análogos.

A Classificação Internacional de Funcionalidade, Incapacidade e Saúde (Tabela CIF) adotada pela Organização Mundial de Saúde indica cinco graus para mensurar a intensidade de algum agente ou avaliação de um problema:

a) Não há problema   (0 a 4%);
b) Problema leve   (5% a 24%);
c) Problema moderado   (25% a 49%);
d) Problema grave   (50% a 95%);
e) problema completo   (96% a 100%).

Para a hipótese da concausa, contudo, não caberia o último nem o primeiro nível, restando as faixas intermediárias dos graus leve ou baixo, moderado ou médio e grave ou alto. Isso porque, se a doença for totalmente causada por fatores laborais ou por fatores extralaborais não haverá concausa, mas apenas causa direta, ocupacional ou não ocupacional.

O art. 192 da CLT estabelece o pagamento do adicional de insalubridade em percentuais variados, conforme a intensidade ou nocividade dos agentes, nos graus mínimo, médio ou máximo. De forma semelhante, o art. 22 da Lei n. 8.212/1991 fixa percentuais diferentes para recolhimento do seguro de acidente do trabalho, considerando três graus de risco: leve, médio e grave. Quando se analisa a culpa, a doutrina separa também sua intensidade em três graus: grave, leve e levíssima.

Seguindo a mesma trilha dos exemplos anteriores, perfeitamente assimilados e consagrados pelo uso, entendemos que a contribuição do trabalho para a formação do nexo concausal pode ser também classificada em três graus:

a) Grau I – contribuição leve ou baixa;
b) Grau II – contribuição média ou moderada e;
c) Grau III – contribuição intensa ou alta.

A classificação limitada em apenas três níveis é mais condizente com a realidade e evita a tentação, ou mesmo a presunção, de pretender fixar percentuais precisos dessa contribuição fora dos domínios das ciências exatas.

Por óbvio, na formação do nexo concausal, quando a contribuição do trabalho for leve, a contribuição extralaboral será intensa; ao contrário, quando a contribuição do trabalho for intensa, a contribuição extralaboral será leve. Se a contribuição do trabalho for desprezível ou indireta, não haverá concausa, mas apenas adoecimento por causa extralaboral, não equiparada ao acidente do trabalho. Por outro lado, se a contribuição do trabalho for praticamente total, também não há falar em concausa, mas apenas em doença de causa exclusivamente ocupacional. O quadro infra sintetiza o que acabamos de expor:

GRADAÇÃO DAS CONCAUSAS		
1. Ausência de concausa (A causa é extralaboral)		
Não ocorre o nexo causal quando o trabalho tiver atuado de forma desprezível, periférica ou indireta para o acidente ou adoecimento. O art. 21 da Lei n. 8.213/91 menciona a concausa quando o trabalho haja *"contribuído diretamente"* para o acidente ou a doença.		
2. Presença da concausa na doença ocupacional		
Graus de contribuição	Contribuição do trabalho	Contribuição extralaboral
Grau I	Leve – Baixa	Intensa – Alta
Grau II	Média – Moderada	Média – Moderada
Grau III	Intensa – Alta	Leve – Baixa

Convém reiterar que a indicação do grau de contribuição de cada grupo para o adoecimento não terá a exatidão de uma equação matemática ou de uma fórmula química, mas indicará a contribuição mais provável, com base nos dados colhidos, nos exames realizados e em cuidadosa anamnese.

Como todas as decisões judiciais devem ser fundamentadas (art. 93, IX, da Constituição da República), cabe ao perito oficial indicar o grau da concausa laboral e os fundamentos detalhados para respaldar sua conclusão. Desse modo, as partes terão possibilidade de impugnar o enquadramento, se for o caso, e o julgador terá elementos suficientes para acolher ou não as conclusões do laudo pericial e das impugnações das partes[23].

3. PERITO E ASSISTENTE TÉCNICO

3.1. Conceito

O perito é um dos auxiliares da Justiça elencados no art. 149 do CPC, que prestará assistência ao Juiz em questões que exijam prova pericial técnica ou científica. É interessante lembrar o ensinamento de Coqueijo Costa, citado por Manoel Antonio Teixeira Filho, de que o perito apenas *"contribui para formar o material de conhecimento de que o Juiz precisa, sem participar da decisão, que cabe exclusivamente ao magistrado, dada a jurisdição a este ínsita, da qual resulta a coisa julgada, garantida constitucionalmente por ser a maior das certezas humanas"*[24].

Assim, temos que o perito deve ser entendido como o profissional com habilitação científica e legal, além de devidamente compromissado, para auxiliar o juízo em questões técnicas que exigem esclarecimento para fins de aplicação do Direito. Em analogia exemplificativa, podemos afirmar que o perito está para o juiz assim como o laboratório de análise clínica está para o médico, ou seja, o perito retrata fielmente os fatos para que o julgador possa aplicar o direito.

3.2. Nomeação e habilitação

A nomeação do perito é ato do Juiz e constitui atribuição personalíssima, ou seja, o perito nomeado

---

(23) CPC, Art. 479 – O juiz apreciará a prova pericial de acordo com o disposto no art. 371, indicando na sentença os motivos que o levaram a considerar ou a deixar de considerar as conclusões do laudo, levando em conta o método utilizado pelo perito.

(24) TEXEIRA FILHO, Manoel Antonio. *Curso de Direito Processual do Trabalho*. São Paulo: LTr, 2010. v. 2 – Processo de conhecimento, p. 1.134.

não poderá delegar o cumprimento das obrigações assumidas a terceiro, uma vez que foi ele quem firmou compromisso com o magistrado, nos termos do art. 827 da CLT. Além da referida norma, a CLT traz poucas disposições sobre prova pericial, devendo-se utilizar o direito processual comum como fonte subsidiária, especialmente o CPC, que determina que a nomeação ocorrerá entre os profissionais legalmente habilitados e especializados no objeto da perícia (art. 465 do CPC), previamente cadastrados no Tribunal ao qual o Juiz está vinculado, conforme determina o art. 156 do atual CPC. A única exceção está no § 5º do referido artigo, prevendo que, se não houver perito cadastrado na localidade demandada pelo Juiz, a nomeação será de livre escolha, desde que sejam observadas a qualificação e a habilitação técnica.

Assim, após a inovação trazida pelo art. 156, § 2º, do CPC, passou a incumbir aos Tribunais a elaboração de quadro de peritos com cadastramento, registro da formação profissional, atualização de conhecimento e a experiência deles. Desse modo, em todas as Varas do Trabalho deve haver uma lista de peritos registrados, com distribuição equitativa da nomeação entre os inscritos (art. 157, § 2º, do CPC) conforme a capacidade técnica e a área de conhecimento.

A Resolução n. 233/2016 do Conselho Nacional de Justiça veio trazer as linhas gerais sobre a relação de peritos, destacando-se entre as normas fixadas a criação do Cadastro Eletrônico de Peritos e Órgãos Técnicos ou Científicos – CPTEC, contendo a lista de profissionais e órgãos aptos a serem nomeados, podendo ser divididas por área de especialidade e por comarca de atuação. Cada Tribunal tem autonomia para, por meio de edital, fixar os requisitos a serem cumpridos e os documentos que deverão ser apresentados para o cadastramento e habilitação prévia.

Os Tribunais deverão firmar acordos de cooperação com os conselhos de fiscalização profissional para, na forma do art. 8º da Resolução mencionada, receber a atualização no mínimo mensal sobre suspensões e outras situações que importem em óbice ao exercício da atividade profissional.

O § 2º do art. 8º da Resolução do CNJ determina ainda que constarão nos assentos do perito as eventuais ocorrências comunicadas, como a declaração de impedimento ou suspeição em face de uma parte, necessidade de complementação do laudo por segunda perícia, entre outras informações que permitam acompanhar a atuação do perito.

A referida Resolução também prevê a suspensão ou exclusão do CPTEC, a pedido ou por representação de magistrado, desde que observado o exercício da ampla defesa e do contraditório. Essa representação terá como fundamento o descumprimento dos termos da Resolução ou outro motivo relevante como a constatação de falsa perícia ou por deixar de cumprir suas atribuições como a de apresentar o laudo no prazo fixado.

A designação pericial, nos termos dos arts. 3º da Lei n. 5.584/70 e 471 do CPC, é feita pelo Juiz ou consensualmente pelas partes, cabendo exclusivamente ao magistrado fixar o prazo para a entrega do laudo ou apresentação de prova técnica simplificada de inquirição, nos termos do art. 464, § 3º, do CPC. A limitação de um único perito a que se refere a mencionada Lei de 1970 também nos parece superada pelo disposto no art. 475 do CPC, segundo o qual em caso de perícia complexa que abranja mais de uma área de conhecimento especializado, o juiz poderá nomear mais de um perito e, via de consequência, a parte poderá nomear simetricamente mais de um assistente técnico.

Quanto à habilitação técnica, o entendimento firmado na OJ n. 165 da SBDI-1 do TST é o de que o art. 195 da CLT não faz qualquer distinção entre o médico e o engenheiro para efeito de caracterização e classificação da insalubridade e periculosidade, bastando para a elaboração do laudo que o profissional seja devidamente qualificado. Veja-se que o entendimento é razoável e abarca exclusivamente os dois referidos objetos de perícia.

Há de se fazer um esclarecimento adicional entre os peritos engenheiros e médicos: por força da Lei n. 5.194/66 e da Resolução n. 359/91 do CONFEA, via de regra, o perito engenheiro deve ter habilitação em engenharia de segurança do trabalho, enquanto o perito médico, a seu turno, não detém necessidade de ser médico do trabalho nos termos da Lei n. 12.842/2013 e da Resolução n. 1.488/98 do CFM, podendo ser algum especialista da lesão vinculada ao acidente do trabalho ou doença ocupacional. A propósito, veja-se a o teor do Parecer n. 45/2016 do CFM[25]:

> O juiz nomeará perito especializado no objeto da perícia, ou seja: consoante a área de especialidade, técnica ou de expertise, nomeará perito em: engenharia, contabilidade, medicina, informática, agronomia etc. O termo "especialidade" no CPC é genérico e não se refere às especialidades médicas,

---

(25) Disponível em: <https://sistemas.cfm.org.br/normas/visualizar/pareceres/BR/2016/45>. Acesso em: 10 nov. 2018.

mas sim à área do conhecimento técnico ensejado pelo objeto da perícia. Se o objeto da perícia, por exemplo, for a determinação de nexo causal em ação de indenização por acidente de trabalho, o perito nomeado deverá ser médico, consoante disposto no art. 5º, inciso II, da Lei n. 12.842/2013. (BRASIL. Conselho Federal de Medicina, Parecer 45/2016, p. 4.)

O Parecer n. 9/2016 do CFM[26] também esclarece a questão:

> Existe alguma norma que determine que a capacidade ou incapacidade para o trabalho seja avaliada por especialista na doença que acomete o periciado? Se positivo, qual seria?
>
> Resposta: A determinação da capacidade laboral para fins previdenciários, no âmbito do Instituto Nacional do Seguro Social (INSS), compete ao perito médico da Previdência Social; no âmbito criminal, compete ao perito legista, e no âmbito judicial de forma geral, a competência é de médico designado como perito, não havendo obrigatoriedade que seja especialista na doença que acomete o periciado. (BRASIL. Conselho Federal de Medicina, parecer n. 9/2016, p. 8.)

Percebe-se, portanto, que, embora não haja na Lei ou em Resolução do CFM enquanto Conselho profissional exigência de que em perícia médica o *Expert* seja médico do trabalho ou tenha outra habilitação específica, é recomendável que o perito nomeado tenha essa qualificação para garantir um trabalho técnico mais elaborado e com maior profundidade. Assim, numa perícia sobre depressão ou *burnout* é indicado um médico, preferencialmente com especialização em psiquiatria. Já numa perícia por médico em matéria de insalubridade e periculosidade, um médico do trabalho, e assim por diante.

Na mesma esteira, salvo a exceção firmada na referida OJ da SBDI-1 do TST, devem ser observadas as competências de habilitação científica e técnica de cada profissão regulamentada e respectivo conselho de classe: engenheiros de saúde e segurança do trabalho (Lei n. 5.194/66, Res. n. 359/91 do CONFEA), médicos (Lei n. 12.842/2013), odontólogos (Lei n. 5.081/66), psicólogos (Lei n. 4.199/62), fisioterapeutas (Decreto-lei n. 938/69), assistentes sociais (Lei n. 8.662/93), engenheiros da computação (Lei n. 5.194/66, Res. n. 380/93 do CONFEA) etc.

Questiona-se a possibilidade de outros profissionais da área da saúde, além dos médicos, realizarem perícia de investigação de doença ocupacional, tais como fisioterapeutas, psicólogos e assistentes sociais. Se já existe o diagnóstico feito por médico nos autos, o fisioterapeuta pode ser nomeado, especialmente nos casos de LER/DORT, para a análise do mobiliário no local de trabalho, realizando entrevistas sobre a existência de pausas e de ginástica laboral, além de realizar exame relativo à análise biomecânica da atividade produtiva do trabalhador, com base no art. 1º, IV, da Resolução n. 259/2003, do Conselho Federal de Fisioterapia – COFFITO. Todavia, é vedado pela Lei n. 12.842/2013 que o perito fisioterapeuta, psicólogo ou de qualquer outra profissão realize diagnóstico médico, o que abarca inclusive o referente à perícia em saúde e segurança do trabalho e em doenças ocupacionais e acidentes do trabalho.

O perito pode também se recusar a exercer as funções para as quais foi nomeado ou, ainda, pedir a sua destituição. Caso aceite o encargo e preste compromisso, deverá observar o prazo fixado pelo Juiz para a apresentação do laudo.

Pode também ser substituído quando lhe faltar conhecimento técnico ou científico ou, ainda, quando deixar de cumprir o encargo no prazo que lhe foi assinalado sem motivo legítimo, conforme determina o art. 468 do CPC. Na segunda hipótese, o juiz deve comunicar o descumprimento ao Conselho profissional a que estiver vinculado e, caso entenda devido, aplicar multa ao perito e restituir os valores eventualmente recebidos, sob pena de execução.

Por fim, impõe-se destacar que o compromisso, que remanesce no processo do trabalho por força do art. 827 do CPC, tem por objetivo a declaração por parte do perito de inexistência de impedimento e suspeição, inclusive desinteresse jurídico ou econômico na causa e, ainda, de comprometimento com o exercício da função de auxiliar do juiz o que, por sinal, é um dos pontos de diferenciação entre o perito e o assistente técnico, visto que embora este último também seja um profissional habilitado técnica e legalmente, é designado pelas partes e não tem o compromisso com a isenção e, portanto, não estão sujeitos a impedimento e suspeição nos termos do art. 466, § 1º, do CPC, embora tenha o dever ético de dizer a verdade e respeitar o conhecimento técnico científico autorizado, além de que são remunerados exclusivamente pela parte que os indicou, independentemente do resultado do julgamento

---

(26) Disponível em: <https://sistemas.cfm.org.br/normas/visualizar/pareceres/BR/2016/9>. Acesso em: 10 nov. 2018.

do pedido que foi objeto de prova pericial, nos termos da Súmula n. 431 do TST.

3.3. Impedimento e suspeição

Os peritos também estão sujeitos ao impedimento e à suspeição, nos termos dos arts. 148, II, 156, § 4º, e 467, do CPC. O art. 9º, § 3º, da Resolução n. 233 do CNJ, acrescenta que ao Juiz é vedada a nomeação de perito que seja seu cônjuge, companheiro ou parte em linha colateral até o terceiro grau, de advogado com atuação no processo ou de servidor do Juízo em que tramita a causa.

Também está impedido de atuar como perito, nos termos do art. 9º, § 4º, da referida Resolução, aquele que tenha servido como assistente técnico de qualquer das partes nos 3 (três) anos anteriores. Embora essa hipótese não seja prevista em lei, entendemos que se revela condizente com o propósito de garantir a isenção técnica do perito.

Quando se tratar de órgão técnico nomeado para realização da perícia, este informará ao juiz os nomes e os dados de qualificação dos profissionais que participarão da atividade para, nos termos do art. 156, § 6º, do CPC, possibilitar a identificação de eventual impedimento ou suspeição, nos termos dos arts. 148 e 467 do referido Código.

3.4. Prerrogativas do perito e do assistente técnico

Regularmente constituído, o perito poderá atuar dentro dos limites e do objeto da perícia com liberdade para o desempenho de suas atribuições, podendo ouvir testemunhas, obter informações, solicitar documentos que estejam em poder das partes ou de entes públicos, apresentando plantas, desenhos, fotografias ou outros elementos necessários ao esclarecimento do objeto da perícia, na forma do art. 473, § 3º, do CPC.

Caso uma das partes ou ente público se recuse a entregar documentos, o perito ou assistente deverá comunicar a recusa ao Juízo, que avaliará a pertinência do requerimento, podendo determinar que a parte ou o ente público o apresente, nos termos dos arts. 396 a 404 e 438 do CPC. Tal requerimento pode ser feito inclusive se os documentos estiverem em posse de terceiro, salvo se houver escusa legal para tanto, como tratar-se de segredo industrial ou dos motivos relacionados nos incisos I a VI do art. 404 do CPC.

É o caso, por exemplo, de uma empresa que contrata um instituto médico para realizar os exames admissionais ou demissionais, entre os quais a audiometria. Os dados obtidos nos exames, incluindo a avaliação clínica e os exames complementares, deverão ser registrados em prontuário clínico individual, que ficará sob a responsabilidade do médico-coordenador do PCMSO por período mínimo de 20 (vinte) anos após o desligamento do trabalhador, nos termos dos itens 7.4.5 e 7.4.5.1, da NR-7, da Portaria n. 3.214/78 do MTE, e, no mesmo sentido, o art. 8º da Resolução n. 1.821/2007 do Conselho Federal de Medicina. Assim, poderá o perito requerer estes documentos e, havendo recusa, informar ao magistrado para que tome as providências cabíveis.

3.5. Responsabilidade civil e criminal

Como já registrado, o perito é um auxiliar do Juízo e presta compromisso devendo, por determinação legal e ética, cumprir escrupulosamente suas obrigações. Não é desconhecido, todavia, que ocorrem hipóteses em que este auxiliar, seja por dolo ou por culpa, deixa de realizar corretamente a perícia e apresenta informações inverídicas, o que ocorrerá não apenas quando fizer falsa afirmação, mas também quando calar ou negar a verdade.

Nessas hipóteses, responderá civilmente pelos prejuízos que causou e, na forma do art. 158 do CPC, ficará inabilitado para atuar em outras perícias no prazo de 2 (dois) a 5 (cinco) anos, independentemente das demais sanções previstas em lei, devendo o juiz comunicar o fato ao respectivo órgão de classe para adoção das medidas que entender cabíveis, ao CPTEC e ao Ministério Público Federal, a fim de verificar eventual crime de falsa perícia, nos termos do art. 342 do Código Penal[27], constituindo, inclusive, agravante no § 1º se isto ocorrer mediante suborno ou com dolo processual.

A norma penal, a propósito, considera que há possibilidade de retratação no § 2º do mencionado artigo quando esta ocorrer antes da prolação da sentença, o que, todavia, não isenta da responsabilidade pelo dano processual nos termos dos arts. 79 a 81 do CPC, devendo o Juiz determinar a devolução dos honorários periciais pelo perito em Juízo, devidamente corrigidos, além da determinação de expedição de ofício comunicando o ocorrido ao Conselho Profissional a que fizer parte. A título de exemplo da questão ora analisada tem-se o seguinte julgado:

---

(27) Art. 342 do Código Penal – Fazer afirmação falsa, ou negar ou calar a verdade como testemunha, perito, contador, tradutor ou intérprete em processo judicial ou administrativo, inquérito policial ou juízo arbitral: Pena – reclusão, de uma a três anos, e multa. § 2º O fato deixa de ser punível se, antes da sentença no processo em que ocorreu o ilícito, o agente se retrata ou declara a verdade.

Contradição entre perícias realizadas pelo mesmo médico-perito. Nulidade. Necessidade de realização de nova prova técnica. Demonstrando-se que o mesmo médico-perito realizou perícias diversas, envolvendo o mesmo fato, no âmbito de diferentes ramos do Poder Judiciário e, todavia, chegou a conclusões diferentes e inconciliáveis, impõe-se a anulação das perícias e a determinação de novo exame por outro profissional. (TRT da 3ª Região, 8ª Turma, RO 0010871-69.2015.5.03.0062, Rel. Desembargador José Marlon de Freitas, DEJT de 22 fev. 2016.)

Vale lembrar que, a teor do art. 966, IV, do CPC, caberá ação rescisória quando a decisão de mérito transitada em julgado "for fundada em prova cuja falsidade tenha sido apurada em processo criminal ou venha a ser demonstrada na própria ação rescisória".

4. PROCEDIMENTO PERICIAL

4.1. Local, data e hora da diligência

Em breve recapitulação, frustrada a tentativa de conciliação na audiência inaugural, o juiz determina a realização de perícia e fixa seu objeto, como a apuração de agente insalubre ou a doença de natureza ocupacional. Ato contínuo, nomeia o perito, que será comunicado pela Secretaria da Vara do Trabalho por meio do *e-mail* cadastrado junto ao CPTEC, inclusive com relação ao prazo fixado para a entrega do laudo. As partes poderão apresentar quesitos e indicar assistentes técnicos no prazo determinado.

Em seguida, o perito inicia os procedimentos para o cumprimento do encargo. A teor do art. 474 do CPC, o próprio juiz ou, por delegação, o perito pode indicar às partes o local, a data e a hora em que será realizada a produção da prova pericial, com a antecedência mínima de cinco dias prevista no art. 466, § 2º, do CPC, providência esta que, caso não seja observada, poderá prejudicar o direito à prova das partes e acarretar nulidade.

É assegurado às partes apresentar quesitos suplementares durante a diligência, mas a parte contrária deverá ser cientificada da juntada de tais quesitos aos autos, como prevê o art. 469 do CPC.

Cabe também registrar que a perícia, por vezes, é realizada por meio de carta precatória ou rogatória. Nessas hipóteses, o Juízo deprecante deverá fixar o prazo em que a carta será cumprida, competindo ao Juízo deprecado a nomeação do perito, devendo informar ao Juízo deprecante quanto à hora, ao dia e ao local em que será produzida a prova, a fim de que as partes ou os assistentes técnicos constituídos possam acompanhar a diligência, conforme arts. 261 e 465 do CPC.

4.2. Perícia e atentado

É sabido que nas causas em que se discute insalubridade e periculosidade o empregador, por vezes, modifica a área que será periciada; por exemplo, alterando o local de uma estação de trabalho, as condições de funcionamento de uma máquina, o local de armazenamento de produtos insalubres ou perigosos, entre outras alterações para modificar o estado de fato do objeto periciado, o que poderá ser apurado pela declaração das partes ou de terceiros durante a diligência.

A teor do art. 77, VI, do CPC, é vedado a todos os que atuam no processo praticar inovação ilegal no estado de fato ou de direito quanto ao bem litigioso, sob pena de caracterizar inovação artificiosa, conduta com o propósito de induzir o perito ou juízo a erro, tipificada no art. 347 do Código Penal[28] como crime contra a administração da Justiça. Nessas hipóteses, caso a alteração seja constatada pelo perito, ele deverá registrar tal alteração no laudo e informar ao Juiz, que poderá decidir se o ocorrido caracterizou ou não ato atentatório à dignidade da Justiça, cominar multa ao responsável de até vinte por cento do valor da causa, determinar o restabelecimento do estado anterior e, ainda, proibir a parte de se manifestar nos autos até a purgação do atentado, nos termos do art. 77, VI, e § 7º, do CPC.

4.3. Laudo pericial

O laudo pericial consiste num resumo, em linguagem simples e com coerência lógica, de todos os dados, fatos, medições, impressões, depoimentos colhidos pelo perito, mais as análises técnico-científicas e a conclusão quanto ao objeto da perícia tal como determinado pelo Juízo. Não é por menos que o art. 473 do CPC relaciona os requisitos mínimos para o laudo; a exposição do objeto da perícia; a análise técnica ou científica; a indicação do método utilizado, esclarecendo-o e demonstrando ser predominantemente aceito pelos especialistas da área de conhecimento; e, por fim, a resposta conclusiva a todos os quesitos formulados. É vedado ao perito, ainda, emitir opiniões ou convicções pessoais que excedam o exame técnico ou científico da perícia, conforme dispõe o art. 473, § 2º, do CPC.

---

(28) CP, Art. 347 – Inovar artificiosamente, na pendência de processo civil ou administrativo, o estado de lugar, de coisa ou de pessoa, com o fim de induzir a erro o juiz ou o perito: Pena – detenção, de três meses a dois anos, e multa.

O laudo pericial também deverá observar as normas para a elaboração segundo o objeto da perícia a ser realizada. Assim, perícias em acidentes típicos devem observar a IN n. 88/2010 do MTE; perícias médicas de distúrbios osteomusculares, a IN n. 98/03 do INSS, por exemplo. Concluída a diligência pericial, tanto o perito quanto os assistentes técnicos deverão confeccionar o laudo em linguagem simples, direta e objetiva, que conterá:

– a exposição do objeto da perícia;

– os instrumentos periciais utilizados, como decibilímetros, etc, inclusive com a indicação da certificação do Ministério do Trabalho;

– o resumo dos fatos e constatações feitas na diligência;

– o método pericial a ser utilizado;

– a análise técnica ou científica, apontando a literatura científica utilizada e predominantemente aceita;

– a resposta aos quesitos formulados;

– a conclusão sobre o objeto da perícia.

Ao perito, é vedado ultrapassar os limites de sua designação ou emitir opiniões pessoais ou concluir apenas com base em sua experiência. O art. 476 do CPC autoriza que o perito solicite a prorrogação do prazo para a entrega do laudo, de forma justificada, como em razão da complexidade ou extensão do trabalho pericial realizado, do acúmulo de serviços ou outro motivo, o que pode ocorrer uma vez e pela metade do prazo originalmente fixado. Ao final do prazo, o perito deverá inserir o laudo no sistema PJe-JT e, se for o caso, depositar na Secretaria da Vara do Trabalho documentos que não sejam passíveis de digitalização como exames de raios-X.

4.4. Esclarecimentos, prova técnica simplificada e segunda perícia

Apresentado o laudo, as partes serão intimadas para se manifestar quanto ao conteúdo dele, podendo apresentar pedido de esclarecimentos, que serão previamente apreciados pelo juiz – que poderá acrescentar outros questionamentos – no tocante à sua pertinência e, caso mantidos, serão respondidos pelo perito. No procedimento ordinário, o prazo, em geral, é comum e de dez dias. No procedimento sumariíssimo, por força do art. 852-H, § 6º, da CLT, esse prazo será comum e de cinco dias. Confere-se, em seguida, prazo para que o perito responda aos esclarecimentos. O perito terá, conforme disposto no art. 477, § 2º, do CPC, prazo para esclarecer os pontos de divergência entre o seu laudo e o do assistente técnico.

O Juiz pode também, nos termos dos arts. 827 e 848, § 2º, da CLT, arguir o perito ou os assistentes técnicos em audiência, embora isso seja incomum, visto que, em geral, tal procedimento ocorre por escrito. Ainda assim, havendo a audiência, conforme os arts. 361 e 477 do CPC, a inquirição deverá iniciar preferencialmente pelo perito e assistentes técnicos, que responderão aos esclarecimentos requeridos; em seguida, os depoimentos do reclamante e do reclamado e, por fim, as testemunhas.

Outro aspecto relevante quanto ao procedimento pericial é que o art. 464, §§ 2º a 4º, do CPC, permite que o juiz substitua a prova pericial pela prova técnica simplificada quando a questão controvertida for de menor complexidade, consistindo apenas em inquirição ao perito pelo juiz.

Por fim, caso entenda que a conclusão da perícia não satisfaz para o deslinde da controvérsia porque não está suficientemente esclarecida, o juiz pode determinar, de ofício ou a requerimento, com fundamento no art. 480 do CPC, a realização de nova perícia, que terá por objeto os mesmos fatos da primeira e com o propósito tão somente de corrigir omissão ou imprecisão dos resultados, sendo a segunda perícia regida pelas mesmas disposição da primeira, sem substituí-la, cabendo ao juiz apreciar o valor de ambas.

5. HONORÁRIOS PERICIAIS

Concluída a perícia e julgado o feito, celebrado acordo ou, ainda, não cabendo mais recursos contra a decisão que homologou o cálculo pericial, impõe-se a verificação sobre a quem caberá a responsabilidade pelo pagamento dos honorários, devendo ser aplicado o entendimento cristalizado na Súmula n. 236 do TST, que assevera que *"A responsabilidade pelo pagamento dos honorários periciais é da parte sucumbente na pretensão relativa ao objeto da perícia"*.

A reforma trabalhista de 2017 trouxe inovações à matéria. No art. 790-B, prevê que a responsabilidade pelo pagamento dos honorários periciais é da parte sucumbente, ainda que o reclamante seja sucumbente e beneficiário da justiça gratuita, e somente se ele não tiver obtido em juízo créditos suficientes para suportar os honorários periciais é que a União responderá pelos honorários, observando-se os limites fixados na Resolução n. 66/2010 do CSJT.

Outra inovação é a limitação dos honorários periciais aos valores máximos fixados pelo Conselho Superior da Justiça do Trabalho (art. 790-B, § 1º, da CLT). Por razões de dificuldades orçamentárias, foi fixado um limite reduzido do valor dos honorários – R$ 1.000,00 em 2010 podendo ser atualizado pelo IPCA-E, se houver disponibilidade financeira – com o propósito de, pelo menos, ressarcir os custos do Perito do Juízo na produção da prova. Cabe-nos, todavia, discordar. O limite indicado na Resolução n. 66/2010 do CSJT foi fixado considerando a hipótese de responsabilização da União pelo encargo dos honorários periciais, no caso de concessão ao reclamante do benefício da justiça gratuita. Vejam o teor da ementa da referida Resolução:

> Regulamenta, no âmbito da Justiça do Trabalho de primeiro e segundo graus, a responsabilidade pelo pagamento e antecipação de honorários do perito, do tradutor e do intérprete, no caso de concessão à parte do benefício da justiça gratuita.

A responsabilidade pelo pagamento dos honorários periciais é da parte sucumbente na pretensão objeto da perícia, ainda que beneficiária da justiça gratuita (art. 790-B da CLT). Assim, se o reclamante for a parte sucumbente, o juiz determinará na sentença o pagamento dos honorários periciais pela União, como previsto na Resolução supramencionada, salvo se o reclamante auferir crédito suficiente na liquidação da sentença para suportar o valor dos honorários, conforme suprarreferido.

De outro lado, o juiz não pode impor para uma das partes que realize a antecipação dos honorários periciais, sob pena de afrontar literalmente o disposto no art. 790-A, § 3º, da CLT, cabendo inclusive a impetração de mandado de segurança para afastar a ilegalidade, conforme entendimento firmado na OJ n. 98 da SBDI-2 do TST: *"É ilegal a exigência de depósito prévio para custeio dos honorários periciais, dada a incompatibilidade com o processo do trabalho, sendo cabível o mandado de segurança visando à realização da perícia, independentemente do depósito."*

Desse modo, quando a parte sucumbente não for beneficiária da justiça gratuita, o valor dos honorários periciais deverá ser condizente para garantir a qualidade do laudo e a realização da diligência por profissionais experientes e capacitados para bem esclarecer todas as controvérsias técnicas da matéria fática. Os destacados magistrados do trabalho Antônio Umberto, Fabiano Coelho, Ney Maranhão e Platon Teixeira ao comentar este ponto da reforma trabalhista pontuaram:

> Os valores de honorários periciais tabelados pelo CSJT não são estipulados com a exclusiva preocupação de remunerar com justiça o importante trabalho prestado pelos *Experts*, mas buscam conciliar o impacto de tais despesas com as limitações orçamentárias (cada vez mais crescentes), pois é dos cofres da União que são retirados os recursos para tais pagamentos. Essa a razão pela qual os honorários periciais são arbitrados em valores díspares conforme seja sucumbente na pretensão respectiva o empregador ou o empregado. (...) No fim, a par de aliviar as condenações sucumbenciais sofridas pelos empregadores em geral, a inovação acaba por aviltar a remuneração dos peritos e, consequentemente, fragilizar os auxiliares da justiça incumbidos de promover a análise do meio ambiente do trabalho, tão importante para o bem-estar físico e mental dos trabalhadores em geral."[29]

É oportuno anotar que no CPC de 2015 a fixação de honorários nos limites da tabela dos Tribunais ou do Conselho Nacional de Justiça só tem cabimento quando o pagamento da perícia for de responsabilidade do beneficiário de gratuidade de justiça (art. 95, § 3º, II). Nas demais situações, o valor será arbitrado pelo juiz, após analisar a proposta de honorários apresentada pelo perito nomeado e a manifestação das partes a respeito (art. 465 e parágrafos).

Acreditamos, portanto, que o CSJT deverá elaborar nova tabela de honorários periciais no âmbito da Justiça do Trabalho para bem cumprir o encargo que lhe foi atribuído pelo art. 790-B, § 1º, da CLT, considerando a situação singular da perícia envolvendo acidentes do trabalho e doenças ocupacionais, bem como estabelecendo a distinção de valores para sucumbentes beneficiários ou não da justiça gratuita.

Lembre-se de que o art. 3º, parágrafo único, da Resolução n. 66/2010 do CSJT, autoriza a fixação dos honorários em valor superior, desde que devidamente fundamentado pelo magistrado. Em muitas ocasiões, o laudo pericial é realizado em ações plúrimas, envolvendo diversos reclamantes ou em locais distantes com custos adicionais para deslocamento do perito. Na mesma toada, com fundamento no art. 465, § 5º, do CPC, quando a perícia for deficiente, incompleta ou inconclusiva, será possível a redução dos valores dos honorários periciais.

Importante destacar quanto aos honorários de perito que se no ato da nomeação não estiver inscrito por

---

[29] AZEVEDO NETO, Platon Teixeira; MARANHÃO, Ney *et al. Reforma Trabalhista*: Análise Comparativa e Crítica da Lei n. 13.467/2017. Rideel: São Paulo, 2017. p. 369.

meio do CPTEC que, nesses casos, o art. 10, § 2º, da Resolução n. 233/2010 do CNJ orienta que juntamente com notificação da nomeação seja determinado ao perito que proceda ao seu cadastramento junto ao Tribunal no prazo de 30 dias, sob pena de não processamento do pagamento pelos serviços prestados.

Quanto aos honorários periciais em execução, é importante lembrar que o mero distanciamento numérico entre os cálculos apresentados pelas partes e a conta homologada não é critério de fixação da responsabilidade pelo pagamento destes na execução. Regra geral, esse ônus compete ao executado, sucumbente na fase de conhecimento, salvo quando o exequente der causa desnecessária à perícia, notadamente por abuso ou má-fé. Nesse sentido, aliás, é a Orientação Jurisprudencial 19 das Turmas do TRT da 3ª Região.

Por fim, cabe registrar que, diferentemente da correção aplicada aos débitos trabalhistas, que têm caráter alimentar, a atualização monetária dos honorários periciais é fixada pelo art. 1º da Lei n. 6.899/81, aplicável a débitos resultantes de decisões judiciais, conforme o entendimento sedimentado na OJ n. 198 da SBDI-1 do TST.

6. INSPEÇÃO JUDICIAL

Como sabido, compete às partes o ônus de provar em juízo as alegações feitas, bem como o destinatário das provas no processo é o juiz. Assim, por consequência lógica, ele pode, de ofício ou a requerimento das partes, em qualquer fase do processo, inspecionar pessoas ou coisas, a fim de se esclarecer sobre fato controvertido que interesse à decisão da causa, conforme autoriza o art. 481 do CPC.

A inspeção judicial é ato privativo do magistrado que pessoalmente verifica *in loco* fatos ou pessoas, não lhe sendo exigido conhecimento técnico especializado, mas apenas o registro das suas próprias percepções. O art. 483 do CPC dispõe que o juiz, de ofício ou a requerimento das partes, poderá decidir pela inspeção quando julgar necessário para a melhor verificação ou interpretação dos fatos que deva observar, quando a coisa não puder ser apresentada em juízo sem consideráveis despesas ou graves dificuldades ou, ainda, para a reconstituição dos fatos. Tratando-se de coisa móvel ou pessoa, a inspeção poderá ocorrer na Vara do Trabalho ou, quando for o caso, no local onde se encontra.

As partes sempre têm o direito de acompanhar a inspeção, prestando esclarecimentos e fazendo observações que considerem de interesse para a causa, devendo, a teor do art. 379 do CPC, colaborar com o juiz na realização da diligência. Para tanto, devem as partes ser intimadas da data, local e hora em que será feita a inspeção, sob pena de nulidade pela inobservância do princípio do contraditório e da ampla defesa.

Em muitas ocasiões, a inspeção judicial é decidida de imediato durante a audiência, com o objetivo de garantir a preservação do estado da pessoa ou local e o efeito surpresa.

Aliás, alguns autores como Mauro Schiavi defendem que embora o CPC estabeleça que as partes têm direito de assistir à diligência, o Juiz do Trabalho poderá postergar o contraditório para após o término dela, uma vez que a experiência prática tem revelado que a cientificação prévia tem prejudicado a eficácia dessa prova, com alteração intencional das condições de trabalho, estrutura empresarial ou até ocultação do objeto da inspeção judicial, o que se revela razoável porque a prova inútil também torna inútil o contraditório em face dela. Assim, acompanhamos esse entendimento de que em algumas hipóteses o contraditório não precisa ser prévio, desde que seja oportunizado posteriormente.

Para melhorar a eficácia do ato processual da inspeção judicial o juiz pode requerer a exibição de documentos relacionados à coisa ou pessoa que esteja sendo examinada, por exemplo, as plantas de um prédio, com indicação das saídas de ventilação ou o manual de uma máquina. A lei ainda lhe confere a faculdade de ouvir informações, sem configurar, nessa hipótese, o colhimento de prova testemunhal. Será possível, ainda, que a realização da inspeção seja feita simultaneamente com a produção de prova pericial previamente cientificada às partes, em atenção ao princípio da concentração. A conjugação, em um só ato, da inspeção e da perícia, objetiva, marcadamente, a atender ao princípio da concentração, que por sua vez tem a ver de perto com o da celeridade do procedimento[30].

Feita a inspeção judicial, o juiz determinará que seja lavrado o respectivo auto registrando tudo aquilo que foi observado durante a diligência e que será útil para a resolução da controvérsia, com acréscimo de fotografias, gráficos, desenhos ou qualquer outro elemento apto, nos termos do art. 484 do CPC. O auto de inspeção deverá ser assinado pelo Juiz, perito, partes, advogados e quaisquer pessoas que tenham contribuído

---

(30) Cf. TST, 6ª Turma, RR n. 21300-18.2009.5.04.0373, Rel. Ministro Augusto César Leite de Carvalho, DEJT 24.02.2012.

para o esclarecimento dos fatos que motivaram a diligência. Antes da assinatura do laudo, as partes poderão destacar ou registrar eventuais equívocos e omissões, que serão apreciados pelo juiz, fazendo a devida correção se for o caso.

Em conclusão, entendemos de muito proveito as provas colhidas diretamente pelo juiz por ocasião da inspeção judicial, o que nem sempre tem sido possível realizar, mormente em razão do elevado número de processos em tramitação.

7. REFERÊNCIAS

AZEVEDO NETO, Platon Teixeira; MARANHÃO, Ney et al. *Reforma Trabalhista*: Análise Comparativa e Crítica da Lei n. 13.467/2017. São Paulo: Rideel, 2017.

BRANDIMILLER, Primo A. *Perícia judicial em acidentes e doenças do trabalho*. São Paulo: Senac, 1996.

CÂMARA, Alexandre Freitas. *O novo Processo Civil Brasileiro*. 3. ed. rev. e ampl. São Paulo: Atlas, 2017.

CAMBI, Eduardo. *Direito constitucional à prova no processo civil*. São Paulo: RT, 2001.

MINISTÉRIO DA SAÚDE DO BRASIL. *Doenças relacionadas ao trabalho*: manual de procedimentos para os serviços de saúde. Brasília: Ministério da Saúde do Brasil, 2001.

NUNES, Flávio de Oliveira. *Segurança e saúde no trabalho – esquematizada (Normas Regulamentadoras n. 10 a 19)* Rio de Janeiro: Forense, 2013. v. 2.

OLIVEIRA, Sebastião Geraldo de. *Proteção Jurídica à Saúde do Trabalhador*. 6. ed. São Paulo: LTr, 2011.

OLIVEIRA, Sebastião Geraldo de. *Indenizações por acidentes do trabalho ou doença ocupacional*. 10. ed. São Paulo: LTr, 2018.

PINHEIRO, Patrícia Peck. *Direito Digital*. 5. ed., rev. e ampl. de acordo com as Leis ns. 12.735 e 12.737, de 2012. São Paulo: Saraiva, 2013.

SANTOS, José Aparecido dos. Teoria geral das provas e provas em espécie. In: CHAVES, Luciano Athayde (Org.). *Curso de Processo do Trabalho*. São Paulo: LTr, 2009.

SANTOS, Moacyr Amaral. *Primeiras linhas de direito processual civil*. 15. ed. São Paulo: Saraiva, 1993. v. 2.

SCHIAVI, Mauro. *Manual de Direito Processual do Trabalho*. 5. ed. São Paulo: LTr, 2012.

TEIXEIRA FILHO, Manoel Antonio. *A prova no Processo do Trabalho*. 8. ed., rev. e amp. São Paulo: LTr, 2003.

TEXEIRA FILHO, Manoel Antonio. *Curso de Direito Processual do Trabalho*. São Paulo: LTr, 2010. v. 2 – Processo de conhecimento.

YEE, Zung Che. *Perícias de engenharia de segurança do trabalho*: aspectos processuais e casos práticos. 2. ed. 3. reimp., rev. e ampl. Curitiba: Juruá, 2011.

9.2.
DA PROVA DOCUMENTAL

Rodolfo Pamplona Filho[1]
Tercio Roberto Peixoto Souza[2]

1. INTRODUÇÃO

O contrato de trabalho, por definição legal, pode ser acordado tácita ou expressamente, verbalmente ou por escrito, por prazo determinado ou indeterminado, ou para prestação de trabalho intermitente, tal qual previsto no art. 443 da CLT, com a redação que lhe foi conferida pela Lei n. 13.467/2017. Não é preciso muito para que se conclua que tal amplitude normativa permite precisamente a identificação da relação jurídica laboral independente do meio de prova que lhe apare-lhe, o que, a princípio, pode sugerir um completo desprestígio da prova documental, no âmbito das relações laborais. Afinal, se o próprio contrato de trabalho pode ser tácito e mesmo verbal, qual seria a importância da prova documental? No mesmo sentido, se poderia concluir também pela preterição da prova documental, no âmbito do processo laboral, também a partir da constatação das parcas previsões que cuidam especificamente acerca da produção deste meio de prova, na legislação, e mesmo a partir da noção de informalidade que permeia o processo laboral.

Todavia, tais premissas devem ser tomadas *cum grano salis*. Basta uma leitura sistemática do texto legal para que se identifique que a mesma CLT menciona diversas situações em que se exige, para a prática dos atos jurídicos envolvendo a lida laboral, a emissão ou consulta a documentos. Apenas, exige a lei o registro do início da relação laboral, inclusive através da própria CTPS, como se depreende do art. 13 do Texto Consolidado. Exige, da mesma forma, o registro do término da mesma relação, o qual imperativamente deve ser realizado e formalizado, na forma do art. 477 da CLT. Entre tantas obrigações, a Lei ainda estabelece um sem-número de registros entre o nascimento e término da relação laboral. Ora, como compatibilizar tais dispositivos afinal?

Deve-se interpretar a previsão do art. 443 da CLT, aquela mesma que possibilita seja o contrato de trabalho acordado tácita ou expressamente, verbalmente ou por escrito, não no sentido do absoluto desprestígio da prova documental, no âmbito das relações laborais, mas exclusivamente para que se compreenda serem tais registros apenas instrumentais, e jamais da substância do ato, de modo que outros meios, nos quais se incluem outros documentos, podem lhe suprir a falta (art. 406, CPC), no âmbito do processo judicial.

Com efeito, não se pode ignorar que, a partir da prova documental, tem-se maior estabilidade das relações, permitindo não apenas a clareza acerca dos fatos, para fins processuais, mas inclusive para outros tantos,

---

(1) Professor Titular do Curso de Direito da Universidade Salvador (Unifacs). Professor Associado I da Graduação e da Pós-Graduação *Stricto Sensu* da Universidade Federal da Bahia (UFBA). Juiz do Trabalho titular da 32ª Vara do Trabalho de Salvador/BA desde junho/2015. Graduado em Direito pela Universidade Federal da Bahia (1994), Mestre em Direito pela Pontifícia Universidade Católica de São Paulo (1997) e em Direito Social pela Universidade de Castilla-La Mancha (2012), e Doutor em Direito pela Pontifícia Universidade Católica de São Paulo (2000). Membro da Academia Brasileira de Direito do Trabalho, da Academia de Letras Jurídicas da Bahia, do Instituto Baiano de Direito do Trabalho, da Academia Brasileira de Direito Civil (ABDC), do Instituto Brasileiro de Direito Civil (IBDCivil) e do Instituto Brasileiro de Direito de Família (IBDFam). Apresentador do *Talk Show* "Papeando com Pamplona", produzido pelo CERSTV. Poeta. Músico.

(2) Procurador do Município de Salvador. Professor Universitário. Membro do Instituto Baiano de Direito do Trabalho e do Instituto dos Advogados da Bahia. Associado da Associação Baiana dos Advogados Trabalhistas (Abat). Pós-Graduado em grau de Especialista em Direito Público pela Universidade Salvador (Unifacs). Mestre em Direito pela Universidade Federal da Bahia (UFBA). Advogado.

notadamente a fiscalização do trabalho. Tal opção reflete justamente a maior vantagem desse instrumento probatório, qual seja, a segurança das relações. Com efeito, a prova documental tem o condão de permitir o registro, para a posteridade, sobre fatos relevantes, a fim de que esses mesmos fatos possam ser, caso necessário, oportunamente apurados. Todavia, é preciso consignar, desde já, que tal relevância não se refletiu no tratamento sistêmico da matéria, no campo do processo laboral. É o que veremos adiante.

2. DA PROVA DOCUMENTAL E A SUA DEFINIÇÃO

É possível dizer que, no tocante à prova documental, existem, na CLT, poucas e assistemáticas previsões sobre esse instrumento probatório, sendo algumas menções apenas indiretas. De outro lado, a matéria foi muito melhor tratada pelo legislador no âmbito do CPC, razão pela qual, mais uma vez, deveremos nos valer daquela disciplina, na forma do art. 769 da CLT e do art. 15 do CPC.

O legislador não delineou o que considera enquanto prova documental, cabendo à doutrina e à jurisprudência o seu delineamento. Nesse sentido, como bem dito por Tostes Malta[3], documento é "todo objeto capaz de permitir comprovar-se alguma proposição". De outro lado a concepção clássica indica serem documentos os registros físicos diretos de um determinado fato, expressão que segue os ensinamentos de Carnelutti[4], ou seja, para que algo seja reputado como documento, é preciso que daquilo se extraia imediatamente a representação de um fato. Deste modo, se enquadra no conceito de documento tudo aquilo o que é tido por escrito, usualmente em papel, capaz de expressar um conteúdo. Mas esta definição é, por certo, imprecisa, porque pode limitar de modo equivocado a compreensão do assunto, ao menos nos dias atuais.

Em verdade, não se deve limitar o conceito de documento àqueles ditos objetos materiais, capazes de consignar e expressar uma ideia diretamente. As tecnologias evidenciam, por exemplo, que textos, vídeos, áudios, e outros arquivos eletrônicos deverão ser considerados como documentos porque ainda que se trate de objetos imateriais, armazenados sob a forma eletrônica e codificados em dígitos binários, por meio daqueles se é capaz de deduzir alguma ideia.

A Lei n. 11.419/2006, ao disciplinar o processo judicial eletrônico, já previa a existência de documentos produzidos eletronicamente, ou seja, sem um suporte físico, embora absolutamente admissíveis no processo judicial, desde que fossem capazes de ter assegurados a sua origem e o seu signatário. Seriam documentos eletrônicos, portanto, aqueles que, mesmo imateriais, seriam capazes de exprimir diretamente um conteúdo, sendo admissível a sua utilização no processo como originais, preenchidos aqueles requisitos.

De outro lado, o CPC, a partir do art. 439 e seguintes, visou apresentar algumas previsões sobre os documentos eletrônicos, aplicáveis ao processo laboral. O art. 439 do CPC dispõe que a utilização dos documentos eletrônicos no processo judicial somente seria admissível quando possível a sua conversão em prova impressa e a verificação da sua autenticidade. Melhor seria se o legislador tivesse reafirmado as noções explicitadas pelo art. 11 da Lei n. 11.419/2006, na medida em que mais relevante do que a conversão do documento eletrônico em físico é observar-se exatamente a origem e a sua autenticidade, por meio do seu signatário. Afinal, essencialmente não é a possibilidade de materialização (impressão) do escrito eletrônico que determinará a sua autenticidade.

Por fim, através dos arts. 440 e 441 do CPC, o legislador visou estabelecer que são admissíveis, no processo, os documentos eletrônicos, mas se impõe a obediência à legislação que os rege (MP n. 2.200-2/2001, Lei n. 12.682/2012), sempre respeitados o contraditório e a ampla defesa. Tais previsões não se afastam, mas antes confluem para a realidade do processo laboral.

Não se pode ignorar que há documentos que possuem maior força probante do que outros. Para que isso possa ficar devidamente claro, precisamos nos socorrer nas lições José Augusto Rodrigues Pinto[5] que refere à existência de uma distinção entre os denominados documentos e os instrumentos. Embora ambos tenham o viés de representar, por escrito, um fato, o documento se vincula ao conteúdo daquele, enquanto os instrumentos se referem à forma em que descrito o mesmo fato, sem qualquer preocupação com a função reservada ao conteúdo. Seria, numa visão simplificada, identificar

---

(3) MALTA, Christóvão Piragibe Tostes. *Prática do processo trabalhista*. 20. ed. Rio de Janeiro: Edições Trabalhistas, 1989. p. 322.

(4) *Apud* ARAÚJO CINTRA, Antonio Carlos de. *Comentários ao Código de Processo Civil*. Rio de Janeiro: Forense, 2008. v. IV – arts. 332 a 475, p. 93.

(5) PINTO, José Augusto Rodrigues. *Processo trabalhista de conhecimento*. São Paulo: LTr, 2003.

que, enquanto o documento pretende o aspecto interno, o instrumento visa o seu aspecto externo.

De outro lado, os instrumentos classificam-se, em sua mais notável distinção, quanto à sua origem, entre públicos e particulares. Os públicos são os instrumentos elaborados por oficial público competente, ao passo que os particulares são aqueles elaborados pelas pessoas, em geral.

Do ponto de vista probatório, a superioridade do instrumento público sobre o particular reside em que o primeiro já se forma revestido de autenticidade e fé pública do funcionário que os elaborou. Ao menos há presunção de verdade da autenticidade, da sua autoria e formação, embora não necessariamente do seu conteúdo. Os instrumentos particulares, pelo contrário, não gozam dessa mesma presunção.

Houve, durante muito tempo, certa celeuma acerca da maior força probante dos documentos originais, em relação às cópias. Tanto assim, que a redação pretérita do art. 830 da CLT[6] exigia que a comprovação dos fatos, em juízo, se desse apenas através dos documentos originais ou das respectivas certidões. Tal lógica não se sustentou com o advento das tecnologias de reprodução de documentos, no que acabou se refletindo na atual redação do mesmo art. 830 da CLT, bem como em uma série de outros dispositivos legais.

Com efeito, as cópias possuem, hoje, o mesmo valor probante dos originais, salvo se impugnadas, como se pode depreender do art. 425, IV, do CPC (art. 365, IV, do CPC/73), e mesmo do art. 225 do CC:

> Art. 425. Fazem a mesma prova que os originais: (...) IV – as cópias reprográficas de peças do próprio processo judicial declaradas autênticas pelo advogado, sob sua responsabilidade pessoal, se não lhes for impugnada a autenticidade;
>
> Art. 225. As reproduções fotográficas, cinematográficas, os registros fonográficos e, em geral, quaisquer outras reproduções mecânicas ou eletrônicas de fatos ou de coisas fazem prova plena destes, se a parte, contra quem forem exibidos, não lhes impugnar a exatidão.

A vigente redação do art. 830 da CLT segue no mesmo sentido, evidenciando que o documento em cópia pode ser declarado autêntico pelo próprio advogado, sob sua responsabilidade pessoal, mas, uma vez impugnada a autenticidade do mesmo documento, a parte deverá ser intimada para apresentar cópias autenticadas ou o original, a fim de se certificar a sua validade:

> Art. 830. O documento em cópia oferecido para prova poderá ser declarado autêntico pelo próprio advogado, sob sua responsabilidade pessoal.
>
> Parágrafo único. Impugnada a autenticidade da cópia, a parte que a produziu será intimada para apresentar cópias devidamente autenticadas ou o original, cabendo ao serventuário competente proceder à conferência e certificar a conformidade entre esses documentos.

O regime previsto no art. 425 do CPC (art. 365 do CPC/73), ainda, indica haver equiparação aos originais as certidões, traslados e reproduções, seguindo estritamente às hipóteses legais, não havendo qualquer óbice para a sua aplicação ao processo laboral.

Do mesmo modo, em relação aos instrumentos normativos, que justamente por serem documentos comuns às partes, a cópia não autenticada possui valor probante equivalente ao original, desde que não haja impugnação ao seu conteúdo, como evidencia a redação da OJ n. 36 da SDI-I.

Não se deve ignorar, de outro lado, que, no tocante às pessoas jurídicas de direito público, estas estão dispensadas de autenticar fotocópias, na forma da Medida Provisória n. 1.360[7], de 12.03.1996, dada a presunção legal de autenticidade dos mesmos documentos, sendo assim presumida a validade dos documentos apresentados em juízo pela entidade pública, o que restou reconhecido pelo E. TST através da sua SDI-I, como se deduz do conteúdo da OJ n. 134:

> Autenticação. Pessoa jurídica de direito público. Dispensada. Medida Provisória 1.360, de 12.03.1996. – São válidos os documentos apresentados, por pessoa jurídica de direito público, em fotocópia não autenticada, posteriormente à edição da Medida Provisória 1.360/1996 e suas reedições.

3. OPORTUNIDADE DE JUNTADA E MANIFESTAÇÃO

As previsões legais referem-se à aceitabilidade do documento, à oportunidade de sua apresentação e à

---

(6) Art. 830. O documento oferecido para prova só será aceito se estiver no original ou em certidão autêntica, ou quando conferida a respectiva pública-forma ou cópia perante o juiz ou Tribunal.

(7) Art. 20. As pessoas jurídicas de direito público são dispensadas de autenticar as cópias reprográficas de quaisquer documentos que apresentem em juízo.

manifestação sobre eles. Tais previsões devem ser analisadas sob o enfoque do processo do trabalho, sob a perspectiva da realização de uma sessão única de audiência, em que devem ser realizados todos os atos, inclusive, a decisão. A rigor todo documento que se deseje apresentar como prova deve ser trazido e permanecer nos autos até a extinção do processo.

Contudo, tal fato pode gerar inconvenientes para o processo, razão pela qual o juízo pode indeferir a juntada aos autos do documento com que pretende fazer prova, ou mesmo substituir a juntada pela exibição do mesmo documento em audiência. Não é incomum, na prática, a leitura do documento com o registro, a síntese, das informações nele constantes. É o que se denomina extratação, a retirada do extrato, o resumo do conteúdo daquele documento.

No tocante ao momento para a juntada dos documentos, a previsão da CLT, com relação a esse ponto, é apenas indireta. A partir da leitura do art. 845 da CLT, identifica-se que as partes devem apresentar as suas provas em audiência:

> Art. 845. O reclamante e o reclamado comparecerão à audiência acompanhados das suas testemunhas, apresentando, nessa ocasião, as demais provas.

Todavia, a leitura do art. 787 da CLT indica que a inicial deve ser instruída com os documentos em que se fundar, ou seja, desde a inicial, a parte autora teria os ônus de acostar à sua pretensão os documentos que comprovariam as suas alegações.

> Art. 787. A reclamação escrita deverá ser formulada em 2 (duas) vias e desde logo acompanhada dos documentos em que se fundar.

Daí por que se tem entendido que seria ônus da parte autora a juntada dos documentos originalmente com a petição inicial (art. 787 da CLT), e à parte demandada caberia a juntada dos documentos no primeiro momento em que lhe fora permitida a apresentação da defesa, qual seja, na audiência [art. 845 da CLT c/c o art. 434 do CPC (art. 396 do CPC/73)], até mesmo para que se fosse permitido um tratamento bilateral, igualitário entre as partes, como indica Carlos Henrique Bezerra Leite[8].

Nesse sentido, então, não seria possível a juntada de documentos em momento posterior, salvo nas hipóteses autorizadas pelo art. 435 do CPC (art. 397 do CPC/73), quais sejam, quando destinados a fazer prova de fatos ocorridos depois dos articulados ou para contrapô-los aos que foram produzidos nos autos, bem como quando os próprios documentos se tornaram conhecidos, acessíveis ou disponíveis após esses atos, cabendo à parte que os produzir comprovar o motivo que a impediu de juntá-los anteriormente e incumbindo ao juiz, em qualquer caso, avaliar a conduta da parte, ou seja, apenas seria possível a juntada de documentos posteriormente à inicial ou à defesa para a comprovação ou de fatos novos, ou mesmo para contrapor esses mesmos fatos, com o que concordamos. Apenas quando ocorresse um fato posterior ao ajuizamento da ação ou mesmo a título de contraprova, seria possível a juntada de documentos nos autos. Nesse sentido, a 8ª e as 4ª Turmas do TST já se pronunciaram:

> Agravo de instrumento. Recurso de revista. Nulidade do julgado por cerceamento de defesa. Indeferimento de juntada de documentos após a apresentação da inicial. – O indeferimento da juntada de documentos em momento posterior à audiência inicial constitui procedimento regular, amparado na legislação processual, não se havendo falar em violação dos arts. 5º, LV, da CF/1988 e 845, da CLT. Precedentes. Agravo de instrumento conhecido e não provido. (AgInRR, 674-13.2010.5.20.0012, rel. Ministra Dora Maria da Costa, j. 17.10.2012, 8ª Turma, data de publicação 19.10.2012.)
>
> Recurso de revista. Cerceamento do direito de defesa. Indeferimento de prazo para juntada de documentos. Não configuração. – Nos termos do art. 396, do CPC: – Compete à parte instruir a petição inicial (art. 283), ou a resposta (art. 297), com os documentos destinados a provar-lhe as alegações –. Com base no referido preceito legal, o indeferimento de prazo para juntada de documentos não caracteriza o cerceamento do direito de defesa, uma vez que não demonstrado justo motivo para a ausência de sua juntada com a contestação, sobretudo porque decorridos mais de dois meses entre a notificação da reclamada e a realização da audiência inaugural. Ileso o art. 5º, LV, da CF/1988. Recurso de revista não conhecido, no tópico. (...). (RR, 492300-92.2009.5.12.0016, rel. Ministra Maria de Assis Calsing, j. 11.04.2012, 4ª Turma, data de publicação 13.04.2012.)

Todavia, é possível se identificar os que entendem que a concepção do processo do trabalho é a de que a sessão de audiência seria única, una, de forma que todos os elementos de prova deveriam ser trazidos no mesmo momento processual, enquanto aberta a instrução processual.

---

(8) LEITE, Carlos Henrique Bezerra. *Curso de direito processual do trabalho*. 8. ed. São Paulo: LTr, 2010, p. 585.

Desse modo, seria possível a juntada de documentos em qualquer momento da instrução processual, independentemente das condições previstas no art. 435 do NCPC (397 do CPC/73), desde que durante a audiência de instrução. É o que se depreende do posicionamento adotado pela 6ª Turma do TST, no particular:

> Recurso de revista. Preliminar de nulidade por cerceamento de defesa. Juntada de documentos. – No processo do trabalho admite-se a juntada de documentos destinados à produção de provas até o encerramento da instrução, tendo em vista a disciplina constante do art. 845 da CLT, a qual estabelece que as partes comparecerão à audiência com suas testemunhas, apresentando, nessa oportunidade, as demais provas; nelas, portanto, inclui-se a prova documental, dado que a finalidade da instrução é precisamente de reunir todos os elementos de prova, em busca da verdade real. Assim, em face do permissivo legal, que viabiliza aos litigantes a apresentação de provas na audiência, há de se entender que a lei abre possibilidade às partes de, durante a fase instrutória, trazer as provas que lhes podem favorecer. Ademais, o conteúdo da réplica e as provas com ela juntadas aos autos, especialmente cuidando-se de prescrição, integra extraordinariamente a *litiscontestatio*, pois se está a tratar de exceção substancial de que não se conheceria se não oposta pela defesa e submetida, em seguida, ao contraditório. Recurso de revista conhecido e provido. (RR 88500-21.2004.5.01.0011, rel. Min. Augusto César Leite de Carvalho, j. 01.06.2011, 6ª Turma, data de publicação: 10.06.2011.)

Há ainda aqueles que entendem ser possível ao juiz, fundado no seu poder diretivo do processo, aceitar ou não a juntada posterior de documentos. Para aqueles que advogam tal tese, seria lícito ao juiz indeferir tal pedido, haja vista que a juntada em momento posterior à audiência não constituiria direito subjetivo da parte. Note-se, todavia, que o TST, através da SDI-I, já teve a oportunidade de declarar a nulidade processual quando indeferida a juntada de documentos, no curso da instrução, quando esses documentos não estavam na posse de uma das partes. É o que se depreende a partir do seguinte aresto:

> Preliminar de nulidade por negativa de prestação jurisdicional. – A Turma, mediante a decisão recorrida, apresentou solução judicial para o conflito, mesmo que contrária ao interesse da embargante, configurando-se efetiva prestação jurisdicional. Violação ao art. 896. Nulidade do acórdão regional por negativa de prestação jurisdicional. – Reconhecida a nulidade da decisão regional, deixa-se de declarar a nulidade em face da regra do art. 249, § 2º, da CLT. Cerceamento de defesa. Impedimento da juntada de documentos em poder de terceiros. – Se a reclamada não pôde juntar com a contestação documentos em poder de terceiros, é lícita a juntada posterior, no curso da instrução. A devolução dessa documentação, a causar real prejuízo na defesa da reclamada, especialmente por ensejar pagamento de comissão de negócio que, segundo alega a reclamada, não teria sido realizado pelo reclamante, implica cerceamento de defesa, à luz do art. 5º, LV, da Constituição da República. Recurso de embargos de que se conhece parcialmente e a que se dá provimento. (EDcl-RR – 1374356-71.2004.5.02.0900, rel. Min. João Batista Brito Pereira, j. 12.06.2006, Subseção I Especializada em Dissídios Individuais, data de publicação 04.08.2006.)

Ou seja, através desse último julgado, o TST, em sua composição plenária, teria identificado que haveria direito subjetivo à juntada de documentos em momento posterior à inicial e à defesa, quando não tenha sido possível a juntada daqueles documentos por óbices alheios à vontade da parte.

De todo modo, para se evitar a preclusão, o mais sugestivo seria que parte demonstrasse, com base no art. 435 do CPC, os motivos pelos quais requer a juntada posterior dos documentos, a fim de que não se alegue ser inviável a sua juntada.

Há outra questão envolvendo a juntada de documentos, ainda. É aquela atinente àqueles documentos denominados de essenciais. É que, em relação aos documentos essenciais, esses deveriam ser juntados juntamente com a inicial, mas não seria possível o indeferimento imediato da petição inicial desacompanhada desses mesmos documentos. Como já dito, tal entendimento foi consolidado na redação da Súmula n. 263 do TST:

> Salvo nas hipóteses do art. 330 do CPC de 2015 (art. 295 do CPC de 1973), o indeferimento da petição inicial, por encontrar-se desacompanhada de documento indispensável à propositura da ação ou não preencher outro requisito legal, somente é cabível se, após intimada para suprir a irregularidade em 15 (quinze) dias, mediante indicação precisa do que deve ser corrigido ou completado, a parte não o fizer (art. 321 do CPC de 2015).

Segundo os que advogam o entendimento manifestado pelo E. TST, se somente seria cabível o indeferimento da petição inicial após intimada a parte para suprir a irregularidade, a oportunidade para a juntada dos documentos indispensáveis seria a petição inicial, no momento do ajuizamento da ação; mas, mesmo em relação a estes documentos, seria possível a juntada no prazo da regularização.

Essa mesma lógica não prevalecerá em relação ao mandado de segurança, cuja pré-constituição da prova é um dos requisitos essenciais, consoante consolidado na Súmula n. 415 do TST:

> MANDADO DE SEGURANÇA. PETIÇÃO INICIAL. ART. 321 DO CPC DE 2015. ART. 284 DO CPC DE 1973. INAPLICABILIDADE. Exigindo o mandado de segurança prova documental pré-constituída, inaplicável o art. 321 do CPC de 2015 (art. 284 do CPC de 1973) quando verificada, na petição inicial do *mandamus*, a ausência de documento indispensável ou de sua autenticação.

Por fim, no que toca à juntada de documentos na instância recursal, a jurisprudência do TST consolidou o entendimento de que tal juntada somente se justifica ou pelo justo impedimento da apresentação em momento anterior ou pelo acontecimento do fato posterior à própria sentença, como cristalizado no conteúdo da Súmula n. 8 daquela Corte:

> Juntada de documento. A juntada de documentos na fase recursal só se justifica quando provado o justo impedimento para sua oportuna apresentação ou se referir a fato posterior à sentença.

De todo modo, uma vez juntados os documentos, sejam juntamente com a petição inicial, sejam incidentalmente no curso do processo, fato é que não se deve descurar do sagrado direito do contraditório e da ampla defesa. À outra parte, deverá ser conferida a oportunidade de manifestação sobre os documentos juntados.

Deve-se consignar, ainda, acerca da oportunidade de manifestação pelas partes que, seguindo a lógica originalmente prevista pelo legislador na CLT, já que a audiência seria una, todas as manifestações seriam realizadas *in continenti*, na própria assentada, não havendo que se falar em, necessariamente, se deferir prazo para as partes para que assim pudessem fazê-lo. Há, todavia, previsão expressa sobre o assunto apenas em relação às demandas sob o rito sumaríssimo, consoante se depreende a partir do art. 852-H:

> Art. 852-H. Todas as provas serão produzidas na audiência de instrução e julgamento, ainda que não requeridas previamente.
> § 1º Sobre os documentos apresentados por uma das partes manifestar-se-á imediatamente a parte contrária, sem interrupção da audiência, salvo absoluta impossibilidade, a critério do juiz.

Nas causas sob o rito sumaríssimo, necessariamente haverá manifestação imediata por uma das partes, embora se faculte ao juiz o adiamento em razão da absoluta impossibilidade. Não é preciso muito esforço para entender que o intuito da norma é tornar imperiosa a manifestação sobre os documentos na própria audiência quando a demanda tramita sob o aludido rito.

No que toca às demandas sob o rito ordinário, há questões que merecem um destaque. A primeira delas é o expediente, relativamente comum, do fracionamento das audiências em inaugurais e de instrução; na primeira oportunidade, é tentado o acordo e são recebidas as defesas e documentos e, com o adiamento da sessão para um novo dia, promove-se a prova oral, o encerramento da instrução e nova tentativa de acordo (art. 849, CLT):

> Art. 849. A audiência de julgamento será contínua; mas, se não for possível, por motivo de força maior, concluí-la no mesmo dia, o juiz ou presidente marcará a sua continuação para a primeira desimpedida, independentemente de nova notificação.

Desse modo, o adiamento seria possível apenas quando constatado o motivo de força maior. Em razão dessa interpretação, muitos juízes realizam as denominadas audiências unas e, apenas excepcionalmente, fracionam as sessões, razão pela qual a manifestação sobre os documentos seria ali mesmo, em audiência.

Assim, sobre a apresentação de documentos por uma das partes, manifestar-se-á imediatamente a parte contrária sem interrupção da audiência, salvo absoluta impossibilidade, a critério do juiz, seja no rito sumaríssimo, seja no ordinário.

No entender de Tercio Roberto Peixoto Souza, todavia, não há mais razão para se adotar a audiência una enquanto regra. A experiência mostra que as audiências unas são incompatíveis com a complexidade das questões que são levadas ao Poder Judiciário. As pautas dos Tribunais cada dia mais se avolumam, e as questões nela debatidas tornam-se mais complexas. Não raro, os Juízes são obrigados a cumprirem pautas de dez, vinte audiências em um mesmo dia.

Naqueles juízos em que são realizadas audiências unas, é absolutamente usual os atrasos para a prática do ato processual, porquanto qualquer demanda é capaz de ensejar o atraso no desenvolvimento da pauta, causando desconforto e muitas vezes desequilíbrio para as partes, advogados e testemunhas, além do próprio Juízo. Ademais, a audiência única, sob o argumento de permitir maior celeridade na prestação jurisdicional, prejudica o maior interessado na demanda, o jurisdicionado, mormente a parte autora, quando lhe nega a possibilidade de analisar os documentos que seguiram à defesa (notadamente naqueles casos em que, embora sem previsão legal, seja fixado prazo para que a parte possa se manifestar sobre os aludidos documentos), bem como de levar à audiência as testemunhas capazes de comprovar os fatos capazes de infirmar a tese suscitada pelo reclamado. Em última análise, o pretenso beneficiário da celeridade da justiça torna-se o maior prejudicado.

Na hipótese do fracionamento da audiência, contrariamente ao quanto ocorre na audiência una, a parte terá a oportunidade de se manifestar sobre os documentos juntados em audiência, no prazo conferido pelo Juízo. Mas há também a hipótese da juntada de documentos fora da sessão de audiência. Nessa hipótese, o próprio CPC já indica a necessidade não apenas da abertura de vistas à parte contrária, mas define, inclusive, o prazo para tanto. É o que se depreende do art. 437, § 1º, do CPC (art. 398 do CPC/73), aplicável subsidiariamente:

> § 1º Sempre que uma das partes requerer a juntada de documento aos autos, o juiz ouvirá, a seu respeito, a outra parte, que disporá do prazo de 15 (quinze) dias para adotar qualquer das posturas indicadas no art. 436.

Note-se que, em razão dos poderes de livre direção e investigação no processo, o juízo possui amplos poderes para determinar diligências, a fim de formar o seu convencimento. Assim, pode determinar, inclusive de ofício, a juntada de documentos (art. 765 da CLT).

4. EXIBIÇÃO DE DOCUMENTO EM PODER DE PARTE OU DE TERCEIRO

No tocante aos documentos em posse de terceiros ou da própria parte, a CLT não possui qualquer tratamento, restando-nos o socorro junto às previsões do CPC. A matéria encontra-se disciplinada nos arts. 396 e seguintes do CPC (arts. 355 e seguintes do CPC/73).

A hipótese prevista no art. 396 do CPC (art. 355 do CPC/73) autoriza o juiz ordenar que a parte exiba documento ou coisa, que se ache em seu poder. Quando o documento estiver em poder da parte contrária, a regra está prevista nos arts. 397 e 400 do CPC (art. 356 e 359 do CPC/73):

> Art. 397. O pedido formulado pela parte conterá:
> I – a individuação, tão completa quanto possível, do documento ou da coisa;
> II – a finalidade da prova, indicando os fatos que se relacionam com o documento ou com a coisa;
> III – as circunstâncias em que se funda o requerente para afirmar que o documento ou a coisa existe e se acha em poder da parte contrária.
>
> (...)
>
> Art. 400. Ao decidir o pedido, o juiz admitirá como verdadeiros os fatos que, por meio do documento ou da coisa, a parte pretendia provar se:
> I – o requerido não efetuar a exibição nem fizer nenhuma declaração no prazo do art. 398;
> II – a recusa for havida por ilegítima.
> Parágrafo único. Sendo necessário, o juiz pode adotar medidas indutivas, coercitivas, mandamentais ou sub-rogatórias para que o documento seja exibido.

Em síntese, pode-se dizer que incumbirá à parte que requer a exibição dos documentos a individuação, a finalidade e as circunstâncias que amparam a afirmação de aqueles documentos estarem em poder do adversário. A parte denunciada terá cinco dias para se manifestar sobre o pedido, cabendo-lhe ou aceitar e exibir o documento ou negar ser possuidor do documento ou recusar a exibição, por motivo que repute como justo. Tais questões serão sumariamente decididas. Se aceito o pedido de recusa, segue-se; se não, importa em admitir como verdadeiro o fato que se haveria de provar com o documento não exibido. Diante da interlocutoriedade da decisão, não há recurso direto no processo laboral.

Fundado na redação do art. 396 do CPC, bem como no art. 765 da CLT, é comum o entendimento judicial no sentido de que a simples intimação da parte para que apresente documento ou coisa, seja de ofício pelo juiz, seja pedido do seu *ex adverso*, sob pena de confissão, tem sido o suficiente para resolver tal situação. É o que se depreende dos seguintes arestos:

> EXIBIÇÃO DE DOCUMENTOS. DETERMINAÇÃO JUDICIAL. COMINAÇÃO DE PENA DE CONFISSÃO. DESCUMPRIMENTO. Uma vez desatendida a determinação judicial de apresentação do recibo de devolução do cartão de transporte (Salvador Card), com a cominação de aplicação da confissão, devem ser reputados verdadeiros os fatos indicados na inicial, revelando-se indevidos os descontos efetuados a título de adiantamento de vale-transporte. (TRT-5 – RecOrd: 00004941920125050020-BA (0000494-19.2012.5.05.0020), Relator: Edilton Meireles, 1ª Turma, Data de Publicação: DJ 31.03.2015.)
>
> RECURSO ORDINÁRIO – DOCUMENTOS – REGISTRO DE JORNADA – RECUSA DA EXIBIÇÃO – PENA DE CONFISSÃO. 1. A recusa injustificada de exibir documentos de inegável interesse das partes, apesar da determinação judicial sob pena de confissão, enseja a aplicação da penalidade processual cominada, tornando certo o direito para cuja prova fora requerida a exibição. 2. Recurso ordinário

desprovido. (TRT-6 – RO: 951200200706000/PE (2002.007.06.00.0), Data de Publicação: 02.10.2003.)

Obviamente, na hipótese de fundada a recusa da parte, quanto à aludida exibição, seja pela inexistência do documento, seja pela sua desnecessidade ou outro argumento legítimo, não há que se falar em cominação de confissão, sendo a hipótese de admitida a recusa.

Quando o documento estiver em posse de terceiro, todavia, a forma a ser obtida necessariamente levará em conta a regra dos arts. 401 e seguintes do CPC (arts. 360 a 362 do CPC/73). Neste caso, o terceiro deverá ser citado para, em 15 dias, responder aos termos do incidente. O terceiro poderá responder ou entregando a coisa ou negando a exibição, sob o argumento de que há questões que o impedem de exibir, consoante definido pelo art. 403 do CPC (art. 363 do CPC/73). A questão será igualmente decidida imediatamente e, decidindo o Juízo pela exibição, no local e prazo determinado, se não cumprida a ordem judicial, pode ainda determinar a busca e apreensão, sem prejuízo da apuração da existência do crime de desobediência. Tal decisão é igualmente interlocutória.

5. DA ARGUIÇÃO DE FALSIDADE

Se é certa a relevância da prova documental, como já mencionamos, não menos certo é acreditar ser possível que o documento apresentado por qualquer das partes não seja verdadeiro. Deve-se, então, contar com algum expediente para atacar a aludida falsidade. Sobre o tema, todavia, a CLT também é omissa. Mas, desde já, é importante consignar que existem vários meios para o exercício de um juízo crítico acerca da prova documental em Juízo.

Desde a análise no contexto da valoração da prova, sem maiores formalidades, ou mesmo através de ação declaratória autônoma, na forma do art. 19, II, do CPC (art. 4º, II, do CPC/73), ou ainda em sede ação rescisória, na hipótese do art. 966, VI, do CPC (art. 485, VI, do CPC/73), e inclusive através do incidente de arguição de falsidade, disciplinado nos arts. 430 a 433 do CPC (arts. 390 a 395 do CPC/73), são diversos os mecanismos processuais disponíveis para a valoração da prova documental.

Segundo Antonio Carlos de Araújo Cintra[9], a natureza da arguição de falsidade incidental é a de ação declaratória incidental:

(...) o incidente de falsidade em exame é caso de ação declarativa incidental. A esta corresponde verdadeiro processo incidente que, embora acessório a outro – que é principal – tem objeto próprio, que é a declaração da falsidade do documento questionado. A falsidade do documento, portanto, é apreciada *principaliter* e não *incidenter tantum*, no incidente de falsidade.

O efeito da coisa julgada, desse modo, atingiria não somente o pedido principal, mas igualmente a questão incidental da falsidade. Como dissemos, em regra, não haverá necessidade do aludido incidente para a resolução das questões postas em juízo, porquanto o mesmo incidente não é essencial para a valoração da prova. Assim, o primeiro questionamento a se fazer é justamente quanto à aplicação do aludido incidente de arguição de falsidade, previsto nos arts. 430 e seguintes do CPC, no âmbito do processo laboral.

Edilton Meireles e Leonardo Dias Borges[10] defendem a inaplicabilidade do incidente porquanto a ação declaratória incidental parece atentar contra os princípios e as regras processuais trabalhistas, seja pela ausência de previsão na CLT, no particular, seja pela modificação do procedimento estabelecido para a reclamação trabalhista, dada a incompatibilidade do expediente com a redação do art. 848 da CLT. Segundo defendem, bastaria que a questão do falso fosse resolvida sob o manto da questão prejudicial.

Não concordamos, no particular, com tal compreensão, dado que tal desnecessidade não pode ser traduzida como incompatibilidade do expediente no âmbito do direito processual do trabalho. Não há incompatibilidade do incidente, no particular. Ademais, os próprios Tribunais, inclusive o TST (art. 78, III, do RITST), disciplinam o processamento daqueles incidentes, fato que remete ao reconhecimento da compatibilidade do expediente ao processo laboral.

Todavia, é preciso salientar que não seria todo e qualquer falso que autorizaria o manejo daquele instrumento. Com efeito, a falsidade é o caráter daquilo o que é falso, oposto à verdade. Mas a falsidade pode ser material, quando se relaciona com a forma, com o instrumento, ou a falsidade pode ser ideológica, quando, embora verdadeiro o documento, a ideia nele representada não é verdadeira, o seu conteúdo é falso. Por exemplo, se possuo um registro civil com nomeação de pais

---

(9) ARAÚJO CINTRA, Antonio Carlos de. *Comentários ao Código de Processo Civil*. Rio de Janeiro: Forense, 2008. v. IV – arts. 332 a 475, p. 137.

(10) MEIRELES, Edilton; BORGES, Leonardo Dias. *Primeiras linhas de processo do trabalho*. São Paulo: LTr, 2009. p. 342.

distintos dos meus, o documento pode ser verdadeiro, mas a informação nele constante é falsa.

Parece-nos que somente a falsidade material ou quanto à integridade do documento autorizaria a propositura do incidente de falsidade, no que concordamos com Edilton Meireles e Leonardo Dias Borges[11], Mauro Schiavi[12], Antonio Carlos Araújo Cintra[13] entre outros. Nesse sentido, já se teve:

> INCIDENTE DE FALSIDADE IDEOLÓGICA – DESCABIMENTO – Além do fato de que a argüição de falsidade ideológica deva ser feita nos próprios autos, nos termos do art. 372, parágrafo único, do Código de Processo Civil, não ensejando o ajuizamento da ação declaratória de incidente de falsidade, afigura-se incabível o questionamento acerca da falsidade ideológica, *in casu*. E isso porque o autor, em momento algum, argüi a inveracidade dos documentos acostados pela ré, admitindo tais documentos como válidos materialmente e também ideologicamente, mesmo porque não desautoriza os fatos neles declarados, consistentes nos pagamentos das contribuições assistenciais, Acordos e Convenções Coletivas de Trabalho celebrados entre a recorrida e o Sindicato dos Trabalhadores em *Fast Food* – SINDFAST. Verifica-se, pois, que o autor pretende, na realidade, a declaração de nulidade de um fato, qual seja, da representação dos empregados da ré pelo Sindicato dos Trabalhadores em *Fast Food* (SINDFAST), sendo totalmente desarrazoado o manejo do incidente argüido com tal intento pelo SINTHOI. (TRT 2ª R. – RO 02881-2005-066-02-00-7 – 12ª T. – Relª Juíza Vania Paranhos – DOE/SP 28.11.2008.)

A legitimação para suscitar o incidente é exclusiva da parte contra quem foi produzido o documento no processo. Não seria lógico facultar ao que apresentou o documento a impugnação. Todavia, o TST já teve a oportunidade de processar incidente suscitado pela própria parte que acostou o documento, evidenciando a compatibilidade do expediente ao processo do trabalho:

> INCIDENTE DE FALSIDADE – Aspecto *sui generis* neste processo é que não suscitou uma das partes o documento produzido por outra, mas sim a mesma parte a quem se atribuiu a feitura da peça foi quem disse-a falsa, como de resto a firma nela lançada, o que se confirmou com a perícia. Havendo as partes concordado com a conclusão da perícia de que falso o documento e a firma nele lançada é de se declarar a falsidade do documento acostado aos autos principais. Incidente julgado procedente. (TST – IncFal 9621-79.2012.5.00.0000 – Rel. Min. Alexandre de Souza Agra Belmonte – DJe 26.03.2013 – p. 326.)

No tocante à oportunidade, seguindo a lógica impressa no art. 430 do CPC, é possível identificar que a arguição de falsidade poderá ocorrer na contestação, na réplica ou no prazo de 15 (quinze) dias a partir da intimação da juntada do documento aos autos. Mesmo diante da redação do antigo art. 390 do CPC/73, o Judiciário já teve a oportunidade de indicar que efetivamente é preciso respeitar-se o prazo para a arguição da falsidade, sob pena de preclusão:

> PRELIMINAR DE NULIDADE DA R. SENTENÇA POR AUSÊNCIA DE FUNDAMENTAÇÃO – Cabe ao julgador a realização da atividade exegética, que pode não coincidir com as perspectivas da parte em relação à demanda. A prestação jurisdicional se deu de forma ampla, contudo a solução emprestada à lide não atendeu às expectativas da autora que, equivocadamente, argúi a nulidade do julgado. Preliminar rejeitada. INCIDENTE DE FALSIDADE – PRECLUSÃO – Quando a Lei, no art. 390 do CPC, dispõe que o incidente pode ser proposto "em qualquer tempo e grau de jurisdição", não significa que, juntado o documento, a parte pode deixar para argüir a nulidade em momento posterior, eis que a falsidade deve processar-se no curso do procedimento em que o documento foi produzido. A falsidade documental há de ser argüida até 10 (dez) dias após a juntada do documento, sob pena de preclusão. Recurso ordinário conhecido, rejeitada a preliminar de nulidade da r. Sentença por ausência de fundamentação e, no mérito, desprovido, indeferindo-se o processamento do incidente de falsidade. (TRT 10ª R. – RO 01412-2005-102-10-00-6 – 3ª T. – Relª Juíza Márcia Mazoni Cúrcio Ribeiro – J. 18.12.2006.)

Uma vez apresentado o documento com a inicial, o prazo-limite para a impugnação é juntamente com a contestação. Se os documentos apresentados o forem com a contestação, na hipótese da audiência una, deverá a parte suscitar a falsidade durante a audiência, quando deverá ser suspenso o prosseguimento do feito (art. 849 da CLT). De outro lado, na hipótese de fracionamento da audiência, o prazo seria de 15 (quinze) dias a partir da abertura de vistas dos mesmos documentos,

---

(11) MEIRELES, Edilton; BORGES, Leonardo Dias. *Primeiras linhas de processo do trabalho*. São Paulo: LTr, 2009. p. 342.
(12) SCHIAVI, Mauro. *Manual de direito processual do trabalho*. 3. ed. São Paulo: LTr, 2010. p. 604.
(13) ARAÚJO CINTRA, Antonio Carlos de. *Comentários ao Código de Processo Civil*. Rio de Janeiro: Forense, 2008. v. IV – arts. 332 a 475, p. 139.

valendo esta última regra para ambas as partes. Assim, não se pode confundir, o prazo mencionado no art. 430 do CPC com aquele para a manifestação aos documentos, dado que são substancialmente diferentes.

O incidente será suscitado ao juízo da causa principal e no Tribunal, perante o relator. Uma vez suscitado o incidente, naturalmente será aberta a oportunidade para a parte que produziu o documento, para a sua resposta, o que se dará no mesmo prazo de 15 (quinze) dias, seguindo o art. 432 do CPC (art. 392 do CPC/73). Caso na resposta a parte reconheça o falso, a questão será decidida de pronto, o que não se dará se negá-lo, quando o juízo deve determinar a realização da prova pericial à guisa do mesmo dispositivo.

Não há mais previsão que determine a instrução ou tramitação do incidente em apenso aos autos principais (art. 393 do CPC/73), razão pela qual o incidente será processado nos mesmos autos do processo principal.

A instrução do incidente será sumária, indeferindo o Juiz as diligências inúteis, embora por determinação legal deva produzir a prova pericial para apuração da falsidade. Dada a ausência de resposta, presume-se falso.

O julgamento à improcedência do incidente ensejará o reconhecimento da autenticidade do documento. O ônus de provar o falso é de quem alega. A decisão do incidente poderá ser resolvida como questão incidental (art. 430, parágrafo único, do CPC), o que implica que a decisão seja meramente interlocutória, o que a torna irrecorrível[14]. Caso a questão seja resolvida como questão principal, será definitiva e constará da sentença objetivamente complexa, como menciona Antonio Carlos Araújo Cintra[15]. Dada a natureza da decisão, o recurso seria o adequado ao caso concreto (recurso ordinário, recurso de revista etc.), bem como sobre a mesma incidirá a autoridade da coisa julgada.

---

(14) *Idem, ibidem*, p. 205.
(15) ARAÚJO CINTRA, Antonio Carlos de. *Comentários ao Código de Processo Civil*. Rio de Janeiro: Forense, 2008. v. IV – arts. 332 a 475, p. 145.

9.3.
Prova Testemunhal

Marcelo Rodrigues Prata[1]

1. INTRODUÇÃO

Temida e odiada. Falível. Influenciável. Suspeita ou impedida. Todos esses qualificativos se aplicam à prova testemunhal. Pessoas são condenadas à morte ou à prisão perpétua. Fortunas auferidas ou dissipadas. A honra enaltecida ou conspurcada. Tudo isso tão somente com fincas em testemunhos. A prova testemunhal, porém, é *admitida há milênios*. Já conviveu com *ordálias* ou julgamentos divinos. Foi considerada a *prostituta das provas*. Testemunhos de pessoas humildes eram recusados apenas pela sua *condição social*. Depoimentos eram valorados pelo *número* de testificadores[2].

Por outro lado, qual a explicação para o fato de que a prova por testemunhas ainda seja colhida nos processos judiciais e aceita – muita vez como único elemento de convicção – a embasar a sentença?

Afinal, com todas suas fragilidades, a controvertida prova testemunhal continua sendo considerada, porquanto ainda não alcançamos, v. g., a tecnologia da sombria série de ficção científica *Black Mirror* (Netflix, 2015-2018). Nesta, no terceiro episódio da primeira temporada – *The entire history of you* –, podem-se ver personagens em cujos corpos são implantados *microchips*, capazes de lhes permitir recuperar assustadoramente a memória de todas as cenas presenciadas durante a vida.

Todavia, já estamos submetidos a um sistema semelhante ao *panóptico*, originalmente concebido por Jeremy Bentham (1748-1832). Mediante o qual a simples possibilidade efetiva de ser *vigiado*, posto que de modo intermitente, coarcta o indivíduo ao *autocontrole*, conforme o padrão imposto pelo *establishment*. Aliás, este modelo serviu de exemplo para a aguda crítica da *repressão social* elaborada por Michel Foucault (1926-1984)[3] Na realidade, vivemos em plena Era da Inteligência Artificial, em que o **algoritmo** é manipulado para servir de instrumento à *supervigilância*[4], tal como antecipado na distopia de George Orwell.[5]

Diante disso, pergunta-se: ainda vale à pena estudar a *prova testemunhal*?

Sim, *o depoimento de testificadores continua a ser essencial para a apreensão da riqueza dos fatos*, com

---

(1) Acadêmico da ABDT. Possui graduação em Direito pela Universidade Católica do Salvador. Mestre em Direito das Relações Sociais pela PUC/SP. Aprovado no Curso de Especialização em Processo – Pós-Graduação *Lato Sensu*, promovido pela Fundação Faculdade de Direito da Bahia. Doutorando em Direito do Trabalho e da Seguridade Social pela USP. Atualmente é Juiz Titular da 29ª Vara do Trabalho de Salvador do TRT da 5ª Região. Autor dos livros: *A prova testemunhal no processo civil e trabalhista*. São Paulo: LTr, 2005; *Anatomia do assédio moral no trabalho*. São Paulo: LTr, 2008; *O direito ambiental do trabalho numa perspectiva sistêmica*. São Paulo: LTr, 2013 e *Assédio moral no trabalho sob novo enfoque: cyberbullying*, "indústria do dano moral", carga dinâmica da prova e o futuro CPC". Juruá: Curitiba, 2014.

(2) PRATA, Marcelo Rodrigues. *A prova testemunhal no processo civil e trabalhista*. São Paulo: LTr, 2005. p. 23-31.

(3) "Uma sujeição real nasce mecanicamente de uma relação fictícia. De modo que não é necessário recorrer à força para obrigar o condenado ao comportamento, o louco à calma, o operário ao trabalho, o escolar à aplicação, o doente à observância das receitas. Bentham se maravilhava de que as instituições panópticas pudessem ser tão leves: fim das grades, fim das correntes, fim das fechaduras pesadas: basta que as separações sejam nítidas e as aberturas bem distribuídas." (In *Vigiar e punir*: nascimento da prisão. Tradução de Raquel Ramalhete. 20. ed. Petrópolis: Vozes, 1987. p. 167.).

(4) BARROS, Carlos Juliano. Algoritmos das redes sociais promovem preconceito e desigualdade, diz matemática de Harvard. *BBC Brasil*, 24 dez. 2017. Disponível em: <http://www.bbc.com/portuguese/geral-4239833>. Acesso em: 21 jan. 2018.

(5) V. *1984*. Tradução de Wilson Velloso. 22. ed. São Paulo: Editora Nacional, 1991.

minúcias de todas suas cores, sons, odores, sabores, formas, temperaturas, sentimentos etc. Aliás, se, de uma banda, é certo que *imagens* dizem mais que mil palavras e *modelos matemáticos* nos fornecem informações inestimáveis, de outra banda, ainda não se pode prescindir da *contextualização* ampla e nítida dos fatos fornecida pelas testemunhas. Isso sob pena de nos contentarmos apenas com *fragmentos esmaecidos da vida*, cujo real *sentido* possa se nos evadir em *suposições fantásticas* ou em *ardilosas manobras*. A propósito, curiosamente foi o próprio Jeremy Bentham, antes referido, quem disse"... as testemunhas são os olhos e os ouvidos da Justiça..."[6].

Noutro giro, neste capítulo, teremos como texto-base nossa monografia – *A prova testemunhal no processo civil e trabalhista*. São Paulo: LTr, 2005 –, à qual remetemos o leitor interessado em aprofundar-se na matéria. Aliás, em virtude da *limitação* naturalmente imposta para a edição de um *Curso de direito processual do trabalho*, procederemos um *corte metodológico*, de modo a nos concentrar rapidamente nas *novidades legislativas* incorporadas ao sistema processual trabalhista pelo CPC/2015 e pela *Reforma Trabalhista (Lei n. 13.467/2017) no que toca à prova testemunhal*.

Finalmente, esperamos com este modesto estudo contribuir para saudar a inspiradora memória dos Acadêmicos Christovão Piragibe Tostes Malta e Wagner D. Giglio, que tanto fizeram pela evolução do Direito Processual do Trabalho brasileiro.

2. CONCEITO DE PROVA TESTEMUNHAL

A **prova judicial** designa o procedimento formal em que se baseia o juiz para apurar a verdade dos fatos controvertidos, considerando que os litigantes têm interesse em ver prevalecer suas próprias alegações e, portanto, não são imparciais. A propósito, o mesmo Jeremy Bentham defende que "... a arte do processo não é essencialmente outra coisa que a arte de administrar as provas"[7]. Não se quer dizer com isso, porém, que o juiz, mormente na esfera cível e trabalhista, tem o papel de investigador da veracidade das afirmações das partes. Normalmente, está ele *circunscrito às provas* por elas produzidas. Tanto isso é certo que, diante da *confissão expressa* do litigante, deve encerrar a instrução e exarar a sentença. Exceto tenha ele suspeita de ter havido erro, dolo ou coação, *id est, vício na manifestação* do confesso.

A nenhum magistrado, ademais, é permitido sentenciar com base num fato sem apontar a prova produzida nos autos: "A prova é o pedestal da sentença"[8]. Isso com fincas no *princípio constitucional da motivação* (art. 93, IX, da CF/1988.) Aliás, diz o CPC/2015: "Art. 371. O juiz apreciará a prova constante dos autos, independentemente do sujeito que a tiver promovido, e indicará na decisão as razões da formação de seu convencimento." Afinal, é por meio da prova que os litigantes demonstram a veracidade de suas alegações fáticas, dirigidas ao presidente do processo.

Já o vocábulo **testemunha** tem origem latina: *testis*, ou seja, espectador, aquele que presencia o fato[9]-[10]. Testemunhar, do latim *testari*, em sentido comum, é confirmar, comprovar, demonstrar, declarar ter visto, ouvido ou conhecido. Esse é o entendimento vulgar do que seja uma testemunha – o assistente de um acontecimento[11]. O conceito de prova testemunhal, no entanto, não é tão simples quanto se supõe à primeira vista. A comprovação dessa assertiva encontra-se na referência feita a alguns dos mais ilustres juristas a seguir.

Por sinal, Wagner D. Giglio conceitua: "A prova testemunhal consiste na narração ao juiz, por terceiros estranhos à lide, de fatos a ela pertinentes"[12]. Aliás, Andrés De La Oliva e Miguel Angel Fernández afirmam: "A prova por testemunhas ou prova testemunhal é a atividade processual que provoca a declaração de um sujeito, distinto das partes e de seus representantes, sobre percepções sensoriais relativas a fatos concretos processualmente relevantes."[13] Aliás, o papel da testemunha não é o de interpretar os fatos nem muito menos presumir como estes teriam ocorrido, muito embora seja quase impossível um testemunho sem algum grau de apreciação subjetiva[14].

---

(6) *Tratado de las pruebas judiciales*. Tradução de Manuel Ossorio Florit. Buenos Aires: Europa-America, 1971. v. I, p. 83 e ss.

(7) Ob. cit., p. 10.

(8) RUSSOMANO, Mozart Victor. *Comentários à Consolidação das Leis do Trabalho*. 13. ed. Rio de Janeiro: Forense, 1990. v. II, p. 887.

(9) SARAIVA, F. R. dos Santos. *Novíssimo dicionário latino-português*. 10. ed. Rio de Janeiro: Livraria Garnier, 1993. p. 1195.

(10) Cf. MONTEIRO, João. *Teoria do processo civil*. Borsoi: Rio de Janeiro, 1956. t. II, p. 486-487.

(11) SANTOS, Moacyr Amaral. *Prova judiciária no cível e comercial*. 3. ed. São Paulo: Max Limonad, 1964. v. III, p. 44.

(12) In: GIGLIO, Wagner D. *Direito processual do trabalho*. 8. ed. São Paulo: LTr, 1995. p. 258.

(13) *Derecho procesal civil*. 4. ed. Madri: Ramón Areces, 1996. v. II, p. 347.

(14) Diz o CPP: "Art. 213. O juiz não permitirá que a testemunha manifeste suas apreciações pessoais, salvo quando inseparáveis da narrativa do fato."

Ousamos discordar dos referidos autores quando falam em fatos processualmente relevantes, dado que poderá vir a juízo pessoa que declare, durante seu depoimento, nada saber sobre o evento controvertido ou afirmar saber aquilo que, na realidade, desconhece. Por sinal, Hernando Devis Echandía conceitua o testemunho como sendo "... um meio de prova que consiste na declaração representativa que uma pessoa, que não é parte no processo em que se apresenta, faz a um juiz, com fins processuais, sobre o que sabe a respeito de um fato de qualquer natureza"[15].

Este último autor, a nós parece, alcançou a conceituação mais exata. Assim, chegamos ao seguinte conceito: *a prova testemunhal é elemento de convencimento, consistente na oitiva de terceiro, pessoa física, trazido a juízo, para informar, oralmente, o que sabe, sobre fatos havidos antes do seu depoimento.*

Ressalve-se, porém, que o art. 453, § 1º, do CPC/2015, subsidiariamente aplicado, admite a oitiva de testemunha em comarca distinta, por *videoconferência* ou outro meio tecnológico de transmissão e recepção de sons e imagens em tempo real. Além disso, o art. 454 do CPC/2015, subsidiariamente aplicado, admite a inquirição de *pessoas egrégias* como testemunhas *em sua residência* ou onde exercem sua *função*. Finalmente, no art. 221, § 1º, do CPP, temos a possibilidade excepcional do *depoimento por escrito* das mais altas autoridades da República.

3. NOÇÕES GERAIS SOBRE A PRODUÇÃO DA PROVA TESTEMUNHAL

3.1. Intimação de testemunhas

Prescreve a Consolidação das Leis do Trabalho quanto à *intimação de testemunhas* no processo trabalhista:

> Art. 825. As testemunhas comparecerão à audiência independentemente de notificação ou intimação.
>
> Parágrafo único. As que não comparecerem serão intimadas, *ex officio* ou a requerimento da parte, ficando sujeitas a condução coercitiva, além das penalidades do art. 730, caso, sem motivo justificado, não atendam à intimação.

O desejo da lei aí é atender aos *princípios da economia processual* e *da concentração*. Em seus primórdios, o processo trabalhista era guiado pelo *princípio da oralidade* e *da simplicidade*. Destarte, salvo o ajuizamento da reclamação, os demais atos processuais eram praticados na presença do juiz, em *uma única audiência*. Assim, se a defesa era produzida em audiência, não seria possível a juntada prévia de rol de testemunhas, capazes de provar os fatos alegados na contestação.

Noutro giro, muito embora a defesa possa ser apresentada oralmente em audiência até agora, a CLT admite a juntada de *defesa escrita* antes de sua realização. Isso por meio do processo, *rectius*, procedimento judicial eletrônico (PJe)[16]. Rotina adotada em quase todos os processos dada à sua inerente praticidade e segurança[17]. De outro lado, por uma questão de *estratégia processual* – receando que o reclamante possa se valer das informações ali contidas em seu favor –, normalmente, *a reclamada junta a contestação sob sigilo.* Vale dizer, de qualquer sorte, a *matéria de defesa* só chega ao conhecimento do reclamante *no momento mesmo da audiência.*

Em suma, muito embora atualmente já seja admissível a juntada de defesa escrita antes da "audiência inaugural", a reclamada não está submetida a um interstício mínimo precedente a esta para apresentar contestação. A resposta poderá inclusive ser produzida oralmente na própria audiência referida. Isso inviabiliza apresentação de prévio rol de testemunhas, mediante o qual seria possível pedir sua intimação.

3.1.1. Não comparência da testemunha convidada

Uma questão importante a ser enfrentada ocorre quando o reclamante ou o reclamado convida suas testemunhas e estas se comprometem a comparecer à audiência, mas simplesmente não se apresentam na data, no horário e no local designados. O art. 849 da legislação consolidada determina que a *audiência de julgamento* seja *contínua*[18]. Aliás, norma similar está contida no art. 365 do CPC/2015. As partes devem, portanto, trazer a juízo as provas que disponham logo na primeira sessão[19].

---

(15) *Teoria general de la prueba judicial.* Buenos Aires: Zavalía, 1970. t. II, p. 33.

(16) SCHIAVI, Mauro. *Manual de direito processual do trabalho.* 10. ed. São Paulo: LTr, 2016. p. 444.

(17) Reza a CLT: "Art. 847. Não havendo acordo, o reclamado terá vinte minutos para aduzir sua defesa, após a leitura da reclamação, quando esta não for dispensada por ambas as partes. Parágrafo único. A parte poderá apresentar defesa escrita pelo sistema de processo judicial eletrônico até a audiência." (Incluído pela Lei n. 13.467, de 2017.).

(18) "Art. 849. A audiência de julgamento será contínua; mas, se não for possível, por motivo de força maior, concluí-la no mesmo dia, o juiz ou presidente marcará a sua continuação para a primeira desimpedida, independentemente de nova notificação."

(19) Dispõe a CLT: "Art. 845. O reclamante e o reclamado comparecerão à audiência acompanhados das suas testemunhas, apresentando, nessa ocasião, as demais provas."

O volume irracional de reclamações e a crescente complexidade da matéria trabalhista, contudo, obrigou a maioria dos juízes do Trabalho a adotarem a prática de *desdobrarem* a audiência de conciliação, instrução e julgamento em *mais de uma sessão*. Mas não é só isso. O reclamante, em geral, repita-se, só toma contato com a defesa do reclamado na "audiência inaugural". Na resposta, podem ser levantadas *reconvenção, exceções, preliminares* ou mesmo matéria de mérito, cujo teor não se poderia exigir do reclamante conhecimento antecipado.

Em casos que tais, as testemunhas trazidas por ele para provar os fatos constitutivos de seu direito podem não ser as mesmas que necessitaria para fazer a contraprova dalguma arguição levantada pelo reclamado. Apresentada semelhante justificativa, tem o juiz de deferir o desdobramento da audiência, para possibilitar o comparecimento de outras testemunhas, sob pena de cerceamento do direito de defesa do obreiro. Firmou-se, destarte, a praxe de ser concedido *prazo de vista* para o reclamante manifestar-se sobre a contestação e a prova documental juntada aos autos de no mínimo cinco dias. Em seguida, designa-se *nova sessão*, sendo de logo advertidas as partes que deverão *trazer suas testemunhas, sob pena de preclusão*. Estando os testigos presentes, podem ficar cientes em ata que deverão apresentar-se na data marcada, caso a parte o requeira justificadamente.

3.1.2. Intimação judicial de testemunhas

Se informar o litigante que suas testemunhas, posto que convidadas, recusaram-se a comparecer *ou simplesmente não vieram*, determina o juiz que apresente o respectivo rol para sejam **judicialmente intimadas**, sob a advertência de que sua falta implicará a condenação em *multa*, sem prejuízo da *condução coercitiva*. Aliás, prevê expressamente a Consolidação das Leis do Trabalho:

> Art. 825. As testemunhas comparecerão a audiência independentemente de notificação ou intimação.
>
> Parágrafo único. As que não comparecerem serão intimadas, *ex officio* ou a requerimento da parte, ficando sujeitas a condução coercitiva, além das penalidades do art. 730, caso, sem motivo justificado, não atendam à intimação.[20]

Finalmente, o CPC/2015, subsidiariamente aplicado, trata das hipóteses nas quais a *intimação da testemunha pelo juiz* se impõe:

> Art. 455. (...).
>
> § 4º A intimação será feita pela via judicial quando:
>
> I – for frustrada a intimação prevista no § 1º deste artigo;
>
> II – sua necessidade for devidamente demonstrada pela parte ao juiz;
>
> III – figurar no rol de testemunhas servidor público ou militar, hipótese em que o juiz o requisitará ao chefe da repartição ou ao comando do corpo em que servir;
>
> IV – a testemunha houver sido arrolada pelo Ministério Público ou pela Defensoria Pública;
>
> V – a testemunha for uma daquelas previstas no art. 454.

Por sinal, estabelece a CLT: "Art. 823. Se a testemunha for funcionário civil ou militar, e tiver de depor em hora de serviço, será **requisitada ao chefe da repartição** para comparecer à audiência marcada." (destacamos)

3.1.3. O problema da ausência da testemunha à "audiência una"

Observa-se o crescimento do número de juízes do Trabalho conscientes de que o desdobramento da audiência em "audiência inaugural" e "audiência de instrução" – mormente no que toca às *questões de menor complexidade* – pode trazer mais prejuízos do que vantagens. Além disso, a concretização do princípio da *audiência única e indivisível* implica redução global do volume de serviço para o juiz e para a secretaria da Vara do Trabalho em razão da possível diminuição dos trâmites procedimentais.

Diante disso, nota-se a tendência de os juízes trabalhistas em voltar aos primórdios da Justiça Especializada, quando seguia-se à risca o preceito da "**audiência una**", visto que a solução para os problemas de excesso de demanda não está na criação de procedimentos complexos, avessos ao princípio da informalidade da Justiça do Trabalho. Exceto, é claro, quando a excessiva concentração dos atos processuais represente um indisputável cerceamento do direito de defesa.

3.1.4. Da necessidade de prova de "convite" à testemunha

Se, no dia, horário e local designados para a "audiência una", a parte se apresenta e afirma que convidou

---

(20) Art. 730. Aqueles que se recusarem a depor como testemunhas, sem motivo justificado, incorrerão na multa de Cr$ 50,00 (cinquenta cruzeiros) a Cr$ 500,00 (quinhentos cruzeiros). (V. Lei n. 6.986/1982 e Lei n. 6.205/1975.).

a testemunha, mas esta *sic et simpliciter* não compareceu nem justificou a ausência, qual a solução a ser adotada? Declarar *preclusa* a oportunidade de produzir prova testemunhal – uma vez que o litigante sabia que deveria trazer suas testemunhas à audiência – ou *conceder prazo* para que a parte apresente *rol de testemunhas*, a serem notificadas para depor em outra assentada?

A primeira solução, a princípio, se nos afigura como a mais consentânea com os *cânones da celeridade, da economia* e o da *concentração dos atos processuais*, dado que a parte deve se responsabilizar em trazer as testemunhas para serem ouvidas na primeira oportunidade que comparecer em juízo. Essa orientação, sem embargo, teoricamente cerceia o direito de ação ou de defesa, conforme se trate de reclamante ou reclamado, pois, *no processo do trabalho*, ao contrário do cível, *não está previsto o instituto do rol de testemunhas*, a ser apresentado no prazo comum fixado pelo juiz, não superior a 15 dias – art. 357, § 4º, do CPC/2015.

De tal sorte, alegando a parte que convidou as testemunhas a apresentarem-se à "audiência una", mas agregando que elas não vieram, só restaria ao juiz determinar a apresentação do rol correlato para a devida notificação. Exceto, é claro, se o litigante se comprometer a trazê-las, independentemente de notificação. Assim procedendo, porém, ele assume os riscos do não comparecimento e de ver preclusa a oportunidade de produzir prova testemunhal. Salvo, óbvio, se houver um motivo de *força maior* a justificá-lo. Aliás, não se pode esquecer de que as partes não têm o poder de conduzir as testemunhas. Além disso, a diferença de procedimento adotado em cada Vara do Trabalho pode confundir advogados e partes.

De outro lado, a doutrina recomenda aos reitores do processo que busquem investigar se a afirmativa de ter havido convite das testemunhas ausentes é verdadeira ou a) se é apenas um *blefe*, com o escopo de *protrair* o desfecho da reclamação, caso haja partido do reclamado ou ainda b) uma forma de *evadir-se da preclusão*. Cabendo, caso comprovado o estratagema, a decretação da preclusão do direito de ouvir as testemunhas não convidadas e a condenação por litigância de má-fé[21].

Nada obstante, muito embora tal medida seja salutar à dignidade da Administração da Justiça, e, por isso mesmo, deva ser incentivada, do ponto de vista prático, parece-nos de pouca utilidade e de difícil concretização. Em primeiro lugar, porque o adiamento da sessão para se permitir a notificação dos testificadores tem de ocorrer de qualquer maneira, sob pena de nulidade processual por cerceamento de defesa. E, em segundo lugar, porque é mister *prova cabal da inexistência* do referido *convite* da parte ou da *recusa* dos testigos, o que só poderia ser obtido por meio do interrogatório do próprio litigante e do depoimento das mesmas testemunhas faltosas. Não é difícil se imaginar a falta de interesse dessas pessoas em depor seriamente sobre um fato capaz de prejudicá-las. Salvo melhor juízo, não é interessante ao rápido desfecho da causa, desse modo, a criação de incidente envolvendo *probatio diabolica*[22].

3.1.5. A solução trazida pelo procedimento sumariíssimo

A Lei n. 9.957, de 12 de janeiro de 2000, que instituiu o *procedimento sumariíssimo* no processo trabalhista, enfrentou habilmente o angustioso problema procedimental da intimação testemunhas.[23] A propósito, leia-se o que diz a CLT a respeito de procedimento sumariíssimo:

> Art. 852-H. Todas as provas serão produzidas na audiência de instrução e julgamento, ainda que não requeridas previamente.
>
> [...]
>
> § 2º As testemunhas, até o máximo de duas para cada parte, comparecerão à audiência de instrução e julgamento independentemente de intimação.
>
> § 3º Só será deferida intimação de testemunha que, comprovadamente convidada, deixar de comparecer. Não comparecendo a testemunha intimada, o juiz poderá determinar sua imediata condução coercitiva.

---

(21) V. ALMEIDA, Ísis. *Manual de direito processual do trabalho*. 4. ed. São Paulo: LTr, 1991. v. II, p. 203-204. GIGLIO, Wagner D. *Direito processual do trabalho*. 9. ed. São Paulo: LTr, 1995. p. 263. MALTA, Christovão Piragibe Tostes. *A prova no processo trabalhista*. São Paulo: LTr, 1997. p. 108-110. PINTO, José Augusto Rodrigues. *Processo trabalhista de conhecimento*. 4. ed. São Paulo: LTr, 1998. p. 396-397. TEIXEIRA FILHO, Manoel Antonio. *A prova no processo do trabalho*. 6. ed. São Paulo: LTr, 1994. p. 327-330.

(22) Em sentido contrário, v. TEIXEIRA FILHO, Manoel Antonio. *O procedimento sumaríssimo no processo do trabalho*. 2. ed. São Paulo: LTr, 2000. p. 118.

(23) Prescreve a CLT: Art. 852-A. Os dissídios individuais cujo valor não exceda a quarenta vezes o salário mínimo vigente na data do ajuizamento da reclamação ficam submetidos ao procedimento sumariíssimo. Parágrafo único. Estão excluídas do procedimento sumariíssimo as demandas em que é parte a Administração Pública direta, autárquica e fundacional.

De tal sorte, muitos juízes têm baixado portarias, com chancela da Corregedoria, inspirando-se no procedimento sumariíssimo, para resolver os incidentes relativos ao procedimento de *comparência das testemunhas* às "audiências unas", inclusive analogicamente no que toca às reclamações que sigam o procedimento ordinário. Aliás, como recomenda a *teoria do diálogo das fontes*. A propósito, conforme Erik Jayme, se opõe à ideia de que o *conflito de leis* deve ser solucionado observando-se critérios tradicionais como o da *especialidade entre as leis*, de forma que uma lei deva ser aplicada em detrimento da outra. Para ele as normas não devem conflitar entre si, mas *dialogarem* em busca de uma solução mais justa e racional para o caso concreto, tendo em mira sempre a *prevalência dos direitos fundamentais*[24].

Assim, as testemunhas comparecerão à "audiência una" independentemente de intimação. A parte deve, portanto, acautelar-se e *fazer prova de que convidou a testemunha* ausente. Esta prova poderá ser realizada por qualquer meio em direito admitido: a) remessa de *correspondência com aviso de recebimento*; b) *convite escrito com o ciente da testemunha* convidada e até mesmo por intermédio da outra testemunha presente (art. 369 do CPC/2015.). Caso contrário, não poderá ser aceito pedido de intimação da testemunha faltante. Por outro lado, obviamente não se admite o adiamento da sessão apenas com o propósito de provar a realização do convite[25].

Aliás, o CPC/2015, subsidiariamente aplicado, cuida exatamente desse ponto:

> Art. 455. Cabe ao advogado da parte informar ou intimar a testemunha por ele arrolada do dia, da hora e do local da audiência designada, dispensando-se a intimação do juízo.
>
> § 1º A intimação deverá ser realizada por carta com aviso de recebimento, cumprindo ao advogado juntar aos autos, com antecedência de pelo menos 3 (três) dias da data da audiência, cópia da correspondência de intimação e do comprovante de recebimento.
>
> § 2º A parte pode comprometer-se a levar a testemunha à audiência, independentemente da intimação de que trata o § 1º, presumindo-se, caso a testemunha não compareça, que a parte desistiu de sua inquirição.
>
> § 3º A inércia na realização da intimação a que se refere o § 1º importa desistência da inquirição da testemunha. (...).

Tratando-se, porém, de testemunha que resida fora da comarca onde corre o feito, admite-se a sua oitiva por **carta precatória** ou **rogatória**. Mas dês que comprovado o convite[26]. Assim, evita-se o ardil de pedir-se a inquirição por precatória apenas para suprir-se a incúria no convite dos testigos ou simplesmente para obter-se o adiamento procrastinatório da sessão.

3.1.6. *A conveniência da condução coercitiva*

Vimos antes que, se a testemunha não atender à intimação, poderá, além de sofrer **multa**, ser **conduzida coercitivamente**. Por sinal, diz a CLT quanto ao *procedimento sumariíssimo*: "Art. 852-H. (...) § 3º Só será deferida intimação de testemunha que, comprovadamente convidada, deixar de comparecer. Não comparecendo a testemunha intimada, o juiz **poderá** determinar sua imediata **condução coercitiva**." (grifamos)

Não se olvide, porém, que toda vez a lei fala que o juiz *poderá* determinar a realização de uma diligência significa que se trata de uma *faculdade*. Faz parte do seu *poder discricionário* – jungido obviamente aos *princípios da razoabilidade, da proporcionalidade* e *da motivação*[27]. Não se pode relegar ao oblívio que as testemunhas são *colaboradoras da Justiça* e não auxiliares das partes. O reitor do processo deverá decidir segundo o seu *prudente arbítrio fundamentado* (art. 371 do CPC/2015) a respeito da necessidade ou não da condução coertiva da testemunha[28]. Aliás, figuremos a hipótese na qual a prova por documentos seja suficientemente robusta para demonstrar a matéria fática e não haja sido impugnada, qual a necessidade aí de condução coercitiva da testemunha intimada de forma extrajudicial e do consequente adiamento da sessão?

Por outro lado, o diretor do processo não deve tomar iniciativa de determinar condução coercitiva sem a devida cautela de **consultar a parte** (art. 10 do CPC/2015.), pois muita vez não é interessante a ela obrigar o testigo a comparecer em juízo, porquanto seu

---

(24) Direito internacional privado e cultura pós-moderna (1996). *Cadernos do Programa de Pós-Graduação em Direito*, Porto Alegre, v. 1, n. 1, nov. 2013. Disponível em: <http://seer.ufrgs.br/index.php/ppgdir/article/view/43487/27366>. Acesso em: 25 ago. 2015.
(25) MALLET, Estêvão. *Procedimento sumaríssimo trabalhista*. São Paulo: LTr, 2002. p. 72.
(26) MALLET, Estêvão. Ob. cit., p. 72 e 73.
(27) MELLO, Celso Antônio Bandeira de. *Curso de direito administrativo*. 24. ed. São Paulo: Malheiros, 2007. p. 105-106.
(28) TEIXEIRA FILHO, Manoel Antonio. *A prova no processo do trabalho*, cit., p. 120-121.

depoimento poderá não mais ser prestado de *boa vontade*. Além disso, o litigante pode entender que *o fato já foi provado* por outro meio.

3.2. Da admissibilidade da prova testemunhal

3.2.1. *A prova testemunhal nos contratos de valor superior a dez salários mínimos*

Assim previa o art. 401 do CPC/1973: "A prova exclusivamente testemunhal só se admite nos contratos cujo valor não exceda o décuplo do maior salário mínimo vigente no país, ao tempo em que foram celebrados." Na esfera trabalhista, a jurisprudência sempre refutou a aplicabilidade subsidiária o art. 401 do CPC/1973 para a prova dos contratos de trabalho[29], porquanto incompatível com o *princípio da primazia da realidade*, consagrado pelo art. 443 da CLT[30]. Reforçando a inaplicabilidade da norma ordinária, Manoel Antonio Teixeira Filho acrescenta que os contratos de trabalho, ainda que por prazo determinado, não têm prefixação do valor contratual[31].

Por sua vez, o CPC/2015 não contém dispositivo semelhante[32]. Aliás, temos no art. 1.072 do mesmo Diploma: "Revogam-se: (...) II – os arts. 227, *caput*, (...)] da Lei n. 10.406, de 10 de janeiro de 2002 (Código Civil); (...)" Por sinal, o *caput* do art. 227 do CC/2002 dizia: "Salvo os casos expressos, a prova exclusivamente testemunhal só se admite nos negócios jurídicos cujo valor não ultrapasse o décuplo do maior salário mínimo vigente no País ao tempo em que foram celebrados." Todavia, o seu parágrafo único foi mantido, *in verbis*: "Qualquer que seja o valor do negócio jurídico, a prova testemunhal é admissível como subsidiária ou complementar da prova por escrito."

Noutro giro, na vigência do CPC/1973, Pontes de Miranda há muito já advertia: "A expressão 'contrato', como quase sempre aparece nas leis, por falta de terminologia, está em vez de negócio jurídico."[33] Aliás, Miguel Reale define com clareza o **negócio jurídico**, ou seja:

> (...) aquela espécie de ato jurídico que, além de se originar de um ato de vontade, implica a declaração expressa da vontade, instauradora de uma relação entre dois ou mais sujeitos tendo em vista um objetivo protegido pelo ordenamento jurídico.[34]

O negócio jurídico goza de amparo legal para *criar, modificar* ou *extinguir direitos subjetivos*. Ele provoca o contato entre duas pessoas, que se tornam *sujeitos de direito*. Cria uma *relação jurídica*, ou seja, uma *obrigação*. É *fonte* ou causa geradora *de obrigações unilaterais ou bilaterais*. Os negócios jurídicos estão sob o pálio do *princípio da autonomia da vontade*. Portanto, é imprescindível verificar-se *capacidade do agente, manifestação isenta de vícios, objeto lícito* e *forma prescrita em lei*[35] (art. 104 do CC/2002).

Por outras palavras, o CPC/2015, além de corrigir a equívoca expressão "contratos" contida no CPC/1973, excluiu a injustificável restrição à prova testemunhal quanto aos negócios jurídicos de valor superior a 10 salários mínimos. Aliás, não deve o magistrado se preocupar em estabelecer *hierarquia entre as provas*, mas procurar no conjunto dos elementos de convicção a verdade dos fatos. Tudo sem se esquecer do *ônus da prova*, que faz recair sobre a parte o peso de produzir a *prova mais convincente*.

Nada obstante, nem todos os negócios jurídicos agora podem ser provados exclusivamente por testemunhas[36]. Há aqueles cuja forma escrita faz parte da própria substância do ato ou contrato solene (*ad substantia negotii*). A lei impõe *forma especial* para a sua validade sem a qual este é nulo. Assim, *e. g.*, temos a **escritura pública** do *contrato de compra e venda*, com o registro no cartório competente, como *formalidade essencial* para a *transmissão de bens imóveis de valor superior a trinta*

---

(29) COSTA, Coqueijo. *Direito processual do trabalho*. 4. ed. rev. e atual. e adap. à Constituição de 1988 por Washington Luiz da Trindade. Rio de Janeiro: Forense, 1995. p. 352.

(30) COSTA, Coqueijo. Ob. cit., p. 352.

(31) *A prova no processo do trabalho*, cit., p. 333.

(32) FUX, Luiz (Org.); NEVES, Daniel Amorim Assumpção (Coord.). *Novo CPC comparado*. 2. ed. Rio de Janeiro: Método, 2015. p. 102.

(33) MIRANDA, Pontes de. *Comentários ao Código de Processo Civil*. 3. ed. Rio de Janeiro: Forense, 1996. t. IV, p. 424.

(34) REALE, Miguel. *Lições preliminares de direito*. 17. ed. São Paulo: Saraiva, 1990. p. 206.

(35) GOMES, Orlando. *Obrigações*. 7. ed. Rio de Janeiro: Forense, 1984. p. 24, 25, 31, 35-39.

(36) DINAMARCO, Cândido Rangel. *Instituições de direito processual civil*. 7. ed. São Paulo: Malheiros, 2017. v. III, p. 706-709.

salários mínimos, que, *ipso facto*, não pode ser suprida pela prova testemunhal[37].

Por sua vez, dizia o CPC/1973: "Art. 402. Qualquer que seja o valor do contrato, é admissível a prova testemunhal, quando: I – houver começo de prova por escrito, reputando-se tal o documento emanado da parte contra quem se pretende utilizar o documento como prova;..." Já o CPC/2015 repete a mesma fórmula: "Art. 444. Nos casos em que a lei exigir prova escrita da obrigação, é admissível a prova testemunhal quando houver começo de prova por escrito, emanado da parte contra a qual se pretende produzir a prova."

Vale dizer, ainda que não haja escritura pública registrada em cartório, o simples *instrumento do compromisso de compra e venda* pode servir como *indício da posse imóvel*, que pode ser considerada demonstrada quando somado à prova testemunhal, por exemplo. Além disso, quando a forma escrita for indispensável para a concretização do negócio jurídico, a prova testemunhal pode lastrear pedido de *indenização* em virtude das despesas arcadas com o negócio considerado nulo[38].

Finalmente, temos no CPC/2015: "Art. 443 – O juiz indeferirá a inquirição de testemunhas sobre fatos: I – já provados por documento ou confissão da parte; II – que só por documento ou por exame pericial puderem ser provados". Vale dizer, se não houver arguição de falsidade material ou ideológica de *documento*. Não há necessidade da oitiva da testemunha. O mesmo se aplica quando não se pretende provar *vício de consentimento* na confissão (erro, dolo, coação, simulação ou fraude) sobre a mesma matéria[39] (art. 446 do CPC/2015).

Além disso, existem fatos que demandam *conhecimento artístico, técnico* ou *científico* sobre os quais a prova pericial não pode ser substituída pela testemunhal. Assim como nas hipóteses de verificação de insalubridade, periculosidade ou acidente de trabalho – forte no art. 156 do CPC/2015, art. 195 da CLT e art. 143, *caput* e inc. II do Dec. n. 611/1992. Aliás, não se deve confundir o *depoimento do perito* com *prova testemunhal*, uma vez que o experto é *auxiliar Justiça* – cabendo-lhe *analisar* os fatos tecnicamente (art. 149 do CPC/2015), enquanto que a testemunha deve limitar-se a *narrá-los* de modo mais objetivo possível. Por sinal, o que o CPC/2015 autoriza é uma **perícia simplificada** mediante a inquirição do perito em audiência (§ 3º do art. 464).

3.2.2. Testemunhas incapazes, suspeitas ou impedidas

A CLT limita-se a dizer a respeito da suspeição ou impedimento para testemunhar: "Art. 829. A testemunha que for parente até o terceiro grau civil, amigo íntimo ou inimigo de qualquer das partes, não prestará compromisso, e seu depoimento valerá como simples informação." Vale dizer, a Consolidação não classifica precisamente as pessoas incapazes, suspeitas ou impedidas de testificar, o que nos obriga a nos socorrer no CPC/2015.

3.2.2.1. Suspeitos para atuar como testemunha

São **suspeitos** para atuar como testemunhas, conforme o art. 447 do CPC/2015: "I – o inimigo da parte ou o seu amigo íntimo; II – o que tiver interesse no litígio". A propósito, não foram repetidas outras causas de suspeição previstas no CPC/1973: "Art. 405. (...) § 3º São suspeitos: I – o condenado por crime de falso testemunho, havendo transitado em julgado a sentença; II – o que, por seus costumes, não for digno de fé; (...)" Provavelmente isso se deu com o intuito de não se restringir muito o escopo da colheita de prova. Afinal, nem sempre o condenado por falso testemunho e a pessoa de vida desregrada mentem. Nada obstante, é importante que determinados fatos a respeito da conduta pretérita da testemunha venham a lume de modo a se poder melhor aquilatar a credibilidade de suas declarações. Por outro lado, a expressão "inimigo capital da parte" (art. 405, § 3º, do CPC/1973) igualmente não foi mantida pelo CPC/2015. Porém, permanece no art. 228, IV, do CC/2002. Noutro giro, a CLT, assim como o NCPC, considera suspeito o simples inimigo, ou seja, não há necessidade de *ódio mortal* desunindo testemunha e parte – com a verificação de ameaças e calúnias, *e. g.* Porém, a simples condição de *adversários* em processo judicial, *v. g.*, não lhes qualifica como inimigos.

Em virtude da restrição de espaço neste artigo, faremos aqui um *corte metodológico*, concentrando nosso foco na *hipótese mais frequente de contradita*, ou seja, o da testemunha que aforou reclamação contra o mesmo empregador do reclamante.

---

(37) Por sinal, diz o art. 108 do *CC/2002*: "Não dispondo a lei em contrário, a escritura pública é essencial à validade dos negócios jurídicos que visem à constituição, transferência, modificação ou renúncia de direitos reais sobre imóveis de valor superior a trinta vezes o maior salário mínimo vigente no País."

(38) THEODORO JÚNIOR, Humberto. *Curso de direito processual civil*: teoria geral do direito processual civil e processo de conhecimento. 56. ed. Rio de Janeiro: Forense, 2015. v. I, p. 977.

(39) GAGLIANO, Pablo Stolze; PAMPLONA FILHO, Rodolfo. *Manual de direito civil*. São Paulo: Saraiva, 2017. p. 136 e ss.

3.2.2.1.1. Testemunha que ajuizou reclamação contra o mesmo empregador

No processo trabalhista ordinário, cada uma das partes pode trazer até *três testemunhas* para informar o que sabem sobre os fatos pertinentes à causa, exceto no caso de *inquérito judicial*, hipótese em que o número respectivo pode chegar a *seis testemunhas* (art. 821 da CLT). Além disso, no *procedimento sumariíssimo*, no máximo, duas serão ouvidas. Normalmente, o reclamante traz ex-empregados para depor, considerando que geralmente *testemunharam a relação de trabalho* objeto da controvérsia e *não mais receiam represálias* por parte do antigo empregador. O problema aí ocorre pelo fato de comumente as testemunhas também terem ajuizado reclamação trabalhista, com pedidos semelhantes, contra o mesmo empregador, haja vista que os fatos ocorridos com o reclamante *quase sempre* também assim se deram no que toca aos ex-colegas trazidos a depor, porquanto *comungavam do mesmo ambiente de trabalho*.

Muita vez, a parte reclamada contradita as testemunhas apresentadas pelo reclamante, afirmando que não possuem a isenção necessária para depor. De fato, é insofismável que aquele que possui reclamação trabalhista contra a reclamada, com pedidos semelhantes, pode se sentir tentado a deturpar os fatos. É possível que tenda a contar com futura ajuda do reclamante como testemunha na sua própria reclamação, ou simplesmente, estar preparando terreno para deixar registrado fatos que lhe possam ser úteis na própria ação. Ocorre que, se o reclamante na ação principal não puder trazer os antigos colegas para depor ficará numa situação muito difícil, haja vista que a prova documental é quase toda produzida e arquivada pela reclamada.

A **Súmula n. 357/TST** resolveu parcialmente esse problema, ao dizer que o fato de a testemunha ajuizar ou ter ajuizado reclamação contra o mesmo empregador, por si só, não a torna suspeita. Impera aí o *princípio direito de ação* (art. 5º, XXXV, da CF/1988). Nada obstante, cabe ao juiz indagar ao convidado a testemunhar se isso realmente é verdade. Muito embora isso não seja muito comum, ainda há pessoas sérias que admitem possuir *interesse pessoal* na vitória do reclamante (art. 447, II do CPC/2015).

3.2.2.2. Incapazes de atuar como testemunha

A pessoa convidada a depor igualmente pode ser por incapacidade ou impedimento em diversas outras hipóteses. Aliás, segundo o art. 447 do CPC/2015, são **incapazes** de depor:

> I – o interdito por enfermidade ou deficiência mental;
>
> II – o que, acometido por enfermidade ou retardamento mental, ao tempo em que ocorreram os fatos, não podia discerni-los, ou, ao tempo em que deve depor, não está habilitado a transmitir as percepções;
>
> III – o que tiver menos de 16 (dezesseis) anos;
>
> IV – o cego e o surdo, quando a ciência do fato depender dos sentidos que lhes faltam.

Nada obstante, diz o CC/2002, com a redação do Estatuto da Pessoa com Deficiência (Lei n. 13.146/2015): "Art. 228. (...). § 2º A **pessoa com deficiência** poderá testemunhar em igualdade de condições com as demais pessoas, sendo-lhe assegurados todos os recursos de tecnologia assistiva." (destaques nossos.) Vale dizer, na medida do possível, o testemunho da pessoa com deficiência deve ser colhido, porquanto pode ser fundamental para a prova do fato controvertido. Além disso, trata-se de medida que promove sua integração na sociedade como cidadã (art. 1º do EPD).

3.2.2.3. Impedidos de depor em juízo como testemunhas

São *impedidos* de depor em juízo, segundo o art. 447 do CPC/2015:

> I – o cônjuge, o companheiro, o ascendente e o descendente em qualquer grau e o colateral, até o terceiro grau, de alguma das partes, por consanguinidade ou afinidade, salvo se o exigir o interesse público ou, tratando-se de causa relativa ao estado da pessoa, não se puder obter de outro modo a prova que o juiz repute necessária ao julgamento do mérito;
>
> II – o que é parte na causa;
>
> III – o que intervém em nome de uma parte, como o tutor, o representante legal da pessoa jurídica, o juiz, o advogado e outros que assistam ou tenham assistido as partes.

Aliás, vale a pena mencionar que, para o processo do trabalho, a suspeição cessa igualmente depois do *terceiro grau*. A vedação, por conseguinte, não se estende até os **primos**, haja vista serem parentes consanguíneos colaterais de *quarto grau*. Muito embora, em face dos estreitos laços familiares que os une, devam seus depoimentos ser recebidos com cautela.

3.2.2.4. Consequências do acolhimento da contradita

Acolhida a contradita, compete ao juiz indeferir o *compromisso* do convidado a depor. Podendo ouvi-lo tão somente como *informante*, caso saiba de fatos que nenhuma outra pessoa disponível tenha conhecimento (art. 829 da CLT). A propósito, temos no CPC/2015:

> Art. 447. (...).
>
> § 4º Sendo necessário, pode o juiz admitir o depoimento das testemunhas menores, impedidas ou suspeitas.
>
> § 5º Os depoimentos referidos no § 4º serão prestados independentemente de compromisso, e o juiz lhes atribuirá o valor que possam merecer.

Além disso, prevê o mesmo CPC/2015:

> Art. 457. Antes de depor, a testemunha será qualificada, declarará ou confirmará seus dados e informará se tem relações de parentesco com a parte ou interesse no objeto do processo.
>
> § 1º É lícito à parte contraditar a testemunha, arguindo-lhe a incapacidade, o impedimento ou a suspeição, bem como, caso a testemunha negue os fatos que lhe são imputados, provar a contradita com documentos ou com testemunhas, até 3 (três), apresentadas no ato e inquiridas em separado.
>
> § 2º Sendo provados ou confessados os fatos a que se refere o § 1º, o juiz dispensará a testemunha ou lhe tomará o depoimento como informante.
>
> (...).

Além disso, em situações excepcionalíssimas, defendemos que a parte que só tenha trazido uma única testemunha ciente dos fatos controvertidos, cuja contradita tenha sido acolhida, poderá fazê-la *substituir* por outrem, sob pena de cerceamento do *direito de ação* ou da *ampla defesa* (art. 5º, XXXV e LV, da CF/1988). É evidente que aqui não se trata de conivência com a *incúria da parte* que *tout court* não se certificou quanto à inexistência de situação de impedimento, suspeição ou incapacidade da testemunha, mas de *motivo oculto* ou *surgido após o convite para depor*.

3.3. Técnica de interrogatório

Resolvidos os incidentes que antecedem o compromisso da testemunha de falar a verdade sob pena de cometimento do crime de falso testemunho e multa, esta passa a ser ouvida pelo juiz. Após, este indagará às partes, que geralmente se fazem assistir por advogados, se desejam fazer perguntas. O magistrado *depurará* as perguntas *sugestivas, capciosas, repetitivas, ofensivas* e *impertinentes*, formulando-as diretamente à testemunha. Saliente-se que o questionamento da testemunha deverá observar uma forma que lhe seja compreensível, ou seja, uma *linguagem simples e objetiva*, cujo apuro variará conforme a complexidade do caso e a qualificação do testigo.

Por outro lado, o CPC/2015 inovou ao permitir que a parte formule perguntas diretamente à testemunha:

> Art. 459. As perguntas serão formuladas pelas partes diretamente à testemunha, começando pela que a arrolou, não admitindo o juiz aquelas que puderem induzir a resposta, não tiverem relação com as questões de fato objeto da atividade probatória ou importarem repetição de outra já respondida.

Aliás, a inspiração aí vem dos países da ordem do *common law*, nos quais prevalece o sistema do *direct examination*, por meio do qual a própria parte que apresentou a testemunha a interroga diretamente. Além disso, ali há o método do *cross-examination*, pelo qual o *ex adversus* imediatamente interpela a testemunha indicada pela outra parte[40]. É por meio das respostas fornecidas no interrogatório cruzado que o júri irá avaliar a credibilidade do testigo. Essa técnica tem a grande vantagem do **efeito-surpresa**. Por outras palavras, não se concede muito tempo à testemunha para elaborar uma resposta que seja conveniente ao próprio interesse ou ao de uma das partes. Aí mais facilmente ela poderá *cair em contradição* ou simplesmente *revelar a verdade de modo espontâneo*.

A dinâmica com que as interpelações aí são produzidas permite que as respostas surjam por *impulso*, máxime porque, além de não haver a intermediação do presidente da instrução, não há a necessidade de serem ditadas para registro nem as perguntas nem respostas, o que quebraria o ritmo *emocional* da interpelação. As palavras proferidas são registradas por estenógrafo. Aliás, nos países de origem anglo-saxônica, prevalece o sistema processual de feição *dispositiva*, no qual se estabelece franca *competição* entre as partes, algo típico da ideologia liberal. O juiz ali pouco ou nada pergunta, limitando-se a monitorar os interrogatórios, interferindo apenas para aceitar ou repelir os protestos das partes, bem assim, raramente, para esclarecer pontos duvidosos ou colmatar lacunas no depoimento[41].

Por sua vez, François Gorphe critica duramente essa técnica de interrogatório, ao afirmar que esse sistema

---

(40) MITTERMAIER, C. J. A. *Tratado da prova em matéria criminal*. Tradução de Herbert Wuntzel. 3. ed. Campinas: Bookseller, 1996. p. 244-245.

(41) DIDIER JR., Fredie; BRAGA, Paula Sarno; OLIVEIRA, Rafael. *Curso de direito processual civil*: teoria da prova, direito probatório, ações probatórias, decisão, precedente, coisa julgada e antecipação de tutela. 11. ed. Salvador: JusPodivm, 2016. v. 2, p. 260.

cria um clima de animosidade e perturba a tranquilidade do testigo, que, *ipso facto*, perde a necessária serenidade para depor com precisão[42]. Aliás, é por isso que as *regras federais sobre a prova* nos **Estados Unidos** preveem que o juiz deve proteger a testemunha do assédio, do abuso verbal ou do indevido constrangimento[43].

O sistema da *common law*, porém, é muito diferente do nosso. O juiz em geral, lá, não faz perguntas. Trata-se cultura diferente da tradição da *civil law*. Aqui temos processo trabalhista de cariz marcadamente *inquisitório*, no qual cabe ao juiz a *condução do processo*. Aliás, vê-se na CLT: "Art. 765. Os Juízos e Tribunais do Trabalho terão ampla liberdade na direção do processo e velarão pelo andamento rápido das causas, podendo determinar qualquer diligência necessária ao esclarecimento delas." E, ainda: "Art. 820. As partes e **testemunhas serão inquiridas pelo juiz** ou presidente, **podendo ser reinquiridas, por seu intermédio**, a requerimento dos vogais, das partes, seus representantes ou advogados." (grifamos)

Nada obstante, *a depender da situação concreta*, pode o juiz perguntar à testemunha apenas se esta entendeu a pergunta dirigida ao juiz pelo advogado, permitindo ato contínuo que a responda. Aliás, existem situações no ambiente de trabalho cujas peculiaridades são difíceis de serem enxergadas pelo juiz nas minúcias dos seus detalhes, pois que este não viveu aquela realidade. Assim, *v. g.*, temos a duração do trabalho de motoristas interestaduais ou de petroleiros nas plataformas, bem assim o cálculo de prêmios de bancários etc.

Por sua vez, felizmente, há testemunhas e advogados sérios que seguem as regras de decência e urbanidade, impostas à participação do ato solene da audiência. Assim, se a tomada de depoimentos flui sem maiores tumultos de parte a parte, não há motivo para que o juiz do Trabalho não permita que o advogado faça perguntas diretamente à testemunha, valendo-se da analogia com o CPC/2015. Aliás, como recomenda a mencionada *teoria do diálogo das fontes*.

4. A INOVAÇÃO TRAZIDA PELA REFORMA TRABALHISTA (LEI N. 13.467/2017)

A Lei n. 13.467, de 13 de julho de 2017, vigente em 11 de novembro de 2017, alterou a Consolidação das Leis do Trabalho em centenas de pontos, a fim de supostamente adequar a legislação às novas relações de trabalho. Nada obstante, demandará anos até que a comunidade jurídica consiga *navegar* nesse *tsunami* – como adverte Nelson Mannrich – que nos engolfou de espanto[44].

Aliás, o desprezo a institutos tradicionais do Direito do Trabalho, aliado à ausência de uma séria Reforma Sindical, bem assim *votações a toque de caixa* e, como se não bastasse, procedidas por um Congresso com pouca legitimidade, fizeram com que a Reforma Trabalhista fosse acolhida com descrédito pela sociedade, o que, certamente, representará escolho à efetividade das novas normas. De todo modo, *legem habemus*, cabendo-nos a penosa tarefa de interpretar e aplicar a Reforma Trabalhista, com esta concordemos ou não.

4.1. A multa à falsa testemunha do art. 793-D da CLT

O novo art. 793-D da CLT estende a *multa por litigância de má-fé* – tratada nos novéis arts. 793-A a 793-C da CLT – à testemunha que falte propositadamente com a verdade ou omita dolosamente fatos sobre os quais tenha conhecimento, cuja revelação seja essencial para a investigação do litígio. Ao demais, estabelece que a execução da multa *sub examine* dê-se nos próprios fólios principais. Aliás, em face da falta de compromisso com a verdade de uma miríade de testemunhas, mesmo arriscando-se a responder pelo crime de falso testemunho (art. 342 do CP), tal novidade é elogiável como tentativa de assegurar a dignidade da administração da Justiça, bem assim de se buscar a verdade real[45]. Porém, sabe-se que haurir em um testemunho o que é *verdade, mentira, ignorância, esquecimento, falsa memória, autossugestão, má percepção, ligeireza de espírito, dificuldade de expressão no vernáculo* e de *articulação ideias*, nomeadamente tratando-se de *testificadores de poucas letras*, como costumam acorrer em massa diariamente à Justiça do Trabalho, é dura tarefa...

Noutro giro, é inelutável que há depoimentos descaradamente mentirosos. Isso sem dúvidas ocorre em face da segura certeza da impunidade na órbita criminal. Aí, guiando-se pelo *princípio da busca da verdade*

---

(42) *La crítica del testimonio*. Tradução de Mariano Ruiz-Funes. 5. ed. Madri: Reus, 1971. p. 66.

(43) *Federal Rules of Evidence*. Article VI. Witnesses. Rule 611. Mode and order of examining witnesses and presenting evidence. Disponível em: <https://www.law.cornell.edu/rules/fre>. Acesso em: 19 fev. 2018.

(44) Reforma trabalhista. Que reforma? In: AGUIAR, Antonio Carlos (Coord.). *Reforma trabalhista*: aspectos jurídicos. São Paulo: Quartier Latin do Brasil, 2017. p. 229-255.

(45) PRATA, Marcelo Rodrigues. *A prova testemunhal no processo civil e trabalhista*, cit., p. 402 e ss.

real, não se dispensa a *certeza da culpa acima de qualquer dúvida razoável* para condenar uma testemunha à pena privativa de liberdade. Ademais, é consabido que a simples condenação penal nem sempre acarreta prisão, considerando-se os benefícios a que o réu tem direito, mormente nos crimes de menor potencial ofensivo – *extinção da punibilidade pela retratação* ou *prescrição* e *suspensão condicional da pena*, v. g. (arts. 77 a 82 e 107 e ss. do CP).

De outro lado, a Justiça do Trabalho permite condenação em multa com base na *verossimilhança* dos fatos. *Id est*, mesmo que seja um ideal a ser alcançado, a busca da verdade real ali não é inescapável[46]. Por outras palavras, são admitidas *presunções* na esfera das provas, aptas a dar azo à condenação, todas as vezes que o testemunho traga em si insofismáveis contradições, ainda quando concedida a *necessária oportunidade para a testemunha se explicar ou se retratar* (art. 212 do CC/2002). Porém, saliente-se que a falsidade do depoimento pode ser fruto das *características pessoais do testigo* – como *problemas de expressão, lembrar-se dos fatos* assim como ocorreram ou simplesmente de *ignorância* do seu compromisso em relatar *objetivamente* os fatos, isto é, privando-se de interpretá-los.

4.1.1. Necessidade de instauração de incidente para aplicação da multa

4.1.1.1. Da ausência de natureza vinculante da instrução normativa

Em 16.05.2018, um Parecer produzido pela Comissão de Regulamentação da *Lei n. 13.467/2017*, a respeito de proposta de futura Instrução Normativa do C. TST, foi encaminhado à Presidência, por meio do Of. TST.GMACV n. 027, de 2018, sugerindo a criação de *incidente processual* antes da imposição da multa à testemunha[47]. Ocorre que a futura *instrução normativa*, muita embora tenha inegável utilidade em um *momento de insegurança jurídica*, decorrente da necessidade de se interpretar e aplicar imediatamente a *Lei n. 13.467/2017* no processo trabalhista, evidentemente, *não vinculará os juízes do Trabalho*, porquanto o *poder-dever de interpretação e aplicação* do Direito não lhes pode ser subtraído nem muito menos podem eles ser punidos pelo teor de suas decisões ou por expressar opiniões (art. 41 da LC n. 35/1979 e arts. 140 e 371 do CPC/2015).

Na realidade, como bem salientou o Instituto Brasileiro de Direito Processual (IBDP) – em seu pedido de intervenção, na qualidade *amicus curiae*, na Ação Direta de Inconstitucionalidade n. 5.516/DF, movida pela ANAMATRA contra a IN n. 39/2016 do TST –, a instrução normativa *não se trata de ato normativo primário*, ou seja, *não tem natureza jurídica de lei (forma estrutural com a qual se reveste a norma jurídica*, criada pelo Parlamento, segundo o *devido processo legislativo*[48]), mas, sim, a de *ato normativo secundário*.

Por outras palavras, a *instrução normativa* é editada por uma *resolução*, cuja natureza jurídica é a de *ato administrativo normativo*, possuindo como *fim apenas o de aclarar e detalhar o que já está na lei, não podendo contrariá-la nem* usurpar seu poder de *inovar* no ordenamento jurídico[49]. Aliás, consta no Ofício do Gabinete da Presidência do TST de n. 0446/2016, juntado aos autos da referida ADI n. 5.516/DF, que a IN n. 39/2016 do TST *possui caráter fundamentalmente orientativo e exemplificativo*[50].

4.1.1.2. Análise do art. 10 do Parecer da Comissão de Regulamentação da Lei n. 13.467/2017

Posto que se entenda "vinculante" eventual instrução normativa baseada no Parecer em comento, exsurgem algumas questões que tornam sua aplicação juridicamente controvertida quanto ao incidente em questão, mormente levando-se em conta os *princípios da celeridade e da duração razoável do processo* tão relevantes na seara trabalhista (art. 5º, LXXVIII, da Constituição).

---

(46) PRATA, Marcelo Rodrigues. *Anatomia do assédio moral no trabalho*: uma abordagem transdisciplinar. São Paulo: LTr, 2008. p. 424 e ss.

(47) "Art. 10. (...). Parágrafo único. Após a colheita da prova oral, a aplicação de multa à testemunha dar-se-á na sentença e será precedida de instauração de incidente mediante o qual o juiz indicará o ponto ou os pontos controvertidos no depoimento, assegurados o contraditório, a defesa, os meios a ela inerentes, além de possibilitar a retratação." (BRASIL. TST. *Comissão de ministros entrega parecer sobre a Reforma Trabalhista à Presidência do TST*. Disponível em: <http://www.tst.jus.br/documents/10157/2374827/Parecer+Comiss%C3%A3o.pdf/adfce987-afaf-c083-89ea-459f08f25209>. Acesso em: 17 maio 2018.).

(48) FERRAZ JUNIOR, Tercio Sampaio. *Introdução ao estudo do direito*. 4. ed. São Paulo: Atlas, 2003. p. 233.

(49) MEIRELLES, Hely Lopes. *Direito administrativo brasileiro*. Atualizada por Eurico de Andrade Azevedo, Délcio Balestero Aleixo e José Emmanuel Burle Filho. 17. ed. São Paulo: RT, 1992. p. 161-166.

(50) Disponível em: <http://redir.stf.jus.br/estfvisualizadorpub/jsp/consultarprocessoeletronico/ConsultarProcessoEletronico.jsf?seqobjetoincidente=4977107>. Acesso em: 1º ago. 2016.

4.1.1.2.1. Concessão de oportunidade para se retratar

O *direito de retração* é previsto no Código Penal com o objetivo de se privilegiar a *busca da verdade real*. Explica-se: *uma vez que a testemunha minta em juízo, ao encerrar-se seu depoimento, consuma-se o crime de falso testemunho*, porquanto este possui *natureza formal*[51]-[52]. Tanto isso é certo que o art. 211 do CPP autoriza a *prisão em flagrante* da testemunha nessa hipótese, bem assim o encaminhamento das peças correspondentes do processo à autoridade policial para *instauração do competente inquérito*, a fim de apurar-se a ocorrência do crime de falso testemunho[53]-[54].

Ocorre que, até a prolação da sentença, a testemunha pode *espontaneamente retratar-se*, ou seja, desdizer-se, revelando a verdade dos fatos. Nada obstante, isso não implica o desaparecimento *tout court* do delito da órbita jurídica, mas tão somente a **extinção da punibilidade** respectiva. O escopo aí do legislador fundamenta-se na *política criminal* que tende a privilegiar o *esclarecimento da verdade* em detrimento da punição *sic et simpliciter* do criminoso.

Noutro giro, *não há no CPP previsão de estabelecimento de incidente* para apuração de crime de falso testemunho nos próprios autos em que o delito tenha sido praticado. Tanto assim, repita-se, que a *prisão em flagrante delito* pode ser decretada tão logo se encerre o depoimento mendaz. Por sua vez, a *instrução* respectiva será feita em *processo criminal distinto*, *id est*, especialmente aberto para a averiguação do crime de falso testemunho. De outro lado, a *retratação espontânea* é válida mas dês que *antes da prolação da sentença* – nos autos do processo em que o crime foi praticado –, independentemente de concessão de prazo específico para tanto.

Aliás, saliente-se que o processo trabalhista tem características muito diferentes do criminal, haja vista que na seara do trabalho a parte pode ser condenada com fincas em meras presunções, enquanto que, na criminal, o réu é inocente até que se prove o contrário *acima de qualquer dúvida razoável*, considerando o valor primordial da *liberdade* em jogo. Além disso, o processo trabalhista tem compromisso muito maior com a *celeridade*, pois que cuida de *direitos de natureza alimentar*. A propósito, não se pode deslembrar do **princípio da independência das instâncias**[55].

Diante do exposto, sustentamos que, após o cotejo sereno de todos os elementos de convicção trazidos aos autos, o juiz do Trabalho possa, sim, condenar a testemunha mendaz, de logo, em multa por litigância de má-fé, independentemente de instauração de incidente para apurar o caso. Por outro lado, isso não impede que no juízo criminal ela venha ser absolvida como base em cognição exaustiva, com ampla possibilidade de produção de provas, concluindo-se pela inexistência do crime, o que deverá ser observado no juízo trabalhista, muito embora seja remotíssima a hipótese de um processo penal ser concluído antes de um trabalhista.

4.1.1.2.2. Impossibilidade de recurso da testemunha como terceira prejudicada

A condenação na multa em exame pode alcançar montantes expressivos e *ipso facto* não prescinde da garantia da ampla defesa (art. 5º, LV, da Constituição). Resta saber, na prática, como se daria então o *contraditório*. A propósito, o art. 996 do CPC/2015 diz que o recurso pode ser interposto pelo **terceiro prejudicado**. Por sinal, os *terceiros juridicamente prejudicados* são aqueles que mantêm uma *relação jurídica de direito material conexa* à estabelecida na relação jurídica processual *inter alios*, sobre a qual se pronunciou a sentença.

Não é esse o caso, contudo, da testemunha condenada em multa por litigância de má-fé. Aliás, se houvesse

---

(51) PRATA, Marcelo Rodrigues. *A prova testemunhal no processo civil e trabalhista*, cit., p. 417-420.

(52) NORONHA, E. Magalhães. *Direito penal*. 25. ed. São Paulo: Saraiva, 1988. v. IV, p. 370.

(53) "Art. 211. Se o juiz, ao pronunciar sentença final, reconhecer que alguma testemunha fez afirmação falsa, calou ou negou a verdade, remeterá cópia do depoimento à autoridade policial para a instauração de inquérito. Parágrafo único. Tendo o depoimento sido prestado em plenário de julgamento, o juiz, no caso de proferir decisão na audiência (art. 538, § 2º), o tribunal (art. 561), ou o conselho de sentença, após a votação dos quesitos, poderão fazer apresentar imediatamente a testemunha à autoridade policial."

(54) TOURINHO FILHO, Fernando da Costa. *Processo penal*. 12. ed. São Paulo: Saraiva, 1990. v. III, p. 383-385.

(55) A propósito, diz o CC/2002: "Art. 935. A responsabilidade civil é independente da criminal, não se podendo questionar mais sobre a existência do fato, ou sobre quem seja o seu autor, quando estas questões se acharem decididas no juízo criminal". Dispõe igualmente o CPC/2015: "Art. 966. A decisão de mérito, transitada em julgado, pode ser rescindida quando: (...) VI – for fundada em prova cuja falsidade tenha sido apurada em processo criminal ou venha a ser demonstrada na própria ação rescisória; (...)" Nessa linha, o art. 125 da Lei n. 8.112/1990 é claro: "As sanções civis, penais e administrativas poderão cumular-se, sendo independentes entre si." E, ainda, diz a mesma Lei: "Art. 126. A responsabilidade administrativa do servidor será afastada no caso de absolvição criminal que negue a existência do fato ou sua autoria."

possibilidade de a decisão sobre a *relação jurídica substancial* deduzida em juízo atingir direito de que ela afirme ser titular esta sequer poderia ser compromissada.

Em verdade, na hipótese *sub examine*, a *eficácia natural da sentença* pode produzir mero **prejuízo de fato** à testemunha (multa). Assim, esta *não tem direito de se insurgir contra a sentença* por meio de *recurso ordinário*, haja vista que a *autoridade da coisa julgada* (imutabilidade) *só alcança as partes da relação processual* correspondente, enquanto que a testemunha aí possui *status* de mera colaboradora da Justiça[56]-[57].

4.1.1.2.3. Defesa contra decisão que impõe multa à testemunha

Levando-se em conta que o testigo *não é parte nem terceiro prejudicado,* este, rediga-se, não tem legitimidade para propor recurso ordinário contra a sentença que lhe impuser multa. Por sua vez, transitada em julgado a decisão a respeito – ou caso o recurso ordinário não tenha sido recebido com efeito suspensivo –, poderá a parte contra a qual o falso testemunho foi produzido executar a multa em face do testificador, nos mesmos autos do processo principal[58]. Assim, uma vez intimada da penhora, a testemunha poderia ingressar com **embargos à execução**. Ocorre que *a matéria de defesa aí é restrita,* ou seja, *cumprimento da decisão ou do acordo,* bem assim *quitação ou prescrição da dívida*[59]. Vale dizer, em sede de embargos à execução, já não se poderia conhecer do mérito da sentença de conhecimento na qual a multa foi fixada.

Outra alternativa à testemunha para contra-atacar a sentença que lhe impôs multa seria socorrer-se dos **embargos de terceiro**[60]. Aliás, o CPC/2015 conferiu a estes últimos *ampla possibilidade de se discutir o mérito*[61]-[62]. Por sinal, o mesmo *Codex* permite ajuizamento dos embargos de terceiro mesmo na fase de conhecimento[63]. Isso, óbvio, desde que haja *ato judicial de constrição* de bem ou direito – ou mesmo a simples *ameaça* de que tal ocorra[64].

De outro lado, o **mandado de segurança** contra decisão que fixou a multa por má-fé da testemunha também seria teoricamente cabível. Porquanto, rediga-se, não sendo considerado terceiro prejudicado, o testigo não pode recorrer ordinariamente da decisão mencionada. Por sinal, o manejo do *writ* poderia ocorrer, *e. g.,* diante de *erro grosseiro* (decisão teratológica), capaz de ser verificado *primo ictu oculi.* Assim, por exemplo, *quando o juiz se confunde quanto ao nome da testemunha falsa.* Não se pode esquecer, porém, que o *mandamus* só ampara direito líquido e certo, ou seja, não se presta à instrução probatória exauriente, capaz de demonstrar que, em verdade, a testemunha não teria mentido. Por outras palavras, o exame no processo do mandado de segurança ficará limitado à prova documental já produzida no juízo guerreado – aí compreendidos os depoimentos reduzidos a termo[65].

---

(56) LIEBMAN, Enrico Tullio. *Eficácia e autoridade da sentença e outros escritos sobre a coisa julgada.* Tradução de Alfredo Buzaid e Benvindo Aires. Rio de Janeiro: Forense, 2007. p. 91.

(57) Prevê o CPC/2015: "Art. 506. A sentença faz coisa julgada às partes entre as quais é dada, não prejudicando terceiros."

(58) Diz a CLT: "Art. 899. Os recursos serão interpostos por simples petição e terão efeito meramente devolutivo, salvo as exceções previstas neste Título, permitida a execução provisória até a penhora."

(59) Prescreve a CLT: "Art. 884. Garantida a execução ou penhorados os bens, terá o executado 5 (cinco) dias para apresentar embargos, cabendo igual prazo ao exequente para impugnação. § 1º A matéria de defesa será restrita às alegações de cumprimento da decisão ou do acordo, quitação ou prescrição da dívida".

(60) Dispõe o CPC/2015: "Art. 674. Quem, não sendo parte no processo, sofrer constrição ou ameaça de constrição sobre bens que possua ou sobre os quais tenha direito incompatível com o ato constritivo, poderá requerer seu desfazimento ou sua inibição por meio de embargos de terceiro."

(61) "Art. 681. Acolhido o pedido inicial, o ato de constrição judicial indevida será cancelado, com o reconhecimento do domínio, da manutenção da posse ou da reintegração definitiva do bem ou do direito ao embargante."

(62) THEODORO JÚNIOR, Humberto. *Curso de direito processual civil:* execução forçada, cumprimento de sentença, execução de títulos extrajudiciais, processos nos tribunais, recursos, direito intertemporal. 48. ed. Rio de Janeiro: Forense, 2016. v. III, p. 695.

(63) "Art. 675. Os embargos podem ser opostos a qualquer tempo no processo de conhecimento enquanto não transitada em julgado a sentença e, no cumprimento de sentença ou no processo de execução, até 5 (cinco) dias depois da adjudicação, da alienação por iniciativa particular ou da arrematação, mas sempre antes da assinatura da respectiva carta. Parágrafo único. Caso identifique a existência de terceiro titular de interesse em embargar o ato, o juiz mandará intimá-lo pessoalmente."

(64) NERY JUNIOR, Nelson; NERY, Rosa Maria de Andrade. *Código de Processo Civil comentado.* 16. ed. São Paulo: RT, 2016. p. 1.599.

(65) THEODORO JÚNIOR, Humberto. *Curso de direito processual civil:* procedimentos especiais. 50. ed. Rio de Janeiro: Forense, 2016. v. II, p. 689.

Em resumo, a condenação do testificador mentiroso em multa de *natureza híbrida – indenizatória e punitiva* – é inovação bem-vinda[66]. Considerando-se o anseio de se erigir a dignidade da Justiça do Trabalho, a busca da verdade real *possível* e a lamentável impunidade do sistema penal. De outro lado, óbvio, a multa não é uma panaceia. Levando-se em conta a dificuldade prática de se investigar a falsidade, bem assim de se executar uma pena de caráter econômico em face de testemunhas cuja maioria absoluta é desprovida de recursos financeiros capaz de suportá-la. Finalmente, *não se faz necessária a criação de incidente* para apuração do falso testemunho e imposição da multa correspondente, podendo a testemunha valer-se do *mandado de segurança* ou dos *embargos de terceiros* para infirmá-la.

5. CONCLUSÕES

A *intimação da testemunha diretamente pelo advogado* para comparecimento à audiência foi uma feliz novidade trazida pelo CPC/2015. Aliás, na praxe forense trabalhista, já era adotado procedimento semelhante por meio da "carta convite" (art. 852-H, § 3º da CLT).

O CPC/2015 trouxe uma inovação interessante na colheita da prova testemunhal ao permitir aos advogados formular perguntas diretamente às testemunhas. Todavia, a CLT prevê expressamente que cabe tão somente ao juiz do Trabalho fazer perguntas diretamente à testemunha. Vale dizer, muito embora o sistema do *cross examination* não seja obrigatório no processo trabalhista, todas as vezes em que houver um ambiente de respeitosa cooperação das partes e testemunhas com o juiz, nada impedirá, e até se aconselha, que se adote o procedimento referido, por analogia, considerando que permite apurar a verdade do testemunho com o recurso ao *efeito-surpresa*.

A *Reforma Trabalhista (Lei n. 13.467/2017) em que pese o fato de haver sido aprovada com açodamento, isto é, sem amplo debate com a comunidade, representou certos avanços no sistema processual trabalhista. Vale destacar – em nome da dignidade da Justiça do Trabalho – a regulamentação da responsabilidade pela conduta de má-fé quando assumida pela testemunha, posto que não se deva nutrir muitas expectativas quanto à efetividade da aplicação da multa correlata.*

Sumariando, em plena Era da Inteligência Artificial – dos algoritmos que vasculham nossas vidas e perscrutam pensamentos – a prova testemunhal continua a ser um dos elementos de convicção mais importantes do processo trabalhista, porquanto a realidade do desenvolvimento de uma relação de trabalho não pode ser capturada tão somente pela fria tecnologia. O ser humano ainda importa.

6. REFERÊNCIAS

ALMEIDA, Ísis. *Manual de direito processual do trabalho*. 4. ed. São Paulo: LTr, 1991. v. II.

BARROS, Carlos Juliano. Algoritmos das redes sociais promovem preconceito e desigualdade, diz matemática de Harvard. *BBC Brasil*, 24 dez. 2017. Disponível em: <http://www.bbc.com/portuguese/geral-4239833>. Acesso em: 21 jan. 2018.

BENTHAM, Jeremías. *Tratado de las pruebas judiciales*. Tradução de Manuel Ossorio Florit. Buenos Aires: Europa-America, 1971. v. I.

BRASIL. TST. *Comissão de ministros entrega parecer sobre a Reforma Trabalhista à Presidência do TST*. Disponível em: <http://www.tst.jus.br/documents/10157/2374827/Parecer+Comiss%C3%A3º.pdf/adfce987-afaf-c083-89ea-459f08f25209>. Acesso em: 17 maio 2018.

COSTA, Coqueijo. *Direito processual do trabalho*. 4. ed. Rev. e atual. e adap. à Constituição de 1988 por Washington Luiz da Trindade. Rio de Janeiro: Forense, 1995.

DIDIER JR., Fredie; BRAGA, Paula Sarno; OLIVEIRA, Rafael. *Curso de direito processual civil: teoria da prova, direito probatório, ações probatórias, decisão, precedente, coisa julgada e antecipação de tutela*. 11. ed. Salvador: JusPodivm, 2016. v. 2.

DINAMARCO, Cândido Rangel. *Instituições de direito processual civil*. 7. ed. São Paulo: Malheiros, 2017. v. III.

ECHANDÍA, Hernando Devis. *Teoría general de la prueba judicial*. Buenos Aires: Zavalía, 1970. t II.

FERRAZ JUNIOR, Tercio Sampaio. *Introdução ao estudo do direito*. 4. ed. São Paulo: Atlas, 2003.

FOUCAULT, Michel. *Vigiar e punir*: nascimento da Prisão. Tradução de Raquel Ramalhete. 20. ed. Petrópolis: Vozes, 1987.

FUX, Luiz (Org.); NEVES, Daniel Amorim Assumpção (Coord.). *Novo CPC comparado*. 2. ed. Rio de Janeiro: Método, 2015.

GAGLIANO, Pablo Stolze; PAMPLONA FILHO, Rodolfo. *Manual de direito civil*. São Paulo: Saraiva, 2017.

GIGLIO, Wagner D. *Direito processual do trabalho*. 8. ed. São Paulo: LTr, 1995.

GOMES, Orlando. *Obrigações*. 7. ed. Rio de Janeiro: Forense, 1984.

GORPHE, François. *La crítica del testimonio*. Tradução de Mariano Ruiz-Funes. 5. ed. Madri: Reus, 1971.

---

(66) STOCO, Rui. *Abuso do direito e má-fé processual*. São Paulo: RT, 2002. p. 98.

JAYME, Erik. Direito internacional privado e cultura pós--moderna (1996). *Cadernos do Programa de Pós-Graduação em Direito – PPGDir./UFRGS*, Porto Alegre, v. 1, n. 1, nov. 2013. Disponível em: <http://seer.ufrgs.br/index.php/ppgdir/article/view/43487/27366>. Acesso em: 25 ago. 2015.

LEITE, Carlos Henrique Bezerra. *Curso de direito processual do trabalho*. 14. ed. São Paulo: LTr, 2016.

LIEBMAN, Enrico Tullio. *Eficácia e autoridade da sentença e outros escritos sobre a coisa julgada*. Trad. Alfredo Buzaid e Benvindo Aires. Rio de Janeiro: Forense, 2007.

MALLET, Estêvão. *Procedimento sumaríssimo trabalhista*. São Paulo: LTr, 2002.

MALTA, Christovão Piragibe Tostes. *A prova no processo trabalhista*. São Paulo: LTr, 1997.

MANNRICH, Nelson. Reforma trabalhista. Que reforma? In: AGUIAR, Antonio Carlos (Coord.). *Reforma trabalhista*: aspectos jurídicos. São Paulo: Quartier Latin do Brasil, 2017.

MEIRELLES, Hely Lopes. *Direito administrativo brasileiro*. Atualizada por Eurico de Andrade Azevedo, Délcio Balestero Aleixo e José Emmanuel Burle Filho. 17. ed. São Paulo: Revista dos Tribunais, 1992.

MELLO, Celso Antônio Bandeira de. *Curso de direito administrativo*. 24. ed. São Paulo: Malheiros, 2007.

MIRANDA, Pontes de. *Comentários ao Código de Processo Civil*. 3. ed. Rio de Janeiro: Forense, 1996. t. IV.

MITTERMAIER, C. J. A. *Tratado da prova em matéria criminal*. 3. ed. Tradução de Herbert Wuntzel. Campinas: Bookseller, 1996.

MONTEIRO, João. *Teoria do processo civil*. Borsoi, Rio de Janeiro, 1956. t. II.

NERY JUNIOR, Nelson; NERY, Rosa Maria de Andrade. *Código de Processo Civil comentado*. 16. ed. São Paulo: Revista dos Tribunais, 2016.

NORONHA, E. Magalhães. *Direito penal*. 25. ed. São Paulo: Saraiva, 1988. v. IV.

OLIVA, Andrés de la; FERNÁNDEZ, Miguel Angel. *Derecho procesal civil*. 4. ed. Madri: Ramón Areces, 1996. v. II.

ORWELL, George. *1984*. Tradução de Wilson Velloso. 22. ed. São Paulo: Editora Nacional, 1991.

PINTO, José Augusto Rodrigues. *Processo trabalhista de conhecimento*. 4. ed. São Paulo: LTr, 1998.

PRATA, Marcelo Rodrigues. *Anatomia do assédio moral no trabalho*: uma abordagem transdisciplinar. São Paulo: LTr, 2008.

———. *A prova testemunhal no processo civil e trabalhista*. São Paulo: LTr, 2005.

REALE, Miguel. *Lições preliminares de direito*. 17. ed. São Paulo: Saraiva, 1990.

RUSSOMANO, Mozart Victor. *Comentários à Consolidação das Leis do Trabalho*. 13. ed. Rio de Janeiro: Forense, 1990. v. II.

SANTOS, Moacyr Amaral. *Prova judiciária no cível e comercial*. 3. ed. Max Limonad, São Paulo, 1964. v. III.

SARAIVA, F. R. dos Santos. *Novíssimo dicionário latino-português*. 10. ed. Rio de Janeiro: Livraria Garnier, 1993.

SCHIAVI, Mauro. *Manual de direito processual do trabalho*. 10. ed. São Paulo: LTr, 2016.

STOCO, Rui. *Abuso do direito e má-fé processual*. São Paulo: Revista dos Tribunais, 2002.

THEODORO JÚNIOR, Humberto. *Curso de direito processual civil*: teoria geral do direito processual civil e processo de conhecimento. 56. ed. Rio de Janeiro: Forense, 2015. v. I.

———. *Curso de direito processual civil*: procedimentos especiais. 50. ed. Rio de Janeiro: Forense, 2016. v. II.

———. *Curso de direito processual civil*: execução forçada, cumprimento de sentença, execução de títulos extrajudiciais, processos nos tribunais, recursos, direito intertemporal. 48. ed. Rio de Janeiro: Forense, 2016. v. III.

TEIXEIRA FILHO, Manoel Antonio. *O procedimento sumaríssimo no processo do trabalho*. 2. ed. São Paulo, LTr, 2000.

———. *A prova no processo do trabalho*. 6. ed. São Paulo: LTr, 1994.

TOURINHO FILHO, Fernando da Costa. *Processo penal*. 12. ed. São Paulo: Saraiva, 1990. v. III.

10.
SENTENÇA TRABALHISTA

Sérgio Torres Teixeira[1]

1. INTRODUÇÃO

A jurisdição, como manifestação do poder soberano do Estado-Juiz de declarar o direito aplicável ao caso concreto submetido à sua apreciação, naturalmente implica na autoridade de decidir e impor a respectiva solução do conflito. Entre os poderes inerentes ao *iurisdictio*, encontra-se o poder de decisão, englobando os elementos *notio* e *iudicio*, compreendendo a aptidão para conhecer da matéria litigiosa, colher os elementos probatórios pertinentes e decidir a questão contenciosa. E tal autoridade de decisão, por sua vez, tem por fim a solução do caso *sub iudice* mediante um julgamento corporificado em um pronunciamento manifestado pelo órgão jurisdicional.

A atividade jurisdicional do magistrado dentro do processo judicial se materializa, segundo o art. 203 do Código de Processo Civil de 2015 (Lei n. 13.105), por meio de três espécies de pronunciamentos: o despacho, a decisão interlocutória e a sentença.

O despacho corresponde ao pronunciamento sem natureza decisória por meio do qual o juiz dá propulsão ao processo, desenvolvendo a relação jurídica constituída por atos coordenados segundo um modelo procedimental definida pelo legislador. O despacho, assim, é um ato que tem por finalidade dar andamento ao processo, em direção à entrega da prestação jurisdicional, mas sem implicar em uma manifestação resolutiva.

A decisão interlocutória, por sua vez, representa um pronunciamento de índole decisória por meio da qual o magistrado resolve uma questão incidental, mas sem encerrar a fase cognitiva originária ou a fase executiva do processo judicial. Trata-se, pois, de um ato de conteúdo deliberativo, mas que não enseja a conclusão da etapa de conhecimento do processo judicial nem implica no término da execução forçada.

E a sentença?

A sentença constitui o pronunciamento do juiz de maior intensidade jurisdicional, sendo o ato decisório do magistrado que conclui a fase de cognição originária ou encerra o ciclo executório de um processo judicial. A sua finalidade, por conseguinte, é o de concluir a etapa em curso dentro do processo, seja com a concessão da tutela cognitiva ao reconhecer o direito da parte e declarar como o mesmo deverá ser aplicado, seja com o encerramento da fase executiva após a conclusão da aplicação coercitiva do direito consagrado em um título executivo.

Como consequência, a sentença é a mais relevante das manifestações do *iurisdictio*, servindo de referência para a qual são dirigidos todos os demais atos processuais que a antecederam. É a essência da atividade judicante, o ato judicial de maior relevância.

Neste sentido, desde a petição inicial, todos os atos praticados dentro do processo tiveram alguma ligação, de forma direta ou indireta, com o ato sentencial, sendo praticados de forma racional e sistematizada em direção ao julgamento da lide, convergindo para a conclusão da fase cognitiva ou o encerramento da etapa executiva da demanda judicial.

O presente capítulo desta obra coletiva, por sua vez, terá por objeto exatamente tal pronunciamento maior do juiz, a sentença judicial, no âmbito do Direito Processual do Trabalho. Nas suas seções, serão examinadas generalidades como sua denominação técnica, seu conceito e a índole jurídica do respectivo instituto, bem como seus requisitos (formais e materiais), sua estrutura interna, os reflexos de sua eficácia e as várias classificações encontradas na doutrina especializada para enquadrar suas diversas modalidades.

Mesmo tendo por tema nuclear a sentença *trabalhista*, ou seja, a sentença proferida no processo do

---

(1) Doutor em Direito. Professor Adjunto da FDR/UFPE e da UNICAP. Titular da Cadeira n. 33 da ABDT, Desembargador do TRT6.

trabalho, praticamente todo o conteúdo do presente capítulo se revela perfeitamente aplicável à sentença judicial em todo o âmbito do processo civil *lato sensu*, em suas variadas ramificações (processo constitucional, processo coletivo etc.). O principal ato judicante do juiz, destarte, apresenta apenas pequenas variações de contorno segundo algumas peculiaridades procedimentais.

As próximas linhas, assim, se destinarão a desenvolver uma análise da morfologia da sentença judicial, na sua dimensão mais ampla, enquanto pronunciamento maior do órgão jurisdicional.

2. NOMENCLATURA E CONCEITO DE SENTENÇA

A expressão *sentença* encontra sua origem etimológica no latim *sententia*, significando "sentimento, parecer, opinião, ideia, maneira de ver, impressão do espírito, modo de pensar ou de sentir" (HOUAIS e VILAR, 2001, p. 2547).

Uma denominação deveras adequada, considerando que, ao proferir uma sentença que resolve o mérito da causa ao final da fase de conhecimento de um processo judicial, o juiz efetivamente se pronuncia sobre a questão litigiosa com base no seu sentimento oriundo da análise dos elementos constantes dos autos processuais.

A nomenclatura *sentença*, dentro de tal contexto cognitivo, expressa exatamente essa opinião, esse sentimento do magistrado quando, ao definir o direito aplicável aos fatos retratados nos autos, soluciona o conflito definindo a proteção judicial a ser proporcionada à parte cuja pretensão está sendo acolhida.

Constata-se, pois, que tal raiz etimológica evidencia a essência da participação do magistrado na fórmula decisória, refletindo seus sentimentos como órgão imparcial, mas também como ser humano, ao apreciar o contexto fático-jurídico do caso concreto.

Ao direito subjetivo da parte ao pronunciamento do Estado-Juiz, corresponde o dever estatal de entregar a prestação jurisdicional a ambos os litigantes, e, ao vencedor da contenda, materializar a tutela judicial. E é por meio da sentença que, na fase cognitiva, o magistrado cumpre a sua missão de declarar o direito aplicável ao caso concreto submetido à sua apreciação, acolhendo ou rejeitando a(s) pretensão(ões) deduzida(s) em juízo, enquanto na fase executiva, a sentença é o pronunciamento por meio do qual o magistrado, reconhecendo a conclusão da etapa de concretização do direito, declarará o seu encerramento.

Tal dualidade conceitual da expressão sentença, sendo apresentada tanto como pronunciamento conclusiva para se conhecer o direito (ao final da fase de conhecimento, com a definição do direito pela entrega da tutela cognitiva), como um pronunciamento de encerramento da fase de execução, pode ser reconhecido mediante um exame do conceito oficial apresentado pelo legislador de 2015, no Código de Processo Civil atual (Lei n. 13.105, de 2015), no § 1º do seu art. 203:

> Ressalvadas as disposições expressas dos procedimentos especiais, sentença é o pronunciamento por meio do qual o juiz, com fundamento nos arts. 485 e 487, põe fim à fase cognitiva do procedimento comum, bem como extingue a execução.

Antes de proceder a uma análise do conceito fornecido pelo legislador de 2017, entretanto, se revela importante para a melhor compreensão do seu significado examinar os conceitos anteriormente encontrados no diploma processual consagrado na Lei n. 5.869, de 1973, o Código de Processo Civil sucedido pelo atual.

Anteriormente, o legislador de 1973 apresentava a sentença como simples ato de término do processo, com ou sem a definição da questão meritória da respectiva demanda, conforme as letras do texto originário do § 1º, do art. 162, do respectivo Código de Processo Civil de 1973:

> Sentença é o ato pelo qual o juiz põe termo ao processo, decidindo ou não o mérito da causa.

Tal conceito legal, entretanto, teve que ser alterado para se adequar ao sincretismo processual introduzido no CPC de 1973 pela Lei n. 11.232 de 2005, que acrescentou ao processo de conhecimento uma etapa subsequente àquela na qual o direito era reconhecido (fase cognitiva), denominada de "Cumprimento de Sentença".

No novo modelo formulado pelo legislador de 2005, *cognitio* e *executio* poderiam conviver em uma mesma relação processual, em fases processuais sucessivas. N'outras palavras, o reconhecimento do direito (tutela cognitiva) e a concretização desse mesmo direito (tutela executiva) seriam proporcionados pelo Estado-Juiz sucessivamente dentro de um único "processo", sem a existência de "processos" autônomos de conhecimento e de execução, como até então era característico do modelo processual civil brasileiro fundado no texto primitivo do CPC de 1973.

Dentro do novel sistema, portanto, o direito reconhecido na sentença seria materializado dentro da mesma relação jurídica processual, sem a necessidade de uma execução em processo autônomo como até então era característico do modelo processual civil brasileiro.

Daí a alteração do conceito, passando o § 1º do art. 162 a apresentar com a Lei n. 11.232, de 2015, a seguinte redação:

> Sentença é o ato do juiz que implica alguma das situações previstas nos arts. 267 e 269 desta Lei.

A sentença, assim, passou a ser conceituada como o ato do magistrado que ensejava a resolução do mérito da causa segundo uma das hipóteses relacionadas no art. 269 do CPC de 1973, ou que gerava o encerramento prematuro da relação processual, sem um pronunciamento de mérito, de acordo com uma das hipóteses elencadas no art. 267 do mesmo diploma processual. O novo texto conceitual, entretanto, não fazia referência a qualquer efeito terminativo decorrente do ato sentencial. E a razão dessa mudança estava clara.

No modelo processual "sincrético" introduzido pela Lei n. 11.232, de 2005, ao álbum processual de 1973, não mais seria possível utilizar a expressão "põe termo ao processo" pois no novo sistema a sentença não mais representava um ato decisório que concluía o processo de conhecimento como um todo. A sentença, dentro do novo modelo, correspondia tão somente a um ato que encerrava a fase de cognição dentro de tal processo de conhecimento, com ou sem a resolução do mérito da causa. A sentença, assim, passou a gerar apenas a conclusão de uma fase dentro da relação processual correspondente ao processo de conhecimento. Não mais ensejaria o término da respectiva relação processual em si, mas, sim, de sua primeira fase, a de cognição, que seria concluída com ou sem a resolução do mérito da causa.

Dentro do processo de conhecimento no novo modelo, quando a sentença não fosse cumprida espontaneamente, a etapa cognitiva seria simplesmente sucedida por uma fase de execução desenvolvida dentro da mesma relação jurídica processual, sob a denominação de cumprimento de sentença.

Nesse sentido, no novo sistema processual introduzido pela Lei n. 11.232, de 2005, havia uma fórmula de entrega sucessiva de tutelas jurisdicionais distintas: primeiro, a cognitiva, com o reconhecimento da existência (ou da inexistência) do direito; em sequência, caso não materializado o direito reconhecido na sentença mediante o cumprimento espontâneo da prestação definida pelo julgador na decisão, haveria a entrega da tutela executiva, com a adoção de medidas de coerção para impor o cumprimento da prestação prevista na decisão exequenda.

O modelo de processo "sincrético" estabelecido pelo legislador de 2005, por conseguinte, passou a admitir a entrega tanto da tutela cognitiva como da tutela executiva dentro de uma mesma relação, apenas em etapas sucessivas e distintas, a fase de cognição e fase de cumprimento de sentença.

A sentença no sistema processual introduzido pela Lei n. 11.232 de 2005, assim, não enseja, de imediato e *per si*, o encerramento completo da relação processual. O que ocorre com a prolação da sentença é o fechamento da chamada fase cognitiva originária. Com tal declaração, pois, não ocorre a imediata extinção do processo, como o legislador de 1973 originalmente concebeu. Tanto pela via recursal como pela via executiva existem caminhos ainda a ser percorridos pelos protagonistas da relação processual depois da prática do ato sentencial pelo magistrado.

Há, pois, "vida processual" após a prolação da sentença, independentemente do resultado (resolução ou não do mérito da causa). Dentro de tal contexto, logicamente não seria possível prosseguir com a ideia de que a sentença "põe fim ao processo", daí a alteração do conceito legal promovida em 2005.

Neste sentido, é perfeitamente possível que, após a sua prolação, o processo prossiga em virtude da interposição de um recurso contra a sentença, levando a relação processual a uma nova fase (agora recursal, também chamada de fase cognitiva derivada). E, ainda, mesmo que nenhuma das partes venha a usar qualquer remédio processual para impugnar a decisão (e, consequentemente, ocorra o trânsito em julgado da sentença após exaurido o prazo recursal), ainda assim haverá, desde que não ocorra o espontâneo cumprimento do julgado, o prosseguimento da relação processual na etapa de cumprimento da sentença.

O CPC de 2015, por seu turno, seguiu no caminho de um sistema processual sincrético, como o introduzido pelo legislador de 2005. O conceito adotado pelo legislador de 2015, entretanto, apresenta suas próprias peculiaridades.

O § 1º, do art. 203, da Lei n. 13.105, de 2015, estabelece que a sentença é o pronunciamento do magistrado que encerra a fase cognitiva originária do procedimento comum do processo de conhecimento, com base no art. 485 (hipóteses de conclusão sem resolução de mérito da causa) ou com fundamento no art. 487 (hipóteses de término com resolução do mérito da causa), ou, ainda, que extingue o processo de execução. No início do texto do respectivo parágrafo, entretanto, o legislador faz uma expressa ressalva segundo a qual tal conceito não se aplica a alguns procedimentos especiais do processo de conhecimento. E a análise de alguns artigos que disciplinam esses ritos diferenciados demonstram que, de fato, o conceito geral de sentença não se revela adequado no âmbito de alguns procedimentos.

Por exemplo, no procedimento especial da ação de exigir contas, o art. 550 apresenta um rito envolvendo uma relação processual dividido cuja fase cognitiva poderá ser seccionada em duas, caso a resposta do réu seja no sentido de contestar a pretensão do autor de obter a prestação de contas. Nesse caso, haverá uma primeira etapa cognitiva na qual o juiz decidirá se o autor realmente tem direito de exigir a prestação e, caso seja acolhida a respectiva pretensão na decisão que encerra tal fase inicial, o juiz condenará o réu a realizar a prestação de contas no prazo de 15 dias. Uma vez exaurido tal prazo, o juiz proferirá uma segunda decisão, esta denominada de sentença, conforme art. 552 do CPC de 2017: "A sentença apurará o saldo e constituirá título executivo judicial."

No caso do procedimento especial da ação de exigir contas, tanto a primeira como a segunda decisão encerram uma fase cognitiva específica. Mas o legislador denominou apenas a segunda decisão de sentença. Agora, se a primeira decisão, envolvendo a definição se há ou não o direito de exigir a prestação de contas, resultar na improcedência da postulação do autor, então a mesma implicará no encerramento de toda a fase cognitiva originária, pois não haverá a etapa sucumbente para prestar contas, e, assim, poderá ser enquadrada dentro do conceito de sentença do § 1º, do art. 203, do CPC de 2015.

As peculiaridades deste e de outros procedimentos especiais, assim, levaram o legislador de 2015 a ressalvar a aplicação do conceito geral a decisões no âmbito dos ritos excepcionais.

O conceito apresentado no CPC de 2015, mesmo considerando eventuais críticas relacionadas à ressalva que inicia o texto do § 1º do art. 203, apresenta uma evolução em relação aos conceitos anteriores.

Texto original do CPC de 1973	Art. 162, § 1º Sentença é o ato pelo qual o juiz põe termo ao processo, decidindo ou não o mérito da causa.
Texto introduzido no CPC de 1973 pela Lei n. 11.232, de 2005	Art. 162, § 1º Sentença é o ato do juiz que implica alguma das situações previstas nos arts. 267 e 269 desta Lei.
Texto do CPC de 2015	Art. 203, § 1º Ressalvadas as disposições expressas dos procedimentos especiais, sentença é o pronunciamento por meio do qual o juiz, com fundamento nos arts. 485 e 487, põe fim à fase cognitiva do procedimento comum, bem como extingue a execução.

Como o texto introduzido ao CPC de 1973 pela Lei n. 11.232 de 2005, o conceito atual abandona o modelo conceitual do texto originário que estabelecia a sentença como um ato de término do processo de conhecimento e faz referência expressa aos dispositivos sobre os quais repousam os fundamentos do encerramento da fase cognitiva originária, citando os arts. 485 (hipóteses de conclusão sem resolução de mérito) e 487 (hipóteses de encerramento com resolução do mérito da causa). Mas o legislador de 2017 foi além, deixando explícito que é uma sentença não apenas o pronunciamento do juiz que conclui a etapa cognitiva primitiva da relação processual, mas também a execução do julgado, seja ao final da etapa de cumprimento de sentença no processo de conhecimento, seja ao final de execução desenvolvido em um processo de execução fundado em um título executivo extrajudicial.

Neste sentido, corresponde a uma sentença no CPC de 2015 tanto a decisão pela qual o magistrado conclui a fase cognitiva originária (iniciada com a propositura da ação) como aquela pela qual o juiz reconhece a conclusão da fase executiva e determina o encerramento definitivo do processo e o arquivamento dos autos processuais, tanto no cumprimento de sentença como em uma execução autônoma iniciada com uma ação de execução. Um evidente avanço conceitual.

Todavia, apesar do progresso, o legislador de 2015 não é imune a críticas.

O CPC de 2015 poderia ter um texto mais claro no seu § 1º do art. 203 quanto à sentença enquanto ato de conclusão da execução. A norma estabelece que a sentença é o pronunciamento que "extingue a execução", mas não menciona que essa execução engloba tanto aquela própria de um processo autônomo de execução como a etapa de cumprimento de sentença, que é de evidente natureza executiva.

Não há maiores dúvidas de que a sentença é o pronunciamento que encerra tanto a etapa de cumprimento de sentença (a fase executiva do processo de conhecimento, ou seja, dentro da mesma relação processual que em momento anterior produziu uma sentença que concluiu a fase cognitiva originária) como o próprio processo de execução autônomo iniciado com uma ação de execução. Mas o texto poderia ter explicitado tal abrangência, mesmo que a análise do dispositivo permitisse tal constatação sem grande dificuldade.

O legislador de 2015, de igual forma, não abordou no conceito de sentença a possibilidade de haver o encerramento da fase de cognição em relação a apenas parte da postulação, como é típico do julgamento antecipado parcial, tanto sem resolução de mérito (art. 354, parágrafo único, do CPC) como com resolução de mérito (art. 356 do CPC). Em tais hipóteses de julgamento antecipado parcial, o juiz realizará o julgamento de forma "parcelada" ou "fatiada", proferindo múltiplas sentenças durante o curso da fase cognitiva de modo a encerrar esta etapa não de uma única vez, mas, sim, em dois (ou mais) momentos, com sentenças abrangendo apenas uma parte do objeto da postulação.

São falhas perdoáveis do legislador, no entanto, que não chegam a comprometer o valor da sua contribuição à evolução do modelo processual.

Como na legislação processual trabalhista não há elementos conceituais acerca do instituto da sentença, o conceito extraído do CPC de 2015 serve de base para o conceito da sentença trabalhista. Curioso anotar, entretanto, que o "sincretismo" processual que foi introduzido no modelo processual civil pela Lei n. 11.232, de 2005, já existia no modelo processual trabalhista desde a sua origem, pois a execução trabalhista sempre foi apenas uma etapa subsequente à fase cognitiva originária do processo de conhecimento trabalhista, inexistindo uma execução autônoma baseada em título executivo judicial como era o caso do processo civil antes da citada Lei.

O sistema sincrético, assim, já era adotado no modelo processual trabalhista desde a instituição da CLT em 1943. Neste sentido, o processo trabalhista próprio do processo de conhecimento sempre teve apenas uma relação processual, dividida em fases (cognição originária, recursal, liquidação e execução). A execução trabalhista prevista na legislação trabalhista consolidada para promover a concretização de decisões condenatórias, portanto, jamais foi promovida por meio de uma nova relação processual, como anteriormente ocorria no processo civil. A expressão "mandado de citação do executado", constante no *caput* do art. 880 consolidado, portanto, corresponde a uma simples falha terminológica (o correto seria usar a expressão "intimação", conforme se deduz do § 1º do art. 475-J do CPC), não servindo como justificativa para defender a "autonomia" de um processo de execução trabalhista.

No processo do trabalho, portanto, a sentença sempre foi o pronunciamento do juiz que concluía a fase cognitiva originária ou que encerrava a fase executiva subsequente àquela ou a execução autônoma fundada em título executivo extrajudicial.

Quando, por outro lado, a decisão final for proferida por órgão colegiado de tribunal (como um Tribunal Regional do Trabalho ou o próprio Tribunal Superior do Trabalho), tanto no exercício da sua competência originária como na sua atuação recursal como juízo *ad quem*, assumirá a mesma nomenclatura prevista no art. 204 do CPC de 2015: "Acórdão é o julgamento colegiado proferido pelos tribunais."

O acórdão, portanto, é a "sentença dos órgãos colegiados", denominação especial ao pronunciamento feito no âmbito dos tribunais que encerra a fase cognitiva derivada quando do julgamento de um recurso ou que conclui a fase cognitiva primitiva de uma ação de competência originária dos tribunais.

Curiosa é a omissão do legislador em apresentar uma nomenclatura específica para o pronunciamento monocrático de um relator de processo em grau de jurisdição superior que enseja a conclusão da fase cognitiva originária (no caso de processo de competência originária do tribunal) ou da fase de cognição derivada (no caso de competência recursal) de uma relação processual. O respectivo pronunciamento não pode ser enquadrado como sentença, mesmo sendo um ato de um único desembargador ou ministro, pois a competência originária é de um órgão colegiado. Mas igualmente não pode ser chamado de acórdão, por se tratar de decisão monocrática de apenas um dos integrantes de tal colegiado.

Então, qual seria o seu correto enquadramento técnico?

Talvez algo como "decisão monocrática com efeitos de acórdão" possa servir até que o legislador pátrio não adote formalmente uma denominação conceitual específica para tal pronunciamento peculiar cada vez mais frequente no âmbito dos tribunais, considerando os amplos poderes proporcionados ao relator de processos nos moldes dos arts. 932, 933 e 938 do CPC de 2015.

3. NATUREZA JURÍDICA DA SENTENÇA

A sentença judicial, conforme exposto na seção anterior, corresponde, na sua acepção comum, ao pronunciamento do juiz singular por meio do qual se encerra a fase cognitiva originária do processo de conhecimento ou a etapa executiva do processo.

No tocante à sua índole como ato jurídico, três teorias procuram defender teses distintas acerca da sua natureza jurídica:

Para uma corrente de pensamento, a sentença se enquadra como um simples ato de inteligência, isto é, um ato lógico, porque envolve a operação racional na qual ocorre a aplicação de um silogismo envolvendo uma premissa maior (a norma jurídica aplicável) e uma premissa menor (os fatos sobre os quais incide aquela), resultando na respectiva conclusão (a decisão acolhendo ou rejeitando o pedido).

Leciona Carlos Maximiliano (1933, p. 18) que a aplicação do direito consiste no enquadrar um caso concreto em uma norma jurídica adequada, submetendo às prescrições do ordenamento normativo uma relação da vida real, tendo por objeto o modo e os meios de amparar juridicamente um interesse humano. Denomina-se subsunção, por sua vez, o enquadramento das situações fáticas nos conceitos normativos.

A norma jurídica, por ser de índole genérica, procede-se por abstração, referindo-se a uma série de situações hipotéticas e não a casos concretos, fixando tipos. Devido a tal abstração, ocorre o afastamento da norma da realidade empírica, gerando uma distância entre normas e fatos. Mas tal distância não é absoluta, pois a nota de tipicidade que caracteriza a norma genérica permite o enquadramento dos fatos nos conceitos normativos. Incumbe ao Juiz, assim, realizar esse procedimento de subsunção.

A tarefa do magistrado, no entanto, não se limita a uma mera pesquisa da relação entre o caso concreto e o texto normativo abstrato. Há um procedimento lógico, mas não com a simplicidade sugerida pelas diretrizes da respectiva teoria. A atividade judicante, assim, não corresponde a um mero juízo lógico do magistrado, ou seja, a um simples silogismo envolvendo a norma genérica e o fato (conflito social). Nesse contexto, a *norma jurídica geral e abstrata* é a premissa maior; o *caso* (e seus fatos) é a premissa menor e a *decisão judicial* é a respectiva conclusão.

A teoria silogística da sentença, por conseguinte, encontra dificuldades para explicar as situações nas quais a solução de um caso concreto exige uma estrutura lógica bem mais complexa, impondo um procedimento crítico-valorativo que não se revela adequado ao sistema lógico proposto.

Uma outra teoria defende que a sentença judicial revela a natureza jurídica de um ato de vontade. Para alguns adeptos, a vontade do Estado, para outros, a vontade do próprio magistrado.

A primeira vertente da respectiva teoria, assim, defende que a sentença judicial representa a realização da vontade estatal, expressa no ordenamento jurídico e evidenciada no imperativo da afirmação da vontade da norma material aplicada ao caso concreto. A sentença, assim, seria um ato volitivo estatal.

Segundo Humberto Theodoro Júnior (2003, p. 453), o caráter de ato de vontade contido na sentença, de par com o ato de inteligência ou razão, decorre da premissa maior utilizada pelo julgador para chegar à decisão. Não se trata, por sua vez, da vontade pessoal e particular do magistrado, mas de uma vontade do Estado-Juiz. Nesse sentido, ao proferir a sentença, este emite uma ordem ou comando, impregnando o ato decisório do elemento volitivo antes dormente no espírito da norma abstrata.

A outra vertente da teoria da sentença como ato de vontade, por sua vez, defende a tese segundo a qual o juiz, ao decidir, emite uma opinião própria e imprime ao julgado uma vontade própria. Segundo tal linha de raciocínio, o magistrado manifesta um elemento volitivo pessoal ao proferir o julgado, enfatizando sua visão individual acerca da causa concreta submetida à sua avaliação.

Por fim, uma terceira teoria defende e tese de que a sentença judicial é um ato de criação do direito, no sentido de ser a sentença uma norma jurídica individualizada, criada pelo magistrado a partir das diretrizes da norma jurídica abstrata aplicável ao caso, num processo de concretização destinado a produzir a regra disciplinadora da relação entre os litigantes (CANOTILHO, 1987).

Neste sentido, a lição de Hans Kelsen:

> Os tribunais aplicam as normas jurídicas gerais ao estabelecerem normas individuais, determinadas quanto ao seu conteúdo pelas normas jurídicas gerais, e nas quais é estatuída uma sanção concreta: uma execução civil ou uma pena. Do ponto de vista de uma consideração centrada sobre a dinâmica do Direito, o estabelecimento da norma individual pelo tribunal representa um estágio intermediário do processo que começa com a elaboração da Constituição e segue, através da legislação e do costume, até a decisão judicial e desta até à (sic) execução da sanção. Este processo no qual o Direito como se recria em cada momento, parte do geral (ou abstrato) para o individual (ou concreto). É um processo de individualização ou concretização sempre crescente. (...) Somente a falta de compreensão da função normativa da decisão judicial, o preconceito de que o Direito apenas consta de normas gerais, a ignorância da norma jurídica individual, obscureceu o fato de que a decisão judicial é tão só a continuação do processo de criação jurídica e conduziu ao erro de

ver nela apenas a função declarativa. (KELSEN, 1987. p. 328.)

Antônio Carlos de Campos Pedroso, ao comentar as lições de Hans Kelsen, comunga com o entendimento segundo o qual a atividade judicante é inerente a um poder criador e normativo (salientando que tal natureza é necessária ao desenvolvimento do Direito e à obtenção do "justo" concreto), mas afirma que a "sentença é muito mais do que pretende *Kelsen*". Para Campos Pedroso, a sentença é um ato de construção prudencial, constituída por sucessivas valorações de cunho equitativo, que se manifesta sob a forma de uma norma individualizada. A tarefa do julgador, assim, é a individualização de tipos jurídicos genéricos, que se opera através da solução equitativa dos casos. O juiz, tendo em vista as regras abstratas, deve prolatar a sentença almejando traduzir a justiça, estipulando uma norma concreta adequada que garanta um resultado útil e justo por meio da adaptação prudencial da diretriz genérica. A atividade criadora do juiz, assim, se manifesta na norma concreta individualizada contida no dispositivo da sentença (PEDROSO, 1993, p. 148-172).

Seguindo tal linha de raciocínio, Wilson de Souza Campos Batalha leciona nos seguintes moldes:

> A sentença judicial não constitui ato de mera lógica, mas processo criador do direito, na descida do geral e abstrato para o particular e concreto, a que não são alheios os critérios de valoração (justiça, bem comum, segurança). Nesse ato criador, o juiz não se encontra desligado de critérios (seria o arbítrio, contrário ao Direito), mas vinculado às normas superiores, delas podendo inferir conclusões dos princípios genéricos convenientemente interpretados à luz das valorações, ou por determinação particular dentro dos claros que as normas lhe confiam para preencher. (BATALHA, 1985, p. 541.)

Ao sentenciar, destarte, o juiz não apenas aplica o Direito preexistente, mas também cria uma norma jurídica individual incidente sobre o caso concreto por meio da realização de uma investigação de natureza político-jurídica (HERKENHOF, 1985).

Essa função criadora do magistrado, por sua vez, revela-se ainda mais nítida quando apreciada em face da problemática das lacunas da ordem jurídica. Nesse sentido, quando inexiste uma norma genérica incidente sobre o caso concreto, incumbe ao juiz criar de forma explícita algo já implícito no sistema jurídico, estabelecendo uma norma concreta relativa a uma hipótese não prevista em lei, mas submetida à apreciação do órgão jurisdicional, integrando o sistema normativo através do preenchimento da lacuna.

Ato de inteligência. Ato de vontade. Ato de criação do direito.

No contexto de tal pluralidade de facetas, a sentença proferida ao final da etapa processual de cognição originária revela uma natureza múltipla, e nenhuma das três teorias pode ser apontada como monopolista da verdade sobre a índole do ato sentencial.

É a última das teorias examinadas (a da sentença como ato de criação do direito), no entanto, que vem acumulando o maior número de adeptos na moderna doutrina processual. Mesmo porque, essencialmente, tal teoria absorve as principais colocações das outras duas, admitindo a sentença como ato de inteligência e ato de vontade, mas indo além, ao expor a natureza criadora da atividade judicante.

A sentença judicial, destarte, é um ato de inteligência e um ato de vontade. Mas, acima de tais enquadramentos, a sentença é essencialmente um ato de criação de direito individualizado e aplicado ao respectivo caso concreto submetido à apreciação do magistrado.

4. ESTRUTURA E ELEMENTOS ESSENCIAIS DA SENTENÇA

A sentença, como ato jurídico, revela, além de uma natureza múltipla, uma composição estrutural complexa.

De acordo com o art. 489, *caput*, do CPC de 2015, a sentença é constituída de três componentes fundamentais (o relatório, os fundamentos e o dispositivo), cada qual com o seu conteúdo próprio.

> Art. 489. São elementos essenciais da sentença:
>
> I – o relatório, que conterá os nomes das partes, a identificação do caso, com a suma do pedido e da contestação, e o registro das principais ocorrências havidas no andamento do processo;
>
> II – os fundamentos, em que o juiz analisará as questões de fato e de direito;
>
> III – o dispositivo, em que o juiz resolverá as questões principais que as partes lhe submeterem.

O art. 832 da Consolidação das Leis do Trabalho, sem o mesmo rigor técnico, expõe de forma mais objetiva a presença dos mesmos elementos na sentença proferida no processo do trabalho.

> Art. 832. Da decisão deverão constar o nome das partes, o resumo do pedido e da defesa, a apreciação das provas, os fundamentos da decisão e a respectiva conclusão.

Quanto à sua estrutura orgânica da sentença trabalhista, por conseguinte, são exigidos os mesmos três elementos que constituem o seu corpo da sentença cível.

O primeiro elemento essencial da sentença, assim, é o relatório. Corresponde à parte da decisão na qual o juiz procede à identificação da demanda (relacionando o número do processo e os nomes dos litigantes) e a uma exposição histórica do ocorrido durante a tramitação processual, desde a propositura da ação, mediante um resumo da postulação e uma síntese da resposta, até o momento que antecede ao do julgamento, com o relato dos acontecimentos processuais mais relevantes que marcaram o desenvolvimento da relação processual.

Apesar de o art. 832 da CLT mencionar apenas o "nome das partes" e o "resumo do pedido e da defesa", a aplicação supletiva do *caput* do art. 489 do CPC de 2015 permite a compreensão de que o relatório de uma sentença trabalhista deve igualmente conter a identificação do processo segundo os registros oficiais e, ainda, de um relato conciso das ocorrências durante o curso da demanda.

No relatório, assim, devem ser expostos os seguintes registros: a) a identificação do caso, com o número do processo formalizado quando da propositura da ação; b) a exposição dos nomes das partes, bastando para tanto os nomes completos, sendo desnecessárias as qualificações dos litigantes; c) uma síntese da postulação do autor/reclamante, expondo de forma concisa o tipo de ação proposta, um resumo da causa de pedir e o elenco dos pedidos formulados, podendo ser acrescentados dados com a data da propositura da demanda e atribuído o valor da causa pelo demandante; d) uma síntese da resposta do réu/reclamado, registrando as preliminares suscitadas, as questões prejudiciais (como a prescrição) levantadas e as teses de cunho meritório; e e) por fim, um relato tópico, objetivo e conciso, dos principais atos materializados durante o desenvolver da relação processual, como os meios de provas utilizados (sendo suficiente a indicação das espécies de provas, sem detalhar o respectivo resultado), eventuais arguições de nulidades processuais, a apresentação de alegações finais e a realização de tentativas de conciliação.

Apesar de ser relacionado no *caput* do art. 489 do CPC de 2015 como um elemento essencial da sentença, em alguns procedimentos, o legislador expressamente dispensa o juiz de elaborar o relatório. É o caso do procedimento disciplinado pela Lei n. 9.099, de 1995, para os Juizados Especiais Cíveis, uma vez que o art. 39 da respectiva Lei estabelece que "A sentença mencionará os elementos de convicção do Juiz, com breve resumo dos fatos relevantes ocorridos em audiência, dispensado o relatório.".

Na legislação processual trabalhista, por sua vez, o art. 852-I da CLT segue idêntica linha, ao estipular que no âmbito do procedimento sumariíssimo: "A sentença mencionará os elementos de convicção do juízo, com resumo dos fatos relevantes ocorridos em audiência, dispensado o relatório."

Tal dispensa, contudo, não implica na omissão em identificar o caso pelo seu número oficial e, tampouco, pela exposição do nome dos litigantes. Apenas desobriga o magistrado de proceder ao resumo da postulação e da defesa e do registro das principais ocorrências constadas durante o curso da demanda.

Para o legislador pátrio, assim, a sentença deve ser mais concisa, sem precisar de um relato histórico, nos ritos especiais que se destinam a proporcionar maior simplicidade e melhor celeridade aos processos envolvendo causas de menor valor. Em tais procedimentos, suficiente é a simples identificação da numeração da demanda e do nome das partes ao invés de um relatório normal, para então ser sucedida pela exposição dos fundamentos que definiram a convicção do magistrado e a conclusão correspondente.

Em que pese a dispensa de sua elaboração em alguns procedimentos especiais, é evidente a importância do relatório para a melhor compreensão da sentença. O relatório, assim, cumpre uma tríplice função de identificar, narrar e registrar os itens históricos do processo judicial, com o objetivo de proporcionar a quem esteja lendo o texto da sentença a contextualização do julgamento.

O segundo elemento essencial da sentença, por seu turno, é a parte denominada de "os fundamentos", ou seja, a fundamentação do julgado, na qual o juiz cumpre o seu dever constitucional de expor a motivação que o levou a decidir de tal forma. Os fundamentos, pois, correspondem à parte da sentença na qual ocorre a exposição dos motivos determinantes da posição do magistrado em relação às questões submetidas à sua apreciação para fins decisórios. Neste elemento essencial, o juiz deve expor de modo claro e preciso os motivos que o levaram a decidir de tal forma, promovendo a garantia constitucional assegurada expressamente no art. 93, inciso IX, da Constituição da República: "todos os julgamentos dos órgãos do Poder Judiciário serão públicos, e **fundamentadas todas as decisões, sob pena de nulidade.**"

Segundo o art. 489, inciso II, do CPC de 2015, é nos fundamentos "que o juiz analisará as questões de fato e de direito", dispondo o art. 832 da CLT que a sentença trabalhista deverá conter "a apreciação das provas, os fundamentos da decisão". De acordo com a disciplina legal, assim, é nos fundamentos que o magistrado expõe o seu exame das questões fáticas e jurídicas, como forma de registrar seu posicionamento perante as pretensões dos litigantes, motivando sua postura à luz dos elementos probatórios e dos argumentos oriundos dos debates jurídicos ocorridos, registrando o itinerário lógico que foi seguido para chegar à conclusão final.

Nos fundamentos, o juiz usualmente aprecia questões preliminares, questões prejudiciais e de mérito.

As preliminares, em sentido amplo, correspondem a todas as questões cuja apreciação deve preceder ao exame do mérito da causa, como um requerimento de suspensão do processo para aguardar o julgamento de uma outra demanda correlata. Em sentido mais restrito, preliminares são apenas as questões expressamente relacionadas no art. 337 do CPC de 2015, como a incompetência do juízo, a ausência de interesse de agir e a coisa julgada. Envolvem, essencialmente, discussões de ordem processual.

As questões prejudiciais, por sua vez, constituem uma categoria criada pela doutrina e seguida pela jurisprudência, sem uma estrutura institucional prevista explicitamente pelo legislador, que se situa entre as preliminares e o mérito da causa. Incluem, assim, questões como a prescrição e a decadência, institutos estes que, apesar de resultarem na extinção do processo com resolução de mérito caso pronunciado pelo magistrado (art. 487, inciso II, do CPC de 2015), não resolvem, efetivamente no plano empírico, o conflito de interesses materiais que precedeu à demanda judicial.

Alguns juristas, deve ser ressaltado, consideram como questões prejudiciais (ou prejudiciais de mérito) temas como a existência ou não de um vínculo de emprego entre os litigantes, quando postulados créditos trabalhistas decorrentes de um vínculo de emprego negado pelo reclamado. Na realidade, tal discussão é efetivamente de natureza meritória, pois corresponde à questão de fundo (existência da relação empregatícia entre os litigantes) sobre a qual repousam as demais pretensões, mas necessariamente o seu exame deve preceder à análise dos pedidos de créditos oriundos da relação cuja existência é contestada. Não reconhecido o vínculo de emprego, prejudicadas estarão todas as pretensões fundadas em tal questão antecedente.

Nesse contexto, a expressão "questão prejudicial" não se refere a um elemento alheio ao mérito da causa. Representa, isto sim, uma questão de conteúdo meritório, pois envolve interesses materiais em conflito, mas cuja definição deve obrigatoriamente preceder ao exame de outras questões de mérito (primeiro, por exemplo, deve haver a definição se há ou não vínculo de emprego, para somente depois, caso reconhecido o elo empregatício, ser examinado o pedido relativo ao Fundo de Garantia do Tempo de Serviço).

As questões de mérito, por seu turno, correspondem àquelas diretamente envolvidas com o conflito de interesses materiais que foi submetido à apreciação do juiz. Engloba tanto as questões principais (se existe ou não uma relação de emprego, se determinada entidade tem ou não responsabilidade patrimonial pelos créditos devidos ao empregado, se a despedida foi sem justa causa ou houve uma dispensa por justa causa etc.), cujas definições resultarão no acolhimento ou rejeição das pretensões deduzidas em juízo, como questões secundárias, decorrentes da própria submissão da lide à heterocomposição estatal, como a condenação (ou não) de uma das partes em pagar honorários (advocatícios e/ou periciais), a aplicação de benefícios e/ou sanções processuais e a definição da forma de atualização monetária da quantia devida.

Não deve ser esquecido, ainda, que as questões examinadas pelo juiz nos fundamentos não se restringem àquelas expressamente suscitadas pelas partes. A legislação processual prevê várias situações nas quais o magistrado deve proceder, de ofício, a um exame sobre determinada questão não invocada pelos litigantes. Seja de ordem processual, seja de conteúdo meritório.

Neste sentido, o § 5º do art. 337 ("Excetuadas a convenção de arbitragem e a incompetência relativa, o juiz conhecerá de ofício das matérias enumeradas neste artigo") e o art. 493 ("Se, depois da propositura da ação, algum fato constitutivo, modificativo ou extintivo do direito influir no julgamento do mérito, caberá ao juiz tomá-lo em consideração, de ofício ou a requerimento da parte, no momento de proferir a decisão"), ambos do CPC de 2015. O primeiro, impondo a atuação *ex officio* do juiz em relação às questões preliminares relacionadas no art. 337, como a incompetência absoluta, a falta de legitimidade da parte e a litispendência. O segundo, estabelecendo o dever de o magistrado levar em consideração situação fática surgida após o início da relação processual, mas capaz de afetar o julgamento da lide (como o exaurimento do período estabilitário de um empregado postulando a sua reintegração no emprego, após a propositura da demanda, mas antes do julgamento da causa).

O relatório se destina a identificar a causa e seus litigantes e registrar o histórico dos atos praticados no curso da tramitação processual. Os fundamentos representam a parte da sentença na qual são expostos os motivos que firmaram a convicção do juiz. E qual a finalidade e a composição do dispositivo?

Conforme previsto no art. 489, inciso III, é a parte da sentença na qual o magistrado resolve as principais questões submetidas à sua apreciação. O dispositivo, portanto, corresponde ao elemento essencial da sentença na qual o juiz expõe a conclusão de seu julgamento, definindo no comando sentencial o resultado da *iurisdictio*. Neste sentido, o art. 832 da CLT estabelece que na sentença deverá haver "a respectiva conclusão".

Se no relatório o juiz expõe um relato histórico do andamento do feito e nos fundamentos ocorre a apresentação dos motivos que o levaram à posição assumida em relação às questões expostas, é no dispositivo que o magistrado resolve as questões litigiosas e revela as consequências das considerações apresentadas nos fundamentos, expondo o resultado relativo a cada questão abordada, cumprindo seu dever em face da garantia constitucional da motivação das decisões.

Tal elemento apresenta uma parte principal, na qual são reveladas as resoluções acerca das questões processuais e materiais (ou seja, as definições quanto às preliminares suscitadas, aos pedidos formulados etc.), e uma parte secundária, composta de determinações próprias de qualquer julgado, como a expedição de ofícios e de intimações.

O conteúdo do dispositivo é variável, dependendo do resultado do exame realizado nos fundamentos em relação a cada questão apreciada. Como consequência de tal vinculação, é comum na prática judicante trabalhista a apresentação de um dispositivo nos moldes de um "resumo" dos fundamentos, constando um roteiro dos resultados das análises realizadas pelo magistrado. Igualmente comum é uma remissão, dentro do dispositivo, às diretrizes definidas nos fundamentos. Frequente é o uso de expressões como "tudo em fiel observância ao estabelecido nos fundamentos, que passam a integrar o dispositivo como se nele estivessem transcritos", em uma prática criticada pelos mais técnicos, que apontam a mesma como um desvio de finalidade entre os elementos que compõem a sentença.

Na realidade, a adoção de medidas de tal natureza revela apenas uma preocupação em deixar o conteúdo do comando sentencial mais claro e preciso. E é importante enfatizar que, além dos elementos (ou requisitos) essenciais, a sentença também apresenta certas condições formais que devem ser observadas. Dentro de tal ótica, a sentença deve evidenciar clareza, precisão, exaustividade e adequação.

Clareza no sentido de ser de fácil compreensão, inteligível e objetiva. O conteúdo da sentença deve estar sem ambiguidades, expondo de modo inequívoco todo o seu teor de forma a não deixar obscuridades.

A exigência de precisão exigida refere-se à certeza da decisão, expondo de forma explícita e exata a resolução do caso, mesmo diante de um vínculo sujeito a condições extrínsecas. Nesse sentido, o art. 492, parágrafo único, do CPC de 2015: "A decisão deve ser certa, ainda que resolva relação jurídica condicional."

Exaustividade, por sua vez, corresponde à exigência de abordar, integralmente, todas as questões de fato e de direito submetidas à apreciação do juízo. Sem exaurir a matéria, a sentença se apresenta como omissa e incompleta.

E adequação, por fim, representa a qualidade da sentença que se manteve dentro das fronteiras definidas pelas partes, ou seja, à *res in iudicio deducta*, resolvendo a questão dentro dos limites propostos pelas partes. Nesse sentido, a diretriz do art. 492 do CPC de 2015: "É vedado ao juiz proferir decisão de natureza diversa da pedida, bem como condenar a parte em quantidade superior ou em objeto diverso do que lhe foi demandado."

O legislador de 2015 manteve praticamente intactos a disciplina quanto à estrutura e os materiais da sentença, entre o modelo do antigo CPC de 1973 e o modelo processual contemporâneo. Quanto a um dos elementos essenciais, entretanto, foi introduzida por meio da Lei n. 13.105, de 2015, uma técnica peculiar para assegurar a adequação do seu conteúdo às aspirações do legislador a um processo mais "transparente". Os fundamentos da sentença, como será examinado a seguir, formam a parte componente da decisão mais afetada pelas inovações do diploma processual de 2015.

5. FUNDAMENTAÇÃO DA SENTENÇA APÓS O CPC DE 2015

No tocante aos fundamentos da sentença, o CPC de 2015 introduziu ao modelo processual brasileiro uma nova disciplina envolvendo a forma de exposição dos motivos que definiram a convicção do julgador.

Em toda a extensão do diploma processual, o legislador de 2015 demonstrou uma grande preocupação em assegurar a "transparência processual", garantindo tanto a acessibilidade a informações do processo por parte de pessoas de fora da relação processual (exceto nos casos em que é preciso proteger a intimidade dos envolvidos ou algum interesse social) quanto a clareza e nitidez da comunicação entre os próprios sujeitos da relação processual para permitir a plena ciência por todos acerca do desenvolvimento do processo. Nesse sentido, os arts. 7º, 9º, 10, 11 e 298 do CPC de 2015.

Talvez nenhum dispositivo do álbum processual, contudo, conseguiu traduzir mais essa preocupação em transparência processual (no sentido de resguardar em vários dispositivos as garantias constitucionais da publicidade dos atos processuais, do contraditório e da motivação das decisões) de que trata o art. 489, § 1º, do CPC de 2015:

> § 1º Não se considera fundamentada qualquer decisão judicial, seja ela interlocutória, sentença ou acórdão, que:
> I – se limitar à indicação, à reprodução ou à paráfrase de ato normativo, sem explicar sua relação com a causa ou a questão decidida;
> II – empregar conceitos jurídicos indeterminados, sem explicar o motivo concreto de sua incidência no caso;
> III – invocar motivos que se prestariam a justificar qualquer outra decisão;
> IV – não enfrentar todos os argumentos deduzidos no processo capazes de, em tese, infirmar a conclusão adotada pelo julgador;
> V – se limitar a invocar precedente ou enunciado de súmula, sem identificar seus fundamentos determinantes nem demonstrar que o caso sob julgamento se ajusta àqueles fundamentos;
> VI – deixar de seguir enunciado de súmula, jurisprudência ou precedente invocado pela parte, sem demonstrar a existência de distinção no caso em julgamento ou a superação do entendimento.

O dispositivo supratranscrito estabeleceu uma disciplina para identificar as decisões sem uma fundamentação adequada, estabelecendo em seis incisos hipóteses de julgados que apresentam fundamentos inadequados de modo a autorizar a oposição de embargos de declaração em face da omissão (art. 1.022, parágrafo único, inciso II, do CPC de 2015). Aplicável a qualquer espécie de pronunciamento de conteúdo decisório (decisão interlocutória, sentença ou acórdão), a nova técnica impôs critérios mais rígidos na exposição do itinerário racional percorrido pelo magistrado para chegar ao destino correspondente ao dispositivo.

No âmbito do processo do trabalho, a sua aplicabilidade às sentenças trabalhistas foi expressamente admitida pelo Tribunal Superior do Trabalho na Instrução Normativa n. 39, de 2006, produzido para servir de orientação quanto ao uso das normas oriundas do CPC de 2015 ao modelo processual trabalhista:

> Art. 3º Sem prejuízo de outros, aplicam-se ao Processo do Trabalho, em face de omissão e compatibilidade, os preceitos do Código de Processo Civil que regulam os seguintes temas:
> IX – art. 489 (fundamentação da sentença); (...)

Apesar da celeuma gerada em virtude de uma postura inicialmente refratária à nova técnica introduzida pelo legislador de 2015, assumida por boa parte da magistratura sob argumentos de que a nova disciplina violava a independência judicial e restringia a liberdade de julgar dos juízes, atualmente, os parâmetros normativos não estão mais sofrendo resistência por parte dos julgadores, prevalecendo o entendimento segundo o qual a iniciativa do legislador contribuiu para produzir sentenças melhor fundamentadas, assegurando a maior transparência processual almejada pelo legislador.

O exame do texto do § 1º do art. 489 demonstra que as diretrizes fixadas pelo legislador efetivamente servem de valiosa orientação aos juízes para expor de modo mais compreensível os fundamentos que os levaram às definições das respectivas contendas.

O inciso I, ao estabelecer que não se revela adequadamente fundamentada uma decisão que se restringir a apontar uma norma positiva ou transcrever o seu texto ou traduzir em outras palavras o seu conteúdo, sem expor o nexo com o caso *sub iudice*, está em perfeita sintonia com a ideia de decisões mais inteligíveis. Não é suficiente simplesmente indicar o artigo da Lei ou reproduzir o seu teor ou comentar as suas letras. É imprescindível proceder à exposição da correlação entre o texto normativo e a causa para permitir ao leitor da decisão uma correta compreensão do raciocínio desenvolvido pelo julgador. Somente, assim, estará a decisão adequadamente fundamentada.

O inciso II, do § 1º, do art. 489, por sua vez, igualmente acerta ao determinar que não se encontra adequadamente fundamentada a decisão que se limitar a apresentar como motivo a invocação de um conceito jurídico indeterminado, sem "concretizar" tal conceito dentro do contexto do caso *sub iudice* e justificar a sua incidência. Afirmar, para fins de responsabilização civil da empresa independentemente de culpa (responsabilidade civil objetiva), que esta exerce uma atividade de risco (art. 927, parágrafo único, do Código Civil), sem expor como foi reconhecido tal enquadramento, não é suficiente para entender como devidamente fundamentado o julgado. Imprescindível é demonstrar o itinerário racional seguido pelo magistrado para chegar a tal constatação, expondo os elementos que o levaram a entender que a atividade empresarial deve ser enquadrada como algo que naturalmente oferece riscos aos seus empregados.

O inciso do mesmo § 1º, ao estabelecer que não se encontra devidamente fundamentada a decisão que se limitar a expor, como motivo ensejador do resultado do veredicto, uma causa genérica que serviria para alicerçar qualquer outro julgado, também se encontra em sintonia com a busca por maior transparência processual. Entender que o uso de um fundamento "clichê", "chavão" ou "chave mestra", que se presta a justificar uma diversidade de decisões, pode servir como uma fundamentação válida, é desrespeitar as bases da garantia constitucional da motivação das decisões. Mesmo em casos de julgamentos repetitivos, os fundamentos de uma sentença devem se adequar às peculiaridades de cada caso e refletir com precisão e clareza os elementos constantes dos respectivos autos, expondo como o magistrado desenvolveu a sua avaliação desses elementos à luz do direito aplicável até chegar à sua conclusão final.

O inciso IV, do § 1º, do art. 489, talvez seja aquele que mais tumulto provocou quando da promulgação do CPC de 2015, por conter em suas letras uma diretriz que gera apreensão e ansiedade em uma classe profissional já sobrecarregada em face da alta litigiosidade que caracteriza as relações sociais no país. O texto do dispositivo, ao expor que não se considera devidamente fundamentada a decisão que "não enfrentar todos os argumentos deduzidos no processo capazes de, em tese, infirmar a conclusão adotada pelo julgador", leva aquele que procede a uma interpretação literal do texto a crer que incumbe ao juiz exaurir, de forma absolutamente integral, os incontáveis argumentos relacionados pela parte sucumbente que potencialmente poderiam reverter o resultado definido pelo juiz. Diante da avalanche de ações ajuizadas diariamente nos órgãos do Poder Judiciário e considerando as peças processuais com dezenas e não poucas vezes centenas de teses sustentando as pretensões expostas ... a ideia de ter que abordar individualmente cada linha de argumentação no caso de não acolher a respectiva pretensão formulada, é algo verdadeiramente assustador.

A técnica do inciso IV, entretanto, deve ser interpretada considerando dois "filtros" naturais que reduzem o número de argumentos que precisam ser enfrentados especificamente pelo julgador que for rejeitar a pretensão que os mesmos sustentavam.

Primeiro, não precisam ser enfrentados aqueles argumentos que constituem teses subordinadas a uma tese subordinante, quando esta última for enfrentada e "derrubada" pelo raciocínio do julgador. Em outras palavras, se o juiz repelir de forma expressa um argumento principal que serve de base de apoio a outros argumentos acessórios ou subalternos, a rejeição ao primeiro automaticamente prejudicará as teses dependentes daquele.

Segundo, o juiz não precisa examinar argumentos jurídicos já superados quando da formação do precedente judicial utilizado como base da fundamentação da decisão proferida, ou seja, aquelas teses já discutidas e rejeitadas quando da formação do precedente não precisam ser "revisitadas" quando uma das partes as invocou, caso o julgador adote como fundamento do julgado as razões de decidir consagradas no precedente sedimentado. Suficiente é proceder à devida correlação fática e jurídica entre o caso *sub iudice* e a causa-piloto da qual originou a formação do precedente (CÂMARA, 2015, p. 416).

Nesse sentido, aliás, o Tribunal Superior do Trabalho, conforme demonstrado nas letras dos incisos III, IV e V, do art. 15, da Instrução Normativa n. 39, de 2006:

> Art. 15. O atendimento à exigência legal de fundamentação das decisões judiciais (CPC, art. 489, § 1º) no Processo do Trabalho observará o seguinte:
>
> III – não ofende o art. 489, § 1º, inciso IV do CPC a decisão que deixar de apreciar questões cujo exame haja ficado prejudicado em razão da análise anterior de questão subordinante.
>
> IV – o art. 489, § 1º, IV, do CPC não obriga o juiz ou o Tribunal a enfrentar os fundamentos jurídicos invocados pela parte, quando já tenham sido examinados na formação dos precedentes obrigatórios ou nos fundamentos determinantes de enunciado de súmula.
>
> V – decisão que aplica a tese jurídica firmada em precedente, nos termos do item I, não precisa enfrentar os fundamentos já analisados na decisão paradigma, sendo suficiente, para fins de atendimento das exigências constantes no art. 489, § 1º, do CPC, a correlação fática e jurídica entre o caso concreto e aquele apreciado no incidente de solução concentrada.

Com a utilização de tais "filtros" naturais, destarte, o cumprimento da diretriz estabelecida pelo inciso IV, do § 1º, do art. 489, do CPC de 2015, se revela mais plausível e menos distante da razoabilidade.

Os incisos V e VI do mesmo § 1º, por seu turno, tratam de decisões não adequadamente fundamentadas por não revelarem o correto manuseio de elementos jurisprudenciais quando da formação da motivação dos julgados. Enquanto o inciso V estabelece a falha da decisão que "se limitar a invocar precedente ou enunciado de súmula, sem identificar seus fundamentos determinantes nem demonstrar que o caso sob julgamento se ajusta àqueles fundamentos", o inciso VI define como inadequada a fundamentação que "deixar de seguir enunciado de súmula, jurisprudência ou precedente invocado pela parte, sem demonstrar a existência de distinção no caso em julgamento ou a superação do entendimento".

A adoção, pelo legislador de 2015, de um *stare decisis brasiliensis*, ou seja, de um sistema de precedentes judiciais "à brasileira", com peculiaridades que o diferencia dos modelos norte-americano e britânico, gerou um forte impacto na forma de constituição dos fundamentos dos julgados, em decorrência da vinculação do juiz aos precedentes obrigatórios elencados no art. 927 do CPC:

> Art. 927. Os juízes e os tribunais observarão:
> I – as decisões do Supremo Tribunal Federal em controle concentrado de constitucionalidade;
> II – os enunciados de súmula vinculante;
> III – os acórdãos em incidente de assunção de competência ou de resolução de demandas repetitivas e em julgamento de recursos extraordinário e especial repetitivos;
> IV – os enunciados das súmulas do Supremo Tribunal Federal em matéria constitucional e do Superior Tribunal de Justiça em matéria infraconstitucional;
> V – a orientação do plenário ou do órgão especial aos quais estiverem vinculados.

Especialmente considerando o teor do § 1º do mesmo art. 927, estabelecendo que "Os juízes e os tribunais observarão o disposto no art. 10 e no art. 489, § 1º, quando decidirem com fundamento neste artigo".

Dentro do cenário estabelecido pelo legislador de 2015 para o julgamento de uma causa, ao adotar por base da motivação um precedente judicial (norma extraída dos motivos determinantes do julgamento de um caso do passado) ou o enunciado de uma súmula, é imprescindível que o juiz exponha as razões de decidir generalizáveis originárias do caso paradigma, utilizadas para chegar à sua conclusão, e justifique como o caso *sub iudice* se enquadra dentro do âmbito de aplicabilidade do *ratio decidendi*. E se entender que o caso não se enquadra dentro do âmbito de incidência de um precedente invocado por qualquer das partes, o juiz necessariamente deverá justificar nos fundamentos do julgamento a causa de não ter sido adotado tal precedente.

Da mesma forma como no inciso I, do § 1º, do art. 489, é exigida a correlação entre o texto normativo e a causa para que haja uma fundamentação adequada, no inciso V do mesmo § 1º, é exigida para uma motivação apropriada a demonstração do enquadramento do caso concreto à hipótese condicionada, ensejadora da aplicação dos motivos determinantes do caso que serviu de origem do precedente invocado. E, no mesmo sentido, para fundamentar adequadamente uma decisão na qual não foi aplicado o *ratio decidendi* oriundo de um precedente (ou jurisprudência ou súmula) invocado por uma das partes, é necessário que o julgador justifique o seu afastamento dos motivos determinantes, seja mediante a comprovação da existência de uma peculiaridade no caso em exame que o afasta o raio de incidência do precedente (técnica de distinção ou *distinguishing*), seja pela demonstração da ultrapassagem do precedente judicial por outro que o suplantou (técnica da superação ou *overruling*).

As técnicas de fundamentação delineadas pelas inadequações apresentadas nos incisos V e VI, deve ser enfatizado, foram bem acolhidas pelo TST conforme exposto no mesmo art. 15 da Instrução Normativa n. 39, de 2016, agora nos seus incisos I e II, que inclusive delimita precisamente quais elementos jurisprudenciais podem ser considerados precedentes judiciais:

> Art. 15. O atendimento à exigência legal de fundamentação das decisões judiciais (CPC, art. 489, § 1º) no Processo do Trabalho observará o seguinte:
> I – por força dos arts. 332 e 927 do CPC, adaptados ao Processo do Trabalho, para efeito dos incisos V e VI do § 1º do art. 489 considera-se "precedente" apenas:
> a) acórdão proferido pelo Supremo Tribunal Federal ou pelo Tribunal Superior do Trabalho em julgamento de recursos repetitivos (CLT, art. 896-B; CPC, art. 1046, § 4º);
> b) entendimento firmado em incidente de resolução de demandas repetitivas ou de assunção de competência;
> c) decisão do Supremo Tribunal Federal em controle concentrado de constitucionalidade;
> d) tese jurídica prevalecente em Tribunal Regional do Trabalho e não conflitante com súmula ou orientação jurisprudencial do Tribunal Superior do Trabalho (CLT, art. 896, § 6º);
> e) decisão do plenário, do órgão especial ou de seção especializada competente para uniformizar a jurisprudência do tribunal a que o juiz estiver vinculado ou do Tribunal Superior do Trabalho.
> II – para os fins do art. 489, § 1º, incisos V e VI do CPC, considerar-se-ão unicamente os precedentes referidos no item anterior, súmulas do Supremo Tribunal Federal, orientação jurisprudencial e súmula do Tribunal Superior do Trabalho, súmula de Tribunal Regional do Trabalho não conflitante com súmula ou orientação jurisprudencial do TST, que contenham explícita referência aos fundamentos determinantes da decisão (*ratio decidendi*).

A técnica de fundamentação dos julgados, assim, foi profundamente afetada pelas inovações promovidas pelo legislador de 2015 no modelo processual civil. E, por tabela, os fundamentos das decisões proferidas no processo trabalhista foram igualmente alcançados. O reconhecimento da importância das modificações em prol de uma maior transparência processual e, consequentemente, de maior segurança jurídica para os litigantes, já fez com que as dificuldades inerentes à mudança fossem superadas pelo esforço dos dedicados integrantes da magistratura nacional.

6. CLASSIFICAÇÕES E ESPÉCIES DE SENTENÇA JUDICIAL

Na doutrina nacional, podem ser encontradas dezenas de critérios de classificações da sentença judicial nas mais variadas categorias. Divisões baseadas na matéria apreciada (sentença trabalhista, sentença cível, sentença penal, etc.) ou no âmbito do interesse abordado (sentença individual e sentença coletiva), por exemplo, talvez representem as classificações mais comuns.

Cinco critérios de classificação, entretanto, formam as categorias de maior relevância: a) segundo a apreciação ou não do mérito da causa; b) segundo a abrangência do objeto apreciado; c) segundo o momento processual da sua prolação; d) segundo a eficácia nacional preponderante; e e) segundo a natureza da concretização da prestação.

Quanto ao critério relacionado à apreciação ou não do mérito da causa (para alguns doutrinadores conhecido como classificação segundo o alcance da coisa julgada), as sentenças podem ser separadas em duas categorias: sentenças meramente terminativas e sentenças definitivas. Enquanto estas últimas implicam no julgamento do mérito da causa nos moldes do art. 487 do CPC de 2015, aquelas resultaram no encerramento prematuro da fase cognitiva do processo, concluindo tal etapa da relação processual sem resolver a questão de fundo, por um dos fundamentos relacionados no art. 485 do mesmo álbum processual. Como na prática é comum uma sentença que resolveu o mérito da causa quanto à parte da postulação, mas, quanto a uma outra parte, encerrou a fase cognitiva sem pronunciamento meritório, é possível desafiar tal dicotomia defendendo um *teritum genus*, uma sentença "híbrida" ou de natureza mista.

O reconhecimento da sentença como um ato complexo, formado por múltiplos "capítulos" ou "partes", permite tal constatação. E tal pluralidade de partes é premissa para as duas próximas formas de classificação.

Segundo a abrangência do objeto apreciado, a sentença pode ser parcial ou integral. Esta é aquela que exauriu todo o objeto litigioso, resolvendo de uma única vez toda a matéria submetida à apreciação do juiz na fase durante a fase cognitiva. A sentença parcial, por seu turno, é aquela que resulta do julgamento antecipado parcial, nos moldes dos já examinados arts. 354, parágrafo único ("A decisão a que se refere o *caput* pode dizer respeito a apenas parcela do processo, caso em que será impugnável por agravo de instrumento") e 356 ("Art. 356. O juiz decidirá parcialmente o mérito quando um ou mais dos pedidos formulados ou parcela deles: I – mostrar-se incontroverso; II – estiver em condições de imediato julgamento, nos termos do art. 355"). A sentença parcial é o resultado do "parcelamento" ou "fatiamento" do julgamento em dois ou mais momentos, com uma parte do objeto da postulação sendo apreciado em cada ocasião.

Segundo o momento processual da sua prolação, as sentenças podem ser enquadrada em quatro espécies: a) sentença liminar; b) sentença antecipada; c) sentença conclusiva da instrução processual; e d) sentença conclusiva da execução.

A sentença liminar é aquela proferida *initio litis* e *inaudita altera parte*, ou seja, logo no início do processo e antes da citação do réu. A sua prolação, portanto, ocorre antes do estabelecimento do contraditório. O CPC de 2015 prevê tal espécie ao disciplinar dois institutos: o indeferimento liminar da petição inicial (art. 330), quando a existência de um vício insanável na peça vestibular autoriza o juiz a proceder à rejeição de plano da mesma, e o julgamento liminar de improcedência (art. 332), que legitima o indeferimento do pedido formulado pelo autor diante da sua contraposição a precedentes obrigatórios, mesmo antes da citação do réu.

Ambas as formas de sentença liminar são admitidas no processo do trabalho, conforme expressamente estipulado pelo TST.

Na hipótese da sentença que liminarmente indefere a petição, pela previsão explícita da nova redação dada à Súmula n. 263 do TST:

> PETIÇÃO INICIAL. INDEFERIMENTO. INSTRUÇÃO OBRIGATÓRIA DEFICIENTE. Salvo nas hipóteses do art. 330 do CPC de 2015 (art. 295 do CPC de 1973), o indeferimento da petição inicial, por encontrar-se desacompanhada de documento indispensável à propositura da ação ou não preencher outro requisito legal, somente é cabível se, após intimada para suprir a irregularidade em 15 (quinze) dias, mediante indicação precisa do que deve ser corrigido ou completado, a parte não o fizer (art. 321 do CPC de 2015).

E, no caso do julgamento liminar de improcedência, pelo consagrado no art. 7º da Instrução Normativa n. 39, de 2016:

> Art. 7º Aplicam-se ao Processo do Trabalho as normas do art. 332 do CPC, com as necessárias adaptações à legislação processual trabalhista, cumprindo ao juiz do trabalho julgar liminarmente improcedente o pedido que contrariar:

I – enunciado de súmula do Supremo Tribunal Federal ou do Tribunal Superior do Trabalho (CPC, art. 927, inciso V);

II – acórdão proferido pelo Supremo Tribunal Federal ou pelo Tribunal Superior do Trabalho em julgamento de recursos repetitivos (CLT, art. 896-B; CPC, art. 1046, § 4º);

III – entendimento firmado em incidente de resolução de demandas repetitivas ou de assunção de competência;

IV – enunciado de súmula de Tribunal Regional do Trabalho sobre direito local, convenção coletiva de trabalho, acordo coletivo de trabalho, sentença normativa ou regulamento empresarial de observância obrigatória em área territorial que não exceda à jurisdição do respectivo Tribunal (CLT, art. 896, *b*, *a contrario sensu*).

Parágrafo único. O juiz também poderá julgar liminarmente improcedente o pedido se verificar, desde logo, a ocorrência de decadência.

A sentença antecipada, por seu turno, é aquela proferida após a citação do réu, mas antes da realização de atos instrutórios típicos de uma audiência de instrução e julgamento. No CPC de 2015, no Capítulo X (Do Julgamento conforme o Estado do Processo) do Título I (Do Procedimento Comum) do Livro I (Do Processo de Conhecimento e do Cumprimento de Sentença) da sua Parte Especial, os arts. 354 e 355 tratam do julgamento antecipado com encerramento da fase cognitiva originária, sem ou com resolução do mérito da causa:

Art. 354. Ocorrendo qualquer das hipóteses previstas nos arts. 485 e 487, incisos II e III, o juiz proferirá sentença.

Parágrafo único. A decisão a que se refere o *caput* pode dizer respeito a apenas parcela do processo, caso em que será impugnável por agravo de instrumento.

Art. 355. O juiz julgará antecipadamente o pedido, proferindo sentença com resolução de mérito, quando:

I – não houver necessidade de produção de outras provas;

II – o réu for revel, ocorrer o efeito previsto no art. 344 e não houver requerimento de prova, na forma do art. 349.

As sentenças proferidas em tais hipóteses, assim, são enquadradas como sentenças antecipadas uma vez que proferidas antes mesmo do início da fase instrutória própria para produção de provas como a testemunhal e a pericial.

As sentenças conclusivas da instrução processual e da fase executiva, por outro lado, são simplesmente aquelas proferidas após o encerramento da audiência de instrução e julgamento (as primeiras) ou ao término da execução (as segundas).

Uma fórmula de classificação da sentença judicial constantemente objeto de discussões doutrinárias é aquela baseada na eficácia natural preponderante da decisão.

Com base no critério dos efeitos materiais produzidos (conteúdo típico preponderante do julgado), a classificação tradicional apresentada pela doutrina processual para as sentenças definitivas (isto é, decisões de mérito, proferidas após a conclusão de etapa processual de cognição exauriente, acolhendo ou rejeitando o pedido, total ou parcialmente), apresenta três modalidades: a) sentença meramente declaratória; b) sentença constitutiva; e c) sentença condenatória (CHIOVENDA, 1998, p. 228; CALAMANDREI, 199, p. 172; LIEBMAN, 1947, p. 30; MARQUES, 2000, p. 60; THEODORO JÚNIOR, 2003, p. 468; ALVIM, 199, p. 257).

É importante destacar, antes de analisar as respectivas espécies, que, na realidade, o enquadramento das sentenças em tais categorias se faz com base no efeito preponderante do julgado. Isso em virtude do fato que, normalmente, a sentença não produz apenas um único efeito material.

Há, em verdade, um complexo de efeitos derivados da sentença, formando a sua chamada "eficácia natural" (DINAMARCO, 2001, p. 207-210).

Dentro de tal âmbito, há uma variedade de efeitos. Alguns, próprios (ou típicos), os chamados efeitos principais (ou primários), que dependem de pedido prévio do postulante de acordo com as diretrizes do devido processo legal (salvo casos excepcionais previstos na legislação processual) e que devem ser expostos explicitamente no julgado. Outros de caráter acessório, os denominados secundários, de índole processual, que independem de requerimento da parte e sequer precisam ser explicitados pelo magistrado na sentença, pois decorrem de expressa previsão legal.

Neste sentido, a sentença naturalmente apresenta ao menos um efeito principal e vários efeitos secundários, podendo ainda resultar na produção de uma diversidade de efeitos principais, com a preponderância de um ou em perfeito equilíbrio, coexistindo paralelamente em capítulos diversos da mesma sentença (sem excluir a multiplicidade de repercussões de menor relevância, ou seja, os efeitos secundários).

Na primeira hipótese, ao lado do efeito material preponderante, existem efeitos secundários previstos na própria legislação processual, como os provocados pela sucumbência de uma das partes. É o caso, por exemplo, da sentença classificada como meramente declaratória ou constitutiva, mas que revela conteúdo condenatório no tocante às despesas relativas às custas processuais e aos honorários advocatícios.

Segundo Cândido Rangel Dinamarco (2002, p. 63-64), "são objetos autônomos de um julgamento de mérito os diversos itens em que se desdobra o *decisum* e que se referem a pretensões distintas ou a diferentes segmentos destacados de uma pretensão só".

Neste caso, o efeito preponderante absorve os demais, ensejando o enquadramento do respectivo *decisum* como uma sentença condenatória.

Tal predominância de um efeito primário sobre os demais, contudo, nem sempre é possível estabelecer. Às vezes, a coexistência revela uma isonomia harmoniosa dentro de uma pluralidade de efeitos principais da sentença.

Neste sentido, a sentença de procedência produzida em processo no qual foram cumulados pedidos principais de natureza diversa, mas de idêntica importância, forma uma eficácia natural complexa, mas equilibrada, gerando diversos efeitos sem a preponderância de um sobre o outro. Uma sentença proferida em demanda na qual se pleiteia o divórcio entre cônjuges e a estipulação de alimentos de um em favor de outro, por exemplo, poderá produzir concomitantemente efeitos principais diversos, de natureza constitutivo-negativa (quanto ao vínculo matrimonial) e de cunho condenatório (quanto à prestação alimentícia). Como a cumulação de pleitos é autorizada pela legislação processual, desde que atendidos os requisitos de regularidade da respectiva peça postulatória, a sentença que os acolhe é naturalmente dividida em "capítulos" principais, revelando ao final uma eficácia inata na qual não se pode eleger um único efeito preponderante sem sacrificar a relevância do(s) outro(s).

A sentença judicial, destarte, não evidencia eficácia única no plano empírico, revelando, em regra, uma multiplicidade de efeitos (THEODORO JÚNIOR, 2003, p. 471).

Dentro de tal pluralidade, deve ser identificado o efeito principal e, se houver mais de um efeito primário, destacado o preponderante, para servir de critério para a sua classificação dentro das categorias tradicionalmente apresentadas. Quando, entretanto, não houver condições de apontar a predominância de um dentro de uma eficácia natural formada por mais de um efeito primário, restará a opção entre sacrificar a boa técnica para impor o enquadramento em uma única categoria ou admitir, em face da pluralidade de efeitos principais, o enquadramento do julgado em mais de uma categoria, segundo os seus capítulos internos.

Leciona Cândido Rangel Dinamarco:

> no tocante aos diversos capítulos de mérito (estejam ou não precedidos de um que se pronuncie explicitamente sobre a admissibilidade desse julgamento), cada um deles terá sua eficácia própria e carecerá de interpretações que nem sempre coincidirão com as interpretações dos demais. O juiz pode, por exemplo, conceder a reintegração na posse do imóvel, caso em que a pretensão a esse resultado será julgado procedente, mas rejeitar o pedido de indenização por perdas e danos (improcedência desse capítulo); pode condenar o condutor do veículo a reparar os danos causados no acidente, julgando procedente o capítulo da demanda referente a ele, mas julgar improcedente o pedido de condenação do proprietário do veículo; como pode também decidir todas essas pretensões de modo homogêneo, seja para julgá-las todas procedentes, seja para rejeitar todas. Em casos assim, é preciso buscar em cada um dos capítulos da sentença o seu significado e dimensões próprias, os quais podem coincidir por inteiro mas também podem ser parcial ou mesmo inteiramente diferentes entre si. (DINAMARCO, 2202, p. 83.).

Expostos tais esclarecimentos, agora será possível proceder à análise das modalidades de sentenças segundo o elenco que forma a tripartição clássica. E tal exame deve ser iniciado com a sentença meramente declaratória.

A primeira categoria, conforme anteriormente destacado, abrange as sentenças que se limitam à simples declaração de existência ou inexistência de uma relação jurídica ou de autenticidade ou falsidade de documento. Na sentença meramente declaratória, assim, a simples declaração judicial exaure a função do juiz, esgotando a prestação jurisdicional. Apenas certifica-se a existência ou inexistência de direito, sem almejar qualquer outro objeto que não seja a própria certeza jurídica. A tutela jurisdicional, pois, é a própria declaração contida no *decisum*. Nesse sentido, suficiente é a declaração de certeza para atender à pretensão do postulante. Nada mais. Daí a inexistência de posterior fase de concretização.

A segunda categoria, por sua vez, é composta pelos julgados destinados a criar, modificar ou extinguir uma relação jurídica. A sentença constitutiva proporciona a alteração do *status* jurídico existente. Tal modalidade, assim, expressa uma declaração de certeza acerca de situação jurídica preexistente, mas adiciona a tal quadro uma novidade, consubstanciada na criação de nova relação jurídica ou na modificação ou extinção da anterior. Sem se restringir à simples declaração de direito e sem impor a condenação do vencido em obrigação em favor do vencedor, o *decisum* produz um quadro jurídico diferente do estado primitivo. O juiz, ao acolher a pretensão, acrescenta ao conteúdo declaratório do julgado a gênese, a modificação ou o encerramento de uma relação jurídica como consequência de tal declaração. Como o novo efeito decorre da simples declaração, dentro do próprio processo cognitivo, a prolação da sentença encerra, em si, a entrega da tutela jurisdicional. Daí, novamente (como a sentença meramente declaratória), prescindir de posterior fase de concretização.

A terceira categoria da relação tradicional, por sua vez, é composta pelas chamadas sentenças condenatórias. Estas, como as demais modalidades, revelam uma função declaratória, pois definem o direito material aplicável ao caso *sub iudice*. A sentença condenatória, entretanto, apresenta uma finalidade especial que a diferencia daquelas: a aplicação de uma regra sancionadora contida no comando sentencial. Além de reconhecer o direito do credor (momento declaratório), impõe ao devedor uma obrigação a ser cumprida (momento sancionador). Certifica a existência de direito do vencedor, com o intuito de proporcionar a subsequente obtenção de um bem, determinando que se realize a sanção definida no seu teor, ou seja, que o sucumbente satisfaça uma prestação em benefício daquele (ZAVASCKI, 2003, p. 45-56).

Tal função sancionadora, ao formular a especificação de consequência material prevista no ordenamento jurídico, proporciona um título executivo à parte vencedora da demanda, assegurando-lhe o direito de impor ao vencido a execução forçada em caso de inadimplemento. Quando não ocorre o cumprimento espontâneo do julgado, destarte, permite que o credor utilize a via do processo de execução. Exige para a materialização dos seus efeitos, portanto, uma fase subsequente de concretização, nos moldes da via executiva em sentido estrito, mediante a qual será posteriormente proporcionada ao vencedor a tutela jurisdicional em face de medidas de constrição determinadas pelo juízo executório.

Para muitos juristas, o elenco tradicional, com suas três espécies de sentenças (meramente declaratória, constitutiva e condenatória), não exaure os modelos de julgados que podem surgir de um processo de conhecimento. Ao lado dos tipos clássicos, apontam a existência de mais duas modalidades, semelhantes, mais inconfundíveis, perfeitamente enquadráveis no novo perfil de modelo processual almejado pelos operadores que buscam o aperfeiçoamento do sistema jurisdicional.

Na linha da evolução desenhada pelos operadores que objetivam a modernização do hodierno modelo de processo jurisdicional, uma meta se encontra em clarividência: superar a lerdeza processual e a insatisfação dos destinatários do serviço jurisdicional com o grau de eficiência da etapa de concretização das sentenças.

Há, evidentemente, forte resistência manifestada por parte da doutrina quanto ao acréscimo de mais duas modalidades ao elenco tradicional de (três) sentenças proferidas na fase cognitiva originária.

Uma posição intermediária dentro da respectiva controvérsia, assim, defende a utilização de uma classificação mista, mantendo fidelidade à classificação tradicional (sentença meramente declaratória, sentença constitutiva e sentença condenatória), mas admitindo que a última categoria possa ter subespécies.

Neste sentido, existiria uma sentença condenatória *lato sensu* (ou "prestacional") que, por sua vez, teria três subespécies: a sentença condenatória *stricto sensu*, a executiva *lato sensu* e a mandamental.

Independentemente da posição teórica adotada, as curiosidades envolvendo tais modalidades novas justificava um exame mais minucioso acerca das mesmas. Especialmente acerca da chamada sentença mandamental.

A sentença executiva *lato sensu*, segundo os que defendem sua existência ao lado das espécies tradicionais, seria a sentença judicial que, ao contrário da condenatória tradicional (*stricto sensu*), não se limita à verificação do direito, no sentido de proporcionar uma modificação apenas no âmbito jurídico, ou seja, não se restringe a reconhecer a existência de uma relação obrigacional entre credor e devedor (momento declaratório) e a condenar este a satisfazer a respectiva prestação (momento sancionador), abrindo o caminho para posterior procedimento executório *ex intervallo*. A sentença executiva *lato sensu* vai além: destina-se a fazer atuar o próprio direito, no sentido de produzir, em si, a transformação no plano empírico. Exemplos são as sentenças proferidas em ações de despejo, reinvindicatórias, de depósito e em possessórias.

No caso da sentença condenatória, o resultado não satisfaz materialmente o credor nem encerra a "crise de adimplemento" (DINAMARCO, 2001, p. 245). Proferido julgamento em processo condenatório, a ausência de adimplemento espontâneo do devedor enseja ao autor o direito de iniciar nova etapa jurisdicional, mediante um processo (distinto e autônomo) de execução, para somente então obter a materialização do direito reconhecido no julgado. Na hipótese de sentença executiva *lato sensu*, por outro lado, ocorre uma ruptura com a dicotomia tradicional envolvendo "conhecimento" e "execução", uma vez que tal modalidade de julgado proporciona, em um único processo, a resolução da questão litigiosa e em seguida a realização (materialização) do direito reconhecido. A concretização deste, portanto, ocorre desde logo, pois o próprio pedido do postulante requer para o seu atendimento a entrega do bem objeto do litígio, cabendo ao magistrado, ao proferir a decisão, expedir imediatamente mandado judicial com tal finalidade, caso o bem ainda não esteja no domínio do vencedor quando da prolação da decisão. O respectivo mandado, assim, emana da própria sentença, sendo oriundo do pleito e decorrente da própria demanda.

Tal mandado judicial extraído da sentença executiva *lato sensu*, contudo, não deve ser confundido com o mandado de execução peculiar à execução forçada, já que este último não é proveniente da sentença condenatória, mas do próprio processo executório. Neste sentido, há um vínculo deste (o mandado de execução) com aquela (a sentença condenatória) apenas no plano lógico e na esfera cronológica, uma vez que o processo de execução de título judicial apresenta como pressuposto a existência de uma condenação do devedor em adimplir uma obrigação em favor do credor. Na hipótese anterior, por outro lado, o mandado judicial é extraído do próprio julgado, como elemento necessário à transformação da realidade fatual, ou seja, como instrumento indispensável à atuação do direito, nos termos determinados no próprio provimento.

A sentença executiva *lato sensu*, destarte, é auto-operante, contendo em sua composição os elementos imprescindíveis para proporcionar as necessárias modificações no mundo dos fatos. O respectivo julgado, pois, não se destina a preparar futura execução forçada a ser realizada em outra etapa processual. Não se submete a posterior processo de execução, sendo autossuficiente quanto à sua própria concretização. É, assim, provida de um ato, correspondente à atuação transformadora da realidade fática, enquanto a sentença condenatória contém tão somente um pensamento, correspondente ao enunciado lógico exposto no momento declaratório (reconhecimento do direito) e no momento sancionador (condenação na obrigação de satisfazer uma prestação).

A sentença mandamental se aproxima, mas não se confunde com a sentença executiva *lato sensu*. Ambas guardam estreitas semelhanças em virtude da natureza auto-operante dos respectivos provimentos jurisdicionais, prescindindo de posterior processo de execução *ex intervallo*. Distinguem-se, contudo, quanto ao objeto imediato da respectiva tutela jurisdicional.

Na decisão executiva em sentido amplo, o objetivo é entregar o bem litigioso ao credor, proporcionando transformações no plano empírico mediante a transferência do domínio da coisa litigiosa. Almeja, portanto, a passagem para a esfera jurídica do vencedor aquilo que deveria lá estar (mas não está). Há, pois, atividade essencialmente executiva na sua operação: retirar do patrimônio do sucumbente o bem e transferi-lo para a órbita material do credor. Na sentença mandamental, por outro lado, o objeto imediato é a imposição de uma ordem de conduta, determinando a imediata realização de um ato pela parte vencida ou sua abstenção quanto a certa prática. Atua sobre a vontade do vencido e não sobre o seu patrimônio, utilizando medidas não propriamente executivas, no sentido técnico do termo, mas meios para pressionar psicologicamente o obrigado a satisfazer a prestação devida e, com isso, cumprir o comando judicial emitido pelo Estado-Juiz (OLIVEIRA, 2003, p. 9-22).

A sentença mandamental, assim, é aquela que contenha um *mandado* como sua eficácia primordial. O objeto principal da postulação, pois, é exatamente a obtenção de tal mandado. O julgado mandamental, neste sentido, contém uma ordem dirigida a outra autoridade pública ou à própria parte vencida, agindo sobre a vontade do seu destinatário, impondo a imediata prática de um ato ou a abstenção de tanto.

Trata-se de provimento jurisdicional que descende das decisões proferidas em sede dos antigos interditos romanos. O magistrado, igual ao pretor romano no *interdictum*, não condena o sucumbente a uma prestação no âmbito da tutela mandamental, mas ordena que o vencido faça ou deixe de fazer determinada coisa e realiza tal atuação dentro da mesma relação processual. Há, pois, verdadeira ordem judicial, e não simples condenação.

Neste sentido, a sentença mandamental difere da condenatória em sentido estrito, pois não se restringe ao *iuris dictio*, isto é, não se limita a reconhecer o direito do vencedor (enunciado de existência, ou seja, de declaração) e a condenar o vencido a cumprir uma obrigação em favor daquele (enunciado de fato e de valor, *v. g.*, sancionador), definindo simples pensamento do magistrado: o que foi e o que deve ser, dentro de um complexo de enunciados lógicos. O julgado condenatório é incompleto, como provimento de tutela jurisdicional, pois opera transformações apenas no plano jurídico, sem proporcionar mudanças na esfera empírica. A concretização do julgado de cunho condenatório no mundo dos fatos, conforme anteriormente destacado, depende do adimplemento espontâneo da parte condenada ou, então, de novo processo destinado a obter, voluntariamente ou mediante a imposição prática de medidas de constrição judicial, o cumprimento da obrigação. Em outras palavras, o processo de execução forçada. A materialização da tutela jurisdicional em tal caso, portanto, não ocorre na mesma relação processual.

A sentença mandamental vai além de tais limites, ultrapassando a esfera meramente jurídica para proporcionar transformações na realidade factual, ordenando (isto é, *mandando*, não simplesmente *condenando*) que o vencido se comporte de acordo com o direito material reconhecido em favor do vencedor, produzindo para tanto atividade jurisdicional após o julgamento da demanda (concretização do provimento mandamental), mas dentro da mesma relação processual. A ordem contida no respectivo julgado, por conseguinte, é de uma intensidade tão exacerbada que exige do magistrado, dentro do próprio processo originário e prescindindo de instauração de processo executivo, a imposição de medidas dedicadas a produzir plenamente os efeitos da tutela jurisdicional, satisfazendo de plano o direito material do vencedor. A tutela jurisdicional mandamental, destarte, é proporcionada de modo endoprocessual pela respectiva sentença, materializando o respectivo comando em etapa imediatamente subsequente à prolação do *decisum*, mediante mandado judicial emitido automaticamente pelo magistrado.

Há, assim, pois, um caráter de "autoexecutividade" (SILVA, 1998, p. 351), "pronta exequibilidade" (DINAMARCO, 2001, p. 242), "autossuficiência" (TEIXEIRA FILHO, 1994, p. 233-237) ou "intrínseca executividade" (ALVIM, 2003, p. 113) que marca a sentença mandamental.

Esta não se submete a um processo de execução *ex intervallo*, decorrente da formação de nova relação processual, que tem por pressuposto uma sentença condenatória (ou título executivo extrajudicial) (GARCIA, 2002, p. 47).

A ordem mandamental é corporificada em um mandado judicial, emanado diretamente do respectivo julgado, que se revela capaz de realizar, no plano factual, as modificações necessárias à efetiva entrega da tutela jurisdicional ao vencedor.

O exemplo de sentença mandamental mais frequentemente apontado pela doutrina é aquela resultante de julgamento que acolhe a pretensão do impetrante em sede de mandado de segurança. Seu âmbito de ocorrência, entretanto, não se limita às diversas modalidades de ações constitucionais destinadas a evitar abusos de autoridades públicas.

Os novos contornos do instituto, esculpidos através das recentes reformas na legislação processual brasileira, ampliaram suas linhas conceituais originárias.

Originalmente, alguns estudiosos, com base nas ideias de James Goldschmidt (2003, p. 151 a 156), vinculavam a caracterização da sentença mandamental ao seu destinatário, como se tal peculiaridade fosse o principal traço distintivo entre a mesma e as demais modalidades de sentença. Nesse sentido, o mandado de segurança (como ação impetrada contra ato de autoridade pública ou pessoa legalmente equiparada a tal), quando acolhida a pretensão do impetrante, resultaria em típica sentença mandamental, pois o julgado estaria dirigindo uma ordem à apontada autoridade coatora, cassando o ato que estava violando direito líquido e certo.

Hodiernamente, contudo, os doutrinadores que defendem tal categoria admitem que a sentença mandamental também pode ser dirigida a particulares, e não apenas à autoridade pública (TEIXEIRA FILHO, 1994, p. 233-236; SILVA, 1998; p. 360).

As atuais fronteiras da eficácia mandamental, pois, superaram os limites originalmente traçados pelos primeiros estudiosos da modalidade. Tanto um particular como um agente do Estado, portanto, podem ser os destinatários da ordem judicial pedida pelo postulante e concedida no julgado de procedência em sede de ação mandamental.

Neste contexto, com base na disciplina proporcionada pelo legislador de 2015 em seguimento à linha traçada durante as diversas etapas da reforma do modelo processual no final do Século XXX e início do Século XI, é perfeitamente adequado apontar o cunho mandamental do julgado proferido nos termos dos arts. 497 a 501 do CPC de 2015, disciplinando o julgamento de ações relativas a prestações de fazer, de não fazer e de entregar coisa.

Dentro de tal contexto, como consequência, a sentença mandamental deve ser identificada não pela qualidade do seu destinatário, mas sim pelos caracteres especiais da fórmula de concretização do respectivo provimento. Neste sentido, devem ser destacadas as seguintes peculiaridades: a) o mandado que corporifica a ordem judicial, como objeto da sentença mandamental, corresponde à materialização do próprio pedido formulado pelo postulante; b) a respectiva ordem judicial (mandado) constitui ato de *imperium*, e não um ato do juiz em nome da parte; c) à semelhança da sentença executiva *lato sensu*, a sentença mandamental é autossuficiente ou auto-operante, ou seja, dotada de uma pronta exequibilidade, prescindindo a sua concretização de uma etapa subsequente de execução forçada nos moldes tradicionais (processo de execução autônomo e *exintervallo*); d) o instrumento que corporifica o mandado judicial deve ser expedido pelo magistrado automaticamente em seguida à prolação da sentença mandamental, impondo ao seu destinatário o cumprimento imediato da respectiva ordem judicial, sem a necessidade do trânsito em julgado daquela; e e) o desrespeito à ordem judicial, além da aplicação de eventuais multas pecuniárias (*astreintes*) e medidas de constrição judicial, igualmente acarreta responsabilidade civil e criminal para a parte devedora que não a cumprir voluntariamente nos termos expostos no respectivo mandado.

A primeira característica da sentença mandamental, assim, se refere ao fato de que a expedição do mandado de cumprimento da respectiva decisão ocorre em consequência do acolhimento da postulação da parte, constituindo o próprio objeto da ação ajuizada.

O pleito do postulante, pois, é precisamente a concessão da ordem judicial através do mandado. Enquanto na execução forçada o mandado executório deriva de uma sentença anterior (na hipótese de título executivo judicial) ou de um instrumento ao qual a lei confere eficácia executiva (no caso de título executivo extrajudicial), na sentença mandamental, o mandado emana do próprio julgado, em atendimento à pretensão deduzida em juízo pelo vencedor da demanda. Sua expedição, portanto, decorre da procedência do pedido, que almejava exatamente a corporificação da ordem judicial.

No tocante à segunda peculiaridade, o respectivo traço distintivo permite a diferenciação entre o mandado que emana da sentença mandamental e o mandado emitido no processo de execução forçada. Neste último, a determinação do juiz representa, basicamente, um ato que o magistrado realiza em nome da parte cuja obrigação foi previamente reconhecida em outra sentença (ou título executivo extrajudicial), tendo em vista a satisfação da prestação devida, preferencialmente pelo próprio litigante e, secundariamente (quando constatado o inadimplemento voluntário pelo devedor), pelo próprio Estado mediante o uso da força. Na sentença condenatória tradicional, pois, há simples *iurisdictio*: reconhece-se o que é devido (conteúdo lógico) e determina-se o que deve ser feito pelo devedor (conteúdo sancionador). Naquela (a sentença mandamental), por outro lado, o mandado que lhe serve de objeto constitui verdadeiro ato de império, praticado em nome da soberania estatal, ou seja, decorrente de atuação originária do Estado-Juiz, não uma simples atuação estatal em substituição à da parte. O juiz, ao ordenar determinada conduta, pratica ato tipicamente de império, concretizando a soberania do Estado mediante a imposição de ordem judicial. O fundamento do respectivo "mandado", bem como as sanções decorrentes de eventual descumprimento, portanto, derivam diretamente da própria respeitabilidade que o destinatário deve necessariamente demonstrar diante de uma ordem judicial.

Não há, na sentença mandamental, pois, simples reconhecimento do direito material seguido de determinação envolvendo o adimplemento da obrigação (como na sentença condenatória). Existe, isto sim, um verdadeiro decreto impondo uma conduta a ser observada em respeito ao próprio Estado (isto é, primariamente em face do interesse deste) e, apenas como consequência (ou seja, secundariamente), em benefício do vencedor. Trata-se, por conseguinte, de ordem mandamental cuja determinação é exclusivamente da alçada do magistrado como representante estatal. Tanto o mandado executório, que tem por pressuposto uma sentença condenatória, como o mandado derivado da sentença mandamental, se revelam aptos a proporcionar a modificação na realidade empírica necessária à concretização da tutela jurisdicional. Mas apenas este último se reveste da forma de ordem decorrente do *ius imperium* do Estado, em atuação primária e originária.

A terceira peculiaridade se refere à prescindibilidade de posterior etapa de execução do provimento jurisdicional. A sentença condenatória contém apenas pensamento, e não ato, no sentido de somente atuar no plano jurídico, e não no mundo dos fatos.

Como consequência, caso a obrigação reconhecida no *decisum* condenatório não seja adimplida espontaneamente pelo devedor, a concretização da tutela jurisdicional exigirá um subsequente processo de execução *ex intervallo*. A sentença mandamental (como a sentença executiva *lato sensu*), por sua vez, não se limita ao *iurisdictio*: proporciona a concretização da tutela jurisdicional imediatamente em seguida à sua prolação, dentro da mesma relação processual e sem exigir nova provocação do Estado-Juiz. Proferida a decisão, ao magistrado incumbe providenciar desde logo as medidas necessárias à materialização do provimento mandamental. Não se destina a sentença mandamental, assim, a simplesmente reconhecer o direito e preparar o cenário para uma futura execução forçada. Ao contrário, reconhece e realiza a atuação do direito material de uma só vez, concomitantemente proporcionando os efeitos normais da cognição e da concretização.

Conforme antes destacado, revelam-se capaz de produzir as modificações na realidade empírica tanto o mandado executório como o mandado expedido em face de sentença mandamental. Enquanto esta proporciona tal transformação endogenamente, ou seja, de modo endoprocessual, a sentença condenatória não atua dentro da mesma relação processual, sendo capaz de produzir efeitos apenas exogenamente, mediante posterior processo autônomo de execução. O provimento mandamental, portanto, é autossuficiente ou auto-operante no sentido de que contém, em si, os elementos necessários a proporcionar a plena eficácia da tutela jurisdicional no plano fático. Sua "pronta exequibilidade" ou "intrínseca executividade", conforme antes destacado, impede a sua confusão com a sentença condenatória.

A quarta característica que diferencia a sentença mandamental das modalidades integrantes da relação clássica (meramente declaratória, constitutiva e condenatória) refere-se à imediatidade dos seus efeitos em face da "eficácia natural" daquela (DINAMARCO, 2001, p. 207-213). Em outras palavras, reside o respectivo critério de distinção no momento no qual, na prática, ocorre a produção dos efeitos da tutela mandamental no plano da realidade empírica: imediatamente adjacente à prolação do respectivo julgado.

Toda sentença, como espécie de ato imperativo do Estado, revela vocação inata para a produção de efeitos. É a chamada "eficácia natural" da sentença. Existem, contudo, diferentes graus dessa aptidão espontânea, variando de acordo com as diferentes modalidades de sentenças de mérito e as repercussões diversificadas que ensejam. Neste sentido, o *dies a quo* da efetividade concreta do provimento jurisdicional no mundo dos fatos, pois, não é uniforme em relação aos diversos tipos de julgados encontrados na seara processual. O momento inicial da eficácia de cada decisão, por sua vez, se apresenta de acordo com tal diversidade, considerando tanto a espécie de sentença proferida como a sua suscetibilidade à hostilização pela via recursal.

Dentro de tal contexto, a contenção total ou parcial dos efeitos da sentença, em virtude da possibilidade de reforma endoprocessual (por força dos diversos recursos processuais), atua de forma distinta no tocante a cada espécie de sentença meritória, segundo o grau de eficácia natural desta. Normalmente, os respectivos efeitos somente são produzidos de forma plena após a decisão definitiva revestir-se da qualidade de imutabilidade, quando ultrapassada a fase recursal e formada a "coisa julgada". Em alguns casos, admite-se a produção de parte dos efeitos da sentença quando ainda reformável pela via de recursos, como na execução provisória de sentença condenatória.

Em outras hipóteses, por sua vez, as peculiaridades do respectivo julgado resultam em uma vocação inata diferenciada em relação às demais sentenças, autorizando a produção imediata e plena dos seus efeitos, sem aguardar o trânsito em julgado do *decisum*. Em outras palavras, a sentença revela uma eficácia natural de tal intensidade que proporciona, imediatamente em seguida à sua prolação, a concretização integral dos seus efeitos, mesmo sem se revestir da qualidade de imutabilidade. É este o caso da sentença mandamental.

Neste sentido, a eficácia natural da sentença mandamental, em virtude da sua índole ordenatória e dos reflexos a que se destina gerar sobre a realidade empírica, enseja a produção plena dos seus efeitos antes do seu trânsito em julgado. A mesma se distancia, neste aspecto, das sentenças que integram a tripartição clássica, cujos efeitos antes do trânsito em julgado do respectivo *decisum* submetem-se a variados níveis de limitação: ou são suspensos por completo ou são produzidos de modo restrito e incompleto.

Como diretriz geral do modelo brasileiro de processo jurisdicional, as sentenças meramente declaratórias e as sentenças constitutivas somente produzem efeitos após a formação da coisa julgada. O julgado de cunho condenatório, para produzir plenamente os seus efeitos materiais, precisa passar por um processo de "estabilização" ou de "imunização" (DINAMARCO, 2001, p. 295-296), que resulta na produção de coisa julgada material, quando então a sentença se torna imutável e, como tal, apta a servir de pressuposto de um processo de execução definitiva.

Não é o caso da sentença mandamental. Esta demonstra uma eficácia natural no mais alto grau possível, revelando uma aptidão inata de produzir efeitos imediatamente à sua prolação, sem a necessidade de formação da *res iudicata*. Admite plenamente (sem reservas, integralmente) e de modo imediato (de plano, prontamente) a materialização dos efeitos aos quais se destina produzir, sem as restrições da execução provisória. O momento de sua eficácia, pois, não se encontra afetado pela possibilidade de reforma do julgado pela via recursal. Sucede ao julgamento, sem intervalo, sem necessidade de nova provocação e sem formar nova relação processual. De modo imediato, automático e endoprocessual, o magistrado expede um mandado judicial que corporifica a ordem contida na sentença mandamental e impõe seu cumprimento sem hesitação ao vencido, mediante as mais variadas medidas de coerção, incluindo instrumentos de pressão psicológica, sanção patrimonial, responsabilização civil e criminal e, em determinados casos, até a constrição pela força policial.

É em tal contexto, por sua vez, que se revela mais ainda nítida a distinção entre a eficácia da sentença e sua imutabilidade, ou, em outras palavras, entre os efeitos produzidos pela decisão e a autoridade desses mesmos efeitos. No julgado de cunho mandamental, a intensidade da eficácia natural é tanta que, ainda no processo originário no qual foi proferido, autoriza o magistrado a fazer atuar as medidas necessárias para proporcionar ao vencedor a real satisfação do seu direito material, prescindindo de propositura ou instalação de processo executório.

Nestas linhas, a sentença mandamental, ao proporcionar a efetivação da ordem judicial contida no julgado antes da "imunização" deste, evidencia sua natural vocação à plena efetividade, e, ainda, destaca-a como instrumento dedicado a proporcionar real acesso à justiça (OLIVEIRA, 2003, p. 9-22).

E, por fim, quanto à quinta peculiaridade destacada, serve como critério diferenciador da sentença mandamental o fato de que o desrespeito ao comando exposto no mandado emanado do respectivo julgado, por conter uma ordem judicial decretada em nome da soberania estatal, caracteriza conduta ilícita passível de ensejar, ao lado de uma série de outras sanções processuais das mais variadas espécies, a caracterização de crime de desobediência e a configuração da responsabilidade civil do devedor.

Na sentença condenatória tradicional, o descumprimento da obrigação pelo vencido enseja apenas o surgimento do direito do credor de dar início ao respectivo processo executório. A consequência pelo inadimplemento espontâneo do devedor, assim, é simplesmente o de materializar, em favor do vencedor, a faculdade de desencadear a execução forçada, para impor, pelo uso da coerção estatal, a prestação necessária à sua satisfação do direito reconhecido na respectiva decisão. No julgado de cunho mandamental, por outro lado, a ordem judicial emitida deve necessariamente ser cumprida pela parte vencida, imediatamente e ainda dentro da mesma relação processual, como dever de obediência em face de ordem do Estado-Juiz.

Como a ação mandamental não se encerra com a sentença, prosseguindo após a prolação desta para proporcionar a efetividade da respectiva tutela jurisdicional, o descumprimento do respectivo comando é sancionado dentro do mesmo processo, sem prejuízo de sanções aplicáveis externamente. Em outras palavras, ignorar a ordem judicial emanada da sentença mandamental, frustrando a atuação da tutela jurisdicional, constitui grave ofensa, punível mediante a aplicação de diversas sanções, tanto de forma endógena como de modo exógeno.

De qualquer modo, as citadas características peculiares da efetivação da sentença mandamental evidenciam a profundeza das suas diferenças em relação às três modalidades integrantes da relação clássica, aproximando-a da sentença executiva *lato sensu*, mas distinguindo-se desta última quanto ao objeto imediato da respectiva tutela jurisdicional, uma vez que na decisão executiva em sentido amplo o objetivo é entregar o bem litigioso ao credor (proporcionando transformações no plano empírico mediante a transferência do domínio da coisa litigiosa, havendo atividade essencialmente executiva na sua operação, que incide sobre o âmbito patrimonial), enquanto na sentença mandamental o fim imediato é a imposição de uma ordem de conduta (atuando sobre a vontade do destinatário, utilizando medidas não propriamente executivas, no sentido técnico do termo, mas de meios para pressionar econômica e psicologicamente o dever de satisfazer a prestação devida e, com isso, cumprir o comando judicial emitido pelo Estado-Juiz).

Seja como modalidade autônoma, seja como subespécie de sentença condenatória *lato sensu*, tal modalidade evidencia, na prática dos juízos trabalhistas, as peculiaridades de seus contornos, servindo, entre outras utilidades, para assegurar a reintegração imediata do empregado ilegalmente despojado do seu emprego enquanto portador de uma estabilidade jurídica temporalmente delimitada.

Uma parte da doutrina, mesmo em face das evidências, resiste à admissibilidade de tais novas categorias, sustentando inexistir fundamentos de diferenciação capazes de justificar sua inclusão no rol tradicional.

No atual estágio do modelo processual brasileiro, no entanto, não há, *data maxima venia*, justificativa para tal posição conservadora, contrária às evidências encontradas na própria legislação processual e, acima de tudo, flagrantemente prejudicial ao desejável avanço do sistema processual em direção a sua maior efetividade como instrumento de acesso à justiça.

Em que pesem a timidez de alguns doutrinadores e a resistência inabalável de outros, uma parcela de processualistas está paulatinamente revendo antigas posições e, com a sinceridade peculiar aos grandes cientistas, admitindo as mudanças intensificadas pelos ventos da evolução pelo qual passa o modelo pátrio de processo jurisdicional.

É esta a mentalidade que deve prevalecer para atender aos anseios da sociedade e assegurar a legitimidade do sistema judicial.

7. REFERÊNCIAS

ALVIM, José Eduardo Carreira. *Elementos de teoria geral do processo.* 7. ed. Rio de Janeiro: Forense, 1999.

BATALHA, Wilson de Souza Campos. *Tratado de direito judiciário do trabalho.* 2. ed. São Paulo: LTr, 1985.

CALAMANDREI, Piero. *Direito processual civil.* Campinas: Bookseller, 1999. v. 1.

CÂMARA, Alexandre Freitas. *O novo processo civil brasileiro.* São Paulo: Atlas, 2015.

CANOTILHO, J. J. Gomes. *Direito constitucional.* 4. ed. Coimbra: Livraria Almedina, 1987.

CHIOVENDA, Giuseppe. *Instituições de direito processual civil.* Campinas: Bookseller, 1998. v. 1.

DIDIER JÚNIOR, Fredie. Inovações na antecipação dos efeitos da tutela e a resolução parcial do mérito. In: *Revista de Processo*, São Paulo n. 110, p. 226, abr./jun. 2003.

DINAMARCO, Cândido Rangel. *Capítulos de sentença.* São Paulo: Malheiros, 2002.

_____. *Instituições de direito processual civil.* São Paulo: Malheiros, 2001. v. 3.

GARCIA, Gustavo Felipe Barbosa. Execução imediata da tutela específica. In: *Revista de Processo*, São Paulo, n. 108, p. 47, out./dez. 2002.

GOLDSCHMIDT, James. *Direito processual civil.* Campinas: Bookseller, 2003. t. I.

GRINOVER, Ada Pellegrini. Tutela jurisdicional nas obrigações de fazer e não fazer. In: *Revista LTr*, São Paulo, v. 59, n. 8, p. 1.026-1.333, ago. 1995.

HERKENHOF, João Baptista. *Como aplicar o direito.* 2. ed. Rio de Janeiro: Forense, 1985.

HOUAISS, Antônio; VILAR, Mauro de Salles. Rio de Janeiro: Objetiva, 2001.

KELSEN, Hans. *Teoria pura do direito.* 2. ed. São Paulo: Martins Fontes, 1987.

LIEBMAN, Enrico Tullio. *Estudos sobre o processo civil brasileiro.* São Paulo: Saraiva, 1947.

MARQUES, José Frederico. *Manual de direito processual civil.* 2. ed. Campinas: Millennium, 2000. v. 3.

MAXIMILIANO, Carlos. *Hermenêutica e aplicação do direito.* 2. ed. Porto Alegre: Globo, 1933.

MIRANDA, Pontes de. *Tratado das ações.* Campinas: Bookseller, 1998. t. I.

MOREIRA, José Carlos Barbosa. A sentença mandamental: da Alemanha ao Brasil. In: *Revista de processo*. São Paulo, n. 97, p. 251-264, jan./mar. 2000.

OLIVEIRA, Carlos Alberto Álvaro de. O problema da eficácia da sentença. In: *Revista de Processo*, São Paulo, n. 112, p. 9-22, out./dez. 2003.

SILVA, Ovídio A. Baptista da. *Curso de processo civil.* 3. ed. São Paulo: RT, 1998. v. 2.

TEIXEIRA FILHO, Manoel Antonio. *A sentença no processo do trabalho.* São Paulo: LTr, 1994.

THEODORO JÚNIOR, Humberto. *Curso de direito processual civil.* 39. ed. Rio de Janeiro: Forense, 2003. v. 1.

ZAVASCKI, Teori Albino. Sentenças declaratórias, sentenças condenatórias e eficácia executiva dos julgados. In: *Revista de Processo*, São Paulo, n. 109, p. 45-56, jan./mar. 2003.

11.
A Fundamentação das Decisões Judiciais Trabalhistas

Luiz Eduardo Gunther[1]

1. INTROITO

Entre os temas examinados pelo Novo CPC, sem dúvida um dos mais importantes, mais detalhados e, por isso mesmo, muito polêmico, é aquele relacionado ao detalhamento da fundamentação das decisões judiciais.

O art. 458 do CPC de 1973 considera, como requisitos essenciais da sentença, o relatório (I), os fundamentos (II) e o dispositivo (III). Para esse diploma legal, o requisito essencial da fundamentação significa que "o juiz analisará as questões de fato e de direito"[2].

O Anteprojeto do Novo Código de Processo Civil, quanto a essa temática, repetiu no art. 471 a mesma disposição[3].

A versão final, que resultou na Lei n. 13.105, de 16.03.2015, reproduz, nos incisos I a II, do art. 489, o texto do art. 458 do CPC de 1973. Entretanto, acrescenta três parágrafos, e o primeiro marca-se com seis extensos incisos. Esses novos dispositivos não possuem qualquer correspondência com o texto de 1973. O § 1º considera não fundamentada qualquer decisão judicial, seja ela interlocutória, sentença ou acórdão, que não atenda ao que está consignado nos incisos. O primeiro inciso considera não fundamentada a decisão que se limita a indicar, reproduzir ou parafrasear ato normativo, "sem explicar sua relação com a causa ou a questão decidida". O inciso II veda o emprego de "conceitos jurídicos indeterminados, sem explicar o motivo concreto de sua incidência no caso". O inciso III não permite a invocação "de motivos que se prestariam a justificar qualquer outra decisão". O inciso IV exige que sejam enfrentados "todos os argumentos deduzidos no processo capazes de, em tese, infirmar a conclusão adotada pelo julgador". O inciso V proíbe que a decisão judicial "se limite a invocar precedente ou enunciado de súmula sem identificar seus fundamentos determinantes, nem demonstrar que o caso sob julgamento se ajusta àqueles fundamentos". O último inciso, VI, enfatiza que não podem deixar de ser seguidos enunciados de súmula, "jurisprudência ou precedente invocado pela parte, sem demonstrar a existência de distinção no caso em julgamento ou a superação do entendimento"[4].

Acrescente-se que os §§ 2º e 3º do novo art. 489 também constituem novidade. O § 2º determina ao juiz que, em caso de colisão entre normas, justifique "o objeto e os critérios gerais da ponderação efetuada, enunciando as razões que autorizam a interferência na norma afastada e as premissas fáticas que fundamentam a conclusão". O § 3º salienta como deve ser interpretada a decisão judicial: "a partir da conjugação de todos os seus elementos e em conformidade com o princípio da boa-fé."[5]

---

(1) Professor do Centro Universitário Curitiba – UNICURITIBA. Desembargador do Trabalho do TRT9. Pós-doutor em Direito pela PUC-PR. Membro da Academia Brasileira de Direito do Trabalho, do Conselho Editorial do Instituto Memória – Centro de Estudos da Contemporaneidade, do Centro de Letras do Paraná e do Instituto Histórico e Geográfico do Paraná. Autor de diversas obras na área trabalhista. Orientador do Grupo de Pesquisa que edita a Revista Eletrônica do TRT9 (<http://www.mflip.com.br/pub/escolajudicial/>).

(2) MEDINA, José Miguel Garcia. *Código de processo civil comentado*: com remissões e notas comparativas ao projeto do novo CPC. São Paulo: RT, 2011. p. 389.

(3) BRASIL. *Anteprojeto do Novo Código de Processo Civil*. Comissão de Juristas Responsável pela Elaboração do Anteprojeto do Novo Código de Processo Civil. Brasília: Senado Federal, Subsecretaria de Edições Técnicas, 2010. p. 121.

(4) ARRUDA ALVIM WAMBIER, Teresa; WAMBIER, Luiz Rodrigues. *Novo Código de Processo Civil comparado*: artigo por artigo. São Paulo: RT, 2015. p. 240-241.

(5) BRASIL. *Novo Código de Processo Civil*. Lei n. 13.105, de 16 de março de 2015. Brasília-DF: Secretaria de Editoração e Publicações – SEGRAF do Senado Federal, 2015. p. 119.

A questão a ser estudada neste trabalho é a seguinte: aplicam-se essas novas disposições do CPC ao Processo do Trabalho?

A partir dessas digressões iniciais, propõe-se o exame do seguinte problema: podem os regramentos das fundamentações das decisões judiciais do Novo CPC repercutir no processo do trabalho? Existiria algum tipo de incompatibilidade para a aplicação supletiva ou subsidiária?

2. COMO PODEM SER INTERPRETADOS OS SENTIDOS DAS PALAVRAS "MOTIVAÇÃO" E "FUNDAMENTAÇÃO"

No dia a dia da prática forense, utilizam-se as expressões *motivação* e *fundamentação* como se fossem sinônimas. Pode-se concordar com isso? Ou essas palavras possuem sentidos diversos?

Na obra multicitada de Piero Calamandrei, *Eles, os juízes, vistos por nós, os advogados* a fundamentação da sentença é tratada como uma "grande garantia de justiça". Para que assim seja considerada, no entanto, deve conseguir reproduzir, de forma exata, "como num levantamento topográfico, o itinerário lógico que o juiz percorreu para chegar à sua conclusão". Esclarece esse autor que se a decisão for errada, "pode facilmente encontrar-se, através dos fundamentos, em que altura do caminho o magistrado se desorientou"[6]. Nessa obra, indaga: "quantas vezes a fundamentação é a reprodução fiel do caminho que levou o juiz até aquele ponto de chegada?" Pergunta, ainda, de outra forma: "quantas vezes pode, ele próprio (o juiz!), saber os motivos que o levaram a decidir assim?"[7]

Em seu *Dicionário Jurídico*, Maria Helena Diniz explica os significados desses dois vocábulos. Para o direito processual, segundo essa autora, *motivação* quer dizer "o conjunto de fundamentos de fato e de direito, invocados pelo magistrado, que justificam uma decisão judicial"[8]. Para explicar a fundamentação da sentença, afirma constituir "a base da parte decisória da sentença", vale dizer, como a "motivação do convencimento do magistrado no que concerne às questões de fato ou de direito, em relação ao caso *sub judice*"[9]. Saliente-se que, no verbete *motivação da sentença judicial*, o dicionário citado iguala esse vocábulo à *fundamentação de decisão judicial*[10].

Para o Dicionário Jurídico da Academia Brasileira de Letras Jurídicas, o vocábulo *fundamento*, substantivo masculino, origina-se do latim *fundamentum*, significando *base*. Diz-se também *fundamentação*, com sentido, para o direito processual, de "requisito essencial da decisão judicial, no qual o julgador analisa as questões de fato e de direito"[11]. Essa palavra relaciona-se a outra, *motivação*, substantivo feminino, originária de *motivo*, indicativa "das razões que deram lugar a certo ato, partindo do efeito para a causa"[12].

Para outro dicionário, de Pedro Nunes, a palavra *fundamentação* diz respeito ao ato e efeito de *fundamentar*: fundamentação da sentença. *Fundamentar* seria, então, "justificar, procurar demonstrar, com fortes razões e apoio na lei, na doutrina, na jurisprudência, ou em documentos ou outras provas". Também significa *expor*, "baseado no direito e nas provas, as razões de julgamento da causa, ou de um pedido, ou contestação"[13]. Para esse autor, *motivação* tem o mesmo significado de *fundamentação*. Corresponde a motivação à segunda parte, imprescindível, da sentença "na qual o juiz aduz os fundamentos, de fato e de direito, e circunstâncias ocorrentes, que determinaram o seu convencimento e o levaram a proferir a sua decisão"[14].

O Direito se desenvolve "equilibrando uma dupla exigência", segundo Chaïm Perelman: a) por um lado, uma "ordem sistemática", isto é, a elaboração de uma ordem coerente; b) por outro, uma "ordem pragmática", vale dizer, a busca de soluções aceitáveis pelo meio, porque "conforme ao que lhe parece justo e razoável"[15].

---

(6) CALAMANDREI, Piero. *Eles, os juízes, vistos por nós, os advogados*. Tradução de Ary dos Santos. 3. ed. Lisboa: Livraria Clássica Editora, 1997. p. 143.

(7) Idem.

(8) DINIZ, Maria Helena. *Dicionário jurídico*. 2. ed. rev. atual. e aum. São Paulo: Saraiva, 2005. v. 3. p. 357.

(9) Ibidem, v. 2, p. 716.

(10) Ibidem, v. 3, p. 357.

(11) SIDOU, J. M . Othon. *Dicionário Jurídico*. 3. ed. Rio de Janeiro: Forense Universitária, 1995. p. 362.

(12) Ibidem, p. 511.

(13) NUNES, Pedro. *Dicionário de tecnologia jurídica*. 9. ed., corrig., ampl. e atual. Rio de Janeiro: Freitas Bastos, 1976. v. I. p. 463.

(14) Ibidem, v. II, p. 603.

(15) PERELMAN, Chaïm. *Lógica jurídica*: nova retórica. Tradução de Verginia K. Pupi. 2. ed. São Paulo: Martins Fontes, 2004. p. 238.

Não se pode esquecer, também, segundo esse doutrinador, de que as decisões da justiça devem sempre satisfazer "três auditórios diferentes": a) de um lado, as partes em litígio; b) a seguir, os profissionais do Direito; c) e, por fim, a opinião pública, "que se manifestará pela imprensa e pelas reações legislativas às decisões dos tribunais"[16].

Aquele que decide, Ministro, Desembargador ou Juiz "tem necessariamente de explicar o porquê do seu posicionamento". O significado de fundamentar encontra-se em "dar as razões, de fato e de direito, pelas quais se justifica a procedência ou improcedência do pedido". Nesse sentido, não basta, ou é insuficiente, que a autoridade jurisdicional escreva "denego a liminar", ou "ausentes os pressupostos legais, revogo a liminar". A denominada "motivação implícita" não é admitida, exigindo-se que o julgado evidencie "um raciocínio lógico, direto, explicativo e convincente da postura adotada". Não basta, para que uma decisão seja motivada, "a menção pura e simples aos documentos da causa, às testemunhas ou a transcrição dos argumentos dos advogados". Somente será considerada fundamentada ou motivada a decisão se "existir análise concreta de todos os elementos e demais provas dos autos, exaurindo-lhes a substância e verificando-lhes a forma"[17].

Enfatize-se que a garantia da motivação compreende, de forma específica, o seguinte:

> 1) o enunciado das escolhas do juiz quanto à individuação das normas aplicáveis e às consequências jurídicas que delas decorrem; 2) os nexos de implicação e coerência entre os referidos enunciados; 3) a consideração atenta dos argumentos e provas trazidas aos autos.[18]

Registre-se que o vocábulo *fundamentação* significa "não apenas explicitar o fundamento legal/constitucional da decisão". Quando se diz que "todas as decisões devem estar justificadas", essa afirmação deve ser compreendida no sentido de que "tal justificação deve ser feita a partir da invocação de razões e oferecimento de argumentos de caráter jurídico". O limite mais importante das decisões reside precisamente "na necessidade da motivação/justificação do que foi dito". Em outras palavras, pode-se afirmar que se trata "de uma verdadeira 'blindagem' contra julgamentos arbitrários"[19].

Trata-se, portanto, de garantir às partes o direito de verem examinadas pelo órgão julgador "as questões, de fato e de direito, que houverem suscitado, reclamando do juiz a consideração atenta dos argumentos e provas trazidos"[20].

Saliente-se sempre, por causa disso, que "a motivação da decisão se torna o melhor ponto de referência para verificar se a atividade das partes foi efetivamente respeitada". Na configuração do juízo do fato, em verdade, é que se torna mais relevante o dever de motivar, uma vez que é "no campo da valoração das provas que se deixa ao juiz margem maior de discricionariedade"[21].

Normalmente afirma-se que a fundamentação direciona-se, de modo especial, à própria parte interessada no que foi decidido. Não se pense, contudo, que o destinatário da motivação é somente a parte. Esse princípio não é tão restrito assim. Considera-se-o, na realidade, "uma garantia para o Estado, os cidadãos, o próprio juiz e a opinião pública em geral"[22].

Não é apenas o vencedor da demanda que precisa saber as razões pelas quais venceu a causa. Também o perdedor necessita conhecer esses fundamentos. Segundo Luiz Guilherme Marinoni e Sérgio Cruz Arenhart, "a motivação é mais importante para o perdedor do que para o vencedor". Isso ocorre não apenas porque é ele que pode recorrer, mas sim porque é o perdedor que pode não se conformar com a decisão, e desse modo "ter a necessidade de buscar conforto na justificação judicial"[23].

Os terceiros, o público, também têm o direito de conhecer os fundamentos da decisão judicial. Não se

---

(16) Idem.

(17) BULOS, Uadi Lammêgo. *Constituição Federal anotada*. 8. ed. rev. e atual. até a Emenda Constitucional n. 56/2007. São Paulo: Saraiva, 2008. p. 946.

(18) GRINOVER, Ada Pellegrini; GOMES FILHO, Antônio Magalhães; FERNANDES, Antonio Scarance. *As nulidades no processo penal*. 11. ed. rev., atual. e ampl. São Paulo: RT, 2009. p. 199.

(19) MENDES, Gilmar Ferreira; STRECK, Lenio Luiz. Comentários ao art. 93. In: CANOTILHO, J. J. Gomes; MENDES, Gilmar F.; SARLET, Ingo W.; STRECK, Lenio L. (Coords.). *Comentários à Constituição do Brasil*. São Paulo: Saraiva/Almedina, 2013, p. 1.318-1.326, p. 1.324.

(20) GRINOVER, 2009, p. 119.

(21) Idem.

(22) PORTANOVA, Rui. *Princípios do processo civil*. Porto Alegre: Livraria do Advogado, 1997. p. 250.

(23) MARINONI, Luiz Guilherme; ARENHART, Sérgio Cruz. *Prova*. São Paulo: RT, 2009. p. 267-268.

pode deixar de reconhecer, dessa forma, que a motivação se dirige aos terceiros também. Destina-se ao público, que "tem o direito de conhecer as exatas razões do juiz, além de ser imprescindível para o controle do seu poder"[24].

Indicam-se, assim, as justificativas para entender-se que os vocábulos *fundamentação* e *motivação* podem ser utilizados como se sinônimos fossem para o efeito da exigência de completude das decisões judiciais.

3. BREVE RETROSPECTO DO SURGIMENTO DO PRINCÍPIO

Considera-se importante localizar, no tempo e no espaço, o nascimento do princípio da obrigatoriedade da motivação/fundamentação das decisões judiciais. Trata-se de buscar as origens desse importante instituto jurídico para melhor entendê-lo.

Segundo Chaïm Perelman, "a obrigação de motivar é relativamente recente". Relata que o caso mais extremo de ausência de motivação é fornecido pelos "ordálios, nos quais se recorre ao juízo de Deus para dirimir as contestações". Quando não sabem qual regra jurídica aplicar, seja em caso de dificuldade da prova dos fatos, seja da dificuldade da prova do direito, os juízes recorrem a Deus. Nessa hipótese, não só a motivação não é expressamente formulada, mas "também não é conhecida pelos próprios juízes que se entregam a Deus para administrar a justiça"[25].

Refere, ainda o autor mencionado que essa ausência de motivação teve como consequência que, "no ensino de Direito, um lugar todo especial tenha sido reservado ao direito romano e ao direito canônico, mais conhecidos e mais respeitados do que o direito local". Regras costumeiras e repositórios de sentenças foram, assim, pouco a pouco, "sendo redigidos e levados ao conhecimento dos estudantes de Direito"[26].

Ao examinar o princípio da motivação, Rui Portanova afirma que "até o final do século XVII era comum o juiz sentenciar sem fundamentar sua decisão". Explicita que "a motivação só se tornou obrigatória com o advento de uma Lei de Organização Judiciária de 1810, na França". Desde então, o princípio passa a ser acolhido por "quase todas as grandes codificações do século XIX". O grande avanço, a partir daí, foi a elevação do princípio da motivação à dignidade de preceito constitucional em diversos países, como as Constituições italiana, de 1948, a belga, de 1831, as gregas, de 1852 e 1968, e as de vários países latino-americanos: Colômbia, Haiti, México e Peru[27].

Constata Chaïm Perelman que já no século XVI, na França, "os estados-gerais exigem a supressão dos arestos não motivados, mas nenhuma sequência é dada a essa exigência; pois não se pensava em limitar o poder e autoridade dos tribunais"[28].

Apenas o decreto da Constituinte de 16-24 de agosto de 1790 (título V, art. 15), enuncia a obrigação de motivar: "os motivos que tiverem determinado a sentença serão expressos." Depois, a Constituição de 5 frutidor do ano III estabelece, em seu art. 208, uma prescrição mais precisa: "as sentenças são motivadas, e nelas se enunciam os termos da lei aplicada". Somente a Lei de 20 de abril de 1810 disporá, em seu art. 7º, "que os arestos que não contêm os motivos são declarados nulos"[29].

Qual seria, então, o alcance dessa obrigação imposta pela Revolução Francesa, indaga Chaïm Perelman. Ele próprio responde: "visa essencialmente submeter os juízes, por demais independentes, à vontade da nação, ou seja, à vontade do legislador que a encarna"[30]. Desse modo, como concebida pela Constituinte, a motivação "deveria garantir ao Poder Legislativo a obediência incondicional dos Juízes à lei"[31].

No que diz respeito ao Brasil, as Ordenações Filipinas aqui vigoraram por imposição da metrópole portuguesa. O Livro III, Título LXVI, § 7º, primeira parte, dessa legislação, determinava que se declarassem, nas sentenças definitivas, na primeira instância e em caso de apelação, ou agravo, ou revista, "as causas em que se fundaram a condenar, ou absolver, ou a confirmar, ou revogar". Com a independência, em 1822, essas regras

---

(24) *Ibidem*, p. 268.
(25) PERELMAN, Chaïm. *Ética e direito*. Tradução de Maria Ermantina Galvão G. Pereira. São Paulo: Martins Fontes, 1996. p. 560-561.
(26) *Ibidem*, p. 561.
(27) PORTANOVA, 1997, p. 248.
(28) PERELMAN, 1996, p. 561.
(29) *Ibidem*, p. 561-562.
(30) *Ibidem*, p. 562.
(31) *Ibidem*, p. 562.

continuam em vigor "por força do Decreto de 20 de outubro de 1823"[32].

Em nosso ordenamento jurídico, também, previu-se o dever de motivar as decisões judiciais no Regulamento n. 737, de 25 de novembro de 1850, no art. 232: "A sentença deve ser clara, sumariando o juiz o pedido e a contestação com os fundamentos respectivos, motivando com precisão o seu julgado, e declarando sob sua responsabilidade a lei ou estilo em que se funda."[33]

Consagrou-se, na fase republicana do Estado brasileiro, através da Constituição de 1891, "o sistema da dualidade processual que conferia uma divisão de competência legislativa sobre a matéria processual, entre a União e os Estados"[34]. Nesse período, os Estados membros, que tinham competência para legislar sobre processo civil e criminal, fizeram constar em seus Códigos de Processo o dever de motivação das decisões judiciais, dando-se como exemplos o CPC dos seguintes Estados brasileiros: Maranhão (art. 322), Bahia (art. 308), Pernambuco (art. 318), Rio Grande do Sul (art. 499), Minas Gerais (art. 382), São Paulo (art. 333), Distrito Federal (art. 273, *caput*), Ceará (art. 231) e Paraná (art. 231)[35]. Em 1937, a Constituição do Estado Novo restabeleceu a unidade legislativa em matéria processual (art. 16, XVI). O Código de Processo Civil de 1939 previu, em dois artigos, o princípio da motivação das decisões. No art. 118, estabelecia o dever de o juiz indicar na sentença ou despacho os fatos e as circunstâncias que motivaram o seu convencimento. No art. 280, inciso II, e parágrafo único, determinavam que a sentença deveria ser clara e precisa, contendo os fundamentos de fato e de direito e o relatório mencionaria o nome das partes, o pedido e o resumo dos respectivos fundamentos[36].

O Código de Processo Civil de 1973 (Lei n. 5.869, de 11.01.1973) apresenta regra expressa, em vários dispositivos, impondo a fundamentação das decisões judiciais. O art. 131 estabelece que o juiz apreciará livremente a prova, atendendo aos fatos e às circunstâncias constantes dos autos, ainda que não alegados pelas partes, "mas deverá indicar, na sentença, os motivos que lhe formam o convencimento". O inciso II do art. 458 considera como requisito essencial da sentença "os fundamentos, em que o juiz analisará as questões de fato e de direito". O art. 165 dispõe que as sentenças e os acórdãos serão proferidos com observância do disposto no art. 458, e que "as demais decisões serão fundamentadas, ainda que de modo conciso"[37].

O princípio da motivação/fundamentação foi registrado expressamente como garantia constitucional, pela Carta Magna do Brasil de 1988, no art. 93, inciso IX: "todos os julgamentos dos órgãos do Poder Judiciário serão públicos, e fundamentadas todas as decisões, sob pena de nulidade, podendo a lei, se o interesse público o exigir, limitar a presença, em determinados atos, às próprias partes e a seus advogados, ou somente estes"[38].

O percurso histórico, legislativo e constitucional, permite afirmar a importância do princípio da motivação/fundamentação para uma adequada prestação jurisdicional.

4. GARANTIA CONSTITUCIONAL CONSAGRADA NA CARTA MAGNA DE 1988

A importância do tema da exigência da fundamentação das decisões judiciais é tanta que o constituinte originário de 1988 estabeleceu a obrigatoriedade de todos os julgamentos dos órgãos do Poder Judiciário serem públicos e "fundamentadas todas as decisões, sob pena de nulidade" (inciso IX, do art. 93, da CF/1988).

Em certa época da história do Direito, tratava-se o princípio da motivação das decisões judiciais como

---

(32) GILISEN, John. *Introdução histórica do direito*. Tradução de A. M. Hespanha e L. M. Macaísta Malheiros. Lisboa: Fundação Calouste Gulbenkian, 1995. p. 297, 310 e 321. Ver também, a respeito do tema, ROMANO, Santi. *Princípios de direito constitucional*. Tradução de Maria Helena Diniz. São Paulo: RT, 1977. p. 48.

(33) BADR, Eid. Princípio da motivação das decisões judiciais como garantia constitucional. *Revista Jus Navigandi*, Teresina, ano 15, n. 2415. Disponível em: <http://jus.com.br/artigos/14333/principio-da-motivacao-das-decisoes-judiciais-como-garantia-constitucional>. Acesso em: 23 abr. 2018.

(34) *Idem*.

(35) NERY JUNIOR, Nelson. *Princípios do processo na Constituição Federal*: processo civil, penal e administrativo. 10. ed. rev., ampl. e atual. com as novas súmulas do STF (simples e vinculantes) e com análise sobre a relativização da coisa julgada. São Paulo: RT, 2010. p. 289-290.

(36) BADR, 2015.

(37) MANNRICH, Nelson (Org.). *Constituição Federal. Consolidação das Leis do Trabalho. Código de Processo Civil. Legislação trabalhista e processual trabalhista. Legislação previdenciária*. 8. ed. rev., ampl. e atual. São Paulo: RT, 2007. p. 427, 473 e 433.

(38) *Ibidem*, p. 77.

uma garantia técnica do processo. Atribuíam-se-lhe "finalidades endoprocessuais", isto é, "propiciar às partes o conhecimento do veredito judicial, para que elas pudessem se defender em juízo, pleiteando aos órgãos judiciários o exame da legalidade e da justiça de uma decisão". Esse princípio, contudo, modernamente, é concebido como uma "garantia de ordem política" ou "garantia da própria jurisdição". Mudaram-se os rumos consideravelmente, pois, agora, o "pórtico constitucional" não é mais apenas dirigido às partes e aos juízes de segundo grau, mas "também à comunidade como um todo". Conhecida, assim, a decisão, poderá verificar-se "se o juiz foi imparcial em sua sentença, se decidiu com conhecimento de causa"[39].

Constitui a fundamentação, sem dúvida, pressuposto de legitimidade das decisões judiciais. Qualifica-se, a fundamentação dos atos decisórios, "como pressuposto constitucional de validade e eficácia das decisões emanadas do Poder Judiciário". Traduzindo grave transgressão de natureza constitucional, a inobservância do dever imposto pela CF, art. 93 IX, "afeta a legitimidade jurídica da decisão e gera, de maneira irremissível, a consequente nulidade do pronunciamento judicial"[40].

Pode-se afirmar, com segurança, que "o princípio da motivação das decisões judiciais é um consectário lógico da cláusula do devido processo legal". Mesmo se esse princípio não viesse inscrito nos incisos IX e X do art. 93, "a obrigatoriedade de sua observância decorreria da exegese do art. 5º, LIV". O constituinte de 1988 prescreveu que as decisões judiciais devem ser motivadas sob pena de nulidade porque em um Estado Democrático de Direito "não se admite que os atos do Poder Público sejam expedidos em desapreço às garantias constitucionais, dentre elas a imparcialidade e a livre convicção do magistrado"[41] (sic).

Ao analisar esse dispositivo constitucional (art. 93, IX), Luiz Guilherme Marinoni e Daniel Mitidiero explicam que o dever de motivação das decisões judiciais é inerente ao Estado Constitucional e constitui "verdadeiro banco de prova do direito ao contraditório das partes". Ligam-se, por isso, "de forma muito especial, contraditório, motivação e direito ao processo justo". Asseveram que a decisão judicial sem motivação perde duas características centrais: "a justificação da norma jurisdicional para o caso concreto e a capacidade de orientação de condutas sociais." Em síntese, perde "o seu próprio caráter jurisdicional"[42].

Consoante os esclarecimentos de Lenio Streck, "é possível dizer que o Direito não é Moral. Direito não é Sociologia". Pode-se afirmar, com ele, que "Direito é um conceito interpretativo e é aquilo que é emanado pelas instituições jurídicas". Desse modo, as questões relacionadas ao Direito encontram, necessariamente, "respostas nas leis, nos princípios constitucionais, nos regulamentos e nos precedentes que tenham DNA constitucional, e não na vontade individual do aplicador"[43].

Ronald Dworkin assevera, de forma eloquente, não importar o que os juízes pensam sobre o direito, mas, sim, o ajuste (*fit*) e a justificativa (*justification*) da interpretação que eles oferecem das práticas jurídicas em relação ao direito da comunidade política[44].

A exigência constitucional da obrigatoriedade de fundamentar todas as decisões quer dizer que "o julgador deverá explicar as razões pelas quais as prolatou". Considera-se, assim, "um autêntico direito a uma *accontability*, contraposto ao respectivo dever de (*has a duty*) prestação de contas". Essa determinação constitucional, portanto, transforma-se em um autêntico dever fundamental[45].

Não há dúvida possível, relativamente ao que se entende pelo princípio inscrito no inciso IX do art. 93 da Constituição da República Federativa do Brasil: constitui dupla garantia, de ordem política e da própria jurisdição. Através de sentenças fundamentadas e descomprometidas com interesses espúrios, num Estado Democrático de Direito, é que se "avalia a atividade jurisdicional". Nesse sentido, as partes podem averiguar se as suas razões foram respeitadas e examinadas "pela

---

(39) BULOS, 2008, p. 947.
(40) NERY JUNIOR, Nelson; NERY, Rosa Maria de Andrade. *Constituição Federal comentada e legislação constitucional*. 2. ed. rev., ampl. e atual. São Paulo: RT, 2009. p. 458.
(41) BULOS, 2008. p. 946.
(42) MARINONI, Luiz Guilherme; MITIDIERO, Daniel. Direito fundamental à motivação das decisões. In: SARLET, Ingo Wolfgang; MARINONI, Luiz Guilherme; MITIDIERO, Daniel. *Curso de direito constitucional*. São Paulo: RT, 2012. p. 665-666.
(43) STRECK, Lenio. *Crítica hermenêutica do direito*. Porto Alegre: Livraria do Advogado Editora, 2014. p. 64.
(44) DWORKIN, Ronald. *Levando os direitos a sério*. Tradução de Nelson Boeira. 3. ed. São Paulo: Martins Fontes, 2011. p. 127-203.
(45) MENDES, 2013, p. 1.324.

autoridade jurisdicional, com imparcialidade e senso de justiça"[46].

Quando se analisa a motivação da sentença, encontram-se diversos aspectos, como "a necessidade de comunicação judicial, exercício de lógica e atividade intelectual do juiz". Localizam-se, igualmente, "sua submissão, como ato processual, ao estado de direito e às garantias constitucionais estampadas na CF, art. 5º". Consequentemente, trazem a exigência de "imparcialidade do juiz, a publicidade das decisões judiciais, a legalidade da mesma decisão". Verifica-se, nesse percurso, "o princípio constitucional da independência jurídica do magistrado, que pode decidir de acordo com sua livre convicção, desde que motive as razões de seu convencimento (princípio do livre convencimento motivado)"[47].

Percebe-se, assim, que a incidência do princípio da Constituição, quanto à obrigatoriedade de fundamentar/motivar as decisões judiciais, tem grande importância na atividade jurisdicional em um Estado Democrático de Direito.

5. DEVE-SE OU NÃO APLICAR, SUPLETIVAMENTE OU SUBSIDIARIAMENTE, OS DISPOSITIVOS DO NOVO CPC ÀS DECISÕES JUDICIAIS TRABALHISTAS?

Um dos pontos mais polêmicos, para quem atua na Justiça do Trabalho, é saber quais os limites da Consolidação das Leis do Trabalho quanto à parte processual. Em outras palavras, até que momento se pode aplicar apenas a CLT, no campo do direito processual do trabalho, e quando deve se valer da aplicação subsidiária do direito processual civil.

O art. 769 da CLT enuncia que, nos casos omissos, "o direito processual comum será fonte subsidiária do direito processual do trabalho, exceto naquilo que for incompatível com as normas deste Título"[48]. Trata-se do Título X, relativo ao Processo Judiciário do Trabalho, que abrange os arts. 763 a 910. Segundo Sergio Pinto Martins, "subsidiário tem o sentido do que vem em reforço ou apoio de". Aplica-se a expressão no sentido daquilo "que irá ajudar, que será aplicado em caráter supletivo ou complementar". Para esse autor, "primeiro deve existir a omissão para depois existir a compatibilidade". Diz respeito a "um critério lógico: pode existir compatibilidade, mas se não há omissão na CLT, não se aplica o CPC". O art. 769 da CLT é uma espécie de "válvula de contenção", que trata de impedir "a aplicação indiscriminada do CPC", o que poderia pôr em risco "a simplicidade do processo do trabalho e a maior celeridade em razão da verba alimentar a ser recebida pelo empregado"[49].

Mauro Schiavi assinala que o direito processual civil pode ser aplicado ao processo do trabalho nas seguintes hipóteses:

a) <u>omissão da CLT</u> (lacunas normativas, ontológicas e axiológicas); compatibilidade das normas do processo civil com os princípios do direito processual do trabalho;

b) <u>ainda que não omissa a CLT</u>, quando as normas do processo civil forem mais efetivas que as da CLT e compatíveis com os princípios do processo do trabalho[50].

O autor referido explica o que são lacunas normativas, ontológicas e axiológicas. As normativas acontecem quando a lei não contém previsão para o caso concreto. As ontológicas quando a norma não mais está compatível com os fatos sociais, ou seja, está desatualizada. Relativamente às lacunas axiológicas, manifestam-se quando as normas processuais levam a uma solução injusta ou insatisfatória[51].

Em abono ao seu estudo, explicita, o mencionado escritor, como sendo no mesmo sentido o Enunciado n. 66 da Primeira Jornada de Direito Material e Processual do Trabalho realizada no Tribunal Superior do Trabalho, com o seguinte teor:

> APLICAÇÃO SUBSIDIÁRIA DE NORMAS DO PROCESSO COMUM AO PROCESSO TRABALHISTA. OMISSÕES ONTOLÓGICA E AXIOLÓGICA. ADMISSIBILIDADE. Diante do atual estágio de desenvolvimento do processo comum e da necessidade de se conferir aplicabilidade à garantia constitucional da duração razoável do processo, os arts. 769 e 889 da CLT comportam interpretação conforme a Constituição Federal, permitindo a aplicação de normas processuais mais adequadas à efetivação do direito.

---

(46) BULOS, 2008, p. 947.
(47) NERY JUNIOR, 2010, p. 290-291.
(48) MARTINS, Sergio Pinto. *Comentários à CLT*. 17. ed. São Paulo: Atlas, 2013. p. 820.
(49) *Ibidem*, p. 820-821.
(50) SCHIAVI, Mauro. *Manual de direito processual do trabalho*. 6. ed. São Paulo: LTr, 2013. p. 152.
(51) *Ibidem*, p. 142.

Aplicação dos princípios da instrumentalidade, efetividade e não retrocesso social.[52]

A regra inscrita no art. 769 da CLT, quando comparada com o novo processo sincrético inaugurado com as reformas introduzidas pela Lei n. 11.232/2005, apresentaria lacunas ontológicas e axiológicas, segundo Carlos Henrique Bezerra Leite. Desse modo, para colmatar essas lacunas, seria necessário uma "nova hermenêutica", propiciadora de um novo sentido ao conteúdo do art. 769 "devido ao peso dos princípios constitucionais do acesso efetivo à justiça que determinam a utilização dos meios necessários para abreviar a duração do processo"[53].

De forma incisiva, assinala, o autor mencionado, que o atual processo civil brasileiro, com suas recentes alterações legislativas, consagra a "otimização do princípio da efetividade da prestação jurisdicional". Por essa razão, torna-se necessário colmatar as lacunas ontológica e axiológica das regras da CLT e "estabelecer a heterointegração do sistema mediante o diálogo das fontes normativas com vistas à efetivação dos princípios constitucionais concernentes à jurisdição justa e tempestiva"[54].

O surgimento de novos dispositivos do processo comum deve levar o intérprete a fazer uma primeira indagação. Segundo Valentin Carrion: "se, não havendo incompatibilidade, permitir-se-ão a celeridade e a simplificação, que sempre foram almejadas"[55].

Acórdão da lavra do Ministro Marco Aurélio, quando ainda integrava o Tribunal Superior do Trabalho, examina bem a questão do art. 769 da CLT:

> Estando a aplicação subsidiária do Código de Processo Civil jungida à harmonia com a sistemática adotada pelo legislador consolidado, forçoso é concluir que a definição demanda tarefa interpretativa mediante o cotejo do preceito que se pretenda ver aplicado com a sistemática da CLT.[56]

Recorde-se que o Direito Processual do Trabalho nasceu quando o processo civil já havia se tornado ciência e se intitulava Direito Processual Civil. As diferenças entre essas duas áreas do direito processual nem sempre separam, mas muitas vezes aproximam. Coqueijo Costa afirma que o Direito Processual é e deve ser autônomo, "pois não há direito especial sem juiz próprio, sem direito autônomo", registrando que esse ramo do Direito "tem relações jurídicas, princípios e métodos próprios"[57]. Registre-se, contudo, a advertência de Valentin Carrion "de que o direito processual do trabalho não é autônomo com referência ao processual civil e não surge do direito material laboral". Essa sua afirmação está centrada no entendimento de que, do ponto de vista jurídico, "a afinidade do direito processual do trabalho com o direito processual comum (civil, em sentido lato) é muito maior (de filho para pai) do que com o direito do trabalho (que é objeto de sua aplicação)"[58].

Em exegese ao art. 769 da CLT, Wagner D. Giglio e Claudia Giglio Veltri Corrêa assinalam, enfaticamente: "havendo norma jurídica trabalhista, ainda que não consolidada, sua aplicação se impõe, ficando reservado ao direito processual civil apenas a tarefa de suprir lacunas do processo do trabalho."[59] Aduzem que as Varas do Trabalho aplicam, há algum tempo, de forma subsidiária, o Código de Defesa do Consumidor, pela semelhança de propósitos do legislador, "assim como a Lei do Juizado Especial de Pequenas Causas, no intuito de dinamizar o procedimento"[60].

Ao examinar minuciosamente o texto da CLT, Mozart Victor Russomano explica, quanto ao art. 769, que "as normas relativas ao processo do trabalho são muitas vezes insuficientes incompletas, defeituosas". Essa situação força a apelos constantes ao direito processual civil, "o que traz dificuldades ao juiz e à parte, porque é

---

(52) Idem, p. 152.
(53) LEITE, Carlos Henrique Bezerra. *Curso de direito processual do trabalho*. 10. ed. São Paulo: LTr, 2012. p. 104-105.
(54) Ibidem, p. 105.
(55) CARRION, Valentin. *Comentários à Consolidação das Leis do Trabalho*. 37. ed. atual. por Eduardo Carrion. São Paulo: Saraiva, 2012. p. 664.
(56) BRASIL. Tribunal Superior do Trabalho. Ag-E-RR 7.583/85-4, Min. Marco Aurélio, AC.TP 469/87. In: CARRION, 2012, p. 665.
(57) COSTA, Coqueijo. *Direito judiciário do trabalho*. Rio de Janeiro: Forense, 1978. p. 14.
(58) CARRION, 2012, p. 664-665.
(59) GIGLIO, Wagner D.; CORRÊA, Claudia Giglio Veltri. *Direito processual do trabalho*. 15. ed. rev. e atual. conforme a EC n. 45/2004. São Paulo: Saraiva, 2005. p. 174.
(60) Idem.

preciso expurgar o direito adjetivo comum daquilo que for inadaptável ao direito adjetivo especial"[61].

Para Mozart Victor Russomano, o direito processual civil é muito mais importante para o direito processual do trabalho "que o direito civil para o direito do trabalho". Embora sustente a conveniência e a necessidade de um Código de Processo do Trabalho, reconhece que a insuficiência das normas da CLT, em matéria processual, teve certa vantagem, pois "permitiu que os juízes e tribunais, desenvolvendo uma jurisprudência altamente criativa e inovadora, fossem os principais artífices do nosso direito processual do trabalho"[62].

Autores mais recentes afirmam que o relacionamento entre o direito processual do trabalho e os demais ramos da ciência processual possibilita a consideração de um método mais complexo, que seja capaz de levar em conta a contemporânea metodologia do Direito. Esse novo método deveria estar habilitado a proporcionar "uma maior abertura da tessitura normativa" e, dessa maneira, "um diálogo entre as diversas fontes do direito processual". Essa construção não teria o objetivo de ofender a estabilidade das relações jurídico-processuais, mas se voltaria para garantir a realização da tutela material invocada. Com esse procedimento, agregaria "elemento de forte valor para o prestígio da jurisdição", outorgando, em consequência, maior efetividade aos "direitos sociais e laborais"[63].

Em denso artigo sobre esse tema, denominado "Da releitura do método de aplicação subsidiária das normas de direito processual comum ao processo do trabalho", Wolney de Macedo Cordeiro busca sistematizar esse método, apresentando três hipóteses para a integração da ordem processual trabalhista. A primeira trata da regulamentação inexistente. A segunda, da regulamentação referencial. A terceira, da regulamentação concorrencial. Explica-as dizendo, quanto à primeira (regulamentação inexistente), tratar-se da situação clássica de ausência de disposições legais na legislação processual trabalhista que regulamenta determinado instituto. Relativamente à segunda (regulamentação referencial), ocorre quando o texto legal trabalhista, embora não seja omisso, "não é capaz de estabelecer um regramento autônomo", como se dá com a ação rescisória, a execução provisória e a modificação de competência, por exemplo. Quanto à última hipótese (regulamentação concorrencial), considera-se existente a normatização do instituto na lei processual laboral. Entretanto, esse regramento deve concorrer com normas do processo comum que estejam em maior sintonia com a tutela jurisdicional do trabalho. Abre-se, assim, nessa terceira circunstância, a possibilidade de aplicação do processo comum. Propõe o autor, então, para as chamadas hipóteses de regulamentação concorrencial, uma "atividade cognitiva adicional do intérprete". Para as duas outras hipóteses, a atividade inicial do intérprete limita-se à "aferição topológica da omissão". Na regulamentação concorrencial, entretanto, "a análise preliminar pressupõe uma ponderação de ordem valorativa"[64].

O novo CPC traz, no art. 15, regra que estabelece: "Na ausência de normas que regulem processos eleitorais, trabalhistas ou administrativos, as disposições deste Código lhes serão aplicadas supletiva e subsidiariamente." Não há qualquer correspondência no CPC de 1973[65], mas existe no Anteprojeto o art. 14, com a seguinte redação: "Na ausência de normas que regulem processos penais, eleitorais, administrativos ou trabalhistas, as disposições deste Código lhes serão aplicadas supletivamente."[66]

Como se distingue a aplicação subsidiária da aplicação supletiva? Na aplicação subsidiária, encontra-se uma possibilidade de enriquecimento, de leitura de um dispositivo sob outro viés, de "extrair-se da norma processual (...) trabalhista (...) um sentido diferente, iluminado pelos princípios fundamentais do processo civil"[67]. No que diz respeito à aplicação supletiva, supõe-se omissão[68].

---

(61) RUSSOMANO, Mozart Victor. *Comentários à Consolidação das Leis do Trabalho*. Rio de Janeiro: Forense, 1990. v. II. p. 849.

(62) *Ibidem*, p. 850.

(63) CHAVES, Luciano Athayde. Interpretação, aplicação e integração do direito processual do trabalho. In: CHAVES, Luciano Athayde (Org.). *Curso de processo do trabalho*. 2. ed. São Paulo: LTr, 2012. p. 41-89 esp. p. 71.

(64) CORDEIRO, Wolney de Macedo. Da releitura do método de aplicação subsidiária das normas de direito processual comum ao processo do trabalho. In: CHAVES, Luciano Athayde (Org.). *Direito processual do trabalho*: reforma e efetividade. São Paulo: LTr, 2007. p. 26-51.

(65) BUENO, Cassio Scarpinella. *Novo Código de Processo Civil anotado*. São Paulo: Saraiva, 2015. p. 51.

(66) Anteprojeto do Novo Código de Processo Civil, 2010, p. 42.

(67) ARRUDA ALVIM WAMBIER, Teresa; CONCEIÇÃO, Maria Lúcia Lins; RIBEIRO, Leonardo Ferres da Silva; MELLO, Rogério Licastro Torres de. *Primeiros comentários ao novo Código de Processo Civil*: artigo por artigo. São Paulo: RT, 2015. p. 75.

(68) *Idem*.

Entende-se que o CPC é a lei geral do processo civil no Brasil. Por isso, pela incidência do princípio da especialidade, "somente quando houver regra específica, contrária à regra geral do CPC é que *lex specialis derogat generalis*". De qualquer modo, "ainda que não exista na lei especial dispositivo expresso no sentido da aplicação do CPC na lacuna, aplica-se por ser a lei geral do processo"[69].

Quanto às aplicações subsidiária e supletiva, Nelson Nery Junior e Rosa Maria de Andrade Nery advertem que "na falta de regramento específico, o CPC aplica-se subsidiariamente aos processos judiciais trabalhistas (CLT, 769)". Explicam, também, que essa aplicação subsidiária deve guardar compatibilidade "com o processo em que se pretende aplicá-lo", e que a aplicação supletiva deve levar em consideração, igualmente, esse princípio[70].

Importa verificar, portanto, se convivem os arts. 769 da CLT e 15 do Novo CPC, ou se este revogou aquele. Célio Horst Waldraff afirma, de forma veemente, que o art. 15 do Novo CPC, ao prever a aplicação subsidiária e supletiva ao processo do trabalho, não revogou o art. 769 da CLT, que admite a aplicação subsidiária, desde que haja compatibilidade. Explica, em seu texto, que "a norma trabalhista é mais ampla, admitindo a aplicação de todo o processo comum, no caso de omissão (e não apenas do CPC)", e também, ao mesmo tempo, "mais restrita, ao exigir a compatibilidade". Propõe uma interpretação equilibrada: os dois preceitos devem conviver, com o objetivo de "impedir a subordinação completa do processo do trabalho ao processo civil, mantendo sempre a delicada principiologia desse ramo do processo". Ao concluir, categoricamente, que os preceitos convivem e complementam-se, registra que a redação sincrética do art. 15 do Novo CPC, ao mencionar o processo eleitoral e o processo administrativo, "por certo não quis banir a principiologia e as características particulares também desses ramos envolvidos nesse preceito supletório"[71].

Júlio César Bebber, em painel sobre os impactos do Novo CPC no processo do trabalho, apresentado no TST, em Brasília, em setembro de 2014, considerou "que o art. 15 do Novo Código de Processo Civil projetado não traz inovação alguma". Segundo esse autor, não muda absolutamente nada, porque as regras existentes na CLT são autossuficientes e não se modificam com o Novo CPC. Desse modo, como as duas regras "dizem praticamente a mesma coisa", passarão "a conviver em conjunto e de modo harmônico"[72].

No mesmo evento, outro Magistrado do Trabalho, e também Professor Universitário, Homero Mateus Batista da Silva, ressaltou: no art. 769 da CLT, não está escrito CPC. Embora se tenha memorizado isso, disse, está escrito que "são as normas de direito processual comum em geral". Explica que encontramos processo "na Lei de Ação Civil Pública, no Código Civil (art. 50 desse Código), e também no Código de Defesa do Consumidor, e assim por diante". A subsidiariedade seria do direito processual do trabalho e não da CLT. Desse modo, torna-se imprescindível valorizar "as leis que orbitam em torno da CLT e que muitos ignoram, como o Decreto-lei n. 779/69, a Lei n. 5.584/70 e a Lei n. 7.701/88, que revolucionou o TST". Embora nos esqueçamos disso, "nesses dispositivos há soluções criativas, interessantes, que agora vão ter que ser reavivadas, vamos ter que desenferrujar os nossos manuais a esse respeito"[73].

A Revista Eletrônica do Tribunal Regional do Trabalho da 9ª Região, que em abril de 2018 atingiu 1.525.000 acessos em suas sessenta e seis edições, lançou, em 2015, uma edição especial tratando do Novo Código de Processo Civil. O responsável por essa edição, Cássio Colombo Filho, apresentou um texto sobre o art. 15 do Novo CPC. Explicou, inicialmente, que, quanto ao significado dos institutos, o vocábulo *subsidiário* tem o sentido de *aumento* e a palavra *supletivo* significa *complemento*, vale dizer, "no subsidiário falta regra, no supletivo há complemento porque

---

(69) NERY JUNIOR, Nelson; NERY, Rosa Maria de Andrade. *Comentários ao Código de Processo Civil*: novo CPC – Lei 13.105/2015. São Paulo: RT, 2015. p. 232.

(70) *Idem*.

(71) WALDRAFF, Célio Horst. A aplicação supletiva e subsidiária do NCPC ao processo do trabalho. *Revista Eletrônica do TRT9*, v. 4, n. 39, p. 84-94. abr. 2015. Disponível em: <http://www.mflip.com.br/pub/escolajudicial/?numero=39>. Acesso em: 23 abr. 2018.

(72) BEBBER, Júlio César. Painel: "Os impactos do novo CPC no processo do trabalho". In: CFC – Simpósio o Novo CPC e os impactos no processo do trabalho. ENAMAT, Brasília, 15 e 16 de setembro de 2014 p. 180-187, esp. p. 183. Disponível em: <http://www.enamat.gov.br/wp-content/uploads/2014/09/Degrava%C3%A7%C3%A3o-do-Simp%C3%B3sio_CPC.pdf>. Acesso em: 23 abr. 2018.

(73) SILVA, Homero Mateus Batista da. Painel: "Os impactos do novo CPC no processo do trabalho. *ENAMAT*, Brasília, 15 e 16 de setembro de 2014. p. 188-202, esp. p. 190. Disponível em: <http://www.enamat.gov.br/wp-content/uploads/2014/09/Degrava%C3%A7%C3%A3o--do-Simp%C3%B3sio_CPC.pdf>. Acesso em: 23 abr. 2018.

a regra é incompleta". Caberia, assim, aplicação do NCPC na esfera trabalhista nas hipóteses de "lacunas normativas (subsidiariedade), e de lacunas ontológicas ou axiológicas (supletividade)". Explicando melhor, a aplicação subsidiária "destina-se ao suprimento das lacunas normativas, e, além do requisito da omissão, requer compatibilidade dos institutos". Quanto à aplicação supletiva, "direciona-se às lacunas ontológicas e axiológicas, permitindo a chamada heterointegração", com a atenção e o cuidado, no entanto, de observar-se "as orientações da hermenêutica em casos de antinomia"[74].

José Alexandre Barra Valente, ao discorrer, na mesma Revista Eletrônica, sobre o tema da fundamentação das decisões judiciais do Novo CPC e sua aplicação ao processo do trabalho, afirma que: "o art. 15 do NCPC terá maior impacto sobre o direito processual do trabalho, porque, no conflito com o art. 769 da CLT, este prevalecerá, por ser específico". Adiciona explicação de que: "qualquer importação de um dispositivo do CPC aprovado no Congresso Nacional em 2015 necessitará não só de omissão, mas também da compatibilidade principiológica." Acentua que "deverá prevalecer na doutrina e na jurisprudência o entendimento de que os arts. 769 da CLT e 15 do NCPC se complementam". Desse modo, a questão deveria ser tratada da seguinte forma: "na ausência de normas que regulem processos trabalhistas, as disposições do Código de Processo Civil lhes serão aplicadas supletiva e subsidiariamente, exceto naquilo em que for incompatível com as normas processuais da CLT"[75].

Embora ainda não esteja consolidado entendimento sobre como interpretar/aplicar a subsidiariedade/supletividade do Novo CPC ao processo do trabalho, importa dizer que as duas regras (da CLT, art. 769, e do Novo CPC, art. 15) deverão conviver, posto que conflitantemente, por muito tempo, até que se encontre um *modus vivendi* harmonioso.

6. COMO DEVEM SER ENTENDIDOS OS DISPOSITIVOS DO NCPC QUE ESPECIFICARAM QUANDO NÃO SE CONSIDERA FUNDAMENTADA A DECISÃO JUDICIAL

O tema da motivação/fundamentação das decisões é de grande importância para a credibilidade do Poder Judiciário e para a garantia do próprio Estado Democrático de Direito. O Novo CPC expõe o problema ao detalhar quando não se consideram fundamentadas as decisões judiciais. A indagação que se faz é se essa disposição do § 1º, do art. 489, do Novo CPC, em seus incisos, aplica-se ao processo do trabalho.

No sistema de livre convencimento, a necessidade de motivação é imprecisa, pois "abandonados os sistemas de prova legal e da íntima convicção do juiz", o magistrado tem "liberdade na seleção e valoração dos elementos de prova para proferir a decisão, mas deve, obrigatoriamente, justificar o seu pronunciamento"[76].

A ideia de "motivação como garantia" assenta-se em três pontos básicos: a) garantia de uma atuação equilibrada e imparcial do magistrado; b) garantia de controle da legalidade das decisões judiciárias; c) "garantia das partes, pois permite que elas possam constatar" se o juiz levou em conta os argumentos e a prova que produziram[77].

Também no processo do trabalho, por força da aplicação do princípio constitucional (art. 93, IX) e do processo civil (art. 131, CPC, 73), se entende que "o juiz deve motivar sua decisão, fundamentá-la, dizer por que decide desta forma e não de outra"[78]. Isso quer dizer que a motivação "serve para verificar os argumentos utilizados pelo juiz como razões de decidir"[79]. Não sendo apresentada a fundamentação, "não se sabe por que a parte não faz jus ao direito, e ela não tem como discordar para poder recorrer"[80].

Segundo Renato Saraiva, o juiz deve indicar suas razões de decidir, vale dizer, apresentar "os fatores que

---

(74) COLOMBO FILHO, Cassio. A autonomia do direito processual do trabalho e o novo CPC. *Revista Eletrônica do TRT9* (Edição especial sobre o Novo Código de Processo Civil) v. 4, n. 39, p. 118-142, esp. p. 140 e 130, abr. 2015. Disponível em: <http://www.mflip.com.br/pub/escolajudicial/?numero=39>. Acesso em: 23 abr. 2018.

(75) VALENTE, José Alexandre Barra. A fundamentação das decisões judiciais no novo Código de Processo Civil e sua aplicação no processo do trabalho. *Revista Eletrônica do TRT9*, v. 4, n. 39, p. 171-220, esp. p. 217. abr. 2015. Disponível em: <http://www.mflip.com.br/pub/escolajudicial/?numero=39>. Acesso em: 23 abr. 2018.

(76) GRINOVER, 2009, p. 198.

(77) Idem.

(78) MARTINS, Sergio Pinto. *Direito processual do trabalho*. 34. ed. atual. até 3.12.2012. São Paulo: Atlas, 2013. p. 379.

(79) Idem.

(80) Idem.

contribuíram para a formação do seu convencimento mediante a análise das questões processuais, as alegações das partes e as provas produzidas"[81]. Insiste esse doutrinador no sentido de que "o juiz deve examinar de forma exaustiva todas as questões suscitadas pelas partes, sob pena de nulidade por ausência de prestação jurisdicional"[82]. Registra, com percuciência, que, muitas vezes, a falta de análise pelo magistrado de todas as questões levantadas pelos litigantes pode impedir a parte de recorrer às Cortes Superiores "em função do imperativo do prequestionamento, necessário ao acesso à instância extraordinária, violando, pois, o princípio da ampla defesa"[83].

O Tribunal Superior do Trabalho enfrentou esse tema, em um dos seus acórdãos, assentando a "necessidade de avaliação de todos os argumentos regularmente oferecidos pelas partes litigantes, sob risco de nulidade". Registra o aresto que a completa prestação jurisdicional se faz pela resposta "a todos os argumentos regulares postos pelos litigantes, não podendo o julgador resumir-se àqueles que conduzem ao seu convencimento". Desse modo, a omissão quanto aos pontos relevantes pelas partes pode conduzir a prejuízos consideráveis, "não só pela possibilidade de sucesso ou derrota, mas também em face das imposições dos desdobramentos da competência funcional"[84].

José Alexandre Barra Valente, no artigo já mencionado, debruçou-se sobre a aplicabilidade do § 1º, do art. 489, do NCPC ao processo do trabalho. Assinalou que, apesar do seu importante viés constitucional, essa disposição não poderá ser aplicada ao processo do trabalho, que possui "um dispositivo legal específico já tratando do tema (CLT, art. 832, *caput*)". Segundo esse autor, essa regra da CLT está perfeitamente adequada ao "sistema processual trabalhista, baseando-se na ideia de tutela jurisdicional diferenciada e especial, voltada para amparar os direitos trabalhistas, com forte viés em duas premissas – oralidade e simplicidade"[85].

O § 1º, do art. 489, do Novo CPC, indica as hipóteses em que a decisão judicial não é considerada fundamentada, "exigindo do julgador que peculiarize o caso julgado e a respectiva fundamentação diante das especificidades que lhe são apresentadas". Não serão mais aceitas "fundamentações padronizadas e sem que sejam apresentados os argumentos e as teses trazidas pelas partes"[86].

O Novo CPC também inova ao prever, no art. 1.022, parágrafo único, II, o uso dos embargos de declaração "para suprir omissão de decisão que incorra em qualquer das condutas descritas no art. 489, § 1º"[87].

A novidade do § 1º do art. 489 estabelece que a garantia da fundamentação das decisões judiciais, "de índole constitucional, não se tem por satisfeita, se a fundamentação não atende a certos parâmetros de qualidade"[88].

O inciso I, do § 1º, do art. 489, afirma não se considerar fundamentada qualquer decisão que "se limitar à indicação, à reprodução ou a paráfrase de ato normativo, sem explicar sua relação com a causa ou a questão decidida". Interpretando esse novo dispositivo, afirmam Teresa Arruda Alvim Wambier, Maria Lúcia Lins Conceição, Leonardo Ferres da Silva Ribeiro e Rogério Licastro Torres de Mello, em seus *Primeiros comentários ao novo Código de Processo Civil: artigo por artigo* – Lei n. 13.105, de 16 de março de 2015:

> De acordo com a nova lei, considera-se não haver fundamentação em qualquer decisão judicial se esta, pura e simplesmente, repetir a lei, com outras palavras, sem dizer expressamente porque a norma se aplica ao caso concreto decidido (art. 489, § 1º, I). Assim, se na decisão se diz: a decisão é X, porque a norma diz Y, esta decisão carece de fundamentação, pois não se fez o *link* entre o texto da lei dito de outra forma – e os fatos da causa.[89]

Para Luiz Guilherme Marinoni, Sérgio Cruz Arenhart e Daniel Mitidiero, o alcance da regra do inciso I, do § 1º, do art. 489, fixa-se em que "a necessidade de individualização das normas aplicáveis repele a possibilidade de

---

(81) SARAIVA, Renato. *Curso de direito processual do trabalho*. 5. ed. São Paulo: Método, 2008. p. 339.

(82) *Ibidem*, p. 339-340.

(83) *Ibidem*, p. 440.

(84) BRASIL. Tribunal Superior do Trabalho. 2ª T., RR 684.428, Rel. Min. Conv. Alberto Luiz Bresciani Pereira – DJU 24.05.2001, p. 427.

(85) VALENTE, 2015, p. 217.

(86) BUENO, 2015, p. 325.

(87) *Idem*.

(88) WAMBIER, Primeiros comentários, 2015, p. 793.

(89) *Ibidem*, p. 794.

o juiz se limitar à indicação, à reprodução ou a paráfrase de ato normativo". O vocábulo *paráfrase* significa, aqui, a simples reelaboração do texto legal com outras palavras. Enfatizam os autores que, para a individualização das normas aplicáveis, é necessário explicar as razões pelas quais "as normas aplicadas servem para a solução do caso concreto", isto é, "mostrar por quais motivos as normas devem ser aplicadas". Nesse sentido, "a simples transcrição do texto legal", sem menção ao caso concreto, "não serve para individualização do direito que deve ser aplicado"[90].

Analisando essa mesma disposição legal do Novo CPC, Nelson Nery Junior e Rosa Maria de Andrade Nery registram: "o texto coíbe a utilização, pelo juiz, de fundamento que caberia para embasar qualquer decisão." Em outras palavras, exemplificando, o modelo pronto, "chapinha", nunca foi e agora, mais clara e expressamente, "não será tolerado como decisão fundamentada". Veda-se, também, a utilização de paráfrase, isto é, "transcrever texto de lei mudando as palavras ou sua ordem na frase". Deve, portanto, a decisão, fundamentada em texto de lei, "mencionar os fatos da causa que estariam sujeitos à incidência do texto normativo"[91].

Motivações judiciais que serviriam para justificar qualquer outra não se apresentam corretas, como mostra julgado do STF:

> Não satisfaz a exigência constitucional de que sejam fundamentadas todas as decisões do Poder Judiciário (CF, art. 93, IX) a afirmação de que a alegação deduzida pela parte é "inviável juridicamente, uma vez que não retrata a verdade dos compêndios legais": não servem à motivação de uma decisão judicial afirmações que, a rigor, se prestariam a justificar qualquer outra.[92]

O inciso II, do § 1º, do art. 489, considera desfundamentada a decisão judicial que "empregar conceitos jurídicos indeterminados, sem explicar o motivo concreto de sua incidência no caso". Refere-se a regra aos casos em que o debate do caso real envolve a concretização de termos vagos, presentes, por exemplo, "nos conceitos jurídicos indeterminados e nas cláusulas gerais". Como exemplo de conceito jurídico indeterminado, pode-se apresentar o de justa causa "para efeito de restituição de prazo processual" (art. 223). A cláusula geral pode ser exemplificada com o art. 5º: "aquele que de qualquer forma participa do processo deve comportar-se de acordo com a boa-fé."[93] Não se outorgando sentido ao termo vago e não se mostrando a razão pela qual pertine ao caso concreto, "a indeterminação normativa do texto impede que se tenha por individualizada a norma que será aplicada para solução da questão debatida entre as partes"[94].

Nelson Nery Junior e Rosa Maria de Andrade Nery explicam que o texto não permite que se faça "mera referência aos conceitos legais indeterminados, como, por exemplo, boa-fé, má-fé, justo título, duração razoável do processo etc.". Para esses autores, é indispensável que o juiz preencha o conceito indeterminado, explicando, no caso concreto e especificamente, no que consistem as expressões e institutos mencionados. Afirmam que a mera indicação do conceito legal indeterminado, "sem esclarecimento sobre sua aplicabilidade ao caso, dá margem à nulidade da sentença por falta de fundamento". Esclarecem, no entanto, que "a fundamentação concisa não pode ser confundida com a não fundamentação"[95].

Motivação sucinta pode significar decisão motivada, como já entendeu a mais alta Corte do País:

> Decisão fundamentada: o que a CF 93 IX exige é que o juiz ou o tribunal dê as razões de seu convencimento, não se exigindo que a decisão seja amplamente fundamentada, dado que a decisão com motivação sucinta é decisão motivada.[96]

Sobre essa situação, registra a história oral da Justiça do Trabalho do Paraná um caso peculiar de uma sucinta sentença que foi mantida pelo Tribunal. Discutia-se, em reclamatória trabalhista, perante uma Junta de Conciliação e Julgamento do interior do Paraná, se o autor era empregado ou não. Disse a sentença: "aquele que compra o leite no sítio e, por sua conta e risco, revende na cidade, não é empregado." Está essa decisão suficientemente motivada? Seria exemplo de sentença

---

(90) MARINONI, Luiz Guilherme; ARENHART, Sérgio Cruz; MITIDIERO, Daniel. *Novo curso de processo civil*: tutela dos direitos mediante procedimento comum, São Paulo: RT, 2015. v. II, p. 443.
(91) NERY JUNIOR, 2015, p. 1.155.
(92) BRASIL. *Supremo Tribunal Federal*. 1ª T., RE 217631-GO, Rel. Min. Sepúlveda Pertence, v. u., j. 09.09.1997, DJU 24.10.1997.
(93) MARINONI, 2015, p. 443.
(94) *Ibidem*, p. 443-444.
(95) NERY JUNIOR, 2015, p. 1.155.
(96) BRASIL. *Supremo Tribunal Federal*. 2ª T., Ag.Rg RE 285052-SC, Rel. Min. Carlos Velloso, v.,u., j. 11.06.2002, DJU 28.06.2002.

concisa? O Tribunal Regional do Trabalho examinou o recurso apresentado em setenta páginas e manteve a decisão. Agiu corretamente o Tribunal? A síntese de uma decisão, por vezes, conduz a dúvidas. Nesse caso, parece, mesmo, que a decisão justificou, de forma fundamentada/motivada, porque o reclamante não era empregado.

Saliente-se que a indeterminação dos conceitos "admite graus", sendo também evidente que, quanto mais vago for o conceito contido na norma aplicada para resolver o caso concreto, certamente "maior necessidade haverá de o juiz explicar porque entendeu que a norma deveria incidir na hipótese fática dos autos". Assim, quando se basear "em princípios jurídicos, em cláusulas gerais e em normas que contenham, em sua redação, conceitos indeterminados", deve a decisão judicial possuir densidade de fundamentação[97].

O inciso III, do § 1º, do art. 489, não considera fundamentada a decisão judicial que "invocar motivos que se prestariam a justificar qualquer outra decisão". Essa norma já está compreendida nos incisos I e II, examinados, considerando não motivada a decisão "que se prestaria a justificar qualquer *decisum,* como, por exemplo, concedo a liminar porque presentes os seus pressupostos". Não há dúvida de que a fundamentação "deve ser expressa e especificamente relacionada ao caso concreto que está sendo resolvido". Não se admite, em hipótese alguma, a decisão "vestidinho preto", que significa, segundo uso corrente, "algo que se pode usar em diferentes situações, sem risco de incidir em grave erro"[98].

Registram, enfaticamente, Luiz Guilherme Marinoni, Sérgio Cruz Arenhart e Daniel Mitidiero "a necessidade de efetivo diálogo entre o juiz e as partes, tendo em conta o caráter lógico argumentativo da interpretação do direito", o que repele se possa considerar como fundamentada uma decisão que invoca motivos que se prestariam a justificar qualquer decisão[99].

Exemplifica-se a vedação do texto do Novo CPC, asseverando-se que, quando determinada decisão apresenta fundamentação que serve para justificar qualquer outra, em verdade, não particulariza o caso concreto. Por isso, respostas padronizadas, idealizadas para servir indistintamente a qualquer caso, "justamente pela ausência de referências às particularidades do caso, demonstram a inexistência de consideração pela demanda proposta pela parte". Em síntese, quanto ao inciso III, com a fundamentação padrão, "desligada de qualquer aspecto da causa, a parte não é ouvida, porque o seu caso não é considerado"[100].

O inciso IV, do § 1º, do art. 489, não considera fundamentada a decisão judicial que deixar de "enfrentar todos os argumentos deduzidos no processo capazes de, em tese, infirmar a conclusão adotada pelo julgador".

Ao considerar desmotivada a decisão, quando não enfrentados todos os argumentos deduzidos no processo, o dispositivo refere-se aos "argumentos de fato e de direito que teriam o condão de levar o magistrado a decidir de outra forma". Dito de outra maneira, uma vez não acolhidos os argumentos, devem, obrigatoriamente, ser afastados. Aqui se trata de levar em conta a "noção contemporânea do princípio do contraditório". Não se pode mais admitir, como antigamente, o contraditório resumido à atividade das partes, com "a oportunidade de afirmar e demonstrar o direito que alegam ter". Entende-se, agora, o contraditório como supondo a existência de "um observador neutro, no sentido de imparcial, que assista ao diálogo entre as partes (alegações + provas) para depois decidir". Quando fundamenta a decisão, o juiz demonstra que "participou do contraditório". O juiz tem obrigação de ouvir as partes, embora possa não acolher suas alegações, uma vez que "pode decidir com base em fundamentos não mencionados por nenhuma das partes (*iura novit curia*)". Somente nos autos em que foi proferida, uma decisão pode (ou não) ser considerada fundamentada. Além da sua coerência *interna corporis*, é fundamental que a decisão se refira a elementos externos, "afastando-os, de molde até mesmo a reforçar o acerto da decisão tomada"[101].

Houve um período, na história do Direito, no qual se entendia o contraditório como algo que dizia respeito somente às partes. Nesse sentido, pois, afirmava-se que o dever de motivação das decisões judiciais não poderia ter como parâmetro, para aferir a correção, "a atividade desenvolvida pelas partes em juízo". Considerava-se suficiente, assim, que o órgão jurisdicional, para que fosse considerada motivada sua decisão, demonstrasse "quais as razões que fundavam o dispositivo".

---

(97) WAMBIER, *Primeiros comentários*, cit., 2015, p. 794.
(98) *Ibidem*, p. 795.
(99) MARINONI, 2015, p. 444.
(100) MARINONI, 2015, p. 444-445.
(101) WAMBIER, *Primeiros comentários*, cit., 2015, p. 795.

Tratava-se, apenas, de levar em conta "um critério intrínseco para aferição da completude do dever de motivação", vale dizer, "bastava a não contradição entre as proposições constantes da sentença". Esse entendimento antigo encontra-se em total descompasso com a nova visão a respeito do direito ao contraditório. Registre-se que o contraditório significa o direito de influir, tendo como contrapartida o "dever de debate – dever de consulta, de diálogo, de consideração". Desse modo, tem-se como certo que "não é possível aferir se a influência foi efetiva se não há dever judicial de rebate aos fundamentos levantados pelas partes". Essa a razão pela qual, além de não ser contraditória, a fundamentação tem a sua completude pautada também por um "critério extrínseco – a consideração pelos argumentos desenvolvidos pelas partes em suas manifestações processuais". Uma explicação importante, ainda, esclarece que o inciso IV, do § 1º, do art. 489, "não visa fazer com que o juiz rebata todo e qualquer argumento invocado pelas partes no processo". Existe, sim, dever de diálogo do juiz, do Poder Judiciário, com a parte, sobre os "argumentos capazes de determinar por si a procedência de um pedido", ou, ainda, "de determinar por si só o conhecimento, não conhecimento, provimento ou desprovimento de um recurso". Todos os demais argumentos, contudo, só precisam ser considerados pelo juiz, com a finalidade de demonstrar "que não são capazes de determinar conclusão diversa daquela adotada pelo julgador"[102].

Nelson Nery Junior e Rosa Maria de Andrade Nery, em análise ao inciso IV, do § 1º, do art. 489, do Novo CPC, asseveram que "havendo omissão do juiz, que deixou de analisar fundamento constante da alegação da parte, terá havido omissão suscetível de correção pela via dos embargos de declaração". Não se pode mais, agora, rejeitar embargos declaratórios "ao argumento de que o juiz não está obrigado a pronunciar-se sobre todos os pontos da causa". Desse modo, deve o juiz pronunciar-se sobre todos os pontos levantados pelas partes, "que sejam capazes de alterar a conclusão adotada na decisão". Distinguem, no entanto, os autores citados, fundamentação sucinta de fundamentação deficiente. Para eles, o juiz "não tem obrigação de responder a todos os argumentos das partes", mas tem o dever de "examinar as questões que possam servir de fundamento essencial à acolhida ou rejeição do pedido do autor". Recordam, ainda, com base no inciso I, art. 1.022, do Novo CPC, que "a motivação contraditória dá ensejo a que a parte prejudicada oponha embargos de declaração"[103].

O inciso V, do § 1º, do art. 489, não considera fundamentada a decisão judicial "que se limitar a invocar precedentes ou enunciados de súmula, sem identificar seus fundamentos determinantes, nem demonstrar que o caso sob julgamento se ajusta àqueles fundamentos". Considera-se essa norma "substancialmente idêntica à do inciso I", vale dizer, quando se aplica "uma regra ao caso concreto, devem-se explicar as razões que tornam a regra adequada para resolver aquele caso concreto específico". Igualmente, ao aplicar-se uma súmula ou um precedente, leva-se em conta "a tese jurídica adotada pelo precedente e formulada na súmula". Dessa maneira, deve-se demonstrar, na fundamentação da decisão, "a relação de pertinência ao caso concreto"[104].

A exigência do Novo CPC consiste em que a menção a precedente, ou enunciado de súmula de tribunal (vinculante ou simples), venha acompanhada "da análise dos fatos e do direito da causa, que se amoldaram àquele enunciado ou precedente". A mesma exigência está no inciso I, do § 1º, do art. 489. O juiz deve indicar "quais as circunstâncias do caso concreto que fariam com que se amoldasse ao precedente ou enunciado de súmula de tribunal". Apenas indicar, mencionar, o precedente ou o enunciado da súmula não é suficiente, "não é circunstância que caracterize a decisão como fundamentada". Desse modo, tal como acontece na simples indicação de texto de lei, a mera indicação de precedente ou enunciado de súmula significa "decisão nula por falta de fundamentação (CF, 93, IX)"[105].

Ao realizar a exegese do inciso V, do § 1º, do art. 489, Luiz Guilherme Marinoni, Sérgio Cruz Arenhart e Daniel Mitidiero especificam que "também são problemas ligados à ausência de identificação das normas aplicáveis ao caso concreto" aqueles oriundos de "invocação de precedente sem a devida justificação da identidade ou semelhança entre os casos"[106].

O último dos incisos do § 1º, VI, do art. 489, considera não fundamentada a decisão judicial que "deixar de seguir enunciado de súmula, jurisprudência ou

---

(102) MARINONI, 2015, p. 445-446.
(103) NERY JUNIOR, 2015, p. 1.155-1.156.
(104) WAMBIER, *Primeiros comentários*, cit., 2015, p. 796.
(105) NERY JUNIOR, 2015, p. 1.156.
(106) MARINONI, 2015, p. 444.

precedente invocado pela parte, sem demonstrar a existência de distinção no caso em julgamento ou a superação do entendimento".

É possível considerar que, de certo modo, as razões do inciso VI encontram-se também no inciso V, isto é, quando a jurisprudência, ou o precedente, invocado pela parte, é desconsiderado, "devem ser explicadas as razões pelas quais teriam sido afastados". De duas uma: ou não se trata de caso análogo, "ou a tese jurídica constante da súmula, da jurisprudência ou do precedente não devem ser acatados, porque superados"[107].

Registram Luiz Guilherme Marinoni, Sérgio Cruz Arenhart e Daniel Mitidiero, quanto ao inciso VI, da mesma forma como havia feito em relação ao inciso V, como problemas ligados à ausência de identificação das normas aplicáveis ao caso concreto, vale dizer, decorrentes da omissão de justificativa capaz de levar à distinção "entre o caso sentenciado e o caso invocado como precedente ou capaz de mostrar a superação do precedente invocado pela parte, mas não aplicado"[108].

Observações de extrema pertinência aduzem Nelson Nery Junior e Rosa Maria de Andrade Nery relativamente à possibilidade de não aplicação de súmula vinculante e o controle de constitucionalidade. Ressaltam que a aplicação da súmula vinculante não é imediata nem automática, "pois é necessário o exercício da interpretação". Enfatizam que o juiz, ao decidir, dado o caráter geral e abstrato da súmula vinculante do STF, pode ou não aplicá-la, pois, como a lei, também é "geral e abstrata e de cumprimento e aplicação obrigatórios (CF, 5º, III)". Entretanto, para não aplicar a súmula vinculante do STF, ao caso concreto, é necessário afastar sua constitucionalidade. Em caso contrário, o juiz está obrigado a cumpri-la e aplicá-la. No momento que afastar essa incidência deverá reconhecer tratar-se de "texto normativo inconstitucional"[109]. Nelson Nery Junior, em obra que escreveu sozinho, menciona o Verbete Vinculante n. 5 do STF que estabelece: "A falta de defesa técnica por advogado no processo administrativo disciplinar não ofende a Constituição." Considera essa súmula inconstitucional por ferir a dignidade da pessoa humana (CF, 1º, III), o direito de ação (CF, 5º, XXXV), o devido processo legal (CF, 5º, LIV), a ampla defesa (CF, 5º, LV) e os predicamentos da advocacia (CF, 133).

Registra, por isso, que essa súmula "não poderá produzir efeitos nos processos administrativos e judiciais". Caberia, então, ao julgador administrativo (processo administrativo) ou ao juiz (processo judicial) exercer o controle concreto e difuso de constitucionalidade da Súmula Vinculante n. 5 e, ao reconhecê-la inconstitucional, deixar de aplicá-la[110].

Quanto à não aplicação de jurisprudência e súmula simples de tribunal, consideram Nelson Nery Junior e Rosa Maria de Andrade Nery que "a vinculação do juiz nas hipóteses previstas no CPC 927, III, IV e V é inconstitucional, pois não existe autorização expressa na CF, como seria de rigor, para que haja essa vinculação". Com efeito, determina o *caput* do art. 927 do Novo CPC que os juízes e os tribunais observarão: a) as decisões do Supremo Tribunal Federal em controle concentrado de constitucionalidade (I); b) os enunciados de súmula vinculante (II); c) os acórdãos em incidente de assunção de competência ou de resolução de demandas repetitivas e em julgamento de recurso extraordinário e especial repetitivos (III); d) os enunciados das súmulas do Supremo Tribunal Federal em matéria constitucional e do Superior Tribunal de Justiça em matéria infraconstitucional (IV); e) a orientação do plenário ou do órgão especial aos quais estiverem vinculados (V). Mencionam esses autores, quanto à súmula do STF, para que pudesse vincular juízes e tribunais, "foi necessária a edição de emenda Constitucional incluindo a CF 103-A (EC n. 45/2004)". Do mesmo modo, consideram exigível emenda constitucional "para autorizar o Poder Judiciário a legislar". Asseveram que, somente nas hipóteses previstas no CPC, art. 927, I e II, a vinculação é possível, "pois para isso há expressa autorização constitucional (CF 102, § 2º e 103-A *caput*)"[111].

Tratando-se de novidade, as disposições específicas do Novo CPC sobre a fundamentação judicial, considera-se importante trazer as explicações doutrinárias sobre a denominada "carência de motivação", que poderia manifestar-se em pelo menos três situações diversas: a) quando o juiz omite as razões de seu convencimento; b) quando as tenha indicado incorrendo em evidente erro lógico-jurídico, de modo que as premissas de que extraiu sua decisão possam ser consideradas *sicut non essent* – carência de motivação intrínseca; ou, c) quando, embora no seu contexto a sentença pareça

---

(107) WAMBIER, *Primeiros comentários*, cit., 2015, p. 796.
(108) MARINONI, 2015, p. 444.
(109) NERY JUNIOR, 2015, p. 1.156.
(110) NERY JUNIOR, 2010, p. 254-255.
(111) NERY JUNIOR, 2015, p. 1.156 e 1.835.

motivada, tenha omitido o exame de um fato decisivo para o juízo que leve a crer que, se o juiz o tivesse examinado, teria alcançado uma decisão diversa – carência de motivação extrínseca[112].

Quanto à carência de motivação extrínseca, que se caracteriza "quando o juiz deixa de apreciar provas ou questões de fato ou de direito decisivas para o julgamento", têm os tribunais, nessa hipótese, "fulminado a sentença por insanável nulidade"[113].

O § 2º do art. 489 estabelece que, "no caso de colisão entre normas, "o juiz deve justificar o objeto e os critérios gerais da ponderação efetuada, enunciando as razões que autorizam a interferência da norma afastada e as premissas fáticas que fundamentam a conclusão". Diferentes finalidades normativas podem apontar soluções diversas, e até mesmo opostas, para resolução de determinados casos, conforme o exemplo do § 2º do art. 489. O Novo CPC chama a esse fenômeno de "colisão entre normas". Embora o Código fale em ponderação, "pode ser o caso de o conflito normativo ser resolvido com o emprego da proporcionalidade". No caso de ponderação, o juiz deve justificar o objeto e os critérios gerais, enunciando "as razões que autorizam a interferência na norma afastada e as premissas fáticas que fundamentam a conclusão". Na hipótese de proporcionalidade, "deve o juiz retratar a relação entre meio e fim e justificar argumentativamente a adequação e necessidade"[114].

De forma contundente, Nelson Nery Junior e Rosa Maria Andrade Nery explicitam haver uma impropriedade "na menção à técnica de ponderação", no § 2º do art. 489, dando margem à interpretação de que "toda e qualquer antinomia pode ser resolvida por esse meio". Essa técnica, como ressaltam, desenvolveu-se e sustentou-se "para a solução dos conflitos entre direitos fundamentais e entre princípios constitucionais, que não se resolvem pelas regras da hermenêutica jurídica clássica". Esse dispositivo deve, portanto, ser interpretado apenas "no sentido de que se refere às normas relacionadas a direitos fundamentais e princípios constitucionais"[115].

Em sociedades pluralistas, como a em que vivemos, a orientação do § 2º tem sua função pois, cada vez mais, "o Judiciário deve enfrentar questões complexas que exigem densa fundamentação". Em algumas situações, considera-se indispensável "decidir qual princípio deve prevalecer em detrimento de outro, muitas vezes, da mesma hierarquia". Pode-se exemplificar com dois casos julgados pelo Pleno do STF: a) a ADPF n. 132/RJ, sobre a garantia de igualdade de direitos para as uniões homoafetivas; e b) a ADPF n. 54/DF, sobre a descriminalização da antecipação terapêutica do parto em caso de feto anencefálico[116].

O § 3º do art. 489 diz que: "a decisão judicial deve ser interpretada a partir da conjugação de todos os seus elementos e em conformidade com o princípio da boa-fé." Trata-se de uma "regra interpretativa das decisões judiciais", que devem ser compreendidas "em função do conjunto de elementos que contêm e de acordo com o princípio da boa-fé". Corresponde esse dispositivo ao § 2º do art. 322 do NCPC, "que diz respeito ao pedido". Correlacionar pedido e sentença é inevitável, já se tendo dito que aquele é um rascunho desta, "quando a ação é tida como procedente"[117].

Em crítica a esse texto, pode-se dizer que "se não há harmonia entre relatório, fundamentação e dispositivo, não há como a sentença ser devidamente interpretada". Soa óbvia, assim, "a previsão de interpretação mediante a conjugação dos elementos da decisão", tornando-se ainda mais desnecessária no que diz respeito à sentença, "tendo em vista que os seus elementos constitutivos não foram aleatoriamente indicados pelo legislador". Condena-se à inutilidade a previsão do *caput* do art. 489 do NCPC quando ignora "um desses fatores no processo interpretativo". Quanto à boa-fé, considera-se "referência fundamental para todos aqueles que atuam no processo", sendo, entretanto, a rigor, desnecessária a inclusão no texto legal. Naturalmente, a interpretação da decisão judicial não deve se pautar pela distorção do que foi dito pelo juiz, pois isso "caracterizaria litigância de má-fé por desvirtuamento da verdade dos fatos (CPC, 80, II)"[118].

Ao fim desse item 6, considera-se que, sim, os seis incisos do § 1º, do art. 489, do NCPC, podem, e devem, ser aplicados ao processo do trabalho. Com relação ao § 2º, aplica-se quando disser respeito a direitos

---

(112) GRINOVER, 2009, p. 119.

(113) *Idem*.

(114) MARINONI, 2015, p. 449.

(115) NERY JUNIOR, 2015, p. 1.156 e 1.157.

(116) WAMBIER, *Primeiros comentários*, cit., 2015, p. 796-797.

(117) *Ibidem*, p. 797.

(118) NERY JUNIOR, 2015, p. 1.157.

fundamentais e princípios constitucionais. E o § 3º, embora desnecessário, reforça a relevância de interpretar-se a decisão judicial "a partir da conjugação de todos os seus elementos", e também levando em conta a boa-fé. O dispositivo talvez possa se justificar apenas como alerta.

7. À GUISA DE CONCLUSÕES

Após o estudo desenvolvido, cumpre apresentar, ainda que de forma sintética, alguns direcionamentos sobre o tema enfocado.

7.1. Como podem ser interpretados os sentidos das palavras "motivação" e "fundamentação"

A palavra *fundamentação*, originária do latim *fundamentum*, que significa base, para o direito processual civil ou direito processual do trabalho, representa o requisito essencial da decisão judicial, através da qual o julgador analisa as questões de fato e de direito. Também se pode dizer que significa expor, com base no Direito e nas provas, as razões de julgamento da causa judicial. O vocábulo *motivação* tem o mesmo sentido de *fundamentação*.

7.2. Breve retrospecto do surgimento do princípio

A obrigação de fundamentar uma decisão judicial é recente. Nos ordálios, por exemplo, os juízes recorriam a Deus, em caso de dificuldade da prova dos fatos ou do direito, para administrar a justiça.

Até o final do século XVII, era comum o juiz sentenciar sem fundamentar a sua decisão. Somente com uma Lei de Organização Judiciária da França, de 1810, a motivação tornou-se obrigatória. A partir daí as codificações do século XIX passaram a acolher o princípio. No século XX, o princípio da fundamentação das decisões judiciais é elevado à dignidade de preceito constitucional em diversos países.

As Ordenações Filipinas, que vigoraram no Brasil, determinavam que nas decisões se declarassem as causas em que se fundaram a condenar, ou absolver, ou confirmar, ou revogar. O art. 232 do Regulamento 737, de 1850, determinava que a sentença fosse clara, devendo o juiz sumariar o pedido e a contestação com os fundamentos respectivos, "motivando com precisão o seu julgado", e declarando sob sua responsabilidade a lei ou estilo em que se funda.

Na fase republicana brasileira, com o sistema da dualidade processual, que conferia uma divisão de competência legislativa sobre a matéria processual entre a União e os Estados, na Constituição de 1891, diversos Estados fizeram constar em seus Códigos de Processo o dever de motivação das decisões judiciais.

A Constituição do Brasil de 1937 restabeleceu a unidade legislativa em matéria processual. Em 1939, o Código de Processo Civil estabeleceu o dever do juiz indicar, na decisão, "os fatos e as circunstâncias que motivaram o seu convencimento".

Em 1973, o Código de Processo Civil, instituído pela Lei n. 5.869, de 11 de janeiro, apresenta regra expressa, em vários dispositivos, impondo a fundamentação das decisões judiciais.

Registre-se que a Consolidação das Leis do Trabalho, que foi editada pelo Decreto-lei n. 5.452, de 1º de maio de 1943, já estabelecia, no seu art. 832, *caput*, que na decisão deveriam constar o nome das partes, o resumo do pedido e da defesa, a apreciação das provas, "os fundamentos da decisão" e a respectiva conclusão.

7.3. A garantia constitucional consagrada na Carta Magna de 1988

A importância do tema, da exigência da fundamentação das decisões judiciais, é tanta, que o constituinte originário, de 1988, estabeleceu a obrigatoriedade de todos os julgamentos do Poder Judiciário serem públicos e "fundamentadas todas as decisões, sob pena de nulidade" (inciso IX, do art. 93, da CF/1988).

Em um Estado Democrático de Direito, os atos do Poder Público devem ser expedidos com apreço às garantias constitucionais, tais como a imparcialidade e a livre convicção do magistrado.

Essa determinação constitucional não se dirige apenas às partes e aos juízes, mas também à comunidade como um todo, verificando-se se o juiz foi imparcial e se decidiu com conhecimento de causa.

7.4. Deve-se ou não aplicar, supletivamente ou subsidiariamente, os dispositivos do Novo CPC às decisões judiciais trabalhistas?

O art. 769 da CLT, de 1943, estabelece que, nos casos omissos, o direito processual comum será fonte subsidiária do direito processual do trabalho, "exceto naquilo que for incompatível com as normas deste Título". O Título referido é o X, que trata do Processo Judiciário do Trabalho, como se denominava antigamente o Direito Processual do Trabalho.

Em 2015, o art. 15 do Novo CPC estabeleceu que: "na ausência de normas que regulem processos eleitorais, trabalhistas ou administrativos, as disposições deste Código lhes serão aplicadas supletiva e subsidiariamente."

Ressurgiu, de pronto, a velha polêmica: até que ponto pode-se aplicar o Código de Processo Civil ao processo do trabalho?

O Enunciado n. 66 aprovado na Primeira Jornada de Direito Material e Processual na Justiça do Trabalho, realizada em Brasília em 23.11.2007, apresenta uma possibilidade de entendimento da matéria. Admite a aplicação subsidiária de normas do processo comum ao processo do trabalho em caso de omissões ontológica e axiológica. Sugere interpretação conforme a Constituição Federal aos arts. 769 e 889 da CLT, diante do atual estágio de desenvolvimento do processo comum e da necessidade de se conferir aplicabilidade à garantia constitucional da razoável duração do processo, para permitir "a aplicação das normas processuais mais adequadas à efetivação do direito". Enfatiza a aplicabilidade dos princípios da instrumentalidade, da efetividade e do não retrocesso social.

Em um primeiro momento da interpretação do art. 15 do NCPC comparado ao art. 769 da CLT, surgiram pelo menos quatro correntes de pensamento a respeito do tema da aplicação subsidiária e/ou supletiva.

A primeira corrente, que se pode chamar de radical-legalista, assevera a revogação pura e simples do art. 769, pois o art. 15 do NCPC trataria da mesma matéria. A lei posterior revogaria a anterior.

A segunda corrente, que se pode chamar de radical-trabalhista, afirma que nada mudou. A aplicação subsidiária e/ou supletiva far-se-ia como antes, levando em conta a omissão e a compatibilidade.

A terceira corrente, que se pode chamar de referencial-concorrencial, sugere um método mais complexo, capaz de levar em conta a contemporânea metodologia do Direito, propiciando um diálogo entre as diversas fontes do direito processual. Quando a regulamentação é inexistente ou referencial (o texto trabalhista não é capaz de estabelecer regramento autônomo), o intérprete limita-se a aferir topologicamente a omissão. Entretanto, se a regulamentação é concorrencial, existe a normatização do instituto na lei processual laboral, mas esse regramento deve concorrer com as normas do processo comum que estejam em maior sintonia com a tutela jurisdicional do trabalho. Trata-se aqui, nessa última situação, de uma análise preliminar que pressupõe uma ponderação de ordem valorativa.

Uma quarta corrente propõe uma interpretação equilibrada, com harmonia, na qual os dois preceitos devem conviver, impedindo a subordinação completa do processo do trabalho ao processo civil, mantendo sempre os princípios desse ramo do processo.

7.5. Como devem ser entendidos os dispositivos do NCPC que especificaram quando não se considera fundamentada a decisão judicial

O § 1º, do art. 489, do NCPC, estabelece as hipóteses em que uma decisão judicial não se considera fundamentada. A necessidade de individualização das normas aplicáveis repele a possibilidade de o juiz se limitar à indicação, à reprodução ou à paráfrase de ato normativo (inciso I). Essa mesma orientação vale para as situações em que o debate do caso concreto envolve termos vagos, que estão presentes nos conceitos jurídicos indeterminados e nas cláusulas gerais (inciso II). Também não se considera fundamentada a decisão que invoca motivos que se prestariam a justificar qualquer decisão (inciso III), ou que não enfrenta todos os argumentos deduzidos no processo capazes de, em tese, infirmar a conclusão adotada pelo julgador (inico IV). Considera o dispositivo, também, como problemas ligados à ausência de identificação das normas aplicáveis ao caso concreto, aqueles decorrentes da invocação de precedentes sem a devida justificação da identidade ou semelhança entre os casos (inciso V), e também da omissão de justificativa capaz de levar à distinção entre o caso sentenciado e o caso invocado como precedente, ou capaz de mostrar a superação do precedente invocado pela parte, mas não aplicado (inciso VI).

Essas especificações, dos seis incisos do § 1º do art. 489 do NCPC, aplicam-se ao processo do trabalho?

Temos, sobre esse assunto, duas correntes possíveis: positiva e negativa. A positiva considera aplicáveis essas disposições ao processo do trabalho, enquanto a negativa entende pela inexistência de omissão, tendo em vista o regramento da CLT.

Comecemos pela última, a negativa. Orienta-se essa interpretação por uma análise aprofundada do *caput* do art. 832 da CLT, onde já estaria apresentada a necessidade dos fundamentos da decisão. Esse tratamento estaria adequado ao sistema processual trabalhista, com base na ideia de tutela jurisdicional diferenciada e especial, voltada para amparar os direitos trabalhistas, em duas premissas – oralidade e simplicidade. Esse entendimento não representaria uma "carta branca" para que os juízes trabalhistas pudessem decidir sem fundamentar suas decisões, pois deve haver o respeito ao direito fundamental do jurisdicionado conforme garantia constitucional (art. 93, IX).

Em contrapartida, temos a corrente de opiniões denominada positiva, que entende aplicáveis as disposições dos incisos do § 1º do art. 489 do NCPC. Podem ser sintetizados os argumentos dessa orientação em três ordens de ideias: a) a regulamentação do inciso IX, do art. 93, da CF/88; b) a inexistência de norma dizendo o que é motivação/fundamentação; c) a compatibilidade dessas disposições com o processo do trabalho. Em primeiro lugar, o preceito constitucional limita-se a dizer que "todas as decisões do Poder Judiciário serão fundamentadas, sob pena de nulidade". O *caput* do art. 832 da CLT menciona "os fundamentos da decisão". Garante-se que as decisões judiciais trabalhistas (CF/88 + CLT/43) devem ser fundamentadas. O que é, entretanto, fundamentação? Como não se tinha essa explicação constitucional e legal, apenas doutrinária, havia uma lacuna em todos os ramos do Direito. Não havia parâmetro para se aferir o que seria uma decisão fundamentada. A jurisprudência, topicamente, desenvolvia raciocínios sobre esse tema, inquinando de nulidade a decisão judicial quando não devidamente existente a fundamentação/motivação, com amparo constitucional.

A segunda ordem de ideias, então, é a seguinte: o dispositivo do NCPC veio para suprir lacuna. O que os seis incisos do § 1º do art. 489 estabelecem – suprem – é quando a decisão judicial "não é fundamentada". Essa determinação é novidade, não existia em lugar algum do ordenamento jurídico brasileiro. Assim, como terceiro argumento, há lacuna na CLT, no processo do trabalho, sobre esse tema jurídico. Haveria compatibilidade?

Ao que um primeiro exame indica, sim. Qual a diferença de uma sentença trabalhista de uma sentença civil, do ponto de vista processual? Ambas não precisam ser devidamente fundamentadas? Argumenta-se que as sentenças trabalhistas são mais simples, invocando-se também a sobrevivência do *jus postulandi* das partes, mas não é suficiente. A simplicidade do processo do trabalho não significa que não se deva fundamentar devidamente uma sentença na Justiça do Trabalho. E como sabemos quando uma sentença está fundamentada? Até o Novo CPC, tínhamos dificuldades em aquilatar.

Agora, as disposições do § 1º do art. 489 estabelecem quando uma sentença não está devidamente motivada/fundamentada.

Observe-se que incide, inclusive, no processo do trabalho, a regra do inciso II, do parágrafo único, do art. 1.022 do NCPC, relativamente aos embargos declaratórios, considerando omissa a decisão que "incorra em qualquer das condutas descritas no art. 489, § 1º".

E quanto aos §§ 2º e 3º do art. 489, podem, também, ser aplicados ao processo do trabalho?

No que diz respeito ao § 2º do art. 489 do NCPC explicita-se que, no caso de colisão entre normas, deve o juiz justificar o objeto e os critérios gerais da ponderação efetuada, enunciando as razões que autorizam a interferência da norma afastada e também as premissas fáticas que fundamentam a conclusão. Trata-se de uma impropriedade, pois se poderia imaginar que toda e qualquer antinomia se resolveria dessa forma. Essa técnica destina-se, entretanto, a solucionar apenas conflitos entre direitos fundamentais, que não podem ser resolvidos por meio das regras da hermenêutica jurídica tradicional. Deve-se, portanto, interpretar esse dispositivo como se referindo, apenas, a direitos fundamentais e princípios constitucionais.

Relativamente ao § 3º, do art. 489, do NCPC, a decisão judicial deveria ser interpretada a partir da conjugação de todos os seus elementos e em conformidade com o princípio da boa-fé. Quanto à primeira parte, conjugação dos seus elementos, parece óbvia, pois, se inexistente harmonia entre relatório, fundamentação e dispositivo, não há como a sentença ser devidamente interpretada. No que diz respeito à boa-fé, considera-se desnecessária essa menção, uma vez que não se pode distorcer o que o juiz disse, porque caracteriza, sem dúvida, ante o desvirtuamento dos fatos, litigância de má-fé.

12.
Teoria Geral dos Recursos Trabalhistas

Bruno Freire e Silva[1]
Carolina Monteiro de Castro Silveira[2]

1. INTRODUÇÃO

O presente trabalho objetiva analisar as novidades na teoria geral dos recursos, sob a perspectiva do processo do trabalho, trazidas pelo advento do Código de Processo Civil de 2015, bem como pela promulgação da Lei n. 13.467/2017, também conhecida como Reforma Trabalhista.

Inicialmente, serão abordados brevemente os princípios que regem os recursos trabalhistas, tais como a unirrecorribilidade, a fungibilidade, o *non reformatio in pejus* e a irrecorribilidade das decisões interlocutórias. Analisaremos também, de forma sucinta, os princípios da dialeticidade, do duplo grau de jurisdição e da taxatividade. Na abordagem de tais princípios, procuraremos apresentar seu histórico, alterações interpretativas e novidades inseridas pela legislação, tais como a previsão expressa no CPC de 2015 acerca de algumas hipóteses de possível aplicação do princípio da fungibilidade, além da aproximação do processo civil ao processo do trabalho no que tange à irrecorribilidade das decisões interlocutórias.

Posteriormente, investigaremos os efeitos dos recursos, adentrando especificamente nos efeitos suspensivo, devolutivo, devolutivo em profundidade e translativo, momento em que abordaremos a alteração da redação da Súmula n. 393 do TST e sua possível incompatibilidade, em determinados casos, com o princípio do *non reformatio in pejus*. Nesse momento, também será analisada a alteração promovida pelo CPC de 2015 no que tange ao pedido de efeito suspensivo do recurso, o qual deixa de ser requerido por meio de ação cautelar e passa a ser alvo de requerimento no próprio recurso ou em petição simples apartada.

Em seguida, analisaremos as inúmeras alterações relativas aos requisitos de admissibilidade dos recursos trabalhistas, especificamente o depósito recursal, diante das novas possibilidades de redução, isenção ou substituição, além de regularização em caso de pagamento insuficiente. Além disso, o saneamento de vícios também passa a ser admitido na seara recursal em caso de recolhimento de custas insuficiente. Sobre esse aspecto, veremos que a nova redação da Orientação Jurisprudencial n. 140 da SDI-I tem gerado diferentes interpretações sobre a regularização do depósito recursal e o recolhimento insuficiente das custas processuais.

Por fim, ainda quanto aos requisitos de admissibilidade dos recursos, surge a possibilidade de regularização da representação processual na fase recursal, bem como a contagem de prazos em dias úteis, além da regulamentação de um novo requisito de admissibilidade do recurso de revista: a transcendência.

2. PRINCÍPIOS QUE REGEM O RECURSO TRABALHISTA

Os princípios que regem os recursos trabalhistas são muitos. Há tanto princípios aplicáveis à teoria dos recursos em geral quanto aplicáveis especificamente aos recursos no processo do trabalho. Entre esses diversos princípios, podemos citar a dialeticidade, que pressupõe a necessidade de diálogo do recurso com a decisão

---

[1] Advogado. Professor Adjunto de Direito Processual do Trabalho na UERJ – Universidade do Estado do Rio de Janeiro. Titular da Cadeira n. 68 da Academia Brasileira de Direito do Trabalho.

[2] Mestranda em Direito do Trabalho e Previdenciário na UERJ.

recorrida, que enseja a necessidade de o recorrente impugnar especificamente os argumentos e fundamentos da decisão recorrida (e não apenas reprisar a petição inicial ou contestação), o princípio do duplo grau de jurisdição, que determina o direito da parte ter o seu caso analisado por dois juízes distintos, possibilitando o reexame da questão decidida por outra autoridade judicial, normalmente hierarquicamente superior[3] e o princípio da taxatividade, que significa dizer que o rol de recursos previstos em lei é taxativo, ou seja, fora da previsão legal não há recurso.

Para fins do presente trabalho, cujo objetivo é analisar as novidades trazidas pela Reforma Trabalhista e pelo Novo Código de Processo Civil à teoria geral dos recursos trabalhistas, optamos por abordar mais especificamente os seguintes princípios: (i) *non reformatio in pejus*; (ii) unirrecorribilidade; (iii) fungibilidade; e (iv) irrecorribilidade das decisões interlocutórias, os quais passarão a ser analisados a seguir.

2.1. Princípio do *non reformatio in pejus*

No ordenamento jurídico brasileiro, não é admitido que a parte recorrente possa, na nova instância, obter uma decisão judicial que a prejudique, ou seja, que a coloque em posição de desvantagem quando comparado àquela que já tinha quando da prolação da decisão recorrida, ou seja, pelo princípio do *non reformartio in pejus*, é vedado ao Tribunal agravar a situação do recorrente. Sobre o princípio, Flávio Cheim Jorge leciona que:

> Como o órgão julgador somente pode conhecer e julgar a parte da decisão impugnada pelo recorrente, àquele abrem-se apenas dois caminhos: dá-se provimento ao recurso, e a situação do recorrente é melhorada ou nega-se provimento ao recurso e o recorrente encontrar-se-á em idêntica situação àquela que se encontrava quando da prolação da decisão desfavorável.[4]

Vamos imaginar o exemplo de o reclamante ajuizar ação trabalhista para postular o pagamento de horas extras e diferenças salariais e o magistrado julga procedente tão somente o pedido de horas extras. Se o reclamante recorrer com o objetivo de reformar a sentença para conseguir provimento ao recurso no tange às diferenças salariais, não poderá o tribunal decidir por julgar improcedente o pedido de horas extras, mas apenas examinar a matéria relativa ao pedido de diferenças salariais.

Importante ressaltar que não há que se falar em *non reformatio in pejus* no caso de recurso de ambas as partes. Evidentemente, se há uma sentença de parcial procedência e ambas as partes recorrem, cada qual na parte que perdeu, o tribunal é livre para julgar os dois recursos da forma que melhor entender e, em caso de provimento apenas do recurso da parte adversa, é provável que a outra parte, também recorrente, tenha sua situação processual piorada. Nesse caso, a parte não foi prejudicada pelo seu próprio recurso, mas sim pelo recurso da parte adversa. Se voltarmos ao exemplo anterior, caso o reclamante tenha recorrido quanto às diferenças salariais, todavia, a reclamada também recorra, só que em relação ao pedido de horas extras, poderia a situação de qualquer um dos recorrentes ser agravada. O reclamante poderia perder as horas extras vencidas no primeiro grau, por exemplo, sem qualquer ofensa ao princípio.

O tema será revisitado quando abordarmos os efeitos dos recursos, mais especificamente o devolutivo em profundidade, translativo e a revisão e atualização da Súmula n. 393 do TST.

2.2. Princípio da unirrecorribilidade

O princípio da unirrecorribilidade, também conhecido como princípio da singularidade ou unicidade recursal, é característico do sistema recursal brasileiro. Em apertada síntese, significa que cada decisão judicial comporta impugnação por apenas um único recurso de cada vez, tendo como objetivo obstar a interposição de mais de um recurso de forma simultânea contra uma mesma decisão, ou seja, para impugnar determinado ato judicial, só será cabível uma única medida recursal por vez.

No passado, houve muito debate sobre a possibilidade de oposição de embargos de declaração e, simultaneamente, recurso ordinário, o que, em tese, poderia representar uma violação ao referido princípio da unirrecorribilidade das decisões judiciais. Sobre esse aspecto, também houve controvérsia acerca da natureza

---

[3] A doutrina não é unânime acerca da necessidade de a decisão ser reapreciada por órgão de jurisdição de hierarquia superior àquele que proferiu a decisão para a concretização do princípio do duplo grau de jurisdição. O jurista Nelson Nery Junior, por exemplo, defende que não é necessário que o julgamento seja conferido a órgão de categoria hierárquica superior à daquele que realizou o primeiro exame (NERY JUNIOR, Nelson. *Princípios Fundamentais: Teoria Geral dos Recursos*. 4. ed. São Paulo: RT, 1997. p. 41).

[4] JORGE, Flávio Cheim. *Teoria Geral dos Recursos Cíveis*. 2 ed. São Paulo: RT, 2015. p. 343.

jurídica dos embargos de declaração e se o referido remédio processual era considerado um recurso ou tão somente um instrumento jurídico, um incidente processual, principalmente devido às suas inúmeras peculiaridades (como a petição ser dirigida ao próprio juiz – juízo de primeiro grau ou relator que prolatou a decisão – e não objetivar uma reforma substancial do julgado, mas, apenas, uma integração, correção ou complementação da decisão).

De todo modo, o art. 897, § 3º, da CLT, dispõe que a oposição dos embargos de declaração interrompe o prazo processual para a interposição de outros recursos, exceto se os embargos forem intempestivos, com representação irregular ou sem assinatura. Portanto, em regra, as partes opõem antes os embargos de declaração e, tão somente após a decisão dos referidos embargos, é interposto o recurso ordinário, em respeito ao princípio da unirrecorribilidade.

A exceção aconteceria em caso de sucumbência recíproca, em que poderia ocorrer de uma das partes opor embargos de declaração, dentro do prazo de 5 (cinco) dias e a parte adversa, também sucumbente da decisão, interpor recurso ordinário, dentro do prazo de 8 (oito dias). Nesse caso, para evitar a violação ao princípio da unirrecorribilidade, julgam-se inicialmente os embargos de declaração. Se os embargos de declaração forem providos, modificando-se o julgado, à parte que interpôs recurso será facultado interpor nova impugnação recursal ou tão somente reiterar o recurso já interposto.

Ainda, em relação aos embargos de declaração e ao princípio da unirrecorribilidade, interessante citar o histórico do art. 897-A da CLT, que, quando inserido gerou debates se acarretaria a violação do princípio da unirrecorribilidade. Isso porque, à época, vigia a Orientação Jurisprudencial n. 377 do TST, hoje cancelada.

O art. 897-A da CLT admitiu a oposição de embargos declaratórios por falha no exame dos pressupostos extrínsecos do recurso, nos seguintes termos:

> Art. 897-A. Caberão embargos de declaração da sentença ou acórdão, no prazo de cinco dias, devendo seu julgamento ocorrer na primeira audiência ou sessão subseqüente a sua apresentação, registrado na certidão, admitido efeito modificativo da decisão nos casos de omissão e contradição no julgado e manifesto equívoco no exame dos pressupostos extrínsecos do recurso.

Ocorre que a hipótese de falha no exame dos pressupostos extrínsecos do recurso também é matéria que enseja a interposição de agravo de instrumento, o qual tem como finalidade, justamente, destrancar os recursos inadmitidos. E, à época, vigia a OJ n. 377 da SDI-1 do TST, hoje cancelada, a qual dispunha que os embargos declaratórios não tinham o condão de interromper o prazo recursal: *"Não cabem embargos de declaração interpostos contra decisão de admissibilidade do recurso de revista, não tendo o efeito de interromper qualquer prazo recursal."*

Portanto, havia a possibilidade de interposição de dois recursos[5] simultâneos – embargos de declaração e agravo de instrumento – e a parte poderia, em 5 (cinco) dias, opor embargos de declaração ou, em 8 dias, o agravo de instrumento. O problema era que os embargos de declaração, de acordo com a OJ n. 377 do TST, não interrompiam o prazo do agravo de instrumento e, portanto, se a parte optasse por opor embargos e o juízo não desse provimento aos referidos embargos e, ainda, a decisão fosse posterior a 8 (oito) dias, a parte não poderia mais discutir a questão, pois teria perdido o prazo para interposição de agravo de instrumento. Muitos preferiam abrir mão dos embargos declaratórios e optavam por interpor agravo de instrumento, até mesmo pelo texto da súmula contrário ao cabimento dos embargos de declaração. Com o cancelamento da OJ n. 377 do TST, o problema deixou de existir, uma vez que os embargos de declaração, ainda que opostos contra decisão de admissibilidade do recurso de revista, têm o condão de interromper o prazo processual.

Ainda sobre o princípio da unirrecorribilidade na seara trabalhista, importante salientar que, no último dia 06.11.2018, a Subseção de Dissídios Individuais II (SDI-II) do TST[6] ampliou a possibilidade de aceitação de mandado de segurança contra acórdãos de tribunais regionais ou sentença, quando verificada nítida violação à lei. Sobre o ponto, importante salientarmos que a OJ n. 92 da SDI-II do TST é no sentido de não ser cabível a impetração de mandado de segurança contra decisão judicial passível de reforma mediante recurso

---

(5) Importante novamente salientar que a natureza jurídica dos embargos declaratórios é controvertida, havendo entendimentos no sentido de que a medida processual não é um recurso, mas um incidente processual. Entre os que comungam deste entendimento estão João Monteiro, Cândido de Oliveira Filho e Antonio Cláudio da Costa Machado, além de outros.

(6) TST-SDI-2 – RO-406-27.2017.5.10.0000, Rel. Min. Douglas de Alencar Rodrigues, data de julgamento: 06.11.2018. Disponível em: <https://aplicacao3.tst.jus.br/visualizacaoAutos/VisualizarPecas.do?load=1&anoProcInt=2018&numProcInt=69983&origem=consultarProcesso>. Acesso em: 08 nov. 2018.

próprio. Evidentemente, a redação visa garantir o princípio da unirrecorribilidade recursal, uma vez que, previsto recurso próprio para impugnar a decisão do tribunal regional (no caso, o agravo de petição), não há que se falar em possibilidade simultânea de se impetrar mandado de segurança, sob pena de violação ao princípio da unirrecorribilidade.

É evidente que o mandado de segurança não possui natureza jurídica de recurso, uma vez que se trata de ação constitucional cujo objeto é a proteção de direito líquido e certo. No entanto, o intuito do princípio da unirrecorribilidade recursal é justamente evitar que a parte possa, simultaneamente, impugnar uma mesma decisão por medidas processuais distintas. No caso em questão, a parte poderia obter a mesma consequência prática por meio de agravo de petição, de modo a impossibilitar a interposição simultânea de duas medidas processuais para a obtenção de um mesmo efeito jurídico.

No que tange ao caso em questão, o TST entendeu que, mesmo o mandado de segurança não sendo a via processual adequada para a impugnação de decisão judicial passível de revisão por meio de recurso, a lei havia sido violada, visto que a execução foi direcionada a um dos sócios da empresa reclamada sem a observância do procedimento de incidente de desconsideração de personalidade jurídica. A seguir, a ementa do Acórdão:

> RECURSO ORDINÁRIO EM MANDADO DE SEGURANÇA. DEVIDO PROCESSO LEGAL. NÃO INSTAURAÇÃO DO INCIDENTE DE DESCONSIDERAÇÃO DA PERSONALIDADE JURÍDICA PARA REDIRECIONAMENTO DA EXECUÇÃO CONTRA TITULAR DO EMPREENDIMENTO. CF, ART. 5º, LIV /C OS ARTS. 133 A 137 DO CPC DE 2015. ART. 6º DA IN N. 39/2016 DO TST. CABIMENTO DA AÇÃO MANDAMENTAL. 1. Cuida-se de mandado de segurança, com pedido liminar, impetrado em face de ato mediante o qual o Juízo de primeira instância, em decisão exarada ainda em execução provisória (pendente de julgamento agravo de instrumento em recurso extraordinário), desconsiderou a personalidade da pessoa jurídica executada e incluiu a Impetrante no polo passivo da execução, determinando sua citação para pagamento da quantia apurada em liquidação. A decisão impugnada no *mandamus* foi exarada em 16.06.2017, ou seja, já na vigência do CPC de 2015. 2. Ao apreciar o mandado de segurança, o TRT indeferiu a petição inicial e extinguiu o processo sem resolução do mérito, concluindo pelo não cabimento do mandado de segurança. 3. **Na forma do art. 5º, II, da Lei n. 12.016/2009, o mandado de segurança não representa a via processual adequada para a impugnação de decisões judiciais passíveis de retificação por meio de recurso, ainda que com efeito diferido (OJ n. 92 da SBDI-2 do TST). 4. No entanto, direcionada a execução provisória contra a pessoa física titular do empreendimento sem observância das normas dos arts. 133 a 137 do CPC de 2015, que disciplinam o incidente de desconsideração da personalidade da pessoa jurídica, deve ser permitida, na ação mandamental, a discussão acerca da possibilidade de, em execução ainda não definitiva, estender os efeitos da obrigação contida no título executivo aos bens particulares da administradora da pessoa jurídica.** 5. A partir da vigência do CPC de 2015, a desconsideração da personalidade da pessoa jurídica deve ser levada a efeito, necessariamente, com a instauração do incidente de que cuidam os arts. 133 a 137 do referido diploma legal, conforme orienta, aliás, o art. 6º da IN n. 39/2016 do TST. 6. Não sendo possível examinar a pretensão mandamental, porquanto ainda não oficiada a autoridade apontada como coatora nem notificado o Litisconsorte passivo, determina-se o retorno dos autos à Corte de origem a fim de que o mandado de segurança seja processado e julgado. Recurso ordinário conhecido e provido. (TST-SDI-2 – RO-406-27.2017.5.10.0000, Rel. Min. Douglas de Alencar Rodrigues, data de julgamento: 06.11.2018.) (grifos nossos)

A recentíssima decisão do TST, a nosso ver, deve ser vista com muita cautela e pode gerar algumas dúvidas sobre a violação do princípio da unirrecorribilidade recursal. Ora, em que pese o recurso trabalhista não possuir, em regra, efeito suspensivo, é admissível a obtenção do referido efeito mediante requerimento da parte, que deverá demonstrar o risco de perecimento do direito. Portanto, em caso de possível violação de direito líquido e certo em sentença, a parte pode interpor recurso ordinário e requerer a aplicação do efeito suspensivo ao recurso. Em situações de decisões em execução, também não há necessidade de impetrar mandado de segurança, pois o provimento almejado pode ser obtido pelo agravo de petição.

O TST demonstrou sua preocupação em deixar evidente que o mandado de segurança não era a medida processual cabível, mas ainda assim seria aceita tendo em vista a nítida violação legal. No entanto, se mais decisões surgirem no sentido de ser cabível mandado de segurança para reformar sentença ou acórdãos regionais, passaremos a ter dois caminhos simultâneos para impugnar uma mesma decisão? E o princípio da unirrecorribilidade? Ou, em caso negativo, poderia a parte optar por qualquer uma das medidas processuais, para preservar o princípio da unirrecorribilidade?

Nesta última hipótese, a parte poderia, então, impetrar mandado de segurança ao invés de recurso ordinário ou recurso de revista e, assim, não pagar o depósito recursal, por exemplo?

As questões que podem ser levantadas a partir do referido julgamento do TST são inúmeras. Aliás, algumas dessas questões foram levantadas pela ministra Maria Helena Mallmann, que apresentou voto divergente e argumentou que caberia a interposição de recurso pela parte e não mandado de segurança.

Diante das dúvidas suscitadas em relação à preservação do princípio da unirrecorribilidade, da natureza instrumental do processo e, da necessidade de tutela efetiva do direito, não vemos óbice para, excepcionalmente, como no presente caso, mitigá-lo, como já ocorre no processo civil, em relação à interposição simultânea de recurso especial e recurso extraordinário contra acórdão que violar, respectivamente, lei federal e Constituição Federal.

2.3. Princípio da fungibilidade

A noção de fungibilidade para fins recursais significa admitir que, diante de uma dúvida razoável, presentes determinados requisitos, um recurso interposto equivocadamente pode ser admitido no lugar do recurso correto.

Fredie Didier Jr. e Leonardo José Carneiro da Cunha definem o princípio da fungibilidade como *"aquele pelo qual se permite a conversão de um recurso em outro, no caso de equívoco da parte, desde que não houvesse erro grosseiro ou não tenha precluído prazo para a interposição. Trata-se de aplicação específica do princípio da instrumentalidade das formas"*[7].

Conforme definição supratranscrita, portanto, pode ser aplicada a fungibilidade e admitido o recurso incorreto quando: (i) não há erro grosseiro; e (ii) o recurso é interposto dentro do prazo do recurso que seria o correto[8].

De acordo com grande parte da jurisprudência, o erro grosseiro restaria configurado toda vez em que a lei prevê expressamente o cabimento do recurso, sem deixar margem para dúvidas, como demonstram algumas decisões a seguir.

AGRAVO DE INSTRUMENTO. INTERPOSIÇÃO DE RECURSO ORDINÁRIO CONTRA DECISÃO PROFERIDA EM EXECUÇÃO. EMBARGOS À ARREMATAÇÃO. ERRO GROSSEIRO. NÃO APLICAÇÃO DO PRINCÍPIO DA FUNGIBILIDADE RECURSAL. NÃO PROVIDO. Consoante dispõe a jurisprudência dos tribunais, não se aplica o princípio da fungibilidade recursal na hipótese de erro grosseiro, que resta configurada toda vez em que a lei expressamente prevê o cabimento do recurso, como no caso do manejo do recurso ordinário, no processo do trabalho, em face de decisão proferida em execução, para a qual, consoante dispõe o art. 897, *a*, da CLT, o recurso legalmente previsto é o agravo de petição. Agravo de instrumento conhecido e não provido. (TRT-1 – AIRO: 00000161120165010043, Relator: Rogerio Lucas Martins, Data de Julgamento: 19.04.2017, Sétima Turma, Data de Publicação: 27.04.2017.)

AÇÃO DE EXECUÇÃO FISCAL – RECURSO CABÍVEL – INTERPOSIÇÃO DE AGRAVO DE PETIÇÃO – INOCORRÊNCIA DE ERRO GROSSEIRO. Como o C. TST ainda não firmou posicionamento sobre qual o recurso cabível nas sentenças prolatadas em ações de execução fiscal, por meio de Súmula ou Orientação Jurisprudencial, e existem divergências tanto neste Regional, quanto nos demais Tribunais Regionais do Trabalho acerca da matéria, ambos os recursos (o recurso ordinário e o agravo de petição) devem ser conhecidos, aplicando-se o princípio da fungibilidade recursal, se for o caso de contrariedade ao posicionamento do respectivo Relator do processo, pois não há como se caracterizar o erro grosseiro ou, 'data máxima vênia', acolher-se o entendimento da Desembargadora Relatora originária, no sentido de que 'não paira controvérsia a respeito do recurso cabível', prejudicando a parte diante de tal hipótese, mormente se considerarmos que a lei que disciplina a Ação de Execução Fiscal (Lei n. 6.830/1980) é bem anterior ao advento da ampliação da competência da Justiça do Trabalho (Emenda Constitucional n. 45/2004) e não sofreu qualquer adequação em razão desta mudança de competência material. (TRT-21 – AP: 00940005020125210005, Data de Julgamento: 24.10.2018, Data de Publicação: 31.10.2018.)

A aplicação do princípio da fungibilidade recursal, portanto, pressupõe a existência de dúvida objetiva quanto ao recurso cabível diante da decisão judicial; dúvida essa decorrente da divergência jurisprudencial ou doutrinária a respeito da matéria, considerando-se

---

(7) DIDIER JR., Fredie; CUNHA, Leonardo José Carneiro da. *Curso de direito processual civil*. Meios de impugnação às decisões judiciais e processo nos tribunais. 5. ed. Salvador: JusPodivm, 2008.

(8) Importante ressaltar que prevalece na jurisprudência o entendimento no sentido de que recurso deve ser interposto dentro do prazo do recurso que seria o correto, mas há entendimento respeitável no sentido de que o recurso poderia ser interposto em prazo mais dilatado.

erro grosseiro quando há previsão legal expressa acerca do cabimento do recurso. Além disso, como dito, a jurisprudência majoritária é no sentido de exigir que o recurso equivocado tenha sido interposto dentro do prazo do recurso correto para que seja atendido o pressuposto recursal da tempestividade, uma presunção de que a parte agiu com dúvida, mas de boa-fé.

É importante salientar que a fungibilidade visa assegurar o respeito ao princípio da instrumentalidade das formas, consagrado no art. 277 do CPC, o qual determina que *"Quando a lei prescrever determinada forma, o juiz considerará válido o ato se, realizado de outro modo, lhe alcançar a finalidade"*, além de procurar preservar e aproveitar os atos processuais, conforme disposto no art. 283 do CPC: *"O erro de forma do processo acarreta unicamente a anulação dos atos que não possam ser aproveitados, devendo ser praticados os que forem necessários a fim de se observarem as prescrições legais."*

Ainda, sobre o princípio da fungibilidade, é interessante observar que o CPC de 2015 trouxe algumas previsões expressas em que o referido princípio poderá ser aplicado, quais sejam: (i) art. 1.024, § 3º, que determina que o órgão julgador conhecerá dos embargos de declaração como agravo interno se entender que este último é o recurso cabível, desde que intime previamente o recorrente para adequar as razões recursais; (ii) art. 1.032, que dispõe sobre a possibilidade de recebimento do recurso especial como recurso extraordinário, caso o relator entenda que a matéria do recurso é constitucional; e (iii) art. 1.033, o qual determina a possibilidade de recurso extraordinário como recurso especial, se o STF considerar como reflexa a ofensa à Constituição Federal.

De todo modo, além das possibilidades expressamente consagradas pelo CPC de 2015, continua possível a aplicação implícita do princípio da fungibilidade, desde que, como já ressaltado, não haja erro grosseiro e o recurso equivocado, diante das dúvidas objetivas, seja interposto dentro do prazo do recurso correto.

Os princípios até aqui comentados são genéricos, com aplicação no processo comum e trabalhista. Vejamos agora um princípio específico do processo laboral.

2.4. Princípio da irrecorribilidade das decisões interlocutórias

O processo do trabalho é extremamente marcado pelo princípio da oralidade e pela celeridade processual.

Como diz Mauro Schiavi[9], o processo do trabalho é essencialmente um procedimento oral.

Por esse motivo, no processo do trabalho, não cabe recurso quando proferida uma decisão interlocutória, a menos que a referida decisão seja terminativa do feito, ou seja, em regra, por exemplo, se o juiz indefere uma prova ou uma exceção de incompetência arguida pela parte, tais decisões não comportam um recurso imediato. A parte deve registrar seus protestos antipreclusivos para, posteriormente, poder questionar novamente as questões quando da interposição do recurso cabível em face da decisão definitiva.

O objetivo principal de tal opção legislativa é garantir a celeridade processual, uma vez que o processo prossegue e, posteriormente, a questão poderá ser discutida novamente, se necessário, quando da interposição do recurso cabível contra decisão final. Imaginemos uma situação em que o juízo de primeiro grau indefere a oitiva de uma testemunha da parte. Esta, diante do indeferimento, registrará seus protestos, mas não poderá recorrer da decisão imediatamente. Se, posteriormente, a sentença for desfavorável, a parte poderá, mediante recurso ordinário, rediscutir o indeferimento da oitiva de sua testemunha, alegando cerceamento de defesa, por exemplo. No entanto, se a sentença for favorável, a parte provavelmente sequer recorrerá e, ainda que discorde daquela decisão interlocutória, a referida decisão não terá lhe prejudicado. O processo seguirá seu curso normal com a celeridade necessária a esse processo especial, que tutela direito de natureza alimentar. Como observa Mauro Schiavi:

> A irrecorribilidade em separado das decisões interlocutórias tem por objetivo imprimir maior celeridade ao processo e prestigiar a autoridade do juiz na condução do processo, impedindo que as decisões interlocutórias, quais sejam: as que decidem questões incidentes, causando gravame a uma ou a ambas as partes, sem encerrar o processo, sejam irrecorríveis de imediato, podendo ser questionadas quando do recurso cabível em face da decisão definitiva.[10]

Importante salientar que, em determinados casos, é admissível que a parte impetre mandado de segurança diante da decisão interlocutória proferida, mas deve ser demonstrado que a decisão viola direito líquido e certo, hipótese de cabimento do mandado de segurança,

---

(9) SCHIAVI, Mauro. *Manual de direito processual do trabalho*. 6. ed. São Paulo: LTr, 2013. p. 788.

(10) Idem.

conforme disposto no art. 5º, inciso LXIX, da Constituição Federal. E não se pode olvidar que estaremos diante de outra relação processual, distinta do processo principal e que, portanto, não retardará a tramitação deste.

Por fim, é interessante observar que o Código de Processo Civil de 2015 buscou prestigiar o princípio da oralidade e da celeridade processual, tendo extinguido o agravo retido e elencado as hipóteses em que seria cabível a interposição de agravo de instrumento em face de decisões interlocutórias. Em tese, não sendo uma das hipóteses de cabimento elencadas, a impugnação deveria ser realizada tão somente quando da interposição da apelação, o que representa uma nítida aproximação ao processo do trabalho. Sobre esse aspecto, faz-se imperioso ressaltar que há discussão doutrinária e jurisprudencial acerca da previsão em lei do cabimento de agravo de instrumento ter rol taxativo ou exemplificativo. As posições defendidas por doutrinadores dividem-se em: (i) rol do artigo seria taxativo e deve ser interpretado restritivamente; (ii) rol seria taxativo, mas comportaria interpretações; e (iii) rol seria exemplificativo.

A Corte Especial do Superior Tribunal de Justiça (STJ) afetou dois recursos especiais – REsp n. 1.704.520 e REsp n. 1.696.396 – para julgamento pelo sistema dos recursos repetitivos, sob relatoria da ministra Nancy Andrighi[11]. O processo ainda aguarda julgamento dos demais ministros, mas o voto da relatora foi no sentido de afastar a taxatividade da interpretação restritiva do rol, devendo o dispositivo ser interpretado no sentido de que o recurso de agravo é sempre cabível para "*situações que realmente não podem aguardar rediscussão futura em eventual apelação*". A tese jurídica proposta, portanto, foi de que "*o rol do art. 1.015 do CPC/2015 é de taxatividade mitigada, por isso admite a interposição de agravo de instrumento quando verificada a urgência decorrente da inutilidade do julgamento da questão no recurso de apelação*".

Independentemente da divergência doutrinária e jurisprudencial acerca da questão, fato é que, a nosso ver, houve uma intenção, por parte do legislador, de prestigiar o princípio da oralidade e da celeridade processual, aproximando, quanto a este aspecto, o processo civil ao processo do trabalho, quando limita a recorribilidade das decisões interlocutórias.

3. DOS EFEITOS DOS RECURSOS

No que tange aos efeitos dos recursos, a despeito das diferentes classificações, optamos por diagnosticar e definir os efeitos devolutivo, devolutivo em profundidade, suspensivo e translativo. Seguiremos com sucintas observações em apartado sobre cada um desses efeitos.

3.1. Efeito suspensivo

O efeito suspensivo consiste, como o próprio nome revela, na suspensão da eficácia da decisão recorrida até que seja julgado o recurso contra ela interposto. Como bem sustenta Bezerra Diniz[12]: "*o efeito suspensivo é uma qualidade do recurso que adia a produção dos efeitos da decisão impugnada assim que interposto o recurso, qualidade que perdura até que transite em julgado a decisão sobre o recurso.*"

Conforme já frisamos, no processo do trabalho o recurso não possui efeito suspensivo, podendo a decisão, desde sua publicação, produzir seus efeitos, independentemente da existência de recurso pendente de julgamento. Nesse sentido, pode a sentença trabalhista ser executada provisoriamente, já que o art. 899 da CLT prevê que os recursos serão recebidos apenas no efeito devolutivo.

Em determinados casos, quando a execução da sentença puder causar danos irreparáveis ao recorrente, a jurisprudência trabalhista admite a obtenção de efeito suspensivo ao recurso por meio de requerimento da parte. A anterior redação da Súmula n. 414 do TST determinava que o meio processual para obtenção do efeito suspensivo ao recurso pela parte era a propositura de ação cautelar.

A referida súmula, entretanto, foi alterada em decorrência do Novo Código de Processo Civil, que não mais contempla a existência de ações cautelares autônomas e passou a ter a seguinte redação:

> Súmula n. 414 do TST
> MANDADO DE SEGURANÇA. TUTELA PROVISÓRIA CONCEDIDA ANTES OU NA SENTENÇA
> I – A tutela provisória concedida na sentença não comporta impugnação pela via do mandado de segurança, por ser impugnável mediante recurso ordinário. É admissível a obtenção de efeito suspensivo ao

---

(11) Disponível em: <http://www.stj.jus.br/sites/STJ/default/pt_BR/Comunica%C3%A7%C3%A3o/noticias/Not%C3%ADcias/Corte-vai--decidir-sobre-admiss%C3%A3o-de-agravo-de-instrumento-em-hip%C3%B3teses-n%C3%A3o-previstas-no-CPC>. Acesso em: 12 nov. 2018.

(12) BEZERRA DINIZ, José Janguiê. *Recursos no processo do trabalho*. 4. ed. São Paulo: LTr. 2005. p. 53.

recurso ordinário mediante requerimento dirigido ao tribunal, ao relator ou ao presidente ou ao vice-presidente do tribunal recorrido, por aplicação subsidiária ao processo do trabalho do art. 1.029, § 5º, do CPC de 2015.

II – No caso de a tutela provisória haver sido concedida ou indeferida antes da sentença, cabe mandado de segurança, em face da inexistência de recurso próprio.

III – A superveniência da sentença, nos autos originários, faz perder o objeto do mandado de segurança que impugnava a concessão ou o indeferimento da tutela provisória.

Atualmente, portanto, para obter o desejado efeito suspensivo, a parte deve no próprio recurso ordinário ou, mediante petição apartada dirigida ao juízo competente para julgar o recurso, aduzir o requerimento preliminar de concessão de efeito suspensivo à impugnação recursal.

3.2. Efeito devolutivo

O efeito devolutivo consiste na devolução da jurisdição ao tribunal para a revisão do que fora decidido em primeira instância. "O termo deriva do direito romano, em que toda a jurisdição pertencia ao Imperador, mas era delegada e exercida pelos seus prepostos. Quando os súditos ficavam insatisfeitos com a decisão dos prepostos, a jurisdição era devolvida ao Imperador, para que este examinasse a matéria. Daí a denominação 'efeito devolutivo'".[13]

A conceituação moderna do efeito devolutivo consiste na devolução ao órgão *ad quem* da matéria julgada e impugnada pelas partes recorrentes[14], para nova decisão do colegiado sobre aquilo que acredita o recorrente ter sido prejudicado pela decisão do juiz singular. O efeito devolutivo, portanto, é a essência do recurso, é a possibilidade de o tribunal analisar novamente a matéria objeto do conflito entre as partes litigantes.

Importante salientar que há limites ao efeito devolutivo e o tribunal deve se ater às questões impugnadas e devolvidas pelos recorrentes, ou seja, o órgão *ad quem* não possui liberdade para extrapolar os limites do pedido recursal e reformar a decisão em sua totalidade.

O efeito devolutivo pode ser analisado sob duas perspectivas: (i) efeito devolutivo em extensão – que é justamente a devolução ao tribunal da matéria impugnada pelo recurso, ou seja, a parte recorrente fixa a extensão do objeto recursal, uma vez que serão analisados tão somente os pontos impugnados, ocorrendo o trânsito em julgado dos capítulos não impugnados; e (ii) efeito devolutivo em profundidade – que consiste na possibilidade de os fundamentos da petição inicial e da defesa serem devolvidos ao tribunal ainda que não analisados pela sentença. Nesse caso, tais argumentos podem ser apreciados e utilizados pelo juízo *ad quem* na fundamentação da decisão.

O efeito devolutivo em profundidade merece algumas considerações mais específicas, o que faremos no tópico seguinte.

3.3. Efeito devolutivo em profundidade

O efeito devolutivo em profundidade significa que serão objeto de apreciação e julgamento pelo tribunal todas as questões suscitadas e discutidas no processo, ainda que não tenham sido solucionadas, desde que relativa a capítulo impugnado, conforme art. 1.013, § 1º, do CPC de 2015.

Com o fim de exemplificar a amplitude do efeito devolutivo em profundidade, imaginemos uma situação em que o juízo de primeiro grau analisa uma questão prejudicial, como a prescrição e, entendendo pela ocorrência desta, julga todos os demais pedidos improcedentes.

O tribunal, quando do julgamento do recurso, tendo em vista o efeito devolutivo em profundidade, se entendesse pela não ocorrência da prescrição, poderia já examinar e julgar os demais pedidos que foram rejeitados. O mesmo poderia ocorrer no caso que se discutisse vínculo de emprego, por exemplo.

Na prática, entretanto, os tribunais regionais do trabalho, quando reformam sentenças improcedentes e reconhecem o vínculo de emprego, atualmente têm determinado a devolução dos autos para a primeira instância julgar os demais pedidos, sob alegação de evitar possível supressão de instância e, assim, deixam de aplicar o princípio da devolução em profundidade.

O efeito devolutivo em profundidade no processo do trabalho encontra respaldo, no entanto, no próprio art. 1.013, § 1º, do CPC, além da Súmula n. 393 do TST.

A novidade, contudo, está na nova redação da referida súmula, tendo sido incluído o item II após a vigência do CPC de 2015. De acordo com o mencionado item, se a causa estiver madura para julgamento,

---

(13) SCHIAVI, Mauro. *Manual de direito processual do trabalho*. 6. ed. São Paulo: LTr, 2013. p. 827.

(14) ASSIS, Araken de. *Manual dos recursos*. 3. ed. São Paulo: RT, 2011. p. 233.

poderia o tribunal decidir logo o mérito do caso, ainda que haja omissão da sentença no exame de um dos pedidos.

Em regra, se a sentença deixar de examinar um dos pedidos, ou seja, se for prolatada uma sentença *citra petita*, cabe à parte opor embargos de declaração para que a omissão seja sanada e, permanecendo inerte o julgador, o caso ensejaria a nulidade do julgado por negativa de prestação jurisdicional, que poderia ser suscitada em recurso ordinário. Aliás, além disso que não opostos embargos de declaração, a matéria ainda poderia ser suscitada em sede de recurso ordinário e teria como consequência prática o retorno dos autos à vara de origem para prolação de nova sentença (ainda que, nessa última hipótese, haja discussão acerca da existência de nulidade ou não da decisão)[15].

A nova redação da Súmula n. 393, entretanto, permite que o tribunal, ao invés de determinar a baixa dos autos para prolação de nova decisão, presentes os requisitos do § 3º, do art. 1.013, do CPC, isto é, esteja a causa madura, julgue o mérito do caso.

Dispõe a Súmula n. 393 do TST:

> RECURSO ORDINÁRIO. EFEITO DEVOLUTIVO EM PROFUNDIDADE: ART. 1.013, § 1º, DO CPC DE 2015. ART. 515, § 1º, DO CPC DE 1973.
>
> I – O efeito devolutivo em profundidade do recurso ordinário, que se extrai do § 1º do art. 1.013 do CPC de 2015 (art. 515, § 1º, do CPC de 1973), transfere ao Tribunal a apreciação dos fundamentos da inicial ou da defesa, não examinados pela sentença, ainda que não renovados em contrarrazões, desde que relativos ao capítulo impugnado.
>
> II – Se o processo estiver em condições, o tribunal, ao julgar o recurso ordinário, deverá decidir desde logo o mérito da causa, nos termos do § 3º do art. 1.013 do CPC de 2015, inclusive quando constatar a omissão da sentença no exame de um dos pedidos.

Assim, no exemplo de reconhecimento de vínculo de emprego, em determinadas situações, estando a causa madura para julgamento, é necessário que os tribunais regionais atentem para o inciso I da Súmula n. 393 do TST, no sentido de aplicar o efeito devolutivo em profundidade.

Vejamos agora o efeito translativo dos recursos, que, por alguns, é caracterizado como sinônimo do efeito devolutivo em profundidade e que, portanto, ainda demanda algumas considerações sobre este último.

3.4. Efeito translativo

A doutrina classifica o efeito translativo como a possibilidade de o tribunal julgar matérias não invocadas pelo recorrente no recurso, ou seja, fora do que consta nas razões ou contrarrazões recursais, quando há questões de ordem pública, que devem ser conhecidas de ofício pelo juiz.

Alguns defendem que o efeito translativo seria mero sinônimo do efeito devolutivo em profundidade, ou seja, que seria tão somente mais uma denominação para o efeito devolutivo em profundidade.

Entendemos que os termos não são sinônimos, uma vez que, na realidade, o efeito translativo estaria diretamente relacionado às matérias de ordem pública, que podem ser apreciadas de ofício, enquanto o efeito devolutivo em profundidade, como já mencionado, consistiria na possibilidade de o juízo *ad quem* analisar outras questões e fundamentos não apreciados pelo juízo *ad quo*, que não se limitam a matérias de ordem pública.

A título exemplificativo, imaginemos um caso em que haja incompetência absoluta da Justiça do Trabalho para a análise da matéria. Pelo efeito translativo, o tribunal poderia, ao analisar o recurso, reconhecer o vício e determinar a remessa dos autos ao juízo competente, ainda que a questão não seja levantada pelo recurso. O fato é que o efeito translativo independe da manifestação das partes, porque consiste em questão de ordem pública e transcende a situação particular dos litigantes.

Questão relevante relativa à aplicação do efeito translativo do recurso e do efeito devolutivo em profundidade consiste em como compatibilizar tais efeitos com o princípio do *non reformatio in pejus*, já abordado no presente trabalho. Conforme aqui já exposto, o tribunal não poderia agravar a situação do recorrente quando do julgamento do recurso por ele interposto.

Imaginemos, por exemplo, uma situação em que o reclamante tenha ajuizado ação trabalhista pretendendo o pagamento de horas extras e danos morais

---

(15) A doutrina diverge se, nesse caso, a decisão recorrida seria nula ou meramente insuficiente. Entre os adeptos da teoria de que há nulidade absoluta da decisão, ver: MARCATO, Antonio Carlos (Coord.). *Código de processo civil interpretado*. São Paulo: Atlas, 2004. p. 1.399. No que tange aos defensores da última hipótese, ver: DIDIER JR., Fredie; CUNHA, Leonardo José Carneiro. *Curso de Direito Processual Civil*. 8. ed. Salvador: Jus Podivm, 2010. v. 3, p. 198-199.

e a sentença seja de procedência parcial dos pedidos, no sentido de acolher as horas extras e rejeitar o dano moral. Na referida situação hipotética, a reclamada não recorre da decisão e o reclamante interpõe recurso ordinário com o fim de reformar a rejeição do pedido de danos morais. Em tese, o processo teria transitado em julgado em relação às horas extras e o reclamante poderia, inclusive, iniciar a execução definitiva no que tange às horas extras. Ainda na mesma hipótese, vamos supor que a reclamada tenha alegado em defesa a existência de uma prescrição bienal, que foi indeferida pelo juízo e, além de não ter sido objeto do recurso, também não foi mencionada em contrarrazões. Poderia o tribunal, pelo efeito translativo ou devolutivo em profundidade, avançar sobre a matéria não suscitada e declarar a prescrição bienal, julgando a ação improcedente em sua totalidade? E o princípio do *non reformatio in pejus*? O tribunal poderia adentrar e avançar sobre questões que em tese já teriam até mesmo transitado em julgado?

Alguns argumentarão que essa hipótese não seria possível, uma vez que a declaração da prescrição, de ofício, seria incompatível com o processo do trabalho. Vamos considerar, então, na mesma hipótese, que foi suscitada uma inépcia na defesa, ultrapassada em sentença e não suscitada novamente em recurso ordinário. Poderia o tribunal decidir pela inépcia e extinguir o processo sem resolução do mérito, ainda que essa questão não tenha sido suscitada no recurso ordinário?

Sobre a questão, parece-nos razoável a posição de Theodoro Júnior, no sentido de que o julgamento do recurso para questões não suscitadas resultaria em violação não apenas dos limites legais da jurisdição, mas sobretudo da garantia do contraditório:

> A nosso ver, uma coisa é a competência atribuída ao Tribunal, outra é o objeto do recurso sobre o qual tem de julgar. Toda atividade jurisdicional está sempre subordinada a pressupostos e condições traçadas pela lei. Assim, ampliar o julgamento do recurso para questões não suscitadas e, por isso mesmo, não debatidas entre as partes na via recursal, resultaria em violação não apenas dos limites legais da jurisdição, mas sobretudo da garantia do contraditório. E o princípio do contraditório é consagrado pela ordem constitucional como direito fundamental, impondo-se à observância não só das partes como também do juiz. Mesmo nos casos em que o juiz pode apreciar, de ofício, certas questões, não lhe é dado fazê-lo sem antes submetê-las ao debate das partes (NCPC, art. 10). Dessa forma, o julgamento do mérito, a nosso ver, somente seria admitido quando pleiteado pelo recorrente, fosse em razão do princípio dispositivo, fosse da garantia do contraditório. Nosso posicionamento reforça-se diante do prestígio que o NCPC dedica aos princípios constitucionais do processo, enunciados com ênfase no rol de suas normas fundamentais, onde merecem destaque o princípio dispositivo (art. 2º) e a garantia do contraditório efetivo (arts. 9º e 10), os quais vedam o julgamento sobre questões não propostas pela parte e as decisões sobre questões não previamente submetidas à audiência de ambas as partes, bem como as decisões com base em fundamento a respeito do qual não se lhes tenha dado oportunidade de se manifestar, ainda quando se trate de matéria sobre a qual se deva decidir de ofício.[16]

Além disso, o princípio do *non reformatio in pejus* não deveria também limitar a atuação jurisdicional? O entendimento jurisprudencial tem sido no sentido de que não. De acordo com a jurisprudência do STJ, o controle pelo Tribunal de origem sobre matéria de ordem pública, pode ser realizado *ex officio*, sem que se possa falar em *reformatio in pejus*. Entendeu o STJ que é possível a aplicação, pelo Tribunal, do efeito translativo dos recursos em sede de agravo de instrumento, extinguindo diretamente o processo independentemente de pedido. Seguem as decisões neste sentido:

> ADMINISTRATIVO E PROCESSUAL CIVIL. AGRAVO REGIMENTAL NO AGRAVO EM RECURSO ESPECIAL. EXTINÇÃO DO FEITO, PELO TRIBUNAL DE ORIGEM, NO JULGAMENTO DE AGRAVO DE INSTRUMENTO. EFEITO TRANSLATIVO DO RECURSO. POSSIBILIDADE. RECONHECIMENTO DE ILEGITIMIDADE DE PARTE. CONDIÇÕES DA AÇÃO. ART. 267, § 3º, DO CPC/73. *REFORMATIO IN PEJUS*. INOVAÇÃO RECURSAL, EM SEDE DE AGRAVO REGIMENTAL. IMPOSSIBILIDADE. ALEGADA VIOLAÇÃO AOS ARTS. 397 E 398 DO CPC/73. AUSÊNCIA DE PREQUESTIONAMENTO. SÚMULA 282/STF. AGRAVO REGIMENTAL IMPROVIDO.
>
> I. Agravo Regimental aviado contra decisão monocrática publicada na vigência do CPC/73, que, por

---

(16) THEODORO JÚNIOR, Humberto. *Curso de direito processual civil*. 47. ed. Rio de Janeiro: Forense, 2016. v. III, p. 970.

sua vez, julgara recurso interposto contra *decisum* publicado na vigência do CPC/73.

II. Na hipótese, o Tribunal de origem, ao apreciar Agravo de Instrumento em que era postulada a antecipação dos efeitos da tutela, indeferida em 1º Grau, acolheu a preliminar de ilegitimidade passiva do ora agravado e julgou extinta a ação, ajuizada pelo agravante, ex-Prefeito municipal, na qual buscava a desconstituição de decisão do Tribunal de Contas Estadual, que julgara irregular a prestação de contas do exercício financeiro de 2006.

III. De acordo com o art. 267, § 3º, do CPC/73 (art. 485, § 3º, do CPC/2015), "o juiz conhecerá de ofício, em qualquer tempo e grau de jurisdição, enquanto não proferida a sentença de mérito, da matéria constante dos ns. IV, V e VI", inclusive da matéria relativa às condições da ação.

IV. *Nos termos da jurisprudência do Superior Tribunal de Justiça, "é possível a aplicação, pelo Tribunal, do efeito translativo dos recursos em sede de agravo de instrumento, extinguindo diretamente a ação independentemente de pedido, se verificar a ocorrência de uma das causas referidas no art. 267, § 3º, do CPC"* (STJ, REsp 736.966/PR, Rel. Ministra NANCY ANDRIGHI, TERCEIRA TURMA, DJe de 06.05.2009). Nesse sentido: STJ, REsp 302.626/SP, Rel. Ministro FRANCIULLI NETTO, SEGUNDA TURMA, DJe de 04.08.2003; AgRg nos EDcl no AREsp 396.902/ES, Rel. Ministro RAÚL ARAÚJO, QUARTA TURMA, DJe de 16.09.2014; REsp 1.490.726/SC, Rel. Ministro PAULO DE TARSO SANSEVERINO, TERCEIRA TURMA, DJe de 30.10.2017; REsp 1.188.013/ES, Rel. Ministro CASTRO MEIRA, SEGUNDA TURMA, DJe de 08.09.2010.

V. A questão envolvendo a ocorrência de *reformatio in pejus* somente foi suscitada, pelo agravante, em petição na qual é impugnado o parecer do Ministério Público Federal, e no presente Agravo Regimental, tratando-se de verdadeira inovação recursal, motivo pelo qual é inviável o exame da matéria.

VI. Ainda que fosse superado tal óbice, a jurisprudência do Superior Tribunal de Justiça orienta-se no sentido de que "o controle pelo Tribunal de origem sobre condição da ação, matéria de ordem pública, pode ser realizado *ex officio*, sem que se possa falar em *reformatio in pejus*" (STJ, AgRg no REsp 1.397.188/AL, Rel. Ministro HUMBERTO MARTINS, SEGUNDA TURMA, DJe de 27.11.2013). Em igual sentido: STJ, AgRg no AgRg no REsp 1.218.791/PE Rel. Ministro HERMAN BENJAMIN, SEGUNDA TURMA, DJe de 12.09.2011.

VII. Não tendo o acórdão hostilizado expendido qualquer juízo de valor sobre os arts. 397 e 398 do CPC/73, a pretensão recursal esbarra em vício formal intransponível, qual seja, o da ausência de prequestionamento – requisito viabilizador da abertura desta instância especial –, atraindo o óbice da Súmula n. 282 do Supremo Tribunal Federal ("É inadmissível o recurso extraordinário, quando não ventilada, na decisão recorrida, a questão federal suscitada"), na espécie.

VIII. Agravo Regimental improvido. (AGRG NO ARESP 381.285/PE, REL. MINISTRA ASSUSETE MAGALHÃES, SEGUNDA TURMA, JULGADO EM 03.05.2018, DJE 09.05.2018). GRIFO NOSSO.

EMENTA: APELAÇÃO CÍVEL – AÇÃO DECLARATÓRIA DE INEXISTÊNCIA DE RELAÇÃO DE JURÍDICA C.C INDENIZAÇÃO POR DANOS MORAIS – EMPRÉSTIMOS CONSIGNADOS EM BENEFÍCIO PREVIDENCIÁRIO – INDÍGENA, ANALFABETA E IDOSA – *QUANTUM* INDENIZATÓRIO MAJORADO PARA R$ 10,000,00 – PRINCÍPIOS DA PROPORCIONALIDADE E DA RAZOABILIDADE – DEVOLUÇÃO NA FORMA DOBRADA (SEM CONTRATO E SEM COMPROVANTE DE PAGAMENTO) – JUROS MORATÓRIOS E CORREÇÃO MONETÁRIA ANALISADOS DE OFÍCIO – MATÉRIA DE ORDEM PÚBLICA QUE AFASTA A *REFORMATIO IN PEJUS* – HONORÁRIOS ADVOCATÍCIOS MAJORADOS PARA 15% SOBRE O VALOR DA CONDENAÇÃO – RECURSO PROVIDO. A restituição em dobro está condicionada à existência de valores pagos indevidamente e à prova inequívoca da má-fé do credor, conforme posicionamento do Superior Tribunal de Justiça, comprovada a má-fé, a restituição deve se dar na forma dobrada. Tendo em vista o transtorno causado pela serviço defeituoso, deve a indenização pelo dano moral ser fixada atendendo aos objetivos da reparação civil, quais sejam, a compensação do dano, a punição ao ofensor e a desmotivação social da conduta lesiva, considerando razoável o montante de R$ 10.000,00. Em relação ao dano material, a correção monetária e os juros de mora devem incidir a partir do evento danoso (parcelas descontadas) (Cf. Súmula n. 54 do STJ), na ordem de 1% ao mês, consoante aplicação da norma contida no art. 406 do Código Civil. Enquanto, com relação ao dano moral, a correção monetária deverá incidir a partir do arbitramento e os juros moratórios a partir do evento danoso (parcelas descontadas), conforme orientação da Súmula/STJ n. 362: "A correção monetária do valor da indenização do dano moral incide desde a data do arbitramento. (TJ-MS – APL: 08013472420168120015 MS 0801347-24.2016.8.12.0015, Relator: Des. Amaury da Silva Kuklinski, Data de Julgamento: 17.08.2018, 4ª Câmara Cível, Data de Publicação: 20.08.2018)

APELAÇÃO CÍVEL – AÇÃO ORDINÁRIA – TRIBUTÁRIO – CONTRIBUIÇÃO PARA CUSTEIO DO SISTEMA DE SAÚDE – ART. 85 DA LEI COMPLE-

MENTAR ESTADUAL N. 64/2002 – COMPULSORIEDADE – INCONSTITUCIONALIDADE – ADI N. 3.106 DO SUPREMO TRIBUNAL FEDERAL – PRECEDENTE DO ÓRGÃO ESPECIAL DO TRIBUNAL DE JUSTIÇA DE MINAS GERAIS – RESTITUIÇÃO DO INDÉBITO – POSSIBILIDADE – PRECEDENTES DO SUPERIOR TRIBUNAL DE JUSTIÇA – JUROS – SELIC – HONORÁRIOS – ART. 20, §§ 3º E 4º, DO CÓDIGO DE PROCESSO CIVIL. 1. O Supremo Tribunal Federal e o Órgão Especial do Tribunal de Justiça de Minas Gerais declararam a inconstitucionalidade do art. 85, § 4º, da Lei Complementar Estadual n. 64/2002, em face do art. 149, § 1º, da Constituição da República de 1988, ao entendimento de não ter o Estado-membro competência para instituir contribuição compulsória, cobrada de seus servidores, para custeio de sistema de saúde. 2. De acordo com o Superior Tribunal de Justiça, a inconstitucionalidade da exação enseja o direito à repetição do indébito, independentemente de prova da não utilização dos serviços. 3. A repetição deve ter como termo final a data da edição da Instrução Normativa n. 02, de maio de 2010, da Superintendência Central de Administração de Pessoal do IPSEMG, a partir de quando se tornou facultativa a adesão ao plano de saúde por este instituído. 4. Os juros de mora, incidentes a partir do trânsito em julgado da decisão (Súmula n. 188 do Superior Tribunal de Justiça), devem ser indexados à SELIC, pois este índice se aplica à correção de débitos tributários do Estado de Minas Gerais, e, porque se trata de matéria de ordem pública, que afasta a "reformatio in pejus", não precisam ser limitados a 12% ao ano. (TJ-MG – AC: 10017120084656001/MG, Relator: Edgard Penna Amorim, Data de Julgamento: 15.04.2015, Câmaras Cíveis / 8ª CÂMARA CÍVEL, Data de Publicação: 22.04.2015.)

A questão, entretanto, deve ser analisada com cautela e, na hipótese de mitigação do princípio do *non reformatio in pejus*, é necessário ao menos intimar as partes para que se manifestem sobre a matéria, com o fim de assegurar o contraditório prestigiado no Código de Processo Civil, como se observa do art. 10 do CPC. De todo modo, entendemos que o princípio do *non reformatio in pejus* deveria limitar a atuação jurisdicional.

4. PRESSUPOSTOS DE ADMISSIBILIDADE DOS RECURSOS

No campo dos pressupostos de admissibilidade dos recursos também inúmeras as alterações e novidades. Em relação ao depósito recursal, a possibilidade de reduzir, isentar ou possibilitar a sua substituição, além da probabilidade de regularização, em caso de pagamento insuficiente, alterou substancialmente o regramento da matéria.

Como se não bastasse, surge a possibilidade de regularização da representação processual já na fase recursal, a contagem de prazos em dias úteis e a exigência de um novo requisito de admissibilidade para o recurso de revista: a transcendência. Vejamos todas as novidades.

4.1. Novo regramento do depósito recursal

No tocante ao depósito recursal, condição de admissibilidade dos recursos na seara trabalhista, há interessantes novidades que ampliam o acesso à justiça nessa seara processual, como os que reduzem pela metade, isentam ou possibilitam a substituição do depósito em pecúnia, respectivamente nos §§ 8º, 9º e 10, do art. 899, da CLT:

> § 9º O valor do depósito recursal será reduzido pela metade para entidades sem fins lucrativos, empregadores domésticos, microempreendedores individuais, microempresas e empresas de pequeno porte.
>
> § 10. São isentos do depósito recursal os beneficiários da justiça gratuita, as entidades filantrópicas e as empresas em recuperação judicial.
>
> § 11. O depósito recursal poderá ser substituído por fiança bancária ou seguro garantia judicial.

A nova regra amplia o acesso à justiça para as empresas recorrentes, que muitas vezes encontram dificuldades para cumprir o requisito do depósito e consequentemente interpor o recurso, especialmente as de pequeno porte, empregadores domésticos, em recuperação judicial, entre outras previstas pelo legislador que se beneficiarão da redução, isenção ou substituição do depósito por fiança bancária ou garantia judicial. Se formos considerar o valor atual do teto do depósito recursal, qual seja (R$ 9.513,16 para recurso ordinário e R$ 19.026,32 para recurso de revista), pode parecer não muito significativo quando pensamos em empresas de grande porte. No entanto, se imaginarmos, por exemplo, o caso de um empregador doméstico, que é pessoa física, o valor torna-se extremamente alto na grande maioria dos casos, ainda mais levando-se em consideração que deve ser pago à vista e num prazo de 8 (oito) dias. Em muitas situações, o empregador desiste do recurso por não ter condições financeiras de arcar com o depósito recursal na sua integralidade, o que consiste em óbice de acesso à justiça.

De toda forma, apesar de enxergarmos com bons olhos a alteração, não há dúvida de que, em contrapartida, a nova legislação pode criar uma dificuldade para o acesso à justiça do reclamante autor, tendo em vista que a exigência do depósito ocorre por dois motivos: (i) desestimular a interposição de recursos protelatórios; e (ii) garantir a futura execução na hipótese de desprovimento do recurso.

É patente, pois, que a redução, isenção ou substituição do depósito podem dificultar o acesso à justiça do reclamante autor, por restar desprovido da garantia para futura execução, além da possibilidade de interposição de recursos procrastinatórios por parte da empresa.

4.2. Possibilidade de regularização de depósito recursal e custas

O CPC de 2015 previu, em seu art. 1.007, § 2º, que a insuficiência no valor do preparo somente implicará em deserção se o recorrente, intimado, não supri-lo no prazo de 5 (cinco) dias.

No processo do trabalho, em regra, se a parte deixasse de realizar o depósito recursal ou o recolhimento de custas, em sua totalidade, ainda que por diferença de centavos, o recurso era declarado deserto e, portanto, não conhecido. O depósito recursal deveria ser pago na integralidade, assim como o recolhimento de custas não poderia ser realizado a menor.

Com o advento do CPC de 2015, houve revisão da OJ n. 140 da SDI-I, que passou a dispor o seguinte:

> DEPÓSITO RECURSAL E CUSTAS PROCESSUAIS. RECOLHIMENTO INSUFICIENTE. DESERÇÃO.
>
> Em caso de recolhimento insuficiente das custas processuais ou do depósito recursal, somente haverá deserção do recurso se, concedido o prazo de 5 (cinco) dias previsto no § 2º do art. 1.007 do CPC de 2015.

A alteração foi salutar, pois a redação anterior determinava que ocorreria deserção do recurso pelo recolhimento insuficiente das custas e do depósito recursal, ainda que a diferença em relação ao *quantum* devido fosse ínfima, referente a centavos.

Com a alteração da redação, pois, surge a possibilidade de a parte sanar o vício e complementar o depósito recursal ou as custas, o que tem o condão de fortalecer a natureza instrumental do processo.

Não se pode olvidar que em tese não há que se falar em regularização quando a parte simplesmente deixar de realizar o depósito recursal ou o recolhimento das custas. Isso porque a Orientação Jurisprudencial fala tão somente em "recolhimento insuficiente" e, portanto, nos casos em que há diferenças no valor do depósito e no recolhimento das custas, e não naqueles em que nada é depositado ou recolhido.

Nesse sentido, é o entendimento adotado pelo TST até o momento, conforme decisão a seguir:

> DESERÇÃO DO RECURSO ORDINÁRIO DA RECLAMADA. DEPÓSITO RECURSAL. JUNTADA APENAS DE COMPROVANTE DE AUTOATENDIMENTO BANCÁRIO. NÃO APRESENTAÇÃO DA GFIP. APLICAÇÃO INDEVIDA DO PRAZO PREVISTO NO ART. 1007, § 7º, DO CPC/15 E NA ORIENTAÇÃO JURISPRUDENCIAL 140 DA SBDI-1 DESTA CORTE. Embora esta Corte Superior, em atenção ao princípio da instrumentalidade das formas e do aproveitamento dos atos processuais, tenha considerado regular, para fins de regularidade das custas processuais, o comprovante de pagamento pelo convênio STN-GRU Judicial, igual entendimento não se aplica ao depósito recursal, em face do que estabelece a Instrução Normativa 26, em seu item IV, que exige a apresentação conjunta da Guia de Recolhimento para Fins de Recurso junto à Justiça do Trabalho. Assim, não tendo sido comprovado o depósito recursal no prazo alusivo ao recurso ordinário (Súmula 245 desta Corte), não haveria que se falar em concessão do prazo previsto no art. 1007, § 7º, do CPC/15 para a regularização do depósito recursal, tal como procedeu o eg. Tribunal Regional. *Nos termos da Orientação Jurisprudencial n. 140 da SBDI-1 desta Corte, a concessão de prazo para a regularização do depósito recursal se destina apenas às situações de "recolhimento insuficiente", o que não é o caso dos autos, devendo ser decretada a deserção do recurso ordinário da reclamada.* Recurso de revista de que se conhece e a que se dá provimento. BÔNUS ALIMENTAÇÃO. EXAME PREJUDICADO. Diante do provimento do recurso de revista do espólio para decretar a deserção do recurso ordinário da reclamada, julga-se prejudicado o exame do recurso no aspecto. (TST – RR: 214783720155040702, Data de Julgamento: 29.08.2018, Data de Publicação: DEJT 31.08.2018.) (grifo nosso)

Em que pese o entendimento exposto acima, muitos tribunais regionais têm aplicado o art. 1.007 do CPC, bem como a OJ n. 140, em sentido diverso, concedendo o prazo para regularização do depósito ou do recolhimento das custas em todos os casos, sendo irrelevante se houve apenas recolhimento/depósito insuficiente ou se, na realidade, sequer houve depósito/recolhimento.

Parece-nos mais acertada a posição adotada pelo TST na interpretação do § 2º, do art. 1.007, do CPC, no sentido de que é possível a regularização tão somente em caso de recolhimento insuficiente das custas ou depósito a menor.

Não vemos óbice, entretanto, para aplicação do § 7º, do art. 1.007, do CPC, que traz a possibilidade de regularização para a parte que fizer o depósito no valor exigido por lei, mas com equívoco no preenchimento das guias: "*o equívoco no preenchimento da guia de custas não implicará a aplicação da pena de deserção, cabendo ao relator, na hipótese de dúvida quanto ao recolhimento, intimar o recorrente para sanar o vício no prazo de 5 (cinco) dias.*"

4.3. Possibilidade de regularização da representação processual

Outra novidade no campo de admissibilidade do recurso foi introduzida pelo art. 76 do Novo CPC, com a inclusão do § 2º, que ensejou a revisão, pelo TST, da Súmula n. 456, além da Súmula n. 383. O TST inseriu os itens II e III na Súmula n. 456, que dispõem o seguinte:

> II – Verificada a irregularidade de representação da parte na instância originária, o juiz designará prazo de 5 (cinco) dias para que seja sanado o vício. Descumprida a determinação, extinguirá o processo, sem resolução de mérito, se a providência couber ao reclamante, ou considerará revel o reclamado, se a providência lhe couber (art. 76, § 1º, do CPC de 2015).
>
> III – *Caso a irregularidade de representação da parte seja constatada em fase recursal, o relator designará prazo de 5 (cinco) dias para que seja sanado o vício*. Descumprida a determinação, o relator não conhecerá do recurso, se a providência couber ao recorrente, ou determinará o desentranhamento das contrarrazões, se a providência couber ao recorrido (art. 76, § 2º, do CPC de2015). (Grifo nosso)

Além disso, também foi alterada a redação da Súmula n. 383 do TST:

> RECURSO. MANDATO. IRREGULARIDADE DE REPRESENTAÇÃO. CPC DE 2015, ARTS. 104 E 76, § 2º (nova redação em decorrência do CPC de 2015) – Res. n. 210/2016, DEJT divulgado em 30.06.2016 e 01 e 04.07.2016
>
> I – É inadmissível recurso firmado por advogado sem procuração juntada aos autos até o momento da sua interposição, salvo mandato tácito. Em caráter excepcional (art. 104 do CPC de 2015), admite-se que o advogado, independentemente de intimação, exiba a procuração no prazo de 5 (cinco) dias após a interposição do recurso, prorrogável por igual período mediante despacho do juiz. Caso não a exiba, considera-se ineficaz o ato praticado e não se conhece do recurso.
>
> II – Verificada a irregularidade de representação da parte em fase recursal, em procuração ou substabelecimento já constante dos autos, o relator ou o órgão competente para julgamento do recurso designará prazo de 5 (cinco) dias para que seja sanado o vício. Descumprida a determinação, o relator não conhecerá do recurso, se a providência couber ao recorrente, ou determinará o desentranhamento das contrarrazões, se a providência couber ao recorrido (art. 76, § 2º, do CPC de 2015).

As alterações são positivas e combatem a jurisprudência defensiva, pois antes, se verificado pelo juiz ou relator, quando da análise do juízo de admissibilidade do recurso, que a representação da parte estava irregular, o recurso simplesmente não era sequer conhecido.

Com a alteração legislativa e consequente mudança na redação da Súmula n. 456 do TST, o relator ou o juiz, ao realizar o juízo de admissibilidade do recurso e identificar irregularidade na representação, deverá designar prazo de 5 (cinco) dias para que o vício seja sanado.

É importante salientar que o entendimento jurisprudencial diferencia duas hipóteses: (i) quando há instrumento de mandato, mas este encontra-se irregular; e (ii) quando não há instrumento de mandato. Nesse último caso, a jurisprudência majoritária tem entendido pela aplicação do item I da Súmula n. 383, sem necessidade de o juiz ou desembargador conceder prazo ao advogado para sanar o vício processual.

A jurisprudência majoritária, pois, é no sentido de possibilitar a regularização da representação processual tão somente na hipótese de irregularidade no próprio instrumento de mandato ou em substabelecimento. Se for constatada ausência de procuração, o entendimento é no sentido de ser inadmissível o recurso, pois deveria o advogado, por conta própria, independentemente de intimação, juntar procuração no prazo de 5 (cinco) dias após a interposição do recurso, conforme disposto na Súmula n. 383, I do TST, já transcrita. Nesse sentido, as decisões transcritas a seguir:

> AGRAVO REGIMENTAL EM EMBARGOS EM RECURSO DE REVISTA. INTERPOSIÇÃO NA VIGÊNCIA DA LEI N. 13.015/2014. IRREGULARIDADE DE REPRESENTAÇÃO PROCESSUAL. AUSÊNCIA DE MANDATO. SÚMULA N. 383, I, DO TRIBUNAL SUPERIOR DO TRABALHO. Apenas na hipótese de irregularidade no próprio instrumento de mandato ou em substabelecimento é que a parte será intimada para regularizar a sua representação (item II da Súmula n. 383 desta Corte). No caso dos autos, não há que se falar em intimação para a regularização, uma vez que se trata de ausência

de procuração do subscritor dos embargos, o que atrai a hipótese estabelecida na Súmula n. 383, I, deste Tribunal, pois é inadmissível recurso firmado por advogado sem procuração juntada aos autos. Ressalte-se que tampouco foi exibida procuração no prazo de cinco dias após a interposição do recurso. Correta a decisão denegatória, mantém-se o decidido. Agravo regimental de que se conhece e a que se nega provimento." (AgR-E-RR – 1732-16.2011.5.06.0009, Relator Ministro: Cláudio Mascarenhas Brandão, Data de Julgamento: 14.12.2017, Subseção I Especializada em Dissídios Individuais, Data de Publicação: DEJT 19.12.2017.)

AGRAVO REGIMENTAL INTERPOSTO CONTRA DECISÃO MONOCRÁTICA DE PRESIDENTE DE TURMA QUE NEGA SEGUIMENTO A RECURSO DE EMBARGOS. IRREGULARIDADE DE REPRESENTAÇÃO. AUSÊNCIA DE PROCURAÇÃO. RECURSO DE REVISTA INTERPOSTO SOB A ÉGIDE DO CPC DE 2015. A Turma não conheceu do agravo da reclamada, por irregularidade de representação, em vista da ausência do instrumento de procuração conferindo poderes ao subscritor do apelo. Não obstante tenha sido interposto o agravo sob a égide do CPC de 2015, ressaltou não ser aplicável o item II da Súmula 383 do TST, que se dirige à procuração ou substabelecimento já existente nos autos, hipótese diversa do caso em apreço. Nesse contexto, o único aresto apresentado não demonstra a especificidade necessária, na forma da Súmula n. 296, I, do TST, na medida em que nada há nele que identifique estar diante de ausência de instrumento de procuração nos autos. Por outro giro, não há contrariedade à Súmula n. 383, II, do TST, tendo em vista a inexistência de procuração constante dos autos. Agravo regimental não provido. (AgR-E--ED-Ag-AIRR – 24164-66.2013.5.24.0006, Relator Ministro: Augusto César Leite de Carvalho, Data de Julgamento: 07.12.2017, Subseção I Especializada em Dissídios Individuais, Data de Publicação: DEJT 15.12.2017.)

Nesse sentido, a jurisprudência tem sido na linha de que (i) se há instrumento de mandato nos autos, mas esse apresenta irregularidades, poderá o vício ser sanado, mediante designação de prazo pelo juiz ou relator para que o advogado sane o vício; e (ii) se não há instrumento de mandato nos autos, aplica-se o disposto na Súmula n. 383, I, devendo a parte, independentemente de intimação, juntar instrumento de mandato no prazo de 5 (cinco) dias. Essa última posição mais restrita e em sintonia com a jurisprudência majoritária, poderia evoluir para se admitir a intimação da parte que não tem procuração para proceder à regularização, levando-se em consideração a natureza instrumental do processo.

4.4. Contagem de prazos em dias úteis

Ainda no campo da admissibilidade do recurso, outra importante novidade trazida pela Reforma Trabalhista refere-se à contagem dos prazos processuais. Anteriormente, os prazos eram contados em dias corridos, conforme antiga redação do art. 775 da CLT, o qual estabelecia que:

> Os prazos estabelecidos neste Título contam-se com exclusão do dia do começo e inclusão do dia do vencimento, e são **contínuos e irreleváveis**, podendo, entretanto, ser prorrogados pelo tempo estritamente necessário pelo juiz ou tribunal, em virtude de força maior, devidamente comprovada. (grifos nossos)

Antes da Reforma Trabalhista, portanto, de acordo com o disposto na CLT, os prazos eram contínuos e somente eram prorrogados para o dia útil seguinte na hipótese de o vencimento ocorrer em sábado, domingo ou feriado. Nessa última hipótese, o vencimento era prorrogado para o dia útil imediatamente posterior.

É importante ressaltar que o CPC de 2015 alterou a regra de contagem de prazos, para computarem-se somente em dias úteis, conforme a inserção do art. 219.

Ocorre que o TST, por meio da Instrução Normativa n. 39, entendeu que a nova regra do CPC não era aplicável ao processo do trabalho. O art. 2º, III, da referida instrução normativa, foi claro nesse sentido. A proibição foi correta diante do anterior texto do art. 775 da CLT, cuja previsão era de os prazos serem contínuos, incompatível, pois, com a previsão do processo comum. A solução da questão, pois, era *de lege ferenda*.

Finalmente, com o advento da Lei n. 13.467/2017 (a Reforma Trabalhista), o art. 775 da CLT foi alterado e a nova redação do dispositivo abarcou a contagem de prazo em dias úteis no processo do trabalho, cuja nova redação é a seguinte: "*Os prazos estabelecidos neste Título serão contados em dias úteis, com exclusão do dia do começo e inclusão do dia do vencimento.*"

Com a alteração, finalmente os prazos processuais trabalhistas passaram a ser contados somente em dias úteis, o que enxergamos como uma mudança positiva, principalmente para os advogados trabalhistas, que, muitas vezes, tinham parte de seus prazos contabilizados aos finais de semana, o que os obrigava a cumprir o prazo em menos tempo ou no próprio final de semana. Se uma sentença fosse publicada numa quinta-feira, por exemplo, o prazo de embargos de declaração, de 5 (cinco) dias, começava a contar na sexta-feira e o vencimento já era na terça-feira da semana seguinte, ou seja, na realidade, o advogado só possuía a sexta-feira, a segunda-feira e a terça-feira para cumprir o prazo, se não o fizesse no final de semana. Hoje, o mesmo prazo vencerá tão somente na quinta-feira, tendo o advogado, portanto, 5 (cinco) dias úteis inteiros para prática do ato processual e cumprimento do prazo.

4.5. Transcendência como requisito de admissibilidade para os recursos de revista

A Lei n. 13.467/2017 regulamentou o requisito da transcendência para admissibilidade do recurso de revista, filtro de admissão de recurso excepcional, semelhante à repercussão geral do recurso extraordinário.

O art. 896-A da CLT, inserido pela Medida Provisória n. 2.226, de 4 de novembro de 2001, já previa que: *"O Tribunal Superior do Trabalho, no recurso de revista, examinará previamente se a causa oferece transcendência com relação aos reflexos gerais de natureza econômica, política, social ou jurídica."*

A referida medida provisória estabeleceu no seu art. 2º que *"O Tribunal Superior do Trabalho regulamentará, em seu regimento interno, o processamento da transcendência do recurso de revista, assegurada a apreciação da transcendência em sessão pública, com direito a sustentação oral e fundamentação da decisão"*.

O requisito da transcendência passou, pois, dezesseis anos sem ser regulamentado pelo Tribunal Superior do Trabalho. Há alguma razão para tanto? Não é possível afirmar com segurança a razão, mas talvez seja possível tentar diagnosticar eventuais motivos. José Alberto Couto Maciel, por exemplo, afirmou que *"Este art. 896-A, da CLT, de novembro de 2001, passou dezesseis anos sem ser regulamentado pelo Tribunal Superior do Trabalho, porque, além de restringir os recursos de revista ao máximo, passaria a ser subjetivo, dependendo de uma apreciação pessoal de cada Ministro"*[17].

Independente das razões da não regulamentação anterior, a certeza que se tem é de que a origem do instituto da transcendência e inspiração do legislador pátrio ocorreu com o *Judiciary Act* de 1891 e 1925 da Suprema Corte dos Estados Unidos, que autorizou a Corte Suprema discutir e selecionar os processos que seriam submetidos à sua apreciação, no período que antecedesse a abertura do ano judiciário.

Mais uma vez, o legislador copia institutos de países que têm cultura jurídica distinta da nossa (além de realidades econômicas, políticas e sociológicas diferentes) e com prejuízo para os jurisdicionados, consumidor dos serviços judiciários. Não há dúvida de que a regulamentação da transcendência ensejará grande insegurança jurídica e óbice de acesso à justiça, tendo em vista a subjetividade que o critério representa na admissibilidade dos recursos excepcionais.

Autorizada doutrina pátria também rejeita a implantação desse novo filtro recursal, como se observa da opinião de Manoel Antonio Teixeira Filho acerca do instituto:

> Ora, não desconhecemos que o sistema norte-americano, pelo *Judiciary Act* de 1891 e de 1925, dotou a Suprema Corte do Poder discricionário de realizar uma seleção prévia dos recursos que merecem ser julgados. Pretender-se, todavia, com base nesse sistema forâneo, instituir-se, no Brasil, um instrumento de controle prévio dos recursos de revista a serem apreciados pelo TST é algo, *data venia*, inaceitável.[18]

Na mesma linha de rejeição ao instituto, é a posição de José Augusto Rodrigues Pinto:

> Transcendente é qualificativo do 'muito elevado, sublime' a ponto de ser metafísico, levando o direito a bordejar a ciência do suprassensível, o que já nos levou a pensar na transcendência como a relevância elevada ao cubo ou à 4ª potência. Por aí se imagine a carga de subjetivismo que se está entregando aos magistrados incumbidos de declará-la totalmente incompatível com a imperiosa exigência de objetividade da Justiça nas declarações de convencimento dos juízes.[19]

Corroboramos, pois, as críticas dos autores citados, uma vez que o subjetivismo e a discricionariedade inerentes à aferição da existência da transcendência no recurso de revista é extremamente prejudicial aos jurisdicionados e põe em risco a segurança jurídica e previsibilidade atinentes ao Estado Democrático de Direito, além de dificultar a evolução da jurisprudência.

---

(17) MACIEL, José Alberto Couto. Recurso de Revista e Transcendência. In: TUPINAMBÁ Carolina; GOMES, Fábio Rodrigues (Coords.). *A Reforma Trabalhista* – O impacto nas Relações de Trabalho. Belo Horizonte: Fórum, 2018. p. 309.

(18) TEIXEIRA FILHO, Manoel Antonio. *O Processo do Trabalho e a Reforma Trabalhista*. São Paulo: LTr, 2017. p. 223.

(19) RODRIGUES PINTO, José Augusto. *Manual dos recursos dos dissídios do trabalho*. São Paulo: LTr, 2006. p. 200.

Como por outro lado a regulamentação foi aprovada e consiste em mais um requisito de admissibilidade do recurso de revista, ou seja, mais um pressuposto subjetivo a ser demonstrado pelo recorrente no ato de interposição do recurso, é preciso definirmos os seus contornos.

O § 1º inserido pela Lei n. 13.467/2017 no art. 896-A da CLT expõe os indicadores da transcendência: I – econômica, o elevado valor da causa; II – política, o desrespeito da instância recorrida à jurisprudência sumulada do Tribunal Superior do Trabalho ou do Supremo Tribunal Federal; III – social, a postulação, por reclamante-recorrente, de direito social constitucionalmente assegurado; IV – jurídica, a existência de questão nova em torno da interpretação da legislação trabalhista.

O uso do termo "indicadores" pelo legislador revela que a lista não é exaustiva e certamente a jurisprudência trará uma interpretação mais ampla e que possa ensejar mais segurança jurídica. Vejamos então as escolhas do legislador.

A transcendência econômica consistirá no elevado valor da causa e de logo enseja dúvidas diante do seu subjetivismo, afinal o valor da causa muitas vezes não representa o efetivo valor econômico objeto do processo, pois pode ser irrisório, mas a condenação altíssima, ou vice-versa.

Não se pode olvidar, outrossim, que o valor da causa pode não ensejar transcendência para uma parte mas oferecer repercussão para a outra. Exemplo: uma causa de R$ 5.000,00 pode não representar nada para uma grande empresa que fatura bilhões, mas repercutir muito para um empregado que ganha um salário mínimo.

Nesse sentido, muito pertinente a ponderação de Mauricio Godinho Delgado e Gabriela Neves Delgado:

> Por essa razão, o fato de o valor não ser substancial para a empresa não significa que o recurso de revista do reclamante não tenha transcendência econômica, atraindo, de plano, a denegação de seu seguimento. É que, sob a perspectiva do trabalhador recorrente, torna-se possível estimar que o valor exposto tenha efetiva importância econômica, isto é, seja elevado e tenha transcendência.[20]

Quanto à transcendência política, o legislador escolheu como indicador o desrespeito do órgão *a quo* à jurisprudência sumulada do TST ou do STF. Temos dúvidas em relação ao critério e indicador adotado, pois não nos parece que seja política a situação apontada pelo legislador, talvez mais jurídica que política. Nesse sentido, o Projeto de Lei n. 3.267, de 2000, reputava como transcendência política "*o desrespeito notório a princípio federativo ou à harmonia dos Poderes constituídos*".

De toda sorte, foi o critério adotado pelo legislador e o desrespeito à jurisprudência sumulada pelo TST ou STF ensejará e existência da transcendência, e, consequentemente, a admissibilidade do recurso de revista, imprescindível para uniformizar a jurisprudência e manter coerente, estável e íntegro o sistema de precedentes judiciais. É possível equipará-la a uma "reclamação" contra os Tribunais Regionais.

Em relação à transcendência social, conforme indicador apontado pelo legislador, esta consiste na postulação, por reclamante-recorrente, de direito social constitucionalmente assegurado. Não entendemos a escolha do legislador, especialmente se a intenção da mudança foi reduzir o número de recursos de revista apreciados pelo TST.

Pois bem. Nessa hipótese, praticamente todas as vezes estará caracterizada a transcendência, pois a maioria dos direitos do trabalhador está consubstanciada no art. 7º, que integra o capítulo "Dos Direitos Sociais" da Constituição da República. Sem falar dos temas relacionados à interpretação e aplicação de princípios e regras de Direitos Humanos consagrados em normas internacionais ratificadas pelo Brasil.

Por fim, quanto à transcendência jurídica, o legislador aponta como indicador a existência de questão nova em torno da interpretação da legislação trabalhista, inclusive, em nosso entendimento, questão controvertida que demande a uniformização jurisprudencial do TST, o que nos leva a reiterar que o desrespeito à jurisprudência sumulada desse órgão ou do STF diante da criação de teses jurídicas que suscitem o *overuling* ou superação do precedente se enquadra na transcendência jurídica e não política, como sugere o legislador no inciso II inserido pela Reforma Trabalhista.

---

(20) DELGADO, Mauricio Godinho; DELGADO, Gabriela Neves. *A Reforma Trabalhista no Brasil com os Comentários à Lei 13.467/2017*. São Paulo: LTr, 2017. p. 367.

Em suma, para atendimento do requisito da transcendência, é necessário a presença de um dos indicadores mencionados nos incisos I a IV supracomentados, diante do disjuntivo "ou" do *caput* do art. 896-A ou outros que a jurisprudência trabalhista venha a criar, tendo em vista o termo "entre outros" utilizado no § 1º do referido artigo.

Nos demais parágrafos do art. 896-A, estão as regras procedimentais. Vejamos.

O § 2º traz a possibilidade de monocraticamente o relator denegar seguimento ao recurso. Uma questão procedimental importante nesse regramento é a possibilidade de realização de sustentação oral. Nesse sentido rege o § 3º que "*Em relação ao recurso que o relator considerou não ter transcendência, o recorrente poderá realizar sustentação oral sobre a questão da transcendência, durante cinco minutos em sessão*".

O legislador, entretanto, "dá com uma mão e tira com outra", pois prevê a irrecorribilidade de tal decisão no § 4º. Por fim, o § 6º exclui o juízo de admissibilidade dos Tribunais Regionais do Trabalho, ao estabelecer que "*O juízo de admissibilidade do recurso de revista exercido pela Presidência dos Tribunais Regionais do Trabalho limita-se à análise dos pressupostos intrínsecos e extrínsecos do apelo, não abrangendo o critério da transcendência das questões nele veiculadas*".

Enfim, apesar de alguns aspectos que consideramos positivos, como a possibilidade de realização de sustentação oral, bem como a exclusão do juízo de admissibilidade dos Tribunais Regionais, o requisito da transcendência para admissibilidade do recurso de revista não deixa de ser um dificultador de acesso à justiça para as partes litigantes, assim como acontece com os filtros criados nos recursos cíveis, a exemplo da já citada repercussão geral do recurso extraordinário.

Infelizmente, como já dito e repetido, o requisito da transcendência enseja um subjetivismo e discricionariedade que não são saudáveis num Estado Democrático de Direito e para um instrumento tão importante como o recurso de revista, responsável pela evolução jurisprudencial na interpretação da legislação material e processual do trabalho e uniformização da jurisprudência dos Tribunais Regionais.

5. CONCLUSÃO

Como visto, foram inúmeras as alterações promovidas pelo CPC de 2015 e pela Reforma Trabalhista na seara recursal, desde os princípios aplicáveis à teoria geral dos recursos, seus efeitos, até os requisitos de admissibilidade, que apresentaram significativas mudanças.

No presente trabalho, buscamos realizar uma análise sucinta dessas principais alterações, ressaltando como eram os institutos antes das mudanças, as interpretações jurisprudenciais históricas, a nova legislação, as decisões divergentes acerca dos diferentes dispositivos introduzidos pelas referidas leis, além de seus efeitos práticos aplicáveis ao dia a dia do judiciário trabalhista.

Conforme demonstrado, algumas alterações têm provocado diferentes decisões e interpretações judiciais, que, por seu turno, têm gerado inúmeras dúvidas e questões doutrinárias, muitas vezes ainda sem resposta, o que pode ocasionar, pelo menos por enquanto, insegurança jurídica. Portanto, as alterações legislativas e consequentes alterações de súmulas e orientações jurisprudenciais ainda demandam cautela por parte dos juristas em geral e devem ser analisadas com olhares críticos e atentos.

6. REFERÊNCIAS

ASSIS, Araken de. *Manual dos Recursos*. 3. ed. São Paulo: RT, 2011.

BEZERRA DINIZ, José Janguiê. *Recursos no processo do trabalho*. 4. ed. São Paulo: LTr, 2005.

CÂMARA, Alexandre Freitas. *O Novo Processo Civil Brasileiro*. 3. ed. São Paulo: Atlas, 2017.

DELGADO, Mauricio Godinho. *A reforma trabalhista no Brasil*: com os comentários à Lei n. 13.467/2017. 1. ed. São Paulo: LTr, 2017.

DELGADO, Mauricio Godinho; DELGADO, Gabriela Neves. *A Reforma Trabalhista no Brasil com os Comentários à Lei 13.467/2017*. São Paulo: LTr, 2017.

DIDIER JR., Fredie. *Curso de Direito Processual Civil*. 17. ed. Salvador: JusPodvm, 2015. v. 1.

DIDIER JR., Fredie; CUNHA, Leonardo José Carneiro da. *Curso de direito processual civil*. Meios de impugnação às decisões judiciais e processo nos tribunais. 5. ed. Salvador: JusPodivm, 2008.

GARCIA, Gustavo Filipe Barbosa. *Reforma Trabalhista*. 2. ed. JusPodivm, 2017.

JORGE, Flávio Cheim. *Teoria Geral dos recursos Cíveis*. 2. ed. São Paulo: RT, 2015.

LACERDA, Galeno. *Comentários ao Código de Processo Civil*. 2. ed. Rio de Janeiro: Forense, 1981. v. 3.

MACIEL, José Alberto Couto. Recurso de Revista e Transcendência. In: TUPINAMBÁ, Carolina; GOMES, Fábio Rodrigues (Coords.). *A Reforma Trabalhista – O impacto nas Relações de Trabalho*. Belo Horizonte: Fórum, 2018.

NERY JUNIOR, Nelson. *Princípios Fundamentais*: Teoria Geral dos Recursos. 4. ed. São Paulo: RT, 1997.

RODRIGUES PINTO, José Augusto. *Manual dos Recursos dos dissídios do trabalho*. São Paulo: LTr, 2006.

SCHIAVI, Mauro. *A reforma trabalhista e o processo do trabalho*: aspectos processuais da Lei n. 13.467/17. 1. ed. São Paulo: LTr, 2017.

SCHIAVI, Mauro. *Manual de direito processual do trabalho*. 6. ed. São Paulo: LTr, 2013.

SILVA, Homero Mateus. *Comentários à Reforma Trabalhista* (livro eletrônico). 1. ed. São Paulo: RT, 2017.

TEIXEIRA FILHO, Manoel Antonio. *O Processo do Trabalho e a Reforma Trabalhista*. São Paulo: LTr, 2017.

THEODORO JÚNIOR, Humberto. *Curso de Direito Processual Civil*. 47. ed. Rio de Janeiro: Forense, 2016. v. III.

13.
RECURSO ORDINÁRIO

Gilberto Stürmer[1]

1. INTRODUÇÃO

A Academia Brasileira de Direito do Trabalho, seguindo sua tradição de produção e de alta contribuição à ciência laboral, mais uma vez, expressa a sua vocação vanguardista. A partir da iniciativa dos confrades Bruno Freire, Jorge Boucinhas e Luciano Martinez, os acadêmicos Christóvão Piragibe Tostes Malta e Wagner Giglio, que já não estão entre nós, estão sendo homenageados com este Curso de Direito Processual do Trabalho.

A este acadêmico, cabe discorrer sobre o Recurso Ordinário, o que faz nas linhas seguintes. O referencial teórico, como não podia deixar de ser, prestigia autores confrades da Academia.

O Recurso Ordinário, equivalente ao Recurso de Apelação do Processo Civil[2], está inserido no Título X da Consolidação das Leis do Trabalho, denominado "Do Processo Judiciário do Trabalho". No Capítulo VI deste Título, estão arrolados os recursos de natureza processual trabalhista.

Conforme previsão do art. 893 da CLT, das decisões, são admissíveis os seguintes recursos: I – embargos; II – recurso ordinário; III – recurso de revista; IV – agravo. O mesmo dispositivo, no seu § 1º, dispõe que os incidentes do processo serão resolvidos pelo próprio Juízo ou Tribunal, admitindo-se a apreciação do merecimento das decisões interlocutórias somente em recursos da decisão definitiva.

O regramento do RECURSO ORDINÁRIO está previsto no art. 895 da CLT, que trata do seu cabimento, prazo e procedimento sumariíssimo.

2. DENOMINAÇÃO E CONCEITO

Nascimento[3] ensina que recurso ordinário é o meio de impugnar a decisão proferida pela vara, e que por decisões definitivas das varas deve-se entender a final e a terminativa, com ou sem exame do mérito. Segundo o autor, definitividade quer dizer exaurimento da jurisdição da Vara.

Para Giglio e Corrêa[4], o recurso ordinário, fazendo as vezes de apelação no processo comum, é o mais amplo e o mais genérico dos recursos trabalhistas.

Bezerra Leite[5], aprofundando o aspecto da denominação, refere que o recurso ordinário de que cuida a CLT não se confunde com o recurso ordinário previsto nos arts. 102, II, e 105, II, da Constituição da República. Embora idêntica denominação, os recursos

---

(1) Advogado e Parecerista. Sócio do Escritório Stürmer, Corrêa da Silva, Jaeger & Spindler dos Santos Advogados, com sede em Porto Alegre/RS. Conselheiro Seccional da OAB/RS (2013/2015). Membro do Instituto dos Advogados do Rio Grande do Sul (IARGS). Bacharel em Direito pela Pontifícia Universidade Católica do Rio Grande do Sul (1989). Mestre em Direito pela Pontifícia Universidade Católica do Rio Grande do Sul (2000). Doutor em Direito do Trabalho pela Universidade Federal de Santa Catarina (2005) e Pós-Doutor em Direito pela Universidade de Sevilla (Espanha) (2014). Coordenador dos Cursos de Pós-Graduação – Especialização em Direito do Trabalho e Direito Processual do Trabalho e Novo Direito do Trabalho, da Escola de Direito da Pontifícia Universidade Católica do Rio Grande do Sul. Professor Titular de Direito do Trabalho nos Cursos de Graduação e Pós-Graduação (Especialização, Mestrado e Doutorado) na mesma Escola. Titular da Cadeira n. 100 da Academia Brasileira de Direito do Trabalho. Fundador e Titular da Cadeira n. 04 da Academia Sul-Riograndense de Direito do Trabalho.

(2) Arts. 1.009 a 1.014 do Código de Processo Civil. Art. 1.009. "Da sentença cabe apelação."

(3) NASCIMENTO, Amauri Mascaro. *Curso de Direito Processual do Trabalho*. 27. ed. São Paulo: Saraiva, 2012. p. 725.

(4) GIGLIO, Wagner D.; CORRÊA, Claudia Giglio Veltri. *Direito Processual do Trabalho*. 16. ed. São Paulo: Saraiva, 2007. p. 459.

(5) BEZERRA LEITE, Carlos Henrique. *Curso de Direito Processual do Trabalho*. 7. ed. São Paulo: LTr, 2009. p. 663 e 664.

previstos constitucionalmente se destinam respectivamente ao Supremo Tribunal Federal e ao Superior Tribunal de Justiça, tendo por escopo o reexame de matérias distintas das que versam o recurso ordinário trabalhista. Bezerra Leite, inclusive, é defensor da tese de alteração da denominação de recurso ordinário para apelação, já que corresponde à apelação do Código de Processo Civil, ainda que trate de matéria trabalhista. Por fim, o autor refere que o recurso ordinário é o recurso clássico, por excelência, para impugnar as decisões finais desfavoráveis no âmbito da processualística laboral, já que, por meio dele, torna-se possível submeter ao juízo *ad quem* o reexame das matérias de fato e de direito apreciadas pelo juízo *a quo*. O objetivo do recurso ordinário é, portanto, atacar, em regra, as sentenças terminativas ou definitivas proferidas pelos órgãos de primeiro grau da jurisdição trabalhista no processo de conhecimento.

Garcia[6] ensina que o recurso ordinário é cabível, no prazo de oito dias, para impugnar sentenças definitivas (de mérito) e terminativas, proferidas pelas Varas do Trabalho ou Juízos de Direito no exercício da jurisdição trabalhista, nos termos do art. 895, inciso I, da CLT.

Martins[7], por sua vez, diz que o recurso ordinário seria um recurso comum e que tem semelhança com a apelação do processo civil.

As denominadas instâncias ordinárias na organização do processo trabalhista são as Varas do Trabalho (art. 116 da Constituição da República) e os Tribunais Regionais do Trabalho (art. 115 da Constituição da República)[8]. A denominação "instâncias ordinárias" decorre do fato de que, nestes dois graus de jurisdição (primeiro e segundo), admite-se o reexame de matéria probatória fática, o que não se admite dos tribunais superiores (Tribunal Superior do Trabalho, Supremo Tribunal Federal e, em âmbito do direito comum, Superior Tribunal de Justiça).

As Varas do Trabalho, em que a jurisdição é exercida por um juiz singular, são os órgãos onde iniciam os processos trabalhistas, de acordo com a sua competência territorial. Das decisões das Varas do Trabalho, cabe Recurso Ordinário para os Tribunais Regionais do Trabalho, conforme ver-se-á no tópico seguinte.

3. CABIMENTO E PROCEDIMENTO

A teor do art. 895 da CLT, cabe recurso ordinário para a instância superior:

a) das decisões definitivas ou terminativas das Varas e Juízos[9], no prazo de 8 (oito) dias[10];

b) das decisões definitivas ou terminativas dos Tribunais Regionais, em processos de sua competência originária, no prazo de 8 (oito) dias, quer nos dissídios individuais, quer nos dissídios coletivos.

O cabimento do recurso ordinário se dá, portanto, quando o juiz de primeiro grau acolher ou rejeitar o pedido do autor, ainda que parcialmente (art. 487, I, do Código de Processo Civil, aplicável subsidiariamente ao Processo do Trabalho por previsão do art. 769 da CLT) e quando o juiz acolher a decadência ou prescrição (art. 487, II, do Código de Processo Civil, aplicável subsidiariamente ao Processo do Trabalho por previsão do art. 769 da CLT).

Lembrando que a Justiça do Trabalho é, inicialmente, conciliatória, as decisões que homologam acordo entre as partes não são passíveis de recurso, salvo em relação à União quanto às contribuições previdenciárias (art. 831, parágrafo único da CLT).

Dos processos de competência originária do Tribunal Regional do Trabalho, tais como dissídio coletivo, ação rescisória, mandado de segurança, *habeas corpus* e decisões que aplicam penalidades aos servidores da Justiça do Trabalho, cabe recurso ordinário para o Tribunal Superior do Trabalho.

Em dissídios coletivos cuja competência originária é do Tribunal Superior do Trabalho (seção de dissídios coletivos), quando a controvérsia exceder a jurisdição de um Tribunal Regional do Trabalho, não caberá recurso ordinário (art. 2º, I, *a*, Lei n. 7.701/88).

---

(6) GARCIA, Gustavo Filipe Barbosa. *Curso de Direito Processual do Trabalho*. 5. ed. Rio de Janeiro: Forense, 2016. p. 630.

(7) MARTINS, Sergio Pinto. *Direito Processual do Trabalho*. 38. ed. São Paulo: Saraiva, 2016. p. 584.

(8) STÜRMER, Gilberto. *Direito Constitucional do Trabalho no Brasil*. São Paulo: Atlas, 2007. p. 126-127.

(9) Segundo o art. 668 da CLT, nas localidades não compreendidas na jurisdição das varas do trabalho, os juízos de direito são órgãos da administração da Justiça do Trabalho, com a jurisdição que lhes for determinada pela lei de organização judiciária local. Da sua decisão em matéria trabalhista, cabe recurso ordinário para o Tribunal Regional do Trabalho que abrange a região e não para o Tribunal de Justiça do Estado.

(10) Nos termos do art. 775 da CLT, com redação dada pela Lei n. 13.467/2017, os prazos serão contados em dias úteis, com exclusão do dia inicial e inclusão do dia final.

Como já referido na introdução, não cabe recurso das decisões interlocutórias (art. 893, § 1º, da CLT). O Tribunal Superior do Trabalho, contudo, interpretando o comando legal, estabelece na Súmula n. 214, situações de exceção:

> Súmula n. 214 do TST: Na Justiça do Trabalho, nos termos do art. 893, § 1º, da CLT, as decisões interlocutórias não ensejam recurso imediato, salvo nas hipóteses de decisão: a) de Tribunal Regional do Trabalho contrária à Súmula ou Orientação Jurisprudencial do Tribunal Superior do Trabalho; b) suscetível de impugnação mediante recurso para o mesmo Tribunal; c) que acolhe exceção de incompetência territorial, com a remessa dos autos para Tribunal Regional distinto daquele a que se vincula o juízo excepcionado, consoante o disposto no art. 799, § 2º, da CLT.

Assim, em decisões interlocutórias, se a decisão do Tribunal Regional do Trabalho for contrária à súmula ou orientação jurisprudencial do Tribunal Superior do Trabalho, se for suscetível de impugnação mediante recurso para o mesmo tribunal, ou se acolher exceção de competência territorial com remessa para outro Tribunal Regional, será possível o manejo do Recurso Ordinário.

No procedimento sumariíssimo[11], mais simples, o recurso ordinário uma vez recebido pelo Tribunal prevê imediata distribuição à turma e ao relator, para liberação no prazo máximo de dez dias, a fim da secretaria colocá-lo em pauta (art. 895, § 1º, II, da CLT). O parecer do Ministério Público do Trabalho será oral (art. 895, § 1º, III, da CLT) e o acórdão consistirá unicamente na certidão de julgamento (art. 895, § 1º, IV, da CLT).

No que diz respeito ao procedimento, o recurso ordinário, tal como os demais recursos trabalhistas, será interposto por simples petição endereçada ao Juiz prolator da sentença, com razões anexadas dirigidas ao órgão *ad quem* (art. 899 da CLT).

O recurso ordinário, como os demais recursos, têm para o seu cabimento pressupostos processuais ou requisitos de admissibilidade subjetivos e objetivos[12].

Os pressupostos subjetivos se referem ao recorrente e são legitimidade, capacidade e interesse.

A legitimidade recursal é a habilitação legal dada à determinada pessoa, natural ou jurídica, para recorrer de certa decisão judicial. Como regra, é conferida às partes que atuaram no processo, ao Ministério Público, enquanto parte ou *custos legis*, e a terceiros prejudicados pela decisão recorrida.

Além de ter legitimidade, o recorrente deve ser plenamente capaz, nos termos dos arts. 3º, 4º e 5º do Código Civil, no momento de interposição do recurso.

O interesse recursal repousa no binômio utilidade/necessidade. A necessidade relaciona-se à imprescindibilidade do recurso para o sucesso da pretensão do recorrente, indeferida pela sentença impugnada. A utilidade refere-se à permanência do gravame imposto ao recorrente pela decisão atacada, ou seja, que o objeto da ação não tenha se perdido, por exemplo, pela satisfação espontânea por parte do recorrido.

Já os pressupostos processuais objetivos são a recorribilidade do ato (no recurso ordinário, conforme art. 895, I e II, da CLT), adequação, ou seja, o recurso interposto deve ser adequado à decisão confrontada, tendo em vista que cada espécie de decisão desafia uma espécie de recurso legalmente previsto, tempestividade (art. 895, c/c art. 775 da CLT, e art. 6º da Lei n. 5.584/1970), representação, que diz respeito à regularidade dos atos processuais privativos de advogado realizados no processo e, finalmente, o preparo.

O preparo corresponde ao recolhimento e à comprovação do respectivo pagamento das custas processuais e do depósito recursal.

O depósito recursal, necessário para que o recurso não seja considerado deserto, é peculiar ao processo do trabalho e tem natureza jurídica de garantia do juízo recursal, além de ser exigível apenas do empregador, nas ações em que há condenação pecuniária. Portanto, serve para garantir uma futura execução, no caso de sucumbência do empregador recorrente.

A sentença de primeiro grau estabelece um valor provisório de condenação que, até o limite anualmente estabelecido pelo Tribunal Superior do Trabalho, deve ter seu depósito realizado integralmente[13]. Superado o limite na condenação provisória, o empregador deposita o chamado "teto anual".

No prazo de interposição do recurso, o depósito recursal deve ser feito em conta vinculada ao juízo (guia de depósito judicial) e corrigido com os mesmos

---

(11) Regulado nos arts. 852-A a 852-I da CLT.

(12) Ver TEIXEIRA, Pedro Henrique Gonçalves. *Recursos no Processo do Trabalho*: seus pressupostos e efeitos. Disponível em: <http://www.arcos.org.br/artigos/recursos-no-processo-do-trabalho-seus-pressupostos-e-efeitos/>. Acesso em: 28 abr. 2018.

(13) Atualmente, nos termos do Ato n. 360/SEGJUD, de 13 de julho de 2017, o teto do depósito recursal para Recurso Ordinário é de R$ 9.189,00 (nove mil cento e oitenta e nove reais).

índices da poupança (art. 899, § 4º, da CLT, com redação dada pela Lei n. 13.467/2017).

O valor do depósito recursal será reduzido pela metade para entidades sem fins lucrativos, empregadores domésticos, microempreendedores individuais, microempresas e empresas de pequeno porte (art. 899, § 9º, da CLT, com redação dada pela Lei n. 13.467/2017).

São isentos do depósito recursal os beneficiários da justiça gratuita, as entidades filantrópicas e as empresas em recuperação judicial (art. 899, § 10, da CLT, com redação dada pela Lei n. 13.467/2017).

O depósito recursal poderá ser substituído por fiança bancária ou seguro garantia judicial (art. 899, § 11, da CLT, com redação dada pela Lei n. 13.467/2017).

As custas processuais, por sua vez, devem ser pagas pelo sucumbente, no âmbito recursal, daquele contra quem a sentença recorrida foi proferida.

Diferente do depósito recursal, o empregado deve arcar com o pagamento das custas processuais, salvo se for beneficiário da justiça gratuita, nos termos do art. 789 da CLT. Segundo o referido artigo, as custas equivalem a 2% (dois por cento) do valor da condenação provisória, observado o valor mínimo de R$ 10,64 (dez reais e sessenta e quatro centavos).

São isentas do pagamento das custas processuais as pessoas jurídicas de direito público interno e o Ministério Público do Trabalho, bem como o INSS. As entidades fiscalizadoras do exercício profissional, no entanto, estão obrigadas ao pagamento das custas. Essa é a dicção do art. 790-A da CLT.

A massa falida (Súmula n. 86 do TST) e os sindicatos nas ações coletivas, salvo em caso de comprovada má-fé (art. 87 do CDC), também são isentos do pagamento das custas processuais.

Da mesma forma que no depósito recursal, nas custas, o recolhimento deve ser feito no mesmo prazo do recurso. Além disso, o recolhimento a menor das custas arbitradas na sentença recorrida resulta na deserção do recurso, nos termos da OJ n. 140 da SDI-1 do TST.

Uma vez recebido o recurso ordinário pelo juízo *a quo,* são examinados os pressupostos subjetivos e objetivos. No caso de não admissão do recurso, a parte recorrente é intimada e poderá interpor Agravo de Instrumento[14] no prazo de oito dias, com o fim de fazer subir o recurso ao órgão *ad quem.*

Admitido o recurso, a parte contrária é intimada para contrarrazões (art. 6º da Lei n. 5.584/1970) e, querendo, interposição de recurso ordinário adesivo (art. 997, § 2º, do Código de Processo Civil), cabível no processo do trabalho a teor do art. 769 da CLT.

Recebidas as contrarrazões e, eventualmente, recurso ordinário adesivo, feito novo juízo de admissibilidade, o recurso subirá ao Tribunal Regional do Trabalho, onde, por sorteio, será designada uma turma julgadora e um relator.

Elaborada a proposta de voto, o processo será enviado à secretaria da turma para designação de pauta de julgamento. Na sessão de julgamento, as partes poderão, através dos seus advogados, apresentar sustentação oral de acordo com o regimento interno do respectivo tribunal. Após o relatório e a sustentação oral, são colhidos os votos e proclamado o resultado. O acórdão oficial é lavrado e publicado.

4. EFEITOS

A teor do art. 899 da CLT, os recursos trabalhistas têm apenas efeito devolutivo. Assim como no Recurso de Apelação do Processo Civil (art. 1.013 do Código de Processo Civil), o Recurso Ordinário devolverá ao Tribunal o conhecimento da matéria impugnada.

Serão, porém, objeto da apreciação e julgamento pelo tribunal todas as questões suscitadas e discutidas no processo, ainda que não tenham sido solucionadas, desde que relativas ao capítulo impugnado.

A profundidade do efeito devolutivo relaciona-se com a qualidade das matérias apreciadas na instância recursal. Seu permissivo legal encontra-se no § 2º do art. 1.013 do Código de Processo Civil, cuja redação dispõe que "Quando o pedido ou a defesa tiver mais de um fundamento e o juiz acolher apenas um deles, a apelação devolverá ao tribunal o conhecimento dos demais". Não obstante, a Súmula n. 393 do TST indica o § 1º da norma processual comentada como base legal do efeito devolutivo em profundidade:

Súmula n. 393 do TST

RECURSO ORDINÁRIO. EFEITO DEVOLUTIVO EM PROFUNDIDADE. ART. 1.013, § 1º, DO

---

(14) CLT, Art. 897. Cabe agravo, no prazo de 8 (oito) dias:

(...)

b) de instrumento, dos despachos que denegarem a interposição de recursos.

(...)

§ 4º Na hipótese da alínea *b* deste artigo, o agravo será julgado pelo Tribunal que seria competente para conhecer o recurso cuja interposição foi denegada.

CPC DE 2015. ART. 515, § 1º, DO CPC DE 1973. (nova redação em decorrência do CPC de 2015) – Res. n. 208/2016, DEJT divulgado em 22, 25 e 26.04.2016

I – O efeito devolutivo em profundidade do recurso ordinário, que se extrai do § 1º do art. 1.013 do CPC de 2015 (art. 515, § 1º, do CPC de 1973), transfere ao Tribunal a apreciação dos fundamentos da inicial ou da defesa, não examinados pela sentença, ainda que não renovados em contrarrazões, desde que relativos ao capítulo impugnado.

II – Se o processo estiver em condições, o tribunal, ao julgar o recurso ordinário, deverá decidir desde logo o mérito da causa, nos termos do § 3º do art. 1.013 do CPC de 2015, inclusive quando constatar a omissão da sentença no exame de um dos pedidos.

O exame profundo possibilitado pelo efeito devolutivo permite ao tribunal *ad quem* apreciar questões já examinadas na decisão recorrida, mas não analisadas em todos os seus fundamentos. Portanto, o exame em profundidade não se direciona a matérias não apreciadas na sentença, mas as matérias analisadas na sentença, mas indeferidas com fundamento em apenas um dos vários argumentos tecidos pela parte. Em outras palavras, não se relaciona com a quantidade de matérias recursais, mas com a qualidade de determinada matéria recursal.

O efeito suspensivo é singularizado por adiar os efeitos da decisão recorrida e, por isso, impedir a sua execução provisória. Diferente do processo civil, no qual a regra é a existência de efeito suspensivo, conforme indica o art. 1.012 do Código de Processo Civil, no processo trabalhista, informado pelo princípio da manutenção dos efeitos da sentença, a regra a presença singular do efeito devolutivo, nos termos do art. 899 da CLT.

Uma exceção à suspensão dos efeitos da sentença objurgada encontra-se no art. 14 da Lei n. 10.192/2001, de acordo com a qual "O recurso interposto de decisão normativa da Justiça do Trabalho terá efeito suspensivo, na medida e extensão conferidas em despacho do Presidente do Tribunal Superior do Trabalho". A respeito dessa norma, o TST editou a Súmula n. 279. Consoante o enunciado sumular, a cassação do efeito suspensivo pelo tribunal superior, concedido em face de determinada sentença normativa, tem seus efeitos retroagidos à data em que o efeito suspensivo foi concedido.

Outra exceção admitida no processo trabalhista diz respeito ao uso de ação cautelar para obter efeito suspensivo em recurso ordinário interposto contra sentença que defere antecipação de tutela. Tal entendimento ressai da Súmula n. 414, item I, do TST.

O efeito translativo permite ao órgão recursal conhecer matéria não suscitada pela parte recorrente, tendo em vista a natureza de ordem pública das questões que admitem tal efeito. Esse entendimento decorre notadamente da redação do § 3º, do art. 267, do CPC, recepcionado pela legislação laboral pelo art. 769 da CLT (nos casos omissos, o direito processual comum será fonte subsidiária do direito processual do trabalho, exceto naquilo em que for incompatível).

Vale lembrar que, em regra, o efeito translativo cabe apenas nos recursos de natureza ordinária, tendo em vista que os recursos de natureza extraordinária dependem de prequestionamento, isto é, de prévia manifestação da parte, o que não se verifica nas hipóteses de efeito translativo

O efeito substitutivo ocorre apenas quando o juízo recursal analisa o mérito da questão impugnada, isto é, somente nos casos em que a fase de admissibilidade é ultrapassada. Ocorrendo isso, o tribunal *ad quem* julga o mérito e, se der provimento ao inconformismo do recorrente, substitui a decisão impugnada.

O denominado efeito extensivo é aplicável nos casos de litisconsórcio unitário, tendo em vista que nessa hipótese a decisão do juízo recursal deve se estender a todos os litisconsortes. Essa é a dicção do art. 116 do Código de Processo Civil, que prevê uniformidade na decisão para todos os litisconsortes nos casos em que existir interesse comum.

Por fim, o efeito regressivo trata da possibilidade de a autoridade prolatora da decisão objurgada retratar ou reconsiderar seu entendimento, com amparo nos princípios da simplicidade, da celeridade e da economia processual.

No direito processual laboral, o efeito regressivo pode ser observado nos recursos de agravo de instrumento e de agravo regimental.

5. CONSIDERAÇÕES FINAIS

No processo do trabalho, onde o bem da vida que se busca através do Estado-Juiz, tem natureza alimentar, a simplificação procedimental deve imperar. Afinal, ainda que deva ser preservada a segurança jurídica, o direito de quem busca alimentos não deve tardar.

Não é por outra razão que o processo do trabalho é, antes de instrutório e de julgamento, conciliatório. A tentativa de conciliação deve ser buscada a todo momento e, em especial, por previsão legal, antes da audiência inicial (art. 846 da CLT) e ao final da instrução processual (art. 850 da CLT).

Também por esta razão fulcral, o processo trabalhista privilegia a concentração dos atos processuais em audiência que, preferencialmente, deve ser contínua (art. 849 da CLT). Não há previsão de despacho saneador (art. 357 do CPC) e, como já visto, não cabe recurso contra decisão interlocutória (art. 893 da CLT).

Nesta linha, diferentemente do processo civil, os recursos no processo do trabalho têm prazo inferior, de oito dias úteis (art. 775 da CLT).

O Recurso Ordinário, como refere a sua denominação, atua na instância denominada ordinária, qual seja, da decisão do primeiro (Vara do Trabalho) para o segundo grau de jurisdição (Tribunal Regional do Trabalho). Esta denominação diz respeito à simplicidade do recurso, que cabe contra decisões definitivas ou terminativas e admitem o reexame de matéria de fato.

Da decisão das Varas do Trabalho ou do Tribunal em processos de sua competência originária, cabe Recurso Ordinário a ser interposto por simples petição designada ao órgão prolator da sentença, com razões anexas dirigidas ao órgão revisor da sentença.

Ao receber o Recurso Ordinário, o órgão prolator examina seus pressupostos subjetivos e objetivos e, presentes estes, após intimar a parte contrária para apresentar contrarrazões, determina a remessa ao órgão revisor (turma julgadora do TRT), que fará novo juízo de admissibilidade antes de enfrentar o mérito (relator), apresentando proposta de voto aos demais membros da turma julgadora, composta de três Desembargadores Federais do Trabalho.

Denegado seguimento ao recurso, cabe Agravo de Instrumento por parte do recorrente. Intimada a parte contrária para contrarrazões ao recurso e contraminuta ao agravo, o processo sobe ao grau revisor para mesma tramitação do caso de não haver agravo.

Publicada pauta de julgamento, as partes, através dos seus advogados, podem sustentar oralmente as suas razões após a leitura do relatório. Em seguida, votam relator e demais julgadores, sendo proclamado o resultado e, posteriormente, lavrado o acórdão para publicação.

Atualmente, em face do número de processos, a maioria dos Tribunais tem apresentado a ementa da decisão no início da sessão. Assim, os procuradores das partes, em caso de sucesso nas suas razões, podem declinar da sustentação oral, reduzindo o tempo da sessão de julgamento, onde um grande número de processos é julgado.

Estes são os aspectos relevantes que regem o Recurso Ordinário no direito processual do trabalho brasileiro.

6. REFERÊNCIAS

GARCIA, Gustavo Filipe Barbosa. *Curso de Direito Processual do Trabalho*. 5. ed. Rio de Janeiro: Forense, 2016.

GIGLIO, Wagner D.; CORRÊA, Claudia Giglio Veltri. *Direito Processual do Trabalho*. 16. ed. São Paulo: Saraiva, 2007.

LEITE, Carlos Henrique Bezerra. *Curso de Direito Processual do Trabalho*. 7. ed. São Paulo: LTr, 2009.

MARTINS, Sergio Pinto. *Direito Processual do Trabalho*. 38. ed. São Paulo: Saraiva, 2016.

NASCIMENTO, Amauri Mascaro. *Curso de Direito Processual do Trabalho*. 27. ed. São Paulo: Saraiva, 2002.

STÜRMER, Gilberto. *Direito Constitucional do Trabalho no Brasil*. São Paulo: Atlas, 2007.

TEIXEIRA, Pedro Henrique Gonçalves. *Recursos no Processo do Trabalho: seus pressupostos e efeitos*. Disponível em: <http://www.arcos.org.br/artigos/recursos-no-processo-do-trabalho-seus-pressupostos-e-efeitos/>. Acesso em: 28 abr. 2018.

14. RECURSO DE REVISTA

Bruno Freire e Silva[1]

1. INTRODUÇÃO

No dia 22 de julho de 2014, foi publicada a Lei n. 13.015/2014 que alterou a Consolidação das Leis do Trabalho com a inserção de sete novidades na sistemática recursal trabalhista.

A primeira delas refere-se a alterações no tocante ao cabimento do recurso de embargos no Tribunal Superior do Trabalho (inciso II, do art. 894, §§ 2º, 3º e 4º). A segunda é atinente também à admissibilidade de recurso, no caso, o recurso de revista, que igualmente é interposto para esse Tribunal Superior (alínea *a* do art. 896, bem como § 1º-A, incisos I, II e III). A terceira enseja a obrigatoriedade da uniformização da jurisprudência pelos Tribunais Regionais do Trabalho (§§ 3º, 4º, 5º e 6º do art. 896). Na quarta, vislumbramos significativo avanço da lei, que traz uma valorização da instrumentalidade das formas, ao permitir a desconsideração de vício que não seja grave ou intimação da parte para ajuste, com o fim de que se possa julgar o mérito do recurso interposto (§ 11 do art. 896).

A quinta alteração diz respeito a mudanças técnicas que visam aperfeiçoar os embargos de declaração (§§ 2º e 3º do art. 897). A sexta corrobora a tendência em nosso direito de valorização de precedentes, com a dispensa de depósito recursal no agravo de instrumento quando o recurso que objetiva destrancar se insurge contra decisão que contraria súmula ou jurisprudência uniforme do TST (§ 8º do art. 899 da CLT). E, por último, é inserida na sistemática recursal trabalhista a aplicação de regras do CPC que tratam dos recursos repetitivos (arts. 896-B e 896-C e respectivos parágrafos).

Depois de três anos de vigência da referida lei, nova legislação altera o ordenamento jurídico trabalhista, desta feita a Lei n. 13.467 de 13 de julho de 2017 (Reforma Trabalhista), que no sistema recursal revogou os dispositivos relativos à uniformização de jurisprudência, trouxe ônus para alegação de negativa de prestação jurisdicional e regulamentou o requisito da transcendência para admissibilidade do recurso de revista.

No presente estudo, abordaremos as novidades relativas ao recurso de revista, com o fim de realizarmos uma atualização e um exame crítico do que foi alterado em relação a um dos principais institutos do sistema recursal trabalhista.

2. UM BREVE PERFIL DO RECURSO DE REVISTA

O recurso de revista consiste em recurso de índole extraordinária interposto para o Tribunal Superior do Trabalho que, junto com o recurso extraordinário para o Supremo Tribunal Federal e o recurso especial para o Superior Tribunal de Justiça, não busca reexaminar a justiça da decisão e tutela do direito subjetivo, mas assegurar a inteireza do direito objetivo, a integridade do ordenamento jurídico e a uniformidade do Tribunais na interpretação do direito, tanto na esfera infraconstitucional como na constitucional.

Conforme define Mauro Schiavi, o recurso de revista consiste em "recurso de natureza extraordinária, cabível em face de acórdãos proferidos pelos Tribunais Regionais do Trabalho em dissídios individuais, tendo por objetivo uniformizar a interpretação das legislações estadual, federal e constitucional (tanto de direito material como processual), no âmbito da competência da

---

[1] Advogado em São Paulo, Rio de Janeiro e Brasília. Graduado na UFBA – Universidade Federal da Bahia. Mestre e Doutor na PUC/SP – Pontifícia Universidade Católica de São Paulo. Professor Adjunto de Teoria Geral do Processo na UERJ – Universidade do Estado do Rio de Janeiro (graduação, mestrado e doutorado) e da GV Law São Paulo (especialização). Membro do Instituto Brasileiro de Direito Processual e Titular da cadeira n. 68 da Academia Brasileira de Direito do Trabalho.

Justiça do Trabalho, bem como resguardar a aplicabilidade de tais instrumentos normativos[2]".

O cabimento do recurso de revista está previsto nos art. 896 da Consolidação das Leis do Trabalho, *in verbis*:

> Art. 896. Cabe Recurso de Revista para Turma do Tribunal Superior do Trabalho das decisões proferidas em grau de recurso ordinário, em dissídio individual, pelos Tribunais Regionais do Trabalho, quando: a) derem ao mesmo dispositivo de lei federal interpretação diversa da que lhe houver dado outro Tribunal Regional do Trabalho, no seu Pleno ou Turma, ou a Seção de Dissídios Individuais do Tribunal Superior do Trabalho, ou contrariarem súmula de jurisprudência uniforme dessa Corte ou súmula vinculante do Supremo Tribunal Federal; b) derem ao mesmo dispositivo de lei estadual, Convenção Coletiva de Trabalho, Acordo Coletivo, sentença normativa ou regulamento empresarial de observância obrigatória em área territorial que exceda a jurisdição do Tribunal Regional prolator da decisão recorrida, interpretação divergente, na forma da alínea *a*; c) proferidas com violação literal de disposição de lei federal ou afronta direta e literal à Constituição Federal.

Trata-se, pois, de recurso de estrito direito e, conforme já dito, diferente dos recursos ordinários, não visa corrigir eventual injustiça da decisão na solução do conflito, mas o respeito e a observância das normas do ordenamento jurídico, daí a impossibilidade de nessa seara recursal ocorrer revisão de fatos e provas.

O recurso ora estudado, outrossim, tem um papel fundamental de uniformizar a jurisprudência trabalhista e a interpretação do direito do trabalho realizada pelos Tribunais Regionais do Trabalho. Nesse sentido, muito pertinente a lição de Estêvão Mallet a respeito da necessária manutenção do recurso no ordenamento jurídico pátrio:

> A revista não pode ser abolida porque isso levaria, em última análise, à desintegração do direito do trabalho federal. Diante da força criadora da jurisprudência, sobre a qual se falou no início do presente estudo, se não houvesse como unificar interpretações divergentes em torno do mesmo dispositivo legal, em pouco tempo o Direito do Trabalho nacional seria substituído, na prática, por diferentes versões locais, o que não parece desejável nem é pretendido por quem busca tornar mais célere a tramitação das demandas trabalhistas. Por aí se vê que o recurso de revista desempenha função realmente relevante, não convindo sua eliminação: os prejuízos decorrentes não compensariam as vantagens obtidas, até porque a economia de tempo alcançada seria proporcionalmente pequena, em comparação com o tempo total do processo.[3]

Como qualquer recurso, está sujeito não somente ao juízo de mérito, no que tange ao provimento ou improvimento da impugnação recursal, mas também previamente ao juízo de admissibilidade que, diante do perfil excepcional do recurso de estrito de direito, não admite a revisão de fatos e provas, conforme já consolidado na Súmula n. 126 do TST. Limita-se, pois, à tutela do direito objetivo e, assim, além da restrição à revisão de fatos e provas, suscita inúmeros outros requisitos que restringem sua admissibilidade. Vejamos.

3. ADMISSIBILIDADE

Diante da natureza excepcional do recurso de revista, que não se presta a reexaminar fatos e provas para aferir eventual lesão de direito subjetivo na solução do conflito, é natural que haja um maior rigor no exame de seus pressupostos de admissibilidade por se tratar de um recurso de estrito direito.

E o rigor da admissibilidade do recurso pode ser aferido tanto nos requisitos impostos pela Lei n. 13.105/2014 como pela Lei n. 13.467/2017. Vejamos

3.1. Requisitos de admissibilidade impostos pela Lei n. 13.105/2014

3.1.1. *Ampliação das hipóteses de cabimento – Violação da súmula vinculante do STF e da orientação jurisprudencial do TST*

O art. 896 da CLT trata do recurso de revista, cabível para impugnar, como já visto, "decisões proferidas em grau de recurso ordinário, em dissídio individual, pelos Tribunais Regionais do Trabalho". As hipóteses de cabimento do referido recurso foram ampliadas pela nova lei, como se pode constatar da comparação entre o texto antigo da alínea *a* e o inserido pela reforma

---

(2) SCHIAVI, Mauro. Aspectos do Recurso de Revista diante da Reforma Trabalhista. In: DALLEGRAVE NETO, José Affonso; KAJOTA, Ernani (Coords.). *Reforma Trabalhista Ponto a Ponto de acordo com a MP n. 808 (14.11.2017)*. Estudos em Homenagem ao Professor Luiz Eduardo Gunther. São Paulo: 2018. p. 370.

(3) MALLET, Estêvão. *Do Recurso de Revista no Processo do Trabalho*. São Paulo: LTr, 1995. p. 15.

legislativa, ampliando-se e relevando-se a finalidade de uniformizar a jurisprudência pátria.

O texto antigo da alínea *a* do art. 896 da Consolidação das Leis do Trabalho tinha a seguinte redação quanto ao cabimento ou objeto do recurso contra decisões que:

> derem ao mesmo dispositivo de lei federal interpretação diversa da que houver dado outro Tribunal Regional, no seu Pleno ou Turma, ou a Seção de dissídios individuais de Tribunal Superior do Trabalho, ou contrariarem súmula de jurisprudência uniforme dessa Corte.

Já a nova alínea *a* do referido artigo da lei trabalhista, com as alterações inseridas pela Lei n. 13.015/2014, passou a ter a seguinte redação:

> derem ao mesmo dispositivo de lei federal interpretação diversa da que houver dado outro Tribunal Regional, no seu Pleno ou Turma, ou a Seção de dissídios individuais de Tribunal Superior do Trabalho, ou contrariarem súmula de jurisprudência uniforme dessa Corte ou súmula vinculante do Supremo Tribunal Federal.

Pois bem. Como se pode constatar, além de o recurso de revista ser interpostos quando existente divergência na interpretação de um mesmo dispositivo de lei federal por Pleno ou Turma de Tribunais Regionais, ou divergência com a Seção de Dissídios Individuais do Tribunal Superior do Trabalho ou ainda contrariarem súmula de jurisprudência dessa Corte, também passou a ser cabível contra decisões contrárias a súmula vinculante do Supremo Tribunal Federal.

Assim como a ampliação no cabimento do recurso de embargos, no tocante ao recurso de revista, a alteração legislativa também foi fruto de acolhimento de posição adotada pela jurisprudência do Tribunal Superior do Trabalho, oriunda de discussões sobre o tema.

A posição de admitir recurso de revista contra julgado que diverge de súmula vinculante do Supremo Tribunal Federal sempre gerou bastante polêmica. É que, contra o descumprimento de súmula vinculante, nosso ordenamento jurídico prevê a reclamação constitucional[4].

Ainda restava, porém, à doutrina e à jurisprudência do próprio TST, que defendiam a impossibilidade de manejo do recurso para hipótese de violação de súmula vinculante, o óbice referente à competência, pois ao Supremo Tribunal Federal cabe, em última instância, a cassação da decisão que contraria suas próprias súmulas vinculantes; competência esta funcional e, portanto, absoluta. Nesse diapasão, sustentava-se desnecessária nessa seara a ampliação do cabimento do recurso de revista, recurso de competência do Tribunal Superior do Trabalho, pois a matéria poderia ser decidida e até mesmo alterada no âmbito do Supremo Tribunal Federal.

De toda sorte, prevaleceu o entendimento jurisprudencial do cabimento dos embargos e de revista contra decisão que divergia de súmula vinculante do Supremo Tribunal Federal, posição essa que foi adotada pela Lei n. 13.015/2014. O recurso de revista, assim como o de embargos, tiveram sua finalidade ampliada, pois, além de uniformizar a jurisprudência interna do Tribunal Superior do Trabalho e pacificar em âmbito nacional a interpretação do direito material e processual do trabalho, passou a ter a função de também harmonizar a jurisprudência constitucional trabalhista relativa aos entendimentos exarados pelo Supremo Tribunal Federal por meio de suas súmulas vinculantes.

Ainda, em relação à alínea *a*, do art. 896, da CLT, alterada pela Lei n. 13.015/2014, diferente dos embargos, a redação deixa de incluir a contrariedade à orientação jurisprudencial como hipótese de cabimento do recurso de revista para fins de sua admissibilidade. A *priori*, o referido deslize poderia suscitar dúvidas em relação à possibilidade ou não de interposição do recurso contra decisão que violasse orientação jurisprudencial. Entretanto, eventuais controvérsias interpretativas são elididas com o texto do inciso II do § 1º introduzido pela lei no mesmo art. 896, o qual estabelece o ônus da parte "indicar, de forma explícita e fundamentada, contrariedade a dispositivo de lei, súmula ou orientação jurisprudencial do Tribunal Superior do Trabalho que conflite com a decisão regional".

3.1.2. Positivação de exigências previstas em súmulas persuasivas do TST

A inserção do § 1º-A no art. 896 da CLT relativo à admissibilidade do recurso excepcional enseja um maior rigor na admissão do recurso, consistente na positivação de exigências anteriormente previstas apenas

---

(4) Ocorre que, como já tivemos oportunidade de sustentar, a reclamação constitucional tem natureza de ação. Sobre o tema ver nosso texto *O Desrespeito à Súmula Vinculante e a Reclamação Constitucional*. In: MEDINA, José Miguel Garcia; FIGUEIREDO CRUZ, Luana Pedrosa; CERQUEIRA, Luís Otávio Sequeira de; GOMES JUNIOR, Luiz Manoel (Coords.). *Os Poderes do Juiz e o Controle das Decisões Judiciais* – Estudos em homenagem à Profa. Teresa Arruda Alvim Wambier. 2. ed. São Paulo: RT, 2008. v. 1, p. 1161-1167.

em súmulas persuasivas do TST. É o que se desdobra do novo texto:

> Sob pena de não conhecimento é ônus da parte:
> I – indicar o trecho da decisão recorrida que consubstancia o prequestionamento da controvérsia objeto do recurso de revista;
> II – indicar, de forma explícita e fundamentada, contrariedade a dispositivo de lei, súmula ou orientação jurisprudencial do Tribunal Superior do Trabalho que conflite com a decisão regional;
> III – expor as razões do pedido de reforma, impugnando todos os fundamentos jurídicos da decisão recorrida, inclusive mediante demonstração analítica de cada dispositivo de lei, da Constituição Federal, de súmula ou orientação jurisprudencial cuja contrariedade aponte.

No referido parágrafo, pois, são inseridas exigências formais para o conhecimento do recurso. Tais exigências não podem ser taxadas de novidades para aqueles que militam na Corte Superior Trabalhista, por já fazerem parte do dia a dia forense dos que lutam contra a chamada "jurisprudência defensiva"[5], cujas exigências para conhecimento do recurso de revista já são objeto de inúmeras súmulas. Senão, vejamos.

3.1.2.1. Prequestionamento

O inciso I, do novo § 1º-A do art. 896, exige que a parte indique "o trecho da decisão recorrida que consubstancia o prequestionamento da controvérsia objeto do recurso de revista". A definição do prequestionamento pode ser extraída da Súmula n. 97 do Tribunal Superior do Trabalho, o qual estabelece que "Diz-se prequestionada a matéria ou questão quando na decisão impugnada haja sido adotada, explicitamente, tese a respeito".

Conforme esclarece Cassio Scarpinella Bueno, "tudo indica que a ideia de prequestionamento relaciona-se, intimamente, àquilo que foi decidido, de forma mais ou menos clara, no acórdão recorrido e que, dados alguns defeitos ou erros perante a lei ou Constituição Federal, esses mesmos defeitos ou erros dão ensejo ao contraste da decisão que os contém perante o STJ ou STF, respectivamente. Sempre prevaleceu a orientação de que só se analisa, nesses tribunais, aquilo que foi, efetivamente, decidido. Não o que poderia ter sido por mais evidente que isso pode aparentar[6]".

A inexistência de manifestação expressa sobre a matéria impugnada, pois, inviabiliza, por completo, a aferição do dissenso jurisprudencial relativo a tal matéria, diante da inexistência de teses opostas a serem cotejadas. Assim, a partir da vigência da Lei n. 13.015/2014, o recurso de revista deve indicar nas razões recursais, de forma expressa, o trecho do acórdão recorrido em que debate-se a tese objeto da matéria impugnada.

Tal prequestionamento é realizado por meio da oposição de embargos de declaração, como se pode constatar da Súmula n. 297 do TST: "Considera-se prequestionada a questão jurídica invocada no recurso principal sobre o qual se omite o Tribunal de pronunciar tese, não obstante opostos embargos de declaração."

3.1.2.2. Indicação explícita e fundamentada da contrariedade a dispositivo de lei, súmula ou orientação jurisprudencial

Outro ônus imposto à parte para conhecimento do recurso inserido no inciso II do § 1º-A do art. 896 da CLT consiste na necessidade de "indicar, de forma explícita e fundamentada, contrariedade a dispositivo de lei, súmula ou orientação jurisprudencial do Tribunal Superior do Trabalho que conflite com a decisão regional".

Assim, diante da nova exigência legal, não basta o prequestionamento, isto é, o enfrentamento da questão objeto do recurso pelo Tribunal Regional do Trabalho, mas a indicação nas razões recursais de forma expressa e categórica dos dispositivos legais ou constitucionais (artigo, inciso ou parágrafo do diploma legal) contrariados. O recurso não será conhecido na hipótese de a menção à legislação ser genérica, sem a discriminação detalhada dos dispositivos supostamente violados.

Tal entendimento já se encontrava sedimentado na Súmula n. 221 do Tribunal Superior do Trabalho: "Recurso de revista. Violação de lei. Indicação de preceito. A admissibilidade do recurso de revista por violação tem como pressuposto a indicação expressa do dispositivo de lei ou da Constituição tido como violado." Em verdade, o Tribunal Superior do Trabalho sempre foi bastante rigoroso na observância de tais requisitos

---

(5) Expressão criada pela doutrina para cunhar as posições extremamente formais de Tribunais Superiores com o fim de restringir ao máximo o exame de mérito dos recursos interpostos.

(6) BUENO, Cassio Scarpinella. De Volta ao prequestionamento – Duas Reflexões sobre o RE 298.695-SP. In: NERY JR. Nelson; ARRUDA ALVIM WAMBIER, Teresa (Coord.) *Aspectos Polêmicos e Atuais dos Recursos Cíveis e de Outros Meios de Impugnação às Decisões Judiciais*. São Paulo: RT, 2006. v. 8, p. 77.

formais, como se pode constatar das inúmeras orientações jurisprudenciais sobre o tema[7].

3.1.2.3. Demonstração analítica da contrariedade

A parte recorrente, pois, não pode cometer nenhum erro na indicação do dispositivo supostamente violado, ou mesmo se omitir em relação ao cumprimento desse ônus, sob pena de não ter o recurso de revista conhecido.

E tal indicação, conforme exige o inciso III, do § 1º-A, do art. 896-A da CLT, deverá estar acompanhado de demonstração analítica da contrariedade suscitada, com impugnação específica sobre a totalidade dos fundamentos que embasam o acórdão recorrido.

Conforme as novas exigências impostas pela Lei n. 13.015/2014, além da explícita indicação dos dispositivos legais ou constitucionais, há necessidade desta vir acompanhada de uma demonstração analítica das violações. Destarte, cabe à parte efetuar, nas razões recursais, um cotejo entre a norma que alega ter sido violada e o trecho da decisão apontada como violadora, com a indicação dos fundamentos aptos a demonstrar a necessidade de reforma para manutenção da integridade do ordenamento jurídico.

Diante do texto da nova lei, é patente a impossibilidade de aplicação ao recurso de revista da regra prevista no art. 899 da Consolidação das Leis do Trabalho, *in verbis*: "Os recursos serão interpostos por simples petição." Nesse diapasão, pelo menos na seara recursal, a informalidade que rege o processo do trabalho cede espaço e se aproxima cada vez mais do formalismo do processo civil[8]. Essa realidade é fruto, principalmente, de uma maior complexidade nas relações e demandas trabalhistas, que denotam, cada vez mais, uma maior tecnicidade para solução justa dos conflitos nessa seara

---

(7) OJ n. 62 da SDI-1: PREQUESTIONAMENTO. PRESSUPOSTO DE ADMISSIBILIDADE EM APELO DE NATUREZA EXTRAORDINÁRIA. NECESSIDADE, AINDA QUE SE TRATE DE INCOMPETÊNCIA ABSOLUTA (republicada em decorrência de erro material) – DEJT divulgado em 23, 24 e 25.11.2010.

É necessário o prequestionamento como pressuposto de admissibilidade em recurso de natureza extraordinária, ainda que se trate de incompetência absoluta.

OJ n. 115 da SDI-1: RECURSO DE REVISTA. NULIDADE POR NEGATIVA DE PRESTAÇÃO JURISDICIONAL (alterada em decorrência da redação do inciso II do art. 894 da CLT, incluído pela Lei n. 11.496/2007) – Res. n. 182/2012, DEJT divulgado em 19, 20 e 23.04.2012

O conhecimento do recurso de revista, quanto à preliminar de nulidade por negativa de prestação jurisdicional, supõe indicação de violação do art. 832 da CLT, do art. 458 do CPC ou do art. 93, IX, da CF/1988.

OJ n. 118: PREQUESTIONAMENTO. TESE EXPLÍCITA. INTELIGÊNCIA DA SÚMULA N. 297 (inserida em 20.11.1997)

Havendo tese explícita sobre a matéria, na decisão recorrida, desnecessário contenha nela referência expressa do dispositivo legal para ter-se como prequestionado este.

OJ n. 119: PREQUESTIONAMENTO INEXIGÍVEL. VIOLAÇÃO NASCIDA NA PRÓPRIA DECISÃO RECORRIDA. SÚMULA N. 297 DO TST. INAPLICÁVEL (inserido dispositivo) – DEJT divulgado em 16, 17 e 18.11.2010

É inexigível o prequestionamento quando a violação indicada houver nascido na própria decisão recorrida. Inaplicável a Súmula n. 297 do TST.

OJ n. 151: PREQUESTIONAMENTO. DECISÃO REGIONAL QUE ADOTA A SENTENÇA. AUSÊNCIA DE PREQUESTIONAMENTO (inserida em 27.11.1998)

Decisão regional que simplesmente adota os fundamentos da decisão de primeiro grau não preenche a exigência do prequestionamento, tal como previsto na Súmula n. 297.

OJ n. 256: PREQUESTIONAMENTO. CONFIGURAÇÃO. TESE EXPLÍCITA. SÚMULA N. 297 (inserida em 13.03.2002)

Para fins do requisito do prequestionamento de que trata a Súmula n. 297, há necessidade de que haja, no acórdão, de maneira clara, elementos que levem à conclusão de que o Regional adotou uma tese contrária à lei ou à súmula.

OJ n. 335: CONTRATO NULO. ADMINISTRAÇÃO PÚBLICA. EFEITOS. CONHECIMENTO DO RECURSO POR VIOLAÇÃO DO ART. 37, II E § 2º, DA CF/88 (DJ 04.05.2004)

A nulidade da contratação sem concurso público, após a CF/88, bem como a limitação de seus efeitos, somente poderá ser declarada por ofensa ao art. 37, II, se invocado concomitantemente o seu § 2º, todos da CF/1988.

(8) O formalismo usado aqui é no melhor sentido possível, aquele destituído de exageros e necessário à segurança jurídica das partes. Nesse sentido invocamos a proposta de formalismo-valorativo elaborada pelo saudoso Professor Carlos Alberto Álvaro de Oliveira, Do Formalismo no processo civil – Proposta de um formalismo – valorativo. São Paulo: Saraiva, 2010. p. 285: "Verificou-se que o formalismo, ou forma em sentido amplo, constitui a própria estruturação e organização interna do processo por coordenar a atividade dos sujeitos processuais, integrado ainda pela forma em sentido estrito e pelas formalidades necessárias para o curso e desenvolvimento do procedimento. Trata-se de disciplinar a desordem e emprestar previsibilidade ao procedimento. O formalismo – valorativo atua, portanto, de um lado como garantia de liberdade do cidadão em face do eventual arbítrio dos órgãos exercentes do poder do Estado, e de outro como anteparo aos excessos de uma parte em relação à outra, vale dizer, buscando o equilíbrio formal entre os contendores. Serve, ademais, como fator organizador para emprestar maior efetividade ao instrumento processual."

do direito e que, consequentemente, enseje uma maior segurança jurídica às partes litigantes.

3.1.2.4. Impugnação dos fundamentos da decisão recorrida

Em relação à imposição, também inserida no inciso III, do § 1º-A, do art. 896 da CLT, de a parte "expor as razões do pedido de reforma, impugnando todos os fundamentos jurídicos da decisão recorrida", é mister citar a Súmula n. 422 do TST que precede a lei, mas é no mesmo sentido desta: "Não se conhece de recurso para o TST, pela ausência do requisito de admissibilidade inscrito no art. 514, II, do CPC, quando as razões do recorrente não impugnam os fundamentos da decisão recorrida, nos termos em que fora proposta."

É necessário, pois, principalmente diante dos termos na nova lei, que a parte deduza fundamentação pertinente no seu recurso de revista, apontando de maneira correta e precisa os *errores in judicando* e os *errores in procedendo* que ensejam a necessidade de reforma do julgado. O recurso que se limita a reproduzir o conteúdo das peças processuais anteriores ao ato judicial impugnado com fundamentação desvinculada dos elementos articulados no acórdão recorrido não deve ser conhecido, muito menos provido.

Quando a decisão possui mais de um fundamento, o recurso também deve impugnar todos eles de forma específica, sob pena de não ser conhecido. Nesse sentido, é a Súmula n. 283 do Supremo Tribunal Federal, plenamente aplicável ao recurso de revista: "Admissibilidade – Recurso Extraordinário – Decisão recorrida mais de um fundamento suficiente – Abrangência do recurso. É inadmissível o recurso extraordinário, quando a decisão recorrida assenta em mais de um fundamento suficiente e o recurso não abrange todos eles."

Contudo, não é só. Em relação à admissibilidade do recurso de revista, destacam-se ainda na nova legislação a inserção dos §§ 7º, 8º, 9º e 10 no art. 896 da Consolidação das Leis do Trabalho. Vejamos cada um deles.

3.1.2.5. Exigência de jurisprudência atual na alegação de divergência interpretativa

A Lei n. 13.105/2017 inseriu no art. 896 o § 7º, que exige que a divergência apta a ensejar o recurso de revista deve ser atual, "não se considerando tal a ultrapassada por súmula do Tribunal Superior do Trabalho ou do Supremo Tribunal Federal, ou superada por iterativa e notória jurisprudência do Tribunal Superior do Trabalho".

Como a existência de divergência jurisprudencial constitui o principal pressuposto de admissibilidade do recurso de revista, cuja finalidade primordial de tal modalidade recursal é justamente a uniformização da jurisprudência trabalhista, é coerente com essa realidade o óbice à admissibilidade de impugnação recursal baseado em dissenso jurisprudencial desprovido de atualidade, por ter sido superado pela jurisprudência sumulada do Tribunal Superior do Trabalho ou do Supremo Tribunal Federal.

Nesse sentido, é, inclusive, o teor da Súmula n. 333 do Tribunal Superior do Trabalho: "Não ensejam recursos de revista ou de embargos decisões superadas por iterativa, notória e atual jurisprudência do Tribunal Superior do Trabalho."

Assim, na hipótese de o dissenso se mostrar obsoleto e a decisão recorrida estiver em consonância com súmula ou com notória, iterativa e atual jurisprudência do Tribunal Superior do Trabalho, o relator, mediante decisão monocrática, deverá negar seguimento ao recurso de revista. Na aferição dessa notória, iterativa e atual jurisprudência da Corte Superior Trabalhista deve-se buscar as chamadas "orientações jurisprudenciais" da Corte Laboral, por meio da qual esta consolida os seus entendimentos sobre as diversas matérias de direito material e processual trabalhista. Tal orientação jurisprudencial, assim como a súmula, deve ser indicada na decisão que obsta a admissibilidade do recurso.

Contra tal decisão, bem como nas hipóteses de intempestividade, deserção, irregularidade de representação ou qualquer outro pressuposto extrínseco de admissibilidade que enseje uma decisão negativa de admissibilidade do recurso, caberá a interposição de agravo, no prazo de 8 dias, como estabelece o § 12 do art. 896, inserido pela Lei n. 13.015/2014.

3.1.2.6. Requisitos formais de comprovação da divergência jurisprudencial

O § 8º tem por função definir os requisitos formais de comprovação da divergência jurisprudencial no âmbito do recurso de revista: "Quando o recurso fundar-se em dissenso de julgados, incumbe ao recorrente o ônus de produzir prova da divergência jurisprudencial, mediante certidão, cópia ou citação do repositório de jurisprudência, oficial ou credenciado, inclusive em mídia eletrônica, em que houver sido publicada a decisão divergente, ou ainda pela reprodução de julgado disponível na internet, com indicação da respectiva fonte, mencionando, em qualquer caso, as circunstâncias que identifiquem ou assemelhem os casos confrontados."

Trata-se de um ônus da parte relativo à demonstração da divergência jurisprudencial apta a ensejar o conhecimento do recurso de revista e os meios pelos quais o recorrente poderá dele se desincumbir. Pode-se perceber no parágrafo a adaptação do legislador às novas formas eletrônicas de prática dos atos processuais ao prever a possibilidade de a certidão, cópia ou citação do repositório de jurisprudência ser em mídia eletrônica ou a necessidade de indicação da fonte na internet quando a reprodução do julgado divergente nela for encontrada.

Tal dispositivo legal repete orientação já fixada pelo Tribunal Superior do Trabalho por meio da alínea *a*, inciso I, de sua Súmula n. 337: "Comprovação de divergência jurisprudencial. Recurso de revista e embargos. I – Para compensação da divergência justificadora do recurso, é necessário que o recorrente: a) Junte certidão ou cópia autenticada do acórdão paradigma ou cite a fonte oficial ou o repositório autorizado em que foi publicado."

Já no tocante à "reprodução de julgado disponível na internet, com indicação da respectiva fonte", a mesma Súmula n. 337 do Tribunal Superior do Trabalho também dispõe sobre a matéria no inciso IV, o qual traz esclarecimentos pertinentes a essa forma de demonstração de divergência jurisprudencial: "É válida para comprovação da divergência jurisprudencial justificadora do recurso a indicação de aresto extraído de repositório oficial na internet, desde que o recorrente: a) transcreva o trecho divergente; b) aponte o sítio de onde foi extraído; e c) decline o número do processo, o órgão prolator do acórdão e a data da respectiva publicação no Diário Eletrônico da Justiça do Trabalho."

É importante destacar que, para a comprovação da divergência, conforme exige a parte final do § 8º do art. 896 da CLT, deve a parte mencionar "em qualquer caso, as circunstâncias que identifiquem ou assemelhem os casos confrontados". Nesse diapasão, é mister a parte realizar o confronto analítico entre os arestos recorrido e paradigma, demonstrando nas razões recursais o ponto de dissenso interpretativo entre as decisões comparadas, isto é, proceder à demonstração da premissa adotada pelo Tribunal Regional do Trabalho e aquela do aresto paradigma com o fim de esclarecer o antagonismo das teses apto a ensejar o conhecimento do recurso.

Tal exigência já se encontrava prevista no item I, letra *b*, da Súmula n. 337 do TST, *in verbis*:

> Comprovada divergência jurisprudencial. Recursos de revista e de embargos. I – Para comprovação de divergência jurisprudencial do recurso é necessário que o recorrente: b) Transcreva, nas razões recursais, as ementas e/ou trechos dos acórdãos trazidos à configuração do dissídio, demonstrando o conflito de teses que justifique o conhecimento do recurso, ainda que os acórdãos já se encontrem nos autos ou venham a ser juntados com o recurso.

A nova lei, pois, conforme já dito e se pode constatar em inúmeros de seus dispositivos, apenas incorpora exigências formais que já constavam de súmulas do Tribunal Superior do Trabalho.

3.1.3. Procedimento sumaríssimo

O § 9º ampliou as hipóteses de cabimento do recurso de revista no procedimento sumaríssimo, previsto entre os arts. 852-A e 852-I da Consolidação das Leis do Trabalho para os dissídios individuais cujo valor não exceda 40 salários mínimos: "nas causas sujeitas ao procedimento sumaríssimo, somente será admitido recurso de revista por contrariedade a súmula de jurisprudência uniforme do Tribunal Superior do Trabalho ou súmula vinculante do Supremo Tribunal Federal e por violação direta da Constituição Federal."

A partir da vigência da nova lei, além das hipóteses de conflito da decisão recorrida com enunciado da súmula de jurisprudência do Tribunal Superior do Trabalho e violação direta da Constituição Federal, também poderá ser interposto recurso de revista quando ocorrer violação de súmula vinculante do Supremo Tribunal Federal.

É importante registrar que na seara do procedimento sumaríssimo não cabe o recurso de revista por violação de orientação jurisprudencial, nos termos da Súmula n. 442 do Tribunal Superior do Trabalho, que propõe uma interpretação restritiva tendo em vista a ausência de previsão legal[9].

---

(9) SÚM-442. PROCEDIMENTO SUMARÍSSIMO. RECURSO DE REVISTA FUNDAMENTADO EM CONTRARIEDADE A ORIENTAÇÃO JURISPRUDENCIAL. INADMISSIBILIDADE. ART. 896, § 6º, DA CLT, ACRESCENTADO PELA LEI N. 9.957, DE 12.01.2000 (conversão da Orientação Jurisprudencial n. 352 da SBDI-1) – Res. n. 185/2012, DEJT divulgado em 25, 26 e 27.09.2012. Nas causas sujeitas ao procedimento sumaríssimo, a admissibilidade de recurso de revista está limitada à demonstração de violação direta a dispositivo da Constituição Federal ou contrariedade a Súmula do Tribunal Superior do Trabalho, não se admitindo o recurso por contrariedade a Orientação Jurisprudencial deste Tribunal (Livro II, Título II, Capítulo III, do RITST), ante a ausência de previsão no art. 896, § 6º, da CLT.

3.1.4. Execuções fiscais e controvérsias da fase de execução que envolvam a Certidão Negativa de Débitos Trabalhistas

Por fim, no recurso de revista oriundo das decisões proferidas em execuções fiscais e controvérsias da fase de execução que envolvam a Certidão Negativa de Débitos Trabalhistas (CNDT), o § 9º excepciona a regra inserta no § 2º, do art. 896, da CLT, no que tange à amplitude desse recurso na seara da execução. Explico: o § 2º, do art. 896, da lei trabalhista, restringe a admissibilidade do recurso de revista nas execuções às hipóteses de ofensa direta e literal de norma da Constituição Federal. E a nova legislação, nos casos de recursos de revista interpostos em sede de execuções fiscais e execuções envolvendo a Certidão Negativa de Débitos Trabalhistas admite o recurso de revista por violação à lei federal, por divergência jurisprudencial e por ofensa à Constituição Federal.

Assim, podemos distinguir na nova sistemática recursal trabalhista os recursos de revista interpostos nas execuções comuns como de admissibilidade restrita (apenas quando ocorre violação direta e literal à Constituição) e os recursos de revista interpostos nas execuções especiais, subentenda-se as fiscais e as oriundas de controvérsia em execução envolvendo Certidão Negativa de Débitos Trabalhistas, como de admissibilidade ampla (violação à lei federal, divergência jurisprudencial e ofensa à Constituição Federal).

Esses são os termos do novo § 9º, do art. 896, da Consolidação das Leis do Trabalho: "Cabe recurso de revista por violação a lei federal, por divergência jurisprudencial e por ofensa à Constituição Federal nas execuções fiscais e nas controvérsias da fase de execução que envolvam a Certidão Negativa de Débitos Trabalhistas (CNDT), criada pela Lei n. 12.440, de 7 de julho de 2011."

As execuções fiscais no processo do trabalho compreendem a execução das penalidades administrativas impostas aos empregadores pelos órgãos de fiscalização do Ministério do Trabalho, conforme prevê o art. 114, VII, da Constituição Federal. Já a Certidão Negativa de Débitos Trabalhistas (CNDT), como a própria norma revela, foi instituída pela Lei n. 12.440/2011 e teve por finalidade estimular o adimplemento dos débitos trabalhistas pelos empregadores, uma vez que é documentação indispensável à habilitação das empresas nas licitações, conforme dispõem os arts. 27, IV, e 29, V, da Lei n. 8.666/93.

Enfim, analisados os requisitos de admissibilidade impostos pela Lei n. 13.015/2014, vejamos o tema sob o prisma das novidades inseridas pela Lei n. 13.467/2017.

3.2. Requisitos de admissibilidade impostos pela Lei n. 13.467/2017

3.2.1. Transcendência

A Lei n. 13.467/2017 regulamentou o requisito da transcendência para admissibilidade do recurso de revista, filtro de admissão de recurso excepcional, semelhante à repercussão geral do recurso extraordinário.

O art. 896-A da CLT, inserido pela Medida Provisória n. 2.226, de 4 de novembro de 2001, já previa que: "O Tribunal Superior do Trabalho, no recurso de revista, examinará previamente se a causa oferece transcendência com relação aos reflexos gerais de natureza econômica, política, social ou jurídica."

A referida medida provisória estabeleceu no seu art. 2º que "O Tribunal Superior do Trabalho regulamentará, em seu regimento interno, o processamento da transcendência do recurso de revista, assegurada a apreciação da transcendência em sessão pública, com direito a sustentação oral e fundamentação da decisão".

O requisito da transcendência passou, pois, dezesseis anos sem ser regulamentado pelo Tribunal Superior do Trabalho. Há alguma razão para tanto? Não é possível afirmar com segurança a razão, mas talvez seja provável tentar diagnosticar eventuais motivos. José Alberto Couto Maciel, por exemplo, afirmou que "Este art. 896-A, da CLT, de novembro de 2001, passou dezesseis anos sem ser regulamentado pelo Tribunal Superior do Trabalho, porque, além de restringir os recursos de revista ao máximo, passaria a ser subjetivo, dependendo de uma apreciação pessoal de cada Ministro[10].

Independente das razões da não regulamentação anterior, a certeza que se tem é de que a origem do instituto da transcendência e inspiração do legislador pátrio ocorreu com o *Judiciary Act* de 1891 e 1925 da Suprema Corte dos Estados Unidos, que autorizou a Corte Suprema discutir e selecionar os processos que seriam submetidos à sua apreciação, no período que antecedesse a abertura do ano judiciário.

Mais uma vez, o legislador copia institutos de países que têm cultura jurídica distinta da nossa (além de realidades econômicas, políticas e sociológicas diferentes) e com prejuízo para os jurisdicionados, consumidor dos serviços judiciários. Não há dúvida de que a regulamentação da transcendência ensejará grande

---

(10) MACIEL, José Alberto Couto. Recurso de Revista e Transcendência. In: TUPINAMBÁ, Carolina; GOMES, Fábio Rodrigues (Coords.). *A Reforma Trabalhista – O impacto nas Relações de Trabalho*. Belo Horizonte: Fórum, 2018. p. 309.

insegurança jurídica e óbice de acesso à justiça, tendo em vista a subjetividade que o critério representa na admissibilidade dos recursos excepcionais.

Autorizada doutrina pátria também rejeita a implantação desse novo filtro recursal, como se observa da opinião de Manoel Antonio Teixeira Filho acerca do instituto:

> Ora, não desconhecemos que o sistema norte-americano, pelo *Judiciary Act* de 1891 e de 1925, dotou a Suprema Corte do Poder discricionário de realizar uma seleção prévia dos recursos que merecem ser julgados. Pretender-se, todavia, com base nesse sistema forâneo, instituir-se, no Brasil, um instrumento de controle prévio dos recursos de revista a serem apreciados pelo TST é algo, *data venia*, inaceitável.[11]

Na mesma linha de rejeição ao instituto, é a posição de José Augusto Rodrigues Pinto:

> Transcendente é qualificativo do 'muito elevado, sublime' a ponto de ser metafísico, levando o direito a bordejar a ciência do suprassensível, o que já nos levou a pensar na transcendência como a relevância elevada ao cubo ou à 4ª potência. Por aí se imagine a carga de subjetivismo que se está entregando aos magistrados incumbidos de declará-la totalmente incompatível com a imperiosa exigência de objetividade da Justiça nas declarações de convencimento dos juízes.[12]

Corroboramos, pois, as críticas dos autores citados, uma vez que o subjetivismo e a discricionariedade inerentes à aferição da existência da transcendência no recurso de revista é extremamente prejudicial aos jurisdicionados e põe em risco a segurança jurídica e previsibilidade próprias ao Estado Democrático de Direito, além de dificultar a evolução da jurisprudência.

Como por outro lado a regulamentação foi aprovada e consiste em mais um requisito de admissibilidade do recurso de revista, ou seja, mais um pressuposto subjetivo a ser demonstrado pelo recorrente no ato de interposição do recurso, é preciso definirmos os seus contornos.

O § 1º inserido pela Lei n. 13.467/2017 no art. 896-A da CLT expõe os indicadores da transcendência:

I – econômica, o elevado valor da causa; II – política, o desrespeito da instância recorrida à jurisprudência sumulada do Tribunal Superior do Trabalho ou do Supremo Tribunal Federal; III – social, a postulação, por reclamante-recorrente, de direito social constitucionalmente assegurado; IV – jurídica, a existência de questão nova em torno da interpretação da legislação trabalhista.

O uso do termo "indicadores" pelo legislador revela que a lista não é exaustiva e certamente a jurisprudência trará uma interpretação mais ampla e que possa ensejar mais segurança jurídica. Vejamos então as escolhas do legislador.

A transcendência econômica consistirá no elevado valor da causa e de logo enseja dúvidas diante do seu subjetivismo, afinal o valor da causa muitas vezes não representa o efetivo valor econômico objeto do processo, pois pode ser irrisório, mas a condenação altíssima, ou vice-versa.

Não se pode olvidar, outrossim, que o valor da causa pode não ensejar transcendência para uma parte, mas oferecer repercussão para a outra. Exemplo: uma causa de R$ 5.000,00 pode não representar nada para uma grande empresa que fatura bilhões, mas repercutir muito para um empregado que ganha um salário mínimo.

Nesse sentido, muito pertinente a ponderação de Mauricio Godinho Delgado e Gabriela Neves Delgado: "Por essa razão, o fato de o valor não ser substancial para a empresa não significa que o recurso de revista do reclamante não tenha transcendência econômica, atraindo, de plano, a denegação de seu seguimento. É que, sob a perspectiva do trabalhador recorrente, torna-se possível estimar que o valor exposto tenha efetiva importância econômica, isto é, seja elevado e tenha transcendência."[13]

Quanto à transcendência política, o legislador escolheu como indicador o desrespeito do órgão *a quo* à jurisprudência sumulada do TST ou do STF. Thereza Christina Nahas e Yone Frediani explicam que a "transcendência política diz respeito ao Direito do Estado Federado, portanto, à aplicação da lei federal ou Constituição de maneira uniforme, todas as vezes em que a instância inferior não observar matéria sumulada pelo TST ou STF[14].

---

(11) TEIXEIRA FILHO, Manoel Antonio. *O Processo do Trabalho e a Reforma Trabalhista*. São Paulo: LTr, 2017. p. 223.
(12) RODRIGUES PINTO, José Augusto. *Manual dos recursos dos dissídios do trabalho*. São Paulo: LTr, 2006. p. 200.
(13) DELGADO, Mauricio Godinho; DELGADO, Gabriela Neves. *A Reforma Trabalhista no Brasil com os Comentários à Lei 13.467/2017*. São Paulo: LTr, 2017. p. 367.
(14) NAHAS, Thereza Christina; FREDIANI, Yone. Recurso de Revista. In: *Revista do Advogado*, ano XXXVIII, n. 137, p. 173, mar.2018.

Temos dúvidas em relação ao critério e indicador adotado, pois não nos parece que seja política a situação apontada pelo legislador, talvez mais jurídica que política. Nesse sentido, o Projeto de Lei n. 3.267, de 2000, reputava como transcendência política "o desrespeito notório a princípio federativo ou à harmonia dos Poderes constituídos".

De toda sorte, foi o critério adotado pelo legislador e o desrespeito à jurisprudência sumulada pelo TST ou STF ensejará a transcendência e conduzirá à admissibilidade do recurso de revista, imprescindível para uniformizar a jurisprudência e manter coerente, estável e íntegro o sistema de precedentes judiciais. É possível equipará-la a uma "reclamação" contra os Tribunais Regionais.

Em relação à transcendência social, conforme indicador apontado pelo legislador, esta consiste na postulação, por reclamante-recorrente, de direito social constitucionalmente assegurado. Não entendemos a escolha do legislador, especialmente se a intenção da mudança foi reduzir o número de recursos de revista apreciados pelo TST.

Pois bem. Nessa hipótese, praticamente todas as vezes estará caracterizada a transcendência, pois a maioria dos direitos do trabalhador está consubstanciada no art. 7º, que integra o capítulo "Dos Direitos Sociais" da Constituição da República. Sem falar dos temas relacionados à interpretação e aplicação de princípios e regras de Direitos Humanos consagrados em normas internacionais ratificadas pelo Brasil.

Nesse diapasão, importante registrar que o Projeto de Lei n. 3.267, de 2000, definia a transcendência social como "a existência de situação extraordinária de discriminação, de comprometimento do mercado de trabalho ou de perturbação notável à harmonia entre capital e trabalho".

Por fim, quanto à transcendência jurídica, o legislador aponta como indicador a existência de questão nova em torno da interpretação da legislação trabalhista, inclusive, em nosso entendimento, questão controvertida que demande a uniformização jurisprudencial do TST, o que nos leva a reiterar que o desrespeito à jurisprudência sumulada desse órgão ou do STF diante da criação de teses jurídicas que suscitem o *overuling* ou superação do precedente se enquadra na transcendência jurídica e não política, como sugere o legislador no inciso II inserido pela Reforma Trabalhista.

Em suma, para atendimento do requisito da transcendência, é necessário a presença de um dos indicadores mencionados nos incisos I a IV supracomentados, diante do disjuntivo "ou" do *caput* do art. 896-A ou outros que a jurisprudência trabalhista venha a criar, tendo em vista o termo "entre outros" utilizado no § 1º do referido artigo.

Nos demais parágrafos do art. 896-A estão as regras procedimentais. Vejamos.

O § 2º traz a possibilidade de monocraticamente o relator denegar seguimento ao recurso: "Poderá o relator, monocraticamente, denegar seguimento ao recurso de revista que não demonstrar transcendência, cabendo agravo desta decisão para o colegiado". Como o órgão competente para exercício do juízo de admissibilidade é o colegiado, prevê também o agravo da decisão monocrática para que o colegiado possa examinar a matéria.

Uma questão procedimental importante nesse regramento é a possibilidade de realização de sustentação oral. Nesse sentido rege o § 3º que "Em relação ao recurso que o relator considerou não ter transcendência, o recorrente poderá realizar sustentação oral sobre a questão da transcendência, durante cinco minutos em sessão".

O legislador, entretanto, "dá com uma mão e tira com outra", pois prevê a irrecorribilidade de tal decisão no § 4º: " Mantido o voto do relator quanto à não transcendência do recurso, será lavrado acórdão com fundamentação sucinta, que constituirá decisão irrecorrível no âmbito do tribunal". No mesmo sentido o § 5º quanto à decisão monocrática proferida em agravo de instrumento: "É irrecorrível a decisão monocrática do relator que, em agravo de instrumento em recurso de revista, considerar ausente a transcendência da matéria".

Por fim, o § 6º exclui o juízo de admissibilidade dos Tribunais Regionais do Trabalho, ao estabelecer que "O juízo de admissibilidade do recurso de revista exercido pela Presidência dos Tribunais Regionais do Trabalho limita-se à análise dos pressupostos intrínsecos e extrínsecos do apelo, não abrangendo o critério da transcendência das questões nele veiculadas".

Enfim, apesar de alguns aspectos que consideramos positivos, como a possibilidade de realização de sustentação oral, bem como a exclusão do juízo de admissibilidade dos Tribunais Regionais, o requisito da transcendência para admissibilidade do recurso de revista não deixa de ser um dificultador de acesso à justiça para as partes litigantes, assim como acontece com os filtros criados nos recursos cíveis, a exemplo da já citada repercussão geral do recurso extraordinário.

Infelizmente, como já dito e repetido, o requisito da transcendência enseja um subjetivismo e discricionariedade que não são saudáveis num Estado Democrático de Direito e para um instrumento tão importante como o recurso de revista, responsável pela evolução jurisprudencial na interpretação da legislação material e processual do trabalho e uniformização da jurisprudência dos Tribunais Regionais.

3.2.2. Negativa de Prestação Jurisdicional

Outro dispositivo inserido no sistema recursal trabalhista pela Lei n. 13.467/2017 que atinge os requisitos de admissibilidade do recurso de revista, consiste no novo inciso IV do § 1º-A do art. 896 da CLT, *in verbis*: "transcrever na peça recursal, no caso de suscitar preliminar de nulidade de julgado por negativa de prestação jurisdicional, o trecho dos embargos declaratórios em que foi pedido o pronunciamento do tribunal sobre questão veiculada no recurso ordinário e o trecho da decisão regional que rejeitou os embargos quanto ao pedido, para cotejo e verificação, de plano, da ocorrência da omissão".

Assim, no caso de haver preliminar de nulidade de julgado por negativa de prestação jurisdicional no recurso de revista, há necessidade de transcrição do trecho dos embargos de declaração em que foi pedido o pronunciamento do tribunal sobre a questão veiculada no recurso ordinário e, ademais, o trecho da decisão regional que rejeitou os embargos quanto ao pedido, com o fim de permitir o cotejo e verificação efetiva da existência da omissão.

Trata-se de exigência já existente na jurisprudência do Tribunal Superior do Trabalho, especialmente na Sessão de Dissídios Individuais – I e que facilita o trabalho dos Ministros nos casos de alegação de negativa de prestação jurisdicional, diante da transcrição na peça recursal do trecho dos embargos de declaração no qual postularam o pronunciamento do Tribunal Regional do Trabalho sobre a matéria veiculada no recurso e o trecho da decisão regional.

A exigência é positiva, diante do grande volume de recursos que a Corte Superior Trabalhista examina diuturnamente e os advogados devem estar atentos ao novo requisito, sob pena de não conhecimento do recurso de revista que alegar negativa de prestação jurisdicional.

4. RECURSOS DE REVISTA REPETITIVOS

A aplicação subsidiária do Direito Processual Comum ao processo do trabalho pode ocorrer de duas formas: 1º) supletividade aberta, por meio da qual a lei trabalhista dispõe genericamente que as normas do processo comum são subsidiárias ao processo do trabalho[15]; e 2º) supletividade expressa, por meio da qual a lei trabalhista indica pontualmente os dispositivos do processo comum que serão aplicados no processo do trabalho[16].

Nosso ordenamento jurídico adota um sistema misto ou eclético, uma vez que a CLT traz tanto previsão genérica de subsidiariedade do Código de Processo Civil no seu art. 769 ("Nos casos omissos, o direito processual comum será fonte subsidiária do direito processual do trabalho, exceto naquilo em que for incompatível com as normas desse título") como indica em outras passagens pontualmente dispositivos que terão aplicação no processo do trabalho, como no caso da ação rescisória (art. 836 da CLT), ordem de gradação legal de penhora (art. 882 da CLT) e agora os recursos repetitivos como se pode observar da leitura do art. 896-B inserido pela Lei n. 13.015/2014: "Aplicam-se ao recurso de revista, no que couber, as normas da Lei n. 5.869, de 11 de janeiro de 1973 (Código de Processo Civil), relativas ao julgamento dos recursos extraordinário e especial repetitivos."

Com o fim de alcançar a tão desejada garantia constitucional de duração razoável do processo e obstar o acúmulo de demandas nos Tribunais Superiores, o legislador realizou a opção no processo comum de tratamento em bloco dos Recursos Extraordinários e Especiais múltiplos e repetitivos que as estatísticas identificavam como os grandes vilões da sobrecarga de trabalho nessas Cortes.

Conforme informa Humberto Dalla Bernardina de Pinho, "No ano de 2005, foram apreciados e julgados pelo STJ mais de 210 mil processos; em 2006, ultrapassaram o número de 251 mil feitos e, em ambos os casos, grande parte deles fundados em matérias idênticas com entendimento já pacificado por aquela corte". Assim, quanto ao tratamento de processos repetitivos, ressalta o processualista carioca que "a criação do projeto inspirou-se na Lei 11.418/2006, que, como dito anteriormente, inseriu os arts. 543-A e 543-B no CPC, estabelecendo um mecanismo que visa a simplificar o julgamento dos recursos múltiplos, nos quais se

---

(15) Em Portugal, o Decreto-lei n. 480/99, que consiste no Código de Processo do Trabalho, estabelece no seu art. 1º que "nos casos omissos, recorre-se sucessivamente à legislação processual comum".

(16) Na Argentina, o art. 155 da Lei n. 18.345/69, consistente na *Organización y Procedimiento Laboral* também adota critério misto ou eclético com indicação pontual de dispositivos do *Código Procesal Civil y Comercial de la Nación* que são aplicáveis ao processo e supletividade aberta: "Las demás disposiciones del Código Procesal Civil y Comercial de la Nación serán supletorias en la medida que resulten compatibles con el procedimiento reglado en esta ley."

discutam idêntica matéria a ser submetida a apreciação e julgamento pelo STF. Com base nessa mesma linha, foi aprovada, em maio do ano de 2008, a Lei n. 11.672, que altera o CPC, de modo a inserir o art. 543-C e disciplinar os recursos repetitivos junto ao STJ[17]".

É digno de registro que essa técnica processual não é exclusiva do direito pártrio brasileiro. Conforme informa Antonio do Passo Cabral, "Uma das soluções possíveis adotadas no exterior é a das chamadas causas, piloto ou processos-teste (*casi pilota, pilotverfahren* ou *test claims*), uma ou algumas causas que, pela similitude na sua tipicidade, são escolhidas para serem julgadas inicialmente, e cuja solução permite que se resolvam rapidamente todas as demais. Assim ocorre na Inglaterra, por força das *Parts* 19.13 (b) e 19.15 das *Civil Procedure Rules,* e também encontra paralelo no ordenamento austríaco. Ao lado dos processos-teste, outros instrumentos ganharam previsão normativa em dois dos mais importantes ordenamentos europeus, o Procedimento-Modelo (*Musterverfahren*) alemão, normatizado em 2005 e objeto deste estudo, e a *Group Litigation* inglesa, prevista nas *Rules of Civil Procedure* de 1999[18]".

Nesse contexto internacional, ganhou espaço a técnica de julgamento dos Recursos Extraordinários e Especiais Repetitivos por amostragem no direito pátrio, tarefa possível de realizar nos recursos de estrito direito, despojados de matérias fáticas, permitindo-se racionalizar o trabalho desenvolvido pelo STF e STJ na aferição das questões constitucionais e de direito federal comum, com o fim de privilegiar a isonomia e a segurança jurídica dos jurisdicionados.

E, por meio da Lei n. 13.015/2014, tal técnica processual foi estendida aos recursos de revista e extraordinários trabalhistas, grande novidade na sistemática recursal desse ramo do direito processual.

Apesar de a implementação dessa técnica de julgamento de processos repetitivos ter o condão de conduzir o poder judiciário trabalhista a uma uniformização na interpretação do direito material e processual do trabalho, para que os jurisdicionados possam ter um mínimo de segurança jurídica, não se pode olvidar que o incidente também teve como escopo funcionar como um filtro, impedindo que inúmeros recursos de revista cheguem ao Tribunal Superior do Trabalho quando o acórdão do Tribunal Regional recorrido coincidir com a tese adotada por aquele, de forma a desafogá-lo.

Outra constatação preliminar que realizamos nesse breve estudo consiste numa perspectiva de que a instauração dessa técnica processual na sistemática recursal trabalhista apresentará uma dificuldade muito maior do que no processo comum, tendo em vista a multiplicidade de pedidos que caracterizam o processo do trabalho. Vejamos, de toda sorte, o seu rito e aplicação na seara trabalhista.

O art. 896-C estabelece que "Quando houver multiplicidade de recursos de revista fundados em idêntica questão de direito, a questão poderá ser afetada à Seção Especializada em Dissídios Individuais ou ao Trabalho Pleno, por decisão da maioria simples de seus membros, mediante requerimento de um dos Ministros que compõem a Seção Especializada, considerando a relevância da matéria ou a existência de entendimentos divergentes entre os Ministros dessa Seção ou das Turmas do Tribunal".

Os requisitos, pois, para a implementação do rito dos recursos repetitivos são: a) multiplicidade de recursos de revista; b) identidade da questão de direito como objeto das impugnações recursais; c) a existência de questão relevante ou controvérsia interpretativa sobre ela. Vejamos cada um deles.

A multiplicidade de recursos consiste no primeiro requisito para instauração do procedimento. Não será possível a aplicação dessa técnica processual quando houver apenas um caso isolado ou um pequeno grupo de processos que se mostre quantitativamente insignificante. Apesar de inexistir um critério objetivo, o substantivo multiplicidade significa grande número e, assim, deve ser interpretado o novo art. 896-C da Consolidação das Leis do Trabalho.

O segundo pressuposto legal é que essa multiplicidade de recursos tenha como objeto idêntica questão de direito, seja material ou processual, de estatura ordinária ou constitucional, para que a escolha de um representante da controvérsia possa servir de parâmetro para os demais. Não se admite, pois, a instauração do procedimento em relação a matérias fáticas e a questão jurídica deve ser objeto de dissídios individuais, pois não se admite o procedimento para as questões pertinentes a dissídios coletivos.

Por fim, há necessidade de relevância da matéria ou a existência de divergência interpretativa sobre ela entre os Ministros ou entre as turmas do Tribunal. Vê-se que a lei trabalhista inova na relevância da matéria como

---

(17) PINHO, Humberto Dalla Bernardina de. *Direito Processual Civil Contemporâneo.* São Paulo: Saraiva, 2013. v. I, p. 629.

(18) CABRAL, Antonio do Passo. O novo procedimento-modelo (*Musterverfahren*) alemão: uma alternativa às ações coletivas. In: *Revista de Processo n. 147,* São Paulo, p. 129/130, maio 2007.

hipótese do incidente, pois utiliza o disjuntivo "ou". Assim, diferente do processo civil, no qual a relevância da matéria tem repercussão apenas na possibilidade de manifestação de outras pessoas, órgãos ou entidades no incidente (antigo art. 543-C, § 4º, do CPC/73, e art. 1.038, I, do NCPC), no processo do trabalho, o procedimento é instaurado quando há "relevância da matéria ou a existência de entendimentos divergentes".

Manoel Antonio Teixeira Filho entende que a inserção da "relevância da matéria" como hipótese para instauração do incidente, consiste numa situação heterodoxa, por permitir que aquele seja instaurado sem a multiplicidade de processos:

> Salvo melhor juízo, parece-nos que a menção feita pelo art. 896-A, *caput*, da CLT, à relevância da matéria consistiu na inserção de um elemento heterodoxo incompatível com o incidente de recursos repetitivos, exceto se inserirmos que, neste caso, não haveria necessidade de atendimento do requisito da multiplicidade, bastando a existência de um só recurso contendo matéria relevante, para autorizar a instauração do incidente – que não seria de recursos repetitivos, senão de recurso solitário! A despeito disso, entendemos ser esta última a interpretação menos desaconselhável.

E, assim conclui o professor paranense:

> A inovação trazida pelo art. 896-C, da CLT – consistente em inserir a relevância da matéria como causa para a instauração do incidente –, impele-nos a reiterar o que afirmamos em linhas anteriores: 1) com fundamento na existência de controvérsia sobre a *quaestio iuris*, o incidente requer a existência de multiplicidade de recursos de revista, podendo-se falar, aqui, em recursos repetitivos; 2) com fulcro em relevância da matéria, todavia, bastaria um único caso, dispensando-se o requisito da multiplicidade, exigido pelo art. 896-C, *caput*, da CLT, não fazendo sentido, por isso, neste caso, a expressão legal recursos repetitivos.[19]

Data maxima venia não concordamos com a interpretação dada por Manoel Antonio Teixeira Filho ao incidente de julgamento de recursos repetitivos na seara trabalhista. O próprio nome dado ao incidente revela a necessidade de multiplicidade de processos. Tal requisito é inerente a essa técnica processual, que visa obter isonomia nos julgamentos e segurança jurídica para as partes litigantes em conflitos idênticos.

Ora, se o legislador trabalhista inclui a relevância da matéria como hipótese para o incidente de julgamento de recursos de revista repetitivos, não quer dizer que dispensou o requisito da multiplicidade de processos. Basta a leitura atenta e integral do art. 896-C para chegarmos a essa conclusão. Não há como dispensar esse requisito, suscitando o incidente quando há um único processo solitário, pois contraria, como dito, a essência do instituto.

Em nosso entendimento, esse tratamento isolado de "matérias relevantes" pelo legislador trabalhista, com a utilização do disjuntivo "ou", releva uma preocupação preventiva com relação a possíveis divergências interpretativas, levando-se em consideração a importância da questão. E essas futuras divergências são bastante propícias num país que possui 24 (vinte e quatro) Tribunais Regionais do Trabalho. O que se busca além do tratamento isonômico e valorização de precedentes é a racionalização no julgamento de casos idênticos, sejam relevantes ou com interpretações divergentes.

É possível mitigar o requisito, dispensando-se a exigência de um grande número de processos, mas daí falar-se em processo solitário ou único processo reputamos exagero. Aliás, conforme a regulamentação da Lei n. 13.015/2014 pelo ato TST.SEGJUD.GP n. 491, de 2014, o próprio Tribunal Superior mitiga tal requisito no parágrafo único do art. 7º, *in verbis*: "Para os efeitos do § 13 do art. 896 da CLT, a afetação de julgamento ao Tribunal Pleno, em face da relevância da matéria, somente poderá ocorrer em processos em tramitação na Subseção de Dissídios Individuais do Tribunal Superior do Trabalho. A afetação a que se refere o *caput* deste artigo não pressupõe, necessariamente, a existência de diversos processos em que a questão relevante seja debatida." Não se exigem diversos processos, mas daí instaurar o incidente na existência de apenas um, repita-se, não é racionalmente concebível.

Ora, como o próprio Manoel Antonio Teixeira Filho reconhece, estamos diante de opção legislativa muito parecida com o chamado incidente de assunção de competência, de que fala o art. 555, § 1º, do Código de Processo Civil, quando, no julgamento de apelação ou agravo, "ocorrendo relevante questão de direito, que faça conveniente prevenir ou compor divergência entre câmaras

---

(19) TEIXEIRA FILHO, Manoel Antonio. Recursos Trabalhistas – Comentários à Lei n. 13.015/2014. In: *Revista LTr* n. 8, v. 78, p. 921, ago. 2014.

ou turmas do tribunal, poderá o relator propor seja o recurso julgado pelo órgão colegiado que o regimento indicar; reconhecendo o interesse público na assunção de competência, esse órgão colegiado julgará o recurso". Esse interesse público não pode existir quando há apenas um processo.

Pois bem. Superada a questão que certamente ainda gerará muitas discussões doutrinárias, é importante perquirirmos as fases do incidente de julgamento de recursos de revista repetitivos após a constatação da multiplicidade destes e existência de divergências interpretativas sobre questões de direito ou a relevância da matéria.

Conforme dispõe o § 1º do art. 896-C, "O presidente da Turma ou da Seção Especializada, por indicação dos relatores, afetará um ou mais recursos representativos da controvérsia para julgamento pela Seção Especializada em Dissídios Individuais ou pelo Tribunal Pleno, sob o rito dos recursos repetitivos".

A competência para julgar o recurso selecionado como piloto será de um desses órgãos do Tribunal Superior do Trabalho, isto é, Seção Especializada em Dissídios Individuais ou Tribunal Pleno. É, outrossim, importante que essa escolha do recurso ou recursos paradigmas seja realizada criteriosamente, de forma a serem escolhidos aqueles que apresentem maior clareza na exposição das razões recursais e diversidade de argumentos sobre a matéria jurídica que será objeto do incidente.

A prova de necessidade de escolha criteriosa de recursos-piloto ou paradigmas está positivada no § 2º do art. 896-C, que dispõe que o "Presidente da turma ou da Seção Especializada que afetar processo para julgamento sob o rito dos recursos repetitivos deverá expedir comunicação aos demais Presidentes de Turma ou de Seção Especializada, que poderão afetar outros processos sobre a questão para julgamento conjunto, a fim de conferir ao órgão julgador visão global da questão", ou seja, trata-se de uma imposição ao Presidente da Turma ou Seção Especializada na busca de um amplo exame da questão, sob diversos prismas, possibilidades e rumos no julgamento final.

No art. 17 do ato TST.SEGJUD.GP n. 491, de 2014, o Tribunal Superior do Trabalho também ressalta a necessidade de o conteúdo do acórdão paradigma abranger "a análise de todos os fundamentos suscitados à tese jurídica discutida, favoráveis ou contrários".

Quanto à abrangência dos argumentos favoráveis e desfavoráveis à tese que é objeto do incidente, é mister destacar que a Lei n. 13.015/2014 permite a participação de terceiros com interesse na controvérsia, conforme redação do § 8º do art. 896-C: "O Relator poderá admitir manifestação de pessoa, órgão ou entidade com interesse no controvérsia, inclusive como assistente simples, na forma da Lei n. 5.869, de 11 de janeiro de 1973 (Código de Processo Civil)."

É digno de registro que o dispositivo trabalhista, diferente do § 4º do art. 543-C do Código de Processo Civil, não exige a relevância da matéria para que o relator do incidente admita a manifestação de pessoa, órgão ou entidade, bastando a demonstração de interesse na controvérsia, ou seja, interesse no resultado do julgamento.

Podemos resumidamente definir que há duas modalidades de intervenção de terceiro no incidente: 1ª) como assistente simples, demonstrando interesse jurídico na causa, como dispõe o art. 50 do Código de Processo Civil; e a 2ª) como *Amicus curiae*[20]. Essas intervenções deveriam ter sido regulamentadas pelo Tribunal Superior do Trabalho, mas, infelizmente, o Ato TST.SEGJUD.GP n. 491, de 2014, nada dispõe a respeito. De toda sorte, certamente essas intervenções terão o condão de enriquecer o debate sobre a tese que será objeto do incidente, pois novos argumentos favoráveis ou desfavoráveis poderão ser aduzidos em juízo.

A despeito de toda essa preocupação com a abrangência dos argumentos favoráveis e desfavoráveis à tese que será objeto do incidente, ainda assim é possível que o relator deste não tenha elementos suficientes para formar uma convicção necessária ao julgamento e elaboração do precedente. Assim, o § 7º do art. 896-C estabelece que "O relator poderá solicitar, aos Tribunais Regionais do Trabalho, informações a respeito da controvérsia, a serem prestadas no prazo de 15 (quinze) dias".

Outra imposição, desta vez ao Presidente do Tribunal Superior do Trabalho, prevista no § 3º do art. 896-C inserido na CLT pela nova lei, consiste no dever deste oficiar "os Presidentes dos Tribunais Regionais do Trabalho para que suspendam os recursos interpostos em casos idênticos aos afetados como recursos repetitivos, até o pronunciamento definitivo do Tribunal Superior do Trabalho".

---

(20) Em relação ao tema *Amicus Curiae*, indicamos a obra do ex-colega da Pontifícia Universidade Católica de São Paulo Carlos Gustavo Rodrigues Del Prá, *Amicus Curiae* – Instrumento de participação democrática e de aperfeiçoamento da prestação jurisdicional. Curitiba: Juruá, 2007.

O Presidente do Tribunal de origem também tem a função de escolha de recursos representativos da controvérsia, como dispõe o § 4º, do art. 896-C, da CLT: "Caberá ao Presidente do Tribunal de origem admitir um ou mais recursos representativos da controvérsia, os quais serão encaminhados ao Tribunal Superior do Trabalho, ficando suspensos os demais recursos de revista até pronunciamento definitivo do Tribunal Superior do Trabalho." Não custa lembrar, outrossim, que a parte não pode postular que o seu recurso seja escolhido como paradigma, pois não tem esse direito subjetivo e, consequentemente, também não pode recorrer do ato do presidente do Regional nessa escolha.

No que tange à suspensão dos processos, o sistema trabalhista divergia do processo civil, uma vez que numa interpretação literal das normas, neste, havia uma faculdade e não obrigação do Presidente do Tribunal que julgará o recurso repetitivo, tendo em vista que o § 2º, do art. 543-C, do CPC/73, utilizava o verbo "poderá", enquanto no processo do trabalho o verbo é impositivo: "oficiará" os Tribunais de segundo grau para que suspendam a tramitação dos recursos. Tal equívoco ortográfico da legislação processual civil foi corrigido no art. 1.036 do NCPC que usa o verbo determinar: "... determinando a suspensão do trâmite de todos os processos pendentes...".

Não há qualquer dúvida, outrossim, de que se por qualquer motivo ou descuido os recursos não forem suspensos e chegarem ao TST, o Presidente da Corte Trabalhista deverá determinar a devolução dos autos aos Tribunais Regionais do Trabalho, com o fim de cumprir-se a determinação da suspensão de tramitação dos feitos.

A despeito de o § 5º do art. 896-C da CLT falar apenas na suspensão dos recursos de revista ou embargos ("O relator no Tribunal Superior do Trabalho poderá determinar a suspensão dos recursos de revista ou de embargos que tenham como objeto controvérsia idêntica à do recurso afetado como repetitivo"), tal providência também deve se estender aos agravos de instrumento que versem sobre a matéria a ser uniformizada.

Como a implementação do incidente para julgamento de recursos de revista repetitivos enseja a paralisação de inúmeros processos idênticos, é imprescindível que o desenvolvimento do procedimento seja célere, uma vez que não se pode olvidar a garantia de razoável duração do processo inserida no inc. LXXVIII, art. 5º, da Constituição Federal, pela Reforma do Judiciário (Emenda Constitucional n. 45/2004).

Além de os litígios na seara trabalhista tratarem de verbas de natureza alimentar, a cumulação de distintos pedidos é prática comum na Justiça do Trabalho e a suspensão do trâmite processual repercute em muitas matérias que não são objeto do incidente instaurado. Nesse diapasão, o Ato TST.SEGJUD.GP n. 491, de 2014, elaborado pelo Tribunal Superior do Trabalho para regulamentar a Lei n. 13.015, estabeleceu no seu art. 14 que: "Os recursos afetados deverão ser julgados no prazo de um ano e terão preferência sobre os demais feitos."

E a parte que não concordar com a suspensão de seu recurso poderá recorrer da decisão de sobrestamento? Afinal, conforme dispõe o § 16, do art. 896-C, da CLT, "a decisão firmada em recurso repetitivo não será aplicada aos casos em que se demonstrar que a situação de fato ou de direito é distinta das presentes no processo julgado sob o rito dos recursos repetitivos".

Independente do deslize legislativo que fala em "situação de fato", incompatível com o incidente, conforme ressaltou nosso conterrâneo Fredie Didier Jr., "Esse dispositivo consagra expressamente o direito à distinção, fundamental em um sistema de precedentes judiciais. Embora o direito à distinção decorra diretamente do princípio da igualdade, a existência de um dispositivo com esse conteúdo carrega consigo forte conteúdo simbólico e pedagógico. É um marco na evolução do regramento legal em tema de precedente"[21].

A despeito da omissão da Lei n. 13.015/2014 e diante dos reclamos da doutrina que já se manifestou sobre o tema, o Tribunal Superior do Trabalho trouxe a possibilidade de recurso da decisão sobre essa questão no art. 19 do Ato TST. SEGJUD.GP n. 491, de 2014, *in verbis*: "A parte poderá requerer o prosseguimento de seu processo se demonstrar distinção entre a questão a ser decidida no processo e aquela a ser julgada no recurso afetado. § 1º A outra parte deverá ser ouvida sobre o requerimento, no prazo de 5 dias". § 2º Da decisão caberá agravo, nos termos do Regimento Interno dos respectivos tribunais."

Outra grande inovação da Lei n. 13.015/2014 consiste na instituição do chamado *overruling*, antecipando-se o legislador trabalhista ao Novo Código de Processo Civil e, consequentemente, sendo o primeiro dispositivo vigente em nosso ordenamento jurídico a prever a revisão de decisão firmada em julgamento de recursos repetitivos. Conforme os termos do § 17 do

---

(21) Disponível em: <http://www.frediedidier.com.br/editorial/editorial-182/>. Acessado em: 06 ago. 2014.

art. 896-C, o *overruling* será possível quando se alterar a situação econômica, social ou jurídica:

> Caberá revisão da decisão firmada em julgamento de recursos repetitivos quando se alterar a situação econômica, social ou jurídica, caso em que será respeitada a segurança jurídica das relações firmadas sob a égide da decisão anterior, podendo o Tribunal Superior do Trabalho modular os efeitos da decisão que a tenha alterado.

Ora, o procedimento de recursos repetitivos que busca uma racionalização do sistema recursal, uniformização de teses e segurança jurídica para as partes não pode ensejar um engessamento nem obstar a evolução jurisprudencial. Logicamente, um precedente que tenha sido firmado pelo TST e que se mostre ultrapassado pode e deve ser revisto. E os parâmetros para tanto, estabelecidos pela Lei n. 13.015/2014, consistem na alteração de situação econômica, social ou jurídica. As relações sociais e os valores de determinada sociedade mudam com o passar do tempo. O direito, pois, deve estar apto a acompanhar essas mudanças, de modo a não se tornar obsoleto.

Retornando ao procedimento, depois das informações prestadas pelo Tribunal Regional do Trabalho e dada vista ao Ministério Público, bem como envio de cópia do relatório aos demais Ministros, o processo será incluído em pauta na Seção Especializada ou no Tribunal Pleno, devendo ser julgado, como já dito, com preferência sobre os demais feitos.

E, conforme dispõe o § 11 do art. 896-C: "Publicado o acórdão no Tribunal Superior do Trabalho, os recursos de revista sobrestados na origem: I – terão seguimento denegado na hipótese de o acórdão recorrido coincidir com a orientação a respeito da matéria no Tribunal Superior do Trabalho; ou II – serão novamente examinados pelo Tribunal de Origem na hipótese de o acórdão recorrido divergir da orientação do Tribunal Superior do Trabalho a respeito da matéria."

E, ainda, o § 12, referindo-se à hipótese do inciso II do parágrafo anterior, estabelece que "Mantida a decisão divergente pelo Tribunal de origem, far-se-á o exame de admissibilidade do recurso de revista."

O Ato TST.SEGJUD.GP n. 491, de 2014, regula de forma mais detalhada os trâmites processuais após a publicação do acórdão paradigma, nos seguintes termos: "Publicado o acórdão paradigma: I – o Presidente ou Vice-Presidente do Tribunal de Origem negará seguimento aos recursos de revista sobrestados na origem, se o acórdão recorrido coincidir com a orientação do Tribunal Superior do Trabalho; II – o órgão que proferiu o acórdão recorrido, na origem, reexaminará a causa de competência originária ou o recurso anteriormente julgado, na hipótese de o acórdão recorrido contrariar a orientação do Tribunal Superior; III – os processos suspensos em primeiro e segundo graus de jurisdição retomarão o curso para julgamento e aplicação da tese firmada pelo Tribunal Superior."

Por fim, não poderíamos deixar de consignar o alerta do § 13 do art. 896-C, no sentido de que "Caso a questão afetada e julgada sob o rito dos recursos repetitivos também contenha questão constitucional, a decisão proferida pelo Tribunal Pleno não obstará o conhecimento de eventuais recursos extraordinários sobre a questão constitucional".

E, ainda, a previsão de procedimento similar ao aqui analisado para os recursos extraordinários repetitivos conforme dispõe o § 14 do art. 896-C: "Aos recursos extraordinários interpostos perante o Tribunal Superior do Trabalho será aplicado o processo previsto no art. 543-B da Lei n. 5.869, de 11 de janeiro de 1973 (Código de Processo Civil), cabendo ao Presidente do Tribunal Superior do Trabalho selecionar um ou mais recursos representativos da controvérsia e encaminhá-los ao Supremo Tribunal Federal, sobrestando os demais até o pronunciamento definitivo da Corte, na forma do § 1º do art. 543-B da Lei n. 5.869, de 11 de janeiro de 1973 (Código de Processo Civil)."

A similitude dos procedimentos pode ser constatada com a leitura dos §§ 15[22], 16[23] e 17[24], do art. 896-C, da Consolidação das Leis do Trabalho, e, assim, reportamos o leitor aos comentários realizados anteriormente, com a ressalva de que o § 14 desse dispositivo deve ser

---

(22) "O presidente do Tribunal Superior do Trabalho poderá oficiar os Tribunais Regionais do Trabalho e os presidentes das turmas e da Seção Especializada do Tribunal para que suspendam os processos idênticos aos selecionados como recursos representativos da controvérsia encaminhados ao Supremo Tribunal Federal, até o seu pronunciamento definitivo."

(23) "A decisão firmada em recurso repetitivo não será aplicada aos casos em que se demonstrar que a situação de fato ou de direito é distinta das presentes no processo julgado sob o rito dos recursos repetitivos."

(24) "Caberá revisão da decisão firmada em julgado de recursos repetitivos quando se alterar a situação econômica, social ou jurídica, caso em que será respeitada a segurança jurídica das relações firmadas sob a égide da decisão anterior, podendo o Tribunal Superior do Trabalho modular os efeitos da decisão que a tenha alterado."

atualizado pelo legislador, diante da promulgação do Novo Código de Processo Civil, cujo art. 543-B do CPC/73 citado passou a ser o art. 1.036 desse diploma legal.

5. REVOGAÇÃO DO INCIDENTE DE UNIFORMIZAÇÃO DE JURISPRUDÊNCIA

O Incidente de Uniformização de Jurisprudência sempre foi instrumento de grande valia para alcance da desejada segurança jurídica na prestação jurisdicional. A existência de posições divergentes na jurisprudência sobre casos idênticos é algo intolerável num Estado Democrático de Direito. Na hipótese de divergência dentro de um mesmo tribunal, essa incongruência sempre foi ainda mais grave, sendo sanado por meio do citado instituto, anteriormente previsto no art. 476 e seguintes do antigo Código de Processo Civil.

A obrigatoriedade de os Tribunais Regionais do Trabalho uniformizarem sua jurisprudência já tinha previsão na anterior redação do § 3º, do art. 896, da Consolidação das Leis do Trabalho. Porém, o fato é que os Tribunais Regionais do Trabalho, na sua grande maioria, senão totalidade, pouco ou quase nenhum uso faziam do instituto. Nesse sentido, basta uma análise da quantidade de súmulas editadas por tais tribunais[25].

Nesse sentido, a Lei n. 13.015/2014 estabeleceu possibilidade de o Tribunal Superior do Trabalho, por intermédio do Ministro relator do feito, determinar o retorno dos autos ao Tribunal Regional do Trabalho, ou também este, por intermédio de seu presidente, quando constatarem a existência de decisões conflitantes e atuais sobre o mesmo tema no âmbito do mesmo Regional.

Tal inserção na sistemática recursal trabalhista ocorreu justamente pela falta de tradição na instauração do incidente de uniformização de jurisprudência pelos Tribunais Regionais do Trabalho, instituto imprescindível para a segurança jurídica dos jurisdicionados no Estado de Direito. A competência atribuída ao relator do recurso de revista no TST e ao presidente do TRT de impor compulsoriamente a instauração do incidente de uniformização de jurisprudência foi previsto nos §§ 4º e 5º, do art. 896, da CLT, como decisão irrecorrível.

Ocorre que a Lei n. 13.467/2017 revogou os §§ 3º, 4º, 5º e 6º do art. 896, em face da promulgação do Novo Código de Processo Civil, que não mais tratou do instituto, ensejando a extinção do Incidente de Uniformização de Jurisprudência no sistema recursal trabalhista, diante dos novos instrumentos trazidos pela novo diploma processual, quais sejam, força vinculante dos precedentes, incidente de resolução de demandas repetitivas, incidente de assunção de competência, incidente de arguição de inconstitucionalidade e recursos repetitivos.

Apesar de instrumento essencial à segurança jurídica, alguns equívocos cometidos pelos Tribunais ensejaram a aprovação da revogação do Incidente de Uniformização de Jurisprudência por alguns magistrados. Vólia Bomfim Cassar e Leonardo Dias Borges, por exemplo, ressaltaram que: "Os §§ 3º a 6º, acrescidos pela Lei n. 13.015/2014, foram revogados. Tratavam do processo de uniformização da jurisprudência trabalhista, o chamado incidente de Uniformização de Jurisprudência (IUJ), que gerava um precedente obrigatório, vinculante. De fato, os tribunais vinham cometendo alguns equívocos ao aplicarem as regras do revogado CPC de 1973 ao procedimento, sob o argumento de que este era o expresso comando contido no antigo § 3º do art. 896 da CLT. Por outro lado, o procedimento de uniformização estava trazendo mais insegurança que segurança, mais instabilidade que estabilidade, situação oposta à recomendada pelo art. 926 do CPC. Algumas súmulas, que representavam a maioria de um tribunal pleno, estavam sendo superadas por teses vinculantes fixadas por um órgão fracionário ou por quórum inferior ao exigido pela Súmula. Daí a necessidade de reformulação do procedimento[26]."

---

(25) Em estudo sobre o tema intitulado: O Recurso de Revista e os Embargos de Divergência à Luz da Lei n. 13.015/2014 – Primeiras Reflexões", in *Revista LTr* n. 9 de setembro de 2014, Alexandre Simões Lindoso realizou tal análise e chegou à seguinte conclusão e dados estatísticos: "Sucede que, a despeito de ser obrigatória desde o advento da Lei n. 9.756/98, a uniformização jurisprudencial não tem se realizado de maneira regular pelas Cortes Regionais. A quantidade de súmulas editadas pelos TRTs, até o fechamento do presente estudo, é um indicativo desse cenário, muito embora não se ignore que o julgamento do incidente de uniformização de jurisprudência nem sempre ensejará a edição de súmula: TRT da 1ª Região: 44 súmulas; TRT da 2ª Região: 19 súmulas; TRT da 3ª Região: 33 súmulas; TRT da 4ª Região: 60 súmulas; TRT da 5ª Região: 14 súmulas; TRT da 6ª Região: 20 súmulas; TRT da 7ª Região: 1 súmula; TRT da 8ª Região: 21 súmulas; TRT da 8ª Região: 21 súmulas; TRT da 9ª Região: 18 súmulas; TRT da 10ª Região: 45 súmulas; TRT da 11ª Região: 7 súmulas; TRT da 12ª Região: 51 súmulas; TRT da 13ª Região: 18 súmulas; TRT da 14ª Região: 3 súmulas; TRT da 15 Região: 39 súmulas; TRT da 16ª Região: não localizadas em consulta ao sítio eletrônico; TRT da 17ª Região: 17 súmulas; TRT da 18ª Região: 27 súmulas; TRT da 19ª Região: não localizadas em consulta ao sítio eletrônico; TRT da 20ª Região: 14 súmulas; TRT da 21ª Região: não localizadas em consulta ao sítio eletrônico; TRT da 22ª Região: 24 súmulas; TRT da 23ª Região: 8 súmulas e TRT da 24ª Região: 8 súmulas".

(26) CASSAR, Vólia Bomfim. *Comentários à Reforma Trabalhista – Lei 13.467, de 13 de julho de 2017*. São Paulo: São Paulo: Método, 2017. p. 120.

De toda sorte, foi efêmera a existência do Incidente de Uniformização de Jurisprudência regulado pela Lei n. 13.105/2014, o que demonstra a instabilidade legislativa de nosso país.

6. AVANÇO NA VALORIZAÇÃO DA INSTRUMENTALIDADE DAS FORMAS

Conforme é possível constatar da leitura do dispositivo, um dos maiores avanços da Lei n. 13.015/2014 encontra-se no § 11 inserido no art. 896 da Consolidação das Leis do Trabalho que dispõe: "Quando o recurso tempestivo contiver defeito formal que não se repute grave, o Tribunal Superior do Trabalho poderá desconsiderar o vício ou mandar saná-lo, julgando o mérito."

Consoante muito bem assevera José Rogério Cruz e Tucci, "quando for possível decidir o mérito da demanda, o juiz monocrático ou o tribunal deve, tanto quanto possível, superar as questões de natureza eminentemente processual, em prol do julgamento da causa. Atualmente, a despeito dos paradoxos emergentes de muitas decisões descuidadas, imprecisas e até mesmo equivocadas, alguns julgados são marcados pela preocupação em ultrapassar os obstáculos formais para enfrentar o direito substancial, objeto do processo. Afinal, uma decisão que põe termo ao litígio cumpre a missão institucional do Poder Judiciário"[27].

A despeito do informalismo que rege o processo do trabalho, atualmente, vislumbramos muitos óbices formais nos Tribunais para apreciação do mérito dos recursos, como é o caso das Orientações Jurisprudenciais ns. 149 e 331 do Tribunal Superior do Trabalho, convertidas na Súmula n. 383 que aduz ser inadmissível a regularização da representação processual na fase recursal. Há também inúmeros recursos que não foram admitidos por um simples erro no preenchimento da guia do depósito recursal.

Ocorre que felizmente a Lei n. 13.015/2014 traz expressamente essa possibilidade de regularização de defeito formal que não se repute grave, desconsiderando-se o vício ou determinando-se que este seja sanado[28].

A novidade está em consonância com as mudanças implementadas no processo civil na seara recursal, como se pode constatar dos termos do § 4º do art. 515 do Código de Processo Civil, cuja redação foi dada pela Lei n. 11.276/2006:

> Constatando a ocorrência de nulidade sanável, o tribunal poderá determinar a realização ou renovação do ato processual, intimadas as partes; cumprida a diligência, sempre que possível prosseguirá o julgamento da apelação.

A novidade trazida pela Lei n. 13.015/2006 representa, pois, um grande avanço na valorização da instrumentalidade das formas e é digna de aplausos dos operadores do direito, diante da possibilidade de termos um processo do trabalho mais efetivo e justo.

7. CONCLUSÃO

A Lei n. 13.015/2014 trouxe uma série de mudanças na sistemática recursal trabalhista. Apesar de muitas delas já serem objeto de súmulas, não se pode olvidar o seu desiderato na busca da celeridade, isonomia, segurança jurídica e racionalização no sistema recursal trabalhista.

A grande valorização de precedentes e o sistema de julgamento de recursos repetitivos seguem tendência moderna do processo civil, tanto em âmbito nacional como no contexto do direito comparado, como se pode diagnosticar em ordenamentos jurídicos como o inglês, o alemão e o austríaco.

A Lei n. 13.467/2017 (Reforma Trabalhista) também alterou o sistema recursal trabalhista, com exigências e requisitos para alegação de negativa de prestação jurisdicional no recurso de revista e regulamentação do requisito da transcendência para admissibilidade desse recurso.

Buscamos no presente trabalho, escrito para homenagear duas grandes referências do processo do trabalho, traçar o novo perfil do recurso de revista, diante das mudanças implementadas pelas Leis ns. 13.015/2014 e 13.467/2017, dando nossa modesta contribuição para o estudo de tema tão relevante e necessário para adaptação dos operadores do direito aos novos procedimentos.

---

(27) Conclusão extraída de parecer gentilmente elaborado pelo Professor Titular do departamento de direito processual da Faculdade de Direito da Universidade de São Paulo em caso de violação à ampla defesa, por não conhecimento de recurso, em razão da expiração de prazo de validade do mandato judicial outorgado ao advogado que assinou a petição de interposição da impugnação recursal.

(28) Em nosso entendimento, o defeito formal engloba o defeito de representação.

15. RECURSO EXTRAORDINÁRIO

Georgenor de Sousa Franco Filho[1]

1. PALAVRAS PRELIMINARES

Antes de proceder ao exame do tema que me foi atribuído pelos ilustres confrades que Luciano Martinez, Jorge Boucinhas e Bruno Freire coordenam, desejo manifestar minha homenagem de saudade a dois grandes processualistas brasileiros: Christovão Piragibe Tostes Malta e Wagner Drdla Giglio, para os quais se escreve este *liber amicorum*.

Conhecia a obra de Tostes Malta e sempre admirei seu trabalho cuidadoso e útil. Tenho e sempre recomendo aos operadores do Direito um livro de sua autoria que é a fonte de solução das dúvidas repentinas que vão surgimento na azáfama do cotidiano. Trata-se do seu sempre atual *Prática do Processo Trabalhista*. Não raro, nas diversas reuniões da Academia Brasileira de Direito do Trabalho, encontrava-me com Tostes Malta e hauria suas lições e seus ensinamentos. Agora, fica a obra do grande jurista.

Wagner Giglio era um amigo incrível. Suas obras permanecem indissociáveis de quem estuda Direito do Trabalho. Estudante de Direito, aprendi justa causa no seu livro homônimo. Ingressando na Magistratura Trabalhista de carreira, jamais abandonei o seu clássico e precioso *Direito Processual do Trabalho*, onde tive a honra de ver adotado o entendimento que sempre tive quanto à imunidade de jurisdição dos entes de Direito Internacional Público (por todas, v. sua 16. ed., p. 29-31). Fui seu aluno no Doutorado nas Arcadas Paulistas, e minha mulher, sua aluna na Especialização na mesma secular Faculdade. Aproximei-me mais ainda do grande mestre. Sinto sua ausência como devem sentir todos os amantes do Direito do Trabalho e os que querem aprender e estudar Direito Processual do Trabalho.

Uno-me aos coordenadores desta obra para render meu pleito mais profundo de saudade e cara lembrança de C. P. Tostes Malta e Wagner D. Giglio, e a eles, mestres sempre presentes, minha homenagem perene.

Sigamos ao tema proposto pela comissão organizadora.

2. ORIGENS E CABIMENTO

Sempre que se cuida de processo no Direito brasileiro, especialmente quando tratamos de processo do trabalho, não devemos descurar de um importantíssimo dispositivo da Consolidação das Leis do Trabalho (CLT), que é o art. 769, possuindo o seguinte teor:

> Art. 769. Nos casos omissos, o direito processual comum será fonte subsidiária do direito processual do trabalho, exceto naquilo em que for incompatível com as normas deste Título.

Significa que, somente excepcionalmente, o Código de Processo Civil de 2015 (CPC) e as normas que o completam devem ser utilizados. Fora isso, a CLT e a legislação extravagante que a completa atendem, perfeitamente, às necessidades dos interessados, embora idealmente seria termos um Código de Processo do Trabalho específico, mas isto é apenas um sonho.

No que se refere a recursos, o processo do trabalho possui os seus próprios, entre eles, recurso ordinário, recurso de revista e agravos de instrumento e de petição. Eventualmente, recorre-se ao CPC para cuidar de embargos de declaração, que é considerado, também, recurso trabalhista.

Existem, por outro lado, ações que não possuem regramento adjetivo na legislação trabalhista: mandado

---

(1) Desembargador do Trabalho de carreira do TRT da 8ª Região. Doutor em Direito Internacional pela Faculdade de Direito da Universidade de São Paulo. Doutor *Honoris Causa* e Professor Titular de Direito Internacional e do Trabalho da Universidade da Amazônia, Presidente Honorário da Academia Brasileira de Direito do Trabalho. Membro da Academia Paraense de Letras.

de segurança, *habeas corpus*, ação rescisória, interdito proibitório são medidas que se regem por lei própria ou pela lei processual comum.

Quando chegamos ao recurso extraordinário, enfrentamos um apelo que não é trabalhista, mas em geral cabível em todos os segmentos do Judiciário sempre que ocorra indício de violação da ordem constitucional.

O recurso extraordinário encontra-se previsto na Constituição de 1988, no art. 102, III, *a*, dentro da competência privativa do Supremo Tribunal Federal (STF), na sua condição de guardião e intérprete maior da Lei Fundamental brasileira. Não se trata de uma terceira instância do Poder Judiciário, mas uma instância extraordinária, singular, cujo acesso dependerá do preenchimento de pressupostos essenciais e inafastáveis.

Sua **origem** remonta ao Direito americano, tendo o Brasil encontrado inspiração no *Judiciary Act*, de 24.09.1789. Na Europa, apareceu no Código de Processo Civil da Alemanha (art. 556,I) e, na América Latina, antes mesmo do Brasil, adotou a Argentina, pela Lei n. 27, de 16.10.1862, e, mais claramente, pela Lei n. 48, de 4.9.1863[2].

Nosso país criou esse remédio recursal a partir da proclamação da República, pelo Decreto n. 8.458, de 11.10.1890, e tem figurado em todas as Constituições brasileiras.

Como se infere da lição de Amauri Mascaro Nascimento, trata-se de um meio indireto de controle de constitucionalidade[3].

No que refere ao seu **cabimento**, o regramento básico está na Constituição da República. O fundamento de admitir o recurso extraordinário em matéria trabalhista encontra-se no referido art. 102, III, da Constituição, *verbis*:

> Art. 102. Compete ao Supremo Tribunal Federal, precipuamente, a guarda da Constituição, cabendo-lhe:
> ....
> III – julgar, mediante recurso extraordinário, as causas decididas em única ou última instância, quando a decisão recorrida:
> a) contrariar dispositivo desta Constituição;
> b) declarar a inconstitucionalidade de tratado ou lei federal;
> c) julgar válida lei ou ato de governo local contestado em face desta Constituição;
> d) julgar válida lei local contestada em face de lei federal.

Esse entendimento decorre de que a CLT é omissa a respeito, contendo apenas referência implícita no § 2º do seu art. 893[4]. De igual sorte, cabe em decisão de Vara do Trabalho tomada em procedimento sumário, conforme o art. 899, § 1º, da CLT, que expressamente menciona o recurso extraordinário.

Devemos observar o alcance do inciso III do art. 102 constitucional, no que respeita ao vocábulo *causa*. Essa palavra que se refere às *causas decididas em única ou última instância* quer aludir à questão. Na doutrina de Teixeira Filho, compreende *todo e qualquer processo ou procedimento em que o tribunal proferida decisão envolvendo questão federal*[5].

Ademais, o art. 987 do CPC admite a interposição do remédio extraordinário do julgamento de mérito de incidente de resolução de demanda repetitiva, previsto no art. 976 do CPC, recebido no efeito suspensivo (§ 1º do art. 987), com a tese jurídica adotada sendo aplicada em todo o país e para todos os processos individuais ou coletivos que tratem da mesma questão de direito (seu § 2º).

Existem hipóteses de **descabimento** do uso desse apelo supremo. Seis são, a nosso ver, as mais frequentes[6]:

1. Quando for pretendido reexame de prova, como determinado na Súmula n. 279 do STF:

    Súmula n. 279 – Para simples reexame de prova não cabe recurso extraordinário.

---

(2) Acerca dessas origens, v., entre outros, COQUEIJO COSTA, Carlos Torreão da. *Direito processual do trabalho*. 3. ed. Rio de Janeiro: Forense, 1986. p. 573, TOSTES MALTA, Christovão Piragibe. *Prática de processo do trabalho*. 23. ed. São Paulo: LTr, 1992. p. 570; TEIXEIRA FILHO, Manuel Antonio. *Sistema de recursos trabalhistas*. 5. ed. São Paulo: LTr, 1991. p. 355; *Comentários ao novo CPC sob a perspectiva do processo do trabalho*. 2. ed. São Paulo: LTr, 2015. p. 1.337; e DINIZ, José Janguiê Bezerra. *Recursos no processo trabalhista*. 5. ed. São Paulo: Atlas, 2015. p. 326.

(3) NASCIMENTO, Amauri Mascaro. *Direito processual do trabalho*. 10. ed. São Paulo: Saraiva, 1989. p. 251-2.

(4) No mesmo sentido: TEIXEIRA FILHO, M.A. *Comentários* ... cit., p. 1339 e LEITE, Carlos Henrique Bezerra. *Curso de direito processual do trabalho*. 10. ed. São Paulo: LTr, 2012. p. 755.

(5) TEIXEIRA FILHO, M. A. *Sistemas...*, cit., p. 360-361, e *Comentários...*, cit., p. 1.339. No mesmo sentido: LEITE, C. H. B. Ob. cit., p. 931.

(6) Algumas delas são citadas por TOSTES MALTA, C. P. Ob cit., p. 571, e TEIXEIRA FILHO, M. A. *Sistemas...*, cit., p. 368-379, e *Comentários...* cit., p. 1.342-1.350.

2. Quando se tratar de direito local (estadual ou municipal), conforme preconiza a Súmula n. 280 do STF:

> Súmula n. 280 – Por ofensa a direito local não cabe recurso extraordinário.

3. Quando o acórdão recorrido possui mais de um fundamento e o recurso extraordinário não ataca todos eles, em obediência à Súmula n. 283 do STF:

> Súmula 283 – É inadmissível o recurso extraordinário, quando a decisão recorrida assenta em mais de um fundamento suficiente e o recurso não abrange todos eles.

4. Quando o fundamento do recurso não permite a clara compreensão da demanda, conforme a Súmula n. 284 do STF:

> Súmula n. 284 – É inadmissível o recurso extraordinário, quando a deficiência na sua fundamentação não permitir a exata compreensão da controvérsia.

5. Quando o acordão inquinado encontra-se em conformidade com a jurisprudência prevalente no STF, a teor da Súmula n. 286, ou se trata de matéria processual ou de índole infraconstitucional:

> Súmula n. 286 – Não se conhece do recurso extraordinário fundado em divergência jurisprudencial, quando a orientação do plenário do Supremo Tribunal Federal já se firmou no mesmo sentido da decisão recorrida.

6. Também não é cabível interposição de recurso extraordinário quando se tratar de violação reflexa ou indireta da Constituição[7].

3. REPERCUSSÃO GERAL E PREQUESTIONAMENTO

Existem situações específicas em que a matéria ou matérias cuidadas na ação ultrapassam os direitos individuais (subjetivos) das partes em litígio. Nessas ocasiões, estamos diante de um fenômeno jurídico chamado de **repercussão geral**, que ocorre sempre que esses temas tenham grande relevância do ponto de vista econômico, político, social ou jurídico, como preconiza o § 1º do art. 1035 do CPC.

Esse mecanismo foi introduzido no CPC anterior, pela Lei n. 11.418/2006, sendo, segundo o saudoso Wagner D. Giglio, àquela altura, *mais um meio de conter a avalanche de recursos extraordinários*[8]. Este é, aliás, um dos objetivos da adoção desse mecanismo, de ordem eminentemente prática, ao qual Teixeira Filho agrega o segundo, o político, quando a Suprema Corte soluciona questões relevantes[9].

Trata-se, na lembrança de Coqueijo Costa, da antiga arguição de relevância, que foi inspirada em uma decisão da Suprema Corte dos Estados Unidos da América de 1925[10].

Na íntegra, o art. 1.035 do CPC de 2015 dispõe:

> Art. 1.035. O Supremo Tribunal Federal, em decisão irrecorrível, não conhecerá do recurso extraordinário quando a questão constitucional nele versada não tiver repercussão geral, nos termos deste artigo.
>
> § 1º Para efeito de repercussão geral, será considerada a existência ou não de questões relevantes do ponto de vista econômico, político, social ou jurídico que ultrapassem os interesses subjetivos do processo.
>
> § 2º O recorrente deverá demonstrar a existência de repercussão geral para apreciação exclusiva pelo Supremo Tribunal Federal.
>
> § 3º Haverá repercussão geral sempre que o recurso impugnar acórdão que:
>
> I – contrarie súmula ou jurisprudência dominante do Supremo Tribunal Federal;
>
> II – (Revogado);
>
> III – tenha reconhecido a inconstitucionalidade de tratado ou de lei federal, nos termos do art. 97 da Constituição Federal.

O comando legal recomenda que o recorrente deverá fazer a demonstração preliminar da existência de repercussão geral quanto ao tema discutido em seu apelo, para que seja apreciado nesse grau extraordinário pelo STF. Essa exigência é rigorosa, e está muito além da norma processual, figurando expressamente no § 3º do art. 102 da Constituição, introduzida pela Emenda Constitucional n. 45, de 2004, *verbis*:

---

(7) No mesmo sentido: MARTINS, Sergio Pinto. *Direito processual do trabalho*. 13. ed. São Paulo: Atlas, 2000. p. 409; GONÇALVES, Odonel Urbano. *Direito processual do trabalho*. São Paulo: LTr, 1999. p. 230.

(8) GIGLIO, Wagner D.; CORRÊA, Claudia Giglio Veltri. *Direito processual do trabalho*. 16. ed. São Paulo: Saraiva, 2007. p. 441.

(9) TEIXEIRA FILHO, M. A. *Comentários...*, cit., p. 1.353.

(10) COQUEIJO COSTA, C. T. da. Ob. cit., p. 567.

Art. 102. (...)

(...)

§ 3º No recurso extraordinário o recorrente deverá demonstrar a repercussão geral das questões constitucionais discutidas no caso, nos termos da lei, a fim de que o Tribunal examine a admissão do recurso, somente podendo recusá-lo pela manifestação de dois terços de seus membros.

Ademais, lembremos que, se negada a repercussão geral, a decisão valerá para todos os recursos que versarem sobre a mesma matéria, na linha do § 8º, do art. 1.035, do CPC, *verbis*:

Art. 1.035. (...)

(...)

§ 8º Negada a repercussão geral, o presidente ou o vice-presidente do tribunal de origem negará seguimento aos recursos extraordinários sobrestados na origem que versem sobre matéria idêntica.

Paralelamente à repercussão geral, cuja relevância deverá ser demonstrada, existe outro requisito indispensável, como observa Bezerra Leite[11], à interposição do recurso extraordinário: o *prequestionamento*. Trata-se uma exigência de que, acerca da matéria tratada no apelo extremo, tenha ocorrido prévia manifestação do órgão *a quo*, seja ele um tribunal, seja o juiz singular nos casos pertinentes.

Podemos admitir dois tipos de prequestionamento: o implícito e o explícito. O primeiro ocorre quando, conquanto mencionada tese jurídica, o julgado inquinado não contempla nenhuma referência à norma jurídica que teria sido vulnerada. O segundo é verificado quando existe essa clara enunciação, que também poderia ser chamada de prequestionamento numérico, presente quando é constatada a expressa referência dos dispositivos que teriam sido violados, quais sejam, os artigos, os incisos e os parágrafos questionados.

Considere-se que o prequestionamento é indispensável, tanto que assim prescreve a Súmula n. 282 do STF:

Súmula n. 282 – *É inadmissível o recurso extraordinário, quando não ventilada, na decisão recorrida, a questão federal suscitada.*

Na mesma linha de entendimento, a Orientação Jurisprudencial (OJ) n. 62 da SDI-1 do TST prevê:

OJ n. 62 – PREQUESTIONAMENTO. PRESSUPOSTO DE ADMISSIBILIDADE EM APELO DE NATUREZA EXTRAORDINÁRIA. NECESSIDADE, AINDA QUE SE TRATE DE INCOMPETÊNCIA ABSOLUTA – É necessário o prequestionamento como pressuposto de admissibilidade em recurso de natureza extraordinária, ainda que se trate de incompetência absoluta.

Para suprir essa ausência, podem ser utilizados embargos de declaração, a fim de que se questione a matéria, considerando sua omissão no aresto embargado ou questão sobre o qual devia se pronunciar o juiz de ofício ou a requerimento (art. 1.022, II, do CPC). É nesse sentido a Súmula n. 356 do STF:

Súmula n. 356 – *O ponto omisso da decisão, obre o qual não foram opostos embargos declaratórios, não pode ser objeto de recurso extraordinário, por faltar o requisito do prequestionamento.*

Lembremos, ainda, que a Súmula n. 98 do STJ afasta o caráter protelatório de embargos interpostos para fins de prequestionamento, não se podendo cogitar, então, da aplicação das multas dos §§ 2º e 3º, do art. 1026, do CPC. Consigna o verbete do STJ:

Súmula n. 98 – *Embargos declaratórios manifestados com notório propósito de prequestionamento não tem caráter protelatório.*

Deve ser registrado que o art. 1.025 do CPC consigna a figura do *prequestionamento ficto*, nos seguintes termos:

Art. 1.025. Consideram-se incluídos no acórdão os elementos que o embargante suscitou, para fins de pré-questionamento, ainda que os embargos de declaração sejam inadmitidos ou rejeitados, caso o tribunal superior considere existentes erro, omissão, contradição ou obscuridade.

4. PRESSUPOSTOS E EFEITOS

Pressuposto é o fato ou circunstância antecedente, necessário à realização de algum ato. Nessa linha, quando se trata de pressuposto processual, devemos entender como aqueles requisitos que garantem a existência, a validade e a eficácia do processo.

Podem os pressupostos ser divididos em extrínsecos, que são aqueles pertinentes ao exercício do direito de recorrer, e em intrínsecos, decorrentes da existência mesma do direito de recorrer consagrado no Texto Constitucional.

---

(11) LEITE, C. H. B. Ob. cit., p. 764.

Os requisitos extrínsecos são preparo, tempestividade do recurso, regularidade e ausência de fato impeditivo ou extintivo do direito de recorrer. São intrínsecos cabimento, legitimidade para recorrer e interesse recursal.

Esses pressupostos são encontrados no recurso extraordinário, atendendo às peculiaridades desse apelo extremo.

Com efeito, passemos ao exame dos diversos **pressupostos de admissibilidade** do extraordinário.

Um deles é aquele que prevê que o julgamento da causa deve ocorrer em última ou única instância. Assim é o caso das decisões proferidas pelas Seções de Dissídios Individuais e Coletivos e pelo pleno do Tribunal Superior do Trabalho (TST). Da mesma forma, pode ocorrer quando se trata de sentença proferida em primeiro grau de jurisdição, por Vara do Trabalho, nas causas de alçada. Oportuna a lembrança de João de Lima Teixeira Filho, de que "são irrecorríveis, através de recurso extraordinário, as decisões dos Tribunais Regionais e as das Turmas do Tribunal Superior do Trabalho, por não se ter, nesses casos, exaurido a via de recursos na esfera trabalhista"[12].

Outro pressuposto é a necessidade de a matéria objeto do apelo versar sobre questão constitucional controvertida, que deve ser estritamente de direito, e nunca de fato, e que tenha sido discutida e apreciada na instância inferior. Como já assinalamos antes, omissa a discussão no grau *a quo*, devem ser interpostos declaratórios para fins de prequestionamento.

Renove-se que o pressuposto da repercussão geral é indispensável, pena de não ser conhecido o extraordinário.

No pertinente aos **efeitos**, o recurso extraordinário será recebido somente no efeito devolutivo, na forma prescrita no parágrafo único, do art. 1.034, do CPC, e como se infere do art. 899 da CLT.

Poderá ser, todavia, possível o apelo ser recebido no efeito suspensivo na hipótese prevista no § 5º, do art. 1.029, do CPC, *verbis*:

> § 5º O pedido de concessão de efeito suspensivo a recurso extraordinário ou a recurso especial poderá ser formulado por requerimento dirigido:

I – ao tribunal superior respectivo, no período compreendido entre a publicação da decisão de admissão do recurso e sua distribuição, ficando o relator designado para seu exame prevento para julgá-lo;

II – ao relator, se já distribuído o recurso;

III – ao presidente ou ao vice-presidente do tribunal recorrido, no período compreendido entre a interposição do recurso e a publicação da decisão de admissão do recurso, assim como no caso de o recurso ter sido sobrestado, nos termos do art. 1.037.

Aliás, como lembra Bezerra Leite[13], é admissível o efeito suspensivo em sede de tutela cautelar no juízo de admissibilidade, não competindo, todavia, ao STF essa providência, em conformidade com a Súmula n. 634 da Suprema Corte:

> Súmula n. 634 – *Não compete ao Supremo Tribunal Federal conceder medida cautelar para dar efeito suspensivo a recurso extraordinário que ainda não foi objeto de juízo de admissibilidade na origem.*

A execução na instância de origem deve ser apenas provisória[14], não devendo ser definitiva, sendo recomendável que caminhe até a penhora, e não além. Neste sentido, inclusive, é a OJ n. 56 da SDI-2 do TST, considerando:

> OJ N. 56 – MANDADO DE SEGURANÇA. EXECUÇÃO. PENDÊNCIA DE RECURSO EXTRAORDINÁRIO – Não há direito líquido e certo à execução definitiva na pendência de recurso extraordinário, ou de agravo de instrumento visando a destrancá-lo.

5. PROCEDIMENTO

O primeiro aspecto que deve ser considerado é referente à impossibilidade de se adotar o *jus postulandi* quando estamos a tratar de recurso extraordinário[15]. E é simples a justificativa da necessidade de um profissional habilitado para atuar em apelo desse jaez: pretende-se discutir matéria de alta indagação jurídica, envolvendo temas constitucionais. É quanto basta...

É indispensável haver o adequado **preparo** do apelo, com o recolhimento de custas e pagamento das

---

(12) TEIXEIRA FILHO, João de Lima *et alii*. *Instituições de direito do trabalho*. 22. ed. São Paulo: LTr, 2005. v. 2, p. 1.508.
(13) LEITE, C. H. B. Ob. cit., p. 939.
(14) GARCIA, Gustavo Felipe Barbosa. *Curso de direito processual do trabalho*. Rio de Janeiro: Forense, 2012. p. 593.
(15) ALMEIDA, Isis de. *Manual de direito processual do trabalho*. 3. ed. São Paulo: LTr, 1991. v. 2, p. 367; PAMPLONA FILHO, Rodolfo; SOUZA, Tércio. *Curso de direito processual do trabalho*. São Paulo: Marciel Pons, 2013. p. 534; COQUEIJO COSTA, C. T. da. Ob. cit., p. 575; LEITE, C. H. B. Ob. cit., p. 931.

despesas processuais, conforme sustenta a melhor doutrina processual trabalhista brasileira[16]. Sinalize-se que se trata da observância da forma prescrita no art. 57 do Regimento Interno do STF, *verbis*:

> Art. 57. Salvo os casos de isenção, compete às partes antecipar o pagamento do respectivo preparo.
>
> Parágrafo único. O preparo compreende o recolhimento de custas e das despesas de todos os atos do processo, inclusive o porte de remessa e retorno, quando for o caso.

Deve ser destacado que, sem isenção e sem prova do preparo regular, inclusive o pagamento de despesas de remessa e retorno no prazo legal, sequer o recurso extraordinário subirá ao Excelso Pretório (art. 59, § 1º, do RISTF).

Importante é a observância dos **prazos**. Perder prazo para praticar qualquer ato processual é lamentável, porque, na máxima latina, *dormientibus non sucurrit jus*.

O recurso extraordinário não obedecerá ao prazo de 8 (oito) dias que habitualmente é indicado no processo do trabalho para os recursos da esfera trabalhista. O prazo para sua interposição é de 15 (quinze) dias, bem como para as contrarrazões, conforme o § 5º, do art. 1.003, do CPC:

> § 5º Excetuados os embargos de declaração, o prazo para interpor os recursos e para responder-lhes é de 15 (quinze) dias.

Esse prazo é contado apenas em dias úteis, conforme o art. 219, *caput*, do CPC, que também é a mesma regra inserida na CLT, a partir das mudanças introduzidas na legislação trabalhista pela Lei n. 13.467/2017, no art. 775, *caput*, consolidado. Ao recurso extraordinário, que não é recurso trabalhista exclusivo, aplica-se o CPC, por força do art. 769 da CLT.

Observe-se que essa forma da contagem em dias úteis parece violar frontalmente o inciso LXXVIII, do art. 5º, da Constituição, que objetiva a celeridade processual. Com essa nova modalidade, as demandas arrastar-se-ão por mais tempo, prejudicando as partes e o próprio funcionamento da máquina do Judiciário.

O oferecimento de contrarrazões igualmente será de quinze dias, observando o art. 1.030, *caput*, do CPC[17].

A **interposição** do extraordinário deve ser feita perante o presidente ou vice-presidente do tribunal que proferiu a decisão recorrida na forma prescrita minuciosamente no art. 1.029, do CPC, devendo ser assinalada a regra do § 4º, que cuida do processamento do incidente de resolução de demandas repetitivas, oportunidade em que o Presidente do STF, se for requerido, poderá suspender os processos em que se discuta questão federal constitucional ou infraconstitucional em todo o território nacional até julgamento do apelo.

O inciso V, do art. 1.030, do CPC, determina que o presidente ou vice-presidente do tribunal recorrido deverá exercer juízo de admissibilidade, remetendo o feito ao STF. Na hipótese de trancamento do apelo, caberá interposição de agravo (art. 1.030, § 1º, do CPC), que deve ser interposto em 15 dias, conforme o art. 328 do Regimento Interno do TST, e semelhantemente o § 5º, do art. 1.003, do CPC.

Oferecida ou não contraminuta, os autos serão conclusos para exame, podendo ocorrer retratação do despacho ou a mantença da decisão agravada (art. 329 do RI do TST).

Mantido o despacho inquinado, subirão os autos e o relator decidirá e, se reformada a decisão recorrida, processará o recurso extraordinário até final.

6. CONCLUSÃO

Existe, no Brasil, uma incrível e pouco salutar tendência a buscar, pela via judicial, a solução de qualquer conflito. O brasileiro é litigioso porque precisa atribuir a outrem a falta de êxito em alguma questão. Poderia recorrer aos mecanismos extrajudiciais de solução de conflitos, que são vários e eficazes: negociação direta, mediação, arbitragem. Mas, não. Opta pela solução que deverá ser dada pelo Estado-Juiz.

Com tantos recursos que existem na estrutura processual do Poder Judiciário, tornou-se necessária a criação de certas restrições com o fim de obstacular a interposição de sucessivos apelos e sua consequente admissão.

O recurso extraordinário é o último de todos os remédios recursais que pode se utilizar a parte que se julgar prejudicada, daí a necessidade, se pretender alcançar o Excelso Pretório. A esse fim, deverá ser suscitada matéria constitucional desde o início (o prequestionamento), e esse tema deverá ter alcance amplo, de interesse da sociedade, daí a repercussão geral.

---

(16) MARTINS, Sergio Pinto. *Direito processual do trabalho*. 13. ed. São Paulo: Atlas, 2000. p. 409; ALMEIDA, I. de. Ob. cit., p. 367; PAMPLONA FILHO, R.; SOUZA, T. Ob. cit., p. 534; Diniz, J. J. B. Ob. cit., p. 333.

(17) No mesmo sentido: MARTINS, S. P. Ob. cit., p. 408, Almeida, I. de. Ob. cit., p. 367, PAMPLONA FILHO, R.; SOUZA, T. Ob. cit., p. 534; e DINIZ, J. J. B..Ob. cit., p. 333.

Sendo o limite do exercício da jurisdição, os julgados do STF devem ser a palavra derradeira do direito buscado. Ainda que as pessoas se sintam contrariadas, reputem decisões injustas e contrárias a tudo o que possa ser pretendido, o fato incontestável é a imperiosa necessidade de submissão do jurisdicionado ao que decidir o Excelso Pretório.

Importante notar que ao STF chegam questionamentos de toda natureza. Existem casos teratológicos, que superlotam a mais Alta Corte do Judiciário brasileiro: briga de galos, p. ex., foi objeto da ADI n. 1856-RJ (Rel. Min. Celso de Mello), cujo julgamento demorou mais de uma década[18]. Estranho? Não! A "farra do boi", referente ao RE n. 531.351-SC (Rel. Min. Marco Aurélio), também ocupou a Suprema Corte por seis anos[19]. Além desses julgados, que envolvem crueldade contra animais (e poderiam ser solucionados nas instâncias inferiores), um sem-número de ações repetidas continuam assoberbando o tribunal constitucional brasileiro, cuidando de temas que, *data venia*, não possuem razão justa para a Corte se manifestar.

Adiante, é imperioso reiterar o que temos insistido bastante ao longo dos anos, de que podemos criticar os julgados do Supremo Tribunal, apontar seus possíveis equívocos, discordar dos fundamentos utilizados pelos juízes da maior Corte de Justiça do Brasil, mas jamais poderemos descumprir essas decisões.

Assim procedendo, estará sendo rompido lamentavelmente o Estado Democrático de Direito e consagrando a barbárie nas relações interpessoais.

Não é o que se quer, nem o que se deseja.

7. REFERÊNCIAS

ALMEIDA, Isis de. *Manual de direito processual do trabalho*. 3. ed. São Paulo: LTr, 1991. v. 2.

COQUEIJO COSTA, Carlos T. *Direito processual do trabalho*. 3. ed. Rio de Janeiro: Forense, 1986.

DINIZ, José Janguiê Bezerra. *Recursos no processo trabalhista*. 5. ed. São Paulo: Atlas, 2015.

GARCIA, Gustavo Felipe Barbosa. *Curso de direito processual do trabalho*. Rio de Janeiro: Forense, 2012.

GIGLIO, Wagner D.; CORRÊA, Claudia Giglio Veltri. *Direito processual do trabalho*. 16. ed. São Paulo: Saraiva, 2007.

GONÇALVES, Odonel Urbano. *Direito processual do trabalho*. São Paulo: LTr, 1999.

LEITE, Carlos Henrique Bezerra. *Curso de direito processual do trabalho*. 10. ed. São Paulo: LTr, 2012.

MARTINS, Sergio Pinto. *Direito processual do trabalho*. 13. ed. São Paulo: Atlas, 2000.

NASCIMENTO, Amauri Mascaro. *Direito processual do trabalho*. 10. ed. São Paulo: Saraiva, 1989.

PAMPLONA FILHO, Rodolfo; SOUZA, Tércio. *Curso de direito processual do trabalho*. São Paulo: Marciel Pons, 2013.

TEIXEIRA FILHO, João de Lima *et alii*. *Instituições de direito do trabalho*. 22. ed. São Paulo: LTr, 2005. v. 2.

TEIXEIRA FILHO, Manuel Antonio. *Sistema de recursos trabalhistas*. 5. ed., São Paulo: LTr, 1991.

_____. *Comentários ao novo CPC sob a perspectiva do processo do trabalho*. 2. ed. São Paulo: LTr, 2015.

TOSTES MALTA, Christovão Piragibe. *Prática de processo do trabalho*. 23. ed. São Paulo: LTr, 1992.

---

(18) Disponível em: <http://www.stf.jus.br/portal/processo/verProcessoAndamento.asp?numero=1856&classe=ADI&origem=AP&recurso=0&tipoJulgamento=M>. Acesso em: 1º abr. 2018.

(19) Disponível em: <http://www.stf.jus.br/portal/processo/verProcessoAndamento.asp?numero=153531&classe=RE&codigoClasse=0&origem=JUR&recurso=0&tipoJulgamento=M>. Acesso em: 1º abr. 2018.

16.
Repercussão Geral nos Recursos Extraordinários em Matéria Trabalhista

José Alberto Couto Maciel[1]

O Supremo Tribunal Federal, pela Emenda Regimental n. 21, de 30 de abril de 2007, alterando diversos artigos de seu Regimento Interno, regulamentou o novo instituto da repercussão geral, pressuposto obrigatório como preliminar do recurso extraordinário a ser interposto.

Diante das referidas alterações, passo a comentar a nova redação dos artigos regimentais, na forma a seguir:

> Art. 322. O Tribunal recusará recurso extraordinário cuja questão constitucional não oferecer repercussão geral, nos termos deste capítulo.
>
> Parágrafo único. Para efeito de repercussão geral, será considerada a existência ou não, de questões que, relevantes do ponto de vista econômico, político, social ou jurídico, ultrapassem os interesses subjetivos das partes.

Este pressuposto de repercussão geral, nova roupagem dada à antiga arguição de relevância, mas que com ela não se confunde, surgiu em decorrência da Emenda Constitucional n. 45, de 8 de dezembro de 2004, a qual acrescentou no art. 102, III, da Constituição, o § 3º, com a seguinte redação:

> § 3º No recurso extraordinário o recorrente deverá demonstrar a repercussão geral das questões constitucionais discutidas no caso, nos termos da lei, a fim de que o Tribunal examine a admissão do recurso, somente podendo recusá-lo pela manifestação de dois terços de seus membros.

O objetivo desta alteração, como não poderia deixar de ser, é a busca incansável do legislador de obter a celeridade processual, limitando os julgamentos do STF na área extraordinária, a recursos relevantes e que tenham repercussão geral no país.

Na Constituição de 1967, alterada pela Emenda Constitucional n. 1, de 1969, a Suprema Corte modificou o art. 308 de Regimento Interno, para enumerar as causas em que, era cabível recurso extraordinário pelas letras *a* e *d* do inciso III, do art. 119, da Constituição, incluindo em todos os demais feitos, A RELEVÂNCIA DA QUESTÃO FEDERAL, inserida na Constituição pela Emenda Constitucional n. 07, de 1977.

Já naquela época, o Supremo Tribunal Federal, em seu Regimento Interno, considerava relevantes as questões vistas por seus aspectos morais, econômicos, políticos ou sociais, o que atualmente repete em seu Regimento, considerando da mesma forma a repercussão geral, apenas alterando, excluindo os aspectos morais e incluindo os jurídicos.

Vejam bem que na Constituição de 1967, alterada pela EC n. 1/1969 e demais Emendas, admitia-se o recurso extraordinário por violação à lei federal ou constitucional, visto que o recurso extraordinário era também admitido em questões consideradas relevantes.

Não se tratava, porém, de mais um óbice à limitação dos recursos extraordinários, como se pretende agora, mediante o pressuposto de repercussão geral, e daí a diferença enorme existente entre os institutos: a arguição de relevância era mais um pressuposto do recurso extraordinário, COMO UM MEIO DE ABRANDAR O RIGORISMO DOS ÓBICES REGIMENTAIS, como dissertou o Ministro Moreira Alves (*Revista do Instituto dos Advogados Brasileiros*, ano XVI, n. 59/59, p. 44-7, 1982).

Destacada a arguição de relevância do recurso extraordinário, era ela julgada separadamente, como mais uma viabilidade de ver a parte seu recurso apreciado,

---

[1] Membro da Academia Brasileira de Direito do Trabalho.

independentemente da violação à lei federal ou à Constituição da República.

É preciso verificar, neste ponto, a estatística citada por Jouberto de Quadros Pessoa Cavalcante, em artigo publicado na revista Justiça do Trabalho de março de 2007, "Aspectos da relevância, transcendência ou repercussão geral", baseada em artigo do Ministro Ives Gandra:

> Interessante notar que a arguição era apresentada em autos apartados e apreciada pelo STF, em sessão do Conselho. Das mais de 30.000 arguições feitas, apenas 5% das arguições foram acolhidas, sendo que 20% deixaram de ser conhecidas por deficiência do instrumento e o restante (75%) foram rejeitadas.

Esse pressuposto de arguição de relevância deixou de existir após a Constituição de 1988, mas sua vida efêmera não deixou saudades, complicou as partes, os advogados, os Ministros da Suprema Corte, e, pior de tudo, criou um caos na apreciação dos recursos extraordinários que, ao invés de desafogar o Tribunal, entupiu-o de relevâncias acrescidas ao movimento na época existente, que já se fazia volumoso.

Mas a argüição de relevância, na verdade, tinha o objetivo maior de trazer à discussão questões federais que necessitavam de uniformização em razão de sua importância, independentemente de ser cabível o extraordinário também por violação de lei federal e violação constitucional.

Com a Constituição de 1988, entretanto, as violações de lei federal passaram à competência do novo Superior Tribunal de Justiça, ficando a Suprema Corte com competência para apreciar recursos extraordinários apenas no que dizia respeito à matéria constitucional.

O certo é que já se passaram muitos anos da nova limitação de competência do STF, decorrente da Constituição anterior, e o movimento processual, que deveria ser reduzido, cresceu assustadoramente, quer porque a Constituição não foi bem elaborada, ampliando suas contradições, quer porque a população brasileira cresceu de forma geométrica, quer, ainda, porque a Suprema Corte está abarrotada de processos, em especial da União, Estados e Municípios, na maioria tratando de violações constitucionais indiretas, porque todos sabem que, quando se presume violado um artigo de lei, violada estará, indiretamente a Constituição Federal, art. 5º, II, e daí o número de recursos que alcançam a Corte fundamentados em violação constitucional, na maioria com princípios baseados em lei federal.

Ante tais fatos, surgiu o instituto da repercussão geral, apenas lembrando a antiga arguição de relevância, mas com finalidade completamente diversa, ou seja, enquanto esta última era mais um meio de alcançar o recurso à Suprema Corte, a repercussão geral, ao contrário, era um óbice para que no STF sejam apreciados somente recursos extraordinários de efetiva relevância.

Creio que o julgamento pela Suprema Corte somente de questões constitucionais já seriam decisões de repercussão geral para o país, pois me parece paradoxal que um recurso extraordinário, por violação constitucional devidamente demonstrada, não tenha repercussão geral, uma vez que, alcançando ele à Suprema Corte e, de acordo com a Constituição de 1988, somente cabível por violação constitucional, tem obrigatoriamente repercussão geral, sendo relevante, porque, de uma forma ou outra, está o STF ditando para o país o alcance de determinada norma constitucional para todos.

No meu entender, não existe artigo constitucional que não tenha relevância do ponto de vista econômico, político, social ou jurídico, e que não ultrapasse o interesse subjetivo da parte. Daí, talvez, melhor fosse uma alteração constitucional que limitasse os recursos extraordinários para a Suprema Corte apenas por repercussão geral, independentemente da matéria ser constitucional ou legal, sendo a relevância da matéria o único e exclusivo pressuposto do referido recurso.

De qualquer forma, na prática e com o tempo, talvez o instituto da repercussão geral tenha efeitos no sentido de reduzir o movimento processual, o que já acontecerá em relação às súmulas vinculantes que, em boa hora, deverão desafogar o volume processual da Suprema Corte de imediato.

Acontece, porém, como demonstrou em várias citações o Ministro Roberto Barroso, que o número de processos com repercussão geral já são tantos que em dezenas de anos o Supremo Tribunal Federal não os decidirá, sem lembrar do reflexo no número de processos sobre as teses sobrestados até decisão final.

> Art. 323. Quando não for caso de inadmissibilidade do recurso por outras razões, o relator submeterá por meio eletrônico, aos demais Ministros, cópia de sua manifestação sobre a existência, ou não, de repercussão geral.
>
> § 1º Tal procedimento não terá lugar, quando o recurso versar questão cuja repercussão já houver sido reconhecida pelo Tribunal, ou quando impugnar decisão contrária à Súmula ou à jurisprudência dominante, casos em que se presume a existência de repercussão geral.
>
> § 2º Mediante decisão irrecorrível, poderá o Relator admitir de ofício ou a requerimento, em prazo que fi-

xar, a manifestação de terceiros, subscrita por procurador habilitado, sobre a questão da repercussão geral.

Entende-se, pelo *caput* do artigo, que o relator, antes de enviar aos demais Ministros, por meio eletrônico, cópia de sua manifestação sobre a existência ou não de repercussão geral, deverá verificar, preliminarmente, os pressupostos extrínsecos do recurso, ou seja, inexistindo alguns dos pressupostos extrínsecos essenciais, o recurso não será admitido, e, portanto, sobre ele não se manifestarão os demais Ministros quanto à tese de repercussão geral.

Nessa hipótese, não está regulamentado o cabimento de agravo do despacho indeferitório, mas, certamente, como do despacho do relator cabe agravo regimental, cabível será este recurso.

Pelo § 1º, se admitido o recurso e se a questão debatida versar sobre matéria cuja repercussão já houver sido reconhecida, ou quando impugnar decisão contrária à súmula ou jurisprudência dominante, não precisará o relator enviar sua manifestação quanto à repercussão para os demais Ministros, pois esta já se presume como existente, não sendo necessária, na hipótese, a decisão colegiada. Trata-se de repercussão geral presumida.

Como a repercussão tem interesses acima dos subjetivos da parte, poderá o relator admitir a manifestação de terceiros no processo, e é esta inclusão de que trata o § 2º do referido art. 323.

> Art. 324. Recebida a manifestação do relator, os demais Ministros encaminhar-lhe-ão, também por meio eletrônico, no prazo comum de 20 (vinte) dias, manifestação sobre a questão da repercussão geral.
>
> Parágrafo único. Decorrido o prazo sem manifestações suficientes para recusa do recurso, reputar-se-á existente a repercussão geral.

Conforme art. 102, III, § 3º, da Constituição da República, a repercussão geral somente pode ser recusada pela Suprema Corte pela manifestação de dois terços de seus membros.

No art. 324 e seu parágrafo do Regimento Interno, regulamenta-se a matéria no sentido de que os Ministros deverão manifestar-se sobre a repercussão no prazo de vinte dias, depois dos quais, não havendo manifestação, torna-se existente o pressuposto, ou seja, a omissão do voto vale pela aprovação da repercussão arguida, criando-se o julgamento eletrônico por todos os Membros da Corte, no que se refere à repercussão geral, decisão que sempre será do colegiado.

> Art. 325. O relator juntará cópia das manifestações aos autos, quando não se tratar de processo informatizado, e, uma vez definida a existência da repercussão geral, julgará o recurso ou pedirá dia para seu julgamento, após vista ao Procurador-geral, se necessária; negada a existência, formalizará e subscreverá decisão de recusa do recurso.
>
> Parágrafo único. O teor da decisão preliminar sobre a existência da repercussão geral, que deve integrar a decisão monocrática ou o acórdão, constará sempre das publicações dos julgamentos no Diário Oficial com menção clara à matéria do recurso.

O *caput* do artigo trata de processo no qual foi definida a existência de repercussão geral, devendo o recurso ser julgado pela Turma do relator, no que concerne à matéria constitucional, admitida que foi a repercussão geral.

No parágrafo único, está afirmado que o teor da decisão preliminar sobre a existência da repercussão geral deve integrar a decisão monocrática ou o acórdão.

Resumindo, tendo em vista a repercussão geral, passam a existir dois julgamentos obrigatórios no mesmo recurso: o primeiro, eletrônico, tem de ser apreciado por todos os membros da Corte, tratando-se nele da repercussão geral. O segundo, se cabível a repercussão, será julgado pelo órgão colegiado, em sessão formal, para decidir sobre a tese constitucional.

Assim, o relator, ao conhecer ou não do recurso por despacho, terá de nele expor a decisão eletrônica plenária sobre a repercussão geral, e o mesmo terá de fazer no acórdão.

> Art. 326. Toda decisão de inexistência de repercussão geral é irrecorrível e valendo para todos os recursos sobre questão idêntica, deve ser comunicada, pelo Relator à Presidência do Tribunal, para os fins do artigo subseqüente e art. 329.

Neste art. 326, verifica-se a possibilidade real de redução dos processos, mediante a aplicação do instituto da repercussão geral. Não cabe recurso contra a decisão de inexistência da repercussão e a Presidência fará ampla divulgação do teor da decisões, inclusive criando banco eletrônico de dados a respeito.

Nesse sentido, mais fácil será que os Tribunais identifiquem iguais controvérsias e, com o tempo, reduzir-se-ão os recursos cuja matéria já foi considerada pela Corte como sem repercussão geral.

> Art. 327. A Presidência do Tribunal recusará recursos que não apresentem preliminar formal e fundamentada de repercussão geral, bem como aqueles cuja matéria carecer de repercussão geral, segundo precedente do Tribunal, salvo se a tese tiver sido revista ou estiver em procedimento de revisão.

§ 1º Igual competência exercerá o relator sorteado, quando o recurso não tiver sido liminarmente recusado pela Presidência.

§ 2º Da decisão que recusar recurso, nos termos deste artigo, caberá agravo.

Como se vê, a repercussão geral, se não seguir as formalidades legais, como preliminar do recurso extraordinário e com fundamentos sólidos, bem como se já existir precedentes da Corte demonstrando sua inviabilidade, será recusada ou pela Presidente da Corte ou pelo relator, em um segundo crivo, cabendo então agravo.

Não esclarece o artigo qual o órgão que será competente para julgar o agravo, devendo ser a Turma do relator, se o despacho for dele, mas, se for da Presidência, antes da distribuição, ficará o Pleno abarrotado de agravos?

Acredito que, nesta possibilidade de agravo a celeridade desejável através da repercussão geral perde um pouco de seu efeito redutor.

É que, não recusada a repercussão, o processo terá tramitação como recurso extraordinário, na forma atual, apenas com mais um requisito essencial. Rejeitado o recurso, em decorrência de estar a repercussão desfundamentada, com o cabimento de agravo terão as Turmas e o Pleno (?) de julgá-lo e o volume de processos, infelizmente, nessa hipótese, não será reduzido.

A regulamentação não dispõe sobre o processamento do agravo de instrumento quanto à repercussão geral, pois esta não é apreciada pelo Presidente do Tribunal *a quo*, somente cabendo a ele inadmitir o extraordinário por inexistência de tese constitucional, ou pressupostos externos. Assim, a repercussão geral no meu entender, fundamentada no agravo de instrumento, poderá ser apreciada se esse agravo for provido pelo relator, daí já na fase do recurso extraordinário e na forma anteriormente descrita.

É importante ressaltar que, como a repercussão geral é sempre julgada pelo colegiado, de acordo com o art. 102 da Constituição da República, o qual se refere a julgamento do Tribunal, e fixa *quorum*, parece-me que ao relator não caberá mais prover o agravo e, por despacho, decidir de imediato o recurso extraordinário, uma vez que terá, antes, de ouvir os demais Ministros os quais, obrigatoriamente, votarão quanto ao pressuposto de repercussão geral.

> Art. 328. Protocolado ou distribuído recurso cuja questão for suscetível de reproduzir-se em múltiplos feitos, a Presidência do Tribunal, ou o Relator, de ofício ou a requerimento da parte interessada, comunicará o fato aos Tribunais ou turmas de juizado especial, a fim de que observem o disposto no art. 543-B do Código de Processo Civil, podendo pedir-lhes informações que deverão ser prestadas em cinco dias, e sobrestar todas as demais causas com questão idêntica.
>
> Parágrafo único. Quando se verificar subida ou distribuição de múltiplos recursos com fundamentos em idêntica controvérsia, a Presidência do Tribunal ou o Relator, selecionará um ou mais representativos da questão e determinará a devolução dos demais aos tribunais de origem ou turmas de juizado especial de origem, para aplicação dos parágrafos do art. 543-B do Código de Processo Civil.

Trata o art. 328 e seu parágrafo único da aplicação da repercussão geral à multiplicidade de recursos com fundamentos em idênticas controvérsias, de acordo com regulamentação já inserida no art. 543-B do Código de Processo Civil e seus parágrafos.

O Tribunal de origem selecionará um ou mais recursos representativos da controvérsia enviando-os à Suprema Corte e sobrestará os demais, ou se já houverem recursos sobre a matéria no Supremo, o fato será comunicado aos Tribunais sobrestando-se as demais causas com questões idênticas, pedido que poderá ser feito pelo Relator ou pela parte interessada.

Negada a existência de repercussão, os recursos sobrestados considerar-se-ão automaticamente não admitidos.

Julgado o mérito do recurso extraordinário, os demais sobrestados poderão ser considerados prejudicados pelos Tribunais, ou haver retratação da decisão anteriormente proferida. Caso o Tribunal de origem mantenha a decisão, será ela cassada, ou reformada liminarmente pelo STF.

> Art. 329. A presidência do Tribunal promoverá ampla e específica divulgação do teor das decisões sobre repercussão geral, bem como formação e atualização de banco eletrônico de dados e respeito.

Exposto o Regulamento do Supremo Tribunal Federal sobre a repercussão geral, cujos recursos extraordinários trabalhistas devem seguir para possível apreciação, é de se verificar como está o Tribunal Superior do Trabalho analisando esses recursos diante do texto supradescrito.

De acordo com o art. 327 do Regimento Interno do Supremo Tribunal Federal:

> O Presidente do Tribunal recusará recursos que não apresentem preliminar formal e fundamentada de repercussão geral, bem como aqueles cuja matéria carecer de repercussão geral, segundo precedente

do Tribunal, salvo se a tese tiver sido revista ou estiver em procedimento de revisão.

§ 1º Igual competência exercerá o relator sorteado, quando o recurso não tiver sido liminarmente recusado pelo Presidente.

§ 2º Da decisão que recusar recurso, nos termos deste artigo, caberá agravo.

Verifica-se que o recurso extraordinário interposto no Tribunal Superior do Trabalho não poderia ter o crivo do Vice-Presidente do TST, que examina a admissão destes recursos sobre a repercussão geral nele interposta, em razão do texto regimental.

A competência para apreciar sobre a fundamentação ou formalização, bem como se existe já precedente do Tribunal sobre a matéria, pertencia ao Presidente da Suprema Corte ou ao Relator no Supremo, quando não tivesse sido o recurso recusado pela presidência.

Entretanto, o Tribunal Superior do Trabalho tem apreciado, mediante despachos do Vice-Presidente, a existência ou não das formalidades da repercussão geral nos recursos extraordinários, bem como a existência ou não de precedentes, e, em quase sua totalidade, têm esses despachos indeferidos os recursos, cabendo então agravo interno para o próprio Tribunal Superior do Trabalho, órgão especial, com competência para julgá-los.

E o faz corretamente o Vice-Presidente do Tribunal Superior do Trabalho porque o Código de Processo Civil de 2015, em seu art. 1.030, em seu inciso I, *a*, alterou o Regimento Interno do STF, dizendo caber ao Presidente ou Vice-Presidente do Tribunal negar seguimento ao recurso extraordinário quando

> I, a) a recurso extraordinário que discuta questão constitucional à qual o Supremo Tribunal Federal não tenha reconhecido a existência de repercussão geral ou a recurso extraordinário interposto contra acórdão que esteja em conformidade com entendimento do Supremo Tribunal Federal exarado no regime de repercussão geral. (inciso incluído pela Lei n. 13.256, de 2016)

Nessa hipótese, tem a Vice-Presidência do Tribunal Superior do Trabalho apreciado os recursos extraordinários e verificado se a repercussão geral neles alegada já foi apreciada pela Suprema Corte que não teria conhecido da mesma.

No agravo interposto no próprio TST para o órgão especial, cabe à parte demonstrar que aquela matéria difere com relação à repercussão geral sustentada, daquela citada como já apreciada pelo Supremo Tribunal Federal.

Com relação às teses de Repercussão Geral em matéria trabalhista com mérito julgado, temos as seguintes abaixo descritas:

> 025 – RE n. 565.714 – Salvo nos casos previstos na Constituição, o salário mínimo não pode ser usado como indexador de base de cálculo de vantagem de servidor público ou de empregado, nem ser substituído por decisão judicial.
>
> 030 – RE n. 570.908 – I – O direito individual às férias é adquirido após o período de doze meses trabalhados, sendo devido o pagamento do terço constitucional independente do exercício desse direito.
>
> II – A ausência de previsão legal não pode restringir o direito ao pagamento do terço constitucional aos servidores exonerados de cargos comissionados que não usufruíram férias.
>
> 036 – RE n. 569.056 – A competência da Justiça do trabalho prevista no art. 114, VIII, da Constituição Federal alcança somente a execução das contribuições previdenciárias relativas ao objeto da condenação constante das sentenças que proferir, não abrangida a execução de contribuições previdenciárias atinentes ao vínculo de trabalho reconhecido na decisão, mas sem condenação ou acordo quanto ao pagamento das verbas salariais que lhe possam servir como base de cálculo.
>
> 074 – RE n. 579.648 – Compete à Justiça do Trabalho o julgamento das ações de interdito proibitório em que se busca garantir o livre acesso de funcionários e de clientes às agências bancárias interditadas em decorrência de movimento grevista.
>
> 131 – RE n. 589.998 – Os empregados públicos das empresas públicas e sociedades de economia mista não fazem jus à estabilidade prevista no art. 41 da Constituição Federal, mas sua dispensa deve ser motivada.
>
> 152 – RE n. 590.415 – A transação extrajudicial que importa rescisão do contrato de trabalho, em razão de adesão voluntária do empregado a plano de dispensa incentivada, enseja quitação ampla e irrestrita de todas as parcelas objeto do contrato de emprego, caso esta condição tenha constado expressamente do acordo coletivo que aprovou o plano, bem como dos demais instrumentos celebrados com o empregado.
>
> 190 – RE n. 586.453 – Compete à Justiça comum o processamento de demandas ajuizadas contra entidades privadas de previdência com o propósito de obter complementação de aposentadoria, mantendo-se na Justiça Federal do Trabalho, até o trânsito em julgado e correspondente execução, todas as causas dessa espécie em que houver sido proferida sentença de mérito até 20.02.2013.
>
> 191 – RE n. 596.478 – É constitucional o art. 19-A da Lei n. 8.036/1990, que dispõe ser devido o depósito

do FGTS na conta de trabalhador cujo contrato com a Administração Pública seja declarado nulo por ausência de prévia aprovação em concurso público, desde que mantido o direito ao salário.

242 – RE n. 600.091 – Compete à Justiça do Trabalho processar e julgar as ações de indenização por danos morais e patrimoniais decorrentes de acidentes de trabalho propostas por empregado contra empregador, inclusive as propostas pelos sucessores de trabalhador falecido, salvo quando a sentença de mérito for anterior à promulgação da EC n. 45/2004, hipótese em que, até o trânsito em julgado e a sua execução, a competência continuará a ser da Justiça Comum.

246 – RE n. 760.981 – O inadimplemento dos encargos trabalhistas dos empregados do contratado não transfere automaticamente ao Poder Público contratante a responsabilidade pelo seu pagamento, seja em caráter solidário ou subsidiário, nos termos do art. 71, § 1º da Lei n. 8.666/1993.

256 – RE n. 603.451 – Afronta o art. 7º, inciso IV da Constituição Federal a adoção do salário mínimo como base de cálculo para a fixação de piso salarial.

Essas teses alcançam os temas trabalhistas com mérito julgado, existindo ainda vários temas, com repercussão geral reconhecida, mas que ainda não foram decididos, como a matéria relativa à terceirização a qual, embora já esteja pautada, depende do Presidente inserir na pauta de julgamento do Plenário.

17.
EMBARGOS DE DECLARAÇÃO

Nelson Mannrich[1]

A Academia Brasileira de Direito do Trabalho decidiu em boa hora lançar um Curso de Direito Processual do Trabalho. Destaco ao menos dois pontos positivos nessa iniciativa. O primeiro, pela importância da obra. Em tempos de tantas alterações no Código de Processo Civil, de reforma da CLT e mudanças importantes no Processo do Trabalho, cabe à Academia, em seu papel institucional, oferecer à comunidade subsídios seguros para todos quantos atuam na Justiça do Trabalho. Para atingir tão importante meta, segundo seus organizadores, o Curso Direito Processual do Trabalho deverá ser completo, compacto e didático. Estou convencido de que a comunidade acadêmica contará com o melhor curso de Direito Processual do Trabalho produzido nos últimos tempos por um grupo de acadêmicos.

O segundo ponto positivo que destaco refere-se à homenagem que a Academia presta, por meio desse curso didático, aos grandes processualistas Wagner D. Giglio e Christovão Piragibe Tostes Maltas. Ambos foram referência para todos quantos um dia iniciaram a aventura de atuar junto à Justiça do Trabalho. Seus livros sempre foram referência obrigatória e continuam até hoje. A imortalidade do acadêmico não se expressa apenas pelas obras que produziu e que ficarão para sempre, mas também pelo culto que a própria Academia promove para manter viva a memória de seus membros, como agora faz em relação aos ilustres acadêmicos Wagner Giglio e Tostes Malta.

Merecem especial destaque, ainda, os Confrades que coordenaram essa obra. Esse Curso seria apenas mais um projeto encalhado não fosse a garra do estimado Confrade Luciano Martinez que, com o apoio dos Confrades Jorge Cavalcante Boucinhas Filho e Bruno Freire e Silva, liderou a empreitada, distribuiu os temas e incentivou os autores a participar. Cumprimento esse valoroso trio pelo excelente trabalho de coordenação.

Foi-me confiado o tema Embargos de Declaração. Trata-se de um dos capítulos mais singelos do Processo do Trabalho, apesar de suas pequenas armadilhas. Seguindo a orientação dos coordenadores, o texto leva em conta o aspecto didático. Com esse propósito, o estudo dos Embargos de Declaração foi dividido em 8 (oito) partes. A primeira, dedica-se à regência supletiva e subsidiária do Processo do Trabalho. A segunda e terceira partes voltam-se ao contexto histórico e à natureza jurídica dos embargos, respectivamente. Na quarta parte, analisam-se suas hipóteses de cabimento. Prazo, efeitos, procedimento e a questão dos embargos protelatórios serão enfrentados, nessa ordem, nas últimas partes. Por fim, apresento as conclusões e a relação dos autores consultados.

Agradeço a oportunidade de participar dessa obra com tão ilustres juristas e conto com a generosa compreensão do leitor que saberá ser indulgente comigo.

1. RELAÇÕES DO PROCESSO DO TRABALHO COM O CÓDIGO DE PROCESSO CIVIL: REGÊNCIA SUPLETIVA E SUBSIDIÁRIA

A regência supletiva e subsidiária do Processo do Trabalho pelo Código de Processo Civil é objeto de importante debate ultimamente. A CLT é insuficiente para reger os embargos de declaração. Há dúvidas, ainda, quanto a outra fonte a ser invocada, além do CPC. A melhor solução seria um Código de Processo do Trabalho, há tanto tempo esperado e que não sai dos ensaios acadêmicos.

Enquanto se aguarda essa regulamentação autônoma, a doutrina sedimentou as regras que regem as omissões da CLT em matéria processual. De acordo com o art. 769 da CLT, o Direito Processual comum constitui fonte subsidiária do Direito Processual do Trabalho,

---

[1] Mestre, Doutor e Livre-Docente, pela USP. Professor Titular de Direito do Trabalho, da USP. Presidente Honorário da Academia Brasileira de Direito do Trabalho.

salvo naquilo em que for incompatível com os preceitos processuais presentes na CLT. Nessa direção, a regra do art. 15 do CPC/2015, que autoriza a aplicação subsidiária e também supletiva de suas regras ao Processo do Trabalho. O dispositivo prestigia a denominada "heterointegração dos subsistemas dos processos civil e trabalhista", conferindo dinâmica à dialética entre os regimes (LEITE, 2018, p. 1227).

Pelo fato de o Processo Civil complementar o Processo do Trabalho, a obscuridade, embora não mencionada no art. 897-A da CLT, constitui hipótese de cabimento de embargos de declaração, no Processo do Trabalho.

A aplicação subsidiária do Direito Processual comum ao Processo do Trabalho, ou seja, a superação de lacunas do processo trabalhista pelo Processo Civil, sempre foi admitida pela própria CLT. Nesse caso, sempre foi possível na medida em que a regra processual civil eleita para preencher a lacuna fosse compatível com o Processo do Trabalho. É o que ocorre, por exemplo, com a ação rescisória. Embora não regulamentada pela CLT, aplica-se no Processo do Trabalho por se compatibilizar com este.

Já a aplicação supletiva, assim considerada a complementação de instituto processual presente na CLT por norma do Processo Civil, rigorosamente, não se aplicaria, porque não reconhecida pela CLT. Na prática, porém, institutos como exceções de impedimento e suspeição, ônus da prova, e mesmo embargos de declaração, regidos pela CLT, ainda que apenas de forma superficial, tradicionalmente, sempre foram complementados pelas regras do Processo Civil. Afinal, estas aprimoram o Processo do Trabalho e lhe conferem maior efetividade[2].

Por se tratar de norma especial, permanece vigente a diretriz do art. 769 da CLT[3]. Assim, admite-se a aplicação do Direito Processual Civil ao Processo do Trabalho para preencher lacunas, como dispõe o art. 15 do CPC/2015, de forma subsidiária e supletiva. Mas isso somente se houver compatibilidade com o processo trabalhista e com os princípios que o regem. Essa posição é compartilhada por Manuel Antonio Teixeira Filho e também por Mauro Schiavi. Segundo Teixeira Filho (2015, p. 49), porém, a suplementação do Processo do Trabalho pelo Direito Processual comum demandaria, além de omissão e compatibilidade, demonstração de necessidade. Com vistas a este requisito, o autor considera inaplicável ao Processo do Trabalho o recurso adesivo. Embora respeitável, a posição já foi superada doutrinária e jurisprudencialmente[4]. Para Schiavi (2015b, p. 2), o Direito Processual comum deve complementar o Processo do Trabalho não apenas para superar lacunas normativas, mas, também, para suplantar lacunas ontológicas e axiológicas. As primeiras são puramente legalistas; as segundas, carregam aspectos sociológicos: lacunas ontológicas correspondem à incompatibilidade da norma com os fatos sociais, enquanto que as axiológicas equivalem ao senso de justiça e equidade[5].

Com vistas a orientar as instâncias inferiores quanto à aplicação do novo Direito Processual Civil ao Processo do Trabalho, o TST editou a Instrução Normativa n. 39. Conforme art. 1º, a aplicação subsidiária e supletiva do CPC ao Processo do Trabalho foi admitida se existentes omissão e compatibilidade[6].

Em linhas gerais, o TST considerou praticamente todo o procedimento envolvendo embargos de declaração compatível com o Processo do Trabalho. Mais detalhes sobre acolhimento, rejeição e adaptação de regras do processo civil serão melhor enfrentados mais adiante.

2. CONTEXTO HISTÓRICO

No Direito Processual Civil, os embargos de declaração remontam ao Código de 1939. Foram previstos

---

(2) As definições aqui providenciadas de aplicação subsidiária supletiva, como os exemplos mencionados, estão de acordo com a doutrina dominante. Nesse sentido, conf. Mauro Schiavi (2015b, p. 1-2.).

(3) Essa também a opinião, entre outros, de Bruno Freire e Silva (2016, p. 39).

(4) Houve tempos em que esse posicionamento encontrava guarida na jurisprudência cristalizada dos Tribunais. Nos termos da Súmula n. 175 do Tribunal Superior do Trabalho, o recurso adesivo realmente seria incompatível com o Processo do Trabalho. Como a Súmula foi cancelada em 2003, esse debate foi superado, ao menos do ponto de vista jurisprudencial.

(5) De acordo com Bruno Freire e Silva (2016, p. 40), o art. 15 do CPC tornou desnecessária a distinção entre lacunas ontológicas e axiológicas, dado que, em função dessa nova regra, o Processo Civil poderá subsidiar o Processo do Trabalho "para complementar a insuficiência da lei trabalhista na regulamentação do conflito" ainda que a CLT trate da matéria. Basta a compatibilidade da norma processual civil com as particularidades do Processo do Trabalho para que isso seja feito.

(6) Esse o motivo essencial para o art. 15 do CPC não ter revogado o art. 769 da CLT. Conforme observado por Bruno Freire e Silva (2016, p. 40), "O art. 769 da Consolidação das Leis do Trabalho traz regra fundamental para a aplicação do processo comum ao processo do trabalho, consistente na necessidade de compatibilidade daquele com este. Nesse diapasão, não há como conceber a revogação desse dispositivo pelo art. 15 do Código de Processo Civil. Deve-se buscar, na verdade, uma harmonização entre tais normas".

no inciso V do art. 808, e regulamentados pelo art. 862 e seus parágrafos. No Código de 1973, os embargos foram previstos no inciso IV do art. 496, e disciplinados pelos arts. 535, 536, 537 e 538. No atual Código, de 2015, foram relacionados pelo inciso IV do art. 994, cabendo sua regulamentação aos arts. 1.022, 1.023, 1.024, 1.025 e 1.026. Já em relação aos recursos cabíveis no âmbito do Direito Processual Civil, sua disciplina coube aos arts. 808 do CPC/1939; 496 do CPC/1973; e 994 do CPC/2015[7].

Os embargos de declaração foram expressamente reconhecidos pelo Processo do Trabalho somente em 1954, pela Lei n. 2.244. Incluiu o julgamento dos embargos de declaração entre as competências recursais do Tribunal Pleno do TST, conforme alínea *e*, do inciso II, do art. 702, da CLT. Idêntica competência foi adicionada à alínea *d*, do § 2º, do mesmo art. 702. Cabe a cada uma das turmas da Corte apreciar os embargos de declaração opostos em face de seus respectivos acórdãos. A inclusão das hipóteses de cabimento presentes no art. 897-A da CLT ocorreu somente no ano 2000, com a Lei n. 9.957.

O fato de a Lei n. 2.244/1954 ter atribuído a competência para julgar os embargos de declaração somente ao TST suscitou controvérsias (TEIXEIRA FILHO, 2015, p. 1309), mas não impediu a utilização da medida também perante instâncias inferiores, mesmo porque a regência supletiva do Processo do Trabalho pelo Processo Civil, como visto antes, já era admitida pelo Processo do Trabalho, pela CLT, já em 1943.

A exigência de fundamentar todas as decisões judiciais, sob pena de nulidade, adquiriu *status* constitucional a partir da Constituição da República, de 1988, como se depreende do inc. IX do art. 93, daí por que também atingem decisões envolvendo embargos.

3. NATUREZA JURÍDICA

Aparentemente, não se encontra na CLT elementos para se identificar a natureza jurídica dos embargos de declaração. Isso porque o art. 893 da Consolidação não relaciona os embargos de declaração entre os recursos admissíveis perante a Justiça do Trabalho. Trata-se de omissão natural, mesmo porque a CLT passou a disciplinar o instituto somente em 2000, quando foi incluído o art. 897-A.

No entanto, segundo parte da doutrina, essa questão está superada. Os embargos correspondem a um dos recursos admitidos no Processo do Trabalho. Para essa corrente, o fundamento está no § 3º, do referido art. 897-A, da CLT. Segundo este dispositivo, ocorre interrupção do prazo para "interposição de outros recursos", ou seja, estariam os embargos no rol dos recursos.

No âmbito do Direito Processual Civil, como se viu quando do exame do contexto histórico, os embargos de declaração sempre foram considerados espécie de recurso. Esse o entendimento de parte expressiva da doutrina processual trabalhista[8].

Para parte considerável da doutrina, no entanto, embargos de declaração não têm natureza recursal[9]. A jurisprudência é farta nesse sentido, como se infere de trecho do seguinte acórdão da 6ª Turma, do TST:

> Os embargos de declaração, ainda que sob a justificativa de prequestionamento, não se prestam a ser manejados como sucedâneo recursal, estando restritos à previsão contida no art. 897-A da CLT e 535 do CPC.[10]

E é a partir de sua finalidade que deve ser aferida a natureza jurídica dos embargos de declaração. Diferentemente do que ocorre com os recursos propriamente ditos, os embargos de declaração visam tão somente à

---

(7) Como se pode notar, sempre se considerou recursal a natureza jurídica dos embargos de declaração. Esse aspecto será aprofundado na próxima seção.

(8) Nesse sentido, conferir, entre outros PORTO, Lorena Vasconcelos (2015, p. 601). Conf., ainda, SCHIAVI, Mauro (2015a, p. 962). Para este autor, é recursal a natureza dos embargos de declaração pelo fato de a medida estar inserida no rol dos recursos e também pelo seu efeito de complementar e até mesmo alterar o provimento jurisdicional. O debate em questão é sintetizado por Carlos Henrique Bezerra Leite (2018, p. 1224). De acordo com referido autor, uma corrente considera não recursal a natureza jurídica dos embargos de declaração porque "a) não são julgados por outro órgão judicial e, sim, pelo mesmo que proferiu a decisão embargada; b) não há previsão para o contraditório; c) interrompem o prazo para recurso e, exatamente por isso não seriam recurso; d) não objetivam reforma da decisão". Para outra corrente, os embargos de declaração são classificados como recurso porque a medida é disciplinada pelas normas que regem os recursos. Isso tanto no Processo Civil (arts. 1.022 a 1.026 do CPC/2015) quanto no Processo do Trabalho (Capítulo VI, do Título X, da CLT). À corrente recursal aderem, ainda, Nelson Nery Junior e Rosa Maria de Andrade Nery (2015, p. 2120).

(9) Francisco Ferreira Jorge Neto e Jouberto de Quadros Pessoa Cavalcante (2015, p. 905) afirmam que os embargos de declaração não podem ser considerados recurso justamente porque se destinam não à reforma do julgado, mas, sim, à adequação da sentença à realidade dos autos.

(10) Processo: ED-RR – 58000-53.2008.5.15.0039, Data de Julgamento: 30.09.2015, Relator Desembargador Convocado: Américo Bedê Freire, 6ª Turma, Data de Publicação: DEJT 02.10.2015.

integração do julgado. Teria natureza genuinamente recursal caso modificassem as próprias razões de decidir. Os embargos de declaração podem acarretar modificação do julgado embargado, mas tal ocorre apenas para se superar defeitos procedimentais (*error in procedendo*), não aspectos interpretativos da decisão (*error in judicando*)[11]. Vale dizer, a modificação corresponde à mera consequência dos embargos.

Essa posição é sustentada por Carlos Henrique Bezerra Leite (2018, p. 1225). De acordo com o autor, "a finalidade principal dos embargos de declaração, diferentemente do que se dá com os demais recursos, repousa não na modificação da decisão por eles hostilizada, mas tão somente no seu esclarecimento ou na sua complementação". Na mesma direção, a doutrina de Nelson Nery Junior e Rosa Maria de Andrade Nery (2015, p. 2120) e, também, de Fredie Didier Jr. e Leonardo Carneiro da Cunha (2016, p. 248). Nery Junior e Nery arrematam: os embargos de declaração não "têm caráter substitutivo da decisão embargada, mas sim integrativo ou aclaratório".

Tratando-se de recurso, o efeito modificativo decorre do exame do mérito mesmo do pedido recursal. Tanto isso é verdade que o juízo *ad quem* não analisa o objeto de recurso que não tenha sido adequadamente apreciado pelo juízo *a quo*. Se a sentença for omissa, obscura ou contraditória em relação a qualquer requerimento da parte e esse mesmo requerimento figurar no rol de pedidos recursais, o juízo *ad quem* não poderá se pronunciar a respeito, sob pena de caracterizar supressão de instância, corolário do duplo grau de jurisdição. Nesse sentido, se posiciona Manoel Antonio Teixeira Filho, em comentário ao inciso III, do § 3º, do art. 1.013, do CPC/2015: ocorre preclusão na ausência de embargos[12].

Não obstante, foi outra a interpretação conferida pelo TST ao inciso III, do § 3º, do art. 1.013, do CPC/2015. De acordo com referido dispositivo, o Tribunal deverá decidir desde logo o mérito quando constatar omissão sobre o exame de um dos pedidos. Com base nessa diretriz, a Súmula n. 393 do TST foi alterada. A partir de então, o TST passou a admitir a superação de omissões da sentença diretamente pelo Tribunal, sem que se pudesse cogitar de supressão de instância[13].

Apesar da orientação do TST de ser possível a superação de omissões da sentença por meio do acórdão do respectivo recurso, mesmo assim é razoável concluir que os embargos de declaração não têm natureza recursal. Correspondem a mero requerimento com pedido de esclarecimento, oportunidade em que eventuais omissões ou contradições serão sanadas.

4. HIPÓTESES DE CABIMENTO

Os embargos de declaração, no CPC/2015, são regidos pelo art. 1.022 e seguintes. De acordo com o art. 9º da Instrução Normativa n. 39 do TST, aplica-se tal dispositivo ao Processo do Trabalho. Nos termos do referido artigo, cabem embargos de declaração para enfrentar obscuridade, contradição ou omissão. São cabíveis ainda para simples retificação de erro material.

No Processo do Trabalho, as hipóteses de cabimento dos embargos de declaração são mais restritas que no Processo Civil, daí sua aplicação subsidiária. Conforme art. 897-A da CLT, poderão ser opostos em face de sentença ou acórdão que contenha omissão ou contradição. Não há referência à obscuridade.

---

(11) Em aresto de lavra do Ministro Celso de Mello, o Tribunal Pleno do STF confirmou a natureza recursal dos embargos de declaração, mas deixou clara a impossibilidade de utilização da medida com vistas a superar os denominados *error in judicando* (MI 1311 AgR-ED, Relator(a): Min. Celso de Mello, Tribunal Pleno, julgado em 19.08.2015, ACÓRDÃO ELETRÔNICO DJe-198 DIVULG 01.10.2015 PUBLIC 02.10.2015).

(12) Com exemplo bastante didático, o autor conclui que ao juízo *ad quem* é vedado suprir omissões do juízo *a quo*: "(...) o empregado formula os pedidos A, B, C, D, E e a sentença somente examina A, B, C, D, omitindo-se quanto a E. Diante disso, o empregado interpõe recurso ordinário, ao qual o tribunal dá provimento, para acrescer à condenação o pedido E. *Data venia*, se a sentença era omissa quanto ao pedido E, incumbia ao empregado oferecer embargos de declaração, com a finalidade de suprir essa lacuna. Se ele não fez uso dos referidos embargos, formou-se, contra ele, a preclusão, de tal maneira a impedi-lo de manter esse pedido (E) na mesma relação processual. Como a sentença não havia se manifestado a respeito de E, torna-se evidente que não houve prestação jurisdicional a esse respeito, permitindo, com isso, ao empregado voltar a formular, novamente, o mesmo pedido, em outro processo. A prevalecer a regra do inciso III, do art. 1.013, do CPC, haveria supressão de um grau jurisdicional." (TEIXEIRA FILHO, 2015, p. 1288.)

(13) O verbete está redigido da seguinte forma: "Se o processo estiver em condições, o tribunal, ao julgar o recurso ordinário, deverá decidir desde logo o mérito da causa, nos termos do § 3º do art. 1.013 do CPC de 2015, inclusive quando constatar a omissão da sentença no exame de um dos pedidos." A respeito da ausência de supressão de instância, veja-se trecho de ementa de recente acórdão de lavra do Ministro Mauricio Godinho Delgado: "EFEITO DEVOLUTIVO EM PROFUNDIDADE. DEFERIMENTO DE PEDIDO NÃO APRECIADO NA SENTENÇA. SUPRESSÃO DE INSTÂNCIA. NÃO CONFIGURAÇÃO. SÚMULA N. 393, II/TST." (Processo: AIRR – 200-70.2012.5.05.0018. Data de Julgamento: 28.02.2018, Relator Ministro: Mauricio Godinho Delgado, 3ª Turma, Data de Publicação: DEJT 09.03.2018.)

De outro lado, o *caput* autoriza oposição de embargos de declaração em face de manifesto equívoco no exame dos pressupostos extrínsecos do recurso. De acordo ainda com o § 1º do referido art. 897-A, podem ser opostos embargos também em face de erro material.

4.1. Obscuridade

Segundo Francisco Ferreira Jorge Neto e Jouberto de Quadros Pessoa Cavalcante (2015, p. 906), a "sentença obscura representa um julgamento ininteligível, não propiciando à parte a correta interpretação do que foi decidido". Os autores consideram que a decisão passível de diversas interpretações sinaliza a obscuridade (2015, p. 907). Em síntese, considera-se obscura a decisão incompreensível ou ininteligível.

4.2. Contradição

Contraditória é a decisão revestida de proposições antagônicas sobre uma mesma questão. É possível opor embargos de declaração em face de ementa, caso destoe do conteúdo do acórdão respectivo (NERY JUNIOR e NERY, 2015, p. 2120). A contradição passível de saneamento por meio de embargos de declaração pode ocorrer, também, entre o relatório e a fundamentação ou mesmo entre a fundamentação e o dispositivo, admitindo-se, igualmente, embargos de declaração em face de acórdão divergente da respectiva certidão de julgamento (LEITE, 2018, p. 1.231).

4.3. Omissão

É omissa a decisão quando não enfrentar pedido deduzido pela parte. Nessa hipótese, a decisão se considera também *citra* ou *infra petita* (LEITE, 2018, p. 1.227). De acordo com Mauro Schiavi (2015a, p. 964), as decisões *ultra* e *extra petita*, como aquelas *citra petita*, também seriam passíveis de retificação por meio de embargos de declaração. Isso porque apresentam "obscuridade e também contradição, com o princípio da congruência da inicial".

As decisões *citra* ou *infra petita*, ou, simplesmente, omissas, de acordo com Carlos Henrique Bezerra Leite (2018, p. 1.227), não necessariamente devem constituir objeto de embargos de declaração. Para o autor, podem também ser combatidas diretamente por meio do recurso ordinário, em preliminar de nulidade da sentença por julgamento *citra petita*, ou por meio de ação rescisória, calcada na OJ n. 41 da SDI-II[14].

Em razão da natureza de ordem pública subjacente aos dispositivos violados por decisão *citra petita*, ou seja, 141 e 492 do CPC/2015, a ausência de embargos de declaração não consubstancia preclusão. Mas se a decisão omissa corresponder a acórdão atacado por meio de recurso de revista ou de embargos, ocorre, sim, preclusão[15].

É possível opor embargos de declaração, calcados em omissão, para requerer ao Tribunal que acresça aos autos voto eventualmente divergente (TEIXEIRA FILHO, 2015, p. 1.329). Admite-se oposição de embargos de declaração, igualmente por omissão, para requerer ao Tribunal que atribua novo valor à condenação em caso de alteração total ou parcial do julgado de origem (LEITE, 2018, p. 1.229). Perante os Tribunais, com fundamento no § 1º do art. 943, pode-se ainda usar a medida para requerer inclusão de ementa ao acórdão, visto se tratar de elemento obrigatório da decisão colegiada (NERY JUNIOR e NERY, 2015, p. 2.120).

4.4. Manifesto equívoco no exame dos pressupostos extrínsecos de recurso

No Processo do Trabalho, os embargos de declaração são ainda admissíveis como meio para tentar sanar manifesto equívoco no exame dos pressupostos extrínsecos de recurso, inclusive em face de despacho de admissibilidade de recurso de revista.

Nos termos da OJ n. 377, da SDI-I, do TST, embargos de declaração opostos em face de decisão de admissibilidade de recurso de revista não interrompiam qualquer prazo recursal. Como referida OJ foi cancelada em 2016, pode-se opor embargos de declaração com vistas ao saneamento de vícios no despacho de admissibilidade de recurso de revista.

Também em 2016, foi editada pelo TST a Instrução Normativa n. 40. Conforme o § 1º de seu art. 1º, sob pena de preclusão, a parte deverá opor embargos de declaração envolvendo despacho de admissibilidade do recurso de revista se o órgão prolator incorrer em omissão quanto

---

(14) "AÇÃO RESCISÓRIA. SENTENÇA 'CITRA PETITA'. CABIMENTO (atualizada em decorrência do CPC de 2015) – Res. n. 208/2016, DEJT divulgado em 22, 25 e 26.04.2016
Revelando-se a sentença 'citra petita', o vício processual vulnera os arts. 141 e 492 do CPC de 2015 (arts. 128 e 460 do CPC de 1973), tornando-a passível de desconstituição, ainda que não interpostos embargos de declaração."

(15) Assim dispõe a Súmula n. 184 do TST: "Ocorre preclusão se não forem opostos embargos declaratórios para suprir omissão apontada em recurso de revista ou de embargos."

a um ou mais temas. Se, a despeito da oposição de embargos de declaração, o órgão prolator do exame de admissibilidade persistir na omissão, a decisão respectiva será nula. Assim dispõe o § 2º, do art. 1º, da IN n. 40. Na forma do § 3º, a manutenção da omissão será considerada denegação, cabendo à parte interpor agravo de instrumento por ocasião de sua intimação acerca da decisão sobre os embargos de declaração. De acordo com o § 4º, o ministro relator poderá, a seu exclusivo critério, determinar a remessa do agravo de instrumento para o presidente do Tribunal Regional de origem para que complemente o exame de admissibilidade. Essa providência poderá ser determinada tão somente se a parte tiver oposto embargos de declaração com vistas a sanar omissão quanto a um ou mais temas do recurso de revista[16].

4.5. Erro material

Opor embargos de declaração em face de erro material constitui faculdade da parte. De fato, nos termos do art. 833 da CLT, correção de erros evidentes ou lapsos de escrita, de datilografia ou de cálculo pode ocorrer a qualquer tempo, de ofício ou a requerimento de quaisquer das partes ou mesmo do Ministério Público, desde que não iniciada a execução.

Compreende-se por erro material o defeito de cálculo ou de digitação, como dispõe o art. 833 da CLT, já referido. Erro de cálculo, neste caso, corresponde à operação aritmética[17]. Erro de cálculo decorrente de critérios equivocados se confunde com o próprio mérito e, por isso, não pode ser corrigido por meio de embargos de declaração[18].

A retificação de erro material pode ser requerida por simples petição, podendo a parte prescindir dos embargos de declaração. No caso, há a desvantagem de abrir mão do efeito interruptivo dos prazos recursais. O CPC/2015 contém disposição correlata no inciso I do art. 494. Em consequência, depois de publicada, a sentença somente poderá ser alterada para correção de inexatidões materiais ou erros de cálculo.

A hipótese de cabimento de embargos de declaração em face de erro material foi consagrada de modo expresso pelo Processo Civil apenas com o advento do Código de 2015, conforme inciso III do art. 1.022.

4.6. Fundamentação exauriente

No CPC/2015, a omissão deixou de se limitar apenas à ausência de pronunciamento sobre pedido formulado pela parte. Abrange, também, aspecto sobre o qual o magistrado deveria ter se pronunciado, de ofício ou a requerimento. Além disso, à luz do parágrafo único, do art. 1.022, do CPC/2015, também se considera omissa a decisão que não enfrenta tese firmada em julgamento de demandas repetitivas ou em incidente envolvendo competência aplicável ao caso sob julgamento.

No mesmo sentido, considera-se omissa a decisão precariamente fundamentada, conforme remissão do inciso II, do parágrafo único, do art. 1.022, ao § 1º do art. 489. Considera-se não fundamentada e, portanto, omissa, a decisão que incorrer em uma ou mais das condutas descritas no § 1º do art. 489[19]. Por força desse dispositivo, o magistrado deve especificar por que prestigiou determinado argumento, quando outro igualmente poderia fundamentar o provimento jurisdicional. De qualquer forma, a fundamentação deve ser exauriente[20].

---

(16) De acordo com Manoel Antonio Teixeira Filho (2015, p. 1.320), manifesto equívoco no exame dos pressupostos *intrínsecos* de recurso também enseja embargos de declaração. Para referido autor, contanto que presente o manifesto equívoco, qualquer decisão monocrática infensa a recurso pode constituir objeto de embargos declaratórios.

(17) Nesse sentido: Luiz Guilherme Marinoni *et al.* (2016, p. 224).

(18) Os erros materiais, na concepção de Homero Batista Mateus da Silva (2017, p. 297), ultrapassam as barreiras das simples questões ortográficas. De acordo com referido autor, os erros materiais de que trata o art. 897-A da CLT são diferentes daqueles erros grosseiros referidos no art. 833 da Consolidação. Pressupõem "maior grau de sofisticação, podendo inclusive envolver matéria de direito mal refletida ou matéria de fato mal apreciada".

(19) A saber: "I – se limitar à indicação, à reprodução ou à paráfrase de ato normativo, sem explicar sua relação com a causa ou a questão decidida;
II – empregar conceitos jurídicos indeterminados, sem explicar o motivo concreto de sua incidência no caso;
III – invocar motivos que se prestariam a justificar qualquer outra decisão;
IV – não enfrentar todos os argumentos deduzidos no processo capazes de, em tese, infirmar a conclusão adotada pelo julgador;
V – se limitar a invocar precedente ou enunciado de súmula, sem identificar seus fundamentos determinantes nem demonstrar que o caso sob julgamento se ajusta àqueles fundamentos;
VI – deixar de seguir enunciado de súmula, jurisprudência ou precedente invocado pela parte, sem demonstrar a existência de distinção no caso em julgamento ou a superação do entendimento."

(20) De acordo com Cláudio Brandão (2016, p. 98): "fundamentar é indicar como, a partir dos elementos contidos no processo e com base em princípios e regras, o julgador, singular ou colegiado, chegou a determinada conclusão em detrimento de outras."

Há quem considere inconstitucional o rigoroso atendimento ao § 1º, do art. 489, do CPC/2015. Segundo Lorena Vasconcelos Porto (2015, p. 601), na forma do art. 93 da Constituição, caberia ao magistrado apreciar somente questões relevantes, "e não toda e qualquer questão suscitada pelas partes", tampouco identificar, com o caso concreto, os precedentes invocados na fundamentação. Referida autora vai além, ao considerar igualmente inconstitucional a determinação para que o magistrado, ao deixar de aplicar determinado precedente, demonstre a existência de distinção entre o precedente e o caso concreto, ou então a superação do entendimento.

Embora respeitável, tal posição não se alinha com os princípios constitucionais que estruturam o "modelo constitucional do direito processual civil"[21]. De fato, a prestação jurisdicional será entregue tão somente se a parte compreender por que um argumento com potencial para infirmar a conclusão adotada pelo magistrado não foi apreciado, assim como por que certo precedente foi determinante para a decisão prolatada. Quanto à determinação do CPC em relação ao afastamento de precedente, o magistrado não está obrigado a decidir em consonância com ele. São vinculantes apenas súmulas aprovadas nos moldes do art. 103-A da Constituição. Ao não reconhecer o precedente, contudo, caberá ao magistrado indicar por que considera superado o entendimento ou mesmo por que tal precedente não se aplica ao caso concreto. Nesse sentido, o inciso VI, § 1º, do art. 489, do CPC/2015, alinhado com a Constituição da República de 1988.

Com o advento da IN – Instrução Normativa n. 39 do TST, os argumentos favoráveis à constitucionalidade foram reforçados. Com efeito, de acordo com o art. 15 da referida Instrução, o § 1º, do art. 489, do CPC/2015, é aplicável ao Processo do Trabalho, mas com as devidas adaptações. Os ajustes envolvem em geral questão jurisprudencial subjacente à norma processual mencionada, como explicitado nos incisos I a VI do referido art. 15, que a seguir serão melhor examinados.

Inciso I: indica o que se deve compreender por precedente. Contempla acórdão do STF ou do TST em julgamento de recursos repetitivos, decisão em incidente de resolução de demandas repetitivas ou de assunção de competência, decisão do STF em controle concentrado de constitucionalidade, tese jurídica prevalecente em TRT em consonância com súmula ou OJ do TST, decisão do órgão competente para uniformizar a jurisprudência de TRT ou do TST.

Conforme observa Carlos Henrique Bezerra Leite (2018, p. 1230), impõe-se a manifestação do prolator de decisão sobre teses firmadas em julgamento de demandas repetitivas ou em incidente de assunção de competência em função do efeito vinculante que lhes é atribuído pelos arts. 927, III, 947, § 3º e 985, I, do CPC/2015.

Inciso II: inclui as súmulas do STF, do TST e dos Tribunais Regionais. Somente serão considerados precedentes aqueles que, além de estarem em conformidade com a jurisprudência do TST, sedimentada por meio de súmula ou OJ, contiverem explícita referência aos fundamentos determinantes da decisão.

Incisos III a VI: a decisão que não apreciar questões prejudiciais já superadas deverá ser tida como fundamentada, como dispõe o inciso III. Se foram examinados na formação de precedente que fundamentar o julgado, os fundamentos invocados pela parte não precisarão ser enfrentados pelo magistrado, conforme inciso IV. O magistrado deve, contudo, fazer a correlação fática e jurídica entre o caso concreto e aquele apreciado no precedente eleito como fundamento, como preceitua o inciso V. O inciso VI impõe o ônus à parte que invocar precedente, de identificar os fundamentos determinantes ou demostrar a existência de distinção no caso em julgamento, ou mesmo a superação do entendimento.

4.7. Decisão monocrática do relator

Em face de decisão monocrática do relator, baseada no art. 932 do CPC/2015, os embargos de declaração serão admissíveis tão somente se a intenção da parte envolver juízo integrativo retificador da decisão. A medida não poderá ser oposta com vistas à modificação do julgado.

Se o objetivo da parte embargante for o efeito modificativo, caberá ao relator converter os embargos de declaração em agravo, a ser submetido ao colegiado após intimação da parte para complementar as razões do recurso ou então adequá-las aos pressupostos do § 1º, do art. 1.021, do CPC/2015.

Essas questões atinentes aos embargos declaratórios em face de decisão monocrática do relator constituem objeto da Súmula n. 421 do TST[22].

---

(21) Expressão que intitula a parte II, do primeiro volume do Curso Sistematizado de Direito Processual Civil, de Cassio Scarpinella Bueno (2007).

(22) SÚMULA N. 421 – EMBARGOS DE DECLARAÇÃO. CABIMENTO. DECISÃO MONOCRÁTICA DO RELATOR CALCADA NO ART. 932 DO CPC DE 2015. ART. 557 DO CPC DE 1973 (atualizada em decorrência do CPC de 2015). – Res. n. 208/2016, DEJT divulgado em 22, 25 e 26.04.2016

4.8. Embargos de declaração em face da decisão declaratória

São admissíveis embargos de declaração também em face de decisão declaratória, assim considerada aquela por meio da qual são apreciados os embargos[23]. Nos termos do art. 1.022 do CPC, são cabíveis embargos em face de qualquer decisão judicial[24].

Conforme determina o art. 203 do CPC, os pronunciamentos do magistrado poderão ter natureza jurídica de sentença, decisão interlocutória ou despacho. Terão natureza jurídica de sentença tão somente quando a decisão concluir a fase cognitiva do procedimento comum ou extinguir a execução, como dispõe o § 1º do referido art. 203. Outros pronunciamentos judiciais, com conteúdo decisório, que não se enquadrem no mencionado § 1º, têm natureza jurídica de decisão interlocutória. Podem, portanto, ser objeto de embargos de declaração. Despachos, quando irrecorríveis (art. 1.001 do CPC/2015), não são embargáveis[25].

Como a decisão declaratória se limita a aclarar o conteúdo da decisão que encerra a fase de conhecimento ou de execução, sua natureza pode ser considerada interlocutória. Decisão declaratória, nesse contexto, é sujeita a embargos de declaração não pela suposta natureza de sentença, mas, sim, por se tratar de decisão interlocutória provida de conteúdo decisório. Nessa linha, Manoel Antonio Teixeira Filho (2015, p. 1.331): "A sentença declarativa incorpora-se à declarada, a ela se funde em um só conteúdo, conquanto em corpos distintos."

Embargos de declaração opostos em face de decisão declaratória devem ter objetivo distinto daqueles opostos em face de decisão declarada, ou seja, devem visar à superação de vício na decisão declaratória, sob pena de se considerarem meramente protelatórios.

4.9. Prequestionamento

Os embargos de declaração também são cabíveis para se prequestionar matéria sujeita a recursos destinados aos tribunais superiores. São exigíveis "como pressuposto de admissibilidade em recurso de natureza extraordinária, ainda que se trate de incompetência absoluta"[26], como prevê a OJ n. 62, da SDI-I, do TST. Na doutrina de Francisco Ferreira Jorge Neto e Jouberto de Quadros Pessoa Cavalcante (2015, p. 913), se a matéria de ordem pública não estiver prequestionada, a parte deverá, no lugar dos embargos de declaração, valer-se da ação rescisória.

No Processo do Trabalho, o prequestionamento decorre de construção jurisprudencial. À luz do item I, da Súmula n. 297, do TST, considera-se prequestionada a matéria ou a questão se a decisão atacada por meio de recurso de revista houver adotado tese explícita a respeito. O prequestionamento é tema, tanto da OJ n. 256 quanto da OJ n. 119, ambas da SDI-I do TST[27]. Nos termos da última OJ mencionada, se a violação indicada decorrer da própria decisão recorrida, o prequestionamento será inexigível.

Caso o Tribunal Regional do Trabalho, ao prolatar o acórdão, não se pronunciar sobre o tema, caberá à parte exigir pronunciamento sobre a matéria ou questão mediante embargos de declaração, caso tenha constituído objeto do recurso ordinário. Nessa direção, o item II da Súmula n. 297. Se a decisão regional se limitar a adotar os fundamentos da decisão singular, a parte interessada deverá provocar o Tribunal a se pronunciar explicitamente sobre o tema, sob pena de a matéria não se considerar prequestionada. Essa a orientação jurisprudencial constante da OJ n. 151, da SDI-I, do TST.

Em linha com o inciso II, do parágrafo único, do art. 1.022, do CPC, pela referência ao § 1º, do art. 489,

---

(23) Essa posição é compartilhada por Mauro Schiavi (2015a, p. 971)

(24) O CPC/1973 não continha disposição semelhante, mas doutrina e jurisprudência já sinalizavam nessa direção. Nesse sentido: Luiz Guilherme Marinoni *et al.* (2016, p. 222) e Andrea Boari Caraciola (2017, p. 231). De acordo com essa autora, o novo dispositivo consagra o denominado princípio da ampla embargabilidade.

(25) Essa a lição de Carlos Henrique Bezerra Leite (2018, p. 1.233). Em sentido contrário, a posição de Nelson Nery Junior e Rosa Maria de Andrade Nery (2015, p. 2.121). De acordo com tais autores, se o despacho contiver um dos vícios suscetíveis de embargos de declaração e causar gravame à parte, será possível, sim, opor embargos de declaração.

(26) E, consequentemente, de outras matérias de ordem pública.

(27) Assim se encontram redigidas as referidas OJs:
"256. PREQUESTIONAMENTO. CONFIGURAÇÃO. TESE EXPLÍCITA. SÚMULA N. 297 (inserida em 13.03.2002) Para fins do requisito do prequestionamento de que trata Súmula n. 297, há necessidade de que haja, no acórdão, de maneira clara, elementos que levem à conclusão de que o Regional adotou uma tese contrária à lei ou à súmula."
OJ n. 119: PREQUESTIONAMENTO INEXIGÍVEL. VIOLAÇÃO NASCIDA NA PRÓPRIA DECISÃO RECORRIDA. SÚMULA N. 297 DO TST. INAPLICÁVEL (inserido dispositivo) – DEJT divulgado em 16, 17 e 18.11.2010
É inexigível o prequestionamento quando a violação indicada houver nascido na própria decisão recorrida. Inaplicável a Súmula n. 297 do TST.

também do CPC, a omissão poderá versar, tanto sobre matéria de direito quanto sobre fatos e provas, mesmo porque as instâncias superiores são vinculadas ao conteúdo fático probatório delineado no acórdão do Tribunal Regional[28]. A Súmula n. 126 do TST é expressa nesse sentido[29]. Se, a despeito dos embargos de declaração, o Tribunal Regional continuar omisso, a matéria ou questão será considerada prequestionada, exatamente como preceitua o item III da súmula em comento. Está-se diante do denominado prequestionamento ficto. A oposição de embargos de declaração, apenas visando provocar o colegiado *a quo* a emitir pronunciamento explícito sobre questão jurídica invocada no recurso principal, não se considera protelatória[30].

O objeto do presente estudo não envolve recurso de revista, devendo-se lembrar apenas de que, qualquer recurso em face de decisão de Tribunal demanda prequestionamento, como se infere da Súmula n. 297 do TST[31].

Nos termos do art. 1.025 do CPC/2015, alinhado ao item III da Súmula n. 297, quanto ao reconhecimento do prequestionamento ficto, se se entender que o acórdão recorrido padece de erro, omissão, contradição ou obscuridade, o Tribunal Superior deverá considerar incluídos no acórdão os elementos que o embargante suscitou, para fins de prequestionamento. Isso mesmo que os embargos de declaração não sejam admitidos ou sejam rejeitados. Essa previsão não constava no CPC/1973.

Por meio do art. 9º da Instrução Normativa n. 39, o TST considerou aplicável ao Processo do Trabalho o art. 1.025 do CPC/2015, com a advertência, alinhada ao item III, da Súmula n. 297, dessa Corte, no sentido de que a omissão se constata quando o Tribunal Regional do Trabalho, mesmo instado mediante embargos de declaração, recusar-se a emitir tese sobre questão jurídica pertinente.

O prequestionamento não se aplica em face de decisões de primeiro grau, sobretudo em função do efeito devolutivo do recurso ordinário. A partir das lições de Vicente Greco Filho (2003, p. 325), conclui-se que o recurso ordinário abrange toda matéria veiculada nos autos, ao passo que os recursos às instâncias superiores somente podem abranger matérias explicitamente examinadas pelo acórdão recorrido. É por isso que o prequestionamento se justifica quanto aos recursos às instâncias superiores, não em face de decisões em primeiro grau de jurisdição.

5. PRAZO

No Processo do Trabalho, é de cinco dias o prazo para opor embargos de declaração, como determina o art. 897-A da CLT. Idêntico prazo se aplica ao Processo Civil (arts. 536 do CPC/1973, e 1.023 do CPC/2015). A medida não comporta contrarrazões ou qualquer outro tipo de manifestação da parte contrária, salvo na hipótese de concessão de efeito modificativo aos embargos de declaração, como será retomado mais adiante.

Nos termos do § 1º, do art. 1.023, do CPC/2015, que remete ao art. 229 do referido diploma, havendo mais de um procurador e se estes forem membros de distintos escritórios de advocacia, litisconsortes serão favorecidos pela contagem em dobro do prazo para opor embargos de declaração.

À semelhança do art. 191 do CPC/1973, referido art. 229 contempla litisconsortes representados por diferentes procuradores, quando a contagem do prazo será em dobro para se manifestar nos autos.

Há uma particularidade: de acordo com as regras do atual CPC, não basta a representação por diferentes procuradores. Devem eles também pertencer a bancas

---

(28) Essa assertiva é corroborada por Carlos Henrique Bezerra Leite (2018, p. 1.227), ao mencionar que, para obter acesso às instâncias extraordinárias, a parte poderá provocar as instâncias inferiores a se pronunciar sobre causa de pedir não apreciada.

(29) Veja-se: "Súmula n. 126 do TST
RECURSO. CABIMENTO (mantida) – Res. n. 121/2003, DJ 19, 20 e 21.11.2003
Incabível o recurso de revista ou de embargos (arts. 896 e 894, *b*, da CLT) para reexame de fatos e provas."

(30) Nesse sentido, a Súmula n. 98, do STJ: "EMBARGOS DE DECLARAÇÃO MANIFESTADOS COM NOTÓRIO PROPÓSITO DE PREQUESTIONAMENTO NÃO TEM CARATER PROTELATORIO." Na mesma direção, aresto proveniente do TST: "(...) MULTA POR EMBARGOS DE DECLARAÇÃO PROTELATÓRIOS. A eg. Corte Regional considerou que não havia vício no julgado, aplicando a multa prevista no art. 538 do CPC/1973. Como bem descrito no tópico a respeito da negativa de prestação jurisdicional, constatou-se que aquela Corte, de fato, deixou de se manifestar acerca dos arts. 5º, II, 37, *caput*, e 21, XXIV, da CF, mas concluiu que essa circunstância não resultou prejuízo à recorrente, em face do prequestionamento ficto previsto na Súmula n. 297, III, desta Corte. Assim, diante da aplicação da Súmula n. 297, III, do TST, pela c. Turma na análise do tema 'negativa de prestação jurisdicional', não se configura o caráter meramente protelatório dos embargos de declaração. Recurso de revista conhecido e provido." (RR – 1573-53.2012.5.01.0017, Relator Ministro: Aloysio Corrêa da Veiga, Data de Julgamento: 23.11.2016, 6ª Turma, Data de Publicação: DEJT 25.11.2016.)

(31) No STF, duas súmulas se destacam. Súmula n. 282: "É inadmissível o recurso extraordinário, quando não ventilada, na decisão recorrida, a questão federal suscitada." E Súmula n. 356: "O ponto omisso da decisão, sobre o qual não foram opostos embargos declaratórios, não pode ser objeto de recurso extraordinário, por faltar o requisito do prequestionamento."

distintas. Essa vantagem, contudo, é aplicável somente aos processos físicos. O § 2º do art. 229 veda expressamente a aplicação do *caput* aos processos em autos eletrônicos.

O art. 1.023 do CPC/2015, no que concerne ao prazo dobrado para litisconsortes com procuradores distintos, foi considerado inaplicável ao Processo do Trabalho pelo art. 9º, da Instrução Normativa n. 39, do TST. Essa diretriz está presente também na OJ n. 310, da SDI-I, do TST[32]. De acordo com essa orientação jurisprudencial, a norma processual comum é contrária à celeridade inerente ao Processo do Trabalho[33].

Em relação às pessoas jurídicas de direito público pertencentes à administração direta, incluindo autarquias e fundações de direito público que não explorem atividade econômica, prevalece o disposto no inciso III, do art. 1º, do Decreto Lei n. 779/1969[34], relativamente ao prazo em dobro para recorrer. Mas assim não deveria ser, porque os embargos de declaração, rigorosamente, não têm natureza recursal, como visto supra.

Apesar de os embargos de declaração não constituírem, propriamente, espécie recursal, a jurisprudência, conforme OJ n. 192, da SDI-I, do TST, sedimentou entendimento no sentido de reconhecer expressamente ser "em dobro o prazo para a interposição de embargos declaratórios por pessoa jurídica de direito público". Essa vantagem aos entes públicos é reforçada pelo art. 183 do CPC/2015. Nos termos desse dispositivo, o prazo dobrado para referidos entes recorrerem se estende a toda e qualquer manifestação processual, não se restringindo aos atos recursais.

6. EFEITOS

6.1. Efeito modificativo

No CPC/1973, o efeito modificativo, denominado também "infringente" (NERY JUNIOR e NERY, 2015, p. 2.122), estava previsto no inciso II do art. 463. Em consequência, a sentença poderia ser alterada para correção de inexatidões materiais ou retificação de erros de cálculo, bem como em função de embargos de declaração. Tal previsão agora se encontra no art. 494 do atual CPC/2015.

No Processo do Trabalho, o efeito modificativo foi inicialmente reconhecido em sede de embargos de declaração por força de construção jurisprudencial. A Súmula n. 278 do TST, editada pela primeira vez em 1988, estava assim redigida: "A natureza da omissão suprida pelo julgamento de embargos declaratórios pode ocasionar efeito modificativo no julgado."

Com a inclusão do art. 897-A à CLT, pela Lei n. 9.957/2000, reconheceu-se expressamente o efeito modificativo quando da decisão dos embargos declaratórios, tanto nos casos de omissão quanto de contradição, bem como na hipótese de manifesto equívoco no exame dos pressupostos extrínsecos do recurso. Por força da aplicação supletiva do Processo Civil ao Processo do Trabalho em matéria de embargos declaratórios, admite-se efeito modificativo também nas hipóteses de obscuridade[35].

A Lei n. 13.015/2014 alterou dispositivos da CLT envolvendo recursos no âmbito da Justiça do Trabalho. Introduzindo, ainda, novas regras relativas ao processamento dos embargos de declaração, no processo trabalhista, passou a admitir efeito modificativo ao julgado. Em consequência das alterações, o § 2º do art. 897-A prevê efeito modificativo apenas para corrigir vício na decisão embargada[36]. Neste caso, abre-se prazo de cinco dias para a parte contrária se manifestar, independentemente de requerimento, sob pena de nulidade da decisão declaratória.

Para Manoel Antonio Teixeira Filho (2015, p. 1.320), deve ser postergado o contraditório para o momento da interposição do recurso. Mauro Schiavi

---

(32) "LITISCONSORTES. PROCURADORES DISTINTOS. PRAZO EM DOBRO. ART. 229, *CAPUT* E §§ 1º E 2º, DO CPC DE 2015. ART. 191 DO CPC DE 1973. INAPLICÁVEL AO PROCESSO DO TRABALHO."

(33) Esse entendimento é criticado por Manoel Antonio Teixeira Filho (2015, p. 1.331).

(34) "Art. 1º Nos processos perante a Justiça do Trabalho, constituem privilégio da União, dos Estados, do Distrito Federal, dos Municípios e das autarquias ou fundações de direito público federais, estaduais ou municipais que não explorem atividade econômica: (...) III – o prazo em dobro para recurso; (...)."

(35) Manoel Antonio Teixeira Filho (2015, p. 1.320) observa ser difícil a constatação da obscuridade na prática, na medida em que "se não se consegue entender o que a decisão quer expressar não faz sentido pensar-se em modificar o que não se consegue entender". Carlos Henrique Bezerra Leite (2018, p. 1.230), por sua vez, nega a possibilidade de modificação da decisão obscura por meio de exame de embargos de declaração.

(36) Deve-se compreender por vício justamente o fato gerador dos embargos, ou seja, omissão, contradição, obscuridade, manifesto equívoco no exame dos pressupostos extrínsecos do recurso ou erro material. Entre os vícios mencionados, apenas erros materiais podem ser corrigidos de ofício. É o que se infere do § 1º do art. 897-A. Mas, em razão da natureza de ordem pública que reveste certas omissões, elas também poderão ser apreciadas de ofício, como se verá a seguir, no exame do efeito translativo dos embargos de declaração.

(2015a, p. 967) segue a mesma linha de raciocínio em relação aos embargos de declaração opostos perante juízo de primeiro grau. Embora respeitável, a posição doutrinária anotada não se harmoniza com as máximas do devido processo legal, em especial a partir da vigência do novo diploma processual civil. Inspirado em preceitos constitucionais que conferem aos litigantes em geral a garantia do contraditório e da ampla defesa, o art. 7º do CPC/2015 assegura às partes "paridade de tratamento em relação ao exercício de direitos e faculdades processuais" e impõe ao magistrado o dever de "zelar pelo efetivo contraditório". Não se pode perder de vista que o novo Código de Processo Civil, em linha com seu art. 6º, reconheceu o protagonismo das partes em direção à efetiva entrega da prestação jurisdicional[37].

Ora, o contraditório não seria efetivo se diferido para o momento da interposição do recurso, mesmo porque o magistrado poderia ser convencido desde logo, ou não, pelos argumentos utilizados por uma ou outra parte embargante para conferir efeito modificativo aos embargos, como quanto à inexistência de vícios passíveis de modificar o conteúdo do julgado embargado. Esse argumento é referendado pelo art. 9º do CPC/2015. Veda decisões contrárias a uma das partes sem sua prévia oitiva. Evita-se, assim, a chamada decisão surpresa. Ora, se nenhuma decisão contrária a uma das partes poderá ser proferida sem que antes a outra seja ouvida, como justificar o adiamento do contraditório? Para arrematar a questão, segundo Carlos Henrique Bezerra Leite (2018, p. 1.242), o § 2º, do art. 897-A, da CLT, não comporta interpretação restritiva.

De toda forma, essa questão hoje ficou superada pela jurisprudência dominante dos Tribunais. Nos termos da OJ n. 142, da SDI-I, do TST, a ausência de intimação da parte contrária para se manifestar inquina de nulidade a decisão modificativa. Esta orientação foi modificada justamente em razão do advento do CPC/2015. Antes, considerava-se válida decisão de primeira instância que acolhesse embargos de declaração com efeito modificativo sem oitiva da parte contrária em razão do efeito devolutivo amplo conferido ao recurso ordinário. Agora, com o advento do CPC/2015, nos termos do § 2º do art. 1.023, a parte contrária deve ser intimada para se manifestar quando eventual acolhimento dos embargos de declaração implicar modificação da decisão embargada. Não havia tal previsão no CPC/1973.

6.2. Efeito interruptivo de prazos recursais

Nos termos do § 3º, do art. 897-A, da CLT, a oposição de embargos de declaração interrompe o prazo para interpor qualquer outro recurso, por quaisquer das partes, ou seja, a oposição de embargos por uma parte, ou mesmo por terceiro, favorece também a outra, com devolução integral dos prazos recursais. A interrupção ocorrerá ainda que os embargos de declaração sejam incabíveis, vale dizer, mesmo se não conhecidos por inadequação, porque nesse caso ocorre o exame do mérito dos embargos (LEITE, 2018, p. 1239).

Entretanto, não haverá interrupção de prazos recursais, nas hipóteses de intempestividade dos embargos de declaração[38], irregularidade de representação processual ou ausência de assinatura. É o quanto prevê o já citado § 3º do art. 897-A, em sua parte final.

Por óbvio, com as mudanças introduzidas no Código de Processo Civil, e com a própria virtualização do processo, impõe-se revisitação desse rigor.

Assim, nos termos do art. 76 do CPC/2015, ao constatar irregularidade na representação processual, o juiz deverá suspender o processo e designar prazo razoável para a parte sanar a irregularidade. Esse dispositivo foi expressamente considerado aplicável ao Processo do Trabalho, pelo TST nos termos do art. 3º da Instrução Normativa n. 39.

Se a parte não regularizar sua representação processual no prazo assinalado, nos termos do § 1º, do mencionado art. 76, do CPC/2015, ocorrerá extinção do processo ou revelia, a depender da parte responsável pelo descumprimento da determinação, autor ou réu, respectivamente. Se o descumpridor for terceiro, a depender do polo em que se encontre, poderá ser considerado revel ou mesmo excluído do processo.

Nos termos do referido § 1º, do art. 76, do CPC/2015, a extinção do processo ou revelia ocorrerá se o descumprimento da determinação para regularizar a representação processual se der quando os autos estiverem na "instância originária". Já o § 2º do artigo em referência dispõe sobre a consequência do descumprimento da determinação para regularizar a representação

---

(37) A propósito, o comentário de Andrea Boari Caraciola (2017, p. 228): "propugna o novo diploma processual civil a superação do modelo pautado no protagonismo judicial, objetivando a adoção de um modelo policêntrico no qual se dimensiona a criação de um sistema cooperativo, pautado na coparticipação entre o exercício da magistratura e o da advocacia, propiciando uma interlocução ativa entre os sujeitos processuais, tendo em vista um modelo processual democrático."

(38) Não ocorre interrupção de prazos recursais em caso de intempestividade porque a inércia da parte no prazo legal caracteriza o próprio trânsito em julgado.

processual quando os autos estiverem "em fase recursal perante tribunal de justiça, tribunal regional federal ou tribunal superior". Nos termos do dispositivo, se a determinação para regularizar a representação processual couber à parte recorrente, o respectivo recurso não será conhecido; cabendo a providência ao litigante recorrido, as contrarrazões respectivas deverão ser desentranhadas.

A previsão do § 2º deve se aplicar aos embargos de declaração opostos perante o 1º grau de jurisdição. E isso não porque referida medida processual se encontra inscrita no rol de recursos admissíveis no âmbito do Processo Civil, conforme inciso IV, do art. 994, do CPC/2015. Sua aplicação se deve pela falta de razoabilidade em se admitir a extinção do processo ou decretação de revelia depois da prolação de sentença[39]. Afinal, na forma do art. 494 do CPC/2015, após a respectiva publicação, a sentença apenas poderá ser modificada em função de embargos de declaração ou para correção de inexatidões materiais ou erros de cálculo.

Como se vê, os embargos de declaração não poderão obstar a interrupção de prazos recursais pura e simplesmente se carecerem de regularidade de representação processual. A interrupção dos prazos recursais por força de oposição de embargos declaratórios carentes de regularidade de representação processual poderá ser desconsiderada tão somente se a parte embargante descumprir determinação judicial para regularizar a representação. Apenas nessa hipótese, os embargos devem ser considerados inexistentes, devendo ser mantidos os prazos recursais inalterados, sem que se cogite de qualquer interrupção.

A falta de assinatura, considerada óbice para processamento dos embargos de declaração, tornou-se desnecessária nos processos judiciais eletrônicos, em face do certificado digital.

No CPC/2015, o efeito interruptivo de prazos recursais está previsto pelo *caput* do art. 1.026. O diploma de 1973 também contemplava o efeito interruptivo de prazos recursais, conforme art. 538. Antes de sua alteração pela Lei n. 8.950/1994, os prazos recursais eram suspensos, ou seja, a contagem cessava por ocasião da oposição dos embargos de declaração e tinha os dias remanescentes retomados com a publicação da decisão declaratória.

6.3. Efeito suspensivo

Além de dispor sobre interrupção de prazos recursais, o art. 1.026 do CPC/2015, expressamente, afasta dos embargos de declaração o efeito suspensivo, ou seja, possibilita a imediata execução do julgado embargado. O diploma de 1973 era omisso a respeito.

A eficácia da decisão embargada, à luz do novo CPC, poderá ser suspensa pelo julgador apenas excepcionalmente, se demonstrada a probabilidade de provimento dos embargos de declaração ou, se, relevante a fundamentação, houver risco de dano grave ou de difícil reparação[40]. Assim dispõe o § 1º do art. 1.026[41]. O dispositivo refere-se à probabilidade de provimento do recurso, não dos embargos. Na doutrina de Luiz Guilherme Marinoni et al. (2016, p. 229), a expressão recurso tanto pode se referir a embargos com efeito modificativo quanto ao recurso mesmo a ser interposto em face da decisão declarada[42].

De acordo com Manuel Antonio Teixeira Filho (2015, p. 1.323), a eficácia da decisão embargada deveria ser suspensa também nas situações em que a execução for inviabilizada pelo fato de depender da integração da sentença a ser providenciada por meio da apreciação dos embargos de declaração[43]. Para Mauro Schiavi (2015a, p. 970), a suspensão deveria ocorrer em qualquer situação, pois a decisão embargada "ainda não está aperfeiçoada e, portanto, não está apta a produzir efeitos".

---

(39) Não obstante, Nelson Nery Junior e Rosa Maria de Andrade Nery (2015, p. 400) sinalizam no sentido de que a revelia pode ser configurada mesmo se o réu tiver apresentado contestação.

(40) De acordo com Luiz Guilherme Marinoni et al. (2016, p. 229), a eficácia da decisão poderá ser suspensa também em razão de perigo de ilícito.

(41) A Instrução Normativa n. 39 do TST não é conclusiva quanto à recepção, ou não, do § 1º do art. 1.026, pelo Processo do Trabalho. De fato, o art. 9º da referida Instrução relaciona os dispositivos do CPC aproveitáveis ao Processo do Trabalho, mas não menciona expressamente o § 1º do art. 1.026, fazendo referência apenas aos demais parágrafos do referido dispositivo. Isso significaria dizer que a suspensão excepcional da eficácia da decisão embargada não se aplicaria ao Processo do Trabalho. Esse entendimento, contudo, não seria razoável, dado que o art. 9º da Instrução Normativa menciona expressamente o que de fato considera inaplicável ao Processo do Trabalho, dentro do conjunto das regras do CPC que regem os embargos de declaração. Trata-se do prazo em dobro para litisconsortes oporem a medida.

(42) Nas palavras do referido autor: "O que interessa para caracterização do *fumus boni iuris* capaz de viabilizar a concessão do efeito suspensivo é a possibilidade de posterior modificação do julgado embargado." (MARINONI et al., 2016, p. 229.)

(43) Essa posição é compartilhada por Nelson Nery Junior e Rosa Maria de Andrade Nery (2015, p. 2.136-2.137), bem como por Andrea Boari Caraciola (2017, p. 239).

6.4. Efeito translativo

O efeito translativo dos embargos de declaração está presente no inciso II, do art. 1.022, do CPC/2015. Corresponde à possibilidade de colmatar omissão de ponto ou questão envolvendo matéria de ordem pública, sobre a qual o magistrado deve se pronunciar inclusive de ofício (LEITE, 2018, p. 1.237). Nos Tribunais Superiores, a matéria de ordem pública poderá ser apreciada tão somente se prequestionada[44].

7. PROCEDIMENTO

À luz do art. 897-A da CLT, os embargos de declaração devem ser julgados na primeira audiência ou sessão subsequente à sua oposição. Em 1ª instância, devem ser apreciados pelo mesmo magistrado prolator da decisão embargada. Essa afirmação não se coadunava com a diretriz da Súmula n. 136 do TST, cancelada em 2012. Referida súmula afastava das Varas do Trabalho o princípio da identidade física do juiz. Portanto, a partir do cancelamento da Súmula n. 136, se a violação ao princípio da identidade física do juiz causar prejuízo e a parte conseguir provar, por ocasião da interposição do recurso ordinário, a decisão declaratória será nula[45]. Em 2ª instância, aplicam-se as regras do CPC, a seguir mencionadas.

O procedimento dos embargos de declaração é regido também pelo CPC, conforme art. 1.024 e seus parágrafos. O dispositivo foi considerado aplicável ao Processo do Trabalho, como se infere do art. 9º da Instrução Normativa n. 39.

De acordo com o *caput* do art. 1.024 do CPC, os embargos serão julgados no prazo de cinco dias. Os três primeiros parágrafos versam especificamente sobre embargos de declaração nos tribunais. Neste caso, conforme § 1º, o relator apresentará os embargos em mesa na sessão subsequente, proferindo voto. Não havendo julgamento nessa sessão, o recurso será automaticamente incluído na pauta seguinte. Os embargos de declaração não comportam sustentação oral nos tribunais, nem mesmo nas hipóteses com potencial para concessão de efeito modificativo[46].

Pelo que se infere do § 2º do art. 1.024, se os embargos forem opostos em face de decisão de relator, como sucede com tutela de urgência, a ele caberá a decisão de acolhê-los ou não, monocraticamente. Conforme § 3º, serão convertidos em agravo interno se se entender este como o recurso cabível. Nessa circunstância, será determinada a prévia intimação da parte embargante para complementar as razões recursais, ajustando-as aos pressupostos do § 1º, do art. 1.021, do CPC/2015[47].

O § 4º, do art. 1.024, do CPC/2015, refere-se à complementação do recurso com base na decisão sobre embargos. De acordo com o dispositivo, a parte contrária que já tiver interposto outro recurso contra a decisão originária poderá complementar ou alterar suas razões recursais na eventualidade de o acolhimento dos embargos de declaração implicar modificação da decisão embargada, nos exatos limites da modificação. Essa previsão também não constava no CPC/1973.

A complementação das razões recursais por ocasião de decisão sobre os embargos constitui faculdade da parte, nos termos do § 4º, supracitado. O dispositivo tornou desnecessária a simples reiteração ou ratificação de recursos, proscritas pelo Novo Código (MALLET, 2015, p. 557). A medida também pode ser considerada desnecessária, em face do § 5º do art. 1.024. Conforme expressamente estabelecido no dispositivo, se os embargos de declaração forem rejeitados ou não alterarem a conclusão do julgamento anterior, o processamento de recurso

---

(44) A propósito, a OJ n. 62, da SDI-I, do TST: "PREQUESTIONAMENTO. PRESSUPOSTO DE ADMISSIBILIDADE EM APELO DE NATUREZA EXTRAORDINÁRIA. NECESSIDADE, AINDA QUE SE TRATE DE INCOMPETÊNCIA ABSOLUTA (republicada em decorrência de erro material) – DEJT divulgado em 23, 24 e 25.11.2010
É necessário o prequestionamento como pressuposto de admissibilidade em recurso de natureza extraordinária, ainda que se trate de incompetência absoluta."

(45) É preciso destacar que o princípio da identidade física do juiz decorre do art. 132 do CPC/1973, sem correspondência no diploma de 2015. Ainda, apesar de o cancelamento da Súmula n. 136 sinalizar reconhecimento do princípio pelo TST, referida Corte continua flexibilizando seu conteúdo em benefício de outros primados, como a celeridade e a economia processuais, além da efetividade da prestação jurisdicional. Para exemplificar, cite-se decisão de lavra da Ministra Maria Cristina Irigoyen Peduzzi (RR-AIRR – 1089-76.2013.5.10.0009, Relatora Ministra: Maria Cristina Irigoyen Peduzzi, Data de Julgamento: 25.10.2017, 8ª Turma, Data de Publicação: DEJT 27.10.2017). Evidentemente, o ideal é que o magistrado prolator da decisão embargada examine os embargos, pois tem melhor condições de afirmar exatamente o que pretendeu dizer. Agora, a partir do instante em que a pessoa física do magistrado decisor se desvincular do órgão judicante prolator da decisão, é razoável admitir que os embargos de declaração sejam examinados por outro magistrado.

(46) O rol do art. 937 do CPC/2015, relativo às hipóteses em que se admite a sustentação oral, não contempla os embargos de declaração.

(47) O § 3º do art. 1.024 consagra o denominado princípio da fungibilidade recursal (CARACIOLA, 2017, p. 237) De acordo com Estêvão Mallet (2015, p. 557): "A jurisprudência trabalhista não terá dificuldade em aplicar o dispositivo, por albergar solução muito próxima, embora com sentido inverso, admitindo que os embargos de declaração sejam julgados como agravo."

interposto pela parte contrária em face do julgado originário independerá de ratificação. Nessa linha, o item II, da Súmula n. 434, do TST: "A interrupção do prazo recursal em razão da interposição de embargos de declaração pela parte adversa não acarreta qualquer prejuízo àquele que apresentou seu recurso tempestivamente."

Se a decisão sobre os embargos de declaração não prestar os esclarecimentos apontados, como acaba ocorrendo em muitos casos, à parte embargante caberá suscitar em preliminar de recurso em face da decisão embargada a nulidade do julgado por negativa de prestação jurisdicional. Isso mesmo nas circunstâncias em que os embargos de declaração forem voltados especificamente ao prequestionamento.

7.1. Negativa de prestação jurisdicional

A jurisprudência, conforme orientação da Súmula n. 459 do TST, sinaliza, como fundamento da preliminar de nulidade por negativa de prestação jurisdicional, indicação de violação do art. 832 da CLT, do art. 489 do CPC/2015 ou do art. 93, IX, da Constituição. A fundamentação baseada em um desses dispositivos constitui pressuposto de admissibilidade do recurso de revista calcado em negativa de prestação jurisdicional.

Embora se aceite a indicação de somente um fundamento e apenas para os recursos de revista, a boa prática recomenda fundamentar a preliminar de nulidade por negativa de prestação jurisdicional com todos os dispositivos referidos, quando for o caso, mesmo em sede de recurso ordinário. Os arts. 832 da CLT e 489 do CPC/2015, respectivamente, elencam os elementos essenciais da sentença. Incluem entre eles os fundamentos da decisão. O inciso IX, do art. 93, da Constituição da República, por sua vez, obriga o Poder Judiciário a fundamentar todas as suas decisões.

Por essa razão, a decisão envolvendo embargos de declaração que não aclara a decisão embargada, afronta os dispositivos mencionados. Viola, ainda, o direito de acesso ao Judiciário e o devido processo legal, de que tratam, respectivamente, os incisos XXXV e LIV, do art. 5º, da Constituição da República.

Por força da Lei n. 13.467/2017, que incluiu o inciso IV ao § 1º-A, do art. 896, da CLT, com vistas a facilitar o cotejo e verificação da omissão, as razões do recurso de revista baseado em negativa de prestação jurisdicional deverão reproduzir "o trecho dos embargos declaratórios em que foi pedido o pronunciamento do tribunal sobre questão veiculada no recurso ordinário e o trecho da decisão regional que rejeitou os embargos quanto ao pedido".

Por fim, os embargos de declaração não se sujeitam a qualquer tipo de preparo (art. 1.023 do CPC/2015).

8. EMBARGOS PROTELATÓRIOS

Na vigência do CPC anterior, de acordo com o parágrafo único, do art. 538, do CPC/1973, na hipótese de embargos de declaração manifestamente protelatórios, havia previsão de multa de até 1% (um por cento) sobre o valor da causa, em favor do embargado. Isso ocorria quando os embargos não apontavam, de forma objetiva, o vício imputado ao julgado. Não era o caso quando, "embora não acolhidos, apontem o defeito no julgado" (SCHIAVI, 2015a, p. 968).

Insistindo nos embargos protelatórios, ainda segundo o parágrafo único, do art. 538, do CPC/1973, a multa poderia ser majorada para até 10% (dez por cento) sobre o valor da causa. A interposição de qualquer outro recurso ficava condicionada ao depósito das multas.

A regulamentação dos embargos de declaração protelatórios foi mantida com a reforma processual de 2015. Conforme § 2º, do art. 1.026, do atual CPC, o limite da multa para os primeiros embargos protelatórios foi majorado para 2% (dois por cento) sobre o valor atualizado da causa. A decisão que considerar protelatórios os embargos de declaração deverá ser fundamentada.

Em relação à reiteração, nos termos do § 3º do art. 1.026, em caso de embargos meramente protelatórios, manteve-se o limite de até 10% (dez por cento) sobre o valor atualizado da causa. Foi igualmente mantida a exigência de recolhimento da multa como condição para interpor qualquer recurso. De novidade, foram excepcionados do dever de recolher a multa previamente à interposição de qualquer recurso a Fazenda Pública e o beneficiário de gratuidade da justiça. Ambos recolherão a multa somente ao final do processo.

O termo "reiteração", presente no § 3º do art. 1.026, indica oposição de embargos meramente protelatórios em face de uma mesma decisão e, quando opostos em face de sentença declaratória, não acarretam majoração da multa, tampouco a exigência de seu recolhimento como condição para recorrer (TEIXEIRA FILHO, 2015, p. 1.328)[48].

---

(48) Nelson Nery Junior e Rosa Maria de Andrade Nery (2015, p. 2.121-2.122), por outro lado, consideram que os embargos de declaração podem ser opostos enquanto não superado o vício imputado à decisão embargada. Veja-se: "É possível a interposição de EDcl con-

De acordo com a regra do § 4º, do art. 1.026, do CPC/2015, não serão admitidos novos embargos, caso os 2 (dois) anteriores já tenham sido julgados protelatórios. Por fim, na forma do já referido § 2º, a base de cálculo da multa é o valor atribuído à causa devidamente atualizado. O CPC/1973 era silente a respeito dessa atualização.

Caracterizado o intuito protelatório, a multa deve ser prontamente aplicada, independentemente de requerimento (NERY JUNIOR e NERY, 2015, p. 2.137). Faz todo sentido que assim o seja, mesmo porque, ao se valer de expediente nefasto para protelar o andamento do feito, o embargante de má-fé prejudica não apenas a parte contrária, mas a todos aqueles que aguardam a tutela jurisdicional.

Discute-se, na doutrina, se multa por embargos protelatórios é cumulativa com multa por litigância de má-fé (art. 79 e seguintes do CPC/2015). De acordo com uma corrente, defendida entre outros por Manuel Antonio Teixeira Filho (2015, p. 1.328) e Luiz Guilherme Marinoni *et al.* (2016, p. 230), a resposta é negativa. De fato, entendimento em sentido contrário implicaria *bis in idem*, prática incompatível com o ordenamento jurídico vigente. No entanto, para os que se opõem a esse entendimento, como Mauro Schiavi (2015a, p. 968) e Nelson Nery Junior e Rosa Maria de Andrade Nery (2015, p. 2.137-2.138), consideram-se cumulativas as multas. Isso porque a multa alusiva aos embargos procrastinatórios é administrativa, ao passo que a sanção atinente à litigância de má-fé é de natureza reparatória.

Na práxis forense, o inconformismo da parte em relação à multa por embargos protelatórios deve ser objeto de recurso cabível contra a decisão embargada. No entanto, com base na alínea *c*, do inciso II, do art. 678, da CLT, Manuel Antonio Teixeira Filho (2015, p. 1.327) defende a possibilidade de se recorrer autonomamente. Isso porque o dispositivo mencionado confere às Turmas dos Tribunais Regionais competência para "impor multas e demais penalidades relativas a atos de sua competência jurisdicional", bem como para "julgar os recursos interpostos das decisões das Juntas dos juízes de direito que as impuserem".

Seria uma espécie de "recurso ordinário *sui generis*", a ser interposto em face de decisão declaratória. A decisão declarada, tratando-se de acórdão de Tribunal Regional, comportaria recurso de revista. Assim sendo, afirma Teixeira Filho (2015, p. 1.327), "o recurso ordinário *sui generis* poderia ser apreciado pelo tribunal regional que, se fosse o caso, lhe daria provimento para excluir da condenação a precitada multa". De acordo com Teixeira Filho, essa previsão chegou a ser acolhida expressamente pelo Regimento Interno do Tribunal Regional do Trabalho da 9ª Região, o que não ocorre mais atualmente.

9. CONCLUSÕES

Os Embargos de Declaração atestam dois pequenos conflitos: um, envolvendo o advogado que, muitas vezes não se conformando com a decisão, acaba extrapolando o campo estreito de sua atuação e já antecipa seu inconformismo, confundindo embargos com recurso; outro, envolvendo o próprio juiz, que expressou sua obra de arte em forma de sentença, que a seus olhos é irretocável e se apresenta como expressão da justiça no caso concreto. Mas esse conflito é facilmente resolvido pelo direito posto.

Nos limites estreitos dos Embargos, não há espaço para inconformismos do advogado nem para vaidades do magistrado. O que está em jogo é tão somente demonstrar pelos embargos de declaração se há ou não obscuridade, contradição ou omissão da sentença ou se esta comporta simples retificação de erro material e assim facilmente corrigir eventuais equívocos. Se o advogado não consegue demonstrar tais aspectos, terá consequências bastante sérias, como efeito interruptivo de prazos recursais ou não, inclusive multa se comprovados embargos protelatórios. O próprio juiz deverá, quando for o caso, enfrentar a questão apontada, sob pena de negativa de prestação jurisdicional.

Com o tempo, o advogado aprende a utilizar de forma adequada esse valoroso instrumento denominado Embargos de Declaração, ciente das armadilhas que pode oferecer. E os magistrados? Bem, eles sempre nos surpreendem – o tempo, como senhor da história, vai se refletindo em suas sentenças marcadas pelo rigor da técnica na distribuição da justiça.

10. REFERÊNCIAS

BRANDÃO, Cláudio. Fundamentação exauriente ou analítica. Aplicação ao processo do trabalho. In: BELMONTE, Alexandre de Souza Agra *et at.* (Coords.). *O Novo CPC aplicado ao processo do trabalho*. São Paulo: LTr, 2016.

---

tra decisão, sentença ou acórdão proferido no julgamento de EDcl, desde que: a) subsista sem solução o vício apontado nos primeiros EDcl (omissão, obscuridade ou contradição); ou b) haja, na decisão sobre os EDcl, novo vício passível de correção por meio de EDcl. Pelo mesmo raciocínio, são interponíveis segundos, terceiros, quartos, etc. EDcl, quando ocorrer uma das duas situações aqui mencionadas, que autorizam a renovação dos EDcl."

BUENO, Cassio Scarpinella. *Curso Sistematizado de Direito Processual Civil*. São Paulo: Saraiva, 2007. v. 1.

CARACIOLA, Andrea Boari. Os embargos de declaração no novo Código de Processo Civil e na Consolidação das Leis do Trabalho: elementos para a compreensão das confluências e complementariedades. *Revista do Tribunal Regional do Trabalho da 3ª Região*, Belo Horizonte v. 63, n. 95, p. 227-243, jan./jun. 2017.

DIDIER Jr., Fredie; CUNHA, Leonardo Carneiro da. *Curso de direito processual civil*. Meios de impugnação às decisões judiciais e processo nos tribunais. 13. ed. Salvador: JusPodivm, 2016.

GRECO FILHO, Vicente. *Direito processual civil brasileiro*: Teoria geral do processo a auxiliares da justiça. São Paulo: Saraiva, 2003. v. 1.

JORGE NETO, Francisco Ferreira; CAVALCANTE, Jouberto de Quadros Pessoa. *Direito processual do trabalho*. 7. ed. São Paulo: Atlas, 2015.

LEITE, Carlos Henrique Bezerra. *Curso de direito processual do trabalho*. 16. ed. São Paulo: Saraiva Educação, 2018.

MALLET, Estêvão. Os recursos de natureza ordinária e a ordem dos processos nos tribunais no novo Código de Processo Civil frente ao processo do trabalho. In: BRANDÃO, Cláudio; MALLET, Estêvão (Coords.). *Processo do Trabalho*. Salvador: JusPodivm, 2015.

MARINONI, Luiz Guilherme *et al*. *Comentários ao Código de Processo Civil*: arts. 976 ao 1.044. São Paulo: RT, 2016.

NERY JUNIOR, Nelson; NERY, Rosa Maria de Andrade. *Comentários ao Código de Processo Civil*. São Paulo: RT, 2015.

PORTO, Lorena Vasconcelos. Os embargos de declaração no novo CPC e os reflexos no processo do trabalho. In: MIESSA, Elisson (Org.). *O Novo Código de Processo Civil e seus Reflexos no Processo do Trabalho*. Salvador: JusPodivm, 2015.

SCHIAVI, Mauro. *Manual de direito processual do trabalho*. 9. ed. São Paulo: LTr, 2015a.

SCHIAVI, Mauro. *Novo código de processo civil*: a aplicação supletiva e subsidiária ao Processo do Trabalho. 2015b. Disponível em: <http://www.trt7.jus.br/escolajudicial/arquivos/files/busca/2015/NOVO_CODIGO_DE_PROCESSO_CIVIL-_APLICACAO_SUPLETIVA_E_SUBSIDIARIA.pdf>. Acesso em: 07 jun. 2018.

SILVA, Bruno Freire e. *O novo CPC e o processo do trabalho*. 2. ed. São Paulo: LTr, 2016. v. 1 – Parte geral. .

SILVA, Homero Batista Mateus da. *Curso de direito do trabalho aplicado*: processo do trabalho. 3. ed. rev., atual. e ampl. São Paulo: RT, 2017.

TEIXEIRA FILHO, Manoel Antonio. *Comentários ao novo Código de Processo Civil*: sob a perspectiva do processo do trabalho: (Lei n. 13.105, 16 de março de 2015, alterada pela Lei n. 13.256, de 4 de fevereiro de 2016). São Paulo: LTr, 2015.

18.
AGRAVO DE PETIÇÃO

Sandro Nahmias Melo[1]
Túlio Macedo Rosa e Silva[2]

1. INTRODUÇÃO

Existem no processo do trabalho quatro espécies de agravos: de petição, de instrumento, regimental e interno. O agravo retido não possui previsão normativa, pois as decisões interlocutórias não são impugnáveis, de imediato, por nenhum recurso, conforme prescreve o art. 893, § 1º, exceto quando as decisões forem terminativas do feito, nos termos do art. 799, § 2º, da CLT, e nos casos trazidos pela Súmula n. 214 do TST[3].

Especificamente em relação ao agravo de petição, Homero Batista Mateus da Silva ensina que "O estranho nome agravo de petição nada mais é do que o recurso ordinário em fase de execução. A manutenção dessa nomenclatura se deve sobretudo ao fato de que a CLT foi promulgada em 1943, quando vigorava o Código de Processo Civil de 1939" que previa esse recurso. O Código de Processo Civil de 1973 eliminou o termo e concentrou na apelação as matérias relacionadas a recurso com destino à instância superior[4]. O Código de Processo Civil de 2015 manteve a alteração implementada no código antecessor.

Nessa medida, o art. 846 do Código de Processo Civil de 1939 dispunha: "Salvo os casos expressos de agravo de instrumento, admitir-se-á agravo de petição, que se processará nos próprios autos, das decisões que impliquem a terminação do processo principal, sem lhe resolverem o mérito."[5]

O dispositivo legal transcrito não trazia a mesma definição de agravo de petição prevista pela CLT, entretanto, funciona como "fonte de inspiração"[6].

Após essas considerações iniciais, cumpre destacar que o agravo de petição é recurso específico para atacar decisões judiciais proferidas em fase de execução, com previsão expressa no art. 897, *a*, da CLT. Além disso, uma nova hipótese de cabimento para o recurso foi trazida pela Reforma Trabalho (Lei n. 13.467/2017) que inseriu no texto consolidado o art. 855-A, tratando sobre o incidente de desconsideração da personalidade jurídica, bem como o § 1º, inciso II, do dispositivo, traz a previsão do agravo de petição.

Essas hipóteses de cabimento e os desdobramentos da utilização do agravo de petição serão analisados nos próximos itens.

2. HIPÓTESES DE CABIMENTO

O texto celetista foi bem sucinto ao delimitar as hipóteses de cabimento do agravo de petição, conforme prescreve o art. 897, *in verbis*:

---

(1) Mestre e Doutor em Direito pela Pontifícia Católica de São Paulo. Professor Adjunto da Universidade do Estado do Amazonas (UEA). Titular da cadeira n. 20 da Academia Brasileira de Direito do Trabalho. Juiz do Trabalho Titular do Tribunal Regional do Trabalho da 11ª Região.

(2) Mestre e Doutor em Direito pela Faculdade de Direito do Largo São Francisco da Universidade de São Paulo. Professor assistente da Universidade do Estado do Amazonas (UEA). Professor de cursos de Pós-Graduação. Juiz do Trabalho do Tribunal Regional do Trabalho da 11ª Região.

(3) LEITE, Carlos Henrique Bezerra. *Curso de direito processual do trabalho*. 10. ed. São Paulo: LTr, 2012. p. 888.

(4) SILVA, Homero Batista Mateus da. *Curso de direito do trabalho aplicado*. Rio de Janeiro: Elsevier, 2010. v. 10 – Execução trabalhista, p. 341.

(5) Disponível em: <http://www.planalto.gov.br/ccivil_03/decreto-lei/1937-1946/Del1608.htm>. Acesso em: 22 set. 2018.

(6) SILVA, Homero Batista Mateus da. *Curso de direito do trabalho aplicado*. Rio de Janeiro: Elsevier, 2010. v. 10 – Execução trabalhista, p. 341.

Art. 897. Cabe agravo, no prazo de 8 (oito) dias:

a) de petição, das decisões do Juiz ou Presidente, nas execuções; (...)

Todavia, o dispositivo transcrito não indica qual espécie de decisão pode ser combatida pelo agravo de petição, razão pela qual é possível identificar três correntes na doutrina quanto ao tema.

A primeira corrente, ao utilizar a interpretação restritiva da norma e amparo no princípio da irrecorribilidade imediata das decisões interlocutórias, ensina que apenas as sentenças concedidas no processo de execução, sejam definitivas ou terminativas, admitem a interposição do agravo de petição. Wagner D. Giglio é um dos defensores dessa corrente[7].

O segundo entendimento, que possui Amauri Mascaro Nascimento como um de seus representantes, ao utilizar interpretação mais ampla do termo "decisões", admite agravo de petição contra decisões interlocutórias, como decisão que retira o efeito de penhora ou ordena o levantamento de depósito em dinheiro[8].

Por fim, há a terceira corrente, capitaneada por José Augusto Rodrigues Pinto, que admite o agravo de petição somente contra as sentenças definitivas e terminativas proferidas no processo de execução, como também, excepcionalmente, contra decisões interlocutórias, no caso de serem terminativas do feito[9].

A controvérsia, em verdade, está relacionada à interpretação concedida ao art. 893, § 1º, da CLT, que possui a seguinte redação: "Os incidentes do processo são resolvidos pelo próprio Juízo ou Tribunal, admitindo-se a apreciação do merecimento das decisões interlocutórias somente em recursos da decisão definitiva." Assim, Amador Paes de Almeida ensina que o agravo de petição é cabível contra sentença que julga embargos à execução, embargos à arrematação e adjudicação[10].

O autor finaliza a análise das hipóteses de cabimento do agravo de petição ensinando que "não há recurso específico da sentença de liquidação, como deixa claro o § 3º, do art. 884, da CLT"[11]. O dispositivo mencionado possui a seguinte redação: "§ 3º Somente nos embargos à penhora poderá o executado impugnar a sentença de liquidação, cabendo ao exeqüente igual direito e no mesmo prazo."

Após analisar a jurisprudência relacionada ao tema, Carlos Henrique Bezerra Leite afirma que o agravo de petição é cabível contra sentença que julga embargos à execução, embargos de terceiros, embargos à arrematação, embargos à adjudicação e em impugnação do credor à sentença de liquidação[12].

Em relação a essa última hipótese de cabimento, o autor menciona o texto do art. 884, § 3º, da CLT. Assim, "a sentença de liquidação não é recorrível, e sim, impugnável por embargos à penhora (*rectius*, embargos do executado) ou impugnação do credor, sendo certo que esses remédios processuais não possuem natureza jurídica de recursos"[13].

Esse último caso ocorre se o executado aceitar os cálculos e depositar o valor da condenação e o exeqüente será intimado para realizar o levantamento do valor depositado, podendo impugnar a sentença de liquidação e os cálculos homologados pelo magistrado. Contra essa decisão que julgará a impugnação, o exeqüente pode interpor agravo de petição.

Quanto à utilização do agravo de petição contra sentença de liquidação proferida, Homero Batista Mateus da Silva afirma que tal hipótese de cabimento compreende um equívoco a ser superado em razão dos seguintes motivos:

a) apesar do nome, a sentença de liquidação é meramente decisão interlocutória, que não é passível de recurso no processo do trabalho, nem mesmo agravo de instrumento; b) a imensa maioria das sentenças de liquidação nem ao menos emite juízo de valor ou aprecia mérito, sendo seu papel principal o simples acertamento de contas; c) algumas poucas sentenças de liquidação são consideradas decisões de mérito, podendo ser incluídas aquelas que apreciam artigos de liquidação ou que julgam teses sobre a forma de cálculo, mas ainda assim o processo

---

(7) LEITE, Carlos Henrique Bezerra. *Curso de direito processual do trabalho*. 10. ed. São Paulo: LTr, 2012. p. 889.
(8) LEITE, Carlos Henrique Bezerra. *Curso de direito processual do trabalho*. 10. ed. São Paulo: LTr, 2012. p. 889.
(9) LEITE, Carlos Henrique Bezerra. *Curso de direito processual do trabalho*. 10. ed. São Paulo: LTr, 2012. p. 889.
(10) ALMEIDA, Amador Paes de. *CLT comentada*. 8. ed. São Paulo: Saraiva, 2014. p. 739.
(11) ALMEIDA, Amador Paes de. *CLT comentada*. 8. ed. São Paulo: Saraiva, 2014. p. 739.
(12) LEITE, Carlos Henrique Bezerra. *Curso de direito processual do trabalho*. 10. ed. São Paulo: LTr, 2012. p. 891.
(13) LEITE, Carlos Henrique Bezerra. *Curso de direito processual do trabalho*. 10. ed. São Paulo: LTr, 2012. p. 892.

do trabalho se estruturou de uma forma que a parte, mesmo insatisfeita, precisa esperar a garantia do juízo, representada pela penhora ou pelo ato depositório para, num segundo instante, apresentar os embargos à execução – via de acesso ao agravo de petição, num terceiro momento.[14]

Todavia, não é esse o entendimento do Tribunal Superior do Trabalho, pois sua Súmula n. 266 afirma que o agravo de petição é cabível em sentença de liquidação:

> RECURSO DE REVISTA. ADMISSIBILIDADE. EXECUÇÃO DE SENTENÇA (mantida) – Res. n. 121/2003, DJ 19, 20 e 21.11.2003. A admissibilidade do recurso de revista interposto de acórdão proferido em agravo de petição, na liquidação de sentença ou em processo incidente na execução, inclusive os embargos de terceiro, depende de demonstração inequívoca de violência direta à Constituição Federal.

O entendimento merece o devido respeito, contudo, Carlos Henrique Bezerra Leite afirma que a súmula

> extrapola os limites traçados pelo art. 896, § 2º, da CLT, o qual só permite recurso de revista "das decisões proferidas pelos Tribunais Regionais do Trabalho ou por suas Turmas, em execução de sentença, inclusive em processo incidente de embargos de terceiro", que violarem direta e frontalmente a Constituição Federal. Vale dizer, a lei não menciona expressamente o procedimento da liquidação de sentença, razão pela qual, *data venia*, não poderia o TST ter "legislado" sobre a matéria[15].

Os apontamentos realizados demonstram que as hipóteses de cabimento do agravo de petição foram ampliadas pela jurisprudência dos tribunais trabalhistas no sentido de assegurar às partes o direito integral à ampla defesa e ao contraditório. É possível verificar que inexiste rigor técnico processual do legislador e da jurisprudência para determinar quais as espécies decisórias que comportam o agravo de petição, situação que provoca insegurança jurídica e prejudica a celeridade processual, pois abre espaço para discussão sobre o cabimento do recurso diante das decisões proferidas na execução trabalhista. Melhor seria redação mais específica da lei a respeito de quais decisões comportam o agravo de petição.

3. EFEITOS DO AGRAVO DE PETIÇÃO

Antes de prosseguir na exposição das reflexões sobre o tema, são necessárias algumas considerações sobre os efeitos do agravo de petição para, em seguida, apontar a relação do recurso com a desconsideração da personalidade jurídica, instituto inserido na CLT pela reforma trabalhista. Assim, cumpre transcrever o art. 897, § 1º, da CLT, *in verbis*:

> Art. 897, § 1º O agravo de petição só será recebido quando o agravante delimitar, justificadamente, as matérias e os valores impugnados, permitida a execução imediata da parte remanescente até o final, nos próprios autos ou por carta de sentença.

Nos termos do dispositivo legal transcrito, o agravo de petição, como espécie de recurso trabalhista, possui somente efeito devolutivo, e sua interposição não obsta a continuidade da execução. Entretanto, apesar de a execução ser definitiva, não é viável o seu prosseguimento, devendo-se iniciar os atos expropriatórios, caso pendente de julgamento o agravo de petição contra decisão de embargos à execução, "decisão esta que se destina a resolver incidente cognitivo ocorrido na execução". Em virtude disso, o legislador institui como requisito de admissibilidade do agravo de petição a ser preenchido a necessidade de o agravante delimitar as matérias impugnadas, bem como os valores impugnados. Assim, a lei evita recursos protelatórios e ainda permite a continuidade da execução quanto à parte que não foi objeto de impugnação pelo recurso, satisfazendo o interesse do credor[16], ao mesmo tempo em que prestigia o princípio da efetividade processual.

Na busca também de garantir a mais rápida satisfação do credor, o § 2º do dispositivo analisado prescreve:

> § 2º O agravo de instrumento interposto contra o despacho que não receber agravo de petição não suspende a execução da sentença.

Logo, caso o processamento do agravo de petição seja denegado e a agravante interponha o agravo de instrumento com o objetivo de destrancar o primeiro recurso interposto, terá sequência a execução da

---

(14) SILVA, Homero Batista Mateus da. *Curso de direito do trabalho aplicado*. Rio de Janeiro: Elsevier, 2010. v. 10 – Execução trabalhista, p. 347.
(15) LEITE, Carlos Henrique Bezerra. *Curso de direito processual do trabalho*. 10. ed. São Paulo: LTr, 2012. p. 892.
(16) CLT interpretada: artigo por artigo, parágrafo por parágrafo. Domingos Sávio Zainaghi (Coord.); Antônio Cláudio da Costa Machado (Org.). 2. ed. Barueri: Manole, 2009. p. 896.

sentença, já que nenhum dos recursos mencionados é dotado de efeito suspensivo[17].

Realizados esses apontamentos, merecem análise no próximo item os impactos que o texto da reforma trabalhista provocou ao agravo de petição.

4. NOVO CÓDIGO DE PROCESSO CIVIL E REFORMA TRABALHISTA: REFLEXOS NO AGRAVO DE PETIÇÃO

Antes de iniciar as reflexões sobre o instituto do incidente de desconsideração da personalidade jurídica inserido na CLT pela Lei n. 13.467/2017, por meio do art. 855-A, são necessários alguns apontamentos sobre a aprovação do Novo Código de Processo Civil (Lei n. 13.105/2015).

Os debates para a elaboração do código foram iniciados com a instalação de comissão de juristas instituída pelo Ato n. 379/2009, da Presidência do Senado Federal. Tal comissão foi coordenada pelo jurista e atual Ministro do Supremo Tribunal Federal Luiz Fux, sendo formada na conjuntura da implementação da Reforma do Poder Judiciário que teve início em 1994 e encerrada, em seu plano constitucional, no ano de 2004.

Nesse sentido, Jorge Luiz Souto Maior lembra que tal reforma foi financiada pelo Banco Mundial e compreende resultado de um projeto neoliberal que busca impossibilitar o Direito, juristas e juízes de organizarem óbices à imposição da lógica de mercado. Para tanto, cita trecho extraído do Documento Técnico n. 319 do Banco Mundial "O Setor Judiciário na América Latina e no Caribe – Elementos para Reforma" (publicado em junho de 1996) formulado por Maria Dakolias, no seguinte sentido:

> A reforma econômica requer um bom funcionamento do judiciário o qual deve interpretar e aplicar as leis e normas de forma previsível e eficiente. (...) um judiciário ideal aplica e interpreta as leis de forma igualitária e eficiente o que significa que deve existir: a) previsibilidade nos resultados do processo; b) acessibilidade as Cortes pela população em geral, independente de nível salarial; c) tempo razoável de julgamento; d) recursos processuais adequados.[18]

Essa influência dos valores e institutos trazidos pelo Banco Mundial como orientadores das reformas do Poder Judiciário pode ser facilmente constatada nas finalidades declaradas do projeto que deu origem ao novo código (PL n. 8.046/2010). Nessa linha, os objetivos declarados do projeto aprovado era conceder "novo sentido" às demandas judiciais, por meio da diminuição dos incidentes e solenidades processuais, diminuição da recorribilidade dos atos processuais e a diminuição do "tempo morto" do processo[19]. Só se consegue atingir tais escopos aumentando a previsibilidade das decisões judiciais e buscando maior celeridade processual.

Em relação à celeridade processual, interessante mencionar que sua busca não é exclusividade das reformas legislativas brasileiras. De fato, a reforma introduzida no processo civil italiano pela Lei n. 353, de 1990, que entrou em vigor em 01.01.1992, já trazia o objetivo de conceder maior celeridade procedimental para que o tempo de duração entre o início do processo e a efetivação do direito pleiteado fosse reduzido. Todavia, como lembra o professor José Rogério Cruz e Tucci, comparando a situação brasileira e a reforma mencionada, não foram ouvidos os processualistas da época que opinaram, quase que em unanimidade, em inserir no processo comum a experiência bem sucedida do procedimento de cobrança dos créditos trabalhistas[20].

Ato contínuo, a preocupação com o tempo de duração do processo resultou, em 1999, com a introdução do princípio do processo justo no art. art. 111 da Constituição italiana, assegurando que "a jurisdição deve atuar por meio de um processo adequado regulado pela lei, desenvolvendo-se em contraditório entre as partes, em condições de igualdade, e presidido por um juízo independente e imparcial. Coube a lei assegurar a razoável duração dos processos"[21].

---

(17) CLT interpretada: artigo por artigo, parágrafo por parágrafo. Domingos Sávio Zainaghi (Coord.); Antônio Cláudio da Costa Machado (Org.). 2. ed. Barueri: Manole, 2009. p. 897.

(18) SOUTO MAIOR, Jorge Luiz. O conflito entre o novo CPC e o processo do trabalho. *Justiça do Trabalho*, Porto Alegre, v. 32, n. 380, p. 7-54, ago. 2015.

(19) DIAS, Carlos Eduardo Oliveira. O novo CPC e a preservação ontológica do processo do trabalho. *Justiça do Trabalho*, Porto Alegre, v. 32, n. 379, p. 7-22, jul. 2015.

(20) TUCCI, José Rogério Cruz e. Diretrizes do novo processo civil italiano. *Revista de Processo*, São Paulo, v. 18, n. 69, p. 113-21, jan./mar. 1993.

(21) SCHENK, Leonardo Faria. Breve relato histórico das reformas processuais na Itália. Um problema constante: a lentidão dos processos cíveis. *Revista Eletrônica de Direito Processual*, v. II. Disponível em: <www.arcos.org.br/periodicos/revista-eletronica-de-direito-processual/volume-ii>. Acesso em: 04 abr. 2016.

Portanto, para prosseguir o estudo do tema proposto e em virtude da relação entre o processo civil e o processo do trabalho, cumpre estar atento para os objetivos primordiais da reforma implementada, qual seja: reduzir os tempos mortos do processo, a recorribilidade dos atos processuais e os incidentes e das solenidades processuais.

Enquanto isso, a Lei n. 13.467/2017, conhecida como Reforma Trabalhista, trouxe algumas lamentáveis surpresas. A primeira delas foi o fato de, em virtude de sua aprovação, o Brasil ter sido colocado na lista dos vinte e quatro casos no mundo que a OIT considera como as principais violações às suas convenções[22].

Na esfera do direito material, Sandro Nahmias Melo e Karen Rosendo de Almeida Leite Rodrigues lembram que a lei ao ser aprovada em velocidade aniquiladora e desprovida de diálogo com a sociedade aparenta reproduzir, em parte, o roteiro do filme "De volta para o futuro". Segundo os autores:

> Tal como no filme da década de 1980, o protagonista e herói – no nosso caso o trabalhador brasileiro – seguia sua vida – já nada fácil – até ser perseguido por vilões que acabam fazendo com que ele volte ao passado. Após a viagem temporal, o herói fica preso no passado, lutando, com todas as forças, para voltar para o futuro. E o passado para nosso herói nunca foi fácil. A proteção dos seus direitos sempre foi coisa do futuro, mediante muita luta. A Reforma Trabalhista, baseada em pós-verdades, ou mentiras mesmo, transporta o trabalhador brasileiro para o passado. Ponto.[23]

E continuam os autores afirmando que no presente, antes da aprovação da Lei n. 13.467/2017, a CLT não criava óbices para a expansão do número de empregos, como de fato ocorreu até 2014, da mesma forma que a CLT não atrapalhou a recente recuperação econômica do ano de 2017, em que pese o país ter vivido sua maior crise institucional e mesmo assim, as conquistas históricas relativas à limitação da jornada de trabalho e à proteção da saúde do trabalhador eram tidas como avanço e não como empecilho ao crescimento, raciocínio sustentado pelos empresários da época da Revolução Industrial e agora pelos empresários que defenderam a Reforma Trabalhista nos termos aprovados. A lei aprovada "pretensamente, buscou "modernizar" a CLT, em especial quanto ao controle de jornada de trabalho, não trouxe qualquer avanço ou modernização, protagonizando sim verdadeiro retrocesso social"[24].

As demais surpresas, já no campo do direito coletivo do trabalho, podem ser observadas a partir da exposição dos motivos do Projeto de Lei n. 6.787/2016 que deu origem à Lei n. 13.467/2017, assinado pelo Ministro do Trabalho Ronaldo Nogueira de Oliveira e encaminhado ao Congresso Nacional pelo Presidente da República, em que o governo relata a necessidade de "aprimorar as relações do trabalho no Brasil, por meio da valorização da negociação coletiva entre trabalhadores e empregadores"[25]. Uma das justificativas apontadas para a elaboração do projeto de lei pode ser resumida no seguinte trecho da exposição de motivos:

> O amadurecimento das relações entre capital e trabalho vem se dando com as sucessivas negociações coletivas que ocorrem no ambiente das empresas a cada data-base, ou fora dela. Categorias de trabalhadores como bancários, metalúrgicos e petroleiros, dentre outras, prescindem há muito tempo da atuação do Estado, para promover-lhes o entendimento com as empresas. Contudo, esses pactos laborais vêm tendo a sua autonomia questionada judicialmente, trazendo insegurança jurídica às partes quanto ao que foi negociado. Decisões judiciais vêm, reiteradamente, revendo pactos laborais firmado entre empregadores e trabalhadores, pois não se tem um marco legal claro dos limites da autonomia da norma coletiva de trabalho.[26] (sic)

---

(22) CHADE, Jamil. Por reforma trabalhista, OIT coloca Brasil em 'lista suja' de violações. *Estadão*, 28 maio 2018. Disponível em: <https://economia.estadao.com.br/noticias/geral,por-reforma-trabalhista-oit-coloca-brasil-em-lista-suja-de-violacoes,70002327317.amp>. Acesso em: 28 maio 2018.

(23) MELO, Sandro Nahmias; RODRIGUES, Karen Rosendo de Almeida Leite. *Direito à desconexão do trabalho*: com análise crítica da reforma trabalhista (Lei n. 13.467/2017). São Paulo: LTr, 2018. p. 21.

(24) MELO, Sandro Nahmias; RODRIGUES, Karen Rosendo de Almeida Leite. *Op. cit.*, p. 21.

(25) BRASIL. Câmara dos Deputados. *Projeto de Lei*. Altera o Decreto-Lei n. 5.452, de 1º de maio de 1943 – Consolidação das Leis do Trabalho, e a Lei n. 6.019, de 3 de janeiro de 1974, para dispor sobre eleições de representantes dos trabalhadores no local de trabalho e sobre trabalho temporário, e dá outras providências. Disponível em: <http://www.camara.gov.br/proposicoesWeb/prop_mostrarintegra?codteor=1520055&filename=PL+6787/2016>. Acesso em: 07 set. 2017.

(26) *Id. Ibid.*

O problema central da lei aprovada foi acreditar no poder de negociação das entidades sindicais brasileiras. O trecho da exposição de motivos supratranscrito cita apenas três categorias a título ilustrativo (bancários, metalúrgicos e petroleiros) que, em tese, não precisariam mais da atuação do Estado para proteger os direitos dos trabalhadores. Ora, foi "esquecido" pelo autor do projeto que as três categorias citadas são as exceções no modelo sindical, pois a maioria das demais categorias, representadas por mais de 11.000 entidades de categorias profissionais[27], não possui o poder de mobilização e a força necessária para negociar em igualdade de condições com os empregadores. Essa quantidade absurda de sindicatos existe em razão da unicidade sindical que deixa muito a desejar na qualidade da representação dos interesses dos trabalhadores como será exposto nos próximos itens. Além disso, ela é resultado também do corporativismo que impregna o modelo sindical e da busca por um de seus resquícios, a contribuição sindical obrigatória.

No campo do direito processual do trabalho, muitas foram as mudanças, podendo-se citar, por exemplo, a previsão dos honorários de sucumbência, maior rigor para a concessão do benefício da justiça gratuita e a possibilidade de aplicação de multa para as testemunhas que faltarem com a verdade.

Em complemento, o art. 855-A da CLT trouxe de forma expressa a previsão do instituto do incidente de desconsideração da personalidade jurídica da empresa.

A possibilidade de utilizar a pessoa jurídica com o intuito de atingir finalidades distintas do interesse coletivo para os quais se destina, violando diretrizes éticas, de alguma forma foi o fermento da ideia da qual resultou a elaboração da *disregard doctrine* pela jurisprudência, primeiramente dos Estados Unidos e da Alemanha, e, então, pela doutrina[28].

No caso do Brasil, deve-se destacar que o instituto da desconsideração da personalidade jurídica é previsto no Código de Defesa do Consumidor (Lei n. 8.078/1990) que reconhece formalmente sua aplicação. Além disso, o Código Civil de 2002 também previu o instituto em seu art. 50[29]. Ambas as legislações não tratavam do aspecto processual de como a desconsideração da personalidade jurídica deveria ser operada, situação que agora começa a ser modificada com a entrada em vigor do Novo Código de Processo Civil.

Nesse contexto, interessante mencionar, inicialmente, que apesar de a disciplina adotada no art. 50 do Código Civil demonstrar que o legislador escolheu a teoria subjetiva da desconsideração da personalidade jurídica da sociedade, a consagrada teoria construída pela prática justrabalhista evidencia que a Justiça do Trabalho já aplicava há anos a teoria objetiva da desconsideração antes mesmo de sua previsão no Código do Civil, com fundamento no art. 28, § 5º, do Código de Defesa do Consumidor[30].

Nessa linha, o legislador civilista reconheceu a teoria subjetiva, pois limita a desconsideração da personalidade jurídica da sociedade na hipótese de abuso na utilização dessa personalidade. Esse abuso pode ocorrer de duas maneiras: pelo desvio de finalidade ou pela confusão patrimonial. Sendo assim, cabe ao credor lesado provar o desvio de finalidade ou de confusão patrimonial ocorrido, para que se cumpra o requisito necessário ao redirecionamento da execução aos sócios. A desconsideração, portanto, está vinculada ao êxito da prova que demonstre a configuração do abuso de direito na exploração da pessoa jurídica.

Ainda, destaca-se que a utilização da teoria subjetiva da desconsideração mostra-se pertinente na esfera do Direito Comercial, em que as partes da relação jurídica de direito material são figuras coletivas e demonstram equilíbrio econômico. No campo do Direito do Trabalho, ao contrário, existe evidente desigualdade material econômica entre as partes da relação jurídica, situação que inspira a aplicação da teoria objetiva de desconsideração da personalidade jurídica, retirando do hipossuficiente o ônus de provar o abuso da personificação jurídica. Assim, a simples insuficiência do

---

(27) Pesquisa publicada no final de 2016 mostra que o país possui 15.892 sindicatos, 549 federações, 43 confederações e 7 centrais sindicais, totalizando 16.491 organizações que representam empregadores (5.251) e trabalhadores (11.240). CAMPOS, André Gambier. *Sindicatos no Brasil*: o que esperar no futuro próximo? Instituto de Pesquisa Econômica Aplicada. Brasília-DF; Rio de Janeiro: Ipea, 2016. Disponível em: <http://www.ipea.gov.br/portal/images/stories/PDFs/TDs/td_2262.pdf>. Acesso em: 07 set. 2017.

(28) BICALHO, Carina Rodrigues. Aplicação *sui generis* da teoria da desconsideração da personalidade jurídica no processo do trabalho: aspectos materiais e processuais. *Rev. Trib. Reg. Trab.* 3ª Reg., Belo Horizonte, v. 39, n. 69, p. 37-55, jan./jun. 2004.

(29) Em caso de abuso da personalidade jurídica, caracterizado pelo desvio de finalidade, ou pela confusão patrimonial, pode o juiz decidir, a requerimento da parte, ou do Ministério Público quando lhe couber intervir no processo, que os efeitos de certas e determinadas relações de obrigações sejam estendidos aos bens particulares dos administradores ou sócios da pessoa jurídica.

(30) § 5º Também poderá ser desconsiderada a pessoa jurídica sempre que sua personalidade for, de alguma forma, obstáculo ao ressarcimento de prejuízos causados aos consumidores.

patrimônio social já permite que a execução seja direcionada contra o patrimônio pessoal dos sócios[31].

Dessa maneira, até a entrada em vigor do Novo Código de Processo Civil, a Justiça do Trabalho aplicava de forma muito prática o instituto da desconsideração da personalidade jurídica: bastava o inadimplemento dos créditos trabalhistas por parte da sociedade para que o magistrado, de ofício, utilizasse o instrumento da despersonificação e os sócios eram incluídos no polo passivo do processo para responderem pela dívida societária, a partir de então com seu patrimônio pessoal, mesmo sem terem constado no título executivo judicial. A desconsideração era declarada incidentalmente na execução e poderia ser contestada pelos sócios por meio dos embargos à execução. Em seguida, o magistrado proferia sua sentença[32] que, por sua vez, estava sujeita ao agravo de petição.

Em que pesem as críticas tecidas principalmente pelos profissionais que não atuam na seara da Justiça do Trabalho em relação ao procedimento supradescrito, não há dúvidas de que o modo como era realizada a desconsideração da personalidade jurídica das empresas buscava garantir, acima de tudo, o adimplemento de um crédito de natureza alimentar já reconhecido pelo Poder Judiciário. Nesse sentido, não era realizada nenhuma arbitrariedade contra os sócios da executada, que mantinham seu direito de defesa assegurado, bem como seu direito de questionar a decisão do magistrado de 1º grau no tribunal correspondente.

Ademais, novas ferramentas disponibilizadas ao magistrado na fase da execução, como o acesso ao SIMBA (Sistema de Investigação de Movimentações Bancárias) e o BACEN CCS (Cadastro de Clientes no Sistema Financeiro Nacional), aliados à agilidade do processo judicial eletrônico, tornaram ainda mais efetiva a investigação por patrimônio capaz de solver os créditos trabalhistas, fato que concretizava a celeridade processual assegurada no art. 5º, LXXVIII, da Constituição da República.

Note-se que toda a evolução da prática justrabalhista em relação à desconsideração da personalidade jurídica das empresas estava em conformidade com as normas do processo do trabalho, pois o objetivo de sua adoção era garantir ao exequente a satisfação de seu crédito de forma célere e efetiva.

Cumpre destacar que essa efetividade e celeridade da execução trabalhista não é verificada nos outros ramos do Poder Judiciário, que na maioria das vezes não aplicam a desconsideração da personalidade jurídica da forma como a Justiça do Trabalho. Tal diferença de atuação é até compreensível diante da natureza dos créditos oriundos da decisão judicial que os reconhece. Entretanto, há de se reconhecer que o procedimento de desconsideração da personalidade jurídica no âmbito juslaboral conseguiu aliar efetividade das medidas executórias à garantia do direito de defesa e ao duplo grau de jurisdição ao executado.

A partir de agora, a Lei n. 13.105/2015 prevê o incidente da desconsideração da personalidade jurídica da empresa nos arts. 133 e seguintes. O primeiro dispositivo sobre o instituto no novo diploma determina que:

> Art. 133. O incidente de desconsideração da personalidade jurídica será instaurado a pedido da parte ou do Ministério Público, quando lhe couber intervir no processo.
>
> § 1º O pedido de desconsideração da personalidade jurídica observará os pressupostos previstos em lei.
>
> § 2º Aplica-se o disposto neste Capítulo à hipótese de desconsideração inversa da personalidade jurídica.

Pois bem. Após a introdução do incidente no ordenamento jurídico pátrio, via Novo CPC, o Tribunal Superior do Trabalho, por meio da Instrução Normativa n. 39, de 15 março de 2016, afirma no art. 6º que:

> Art. 6º Aplica-se ao Processo do Trabalho o incidente de desconsideração da personalidade jurídica regulado no Código de Processo Civil (arts. 133 a 137), assegurada a iniciativa também do juiz do trabalho na fase de execução (CLT, art. 878).
>
> § 1º Da decisão interlocutória que acolher ou rejeitar o incidente:
>
> I – na fase de cognição, não cabe recurso de imediato, na forma do art. 893, § 1º da CLT;
>
> II – na fase de execução, cabe agravo de petição, independentemente de garantia do juízo;
>
> III – cabe agravo interno se proferida pelo Relator, em incidente instaurado originariamente no tribunal (CPC, art. 932, inciso VI).
>
> § 2º A instauração do incidente suspenderá o processo, sem prejuízo de concessão da tutela de urgência de natureza cautelar de que trata o art. 301 do CPC.[33]

---

(31) CLAUS, Ben-Hur Silveira. A desconsideração de personalidade jurídica na execução trabalhista – alguns aspectos teóricos. *Revista do Tribunal Regional do Trabalho da 4ª Região*, ano VI, n. 105, set. 2010.

(32) Art. 884. Garantida a execução ou penhorados os bens, terá o executado 5 (cinco) dias para apresentar embargos, cabendo igual prazo ao exeqüente para impugnação.

(33) Disponível em: <http://www.tst.jus.br/documents/10157/429ac88e-9b78-41e5-ae28-2a5f8a27f1fe>. Acesso em: 06 abr. 2016.

O texto foi praticamente copiado e inserido na CLT por meio do art. 855-A, a seguir transcrito:

> Art. 855-A. Aplica-se ao processo do trabalho o incidente de desconsideração da personalidade jurídica previsto nos arts. 133 a 137 da Lei n. 13.105, de 16 de março de 2015 – Código de Processo Civil.
>
> § 1º Da decisão interlocutória que acolher ou rejeitar o incidente:
>
> I – na fase de cognição, não cabe recurso de imediato, na forma do § 1º do art. 893 desta Consolidação;
>
> II – na fase de execução, cabe agravo de petição, independentemente de garantia do juízo;
>
> III – cabe agravo interno se proferida pelo relator em incidente instaurado originariamente no tribunal.
>
> § 2º A instauração do incidente suspenderá o processo, sem prejuízo de concessão da tutela de urgência de natureza cautelar de que trata o art. 301 da Lei n. 13.105, de 16 de março de 2015 (Código de Processo Civil).

Nesse sentido, há uma diferença sutil entre o texto da instrução normativa e o agora aprovado dispositivo na CLT: o Tribunal Superior do Trabalho permite que o magistrado inicie o incidente de desconsideração, situação não contemplada pelo art. 133 da Lei n. 13.105/2015 e, consequentemente, não contemplada no art. 855-A da CLT.

Ademais, o art. 855-A permite o incidente de desconsideração na fase de conhecimento do processo, mas não permite recurso imediato, pois tal regra viola o art. 893, § 1º, da CLT. Entretanto, na fase de execução, o incidente é permitido, e cabe agravo de petição. É possível extrair do dispositivo consolidado então que o julgamento do incidente na fase de conhecimento constitui uma decisão interlocutória, mas na fase de execução seu julgamento possui natureza jurídica de sentença. Certamente, uma atecnia do legislador que não teve o cuidado de se atentar para a natureza jurídica da decisão na fase de execução. Em verdade, o que se percebe é o objetivo do legislador em conceder um recurso imediato contra a decisão que acolhesse ou rejeitasse o incidente de desconsideração na fase de execução, permitindo revisão de ato judicial.

Não fosse isso suficiente, os dispositivos do novo diploma processual ainda permitem a suspensão do processo até a solução do incidente de desconsideração. Ora, e se o magistrado diante das dificuldades de encontrar patrimônio para quitar os créditos do processo verificar a existência de novos caminhos para o adimplemento do processo, não poderia continuar a execução? Evidente que tal possibilidade não pode ser retirada do juiz, pois alteração nesse sentido prejudicaria única e exclusivamente os interesses do reclamante que tem pressa no recebimento de seu crédito e não pode esperar os desdobramentos de todas as garantias processuais que o novo código cria.

Esse entendimento é sustentado também por Élisson Miessa, conforme o seguinte trecho:

> Já no que tange à fase de execução, a ausência de suspensão significa negar a própria necessidade da instauração do incidente, uma vez que, enquanto o incidente estaria definindo a responsabilidade do sócio ou da sociedade (na desconsideração inversa), o processo continuaria para atingir seus bens, iniciando prazo para apresentação dos embargos à execução, recursos, fase de expropriação, etc., tudo antes da decisão que acolherá ou não o incidente. Portanto, na fase executiva, haverá suspensão imprópria, porque suspende a execução, mas não, evidentemente, o próprio incidente. No entanto, entendemos que a suspensão da execução só deve ocorrer em atos relacionados ao sócio ou à sociedade (na desconsideração inversa). Digo isso porque nada obsta de o trabalhador, por exemplo, instaurar o incidente e buscar ao mesmo tempo bens do tomador de serviços (responsável subsidiário), como forma de imprimir celeridade e efetividade na execução (...).[34]

Para fortalecer seu argumento, o autor lembra o conteúdo do Enunciado n. 7 da Jornada Nacional sobre Execução na Justiça do Trabalho, *in verbis*:

> EXECUÇÃO. DEVEDOR SUBSIDIÁRIO. AUSÊNCIA DE BENS PENHORÁVEIS DO DEVEDOR PRINCIPAL. INSTAURAÇÃO DE OFÍCIO. A falta de indicação de bens penhoráveis do devedor principal e o esgotamento, sem êxito, das providências de ofício nesse sentido autorizam a imediata instauração da execução contra o devedor subsidiariamente corresponsável, sem prejuízo da simultânea desconsideração da personalidade jurídica do devedor principal, prevalecendo entre as duas alternativas a que conferir maior efetividade à execução.[35]

---

(34) MIESSA, Élisson. Incidente de desconsideração da personalidade jurídica: forma de aplicação no direito processual do trabalho. *Revista do Tribunal Superior do Trabalho*, Brasília, v. 82, n. 3, p. 101-141, jul./set. 2016.

(35) Disponível em: <http://hugo.adv.br/enunciados-da-jornada-nacional-execucao-trabalho/>. Acesso em: 27 set. 2018.

Com razão o autor, pois não há justificativa para suspensão do processo em relação aos outros sujeitos do polo passivo da ação que não estão inseridos no incidente de desconsideração da personalidade jurídica. Tal medida atende ao princípio da efetividade processual, já que os procedimentos executórios aptos a garantirem o crédito do reclamante continuarão a ser realizados, bem como garantirão a ampla defesa e o contraditório daqueles que foram inseridos na desconsideração, respeitando, assim, o conteúdo do art. 5º, inciso LV, da Constituição da República. Dessa forma, o devido processo legal, "tradução da expressão anglo-saxônica *due process of law*, a qual exprime a necessidade de os processos judiciais serem, através da lei, justos e equitativos"[36], será observado.

5. CONCLUSÃO

Apesar dos problemas que o agravo de petição proporciona a respeito das suas hipóteses de cabimento, a utilização do recurso até a entrada em vigor da Lei n. 13.467/2017 não trazia grandes problemas à execução dos créditos dos trabalhadores, pois o recorrente necessita delimitar as matérias e os valores impugnados, não prejudicando o prosseguimento dos atos executórios em relação à parte incontroversa da decisão impugnada.

Com a inserção do incidente de desconsideração da personalidade jurídica na CLT, o agravo de petição ganhou mais uma hipótese de cabimento, contra decisão que acolha ou rejeite o incidente de desconsideração da personalidade jurídica da empresa. A medida possui o objetivo de assegurar a efetiva ampla defesa e contraditório às partes envolvidas no incidente, não podendo ser interpretada de forma restritiva no sentido de impedir o prosseguimento da execução contra os outros sujeitos do polo passivo não inseridos no incidente.

---

(36) PROENÇA, Carlos Carranho. *Tutela jurisdicional efetiva no direito da União Europeia*. Lisboa: Petrony Editora, 2017. p. 68.

19.
RECLAMAÇÃO CONSTITUCIONAL

Cláudio Brandão[1]

1. ORIGEM E NATUREZA JURÍDICA

Instituto genuinamente brasileiro. Essa a primeira afirmação importante em torno da reclamação constitucional. Em estudo pioneiro, Marcelo Navarro Ribeiro Dantas[2] analisou, segundo suas próprias palavras, os mais interessantes sistemas jurídicos, "sob o ponto de vista da jurisdição constitucional, (...) e que mais influências e ligações tiveram ou têm com o Direito Brasileiro", e não encontrou nada "parificável à reclamação constitucional"[3].

Há institutos que dela se aproximam nos Estados Unidos da América, Alemanha, Áustria, Espanha, França, Itália e Portugal, além do Direito Comunitário, embora sem todas as suas características e alcance.

Uma das grandes novidades introduzidas pelo CPC no sistema processual brasileiro diz respeito ao tratamento atribuído à reclamação, que deixa o exclusivo assento constitucional e passa a ter abrigo na legislação ordinária, com ampliação do seu campo de incidência – que também passa a alcançar todos os tribunais, inclusive os de segundo grau – e das hipóteses de cabimento.

Por outro lado, o legislador resolveu de modo claro uma das mais intrincadas questões suscitadas pela doutrina e resvaladas na jurisprudência, inclusive do STF, relacionadas à sua natureza jurídica.

Ao longo da história da reclamação, diversas foram as correntes doutrinárias voltadas à definição de sua natureza jurídica, desde medida administrativa semelhante à reclamação correicional ou correição parcial, até direito de petição, passando por recurso, sucedâneo recursal e incidente processual. A diversidade de posicionamentos é retratada nas poucas obras dedicadas ao tema, embora se tenha assente tratar-se de ação constitucional típica de fundamentação vinculada.

Hoje, há absoluta hegemonia nos entendimentos doutrinário e jurisprudencial quanto ao fato de ser a reclamação medida de cunho jurisdicional, inclusive já afirmada pelo STF[4].

No CPC, foi admitida, como já ressaltado, a reclamação e prevista em dispositivo específico (art. 988), inserido no Título I, que trata "DA ORDEM DOS PROCESSOS E DOS PROCESSOS DE COMPETÊNCIA ORIGINÁRIA DOS TRIBUNAIS", ao lado das ações e dos incidentes de competência originária dos tribunais, tais como os Incidentes de Assunção de Competência, de Arguição de Inconstitucionalidade e de Resolução de Demandas Repetitivas; o Conflito de Competência; a Homologação de Decisão Estrangeira e da Concessão do *Exequatur* à Carta Rogatória; e a Ação Rescisória.

Não a incluiu no rol contido no art. 994, que enumera os recursos cabíveis no processo civil, integrante do Título II, "DOS RECURSOS".

Portanto, é o caso típico em que uma palavra do legislador fez cessar a controvérsia, sepultando-a em definitivo, calou as vozes dissonantes da doutrina e da

---

(1) Ministro do Tribunal Superior do Trabalho. Mestre em Direito (UFBA). Doutorando em Ciências Jurídicas pela Universidade Autônoma de Lisboa. Membro da *Asociación Iberoamericana de Derecho del Trabajo*, do Instituto Baiano de Direito do Trabalho, da Academia Brasileira de Direito do Trabalho – ABDT e da Academia de Letras Jurídicas da Bahia – ALJBA. Professor convidado da Faculdade Baiana de Direito, da Escola Judicial do TRT da 5ª Região e da Escola Nacional de Formação e Aperfeiçoamento de Magistrados — ENAMAT.

(2) DANTAS, Marcelo Navarro Ribeiro. *Reclamação constitucional no direito brasileiro*. Porto Alegre: Sérgio Fabris, 2000. p. 385-429.

(3) DANTAS, Marcelo Navarro Ribeiro. *Reclamação constitucional no direito brasileiro*. Porto Alegre: Sérgio Fabris, 2000. p. 386.

(4) Tome-se como exemplo as afirmações contidas na Reclamação n. 831: "Como quer que se qualifique – recurso, ação, ou medida processual de natureza excepcional, [...]." Todos institutos de natureza jurisdicional.

jurisprudência, mormente do próprio STF, e se alinhou à jurisprudência pacificada no STJ que a reconhecia como **ação de fundamentação vinculada, caráter incidental e excepcional** (AgRg na Rcl n. 3.497/RN, Rel. Ministro Napoleão Nunes Maia Filho, Terceira Seção, julgado em 10.06.2009, DJe 23.06.2009; AgRg na Rcl n. 10.864/RS, Rel. Ministro Antonio Carlos Ferreira, Segunda Seção, julgado em 11.03.2015, DJe 19.03.2015).

Esse foi o posicionamento adotado pelo STF no *leading case* da relatoria do Ministro Luís Roberto Barroso, que reconheceu as mudanças promovidas pelo CPC quanto à natureza jurídica da reclamação e afirmou ser ação, em virtude da imprescindibilidade do contraditório, sujeitando-se, também, às regras da sucumbência (Rcl n. 24.417, 1ª T, julgamento em 07.03.2017).

Destaco importante passagem do voto condutor:

> 10. Entretanto, o CPC/2015 promoveu uma modificação essencial no procedimento da reclamação, ao instituir o contraditório prévio à decisão final (art. 989, III). Disso decorre o ingresso do beneficiário do ato impugnado efetivamente como parte, com a respectiva obrigatoriedade de se lhe oportunizar a defesa do seu direito. Isto é, a reclamação indiscutivelmente tornou-se uma ação, dotada de um rito próprio. Neste novo cenário, nas reclamações ajuizadas após a entrada em vigor do CPC/2015, a observância do princípio da causalidade impõe a condenação da parte sucumbente ao pagamento dos respectivos honorários.

É, pois, **ação autônoma de impugnação**, conclui, como o faz Pedro Miranda de Oliveira[5].

Objetiva garantir a autoridade da decisão proferida, a prevalência da tese jurídica nela firmada e a preservação da competência do tribunal e, assim, contribuir para assegurar a unidade de todo o sistema jurídico[6].

Pode-se, então, afirmar, no processo do trabalho, que se trata de *ação típica constitucional mandamental, de competência originária dos tribunais (e não mais apenas dos tribunais superiores) e fundamentação vinculada, destinada a quatro fins específicos: a) preservação da competência; b) garantia da autoridade de decisões; c) garantia da observância de enunciado de súmula vinculante e de decisão do Supremo Tribunal Federal em controle concentrado de constitucionalidade; d) garantia da observância de acórdão proferido em julgamento de incidente de formação concentrada de precedentes judiciais (IAC, IRDR e IRR)*.

Os sujeitos que a integram são o reclamante (sujeito ativo), autor e os reclamados (sujeitos passivos), necessariamente compostos por, pelo menos, dois sujeitos: a autoridade (juiz ou tribunal inferior) contra quem ou em face de quem se dirige a postulação, por se encontrar desobedecendo à decisão a respeito da qual se reclama, ou invadindo a competência do tribunal. É o "sujeito imparcial", órgão ou autoridade que pratica os atos – ou se omite –, caracterizadores da quebra da autoridade da decisão ou da violação da competência[7]; além dele, também figura o beneficiário da decisão impugnada.

O seu objeto é a tutela jurisdicional pretendida e se volta ao restabelecimento da competência que se diz usurpada; à preservação da autoridade da decisão ameaçada; e à preservação da força obrigatória do precedente constituído por meios dos diversos incidentes introduzidos na CLT pela Lei n. 13.015/2014 e pelo CPC.

A sua regência normativa faz-se a partir das normas contidas nos arts. 988 a 993 do CPC[8].

Observa Marcelo Navarro Ribeiro Dantas que, embora a reclamação não se afaste completamente do padrão básico das ações em geral, a relação processual que nela se forma guarda peculiaridades que derivam do fato de ser um "instrumento constitucional-processual especial, (...) parificável aos *writs* (mandado de segurança, *habeas corpus*, mandado de injunção, *habeas data*) (...)"[9].

Desse posicionamento divergem Fredie Didier Jr. e Leonardo Carneiro da Cunha, para quem o réu na reclamação será apenas o beneficiário do ato reclamado, e não a autoridade, o órgão ou entidade que descumpre a decisão do tribunal ou usurpa a sua competência, tal como ocorre com a ação rescisória (em que o órgão judicial que proferiu a decisão não é reu); com o recurso (o juiz não é recorrido); apenas prestará informações no processo da reclamação (art. 989, I, CPC), na qualidade de *fonte de prova*[10].

---

(5) OLIVEIRA, Pedro Miranda. Aspectos destacados da reclamação no novo Código de Processo Civil. *Revista de Processo*, São Paulo, v. 247, ano 40, p. 219, set. 2015.

(6) Como visto, há divergência entre os posicionamentos adotados na doutrina e no STF, quanto à natureza jurídica da reclamação. Em princípio, o CPC considerou-a ação até mesmo pela utilização do termo "proposta" contida no § 1º do art. 988.

(7) DANTAS, Marcelo Navarro Ribeiro. *Reclamação constitucional no direito brasileiro*. Porto Alegre: Sérgio Fabris, 2000. p. 475.

(8) O art. 1.072, IV, do CPC, revogou os dispositivos que a disciplinavam no período pretérito à sua vigência (arts. 13 a 18 da Lei n. 8.038/1990).

(9) DANTAS, Marcelo Navarro Ribeiro. *Reclamação constitucional no direito brasileiro*. Porto Alegre: Sérgio Fabris, 2000. p. 473.

(10) DIDIER Jr, Fredie; CUNHA, Leonardo Carneiro da. *Curso de direito processual civil*. 13. ed. Salvador: JusPodivm, 2016. v. 3, p. 560.

Os fatos que autorizam a propositura da reclamação no processo do trabalho dizem respeito à conduta afrontosa, o desacato a uma decisão proferida por um tribunal do trabalho, reveladora da usurpação de competência ou ainda que demonstre a não observância de acórdão proferido em incidente de formação de precedente de cumprimento obrigatório. É imprescindível que seja indicado, de modo objetivo.

Alguns exemplos: a) o Presidente do TRT negar-se a remeter ao TST agravo de instrumento interposto de acórdão proferido por turma; b) o juiz ou órgão colegiado de TRT deixar de aplicar tese fixada em acórdão proferido pelo TST em incidente de recursos de revista repetitivos, sem que haja fundamento revelador da existência de distinção; c) o desembargador relator deixar de declarar a incompetência funcional em ação rescisória proposta contra acórdão proferido pela SBDI-I do TST que deu provimento a recurso de embargos e reformou, quanto ao mérito, decisão proferida por turma do TST.

Os fundamentos jurídicos referem-se ao enquadramento jurídico da situação posta na petição inicial, autorizador da produção dos efeitos pretendidos pelo autor. Nesse contexto, cabe-lhe "expor todo o quadro fático necessário à obtenção do efeito jurídico perseguido, bem como demonstrar como os fatos narrados autorizam a produção desse mesmo efeito (deverá o autor demonstrar a incidência da hipótese normativa no suporte fático concreto)"[11].

O pedido é a providência requerida ao órgão julgador a fim de que seja restabelecida a competência usurpada, a autoridade da decisão ameaçada de descumprimento ou efetivamente descumprida e a observância da tese fixada em acórdão proferido em incidente de formação concentrada de precedente judicial obrigatório, súmula ou orientação dotada do mesmo atributo. O reclamante dirige ao órgão julgador o pleito para "que seja prestada a tutela jurisdicional no sentido de preservar a competência da Corte à qual ele é dirigido, ou de garantir a autoridade de julgado desta mesma Corte"[12], assim como a observância de tese fixada em incidente destinado à formação de precedentes judiciais, assim indicados no art. 927 do CPC.

2. PRESSUPOSTOS PROCESSUAIS

Exige-se um órgão regularmente investido do Poder do Estado para decidir os conflitos que, no caso, são o Tribunal Superior do Trabalho e os Tribunais Regionais do Trabalho, na sua composição plenária ou por cada um dos seus órgãos componentes, conforme tenha sido de cada um deles a decisão geradora da tutela pretendida.

Também se exige a presença das partes, uma delas titular da pretensão levada ao exame do Estado e, de outro lado, a autoridade judiciária (juízo unipessoal ou colegiado) ou administrativa que pratica o ato que se enquadre nas hipóteses previstas no art. 988 do CPC, ou se omite diante de obrigação que lhe for legalmente imposta, e o beneficiário da decisão impugnada.

No caso do polo passivo, deve ser indicado o órgão tal como previsto nas normas de organização judiciária trabalhista (art. 111 da Constituição da República; Lei n. 7.701/1988, no caso do TST; leis que criaram ou dividiram tribunais em órgãos fracionários; e regimento interno do respectivo tribunal ao qual se dirige), e o beneficiário da decisão impugnada, observando a qualificação indicada no parágrafo anterior.

Ainda faz parte da regularização da demanda a *causa de pedir*, equivalente aos fundamentos que embasam a postulação e o *pedido*, que corresponde à descrição da pretensão mencionada, analisadas anteriormente.

Além do órgão investido de jurisdição, devem ser observadas as regras referentes à divisão de competência que, no caso da reclamação, tem amparo nos §§ 1º e 3º, do art. 988, do CPC. Trata-se de regras de competência funcional vinculada que determinarão a distribuição por critério de prevenção ao órgão prolator da decisão e, se possível, ao relator do processo denominado principal. É, pois, ação de competência originária do tribunal cuja competência se busca preservar ou cuja autoridade se pretenda garantir ou ainda responsável pela criação da norma jurídica. Em outras palavras, é da competência originária do tribunal prolator da decisão ameaçada de descumprimento, efetivamente descumprida, cuja competência está sendo invadida ou responsável pela edição do precedente de cumprimento obrigatório.

Algumas observações se fazem necessárias. Em primeiro lugar, trata-se de competência absoluta cuja observância impõe-se de modo obrigatório e não pode ser alterada pelas partes, nem mesmo valendo-se de negócio jurídico processual. Se a hipótese é de usurpação, deverá ser enviada ao órgão regularmente competente para o conhecimento da questão jurídica (Tribunal Pleno, Órgão Especial, Seção Especializada, Câmara ou

---

(11) DIDIER JR., Fredie. *Curso de processo civil*. 17. ed. Salvador: JusPodivm, 2015. v. I, p. 552.
(12) MORATO, Leonardo Lins. *Reclamação e sua aplicação para o respeito da súmula vinculante*. São Paulo: Revista dos Tribunais, 2007. p. 123.

Turma); se o fundamento é a garantia da autoridade da decisão, competente será o órgão que a prolatou. Caso seja distribuída a outro, cabe-lhe declinar de sua competência e remeter o feito ao juízo competente; se envolve descumprimento de precedente obrigatório, deve ser examinado pelo órgão que o emitiu.

Em segundo lugar, o conhecimento caberá ao "relator do processo principal, sempre que possível". Duas outras indagações surgem: a) o que significa "processo principal"? b) qual o alcance da expressão "sempre que possível"?

A resposta à primeira delas leva à ilação de que o legislador se refere aos casos em que há decisão precedente cuja autoridade se pretende garantir, ou seja, a regra é aplicável à hipótese tratada na parte final do *caput* do citado dispositivo e será relator o mesmo do processo no qual foi proferida a decisão ameaçada de descumprimento (embora deva haver a demonstração concreta e efetiva, não pode ser mera hipótese ou especulação), ou efetivamente descumprida.

Isso porque se houver sido ajuizada com fundamento na usurpação de competência, significa dizer que há ato judicial que está sendo praticado – ou em vias de sê-lo – por órgão incompetente. Nesse caso, por não existir processo ao qual se vincule ou seja derivado, caberá ao órgão que teria competência para a matéria e a reclamação será distribuída em consonância com as normas regimentais, observando-se o caráter aleatório e a paridade entre os julgadores (ministros ou desembargadores) que o integram.

De igual modo, se envolver descumprimento de precedente, embora não seja o caso de existir um "processo principal" ao qual esteja atrelado um outro dito acessório, a expressão deve ser compreendida como o processo a partir do qual foi proferida a decisão que fixou a tese jurídica.

De referência à segunda indagação, o uso da expressão "sempre que possível" não apenas se justifica em virtude do quanto afirmado antes, como também pela possibilidade de o relator originário não mais compor o órgão colegiado encarregado do exame da reclamação, afastado, por exemplo, por aposentadoria, por ser impedido ou suspeito, encontrar-se no exercício de cargo de direção, etc. É espécie de "prevenção temática"[13]. Caberá ao regimento interno, observados os mesmos critérios de sorteio aleatório e distribuição equitativa entre os componentes do colegiado, definir a regra a ser aplicada, observando-se as restrições legais.

Como se trata de julgamento por órgão colegiado, aplicar-se-ão as regras contidas nos arts. 801 da CLT e 144 e 145 do CPC para os casos de impedimento ou suspeição em relação aos desembargadores e ministros que o integram.

Quanto às partes, devem ser igualmente observadas as regras pertinentes ao disciplinamento da *capacidade jurídica*, da *capacidade processual* e da *capacidade postulatória*. No caso desta última, por ser ação a reclamação sujeita à incidência das regras do CPC, é obrigatória a postulação por intermédio de advogado, mesmo quando proposta nos TRTs, pois, no âmbito do TST, como salientado, é exigido o patrocínio, em face da interpretação atribuída ao citado art. 791 pela Súmula n. 425. É, pois, requisito para a sua constituição válida e regular.

Portanto, *seja no âmbito dos TRTs, seja no do TST, constitui pressuposto essencial ao desenvolvimento regular da reclamação encontrar-se o reclamante assistido por advogado*, tese contemplada, pioneiramente, em acórdão da lavra do Ministro José Roberto Freire Pimenta (Rcl-20103-47.2016.5.00.0000, Relator Ministro: José Roberto Freire Pimenta, Data de Julgamento: 06.12.2016, Órgão Especial, Data de Publicação: DEJT 19.12.2016).

2.1. Pressupostos específicos

Aos pressupostos genéricos, cuja observância é exigida em qualquer processo, acrescentam-se dois outros, específicos para a reclamação, previstos nos incisos do § 5º, do art. 988, do CPC, observada a alteração promovida pela Lei n. 13.256/2016: a) o trânsito em julgado da decisão reclamada; e b) o não esgotamento das instâncias ordinárias, se estiver fundada na garantia de observância de acórdão em julgamento de incidente de formação de precedentes obrigatórios.

A reclamação não tem aptidão para desconstituir decisão transitada em julgado, por não possuir os atributos próprios da ação rescisória. É a firme jurisprudência do STF, consubstanciada na Súmula n. 734.

Quanto ao segundo requisito negativo, o legislador afastou a possibilidade de cabimento da reclamação em face de sentenças ou decisões monocráticas proferidas pelos relatores em tribunais que não observem tese jurídica firmada em precedente de cumprimento obrigatório.

Na versão original do CPC, a propositura da reclamação ocorria diretamente no tribunal que houvesse editado o precedente (Supremo Tribunal Federal,

---

[13] NEVES, Daniel Amorim Assumpção. *Manual de direito processual civil*. 8. ed. Salvador: JusPodivm, 2016. p. 1.439.

Superior Tribunal de Justiça, Tribunais de Justiça e Regionais Federais – o Tribunal Superior do Trabalho e os Tribunais Regionais do Trabalho, na instância trabalhista).

Com a mudança, acrescentou-se mais uma hipótese de inadmissibilidade da reclamação.

Portanto, no processo do trabalho, a sentença será impugnada mediante a interposição de recurso ordinário ou agravo de petição, neste caso, se em execução, a decisão unipessoal, por meio de agravo interno (art. 1.021 do CPC).

Um primeiro ponto merece análise na mudança promovida pelo legislador, de modo a afastar uma aparente contradição entre dois dispositivos: o inciso IV e o § 5º, II, supratranscrito. Autoriza-se a propositura da reclamação para garantir a observância de acórdão proferido em julgamento de *incidente de resolução de demandas repetitivas* (e não mais de casos repetitivos, como constava anteriormente) ou de *incidente de assunção de competência*, sem estabelecer nenhuma condicionante, ao passo que o segundo, ao definir pressuposto negativo de constituição válida do processo, se refere apenas ao acórdão proferido em julgamento de *recursos repetitivos*.

A leitura isolada da regra legal permitiria afirmar que, para a garantia da autoridade de decisão oriunda dos dois primeiros incidentes (IAC e IRDR – inciso IV), o reclamante poderia dirigir-se diretamente ao tribunal superior, ao passo que no segundo (IRR – § 5º, II) deveria, antes, cumprir o rito procedimental correspondente à via ordinária de impugnação.

Contudo, penso que não é a melhor intepretação. Como já afirmado em outra obra, amparado em lição de Fredie Didier Jr., a Lei n. 13.015/2014 e o CPC criaram o Microssistema de Formação Concentrada de Precedentes Obrigatórios, representado, após a vigência da Lei n. 13.467/2017, por três incidentes processuais: a) o Incidente de Assunção de Competência – IAC (art. 947 do CPC); b) o Incidente de Resolução de Demandas Repetitivas – IRDR (arts. 976 a 987 do CPC; e c) o Incidente de Julgamento de Recursos de Revista Repetitivos – IRR (art. 896-C da CLT e arts. 1.036 a 1.041 do CPC).

Afirma-se que *a regra prevista no inciso II, do § 5º, do art. 988, que institui pressuposto negativo de constituição válida do processo, aplica-se à reclamação que se refira a decisão oriunda de qualquer um dos incidentes de formação de precedente de cumprimento obrigatório* (IRDR, IAC e IRR), e não apenas ao incidente de julgamento de recursos repetitivos.

Não há dúvida de que o legislador quis introduzir pressuposto negativo para a constituição do processo, que deve ser dirigido diretamente ao tribunal do qual se originou o precedente (STF, STJ ou TST), ao condicioná-lo a serem "esgotadas as instâncias ordinárias", exatamente para evitar a avalanche de reclamações nesses tribunais.

No processo do trabalho, diante de decisão proferida por juiz de primeiro grau que aplica a tese firmada nos incidentes mencionados, por exemplo, caberá à parte prejudicada interpor recurso ordinário (instância ordinária, ainda não esgotada, porque o tribunal pode corrigir o erro de julgamento). Veja-se que a regra se refere expressamente ao precedente em recurso extraordinário e recurso especial (leia-se recurso de revista), ou seja, oriundo de tribunal superior e, em princípio, não seria aplicável tal exigência se envolvesse precedente proveniente do próprio Tribunal Regional do Trabalho. Se fosse para permitir o ajuizamento diretamente nos tribunais superiores, não haveria sentido a alteração empreendida pelo legislador.

Contudo, pode-se invocar a mesma regra, de igual modo, para o caso de precedente firmado no TRT: a impugnação deve ocorrer por meio da interposição do recurso ordinário e da propositura da reclamação, conjuntamente. O primeiro, para evitar que ocorra o trânsito em julgado da sentença; a segunda, para viabilizar o exame imediato da pretensão pelo Tribunal, não submetida à admissibilidade, nem afetada pelo julgamento do recurso; ambos (o recurso e a reclamação) são independentes; seguem rumos próprios, embora os "caminhos" possam se cruzar em algum momento, em caso de procedência da ação, como mencionado de modo expresso no § 6º, do art. 988, do CPC.

Os meios regulares de impugnação não podem ser ultrapassados, embora essa restrição seja somente cabível quando a reclamação adotar como fundamento o desrespeito ao precedente judicial, que pode ocorrer tanto pela aplicação da tese ao caso em que se mostre incabível quanto pela sua não aplicação, quando adequada e específica (art. 988, § 4º, do CPC).

Há mais uma última observação a ser feita em torno dos pressupostos negativos de constituição regular da reclamação: se a decisão impugnada houver aplicado o precedente e, por isso, o reclamante pretender discutir a existência de eventual distinção entre o seu caso e a *ratio decidendi* adotada, amparado na previsão contida no § 16 do art. 896-C da CLT e no § 9º do art. 1.037 do CPC, surge mais um pressuposto negativo: o exame da decisão denegatória do Desembargador Presidente por meio de agravo regimental dirigido ao colegiado competente para tanto (Tribunal Pleno ou Órgão Especial, conforme o caso), diante da expressa previsão contida no § 2º do art. 1.030 do CPC.

Isso porque a reclamação somente será cabível se, interposto o recurso de revista, o Desembargador Presidente houver proferido decisão denegatória da admissibilidade, hipótese em que é cabível agravo interno para reexame. Uma vez julgado esse recurso e se mantida a denegação, poderá ser proposta a reclamação, antes de decorrido o prazo para oposição de embargos de declaração.

Tal afirmação baseia-se na alteração promovida na mesma reforma contida na Lei n. 13.256/2016, ao definir recurso específico para impugnação da decisão denegatória de seguimento a recurso interposto contra acórdão que aplica tese firmada em precedente: o agravo interno no âmbito do tribunal de segundo grau (arts. 1.030, I, e § 2º, e 1.035, § 7º, do CPC).

Antes da modificação mencionada, a matéria era tratada no art. 1.042 do CPC. Previa-se o cabimento do mesmo recurso – agravo para o STF ou STJ – nos casos em que houvesse juízo negativo de admissibilidade do recurso extraordinário ou do recurso especial sob o fundamento de que o acórdão recorrido coincidia com a orientação do tribunal superior e também em consonância com precedente firmado.

Após, a regência ficou a cargo dos arts. 1.030, inciso I, *a* e *b*, e § 2º, e art. 1.035, § 7º, do CPC e se atribuiu tratamento específico para a impugnação da decisão denegatória baseada em harmonia entre o acórdão impugnado e a tese fixada em precedente do STF ou STJ: será examinada, preliminarmente, pelo tribunal de segundo grau, mediante agravo interno. Este será o último recurso cabível no âmbito do tribunal[14].

Para melhor esclarecer: no CPC, existem duas situações distintas relacionadas ao recurso cabível para a decisão que examina a admissibilidade do recurso extraordinário ou do recurso especial, o qual dependerá da fundamentação nela adotada:

a) a decisão denegatória que se fundar em jurisprudência reiterada é impugnada mediante o agravo previsto no art. 1.042, *caput*, dirigido ao STF ou ao STJ (equivalente ao TST), conforme o caso;

b) a decisão denegatória que acolher tese firmada em regime de repercussão geral ou em julgamento de recursos repetitivos é impugnada mediante agravo interno, previsto no art. 1.021 do CPC e, por conseguinte, dirigido ao tribunal de segundo grau.

Havia sustentado, nos primeiros tempos de vigência do CPC, que, na hipótese mencionada, a reclamação deveria ser proposta em até oito dias da ciência da decisão que houvesse apreciado o agravo interno, considerando ser esse o prazo para interposição de recursos no processo do trabalho. Contudo, rendo-me ao entendimento manifestado pelo STF quando do julgamento do AgRg na Rcl n. 22.306/BA, 1ª Turma, Relator Ministro Luís Roberto Barroso, segundo o qual, por ser apenas cabível a oposição de embargos de declaração da decisão proferida no julgamento do agravo interno (e não para interposição de novo recurso especial – equivalente ao recurso de revista no processo do trabalho), *o prazo é de cinco dias, findo o qual a decisão transitará em julgado*.

Em suma, além de observar os pressupostos negativos genéricos, com a inexistência de coisa julgada e litispendência, também a reclamação: a) não poderá se voltar contra sentença transitada em julgado; e b) deve ser proposta após o julgamento do recurso ordinário pelo TRT, se a questão jurídica envolver a aplicação ou rejeição pelo TRT da tese firmada no precedente. Exige-se, nesse caso, que tenha sido negada pelo TRT, no julgamento do recurso ordinário, a distinção afirmada pela parte e, na sequência, tenha havido interposição de recurso de revista, decisão denegatória de seguimento pelo Presidente do TRT, interposição de agravo interno e propositura da reclamação em até cinco dias da ciência da decisão que, apreciando-o, mantiver o entendimento anteriormente.

Uma última palavra em torno desse tema para destacar a observação feita por Marinoni, Arenhart e Mitidiero no sentido da possibilidade de afastamento da exigência objeto de análise, em casos reconhecidamente urgentes e, acrescento eu, relevantes. Para os citados autores, a gravidade do caso, a urgência da intervenção do tribunal e a inviabilidade do prévio esgotamento das vias ordinárias constituem requisitos autorizadores de tal medida excepcional, já reconhecida na jurisprudência pretérita à vigência do CPC[15].

3. LEGITIMAÇÃO

De referência à legitimação, a regra delimitadora encontra-se no *caput* do art. 988 do CPC, a qual, aplicada ao processo do trabalho, conduz à afirmação de que

---

(14) Ainda sob a vigência do CPC/73, o STF manifestou-se no mesmo sentido da regra, agora, contida no texto legal: Rcl n. 23.288 AgRg, Relator(a): Min. ROSA WEBER, Primeira Turma, julgado em 09.12.2016, PROCESSO ELETRÔNICO DJe-268 DIVULG 16.12.2016 PUBLIC 19.12.2016.

(15) MARINONI, Luiz Guilherme; ARENHART, Sérgio Cruz; MITIDIERO, Daniel. *Novo Código de Processo Civil comentado*. 2. ed. rev., atual. e ampl. São Paulo: Revista dos Tribunais, 2016. p. 1.046-1.047.

legitimados são a "parte interessada" e o "Ministério Público do Trabalho".

Quanto ao último, nenhuma observação maior se impõe, pois, como órgão encarregado da "defesa da ordem jurídica, do regime democrático e dos interesses e direitos sociais e individuais indisponíveis" (art. 176 do CPC), o Ministério Público do Trabalho possui a titularidade de quaisquer ações que busquem preservar a integridade do sistema jurídico trabalhista, nelas se incluindo a reclamação no âmbito da Justiça do Trabalho (art. 83 da Lei Complementar n. 75/1993 – LOMP). Por isso, poderá propô-la nos casos em que atue como órgão agente ou como *custos legis*.

Registra-se, contudo, a existência de decisões do STF que limitam a representação e atuação do Ministério Público, no seu âmbito, ao Procurador-Geral da República, como decidido, por exemplo, na Reclamação n. 4.453[16], impedindo o Procurador-Geral do Trabalho de, mesmo em matéria trabalhista, postular junto ao STF.

No que concerne à "parte interessada", constata-se que o legislador se valeu de conceito jurídico indeterminado, incumbindo à doutrina o papel de construí-lo. Para tanto, constata-se, de logo, que não há relação jurídica de direito material subjacente à reclamação. Por conseguinte, deve-se compreender a "parte interessada" no sentido processual, e não material.

Não se pode olvidar da legitimidade extraordinária, decorrente da substituição processual, bastante comum nas ações propostas por sindicatos e, por isso mesmo, também cabível na reclamação.

Penso que a legitimação – e, portanto, a maior ou menor amplitude do conceito de "parte interessada" – depende das situações autorizadoras da propositura da reclamação previstas no citado art. 988 do CPC, aplicáveis à competência da Justiça do Trabalho, à exceção daquela prevista no inciso III, dirigida diretamente ao STF:

a) *usurpação de competência* (inciso I): evidencia a possibilidade da prática de ato jurídico por autoridade judiciária despida de competência absoluta para fazê-lo. Como se trata de questionamento, em tese, da competência, legitimada será, então, a pessoa (ou pessoas, em virtude da possibilidade de litisconsórcio) diretamente interessada em que seja restabelecida a regra competencial, ou seja, aquela que vier a ser atingida pela decisão proferida por órgão judicial incompetente. Deve ser interpretado restritivamente para considerar legítima apenas a parte que figure no polo passivo do processo original.

Inexiste óbice a que se admita o cabimento da reclamação também em decorrência de ato praticado por autoridade administrativa, caracterizador de usurpação de competência do TST e dos TRTs, mas, nesta última hipótese, em virtude da amplitude consagrada no art. 988, I, do CPC, ao se referir a "tribunal", e não mais a tribunal superior ou STF, desde que afeta à matéria prevista nos diversos incisos do art. 114 da CF.

Não se deve olvidar a existência do Direito Administrativo do Trabalho, relacionado à atividade de inspeção do trabalho, o que pode ensejar a prática de ato administrativo por autoridade que usurpe a competência de juiz ou tribunal do trabalho;

b) garantia da autoridade da decisão do tribunal (inciso II): configura-se quando, proferida uma decisão em determinado processo, o comando dela oriundo não está sendo respeitado mediante a prática de atos concretos que o desatendem. Considerando os limites subjetivos da lide da ação originária, somente podem questionar a autoridade da decisão nela proferida aqueles que dela fizeram parte, o que restringe, nessa hipótese, a legitimação ativa;

c) garantir a observância de acórdão proferido em julgamento de incidente de resolução de demandas repetitivas, de incidente de assunção de competência (inciso III) ou de julgamento de recursos de revista repetitivos (§ 5º, II): as hipóteses, aqui, são de alcance bem mais amplo, considerando que a motivação reside na aplicação indevida ou não aplicação de tese jurídica (§ 4º) firmada em um dos incidentes mencionados. Desde que haja a pertinência objetiva entre a tese firmada e o caso em exame, estará presente a legitimação ativa do sujeito que figure na ação em que se discute a mesma questão jurídica já decidida.

Em todos os casos supra, além dos legitimados indicados, a reclamação também pode ser proposta pelo Ministério Público do Trabalho, repita-se.

No processo coletivo, singular é o tratamento atribuído à legitimação ativa, diante do alcance da decisão nele proferida. Não apenas poderá propor a reclamação qualquer um dos sujeitos legitimados para a propositura da ação coletiva, ainda que não tenha sido autor da respectiva ação e, portanto, não figure como parte

---

(16) Rcl n. 4.453 MC-AgRg-AgRg, Relator(a): Min. ELLEN GRACIE, Tribunal Pleno, julgado em 04.03.2009, DJe-059 DIVULG 26.03.2009 PUBLIC 27.03.2009 EMENT VOL-02354-02 PP-0034.

no seu polo ativo[17], como também qualquer um dos sujeitos atingidos pela decisão, interessados maiores na preservação da competência ou mesmo na autoridade da decisão desacatada.

De referência ao sujeito passivo, volta-se a reclamação contra órgão judiciário que age ao arrepio das normas de competência, pratica ato que desafia decisão anteriormente proferida ou nega a força obrigatória de precedente judicial dotado de tal atributo. Por isso, legitimado passivo é órgão do Poder Judiciário, unipessoal ou colegiado, responsável pela situação fática descrita nos incisos do art. 988, que viabiliza o cabimento da reclamação.

Figurará no polo passivo: o juiz de primeiro grau, o desembargador do tribunal, a turma, a câmara, a seção especializada, o órgão especial ou o tribunal pleno, conforme o caso[18].

Como a providência também atingirá a parte beneficiada com o ato que se impugna, também é ela legitimada passiva e deve expressamente ser indicada na petição inicial, a fim de que possa ser citada para contestar (art. 989, III, do CPC).

3.1. A participação de terceiros

Tema que desperta debate na doutrina diz respeito à participação de terceiros na reclamação, ação que possui hipóteses claramente definidas no ordenamento jurídico, além de fundamentação vinculada.

Não há qualquer obstáculo para a admissão da assistência, simples ou litisconsorcial (arts. 121 e 124 do CPC), seja pela ausência de vedação legal, seja porque pode haver participado da relação processual originária, seja, enfim, pela própria natureza dessas formas de intervenção de terceiros, voltadas, basicamente, para auxiliar a parte a triunfar na peleja judicial, diferenciando-se pela circunstância de existir (assistência litisconsorcial) ou não (assistência simples) interesse jurídico imediato na causa, caracterizado, segundo Fredie Didier Jr., pelo fato de o assistente afirmar-se titular da relação jurídica discutida ou se for colegitimado extraordinário à defesa em juízo da relação jurídica discutida[19].

A esse respeito, Leonardo Lins Morato, que também admite essas duas formas de intervenção de terceiros na reclamação, faz importantes observações: a) em nenhum caso poderá haver intervenção, se o interesse do terceiro entrar em choque com o interesse do assistido; b) se se tratar de terceiro que figurou como tal no processo originário e pretenda fazer valer a decisão nele proferida por meio da reclamação, deixará de nela ser terceiro e figurará como autor; c) nenhuma outra modalidade de intervenção autoriza a propositura da reclamação pelo terceiro, por não ser atingido pelos efeitos da coisa julgada da decisão desacatada; d) o terceiro na ação principal somente poderá propor a reclamação se a sua esfera de direitos for abrangida pelos efeitos da coisa julgada que recaiu sobre a decisão desacatada, o que caracterizaria o seu interesse de agir, decorrente, nessa situação, de ter sido ele assistente litisconsorcial no processo originário; e) a assistência simples no processo originário não revela interesse jurídico autorizador da propositura da reclamação[20].

O legislador expressamente admite que qualquer interessado pode impugnar o pedido do reclamante (art. 990)[21]. Trata-se de caso típico de assistência, por se referir àquele que tem interesse indireto na relação jurídica posta em juízo.

Eduardo José da Fonseca Costa adverte que esse terceiro interessado deve ser aquele que, de alguma forma, seja atingido pela decisão.

> O raciocínio aqui é análogo àquele que se faz quando se concebe a necessidade de que haja alguma relação entre um sujeito e um tema: a pertinência temática. A esfera ou atividade deste terceiro, que pode impugnar a reclamação, tem que apresentar alguma ligação com a questão sobre a qual se discute.[22]

---

(17) RAMOS, Glauco Comerato. *Reclamação no Superior Tribunal de Justiça*. In.: NOGUEIRA, Pedro Henrique Pedrosa; COSTA, Eduardo José da Fonseca (Org.). *Reclamação constitucional*. Salvador: JusPodivm, 2013. p. 235.

(18) Destacado anteriormente o posicionamento adotado por Fredie Didier Jr. e Leonardo Carneiro da Cunha que não reconhecem na autoridade, órgão ou entidade que praticou o ato a legitimação passiva; apenas participa na condição de fonte de prova, ao ser incumbida de prestar informações.

(19) DIDIER Jr, Fredie. *Curso de direito processual civil*. 17. ed. Salvador: JusPodivm, 2016. p. 487.

(20) MORATO, Leonardo Lins. *Reclamação e sua aplicação para o respeito da súmula vinculante*. São Paulo: Revista dos Tribunais, 2007. p. 130-134.

(21) Essa possibilidade era admitida desde a revogada Lei n. 8.038/1990 (art. 15).

(22) COSTA, Eduardo José da Fonseca. In: ARRUDA ALVIM WAMBIER, Teresa et. al. (Coord.). *Breves comentários ao novo Código de Processo Civil*. São Paulo: Revista dos Tribunais, 2015. p. 1.577.

No CPC, o tratamento passou a ser específico e diferenciado: a) o beneficiário da decisão impugnada deixou de ser terceiro e passou a ser legitimado passivo ordinário, com previsão expressa de sua citação para oferecimento de defesa, compondo, com a autoridade responsável pelo ato, litisconsórcio unitário e necessário (art. 989, II); b) o assistente na ação original continua podendo ingressar como terceiro interessado na reclamação, enquadrado na previsão do art. 990; e c) pode ser admitido o assistente simples na própria reclamação.

Dois registros importantes faz Eduardo José da Fonseca Costa em torno da intervenção do assistente na reclamação: 1. nem sempre a assistência do processo originário justifica a assistência na reclamação, pois o processo originário e o processo reclamatório possuem objetos distintos; o interesse do assistente surge se o ato reclamado for decisão de mérito no processo originário, o qual não haverá no caso, por exemplo, se o ato reclamado for decisão interlocutória simples, que repercuta apenas na relação processual, não na relação de direito material entre o beneficiário e o seu assistente; 2. só cabe nos denominados "processos subjetivos" sendo, pois, incabível no processo objetivo de fiscalização abstrata, conforme decidido pelo STF (Rcl. 397-MC-QO/RJ, Pleno, Rel. Min. Celso de Mello, CJ 21.05.1993)[23].

Se a reclamação tiver como alvo processo coletivo, a impugnação poderá ser apresentada por quem nele figurar como parte ou assistente,

> ou mesmo qualquer outro sujeito cujo interesse-direito coincida com o que se discute na ação coletiva. É dizer, qualquer interessado no direito metaindividual discutido no processo coletivo poderá intervir para impugnar o pedido do reclamante.[24]

De referência à participação de *amicus curiae*, ainda que pudesse ter havido dúvidas quanto ao cabimento, antes da vigência do CPC, a redação do art. 138 dissipa-as por inteiro e, no sentido afirmativo, diante da amplitude da regra nele prevista. Assim, poderá o juiz, de ofício ou mediante provocação das partes e do Ministério Público do Trabalho, admitir a intervenção desse terceiro especial, desde que o faça em decisão irrecorrível, mas adote um ou mais dos fundamentos nele indicados: a) relevância da matéria; b) especificidade do tema debatido; ou c) repercussão social da controvérsia.

Apesar da referência ao não cabimento de recursos, tal vedação não se aplica aos embargos declaratórios, autorizados pelo art. 138, § 1º, do CPC, e destinados ao aperfeiçoamento da decisão, para torná-la clara e exequível[25].

Os parágrafos do citado art. 138 disciplinam os demais aspectos dessa modalidade de intervenção.

Mostra-se conveniente ressaltar que a possibilidade de o relator definir os poderes conferidos ao *amicus curiae* não o autoriza a avançar para além dos limites fixados pela lei, o que significa dizer não lhe ser possível conferir poder de interpor recurso, restrito ao incidente de resolução de demandas repetitivas (§ 3º do art. 138), exceto a oposição de embargos de declaração (§ 1º do art. 138), já destacada.

De igual modo, caber-lhe-á agir com prudência, para evitar uma "multidão de amigos da corte". Deve fixar o critério para admitir o ingresso, o qual dependerá do tema objeto da reclamação; o âmbito de representação do requerente; a contribuição efetiva (e não meramente teórica) que pode proporcionar à controvérsia; o conhecimento em relação ao objeto da causa, etc.

4. INTERESSE DE AGIR

A propositura de qualquer ação judicial acarreta a movimentação do aparato estatal destinado a solucionar os litígios submetidos ao seu exame. Não deve ser alvo de condutas irresponsáveis. Por isso mesmo, deve o autor demonstrar que o processo se faz necessário para obter a providência desejada e que esta é útil para o resultado pretendido. Em outras palavras, cabe-lhe evidenciar que, sem o processo, não há como obter o resultado pretendido, apto a gerar as consequências buscadas, desde que não vedadas no sistema jurídico. Por isso, deve ser examinado sob três dimensões: necessidade, utilidade e adequação.

No caso da reclamação, como se mostra possível ser utilizada – equivocadamente, friso – como sucedâneo de recurso ou ação rescisória, diante da

---

(23) COSTA, Eduardo José da Fonseca (Org.). In: ARRUDA ALVIM WAMBIER, Teresa et al. (Coord.). *Breves comentários ao novo Código de Processo Civil*. São Paulo: Revista dos Tribunais, 2015. p. 2.210-2.211.

(24) RAMOS, Glauco Comerato. Reclamação no Superior Tribunal de Justiça. In: NOGUEIRA, Pedro Henrique Pedrosa; COSTA, Eduardo José da Fonseca (Org.). *Reclamação constitucional*. Salvador: JusPodivm, 2013. p. 235-236.

(25) O art. 138, § 3º, do CPC, também o autoriza interpor recurso da decisão que resolve o incidente de resolução de demandas repetitivas, hipótese distinta da reclamação.

proximidade das situações em que são cabíveis, há que ser investigada com cuidado a presença do interesse. Por isso, deve-se aferir se o autor necessita da reclamação, como instrumento processual próprio para enfrentar as condutas enumeradas no art. 988 do CPC, e se o resultado pretendido lhe favorece[26].

A doutrina aponta algumas situações que caracterizam a existência (ou não) de interesse, adaptadas ao processo do trabalho: a) a usurpação de competência pressupõe a prática de ato judicial por autoridade judiciária diversa e incompetente; b) a discussão em torno da autoridade da decisão exige processo prévio no qual tenha sido proferida; c) sempre será proposta em face de autoridade judiciária de grau inferior; d) a decisão que se diz contrariada deve estar apta a produzir efeitos; e e) não cabe de decisão futura[27].

5. LITISCONSÓRCIO

Não há óbice ao cabimento do litisconsórcio na reclamação, em ambos os polos da relação jurídica.

O *litisconsórcio ativo* depende, apenas, da existência do interesse jurídico entre "aqueles que já eram litisconsortes no feito no qual foi proferida a decisão cuja autoridade vem sendo desrespeitada (...)"[28], ou em virtude de estar sendo aplicada indevidamente ou não aplicada tese jurídica originada de acórdão dotado de força obrigatória, pois na ação originária podem ter figurado diversas pessoas em cada um dos polos e se mostrem titulares da pretensão deduzida. É suficiente que exista alguma das situações previstas no art. 113 do CPC[29].

De referência ao *litisconsórcio passivo*, o Código superou a lacuna, ao prever que o relator determinará a citação do beneficiário da decisão impugnada, que terá prazo de 15 (quinze) dias para apresentar a sua contestação (art. 989, III).

6. HIPÓTESES DE CABIMENTO

As normas que disciplinam o cabimento da reclamação e procedimento são inteiramente aplicáveis ao processo do trabalho, seja a partir da previsão contida na Constituição (art. 111-A, § 3º), seja no CPC (art. 988), este último por incidência direta da autorização concedida pelo art. 15 do CPC e também pela expressa referência no art. 3º, XXVII, da IN n. 39/2016, do TST.

6.1. Usurpação da competência

Prevista no art. 111-A, § 3º, da CF, e art. 988, I, do CPC, é caracterizada quando "um processo é instaurado diante de órgão judicial diverso daquele a quem foi conferido poder para apreciar o conflito"[30]; a apreciação da controvérsia encontra-se a cargo de órgão ao qual a lei não outorga competência para fazê-lo.

É o não atendimento às normas de competência absoluta e, por isso mesmo, diz respeito à matéria a ser examinada e à função desempenhada no processo pelo órgão judiciário, monocrático ou colegiado.

Usurpar competência é "agir como se estivesse autorizado a exercer jurisdição para processar ou decidir determinada causa, atuar no lugar da autoridade competente, invadindo a esfera de atuação pertencente a esta, infringir normas de competência"[31]. Diante da usurpação, busca-se preservar a competência atribuída ao respectivo órgão jurisdicional.

Pode ser caracterizada de várias formas: a) pelo ajuizamento de ação perante órgão judiciário despido de competência material ou funcional para processá-la e julgá-la; b) por haver sido proferida decisão por autoridade judiciária incompetente. Embora competente para apreciar o processo, não possui competência para proferir determinada decisão; e c) pela omissão em praticar determinado ato (neste caso, a reclamação aproxima-se bastante da correição parcial).

6.2. Garantia da autoridade das decisões

Prevista no art. 111-A, § 3º, da CF, e art. 988, II, do CPC, diz respeito ao descumprimento do quanto decidido pelo tribunal; é o desacato pela autoridade judiciária à decisão proferida; o desrespeito frontal e concreto ao comando nela contido.

---

(26) MORATO, Leonardo Lins. *Reclamação e sua aplicação para o respeito da súmula vinculante*. São Paulo: Revista dos Tribunais, 2007. p. 126.
(27) AURELLI, Arlete Inês. Condições da ação para o exercício da reclamação constitucional. In: NOGUEIRA, Pedro Henrique Pedrosa; COSTA, Eduardo José da Fonseca (Org.). *Reclamação constitucional*. Salvador: JusPodivm, 2013. p. 36-39.
(28) LEONEL, Ricardo de Barros. *Reclamação constitucional*. São Paulo: Revista dos Tribunais, 2011. p. 233.
(29) No particular, não se há de invocar a regra prevista no art. 842 da CLT porque destinada à disciplina do cabimento da ação trabalhista dirigida contra o empregador.
(30) LEONEL, Ricardo de Barros. *Reclamação constitucional*. São Paulo: Revista dos Tribunais, 2011. p. 182.
(31) MORATO, Leonardo Lins. *Reclamação e sua aplicação para o respeito da súmula vinculante*. São Paulo: Revista dos Tribunais, 2007. p. 176.

Para se configurar, exige-se a presença de alguns requisitos: a) a decisão violadora ser posterior à decisão desacatada; b) o desacato colida frontalmente com o comando emergente da decisão; c) o desacato seja praticado por quem tenha integrado o feito de origem; d) não cabe utilizar a reclamação como sucedâneo de recurso, ou seja, para obter a reforma da decisão desacatada; e e) não será possível o ajuizamento da reclamação se a decisão tida como desacatadora houver transitado em julgado[32].

Desacatar é sinônimo de descumprir, contrariar, negar vigência, no todo ou em parte. Revela afronta, transgressão da autoridade do tribunal que proferiu decisão na qual declara, constitui, condena, ordena, etc., a qual deve ser executada tal como nela determinado[33]. Não se mostra possível interpretação no sentido de retirar ou minimizar efeitos que naturalmente produziria.

Exige a prática de ato específico, determinado. Não cabe, pois, de ato futuro ou indeterminado, tese já afirmada pelo STF (Rcl. n. 3.982, Pleno, Rel. Min. Joaquim Barbosa). Há que existir, como decidido na Reclamação n. 22.287, a "aderência estrita do objeto do ato reclamado ao conteúdo do paradigma" como requisito de sua admissibilidade. Por isso, não é cabível quando o ato impugnado é anterior à decisão tida como violada, ainda que fixe tese oposta (Rcl. n. 24.399, 1ª T., Rel. Min. Rosa Weber).

Não é qualquer descumprimento que o caracteriza. "É a inobservância pelo juiz que tinha a função de conduzir o cumprimento, não por quem deveria cumprir a decisão"[34].

Não se caracteriza quando a divergência repousa na fundamentação, da mesma forma que não é cabível a reclamação para obter a reforma da decisão, como sucedâneo do recurso, se a decisão transitou em julgado. No STF, há jurisprudência que não admite quando se dirigir contra órgão fracionário ou membro do próprio tribunal prolator, diante da inconcebível – e por isso mesmo inadmissível – conduta de membros do tribunal ou quaisquer dos seus órgãos menores, consistente em descumprir decisão que uniformiza o dissenso interno e define a tese jurídica prevalecente. Tal previsão consta do Regimento Interno do TST (art. 212, II).

6.3. Garantia da observância de enunciado de súmula vinculante e de decisão do Supremo Tribunal Federal em controle concentrado de constitucionalidade

Prevista, originalmente, no § 2º do art. 102 e no *caput* do art. 103-A da Constituição, a força vinculante das decisões do STF, em relação aos demais órgãos do Poder Judiciário e à administração pública direta e indireta, nas esferas federal, estadual e municipal, nas ações diretas de inconstitucionalidade e nas ações declaratórias de constitucionalidade, foi introduzida pela EC n. 45/2004, que também inseriu a possibilidade de edição de súmulas vinculantes, neste caso, após reiteradas decisões sobre matéria constitucional, observado o quórum de dois terços de seus membros.

No CPC, as situações foram reunidas no inciso III do art. 988, embora não constitua propriamente novidade. Como se trata de precedente oriundo do STF, mesmo em matéria trabalhista a reclamação deve ser proposta diretamente na Corte Maior.

Apesar de haver referência apenas ao controle concentrado de constitucionalidade, assinalam Alexandre Álvalo Santana e Alexandre Janólio Isidoro Silva precedente do STF (Rcl n. 4.335/AC, Pleno, Rel. Min. Gilmar Mendes) no qual admitiu o ajuizamento da reclamação constitucional em face de inconstitucionalidade reconhecida em caráter incidental em sede de controle difuso de constitucionalidade (Rcl n. 4.335, Relator: Min. Gilmar Mendes, Tribunal Pleno, julgado em 20.03.2014, DJe 208 22.10)[35]. Portanto, conquanto não tenha havido regra expressa no CPC, entendo cabível o mesmo requisito para as hipóteses previstas no inciso III, do art. 988, do CPC.

Ainda sobre a jurisprudência do STF relacionada à observância de decisões em controle concentrado de constitucionalidade, exige-se o máximo de rigor na verificação dos pressupostos específicos da reclamação, para evitar o seu desvirtuamento. Por isso, os atos questionados devem se ajustar, com exatidão, aos julgados paradigmas, como afirmado na Rcl n. 6.735, Tribunal Pleno, Rel. Min. Ellen Gracie.

Daniel Amorim Assumpção Neves analisa a mudança na jurisprudência do STF ocorrida nas declarações

---

(32) LEONEL, Ricardo de Barros. *Reclamação constitucional*. São Paulo: Revista dos Tribunais, 2011. p. 189-190.

(33) MORATO, Leonardo Lins. *Reclamação e sua aplicação para o respeito da súmula vinculante*. São Paulo: Revista dos Tribunais, 2007. p. 137.

(34) MARANHÃO, Clayton; FERRARO, Marcella Pereira. Reclamação constitucional: funções e desafios. In: CLÈVE, Clèmerson Merlin (Coord.). *Direito constitucional brasileiro*. v. II: organização do Estado e dos poderes. São Paulo: Revista dos Tribunais, 2014. v. II – Organização do Estado e dos Poderes, p. 755.

(35) SANTANA, Alexandre Álvalo; ANDRADE NETO, José. *Análise doutrinária sobre o novo direito processual brasileiro*. Campo Grande: Contemplar, 2016. v. 3, p. 534.

de inconstitucionalidade, em controle concentrado. Para ele, reconhecia a Corte que os motivos determinantes da decisão geravam efeitos vinculantes *erga omnes*, "o que significava que outras normas, que não tinham sido objeto de apreciação no processo objetivo, desde que tivessem o mesmo conteúdo daquela analisada, sofreriam os efeitos do controle concentrado" (Rcl n. 2.986/MC/SE, decisão monocrática, Min. Celso de Mello).

Mais recentemente, porém, essa tese foi rejeitada, como se identifica em precedentes (Rcl n. 3.294, Tribunal Pleno, Rel. Min. Dias Toffoli e Rcl n. 9.778, Tribunal Pleno, Rel. Min. Ricardo Lewandowsky).

Contudo, em face da previsão contida no § 4º, do art. 988, do CPC, afirma Assumpção Neves que o legislador "adotou a teoria dos efeitos transcendentes dos motivos determinantes ao se referir a 'tese jurídica', e não a norma jurídica decidida concretamente pelo Supremo Tribunal Federal"[36].

É verdade que, em julgamento de dezembro/2016 (Rcl n. 4.692/MS), portanto, já sob a égide do CPC, o STF renovou o mesmo entendimento, muito embora tenha sido invocada decisão plenária proferida em período anterior à sua vigência, ou seja, foi aplicado precedente sem que houvesse qualquer referência ao novo Diploma Processual e, por conseguinte, sem que fosse analisado o novo regramento por ele criado, especialmente no que toca à possibilidade de aplicação da citada teoria. Não se analisou, expressamente, se o CPC promoveu alterações nesse tema (Rcl n. 4.692, Relator: Min. Gilmar Mendes, julgado em 24.11.2016, DJe 05.12.2016).

6.4. Garantia da observância de acórdão proferido em julgamento de incidente de resolução de demandas repetitivas ou assunção de competência (e, acrescento, de incidente de Recursos de Revista Repetitivos)

Refere-se à observância das teses contidas nos incidentes destinados à formação dos precedentes judiciais de cumprimento obrigatório e se encontra tipificada no § 1º do art. 985 e no inciso IV do art. 988, ambos do CPC.

A leitura isolada do dispositivo, despida do contexto que caracteriza o já mencionado Microssistema de Formação Concentrada de Precedentes Obrigatórios, poderia conduzir à equivocada conclusão no sentido de que o cabimento da reclamação se restringiria aos citados incidentes. Contudo, penso de modo diferente.

Faço-o a partir da compreensão de que o Código criou um microssistema no qual o processo passa a ser o *locus* de construção de normas de caráter geral – e não apenas do caso concreto – e do próprio sistema jurídico, ao qual serão integradas e passarão a reger relações outras de caráter semelhante, desde que respeitadas as premissas fáticas e o suporte jurídico que as originaram.

Vejam-se os comentários e os exemplos citados quando analisei o pressuposto negativo referente ao "não esgotamento das instâncias ordinárias" e a aparente contradição entre o inciso IV e o § 5º, II, ambos do art. 988 do CPC. Por isso, afirmo que *a reclamação será cabível para garantir a força obrigatória do precedente originado de todos os incidentes que integram o citado Microssistema: IRR, IRDR e IAC.*

Ressalto, mais, que o isolamento do § 5º, II, mencionado, produziria outra conclusão equivocada: a exigência do prévio esgotamento das instâncias ordinárias, prevista como pressuposto negativo para a reclamação em caso de decisão que aplicar tese firmada em incidente de recursos de revista repetitivos, não seria aplicável aos demais incidentes, o que tornaria o microssistema falho e incongruente, com regras aparentemente contraditórias.

Lembre-se, mais uma vez, de que descumprir precedente é aplicá-lo indevidamente ou negar a sua aplicação, quando for cabível (§ 6º, do art. 988, do CPC).

Destaca-se a amplitude conferida pelo CPC, ao tornar possível a sua propositura não apenas nos tribunais superiores (incluindo o STF), em virtude dos incidentes de julgamentos de recursos repetitivos, como também nos tribunais de segundo grau. Compreende, como se constata no § 4º do art. 988, a aplicação de tese neles firmada ou em súmula vinculante a caso em que não seria cabível, ou o contrário: negar a sua incidência a situação em que deveria incidir.

6.5. Decisão que deixar de observar a força obrigatória do precedente judicial, sem apontar as razões da distinção ou da superação

A novidade de impor ao magistrado o dever de apontar as razões com base nas quais o caso por ele examinado não se enquadra no precedente sobre o tema expedido pelo tribunal e a este último o de indicar os fundamentos que evidenciam a sua superação, técnicas próprias do sistema de precedentes judiciais, faz parte do processo do trabalho desde setembro de 2014, em virtude de haver sido consagrada de modo expresso, desde a Lei n. 13.015/2014 (§ 16, do art. 896-C, da CLT) e constitui a grande inovação do dispositivo,

---

(36) NEVES, Daniel Amorim Assumpção. *Manual de direito processual civil*. 8. ed. Salvador: JusPodivm, 2016. p. 1.430-1.431.

ampliado com a previsão contida nos incisos V e VI do § 1º do art. 489 do CPC e o cabimento da reclamação, em caso de não atendimento (art. 988, III e IV, do CPC).

Para José Roberto dos Santos Bedaque, os casos estabelecidos no citado inciso VI, que enumera os precedentes com força obrigatória, são meramente exemplificativos, ou seja, não encerram rol taxativo; apenas, parâmetros e orientações[37].

Ao tratar da adaptação das normas do CPC que indicam as decisões que podem ser consideradas precedentes judiciais e alguns dos seus efeitos ao processo do trabalho (arts. 332, 927 e 489, § 1º), o TST, na Instrução Normativa n. 39/2016, buscou detalhar as espécies de precedentes equiparáveis àqueles citados no referido dispositivo do Código, de maneira a facilitar a identificação dos que são dotados de força obrigatória, como se constata no art. 15.

Essa enumeração comporta esclarecimentos. No caso das súmulas e orientações jurisprudenciais expedidas sem que seja observado o procedimento previsto na Lei n. 13.015/2014, com a ampliação propiciada pelo CPC, antes, portanto, da introdução da sistemática de precedentes judiciais no processo do trabalho, o seu efeito é meramente persuasivo, sem caráter obrigatório quanto ao seu cumprimento.

No processo judicial destinado à formação do precedente, a almejada legitimidade da participação democrática da sociedade, representada por pessoas, órgãos ou entidades com interesse na matéria, é atingida por meio do ingresso no feito como *amicus curiae*, pela realização de audiências públicas, adoção de fundamentação diferenciada e exauriente da decisão e ampla publicidade, desde a instauração do incidente até a divulgação da norma que dele resultar.

Mesmo nas teses jurídicas prevalecentes oriundas dos TRTs (inciso I, *d*), para equivalerem a precedentes e serem dotados de força obrigatória, as decisões que as fixaram devem observar os requisitos indicados supra e, além disso, prevalecerão enquanto não forem colidentes com súmulas e orientações jurisprudenciais do TST, mas apenas se essas integrarem o microssistema de formação concentrada de precedentes, mesmo porque, se anteriores, possuem tão somente força persuasiva. Se editadas sob o novo regramento e forem contrárias a súmulas ou orientações jurisprudenciais de caráter persuasivo, as teses jurídicas prevalecentes dos TRTs terão eficácia obrigatória no âmbito da respectiva região, enquanto não vierem a ser modificadas em virtude de provimento de eventual recurso interposto.

Essa novidade do processo do trabalho – tese jurídica prevalecente – fazia parte das mudanças introduzidas pela Lei n. 13.015/2014 para os casos em que, muito embora decidido o incidente e uniformização de jurisprudência, não se alcançava o quórum correspondente à maioria absoluta dos membros do tribunal, necessário para a edição de súmula, como até então definido no *caput* do art. 479 do CPC/1973[38]. Nessas hipóteses, a decisão proferida se limitava ao caso concreto. Na nova sistemática da CLT, mesmo que não seja obtido o número de votos mencionado, ainda assim será emitida a tese jurídica prevalecente, indicativa da compreensão sobre o tema (§ 6º).

No CPC, embora tenha sido suprimido o incidente em análise, mantém-se a determinação de uniformização da jurisprudência por parte dos tribunais, os quais, além disso, deverão mantê-la íntegra, estável e coerente (art. 926).

A necessidade de fixação de tese única para a mesma questão jurídica, além de ser preservada, é aprimorada com novos incidentes e organizada metodologicamente no CPC, o que significa afirmar a manutenção do dever de uniformizar a jurisprudência pelos TRTs.

Daniel Assumpção Neves apresenta intrigante questão jurídica relacionada à existência de distinção: se o órgão julgador deixar de aplicar o precedente vinculante com fundamento na distinção ou superação, caberia reclamação?

Responde afirmativamente, respaldado, inicialmente, na previsão contida no art. 489, § 1º, VI, do CPC, pois a distinção ou superação da tese fixada no precedente vinculante é razão legal para o órgão julgador deixar de aplicá-lo ao caso concreto (faço ressalvas à afirmação do respeitado autor quanto à superação, considerando que deve ficar a cargo do tribunal que editou o precedente).

Na sequência, invoca o direito assegurado à parte de discutir, em sede de reclamação constitucional, a adequação da distinção aplicada ao caso concreto para

---

(37) BEDAQUE, José Roberto Santos. In: ARRUDA ALVIM WAMBIER, Teresa *et al*. *Breves comentários ao novo comentário ao Código de Processo Civil*. São Paulo: Revista dos Tribunais, 2015. p. 1.232.

(38) Art. 479. O julgamento, tomado pelo voto da maioria absoluta dos membros que integram o tribunal, será objeto de súmula e constituirá precedente na uniformização da jurisprudência.

o órgão afastar o precedente com eficácia vinculante e conclui:

> Significa dizer que o tribunal terá que confirmar o acerto da distinção ou superação aplicada no caso concreto, e o eventual equívoco em tal aplicação não deve levar à inadmissão da reclamação constitucional, mas sim ao julgamento de improcedência. Trata-se, entretanto, de questão com pouca consequência prática, porque se o tribunal entender nesse caso pela inadmissão da reclamação constitucional a extinguirá sem resolução do mérito. De uma forma ou de outra o autor da reclamação constitucional terá rejeitada a sua pretensão.[39]

7. PROCEDIMENTO

O procedimento da reclamação, como detalhado adiante, é bastante simples e, também nesse aspecto, guarda profundas semelhanças com o mandado de segurança[40], como reiteradamente dito, o qual será analisado a partir das suas etapas ou fases componentes, as quais podem ser divididas em: a) postulatória; b) de saneamento e instrutória; c) de julgamento; e d) recursal.

7.1. Fase postulatória

Diante da regência integral do CPC, para que seja válida, a petição inicial da reclamação deve observar os requisitos previstos no art. 319 do CPC. Por se tratar de ação sujeita à normatização própria, não se aplicam as normas contidas na CLT, particularmente o art. 840 que disciplina o conteúdo da petição inicial da reclamação trabalhista.

Apesar de voltar-se contra ato praticado contra autoridade judiciária previamente identificada e, por isso mesmo, necessariamente indicada na petição inicial, esta última deve ser dirigida ao presidente do tribunal ao qual se encontra vinculada. Há previsão expressa nesse sentido (art. 988, § 2º, do CPC).

Isso não significa que seja ele o responsável pela prática do ato indicado na causa de pedir ou pela condução do processo. Apenas será o destinatário da petição e lhe cabe, de imediato, encaminhá-la ao desembargador ou ministro competente, de acordo com as regras próprias, inclusive quanto à prevenção decorrente da exigência contida no § 3º do art. 988 do CPC..

Caso seja dirigida a tribunal incompetente, não é caso de extinção prematura, sem resolução do mérito. De forma analógica, cabe a aplicação da regra prevista no § 5º do art. 968 do CPC, específica da ação rescisória, mas compatível com o princípio da primazia da decisão de mérito que impõe ao órgão julgador, tanto quanto possível, superar óbices meramente processuais para avançar em direção à questão de fundo levada à sua apreciação[41].

Diz o legislador que deverão constar da petição inicial "os nomes, os prenomes, o estado civil, a existência de união estável, a profissão, o número de inscrição no Cadastro de Pessoas Físicas ou no Cadastro Nacional da Pessoa Jurídica, o endereço eletrônico, o domicílio e a residência do autor e do réu" (art. 319, II, CPC). Na essência, os elementos que identificarão, de modo preciso, os sujeitos da demanda, de modo a evitar homonímia ou que seja dirigida à pessoa incerta.

Na reclamação, os elementos supraindicados se referirão ao autor e, no polo passivo, deverá constar a autoridade judiciária ou órgão responsável pela prática do ato, seja ela monocrática (ou unipessoal, na dicção do CPC – juiz ou desembargador) ou colegiado (turma, câmara, seção especializada, órgão especial ou tribunal pleno) e o beneficiário da decisão impugnada.

Em sendo o autor pessoa jurídica, além da indicação de quem seja o seu responsável, deverá ser juntada a cópia do ato constitutivo que comprove a regularidade de sua representação em juízo.

No caso da autoridade judiciária (ré na ação), é suficiente a indicação do juízo, sem a necessidade de sua qualificação pessoal. Em sendo fundada em ato administrativo, basta a qualificação da pessoa jurídica de direito público à qual pertence a autoridade responsável pela sua prática[42].

De referência à causa de pedir, assinalam Fredie Didier Jr. e Leonardo Carneiro da Cunha que o art. 988

---

(39) NEVES, Daniel Amorim Assumpção. *Manual de direito processual civil*. 8. ed. Salvador: JusPodivm, 2016. p. 1.433.

(40) Daniel Amorim Assumpção Neves lembra que havia expressa referência à aplicação subsidiária das regras procedimentais do mandado de segurança à reclamação, excluída do texto final, embora reconheça não existir impedimento para que tal ocorra. NEVES, Daniel Amorim Assumpção. *Manual de direito processual civil*. 8. ed. Salvador: JusPodivm, 2016. p. 1.435.

(41) Daniel Amorim Assumpção Neves também compartilha desse posicionamento, embora se limite a invocar a regra legal citada. NEVES, Daniel Amorim Assumpção. *Manual de direito processual civil*. 8. ed. Salvador: JusPodivm, 2016. p. 1.436.

(42) NEVES, Daniel Amorim Assumpção. *Manual de direito processual civil*. 8. ed. Salvador: JusPodivm, 2016. p. 1.436.

do CPC encerra rol exaustivo de cabimento da reclamação e cada uma das hipóteses nele previstas é suficiente para fundamentar a reclamação. "A cada fundamento típico corresponde uma possível causa de pedir. Cada causa de pedir, na reclamação, não corresponde a cada inciso do art. 988 do CPC, mas, sim, a cada fundamento" e exemplificam: "o inciso III prevê dois fundamentos diversos: (a) a inobservância de enunciado de súmula vinculante; e (b) a inobservância de decisão do STF em controle concentrado de constitucionalidade".[43]

Quanto ao pedido, considerando a sua a classificação em imediato (tutela jurisdicional perseguida pelo autor) e mediato (bem da vida pretendido), na reclamação o primeiro é o "de que seja proferida decisão de caráter mandamental, suficiente para rechaçar a afronta praticada"[44], ao passo que o conteúdo do segundo é o "de que seja suprimido o desacato, para que tenha eficácia a decisão anteriormente proferida, ou no sentido de que seja aplicada a regra de competência que veio a ser usurpada"[45], ou ainda para que seja assegurada a observância da tese fixada em precedente da Corte. Para tanto, poderá o tribunal adotar as providências adequadas para a garantia do efetivo cumprimento do preceito condenatório.

Pretende-se a obtenção de decisão (efeito imediato) que seja capaz de: restabelecer a competência; cessar os atos que ameaçam a autoridade da decisão – ou efetivamente descumprem o seu comando; implementar os efeitos de ato de ofício que a autoridade se nega a praticar; cassar decisão que não aplique ou aplique indevidamente tese fixada em precedente dotado de cumprimento obrigatório.

Não há regra específica que indique fórmula de cálculo do valor da causa para a reclamação. Aplicam-se as regras gerais, seja quanto à forma de cálculo (art. 292 do CPC), seja quanto à obrigatoriedade de constar da petição inicial (art. 291 do CPC), seja pela possibilidade de correção pelo juiz, de ofício e por arbitramento (art. 292, § 3º, do CPC), seja, enfim, para permitir a impugnação (art. 293 do CPC).

Por expressa previsão legal (art. 988, § 2º, do CPC), admite-se exclusivamente prova documental, que deve vir, desde logo, com a petição inicial, à semelhança do que ocorre com o mandado de segurança.

Nada impede, porém, que o autor formule ao juiz pedido para requisição dos documentos, caso se encontrem inacessíveis a ele, por estarem em algum órgão público, ou mantidos com a própria autoridade reclamada. Nesse caso, caberá ao relator determinar a quem os possua a exibição ou entrega (art. 401 do CPC). "O que não pode é a ausência de algum documento impedir o acesso à via da reclamação."[46]

Se o advogado estiver postulando em causa própria, incumbe-lhe indicar, além dos elementos que o qualificam como tal, o seu endereço ou o nome da sociedade de advogados da qual participa, para o recebimento de intimações (art. 106, I, do CPC). Posteriormente, deverá dar ciência ao juízo, caso haja alteração de endereço (art. 106, II, do CPC).

Ainda, quanto ao advogado, é imprescindível que a petição contenha a sua assinatura que, se adotado meio eletrônico de peticionamento, corresponderá àquele que possuir assinatura digital.

7.2. Fases de saneamento e instrutória

Concluída a elaboração, a petição inicial é dirigida ao Presidente do Tribunal (§ 1º do art. 988). Este é apenas o seu destinatário, como representante do Tribunal, tendo em vista que o autor pode não mais saber a quem compete o conhecimento da ação, diante de mudanças havidas desde a prolação da decisão desacatada, ou se integra o órgão cuja competência foi usurpada. Não possui, contudo, competência para apreciar a pretensão, ressalvadas hipóteses regimentais em plantões judiciários ou recesso, mas, frise-se, apenas para casos urgentíssimos e que a atuação excepcional se justifique.

Como visto, há expressa previsão legal quanto à exclusividade da prova documental na reclamação (art. 988, § 2º, do CPC). Não há, portanto, a possibilidade de o autor indicar outros meios probatórios, diante da restrição imposta pelo legislador.

Uma vez protocolada a peça primeira, a reclamação será autuada e distribuída ao relator do processo em que proferida a decisão, sempre que possível (§ 3º do art. 988). Esta observação final justifica-se em virtude da possibilidade de ele não mais compor o órgão.

Ao examinar a petição inicial, caberá ao relator verificar o preenchimento dos requisitos formais

---

(43) DIDIER JR., Fredie; CUNHA, Leonardo Carneiro da. *Curso de direito processual civil*. 13. ed. Salvador: JusPodivm, 2016. v. 3, p. 540.
(44) MORATO, Leonardo Lins. *Reclamação e sua aplicação para o respeito da súmula vinculante*. São Paulo: Revista dos Tribunais, 2007. p. 123.
(45) MORATO, Leonardo Lins. *Reclamação e sua aplicação para o respeito da súmula vinculante*. São Paulo: Revista dos Tribunais, 2007. p. 123.
(46) DIDIER JR., Fredie; CUNHA, Leonardo Carneiro da. *Curso de direito processual civil*. 13. ed. Salvador: JusPodivm, 2016. v. 3, p. 564.

mencionados nos arts. 319 e 320 do CPC. Constatando a existência de irregularidades, inclusive quanto aos documentos que devem ser juntados referentes à representação processual (art. 76 do CPC) e ao mérito da pretensão, deverá conceder prazo de quinze dias para que a parte providencie saná-las (art. 321 do CPC), indicando com precisão o que deve ser corrigido ou completado. Esta exigência constitui novidade do legislador: caberá ao relator da reclamação indicar quais são os defeitos identificados na petição inicial.

Não cumprida a diligência, a petição inicial será indeferida (art. 321, parágrafo único, c.c. o art. 330, IV, do CPC) e o processo extinto sem resolução do mérito (art. 485, I, do CPC). Há, porém, duas exceções previstas nos §§ 2º e 3º do art. 320, mencionado: a) a despeito da falta de informações precisas a respeito da identificação do réu, enumeradas no inciso II, for possível a sua citação; b) a obtenção dos mesmos dados "tornar impossível ou excessivamente oneroso o acesso à justiça". Em ambos, o juiz determinará o prosseguimento da reclamação.

O indeferimento também ocorrerá se verificada qualquer uma das demais hipóteses previstas no art. 330 do CPC: a) inépcia; b) se a parte for manifestamente ilegítima; e c) o autor não demonstrar a existência de interesse processual.

A inépcia, por sua vez, será caracterizada se: a) não houver causa de pedir ou pedido na petição inicial; b) o pedido for indeterminado, ressalvadas as hipóteses legais em que se permite o pedido genérico; c) não se puder extrair conclusão lógica da narração dos fatos contida na petição inicial; e d) houver pedidos incompatíveis entre si. Todos esses casos possíveis de ocorrer na reclamação.

Apontam Fredie Didier Jr. e Leonardo Carneiro da Cunha situações que autorizariam o indeferimento da petição inicial da reclamação, as quais adapto ao processo do trabalho: a) quando não for o caso da reclamação; b) quando a reclamação for utilizada como sucedâneo da ação rescisória, destinando-se a desfazer coisa julgada (art. 988, § 5º, I, CPC); c) quando não comprovado o esgotamento prévio das instâncias ordinárias (art. 988, § 5º, II, CPC)[47].

A decisão de indeferimento, por ser proferida em juízo unipessoal pelo relator, será impugnada por meio de agravo interno (art. 1.021 do CPC), no prazo de oito dias (art. 1º, § 1º, da IN n. 39/2016, do TST) com a necessidade de impugnação específica (§ 1º do art. 1.021). Constatado equívoco, o relator deverá, em cinco dias (art. 331 do CPC), retratar-se da decisão proferida (art. 1.021, § 2º, do CPC); mantendo-a, prosseguirá com o julgamento, observado o procedimento previsto no regimento interno do tribunal correspondente (art. 1.021, caput, e § 2º, do CPC), respeitada, porém, a concessão do prazo de oito dias para que o réu possa apresentar contrarrazões ao recurso (§ 1º do art. 331 do CPC e art. 1º, § 2º, da IN n. 39/2016, do TST).

Se reformada pelo tribunal a decisão de indeferimento, ao retornar o processo à origem, será o réu intimado da baixa dos autos e, ciente, terá curso o prazo para oferecer contestação (art. 331, § 2º, do CPC).

Mantendo-se omisso o réu, será cientificado do trânsito em julgado da decisão (art. 331, § 3º, do CPC).

A propositura de nova reclamação, no caso de indeferimento da petição inicial, fica condicionada à correção do vício que determinou a extinção (art. 486, § 1º, do CPC) e de prova de recolhimento das custas e pagamento dos honorários advocatícios fixados no processo extinto (art. 486, § 2º, do CPC).

Apta a petição inicial, ao relator incumbe a adoção de algumas providências tidas como preliminares, para viabilizar o exame da reclamação, previstas no art. 989 do CPC.

A primeira delas é a requisição de informações à autoridade a quem for imputada a prática do ato impugnado, que as prestará no prazo de 10 (dez) dias. São providências simples que procuram reunir o máximo possível de informações para subsidiar o exame da alegação contida na petição inicial. Observa, todavia, Carlos Eduardo Rangel Xavier – no que está com razão – que a requisição se mostra necessária em se tratando de reclamação ajuizada contra decisão judicial, por não haver sentido lógico quando se trata de impugnação de ato administrativo, exceto se houver outro particular beneficiário do ato impugnado[48].

A segunda providência a cargo do relator consiste em determinar a citação do beneficiário da decisão impugnada, que terá prazo de 15 (quinze) dias para apresentar a sua contestação: novidade do CPC, caracteriza litisconsórcio unitário e necessário, pois a lide será resolvida de modo uniforme para ambos (autoridade e

---

(47) DIDIER JR, Fredie; CUNHA, Leonardo Carneiro da. *Curso de direito processual civil*. 13. ed. Salvador: JusPodivm, 2016. v. 3, p. 566.

(48) XAVIER, Carlos Eduardo Rangel. *Reclamação constitucional e precedentes judiciais*: contributo a um olhar crítico sobre o novo Código de Processo Civil (de acordo com a Lei n. 13.256/2016). São Paulo: Revista dos Tribunais, 2016. p.116.

beneficiário pelo ato impugnado) e porque lhe deve ser concedida, de modo insuperável, a oportunidade para que possa exercer o seu direito de defesa.

A defesa limita-se ao objeto da reclamação e podem ser alegados motivos que levem tanto à inadmissibilidade como à improcedência[49].

Se houver alegação das defesas processuais previstas no art. 337 do CPC, o reclamante deverá ser intimado para manifestar-se, a fim de preservar o contraditório, por incidência analógica da regra contida no art. 351 do CPC.

A ausência de defesa do beneficiário da decisão impugnada não produzirá os efeitos resultantes da revelia. A tanto se conclui pela natureza da pretensão contida na reclamação – exclusivamente de direito –, a qual não dispensará o tribunal de examinar a veracidade dos argumentos postos na petição inicial e aplicar a norma jurídica regente da hipótese em que fundada.

A terceira providência a cargo do relator consiste em, constatadas a urgência e a possibilidade de ocorrência de dano irreparável, conceder tutela destinada à suspensão do processo ou do ato impugnado para evitar que esse último, de fato, ocorra (art. 989, I, do CPC).

Cabe ao autor demonstrar o cumprimento dos requisitos gerais previstos no art. 300: a) probabilidade do direito, que nada mais é do que a aparência do bom direito, própria das pretensões de natureza cautelar; b) perigo de dano ou risco ao resultado útil do processo: é necessário que haja o fundado receio de que, em persistindo o processo ou a prática do ato usurpador, de desacato ou de desobediência ao precedente, haverá dano ao autor.

Ainda que não estejam presentes ao primeiro exame da petição inicial, nada impede que o relator, em outro momento da reclamação, conclua de maneira diversa e conceda, de ofício ou a pedido, a tutela cautelar que obste o regular andamento do processo-referência, fazendo-o, por conseguinte, de forma incidental.

A reclamação não possui o efeito substitutivo inerente aos recursos e, por isso, o tribunal não pode proferir decisão que substitua a decisão impugnada. Busca-se desconstituir o ato administrativo ou judicial que atenta contra autoridade de decisão ou competência. Porém, argumenta com propriedade Carlos Eduardo Rangel Xavier que:

> pode ser necessário que se lance mão de técnica mandamental, determinando-se à autoridade reclamada (seja jurisdicional, seja administrativa), eventualmente, que exare novo ato, observando ou não o precedente (ou a decisão judicial) que se afirma desobedecido no caso concreto. Se a hipótese foi de aplicação equivocada, *não observando*. Se a hipótese foi de desobediência, *observando*.[50]

Em tese, não há obstáculos para que possa ser postulada – e concedida – tutela da evidência, embora, na prática, não se mostre relevante o debate, diante do procedimento extremamente simplificado da reclamação.

Assim também se manifestam Ricardo de Barros Leonel[51] e Leonardo Lins Morato,[52] este último em período ainda sob a regência do CPC/1973. Ambos afirmam a integral compatibilidade com o regime de tutelas antecipadas de mérito previsto no Diploma Processual.

Fixada a natureza jurídica de ação – ainda que contrariando o posicionamento adotado pelo STF em precedentes anteriores ao CPC – é cabível o julgamento liminar de improcedência, previsto no art. 332 do CPC, mais ainda em se tratando de ação de fundamentação vinculada e hipóteses de cabimento taxativamente previstas em lei.

Portanto, o relator pode, liminarmente, julgar improcedente o pedido nela formulado se contrariar: a) enunciado de súmula, que não seja meramente persuasiva, do STF ou do TST; b) acórdão proferido pelo STF ou TST em julgamento de recursos repetitivos; c) entendimento firmado em incidente de resolução de demandas repetitivas ou de assunção de competência do TST ou do TRT, neste último caso em se tratando de matéria em relação à qual não tenha havido precedente vinculante do TST e se trate de reclamação proposta neste último; d) enunciado de súmula do TRT, desde que não seja de caráter meramente persuasivo, ou seja, tenha sido editada após a vigência do CPC e respeitado o procedimento destinado à formação de precedentes, a fim de que seja dotada de força obrigatória.

---

(49) MARINONI, Luiz Guilherme; ARENHART, Sérgio Cruz; MITIDIERO, Daniel. *Novo Código de Processo Civil comentado*. 2. ed. rev., atual. e ampl. São Paulo: Revista dos Tribunais, 2016. p. 1.047.

(50) XAVIER, Carlos Eduardo Rangel. *Reclamação constitucional e precedentes judiciais*: contributo a um olhar crítico sobre o novo Código de Processo Civil (de acordo com a Lei n. 13.256/2016). São Paulo: Revista dos Tribunais, 2016. p.118.

(51) LEONEL, Ricardo de Barros. *Reclamação constitucional*. São Paulo: Revista dos Tribunais, 2011. p. 257.

(52) MORATO, Leonardo Lins. *Reclamação e sua aplicação para o respeito da súmula vinculante*. São Paulo: Revista dos Tribunais, 2007. p. 245.

Não há que se falar na ocorrência de decadência ou prescrição (§ 1º) em face de inexistir pretensão amparada em direito material de cuja lesão tenha sido originada a reclamação e, também, não haver prazo para o seu ajuizamento (Rcl n. 273, Relator: Min. Marco Aurélio, Tribunal Pleno, julgado em 24.10.1990, DJ 23.11.1990), desde que anterior ao trânsito em julgado da decisão impugnada.

A decisão proferida pelo relator comporta impugnação via agravo interno[53] a ser interposto no prazo de oito dias[54]. Se interposto, poderá o relator retratar-se em cinco dias[55], seguindo-se o procedimento previsto no § 4º do mesmo art. 332: se houver retratação, determinará a citação do réu e a requisição de informações à autoridade responsável pela prática do ato; mantida a decisão, será intimado o beneficiário da decisão para oferecimento de contrarrazões, também no prazo de oito dias.

Apesar de não haver previsão, se necessário, o relator poderá promover a requisição de informações, na hipótese de interposição de recurso, a fim de possibilitar ao colegiado reunir elementos que possibilitem o melhor exame da insurgência do autor.

Oportunizada a formação do contraditório, o CPC consagra no art. 990 a possibilidade de "qualquer interessado" poder impugnar o pedido formulado pelo reclamante. Evidente que essa figura jurídica não se confunde com a "parte interessada" referida no *caput* do art. 988, legitimada para propor a reclamação.

Trata-se de terceiro que possui interesse jurídico em preservar a situação criada a partir do ato tido como usurpador ou atentatório à autoridade da decisão proferida, hipótese característica de assistente simples[56].

Ao examinar a impugnação apresentada, deverá o relator constatar a existência de pertinência entre o interesse alegado pelo terceiro e a questão debatida, especialmente para identificar se, de fato, pode ele ser atingido, indiretamente, pela decisão que vier a ser proferida, ou "necessariamente que o eventual desfazimento do ato reclamado alcance *reflexamente* a esfera jurídica do interessado interveniente"[57].

Portanto, a expressão "qualquer interessado" comporta restrições para autorizar o ingresso em juízo. Deve ser compreendida como *qualquer interessado, juridicamente, na manutenção dos efeitos da decisão impugnada*.

Também quando da manifestação do terceiro, se houver alegação das defesas processuais previstas no art. 337 do CPC, o reclamante deve ser intimado para manifestar-se, a fim de preservar o contraditório, por incidência analógica da regra contida no art. 351 do CPC e em consonância com o art. 4º do mesmo Diploma Processual.

Concluída a fase de coleta de informações e oferecimento de contestação pelo beneficiário do ato impugnado, com o decurso dos prazos fixados pelo relator, terá o Ministério Público do Trabalho vista dos autos (art. 991), caso não figure como autor. Para tanto, terá o prazo de cinco dias e poderá, nesse interregno, emitir parecer. Nesse aspecto, o Código também resolve antiga querela jurisprudencial a respeito da obrigatoriedade do parecer apenas nos casos em que não figurar como autor.

Por se tratar de prazo próprio fixado para o *Parquet*, não há que se falar na contagem em dobro, conforme previsto no art. 180, § 2º, do CPC.

Se não estiver presente uma das situações enumeradas no art. 901 do CPC, não deverá ser aberto prazo para manifestação e, por isso, não será caso de nulidade.

7.3. Fase decisória

Decorrido o prazo concedido para manifestação do Ministério Público do Trabalho, segue-se o julgamento da reclamação, previsto na simplória regra do art. 990 do CPC, segundo a qual, julgando "procedente a reclamação, o tribunal cassará a decisão exorbitante de seu julgado ou determinará medida adequada à solução da controvérsia".

Para explicar as espécies de provimentos jurisdicionais possíveis na reclamação, há que reconhecer a necessária correlação com as hipóteses do seu cabimento e o pedido nela formulado, diante da regra prevista no art. 992 do CPC, segundo a qual, como visto, julgando procedente a reclamação, o tribunal cassará a decisão exorbitante de seu julgado ou determinará medida adequada à solução da controvérsia. Por isso, o

---

(53) Art. 1.021 do CPC.
(54) § 2º, do art. 1º, da IN do TST n. 39/2016.
(55) § 2º, do art. 332, do CPC.
(56) A hipótese de assistência litisconsorcial, reconhecida para quem era atingido diretamente pela decisão impugnada, afirmada pela doutrina, passou a ser contemplada diretamente no inciso III do art. 989 sob a identificação de "beneficiário da decisão impugnada".
(57) COSTA, Eduardo José da Fonseca. In: ARRUDA ALVIM WAMBIER, Teresa *et. al.* (Coord.). *Breves comentários ao novo Código de Processo Civil*. São Paulo: Revista dos Tribunais, 2015. p. 2.210.

provimento jurisdicional que, em regra, é mandamental, também poderá ser de outras espécies.

Além de autorizar a cassação, o dispositivo contém comando de natureza ampla, ao assegurar que serão determinadas as medidas adequadas à solução da controvérsia, em absoluta consonância com a autorização conferida pelo art. 139, IV, do CPC, e com a primazia do princípio da tutela específica, permissão também concedida pelo art. 7º, § 2º, da Lei n. 11.417/2006, que, embora se refira à autoridade da súmula vinculante do STF, pode ser invocada supletivamente para determinar o procedimento a ser observado nos demais casos.

Entre os efeitos gerados pelo recurso, encontra-se a substituição da decisão impugnada, naquilo em que houver sido alterada. É o denominado "efeito substitutivo", previsto expressamente no art. 1.008 do CPC, caracterizado se o recurso for conhecido e julgado o mérito, mesmo que confirme a decisão anteriormente proferida.

Por isso, uma vez substituída a decisão objeto de reclamação, ocorrerá a perda de objeto da reclamação. Esse é o entendimento do STF contido na Reclamação n. 13.262, 1ª T., Rel. Min. Rosa Weber.

A meu sentir, *não há obstáculos para que o relator atue por meio de decisão unipessoal*.

O argumento irrespondível se encontra no Código. Ao disciplinar a ordem de sustentação oral quando do julgamento do agravo interno, cabível, como se sabe, "contra decisão proferida pelo relator", na genérica expressão do art. 1.021 do CPC, o § 3º do art. 937 do CPC define que será aplicável ao agravo interno interposto contra decisão de relator que extinga os processos de competência originária dos tribunais, mencionados no inciso VI: ação rescisória, mandado de segurança e *reclamação*.

No caso da reclamação, lembram Didier Jr. e Carneiro da Cunha ser previsto, no parágrafo único do art. 161 do Regimento Interno do STF, o julgamento pelo relator, quando a matéria for objeto de jurisprudência consolidada do Tribunal[58].

Portanto, em síntese, estará o relator autorizado a proferir decisão monocrática nas seguintes hipóteses, observadas as peculiaridades inerentes à natureza da pretensão contida na reclamação:

a) indeferimento da petição inicial (art. 330 do CPC);

b) julgamento liminar de improcedência (art. 332 do CPC);

c) extinção do processo sem resolução do mérito (art. 485 do CPC);

d) extinção do processo com resolução do mérito (art. 487 do CPC);

e) pedido improcedente, quando a pretensão for contrária a: súmula do Supremo Tribunal Federal, do TST ou do próprio TRT (neste último caso, se for reclamação proposta no TRT); acórdão proferido pelo Supremo Tribunal Federal ou pelo TST em julgamento de recursos repetitivos; entendimento firmado em incidente de resolução de demandas repetitivas ou de assunção de competência (art. 932, IV, do CPC);

f) pedido procedente, quando a pretensão for contrária a: súmula do Supremo Tribunal Federal, do TST ou do próprio TRT (neste último caso, se for reclamação proposta no TRT); acórdão proferido pelo Supremo Tribunal Federal ou pelo TST em julgamento de recursos repetitivos; entendimento firmado em incidente de resolução de demandas repetitivas ou de assunção de competência (art. 932, V, do CPC).

Como salientado em diversas oportunidades, no caso de usurpação, busca-se recolocar o processo sob a tutela do órgão legalmente encarregado do seu exame. Por isso, em caso de acolhimento do pedido, será cassado o ato decisório, solução mencionada no art. 992, referido.

A cassação é a retirada do mundo jurídico da decisão impugnada e eventual sustação dos efeitos por ela produzidos; é a desconstituição da decisão usurpadora. As medidas consequentes que podem ser adotadas pelo órgão julgador são mais detalhadamente enumeradas no Regimento Interno do STF (art. 161), o qual pode servir de balizamento para aplicação analógica nos demais casos em que ocorra o mesmo pressuposto no TST e nos TRTs.

Se o fundamento for a não aplicação ou aplicação indevida de tese jurídica firmada em incidente de formação de precedente judicial de cumprimento obrigatório, diante da impossibilidade de o tribunal substituir o juiz natural da causa (imagine-se, por exemplo, decisão proferida por juiz de primeira instância, mantida pelo TRT e se tratar de precedente oriundo do TST) e apesar de não haver referência expressa, a solução adequada será a cassação da decisão, acompanhada da

---

(58) DIDIER JR., Fredie; CUNHA, Leonardo José Carneiro da. *Curso de direito processual civil*. Salvador: JusPodivm, 2007. v. 3, p. 51.

determinação de retorno dos autos para que outra seja proferida, em consonância com o entendimento firmado e de observância obrigatória e a fim de que se dê cumprimento ao disposto no § 1º do art. 985 do CPC que, apesar de se referir apenas ao IRDR, tem incidência nos demais incidentes destinados à formação de precedentes obrigatórios, inclusive no de uniformização de jurisprudência, como reiteradamente afirmado.

Significa dizer que, ao constatar não haver sido aplicada ao caso julgado a tese consolidada em precedente de caráter obrigatório, ou aplicada indevidamente (art. 988, § 4º, do CPC), o órgão competente (aquele do qual se originou o precedente) cassará a decisão e determinará o retorno dos autos ao juízo prolator da decisão afrontosa, a fim de que, com fundamento na regra prevista no art. 1.040, II, do CPC, art. 896, § 11, da CLT, e art. 14, II, da IN n. 38/2015, do TST, reexamine a controvérsia.

Um dos traços característicos da reclamação que mais justificam o seu cabimento diz respeito à possibilidade de produção imediata de efeitos da decisão proferida. O art. 993 do CPC consagra-a expressamente, ao determinar o seu imediato cumprimento, até, se for o caso, com lavratura posterior do acórdão.

7.4. Fase recursal

Apesar de haver referência ao presidente do tribunal, entendo que a competência pertence ao relator, por ser encarregado da direção do processo no tribunal (art. 932, I, do CPC) e porque a adoção das providências decorre de efeito gerado pela decisão proferida pelo órgão cuja autoridade da decisão foi desrespeitada, ou cuja competência foi usurpada ou é responsável pela edição do precedente vinculante, o qual é por ele integrado. Tal previsão consta expressamente no Regimento Interno do TST (art. 216, parágrafo único).

Importante consequência gerada pela propositura da reclamação encontra-se prevista no § 6º do art. 988 do CPC, ao assegurar que o seu exame não depende do conhecimento e julgamento do recurso interposto. Revela a sua autonomia ao mesmo tempo que evidencia a possibilidade de "ataque" simultâneo da decisão de duas maneiras: pelo recurso e pela reclamação, desde que, no caso desta e em se tratando de decisão que aplica o precedente, se observe o prévio esgotamento das instâncias ordinárias (art. 988, § 5º, II, do CPC).

Essa a primeira interpretação cabível para o disposto no § 6º do art. 988 do CPC, mencionado. De nada adiantaria afirmar que a inadmissibilidade ou o julgamento do recurso interposto contra a decisão proferida pelo órgão reclamado não prejudica a reclamação se os efeitos da decisão proferida nesta última não pudessem ser produzidos em virtude de eventual e trânsito em julgado anterior da decisão impugnada, desde que ajuizada antes desse citado fato processual houver ocorrido. Seria o mesmo que dizer que, embora não prejudicada a reclamação, não seria capaz de tutelar a pretensão que embasou a sua propositura, mesmo se procedente.

A reclamação não equivale à ação rescisória; é certo. Por isso mesmo, não pode ser ajuizada quando a decisão impugnada encontra-se transitada em julgado (art. 988, § 5º, I, do CPC). Contudo, uma vez proposta antes desse fato processual, impedirá que a coisa julgada se forme definitivamente ou, quando muito, estará sujeita à condição resolutiva, fenômeno, como visto, comum no processo do trabalho.

A possibilidade de desconstituição da decisão impugnada e dos seus efeitos pela decisão proferida na reclamação, ajuizada tempestivamente, foi reconhecida pelo STF, ainda sob a regência do CPC/1973 (Rcl n. 509, Rel. Min. Sepúlveda Pertence, Tribunal Pleno, julgado em 17.12.1999) e reafirmada em julgados recentes (Rcl n. 2.280, 2ª T., Rel. Min. Joaquim Barbosa, Rcl n. 10.272, Tribunal Pleno, Rel. Min. Gilmar Mendes, Rcl n. 14.056, 1ª T., Rel. Min. Luiz Fux e Rcl n. 14.872, 2ª T., Rel. Min. Gilmar Mendes).

Apesar de estar expressamente mencionado no § 6º do art. 988 do CPC que o julgamento do recurso não prejudicará a reclamação, não se trata de verdade insofismável. Destacam Fredie Didier Jr. e Leonardo Carneiro da Cunha que somente estará presente essa situação, se o recurso não for admitido ou for desprovido. Contudo, caso seja conhecido e provido para reformar a decisão, ocorrerá a sua substituição pelo acórdão, o que afastará o interesse de agir na reclamação, ou mesmo prejudicará o seu exame, se o recurso for provido para anular a decisão impugnada[59].

Portanto, nem sempre recurso e reclamação seguirão rumos independentes e incomunicáveis, o que restringe a interpretação do citado parágrafo.

Uma pergunta, então, poderia surgir: a interposição do recurso é mesmo necessária?

Sem dúvida que sim, respondo. Mais do que necessária, é imprescindível, para que se impeça o trânsito em julgado da decisão objeto de reforma, antes de ser proposta a reclamação, e para que se obtenha

---

(59) DIDIER JR., Fredie; CUNHA, Leonardo Carneiro da. *Curso de direito processual civil*. 13. ed. Salvador: JusPodivm, 2016. v. 3, p. 568.

eventual efeito substitutivo da decisão reformada, inexistente naquela.

Justifica-se, ainda, a dupla impugnação da decisão pelos efeitos produzidos pelo eventual acolhimento da reclamação: limita-se à cassação da decisão reclamada e, se acolhida, tornará prejudicado o recurso pela perda do objeto; não possibilita o rejulgamento da causa, ou seja, a reclamação e o recurso cumprem "papéis" específicos e próprios no processo, ainda que eventualmente possam desempenhar a mesma função.

Ademais, interposto o recurso, não há prazo para o ajuizamento da reclamação, "porquanto esta, segundo entendimento jurisprudencial do Supremo (...), não tem prazo para seu exercício (o prazo que deve ser rigorosamente observado, portanto, será sempre e apenas o recursal)".

A ampliação, pelo CPC, do cabimento da reclamação, ao torná-la possível nos tribunais de segundo grau e também para a garantia da observância de precedente, afetou diretamente o sistema recursal aplicável às decisões nela proferidas. Por isso, a definição do recurso cabível, a fim de observar o princípio da unirrecorribilidade, depende de qual tenha sido o órgão julgador, a hipótese de cabimento, o fundamento adotado e ser originada do TRT ou do TST.

Por outro lado, em virtude da forma como se encontram estruturados os Tribunais do Trabalho, Regionais e Superior, a partir da previsão contida na Lei n. 7.701/1988 e nos respectivos regimentos internos, diferentes serão as regras de competência recursal, especialmente quando se tratar de decisões oriundas dos TRTs.

De plano, deixo claro que o art. 1.022 do CPC consagrou o princípio da "ampla embargabilidade", inerente aos embargos de declaração e, com isso, permitiu que toda e qualquer decisão, unipessoal ou colegiada, possa ser impugnada por esse recurso horizontal, nos casos previstos não apenas nesse dispositivo, como também no art. 897-A da CLT e art. 9º da IN n. 39/2016 do TST.

De igual modo, qualquer decisão unipessoal proferida pelo relator é impugnável por meio de agravo interno, como prevê o art. 1.021 do CPC, seja a que analisa pedido de concessão de tutela provisória, cautelar ou da evidência, seja a que extingue o processo, com ou sem resolução do mérito, diante da prevalência do princípio da colegialidade, próprio da atuação dos tribunais no exercício da competência recursal.

Ambas as regras aplicam-se a reclamações que tramitam nos TRTs ou no TST e as normas regimentais neles existentes que se encontrem em distonia com tais preceitos, especialmente quanto à competência, perderam sustentação com a vigência do CPC. Este, por sua vez, não disciplina de modo claro o tema ou, mais precisamente, não se refere ao cabimento de recurso específico nessa ação, o que permite concluir estar sujeito à regra geral de recorribilidade, pois não há como sustentar ser irrecorrível a decisão que vier a ser proferida, especialmente porque pode envolver matéria constitucional, tornar necessária a pacificação de divergência entre os TRTs na interpretação da mesma norma jurídica ou representar violação de lei.

Afasta-se o cabimento de recurso de revista das decisões proferidas em reclamações propostas nos TRTs, por serem ações de sua competência originária e a regra prevista no *caput* do art. 896 da CLT vincula-o às decisões prolatadas em grau recursal. Não se trata de exercício de juízo revisor, mas a apreciação do caso em instância primeira.

7.5. Reclamação proposta no TRT

Como visto, o § 1º, do art. 988, do CPC, autorizou a propositura da reclamação em "qualquer tribunal", acabando com a exclusividade – até então existente – dos tribunais superiores e do STF, definiu que o seu julgamento competirá "ao órgão jurisdicional cuja competência se busca preservar ou cuja autoridade se pretenda garantir".

Em se tratando de decisão proferida por Turma do TRT, a aplicação das normas do CPC ao processo do trabalho gerou dificuldade ainda carente de solução por norma regimental e que direcionará o recurso eventualmente cabível para órgãos distintos.

Explico.

A reclamação é ação de competência originária dos tribunais e o seu julgamento estará a cargo do órgão prolator da decisão impugnada ou ao qual pertenceria a competência para apreciar a matéria relativa ao processo referência. Portanto, pode estar afeto à Turma ou às Seções Especializadas, ao Órgão Especial ou ao Tribunal Pleno, no caso de acórdão deles originado; não apenas nesse caso, como também em se tratando de entendimento firmado por meio de súmulas, teses jurídicas prevalecentes ou precedentes obrigatórios.

Em alguns TRTs, como os das 12ª e 15ª Regiões, as Turmas são subdivididas em Câmaras, as quais possuem competência para julgamento dos recursos interpostos das decisões proferidas pelos magistrados de primeira instância e, por isso mesmo, também se tornarão competentes para julgamento da reclamação, salvo se houver norma regimental que disponha, por exemplo, que competirá à Turma.

No Regimento Interno do TST, a competência encontra prevista no art. 217.

7.5.1. Decisão proferida pelo Tribunal Pleno ou Órgão Especial

Os casos em que a reclamação pode ser proposta no Tribunal Pleno ou no Órgão Especial possuem estreita ligação com a competência que lhes é conferida pela lei ou regimento interno. No caso deste último, exerce-a por delegação daquele, nos tribunais compostos por mais de 25 membros.

Nos tribunais em que existe Órgão Especial, a competência do Tribunal Pleno geralmente é bastante restrita. Em regra, limita-se à declaração de inconstitucionalidade e ao julgamento do incidente de uniformização de jurisprudência, este último ainda preservado no processo do trabalho (art. 896, § 3º, da CLT, e art. 2º da IN n. 40/2016, do TST).

Some-se a essa realidade a previsão contida no § 1º do art. 947 e no *caput* do art. 978, ambos do CPC, referente à competência para julgamento do incidente de assunção de competência e do incidente de resolução de demandas repetitivas, segundo a qual poderá ser definida nos regimentos internos, desde que o órgão também seja responsável pela uniformização da jurisprudência[60]. Alcançaria: a) Tribunal Pleno; b) Órgão Especial; e c) Sessão Especializada criada especificamente para essa finalidade. Qualquer deles, a partir da autorização concedida pelo legislador, poderá editar enunciados de súmulas (art. 926, § 1º, do CPC) ou teses jurídicas prevalecentes (art. 896, § 6º, da CLT).

Julgada por um desses órgãos, quando fundamentada na inobservância de precedente de caráter obrigatório, a competência para julgamento do recurso ordinário ficaria a cargo do Órgão Especial do TST, se a competência para julgamento do recurso principal for a ele atribuída, tal como ocorre com a pretensão cautelar dirigida à Turma. Não se deve olvidar que, em regra, o debate havido na reclamação se relaciona com decisão proferida em processo no qual cabe recurso para o TST, fato que direcionará o conhecimento da reclamação para o mesmo órgão encarregado de examiná-lo.

Nos demais casos e pelo mesmo fundamento – *competência para conhecer do recurso principal* –, o recurso ordinário interposto na reclamação será distribuído para uma de suas Turmas.

Não há possibilidade, contudo, de o recurso ordinário ser dirigido diretamente na SBDI-I porque a sua competência é restrita à uniformização da jurisprudência interna do TST, o que pressupõe a existência de decisões conflitantes entre as suas Turmas.

7.5.2. Decisão proferida por Seção Especializada ou por órgão encarregado de julgar ações de competência originária dos TRTs

Conforme informações obtidas nos sítios respectivos, na internet, em oito dos vinte e quatro TRTs, há órgãos encarregados do julgamento das ações de sua competência originária. Ocorre com os TRTs das 1ª, 2ª, 3ª, 4ª, 5ª, 8ª, 9ª e 15ª Regiões. Nos demais, é matéria reservada à competência do Tribunal Pleno.

As decisões proferidas nessas ações podem ser alvo de reclamações, embora o cabimento esteja restrito às hipóteses previstas nos incisos I e II do art. 988 do CPC, tendo em vista não serem órgãos que uniformizam a jurisprudência, nem editam precedentes com força obrigatória, na esteira do art. 927 do CPC.

Por sua vez, o art. 78, III, *c, 1*, do Regimento Interno do TST, dispõe ser da Subseção II da Seção Especializada em Dissídios Individuais, em última instância, a competência para julgamento dos "recursos ordinários interpostos contra decisões dos Tribunais Regionais em processos de dissídio individual de sua competência originária". Assim, no exercício dessa competência, as decisões proferidas em processos como ações rescisórias, mandados de segurança, conflitos de competência, *habeas corpus* e *habeas data* podem ser alvo de reclamações propostas nos TRTs e as decisões nelas proferidas estão sujeitas a recursos ordinários, os quais serão dirigidos e julgados pela SBDI-II.

Observe-se, todavia, a restrição mencionada no item anterior no sentido de a competência pertencer a outro órgão, caso também seja incumbido de julgar o recurso principal.

Curiosa situação se verifica com as decisões proferidas por outra Seção Especializada: a Seção de Dissídios Coletivos.

Também existente em vários TRTs, a partir da autorização conferida pelo art. 1º da Lei n. 7.701/1988, possui competência para julgamento de dissídios coletivos, nos quais, com amparo no art. 114, § 2º, da Constituição da República, lhe cabe fixar normas e condições de trabalho, por meio da denominada "sentença normativa", com eficácia *erga omnes* ou, nas palavras de José Augusto Rodrigues Pinto, competência determinada para, em

---

[60] Esse requisito limitador é previsto no artigo que trata do incidente de resolução de demandas repetitivas, mas deve ser aplicado também aos demais incidentes, até para que não possuam procedimentos e regras contraditórios e especialmente porque integram um mesmo microssistema processual.

processo no qual são discutidos interesses gerais e abstratos, criar norma jurídica destinada a submeter à sua autoridade as relações jurídicas de interesse individual concreto na área da matéria legislativa[61].

Essa decisão possui a singularidade de constituir-se norma geral e abstrata, editada pelo Poder Judiciário e aplicável no âmbito das categorias representadas e, por isso mesmo, não há formação de coisa julgada material, diante da inexistência de direito material preexistente que seja aplicado na solução do conflito coletivo. Em caso de impasse nas negociações, as partes podem recorrer à solução a ser ditada pelo tribunal do trabalho (art. 114, § 1º, da CF).

Igualmente em relação às decisões a cargo da SDC ou pelo Tribunal Pleno, no exercício dessa competência, vislumbro o cabimento da reclamação apenas nas hipóteses dos incisos I e II do art. 988 do CPC e assim mesmo em situações de rara ocorrência, particularmente por não fixar precedente de observância obrigatória e pela atipicidade da decisão nela proferida.

Vejo-a, por exemplo, em caso de usurpação de competência de um TRT por outro, após a definição, em processo de conflito de competência (art. 2º, I, *e*, da citada Lei n. 7.701/1988). Encontraria no permissivo legal – por usurpação de competência – a propositura da reclamação e os eventuais recursos cabíveis seriam endereçados à SDC do TST, neste caso, ainda que analogicamente, diante da regra prevista no art. 77, II, *b*, segundo o qual lhe cabe julgar, em última instância, "os recursos ordinários interpostos contra decisões proferidas pelos Tribunais Regionais do Trabalho em ações rescisórias, reclamações e mandados de segurança pertinentes a dissídios coletivos e em ações anulatórias de acordos e convenções coletivas".

7.5.3. Decisão proferida por Turma

A competência das turmas para julgamento de reclamação limita-se, igualmente, às hipóteses previstas nos incisos I e II do art. 988 do CPC e por motivo idêntico ao apontado nos itens anteriores: tais órgãos não uniformizam a jurisprudência, nem fixam precedentes obrigatórios.

Resulta também evidente que somente será cabível a reclamação se se tratar de decisão proferida por magistrado componente do primeiro grau de jurisdição, na medida em que não cabe reclamação contra ato praticado por membro do mesmo tribunal, conforme explicado anteriormente.

O exame do recurso ordinário nesse caso, porém, incumbirá a uma das Turmas do TST. Isso porque o art. 72, IV, do seu Regimento Interno, supletivamente invocado, prevê que caberá a uma delas julgar "os recursos ordinários em ação cautelar, *quando a competência para julgamento do recurso do processo principal for atribuída à Turma*".

Caso a reclamação venha a ser julgada procedente e o resultado acarrete o julgamento pela turma do TRT de qualquer um dos recursos cabíveis das decisões de primeira instância, isto é, no "processo principal" a que alude o dispositivo, o acórdão comportará impugnação por meio de recurso de revista, o qual será dirigido a uma das Turmas do TST.

Outra hipótese em que o recurso ordinário interposto em reclamação será julgado por uma das Turmas do TST ocorre nas decisões proferidas por Seção Especializada em Execução, existente nos TRTs das 4ª e 9ª Regiões, com competência para julgar os recursos cabíveis das decisões proferidas pelos juízes nos processos na fase de cumprimento de sentença ou execução, nesse caso, também em casos de usurpação de competência e afronta à autoridade da decisão.

7.6. Reclamação proposta no TST

Destaca-se, em primeiro plano, a regra prevista no art. 212, II, do Regimento Interno do TST, que reconhece não caber a propositura de reclamação contra decisão proferida por órgão monocrático ou colegiado do TST.

Por sua vez, o sistema recursal previsto para as reclamações ajuizadas no TST é mais restrito, embora também dependa da hipótese de cabimento e do órgão que proferiu a decisão objeto da reclamação. Isso porque é o órgão encarregado de dar a palavra derradeira nos termos de interpretação da legislação do trabalho, ressalvada a competência do STF em matéria constitucional.

Portanto, já apontado o cabimento, sempre, de embargos de declaração e agravo interno, resta analisar as demais hipóteses.

De igual modo, como hipótese genérica de cabimento, o recurso extraordinário para o STF, quando envolver matéria constitucional, não apenas pela previsão genérica contida no art. 102, III, *a* a *d*, da Constituição, como também pela aplicação analógica do art. 896-C, § 13, da CLT, observado o pressuposto de demonstração da presença da requisito da repercussão geral (art. 103, § 3º, da CF/1988).

---

(61) PINTO, José Augusto Rodrigues. *Direito sindical e coletivo do trabalho*. São Paulo: LTr, 2002. p. 270.

Acrescenta-se a necessidade de que tenha sido decisão proferida por órgão colegiado, o que significa dizer que, mesmo nesses dois órgãos, se o relator decidir monocraticamente, nos casos em que autorizado, caberá agravo interno, como salientado.

7.6.1. Decisão proferida pelo Tribunal Pleno ou Órgão Especial

A reclamação, nesses Órgãos, encontra amparo nos incisos I, II e IV do art. 988 do CPC e a decisão proferida representará a última instância trabalhista, irrecorrível, por conseguinte – excetuados os embargos de declaração, como mencionado –, se o debate a ser enfrentado limitar-se a precedente fixado pelo TST. Se for do STF, caberá recurso extraordinário.

7.6.2. Decisão proferida pelas Seções Especializadas (SBDI-I, SBDI-II e SDC)

Igualmente no caso das Seções Especializadas, no exercício de suas competências, caberá reclamação fundamentada nos incisos I, II e IV e a decisão representará a última instância. Ressalva-se, contudo, a possibilidade de eventual conflito interpretativo quanto à aplicação de dispositivo de lei federal ou da Constituição da República, divergência, portanto, entre decisões proferidas pelas Subseções I e II da Seção Especializada em Dissídios Individuais, isto é, que definam interpretações conflitantes entre si proferidas em reclamações. Neste caso, caberá à Seção, em sua composição completa (composição com os membros das Subseções I e II) resolvê-lo, como previsto no art. 78, I, *a*, do Regimento Interno do TST.

Tal como afirmado anteriormente, se envolver matéria constitucional ou precedente por ele editado, caberá recurso extraordinário para o STF.

7.6.3. Decisão proferida por Turma

No caso de decisão proferida em reclamação por Turma do TST, com amparo nos incisos I e II do art. 988 do CPC, permanece a possibilidade de embargos para a SBDI-I, em sendo constatada divergência interna, seja entre Turmas, seja com decisão da própria SBDI-I (art. 78, II, *a*, do Regimento Interno).

Registre-se que a doutrina, no âmbito do processo civil, não admitia a interposição de embargos de divergência em virtude de não ser atribuída à Turma competência para julgamento da reclamação, restrita ao Plenário, Corte Especial ou Seção, questão ultrapassada no CPC.

Por faltar à Turma competência uniformizadora, não há que se falar no cabimento com fundamento no inciso IV do art. 988, mencionado.

8. PRAZO PARA A PROPOSITURA DA RECLAMAÇÃO

O limite temporal, marco inexorável, para a propositura da reclamação é o trânsito em julgado da decisão. Até que esse fato processual ocorra, a reclamação pode ser proposta, diante da ausência de prazo para tanto, tal como reconhecido na jurisprudência do STF, capitaneada no Enunciado n. 734 de sua Súmula.

Lembre-se, mais uma vez, de que, proposta a reclamação, se vier a ser julgada procedente, a decisão produzirá efeitos em relação à decisão ou ato impugnado, mesmo que eventualmente tenha transitado em julgado. Como assinalado em outro trecho, a coisa julgada ficará sob condição legal resolutiva, vinculada ao julgamento da reclamação.

Também convém relembrar que o STF fixou entendimento no sentido de que, quando a discussão envolver a aplicação de precedente judicial, o prazo derradeiro para a reclamação ser ajuizada coincidirá com o termo final para a oposição dos embargos de declaração da decisão que julga agravo interno, por não ser possível, caso providos, a interposição de novo recurso ao tribunal superior respectivo (examinou-se em relação ao STJ, mas se aplica ao recurso de revista, pela simetria com o TST) – AgRg na Rcl n. 22.306/BA, 1ª Turma, Relator Ministro Luís Roberto Barroso.

9. RECLAMAÇÃO DE RECLAMAÇÃO

Intrigante e interessante questionamento se refere ao cabimento de reclamação de decisão proferida em outra reclamação. Seria mesmo possível?

A resposta positiva exsurge, no caso de usurpação de competência, isto é, se a reclamação foi ajuizada em tribunal distinto daquele competente para conhecer da matéria.

A doutrina, em período pretérito ao CPC, apesar de reconhecer o cabimento nesse caso, limitava os exemplos à usurpação de competência do STF pelo STJ[62]. Doravante, contudo, os exemplos serão bem maiores,

---

(62) A propósito: DANTAS, Marcelo Ribeiro Navarro. *Reclamação constitucional no direito brasileiro*. Porto Alegre: Sérgio Fabris, 2000. p. 489-490; MORATO, Leonardo Lins. *Reclamação e sua aplicação para o respeito da súmula vinculante*. São Paulo: Revista dos Tribunais, 2007. p. 250.

em face do maior alcance dessa ação, também para os TRTs (no caso da Justiça do Trabalho).

Antes, de igual modo, era rejeitada pela doutrina a hipótese de reclamação decorrente do descumprimento de decisão proferida em reclamação anterior, pondo em xeque a autoridade dela emanada. Neste caso, caberá ao relator da primeira adotar as medidas necessárias para garanti-la, autorizado pelo art. 139, IV, do CPC, já analisado.

Vale relembrar que não cabe reclamação contra ato ou decisão proferida por membro do mesmo tribunal, como reiteradamente decidido pelo STF, do que é exemplo a Reclamação n. 16.767, sob a relatoria do Ministro Luís Roberto Barroso:

> Com efeito, é juridicamente incabível reclamação constitucional direcionada à cassação de decisões de Ministros ou Turmas do Supremo Tribunal Federal, uma vez que os atos emanados pelos seus órgãos são atribuíveis à própria Corte. Disso decorre a absoluta incongruência da alegação de usurpação de competência do STF por ele próprio.

A hipótese é contemplada como pressuposto processual negativo no Regimento Interno do TST (art. 212, II).

Os tribunais, contudo, devem adotar postura cautelosa nesse campo, para evitar a avalanche de reclamações desfundamentadas e, com isso, essa importante espécie de ação constitucional seja conduzida ao caminho da banalização.

Não se admite, contudo, que seja proposta nova reclamação na qual se aponte, como fundamento, o descumprimento de decisão proferida em reclamação anterior. Neste caso, caberá ao relator adotar as providências necessárias à garantia da efetividade do comando nela contido, como também sustenta Gisele Santos Fernandes Góes[63].

10. RECLAMAÇÕES REPETITIVAS

Respaldados em precedente do STJ (Rcl. n. 12.062/GO), que adotou o procedimento dos recursos repetitivos para a reclamação, já mencionado, Fredie Didier Jr. e Leonardo Carneiro da Cunha afirmam ser possível adotar-se na reclamação a técnica de processamento e julgamento de casos repetitivos, na hipótese de haver várias reclamações ou vários casos sobre o mesmo tema. Seriam escolhidas uma ou duas reclamações para análise e julgamento, sobrestando-se os demais, aos quais se aplicará o resultado a que se chegar no julgamento daqueles escolhidos para julgamento por amostragem[64].

Ao fazê-lo, o STJ adotou, por analogia, o procedimento previsto para os recursos especiais repetitivos, anteriormente no art. 543-C do CPC/1973. Doravante, poderá fazê-lo mediante a instauração de incidente de resolução de demandas repetitivas, previsto nos arts. 976 e seguintes do CPC, no qual não há restrição dirigida aos tribunais superiores, como identifica Edilton Meireles, ao analisar a redação proposta ao então § 1º do art. 988 da versão do projeto aprovado pela Câmara dos Deputados, por meio do qual era limitado aos tribunais estaduais e regionais, limitação essa expurgada na versão final, aprovada pelo Senado Federal[65], ou seja, a regra que o restringia aos tribunais de segundo grau não foi chancelada na versão final do CPC e não há qualquer obstáculo a ser admitido nos tribunais superiores.

11. AÇÃO RESCISÓRIA DE RECLAMAÇÃO

A decisão proferida na reclamação produz coisa julgada material e, por conseguinte, pode ser desconstituída por ação rescisória, conforme já afirmado pelo STF em vetusta decisão (AR n. 1.055, Relator: Min. Djaci Falcão, Tribunal Pleno, julgado em 12.03.1980, DJ 27.03.1981), ratificada em tempos mais recentes (Rcl n. 532 AgRg, Relator: Min. Sydney Sanches, Tribunal Pleno, julgado em 01.08.1996, DJ 20.09.1996

Não se há de estranhar essa possibilidade, embora se possa previamente deduzir ser rara, tal como ocorre com a ação rescisória proposta em face de ação rescisória, diante da excepcionalidade da própria reclamação e, mais ainda, do caráter da decisão nela proferida, que não julga conflito subjetivo, como reconhecido pelo STF.

Como se percebe na decisão proferida no AgRg na Rcl n. 532, Rel. Min. Sydney Sanches, o STF pronunciou-se no sentido de limitar, ao que parece, à previsão

---

(63) GÓES, Gisele Santos Fernandes. Reclamação constitucional. In: DIDIER JR., Fredie (Org.). *Ações constitucionais*. Salvador: JusPodivm, 2012. p. 672-673.

(64) DIDIER JR., Fredie; CUNHA, Leonardo Carneiro da. *Curso de direito processual civil*. 13. ed. Salvador: JusPodivm, 2016. v. 3, p. 567.

(65) MEIRELES, Edilton. Do incidente de resolução de demandas repetitivas no processo civil brasileiro e suas repercussões no processo do trabalho. In: LEITE, Carlos Henrique Bezerra (Org.). *CPC e suas repercussões no processo do trabalho*. 2. ed. São Paulo: Saraiva, 2016. p. 212.

contida nos incisos VI e IX do CPC/1973, correspondentes aos incisos VI e VIII do art. 966 do CPC.

Embora reconheça que, por se tratar de decisão proferida por órgão colegiado, passa a ser mais restrito o cabimento da ação rescisória, vislumbro outras possibilidades de desconstituição do julgado. Refiro-me à motivação contida nos incisos (II) – órgão absolutamente incompetente (o impedimento, se caracterizado em relação aos integrantes do colegiado, somente autorizaria a rescisão da decisão se comprometesse o quórum de julgamento); (IV) ofensa à coisa julgada; (V) violar manifestamente a norma jurídica; (VI) falsidade da prova, apurada em processo criminal ou venha a ser demonstrada na própria ação rescisória; (VIII) erro de fato.

Destaco a especial atenção para a inovação introduzida nos §§ 5º e 6º do citado art. 966, aplicáveis ao sistema de precedentes judiciais obrigatórios, no qual a reclamação ocupa papel de relevo. Esses serão os casos mais comuns, por dizerem respeito à existência ou não de distinção entre o caso concreto, objeto do julgamento que ensejou a reclamação, e o precedente anteriormente editado pelo Tribunal.

12. REFERÊNCIAS

ALMEIDA, Roberto Sampaio Contreiras de; COSTA, Eduardo José da Fonseca (Org.). In: ARRUDA ALVIM WAMBIER, Teresa et al. (Coord.). *Breves comentários ao novo Código de Processo Civil*. São Paulo: Revista dos Tribunais, 2015.

ALVES, Francisco Glauber Pessoa. Liminar em reclamação. In: NOGUEIRA, Pedro Henrique Pedrosa; COSTA, Eduardo José da Fonseca (Org.). *Reclamação constitucional*. Salvador: JusPodivm, 2013.

ALVES, Renato de Oliveira. A reclamação constitucional no STF. *Revista de Direito Constitucional e Internacional*, ano 20, v. 80, jul./set. 2012.

ALVIM, Eduardo Arruda. Reclamação e ação direta de inconstitucionalidade. In: NOGUEIRA, Pedro Henrique Pedrosa; COSTA, Eduardo José da Fonseca (Org.). *Reclamação constitucional*. Salvador: JusPodivm, 2013.

ARAGÃO, Egas Moniz de. *Correição parcial*. Curitiba: Bushatsky, 1969.

ARRUDA ALVIM WAMBIER, Teresa. Os agravos no CPC brasileiro. In: NERY JUNIOR, Nélson; ARRUDA ALVIM WAMBIER, Teresa (Coord.). *Recursos no processo Civil*. São Paulo: Revista dos Tribunais, 2009.

AURELLI, Arlete Inês. Condições da ação para o exercício da reclamação constitucional. In: NOGUEIRA, Pedro Henrique Pedrosa; COSTA, Eduardo José da Fonseca (Org.). *Reclamação constitucional*. Salvador: JusPodivm, 2013.

BARBOSA, Estefânia Maria de Queiroz. *Precedentes judiciais e segurança jurídica*: fundamentos e possibilidades para a jurisdição constitucional brasileira. São Paulo: Saraiva, 2014.

BARROSO, Luís Roberto. *Curso de direito constitucional contemporâneo*. São Paulo: Saraiva, 2009.

BEDAQUE, José Roberto Santos. In: ARRUDA ALVIM WAMBIER, Teresa et al. *Breves comentários ao novo comentário ao Código de Processo Civil*. São Paulo: Revista dos Tribunais, 2015.

BRIDA, Nério Andrade de. *Reclamação constitucional*: instrumento garantidor da eficácia das decisões em controle de constitucionalidade do Supremo Tribunal Federal. Campo Grande: Contemplar, 2011.

BUZAID, Alfredo. Agravo de petição no sistema do Código de Processo Civil. In.: DIDIER JR., Fredie. *Curso de direito processual civil*. 17. ed. Salvador: JusPodivm, 2015.v. 1.

CAMBI, Eduardo; FOGAÇA, Mateus Vargas. Sistema dos precedentes judiciais obrigatórios no Novo Código de Processo Civil. In.: DIDIER JR. et al. (Coord.). *Precedentes*. Coleção Grandes Temas do CPC. Salvador: JusPodivm, 2015. v. 3.

CARNEIRO, Athos Gusmão. *Da antecipação da tutela*. Rio de Janeiro: Forense, 2010.

CASTELO, Júlio Pinheiro. O regime de precedentes no novo CPC e reflexos no processo do trabalho. *Revista LTr*, ano 80, n. 2, fev. 2016.

CORTES, Osmar Mendes Paixão. Reclamação: a ampliação do cabimento no contexto da "objetivação" do processo nos tribunais superiores. *Revista de processo*, v. 197/2011, jul. 2011.

COSTA, Eduardo José da Fonseca. A reclamação constitucional estadual como um problema de fonte. In: NOGUEIRA, Pedro Henrique Pedrosa; COSTA, Eduardo José da Fonseca (Org.). *Reclamação constitucional*. Salvador: JusPodivm, 2013.

COSTA, Eduardo José da Fonseca (Org.). In: ARRUDA ALVIM WAMBIER, Teresa et al. (Coord.). *Breves comentários ao novo Código de Processo Civil*. São Paulo: Revista dos Tribunais, 2015.

CUNHA, Leonardo Carneiro da; DIDIER JR., Fredie. Incidente de assunção de competência e o processo do trabalho. In: BRANDÃO, Cláudio; MALLET, Estêvão (Org.). *Repercussões do novo CPC*: processo do trabalho. Salvador: JusPodivm, 2015.

DANTAS, Marcelo Navarro Ribeiro. *Reclamação constitucional no direito brasileiro*. Porto Alegre: Sérgio Fabris, 2000.

_____. *Curso de direito processual civil*. 17. ed. Salvador: JusPodivm, 2016. v. 1.

_____. O processo civil no Estado Constitucional e os Fundamentos do Projeto do Novo Código de Processo Civil Brasileiro. *Revista de processo*, v. 209/2012, jul. 2012.

_____. Sistema Brasileiro de Precedentes Judiciais e os Deveres Institucionais dos Tribunais: Uniformidade, Estabilidade, Integridade e Coerência da Jurisprudência. In: DIDIER JR. et al. (Coord.). *Precedentes*. Coleção Grandes Temas do CPC. Salvador: JusPodivm, 2015. v. 3.

_____; CUNHA, Leonardo Carneiro da. *Curso de direito processual civil*. 13. ed. Salvador: JusPodivm, 2016.

_____; MACÊDO, Lucas Buril de. Controle concentrado de constitucionalidade e revisão de coisa julgada: análise da

Reclamação n. 4.374/PE. In: *Revista jurídica da presidência*, v. 16, n. 110, out./jan. 2015.

DINAMARCO, Cândido Rangel. A reclamação no processo civil brasileiro. In: *Revista do Advogado*, São Paulo, n. 61, nov. 2000.

_____. *Instituições de direito processual civil*. 6. ed. rev. e atual. São Paulo: Malheiros, 2009. v. II.

_____. *Nova era do processo civil*. São Paulo: Malheiros, 2009.

FABRÍCIO, Adroaldo Furtado. In: DIDIER JR., Fredie. *Curso de processo civil*. 17. ed. Salvador: JusPodivm, 2015. v. I.

FRANÇOLIN, Wanessa de Cássia. *A ampliação dos poderes do relator nos recursos cíveis*. Rio de Janeiro: Forense, 2006.

FREIRE, Rodrigo da Cunha Lima; COSTA, Eduardo José da Fonseca (Org.). In: ARRUDA ALVIM WAMBIER, Teresa *et al*. (Coord.). *Breves comentários ao novo Código de Processo Civil*. São Paulo: Revista dos Tribunais, 2015.

FUX, Luiz. *Curso de direito processual civil*. Rio de Janeiro: Forense, 2008. v. I.

GAIO JÚNIOR, Antônio. Ação de reclamação como instrumento processual no controle da atuação judicante dos tribunais e seu lugar no novo CPC. In: WAMBIER, Teresa Arruda Alvim, et. al. (Coord.). *Breves comentários ao novo código de processo civil*. São Paulo: Revista dos Tribunais, 2015.

GÓES, Gisele Santos Fernandes. Reclamação constitucional. In: DIDIER JR., Fredie (Org.). *Ações constitucionais*. Salvador: JusPodivm, 2012.

HOLLIDAY, Gustavo Calmon. *Reclamação constitucional no novo CPC*. Belo Horizonte: Fórum, 2016.

HOMMERDING, Adalberto Narciso. Reclamação e correição parcial: critérios para distinção. In: NOGUEIRA, Pedro Henrique Pedrosa; COSTA, Eduardo José da Fonseca (Org.). *Reclamação constitucional*. Salvador: JusPodivm, 2013.

JACOB, Cesar Augusto Alckmin. Considerações sobre a Prova na Reclamação Constitucional e em Salvaguarda de Verbete Sumular Vinculante. In: RODOVALHO, Thiago *et al*. (Coord.). *Temas de direito contemporâneo*. Campinas: Millenium, 2013.

JORGE, Flávio Cheim. *Teoria geral dos recursos cíveis*. Rio de Janeiro: Forense, 2003.

LEONEL, Ricardo de Barros. *Reclamação Constitucional*. São Paulo: Revista dos Tribunais, 2011.

LIMA, Alcides de Mendonça. *O poder judiciário e a constituição*. Rio de Janeiro: Aide, 1989.

MACÊDO, Lucas Buril. A disciplina dos precedentes judiciais no direito brasileiro: do anteprojeto ao Código de Processo Civil. In: DIDIER JR. *et al*. (Coord.). *Precedentes*. Coleção Grandes Temas do CPC. Salvador: JusPodivm, 2015. v. 3.

MALLET, Estêvão. A reclamação perante o Tribunal Superior do Trabalho. In: NOGUEIRA, Pedro Henrique Pedrosa; COSTA, Eduardo José da Fonseca (Org.). *Reclamação constitucional*. Salvador: JusPodivm, 2013.

MARANHÃO, Clayton; FERRARO, Marcella Pereira. Reclamação constitucional: funções e desafios. In: CLÈVE, Clèmerson Merlin (Coord.). *Direito constitucional brasileiro*. São Paulo: Revista dos Tribunais, 2014. v. II – Organização do Estado e dos poderes.

MARINONI, Luiz Guilherme. *Precedentes obrigatórios*. 4. ed. São Paulo: Revista dos Tribunais, 2016.

_____; ARENHART, Sérgio Cruz; MITIDIERO, Daniel. *Novo Código de Processo Civil comentado*. 2. ed. rev., atual. e ampl. São Paulo: Revista dos Tribunais, 2016.

MARQUES, José Frederico. *Manual de direito processual civil*. Atualização de Vilson Rodrigues Alves. Campinas: Bookseller, 1997. v. 3.

MEDINA, José Miguel Garcia; FREIRE, Alexandre; FREIRE, Alonso Reis. Para uma compreensão adequada do sistema de precedentes no projeto do novo Código de Processo Civil brasileiro. In: FREIRE, Alexandre *et al*. (Org.). *Novas tendências do processo civil*: estudos sobre o projeto do novo Código de Processo Civil. Salvador: JusPodivm, 2013.

MEIRELES, Edilton. Do incidente de resolução de demandas repetitivas no processo civil brasileiro e suas repercussões no processo do trabalho. In: LEITE, Carlos Henrique Bezerra (org.). *CPC e suas repercussões no processo do trabalho*. 2. ed. São Paulo: Saraiva, 2016.

MENDES, Aluisio Gonçalves de Castro; SILVA, Larissa Clare Pochmann da. Precedente e IRDR: algumas considerações. In: DIDIER JR. *et al*. (Coord.). *Precedentes*. Coleção Grandes Temas do CPC. Salvador: JusPodivm, 2015. v. 3.

MENDES, Gilmar. A reclamação constitucional no Supremo Tribunal Federal. In: NOVELINO, Marcelo (Coord.). *Leituras complementares de direito constitucional*: controle de constitucionalidade. 3. ed. Salvador: JusPodivm, 2010.

MINGATI, Vinícius Secafen. *Reclamação (neo)constitucional*: precedentes, segurança jurídica e os juizados especiais. Brasília: Gazeta Jurídica, 2013.

MITIDIERO, Daniel. *Precedentes*: da persuasão à vinculação. São Paulo: Revista dos Tribunais, 2016.

MORATO, Leonardo Lins. A reclamação prevista na Constituição Federal. In: ARRUDA ALVIM, Eduardo Pellegrini; NERY JR., Nelson; ARRUDA ALVIM WAMBIER, Teresa. *Aspectos polêmicos e atuais dos recursos*. São Paulo: RT, 2000.

MORATO, Leonardo Lins. *Reclamação e sua aplicação para o respeito da súmula vinculante*. São Paulo: Revista dos Tribunais, 2007.

MOREIRA, José Carlos Barbosa. Súmula, jurisprudência precedente: uma escalada e seus riscos. *Temas de direito processual*, São Paulo, 2007.

MOUZALAS, Rinaldo; ALBUQUERQUE, João Otávio Terceiro Neto Bernardo de. Reclamação constitucional. In: Didier Jr. FREDIE *et al*. (Coord.). *Precedentes*. Salvador: JusPodivm, _____.

NERY JUNIOR. Nelson. *Princípios fundamentais*: teoria geral dos recursos. 4. ed. São Paulo: Revista dos Tribunais, 1997.

_____. _____. 5. ed. _____: _____, 2000.

NEVES, Daniel Amorim Assumpção. *Manual de direito processual civil*. 2. ed. Rio de Janeiro: Forense, 2010.

_____. _____. 8. ed. Salvador: JusPodivm, 2016.

NOGUEIRA, Pedro Henrique Pedrosa; COSTA, Eduardo José da Fonseca (Org.). *Reclamação constitucional*. Salvador: JusPodivm, 2013.

NOGUEIRA, Pedro Henrique Pedrosa. A eficácia da reclamação constitucional. In: NOGUEIRA, Pedro Henrique Pedrosa; COSTA, Eduardo José da Fonseca (Org.). *Reclamação constitucional*. Salvador: JusPodivm, 2013.

OLIVEIRA, Pedro Miranda de. Agravo interno e agravo regimental: hipóteses de incidência e poderes do relator nos tribunais. In: NERY JUNIOR, Nélson; ARRUDA ALVIM WAMBIER, Teresa (Coord.). *Recursos no processo Civil*. São Paulo: Revista dos Tribunais, 2009.

OLIVEIRA, Pedro Miranda de. Aspectos destacados da reclamação no novo Código de Processo Civil. *Revista de Processo*, São Paulo, v. 247, ano 40, p. 219, set. 2015.

PACHECO, José da Silva. *O mandado de segurança e outras ações constitucionais típicas*. 3. ed. São Paulo: Revista dos Tribunais, 1998.

PEREIRA, S. Tavares; KRAMMES, Alexandre Golin. Processo judicial eletrônico: agentes automatizados e seus atos. Norma tecnológica e ato tecnológico (eNorma e eAto). *Revista trabalhista: direito e processo*, São Paulo, n. 46, p. 16, mar. 2014 (Texto gentilmente cedido pelo primeiro autor, que informou os dados da publicação).

PEREIRA, S. Tavares; KRAMMES, Alexandre Golin. Processo judicial eletrônico: agentes automatizados e seus atos. Norma tecnológica e ato tecnológico (eNorma e eAto). *Revista trabalhista: direito e processo*, São Paulo, n. 46, p. 17-18, mar. 2014 (Texto gentilmente cedido pelo primeiro autor, que informou os dados da publicação).

PINTO, José Augusto Rodrigues. *Direito sindical e coletivo do trabalho*. São Paulo: LTr, 2002.

RAMOS, Glauco Comerato. Reclamação no Superior Tribunal de Justiça. In: NOGUEIRA, Pedro Henrique Pedrosa; COSTA, Eduardo José da Fonseca (Org.). *Reclamação constitucional*. Salvador: JusPodivm, 2013.

SANTANA, Alexandre Álvalo; ANDRADE NETO, José. *Análise doutrinária sobre o novo direito processual brasileiro*. Campo Grande: Contemplar, 2016. v. 3.

SARLET, Ingo Wolfgang; MARINONI, Luiz Guilherme; MITIDIERO, Daniel. *Curso de direito constitucional*. 2. ed. rev., atual. e ampl. São Paulo: Revista dos Tribunais, 2013.

SCHIAVI, Mauro. *Manual de direito processual do trabalho*. São Paulo: LTr, 2008.

_____. _____. 5. ed. _____: _____, 2012.

_____. _____. 9. ed. _____: _____, 2016.

SILVA, Henrique Neves da. A relamação perante o TSE. In: NOGUEIRA, Pedro Henrique Pedrosa; COSTA, Eduardo José da Fonseca (Org.). *Reclamação constitucional*. Salvador: JusPodivm, 2013.

SPADONI, Joaquim Felipe. *Ação inibitória: a ação preventiva prevista no art. 461 do CPC*. 2. ed. São Paulo: Revista dos Tribunais, 2007.

TAKOI, Sérgio Massaru. *Reclamação constitucional*. São Paulo: Saraiva, 2013.

TALAMINI, Eduardo. *Tutela relativa aos deveres de fazer e de não fazer*. São Paulo: Revista dos Tribunais, 2003.

TAVARES, André Ramos. *Paradigmas do judicialismo constitucional*. São Paulo: Saraiva, 2012.

THEODORO JÚNIOR, Humberto. *Curso de direito processual civil*. 56. ed. Rio de Janeiro: Forense, 2015. v. I.

TUCCI, José Rogério Cruz e. *Precedente judicial como fonte de direito*. São Paulo: Revista dos Tribunais, 2004.

Videocurso o novo CPC. Rede de ensino Luiz Flávio Gomes, 2015.

XAVIER, Carlos Eduardo Rangel. *Reclamação constitucional e precedentes judiciais: contributo a um olhar crítico sobre o novo Código de Processo Civil (de acordo com a Lei n. 13.256/2016)*. São Paul: Revista dos Tribunais, 2016.

ZANETI Jr., Hermes. *O valor vinculante dos precedentes*. Salvador: JusPodivm, 2015.

20.
UNIFORMIZAÇÃO DE JURISPRUDÊNCIA

Flávia Moreira Guimarães Pessoa[1]

1. INTRODUÇÃO

O presente analisa a uniformização de jurisprudência no âmbito da reforma trabalhista. Para se atingir o objetivo proposto, analisa, numa primeira parte, a uniformização de jurisprudência no processo civil brasileiro. Em seguida, procede-se à análise das alterações empreendidas pela Lei n. 13.467/2017 no tocante à uniformização de jurisprudência trabalhista. Por fim, apresenta a necessidade de interpretação conforme a constituição das alterações empreendidas para se permitir a evolução da jurisprudência trabalhista.

2. A IMPORTÂNCIA DO PRECEDENTE E A UNIFORMIZAÇÃO DE JURISPRUDÊNCIA NO DIREITO PROCESSUAL CIVIL BRASILEIRO

Um dos temas de maior destaque no Processo Civil Brasileiro é a força vinculante da jurisprudência e dos precedentes judiciais, que, sistematicamente, se apresenta em diversos dispositivos espalhados pelo código.

Em qualquer sistema processual que adote o respeito aos precedentes como regra, evidencia-se a preocupação em afastar a insegurança jurídica gerada pela constante ocorrência de diferentes desfechos processuais para situações fáticas integralmente semelhantes.

Nem sempre, contudo, o sistema jurídico de raízes romano-germânicas, em especial nosso sistema processual brasileiro, primou pelo respeito as precedentes. A justificativa para que o nosso sistema processual tenha demorado tanto para reconhecer a importância da dinâmica do precedente obrigatório tem origem histórica, mais precisamente na era da supremacia do Parlamento francês decorrente da Revolução de 1789.

Na França pré-revolucionária, onde os cargos de juiz eram adquiridos por herança e até mesmo comprados, inexistia isenção no julgamento dos conflitos levados ao crivo do Judiciário. Havia nítida vinculação entre os magistrados e o rei, razão pela qual o rompimento revolucionário com o absolutismo vigente significou, como consequência, a brusca retirada de poder das mãos dos juízes. O juiz – identificado por Montesquieu como mera "boca da lei" (*bouche de la loi*) – foi expressamente proibido de interpretar o texto legal, cabendo-lhe apenas aplicá-lo.

Neste contexto, a ideia de que o poder central era justificado ou legitimado pela vontade do povo foi uma das principais concepções que inspirou a Revolução Francesa. Tal fato foi decorrente da grande desconfiança em relação aos juízes, existindo a crença profunda de que a vontade do povo estava efetivamente refletida na lei, e esta deveria ser respeitada literalmente.

Consequentemente os juízes tinham que obedecer à lei, já que eram vistos como seres inanimados, agindo como se fossem a boca da lei. Se as decisões judiciais fossem baseadas na lei, garantir-se-ia que a vontade do povo estava sendo cumprida (MADEIRA, 2011, p. 534).

Diante desse quadro, para que a revolução progredisse, fez-se necessário valorizar a vontade do Legislativo, que atuaria, utopicamente, na tentativa de abarcar, em suas leis, todas as situações fáticas previsíveis. Foi esse o espírito da *civil law*. Supôs-se, equivocadamente, que os juízes, engessados na atividade hermenêutica,

---

[1] Juíza do Trabalho Titular da 4ª Vara do Trabalho de Aracaju (TRT 20ª Região). Professora Associada da Universidade Federal de Sergipe e da Universidade Tiradentes. Pós-Doutora em Direito do Trabalho. Titular da Cadeira n. 67 da da Academia Brasileira de Direito do Trabalho e da Cadeira n. 3 da Academia Sergipana de Letras Jurídicas.

prefeririam decisões coerentes e iguais para todos os casos idênticos (CERQUEIRA, PESSOA, 2018).

Os precedentes foram desprezados nos países da *civil law* porque nunca se destacou a necessidade de outra garantia para a segurança jurídica que não fosse o robusto conjunto de leis aplicadas – em princípio, irrefletidamente – pelo Judiciário. A jurisprudência despontava como fonte meramente secundária, sem força vinculante de lei (ZANETI JÚNIOR, 2016, p. 303).

Outra história, todavia, foi escrita pelos países pertencentes ao sistema da *common law*. Na Inglaterra, o Legislativo e o Judiciário travaram juntos uma batalha contra o monarca, que desrespeitava constantemente a legislação e os costumes. Vencida a batalha contra o soberano, o poder apenas voltou-se contra este, mas não foi alterado ou recriado. Dessa forma, não seria o excesso de leis que garantiria a segurança jurídica na Inglaterra, mas o respeito aos precedentes judiciais, na intenção de sustentar a igualdade, a coerência e a credibilidade do direito.

Como consequência do domínio exercido pela Inglaterra sobre suas colônias, vedando que estas editassem atos normativos contrários às leis e aos costumes da metrópole, nasceu, nos Estados Unidos, uma dinâmica de controle judicial que, a partir da independência norte-americana (1776), transfigurou-se no *judicial review*.

As sementes do *judicial review*, portanto, surgiram em decorrência do princípio da supremacia do parlamento, que controlava a legislação das colônias através das suas Cartas e que impedia a aplicação de leis coloniais divergentes do direito inglês. Transportado para a colônia, o princípio da supremacia do parlamento dá origem ao princípio da supremacia do Judiciário (MARINONI, 2013, p. 42-43).

A força do Poder Judiciário no sistema da *common law* permitiu que o modelo processual dos países que o integram enraizasse a cultura do respeito às decisões judiciais proferidas, com o objetivo de garantir a isonomia, a coerência e a previsibilidade do direito. Mais do que à elaboração de sentenças e de acórdãos detalhadamente fundamentados, conferiu-se relevância à autoridade aos precedentes.

No Brasil, a necessidade de segurança jurídica e a multiplicidade de casos repetitivos alteraram a tendência inicial. Os casos repetitivos se avolumaram de tal forma no direito brasileiro que outra opção não restou ao legislador senão sistematizar e dar a máxima eficácia ao julgamento das questões repetitivas. No CPC/1973, existia um incidente para as fases recursais denominado de "incidente de uniformização de jurisprudência".

Nesse incidente, eram julgadas apenas as teses jurídicas, não o caso concreto. A consequência era que poderia se formar uma espécie de precedente persuasivo, mas nem sequer como tal poderia ser classificado: o IUJ, em verdade, ao julgar apenas a tese, não obrigava a turma recursal que a solicitou seguir nem mesmo no caso julgado. Todo um trabalho firmado, por vezes superior a um ano, não gerava frutos de uniformização.

Com o CPC/2015, adveio a figura do incidente de resolução de demandas repetitivas (IRDR). O IRDR parte de um novo sistema – o CPC/2015 com precedentes vinculantes – e o seu julgamento passa, assim, a vincular horizontal e verticalmente. Horizontal porque o mesmo tribunal que o produziu deverá sua obediência, não podendo nenhum desembargador, posteriormente, o desconsiderar sozinho (deverá submeter o seu pensamento ao processamento do *overruling*). Vertical, posto que obriga todos os juízes de instância inferior ao seu seguimento, afastando por completo as teses jurídicas em sentido diverso.

Para que haja um IRDR, é necessário que existam múltiplos processos. Embora o CPC não tenha feito uma análise de quantos processos devam existir, deve haver um número significativo que justifique todo o procedimento e trabalho jurisdicional a ser feito por parte do tribunal local. Indo além, o IRDR não teria espaço se, apesar da multiplicidade de processos, o tribunal local interpreta de forma unânime, já que não haveria mais o risco de ofensa à isonomia e à segurança jurídica.

Assim, de acordo com o art. 976 do CPC, será cabível a instauração do IRDR quando houver, simultaneamente, a efetiva repetição de processos que contenham controvérsia sobre a mesma questão unicamente de direito e risco de ofensa à isonomia e segurança jurídica.

O incidente de assunção de competência (IAC) é similar ao IRDR, só que com algumas distinções: a) é admissível no julgamento de recurso, remessa necessária ou de processo de competência originária; b) a relevante questão de direito que o habilita deverá ter grande repercussão social; c) não há multiplicidade de processos versando sobre a matéria; d) não visa uniformizar jurisprudência – posto que não é o seu requisito processos plúrimos e aplicação do princípio da isonomia, mas, em função da matéria, ele produz um precedente vinculante (ARAUJO JUNIOR, 2017).

Eis, em suma, a sistemática de uniformização de jurispudência no âmbito do Processo Civil brasileiro. Passemos, no tópico seguinte, à análise do tema no âmbito da reforma trabalhista empreendida pela Lei n. 13.467/2017.

3. REFORMA TRABALHISTA E A UNIFORMIZAÇÃO DE JURISPRUDÊNCIA NO PROCESSO DO TRABALHO

O art. 702, inciso I, alínea *f*, da CLT, acrescentada pela Lei n. 13.467/2017, dispõe que ao Pleno do Tribunal Superior do Trabalho compete estabelecer ou alterar súmulas e outros enunciados de jurisprudência uniforme, pelo voto de pelo menos 2/3 de seus membros, caso a mesma matéria já tenha sido decidida de forma idêntica por unanimidade em, no mínimo, 2/3 das turmas em pelo menos 10 sessões diferentes em cada uma delas, podendo, ainda, por maioria de 2/3 de seus membros, restringir os efeitos daquela declaração ou decidir que ela só tenha eficácia a partir de sua publicação no Diário Oficial.

As sessões de julgamento sobre estabelecimento ou alteração de súmulas e outros enunciados de jurisprudência devem ser públicas, divulgadas com, no mínimo, 30 dias de antecedência, e devem possibilitar a sustentação oral pelo Procurador-Geral do Trabalho, pelo Conselho Federal da Ordem dos Advogados do Brasil, pelo Advogado-Geral da União e por confederações sindicais ou entidades de classe de âmbito nacional (art. 702, § 3º, da CLT, incluído pela Lei n. 13.467/2017).

Como é nítido, há maior rigor quanto aos requisitos exigidos para a aprovação e modificação de súmulas e outros enunciados da jurisprudência trabalhista do que em outros ramos do Judiciário. O estabelecimento ou a alteração de súmulas e outros enunciados de jurisprudência pelos Tribunais Regionais do Trabalho sofrem a mesma restrição e devem observar o disposto na alínea *f* do inciso I e no § 3º do art. 702 da CLT, com rol equivalente de legitimados para sustentação oral, observada a abrangência de sua circunscrição judiciária (art. 702, § 4º, da CLT, acrescentado pela Lei n. 13.467/2017).

O TST regulamentou a alteração, por meio da Res. Adm. n. 1.937/2017, que aprovou o novo Regimento Interno (RITST/2017). O referido regimento estabelece que a uniformização de jurisprudência deve observar o disposto nos arts. 702, I, *f*, 896-B e 896-C da CLT, bem como o disposto nos arts. 926 a 928, 947, 976 a 987 e 1036 a 1041 do Código de Processo Civil. Alem disso, o RITST/2017 determina a observância do art. 702, I, *f*, da CLT, no procedimetno de edição, cancelamento ou revisão de súmula, orientação jurisprudencial e precedente normativo, salvo quando a edição da súmula decorra de exame de constitucionalidade de Lei ou ato normativo do poder público.

Neste tópico, ainda, deve-se salientar que os §§ 3º, 4º, 5º e 6º, do art. 896, da CLT, foram revogados pela Lei n. 13.467/2017. Tais dispositivos cuidavam dos deveres dos Tribunais Regionais do Trabalho de proceder, obrigatoriamente, à uniformização de sua jurisprudência, bem como de aplicar, nas causas da competência da Justiça do Trabalho, no que coubesse, o incidente de uniformização de jurisprudência.

Desta revogação, surgem algumas dúvidas hermenêuticas, que se dividem basicamente em três correntes. Para alguns, aboliu-se a obrigatoriedade de unifomização de Jurisprudência pelos TRTs, pois esta estava expressa no § 3º, revogado.

Posicionamento contrário sustenta que remanesce a obrigatoriedade de uniformizar, por força da aplicação supletiva do CPC em vigor, porém, através do IRDC previsto no CPC.

Por fim, há uma terceira corrente, no sentido de que remanesce a obrigação de uniformizar o que pode continuar a ser feito por mecanismo semelhante ao IUJ do Processo do Trabalho. Nesse sentido, é a posição de Sugmatsu e Hayahi (2018, p. 10) para quem, a alteração foi apenas a base legal e o procedimento deste, que agora, no processo do trabalho, encontraria respaldo não mais nos §§ 3º a 6º, do art. 896, da CLT, mas no CPC e arts. 8º, § 2º, e 702, *f*, da CLT.

Com efeito, ao se restringir a uniformização de jurisprudência no processo do trabalho e ao se limitar as iniciativas das partes neste sentido está-se a dar grande retrocesso na ciência processual trabalhista.

Veja-se que desde as Ordenações Filipinas se tem a possibilidade de criação judicial do direito, o que se pode ver em trecho citado por Limongi França, na aula inaugural do Curso de Preparação a Magistratura e ao Ministério Público realizada em 1º abril de 1970, realizada, em plena Ditadura Militar, no salão nobre da Ordem dos Advogados do Brasil – Seção São Paulo, a seguir transcrita:

> As próprias Ordenações já diziam no Livro III, título 69 que os casos "não podem todos ser declarados em esta Lei, mas procederão os julgadores de semelhante a semelhante", disposição esta antecedida de outra, no mesmo dia, do próprio título 65, 52, *in fine*, onde se diz que os desembargos do Rei "são Leis para desembargarem outros semelhantes" e que importa a delegação ao Juiz, de um certo arbítrio para resolver os casos omissos. Por outro lado, ensina Borges Carneiro, que "os arestos ou casos julgados não tem autoridade senão sobre o caso, mas "sendo sentenças da Relação muitas e conformes, induzem estilo", o que vale dizer, tem força de lei (*op. cit.* p. 55). Para tanto, porém, deveriam

provar-se os seguintes requisitos: "I repetição e conformidade de atos; 2 Conformidade com a boa razão; 3. Não ser contrario as leis do reino" (*idem*, p. 47). (FRANCA, 1970, p. 7)

Traz-se à baila a lição de Limongi França, que resgata os glosadores das Ordenações Filipinas para se mostrar que a tentativa de amordaçamento do poder judiciário do trabalho vai na contramão da história. Em verdade, não se trata de novidade do século XXI, mas, ao contrario, de tema já superado pela evolução do direito.

Convém, neste ponto, lembrar, ainda, a lição clássica de Mauro Cappelletti (1993, p. 73) que ressalta que a criatividade é fator inevitável da função jurisdicional e existem importantes razões para o acentuado desenvolvimento de tal criatividade em nosso século, em especial em razão da revolta contra o formalismo, que, por sua vez, é causado pela grande transformação do papel do Direito e do Estado na Sociedade.

Ainda aponta Cappelletti (1993, p. 43) que um efeito desta transformação é a própria aproximação do Direito da *Civil Law* com o da *Common Law*. Veja-se que essa é exatamente a realidade que o Brasil presencia, com a aproximação cada vez maior do sistema jurídico da *Comonn Law*, ensejada pela publicação no Novo Código de Processo Civil.

Neste contexto, a aplicação subsidiária do CPC no tocante ao IRDC permitirá a evolução da uniformização da jurisprudência no âmbito dos Tribunais Regionais.

4. CONSIDERAÇÕES FINAIS

A análise das alterações empreendidas no art. 702 da CLT pela reforma trabalhista promovida pela Lei n. 13.467/2017 demonstra maior restrição à uniformização de jurisprudência no âmbito dos Tribunais Trabalhistas, o que merecerá a atenta análise pelos Tribunais com o objetivo de se fixar uma hermenêutica que não restrinja a criação judicial do Direito pela Justiça do Trabalho.

5. REFERÊNCIAS

ARAUJO JUNIOR, Pedro Dias de. *Teoria do sistema de formação, aplicação e superação dos precedentes judiciais*. Dissertação de Mestrado apresentada à Universidade Federal de Sergipe. 2017.

BOBBIO, Norberto. *O Positivismo Jurídico*: Lições de filosofia do direito. São Paulo: Ícone, 2006.

CANOTILHO, José Joaquim Gomes. *Direito constitucional e teoria da Constituição*. 6. ed. Coimbra: Almedina, 2003.

CARVALHO, Augusto César Leite de; CORREA, Lelio Bentes; MELLO FILHO, Luiz Philippe Vieira de. *O que significa enfraquecer a Justiça do Trabalho*. Disponível em: <https://jota.info/artigos/importancia-direito-trabalho-na-promocao-dos-direitos-humanos-08112016>. Acesso em: 19 jul. 2017.

CERQUEIRA, Dhebora Mendonça; PESSOA, Flavia Moreira Guimarães. *Força Vinculante dos Proecedentes*, ratio decidendi e argumentação jurídica: por uma nova metodologia no ensino do direito processual civil. 2018. (no prelo)

DIDIER JR., Fredie. *Direito processual civil*. 6. ed. Salvador: JusPodivm, 2006. v. 1.

FRANCA, Limongi. *Da Jurisprudência como direito positivo*. Aula inaugural do Curso de Preparação à Magistratura e ao Ministério Público. 01 abr. 1970. Disponível em <http://www.revistas.usp.br/rfdusp/article/download/66627/69237>. Acesso em: 20 jul. 2017.

HESSE, Konrad. *A força normativa da Constituição*. Trad. Gilmar Ferreira Mendes. Porto Alegre: Sérgio Antonio Fabris, 1991.

_____. *Escritos de Direito Constitucional*. 2. ed. Madrid: Centro de Estúdios Constitucionales, 1992.

CAPPELLETTI, Mauro. *Juízes Legisladores*? Tradução de Carlos Alberto Álvaro de Oliveira. Porto Alegre: Sérgio Fabris, 1993.

DUARTE NETO, Bento Herculano. *Incidente de resolução de demandas repetitivas (IRDR)*: natureza, finalidade, pressupostos, pontos controvertidos e aplicação na justiça do trabalho. Dispovível em: <https://juslaboris.tst.jus.br/bitstream/handle/20.500.12178/106415/2017_duarte_bento_incidente_resolucao.pdf?sequence=1&isAllowed=y>.

MULLER, Julio Guilherme. *Direitos fundamentais processuais*. Dissertação de Mestrado apresentada à Universidade Federal do Paraná. Curitiba, 2004.

MARINONI, Luiz Guilherme. *A ética dos precedentes*. 1. ed. São Paulo: Revista dos Tribunais, 2014.

_____. *Precedentes obrigatórios*. 3. ed. rev. atual. e ampl., São Paulo: Revista dos Tribunais, 2013.

SOUZA JUNIOR, Antonio Humberto et al. *Reforma Trabalhista*: análise comparativa e crítica da Lei n. 13.467/2017 e Med. Prov. n. 808/2017. 2. ed. São Paulo: Ridel, 2018.

SARLET, Ingo Wolfgang. *A eficácia dos direitos fundamentais*. 3. ed. Porto Alegre: Livraria do Advogado, 2006.

SUGMATSU, Marlene; HAYASHI, Thais. *Uniformização da jurisprudência dos Tribunais e as modificações introduzidas pela Lei n. 13.467/2017*. Disponível em: <https://juslaboris.tst.jus.br/bitstream/handle/20.500.12178/111529/2017_suguimatsu_marlene_uniformizacao_jurisprudencia.pdf?sequence=1&isAllowed=y>. Acesso em: 19 mar. 2018.

ZANETI JÚNIOR, Hermes. *O valor vinculante dos precedentes*: teoria dos precedentes normativos formalmente vinculantes. 2. ed. rev. e atual. Salvador: JusPodivm, 2016.

21.
A LIQUIDAÇÃO DE SENTENÇA

Eduardo Henrique Raymundo von Adamovich[1]
Ricardo José Leite de Sousa[2]
Válter da Silva Pinto[3]

1. INTRODUÇÃO

Tem esta introdução a finalidade de traçar um quadro geral sobre a liquidação de sentença e suas espécies no processo do trabalho, oferecendo ao leitor uma oportunidade de conhecimento objetivo e sucinto sobre a matéria. Aqueles já detentores desse grau de conhecimentos, podem saltá-la e passar aos tópicos subsequentes, quando as questões serão enfrentadas de forma mais detida.

O esquema concebido pelo legislador é muito simples. Proferida a sentença de conhecimento, a qual em regra está sujeita a recurso com efeito meramente devolutivo (CLT, art. 899), dá-se início à execução, provisória ou definitiva, conforme esteja formada ou não a coisa julgada. A execução se subdivide nas fases de: a) liquidação; b) penhora e avaliação; c) defesa do executado; e d) alienação e pagamento ao credor. A liquidação, como fase intercalada entre o conhecimento e a execução, é normalmente apontada como atividade complementar de conhecimento, conquanto, a rigor, no processo do trabalho, o legislador a tenha tratado como fase inicial da execução, a qual aperfeiçoa o título para ser executado, de acordo com o Capítulo na qual a inseriu na Consolidação. Essa posição topográfica da liquidação no processo do trabalho não permite tratá-la estruturalmente como fase ou ação de conhecimento. É fase da execução com preponderante função de conhecimento.

Usualmente apontada como vilã responsável pela morosidade da fase de execução dos julgados trabalhistas, o que tem levado a uma defesa quase que apaixonada por alguns da prolação de sentenças líquidas, a fase intermediária de liquidação de sentença não parece merecer essas críticas, nem o remédio que se sugere para ela é isento de outras delas[4].

A prolação de sentenças líquidas, com as devidas cautelas, não é possível sem que os juízes contem com um competente auxílio de secretário calculista. Ainda que a criação de programas de informática destinados a auxiliar-lhes nessa tarefa possa tornar mais ágil essa tarefa, não raro, as dificuldades de cálculo não são unicamente matemáticas, nem de processamento de dados, mas decorrentes de excessivo volume, ou, ao contrário, ausência ou deficiência de dados, possibilidade de interpretação dúbia deles, ou mesmo superveniência de questões não ventiladas pelas partes no processo e que se imponham como de ordem prática para que se conclua a liquidação.

---

(1) Professor da Faculdade de Direito da Universidade do Estado do Rio de Janeiro, nos Cursos de Graduação e Pós-Graduação *Stricto Sensu*. Desembargador do Tribunal Regional do Trabalho da 1ª Região. Membro Titular da Cadeira n. 36, da Academia Brasileira de Direito do Trabalho; Membro do Instituto Brasileiro de Direito Processual.

(2) Doutorando do Programa de Pós-Graduação em Direito da Faculdade de Direito da Universidade do Estado do Rio de Janeiro. Advogado no Rio de Janeiro. Sócio do Escritório Loureiro Maia Advogados.

(3) Professor da Universidade Católica de Petrópolis (RJ). Doutorando do Programa de Pós-Graduação em Direito da Faculdade de Direito da Universidade do Estado do Rio de Janeiro. Servidor do Tribunal Regional do Trabalho da 1ª Região.

(4) Consulte-se, a propósito, ADAMOVICH, Eduardo Henrique Raymundo von. O problema da liquidação de sentença no processo do trabalho e o novo Código de Processo Civil. In: *Revista do Tribunal Regional do Trabalho da 1ª Região*, Rio de Janeiro, n. 58, jan./jun. 2016.

Nestes termos, a fase de liquidação continua sendo um instrumento dialético válido e seguro, uma vez que aperfeiçoa o título com as cautelas e os cuidados de um momento só a isso devotado, sob o crivo do contraditório. O remédio para a demora ou mesmo a procrastinação continua sendo a irresoluta atuação do juiz, decidindo e repelindo incidentes ou questões manifestamente protelatórias, estabelecendo parâmetros de cálculos ou determinando provas, rejeitando cálculos errados e punindo exemplarmente os infratores nos termos da lei.

É compatível com o processo do trabalho o disposto no art. 509, § 1º, do CPC, o qual permite ao credor promover simultaneamente a execução de parcela líquida da sentença e, em autos apartados, a liquidação daquela outra ilíquida.

Como fase intermediária entre a condenação e sua execução, a liquidação é de natureza constitutiva, na medida em que torna líquido o que não o era[5]. O art. 879 da CLT reconhece a existência das mesmas três espécies de liquidação de que trata o Código de Processo Civil em seus arts. 509 a 512, nomeadamente, a) por cálculos (art. 509, § 2º); b) por arbitramento (art. 509, I); e c) por artigos (art. 509, II), conquanto essa última denominação não seja explicitamente utilizada pelo último dispositivo referido.

A liquidação não pode inovar sobre o decidido no título liquidando, nem modificá-lo ou rediscuti-lo de acordo com o § 1º do art. 879, da CLT. Todavia, pode deliberar sobre questões que escaparam às partes ou ao juiz no estabelecimento dos limites quantitativos ou qualitativos das prestações que componham o título em liquidação.

Se não tiver havido controvérsia entre as partes no processo de conhecimento sobre a maneira de calcular e aplicar reflexos sobre parcelas ou diferenças que vinham usualmente sendo pagas de determinada maneira pelas mesmas partes no contrato de trabalho, não sendo esta maneira ilegal, não cabe ao juiz decidir sobre ela, competindo-lhe somente mandar observar a mesma prática costumeira.

O limite da atividade jurisdicional é a controvérsia. Assim, não cabe prover sobre controvérsias que não compuseram a fase de conhecimento e que já estavam antes acertadas entre as partes. A fase de liquidação não é momento para firmar novas metodologias em contrário a outras antes usuais entre as partes, sob pena de o juiz proceder além dos limites de sua jurisdição ou inovar na liquidação. Se o autor pede diferenças de horas extras com os reflexos que aponta e o réu se limita a contestar a existência dessas diferenças e seus reflexos, sem discutir a metodologia de cálculo destes, não cabe voltar a fazê-lo na liquidação, havendo antes já um método costumeiramente acertado e praticado entre as partes. Há de se presumir que esse método, não sendo ilegal, é contratual e, não tendo sido discutido no processo de conhecimento ou não tendo provido de forma diversa o título em liquidação, obriga as partes também nesta última.

A liquidação é por cálculos quando depende apenas daqueles de natureza aritmética (CPC, art. 509, § 2º).

É por arbitramento nas hipóteses do art. 509, I, do CPC, isto é, quando a sentença o determinar ou a convenção das partes o estabelecer ou, ainda, quando o exigir a natureza do objeto em liquidação.

Há de sê-lo por artigos no imperativo de provarem-se fatos novos (CPC, art. 509, II).

No processo do trabalho, o juiz pode ordenar que se proceda à liquidação, indicando desde logo o método de fazê-lo, ou pode intimar ambas as partes para que requeiram aquele que julgarem conveniente, sabendo-se que tanto o credor quanto o devedor têm legitimidade para fazê-lo.

Se se optar pela liquidação por arbitramento, o juiz nomeará o perito e determinará o prazo para a apresentação do laudo (CPC, art. 510). Se se tratar de arbitramento determinado de ofício, o juiz deverá apresentar os quesitos ou os parâmetros a serem seguidos pelo perito. Se o requerimento houver sido de uma ou de ambas as partes, abrir-lhes-á prazo para que apresentem a sua quesitação ou indiquem os métodos que elegem.

Na liquidação por artigos, à qual se aplica o procedimento dos dissídios individuais, ou, subsidiariamente aquele outro comum do processo civil (CPC, art. 509, II), o juiz estabelecerá o fato a ser provado e franqueará às partes os meios legalmente admitidos para fazê-lo. Se necessário, será designada audiência para oitiva dos depoimentos pessoais e/ou de testemunhas ou peritos.

Chegando-se a uma conta, seja pelo laudo do perito, pelos elementos de cálculo trazidos com a prova nos artigos ou pelo cálculo aritmético apresentado pelas partes, é prudente que o juiz mande o secretário calculista da Vara conferi-lo, a não ser que as partes antes já se tenham acordado sobre ele.

---

(5) MIRANDA, Francisco Cavalcanti Pontes de. *Comentários ao Código de Processo Civil*. Rio de Janeiro: Forense, 1976. t. IX, p. 506.

A concordância incondicional das partes com os cálculos assemelha-se à verdadeira conciliação, na qual, sendo elas maiores e capazes para transigir, não se indaga mais se o valor aceito é excessivo, justo ou apequenado, sabendo-se que elas podem celebrar conciliação até mesmo além do objeto do processo e que a sentença homologatória desses cálculos haverá de surtir esse efeito (CPC, art. 515, II e III, e CLT, art. 764, § 3º). É ônus da parte impugnar os cálculos errados e, tratando-se de direitos patrimoniais e disponíveis, ressalvada apenas a hipótese de erro material, não é dever do juiz duvidar da lisura e do acerto da sua concordância expressa com eles, a não ser que haja indícios de conluio para lesar terceiros ou algum artifício para alcançar fins diversos daqueles do processo.

Ressalva deve ser feita aqui também à hipótese em que as partes estejam postulando pessoalmente (CLT, art. 791), quando, por imperativo de inquisitorialidade, deverá o juiz mandar proceder à conferência dos cálculos (CPC, art. 524, § 2º), se verificar que uma ou ambas as partes que concordaram com eles não parecem ter instrução e cultura para tanto.

A liquidação das contribuições previdenciárias incidentes sobre as parcelas componentes do julgado em liquidação deverá se fazer em conjunto com ele, como determina o § 1º-A, do art. 879, da CLT, na redação da Lei n. 10.035/2000, não obstante todos os inconvenientes de intercalar-se a discussão da matéria tributária na execução trabalhista e as demoras produzidas pela chamada da Fazenda Pública a atuar nela, com todos os privilégios e prazo alargados de que desfruta.

A norma do § 1º-B, na mesma redação da Lei n. 10.035/2000, padece do açodamento e da má técnica que tanto se tem criticado nessa lei. Se o parágrafo único do art. 876 manda que se proceda *ex officio* à execução das contribuições previdenciárias, não haveria porque se determinar às partes que apresentassem esse cálculo. Fica o aplicador da lei, atônito, sem saber se a execução é de ofício, quando seria inconstitucional, ou se deve apenas ser impulsionada pelo juiz, em hipótese que não ofereceria qualquer novidade no processo do trabalho. Ou pior, choca-se a regra do referido § 1º-B com aquela outra do *caput*, do mesmo art. 879. Se as partes devem ser previamente intimadas a apresentar cálculo de liquidação, não existe a alternativa lançada pelo *caput* entre as diversas espécies de liquidação. Haveria de se preferir aquela por cálculos, com todos os inconvenientes que apresentaria se o objeto em liquidação a ela não se ajustasse.

Vencidos que sejam esses inconvenientes com a habilidade e a criatividade de juízes, advogados e partes, chegando-se finalmente a uma conta de liquidação que abranja também as contribuições previdenciárias, o juiz mandará acrescer-lhe os acessórios próprios, honorários de advogado, custas, emolumentos, juros e correções monetárias ou outros previstos na lei ou na sentença.

Tornado líquido o título com o cômputo dos acessórios, se ainda não houver concordância das partes sobre esse valor, o juiz mandará intimá-las, para falarem na derradeira oportunidade a que alude o § 2º do art. 879, para a qual se prevê a cominação de preclusão no silêncio da parte intimada.

Considerando-se que não há divisão estrutural entre as fases de conhecimento propriamente dito, liquidação e execução no processo do trabalho, as quais se desenvolvem em processo único, o que torna a sentença de liquidação, a rigor, uma decisão de natureza meramente interlocutória, tanto que inserida pela própria CLT dentro do Capítulo intitulado "Da execução", não cabendo recurso dessa decisão (CLT, art. 893, § 1º)[6], a preclusão a que alude o § 2º do art. 879, só pode ser entendida como o fechamento, no particular, da via defensiva dos embargos do executado, os quais não mais poderiam versar sobre a matéria discutida na liquidação.

Na mesma linha, o § 3º do art. 879 contém outra previsão desastrada do legislador. A única preclusão que se pode conceber no silêncio da Fazenda Pública em face dos cálculos de liquidação de contribuições previdenciárias é a de discutir, naquela oportunidade, esses mesmos cálculos. Não se há de supor que a sentença de liquidação firme algo como uma espécie de coisa julgada sobre os valores devidos à Fazenda naquele processo, sabendo-se que a obrigação tributária é *ex lege* e que a sua fixação incidental em execução trabalhista não retira da Fazenda o direito de cobrar as diferenças que entender devidas mais adiante no mesmo processo ou em ação própria.

A impugnação que as partes ou a Fazenda oferecerem aos cálculos de liquidação deverá precisar os pontos contra os quais se dirijam, sejam de fato ou de direito. A impugnação genérica ou evasiva deve ser rejeitada de plano.

A sentença de liquidação, por ser de natureza interlocutória, comporta apenas fundamentação concisa,

---

(6) Ressalva se faça, é claro, à sentença que declare extinta a execução por haver se comprovado em liquidação não existir mais título ou valor pendente de pagamento.

respeitado, no que couber, o art. 489, § 1º, do CPC, como na prática se expressa pela ausência de relatório, meras e sucintas considerações sobre as eventuais impugnações das partes ou pura e simples confirmação dos cálculos que acolhe a constituir com eles a liquidação que dará lugar à execução do título.

Não se há de pensar, no processo do trabalho, em nulidade de decisão homologatória de cálculos por julgamento *extra*, *ultra* ou *citra petitum*. Não obstante a Lei n. 13.467/2017, na interpretação que neste aspecto lhe deu o art. 13, da Instrução Normativa n. 41/2018, do TST, aparentemente limitando a execução movida de ofício pelo juiz, salvo nos processos em que as partes não estejam assistidas de advogados, se o juiz verificar o acréscimo extraordinário de valor ou título, bastará que mande eliminá-lo ou deduzi-lo antes que se alcance a fase de embargos. Se é pressuposto da execução a existência de título líquido, certo e exigível e se não se duvida que desses pressupostos o juiz possa conhecer de ofício, parece claro que, constatando qualquer situação que afete algum desses pressupostos, não estará impedido de promover os acertos que entender de direito, salvo é claro se já preclusa a matéria. O contrário equivaleria a dar interpretação ampliada demais à negativa de impulso oficial, tornando o juiz mero espectador e fazendo com isso retroceder o processo do trabalho a tempos anteriores à reforma que deu lugar à ZPO austríaca de 1895, o famoso Código Klein.

Se houver a falta de apreciação de determinada questão, poderá fazê-lo também antes da mesma fase de embargos, o que significa que as partes poderão suscitá-la igualmente até então. Somente após a exaustão da fase de embargos, ressalvados os erros materiais, não se poderá mais discutir a conta de liquidação, porque aí o processo salta para a fase de alienação e, logicamente, não caberia mais retroceder-lhe a marcha em nome de questões de natureza disponível que as partes não trouxeram à baila oportunamente.

Se o juiz deixar de intimar a Fazenda como determina o referido § 3º, ou se, mesmo intimada adiante a Fazenda descobrir diferenças a seu favor, ou ainda se for apresentada impugnação de natureza complexa aos cálculos de contribuição previdenciária, a qual poderia retardar a execução do crédito trabalhista já liquidado e incontroverso e então houver optado o juiz por diferir a solução da impugnação para momento posterior à satisfação do credor trabalhista (CLT, art. 765), concluída essa satisfação, nada obsta, mas, ao contrário, recomenda que se enfrente a matéria tributária procedendo-se à execução das diferenças que se apurarem.

Seria bom que o legislador, *de lege ferenda*, considerasse os inconvenientes que criou para a rápida satisfação dos direitos dos trabalhadores com essa intercalação de uma execução previdenciária àquela outra trabalhista. Ainda que se reconheça o imperativo de fortalecer a Previdência Social com o recolhimento dos créditos que lhe são devidos, isto poderia ser feito paralelamente em outro processo ou, após encerrada a execução trabalhista, no mesmo processo que esta. Da maneira como as coisas se acham estabelecidas, o crédito previdenciário que é constituído, *ultima ratio*, em favor dos trabalhadores, está a estorvar-lhes a efetivação de direitos ainda mais imediatos que são aqueles alimentares de natureza salarial.

Passe-se, na sequência, ao exame em pormenores das diversas espécies de liquidação, quando haverá ocasião de enfrentar as diversas questões acima resumidas e ainda outras que se insinuam.

2. LIQUIDAÇÃO POR CÁLCULOS

A liquidação por cálculos é modalidade mais usual de liquidação de sentença. Segundo Amauri Mascaro Nascimento, "é inegável o desuso dos artigos de liquidação e arbitramento, de modo que a apresentação de cálculos pela parte tornou-se, praticamente, a forma comum"[7].

Na mesma toada, Homero Batista Mateus da Silva afirma que a modalidade de liquidação por cálculos aritméticos:

> [...] domina a imensa maioria dos processos, ainda mais na seara trabalhista em que naturalmente o esforço será tabular as horas extras, os reflexos, os adicionais trabalhistas, as diferenças e a verbas rescisórias. Há profundo desconhecimento sobre as demais modalidades, abaixo assinaladas, e que poderiam prestar serviços adequados para casos limítrofes no processo do trabalho.[8]

As modalidades de liquidação de sentença, entre elas a liquidação por cálculos, foram inseridas na CLT pela Lei n. 2.244/1954. Até então, a redação do art. 879 da CLT dispunha apenas que "requerida a execução,

---
(7) NASCIMENTO, Amauri Mascaro. *Curso de Direito Processual do Trabalho*. São Paulo: Saraiva, 2010. p. 814.
(8) SILVA, Homero Batista Mateus da. *Curso de Direito do Trabalho Aplicado*. São Paulo: Revista dos Tribunais, 2015. v. 10 – Execução trabalhista, p. 83.

o juiz ou presidente providenciará imediatamente para que lhe seja presente o respectivo processo".

Mozart Victor Russomano criticava de forma contundente a redação que o art. 879 da CLT tinha anteriormente à Lei n. 2.244/1954, afirmando que o velho texto do artigo era inútil, estando seu texto inserto, implicitamente, na marcha natural da execução da sentença[9].

Com a alteração promovida pela Lei n. 2.244/1954, o *caput* do art. 879 passou a ter a seguinte redação, vigente até os dias atuais:

> Art. 879. Sendo ilíquida a sentença exequenda, ordenar-se-á, previamente, a sua liquidação, que poderá ser feita por cálculo, por arbitramento ou por artigos.

Nota-se que, a despeito de a norma celetista especificar as modalidades de liquidação de sentença que são admissíveis no Processo do Trabalho, não cuidou de indicar como deve ser procedida cada uma delas.

Por tal razão, desde o nascedouro da atual redação do art. 879 da CLT, foi estabelecido que as normas previstas no Código de Processo Civil que vigia à época, o de 1939, deveriam nortear todas as modalidades de liquidação de sentença, inclusive a liquidação por cálculos, não só em razão da determinação expressa do art. 769 da CLT, de que o direito processual comum será fonte subsidiária do direito processual do trabalho, como também por força da Portaria n. 505, de 1946, do Conselho Nacional do Trabalho (CTN), que posteriormente veio a ser convertido no Tribunal Superior do Trabalho, em 9 de setembro de 1946, pelo Decreto n. 9.797[10].

No Código de Processo Civil de 1939, a liquidação por cálculos era disciplinada pelo art. 908, que assim dispunha:

> Art. 908. Serão liquidados por cálculo do contador:
> I – os juros acrescidos ou rendimentos ou capital, cuja taxa fôr conhecida;
> II – o valor dos gêneros que tenham cotação em bolsa, comprovada nos autos por certidão;
> III – o valor de títulos da dívida pública, ações ou obrigações de sociedades, quando tenham cotação em bolsa.

À época, havia cerrada controvérsia doutrinária sobre os incisos do art. 908 do CPC encerrarem um rol taxativo ou exemplificativo de verbas que poderiam ser liquidadas por simples cálculos.

Pontes de Miranda defendia a condição exemplificativa do rol, afirmando que outros casos, como o de aluguéis e preços taxados pelos poder público, também poderiam ser objeto de liquidação por cálculos, a despeito de não estarem indicados expressamente nos incisos do art. 908 do CPC[11].

Carvalho Santos, por seu turno, abraçava o entendimento de que o rol era taxativo e que a liquidação por cálculos não era propriamente uma forma de liquidação, porque a sentença, em regra, teria imposto uma condenação em quantia certa, restando apenas esclarecer qual é o valor atualizado da quantia, o que se alcança pela elaboração de meros cálculos aritméticos[12].

A revogação do CPC de 1939 pelo de 1973, as sucessivas alterações da sistemática de cumprimento da sentença e execução promovidas no Código de 1973 e, finalmente, o Código de Processo Civil de 2015, foram influindo a liquidação da sentença por cálculos aritméticos na seara trabalhista.

Há muito, a doutrina especializada em Processo do Trabalho estabeleceu as condições necessárias à liquidação por cálculos: a existência, na sentença e nos autos, de todos elementos necessários à realização da operação aritmética apta a apurar o *quantum* devido.

De fato, Délio Maranhão lecionava que a "liquidação será por cálculo quando, para a fixação do valor da condenação, baste simples operação aritmética, contendo todos os elementos necessários a esse fim"[13] e Wilson de Souza Campos Batalha esclarecia que "serão liquidadas por cálculos as decisões que, sendo embora ilíquidas, contém todos os elementos necessários para a liquidação, mediante simples operação aritmética"[14].

Seguindo os ensinamentos de Délio Maranhão, Wilson de Souza Campos Batalha e Homero Batista Mateus da Silva, de forma mais explícita, destaca a importância de documentos para que seja promovida a liquidação por cálculos, esclarecendo que a maioria das

---

(9) RUSSOMANO, Mozart Victor. *Comentários à Consolidação das Leis do Trabalho*. Rio de Janeiro: Forense, 1985. p. 949.
(10) Cf. RUSSOMANO, Mozart Victor. *Op. cit.*, p. 950.
(11) MIRANDA, Pontes de. *Comentários ao Código de Processo Civil*. Rio de Janeiro: Forense, 1961. t. XIII – Arts. 882-991, p. 167.
(12) SANTOS, J. M. de Carvalho. *Código de Processo Civil Interpretado*. Rio de Janeiro: Freitas Bastos, 1955. v. X – Arts. 882-1.052, p. 55.
(13) SÜSSEKIND, Arnaldo; MARANHÃO, Délio; VIANNA, Segadas. *Instituições de Direito do Trabalho*. Rio de Janeiro: Freitas Bastos, 1957. v. II, p. 606.
(14) BATALHA, Wilson de Souza Campos. *Tratado de Direito Judiciário do Trabalho*. São Paulo: LTr, 1977. p. 866.

liquidações que seguem essa modalidade dependerá da análise de contracheques e cartões de ponto[15].

A eventual ausência de documentos necessários à elaboração da conta pode ser suprida por determinação do juiz à parte que os tivesse em sua posse, para que promova sua apresentação. Sendo a parte detentora do documento o próprio devedor, a sonegação da documentação redundava na pena de aceitação, como corretos, dos cálculos apresentados pelo credor, à luz do que dispunha o art. 475-B, §§ 1º e 2º, do CPC/1973:

> Art. 475-B. Quando a determinação do valor da condenação depender apenas de cálculo aritmético, o credor requererá o cumprimento da sentença, na forma do art. 475-J desta Lei, instruindo o pedido com a memória discriminada e atualizada do cálculo.
> § 1º Quando a elaboração da memória do cálculo depender de dados existentes em poder do devedor ou de terceiro, o juiz, a requerimento do credor, poderá requisitá-los, fixando prazo de até trinta dias para o cumprimento da diligência.
> § 2º Se os dados não forem, injustificadamente, apresentados pelo devedor, reputar-se-ão corretos os cálculos apresentados pelo credor, e, se não o forem pelo terceiro, configurar-se-á a situação prevista no art. 362.

Tal previsão teve seu espírito reproduzido no diploma de 2015, no § 3º, do art. 524:

> Art. 524. O requerimento previsto no art. 523 será instruído com demonstrativo discriminado e atualizado do crédito, devendo a petição conter:
> [...]
> § 3º Quando a elaboração do demonstrativo depender de dados em poder de terceiros ou do executado, o juiz poderá requisitá-los, sob cominação do crime de desobediência.

Assim, a sonegação infundada de documentos que estejam em posse do devedor e que sejam indispensáveis à elaboração do cálculo de liquidação, devem importar a aceitação, como corretos, dos cálculos apresentados pelo credor.

Superada a análise da importância de elementos documentais a servirem de suporte para a liquidação por cálculos, interessa indagar a quem cabe a legitimidade para promover o início da liquidação por cálculos, uma vez que ela não é expressa na CLT.

De fato, o *caput* do art. 879 determina que, sendo ilíquida a sentença, ordenar-se-á, previamente, a sua liquidação, sem informar quem será ordenado a assim proceder.

Buscando auxílio no CPC/2015, vale observar o que dispõe o art. 509, em seu *caput* e § 2º:

> Art. 509. Quando a sentença condenar ao pagamento de quantia ilíquida, proceder-se-á à sua liquidação, a requerimento do credor ou do devedor:
> [...]
> § 2º Quando a apuração do valor depender apenas de cálculo aritmético, o credor poderá promover, desde logo, o cumprimento da sentença.

Além disso, o § 1º-B, do art. 879, da CLT, determina que "as partes deverão ser previamente intimadas para a apresentação do cálculo de liquidação, inclusive da contribuição previdenciária incidente".

Assim, tanto credor quanto devedor podem requerer o início da liquidação, e o credor pode, desde logo, promover o cumprimento da sentença com a apresentação de seus cálculos.

A praxe forense acabou estimulando a prática de que os cálculos sejam sempre apresentados inicialmente pelo credor, contudo, nada impede que o contrário aconteça.

Considerando que tanto credor quanto devedor podem apresentar os cálculos de liquidação, é oportuno indagar o que ocorre se nenhum deles o fizer.

De acordo com a nova regra do art. 878 da CLT, cuja redação foi modificada pela Lei n. 13.467/2017, os atos de ofício do juiz na execução só são admissíveis nos casos em que as partes não estiverem representadas por advogado. Por uma questão sistemática, a CLT inseriu a liquidação da sentença no capítulo que trata da execução, razão pela qual muitos são os defensores do entendimento de que, se o reclamante não atender ao comando judicial para a apresentação de cálculos, pode operar-se a prescrição intercorrente, disposta no art. 11-A da CLT. Por todos que defendem esse raciocínio, cita-se Mauro Schiavi[16]:

> Acreditamos que a prescrição intercorrente se aplica ao Processo do Trabalho exatamente na fase em que o autor é intimado para apresentar os cálculos e se mantém inerte pelo prazo de dois anos. É bem verdade que o juiz pode deter-

---

(15) SILVA, Homero Batista Mateus da. *Op. cit.*, p. 85.
(16) SCHIAVI, Mauro. *Manual de Direito Processual do Trabalho*. São Paulo: LTr, 2018. p. 1.098.

minar que a ré apresente os cálculos, mas esta também pode se quedar inerte. Não nos parece que a secretaria da vara esteja obrigada a elaborar os cálculos, pois não há um contador na Vara, e também, o excesso de serviço praticamente inviabiliza tal providência. A apresentação de cálculos, no nosso sentir, é providência que incumbe às partes e, havendo inércia, a prescrição intercorrente pode ser reconhecida.

Ainda que não discordemos da conclusão do autor, por óbvio o pronunciamento da prescrição intercorrente é a própria frustração da prestação jurisdicional.

Considerando-se que, como regra, o devedor é uma sociedade empresária que dispõe de melhores condições técnicas e financeiras para a contratação de serviço especializado para a elaboração dos cálculos de liquidação e que, se o devedor for intimado primeiro do que o credor a apresentar sua conta de liquidação, tenderá a fazê-lo, para não correr o risco de que o cálculo apresentado pela parte contrária posteriormente venha a ser homologado em razão de sua inércia, entende-se ser recomendável que a parte devedora seja primeiramente intimada a apresentar sua conta de liquidação.

Assim, mesmo na hipótese de eventual inércia do credor, uma das partes teria se desincumbido da obrigação de apresentar os cálculos de liquidação. Como visto, tal procedimento encontra amparo no § 1º-B, do art. 879, da CLT, no art. 509, *caput*, do CPC, e se afigura recomendável para evitar aquilo que de pior pode ocorrer na execução de uma decisão judicial: a completa frustração do direito do credor receber aquilo que lhe é devido.

É interessante perceber também que, mantida a determinação legal para que o juiz proceda de ofício à liquidação das contribuições previdenciárias (CLT, art. 876, parágrafo único), parece impossível que venha a fazê-lo sem antes proceder à liquidação dos valores de principal sobre os quais deverá incidir a tributação, de modo que seria um contrassenso proceder-se a essa liquidação e não mandar atualizar a conta pelo setor de cálculos da Vara do Trabalho, dando-se prosseguimento unicamente à execução previdenciária incidental.

Outra questão relevante é a forma como deve ser estabelecido o contraditório durante a elaboração da conta de liquidação.

Antes da Lei n. 13.467/2017, o juiz tinha duas faculdades: a) homologar, de plano, as contas oferecidas pelo credor, cabendo ao devedor o direito de discutir a correção dos valores homologados apenas em sede de embargos à execução, dentro dos limites impostos pelo art. 884 da CLT; ou b) na forma da antiga redação do § 2º, do art. 879, da CLT, poderia "abrir às partes prazo sucessivo de 10 (dez) dias para impugnação fundamentada com a indicação dos itens e valores objeto da discordância, sob pena de preclusão".

Com a Reforma Trabalhista, tal faculdade deixa de existir. A nova redação do art. 879, § 2º, da CLT, é taxativa no sentido de que as partes devem ter a oportunidade de se manifestar sobre a conta de liquidação antes da homologação dos cálculos:

> § 2º Elaborada a conta e tornada líquida, o juízo **deverá** abrir às partes prazo comum de oito dias para impugnação fundamentada com a indicação dos itens e valores objeto da discordância, sob pena de preclusão. (g. n.)

A alteração legislativa veio em boa hora e trata-se de providência que tem por objetivo prestigiar o contraditório prévio antes da fixação do *quantum* devido[17].

Realmente, não raros eram os casos em que a homologação imediata dos cálculos elaborados pelo credor inviabilizava o exercício do contraditório por parte do devedor. Com efeito, a apresentação de valores de forma equivocada, que majorassem grandemente o *quantum* efetivamente devido, obstava o exercício do direito à oposição de embargos à execução, pela própria impossibilidade de garantir a execução de forma a fazer frente a valores que muitas vezes alcançavam a casa dos milhões e, que, quando esmiuçados a fundo os cálculos realizados, vinha-se a constatar que os valores corretos correspondiam a números infinitamente inferiores aos que haviam sido homologados.

Por fim, o legislador reconheceu que os cálculos trabalhistas são mais complexos do que aqueles elaborados nas ações que tramitam perante a Justiça Comum, seja por ser comum em uma mesma demanda pleitear-se o pagamento de um expressivo número de verbas distintas, seja porque, como regra, o valor da verba principal tende a repercutir no cálculo de diversas outras verbas.

Por tal razão, a Lei n. 12.405/2011 fez incluir no texto do art. 879 da CLT o § 6º, que tem a seguinte redação:

> § 6º Tratando-se de cálculos de liquidação complexos, o juiz poderá nomear perito para a elaboração

---

(17) SCHIAVI, Mauro. *Op. cit.*, p. 1.098.

e fixará, depois da conclusão do trabalho, o valor dos respectivos honorários com observância, entre outros, dos critérios de razoabilidade e proporcionalidade.

A nomeação de perito para a confecção de cálculos complexos é uma faculdade do juiz. Por óbvio, a decisão que determinar a nomeação de perito para a realização do encargo, deve ser fundamentada, nos termos do art. 93, IX, da Constituição.

Contudo, tratando-se de faculdade do magistrado, não se vislumbra a hipótese de recuso ou impugnação atacando decisão que entenda por não adotar o procedimento em tela[18].

Após a elaboração do laudo, o juiz fixará honorários compatíveis com o trabalho realizado, ficando a cargo do devedor, como regra, o ônus do pagamento destes honorários.

Isso porque a regra disposta no art. 790-B da CLT, de que a responsabilidade pelo pagamento dos honorários periciais é da parte sucumbente na pretensão objeto da perícia, é voltada para as provas periciais realizadas ainda na fase de conhecimento.

Tratando-se de liquidação de sentença, há uma parte que sucumbiu ao término da fase de conhecimento e, agora, estão sendo apurados os valores por ela devidos. Por essa razão, é a essa parte a quem cabe a responsabilidade pelo pagamento dos honorários periciais. Os Tribunais do Trabalho têm majoritariamente se posicionado em tal sentido, sendo a ementa a seguir um exemplo deste posicionamento:

> HONORÁRIOS PERICIAIS PELA PERÍCIA CONTÁBIL ARBITRADOS NA FASE DE EXECUÇÃO. RESPONSABILIDADE. A aplicação do art. 790-B, da CLT, apenas se justifica durante a fase de conhecimento, na qual se constata a pertinência do pedido realizado na exordial. Fixada a sucumbência do executado, ante a sua condenação ao pagamento das rubricas que fizeram parte do título executivo, a apuração contábil dos valores devidos na fase de execução é mero acessório, cujo custo também deverá ser arcado pelo ex-empregador. Agravo de petição ao qual se dá provimento para condenar o executado a pagar os honorários periciais fixados na r. sentença de liquidação. (TRT-2 – AP: 02170008120095020018 SP 02170008120095020018 A20, Relator: SERGIO ROBERTO RODRIGUES, Data de Julgamento: 28.04.2015, 11ª TURMA, Data de Publicação: 07.05.2015.)

Muito se indaga se o distanciamento entre os cálculos apresentados pelas partes poderia ser um critério definidor do ônus de pagamento dos honorários periciais. Segundo essa lógica, caso o credor tenha inicialmente apresentado cálculos que tenham ficado muito distanciados do valor apurado ao final pelo perito, deveria incumbir ao credor ônus de arcar com o pagamento dos honorários.

Essa tese enfraqueceu substancialmente com o cancelamento da Súmula de Jurisprudência n. 236 do TST[19]. Pode-se dizer que o entendimento que hoje prevalece é o de que o ônus de pagamento destes honorários periciais só deve recair sobre o credor se ele der causa de forma desnecessária à realização da perícia, especialmente agindo de forma abusiva ou litigando de má-fé. Neste sentido, o Tribunal Regional da 3ª Região editou a Orientação Jurisprudencial n. 19:

> OJ. 19 – HONORÁRIOS PERICIAIS. FASE DE EXECUÇÃO. RESPONSABILIDADE. O mero distanciamento numérico entre os cálculos apresentados pelas partes e a conta homologada não é critério de fixação da responsabilidade pelos honorários periciais na execução. Regra geral, esse ônus compete ao executado, sucumbente na fase de conhecimento, salvo quando o exequente der causa desnecessária à perícia, notadamente por abuso ou má-fé.

3. LIQUIDAÇÃO DAS OBRIGAÇÕES FISCAIS E PREVIDENCIÁRIAS

Por força da Emenda Constitucional n. 45, foi inserido no bojo do art. 114 da Constituição Federal, que disciplina a competência da Justiça do Trabalho, o inciso VII, que atribui à Justiça do Trabalho a competência para a execução, de ofício, das contribuições sociais previstas no art. 195, I, *a*, e II, e seus acréscimos legais, decorrentes das sentenças que proferir.

Além disso, a Corregedoria-Geral da Justiça do Trabalho expediu em 03.05.2005, o Provimento n. 3, que dispõe sobre a retenção do Imposto de Renda na Fonte incidente sobre os rendimentos pagos em cumprimento de decisões da Justiça do Trabalho. O Provimento em tela foi posteriormente revogado pela Consolidação dos Provimentos da Corregedoria-Geral da Justiça do Trabalho em 2016, mas suas remissas, que a seguir são reproduzidas, permanecem sendo observadas:

---

(18) Cf. LEITE, Carlos Henrique Bezerra. *Curso de Direito Processual do Trabalho*. Rio de Janeiro: Saraiva Jur., 2018. p. 1.338.

(19) 236. HONORÁRIOS PERICIAIS. RESPONSABILIDADE (cancelada) – Res. n. 121/2003, DJ 19, 20 e 21.11.2003. A responsabilidade pelo pagamento dos honorários periciais é da parte sucumbente na pretensão relativa ao objeto da perícia.

a) O imposto de renda incidente sobre os rendimentos pagos em cumprimento espontâneo de decisão judicial proferida pela Justiça do Trabalho será retido na fonte pela pessoa física ou jurídica obrigada do pagamento, conforme estabelece o art. 46 da Lei n. 8.541/1992;

b) O recolhimento do imposto de renda deverá ser comprovado pela fonte pagadora, nos autos da reclamatória trabalhista;

c) Estando o valor da execução à disposição do juízo, este, antes de autorizar o levantamento do crédito pelo reclamante, deverá intimar a fonte pagadora para que informe o valor que pretende ver retido, a título de imposto de renda, caso ainda não o tenha comprovado, nos respectivos autos;

d) Na hipótese de omissão por parte da fonte pagadora quanto à indicação do valor a ser retido, e nos pagamentos de honorários periciais, competirá ao Juiz do Trabalho calcular o imposto de renda na fonte, destinado ao recolhimento na forma da lei;

e) Ainda, incorre à fonte a pagadora pela não indicação, da natureza jurídica das parcelas decorrentes de acordo homologado perante a Justiça do Trabalho, a incidência do imposto de renda na fonte sobre o valor total da avença.

Qualquer que seja a modalidade de liquidação adotada para a fixação do *quantum debeatur* (cálculos, artigos ou arbitramento), a definição dos valores devidos a título de contribuições previdenciárias e cota fiscal será feita mediante simples cálculos, tomando por base o crédito principal fixado.

A CLT dispõe expressamente no § 1º-A do art. 879 a necessidade de a liquidação abranger, também, o cálculo das contribuições previdenciárias devidas.

Ainda que a decisão que está sendo liquidada seja omissa sobre a apuração e cobrança das cotas fiscais e previdenciárias, a liquidação destes créditos não ofende a coisa julgada, de acordo com o entendimento solidificado na Súmula de Jurisprudência n. 401 do TST[20], tendo em vista o caráter de ordem pública das normas que disciplinam tais obrigações.

Outra questão tormentosa sobre a liquidação dos créditos previdenciários é a conjugação do prazo preclusivo de 10 dias para que a União se manifeste sobre a correção das cotas previdenciárias apuradas (art. 879, § 3º, da CLT) e o prazo decandencial de 5 anos de que a União dispõe para promover a inscrição do débito previdenciário junto à dívida ativa (art. 173 do CTN).

Não se poderia imaginar que a regra celetista viesse a atropelar o prazo decandecial próprio, assegurado à União pelo CTN. Por esta razão, faz-se necessária a conjugação de ambas as normas, de forma a que a *mens legis* que animou ambos preceitos legais seja observada.

A nosso ver, quem melhor enxergou a compatibilização das normas foi Homero Batista Mateus da Silva[21]:

"2. Até hoje não se sedimentou a natureza jurídica de terceiro do INSS nem se entendeu ao certo quais os limites da competência atribuída à Justiça do Trabalho. Ademais, há mesmo quem discuta a pertinência de se haver levado essa matéria para o processo do trabalho, com perda de qualidade das decisões judiciais e enorme morosidade, tirando o foco da especialização trabalhista. Em meio a tantas dúvidas, a forma mais razoável de se entender o deslocamento da competência é aquela que encara os recolhimentos previdenciários e fiscais como "reflexos" das parcelas deferidas. Como esse conceito de "reflexos", tal como se a contribuição social fosse um décimo terceiro salário ou um fundo de garantia, foi possível enxergar a viabilidade da competência e foi possível entender porque a Previdência Social pode cobrar o empregador perante a Justiça Federal, numa ação autônoma, ou aproveitar os autos trabalhistas, numa execução dependente da principal. Logo, o prazo de cinco anos para a inscrição do débito e de cinco anos para o ajuizamento da ação continuam intactos perante a Justiça Federal, mas, caso a arrecadação seja feita "por aproveitamento" na Justiça do Trabalho, sob a forma de "reflexos", então devem ser respeitados os prazos processuais trabalhistas, a começar pela prescrição aplicável ao trabalhador quando do aforamento da ação, passando pelos prazos recursais e terminando nos prazos da execução. daí por que o prazo de dez dias é realmente preclusivo e se aplica, sim, à União [...]."

---

(20) 401. AÇÃO RESCISÓRIA. DESCONTOS LEGAIS. FASE DE EXECUÇÃO. SENTENÇA EXEQÜENDA OMISSA. INEXISTÊNCIA DE OFENSA À COISA JULGADA (conversão da Orientação Jurisprudencial n. 81 da SBDI-2) – Res. n. 137/2005 – DJ 22, 23 e 24.08.2005. Os descontos previdenciários e fiscais devem ser efetuados pelo juízo executório, ainda que a sentença exeqüenda tenha sido omissa sobre a questão, dado o caráter de ordem pública ostentado pela norma que os disciplina. A ofensa à coisa julgada somente poderá ser caracterizada na hipótese de o título exeqüendo, expressamente, afastar a dedução dos valores a título de imposto de renda e de contribuição previdenciária. (ex-OJ n. 81 da SBDI-2 – inserida em 13.03.2002)

(21) SILVA, Homero Batista Mateus da. *Op. cit.*, p. 94.

Logo, a regra do art. 879, § 3º, da CLT, era aplicável à União, quando esta almejava efetuar a cobrança de seu crédito nos próprios autos da ação trabalhista.

Na forma do § 5º do art. 879, a União está dispensada de se manifestar quando o valor total das verbas que integram o salário de contribuição for inexpressivo. A fixação do que é ou não valor inexpressivo compete ao Ministro da Fazenda.

A liberação da obrigação de a União se manifestar sobre os cálculos, não afasta, contudo, o dever de executar de ofício os créditos previdenciários que venham a ser apurados, independente do seu valor, nos termos do art. 878-A da CLT e do inciso VII, do art. 114, da Constituição.

Outro ponto controvertido em relação ao crédito previdenciário é a fixação do fato gerador da obrigação.

Após muita controvérsia, o TST finalmente estabeleceu o fato gerador das contribuições previdenciárias devidas, ao modificar a redação de sua Súmula de Jurisprudência n. 368.

De acordo com o item IV da Súmula referida, para os serviços prestados até 04.03.2009, inclusive, configura-se a mora a partir do dia dois do mês seguinte ao da liquidação, na forma art. 276, *caput*, do Decreto n. 3.048/1999.

O inciso V da mesma Súmula disciplinou que, para o labor realizado a partir de 05.03.2009, por força da Medida Provisória n. 449/2008, posteriormente convertida na Lei n. 11.941/2009, que deu nova redação ao art. 43 da Lei n. 8.212/1991, considera-se fato gerador a data da efetiva prestação dos serviços.

Sobre as contribuições previdenciárias não recolhidas a partir da prestação dos serviços incidem juros de mora e, uma vez apurados os créditos previdenciários, aplica-se multa a partir do exaurimento do prazo de citação para pagamento.

A Súmula n. 368, em seu inciso VI, termina por disciplinar a apuração e dedução do imposto de renda decorrente de crédito do empregado recebido acumuladamente, que deve ser calculado sobre o montante dos rendimentos pagos, mediante a utilização de tabela progressiva resultante da multiplicação da quantidade de meses a que se refiram os rendimentos pelos valores constantes da tabela progressiva mensal correspondente ao mês do recebimento ou crédito, nos termos do art. 12-A da Lei n. 7.713, de 22.12.1988, com a redação conferida pela Lei n. 13.149/2015, observado o procedimento previsto nas Instruções Normativas da Receita Federal do Brasil.

As controvérsias envolvendo os créditos previdenciários são inúmeras, sendo outra delas a forma de correção.

O § 4º, do art. 879, da CLT, dispõe expressamente que "a atualização do crédito devido à Previdência Social observará os critérios estabelecidos na legislação previdenciária".

A Taxa do Sistema Especial de Liquidação e Custódia (SELIC) é atualmente o índice de correção monetária e juros aplicado a todos os créditos públicos federais. A Taxa SELIC foi criada pela Lei n. 9.065/1995, que teve sua origem na Medida Provisória n. 947, de 22.03.1995 (reeditada sob ns. 972/1995, em 20.04.1995, e 998, em 19.05.1995), cujo art. 13 dispõe:

> Art. 13. A partir de 1º de abril de 1995 os juros de que tratam a alínea c do parágrafo único do art. 14 da Lei n. 8.847, de 28 de janeiro de 1994 com redação dada pelo art. 6º da Lei n. 8.850, de 28 de janeiro de 1994 e pelo art. 90 da Lei n. 8.981/1995 o art. 84, inciso I, e o art. 91, § único, alínea a.2", da Lei n. 8.981/1995, serão equivalentes à taxa referencial do Sistema Especial de Liquidação e de Custódia – SELIC – para títulos federais, acumulada mensalmente.

Pela conjugação dos arts. 22, inciso I, 28, 30, 34, 35 e 43, § 2º, da Lei n. 8.212/1991; do art. 879 § 4º da CLT e dos arts. 114 e 116 do CTN, a União Federal defende que os créditos previdenciários devem ser atualizados a partir da Taxa Selic, que em seu bojo engloba tanto um índice de correção monetária quanto juros de mora.

Não obstante isso, não há um consenso pretoriano sobre a forma de correção dos créditos previdenciários.

Por um lado, há quem defenda que a aplicação da taxa SELIC tem lugar a partir do trânsito em julgado da sentença de liquidação.

Neste sentido, o Tribunal Regional do Trabalho da 4ª Região editou a Orientação Jurisprudencial n. 1, item I, de sua seção Especializada em Execução, que tinha o seguinte texto:

> A atualização das contribuições previdenciárias deve ser efetuada pelos mesmos índices aplicáveis aos débitos trabalhistas até o trânsito em julgado da sentença de liquidação, adotando-se a taxa SELIC, juros e multa moratórios somente a partir da data final do prazo para o recolhimento do tributo.

A Orientação Jurisprudencial em questão foi alterada pela Resolução n. 12/2017 e o inciso antes reproduzido foi excluído. Contudo, percebe-se que, durante algum tempo, este foi o entendimento predominante na Corte.

Quanto ao TST, a maior parte dos recursos de revista que tratam da matéria não têm seu mérito enfrentado, uma vez que a discussão sobre a aplicação da taxa SELIC surge como regra apenas durante a execução, e a maior parte dos julgamentos adota o entendimento de que tal debate não implica ofensa direta a texto da Constituição, condição indispensável ao conhecimento de recurso de revista aviado durante a execução, na forma do art. 896, § 2º, da CLT.

Entretanto, algumas decisões apreciaram a matéria ainda na fase de conhecimento e outras vislumbraram ofensa ao texto do art. 195, I, da CFRB, tendo adentrado ao mérito do debate. Em tais decisões, prevaleceu o entendimento de que a Taxa Selic é inaplicável aos créditos previdenciários apurados como consectários de créditos trabalhistas, haja vista a preponderância das normas próprias de juros e correção monetária aplicáveis a estes últimos:

> RECURSO DE REVISTA. 1) CONTRIBUIÇÃO PREVIDENCIÁRIA. INCIDÊNCIA DE JUROS DE MORA E MULTA. TERMO INICIAL. TAXA SELIC. NÃO APLICAÇÃO. A Constituição da República determina que – as contribuições sociais para custeio da seguridade social incidam sobre a folha de salários e demais rendimentos do trabalho pagos ou creditados, a qualquer título, à pessoa física que lhe preste serviço, mesmo sem vínculo empregatício – (art. 195, I, *a*, CF). Pela CF, a incidência se faz a partir do momento em que tais rendimentos sejam pagos ou creditados, o que afasta a incidência de juros de mora e de multa antes da apuração judicial do crédito, nos casos em que se tratar de valores resultantes de condenação ou acordo judicial. Desse modo, com respeito a processos em que se apuram contribuições previdenciárias decorrentes de decisão judicial (sentença ou acordo), só haverá incidência de juros de mora e de multa se a parte executada não efetuar o recolhimento da parcela devida ao INSS no prazo que lhe faculta a ordem jurídica, qual seja, até o dia dois do mês subsequente ao pagamento realizado ao obreiro, nos termos do art. 276 do Regulamento da Previdência Social (Decreto n. 3.048/1999). Essa regra se aplica tanto aos valores pagos em virtude da liquidação da sentença ou do cumprimento do acordo, quanto às contribuições devidas referentes aos salários pagos durante o pacto laboral só reconhecido em juízo (parágrafo único do art. 876 da CLT), ainda que abrangendo vários anos atrás. Considera-se que esse critério se coaduna com o espírito da Lei que, ao prever a possibilidade de execução das contribuições previdenciárias por esta Justiça do Trabalho, inclusive incidentes sobre os salários pagos no curso da relação de emprego reconhecida judicialmente, com certeza não pretendeu onerar excessivamente os contribuintes, com a criação de possíveis situações inusitadas como, por exemplo, a do crédito previdenciário ultrapassar o valor do crédito principal devido ao trabalhador. <u>Registre-se, ainda, que alteração legal ocorrida em lei (nova redação do art. 43 da Lei n. 8.212/1991, conferida pela MP n. 449, de 03.12.2008, convertida na Lei n. 11.941/2009), se interpretada com as normas constitucionais e legais que regem a matéria, não autoriza o entendimento de ter sido alterada a forma de cálculo das contribuições previdenciárias devidas em decorrência de decisão judicial. Ao crédito trabalhista se aplicam juros de mora conforme a regulamentação específica prevista no art. 883 da CLT c/c § 1º do art. 39 da Lei n. 8.177/1991, e não a taxa SELIC, que engloba juros e correção monetária. Recurso de revista conhecido e parcialmente provido no aspecto</u>. [...] (RR – 5615-37.2012.5.12.0051, Relator Ministro: Mauricio Godinho Delgado, Data de Julgamento: 28.05.2014, 3ª Turma, Data de Publicação: DEJT 06.06.2014, g.n.)

> [...] 2 – CONTRIBUIÇÃO PREVIDENCIÁRIA – JUROS DE MORA – TAXA SELIC. <u>Na Justiça do Trabalho, os juros de mora são disciplinados pelo art. 39 da Lei n. 8.177/1991. Desta forma, equivocada a aplicação da taxa SELIC diante da existência de norma específica sobre a forma de cálculo dos referidos juros de débitos oriundos da relação de emprego. Recurso de Revista conhecido e provido</u>. (AIRR e RR – 136400-80.2004.5.15.0117, Relatora Juíza Convocada: Maria Laura Franco Lima de Faria, Data de Julgamento: 18.04.2012, 8ª Turma, Data de Publicação: DEJT 20.04.2012, g. n.)

4. A SENTENÇA OU ACÓRDÃO LÍQUIDOS COMPORTAM UMA NOVA LIQUIDAÇÃO?

O tema em tela ganha relevância, considerando a edição da Recomendação n. 4/2018 da Corregedoria-Geral da Justiça do Trabalho, no sentido de que os juízes do trabalho, sempre que possível, devem proferir sentenças condenatórias líquidas.

Em sua exposição de motivos, a medida visa dar mais agilidade à fase de execução das sentenças e efetividade ao princípio da duração razoável do processo, previsto no art. 5º, inciso LXXVIII, da Constituição da República. O número de sentenças líquidas proferidas em processos submetidos ao rito sumário e sumariíssimo é um dos critérios estabelecidos pelo Conselho Nacional de Justiça na avaliação de magistrados para fins de promoção por merecimento.

Entretanto, é importante observar que a CLT, mesmo após a Reforma Trabalhista, não traz em seu bojo qualquer dispositivo que obrigue os magistrados a proferirem sentenças líquidas.

De toda maneira, a indagação a ser respondida é se a decisão transitada em julgado, que seja proferida de forma líquida, seja sentença ou acórdão, pode comportar uma nova liquidação.

A resposta que se nos afigura correta é que não.

Tendo a decisão sido proferida de forma líquida, incumbe à parte que entender que houve equívoco da liquidação da decisão, atacar a própria liquidação pelo recurso que se afigurar apropriado ao momento (embargos de declaração, recurso ordinário ou recurso de revista).

A impugnação pode apontar desde eventual dissonância entre a condenação imposta e os cálculos elaborados, até mesmo discutir eventuais critérios de liquidação, apuração, correção e atualização das verbas deferidas.

A ausência de impugnação específica aos cálculos que acompanham a decisão líquida implica preclusão, como vem entendendo muitos Tribunais Regionais:

> SENTENÇA LÍQUIDA. MOMENTO DA IMPUGNAÇÃO. PRECLUSÃO. Tratando-se de sentença líquida, os valores constantes das planilhas fazem parte da condenação, e eventual divergência deve ser impugnada através de Recurso Ordinário, e não na fase de execução, sob pena de preclusão. (TRT-17 – AP: 00443003020095170003, Relator: JAILSON PEREIRA DA SILVA, Data de Julgamento: 11.06.2018, Data de Publicação: 29.06.2018.)

O não cabimento de uma nova liquidação não significa, contudo, que os valores apurados deixarão de ser atualizados com juros e correção monetária até a data do efetivo pagamento, nem que, se sobrevier reforma do julgado em sede recursal, tenha-se de proceder à nova liquidação, ou mesmo se houver prestações futuras igualmente a liquidar.

5. LIQUIDAÇÃO "ZERO"

A liquidação da sentença parte da existência de um título judicial que reconhece a existência de uma relação de crédito e débito (*an debeatur*) possibilitando que o crédito/débito seja quantificado (*quantum debeatur*).

Havendo uma decisão que reconhece a existência de um débito, é possível que a liquidação encontre um valor negativo a título de crédito ou um valor equivalente a zero?

De início, é importante recordar que, na liquidação, não se poderá modificar, ou inovar, a sentença liquidanda nem discutir matéria pertinente à causa principal (art. 879, § 1º, da CLT), contudo, *per se*, isso não significa que a liquidação, necessariamente, encontrará um resultado positivo.

No Código de Processo Civil de 1939, havia preceito que conduzia à conclusão de que deveriam ser realizadas quantas liquidações fossem necessárias a que se encontrasse um resultado positivo:

> Art. 915. Se as provas não oferecerem elementos suficientes para que o juiz determine o valor da condenação, o liquidante será condenado nas custas, procedendo-se a nova liquidação.

Tal previsão não mais existe e, tanto na sistemática processual civil quanto na trabalhista, a liquidação deve ser procedida até que haja a verificação da existência ou não de um crédito positivo.

Não por outra razão, Nelson Nery Jr.[22] leciona que:

> O juiz pode condenar na ação de conhecimento, declarando a obrigação de pagar, mas relegar a apuração do quantum para a liquidação da sentença. Na verdade a sentença de conhecimento não é condenatória, mas meramente declaratória (Moniz de Aragão, RP n. 44/29). Dada a natureza constitutivo-integrativa da sentença de liquidação, é possível que se encontre valor zero para a obrigação de pagar fixada na sentença dita condenatória, porém, declaratória. Não existe mais a regra do CPC/1939 915, que, no caso de liquidação zero, mandava fazer quantas liquidações fossem necessárias até encontrar-se um *quantum*. Hoje, só há possibilidade do ajuizamento de uma ação de liquidação. A sentença que declara ser zero o *quantum debeatur* não ofende a coisa julgada do processo de conhecimento.

No mesmo sentido, se posiciona Araken de Assis[23]:

> Tal questão, celebrizada por Calamandrei, e tradicional no direito pátrio, comporta resposta positiva na ampla exposição de Moniz de Aragão. 'Se a existência e o valor do dano', diz ele, 'não houverem sido demonstrados no processo de conhecimento, a tentativa de sua apuração na fase de liquidação de sentença poderá revelar que não há dano a ressarcir, o *quantum* é igual a zero.

Portanto, a liquidação "zero" não implica, em sua essência, violação aos termos da coisa julgada.

Em verdade, a decisão liquidanda não tem natureza condenatória, apenas declaratória.

---

(22) NERY JR., Nelson. *Comentários ao Código de Processo Civil*. São Paulo: Revista dos Tribunais, 1996. p. 1.036.
(23) ASSIS, Araken de. *Manual do Processo de Execução*. São Paulo: Revista dos Tribunais, 1997. p. 268.

Nessa mesma toada, ainda que a liquidação aponte um valor "negativo", ou seja, em desfavor do credor, isso não significa que será possível a cobrança de valores em face do credor originário, pois aí, sim, haveria um claro desrespeito aos termos da coisa julgada, ou ainda à inexistência de título para tanto.

6. LIQUIDAÇÃO DE SENTENÇA POR ARBITRAMENTO E POR ARTIGOS NO PROCESSO DO TRABALHO

Inicialmente, cabe uma observação sobre as mudanças legislativas que trouxeram alteração estrutural nas figuras jurídicas da liquidação por arbitramento e por artigos. No Código de Processo Civil – CPC de 1939, estava inserida no Livro VIII "Da execução" e no CPC de 1973, aparece no Capítulo VI, do Livro II que trata "Do processo de execução". Entretanto, após as modificações introduzidas pela Lei n. 11.232/2005, o art. 475-A abre o novo Capítulo IX do Livro I do CPC, "Do processo de conhecimento" e no CPC de 2015 está no Capítulo XIV do Livro I da Parte Especial "Do Processo de Conhecimento e do Cumprimento da Sentença", com um novo perfil, até mesmo terminológico em relação à liquidação por artigos, agora denominado de "liquidação pelo procedimento comum" (arts. 509, II, e 511).

Este texto, que abordará a identificação do atual perfil e o campo de utilização da liquidação por arbitramento e por artigos (pelo procedimento comum), sem pretensão de algo completo e definitivo sobre o tema, tem por objetivo fazer um estudo das mudanças trazidas pelo Novo CPC e sua aplicabilidade ao Processo do Trabalho, analisando as caraterísticas e o seu processamento.

6.1. Liquidação por arbitramento: admssibilidade e processamento

A liquidação de sentença por arbitramento, antes da Lei n. 11.232/2005, estava escorada basicamente nos art. 606 e 607 do CPC/1973, apesar de também atrair outras normas, como os arts. 603 e 610. Com a mencionada lei reformadora, tal modalidade de liquidação ficou, então, repousada nos arts. 475-C e 475-D (que substituíram os arts. 606 e 607), recebendo influência de outros dispositivos, a saber: art. 475-A (em permuta do art. 603), 475-G (que revogou o art. 610) e art. 475-H (sem precedente).

A CLT, ao se referir às formas de liquidação, apenas as enumera no art. 879, mas não diz qual o procedimento a seguir. Neste caso, a aplicação supletiva e subsidiária do CPC (por força dos art. 769 da CLT e 15 do CPC), faz-se necessária.

Dispõe o art. 509, I, do NCPC:

> Quando a sentença condenar ao pagamento de quantia ilíquida, proceder-se-á à sua liquidação, a requerimento do credor ou do devedor:
>
> I – por arbitramento, quando determinado pela sentença, convencionado pelas partes ou exigido pela natureza do objeto da liquidação;(...)

Conforme se infere do texto legal, esta modalidade de liquidação por arbitramento poderá ocorrer quando: 1) determinado pelo juiz na sentença; 2) por convenção das partes; e 3) o exigir a natureza do objeto da liquidação.

Interessante observar que o CPC de 1939, no art. 909, já apresentava no inciso I os primeiros requisitos: convenção expressa das partes, ou determinação na sentença. Entretanto, formulava um requisito negativo, no inciso II: "quando, para fixar o valor da sentença, não houver necessidade de provar fato novo."

A utilização desta espécie de liquidação por arbitramento, no Processo do Trabalho é muito rara, por ser onerosa, com procedimento mais demorado e exigência de perícia. Assim, deverá ser realizada por arbitramento somente quando não for possível apurar-se o *quantum debeatur* por cálculo ou por artigos (procedimento comum), ou seja, "pela ausência absoluta de elementos capazes de possibilitar o cálculo do valor do título ou de comprovar fatos que os forneçam", como ensina Roberto Freire Pimenta[24].

Aponta Ísis de Almeida um caso concreto de utilização desta forma de liquidação, *in verbis*:

> No processo trabalhista é bastante comum para a apuração dos valores das gorjetas espontâneas: de horas extras variadas cumpridas de forma irregular e de acordo com andamento de certos serviços, sem uma comprovação objetiva, específica – parcelas, enfim, cujo valor tenha de ser fixado aproximadamente, muitas vezes conforme usos e costumes, ou peculiaridades da atividade profissional em causa, levando-se em conta circunstâncias as mais diversas, e que exigem uma pessoa especializada,

---

(24) PIMENTA, Roberto Freire. Liquidação de sentença no processo do trabalho. In: BARROS, Alice Monteiro (Coord.). *Compêndio de Direito Processual do Trabalho*. São Paulo: LTr, 1998. p. 583.

para colher dados, manipulá-los, e elaborar um laudo, como se se tratasse de uma perícia.[25]

Assim, se na prolação da sentença não se fez a determinação de todos os contornos da condenação, pode-se proceder à liquidação por arbitramento, a qual estará vinculada à feitura de prova pericial, podendo constituir em exames, vistoria ou avaliação, nos termos do art. 464 do NCPC.

Quando, porém, existirem nos autos todos os elementos necessários para os peritos declararem o valor do débito, o caso é de arbitramento. Isto nos leva a um questionamento, no sentido de indagar por que o juiz deixou de proferir uma sentença líquida, com remessa para uma fase de liquidação? Para a resposta, devemos destacar que os elementos já constam nos autos, diferentemente da liquidação por artigos (por procedimento comum) que, para aferir fatos novos, alargará a prova a ser colhida para determinação do título.

Cabe observar que esta modalidade de liquidação envolve casos que ordinariamente seria possível que a determinação da condenação fosse efetuada antes da prolação da sentença. Todavia, por uma questão de celeridade, se profere desde logo a sentença e se posterga a determinação da condenação, com colheita de futura prova, de natureza pericial. Ressalve-se que a matéria objeto de perícia futura já se encontra resolvida, com as bases fixadas na sentença (*an debeatur*), só restando fixar os limites da condenação pela prova técnica (*quantum debeatur*). Aliás, "na liquidação, não se poderá modificar, ou inovar, a sentença liquidanda nem discutir matéria pertinente à causa principal", conforme determina o § 1º, do art. 879, da CLT.

Outro aspecto peculiar do processo do trabalho é a petição com cumulação de pedidos feitos pelo reclamante que gera uma multiplicidade de capítulos na sentença, na qual alguns são líquidos e outros não. Neste caso, é lícito ao credor promover simultaneamente a execução da parte líquida e, em autos apartados, a liquidação desta (art. 509, § 1º, do NCPC).

Vejamos os casos trazidos por Homero Batista Mateus da Silva:

> Outros exemplos de liquidação por arbitramento incluem as sentenças condenatórias de diferenças de comissões e as sentenças condenatórias de reflexos de salários pagos "por fora" dos holerites: em ambos os casos o julgado pode ter formado a convicção de que os fatos aconteceram (queda de remuneração e pagamento de salários à margem dos recibos oficiais), mas não encontrou elementos suficientes para desde logo fixar quais foram os valores envolvidos. Claro que a melhor hipótese é encontrar estes elementos, ainda que através de provas orais, mas quando isso não for possível, ainda resta a via do arbitramento em liquidação.[26]

O que se percebe, pois, é que na liquidação por arbitramento há uma transferência, às vezes proposital, de prova de natureza técnica para outra fase processual, que, em princípio, poderia ter sido ultimada antes da sentença, uma vez que para a sua consecução os dados poderiam ali ser colhidos.

Quanto ao procedimento, a liquidação por arbitramento sofre mudanças no CPC de 2015, cuja diretriz geral está fixada no art. 510, *in verbis*:

> Na liquidação por arbitramento, o juiz intimará as partes para a apresentação de pareceres ou documentos elucidativos, no prazo que fixar, e, caso não possa decidir de plano, nomeará perito, observando-se, no que couber, o procedimento da prova pericial.

Vislumbra-se neste dispositivo legal, de aplicação subsidiária ao processo do trabalho, que, num prazo razoável fixado pelo juiz, as partes devem apresentar pareceres ou documentos elucidativos para se chegar ao valor devido. A partir destes documentos, se elucidativos, decidirá de plano. Se não for elucidativo, o Juiz nomeará perito e seguirá as regras de produção da prova pericial.

Deste modo, os artigos do CPC/2015 referentes à prova pericial (art. 464-480) podem ser aplicados nesta fase do processo trabalhista, configurado como um incidente processual, com as devidas adaptações, como a indicação do perito feita pelo juiz (art. 13 da Lei n. 5.584/1970) e não escolhido pelas partes, como indica o art. 471 do NCPC.

Recebido o laudo, o juiz abrirá vistas às partes para manifestação no prazo comum de oito dias. O juiz apreciará livremente o laudo pericial (art. 479 do NCPC),

---

(25) ALMEIDA, Isis de. *Manual de Direito Processual do Trabalho*: Processo de Conhecimento e Processo de Execução Trabalhista. 9. ed. atual. e ampl. São Paulo: LTr, 1998. v. 2, p. 468.

(26) SILVA, Homero Batista Mateus da. *Curso de Direito do Trabalho Aplicado*: Execução trabalhista. 2. ed. rev., atual. e ampl. São Paulo: Revista dos Tribunais, 2015. v. 10, p. 86.

podendo considerar ou deixar de considerar as conclusões do laudo, sempre de forma fundamentada.

6.2. Liquidação por artigos (procedimento comum): admssibilidade e processamento

Como já se viu na introdução, cabe esclarecer que o NCPC, no art. 509, II, alterou a terminologia "liquidação por artigos" para "liquidação por procedimento comum", "quando houver necessidade de alegar e provar fato novo". Deste modo, a previsão do art. 879, *caput*, da CLT, no tocante à liquidação por artigos seguirá o procedimento do art. 509, II, do CPC

Diferentemente da liquidação por arbitramento, que se fixa na prova técnica, com base nos elementos já constantes nos autos, na liquidação por artigos, a fixação do *quantum debeatur* depende da aferição de "fato novo", que o melhor entendimento indica ser fato secundário e dependente do que já foi decidido.

Apesar de não ter a intenção de rediscutir ou de alterar o resultado (e limites) da lide anterior, se revestindo de natureza acessória, a liquidação pelo procedimento comum possui autonomia de alta escala. Há determinados títulos judiciais que dependem de acentuada participação da liquidação de sentença pelo procedimento comum para o detalhamento da condenação, notadamente quando os limites indenizatórios são estranhos à própria decisão que dará ensejo à liquidação.

Urge acentuar que, na liquidação pelo procedimento comum, a determinação do título depende da aferição de "fato novo" (fato secundário e dependente do que já foi decidido), reclamando dados outros que não estão constantes nos autos. Esta situação leva à conclusão de que a liquidação pelo procedimento comum – ao menos em alguns casos – não poderá ser vista como simples incidente, mantendo, pois, natureza de ação.

Neste sentido, Antônio Lamarca, com base na lição de Amílcar de Castro, ao falar da liquidação por artigos, assevera:

> A denominada *liquidação por artigos* é um verdadeiro *processo de conhecimento, de acertamento positivo*, de função diversa do processo de ação, porque não tem por escopo a formação de uma sentença *condenatória*, mas a formação de uma sentença *meramente declaratória* do que virtualmente se contém na sentença exequenda. [grifos do original][27]

O atual CPC, no art. 509, II, dispõe que "quando a sentença condenar ao pagamento de quantia ilíquida, proceder-se-á à sua liquidação, a requerimento do credor ou do devedor: (...) II – pelo procedimento comum, quando houver necessidade de alegar e provar fato novo".

Embora tenha havido mudança na denominação para "liquidação por procedimento comum", conforme já assinalado antes, a sistemática desta modalidade de liquidação foi mantida para "quando houver necessidade de alegar e provar fato novo.".

Entende-se por *fato novo* aquele já contido na sentença exequenda, pois "na liquidação é vedado discutir de novo a lide ou modificar a sentença que a julgou" (art. 509, § 4º, do NCPC). Neste sentido, Mauro Schiavi esclarece e exemplifica o seguinte:

> (...) o *fato novo* é o fato reconhecido na sentença de forma genérica, mas que necessita ser detalhado na fase de execução. Por exemplo: a condenação apenas determina uma indenização, horas extras, danos morais, etc., mas, para apurar o valor, há a necessidade de se determinar a sua extensão, por meio de prova de outros fatos constitutivos. Na liquidação por artigos em que a sentença determina apenas uma indenização, irá se apurar o montante dos danos e se fixar o valor devido, após prova dos danos.[28]

Deste modo, as horas extras e outros pedidos que a sentença reconheça a existência (fato já admitido), mas não estabeleça o quantitativo, é necessário fazer uma investigação complementar, por meio do procedimento comum.

No tocante ao procedimento, ocorrendo caso concreto que reclame liquidação pelo procedimento comum (artigo), deverá o postulante apresentar peça processual apontando de forma clara os elementos que dão sustentação ao seu pedido de determinação do título judicial, com as justificativas da necessidade de alegação e comprovação dos "fatos novos", não sendo lícito modificar os limites do título com a liquidação.

Assim, determina o art. 511 do CPC, *in verbis*:

> Na liquidação pelo procedimento comum, o juiz determinará a intimação do requerido, na pessoa de seu advogado ou da sociedade de advogados a que estiver vinculado, para, querendo, apresentar con-

---

(27) LAMARCA, Antônio. *Execução na Justiça do Trabalho*: título X da Consolidação das Leis do Trabalho, comentado. São Paulo: Fulgor, 1962. p. 99-100.
(28) SCHIAVI, Mauro. *Direito Processual do Trabalho*. 16. ed. São Paulo: LTr, 2017. p. 1.082.

testação no prazo de 15 (quinze) dias, observando-se, a seguir, no que couber, o disposto no Livro I da Parte Especial deste Código.[29]

É inegável, pois, que o ato que inaugura a liquidação por procedimento comum, após a intimação do requerido, na pessoa do advogado ou da sociedade de advogados, reveste-se de aspecto formal vinculado ao art. 840, I, da CLT, uma vez que suas alegações devem propiciar à outra parte a apresentação de defesa, bem como, posteriormente, a fixação de pontos controversos pelo julgador, cuja finalidade é delimitar os caminhos sinuosos da dilação probatória.

Há discussão na doutrina quanto à questão da revelia na liquidação de sentença por procedimento comum. Após a alegação de uma das partes, cabe à outra apresentar sua defesa. Mauro Schiavi sustenta que "(...) há necessidade de se provar fato novo, a nosso ver, os efeitos da revelia não incidem, pois, o autor tem que demonstrar os fatos novos que ainda não estavam delineados no comando sentencial (art. 879, § 1º, da CLT)".

Em sentido contrário, José Augusto Rodrigues Pinto defende a adaptação do procedimento do direito processual do trabalho, e sustenta:

> Torna-se oportuno lembrar, também, que, sendo o *leit motiv* da liquidação por artigos a indagação e a comprovação de fatos, o efeito da revelia e da confissão fática presumida, congeminadas pelo art. 844 da CLT, se produzirá com força plena, provocando o julgamento antecipado, da querela, nos termos do art. 330, II, do CPC, cuja inspiração, por sua vez, foi buscada no sistema consolidado trabalhista.[30]

Por sua vez, Francisco Antonio de Oliveira assevera que:

> A liquidação de sentença por artigos no processo do trabalho, embora muito rara, se existente, todavia, há de ser adequada à estrutura do processo laboral sem o formalismo do processo comum. Disso resulta que da não impugnação dos artigos não resulta a revelia, mas apenas a preclusão.
> [...]

No processo laboral, constitui simples incidente, e a decisão que vier a ser proferida é apenas interlocutória mista, desafiando embargos (incidente processual) e agravo de petição (recurso atípico e ambos permitem o juízo da reforma)[31].

A nosso ver, embora seja rara no processo do trabalho esta modalidade de liquidação, não faz sentido aplicar a revelia e seus efeitos, mas tentar elucidar os fatos novos, para que o juiz possa julgar provados, ou não, os artigos de liquidação.

Ademais, cabe ressaltar que a natureza jurídica da liquidação de sentença por artigos implicará resolução por sentença, nos termos do § 3º, do art. 884, da CLT, em que dispõe que "somente nos embargos à penhora poderá o executado impugnar a sentença de liquidação, cabendo ao exequente igual prazo".

Entretanto, apesar de ter sido empregada a palavra "sentença", ela não é recorrível de imediato, por ser uma decisão especial, de natureza interlocutória, que deve ser fundamentada (art. 93, IX, da CF).

Se, na decisão homologatória de cálculos, houver apreciação do mérito da controvérsia sobre tais cálculos, caberá ação rescisória para impugná-la, conforme jurisprudência pacificada no Tribunal Superior do Trabalho, por meio do inciso II da Súmula n. 399, *in verbis*:

> II – A decisão homologatória de cálculos apenas comporta rescisão quando enfrentar as questões envolvidas na elaboração da conta de liquidação, quer solvendo a controvérsia das partes quer explicitando, de ofício, os motivos pelos quais acolheu os cálculos oferecidos por uma das partes ou pelo setor de cálculos, e não contestados pela outra.[32]

Finalmente, nos casos de liquidação por artigos deliberados por sentença, o executado que se sentir prejudicado pode impugnar os cálculos de liquidação, no corpo dos embargos à execução, cabendo o mesmo direito ao exequente por meio da *impugnação à sentença de liquidação* (art. 884, § 3º, da CLT).

O recurso cabível da decisão dos embargos é o agravo de petição, nos termos do art. 897, *a*, da CLT, porque a CLT incluiu a liquidação no capítulo da

---

(29) BRASIL. Lei n. 13.105, de 16 de março de 2015. Código de Processo Civil. *Diário Oficial da União*, Brasília, 17 mar. 2015. Disponível em: <http://www.planalto.gov.br/ccivil_03/_Ato2015-2018/2015/Lei/L13105.htm>. Acesso em: 07 nov. 2018.

(30) RODRIGUES PINTO, José Augusto. *Execução Trabalhista*: estática, dinâmica, prática. 10. ed. São Paulo: LTr, 2004. p. 135.

(31) OLIVEIRA, Francisco Antônio. *Execução a Justiça do Trabalho*: doutrina, jurisprudência, súmulas e orientações jurisprudenciais. 6. ed. rev., atual. e ampl. 2 tir. São Paulo: Revista do Tribunais, 2007. p. 115.

(32) TRIBUNAL SUPERIOR DO TRABALHO. *Livro de Súmulas*. Disponível em: <http://www.tst.jus.br/documents/10157/63003/Livro-Internet.pdf>. Acesso em: 07 nov. 2018.

execução, que era o sistema anterior vigente também no processo civil.

7. LIQUIDAÇÃO E EXECUÇÃO PROVISÓRIA

Primeiramente, é preciso resgatar o conceito de execução provisória que é aquela realizada com base em sentença condenatória, ainda pendente de recurso, recebido sem efeito suspensivo. Denomina-se provisória porque o recurso pendente de julgamento, pode vir a desfazer total ou parcialmente, em caso de cassação daquela decisão pelas instâncias superiores. Embora o seu processamento se dê do mesmo modo que a execução definitiva, a lei processual estabelece como limite "*até a penhora*", nos termos do art. 899 da CLT, porque se for dado provimento ao recurso, seus efeitos poderão se tornar irreparáveis. Trata-se, a rigor, de efeito cautelar da sentença ainda sujeita a recurso (Calamandrei), com a finalidade de assegurar a exequibilidade futura do julgado e também torná-la mais célere.

Assim, como etapa preparatória da execução provisória propriamente dita, todos os atos necessários à liquidação da sentença podem ser praticados, uma vez que o art. 879 da CLT não faz qualquer distinção entre liquidação provisória e definitiva. Ao fazer referência à "sentença exequenda", menciona tanto a coisa julgada, como a sentença em fase de recurso.

Ante a imprecisão redacional da norma processual consolidada e a concentração do julgamento da impugnação à liquidação no mesmo momento, posterior à efetivação da garantia do Juízo, em que poderão ser atacados os atos de constrição judicial, têm provocado acirrada controvérsia doutrinária e jurisprudencial sobre até que ponto, exatamente, deve ir a execução provisória trabalhista? Até a formalização da penhora ou do depósito em garantia (ou seja, até a penhora ainda não julgada subsistente, devendo ser tida como prematura a interposição, por qualquer das partes, da impugnação à liquidação ou dos embargos à execução)? Ou até que passe em julgado a decisão única que julgar tanto a impugnação quanto os embargos à penhora desde logo interpostos pelos litigantes (isto é, até o momento em que passe em julgado a sentença que tenha declarado subsistente a penhora)?

Ísis de Almeida adota a primeira corrente e afirma em nota que:

> Entendemos não ser razoável julgarem-se os embargos à penhora na execução provisória sejam eles manifestados pelo executado, ou pelo exequente, pois a revista poderá ser provida no TST e inutilizar-se toda uma série de atos, inclusive o agravo de petição que caberia da decisão do Juiz da execução.
>
> O mesmo não se diga dos embargos de terceiro, pois estes, em regra, independem do julgamento do feito na superior instância, salvo casos especiais, como, por exemplo, quando se discute nos autos solidariedade ou sucessão entre o reclamado e o terceiro embargante, uma vez que esta poderia vir a ser reconhecido como parte legítima na ação.[33]

Rodrigues Pinto (como também Wagner Giglio), sustenta que:

> (...) por aplicação subsidiária da lei formal comum, inteiramente compatível com a índole trabalhista, também na execução provisória de sentenças proferidas em dissídios individuais se deve ir até o último dos atos de constrição, a sentença que julga a execução, vedada apenas a prática de atos processuais de alienação do patrimônio do devedor.[34]

O segundo entendimento tem adeptos, seja porque pode conferir maior celeridade processual, se for mantida a decisão de origem, seja porque também será garantido o direito do demandado de não sofrer, antes de sua condenação definitiva e por tempo indeterminado, os ônus de uma penhora ilegal.

Além disso, conclui Freire Pimenta que "os efeitos negativos da penhora injustificada de bens de terceiro estarão sempre presentes tanto na execução provisória quanto na definitiva, sendo que também nesta última seu acolhimento tornará igualmente inúteis os atos posteriores à constrição judicial praticados no processo"[35].

---

(33) ALMEIDA, Isis de. *Manual de Direito Processual do Trabalho*: Processo de Conhecimento e Processo de Execução Trabalhista. 9. ed. atual. e ampl. São Paulo: LTr, 1998. v. 2, p. 429.

(34) RODRIGUES PINTO, José Augusto. *Execução Trabalhista*: estática, dinâmica, prática. 10. ed. São Paulo: LTr, 2004. p. 68-69.

(35) PIMENTA, Roberto Freire. Liquidação de sentença no processo do trabalho. In: BARROS, Alice Monteiro (Coord). *Compêndio de Direito Processual do Trabalho*. São Paulo: LTr, 1998. p. 591.

22.
ATOS DE CONSTRIÇÃO E DE EXPROPRIAÇÃO

Vicente José Malheiros da Fonseca[1]
Lorena Sirotheau da Fonseca Lestra[2]

1. CONSIDERAÇÕES PRELIMINARES. PRINCÍPIOS

O Direito Material do Trabalho consagra diversos princípios, tais como: proteção ou tutela do trabalhador, primazia da realidade, garantias mínimas, irrenunciabilidade e indisponibilidade dos direitos, aplicação da norma mais favorável, prevalência da cláusula mais benéfica e outros.

São princípios do Direito Procesual do Trabalho, entre outros: celeridade (art. 5º, LXXVIII, da CF; e art. 765 da CLT); oralidade (vários dispositivos da CLT); *jus postulandi* (arts. 839, *a*, 840 e 791, da CLT); impulso oficial (art. 765 da CLT e art. 4º da Lei n. 5.584/1970); concentração dos atos em audiência (arts. 843/852 da CLT); não identidade física do juiz (Súmula n. 222/STF); inversão do ônus da prova (ex.: Súmulas ns. 6, VIII; 212; e 338/TST); *in dubio pro operario* (não se aplica em matéria de prova); gratuidade (art. 789, § 9º, da CLT, e arts. 14 e segs. da Lei n. 5.584/1970); e irrecorribilidade das decisões interlocutórias (art. 893, § 1º, da CLT).

É possível, ainda, elencar alguns princípios da Execução Trabalhista, tais como:

1. proteção ao credor trabalhista (efeito "espelho" *versus* art. 805/CPC-2015)[3];
2. celeridade (art. 5º, LXXVIII, da CF; e art. 765, da CLT)[4];
3. *jus postulandi* (art. 791 da CLT);
4. impulso oficial (arts. 765 e 878 da CLT);
5. não identidade física do juiz (Súmula n. 222/STF);
6. gratuidade (arts. 789 e 790 da CLT);
7. recurso próprio na execução (art. 897, *a*, da CLT)[5];
8. sentenças líquidas ou liquidação por cálculo do contador (art. 879 da CLT);
9. oficial de Justiça Avaliador (legislação posterior à CLT); e
10. aplicação de fontes subsidiárias (arts. 769 e 889 da CLT)[6].

O tema em destaque, neste artigo, deve considerar esse contexto principiológico do Direito e do Processo Trabalho, sobretudo na fase de execução.

O Professor Wagner Giglio dizia que a execução é o "calcanhar de Aquiles do processo do trabalho".

---

(1) Desembargador do Trabalho. Decano e ex-Presidente do Tribunal Regional do Trabalho da 8ª Região (Belém-PA). Professor Emérito da Universidade da Amazônia (UNAMA). Compositor. Membro da Associação dos Magistrados Brasileiros, da Associação Nacional dos Magistrados da Justiça do Trabalho, da Academia Brasileira de Direito do Trabalho (Cadeira n. 87), da Academia Paraense de Música, da Academia de Letras e Artes de Santarém, do Instituto Histórico e Geográfico do Pará, do Instituto Histórico e Geográfico do Tapajós e da Academia Luminescência Brasileira.

(2) Advogada da área trabalhista e previdenciária do Banco do Estado do Pará (BANPARÁ) e pós-graduada em Direito do Trabalho e Processo do Trabalho pela Universidade da Amazônia (UNAMA), em Belém (PA).

(3) Ver ACÓRDÃO TRT-8/SE I/MS N. 00459-2008-000-08-00-5.

(4) ACÓRDÃO TRT-8 2ª T./AP N. 00758-2000-109-08-00-8.

(5) Ver ACÓRDÃO N. 01556-2001-014-08-40-6 (2ª T./AP N. 01185/2003) e ACÓRDÃO TRT-8 2ª T./AP N. 00355-2002-010-08-00-2.

(6) ACÓRDÃO TRT-8/SE/AR N. 01.646/2002 (voto divergente).

Wagner Giglio foi professor de um dos autores deste Capítulo (Vicente Malheiros da Fonseca) e um de seus orientadores na Monografia que elaborou para a conclusão do 1º Curso de Formação e Aperfeiçoamento de Magistrados, realizado pelo Tribunal Regional do Trabalho da 8ª Região, em convênio com a Universidade Federal do Pará, nos anos de 1984 e 1985, em nível de Especialização, sob o tema "Competência da Justiça do Trabalho".

Vicente Malheiros disse que esse Curso, implantado em 1984, foi uma das mais importantes obras do magistrado Roberto Araújo de Oliveira Santos, enquanto Presidente do TRT-8, inspirado na Escola Nacional da Magistratura da França, seguramente um dos melhores cursos jurídicos realizados no Brasil, pois proporcionou uma nova mentalidade crítica sobre a ciência jurídica e a postura ética do magistrado. Curso pioneiro em nosso país, foi o verdadeiro embrião da Escola Judicial, tão necessária para a formação e o aperfeiçoamento dos magistrados, finalmente implantado pelo legislador brasileiro, vinte anos depois, com a aprovação da Emenda Constitucional n. 45/2004, que dispõe sobre a "Reforma do Poder Judiciário".

2. NORMAS CONSTITUCIONAIS

A Constituição da República estabelece princípios e normas fundamentais para o processo judicial, tais como:

> Art. 5º Todos são iguais perante a lei, sem distinção de qualquer natureza, garantindo-se aos brasileiros e aos estrangeiros residentes no País a inviolabilidade do direito à vida, à liberdade, à igualdade, à segurança e à propriedade, nos termos seguintes:
>
> XXII – é garantido o direito de propriedade;
>
> XXIII – a propriedade atenderá a sua função social;
>
> XXVI – a pequena propriedade rural, assim definida em lei, desde que trabalhada pela família, não será objeto de penhora para pagamento de débitos decorrentes de sua atividade produtiva, dispondo a lei sobre os meios de financiar o seu desenvolvimento;
>
> LIV – ninguém será privado da liberdade ou de seus bens sem o devido processo legal;
>
> LV – aos litigantes, em processo judicial ou administrativo, e aos acusados em geral são assegurados o contraditório e ampla defesa, com os meios e recursos a ela inerentes.

3. REFORMA TRABALHISTA

A chamada "**Reforma Trabalhista**", que introduziu alterações na CLT, por força da Lei n. 13.467, de 13 de julho de 2017, e da Medida Provisória n. 808, de 14 de novembro de 2017, pouco alterou o Capítulo que dispõe sobre a Execução na Justiça do Trabalho. Porém, a Medida Provisória perdeu eficácia, por decurso de prazo.

Direito intertemporal

É importante assinalar que as relações trabalhistas anteriores à vigência da nova lei ("Reforma Trabalhista"), que iniciou em 11 de novembro de 2017, não podem ser alcançadas pela Lei n. 13.467/2017, uma vez que o art. 5º, XXXVI, da Constituição da República, proclama que "a lei não prejudicará o direito adquirido, o ato jurídico perfeito e a coisa julgada".

A propósito, o art. 912 da CLT trata da aplicação imediata da norma jurídica, ao preconizar que "os dispositivos de caráter imperativo terão aplicação imediata às relações iniciadas, mas não consumadas, antes da vigência desta Consolidação".

Os preceitos de natureza **processual** obedecem a esse mesmo critério, como se observa do art. 14 do CPC de 2015, fonte subsidiária do processo trabalhista (art. 769 da CLT): "A norma processual não retroagirá e será aplicável imediatamente aos processos em curso, respeitados os atos processuais praticados e as situações jurídicas consolidadas sob a vigência da norma revogada."

Assim, a título de exemplos, algumas normas processuais, introduzidas na CLT pela Lei n. 13.467/2017, somente se aplicam às ações **ajuizadas a partir de 11 de novembro de 2017**:

a) contagem dos prazos em dias úteis (art. 775);

b) benefício da justiça gratuita, mediante *comprovação* de insuficiência de recursos para o pagamento das custas do processo (art. 790, § 4º);

c) honorários advocatícios de sucumbência, entre 5% a 15% (art. 791-A), independentemente de assistência jurídica sindical (Lei n. 5.584/1970);

d) multa de 1% a 10% do valor corrigido da causa à testemunha que alterar a verdade dos fatos ou omitir fatos essenciais ao julgamento da causa, nos mesmos moldes do litigante de má-fé (art. 793-D);

e) preposto que não precisa ser empregado da parte reclamada (art. 843, § 3º);

f) condenação ao pagamento das custas, em caso de arquivamento da ação trabalhista, "ainda que beneficiário da justiça gratuita, salvo se *comprovar*, no prazo de quinze dias, que a ausência ocorreu por motivo legalmente justificável" (a lei não restringe o meio de prova, daí por que se admite qualquer prova idônea, inclusive a testemunhal; embora o melhor entendimento seja no sentido de que a declaração de insuficiência econômica ou financeira, manifestada pelo próprio interessado ou seu advogado, sob as penas da lei, deva ser considerada, à luz da Lei n. 7.115/1983).

O mesmo raciocínio, quanto ao direito intertemporal, aplica-se às alterações introduzidas pela Medida Provisória n. 808, de 14 de novembro de 2017, data em que foi publicada e entrou em vigor. A Medida Provisória, entretanto, perdeu eficácia, por decurso de prazo.

Execução de ofício

A Justiça do Trabalho continuará a executar, de ofício, as contribuições sociais (contribuições previdenciárias) previstas na alínea *a* do inciso I e no inciso II do *caput* do art. 195 da Constituição Federal, e seus acréscimos legais, relativas ao objeto da condenação constante das sentenças que proferir e dos acordos que homologar.

Todavia, o art. 878 da CLT estabelece que a execução será promovida pelas partes, permitida a execução de ofício pelo juiz ou pelo Presidente do Tribunal apenas nos casos em que as partes não estiverem representadas por advogado.

Façamos alguns comentários sobre essa matéria.

O Direito Processual do Trabalho sempre adotou, como princípio importante, a possibilidade da execução das sentenças e dos acordos não cumpridos serem promovidas de ofício, por iniciativa do próprio Juiz do Trabalho.

Nesse sentido, dispunha o art. 878 da CLT, antes da Lei n. 13.467/2017.

Entretanto, o art. 765 da CLT, consagra o princípio do impulso oficial, outra peculiaridade do processo trabalhista:

> Os Juízos e Tribunais do Trabalho terão ampla liberdade na direção do processo e velarão pelo andamento rápido das causas, **podendo determinar qualquer diligência** necessária ao esclarecimento delas. (grifo nosso)

Há um outro aspecto que merece ser assinalado.

O art. 114, inciso VIII, da Constituição da República, atribui competência para a Justiça do Trabalho promover "**a execução, de ofício**, das contribuições sociais previstas no art. 195, I, *a*, e II, e seus acréscimos legais, decorrentes das sentenças que proferir".

Ora, as contribuições sociais, no caso, são acessórios das verbas trabalhistas devidas ao trabalhador, asseguradas nas sentenças ou acordos.

Por questão de lógica, se a Justiça do Trabalho tem competência para executar, de ofício, as contribuições devidas à Previdência Social (verbas acessórias), é evidente que tem competência para executar, de ofício, as verbas trabalhistas impostas em sentença ou ajustadas em acordo homologado em juízo.

Afinal, a Carta Magna assegura a todos, no âmbito judicial e administrativo, "a razoável duração do processo e os meios que garantam a celeridade de sua tramitação" (art. 5º, LXXVIII), sem qualquer prejuízo aos litigantes.

Pelo contrário, a sociedade será beneficiada com a efetividade da prestação jurisdicional, que decorre do princípio do acesso à justiça.

A 2ª Jornada de Direito do Trabalho e Processo do Trabalho, promovida pela Associação Nacional dos Magistrados da Justiça do Trabalho (ANAMATRA), em 2017, aprovou diversos Enunciados sobre o tema.

Vejamos alguns desses Enunciados.

> Enunciado n. 113:
>
> EXECUÇÃO DE OFÍCIO E ART. 878 DA CLT
>
> Em razão das garantias constitucionais da efetividade (CF, art. 5º, XXXV), da razoável duração do processo (CF, art. 5º, LXXVIII) e em face da determinação constitucional da execução de ofício das contribuições previdenciárias, parcelas estas acessórias das obrigações trabalhistas (CF, art. 114, VIII), o art. 878 da CLT deve ser interpretado conforme a Constituição, de modo a permitir a execução de ofício dos créditos trabalhistas, ainda que a parte esteja assistida por advogado.
>
> Enunciado n. 114:
>
> EXECUÇÃO. IMPULSO OFICIAL. PESQUISA E CONSTRIÇÃO DE BENS. POSSIBILIDADE
>
> O impulso oficial da execução está autorizado pelo art. 765 da CLT e permite ao juiz a utilização dos mecanismos de pesquisa e de constrição de bens, inclusive por meio do sistema BACENJUD, sendo esse mero procedimento para formalização da penhora em dinheiro.
>
> Enunciado n. 115:
>
> EXECUÇÃO DE OFÍCIO. INEXISTÊNCIA DE NULIDADE
>
> A teor do art. 794 da CLT, não há nulidade processual quando o juízo realiza a execução de ofício, porque inexistente manifesto prejuízo processual.

O Tribunal Regional do Trabalho da 8ª Região, que abrange os Estados do Pará e Amapá, também aprovou vários Enunciados sobre a "Reforma Trabalhista", inclusive sobre a execução na Justiça do Trabalho, durante a V Semana Institucional da Magistratura Trabalhista Regional, realizada no período de 9 a 11 de novembro de 2017.

Em última análise, ainda que o início da execução (se assim se entender) somente possa ser promovido pelo juiz do trabalho quando a parte não estiver sob patrocínio advocatício, os demais atos executórios, na sequência da execução, podem ser realizados mediante impulso oficial do juiz, em face do art. 765 da CLT, e demais normas e princípios indicados.

Liquidação de sentença

Antes da Lei n. 13.467/2017, a CLT dispunha que "elaborada a conta e tornada líquida, o Juiz **poderá** abrir às partes prazo sucessivo de 10 (dez) dias para impugnação fundamentada com a indicação dos itens e valores objeto da discordância, sob pena de preclusão" (art. 879, § 2º, da CLT).

Como se vê, tratava-se de uma **faculdade** do juiz a intimação das partes quanto ao cálculo de liquidação de sentença.

Agora, o dispositivo consolidado, alterado pela "Reforma Trabalhista", reza que "elaborada a conta e tornada líquida, o juízo **deverá** abrir às partes prazo comum de oito (8) dias para impugnação fundamentada com a indicação dos itens e valores objeto da discordância, sob pena de preclusão".

No âmbito do Tribunal Regional do Trabalho da 8ª Região, desde o ano que Vicente Malheiros da Fonseca foi Presidente da Corte (1998-2000), as sentenças são proferidas, em geral, de forma líquida.

Atualização dos créditos trabalhistas

A atualização dos créditos decorrentes de condenação judicial seria feita pela Taxa Referencial (TR), divulgada pelo Banco Central do Brasil, conforme a Lei n. 8.177, de 1º de março de 1991 (art. 879, § 7º, da CLT), incluído pela Lei n. 13.467/2017.

Todavia, no julgamento da Reclamação Constitucional n. 22.012, pela Segunda Turma do Supremo Tribunal Federal, prevaleceu o entendimento de que a decisão do TST (nos autos do AIRR n. 479-60.2011.5.04.0231), em que determina a aplicação do Índice de Preços ao Consumidor Amplo Especial (IPCA-E) em detrimento da Taxa Referencial (Taxa referencial), como índice de correção monetária a ser aplicado aos débitos trabalhistas, não configura desrespeito ao julgamento do Supremo Tribunal Federal nas Ações Diretas de Inconstitucionalidade ns. 4.357/DF e 4.425/DF.

A Quinta Turma do Tribunal Superior do Trabalho, em sessão ordinária realizada em 13.12.2017 – após a Segunda Turma do Supremo Tribunal Federal julgar improcedente a Reclamação Constitucional n. 22.012 –, decidiu, por unanimidade, negar provimento ao Agravo de Instrumento (AIRR n. 25823-78.2015.5.24.0091), conforme os fundamentos do Acórdão da lavra do Ministro Douglas Alencar Rodrigues, que manteve a decisão regional que aplicou o Índice de Preços ao Consumidor Amplo Especial (IPCA-E) para a atualização de débitos trabalhistas.

Como se vê, a matéria ainda pode comportar polêmica.

Garantia da execução, seguro-garantia ou penhora

O executado que não pagar a importância reclamada poderá garantir a execução mediante depósito da quantia correspondente, atualizada e acrescida das despesas processuais, apresentação de seguro-garantia judicial ou nomeação de bens à penhora, observada a ordem preferencial estabelecida no art. 835 do CPC de 2015 (art. 882 da CLT).

Protesto da decisão judicial

A decisão judicial transitada em julgado somente poderá ser levada a protesto, gerar inscrição do nome do executado em órgãos de proteção ao crédito ou no Banco Nacional de Devedores Trabalhistas (BNDT), nos termos da lei, depois de transcorrido o prazo de quarenta e cinco dias a contar da citação do executado, se não houver garantia do juízo (art. 883-A da CLT, acrescido pela "Reforma Trabalhista").

Entidades filantrópicas e seus diretores

Por força da Lei n. 13.467/2017, "a exigência da garantia ou penhora não se aplica às entidades filantrópicas e/ou àqueles que compõem ou compuseram a diretoria dessas instituições" (art. 884, § 7º, da CLT, incluído pela Lei n. 13.467/2017).

4. SÍNTESE DO PROCEDIMENTO EXECUTÓRIO TRABALHISTA

A Consolidação das Leis do Trabalho trata da "Execução" basicamente em seus arts. 876 a 892.

O procedimento padrão da execução trabalhista pode ser assim resumido, conforme o esquema adiante indicado:

I. liquidação de sentença (se for ilíquida);

II. expedição de mandado de citação, penhora, avaliação e registro (pode não haver citação, se assim constar da sentença ou do acordo, haja vista que o demandado fica previamente cientificado para cumprir espontaneamente o título judicial executivo, no prazo de 15 dias, sob pena de multa (Súmula n. 31 do E. TRT-8ª Região; e arts. 652, *d*, 832, § 1º, 835 e 523, do CPC/2015);

III. penhora, avaliação, depósito e/ou remoção:
- bens penhoráveis e bens impenhoráveis (art. 882 da CLT; e arts. 831-869 do CPC de 2015);
- Penhora *on-line*. BacenJud, InfoJud, RenaJud etc.
- restrição, ampliação ou reforço de penhora (art. 874 do CPC de 2015);
- depósito (depositário particular ou público);
- remoção do bem penhorado;

IV. *embargos à execução ou à penhora*:
- conceito: ação ou defesa do executado;
- prazo para apresentação: 5 dias da garantia ou penhora de bens. Entidade pública: 30 dias (polêmica): art. 1º-B da Lei n. 9.494/1997 (inserido pela MP 2.180-35/2001);
- condição: garantia da execução ou penhora de bens;
- matéria arguível: art. 884 da CLT. Entidade publica: arts. 534-535 do CPC de 2015. Polêmica: art. 525, § 1º, do CPC/2015;
- provas: cabimento, a critério do juiz da execução;
- realização de audiência, se necessário;
- sentença;
- recurso ao TRT: agravo de petição (art. 897, *a*, da CLT);
- recurso de revista ao TST: matéria constitucional (art. 896, § 2º, da CLT).

V. *praça*:
- hasta pública, para *venda judicial* de bem penhorado;
- hipóteses que podem ocorrer na praça:
  a) arrematação (por qualquer pessoa do público, desimpedida);
  b) adjudicação (pelo credor/exequente);
  c) remição (pelo devedor/executado);
- fonte subsidiária (CPC/2015):

  Art. 825. A expropriação consiste em:
  I – adjudicação;
  II – alienação;
  III – apropriação de frutos e rendimentos de empresa ou de estabelecimentos e de outros bens.

- *falta de licitantes*: bem penhorado vai a leilão;
- legislação: art. 888 e parágrafos, da CLT; e art. 13 e da Lei n. 5.584/1970;

VI. *leilão*:
- não havendo licitantes na praça;
- leiloeiro nomeado pelo juiz (pode ser servidor da Justiça do Trabalho);
- pagamento ao credor/exequente;
- devolução do saldo, se houver, ao devedor/executado;
- final da execução.

5. EXECUÇÃO POR QUANTIA CERTA

Expropriação

A execução por quantia certa realiza-se pela expropriação de bens do executado, ressalvadas as execuções especiais.

Como dissemos, a expropriação consiste em:

I. adjudicação;

II. alienação;

III. apropriação de frutos e rendimentos de empresa ou de estabelecimentos e de outros bens.

Antes de adjudicados ou alienados os bens, o executado pode, a todo tempo, **remir a execução**, pagando ou consignando a importância atualizada da dívida, acrescida de juros, custas e honorários advocatícios.

No processo trabalhista, o executado, quando for o caso, será citado para cumprir a sentença ou acordo no prazo de 48 (**quarenta e oito**) **horas** ou garantir a execução, sob pena de penhora (art. 880 da CLT).

No processo civil, o executado será citado para pagar a dívida no prazo de 3 (três) dias, contado da citação.

Do mandado de citação, constarão, também, a ordem de penhora e a avaliação a serem cumpridas pelo oficial de justiça tão logo verificado o não pagamento no prazo assinalado, de tudo lavrando-se auto, com intimação do executado.

A penhora recairá sobre os bens indicados pelo exequente, salvo se outros forem indicados pelo executado e aceitos pelo juiz, mediante demonstração de que a constrição proposta lhe será menos onerosa e não trará prejuízo ao exequente.

No processo do trabalho, a penhora independe de prévia indicação pelo exequente.

É o que diz o art. 883 da CLT: "Não pagando o executado, nem garantindo a execução, seguir-se-á penhora dos bens, tantos quantos bastem ao pagamento da importância da condenação, acrescida de custas e juros de mora, sendo estes, em qualquer caso, devidos a partir da data em que for ajuizada a reclamação inicial."

A norma do art. 830 do CPC de 2015 aplica-se ao processo trabalhista, que assim estabelece: "Se o oficial de justiça não encontrar o executado, arrestar-lhe-á tantos bens quantos bastem para garantir a execução."

O parágrafo do art. 830 do CPC/2015 prevê que "Nos 10 (dez) dias seguintes à efetivação do arresto, o oficial de justiça procurará o executado 2 (duas) vezes em dias distintos e, havendo suspeita de ocultação, realizará a citação com hora certa, certificando pormenorizadamente o ocorrido".

A citação por hora certa não tem sido aplicada ao processo trabalhista, pois logo se determina, na hipótese antes aludida, a citação por edital.

No processo civil, incumbe ao exequente requerer a citação por edital, uma vez frustradas a pessoal e a com hora certa.

Já no processo trabalhista, em geral, esse procedimento pode resultar de decisão do próprio juiz, de ofício.

Aperfeiçoada a citação e transcorrido o prazo de pagamento, o arresto converter-se-á em penhora, independentemente de termo.

Penhora

A penhora deverá recair sobre tantos bens quantos bastem para o pagamento do principal atualizado, dos juros, das custas e dos honorários advocatícios.

Não estão sujeitos à execução os bens que a lei considera impenhoráveis ou inalienáveis.

A legislação processual civil considera impenhoráveis, regra aplicável ao processo do trabalho:

I – os bens inalienáveis e os declarados, por ato voluntário, não sujeitos à execução;

II – os móveis, os pertences e as utilidades domésticas que guarnecem a residência do executado, salvo os de elevado valor ou os que ultrapassem as necessidades comuns correspondentes a um médio padrão de vida;

III – os vestuários, bem como os pertences de uso pessoal do executado, salvo se de elevado valor;

IV – os vencimentos, os subsídios, os soldos, os salários, as remunerações, os proventos de aposentadoria, as pensões, os pecúlios e os montepios, bem como as quantias recebidas por liberalidade de terceiro e destinadas ao sustento do devedor e de sua família, os ganhos de trabalhador autônomo e os honorários de profissional liberal, ressalvado o § 2º do art. 833 do CPC/2015;

V – os livros, as máquinas, as ferramentas, os utensílios, os instrumentos ou outros bens móveis necessários ou úteis ao exercício da profissão do executado;

VI – o seguro de vida;

VII – os materiais necessários para obras em andamento, salvo se essas forem penhoradas;

VIII – a pequena propriedade rural, assim definida em lei, desde que trabalhada pela família;

IX – os recursos públicos recebidos por instituições privadas para aplicação compulsória em educação, saúde ou assistência social;

X – a quantia depositada em caderneta de poupança, até o limite de 40 (quarenta) salários mínimos;

XI – os recursos públicos do fundo partidário recebidos por partido político, nos termos da lei;

XII – os créditos oriundos de alienação de unidades imobiliárias, sob regime de incorporação imobiliária, vinculados à execução da obra.

A impenhorabilidade não é oponível à execução de dívida relativa ao próprio bem, inclusive àquela contraída para sua aquisição.

O disposto nos incisos IV e X, supra, não se aplica à hipótese de penhora para pagamento de prestação alimentícia, independentemente de sua origem, bem como às importâncias excedentes a 50 (cinquenta) salários mínimos mensais, devendo a constrição observar o disposto no art. 528, § 8º, e no art. 529, § 3º, do CPC/2015.

Incluem-se na impenhorabilidade prevista no inciso V (os livros, as máquinas, as ferramentas, os utensílios, os instrumentos ou outros bens móveis necessários ou úteis ao exercício da profissão do executado) os equipamentos, os implementos e as máquinas agrícolas pertencentes à pessoa física ou à empresa individual produtora rural, exceto quando tais bens tenham sido objeto de financiamento e estejam vinculados em garantia a negócio jurídico ou quando respondam por dívida de natureza alimentar, **trabalhista** ou previdenciária.

Podem ser penhorados, à falta de outros bens, os frutos e os rendimentos dos bens inalienáveis.

A penhora observará, preferencialmente, a seguinte ordem (preceito aplicável ao processo trabalhista, por força do art. 882, da CLT):

I – dinheiro, em espécie ou em depósito ou aplicação em instituição financeira;

II – títulos da dívida pública da União, dos Estados e do Distrito Federal com cotação em mercado;

III – títulos e valores mobiliários com cotação em mercado;

IV – veículos de via terrestre;

V – bens imóveis;

VI – bens móveis em geral;

VII – semoventes;

VIII – navios e aeronaves;

IX – ações e quotas de sociedades simples e empresárias;

X – percentual do faturamento de empresa devedora;

XI – pedras e metais preciosos;

XII – direitos aquisitivos derivados de promessa de compra e venda e de alienação fiduciária em garantia;

XIII – outros direitos.

Regra importante é a que assegura prioridade da penhora **em dinheiro**, podendo o juiz, nas demais hipóteses, alterar a ordem prevista no art. 835 do CPC/2015, de acordo com as circunstâncias do caso concreto.

Para fins de substituição da penhora, equiparam-se a dinheiro a fiança bancária e o seguro-garantia judicial, desde que em valor não inferior ao do débito constante da inicial, acrescido de trinta por cento.

A legislação processual trabalhista alude apenas ao "seguro-garantia judicial" ou penhora de bens (art. 882 da CLT). Não faz referência à fiança bancária. Mas nada impede que o juiz possa aceitá-la, conforme as circunstâncias do caso concreto.

Na execução de crédito com garantia real, a penhora recairá sobre a coisa dada em garantia, e, se a coisa pertencer a terceiro garantidor, este também será intimado da penhora.

Não se levará a efeito a penhora quando ficar evidente que o produto da execução dos bens encontrados será totalmente absorvido pelo pagamento das custas da execução.

Quando não encontrar bens penhoráveis, independentemente de determinação judicial expressa, o oficial de justiça descreverá na certidão os bens que guarnecem a residência ou o estabelecimento do executado, quando este for pessoa jurídica.

Elaborada a lista, o executado ou seu representante legal será nomeado depositário provisório de tais bens até ulterior determinação do juiz.

Documentação, registro e depósito do bem penhorado

Obedecidas as normas de segurança instituídas sob critérios uniformes pelo Conselho Nacional de Justiça, a penhora de dinheiro e as averbações de penhoras de bens imóveis e móveis podem ser realizadas por **meio eletrônico**.

A penhora será realizada mediante **auto ou termo**, que conterá: I – a indicação do dia, do mês, do ano e do lugar em que foi feita; II – os nomes do exequente e do executado; III – a descrição dos bens penhorados, com as suas características; IV – a nomeação do depositário dos bens.

Considerar-se-á feita a penhora mediante a apreensão e o depósito dos bens, lavrando-se um só auto se as diligências forem concluídas no mesmo dia.

Havendo mais de uma penhora, serão lavrados autos individuais.

Os bens penhorados serão preferencialmente **depositados**:

I – as quantias em dinheiro, os papéis de crédito e as pedras e os metais preciosos, no Banco do Brasil, na Caixa Econômica Federal ou em banco do qual o Estado ou o Distrito Federal possua mais da metade do capital social integralizado, ou, na falta desses estabelecimentos, em qualquer instituição de crédito designada pelo juiz;

II – os móveis, os semoventes, os imóveis urbanos e os direitos aquisitivos sobre imóveis urbanos, em poder do depositário judicial;

III – os imóveis rurais, os direitos aquisitivos sobre imóveis rurais, as máquinas, os utensílios e os instrumentos necessários ou úteis à atividade agrícola, mediante caução idônea, em poder do executado.

No caso do inciso II, se não houver depositário judicial, os bens ficarão em poder do exequente.

Os bens poderão ser depositados em poder do executado nos casos de difícil remoção ou quando anuir o exequente.

As joias, as pedras e os objetos preciosos deverão ser depositados com registro do valor estimado de resgate.

Formalizada a penhora por qualquer dos meios legais, dela será imediatamente intimado o executado.

A intimação da penhora será feita ao advogado do executado ou à sociedade de advogados a que aquele pertença.

Esse preceito não se aplica aos casos de penhora realizada na presença do executado, que se reputa intimado.

Se não houver constituído advogado nos autos, o executado será intimado pessoalmente, de preferência por via postal.

Considera-se realizada a intimação quando o executado houver mudado de endereço sem prévia comunicação ao juízo, observado o disposto no parágrafo único, do art. 274, do CPC/2015.

Recaindo a penhora sobre bem imóvel ou direito real sobre imóvel, será intimado também o cônjuge do executado, salvo se forem casados em regime de separação absoluta de bens.

Tratando-se de penhora de bem indivisível, o equivalente à quota-parte do coproprietário ou do cônjuge alheio à execução recairá sobre o produto da alienação do bem.

É reservada ao coproprietário ou ao cônjuge não executado a preferência na arrematação do bem em igualdade de condições.

Não será levada a efeito expropriação por preço inferior ao da avaliação na qual o valor auferido seja incapaz de garantir, ao coproprietário ou ao cônjuge alheio à execução, o correspondente à sua quota-parte calculado sobre o valor da avaliação.

Todavia, o art. 888, § 1º, da CLT, reza que a arrematação far-se-á em dia, hora e lugar anunciados e os bens serão vendidos pelo **maior lance**, tendo o exequente preferência para a adjudicação.

O art. 844 do CPC/2015 diz que "Para presunção absoluta de conhecimento por terceiros, cabe ao exequente providenciar a averbação do arresto ou da penhora no registro competente, mediante apresentação de cópia do auto ou do termo, independentemente de mandado judicial".

No processo trabalhista – sobretudo quando o exequente está sem patrocínio advocatício, no exercício do *jus postulandi* (art. 791 da CLT) – é de todo desaconselhável atribuir ao trabalhador a providência para averbação do arresto ou da penhora no registro competente. Pode o juiz do trabalho tomar essas providências, inclusive de ofício.

Lugar de realização da penhora

Efetuar-se-á a penhora onde se encontrem os bens, ainda que sob a posse, a detenção ou a guarda de terceiros.

A penhora de imóveis, independentemente de onde se localizem, quando apresentada certidão da respectiva matrícula, e a penhora de veículos automotores, quando apresentada certidão que ateste a sua existência, serão realizadas por termo nos autos.

Se o executado não tiver bens no foro do processo, não sendo possível a realização da penhora nos termos antes apontados, a execução será feita por carta, penhorando-se, avaliando-se e alienando-se os bens no foro da situação.

Se o executado fechar as portas da casa a fim de obstar a penhora dos bens, o oficial de justiça comunicará o fato ao juiz, solicitando-lhe ordem de arrombamento.

Deferido o pedido, 2 (dois) oficiais de justiça cumprirão o mandado, arrombando cômodos e móveis em que se presuma estarem os bens, e lavrarão de tudo auto circunstanciado, que será assinado por 2 (duas) testemunhas presentes à diligência.

Sempre que necessário, o juiz requisitará força policial, a fim de auxiliar os oficiais de justiça na penhora dos bens.

Os oficiais de justiça lavrarão em duplicata o auto da ocorrência, entregando uma via ao escrivão ou ao chefe de secretaria, para ser juntada aos autos, e a outra à autoridade policial a quem couber a apuração criminal dos eventuais delitos de desobediência ou de resistência.

Do auto da ocorrência, constará o rol de testemunhas, com a respectiva qualificação.

Modificação da penhora

O executado pode, no prazo de 10 (dez) dias contado da intimação da penhora, requerer a substituição do bem penhorado, desde que comprove que lhe será menos onerosa e não trará prejuízo ao exequente.

O juiz só autorizará a substituição se o executado:

I – comprovar as respectivas matrículas e os registros por certidão do correspondente ofício, quanto aos bens imóveis;

II – descrever os bens móveis, com todas as suas propriedades e características, bem como o estado deles e o lugar onde se encontram;

III – descrever os semoventes, com indicação de espécie, de número, de marca ou sinal e do local onde se encontram;

IV – identificar os créditos, indicando quem seja o devedor, qual a origem da dívida, o título que a representa e a data do vencimento; e

V – atribuir, em qualquer caso, valor aos bens indicados à penhora, além de especificar os ônus e os encargos a que estejam sujeitos.

Requerida a substituição do bem penhorado, o executado deve indicar onde se encontram os bens sujeitos à execução, exibir a prova de sua propriedade e a certidão negativa ou positiva de ônus, bem como abster-se de qualquer atitude que dificulte ou embarace a realização da penhora.

O executado somente poderá oferecer bem imóvel em substituição caso o requeira com a expressa anuência do cônjuge, salvo se o regime for o de separação absoluta de bens.

Essa regra aplica-se ao caso de execução em face de pessoa física ou natural; mas não na execução contra pessoa jurídica, que não possui cônjuge.

O juiz intimará o exequente para manifestar-se sobre o requerimento de substituição do bem penhorado.

As partes poderão requerer a substituição da penhora se:

I – ela não obedecer à ordem legal;

II – ela não incidir sobre os bens designados em lei, contrato ou ato judicial para o pagamento;

III – havendo bens no foro da execução, outros tiverem sido penhorados;

IV – havendo bens livres, ela tiver recaído sobre bens já penhorados ou objeto de gravame;

V – ela incidir sobre bens de baixa liquidez;

VI – fracassar a tentativa de alienação judicial do bem; ou

VII – o executado não indicar o valor dos bens ou omitir qualquer das indicações previstas em lei.

A penhora pode ser substituída por fiança bancária ou por seguro-garantia judicial, em valor não inferior ao do débito constante da inicial, acrescido de trinta por cento.

Como dissemos antes, a legislação processual trabalhista não prevê a hipótese de fiança bancária, mas apenas de seguro-garantia judicial.

Sempre que ocorrer a substituição dos bens inicialmente penhorados, será lavrado novo termo.

Será admitida a redução ou a ampliação da penhora, bem como sua transferência para outros bens, se, no curso do processo, o valor de mercado dos bens penhorados sofrer alteração significativa.

Não se procede à segunda penhora, salvo se:

I – a primeira for anulada;

II – executados os bens, o produto da alienação não bastar para o pagamento do exequente;

III – o exequente desistir da primeira penhora, por serem litigiosos os bens ou por estarem submetidos à constrição judicial.

O juiz determinará a alienação antecipada dos bens penhorados quando:

I – se tratar de veículos automotores, de pedras e metais preciosos e de outros bens móveis sujeitos à depreciação ou à deterioração;

II – houver manifesta vantagem.

Quando uma das partes requerer alguma das medidas anteriormente, o juiz ouvirá sempre a outra, no prazo de 3 (três) dias, antes de decidir.

O juiz decidirá de plano qualquer questão suscitada.

Penhora de dinheiro em depósito ou aplicação financeira

Para possibilitar a penhora de dinheiro em depósito ou em aplicação financeira, o juiz, a requerimento do exequente (ou de ofício, no processo trabalhista), sem dar ciência prévia do ato ao executado, determinará às instituições financeiras, por meio de sistema eletrônico gerido pela autoridade supervisora do sistema financeiro nacional, que torne indisponíveis ativos financeiros existentes em nome do executado, limitando-se a indisponibilidade ao valor indicado na execução.

No prazo de 24 (vinte e quatro) horas a contar da resposta, de ofício, o juiz determinará o cancelamento de eventual indisponibilidade excessiva, o que deverá ser cumprido pela instituição financeira em igual prazo.

Tornados indisponíveis os ativos financeiros do executado, este será intimado na pessoa de seu advogado ou, não o tendo, pessoalmente.

Incumbe ao executado, no prazo de 5 (cinco) dias, comprovar que: I – as quantias tornadas indisponíveis são impenhoráveis; II – ainda remanesce indisponibilidade excessiva de ativos financeiros.

Acolhida qualquer das arguições suprarreferidas, o juiz determinará o cancelamento de eventual indisponibilidade irregular ou excessiva, a ser cumprido pela instituição financeira em 24 (vinte e quatro) horas.

Rejeitada ou não apresentada a manifestação do executado, converter-se-á a indisponibilidade em penhora, sem necessidade de lavratura de termo, devendo o juiz da execução determinar à instituição financeira depositária que, no prazo de 24 (vinte e quatro) horas, transfira o montante indisponível para conta vinculada ao juízo da execução.

Realizado o pagamento da dívida por outro meio, o juiz determinará, imediatamente, por sistema eletrônico gerido pela autoridade supervisora do sistema financeiro nacional, a notificação da instituição financeira para que, em até 24 (vinte e quatro) horas, cancele a indisponibilidade.

As transmissões das ordens de indisponibilidade, de seu cancelamento e de determinação de penhora previstas na legislação processual, retromencionada, far-se-ão por meio de sistema eletrônico gerido pela autoridade supervisora do sistema financeiro nacional.

A instituição financeira será responsável pelos prejuízos causados ao executado em decorrência da indisponibilidade de ativos financeiros em valor superior ao indicado na execução ou pelo juiz, bem como na hipótese de não cancelamento da indisponibilidade no prazo de 24 (vinte e quatro) horas, quando assim determinar o juiz.

Quando se tratar de execução contra partido político, o juiz, a requerimento do exequente (ou de ofício, no processo trabalhista), determinará às instituições financeiras, por meio de sistema eletrônico gerido por autoridade supervisora do sistema bancário, que tornem indisponíveis ativos financeiros somente em nome do órgão partidário que tenha contraído a dívida executada ou que tenha dado causa à violação de direito ou ao dano, ao qual cabe exclusivamente a responsabilidade pelos atos praticados, na forma da lei.

Penhora de créditos

Quando recair em crédito do executado, enquanto não ocorrer a hipótese prevista no art. 856 do CPC/2015, considerar-se-á feita a penhora pela intimação:

I – ao terceiro devedor para que não pague ao executado, seu credor;

II – ao executado, credor do terceiro, para que não pratique ato de disposição do crédito.

Art. 856. A penhora de crédito representado por letra de câmbio, nota promissória, duplicata, cheque ou outros títulos far-se-á pela apreensão do documento, esteja ou não este em poder do executado.

Se o título não for apreendido, mas o terceiro confessar a dívida, será este tido como depositário da importância.

O terceiro só se exonerará da obrigação depositando em juízo a importância da dívida.

Se o terceiro negar o débito em conluio com o executado, a quitação que este lhe der caracterizará fraude à execução.

A requerimento do exequente (ou de ofício, no processo do trabalho), o juiz determinará o comparecimento, em audiência especialmente designada, do executado e do terceiro, a fim de lhes tomar os depoimentos.

Feita a penhora em direito e ação do executado, e não tendo ele oferecido embargos ou sendo estes rejeitados, o exequente ficará sub-rogado nos direitos do executado até a concorrência de seu crédito.

O exequente pode preferir, em vez da sub-rogação, a alienação judicial do direito penhorado, caso em que declarará sua vontade no prazo de 10 (dez) dias contado da realização da penhora.

A sub-rogação não impede o sub-rogado, se não receber o crédito do executado, de prosseguir na execução, nos mesmos autos, penhorando outros bens.

Quando a penhora recair sobre dívidas de dinheiro a juros, de direito a rendas ou de prestações periódicas, o exequente poderá levantar os juros, os rendimentos ou as prestações à medida que forem sendo depositados, abatendo-se do crédito as importâncias recebidas, conforme as regras de imputação do pagamento.

Recaindo a penhora sobre direito à prestação ou à restituição de coisa determinada, o executado será intimado para, no vencimento, depositá-la, correndo sobre ela a execução.

Quando o direito estiver sendo pleiteado em juízo, a penhora que recair sobre ele será averbada, com destaque, nos autos pertinentes ao direito e na ação correspondente à penhora, a fim de que esta seja efetivada nos bens que forem adjudicados ou que vierem a caber ao executado.

Penhora das quotas ou das ações de sociedades personificadas

Penhoradas as quotas ou as ações de sócio em sociedade simples ou empresária, o juiz assinará prazo razoável, não superior a 3 (três) meses, para que a sociedade:

I – apresente balanço especial, na forma da lei;

II – ofereça as quotas ou as ações aos demais sócios, observado o direito de preferência legal ou contratual;

III – não havendo interesse dos sócios na aquisição das ações, proceda à liquidação das quotas ou das ações, depositando em juízo o valor apurado, em dinheiro.

Para evitar a liquidação das quotas ou das ações, a sociedade poderá adquiri-las sem redução do capital social e com utilização de reservas, para manutenção em tesouraria.

O disposto na norma precedente não se aplica à sociedade anônima de capital aberto, cujas ações serão adjudicadas ao exequente ou alienadas em bolsa de valores, conforme o caso.

Para os fins da liquidação de que trata o inciso III do art. 861 do CPC/2015, o juiz poderá, a requerimento do exequente ou da sociedade (ou de ofício, no processo trabalhista), nomear administrador, que deverá submeter à aprovação judicial a forma de liquidação.

O prazo previsto no art. 861 do CPC/2015 poderá ser ampliado pelo juiz, se o pagamento das quotas ou das ações liquidadas:

I – superar o valor do saldo de lucros ou reservas, exceto a legal, e sem diminuição do capital social, ou por doação; ou

II – colocar em risco a estabilidade financeira da sociedade simples ou empresária.

Caso não haja interesse dos demais sócios no exercício de direito de preferência, não ocorra a aquisição das quotas ou das ações pela sociedade e a liquidação do inciso III do art. 861 do CPC/2015 seja excessivamente onerosa para a sociedade, o juiz poderá determinar o leilão judicial das quotas ou das ações.

Penhora de empresa, de outros estabelecimentos e de semoventes

Quando a penhora recair em estabelecimento comercial, industrial ou agrícola, bem como em semoventes, plantações ou edifícios em construção, o juiz nomeará administrador-depositário, determinando-lhe que apresente em 10 (dez) dias o plano de administração.

Ouvidas as partes, o juiz decidirá.

É lícito às partes ajustar a forma de administração e escolher o depositário, hipótese em que o juiz homologará por despacho a indicação.

Em relação aos edifícios em construção sob regime de incorporação imobiliária, a penhora somente poderá recair sobre as unidades imobiliárias ainda não comercializadas pelo incorporador.

Sendo necessário afastar o incorporador da administração da incorporação, será ela exercida pela comissão de representantes dos adquirentes ou, se se tratar de construção financiada, por empresa ou profissional indicado pela instituição fornecedora dos recursos para a obra, devendo ser ouvida, neste último caso, a comissão de representantes dos adquirentes.

A penhora de empresa que funcione mediante concessão ou autorização far-se-á, conforme o valor do crédito, sobre a renda, sobre determinados bens ou sobre todo o patrimônio, e o juiz nomeará como depositário, de preferência, um de seus diretores.

Quando a penhora recair sobre a renda ou sobre determinados bens, o administrador-depositário apresentará a forma de administração e o esquema de pagamento, observando-se, quanto ao mais, o disposto em relação ao regime de penhora de frutos e rendimentos de coisa móvel e imóvel.

Recaindo a penhora sobre todo o patrimônio, prosseguirá a execução em seus ulteriores termos, ouvindo-se, antes da arrematação ou da adjudicação, o ente público que houver outorgado a concessão.

A penhora de navio ou de aeronave não obsta que continuem navegando ou operando até a alienação, mas o juiz, ao conceder a autorização para tanto, não permitirá que saiam do porto ou do aeroporto antes que o executado faça o seguro usual contra riscos.

A penhora de empresa, de outros estabelecimentos e de semoventes somente será determinada se não houver outro meio eficaz para a efetivação do crédito.

Penhora de percentual de faturamento de empresa

Se o executado não tiver outros bens penhoráveis ou se, tendo-os, esses forem de difícil alienação ou insuficientes para saldar o crédito executado, o juiz poderá ordenar a penhora de percentual de faturamento de empresa.

O juiz fixará percentual que propicie a satisfação do crédito exequendo em tempo razoável, mas que não torne inviável o exercício da atividade empresarial.

O juiz nomeará administrador-depositário, o qual submeterá à aprovação judicial a forma de sua atuação e prestará contas mensalmente, entregando em juízo as quantias recebidas, com os respectivos balancetes mensais, a fim de serem imputadas no pagamento da dívida.

Na penhora de percentual de faturamento de empresa, observar-se-á, no que couber, o disposto quanto ao regime de penhora de frutos e rendimentos de coisa móvel e imóvel.

Da penhora de frutos e rendimentos de coisa móvel ou imóvel

O juiz pode ordenar a penhora de frutos e rendimentos de coisa móvel ou imóvel quando a considerar mais eficiente para o recebimento do crédito e menos gravosa ao executado.

Ordenada a penhora de frutos e rendimentos, o juiz nomeará administrador-depositário, que será investido de todos os poderes que concernem à administração do bem e à fruição de seus frutos e utilidades, perdendo o executado o direito de gozo do bem, até que o exequente seja pago do principal, dos juros, das custas e dos honorários advocatícios.

A medida terá eficácia em relação a terceiros a partir da publicação da decisão que a conceda ou de sua averbação no ofício imobiliário, em caso de imóveis.

O exequente providenciará a averbação no ofício imobiliário mediante a apresentação de certidão de inteiro teor do ato, independentemente de mandado judicial.

Já vimos que, no processo trabalhista, essa providência pode ser tomada pelo juiz, de ofício.

O juiz poderá nomear administrador-depositário o exequente ou o executado, ouvida a parte contrária, e, não havendo acordo, nomeará profissional qualificado para o desempenho da função.

O administrador submeterá à aprovação judicial a forma de administração e a de prestar contas periodicamente.

Havendo discordância entre as partes ou entre essas e o administrador, o juiz decidirá a melhor forma de administração do bem.

Se o imóvel estiver arrendado, o inquilino pagará o aluguel diretamente ao exequente, salvo se houver administrador.

ATOS DE CONSTRIÇÃO E DE EXPROPRIAÇÃO

O exequente ou o administrador poderá celebrar locação do móvel ou do imóvel, ouvido o executado.

As quantias recebidas pelo administrador serão entregues ao exequente, a fim de serem imputadas ao pagamento da dívida.

O exequente dará ao executado, por termo nos autos, quitação das quantias recebidas.

Avaliação

A avaliação será feita pelo oficial de justiça.

Se forem necessários conhecimentos especializados e o valor da execução o comportar, o juiz nomeará avaliador, fixando-lhe prazo não superior a 10 (dez) dias para entrega do laudo.

Não se procederá à avaliação quando:

I – uma das partes aceitar a estimativa feita pela outra;

II – se tratar de títulos ou de mercadorias que tenham cotação em bolsa, comprovada por certidão ou publicação no órgão oficial;

III – se tratar de títulos da dívida pública, de ações de sociedades e de títulos de crédito negociáveis em bolsa, cujo valor será o da cotação oficial do dia, comprovada por certidão ou publicação no órgão oficial;

IV – se tratar de veículos automotores ou de outros bens cujo preço médio de mercado possa ser conhecido por meio de pesquisas realizadas por órgãos oficiais ou de anúncios de venda divulgados em meios de comunicação, caso em que caberá a quem fizer a nomeação o encargo de comprovar a cotação de mercado.

Se uma das partes aceitar a estimativa feita pela outra, a avaliação poderá ser realizada quando houver fundada dúvida do juiz quanto ao real valor do bem.

A avaliação realizada pelo oficial de justiça constará de vistoria e de laudo anexados ao auto de penhora ou, em caso de perícia realizada por avaliador, de laudo apresentado no prazo fixado pelo juiz, devendo-se, em qualquer hipótese, especificar: I – os bens, com as suas características, e o estado em que se encontram; e II – o valor dos bens.

Quando o imóvel for suscetível de cômoda divisão, a avaliação, tendo em conta o crédito reclamado, será realizada em partes, sugerindo-se, com a apresentação de memorial descritivo, os possíveis desmembramentos para alienação.

Realizada a avaliação e, sendo o caso, apresentada a proposta de desmembramento, as partes serão ouvidas no prazo de 5 (cinco) dias.

É admitida nova avaliação quando:

I – qualquer das partes arguir, fundamentadamente, a ocorrência de erro na avaliação ou dolo do avaliador;

II – se verificar, posteriormente à avaliação, que houve majoração ou diminuição no valor do bem;

III – o juiz tiver fundada dúvida sobre o valor atribuído ao bem na primeira avaliação.

Nesse último caso, o juiz determinará, de ofício ou a requerimento da parte, a realização de nova avaliação quando a matéria não estiver suficientemente esclarecida.

Após a avaliação, o juiz poderá, a requerimento do interessado e ouvida a parte contrária, mandar:

I – reduzir a penhora aos bens suficientes ou transferi-la para outros, se o valor dos bens penhorados for consideravelmente superior ao crédito do exequente e dos acessórios;

II – ampliar a penhora ou transferi-la para outros bens mais valiosos, se o valor dos bens penhorados for inferior ao crédito do exequente.

Realizadas a penhora e a avaliação, o juiz dará início aos atos de expropriação do bem.

Expropriação de bens

A CLT, em seu art. 888 e parágrafos, trata da "arrematação" e da "adjudicação".

A "remição" é prevista no art. 13 da Lei n. 5.584, de 26 de junho de 1970.

Conforme a Consolidação das Leis do Trabalho, concluída a avaliação, dentro de dez dias, contados da data da nomeação do avaliador, seguir-se-á a arrematação, que será anunciada por edital afixado na sede do juízo ou tribunal e publicado no jornal local, se houver, com a antecedência de 20 (vinte) dias.

Atualmente, o próprio Oficial de Justiça exerce também a atribuição de Avaliador, na Justiça do Trabalho.

A arrematação far-se-á em dia, hora e lugar anunciados e os bens serão vendidos pelo **maior lance**, tendo o exequente preferência para a adjudicação.

O arrematante deverá garantir o lance com o sinal correspondente a 20% (vinte por cento) do seu valor.

Não havendo licitante, e não requerendo o exequente a adjudicação dos bens penhorados, poderão os mesmos ser vendidos por leiloeiro nomeado pelo Juiz ou Presidente.

Se o arrematante, ou seu fiador, não pagar dentro de 24 (vinte e quatro) horas o preço da arrematação, perderá, em benefício da execução, o sinal de 20% (vinte por cento) do seu valor do lance, voltando à praça os bens executados.

Alienação. Adjudicação. Satisfação do crédito. Fontes subsidiarias – Código de Processo Civil

Algumas normas previstas na legislação processual civil podem ser aplicadas ao processo trabalhista, quanto ao tema em exame, observados os critérios regulados pelo art. 769 da CLT ("Nos casos omissos, o direito processual comum será fonte subsidiária do direito processual do trabalho, exceto naquilo em que for incompatível com as normas deste Título").

Vejamos alguns tópicos, notadamente aqueles previstos nos arts. 876 a 903 do Código de Processo Civil de 2015.

Adjudicação

É lícito ao exequente, oferecendo preço não inferior ao da avaliação, requerer que lhe sejam adjudicados os bens penhorados.

No processo do trabalho, essa possibilidade não é prevista, de modo expresso.

O art. 888, § 1º, da CLT, estabelece que "A arrematação far-se-á em dia, hora e lugar anunciados e os bens serão vendidos pelo maior lance, tendo o exequente preferência para a adjudicação".

Requerida a adjudicação, o executado será intimado do pedido, na forma prevista no CPC/2015.

Se o valor do crédito for inferior ao dos bens, o requerente da adjudicação depositará de imediato a diferença, que ficará à disposição do executado. Se superior ao dos bens, a execução prosseguirá pelo saldo remanescente.

A legislação processual civil admite que o direito à adjudicação pode ser exercido também pelas seguintes pessoas ou entidades, além do exequente:

a) o coproprietário de bem indivisível do qual tenha sido penhorada fração ideal;

b) o titular de usufruto, uso, habitação, enfiteuse, direito de superfície, concessão de uso especial para fins de moradia ou concessão de direito real de uso, quando a penhora recair sobre bem gravado com tais direitos reais;

c) o proprietário do terreno submetido ao regime de direito de superfície, enfiteuse, concessão de uso especial para fins de moradia ou concessão de direito real de uso, quando a penhora recair sobre tais direitos reais;

d) o credor pignoratício, hipotecário, anticrético, fiduciário ou com penhora anteriormente averbada, quando a penhora recair sobre bens com tais gravames, caso não seja o credor, de qualquer modo, parte na execução;

e) o promitente comprador, quando a penhora recair sobre bem em relação ao qual haja promessa de compra e venda registrada;

f) o promitente vendedor, quando a penhora recair sobre direito aquisitivo derivado de promessa de compra e venda registrada;

g) a União, o Estado e o Município, no caso de alienação de bem tombado;

h) pelos credores concorrentes que hajam penhorado o mesmo bem, pelo cônjuge, pelo companheiro, pelos descendentes ou pelos ascendentes do executado.

Se houver mais de um pretendente, proceder-se-á a licitação entre eles, tendo preferência, em caso de igualdade de oferta, o cônjuge, o companheiro, o descendente ou o ascendente, nessa ordem.

No caso de penhora de quota social ou de ação de sociedade anônima fechada realizada em favor de exequente alheio à sociedade, esta será intimada, ficando responsável por informar aos sócios a ocorrência da penhora, assegurando-se a estes a preferência.

É evidente que essas normas do processo civil carecem de adaptações às características do processo do trabalho, inclusive no tópico que faz referência, por exemplo, ao "cônjuge, companheiro, descendentes ou ascendentes do executado", haja vista que a empresa (art. 2º da CLT) não possui família, no sentido civil do termo; salvo quando for executada pessoa física ou natural.

O procedimento, no processo civil, que também poderá ser aplicado ao processo trabalhista, com as acomodações pertinentes, estabelece que transcorrido o prazo de 5 (cinco) dias, contado da última intimação, e decididas eventuais questões, o juiz ordenará a lavratura do auto de adjudicação.

Considera-se perfeita e acabada a adjudicação com a lavratura e a assinatura do auto pelo juiz, pelo adjudicatário, pelo escrivão ou chefe de secretaria, e, se estiver presente, pelo executado, expedindo-se: a carta de adjudicação e o mandado de imissão na posse, quando se tratar de bem imóvel; ou a ordem de entrega ao adjudicatário, quando se tratar de bem móvel.

A carta de adjudicação conterá a descrição do imóvel, com remissão à sua matrícula e aos seus registros, a cópia do auto de adjudicação e a prova de quitação do imposto de transmissão.

O CPC de 2015 dispõe que no caso de penhora de bem hipotecado, o executado poderá remi-lo até a assinatura do auto de adjudicação, oferecendo preço igual ao da avaliação, se não tiver havido licitantes, ou ao do maior lance oferecido.

Disciplina, ainda, o CPC de 2015 que, na hipótese de falência ou de insolvência do devedor hipotecário, o direito de remição, como antes previsto, será deferido à massa ou aos credores em concurso, não podendo o exequente recusar o preço da avaliação do imóvel.

Entretanto, o art. 13 da Lei n. 5.584, de 26 de junho de 1970, que dispõe especificamente sobre normas de Direito Processual do Trabalho, prevê: "Em qualquer hipótese, a **remição** só será deferível ao executado se este oferecer preço igual ao valor da condenação."

À luz do art. 879 da CLT, deve prevalecer, no processo do trabalho, o disposto no art. 13 da Lei n. 5.584/1970.

O art. 878 do CPC de 2015 assinala que frustradas as tentativas de alienação do bem, será reaberta oportunidade para requerimento de adjudicação, caso em que também se poderá pleitear a realização de nova avaliação.

Alienação

A alienação far-se-á:

I – por iniciativa particular;

II – em leilão judicial eletrônico ou presencial.

Não efetivada a adjudicação, o exequente poderá requerer a alienação por sua própria iniciativa ou por intermédio de corretor ou leiloeiro público credenciado perante o órgão judiciário.

O juiz fixará o prazo em que a alienação deve ser efetivada, a forma de publicidade, o preço mínimo, as condições de pagamento, as garantias e, se for o caso, a comissão de corretagem.

A alienação será formalizada por termo nos autos, com a assinatura do juiz, do exequente, do adquirente e, se estiver presente, do executado, expedindo-se:

I – a carta de alienação e o mandado de imissão na posse, quando se tratar de bem imóvel;

II – a ordem de entrega ao adquirente, quando se tratar de bem móvel.

Os tribunais poderão editar disposições complementares sobre o procedimento da alienação, nos termos previstos no CPC de 2015, admitindo, quando for o caso, o concurso de meios eletrônicos, e dispor sobre o credenciamento dos corretores e leiloeiros públicos, os quais deverão estar em exercício profissional por não menos que 3 (três) anos.

Nas localidades em que não houver corretor ou leiloeiro público credenciado nos termos da legislação processual, a indicação será de livre escolha do exequente (ou do juiz, no processo trabalhista).

A alienação far-se-á em leilão judicial se não efetivada a adjudicação ou a alienação por iniciativa particular.

O leilão do bem penhorado será realizado por leiloeiro público.

Ressalvados os casos de alienação a cargo de corretores de bolsa de valores, todos os demais bens serão alienados em leilão público.

A CLT fala em "Praça" e, depois, "Leilão" (art. 888 e parágrafos).

Não sendo possível a sua realização por meio eletrônico, o leilão será presencial.

A alienação judicial por meio eletrônico será realizada, observando-se as garantias processuais das partes, de acordo com regulamentação específica do Conselho Nacional de Justiça.

A alienação judicial por meio eletrônico deverá atender aos requisitos de ampla publicidade, autenticidade e segurança, com observância das regras estabelecidas na legislação sobre certificação digital.

O leilão presencial será realizado no local designado pelo juiz.

Caberá ao juiz a designação do leiloeiro público, que poderá ser indicado pelo exequente.

Incumbe ao leiloeiro público:

I – publicar o edital, anunciando a alienação;

II – realizar o leilão onde se encontrem os bens ou no lugar designado pelo juiz;

III – expor aos pretendentes os bens ou as amostras das mercadorias;

IV – receber e depositar, dentro de 1 (um) dia, à ordem do juiz, o produto da alienação;

V – prestar contas nos 2 (dois) dias subsequentes ao depósito.

O leiloeiro tem o direito de receber do arrematante a comissão estabelecida em lei ou arbitrada pelo juiz.

O juiz da execução estabelecerá o preço mínimo, as condições de pagamento e as garantias que poderão ser prestadas pelo arrematante.

O leilão será precedido de publicação de edital, que conterá:

I – a descrição do bem penhorado, com suas características, e, tratando-se de imóvel, sua situação e suas divisas, com remissão à matrícula e aos registros;

II – o valor pelo qual o bem foi avaliado, o preço mínimo pelo qual poderá ser alienado, as condições de pagamento e, se for o caso, a comissão do leiloeiro designado;

III – o lugar onde estiverem os móveis, os veículos e os semoventes e, tratando-se de créditos ou direitos, a identificação dos autos do processo em que foram penhorados;

IV – o sítio, na rede mundial de computadores, e o período em que se realizará o leilão, salvo se este se der de modo presencial, hipótese em que serão indicados o local, o dia e a hora de sua realização;

V – a indicação de local, dia e hora de segundo leilão presencial, para a hipótese de não haver interessado no primeiro;

VI – menção da existência de ônus, recurso ou processo pendente sobre os bens a serem leiloados.

No caso de títulos da dívida pública e de títulos negociados em bolsa, constará do edital o valor da última cotação.

O leiloeiro público designado adotará providências para a ampla divulgação da alienação.

A publicação do edital deverá ocorrer pelo menos 5 (cinco) dias antes da data marcada para o leilão.

O edital será publicado na rede mundial de computadores, em sítio designado pelo juiz da execução, e conterá descrição detalhada e, sempre que possível, ilustrada dos bens, informando expressamente se o leilão se realizará de forma eletrônica ou presencial.

Não sendo possível a publicação na rede mundial de computadores ou considerando o juiz, em atenção às condições da sede do juízo, que esse modo de divulgação é insuficiente ou inadequado, o edital será afixado em local de costume e publicado, em resumo, pelo menos uma vez em jornal de ampla circulação local.

Atendendo ao valor dos bens e às condições da sede do juízo, o juiz poderá alterar a forma e a frequência da publicidade na imprensa, mandar publicar o edital em local de ampla circulação de pessoas e divulgar avisos em emissora de rádio ou televisão local, bem como em sítios distintos do indicado anteriormente.

Os editais de leilão de imóveis e de veículos automotores serão publicados pela imprensa ou por outros meios de divulgação, preferencialmente na seção ou no local reservados à publicidade dos respectivos negócios.

O juiz poderá determinar a reunião de publicações em listas referentes a mais de uma execução.

Não se realizando o leilão por qualquer motivo, o juiz mandará publicar a transferência, observando-se a norma que determina ao leiloeiro público designado adotar providências para a ampla divulgação da alienação.

O escrivão, o chefe de secretaria ou o leiloeiro que culposamente der causa à transferência responderá pelas despesas da nova publicação, podendo o juiz aplicar-lhe a pena de suspensão por 5 (cinco) dias a 3 (três) meses, em procedimento administrativo regular.

Serão cientificados da alienação judicial, com pelo menos 5 (cinco) dias de antecedência:

I – o executado, por meio de seu advogado ou, se não tiver procurador constituído nos autos, por carta registrada, mandado, edital ou outro meio idôneo;

II – o coproprietário de bem indivisível do qual tenha sido penhorada fração ideal;

III – o titular de usufruto, uso, habitação, enfiteuse, direito de superfície, concessão de uso especial para fins de moradia ou concessão de direito real de uso, quando a penhora recair sobre bem gravado com tais direitos reais;

IV – o proprietário do terreno submetido ao regime de direito de superfície, enfiteuse, concessão de uso especial para fins de moradia ou concessão de direito real de uso, quando a penhora recair sobre tais direitos reais;

V – o credor pignoratício, hipotecário, anticrético, fiduciário ou com penhora anteriormente averbada, quando a penhora recair sobre bens com tais gravames, caso não seja o credor, de qualquer modo, parte na execução;

VI – o promitente comprador, quando a penhora recair sobre bem em relação ao qual haja promessa de compra e venda registrada;

VII – o promitente vendedor, quando a penhora recair sobre direito aquisitivo derivado de promessa de compra e venda registrada;

VIII – a União, o Estado e o Município, no caso de alienação de bem tombado.

Se o executado for revel e não tiver advogado constituído, não constando dos autos seu endereço atual ou, ainda, não sendo ele encontrado no endereço constante do processo, a intimação considerar-se-á feita por meio do próprio edital de leilão.

Pode oferecer lance quem estiver na livre administração de seus bens, com exceção:

I – dos tutores, dos curadores, dos testamenteiros, dos administradores ou dos liquidantes, quanto aos bens confiados à sua guarda e à sua responsabilidade;

II – dos mandatários, quanto aos bens de cuja administração ou alienação estejam encarregados;

III – do juiz, do membro do Ministério Público e da Defensoria Pública, do escrivão, do chefe de secretaria e dos demais servidores e auxiliares da justiça, em relação aos bens e direitos objeto de alienação na localidade onde servirem ou a que se estender a sua autoridade;

IV – dos servidores públicos em geral, quanto aos bens ou aos direitos da pessoa jurídica a que servirem ou que estejam sob sua administração direta ou indireta;

V – dos leiloeiros e seus prepostos, quanto aos bens de cuja venda estejam encarregados;

VI – dos advogados de qualquer das partes.

Não será aceito lance que ofereça preço vil.

Considera-se vil o preço inferior ao mínimo estipulado pelo juiz e constante do edital, e, não tendo sido fixado preço mínimo, considera-se vil o preço inferior a cinquenta por cento do valor da avaliação.

Salvo pronunciamento judicial em sentido diverso, o pagamento deverá ser realizado de imediato pelo arrematante, por depósito judicial ou por meio eletrônico.

Se o exequente arrematar os bens e for o único credor, não estará obrigado a exibir o preço, mas, se o valor dos bens exceder o seu crédito, depositará, dentro de 3 (três) dias, a diferença, sob pena de tornar-se sem efeito a arrematação, e, nesse caso, realizar-se-á novo leilão, à custa do exequente.

Se houver mais de um pretendente, proceder-se-á entre eles à licitação, e, no caso de igualdade de oferta, terá preferência o cônjuge, o companheiro, o descendente ou o ascendente do executado, nessa ordem (norma aplicável quando se tratar de executada pessoa física ou natural).

No caso de leilão de bem tombado, a União, os Estados e os Municípios terão, nessa ordem, o direito de preferência na arrematação, em igualdade de oferta.

Se o leilão for de diversos bens e houver mais de um lançador, terá preferência aquele que se propuser a arrematá-los todos, em conjunto, oferecendo, para os bens que não tiverem lance, preço igual ao da avaliação e, para os demais, preço igual ao do maior lance que, na tentativa de arrematação individualizada, tenha sido oferecido para eles.

Quando o imóvel admitir cômoda divisão, o juiz, a requerimento do executado, ordenará a alienação judicial de parte dele, desde que suficiente para o pagamento do exequente e para a satisfação das despesas da execução.

Não havendo lançador, far-se-á a alienação do imóvel em sua integridade.

A alienação por partes deverá ser requerida a tempo de permitir a avaliação das glebas destacadas e sua inclusão no edital, e, nesse caso, caberá ao executado instruir o requerimento com planta e memorial descritivo subscritos por profissional habilitado.

O interessado em adquirir o bem penhorado em prestações poderá apresentar, por escrito:

I – até o início do primeiro leilão, proposta de aquisição do bem por valor não inferior ao da avaliação;

II – até o início do segundo leilão, proposta de aquisição do bem por valor que não seja considerado vil.

A proposta conterá, em qualquer hipótese, oferta de pagamento de pelo menos vinte e cinco por cento do valor do lance à vista e o restante parcelado em até 30 (trinta) meses, garantido por caução idônea, quando se tratar de móveis, e por hipoteca do próprio bem, quando se tratar de imóveis.

As propostas para aquisição em prestações indicarão o prazo, a modalidade, o indexador de correção monetária e as condições de pagamento do saldo.

No caso de atraso no pagamento de qualquer das prestações, incidirá multa de dez por cento sobre a soma da parcela inadimplida com as parcelas vincendas.

O inadimplemento autoriza o exequente a pedir a resolução da arrematação ou promover, em face do arrematante, a execução do valor devido, devendo ambos os pedidos ser formulados nos autos da execução em que se deu a arrematação.

A apresentação da proposta, nos termos anteriormente previstos, não suspende o leilão.

A proposta de pagamento do lance à vista sempre prevalecerá sobre as propostas de pagamento parcelado.

Havendo mais de uma proposta de pagamento parcelado:

I – em diferentes condições, o juiz decidirá pela mais vantajosa, assim compreendida, sempre, a de maior valor;

II – em iguais condições, o juiz decidirá pela formulada em primeiro lugar.

No caso de arrematação a prazo, os pagamentos feitos pelo arrematante pertencerão ao exequente até o limite de seu crédito, e os subsequentes, ao executado.

Quando o imóvel de incapaz não alcançar em leilão pelo menos oitenta por cento do valor da avaliação, o juiz o confiará à guarda e à administração de depositário idôneo, adiando a alienação por prazo não superior a 1 (um) ano.

Se, durante o adiamento, algum pretendente assegurar, mediante caução idônea, o preço da avaliação, o juiz ordenará a alienação em leilão.

Se o pretendente à arrematação se arrepender, o juiz impor-lhe-á multa de vinte por cento sobre o valor da avaliação, em benefício do incapaz, valendo a decisão como título executivo.

Sem prejuízo dessas das disposições anteriores (caução idônea e multa), o juiz poderá autorizar a locação do imóvel no prazo do adiamento.

Findo o prazo do adiamento, o imóvel será submetido a novo leilão.

Se o arrematante ou seu fiador não pagar o preço no prazo estabelecido, o juiz impor-lhe-á, em favor do exequente, a perda da caução, voltando os bens a novo leilão, do qual não serão admitidos a participar o arrematante e o fiador remissos.

O fiador do arrematante que pagar o valor do lance e a multa poderá requerer que a arrematação lhe seja transferida.

Será suspensa a arrematação logo que o produto da alienação dos bens for suficiente para o pagamento do credor e para a satisfação das despesas da execução.

O leilão prosseguirá no dia útil imediato, à mesma hora em que teve início, independentemente de novo edital, se for ultrapassado o horário de expediente forense.

A arrematação constará de auto que será lavrado de imediato e poderá abranger bens penhorados em mais de uma execução, nele mencionadas as condições nas quais foi alienado o bem.

A ordem de entrega do bem móvel ou a carta de arrematação do bem imóvel, com o respectivo mandado de imissão na posse, será expedida depois de efetuado o depósito ou prestadas as garantias pelo arrematante, bem como realizado o pagamento da comissão do leiloeiro e das demais despesas da execução.

A carta de arrematação conterá a descrição do imóvel, com remissão à sua matrícula ou individuação e aos seus registros, a cópia do auto de arrematação e a prova de pagamento do imposto de transmissão, além da indicação da existência de eventual ônus real ou gravame.

No caso de leilão de bem hipotecado, o executado poderá remi-lo até a assinatura do auto de arrematação, oferecendo preço igual ao do maior lance oferecido.

No processo trabalhista, deve ser observado o disposto no art. 13 da Lei n. 5.584/1970.

No caso de falência ou insolvência do devedor hipotecário, o direito de remição, previsto no CPC/2015, defere-se à massa ou aos credores em concurso, não podendo o exequente recusar o preço da avaliação do imóvel.

Qualquer que seja a modalidade de leilão, assinado o auto pelo juiz, pelo arrematante e pelo leiloeiro, a arrematação será considerada perfeita, acabada e irretratável, ainda que venham a ser julgados procedentes os embargos do executado ou a ação autônoma de que trata o § 4º do art. 903 do CPC de 2015, assegurada a possibilidade de reparação pelos prejuízos sofridos.

Ressalvadas outras situações previstas no Código de Processo Civil de 2015, a arrematação poderá, no entanto, ser:

I – invalidada, quando realizada por preço vil ou com outro vício;

II – considerada ineficaz, se não observado o disposto no art. 804 do CPC/2015;

III – resolvida, se não for pago o preço ou se não for prestada a caução.

O juiz decidirá acerca das situações referidas no § 1º do art. 903 do CPC de 2015, se for provocado em até 10 (dez) dias após o aperfeiçoamento da arrematação.

Passado o prazo de dez (10) dias, de que trata o § 2º, do art. 903, do CPC de 2015, sem que tenha havido alegação de qualquer das situações no § 1º do mesmo dispositivo processual, será expedida a carta de arrematação e, conforme o caso, a ordem de entrega ou mandado de imissão na posse.

Após a expedição da carta de arrematação ou da ordem de entrega, a invalidação da arrematação poderá ser pleiteada por ação autônoma, em cujo processo o arrematante figurará como litisconsorte necessário.

O arrematante poderá desistir da arrematação, sendo-lhe imediatamente devolvido o depósito que tiver feito:

I – se provar, nos 10 (dez) dias seguintes, a existência de ônus real ou gravame não mencionado no edital;

II – se, antes de expedida a carta de arrematação ou a ordem de entrega, o executado alegar alguma das situações previstas no § 1º do art. 903 do CPC de 2015;

III – uma vez citado para responder a ação autônoma, acima aludida, desde que apresente a desistência no prazo de que dispõe para responder a essa ação.

Considera-se ato atentatório à dignidade da justiça a suscitação infundada de vício com o objetivo de ensejar a desistência do arrematante, devendo o suscitante ser condenado, sem prejuízo da responsabilidade por perdas e danos, ao pagamento de multa, a ser fixada pelo juiz e devida ao exequente, em montante não superior a vinte por cento do valor atualizado do bem.

Satisfação do crédito

A satisfação do crédito exequendo far-se-á:

I – pela entrega do dinheiro;

II – pela adjudicação dos bens penhorados.

O juiz autorizará que o exequente levante, até a satisfação integral de seu crédito, o dinheiro depositado para segurar o juízo ou o produto dos bens alienados, bem como do faturamento de empresa ou de outros frutos e rendimentos de coisas ou empresas penhoradas, quando:

I – a execução for movida só a benefício do exequente singular, a quem, por força da penhora, cabe o direito de preferência sobre os bens penhorados e alienados;

II – não houver sobre os bens alienados outros privilégios ou preferências instituídos anteriormente à penhora.

Durante o plantão judiciário, veda-se a concessão de pedidos de levantamento de importância em dinheiro ou valores ou de liberação de bens apreendidos.

Ao receber o mandado de levantamento, o exequente dará ao executado, por termo nos autos, quitação da quantia paga.

A expedição de mandado de levantamento poderá ser substituída pela transferência eletrônica do valor depositado em conta vinculada ao juízo para outra indicada pelo exequente.

Pagos ao exequente o principal, os juros, as custas e os honorários, a importância que sobrar será restituída ao executado.

Havendo pluralidade de credores ou exequentes, o dinheiro lhes será distribuído e entregue consoante a ordem das respectivas preferências.

No caso de adjudicação ou alienação, os créditos que recaem sobre o bem, inclusive os de natureza *propter rem*, sub-rogam-se sobre o respectivo preço, observada a ordem de preferência.

Não havendo título legal à preferência, o dinheiro será distribuído entre os concorrentes, observando-se a anterioridade de cada penhora.

Os exequentes formularão as suas pretensões, que versarão unicamente sobre o direito de preferência e a anterioridade da penhora, e, apresentadas as razões, o juiz decidirá.

6. REFORMA DA EXECUÇÃO TRABALHISTA

No artigo "*O papel da Corregedoria – Resenha histórica*", publicado na Revista n. 77 do TRT da 8ª da Região, v. 39, p. 15-52, jul./dez. 2006, Vicente Malheiros assim se pronunciou:

> Desde cedo, como magistrado, preocupou-me sempre a fase de **execução** no processo trabalhista. Não foi outra a razão de eu haver idealizado a criação do "*Fundo de Garantia das Execuções Trabalhistas*", finalmente consagrado no art. 3º da Emenda Constitucional n. 45/2004, em fase de regulamentação legal, no Congresso Nacional.
>
> Já na Presidência do TRT-8ª Região, implantei o sistema inicial que permite a prolação de **sentenças líquidas**, procedimento pioneiro no Brasil e que tende a ser adotado em todo o país.
>
> O propósito deste artigo é traçar uma retrospectiva de Provimentos que editei, enquanto Corregedor Regional, a fim de que, sobretudo os mais jovens, tomem conhecimento das origens de algumas medidas que foram posteriormente desenvolvidas e aperfeiçoadas.
>
> Quando Corregedor Regional, o Dr. Luiz Albano Mendonça de Lima, nosso atual Presidente, editou, em boa hora, o PROVIMENTO N. 02/2002, que reuniu "em um único texto sob a denominação de *Provimentos Consolidados da Oitava Região*, as recomendações e orientações da Corregedoria Regional, com revisão, atualização e nova redação".
>
> Elaborei, no presente artigo, um levantamento histórico sobre os Provimentos que foram editados no período em que funcionei como Corregedor Regional, e que ainda podem servir de roteiro e orientação, nos pontos que permanecem atuais.
>
> Observe-se que muitos Provimentos foram aprovados com a colaboração de juízes do 1º Grau e depois de reuniões com a participação de magistrados e servidores, a fim de imprimir o espírito democrático da Corregedoria.
>
> Todos esses Provimentos possuíam ementas, adiante transcritas, bem como a motivação que justificaram a sua aprovação nos momentos oportunos.

7. FUNDO DE GARANTIA DAS EXECUÇÕES TRABALHISTAS

Uma síntese da tese sobre o "*Fundo de Garantia das Trabalhistas*" foi publicada na *Revista da Academia Brasileira de Direito do Trabalho*, ano XXII, n. 22, p. 71-74, 2017 ("Processo do Trabalho, Execução e Outros Estudos").

O tema também foi objeto da dissertação de Conclusão de Curso, apresentado, em 2007, pela segunda autora do presente Capítulo (Lorena Sirotheau da Fonseca Lestra), para obtenção do grau de Bacharel em Direito pelo Centro de Estudos Sociais Aplicados (CESA), da Universidade da Amazônia (UNAMA), sob orientação do Prof. Jaciel de Moraes Papaleo Paes.

Inicialmente, cumpre assinalar as medidas que visam à celeridade do processo trabalhista, notadamente a prolação de **sentenças líquidas**, procedimento implementado, em caráter pioneiro, no âmbito do TRT-8ª Região, na época em que Vicente Malheiros da Fonseca exerceu a Presidência do E. Tribunal Regional, conforme o Provimento conjunto n. 4/2000 (art. 12).

Essa prática agiliza bastante o processo, porque evita impugnações, embargos do devedor e recursos em torno do *quantum debeatur*.

Embora o Provimento Regional faça alusão ao procedimento sumariíssimo (Lei n. 9.957/2000), há muito que a prolação de sentenças líquidas, em nossa Região, independe do valor da causa.

O sistema recursal também precisa ser drasticamente enxugado.

Além dos eficientes mecanismos oferecidos pela informática, como o sistema de penhora *on-line* (SISBACEN) e outros, a execução carece de aperfeiçoamentos. Aliás, a prática da penhora *on-line* iniciou na época em que Vicente Malheiros exerceu a função de Coordenador/Presidente do Colégio de Presidentes e Corregedores dos TRTs do Brasil – COLEPRECOR (1998-2000), antes de sua implementação no Código Processo Civil.

De fato, a eficácia das sentenças trabalhistas é tema de grande preocupação. Não raro o sucesso, na fase de conhecimento, transforma-se em autêntica vitória de Pyrro, na fase de execução.

A Emenda Constitucional n. 45/2004, que dispõe sobre a Reforma do Poder Judiciário, aprovou um importante mecanismo para tornar o processo trabalhista mais eficiente e célere.

Estabelece o art. 3º da EC n. 45 que "A lei criará o Fundo de Garantia das Execuções Trabalhistas, integrado pelas multas decorrentes de condenações trabalhistas e administrativas oriundas da fiscalização do trabalho, além de outras receitas".

A sociedade brasileira e os magistrados trabalhistas, em especial, alimentam a esperança de que a regulamentação do FUNGET, por via de lei ordinária, seja implementada com as cautelas necessárias para não se desviar dos propósitos que justificam a criação do novo modelo processual trabalhista.

A ideia originária do FUNGET, concebida por Vicente Malheiros da Fonseca há cerca de 40 anos, tem sido debatida e aprovada em conclaves jurídicos, inclusive no XII Congresso Nacional de Magistrados da Justiça do Trabalho (2004) e na Jornada Nacional sobre Execução Trabalhista (2010).

Nessa Jornada, foi aprovado o seguinte Enunciado propositivo:

> FUNDO DE GARANTIA DAS EXECUÇÕES TRABALHISTAS. I. O Fundo de Garantia das Execuções Trabalhistas (Funget), aprovado no Conamat/2004, deve ser regulamentado por lei ordinária (art. 3º da Emenda Constitucional n. 45/2004), com urgência, porque constitui um importante mecanismo para tornar o processo trabalhista mais eficiente e célere. II. A lei reguladora do Funget (art. 3º da EC n. 45/2004) deverá inspirar-se nos institutos correlatos no direito comparado, onde se verifica sua natureza de seguro obrigatório contra o inadimplemento de créditos trabalhistas, em razão da insolvência da empresa devedora. Ademais, é fundamental que o legislador proceda a uma blindagem protetora do fundo; de um lado, limitando as espécies de parcelas a serem pagas e seus valores; de outro, cuidando para que não haja fraudes/simulações. O Funget deverá ser gerido pelo Conselho Superior da Justiça do Trabalho, fiscalizado pelo Ministério Público do Trabalho.

A matéria foi objeto de notícia na *Revista LTr* (dez./2010) – Ano 74 – Redação (LTr 74-12/1413): <http://www.calameo.com/read/000149577d99c6d6ab8e3>.

Tramitam no Congresso Nacional três Projetos de Leis para regulamentar a matéria (PL n. 4.597/2004, PLS n. 246/2005 e PL n. 6.541/2006), daí a necessidade de conciliar divergências no sentido de encontrar a fórmula capaz de efetivar o comando constitucional, tal como foi idealizado.

Afinal, o processo trabalhista foi concebido para ser simples, informal, concentrado, oral e célere, em todas as etapas, jamais um fim em si mesmo.

No entanto, se a sentença ou a conciliação não for cumprida, segue-se a fase de execução, um dos "calcanhares de Aquiles" na Justiça do Trabalho.

No momento crucial do processo, a efetividade do título executivo é quase nenhuma, porque quase nada obedece aos princípios basilares do processo moderno.

Desde o momento histórico em que o devedor deixou de responder com o seu próprio corpo pelas dívidas civis (salvo ação de alimentos e depositário infiel), essa responsabilidade transferiu-se para o seu patrimônio, em caso de execução. Daí a penhora sobre bens do devedor, para efeito de alienação, em praça ou leilão, e posterior pagamento para satisfação do direito do credor, como assegurado no título executivo judicial ou extrajudicial.

Acontece que esse sistema complexo de execução, desde o direito romano, já não atende às expectativas do credor trabalhista, geralmente hipossuficiente e desempregado.

Vicente Malheiros escreveu sobre o Fundo de Garantia das Execuções Trabalhistas, pela primeira vez, na Revista n. 22, jul./dez. 1979, do TRT-8ª Região. O tema foi incluído no livro *Reforma da Execução Trabalhista e Outros Estudos* (LTr/SP, 1993), ao qual novamente fez referência no livro *Em Defesa da Justiça do Trabalho e Outros Estudos* (LTr/SP, 2001).

Na Espanha, adota-se, com sucesso, o *"Fondo de Garantía Salarial"*, que funciona de modo eficiente.

A ideia, fundada nos princípios da seguridade e que tem como premissa a função social da empresa, nas relações trabalhistas, atende aos pressupostos jurídicos da responsabilidade civil objetiva. A mesma tese que justifica o instituto do seguro prévio para garantir os infortúnios humanos, que não se limitam aos eventos da morte, do acidente, do incêndio, da doença e da aposentadoria, para os quais existem fundos que asseguram a cobertura de compensações para dependentes e segurados. Merecem ainda atenção os riscos decorrentes das relações de emprego, especialmente em favor dos desempregados e seus familiares, excluídos de uma vida mais digna, vítimas da crueldade que a sociedade vem se acostumando a assistir, quase insensível, senão indiferente.

Foi, pois, pensando nas agruras do credor trabalhista, que espera "até não sei quando" o final do processo de execução, qual *Pedro Pedreiro*, do Chico Buarque de Hollanda, que Vicente Malheiros da Fonseca concebeu a tese do Fundo de Garantia das Execuções Trabalhistas, com vistas a agilizar e tornar realmente efetiva uma das fases mais demoradas e penosas do processo do trabalho, ao lado do sistema recursal, que também carece de aperfeiçoamentos. O processo civil tem sofrido diversas mudanças. Deve-se guardar, ainda, a esperança de que o processo executório trabalhista possa ser dotado da efetividade de que tanto necessita.

Não é suficiente que o crédito do trabalhador, reconhecido por sentença judicial, conserve o seu poder aquisitivo. Impõe-se que o empregador sofra as consequências severas por mora no cumprimento das obrigações resultantes da *res judicata*, proporcionalmente à gravidade social da sua atitude.

Daí justificar-se a adoção do sistema francês das *astreintes*. Garante-se, assim, na execução da sentença trabalhista, o pagamento da dívida principal acrescida das sanções pecuniárias, impostas pelo juiz, à parte responsável pelo atraso na quitação das verbas reconhecidas pela decisão judicial, sem prejuízo dos juros e correção monetária.

Nesse sentido, os arts. 652, alínea *d*; 832, § 1º, 835, e 880, da CLT, que hoje podem ser interpretados com o auxílio da regra disposta, por exemplo, no art. 523 do CPC de 2015.

Não basta "dizer" o direito (*jurisdictio*); impõe-se realizá-lo, concretamente (*judex executione*).

Todavia, a tese de criação do Fundo de Garantia das Execuções Trabalhistas constitui uma reformulação profunda e corajosa no nosso Direito Processual do Trabalho, pois é medida capaz de imprimir uma verdadeira *antecipação* da garantia das execuções trabalhistas, inclusive com apoio nos princípios da seguridade social.

Consagrada a ideia na Emenda Constitucional n. 45/2004 (art. 3º), quiçá seja logo editada a necessária regulamentação, por legislação ordinária, a fim de que o Brasil possa dispor de um sistema de pagamento imediato, efetivo e atualizado dos créditos decorrentes do trabalho humano, resultantes de sentença judicial.

Trata-se, em verdade, de autêntica reforma ampla e eficaz da execução trabalhista.

Diz a lenda que Tétis, a ninfa marinha, segurou, pelo calcanhar, seu filho Aquiles, para mergulhá-lo no rio Estige, que o tornaria imortal e invencível. Queria contrariar um oráculo, segundo o qual o jovem morreria na guerra de Tróia. Numa batalha, porém, Aquiles, bravo lutador e herói da mitologia grega, foi alvejado por uma flecha, justamente em seu único ponto vulnerável, o calcanhar, que não havia sido banhado por sua mãe.

Metáforas à parte, o *Fundo de Garantia das Execuções Trabalhistas* salva o processo trabalhista de um de seus pontos mais frágeis, a execução.

Não é tudo.

O passo seguinte, com os calcanhares protegidos, deverá ser o enxugamento do sistema recursal na Justiça do Trabalho, sem o que o processo trabalhista, que se caracteriza pela celeridade na solução das demandas, continuará sujeito às delongas por diversos graus de jurisdição, longe, portanto, de atender aos seus objetivos jurídicos e sociais.

Se a legislação ordinária já estabelece que "os Juízos e Tribunais do Trabalho terão ampla liberdade na direção do processo e velarão pelo **andamento rápido das causas**, podendo determinar qualquer diligência necessária ao esclarecimento delas", atualmente constitui garantia constitucional "a **razoável duração do processo** e os meios que garantam a celeridade de sua tramitação" (art. 5º, LXXVIII, da Constituição Federal).

Enfim, a real eficácia dos Direitos Humanos na Justiça do Trabalho somente estará concretizada quando o cumprimento ou a execução da sentença judicial ou da conciliação puder contar com mecanismos de acesso e efetividade à prestação jurisdicional rápida e justa.

23.
RESPONSABILIDADE PATRIMONIAL

Bento Herculano Duarte Neto[1]
Higor Marcelino Sanches[2]

> "Tu te tornas eternamente responsável por aquilo que cativas."
> Antoine de Saint-Exupéry

1. A RESPONSABILIDADE PATRIMONIAL NA EXECUÇÃO: NATUREZA, CARACTERÍSTICAS E ASPECTOS GERAIS

O trecho da obra de Saint-Exupéry (1943, p. 53), ora destacada como epígrafe, extraída de *O Pequeno Príncipe*, é fonte do pensamento universal a indicar que o ser humano assume responsabilidades diante dos seus relacionamentos, bem como por seu comportamento.

É extremamente importante perceber que a responsabilidade atua como um dever jurídico sucessivo, isto é, decorrente de uma violação. Ela é a sensibilidade do ordenamento e protege o dever lícito obrigacional. Para San Tiago Dantas (*apud* CAVALIERI FILHO, 2008, p. 1), é proteger o lícito e reprimir o ilícito.

Vejam que ela não é uma atitude desejada pelo autor, mas sim um dever jurídico imposto ao indivíduo que violou a obrigação determinada. Nas palavras de Carlos Alberto Menezes Direito e Sérgio Cavalieri (2007, p. 48), *"a responsabilidade civil opera a partir do ato ilícito com nascimento da obrigação de indenizar, tendo por finalidade tornar "indemne" o lesado, colocar a vítima na situação em que estaria sem a ocorrência do fato danoso"*.

À luz, portanto, do Direito Civil, que é marcado pelo princípio da relatividade, traduz-se a sensação de que os contratos produzem efeitos apenas às partes contratantes, sentimento que é afastado quando olhamos tal instituto por meio das lentes dos princípios constitucionais, que irradiam seus efeitos para todas as situações jurídicas, que passam a ser observadas pela dignidade humana, função social da propriedade e boa-fé.

Assim, a responsabilidade assume, nesse cenário, um caráter transversal sobre toda a ordem jurídica, a partir do seu vértice constitucional, e naturalmente se projeta para a dimensão processual, onde as obrigações, assumidas em face de particulares ou do Estado, podem ser adjudicadas sob o manto da tutela jurisdicional, apontando o terreno próprio da responsabilidade para o cumprimento de títulos judiciais, de forma voluntária ou forçada, por meio da adjudicação compulsória.

De acordo com Enrico Tullio Liebman (1986, p. 85), ao poder executório do Estado e à ação executória do credor[3], corresponde a responsabilidade

---

[1] Membro da Academia Brasileira de Direito do Trabalho. Professor Titular da UFRN. Desembargador do Tribunal Regional do Trabalho da 21ª Região (RN). Doutor e mestre em Direito pela PUC-SP. E-mail: <bhduarte@uol.com.br>.

[2] Juiz do Trabalho Substituto do Tribunal Regional do Trabalho da 21ª Região (RN). Ingressou na magistratura em 2011, no Tribunal Regional do Trabalho da 23ª Região (MT). Especialista em Direito do Trabalho e Processo do Trabalho. Diretor da Escola da Magistratura do Trabalho da 21ª Região (Esmat21). Professor de cursos de Especialização em Direito do Trabalho e Processo do Trabalho. E-mail: <sancheshigor01@gmail.com>.

[3] O pensamento de Liebman representa a dualidade de ritos processuais, conhecimento e execução, que foi arrefecida, no sistema brasileiro, desde a Lei n. 11.232/2005, que instituiu o procedimento de cumprimento da sentença, ainda na fase de conhecimento, rompendo,

executória do devedor, *"que é a situação de sujeição à atuação da sanção, a situação em que se encontra o vencido de não poder impedir que a sanção seja realizada com prejuízo seu"*. No caso da responsabilidade de natureza civil (ou seja, não criminal), *"essa responsabilidade consiste propriamente na destinação dos bens do vencido a servirem para satisfazer o direito do credor"*, que decorre diretamente do título.

Logo, trata-se de uma natureza de *situação jurídica*, de viés patrimonial, porquanto se trata de responsabilidade de natureza real, patrimonial.

Essa natureza, acoplada às normas constitucionais que se irradiam desde o tronco do sistema jurídico, assume especial característica na jurisdição trabalhista, porquanto a legislação especial alberga direitos resultantes da condição jurídica dos trabalhadores.

A temática é, contudo, vasta, passível de muitas possibilidades analíticas. O propósito deste capítulo é mais restrito, portanto, e tem como objetivo abordar a responsabilidade patrimonial na execução numa perspectiva dinâmica, isto é, a partir de algumas situações mais recorrentes e críticas do cenário processual trabalhista, tendo como filtro de análise a abordagem constitucional do tema, em contraste com a legislação aplicável e sua interpretação pelos tribunais, de modo a oferecer um panorama crítico das questões já assentadas, assim como daquelas outras tantas ainda em aberto.

No percurso proposto, merecerá especial destaque os efeitos provocados, sobre as questões exploradas quanto ao tema da responsabilidade patrimonial na execução trabalhista, pela reforma trabalhista de 2017 (Lei n. 13.467), de modo a oferecer ao leitor contribuições reflexivas para a formação de uma interpretação sobre seu texto, nesses primeiros momentos de sua vigência.

2. A RESPONSABILIDADE GERAL NA EXECUÇÃO TRABALHISTA EM PERSPECTIVA DINÂMICA

Ao pensarmos na responsabilidade patrimonial nas relações obrigacionais decorrentes do trabalho subordinado, a primeira imagem que se descortina é da figura do devedor e sua posição dentro de um processo de execução trabalhista.

O panorama de protelação do pagamento das verbas reconhecidas no título judicial pode se tornar um processo rentável dentro do negócio de uma empresa, tornando o esforço executivo mais custoso para se alcançar a efetividade da prestação jurisdicional, em razão das evasivas utilizadas pelo devedor.

Sob essa ótica, a execução clássica termina não obtendo êxito, já que fraudes e subterfúgios utilizados pelos devedores afastam os bens da vista do juiz mais atento, o que gera um maior esforço da doutrina e, particularmente, da jurisprudência, para garantir o pagamento das decisões judiciais, ou seja, de se dar efetividade ao direito.

O baixo número de pagamentos voluntários implica na adoção de medidas de execução forçadas dinâmicas, que serão analisadas adiante, sob as perspectivas do devido processo legal, da ampla defesa, mas também da efetividade da execução.

De antemão, porém, destaque-se a criação e o uso de ferramentas como o BACENJUD, INFOJUD, RENAJUD, SIMBA, núcleos de investigação patrimonial, etc.

2.1. Responsabilidade dos sócios de empresas individuais ou coletivas

2.1.1. Sócio retirante

Antes do Código Civil de 2002, a responsabilidade dos sócios era disciplinada pelo Código Comercial, que a estendia sem a limitação temporal imposta pela Lei Civil atual, qual seja, pelo prazo de *dois anos* após a saída.

Os arts. 1.003 e 1.032 do Código Civil vigente, contudo, limitaram essa responsabilidade, que passou a ser de dois anos após a averbação da modificação do contrato.

Ocorre que alguns doutrinadores e juízes do trabalho, mesmo com a edição do Código Civil de 2002, persistiram no entendimento de não ser razoável que o sócio, que fazia parte do quadro societário da empresa no momento em que o empregado prestou o serviço – portanto, beneficiado pela força de trabalho – não mais responder pelos direitos trabalhistas judicialmente reconhecidos, em razão da retirada do quadro societário[4].

---

ao menos em parte, com a dicotomia do desenho processual de 1973. Sobre os reflexos dessa reforma processual no Direito Processual do Trabalho, cf. CHAVES, 2007.

(4) "AGRAVO DE PETIÇÃO. REJEIÇÃO LIMINAR DOS EMBARGOS DE TERCEIROS. SÓCIO RETIRANTE ATIVO DURANTE CONTRATO DE TRABALHO. MANUTENÇÃO DO JULGADO DE PRIMEIRO GRAU. Para a Justiça do Trabalho prevalece o fato de que, durante a vigência do contrato de trabalho do obreiro, a embargante fazia parte da sociedade. O contrato de trabalho vigorou de 19.10.1998 a 20.12.2002 e a embargante teve seu desligamento homologado na JUCERN (Junta Comercial do Estado do Rio Grande do Norte) em 07.11.2001, conforme certificado de registro de id. 3a83080 (p. 3), sendo sócio retirante, não pode deixar de responder pelo contrato havido sob vigência da sociedade da qual fez parte, pelo fato de ter se beneficiado da força de trabalho do obreiro, auferindo lucros e benefícios,

Nesse contexto, a Lei n. 13.467/2017, para dirimir tal questão e acabar com a discussão, tornou expressa a posição de que o sócio retirante ficará responsável "nas ações ajuizadas até dois anos depois de averbada a modificação do contrato" (novo art. 10-A da CLT).

Desse dispositivo, passando-se ao largo da questão da justeza da medida legislativa, surgem alguns elementos para a responsabilidade, quais sejam:

a) o preceito fala no lapso temporal contado do ajuizamento da ação, de forma que não interessa a data em que o sócio é inserido no polo passivo da demanda, desde que essa tenha sido ajuizada até dois anos após a averbação da retirada do contrato;

b) o sócio retirante responderá subsidiariamente em relação à empresa, porém, solidariamente, com os demais sócios;

c) a regra é objetiva, de maneira que o sócio responderá somente pelas dívidas decorrentes do período em que figurou sob tal condição, e que foram objeto de ações distribuídas até o prazo de dois anos a contar da averbação da alteração do contrato social da empresa. Assim, reitere-se, restará isento de responsabilidade, ainda que no tocante à relação empregatícia ocorrida no período em que esteve à frente da sociedade, desde que a ação não tenha sido ajuizada dentro do biênio posterior à averbação de sua retirada.

É importante salientar que as regras antes expostas, dentro da perspectiva dinâmica da responsabilidade, deixam de ser aplicadas quando ficarem comprovadas atitudes destinadas a fraudar credores, situação em que o sócio retirante responderá solidariamente com os demais sócios. Cite-se, como exemplo, a hipótese em que o sócio se retira do contrato social apenas para não ser atingido pelas execuções futuras, colocando, por exemplo, 'laranjas'[5] em seu lugar.

2.1.2. *Aspecto processual da responsabilidade societária: o incidente de desconsideração da personalidade jurídica*

À luz da autonomia da pessoa jurídica, é esta a responsável pelas dívidas por si contraídas, não se comunicando com a figura do sócio, pessoa física. Contudo, como meios capazes de satisfazer o crédito reconhecido judicialmente, na frustração das tentativas de executar a pessoa jurídica, diversas normas foram editadas flexibilizando tal autonomia, possibilitando que o sócio da empresa venha a ser executado, individualmente, em razão da dívida empresarial. Evoque-se, no Direito Comparado, a figura da *disregard doctrine* (*disregard legal entity*).

Assim, é possível a existência de responsabilidade sem débito, sendo esta a hipótese da responsabilidade dos sócios pelas obrigações da sociedade, como bem esclarece Francisco Antônio de Oliveira (2016, p. 214 e 216):

> Débito e responsabilidade são elementos que se apresentam simultâneos na obrigação, quando se referem à mesma pessoa (beneficiária/devedora). São exemplos que contrariam a regra: art. 818 do CC (solidariedade); art. 827 do CC (fiança); arts. 14 e 56 do Dec n. 2.044/1908 (aval); art. 592 do CPC (subsidiariedade); art. 2º, § 2º, da CLT (solidariedade); art. 455 da CLT (solidariedade) etc.
>
> (...)
>
> Os sócios não são devedores, senão responsáveis secundários pela execução. A defesa que tiverem será efetuada por meio de embargos de terceiro e não devem ser citados, porque partes passivas não são. Tudo isso em se cuidando de sociedades regularmente constituídas. Se a sociedade não for regularmente constituída (sociedade irregular ou de fato), a responsabilidade do sócio será ilimitada, uma vez que os bens da pseudossociedade se misturam com o patrimônio dos sócios.

No que diz respeito ao viés processual, o ordenamento prevê requisitos para que a execução possa atingir os sócios da pessoa jurídica devedora.

Nesse contexto, a Lei n. 13.467/2017 trouxe a necessidade, para que assim ocorra, da instauração de incidente processual – incidente de desconsideração da personalidade jurídica – IDPJ, em diapasão com o CPC de 2015, acrescentando à CLT[6]:

> *Do Incidente de Desconsideração da Personalidade Jurídica*
>
> Art. 855-A. Aplica-se ao processo do trabalho o incidente de desconsideração da personalidade jurídica

---

não podendo se esquivar da responsabilidade daí decorrente. A via recursal adequada, portanto, seria os embargos do devedor e não os embargos de terceiros como pretende, devendo ser mantida a rejeição liminar dos embargos de terceiros proferida em primeiro grau. 2. Agravo de petição conhecido e desprovido." (TRT da 21ª Região, AP-0001109-11.2015.5.21.0003, Rel. Desembargador Carlos Newton de Souza Pinto, Publicado em 01.08.2016).

(5) Sobre essa figura representativa de variadas formas de fraude, cf.: CHAVES, 2013.

(6) A Instrução Normativa n. 39 do C. TST apontou a aplicação subsidiária (para alguns, seria supletiva) do CPC de 2015, nesse ponto, ao processo do trabalho.

previsto nos arts. 133 a 137 da Lei n. 13.105, de 16 de março de 2015 – Código de Processo Civil.

§ 1º Da decisão interlocutória que acolher ou rejeitar o incidente:

I – na fase de cognição, não cabe recurso de imediato, na forma do § 1º do art. 893 desta Consolidação;

II – na fase de execução, cabe agravo de petição, independentemente de garantia do juízo;

III – cabe agravo interno se proferida pelo relator em incidente instaurado originariamente no tribunal.

§ 2º A instauração do incidente suspenderá o processo, sem prejuízo de concessão da tutela de urgência de natureza cautelar de que trata o art. 301 da Lei n. 13.105, de 16 de março de 2015 (Código de Processo Civil).

Em verdade, aberta a execução e verificada a insuficiência de recursos da empresa, o Magistrado do Trabalho, com base na teoria menor da desconsideração da personalidade jurídica da empresa, conforme a premissa contida no § 5º do art. 28 do Código de Defesa do Consumidor[7] e lastreado na aplicação subsidiária do processo civil, já tinha como possível efetuar a desconsideração, sempre que essa fosse o caminho para a satisfação do crédito trabalhista. Todavia, o que está a se tratar é do mecanismo processual para se concretizar a desconsideração da personalidade jurídica do devedor.

No que tange à legitimidade para propor o incidente, o art. 133 do Código de Processo Civil de 2015 dispôs que a instauração dar-se-á exclusivamente por iniciativa da parte ou do Ministério Público, o que foi seguido, expressamente, pela Lei n. 13.467/2017 (Lei da Reforma Trabalhista), situação diversa daquela relativa aos créditos fiscais, onde se pode fazer a desconsideração *ex officio*.

Prima facie, em que pese o teor do texto legal, não parece razoável a possibilidade do Juiz instaurar o incidente de desconsideração da personalidade jurídica de ofício, quanto à execução fiscal, contudo, havendo de esperar o requerimento da parte para executar os direitos do trabalhador. Tal assertiva decorre do fato do crédito trabalhista preferir aos fiscais, como em razão da natureza acessória destes.

Pode se imaginar o cenário no qual um trabalhador ingressa com uma reclamação trabalhista – aqui presente, via de regra, o caráter alimentar da pretensão –, por sua vez, gerando verbas salariais, previdenciárias e tributárias, declaradas na sentença. Por um desleixo do patrono do reclamante, não se dá início à execução do crédito trabalhista em face do sócio, enquanto o crédito previdenciário, com caráter meramente acessório, tem a sua execução iniciada de ofício. Ao final dos atos expropriatórios, haverá a satisfação integral do crédito fiscal, enquanto a verba alimentar cairá no esquecimento.

Veja-se que o direito privilegiado foi colocado em segundo plano, em cotejo com os créditos fiscais. A partir daí, torna-se plausível o pensamento, numa perspectiva axiológica, que considera a hipótese do Magistrado, a garantir meios eficazes para a satisfação do crédito trabalhista e entendendo não caber tratamento desigual para situações semelhantes – inclusive incidentes na mesma relação processual –, no sentido de ser possível a desconsideração *ex officio* também do crédito trabalhista.

Em tese, não resta lógico e coerente que alguém enfrente os martírios de um processo judicial de conhecimento, tenha o seu direito reconhecido, mas não possua o interesse de levar a execução a cabo. Presume-se que todos aqueles que vão ao Poder Judiciário, em busca de um título executivo condenatório, querem ver o direito respectivo efetivado.

Por outro lado, há de se ponderar que o novel art. 878 da CLT não indica que o Magistrado, uma vez requerida a execução, dependa, doravante, de sucessivos requerimentos da parte interessada para a realização de atos voltados ao resultado da tutela cognitiva (CHAVES; CHAVES, 2017, p. 244 e seguintes). O art. 878 apenas prevê a necessidade de requerimento da parte para o **início** da execução. Nesse diapasão, uma vez instaurada a fase executiva, é de se supor que, mesmo a teor da inovação contida no art. 878 da CLT[8], os demais atos processuais observam a inquisitoriedade (art. 765 da CLT c/c art. 2º do CPC), até mesmo porque cabe ao Juiz ordenar atos de constrição, em função da natureza da obrigação e das características do processo.

---

(7) "Art. 28. O juiz poderá desconsiderar a personalidade jurídica da sociedade quando, em detrimento do consumidor, houver abuso de direito, excesso de poder, infração da lei, fato ou ato ilícito ou violação dos estatutos ou contrato social. A desconsideração também será efetivada quando houver falência, estado de insolvência, encerramento ou inatividade da pessoa jurídica provocados por má administração [...] § 5º Também poderá ser desconsiderada a pessoa jurídica sempre que sua personalidade for, de alguma forma, obstáculo ao ressarcimento de prejuízos causados aos consumidores."

(8) "Art. 878. A execução será promovida pelas partes, permitida a execução de ofício pelo juiz ou pelo Presidente do Tribunal apenas nos casos em que as partes não estiverem representadas por advogado."

Nesse sentido, entende-se plenamente cabível a instauração do incidente de desconsideração da personalidade jurídica, *de ofício*, com lastro nos princípios da razoável duração do processo, da celeridade, da efetividade, da inquisitoriedade, e em razão da natureza privilegiada do crédito trabalhista. Tal posição, porém, e impõe-se aqui grifar, é contrária à literalidade do dispositivo encartado na CLT reformada, o que demanda grande esforço argumentativo para sustentá-la.

Outro ponto que a reforma trouxe foi a *suspensão do processo*, enquanto não resolvido o incidente de desconsideração da personalidade jurídica.

O intérprete mais atento verificará que durante a instrução do incidente na fase de conhecimento não há suspensão processual, uma vez que a produção da prova poderá ser realizada concomitantemente com as dos demais pedidos inerentes à solução da causa.

Já na execução, a suspensão é um imperativo legal, prevista no § 2º do art. 855-A da CLT, já que há riscos de prejuízos ao patrimônio dos sócios inseridos no incidente. Contudo, há de se suspender apenas a parte da execução inerente ao ataque ao bem do sócio, continuando a correr a execução no tocante à empresa.

Como medida dinâmica, para proteger o processo de eventuais prejuízos e garantir o resultado útil das diligências futuras, o juiz pode, cautelarmente, empreender medidas, antes da citação, para evitar a retirada de valores de contas judiciais ou dilapidação de bens. Nesse sentido, pode o magistrado, por exemplo, fazer um BACEN/JUD, antes da citação dos réus.

Quanto ao prazo para defesa, apesar de alguns doutrinadores defenderem a diminuição do prazo para cinco dias (MIESSA, 2018, p. 85), entendemos que a aplicação do prazo de 15 dias está sedimentada na base legal, de modo que, diminuir o prazo previsto no art. 135 do CPC geraria insegurança e pouca celeridade, já que não são dez dias que vão mudar a vida de um trabalhador, que provavelmente já esperou vários meses ou talvez anos. A segurança na prestação jurisdicional é essencial para uma praxe jurídica viável.

No que diz respeito aos recursos cabíveis, diferente do processo de conhecimento, onde vigora o princípio da irrecorribilidade imediata das decisões interlocutórias (art. 893, § 1º, da CLT), em sede de execução, a lei deixa claro que cabe agravo de petição, não necessitando de garantia do juízo.

Como o art. 897, § 3º, da CLT, permite a formação de autos apartados, e não tendo o agravo de instrumento efeito suspensivo, poderá o juiz condutor da execução continuar com a execução definitiva dos sócios eventualmente incluídos no polo passivo da ação.

Importante dizer que a execução trabalhista sempre teve, para muitos, como sua principal característica, a execução de ofício, tal instituto a refletir os princípios da proteção e da efetivação do direito alimentar decorrente do contrato de trabalho.

2.2. Terceirização

2.2.1. *Análise da Súmula n. 331 do Tribunal Superior do Trabalho e sua evolução jurisprudencial até a ADC n. 16*

O surgimento de novos métodos de produção, juntamente com a necessidade de se cortar custos e produzir mais, tornaram o ambiente laboral propício ao surgimento de uma *descentralização da produção* e da *mão de obra*.

A terceirização possibilita às empresas cortarem custos com a produção, ao permitir uma racionalização dos processos produtivos, ao mesmo tempo em que reduz o quadro de funcionários e a divisão hierárquica nas plantas fabris.

Para a atividade produtiva, é uma forma de se especializar, em tese, aumentando a qualidade, a eficiência, a produtividade e a competitividade. Ocorre que, para o trabalhador, usualmente há uma grande perda nos quesitos igualdade, identidade e condições de trabalho.

No que respeita ao histórico do tema, o Decreto-Lei n. 200/1967 e a Lei n. 5.645/1970 referiram-se a essa modalidade de trabalho, no âmbito do setor público, prevendo a transferência de diversas atividades a terceiros, gerando uma relação triangular composta pela Administração, pelo prestador de serviços e pelos profissionais que realizam o trabalho.

Houve uma disseminação do instituto, de forma que surgiram discussões acerca da responsabilidade e sua extensão (se *subsidiária* ou *solidária*), em caso de eventual inadimplemento das verbas trabalhistas.

O TST tentou pacificar a questão, editando, inicialmente, a Súmula n. 256, que restringiu a possibilidade de terceirização àquelas previstas nas Leis ns. 6.019/1974 e 7.102/1983. Fora essas, nossa Corte Superior reconhecia a formação do vínculo diretamente com o tomador do serviço.

Alguns anos depois, a Súmula n. 256 foi cancelada, dando lugar à Súmula n. 331, que possibilitou a responsabilização subsidiária do tomador de serviços do setor privado. Posteriormente, houve nova alteração da referida súmula, para prever a responsabilidade (subsidiária) também da Administração Pública.

Contudo, adiante foi proposta Ação Declaratória de Constitucionalidade, com a pretensão principal de se obter a declaração, pelo Supremo Tribunal Federal, com efeito vinculante, da constitucionalidade da Lei de Licitações (Lei n. 8.666, de 21.06.1993), na parte em que exime a Administração Pública de responsabilidade trabalhista, quando contrata um terceiro para a prestação do serviço ou execução da obra.

Não é demais repercutir o fato de que, então, a maioria das decisões da Justiça do Trabalho postava-se no sentido de, com base no item IV da Súmula n. 331 do TST, aplicar a responsabilidade subsidiária da Administração Pública, genericamente.

Ocorre que os recursos contra essas decisões começaram a suscitar violação à *cláusula de reserva de plenário*, estabelecida na Súmula Vinculante n. 10 do STF. Apesar do verbete citado, reiteradas decisões fracionárias foram proferidas no sentido de, não obstante o § 1º, do art. 71, da Lei n. 8.666/1993, reconhecer-se a responsabilidade da Administração Pública de forma automática[9].

A tese da responsabilidade objetiva da Administração Pública também foi defendida durante a discussão da ADC n. 16. No campo doutrinário, o professor Mauricio Godinho Delgado (2015, p. 507), por exemplo, sustenta que a responsabilidade civil do Poder Público, pelos danos que seus agentes, sob tal qualidade, causam a terceiros, é objetiva e está prevista na Constituição Federal (art. 37, § 6º), abrangendo os créditos decorrentes da relação de emprego, quando objeto de contratos de terceirização entre a Administração e prestadoras de serviços.

No julgamento da ADC prevaleceu, contudo, a tese da imprescindibilidade de comprovação concreta da responsabilidade subjetiva do ente estatal pelo descumprimento das obrigações laborais assumidas pela prestadora de serviços, devendo haver comprovação da culpa *in eligendo* ou *in vigilando*.

Assentou-se, na apreciação da ADC n. 16, que a entidade estatal que pratique terceirização com empresa inidônea, comete culpa *in eligendo* (má escolha do contratante), mesmo que tenha firmado a seleção por meio de processo licitatório.

De tal sorte, o C. TST, com base no julgamento da ADC n. 16, alterou a redação da Súmula n. 331, passando o item V a ter seguinte redação:

> V – Os entes integrantes da Administração Pública direta e indireta respondem subsidiariamente, nas mesmas condições do item IV, caso evidenciada a sua conduta culposa no cumprimento das obrigações da Lei n. 8.666, de 21.06.1993, especialmente na fiscalização do cumprimento das obrigações contratuais e legais da prestadora de serviço como empregadora. A aludida responsabilidade não decorre de mero inadimplemento das obrigações trabalhistas assumidas pela empresa regularmente contratada.

Essa a premissa fixada a partir de então.

2.2.2. Responsabilidade dos entes públicos sob a perspectiva do julgamento do Recurso Extraordinário n. 760.931

Ocorre que, a partir do julgamento da ADC n. 16 e a alteração da Súmula n. 331 do TST, a Suprema Corte veio a receber diversas reclamações constitucionais, sob o fundamento de que se estava a descumprir a decisão proferida na referida ação declaratória de constitucionalidade.

---

(9) AGRAVO REGIMENTAL EM RECLAMAÇÃO. ART. 71, § 1º, DA LEI N. 8.666/1993. INCISO IV DA SÚMULA TST N. 331. RESPONSABILIDADE SUBSIDIÁRIA DA ADMINISTRAÇÃO PÚBLICA POR DÉBITOS TRABALHISTAS ORIUNDOS DE PRESTAÇÃO DE SERVIÇOS TERCEIRIZADOS. ATRIBUIÇÃO DE RESPONSABILIDADE SUBSIDIÁRIA AO TOMADOR DOS SERVIÇOS. AFRONTA À AUTORIDADE DA SÚMULA VINCULANTE N. 10 DEVIDAMENTE CONFIGURADA. ART. 103-A, § 3º, DA CONSTITUIÇÃO FEDERAL. AGRAVO REGIMENTAL PROVIDO. PROCEDÊNCIA DA RECLAMAÇÃO. 1. Acórdão que entendeu ser aplicável ao caso o que dispõe o inciso IV da Súmula TST n. 331, sem a conseqüente declaração de inconstitucionalidade do art. 71, § 1º, da Lei n. 8.666/1993 com a observância da cláusula da reserva de Plenário, nos termos do art. 97 da Constituição Federal. 2. Não houve no julgamento do Incidente de Uniformização de Jurisprudência TST-IUJ-RR-297.751/96 a declaração formal da inconstitucionalidade do art. 71, § 1º, da Lei n. 8.666/1993, mas apenas e tão-somente a atribuição de certa interpretação ao mencionado dispositivo legal. 3. Informações prestadas pela Presidência do Tribunal Superior do Trabalho. 4. As disposições insertas no art. 71, § 1º, da Lei n. 8.666/1993 e no inciso IV da Súmula TST n. 331 são diametralmente opostas. 5. O art. 71, § 1º, da Lei n. 8.666/1993 prevê que a inadimplência do contratado não transfere aos entes públicos a responsabilidade pelo pagamento de encargos trabalhistas, fiscais e comerciais, enquanto o inciso IV da Súmula TST n. 331 dispõe que o inadimplemento das obrigações trabalhistas pelo contratado implica a responsabilidade subsidiária da Administração Pública, se tomadora dos serviços. 6. O acórdão impugnado, ao aplicar ao presente caso a interpretação consagrada pelo Tribunal Superior do Trabalho no item IV do Enunciado n. 331, esvaziou a força normativa do art. 71, § 1º, da Lei n. 8.666/1993. 7. Ocorrência de negativa implícita de vigência ao art. 71, § 1º, da Lei n. 8.666/1993, sem que o Plenário do Tribunal Superior do Trabalho tivesse declarado formalmente a sua inconstitucionalidade. 8. Ofensa à autoridade da Súmula Vinculante n. 10 devidamente configurada. 9. Agravo regimental provido. 10. Procedência do pedido formulado na presente reclamação. 11. Cassação do acórdão impugnado. (Rcl n. 8.150, AgRg-SP, Relator Ministro EROS GRAU, Relatora p/ acórdão Ministra ELLEN GRACIE, Tribunal Pleno, julgado em 24.11.2010).

Em síntese, a maioria das reclamações afirmava que os Juízes e Tribunais Trabalhistas persistiam com a transferência automática da responsabilidade, da empresa terceirizada, para o ente público respectivo. Desse modo, o STF se debruçou novamente sobre a matéria, o que o fez, no particular, no julgamento do Recurso Extraordinário n. 760.931.

A relatoria do referido recurso extraordinário recaiu sobre as mãos da Ministra Rosa Weber, que basicamente argumentou que o entendimento firmado pela Suprema Corte, na ADC n. 16, levantou a possibilidade da responsabilização extracontratual subjetiva, na linha do magistério de Celso Antônio Bandeira de Mello (2013, p. 1.029/1.030), configurado o ato omissivo da Administração Pública, no tocante às obrigações que lhe são impostas por lei[10].

Adiante, a Ministra Rosa Weber defendeu que "a presunção de legitimidade, atributo dos atos administrativos, carrega em si prerrogativa de conformidade da atuação administrativa com o direito. Contudo, isso não exonera a Administração Pública de demonstrar o cumprimento dos deveres legalmente estabelecidos". Afirmou, ainda, que, nos casos de responsabilidade subjetiva, o dano decorre da omissão estatal, nessa incluído o descumprimento de um dever legal.

Quanto ao ônus da prova, a Relatora destacou, ainda, a grande dificuldade ou mesmo a impossibilidade do trabalhador demonstrar a culpa da Administração Pública, valendo-se, uma vez mais, da doutrina de C. A. Bandeira de Mello (2013, p. 1.182), firmando o entendimento no sentido da aplicação da culpa presumida, como medida necessária para o reequilíbrio da relação processual entre o particular e o Estado. Concluiu que, à luz do princípio da aptidão para a prova – em diapasão, aliás, com diretriz expressa contida no CPC de 2015 –, a parte responsável pelo ônus da prova é a que apresenta as melhores condições de realizá-lo.

Assim, a Ministra Rosa Weber destacou a técnica processual da distribuição dinâmica do ônus da prova, a qual, fundamentada nos princípios da igualdade, da aptidão para a prova e da cooperação, surge em contraposição ao ônus estático da prova, aliás, revogado tanto pelo CPC de 2015, como pela Lei n. 13.467/2017 (Lei da Reforma Trabalhista). Há de se observar a capacidade probatória das partes e se ter antídoto para a chamada "prova diabólica".

Nesse sentido, assentou a possibilidade de reconhecimento da culpa presumida, em face da impossibilidade da vítima produzir prova acerca da fiscalização.

Após o voto da Relatora, o Ministro Edson Fachin a acompanhou.

Logo depois, o Ministro Roberto Barroso tomou a palavra para estabelecer as regras acerca das condutas esperadas pela Administração, em caso de irregularidade trabalhistas:

a) notificar a empresa, dando-lhe prazo para corrigir as irregularidades;

b) se não houver correção das irregularidades, ajuizar ação de consignação em pagamento voltada à liquidação e efetivação do pagamento em juízo dos valores inadimplidos.

O Ministro Roberto Barroso ainda asseverou que o Superior Tribunal de Justiça já possui jurisprudência consolidada, no sentido da impossibilidade de retenção dos valores a serem pagos pela Administração Pública, quando o serviço foi efetivamente prestado pela contratada[11].

Tal assertiva impede que o Poder Público se aproprie indevidamente dos valores devidos aos trabalhadores e à seguridade social.

Com base nesses argumentos, o Ministro Roberto Barroso fixou as seguintes premissas:

a) a fiscalização pode ser realizada por amostragem, já que não se exige que o Poder Público se aparelhe com pessoal imbuído de efetuar a fiscalização, o que seria contraditório em relação ao próprio instituto da terceirização, inviabilizando-o;

b) o ônus da prova é da Administração, tendo em vista que é ela que está na posse dos documentos.

---

(10) "Quando o dano foi possível em decorrência de uma omissão do Estado (o serviço não funcionou, funcionou tardia ou ineficientemente) é de aplicar-se a teoria da responsabilidade subjetiva. Com efeito, se o Estado não agiu, não pode, logicamente, ser ele o autor do dano. E, se não foi o autor, só cabe responsabilizá-lo caso esteja obrigado a impedir o dano. Isto é: só faz sentido responsabilizá-lo se descumpriu dever legal que lhe impunha obstar ao evento lesivo" (...) Cumpre que haja algo mais: a culpa por negligência, imprudência ou imperícia no serviço, ensejadoras do dano, ou então o dolo, intenção de omitir-se, quando era obrigatório para o Estado atuar e fazê-lo segundo um certo padrão de eficiência capaz de obstar ao evento lesivo. Em uma palavra: é necessário que o Estado haja incorrido em ilicitude, por não ter acorrido para impedir o dano ou por haver sido insuficiente neste mister, em razão de comportamento inferior ao padrão legal exigível." (MELLO, 2013, p. 1.029/1.030.)

(11) AgRg no AgRR em REsp n. 67.265, rel. Min. Regina Helena Costa, j. 20.08.2015; AgRg no Ag em REsp n. 561.262, rel. Min. Sérgio Kukina; REsp n. 633.432, rel. Min. Luiz Fux, j. 22.02.2005.

Após o voto do Ministro Roberto Barroso, o Ministro Luiz Fux abriu divergência, no sentido de que, conforme o já assentado no julgamento da ADC n. 16, havia de se dar provimento ao recurso da União, portanto, eximindo-a de responsabilidade subsidiária, na hipótese de terceirização de serviço.

Logo depois, o Ministro Ricardo Lewandowski acompanhou integralmente a Ministra Relatora.

O Ministro Dias Tofolli acompanhou a divergência, enquanto o Ministro Gilmar Mendes refluiu de seu voto original e também acompanhou o Ministro Luiz Fux.

O Ministro Marco Aurélio ressaltou a constitucionalidade do art. 71 da Lei n. 8.666/1993, destacando que o ônus da prova não é da Administração Pública.

O Ministro Celso de Melo acompanhou a Relatora. Já a Ministra Cármen Lúcia e o Ministro Alexandre de Moraes votaram pela presunção de veracidade dos atos administrativos, de modo que o ônus da prova, em relação à sua desconstituição, cabia ao trabalhador, presumindo-se a legalidade da fiscalização.

Nesse sentido, o Recurso Extraordinário foi julgado improcedente, por estreita maioria, passando-se à fixação da tese de repercussão geral.

No debate específico, voltou-se novamente à questão do que seria culpa, mas não se revisitou a questão do ônus da prova.

O Ministro Marco Aurélio, então, enfatizou que a regra é a não responsabilização do ente público, porém, assentando a possibilidade de responsabilidade da Administração, em caso de culpa na fiscalização do contrato.

A Ministra Cármen Lúcia, por sua vez, destacou a necessidade de reconhecimento do nexo de causalidade entre a conduta omissiva ou comissiva e o dano sofrido pelo trabalhador; assim entendida a falta de fiscalização ou a adoção de providências pela Administração, prevendo-se, a afastar a responsabilidade do ente público, a tomada de medidas como a ação de consignação em pagamento, na esteira do proposto pelo Ministro Roberto Barroso.

Após a discussão, concluiu-se que a palavra a ser utilizada seria "automaticamente", fixando-se a seguinte tese: *"O inadimplemento dos encargos trabalhistas dos empregados do contratado não transfere automaticamente ao Poder Público contratante a responsabilidade pelo seu pagamento, seja em caráter solidário ou subsidiário, nos termos do art. 71, § 1º, da Lei n. 8.666/1993."*

Com essa redação e as premissas nela lançadas, entende-se que a falta de fiscalização há de ser comprovada. Porém, como assentou o Ministro Luiz Fux, a Administração há de demonstrar o fato extintivo ou impeditivo do direito do autor, ou seja, ao dizer que houve fiscalização, deve trazer os documentos comprobatórios dessa.

Reitere-se, portanto:

a) cabe à Administração trazer aos autos os documentos que comprovam o exercício da fiscalização, caso o reclamante alegue que ela não foi realizada;

b) como providência, caso a Administração identifique irregularidades, deve notificar a empresa, dando-lhe prazo para corrigir as ilicitudes verificadas pela fiscalização;

c) se não houver correção das irregularidades, o ente público deve ajuizar ação de consignação em pagamento.

Em conclusão, em caso da Administração Pública – Direta ou Indireta – identificar irregularidade e não tomar providências para saná-la, ou mesmo diminuir o prejuízo, poderá ser responsabilizada subsidiariamente. Em que pese paire controvérsia, a nosso sentir são essas as conclusões que hão de ser retiradas do julgamento do Recurso Extraordinário n. 760.931.

2.3. Dono da obra

2.3.1. *Evolução da Orientação Jurisprudencial n. 191 do Colendo Tribunal Superior do Trabalho*

Ao contrário da doutrina civilista, em que o dono do edifício ou da construção responde solidariamente com o empreiteiro pelos danos que a demolição ou ruína causarem, a doutrina trabalhista caminhou para que dono da obra fosse visto como um consumidor, não respondendo juntamente com o empreiteiro, no caso de não explorar atividade econômica ligada à construção civil.

O TST assentou:

> (...) o trabalho autônomo pode ser objeto de contratos distintos e, em regra, é prestado com vistas a determinado resultado, que consiste, normalmente, numa obra realizada. O contrato que tem por finalidade a consecução de obra denomina-se contrato de empreitada. Mediante essa modalidade de negócio jurídico, o empreiteiro obriga-se a executar determinada obra, ou a prestar certo serviço, e o dono da obra, a pagar o preço estipulado. Não há subordinação entre as partes. Ao dono da obra interessa apenas o resultado do trabalho contratado. O empreiteiro, no entanto, para a consecução da obra ou

do serviço a que se obrigou pode utilizar-se da mão-de-obra de seus empregados ou contratar trabalhadores, sem que disso resulte a descaracterização do contrato de empreitada. Há que distinguir, pois, a relação entre o empreiteiro e o dono da obra, de natureza civil, e aquela existente entre o empreiteiro e os empregados por ele contratados, regida pela legislação trabalhista. O dono da obra não é titular de direito ou obrigação de natureza trabalhista no que se refere aos empregados do empreiteiro, porquanto a relação entre estes lhe é estranha.[12]

Necessário informar-se o histórico da Orientação Jurisprudencial n. 191 da Subseção de Dissídios Individuais 1 do Tribunal Superior do Trabalho, que pacificou a jurisprudência da Corte no tocante à questão; particularmente enfatizando-se a alteração realizada em 2011, quando se especificou que o contrato de empreitada, tratado na OJ, é o destinado à construção civil, não abrangendo outros contratos de distinta natureza, para o atendimento de necessidade normal e permanente do empreendimento econômico[13].

Surgiu celeuma acerca da extensão da não responsabilização do beneficiário da obra. O Ministro Mauricio Godinho Delgado, na ocasião, argumentou que a exclusão da responsabilidade se restringia apenas às pessoas físicas, que estivessem construindo para si ou para a sua família, sem qualquer objetivo de exploração econômico-financeira, de modo que tal benefício não se aplicaria, por óbvio, às pessoas jurídicas.

Ocorre que o Ministro Mauricio Godinho Delgado restou vencido, e se manteve o entendimento de que, para efeito de se afastar a responsabilidade solidária ou subsidiária do dono da obra, quanto às obrigações trabalhistas contraídas pelo empreiteiro, é irrelevante que o dono da obra seja pessoa física ou jurídica (de pequeno, médio ou grande porte), ou mesmo ente público; contanto que não seja uma empresa construtora ou incorporadora.

Após essa definição, continuaram surgindo julgados discutindo a matéria, o que levou o TST a analisá-la novamente, principalmente em relação à corrente que entendia que apenas se exime de responsabilidade trabalhista o "dono da obra" que se tratar de empregador pessoa física ou de micro ou pequena empresa, e desde que não exerça atividade econômica vinculada ao objeto contratado.

Tal corrente, integrada pelo próprio Mauricio Godinho Delgado (2017, p. 535), entende que "os contratos de empreitada ou prestação de serviços entre duas empresas, em que a dona da obra (ou tomadora de serviços) necessariamente tenha de realizar tais empreendimentos, mesmo que estes assumam caráter infraestrutural e de mero apoio à sua dinâmica normal de funcionamento", hão de ensejar a responsabilização da tomadora pelas verbas trabalhistas decorrentes dos contratos laborais firmados pela empresa executora da obra ou do serviço.

Novamente o Ministro Mauricio Godinho Delgado restou vencido, prevalecendo o argumento de que, a adotar a tese por este defendida, em algumas situações poderia ocorrer de um grande empresário, pessoa física, ao contratar obra de construção civil, não vir a responder pelas obrigações decorrentes dos contratos de trabalho firmados pela empreiteira. Ao contrário se daria com empresa de pequeno ou médio porte, portanto, comparativamente, em situação financeira menos favorecida que a daquele. O TST ponderou que tal situação substanciaria flagrante e injustificável tratamento desigual entre pessoas, física e jurídica, rechaçando a tese suscitada.

Nesse mesmo julgamento, atenuando a sua própria jurisprudência, o Tribunal Superior do Trabalho assentou que, por aplicação analógica do art. 455 da CLT, em caso de inadimplemento das obrigações trabalhistas do empreiteiro sem idoneidade econômico-financeira, o dono da obra responde em face de culpa *in eligendo* presumida.

É importante explicar que a responsabilidade é subsidiária, em caso de reconhecimento da inidoneidade do(a) contratado(a), pois do contrário acarretar-se-ia uma situação mais gravosa que a própria intermediação de mão de obra.

Em conclusão, o Tribunal Superior do Trabalho fixou as seguintes teses:

> I) A exclusão de responsabilidade solidária ou subsidiária por obrigação trabalhista a que se refere a Orientação Jurisprudencial 191 da SDI-1 do TST não se restringe à pessoa física ou micro e pequenas empresas, compreende igualmente empresas de médio e grande porte e entes públicos (decidido por unanimidade);
>
> II) a excepcional responsabilidade por obrigações trabalhistas prevista na parte final da Orientação Jurisprudencial 191, por aplicação analógica do art. 455 da CLT, alcança os casos em que o dono

---

(12) Processo TST-RR-335.560/1997, DJ 15.10.1999, Relator Juiz Convocado Darcy Carlos Mahle.
(13) Processo TST- IRR-190-52.2015.5.03.0090, DJ 30.06.2017, Relator Ministro João Oreste Dalazen.

da obra de construção civil é construtor ou incorporador e, portanto, desenvolve a mesma atividade econômica do empreiteiro (decidido por unanimidade);

III) não é compatível com a diretriz sufragada na Orientação Jurisprudencial 191 da SDI-1 do TST jurisprudência de Tribunal Regional do Trabalho que amplia a responsabilidade trabalhista do dono da obra, excepcionando apenas "a pessoa física ou micro e pequenas empresas, na forma da lei, que não exerçam atividade econômica vinculada ao objeto contratado" (decidido por unanimidade);

IV) exceto ente público da Administração Direta e Indireta, se houver inadimplemento das obrigações trabalhistas contraídas por empreiteiro que contratar, sem idoneidade econômico-financeira, o dono da obra responderá subsidiariamente por tais obrigações, em face de aplicação analógica do art. 455 da CLT e culpa *in eligendo* (decidido por maioria, vencido o ministro Márcio Eurico Vitral Amaro).

Novamente, a doutrina vai se debruçar sobre as teses e refletir acerca das repercussões práticas dela advindas. Não se pode deixar de considerar, entrementes, o recente julgado, com efeito vinculante, do Supremo Tribunal Federal, declarando a licitude da terceirização das atividades-fim das empresas, o que, decerto, traz a mais ampla repercussão na jurisprudência trabalhista.

Por maioria (7 a 4), o Plenário do Supremo Tribunal Federal, em 30 de agosto de 2018, declarou constitucional a terceirização de serviços nas atividades-fim das empresas. A discussão se deu a partir da Súmula n. 331, do Tribunal Superior do Trabalho, em sentido oposto. Para a maioria dos Ministros, não há lei que proíba a prática, nem existe comprovação de que tal modalidade de prestação de serviço precarize o trabalho ou viole a dignidade do trabalhador.

Conforme o entendimento prevalecente, entendimento em contrário colide com os princípios da livre-iniciativa e da livre-concorrência, em diapasão com os princípios que asseguram às empresas a liberdade em busca de melhores resultados e maior competitividade. "A Constituição Federal não impõe a adoção de um modelo específico de produção. A Constituição Federal não veda a terceirização", afirmou o ministro Luís Roberto Barroso, Relator de uma das ações em discussão.

2.4. Grupo econômico

O grupo econômico sempre esteve presente no cotidiano trabalhista, sendo natural a união de empresas com o fim de melhoramento de sua atividade e do lucro.

A CLT, antes da Lei n. 13.467/2017, trazia o instituto no § 2º de seu art. 2º, *verbis*:

> Art. 2º Considera-se empregador a empresa, individual ou coletiva, que, assumindo os riscos da atividade econômica, admite, assalaria e dirige a prestação pessoal de serviço.
> § 1º (...)
> § 2º Sempre que uma ou mais empresas, tendo, embora, cada uma delas, personalidade jurídica própria, estiverem sob a direção, controle ou administração de outra, constituindo grupo industrial, comercial ou de qualquer outra atividade econômica, serão, para os efeitos da relação de emprego, solidariamente responsáveis a empresa principal e cada uma das subordinadas.

Pela letra da lei, torna-se evidente o escopo do instituto, qual seja, o de melhor garantir os créditos trabalhistas; por outro lado, o principal elemento caracterizador do grupo empresarial situando-se na locução "estiverem sob a direção, controle ou administração de outra", expondo a necessidade de subordinação hierárquica a uma empresa controladora.

Desse preceito, surgiram interpretações diversas, algumas com o viés de atenuar o citado requisito, de modo que a doutrina e a jurisprudência passaram a confrontar situações em que inexistente empresa controladora, mas caracterizado o vínculo entre as empresas.

Tal contraponto foi exposto na Lei n. 5.889/1973 (Lei do Trabalho Rural):

> Sempre que uma ou mais empresas, embora tendo cada uma delas personalidade jurídica própria, estiverem sob direção, controle ou administração de outra, ou ainda quando, mesmo guardando cada uma sua autonomia, integrem grupo econômico ou financeiro rural, serão responsáveis solidariamente nas obrigações decorrentes da relação de emprego.

Trata-se do grupo econômico por coordenação, em que não há necessidade de existência de uma hierarquia, mas apenas que as empresas estejam inter-relacionadas, para fins econômicos, administrativos e empresariais, a ensejar a existência de grupo econômico.

Tal vertente foi explicitada nos novéis §§ 2º e 3º do art. 2º da CLT, alterado pela Lei n. 13.467/2017:

> § 2º Sempre que uma ou mais empresas, tendo, embora, cada uma delas, personalidade jurídica própria, estiverem sob a direção, controle ou administração de outra, ou ainda quando, mesmo guardando cada uma sua autonomia, integrem grupo econômico, serão responsáveis solidariamente pelas obrigações decorrentes da relação de emprego.

§ 3º Não caracteriza grupo econômico a mera identidade de sócios, sendo necessárias, para a configuração do grupo, a demonstração do interesse integrado, a efetiva comunhão de interesses e a atuação conjunta das empresas dele integrantes.

A nova redação exige uma análise mais específica dos novos elementos.

2.4.1. Novo conceito de grupo econômico, em razão da Lei n. 13.467/2017

A recente alteração da CLT deixa explícita a **desnecessidade de subordinação para a caracterização do grupo econômico**, porém, traz, em seu § 3º, uma diretriz que pode, a uma primeira leitura, dificultar o reconhecimento do grupo empresarial, qual seja, a inovadora figura do "interesse integrado".

É de relevo grifar-se, de plano, que alguns doutrinadores entendiam a necessidade de identidade de sócio majoritário, com administração comum, para a configuração de grupo econômico[14]. Por outro lado, também há de se realçar que a identidade de sócio ainda pode ser elemento caracterizador do grupo, já que o que ficou afastado com a alteração legislativa foi o reconhecimento com base exclusiva em participação societária, por vezes ínfima, incapaz de, por si só, significar a integração de sociedades.

A participação social, contudo, ainda que reduzida, pode ser um indício de que há interesse comum, como no caso em que há um sócio de fato, que se utiliza da administração de sociedades por meio de "laranjas". Nesse caso, sendo as sociedades administradas por um mesmo ente, a identidade serve para entrelaçar os elementos em torno da efetiva ingerência administrativa e a busca de objetivos comuns.

Entende-se, de outro lado, que não é a existência de finalidade econômica que caracterizará um grupo econômico, mas sim a ingerência administrativa e a comunhão de interesses entre as pessoas diversas, de modo a ser possível falar-se até mesmo de grupos de profissionais liberais, de instituições de beneficência, de associações recreativas e de outras instituições sem fins lucrativos.

Vólia Bomfim Cassar (2015, p. 442) cita situações usuais conducentes à caracterização do grupo econômico:

a) identidade de sócios majoritários com administração comum e promíscua, que se constata por meio de atos constitutivos das respectivas sociedades ou de sócios de uma mesma família;

b) diretoria de uma sociedade composta por sócios de outra, que interfere na administração daquela;

c) criação de uma pessoa jurídica por outra, com ingerência administrativa;

d) uma sociedade ser a principal patrocinadora econômica de outra e tendo o poder de escolha dos dirigentes da administração da patrocinada;

e) uma sociedade ou pessoa jurídica ser acionista ou sócia majoritária de outra com controle acionário ou da deliberação;

f) ingerência administrativa da(s) mesma(s) pessoa(s) física(s) ou jurídica(s) sobre a(s) outra(s)

g) uma pessoa (física ou jurídica) ter o poder de interferir nos atos de administração e gestão de outra, numa relação de subordinação e ingerência.

Além das circunstâncias supracitadas, por igual se vê, na prática, a figura do grupo familiar, que é caracterizado quando diversas empresas atuam em um ramo comum (ou até mesmo em ramos diferentes), com sócios de uma mesma família, interagindo com fins empresariais, econômicos e administrativos, em busca do crescimento patrimonial familiar.

Outrossim, pode se enxergar grupo econômico, no geral, a partir dos seguintes elementos centrais:

a) ingerência administrativa que relaciona as empresas, mesmo que seja por coordenação;

b) comunidade de interesses econômicos ou empresariais.

2.4.2. Solidariedade passiva e ativa

Após a explicação dos elementos do grupo econômico, outro ponto relevante diz respeito à extensão da solidariedade decorrente da formação do grupo.

Com efeito, se é assente que a configuração do grupo gera solidariedade passiva entre as empresas, a partir da empregadora, resta decidir se tal vínculo também se materializa numa perspectiva ativa, ou seja, se aquelas detêm um compartilhamento no comando da relação jurídica de emprego.

---

(14) Conferir CASSAR, 2015, p. 442.

Na corrente da solidariedade apenas passiva, destaque-se a doutrina de Amauri Mascaro Nascimento (1991, p. 140-141).

Entretanto, no sentido da solidariedade também ativa, o Colendo Tribunal Superior do Trabalho editou a Súmula n. 129: "*A prestação de serviços a mais de uma empresa do mesmo grupo econômico, durante a mesma jornada de trabalho, não caracteriza a coexistência de mais de um contrato de trabalho, salvo ajuste em contrário*".

Não obstante a solidariedade ativa não estar colocada, literal e integralmente, no citado enunciado de súmula, pois, indubitavelmente, não se forma uma multiplicidade de vínculos de emprego, a partir dele pode se tirar algumas conclusões:

a) possibilidade do grupo utilizar os serviços do empregado em mais de uma empresa, desde que dentro da jornada de trabalho do obreiro, com pagamento único de salário;

b) contagem de tempo contratual único, mesmo que o empregado tenha sido transferido para outra empresa do grupo;

c) a natureza salarial de valores recebidos de outras empresas do grupo;

d) poder diretivo que se estende para além das fronteiras da empregadora.

2.4.3. Aspecto processual

Quanto ao aspecto processual, com o cancelamento da Súmula n. 205[15] do C. TST, que exigia a formação de litisconsórcio passivo, na fase de conhecimento, para a responsabilização das empresas integrantes do grupo econômico na execução, por consequência lógica nada obsta a análise da caracterização do grupo apenas na fase expropriatória, o que vai ao encontro do princípio da efetividade. O que, entrementes, não significa a automática postergação da declaração judicial substanciadora do grupo.

Para parcela de nossa doutrina juslaboral, tal entendimento decorre da concepção de empregador único, não havendo que se falar em cerceamento de defesa, pois o efetivo empregador já teve direito à defesa[16]. Porém, a nosso ver, tal conclusão jurisprudencial não advém do triunfo da tese do empregador único, mas sim como corolário da responsabilidade decorrente da existência de patrimônio comum.

Registre-se, por fim, que há posição doutrinária contrária, no sentido de que não se pode executar quem não participou da formação do título executivo judicial[17].

2.5. Sucessão de empregadores

2.5.1. Requisitos de caracterização e efeitos

O contrato de trabalho é regido pelos princípios da intangibilidade objetiva e da despersonalização do empregador.

A intangibilidade contratual garante que o pacto mantenha-se inalterado em relação às cláusulas ajustadas, quanto aos direitos e às obrigações. Já a despersonalização do empregador afiança uma impessoalidade, de modo que, mesmo que haja alteração subjetiva no tocante à figura do empregador, a sucessão resguardará o contrato de trabalho de possíveis danos.

Os arts. 10, 448 e 448-A da CLT formam a base para a análise do instituto da sucessão de empregadores, equivocadamente tratada, por alguns, em sentido sinônimo, como sucessão de empresas. Trabalha-se, centralmente, a concepção de que a principal garantia do adimplemento das obrigações trabalhistas é a continuidade da atividade econômica do empregador, sendo a transferência da titularidade da empresa um fator que não afeta a incolumidade do vínculo. Não obstante a veracidade do raciocínio, falar-se meramente em sucessão de empresas encerra uma perspectiva restritiva, na medida em que, não necessariamente a preocupação há de ser apenas em relação aos empregadores que desenvolvem atividade econômica, com fim lucrativo.

A sucessão possui como principais requisitos:

a) transferência, integral ou parcial da unidade produtiva empresarial, seja pensando-se na figura do estabelecimento, seja pensando-se apenas em um setor do empreendimento;

b) continuidade da atividade empresarial transferida, de forma imediata ou após um curto lapso temporal;

Em que pese alguns doutrinadores colocarem como requisito, a incolumidade dos contratos de trabalho

---

(15) "GRUPO ECONÔMICO. EXECUÇÃO. SOLIDARIEDADE. O responsável solidário, integrante do grupo econômico, que não participou da relação processual como reclamado e que, portanto, não consta no título executivo judicial como devedor, não pode ser sujeito passivo na execução."

(16) Cf. BARROS, 2006, p. 360.

(17) Cf. CASSAR, 2015, p. 449.

em relação à unidade transferida, ousa-se divergir e entender tal aspecto como não essencial, em face da praxe de se efetuar a dispensa dos trabalhadores antes da conclusão do negócio, por razões diversas, mas fundamentalmente se buscando uma redução nos custos.

Noutro sentido, há de se reiterar que a doutrina vem entendendo que a transferência apenas parcial do acervo empresarial, mas desde que significativo, ou seja, capaz de comprometer a solvabilidade da empresa, proporciona a caracterização da sucessão de empregadores[18].

Em verdade, a sucessão é uma forma de incluir no negócio empresarial os débitos sociais existentes, de modo que quem está adquirindo o acervo empresarial não pode excluir os corolários trabalhistas existentes ou com condições já aperfeiçoadas. Nesse sentido, a jurisprudência tem tido cuidado quanto à alegação de solução de continuidade, como argumento para se afastar a sucessão, verificando-se, por vezes, que a "parada" é insuficiente para afastar o instituto de proteção.

Em conclusão, o pequeno lapso temporal de paralisação da atividade, empresarial ou não empresarial, não descaracteriza, por si só, a sucessão. Porém, não se pode desconsiderar que a aquisição de locais fechados por anos serve para descaracterizar o instituto.

2.5.2. Efeitos e responsabilidade

Entre os efeitos causados pela sucessão, podemos citar os seguintes:

a) transferência de direitos e obrigações contratuais ao sucessor, acarretando sua responsabilidade integral;

b) não responsabilização do sucedido, em regra, quanto aos débitos trabalhistas anteriores à sucessão, pois o sucessor, ao consumar o negócio, assume as obrigações e os direitos decorrentes dos contratos, tanto os vencidos quanto os vincendos. Ocorre que, quando a sucessão pode causar comprometimento nas garantias laborais, o sucedido responde subsidiariamente pelas obrigações, mesmo que não haja fraude.

Caso haja reconhecimento de fraude na sucessão, a responsabilidade é solidária, já que o sucedido se confunde com o próprio sucessor.

2.5.3. Aspecto processual

No que diz respeito ao aspecto processual, o sucessor assume o processo no estado em que se encontra, não cabendo o retorno de fases processuais para um novo exercício da defesa, uma vez que o exercício de tais prerrogativas foi realizado pelo sucedido, o que se aplica às empresas, às pessoas físicas, às associações e aos demais entes, inclusive os despersonalizados.

2.5.4. Figuras especiais

a) Privatização ou desestatização

O processo de privatização é regido por edital próprio, que estabelece as condições de aquisição dos bens.

Para alguns doutrinadores, caso o edital fixe a condição de desoneração do sucessor pelas dívidas anteriores à privatização, tal cláusula será válida[19]. Entende-se que tal pensamento pode ser negativo para a Fazenda Pública, que já busca a desoneração dos encargos, tanto da gestão como do patrimônio, inclusive dos débitos trabalhistas, de modo que essa conclusão pode causar sérios prejuízos ao erário, o que é o oposto da finalidade da privatização.

No entanto, a doutrina e a jurisprudência majoritárias entendem que o sucessor fica responsável pelos encargos decorrentes dos contratos de trabalho firmados pelo ente público, direto ou indireto. Nessa linha, as lições de Alice Monteiro de Barros e de Sergio Pinto Martins, entre outros.

Nesse compasso, a Súmula n. 430 do TST:

> ADMINISTRAÇÃO PÚBLICA INDIRETA. CONTRATAÇÃO. AUSÊNCIA DE CONCURSO PÚBLICO. NULIDADE. ULTERIOR PRIVATIZAÇÃO. CONVALIDAÇÃO. INSUBSISTÊNCIA DO VÍCIO – Res. n. 177/2012, DEJT divulgado em 13, 14 e 15.02.2012
> Convalidam-se os efeitos do contrato de trabalho que, considerado nulo por ausência de concurso público, quando celebrado originalmente com ente da Administração Pública Indireta, continua a existir após a sua privatização.

A súmula é categórica, no sentido de que, em face de sua privatização, o contrato laboral é da responsabilidade do sucessor, que convalida os atos e assume a ônus do passivo trabalhista, inclusive, para alguns, descabendo a posterior alegação de nulidade da contratação, por ausência de submissão a concurso público.

Deste modo, por rigor, o edital de privatização há de estabelecer a responsabilidade do sucessor por todos os débitos, anteriores e posteriores, em diapasão com o art. 193 da *Lex Legum*, que imprime às empresas

---

(18) Cf. DELGADO, 2015. p. 454.
(19) Cf. SÜSSEKIND, 2001. p. 7.

públicas e sociedades de economia mista o regime inerente às empresas privadas.

b) Estatização

A Estatização é a aquisição da exploração da atividade pelo ente público. Tratando-se de tal fenômeno, a primeira preocupação respeita ao cumprimento do art. 37, II, da CF, isto é, a regra do concurso público para admissão.

Assim, há impeditivo constitucional para que a Administração Pública conceda a continuidade dos contratos de trabalho, de modo que, a partir do momento da aquisição da atividade pelo ente público, os contratos serão automaticamente rescindidos, ficando sua responsabilidade com a empresa sucedida. Indubitável que o concurso público é um obstáculo intransponível para a caracterização da sucessão.

Saliente-se, contudo, que há corrente diversa, inclusive no âmbito do Colendo Tribunal Superior do Trabalho,[20] baseado no princípio da proporcionalidade, entendendo-se que tal exigência resta desproporcional, pois submete ao desemprego automático.

c) Concessionárias

No que diz respeito às concessionárias, a Orientação Jurisprudencial n. 225, da Subsecção de Dissídios Individuais do C. TST, resolveu as celeumas existentes. Criada com base em um caso da Rede Ferroviária Federal S/A., que foi concedida para empresas privadas, o precedente desenvolveu todas as bases da responsabilização.

As premissas são as seguintes:

> I – em caso de rescisão do contrato de trabalho após a entrada em vigor da concessão, a segunda concessionária, na condição de sucessora, responde pelos direitos decorrentes do contrato de trabalho, sem prejuízo da responsabilidade subsidiária da primeira concessionária pelos débitos trabalhistas contraídos até a concessão;
>
> II – no tocante ao contrato de trabalho extinto antes da vigência da concessão, a responsabilidade pelos direitos dos trabalhadores será exclusivamente da antecessora.

Como se pode perceber, **a solução de continuidade é o divisor de águas para a responsabilização da sucessora**. Dessa forma, se houver continuidade da prestação de serviço, a sucessora responderá, porém, a concessionária sucedida ficará como responsável subsidiária pelas verbas existentes até o momento da nova concessão.

No caso de não haver continuidade do serviço, apenas a sucedida responderá, sendo sua a responsabilidade pelo pagamento das verbas dos funcionários que lhe prestaram serviço.

d) Leilão ou hasta pública

A jurisprudência do Colendo Tribunal Superior do Trabalho se consolidou no sentido de que a alienação de unidade produtiva de empresa em processo de recuperação judicial ou falência não acarreta a sucessão dos créditos trabalhistas pelo arrematante, na esteira do art. 60 da Lei de Falências e Recuperação Judicial (Lei n. 11.101/2005). Esse dispositivo reza que o objeto da alienação estará livre de quaisquer ônus, portanto, não havendo sucessão do arrematante quanto às obrigações do devedor.

O preceito legal enquadra a alienação como uma aquisição originária do bem, isso como forma de estimular a arrematação de bens na Justiça, sem entraves ou ônus.

A lei preza pela manutenção da empresa, abarcando a função social da propriedade, inclusive enquanto geradora de empregos e, portanto, fonte de sustento dos trabalhadores.

3. REFERÊNCIAS

BARROS, Alice Monteiro de. *Curso de Direito do Trabalho*. São Paulo: LTr, 2006.

CASSAR, Vólia Bomfim. *Direito do Trabalho*. 11. ed. São Paulo: Elsevier/Método, 2015.

CAVALIERI FILHO, Sérgio. *Programa de responsabilidade civil*. 8. ed. São Paulo: Atlas, 2008.

CHAVES, Daniela Lustoza Marques de Souza; CHAVES, Luciano Athayde. Aspectos gerais da reforma da Consolidação das Leis do Trabalho – CLT (Lei n. 13.467/2017) no processo de execução na Justiça do Trabalho. In: FELICIANO, Guilherme Guimarães; TREVISO, Marco Aurélio Marsiglia; FONTES, Saulo Tarcísio de Carvalho. *Reforma trabalhista*: visão, compreensão e crítica. São Paulo: LTr, 2017.

CHAVES, Luciano Athayde. *A recente reforma no processo comum e seus reflexos no direito judiciário do trabalho*. 3. ed. São Paulo: LTr, 2007.

_____. Registro comercial: papel efetivo das juntas comerciais pode evitar laranjas. *Revista Consultor Jurídico* (on-line), 19 set. 2013. Disponível em: <https://www.conjur.com.br/2013-set-19/luciano-athayde-papel-efetivo-junta-comercial-evitar-laranja>. Acesso em: 1º ago. 2018.

DELGADO, Mauricio Godinho. *Curso de Direito do Trabalho*. 14. ed. São Paulo: LTr, 2015.

---

(20) TST-RR-583918/1999 – Relatora Designada Min. Maria Cristina Irigoyen Peduzzi. DJU 02.09.2005.

DIREITO, Carlos Alberto Menezes; CAVALIERI FILHO, Sergio. *Comentários ao novo Código Civil*. 2. ed. Rio de Janeiro: Forense, 2007. v. XIII.

LIEBMAN, Enrico Tullio. *Processo de execução*. São Paulo: Saraiva, 1986.

MELLO, Celso Antônio Bandeira de. *Curso de direito administrativo*. 31. ed. São Paulo: Malheiros, 2014.

MIESSA, Élisson. A Lei n. 13.467/2017 e o incidente de desconsideração da personalidade jurídica. *Revista do Tribunal Regional do Trabalho*, v. 25, n. 18, p. 53-88, abr. 2018.

NASCIMENTO, Amauri Mascaro. *Iniciação ao Direito do Trabalho*. 17. ed. São Paulo: LTr, 1991.

OLIVEIRA, Francisco Antonio de. Comentários à execução do novo Código de Processo Civil. *Enfoques Civilistas e Trabalhistas*. São Paulo: LTr, 2016.

SAINT-EXUPÉRY, Antoine. *O pequeno príncipe*, 1943. Disponível em: <http://www.buscadaexcelencia.com.br/wpcontent/uploads/2010/08/O_Pequeno_Pr%C3%ADncipe_Ilustrado.pdf>. Acesso em: 31 jul. 2018.

SÜSSEKIND, Arnaldo Lopes. Sucessão Trabalhista nas Empresas Estatais Privatizadas. *Revista LTr*, São Paulo, v. 65, n. 1, jan. 2000.

24.
DESCONSIDERAÇÃO DA PERSONALIDADE JURÍDICA

Yone Frediani[1]
Thereza Christina Nahas[2]

1. INTRODUÇÃO

O ordenamento jurídico pátrio estabeleceu duas categorias de pessoas, sujeitos de direito, quais sejam: a) pessoas naturais, os seres humanos; b) pessoas jurídicas, associações, sociedades e fundações, que são ficções legais a que o direito empresta personalidade a fim de que possam estabelecer relações jurídicas na sociedade. Além destas pessoas a quem a lei atribui personalidade, o Código Civil reconhece, ainda, a possibilidade de pessoas despersonificadas praticarem atos na vida civil aos quais reconhece efeitos jurídicos válidos, como ocorre com os condomínios, a massa falida e as sociedades de fato.

A pessoa natural é dotada de personalidade, correspondendo à faculdade de adquirir direitos e contrair obrigações, iniciando-se tal personalidade com o nascimento com vida. Porém, a lei pôs a salvo eventuais direitos do nascituro, lembrando-se de que o fim da personalidade do homem termina com a morte.

A pessoa jurídica, também sujeito de direitos, resulta da união de várias pessoas naturais com um objetivo comum e natureza comercial ou não, revestida de personalidade própria.

Desta forma, conclui-se que a pessoa jurídica à semelhança do homem, também possui personalidade distinta de seus integrantes, podendo ser sujeito de direitos e deveres.

A doutrina da desconsideração da personalidade jurídica, originária dos países que adotam o sistema da *common law*, teve seu nascedouro no entendimento desenvolvido pelos tribunais norte-americanos, com a finalidade de impedir abusos por meio da personalidade jurídica, tornando-se conhecida através das expressões: *disregard doctrine* ou *disregard of legal entity*.

Oportuno lembrar que, no passado, os princípios da autonomia da personalidade jurídica e da limitação da responsabilidade dos sócios, eram tidos como absolutos. Esta máxima decorre do princípio da autonomia patrimonial, camada esta protetora dos interesses das pessoas físicas que constituem e participam da formação das jurídicas. Por força do advento da doutrina da desconsideração da personalidade jurídica, tais princípios passaram a ser considerados relativos, permitindo-se ao magistrado proceder à desconsideração da pessoa jurídica e, com tal medida, atingir o patrimônio de seus integrantes em situações em que se verificasse a fraude ou abuso de poder.

No Direito do Trabalho brasileiro, houve muita resistência em se aplicar a doutrina da *disregard doctrine*. Em geral, as decisões se pautavam na responsabilidade direta dos sócios atuais e pretéritos, sem critérios de distinção e por simples decisão do juiz nos seguintes termos: "prossiga a execução contra os sócios." Na década de noventa, iniciou-se uma evolução do instituto e a aplicação das normas do art. 28 do CDC que deveriam aplicar-se subsidiariamente ao processo do trabalho e, a final, com a publicação do art. 50 do CC as posições se dividiam: seguir o velho sistema, aplicar o art. 28 do CDC ou o art. 50 do CC[3].

---

[1] Mestre e Doutora pela PUC/SP. Professora e Desembargadora aposentada do TRT 2. Currículo *lattes*: CV. Disponível em: <http://lattes.cnpq.br/71743038488237998>.

[2] Doutora pela PUC/SP e pela Universidade Castilla-La Mancha, Professora e Juíza do Trabalho. Currículo *lattes*: CV. Disponível em: <http://lattes.cnpq.br/2361402097260893>.

[3] NAHAS, Thereza Christina. *Desconsideração da Pessoa Jurídica*. São Paulo: Atlas, 2004.

No direito civil e empresarial, a doutrina foi aplicada a partir da década de 70 principalmente nos procedimentos empresariais e de família, através de estudos que haviam sido desenvolvidos por Rubem Requião.

2. RESPONSABILIDADE CIVIL E SEUS DESDOBRAMENTOS

A noção da responsabilidade como consequência jurídica surgiu em virtude da prática de ato ou comportamento contrário à norma.

Assim, a noção de responsabilidade funda-se na existência de culpa, critério este mantido pelo Novo Código Civil que estabeleceu a responsabilidade civil subjetiva como regra e a objetiva como exceção.

De acordo com as disposições do art. 186, do Código Civil, para que haja o dever de indenizar, torna-se necessária a presença dos seguintes elementos: dano, nexo de causalidade entre o fato e o dano e culpa *lato sensu* (imprudência, negligência ou imperícia) ou dolo.

Paralelamente ao sistema geral, estabeleceu o legislador sistema excepcional, ou seja, da responsabilidade objetiva, fundada na teoria do risco.

A responsabilidade da pessoa física por atos praticados pela pessoa jurídica em razão da quebra do princípio da autonomia patrimonial tem fundamento no abuso do direito, pois o legislador confere a estes entes a personalidade fictícia para que possam livremente atuar nas atividades a que se dedicam. Portanto, o abuso, o uso anormal ou o desvio da finalidade são situações em que o legislador escolheu para limitar as prerrogativas que concedeu a estes entes. Se destas atitudes contrárias resultar dano a terceiros, os condutores da pessoa jurídica deverão responder solidariamente com ela para reparar o dano causado.

3. RESPONSABILIDADE TRABALHISTA E SEUS DESDOBRAMENTOS

Como já observado por Thereza Nahas[4] em outra ocasião, há que se considerar que no direito do trabalho ainda não se deu ao instituto da DPJ a atenção legislativa merecida. A reforma introduzida pela Lei n. 13.467/2017 voltou suas preocupações para um sistema de ordem de responsabilidades e não para regulamentar o instituto da desconsideração da personalidade jurídica em si, não se importando com as peculiaridades da relação trabalhista e tampouco considerando que é nesta relação em que se discute no grande volume dos processos a questão da responsabilidade patrimonial das pessoas físicas formadoras das pessoas jurídicas. Além disso, também disciplinou a questão processual e, não obstante várias críticas que se faça, o que seguramente trará segurança jurídica, pois a partir da reforma é possível saber exatamente como atacar decisões em que se pretende discutir responsabilidade secundária decorrente da DPJ.

O art. 2º, que trata do grupo econômico, não teve por intenção criar uma situação em que haveria a desconsideração da personalidade jurídica, mas, sim, estabelecer simplesmente uma obrigação solidária entre pessoas jurídicas que estivessem vinculadas por uma relação de subordinação ou coordenação econômica, isto é, são os esforços conjuntos delas que as fazem ter uma ganância maior e, como poderiam ser consideradas um único empregador diante do trabalhador, exigindo-lhe muitas vezes que prestassem serviços, o sistema foi coerente em impor às empresas do grupo obrigações comuns.

Da nova redação do art. 2º, infere-se que o legislador apenas definiu o que se deve entender por grupo econômico, conceito este que já estava fixado no direito empresarial e que muitas vezes era ignorado. Não se trata de caso de DPJ ou de responsabilidade direta, mas, sim, estabelecer que o fato de as empresas manterem personalidades e autonomias próprias não será hipótese de fraude ou de que não pertençam a um grupo.

O que caracteriza o grupo econômico é o fato de as empresas fazerem parte de uma mesma administração ou coordenação de administrações entre empresas que tenham objetivos comuns ou atividades voltadas à realização de um objetivo comum. Não se incluem, aqui, as empresas consorciadas, fato este absolutamente distinto, não tratado na CLT e cuja regulamentação está na Lei das S/A. Empresas consorciadas poderão ou não ter responsabilidades comuns, dependendo do conteúdo do negócio contratual que tenham entabulado.

Há que se ressaltar que, antes da Lei n. 1.3467/2017, as posições se dividiam quanto à aplicação do entendimento supraexplicado e o de se considerar a responsabilidade de todos os sócios e ex-sócios em solidariedade com a empresa em razão da aplicação do princípio da continuidade da relação de emprego, acolheu o princípio da responsabilidade quanto aos contratos de trabalho, sob fundamento de que o empregado se encontra vinculado à empresa ou ao empreendimento econômico.

---

(4) NAHAS, Thereza Christina. Algumas linhas sobre a responsabilidade das pessoas físicas pelas obrigações sociais no marco da nova legislação trabalhista. In: *Desafios da reforma trabalhista*. GUIMARÃES, Ricardo; MARTINEZ, Luciano (Coords.). São Paulo: RT, 2017. p. 119-136.

Este entendimento guarda seus alicerces, ainda, na regra dos arts. 10 e 448 da CLT que dispõem que eventuais alterações que possam ocorrer na estrutura da empresa não serão capazes de interferir nos contratos de trabalho. Tais dispositivos receberam novos regramentos em face da inserção dos arts. 10-A e 448-A por meio da denominada reforma trabalhista.

O empregador é aquele que contrata o trabalhador para lhe prestar um serviço. Quando coincide o fato de esta parte contratual ser uma pessoa jurídica, as alterações nas estruturas sociais não poderão interferir nas relações de trabalho, isto é, no contrato de trabalho. Portanto, assim como rezam as leis sobre sociedades, inclusive a Lei n. 6.404/1976, qualquer alteração na estrutura societária não afetará os negócios jurídicos por ela firmados, em razão da garantia que o direito empresarial deve guardar.

4. RESPONSABILIDADE DOS SÓCIOS E EX-SÓCIOS

Embora a empresa possua personalidade distinta da personalidade de seus sócios, referida separação de identidade e patrimônio não constitui regra absoluta, posto que comprovados determinados requisitos legais, os bens patrimoniais dos sócios poderão responder pelas dívidas da sociedade. Como já dissemos, a questão está relacionada à quebra do princípio da autonomia patrimonial, que se permite e viabiliza ante a verificação do abuso de direito, isto é, utilizar a pessoa jurídica de modo contrário à finalidade que assegura a sua existência.

Antes da promulgação do CPC/2015 e da Resolução n. 203, de 15.03.2016 do TST, os procedimentos para sócios e ex-sócios impugnarem as invasões a seus patrimônios pessoas por dívidas da sociedade se diversificavam. A partir daqueles dois diplomas, a matéria se pacificou e tornou-se necessário a utilização do incidente da DPJ previsto no CPC.

A CLT, na reforma da Lei n. 13.467/2017, inseriu o art. 855-A, tornando a regra adotada pela Resolução do E. TST como um procedimento necessário para apurar-se as responsabilidades patrimoniais das pessoas físicas por obrigações das pessoas jurídicas.

5. DO INCIDENTE DE DESCONSIDERAÇÃO DA PERSONALIDADE JURÍDICA

Desta forma, se a pessoa física atual ou pretérita, for chamada a responder pela dívida trabalhista da pessoa jurídica, terá assegurado seu direito de defesa, por meio de incidente de desconsideração de personalidade jurídica, com garantia do exercício dos direitos fundamentais inerentes ao devido processo legal contrário e ampla defesa.

Referido incidente tem por finalidade garantir à pessoa física, primeiramente, a execução dos bens da pessoa jurídica, devendo, para tanto, proceder à indicação e ao paradeiro dos mesmos para satisfação da obrigação trabalhista (direito de excussão).

Caso a pessoa jurídica seja empresa e faça parte de grupo econômico, não tendo as demais empresas do grupo participado da relação jurídica processual, a dívida da demandada poderá se estender às demais. O modo como isso se dará divide opiniões: após o cancelamento da Súmula n. 205 do TST, alguns passaram a entender que aquele que não fazia parte do título executivo judicial poderia ser inserido no processo de execução por força da aplicação do art. 2º da CLT; para outros, somente por meio do incidente de DPJ isso se torna possível, pois não se pode dirigir a execução a quem não é parte no título executivo, e isso somente se torna possível pela aplicação da teoria maior, conforme reza o art. 28 do CDC.

Na execução, considerando o inadimplemento da obrigação trabalhista, se inexistirem bens da pessoa jurídica suficientes à satisfação da obrigação, o magistrado condutor do feito poderá, de ofício ou a requerimento do exequente, determinar a desconsideração da personalidade jurídica, impondo tal encargo ao sócio ou ex-sócio, não necessitando a comprovação de que estes tenham concorrido para a insolvência do empreendimento, bastando, apenas, a inadimplência da obrigação. Trata-se este entendimento da aplicação da teoria menor regulada pelo art. 28 do CDC aplicável subsidiariamente ao processo do trabalho. Para aqueles que entendem pelo cabimento da aplicação da teoria maior, isto é, aplicação do art. 50 do CC somente por provocação da parte ou Ministério Púbico e nas estritas hipóteses deste dispositivo, é que poderá o juiz declarar, também por meio do incidente, a DPJ e consequente responsabilidade das pessoas físicas.

Em qualquer das situações, a pessoa física terá o direito de excussão, isto é, indicar bens livres e desembaraçados da pessoa jurídica para que sejam atingidos pela execução antes que haja expropriação dos seus.

Uma vez desconsiderada a personalidade da pessoa jurídica, a responsabilidade entre as pessoas físicas e a pessoa jurídica é solidária, valendo dizer que o patrimônio de qualquer uma delas responderá pela obrigação trabalhista.

A questão mais complexa refere-se à situação específica dos ex-sócios ou simplesmente administradores em se tratando de pessoas sem finalidade lucrativa. Com o advento do CC, a jurisprudência se acomodou, não que tenha se pacificado, pela aplicação dos arts. 1.003 e 1.032 do Código Civil que asseguram um limite decandencial de dois anos para extensão da responsabilidade contados a partir da alteração do quadro societário.

A controvérsia se apresentava quanto a estes dispositivos, inclusive porque muitos sustentavam, a nosso ver, de forma equivocada, que se tratava de prazo prescricional e, sendo assim, não se aplicava à obrigação trabalhista porque inerente à responsabilidade do sócio pelas dívidas da sociedade.

Todavia, com a aplicação das novas regras trazidas pela Lei n. 13.467/2017, a questão tende a se pacificar, pois o legislador inseriu a regra do art. 10-A justamente para limitar a responsabilidde dos ex-sócio por dívidas da sociedade. Como já sustentado por Thereza Nahas "o art. 10-A da CLT trouxe uma nova regra que, à primeira leitura, pode ser confundida com DPJ. Na verdade, a hipótese trazida pelo legislador está mais próxima da responsabilidade direta do que da DPJ, pois o legislador prevê que o *sócio retirante responde subsidiariamente pelas obrigações trabalhistas da sociedade e relativas ao período em que figurou como sócio, somente em ações ajuizadas até dois anos depois de averbada a modificação do contrato, observada a seguinte ordem de preferência: I – a empresa devedora; II – os sócios atuais; III – os sócios retirantes.* Não se pode dizer que é caso tradicional da aplicação da teoria da DPJ, pois não se trata de quebra do princípio da autonomia patrimonial por um ato fraudulento ou abusivo com a utilização da pessoa jurídica, pois isso traria a responsabilização solidária das pessoas físicas. Não é caso de responsabilidade direta, pois não se trata de prática de ato contrário aos estatutos ou à lei, o que traria a responsabilidade solidária do administrador"[5].

A regra é menos benéfica que a do art. 1.003 do CC, mas, por se tratar de norma específica, deverá prevalecer sobre aquele entendimento. O art. 10-A resolveu a situação do sócio retirante, pois aqui o legislador fixa um critério de preferência e uma quase responsabilidade subsidiária, enquanto o sistema do CC traz a situação da responsabilidade solidária para o sócio retirante.

De toda forma, a regra trazida pelo art. 10-A é específica das sociedades, isto é, comerciais ou civis. Os demais casos em que for necessário perscrutar sobre a responsabilidade direta ou por DPJ de pessoas jurídicas por obrigações das pessoas físicas a aplicação deverá ser a convencional ante a inexistência de lei a respeito, isto é, aquele que houver participado do ato em conluio com pessoa jurídica ou que houver de qualquer modo utilizado indevidamente a sua estrutura para causar um dano a outrem deverá responder pessoalmente com seu patrimônio.

Entendemos que, de toda maneira, a partir do sistema do CC ou simplesmente da nova redação trazida pela Lei n. 1.3467/2017, será absolutamente necessária instauração do incidente ou o direcionamento da ação de conhecimento, desde o momento da propositura, trazendo tais discussões.

---

(5) NAHAS, Thereza Christina. *Novo Direito do Trabalho*: Institutos Fundamentais. São Paulo: RT, 2017.

25.
A DEFESA DO EXECUTADO

Jorge Cavalcanti Boucinhas Filho[1]

1. INTRODUÇÃO

A jurisdição não pode se contentar apenas em dizer do direito, precisa também assegurar a efetiva obtenção do bem da vida buscado pelo demandante. Exceção feita às demandas exclusivamente declaratórias, não se provoca o Judiciário apenas para obter sentença. Quem ingressa com reclamação trabalhista deseja proteção efetiva aos direitos que o ordenamento lhe assegura.

O ideal seria que todos os comandos sentenciais proferidos fossem cumpridos espontaneamente e não houvesse necessidade de uma fase de execução. Não é isso, contudo, o que se verifica no Brasil

A 14ª edição do relatório da Justiça em números, pesquisa realizada pelo Conselho Nacional de Justiça em 2017, com publicação em 2018, evidencia que a execução é o "calcanhar de Aquiles" do processo do trabalho. Enquanto a fase de conhecimento tarda cerca de 11 meses para terminar em 1º grau e 8 meses no 2º grau, a execução de uma decisão condenatória levou em média 2 anos e 10 meses, e a de títulos extrajudiciais 6 anos e 3 meses, em se tratando de execução fiscal, e 4 anos e três meses no caso de títulos extrajudiciais não fiscais[2].

É difícil apontar a causa exata de tamanha lentidão no processo de execução. Uma possível explicação é a existência de um grande contingente de incidentes processuais que paralisam a execução, impedindo a satisfação do crédito para discutir diferenças de cálculo ou questões processuais. É possível também que os operadores do direito do trabalho e os executados estejam absorvidos por uma cultura do litígio que os faz ter como premissa elementar a protelação da solução processual, seja porque algum ganho auferem com a demora, seja porque valorizam a perseverança, a resiliência e o espírito de luta até o fim, tão bem descrito por Fraga, ainda no primeiro quarto do século XX, mas que parece perdurar até os nossos dias:

> Mas, do mesmo modo que a medicina corre em auxílio do agonizante enquanto um sopro de vida anima a sua organização desfalecida, assim também o direito vem em socorro do vencido, ministrando-lhe remédios, que, bem manejados, podem, em certo casos, aliás excepcionais, assegurar-lhe a vitória, ou, pelo menos, condições de paz mais desoprimentes e equânimes.[3]

Seja qual for a razão para tamanha demora, fato é que a fase de cumprimento de sentença e a execução de títulos extrajudiciais também deve ser pautada pelos princípios do contraditório e da ampla defesa. Não resta dúvida, portanto, de que as diversas formas de defesa do executado têm a sua relevância e merecem um estudo próprio.

2. EXCEÇÃO DE PRÉ-EXECUTIVIDADE

A exceção de pré-executividade consiste numa modalidade informal de defesa apresentada pelo executado independentemente da garantia de juízo para

---

(1) Titular da Cadeira n. 21 da Academia Brasileira de Direito do Trabalho. Professor da Fundação Getúlio Vargas. Mestre e doutor em Direito do Trabalho pela Universidade de São Paulo. Pós-Doutor em Direito pela Université de Nantes. Diretor da Escola Superior de Advocacia da OAB SP. Ex-Diretor da Escola Superior de Advocacia Trabalhista da AATSP. Conselheiro estadual da OAB/SP. Sócio fundador e titular da banca Boucinhas Sociedade de Advogados.

(2) BRASIL. *Conselho Nacional de Justiça*. Justiça em números. Disponível em: <http://www.cnj.jus.br/files/conteudo/arquivo/2018/08/44b7368ec6f888b383f6c3de40c32167.pdf>. Acesso em: set. 2018.

(3) FRAGA, Afonso. *Teoria e prática as sentenças*. Rio de Janeiro: Teixeira, 1922. p. 265.

encerrar ou suspender uma execução de um título que não é líquido, certo e exigível ou que, por qualquer razão, não atende aos pressupostos específicos para a cobrança de crédito.

O seu escopo é possibilitar que o sujeito passivo da execução impeça ou faça cessar os problemas causados pelas diligências para satisfação do crédito sem que para tanto tenha que constringir seu patrimônio segurando o juízo ou tenha que observar algum prazo processual legalmente estabelecido.

Não obstante o seu cabimento no processo do trabalho tenha sido questionado num primeiro momento, a figura é há muito admitida pela doutrina e jurisprudência como uma possibilidade[4], embora não seja frequente o resultado positivo para o excipiente.

3. AS DIVERSAS MODALIDADES DE EMBARGOS

O epíteto "embargos" é plurissêmico designando modalidades recursais (embargos infringentes, embargos de declaração, embargos para a SDI) ou meios de defesa do devedor na fase de cumprimento de sentença ou na execução de título extrajudicial (embargos à execução, embargos à arrematação e à adjudicação). Para o presente estudo, dedicado exclusivamente à defesa do executado, interessa apenas a última hipótese.

Segundo Alcides de Mendonça Lima, "no sentido amplo, os 'embargos', qualquer que seja o seu objetivo – à execução propriamente dita ou aos de alienação decorrente de hasta pública –, podem ser considerados como "defesa". Entretanto, na verdadeira acepção técnica, os embargos devem, segundo o seu magistério, ser entendidos como 'ação-constitutiva negativa ou ação desconstitutiva, conexa à ação principal, qual seja, a ação executiva[5].

3.1. Embargos à execução

Os embargos à execução, também conhecidos como embargos do executado, embargos do devedor e embargos à penhora, são inquestionavelmente a forma mais frequente de defesa do executado. Por meio deles, o devedor pode se insurgir contra o título executivo em relação à sua validade, extensão ou eficácia, arguindo uma ou mais das matérias expressamente previstas em lei.

Por se tratar de uma defesa apresentada já na fase de cumprimento de sentença, a amplitude da cognição que ele pode provocar é consideravelmente inferior à cognição que usualmente se vê na fase de conhecimento. Somente as questões expressamente arroladas na lei poderão ser veiculadas. As execuções de título extrajudicial, consideravelmente menos numerosas do que as de título judicial, no processo do trabalho, formam um grande rol de exceções a essa regra. Em se tratando de execução de termo de ajustamento de conduta ou de termo de conciliação perante a Comissão de Conciliação Prévia, qualquer matéria que lhe seria lícito deduzir como defesa em processo de conhecimento poderá ser veiculada, por força do disposto no art. 917, VI, do CPC.

Não obstante a Consolidação das Leis do Trabalho disponha de regra expressa enumerando as hipóteses de cabimento dos embargos à execução nos cumprimentos de sentença, o rol a ser observado é o art. 525, § 1º, do CPC, por força da regra do art. 15 do CPC que determina a utilização supletiva das regras do estatuto processual civil. Neste rol, menciona-se a possibilidade de embargos à execução para discutir falta ou nulidade de citação; ilegitimidade de parte; inexequibilidade do título ou inexigibilidade da obrigação; penhora incorreta ou avaliação errônea; excesso de execução ou cumulação indevida de execuções; incompetência absoluta ou relativa do juízo da execução; e causas modificativas ou extintivas da obrigação superveniente à sentença.

Admite-se ainda que questões de ordem pública supervenientes ao trânsito em julgado sejam alegadas nos embargos.

As discussões acerca da possibilidade de discussão de prescrição intercorrente, que resultaram inclusive na edição de duas súmulas conflitantes (114 do TST e 327 do STF), restaram superadas pela Lei n. 13.467 que estabeleceu o prazo de dois anos para esta modalidade de prescrição.

Para a oposição dos embargos à execução, cujo prazo legal é de cinco dias, é preciso que o juízo esteja garantido pela realização de penhora de bens em montante superior ao do crédito exequendo acrescido das despesas processuais ou que o embargante deposite a mesma quantia em banco oficial. Em relação ao procedimento, cabe aqui transcrever as lições de Felipe Bernardes:

> Após a garantia do juízo, o executado é intimado para oferecer, caso queira, os embargos, no prazo de cinco dias. Recebidos os embargos pelo

---

(4) Nesse sentido, BOUCINHAS FILHO, Jorge Cavalcanti. A exceção de pré-executividade na Justiça do Trabalho. *Revista do Ministério Público do Rio Grande do Norte*, v. 4, maio 1998. Natal: PRT 21ª Região, dez. 2003, p. 159-174.

(5) FRANÇA, R. Limongi. *Enciclopédia Saraiva do Direito*. São Paulo: Saraiva, 1977. p. 457.

juiz, deve-se proceder à intimação do embargado (exequente) para manifestação a respeito dos embargos também no prazo de cinco dias, em razão da isonomia.[6]

Por se tratar de uma mera faculdade, a falta de manifestação pelo embargante não gera revelia nem confissão quanto à matéria de fato.

Proferida a decisão, caberá recurso de agravo de petição, tema que não será tratado aqui por ser objeto de um outro capítulo desta obra.

3.2. Embargos à remição

A remição consiste no "Direito concedido legalmente ao cônjuge, descendente ou ascendente do devedor, de haver para si bens penhorados, adjudicados ou arrecadados no processo de execução promovido contra devedor insolvente, depositando o preço por que foram alienados ou adjudicados"[7].

Não se pode confundir os institutos da remição, de natureza processual, e da remissão, de natureza material. O primeiro, relacionado com o verbo remir, significa adquirir de novo, resgatar; o segundo é sinônimo de perdoar, indultar. Como bem observa Sérgio Massaru Takoi, "redime-se a propriedade de um ônus, a execução, ou o bem executado, remitem-se dívidas"[8].

Não obstante seja a remição um direito, não poderá ela servir de meio espoliativo do executado. Havendo alguma irregularidade ou fraude no ato de remição, poderá o executado apresentar os pertinentes embargos à remição.

A remição deve ser total, pelo conjunto dos bens praceados ou arrecadados em processo de insolvência. Todavia, poderá ser parcial, quando a licitação proceder individualizadamente, não pela universalidade dos bens que asseguram o juízo.

Em caso de concurso de vários remidores, a preferência será concedida ao oferecer o melhor preço, acima do lance da praça. Caso, entretanto, se esteja diante de igualdade de oferta pecuniária, será obedecida a ordem de preferência legal: ao cônjuge, aos descendentes e aos ascendentes, respectivamente. Entre os descendentes e ascendentes, os de grau mais próximo preferem aos mais afastados[9].

Os embargos à remição constituem, portanto, o veículo processual adequado para a arguição de nulidade formulada por algum interessado preterido na remição, pelo arrematante ou pelo exequente. Não constituem, portanto, uma medida incidental, mas meio de opor-se à remição irregular, como nulidade do pedido, pagamento insuficiente e intempestividade. Por se tratar de uma medida absolutamente excepcional, não pode ser postergada e deve ser interpretada e conferida restritivamente[10].

Quando tem sucesso, atinge, via de regra, apenas o ato de alienação. O encerramento de uma execução com embargos à remição é absolutamente excepcional e de improvável verificação prática.

3.3. Embargos à adjudicação

A adjudicação consiste num ato de expropriação executiva que resulta na transferência da propriedade do devedor para o credor ou outros legitimados, que carece de requerimento expresso. Atualmente, é disciplinado no art. 825 do CPC de 2015 (anteriormente era tratado no § 5º do art. 647 do CPC de 1973).

A adjudicação de certo modo se aproxima da figura da dação em pagamento, do direito civil, na medida em que por meio dela o exequente admite a quitação da dívida com bens, móveis ou imóveis ou, até mesmo, com quotas sociais. A hipótese mais comum é a do credor que identifica no patrimônio do credor bens constritos para o pagamento das dívidas que são do seu interesse.

Há decisões indicando que somente que figura como parte no processo executivo tem legitimidade para opor embargos à adjudicação[11]. Há também julgado concluindo que a legitimidade para apresentar a insurgência contra a homologação da adjudicação é do sócio,

---

(6) BERNARDES, Felipe. *Manual de Processo do Trabalho*. Salvador: JusPodivm, 2018. p. 928.

(7) DINIZ, Maria Helena. *Dicionário Jurídico*. 2. ed. São Paulo: 2005. v. 4, p. 151.

(8) TAKOI, Sérgio Massaru. *O instituto da remição e a Lei n. 11.382*. Disponível em: <https://www.migalhas.com.br/dePeso/16,MI37105,81042--O+instituto+da+remicao+e+a+Lei+1138206>. Acesso em: 12 dez. 2019.

(9) FRANÇA, R. Limongi. *Enciclopédia Saraiva do Direito*. São Paulo: Saraiva, 1977. p. 481.

(10) *Ibidem*.

(11) Nesse sentido: EMBARGOS À ADJUDICAÇÃO. Quando o agravante não é a parte efetivamente executada no processo em curso, não obstante seu interesse jurídico pelas cotas do capital social penhoradas da empresa, este carece de legitimidade para opor embargos à adjudicação. (TRT-5 – AP: 01320004120005050020 BA 0132000-41.2000.5.05.0020, Relator: WASHINGTON GUTEMBERG, 3ª TURMA, Data de Publicação: DJ 06.02.2015.)

e não da empresa executada, uma vez que a empresa está pleiteando direito alheio em nome próprio porque o sócio executado é o real proprietário do bem penhorado⁽¹²⁾. Também já se decidiu que o pai não tem legitimidade para adjudicar bem em favor de filho⁽¹³⁾.

Assim como ocorre com os embargos do executado, o prazo para o executado oferecer embargos à adjudicação, alienação ou arrematação é de cinco dias, contados da intimação da validação do ato⁽¹⁴⁾.

Assim como ocorre com a remição, a adjudicação pode ser fraudada ou manipulada de modo a prejudicar o executado, que nesse caso poderá lançar mão dos chamados embargos à adjudicação.

As ponderações finais feitas no item anterior podem aqui ser reproduzidas. Os embargos à adjudicação também consistem em medida excepcional que apenas em último caso deverá ser admitida. Da mesma forma que o anterior, quando tem sucesso, atinge, via de regra, apenas o ato de alienação.

Como o ato alegado tem que ser superveniente à penhora⁽¹⁵⁾ e sem que já houvesse sido invocado e decidido nos "embargos à penhora", é preciso ter claro que os embargos à arrematação e os embargos à adjudicação constituem normalmente a última esperança do devedor de conseguir e a expectativa desesperadora para o credor, quanto à sua ideia de não se frustrar a realização do direito exatamente no epílogo de toda sua luta em juízo⁽¹⁶⁾.

DIREITO PROCESSUAL. EMBARGOS À ADJUDICAÇÃO. COISA JULGADA ENVOLVENDO FRAUDE À EXECUÇÃO – Se há uma decisão transitada em julgado, em que houve reconhecida a ocorrência de fraude de execução, a oposição de embargos à adjudicação pela mesma pessoa beneficiária da alienação fraudulenta ofende à coisa julgada material. Na espécie, a renovação de medidas com o mesmo objetivo de tumultuar a execução também implica ato atentatório à dignidade da justiça. Agravo de petição a que se nega provimento. (TRT-6 – AP: 124400841991506 PE 0124400-84.1991.5.06.0010, Relator: Bartolomeu Alves Bezerra, Data de Publicação: 25.03.2011.)

3.4. Embargos à arrematação

Os embargos à arrematação têm por escopo impedir o desfecho regular da execução por quantia certa contra devedor solvente. Em sua esmagadora maioria,

---

(12) ACÓRDÃO EM AGRAVO DE PETIÇÃO. EMBARGOS À ADJUDICAÇÃO. LEGITIMIDADE ATIVA. 1. O reitor processual de origem não admitiu os embargos à adjudicação ofertados pela empresa executada, eis que o bem adjudicado seria de propriedade de seu sócio, e não da empresa. 2. O bem móvel adjudicado efetivamente pertence ao sócio da empresa executada, o qual foi devidamente notificado para o leilão. 3. Desta forma, a legitimidade para apresentar a insurgência contra a homologação da adjudicação é do sócio, e não da empresa executada, como bem salientado pelo reitor processual de origem, pois a empresa está pleiteando direito alheio em nome próprio, eis que o sócio executado é o real proprietário do bem penhorado. 4. Agravo de Petição que se nega provimento. (TRT-1 – AGVPET: 62005620065010035 RJ, Relator: Ricardo Areosa, Data de Julgamento: 06.08.2012, Décima Turma, Data de Publicação: 2012.08.2009.)

(13) AGRAVO DE PETIÇÃO DO EXECUTADO. EMBARGOS À ADJUDICAÇÃO. Correta a decisão que rejeitou liminarmente os embargos à adjudicação do executado, tendo em vista que este não tem legitimidade para postular adjudicação dos imóveis penhorados em favor de seu filho. Negado provimento ao agravo de petição. (...) (TRT-4 – AP: 515007220015040701 RS 0051500-72.2001.5.04.0701, Relator: MARIA DA GRAÇA RIBEIRO CENTENO, Data de Julgamento: 20.07.2011, 1ª Vara do Trabalho de Santa Maria.)

(14) EMBARGOS À ADJUDICAÇÃO – PEREMPTORIEDADE – PRAZO. O prazo para o executado oferecer embargos à adjudicação, alienação ou arrematação é de cinco dias contados da intimação da validação do ato, nos termos do art. 746 do CPC, aplicado subsidiariamente ao processo do trabalho e não se suspende ou interrompe por pedido de reconsideração. (TRT-24 00347000320095240031, Relator: NICANOR DE ARAÚJO LIMA, 2ª TURMA, Data de Publicação: 16.07.2012.)

(15) Evidenciando que somente atos posteriores à penhora podem fundamentar embargos à execução: EMBARGOS À ADJUDICAÇÃO. ARGUIÇÃO DE NULIDADE OCORRIDA APÓS A PENHORA. PRECLUSÃO TEMPORAL. NÃO-OCORRÊNCIA. O vício arguido por meio dos embargos à adjudicação se refere exatamente à questão superveniente à penhora, qual seja, que a adjudicação deferida considerando-se o valor desatualizado do imóvel (R$ 900.000,00), quando decorridos dois anos seguintes à penhora, teria ocorrido sem a prévia reavaliação do valor, em prejuízo da executada. Devendo, em conformidade com a regra estatuída no art. 746 do CPC, ser conhecido. ARTS. 685-B E 694, *CAPUT*, DO CPC. VIOLAÇÃO. NÃO OCORRÊNCIA. Não há de se falar em violação dos artigos indicados, pois a adjudicação pode ser desconstituída por vício de nulidade, e também quando realizada por preço vil, até mesmo de ofício como entendeu o Juízo Sentenciante. ART. 685-A DO CPC. ATENDIMENTO. PREÇO VIL. OCORRÊNCIA. O atendimento ao disposto no art. 685-A do CPC não tem o condão de obstar a desconstituição judicial da adjudicação, nos termos em que foi proposta. IMPUGNAÇÃO. AUTO DE REAVALIAÇÃO. VÁLIDO. No processo do trabalho, nos termos do *caput* e do § 3º do art. 721 da CLT, a lavratura do auto de penhora e avaliação, como do auto de reavaliação, cabe ao oficial de justiça avaliador da Justiça do Trabalho. Nada havendo nos autos que a infirme, tenho por válida a reavaliação à fls. 706/707. (TRT-10 – AP: 631200700810000 DF 00631-2007-008-10-00-0 AP, Relator: Desembargador Mário Macedo Fernandes Caron, Data de Julgamento: 28.03.2012, 2ª Turma, Data de Publicação: 13.04.2012 no DEJT.)

(16) *Ibidem*, p. 459.

se dirigem apenas ao ato de alienação. Em situações absolutamente excepcionais, notadamente inexistência de citação do devedor embargante, podem se voltar contra a própria ação executiva.

Muito embora não exista divergência acerca do cabimento dos embargos à arrematação na Justiça do Trabalho, os Tribunais divergem quanto ao prazo. Alguns adotam o prazo de cinco dias, tal qual aplicável aos embargos à execução no processo do trabalho[17], outros optam pela aplicação literal do Código de Processo Civil de 2015[18].

Quanto à legitimidade para a oposição dos embargos à arrematação, a jurisprudência também é uníssona ao restringi-la ao proprietário do imóvel[19]. Já se acentuou, inclusive, que "A parte legítima para arguir a ineficácia ou não validade da arrematação, prevista no atual CPC, é o executado, proprietário do imóvel leiloado, pois foi este quem sofreu os efeitos da alienação do bem"[20]. O terceiro não é parte legítima para oposição de embargos à arrematação porque dispõe dos embargos de terceiro como medida para insurgência contra eventual irregularidade na praça ou leilão[21].

Quanto à matéria a ser discutida nos embargos à arrematação, a mais frequente, sem sombra de dúvidas, é o preço vil. O número de decisões que não acolhem os embargos com esse fundamento é, contudo, consideravelmente grande, em razão de o art. 888, § 1º, da CLT, não prever um preço mínimo para a arrematação dos bens, o que deixaria a cargo exclusivamente do Juízo a definição de preço vil, de acordo com as peculiaridades de cada caso[22].

---

(17) AGRAVO DE PETIÇÃO. EMBARGOS À ARREMATAÇÃO. PRAZO. No processo do trabalho, o prazo para interposição de embargos à arrematação é de cinco dias, contados da assinatura do auto de arrematação. Exegese dos arts. 675 do CPC/2015 e 884 da CLT. Não ingressando a agravante com embargos à arrematação no momento oportuno, resta preclusa a oportunidade de ver discutida a matéria articulada no presente apelo. Agravo de petição improvido. (Processo: AP – 0001123-52.2014.5.06.0001, Redatora: Maria Clara Saboya Albuquerque Bernardino, Data de julgamento: 27.11.2017, Terceira Turma, Data da assinatura: 29.11.2017) (TRT-6 – AP: 00011235220145060001, Data de Julgamento: 27.11.2017, Terceira Turma.)

(18) EMBARGOS À ARREMATAÇÃO NA VIGÊNCIA DO NOVO CÓDIGO DE PROCESSO CIVIL. Na vigência do CPC/2015 a parte dispõe do prazo de até dez dias a contar do aperfeiçoamento da arrematação para invocar as hipóteses do § 1º do art. 903 do CPC. Incabível a oposição de embargos à arrematação, devendo a nulidade ser postulada por ação autônoma (art. 903 e §§ do CPC) (TRT-4 – AP: 00207768120165040791, Data de Julgamento: 08.10.2018, Seção Especializada em Execução.)

(19) EMBARGOS À ARREMATAÇÃO. LEGITIMIDADE. 1) Nos termos do art. 746 do CPC/1973, é lícito ao executado, no prazo de 5 (cinco) dias, contados da adjudicação, alienação ou arrematação, oferecer embargos fundados em nulidade da execução, ou em causa extintiva da obrigação, desde que superveniente à penhora. 2) A empresa executada e um de seus sócios não detêm legitimidade para ofertar embargos à arrematação referente a bem imóvel de propriedade de outro sócio da sociedade empresária. (TRT-17 – AP: 00915005420055170009, Relator: DESEMBARGADORA CLAUDIA CARDOSO DE SOUZA, Data de Julgamento: 25.08.2016, Data de Publicação: 06.09.2016.)

(20) EMBARGOS À ARREMATAÇÃO. LEGITIMIDADE. NOVO CPC. O antigo CPC regulava o instituto dos embargos à arrematação da seguinte forma: "Art. 746. É lícito ao devedor oferecer embargos à arrematação ou à adjudicação, fundados em nulidade da execução, pagamento, novação, transação ou prescrição, desde que supervenientes à penhora". O novo CPC deixou de prever expressamente a possibilidade de oposição de embargos à arrematação, passando a possibilitar, contudo, a alegação de ineficácia ou não validade da arrematação, mediante provocação da parte, no prazo de 10 dias após o aperfeiçoamento da arrematação, bem como o ajuizamento de ação autônoma de invalidação da arrematação, após a expedição da carta de arrematação ou da ordem de entrega. A parte legítima para arguir a ineficácia ou não validade da arrematação, prevista no atual CPC, é o executado, proprietário do imóvel leiloado, pois foi este quem sofreu os efeitos da alienação do bem. No entanto, a Lei Municipal n. 1.422, de 20 de abril de 2016, extinguiu a Fundação Municipal de Saúde, determinando a incorporação, pelo Município, do conjunto de bens e direitos da fundação, inclusive com a reversão, ao patrimônio municipal, do imóvel leiloado nos autos (fl. 324). Destarte, tendo o Município agravado sucedido a Fundação Municipal em seu conjunto de bens e direitos, inclusive com a incorporação, ao patrimônio municipal, do imóvel que foi levado à praça nos presentes autos, conclui-se que o ente público, na qualidade de sucessor legal do executado, se trata de parte legítima para arguir a nulidade da arrematação, nos moldes do novo CPC. (TRT-3 – AP: 01805201306803001 0001805-18.2013.5.03.0068, Relator: Oswaldo Tadeu B. Guedes, Quinta Turma, Data de Publicação: 09.07.2018.)

(21) EMBARGOS À ARREMATAÇÃO X EMBARGOS DE TERCEIRO. Dispõe o art. 1.046 do novo Código de Processo Civil, que aquele que, "não sendo parte no processo, sofrer constrição ou ameaça de constrição sobre bens que possua ou sobre os quais tenha direito incompatível com o ato constritivo, poderá requerer seu desfazimento ou sua inibição por meio de embargos de terceiro". A apresentação de embargos à arrematação pelo terceiro que se diz prejudicado, antes da expedição da carta de arrematação, afigura meio impróprio de defesa do patrimônio que afirma ser seu. (TRT-12 – AP: 00047960220135120040 SC 0004796-02.2013.5.12.0040, Relator: UBIRATAN ALBERTO PEREIRA, SECRETARIA DA 3ª TURMA, Data de Publicação: 11.12.2017.)

(22) EMBARGOS À ARREMATAÇÃO. PREÇO VIL. Não padece de nulidade a arrematação de bens pelo maior lance quando observados os requisitos do art. 888, §§ 1º e 3º, da CLT. (TRT-4 – AP: 00220776920165040401, Data de Julgamento: 06.06.2018, Seção Especializada em Execução). No mesmo sentido: AGRAVO DE PETIÇÃO DA EXECUTADA. EMBARGOS À ARREMATAÇÃO. PREÇO VIL. No processo do trabalho, a venda dos bens penhorados é realizada em leilão pelo maior lance, nos termos do art. 888, § 1º, da CLT, não havendo

4. CONSIDERAÇÕES FINAIS

O rol de hipóteses de defesa do executado no processo do trabalho é consideravelmente extenso. Não obstante não se deva responsabilizá-lo pela demora na satisfação dos créditos trabalhistas, é forçoso reconhecer que ele permite protelações indevidas. Melhor solução do que reduzi-lo é punir eficazmente, com as sanções cominadas para hipóteses de assédio processual e atentado à dignidade da justiça, a utilização abusiva das modalidade de defesa previstas.

---

previsão de um preço mínimo para a arrematação dos mesmo, ficando a cargo do Juízo a definição de preço vil, de acordo com as peculiaridades de cada caso. Ainda, mesmo considerando-se que a execução deva se processar pelo meio menos gravoso ao devedor, nos termos do art. 805 do CPC, esta deve priorizar o interesse do credor. (TRT-4 – AP: 00216292020135040331, Data de Julgamento: 08.10.2018, Seção Especializada em Execução.)

26.
Intervenção de Terceiros

Gustavo Filipe Barbosa Garcia[1]

1. INTRODUÇÃO

A intervenção de terceiros é versada nos arts. 119 a 138 do Código de Processo Civil de 2015.

A oposição, por sua vez, passou a ser disciplinada como procedimento especial (arts. 682 a 686 do CPC de 2015), cabendo analisar a sua aplicabilidade no processo do trabalho.

O art. 15 do CPC de 2015 é expresso ao determinar que, na ausência de normas que regulem processos eleitorais, trabalhistas ou administrativos, as disposições do referido Código são aplicadas supletiva e subsidiariamente.

Portanto, diante da regra do art. 765 da Consolidação das Leis do Trabalho, torna-se relevante saber se há compatibilidade da atual disciplina da oposição com o sistema do processo trabalhista.

Faz-se necessário o estudo da referida figura, verificando a sua adequação ao âmbito da Justiça do Trabalho, tendo em vista, principalmente, a delimitação de sua competência constitucional.

Ainda, com esse objetivo, devem ser analisados aspectos mais genéricos, pertinentes ao conceito de parte na relação processual e na demanda, para a melhor compreensão do tema.

2. INTERVENÇÃO DE TERCEIROS

No Código de Processo Civil de 2015, a intervenção de terceiros (Parte Geral, Livro III, Título III) é gênero que tem por espécies a assistência (arts. 119 a 124), a denunciação da lide (arts. 125 a 129), o chamamento ao processo (arts. 130 a 132), a desconsideração da personalidade jurídica (arts. 133 a 137) e o *amicus curiae* (art. 138).

Na vigência do Código de Processo Civil de 1973, as modalidades de intervenção de terceiros eram a assistência, a oposição, a nomeação à autoria, a denunciação da lide e o chamamento ao processo.

O Código de Processo Civil de 1939 previa, ainda, o chamamento à autoria, expressão que é utilizada pela Consolidação das Leis do Trabalho, em seu art. 486, § 1º.

Registre-se que o chamamento à autoria previsto na CLT, ao versar sobre o *factum principis*, não se identifica com as modalidades de intervenção de terceiros reguladas no Código de Processo Civil em vigor, nem com a figura, de mesmo nome, do CPC de 1939.

A intervenção de terceiros é apta a fazer com que o terceiro passe a figurar na relação processual. Trata-se de meio processual por meio do qual se possibilita o ingresso de terceiro em processo pendente. A intervenção de terceiro pode ser voluntária ou provocada[2].

Há certa resistência e dificuldade de se aplicar ao processo do trabalho a denunciação da lide e o chamamento ao processo, tendo em vista as especificidades do procedimento trabalhista, que se norteia pela simplicidade e pela celeridade, bem como em face da delimitação constitucional da competência da Justiça do Trabalho[3].

---

(1) Livre-Docente pela Faculdade de Direito da Universidade de São Paulo. Doutor em Direito pela Faculdade de Direito da Universidade de São Paulo. Especialista em Direito pela Universidade de Sevilla. Pós-Doutorado em Direito pela Universidade de Sevilla. Membro da Academia Brasileira de Direito do Trabalho, Titular da Cadeira 27. Membro Pesquisador do IBDSCJ. Professor Titular do Centro Universitário do Distrito Federal. Professor da Faculdade de Direito da Universidade Presbiteriana Mackenzie. Advogado. Foi Juiz do Trabalho das 2ª, 8ª e 24ª Regiões, ex-Procurador do Trabalho do Ministério Público da União e ex-Auditor-Fiscal do Trabalho.

(2) Cf. CARNEIRO, Athos Gusmão. *Intervenção de terceiros*. 9. ed. São Paulo: Saraiva, 1997. p. 57.

(3) Cf. GARCIA, Gustavo Filipe Barbosa. *Manual de processo do trabalho*. 3. ed. Salvador: JusPodivm, 2018. p. 206-219.

Admite-se a aplicação da assistência no processo trabalhista, sabendo-se que a intervenção assistencial, simples ou adesiva (litisconsorcial), só é admissível se demonstrado o interesse jurídico e não meramente econômico (Súmula n. 82 do TST).

Aplica-se ao processo do trabalho o incidente de desconsideração da personalidade jurídica previsto nos arts. 133 a 137 do Código de Processo Civil de 2015 (art. 855-A da CLT, acrescentado pela Lei n. 13.467/2017).

O art. 3º, inciso II, da Instrução Normativa n. 39/2016 do TST, prevê que se aplicam ao processo do trabalho, em face de omissão e de compatibilidade, o art. 138 e parágrafos do CPC de 2015, sobre *amicus curiae*.

3. PARTE NO PROCESSO E NA DEMANDA

Para a correta compreensão do tema, é importante ainda examinar os conceitos de partes e de terceiro no Direito Processual.

O conceito puramente processual de partes é o de "sujeitos *interessados* da relação processual"[4]. (destaques do original)

Logo, pode-se dizer que o interveniente, ainda que não seja parte principal, é sujeito interessado no processo, detendo a titularidade de certas situações jurídicas, "sob sujeição ao poder estatal exercido pelo juiz"[5].

Identificado o conceito de *parte no processo*, são partes na demanda, por seu turno, "aquele que pede (autor), aquele em cujo nome se pede (autor representado) e aquele em face de quem se pede (réu) o provimento jurisdicional"[6].

Em certas hipóteses de intervenção de terceiros, o interveniente passa a figurar como *parte na demanda* (autor ou réu), o que não se verifica, entretanto, na assistência simples.

Em algumas modalidades de intervenção de terceiros, como no chamamento ao processo, observa-se a formação de litisconsórcio, confirmando a existência de situações em que o terceiro passa a figurar como parte na própria demanda[7].

Além disso, como esclarece Cândido Rangel Dinamarco, "deduzindo a oposição, o terceiro adquire a qualidade de parte"[8].

4. OPOSIÇÃO NO PROCESSO DO TRABALHO

A oposição era prevista no Código de Processo Civil de 1973 como intervenção voluntária de terceiro em processo alheio, por pretender a coisa ou o direito discutidos (arts. 56 a 61 do CPC de 1973).

Isso foi modificado pelo Código de Processo Civil de 2015, no qual a oposição figura como procedimento especial.

Desse modo, quem pretender, no todo ou em parte, a coisa ou o direito sobre que controvertem autor e réu, pode, até ser proferida a sentença, oferecer oposição contra ambos (art. 682 do CPC de 2015).

O opoente deve deduzir o seu pedido em observação aos requisitos exigidos para propositura da ação (art. 683 do CPC de 2015).

Uma vez distribuída a oposição por dependência, devem ser os opostos citados, na pessoa de seus respectivos advogados (caso a hipótese não seja de *jus postulandi*), para contestar o pedido.

No processo civil, a contestação deve ser apresentada no prazo comum de 15 dias. No processo do trabalho, caso a oposição seja admitida, o mais adequado é a designação de audiência, para a tentativa de conciliação, oferecimento de resposta, instrução e julgamento[9].

Segundo Cassio Scarpinella Bueno, a oposição possui *natureza jurídica de ação*, por meio da qual se deduz "pedido de tutela jurisdicional em relação ao mesmo bem que as partes originárias disputam"[10], pretensão esta incompatível com aquela das partes da ação originária[11].

A oposição é admitida apenas "até ser proferida a sentença", o que afasta o seu cabimento na execução[12].

Como destaca Cândido Rangel Dinamarco, "a pretensão do terceiro à *coisa* é pretensão fundada em *direito real*, que ele afirma ter sobre ela ao negar que o tenham

---

(4) DINAMARCO, Cândido Rangel. *Instituições de direito processual civil*. São Paulo: Malheiros, 2001. v. 2, p. 246-247.
(5) DINAMARCO, Cândido Rangel. *Execução civil*. 5. ed. São Paulo: Malheiros, 1997. p. 357, nota 24.
(6) DINAMARCO, Cândido Rangel. *Execução civil*. 5. ed. São Paulo: Malheiros, 1997. p. 357, nota 24.
(7) DINAMARCO, Cândido Rangel. *Litisconsórcio*. 5. ed. São Paulo: Malheiros, 1997. p. 42.
(8) DINAMARCO, Cândido Rangel. *Intervenção de terceiros*. São Paulo: Malheiros, 1997. p. 73.
(9) Cf. GARCIA, Gustavo Filipe Barbosa. *Curso de direito processual do trabalho*. 7. ed. Rio de Janeiro: Forense, 2018. p. 1.080-1.085.
(10) BUENO, Cassio Scarpinella. *Partes e terceiros no processo civil brasileiro*. São Paulo: Saraiva, 2003. p. 177.
(11) Cf. DINAMARCO, Cândido Rangel. *Instituições de direito processual civil*. São Paulo: Malheiros, 2001. v. 2, p. 378-379.
(12) Cf. MARTINS, Sergio Pinto. *Direito processual do trabalho*. 30. ed. São Paulo: Atlas, 2010. p. 215.

as partes originárias; e pretender *o direito* controvertido é afirmar-se titular de direito pessoal sobre o bem"[13]. (destaques do original)

Na época do Código de Processo Civil de 1973, a oposição podia ser classificada em: *interventiva*, se deduzida antes da audiência (art. 59 do CPC de 1973), hipótese em que corria simultaneamente com a ação principal, com julgamento pela mesma sentença; e *autônoma*, se formulada após o início da audiência (art. 60 do CPC de 1973), seguindo o procedimento ordinário, sendo julgada sem prejuízo da causa principal, embora o juiz possa sobrestar o andamento do processo principal, pelo prazo de até 90 dias, para o julgamento conjunto com a oposição[14].

Na realidade, apenas a primeira hipótese era de modalidade de intervenção de terceiro, tratando-se de incidente ao processo pendente. A oposição autônoma dava origem a um novo processo.

No Código de Processo Civil de 2015, uma vez admitido o processamento da oposição, esta deve ser apensada aos autos e tramitar simultaneamente à ação originária, sendo ambas julgadas pela mesma sentença (art. 685).

Se a oposição for proposta após o início da audiência de instrução, o juiz deverá suspender o curso do processo ao fim da produção das provas, salvo se concluir que a unidade da instrução (da ação principal e da oposição) atende melhor ao princípio da duração razoável do processo (art. 685, parágrafo único, do CPC de 2015).

Cabendo ao juiz decidir simultaneamente a ação originária e a oposição, desta deve conhecer em primeiro lugar (art. 686 do CPC de 2015).

Merece destaque a controvérsia a respeito da aplicabilidade da oposição no processo do trabalho[15].

No âmbito trabalhista, em processo que tenha como partes certo empregador e empregado (ou trabalhador e respectivo tomador de serviços, em relação jurídica abrangida pelo art. 114, inciso I, da Constituição Federal de 1988, com redação dada pela Emenda Constitucional 45/2004)[16], cujo objeto seja determinada coisa ou direito, deve-se analisar a hipótese de um terceiro, também empregado (ou trabalhador), ajuizar ação pretendendo este mesmo bem jurídico a respeito do qual controvertem autor e réu.

Com o oferecimento da oposição, a qual tem natureza de ação (arts. 682 e 686 do CPC de 2015), forma-se um litisconsórcio passivo necessário entre os opostos, partes da ação originária, os quais são réus na ação de reconvenção (art. 682 do CPC de 2015)[17].

No caso da Justiça do Trabalho, quanto à pretensão trazida pela oposição, tem-se o empregado e o empregador como réus (ou trabalhador e tomador de serviços), e o oponente (outro empregado ou trabalhador) como autor.

Isso resulta na existência de conflito entre dois trabalhadores, o que não está incluído na competência da Justiça do Trabalho, conforme art. 114 da Constituição Federal de 1988, seja na redação anterior, seja na atual[18].

Aliás, caso ocorresse a hipótese do art. 684 do CPC de 2015, e o empregador (um dos opostos) reconhecesse a procedência do pedido do oponente, este prosseguiria contra o outro oposto, ficando bem nítida a controvérsia entre dois trabalhadores, a ser solucionada *principaliter*, "sobre o direito real ou pessoal afirmado pelo autor inicial e pelo oponente e, como é natural, receberá a *auctoritas rei judicatae* quanto a isso"[19].

A Justiça do Trabalho, no entanto, não é competente para decidir, de forma principal, o referido conflito entre empregados[20] ou trabalhadores.

É certo que, com a atual redação do art. 114, inciso I, da Constituição da República, compete à Justiça do Trabalho processar e julgar as "ações oriundas da

---

(13) DINAMARCO, Cândido Rangel. *Intervenção de terceiros*. São Paulo: Malheiros, 1997. p. 57.

(14) Cf. DINAMARCO, Cândido Rangel. *Intervenção de terceiros*. São Paulo: Malheiros, 1997. p. 38-39, 46-48. Cf. ainda TEIXEIRA FILHO, Manoel Antonio. *Litisconsórcio, assistência e intervenção de terceiros no processo do trabalho*. 3. ed. São Paulo: LTr, 1995. p. 170-171.

(15) Cf. GARCIA, Gustavo Filipe Barbosa. *Intervenção de terceiros, litisconsórcio e integração à lide no processo do trabalho*. São Paulo: Método, 2008. p. 38-43.

(16) Cf. GARCIA, Gustavo Filipe Barbosa. *Competência da Justiça do Trabalho*: da relação de emprego à relação de trabalho. Rio de Janeiro: Forense, 2012.

(17) Cf. BUENO, Cassio Scarpinella. *Partes e terceiros no processo civil brasileiro*. São Paulo: Saraiva, 2003. p. 181-182.

(18) Cf. LEITE, Carlos Henrique Bezerra. *Curso de direito processual do trabalho*. 9. ed. São Paulo: LTr, 2011. p. 448: "Não há, por conseguinte, previsão constitucional ou infraconstitucional para a Justiça do Trabalho processar e julgar ações entre dois tomadores de serviço ou entre dois trabalhadores, pois, em ambas as hipóteses, não há relação de trabalho ou relação de emprego entre eles."

(19) DINAMARCO, Cândido Rangel. *Intervenção de terceiros*. São Paulo: Malheiros, 1997. p. 59.

(20) Cf. TEIXEIRA FILHO, Manoel Antonio. *Litisconsórcio, assistência e intervenção de terceiros no processo do trabalho*. 3. ed. São Paulo: LTr, 1995. p. 182-186.

relação de trabalho", evidenciando tratar-se de competência em razão da matéria.

A relação de trabalho é uma modalidade de relação jurídica[21], tendo por objeto, justamente, o trabalho. Trata-se de gênero, que tem como uma de suas espécies a relação de emprego. Seu objeto imediato (prestação) é o ato de trabalhar, enquanto o objeto mediato (objeto da prestação ou bem jurídico) é o próprio trabalho[22]. Seus sujeitos são: a pessoa que trabalha e aquele em favor de quem se trabalha.

Assim, fica evidente que a relação jurídica entre dois trabalhadores, ou entre duas empresas, não configura relação de trabalho, estando fora do alcance do art. 114 da Constituição Federal de 1988, mesmo na redação em vigor[23].

No caso, não se pode acolher a possibilidade de decisão meramente incidental a respeito, pois, segundo esclarece Dinamarco, havendo "julgamento de mérito, a coisa julgada material abrangerá todos os efeitos substanciais do julgamento da demanda inicial e da oposição"[24].

Além disso, pode-se entender que a oposição é incompatível com o procedimento oral trabalhista e com os princípios da celeridade e da simplificação dos atos processuais, incidentes de forma acentuada no processo do trabalho (art. 769 da CLT), até mesmo em razão da natureza preponderantemente alimentar do direito material em discussão[25].

Como destaca Jorge Luiz Souto Maior, o "procedimento trabalhista" é "oral" e, "normalmente, não comporta intervenção de uma terceira pessoa, alheia ao conflito delimitado, inicialmente, dada a sumarização da cognição estabelecida, como pressuposto da efetiva prestação jurisdicional para o tipo de controvérsia que visa instrumentalizar"[26].

Portanto, mesmo em ação ajuizada por empregado, pleiteando certo direito em face do empregador, por exemplo, prêmio por ter sido o melhor vendedor ou por ter criado uma invenção, caso outro trabalhador alegue ser o titular desse direito pretendido, a oposição não se mostrava aplicável.

Como pondera Raymundo Antonio Carneiro Pinto, "nenhum obstáculo haveria para a Justiça do Trabalho decidir a respeito de lide envolvendo o primeiro empregado x empresa e o segundo empregado x empresa. Ocorre, porém, que existe também um litígio entre os dois trabalhadores (opoente x autor da reclamação)". Referido autor destaca que esse último aspecto não é abrangido pela competência da Justiça do Trabalho, tornando incabível a oposição no processo do trabalho. Além disso, "o empregado que se sente prejudicado não necessitaria utilizar o tortuoso caminho da oposição", nada impedindo que "fizesse uma reclamação – até mesmo a termo – com fundamentos e pedido idênticos aos que figuraram na inicial do colega. Como é evidente a conexão, o juiz determinaria a reunião dos processos (art. 842 da CLT) e, numa sentença única, decidiria quem, afinal, é o verdadeiro inventor ou o ganhador do prêmio. Se pode ser assim tão simples, por que complicar?"[27].

Por todos esses argumentos, a oposição, na maior parte dos casos, é incompatível com o processo do trabalho[28].

Discute-se, ainda, a questão da aplicabilidade da oposição em dissídio coletivo[29], para que o terceiro, no

---

(21) Cf. RUSSOMANO, Mozart Victor. *Curso de direito do trabalho*. 6. ed. Curitiba: Juruá, 1997. p. 51: "A relação de trabalho e a relação de emprego [...] são relações jurídicas."

(22) Cf. GOMES, Orlando. *Obrigações*. 12. ed. rev. e atual. por Humberto Theodoro Júnior. Rio de Janeiro: Forense, 1999. p. 14: "Objeto mediato, [é] o bem ou o serviço a ser prestado, a coisa que se dá ou se pratica." No caso da relação de trabalho, como mencionado, o objeto mediato é o trabalho (serviço) prestado.

(23) Em sentido diverso, cf. TUPINAMBÁ, Carolina. *Competência da Justiça do Trabalho à luz da reforma constitucional*. Rio de Janeiro: Forense, 2006. p. 377.

(24) DINAMARCO, Cândido Rangel. *Intervenção de terceiros*. São Paulo: Malheiros, 1997. p. 115-116.

(25) Cf. MENEZES, Cláudio Armando Couce de. Breves notas sobre a intervenção de terceiros no processo civil e no processo do trabalho. *Revista de Direito do Trabalho*, São Paulo, n. 90, p. 16, jun. 1995: "Outro argumento, forte aliás, para aqueles que entendem ser impraticável a oposição no processo trabalhista, residiria nos princípios da economia e da celeridade processual."

(26) SOUTO MAIOR, Jorge Luiz. *Direito processual do trabalho*: efetividade, acesso à justiça e procedimento oral. São Paulo: LTr, 1998. p. 296.

(27) PINTO, Raymundo Antonio Carneiro. Intervenção de terceiro no processo do trabalho. In: PAMPLONA FILHO, Rodolfo (Coord.). *Processo do trabalho*: estudos em homenagem ao professor José Augusto Rodrigues Pinto. São Paulo: LTr, 1997. p. 258.

(28) Em sentido divergente, cf. NASCIMENTO, Amauri Mascaro. *Curso de direito processual do trabalho*. 16. ed. São Paulo: Saraiva, 1996. p. 202-204; GIGLIO, Wagner D.; CORRÊA, Claudia Giglio Veltri. *Direito processual do trabalho*. 16. ed. São Paulo: Saraiva, 2007. p. 145-147; MALTA, Christovão Piragibe Tostes. *Prática do processo trabalhista*. 29. ed. São Paulo: LTr, 1999. p. 171-172.

(29) Cf. AROUCA, José Carlos. *Curso básico de direito sindical*. São Paulo: LTr, 2006. p. 383: "Tornou-se comum a instauração de dissídio coletivo por sindicato paralelo, dando causa à intervenção do detentor da representação."

caso, outro ente sindical, defenda sua legitimidade de representação da categoria[30].

Na realidade, a disputa pela representação da categoria entre dois entes sindicais, o que pode gerar reflexos na legitimidade *ad causam* para o dissídio coletivo, não é abrangida pela sistemática da oposição, tal como prevista no Código de Processo Civil de 2015 (art. 684). O ente sindical que pretende a intervenção na relação processual coletiva, nessas hipóteses, não está a pleitear, para si, direito pessoal ou real em discussão propriamente (no caso, as reivindicações apresentadas pela categoria profissional), mas apenas procurando sustentar que detém a representação da categoria[31].

A legitimidade de parte deve ser apreciada pela Justiça do Trabalho até mesmo de ofício, por se tratar de questão de ordem pública, podendo assim decidir, ainda que incidentalmente, a questão referente à representação da categoria pelo ente sindical.

Aliás, antes da Emenda Constitucional 45/2004, a Justiça do Trabalho era incompetente para decidir, de forma principal, a respeito de disputa intersindical pela representação de certa categoria (Orientação Jurisprudencial 4 da SDC do TST, cancelada em 2006), o que confirmava a incompatibilidade da oposição com o processo trabalhista.

Especificamente quanto ao cabimento da oposição, mesmo diante do atual inciso III do art. 114 da Constituição Federal, a conclusão não se altera. Primeiro, porque o objetivo da oposição, como já destacado, é distinto da solução de conflito de representação, o qual remete à legitimidade de parte. Segundo, uma vez que o art. 114, § 2º, da Constituição da República, na redação dada pela Emenda Constitucional n. 45/2004, passou a exigir o consenso das partes para "ajuizar dissídio coletivo de natureza econômica".

No caso, se o ente sindical está pretendendo, unilateralmente, ingressar em dissídio coletivo já ajuizado, certamente é porque não contou com o acordo da parte contrária para essa intervenção.

Quanto às adaptações e adequações do instituto em questão, tornando-o compatível com o processo coletivo do trabalho[32], resultariam em figura diversa[33], não mais se referindo à oposição, tal como prevista na legislação processual, o que confirma a sua inaplicabilidade no processo do trabalho[34].

Apesar do exposto, sabendo-se que a oposição não configura mais modalidade de intervenção de terceiro, pode-se entender pelo seu cabimento na Justiça do Trabalho quando a ação principal for ajuizada por entidade sindical, em face de empresa, com pedido de pagamento de contribuição sindical.

Nesse caso, outro ente sindical pode oferecer oposição contra ambos, alegando ser o legítimo representante da categoria e, assim, titular do direito sobre que controvertem autor e réu, até ser proferida a sentença relativa à ação principal (art. 682 do CPC de 2015).

Observa-se, aqui, a competência da Justiça do Trabalho, nos termos do art. 114, inciso III, segunda parte, da Constituição Federal de 1988, inclusive para decidir a oposição, que tem natureza de ação e dá origem a procedimento de natureza especial.

Na hipótese em questão, como visto supra, admitido o processamento da oposição, esta deve ser apensada aos autos e tramitar simultaneamente à ação originária, sendo ambas julgadas pela mesma sentença.

Cabendo ao juiz decidir simultaneamente a ação originária e a oposição, esta deve ser conhecida em primeiro lugar, por ser prejudicial em relação àquela.

5. CONCLUSÃO

O presente estudo teve por objeto a análise da intervenção de terceiros e da oposição, previstas no Código de Processo Civil de 2015, e sua aplicabilidade no processo do trabalho.

Apesar de certa dificuldade de se aplicar na Justiça do Trabalho a denunciação da lide e o chamamento ao processo, entende-se que são aplicáveis ao processo do

---

(30) Cf. MARTINS FILHO, Ives Gandra da Silva. *Processo coletivo do trabalho*. 4. ed. São Paulo: LTr, 2009. p. 111-112.

(31) Cf. TEIXEIRA FILHO, Manoel Antonio. *Litisconsórcio, assistência e intervenção de terceiros no processo do trabalho*. 3. ed. São Paulo: LTr, 1995. p. 288-289.

(32) Cf. MARTINS FILHO, Ives Gandra da Silva. *Processo coletivo do trabalho*. 4. ed. São Paulo: LTr, 2009. p. 111; CADETTI, Rubens Fernando. A oposição. In: CRUZ NETO, Eurico; XAVIER, Alberto Moreira; CADETTI, Rubens Fernando. *Temas relevantes no processo do trabalho*. São Paulo: LTr, 2003. p. 146.

(33) Cf. AROUCA, José Carlos. *Curso básico de direito sindical*. São Paulo: LTr, 2006. p. 383-384: "O sindicato tem o direito de representação sindical [...]. Mas nem sempre uma associação concorrente disputa com o sindicato patronal ou com a empresa um direito, e muitas vezes viu-se esta prestar-lhe apoio. Deste modo é mais apropriada a figura da assistência qualificada, se bem que o dissídio coletivo ofereça peculiaridades próprias e a intervenção em causa bem poderá ser mais uma criação do processo do trabalho."

(34) Cf. TEIXEIRA FILHO, Manoel Antonio. *Litisconsórcio, assistência e intervenção de terceiros no processo do trabalho*. 3. ed. São Paulo: LTr, 1995. p. 289.

trabalho a assistência, o incidente de desconsideração da personalidade jurídica e o *amicus curiae*.

A oposição, por seu turno, deixou de ter natureza de intervenção de terceiro, passando a ser disciplinada na esfera dos procedimentos especiais.

Em diversas hipóteses, a oposição é inaplicável no processo do trabalho, principalmente em razão da delimitação da competência da Justiça do Trabalho pela Constituição da República, bem como das especificidades do procedimento trabalhista.

Entretanto, sabendo-se que a oposição não configura mais modalidade de intervenção de terceiro, tornou-se cabível quando a ação originária é ajuizada por sindicato, em face de empresa, com pedido de pagamento de contribuição sindical.

Nesse caso, outro ente sindical pode oferecer oposição contra as partes da ação principal, alegando ser titular do direito sobre que controvertem o autor e o réu.

Observa-se, assim, a competência da Justiça do Trabalho, inclusive, para decidir o pedido formulado na oposição, que passou a dar origem a procedimento de natureza especial.

6. REFERÊNCIAS

AROUCA, José Carlos. *Curso básico de direito sindical*. São Paulo: LTr, 2006.

BUENO, Cassio Scarpinella. *Partes e terceiros no processo civil brasileiro*. São Paulo: Saraiva, 2003.

CADETTI, Rubens Fernando. A oposição. In: CRUZ NETO, Eurico; XAVIER, Alberto Moreira; CADETTI, Rubens Fernando. *Temas relevantes no processo do trabalho*. São Paulo: LTr, 2003.

CARNEIRO, Athos Gusmão. *Intervenção de terceiros*. 9. ed. São Paulo: Saraiva, 1997.

DINAMARCO, Cândido Rangel. *Execução civil*. 5. ed. São Paulo: Malheiros, 1997.

_____. *Intervenção de terceiros*. São Paulo: Malheiros, 1997.

_____. *Litisconsórcio*. 5. ed. São Paulo: Malheiros, 1997.

_____. *Instituições de direito processual civil*. São Paulo: Malheiros, 2001. v. 2.

GARCIA, Gustavo Filipe Barbosa. *Intervenção de terceiros, litisconsórcio e integração à lide no processo do trabalho*. São Paulo: Método, 2008.

_____. *Competência da Justiça do Trabalho*: da relação de emprego à relação de trabalho. Rio de Janeiro: Forense, 2012.

_____. *Curso de direito processual do trabalho*. 7. ed. Rio de Janeiro: Forense, 2018.

_____. *Manual de processo do trabalho*. 3. ed. Salvador: JusPodivm, 2018.

GIGLIO, Wagner D.; CORRÊA, Claudia Giglio Veltri. *Direito processual do trabalho*. 16. ed. São Paulo: Saraiva, 2007.

GOMES, Orlando. *Obrigações*. 12. ed. rev. e atual. por Humberto Theodoro Júnior. Rio de Janeiro: Forense, 1999.

LEITE, Carlos Henrique Bezerra. *Curso de direito processual do trabalho*. 9. ed. São Paulo: LTr, 2011.

MALTA, Christovão Piragibe Tostes. *Prática do processo trabalhista*. 29. ed. São Paulo: LTr, 1999.

MARTINS, Sergio Pinto. *Direito processual do trabalho*. 30. ed. São Paulo: Atlas, 2010.

MARTINS FILHO, Ives Gandra da Silva. *Processo coletivo do trabalho*. 4. ed. São Paulo: LTr, 2009.

MENEZES, Cláudio Armando Couce de. Breves notas sobre a intervenção de terceiros no processo civil e no processo do trabalho. *Revista de Direito do Trabalho*, São Paulo, n. 90, p. 9-23, jun. 1995.

NASCIMENTO, Amauri Mascaro. *Curso de direito processual do trabalho*. 16. ed. São Paulo: Saraiva, 1996.

PINTO, Raymundo Antonio Carneiro. Intervenção de terceiro no processo do trabalho. In: PAMPLONA FILHO, Rodolfo (Coord.). *Processo do trabalho*: estudos em homenagem ao professor José Augusto Rodrigues Pinto. São Paulo: LTr, 1997.

RUSSOMANO, Mozart Victor. *Curso de direito do trabalho*. 6. ed. Curitiba: Juruá, 1997.

SOUTO MAIOR, Jorge Luiz. *Direito processual do trabalho*: efetividade, acesso à justiça e procedimento oral. São Paulo: LTr, 1998.

TEIXEIRA FILHO, Manoel Antonio. *Litisconsórcio, assistência e intervenção de terceiros no processo do trabalho*. 3. ed. São Paulo: LTr, 1995.

TUPINAMBÁ, Carolina. *Competência da Justiça do Trabalho à luz da reforma constitucional*. Rio de Janeiro: Forense, 2006.

27. Sistema de Invalidação e Nulidades

Vitor Salino de Moura Eça[1]

INTRODUÇÃO

A lei processual estabelece um conjunto regras para a validação dos atos processuais. Visa, pois, à higidez. Ocorre que nem sempre os atores processuais o praticam com exatidão, em virtude do que é concebido um sistema para a conferência, naturalmente para o máximo aproveitamento dos atos praticados, mas vincando aqueles que não alcançam o desiderato e sujeitando-os à cessação de seus efeitos.

Note-se que não se trata de exigência formal sem sentido, mas de garantias essenciais do cidadão, devidamente constitucionalizadas, para protegê-lo de iniquidades estatais ou de arbítrio de autoridades legalmente constituídas. Nesse sentido, a anterioridade das regras postas para alguém ser processado vincula esta realidade ao devido processo legal e ao contraditório, valores consagrados no Estado Democrático de Direito, com *status* de garantias fundamentais.

Nesse sentido, o que o nosso sistema valoriza é a participação das partes a todo o tempo para a formação da convicção do julgador. E, sendo assim, para além das regras positivadas de invalidade, todas as vezes em que inexistir espaço para que os interessados se expressem no processo há risco de invalidação. Entretanto, é bom frisar, essas garantias jamais podem significar o manejo antiético do processo, com pronunciamentos estéreis, pois convém a toda a sociedade que a ampla participação seja contrabalançada pela tramitação em tempo adequado e com boa-fé dos envolvidos, valores igualmente considerados.

É o sistema de invalidades que se ocupa dos atos processuais que podem ser aproveitados, os anuláveis e os nulos. A CLT trata do assunto nos arts. 794 a 798, no que é coadjuvada pelos arts. 276 e seguintes do CPC.

A rigidez sistêmica é mitigada no campo do Direito Processual do Trabalho, diante do princípio da simplicidade procedimental que viabiliza o exercício do *ius postulandi* direto das partes. Entretanto, considerando-se que a ciência processual tem se tornado mais complexa, que a participação de advogado já cobre a quase totalidade dos feitos em apreciação judicial e ainda que ela é imprescindível nas causas civis de competência da Justiça do Trabalho, bem como para atuação junto aos tribunais, o grau de exigência da observância dos aspectos formais dos atos processuais têm se elevado constantemente.

Nada obstante, se a parte contratar um advogado, este deverá estar regularmente inscrito nos quadros da OAB para procurar em juízo, na forma do art. 103 da CPC e quite com as obrigações estatutárias previstas na Lei n. 8.906/1994, sob pena de nulidade dos atos por ele praticados.

A CLT, no plano estrutural, tem duas inteligentes regras tendentes ao máximo aproveitamento de atos processuais. Assim, segundo o art. 797 da CLT, o Juiz do Trabalho ao pronunciar a nulidade declarará os atos

---

[1] Pós-doutor em Direito Processual Comparado pela Universidade Castilla-La Mancha, na Espanha. Professor Adjunto IV da PUC-Minas (CAPES 6), lecionando nos cursos de mestrado e doutorado em Direito. Professor visitante em diversas universidades nacionais e estrangeiras. Professor conferencista na Escola Nacional de Magistratura do Trabalho – ENAMAT e ENAMATRA, bem como na Escola Superior de Advocacia da Ordem dos Advogados do Brasil. Pesquisador junto ao Centro Europeo y Latinoamericano para el Diálogo Social – España. Membro efetivo, entre outras, das seguintes sociedades: Academia Brasileira de Direito do Trabalho – ABDT; Asociación Iberoamericana de Derecho del Trabajo y de la Seguridad Social – AIDTSS; Asociación de Laboralistas – AAL; Equipo Federal del Trabajo – EFT; Escuela Judicial de América Latina – EJAL; Instituto Brasileiro de Direito Social Júnior – IBDSCJ; Instituto Latino-Americano de Derecho del Trabajo y de la Seguridad Social – ILTRAS; Instituto Paraguayo de Derecho del Trabajo y Seguridad; e da Societé Internationale de Droit du Travail et de la Sécurité Sociale.

a que ela se estende, de modo a que os atos não contaminados possam ser aproveitados. E o preceito do art. 798 da CLT, pelo qual a nulidade do ato não prejudicará senão os posteriores que dele dependam ou sejam consequência.

Anote-se que não são apenas os atos das partes e seus procuradores que são passíveis de nulidade. Os atos judiciais igualmente se inserem nesta categoria, tanto que o art. 280 do CPC estabelece que as citações e as intimações[2] serão nulas quando feitas sem observância das prescrições legais.

DISTINÇÕES IMPORTANTES: NULIDADE, INEFICÁCIA, ANULABILIDADE, INEXISTÊNCIA E AS MERAS IRREGULARIDADES

A nulidade segundo o magistério de Teresa Arruda Alvim Pinto *apud* Manoel Antonio Teixeira Filho é o estado em que se encontra um ato, que lhe torna passível de deixar de produzir seus efeitos próprios e, em alguns casos, destroem-se os já produzidos, enquanto a ineficácia significa a inaptidão para a produção de efeitos jurídicos inerentes ao ato processual (TEIXEIRA FILHO, 2009, p. 563).

Seguindo a mesma diretriz, temos que os atos anuláveis têm existência em desacordo com a lei, mas não podem ser declarados de ofício, vez que carecem de arguição da parte. O ato inexistente é o não ato, o *nihil*. É o ato que, por não atender a uma exigência fundamental, da lei, só existe materialmente e não juridicamente. Trata-se de um ato sem vida jurídica (TEIXEIRA FILHO, 2009, p. 566).

Nada obstante, o juízo de invalidade que o magistrado realiza ao verificar se um ato do processo deve ser pronunciado inválido parte de uma análise binária *perfeição-eficácia*. Assim, verificada a perfeição formal, seguem-se a validade e eficácia, de modo que não havendo respeito às formalidades, a consequência é a invalidação do ato e a sua ineficácia (CABRAL, 2016, p. 366).

A mera irregularidade não tem a mesma dimensão, e tampouco contamina o ato processual. Ela apenas evidencia que o ato não foi praticado do modo devido, mas que alcançou os seus objetivos, pelo que o signo do aproveitamento acoberta a sua realização, emprestando-lhe eficácia. Afinal, segundo o princípio da instrumentalidade das formas, mesmo o ato praticado em desacordo, quando atinge o seu escopo, há de ser validado.

ESSENCIALIDADE NORMATIVA

No tocante aos aspectos processuais formais, a primeira referência é ao inciso IX, do art. 93, da CF, segundo o qual todos os julgamentos dos órgãos do Poder Judiciário são públicos, e fundamentadas todas as decisões, sob pena de nulidade, podendo a lei limitar a presença, em determinados atos, às próprias partes e a seus advogados, ou somente a estes, em casos nos quais a preservação do direito à intimidade do interessado no sigilo não prejudique o interesse público à informação.

A norma infraconstitucional também estabelece atos formais, ou seja, aqueles cuja configuração ou feitio são essenciais para a validação, a começar pelo art. 11 do CPC, que estabelece que todos os julgamentos dos órgãos do Poder Judiciário serão públicos, e fundamentadas todas as decisões, sob pena de nulidade.

Pondere-se que a higidez do provimento depende da figura do julgador, de modo que, a contar do conhecimento do fato, a parte deve alegar o impedimento ou a suspeição, em petição específica dirigida ao juiz do processo, na qual cabe-lhe indicar o fundamento da recusa, podendo instruí-la com documentos em que se fundar a alegação e com rol de testemunhas. Se o apontamento ocorrer em primeiro grau de jurisdição, o próprio magistrado decidirá a exceção, e a matéria pode também ser arguida no tribunal, como instância originária ou revisora, neste derradeiro caso, em grau de recurso, declarando a nulidade dos atos do Juiz do Trabalho[3], se praticados quando já presente o motivo de impedimento ou de suspeição.

A plena ciência da parte também é requisito de desenvolvimento válido e regular do processo. O autor a tem previamente, quando da distribuição, mas a solução é distinta em relação do réu ou executado e, destarte, para a validade do processo é indispensável a citação dos mesmos, ressalvadas as hipóteses de indeferimento da petição inicial ou de improcedência liminar do pedido.

Não é demasiado frisar que o comparecimento espontâneo do réu ou do executado supre a falta ou

---

(2) Súmula n. 427 do TST. INTIMAÇÃO. PLURALIDADE DE ADVOGADOS. PUBLICAÇÃO EM NOME DE ADVOGADO DIVERSO DAQUELE EXPRESSAMENTE INDICADO. NULIDADE (editada em decorrência do julgamento do processo TST-IUJERR 5400-31.2004.5.09.0017) – Havendo pedido expresso de que as intimações e publicações sejam realizadas exclusivamente em nome de determinado advogado, a comunicação em nome de outro profissional constituído nos autos é nula, salvo se constatada a inexistência de prejuízo.

(3) Em se tratando de processo de competência originária, a situação se aplica a todos os componentes do órgão colegiado que tomarem parte no julgamento.

a nulidade da citação, abrindo-se a partir desta data o prazo para apresentação de contestação ou de embargos à execução, desde que previamente garantido o juízo neste último caso. Nada obstante, uma vez rejeitada a alegação de nulidade, tratando-se de processo de conhecimento, o réu será considerado revel, e em se tratando de execução, o feito terá seguimento.

A ciência inequívoca dos atos processuais por parte dos advogados também é igualmente essencial, e a sua verificação ocorre consoante escorreita publicação no Diário Eletrônico da Justiça do Trabalho – DEJT, exceto se a deliberação for proferida em audiência, com a presença da parte ou de seu patrono. Além disso, o § 2º, do art. 272, do CPC, de cômoda aplicação entre nós, frisa que, sob pena de nulidade, é indispensável que da publicação constem os nomes das partes e de seus advogados, com o respectivo número de inscrição na Ordem dos Advogados do Brasil, ou, se assim requerido, da sociedade de advogados. E, mais ainda, o § 5º da regra indicada aduz que constando dos autos pedido expresso para que as comunicações dos atos processuais sejam feitas em nome dos advogados indicados, o seu desatendimento por parte do juízo também implicará nulidade.

Convém que se observe que tais disposições se revestem de tamanha importância, que o § 8º do retromencionado art. 272 do CPC preceitua que a parte pode arguir a nulidade da intimação em capítulo preliminar do próprio ato que lhe caiba praticar, o qual será tido por tempestivo se o vício for reconhecido.

A Fazenda Pública dispõe de tratamento distinto, tendo a prerrogativa de ser intimada na pessoa de seu representante judicial, o que depois do PJ-e pode ocorrer por remessa eletrônica, para, querendo, no prazo de 30 (trinta) dias e nos próprios autos, impugnar a execução, podendo arguir a nulidade de citação, além das matérias dispostas no art. 535 do CPC.

A parte tem ainda duas derradeiras oportunidades para a arguição de nulidade do processo por falta da prática de ato formal de validade do processo. A primeira por ocasião do Recurso Ordinário, com ampla possibilidade de arguição, e a segunda, mais restrita, em sede de embargos do executado, quando terá a chance de veicular as hipóteses elencadas no art. 884 da CLT.

Importa notar que há nítida tendência na Teoria Geral do Processo em se abrandar os referidos aspectos formais. A ciência caminha para uma ductibilidade formal, considerando o poder gerencial do Juiz do Trabalho, ampliando consideravelmente a possibilidade lastreada nos arts. 765 da CLT, com o advento ao inciso VI, do art. 139, do CPC, assim como passando a tratar de negócios processuais de que podem se valer as partes, com base nos arts. 190 e 200 do CPC, recepcionados pelo Direito Processual do Trabalho desde que as regras não cerceiem o direito de ação.

O referido art. 190 do CPC estipula que, versando o processo sobre direitos que admitam autocomposição, é lícito às partes plenamente capazes estipular mudanças no procedimento para ajustá-lo às especificidades da causa e convencionar sobre os seus ônus, poderes, faculdades e deveres processuais[4], antes ou durante o processo, consagrando, assim, a *Teoria da Adequação Procedimental*, pela qual, ofício ou a requerimento, o Juiz do Trabalho controlará a validade das convenções estabelecidas, recusando-lhes aplicação somente nos casos de nulidade ou de inserção abusiva ou quando alguma das partes se encontrar em manifesta situação de vulnerabilidade processual.

NULIDADE RELATIVA

A observância dos requisitos do ato processual é importante, mas o atingimento de seu objetivo suplanta o aspecto meramente formal, porquanto a ideia é permitir o máximo aproveitamento de cada ato que a parte praticou de boa-fé. Sendo assim, mesmo quando a lei prescrever determinada forma, o Juiz do Trabalho poderá considerar válido o ato se, realizado de outro modo, lhe alcançar a finalidade – princípio da transcendência, pois, nos moldes do art. 794 do CLT, nos processos sujeitos à apreciação da Justiça do Trabalho, só haverá nulidade quando resultar dos atos inquinados manifesto prejuízo às partes litigantes.

A fim de afastar qualquer dúvida, convém aclarar que o ato que viola norma cogente é nulo, por contrariar o interesse público, daí a necessidade de sua invalidação, enquanto os atos que infringem normas dispositivas podem acarretar apenas anulabilidades, pois maculam o interesse privado, pelo que encontram fértil terreno para convalidação, desde que as

---

(4) Esta possibilidade chega ao ponto de se estabelecer até mesmo o calendário processual de que trata o art. 191 do CPC, de aplicação restrita perante a Justiça do Trabalho, no caso de alongamento pernicioso aos interesses do trabalhador. Nesse sentido, a norma processual civil aduz que de comum acordo, o magistrado e as partes podem fixar calendário para a prática dos atos processuais, quando for o caso, e que este vincula todos eles, e os prazos nele previstos somente serão modificados em casos excepcionais, devidamente justificados. E de igual modo, dispensa-se a intimação das partes para a prática de ato processual ou a realização de audiência cujas datas tiverem sido designadas no calendário ou no termo de audiência, sendo esta parte final admitida sem rebuços no Direito Processual do Trabalho.

partes vislumbrem vantagens com o prosseguimento do processo como instrumento de pacificação social.

Nesse espírito, a nulidade jamais será pronunciada quando for possível suprir-se a falta ou repetir-se o ato processual[5], bem como se arguida por quem lhe tiver dado causa[5]. Aliás, ao pronunciar a nulidade, o magistrado deve declarar que atos são por ela atingidos, bem como ordenar as providências necessárias a fim de que sejam repetidos ou retificados.

É certo ainda que o ato processual não será repetido nem sua falta será suprida quando não prejudicar a parte. E, quando puder decidir o mérito a favor da parte a quem aproveite a declaração da nulidade, o Juiz do Trabalho não a pronunciará nem mandará repetir o ato ou suprir-lhe a falta.

IMEDIATIDADE

Para otimizar o princípio da celeridade, preceitua o art. 795 da CLT que as nulidades não serão declaradas senão mediante provocação das partes, as quais deverão argui-las à primeira vez em que tiverem de falar em audiência ou nos autos. Isso significa que se a decisão que se reputa inválida foi proferida em audiência, sendo irrelevante se a mesma constou do termo de audiência, cabe à parte formular imediatamente ou seu pedido de revisão do ato, de reconsideração ou, finalmente, de invalidação da decisão judicial. Se a parte foi intimada da decisão que reputa inválida, deve se manifestar por meio de petição, registrando sua inconformidade, a fim de ensejar posterior revisão pelo próprio prolator em juízo de retratação ou pelo tribunal *ad quem*.

O silêncio gera a presunção de que inexistiu prejuízo – *pas de nullité sans grief*, ou seja, não há nulidade sem prejuízo, gerando a preclusão de sua arguição posteriormente.

NULIDADE ABSOLUTA

O sistema busca a todo modo o máximo aproveitamento dos atos processuais, exceto nos casos de nulidade absoluta em que a contaminação inexorável dos atos que se pretendeu praticar, vez que desatendido o interesse público.

Importará, por exemplo, em nulidade absoluta a falta de fundamentação numa sentença.

No modelo celetista, temos o caso da incompetência de foro, nos moldes do § 1º, do art. 795, da CLT, hipótese em que o Juiz do Trabalho poderá declará-la de ofício ou a requerimento da parte.

A CLT, sempre tendo em vista a celeridade, recomenda que, quando o Juiz do Trabalho verificar a incompetência, em vez de simplesmente extinguir o processo, deverá remetê-lo, com urgência, à autoridade competente, fundamentando sua decisão. A autoridade que receber o feito o examinará e declarará se algum dos atos processuais já praticados podem ser aproveitados.

Os atos processuais praticados corretamente, porém, ante o juízo incompetente podem ser revigorados no novo foro, por economia processual, cabendo ao magistrado declarar quais os atos que recepciona, dando ciência às partes.

AUSÊNCIA DE INTERVENÇÃO DO MPT

A LC n. 75/1993 estabelece os casos em que a atuação do MPT é essencial, e a ausência de sua intimação para acompanhar o processo em que deveria intervir gera nulidade absoluta, conforme art. 279 do CPC.

O Ministério Público do Trabalho atua em todas as demandas que envolvam o interesse público, notadamente nas que tomam parte as pessoas jurídicas de direito público interno, da administração direta, indireta, autárquica e fundacional, os incapazes, os trabalhadores menores, os trabalhadores indígenas, entre outras afetas ao direito fundamental do trabalho. É igualmente obrigatória a sua intervenção nas ações rescisórias, nos mandados de segurança e nos dissídios coletivos.

A ausência de intimação gera a invalidade dos atos praticados a partir do momento em que ele deveria ter sido cientificado. Lado outro, se verificada a falha durante a tramitação processual, depois de suprida a omissão, podem ser repetidos alguns atos processuais, já com a participação do MPT, e praticados outros, a seu requerimento, com o objetivo de aproveitamento do processado.

APLICABILIDADE DAS NULIDADES

Segundo o magistério de José Miguel Garcia Medina a privação de efeitos do ato não é consequência automática da declaração de nulidade, devendo ser ultrapassadas as seguintes etapas: a) deve-se conferir se houve prejuízo, pois, do contrário, o ato atingiu a sua finalidade e, assim, não há censura; b) havendo vício, se é o caso de se declarar a nulidade, pois o ato pode estar convalidado ou precluso; c) por fim, se for declarada a nulidade, caberá ao Juiz do Trabalho perquirir o seu

---

(5) Quando a lei prescrever determinada forma sob pena de nulidade, a decretação desta não poderá ser requerida pela parte que lhe deu causa, conforme o art. 276 do CPC.

alcance, isto é, que efeitos devem ser cassados, e quais podem ser mantidos (MEDINA, 2016, p. 440).

ATUAÇÃO PRINCIPIOLÓGICA

Remanesce uma importante consideração a se fazer em sede doutrinária. É que renomados autores, sobretudo em seara processual laboral, elencam princípios *próprios* das nulidades processuais, listando a instrumentalidade das formas, a transcendência, a convalidação, entre tantos outros.

A nosso sentir, os referidos princípios não são exclusivos de nulidades, pelo que não se há de falar em *princípios das nulidades processuais*, e sim princípios de processo, que atuam de modo mais marcante na apreciação das questões atinentes à invalidade dos atos do processo. E tanto é assim que eles também têm lugar diante de outras situações versadas na ritualidade.

Nada obstante, atuam de modo muito pronunciado sempre que emerge a necessidade de verificação de qualquer invalidade, pelo que as referências aos mesmos se mostram oportunas.

O cânone mais útil é o que dispõe do princípio da instrumentalidade das formas, pelo qual os atos e os termos processuais independem de forma determinada, salvo quando a lei expressamente o exigir, considerando-se válidos os que, realizados de outro modo, lhe alcançar a finalidade, positivados nos arts. 795-796 da CLT e 188 do CPC.

O princípio da transcendência, segundo o qual inexistindo prejuízo para as partes jamais se deve invalidar um ato processual, se estriba nos arts. 794 da CLT e 282-283 do CPC.

Finalmente, temos o princípio da convalidação, também muito possante quando perquirimos a exatidão dos atos processuais, que significa que as nulidades não devem ser declaradas senão mediante provocação das partes, as quais, no Direito Processual do Trabalho, têm o dever de argui-las à primeira vez que tiverem de falar em audiência ou nos autos, nos moldes do art. 795 da CLT.

CONCLUSÃO

A forma é algo muito importante para o direito, no entanto, não mais do que ele próprio. A forma a se considerar no processo é aquela eivada de funcionalidade, de um propósito, ou seja, a que serve ao direito. E o processo contemporâneo é balizado pela disponibilidade de oportunidades, que possibilitam o contraditório exauriente, mas que se exerce com ética, boa-fé e cooperação.

Sendo assim, a invalidade somente há de ser pronunciada, quando o ato processual desvirtuar algum desses valores de aplicação premente, e ainda quando desprovido de funcionalidade para a construção do provimento.

Note-se que a Teoria Geral do Processo caminha para uma ductibilidade formal, considerando o poder gerencial do Juiz do Trabalho, lastreado nos arts. 765 do CLT e no inciso VI, do art. 139 do CPC, assim como os negócios processuais de que podem se valer as partes, com base nos arts. 190 e 200 do CPC, recepcionados pelo Direito Processual do Trabalho desde que as regras não cerceiem o direito de ação.

O importante doravante é se considerar a adequação das formas para que o processo atinja o seu desiderato, amalgamando o preceito constante do art. 765 da CLT, pelo qual os Juízes do Trabalho têm ampla liberdade na direção do processo e devem velar pelo andamento rápido das causas, podendo determinar qualquer diligência necessária ao esclarecimento delas, com o art. 277 do CPC, que estabelece que, mesmo quando a lei prescrever determinada forma, o magistrado considerará válido o ato se, realizado de outro modo, lhe alcançar a finalidade.

REFERÊNCIAS

CABRAL, Antonio do Passo. Teoria das Nulidades processuais no direito contemporâneo. In: *Revista de Processo*, São Paulo, RT, Vol. 225, 2016.

MARTINEZ, Luciano; BOUCINHAS FILHO, Jorge; EÇA, Vitor Salino de Moura. *A reforma trabalhista na visão da Academia Brasileira de Direito do Trabalho*. Porto Alegre: Lex Magister, 2018.

MEDINA, José Miguel Garcia. *Direito processual civil moderno*. 2. ed. São Paulo: RT, 2016.

TEIXEIRA FILHO, Manoel Antonio. *Curso de direito processual do trabalho*. São Paulo: LTr, 2009.

28. AÇÃO RESCISÓRIA

José Claudio Monteiro de Brito Filho[1]
Vanessa Rocha Ferreira[2]

1. INTRODUÇÃO

A ideia de ação rescisória teve origem no instituto conhecido como *querela nullitatis*, no século XII, que era o remédio cabível contra sentenças nulas, transitadas em julgado, que contivessem *error in procedendo*.

Atualmente, parcela da doutrina ainda admite a existência da *querela nullitatis* com o objetivo de anular uma decisão inexistente, porém, esta ação diferencia-se da ação rescisória, que tem como objetivo desconstituir uma decisão transitada em julgado eivada de vícios previstos em lei[3].

O seu cabimento no Direito Processual do Trabalho está expressamente autorizado nos termos do art. 836 da Consolidação das Leis do Trabalho (CLT/1943), que determina a aplicação subsidiária do previsto no Código de Processo Civil (arts. 966 a 975 do CPC/2015), registrando-se que a regra no ordenamento jurídico brasileiro é a segurança jurídica gerada pelo trânsito em julgado das decisões judiciais, sendo a possibilidade de ajuizamento de ação rescisória para desconstituir essa decisão uma exceção, cabível apenas nas hipóteses expressamente previstas em lei, quando a decisão rescindenda estiver, como dissemos logo atrás, eivada de vícios capazes de violar a justiça aplicada ao caso concreto.

Para seu manejo, imprescindível observar que, como uma ação originariamente apresentada perante tribunais, é necessário observar o seu disciplinamento no regimento interno de cada um deles, pois lá estarão previstas as regras de procedimento. É a adequada advertência de Carlos Henrique Bezerra Leite: "o procedimento particularmente adotado a respeito da ação rescisória, na Justiça do Trabalho, é o estabelecido no Regimento Interno dos Tribunais Regionais, seguindo modelo do TST."[4]

2. CONCEITO E NATUREZA JURÍDICA

A ação rescisória é uma ação de procedimento especial no processo do trabalho, que objetiva atacar decisão de mérito, já transitada em julgado[5]. Assim, visa desconstituir a coisa julgada material, prevista, em nosso ordenamento jurídico como garantia fundamental do indivíduo, nos termos do art. 5º, XXXVI, da Constituição da República Federativa do Brasil (CRFB/1988).

José Carlos Barbosa Moreira a conceitua como sendo "[...] a ação por meio da qual se pede a desconsideração da sentença transitada em julgado, com eventual rejulgamento, a seguir, da matéria nela julgada."[6]

---

(1) Doutor em Direito das Relações Sociais pela PUC/SP. Professor do PPGD e do Curso de Graduação em Direito do CESUPA. Titular da Cadeira n. 26 da ABDT.

(2) Doutora em Direitos Humanos pela Universidade de Salamanca/ES. Professora Universitária. Auditora do Tribunal de Contas do Estado do Pará.

(3) SCHIAVI, Mauro. *Manual de direito processual do trabalho*. 11. ed. São Paulo: LTr, 2016. p. 1. 377.

(4) LEITE, Carlos Henrique Bezerra. *Curso de direito processual do trabalho*. 15. ed. São Paulo: Saraiva, 2017. p. 1.698.

(5) O Código de Processo Civil (CPC/2015), aplicado subsidiariamente ao processo do trabalho, admite em seu art. 966, § 2º, uma situação excepcional, na qual é possível o ajuizamento de ação rescisória em face de decisão que não é de mérito, quando se tratar de decisão já transitada em julgado que impeça nova propositura de demanda ou a admissibilidade do recurso correspondente. Acompanhemos: "§ 2º Nas hipóteses previstas nos incisos do *caput*, será rescindível a decisão transitada em julgado que, embora não seja de mérito, impeça: I – nova propositura da demanda; ou II – admissibilidade do recurso correspondente."

(6) BARBOSA MOREIRA, José Carlos. *Comentários ao Código de Processo Civil*. 12. ed. Rio de Janeiro: Forense, 2005. v. V, p. 100.

Neste sentido, também aduz Manoel Antonio Teixeira Filho: "É a ação por meio da qual se pede a desconstituição da coisa julgada nos casos previstos em lei, podendo haver novo julgamento da causa."[7]

Nelson Nery Junior, de outro lado, define a ação rescisória como sendo "[...] a ação autônoma de impugnação de natureza constitutiva negativa quanto ao juízo rescindendo, dando ensejo a outra relação processual distinta daquela em que foi proferida a decisão rescindenda"[8].

Veremos a seguir que somente é possível o manejo desta ação em situações excepcionais, quando a decisão atacada possuir um vício grave, desde que essa hipótese esteja expressamente prevista em lei (art. 966 do CPC/2015), pois o que deve prevalecer, em regra, é a segurança jurídica oriunda do trânsito em julgado da decisão.

A ação rescisória possui natureza jurídica constitutivo-negativa, ou desconstitutiva, porque tem por finalidade desconstituir, rescindir, uma decisão de mérito que transitou em julgado, com um vício grave. É importante mencionar que não estamos diante de recurso, que ataca decisão de mérito ainda não transitada em julgado. A rescisória é uma ação autônoma de impugnação, com uma finalidade específica: corrigir vícios insanáveis na decisão transitada em julgado.

3. PREVISÃO LEGAL

A possibilidade da utilização da ação rescisória no direito processual do trabalho encontra-se prevista no art. 836 da Consolidação das Leis do Trabalho (CLT/1943), que especifica a aplicação subsidiária do previsto no Código de Processo Civil (arts. 966 a 975 do CPC/2015), com exceção apenas do depósito prévio, que, no processo do trabalho, é de 20% (vinte por cento) do valor da causa, e não de 5% (cinco por cento), consoante previsto no diploma processual civil[9]. Tal depósito é exigido como condição da ação, salvo se provada a miserabilidade jurídica do autor.

4. LEGITIMIDADE

Nos termos do art. 967 do CPC/2015, têm legitimidade para propor a ação rescisória:

I – quem foi parte no processo ou o seu sucessor a título universal ou singular; II – o terceiro juridicamente interessado; III – o Ministério Público: a) se não foi ouvido no processo em que lhe era obrigatória a intervenção; b) quando a decisão rescindenda é o efeito de simulação ou de colusão das partes, a fim de fraudar a lei; c) em outros casos em que se imponha sua atuação; IV – aquele que deveria ter sido ouvido no processo e não foi.

Em relação à legitimidade ativa do Ministério Público do Trabalho (MPT), é necessário mencionar o que dispõe a Súmula n. 407 do Tribunal Superior do Trabalho (TST), que entende que o rol de hipóteses previstas no art. 967, III, do CPC/2015, é meramente exemplificativo, permitindo que o MPT ajuíze ação rescisória, nas hipóteses previstas em lei, mesmo que não tenha sido parte no processo originário.

> SÚMULA N. 407 DO TST: AÇÃO RESCISÓRIA. MINISTÉRIO PÚBLICO. LEGITIMIDADE *AD CAUSAM* PREVISTA NO ART. 967, III, *A*, *B* E *C* DO CPC DE 2015. ART. 487, III, *A* E *B*, DO CPC DE 1973. HIPÓTESES MERAMENTE EXEMPLIFICATIVAS.
>
> A legitimidade *ad causam* do Ministério Público para propor ação rescisória, ainda que não tenha sido parte no processo que deu origem à decisão rescindenda, não está limitada às alíneas *a*, *b* e *c* do inciso III do art. 967 do CPC de 2015 (art. 487, III, *a* e *b*, do CPC de 1973), uma vez que traduzem hipóteses meramente exemplificativas.

5. REQUISITOS PARA A PROPOSITURA

Os requisitos para a propositura da ação rescisória estão previstos no art. 966 do CPC/2015 e são cumulativos.

O primeiro requisito que deve ser destacado é a existência de uma decisão de mérito transitada em julgado. Notemos que é possível que essa decisão de mérito possa ser uma sentença ou uma decisão interlocutória, ou mesmo um acordo homologado em juízo, encerrando antiga discussão à época do CPC/1973, e nos termos do art. 831, parágrafo único, da CLT, e da Súmula n. 259 do TST.

---

(7) TEIXEIRA FILHO, Manoel Antonio. *Ação rescisória no processo do trabalho*. 4. ed. São Paulo: LTr, 2005. p. 65.

(8) NERY JUNIOR, Nelson; ANDRADE NERY, Rosa Maria de. *Código de Processo Civil Comentado*. 16. ed. São Paulo: RT, 2016.

(9) É importante mencionar que de acordo com o art. 968, II, do CPC/2015, esse depósito é de 5% nos procedimentos cíveis. Tendo em vista este conflito, foi ajuizada uma Ação Direta de Inconstitucionalidade, a Ação Direta de Inconstitucionalidade (ADI n. 3.995), defendendo a inconstitucionalidade do valor depósito do art. 836 da CLT. Os argumentos utilizados na ação consideram excessivo o valor do depósito prévio previsto na CLT/43, por ofender princípios como o da razoabilidade e da proporcionalidade; o princípio do acesso ao Judiciário e o princípio da ampla defesa.

Observemos que não cabe ação rescisória em face de decisão que ainda pode ser recorrida. Assim dispõe a Súmula n. 412 do TST. Também não cabe ação rescisória preventiva nos termos da Súmula n. 299 do TST. Outra hipótese em que não cabe rescisória está descrita na Orientação Jurisprudencial (OJ) n. 134 da Seção de Dissídios Individuais-II (SDI-2) do TST, que aduz que não cabe ação rescisória de decisão que só faz coisa julgada formal.

Por conta disso, também não cabe ação rescisória para desconstituir sentença normativa, pois esta só faz coisa julgada formal, nos termos da Súmula n. 397 do TST.

> SÚMULA N. 397 DO TST: AÇÃO RESCISÓRIA. ART. 966, IV, DO CPC DE 2015. ART. 485, IV, DO CPC DE 1973. AÇÃO DE CUMPRIMENTO. OFENSA À COISA JULGADA EMANADA DE SENTENÇA NORMATIVA MODIFICADA EM GRAU DE RECURSO. INVIABILIDADE. CABIMENTO DE MANDADO DE SEGURANÇA.
>
> Não procede ação rescisória calcada em ofensa à coisa julgada perpetrada por decisão proferida em ação de cumprimento, em face de a sentença normativa, na qual se louvava, ter sido modificada em grau de recurso, porque em dissídio coletivo somente se consubstancia coisa julgada formal. Assim, os meios processuais aptos a atacarem a execução da cláusula reformada são a exceção de pré-executividade e o mandado de segurança, no caso de descumprimento do art. 514 do CPC de 2015.

No entanto, a despeito de que, em regra, não cabe ação rescisória contra decisão que gere apenas coisa julgada formal, consoante supradestacado, o CPC (art. 966, § 2º) contemplou a possibilidade de cabimento desta ação mesmo diante de decisões que não resolvam o mérito da causa, desde que contra elas não seja possível propor novamente a mesma ação ou que impeça a admissibilidade de recurso.

O segundo requisito é a exigência do depósito prévio de 20% (vinte por cento) do valor da causa[10], salvo prova de miserabilidade jurídica do autor.

O depósito prévio foi criado com o intuito de evitar o ajuizamento de ações rescisórias protelatórias.

Para Carlos Henrique Bezerra Leite, essa regra segue a tendência de dar mais efetividade ao processo trabalhista[11]. Este depósito tem natureza jurídica de multa, e deverá ser revertido para o reclamado, caso a ação seja declarada inadmissível ou improcedente por unanimidade de votos, nos termos do art. 968, II, do CPC/2015.

Ainda com relação a este depósito, o art. 6º da Instrução Normativa n. 31/2007 do TST estabelece isenções subjetivas. São elas: a isenção do beneficiário da justiça gratuita e da massa falida. Também não devem efetuar o depósito prévio a União, os Estados, o Distrito Federal, os Municípios, as respectivas autarquias e fundações de direito público, o Ministério Público, a Defensoria Pública, nos termos do § 1º do art. 968 do CPC/2015.

6. HIPÓTESES DE CABIMENTO

No que tange às hipóteses de cabimento da ação rescisória, elas estão previstas no art. 966 do CPC/2015. Este artigo traz um rol taxativo. Acompanhemos o que dispõe esse dispositivo legal.

> Art. 966 do NCPC. A sentença de mérito, transitada em julgado, pode ser rescindida quando:
>
> I – se verificar que foi proferida por força de prevaricação, concussão ou corrupção do juiz;
>
> II – for proferida por juiz impedido ou por juízo absolutamente incompetente;
>
> III – resultar de dolo ou coação da parte vencedora em detrimento da parte vencida ou, ainda, de simulação ou colusão entre as partes, a fim de fraudar a lei;
>
> IV – ofender a coisa julgada;
>
> V – violar manifestamente norma jurídica;
>
> VI – for fundada em prova cuja falsidade tenha sido apurada em processo criminal ou venha a ser demonstrada na própria ação rescisória;
>
> VII – obtiver o autor, posteriormente ao trânsito em julgado, prova nova cuja existência ignorava ou de que não pôde fazer uso, capaz, por si só, de lhe assegurar pronunciamento favorável;
>
> VIII – for fundada em erro de fato verificável do exame dos autos.

---

(10) O cálculo do valor da causa está disposto nos arts. 2º e 3º da IN n. 31/2007 e deve ser fixado com base em três parâmetros:

  1º) quando os pedidos da ação originária forem julgados totalmente improcedentes, o valor da causa será o do processo originário;

  2º) quando os pedidos da ação originária forem julgados total ou parcialmente procedentes, o valor da causa será o valor da condenação: procedência (total ou parcial);

  3º) quando estiver em fase de execução, o valor será o apurado na liquidação.

  Ainda convém mencionar que existe um teto para o depósito prévio, este está limitado a 1.000 (mil) salários mínimos (art. 968, § 2º, do CPC/2015).

(11) *Op. cit.*, 2017, p. 1.709.

§ 1º Há erro de fato quando a decisão rescindenda admitir fato inexistente ou quando considerar inexistente fato efetivamente ocorrido, sendo indispensável, em ambos os casos, que o fato não represente ponto controvertido sobre o qual o juiz deveria ter se pronunciado.

§ 2º Nas hipóteses previstas nos incisos do *caput*, será rescindível a decisão transitada em julgado que, embora não seja de mérito, impeça:

I – nova propositura da demanda; ou

II – admissibilidade do recurso correspondente.

§ 3º A ação rescisória pode ter por objeto apenas 1 (um) capítulo da decisão.

§ 4º Os atos de disposição de direitos, praticados pelas partes ou por outros participantes do processo e homologados pelo juízo, bem como os atos homologatórios praticados no curso da execução, estão sujeitos à anulação, nos termos da lei.

§ 5º Cabe ação rescisória, com fundamento no inciso V do *caput* deste artigo, contra decisão baseada em enunciado de súmula ou acórdão proferido em julgamento de casos repetitivos que não tenha considerado a existência de distinção entre a questão discutida no processo e o padrão decisório que lhe deu fundamento.

§ 6º Quando a ação rescisória fundar-se na hipótese do § 5º deste artigo, caberá ao autor, sob pena de inépcia, demonstrar, fundamentadamente, tratar-se de situação particularizada por hipótese fática distinta ou de questão jurídica não examinada, a impor outra solução jurídica.

Passemos à análise de cada uma das hipóteses de cabimento da ação rescisória.

Inciso I: *"se verificar que foi proferida por força de prevaricação, concussão ou corrupção do juiz."*

Nesta situação, entende-se que os fatos supradescritos não precisam ter sido apurados no juízo criminal para que isso autorize a propositura da ação rescisória. Embora esses fatos sejam criminosos, nos termos dos arts. 319 (prevaricação)[12], 316 (concussão)[13] e 317 (corrupção)[14] do Código Penal Brasileiro (CPB), eles podem ser apurados no bojo da demanda, porém, quando forem apurados no juízo criminal, isso poderá interferir no resultado da demanda.

Neste sentido, na hipótese de o juiz ter sido condenado no juízo criminal pela prática de um desses crimes, a decisão ali proferida vinculará o juízo da rescisória; caso o magistrado tenha sido absolvido, tal decisão somente vinculará o juízo cível se o fundamento do julgado tiver sido a ausência do fato ou autoria. Se, por outro lado, a sentença absolutória tiver sido proferida por falta de provas ou em razão da extinção da punibilidade por prescrição, por exemplo, não haverá repercussão no processo civil.

Inciso II: *"for proferida por juiz impedido ou por juízo absolutamente incompetente."*

As hipóteses de impedimento e suspeição estão previstas em lei. Notemos que a suspeição (art. 145 do CPC/2015) não gera o direito ao ajuizamento de rescisória, por se tratar de vício subjetivo, do mesmo modo que a incompetência relativa também não autoriza o ajuizamento dessa ação. Assim temos que somente o impedimento, nos termos do art. 144 do CPC/2015, e a incompetência absoluta, que é aquela em razão da matéria, pessoa ou hierarquia, permitem o ajuizamento da rescisória.

Acerca do tema, a OJ n. 124 da SDI-2 do TST[15] dispensa a necessidade de prequestionamento quando se tratar de incompetência absoluta, para o ajuizamento da rescisória.

Inciso III: *"resultar de dolo ou coação da parte vencedora em detrimento da parte vencida ou, ainda, de simulação ou colusão entre as partes, a fim de fraudar a lei."*

A primeira parte deste inciso trata da conduta maliciosa de uma das partes, com o intuito de enganar a outra, viciando a sua manifestação de vontade.

A respeito do tema, dispõe a Súmula n. 403, I, do TST:

> SÚMULA N. 403 DO TST: AÇÃO RESCISÓRIA. DOLO DA PARTE VENCEDORA EM DETRIMENTO DA VENCIDA. ART. 485, III, DO CPC.

---

(12) Nos termos do art. 319 do CPB, pratica crime de prevaricação aquele que "[r]etardar ou deixar de praticar, indevidamente, ato de ofício, ou praticá-lo contra disposição expressa de lei, para satisfazer interesse ou sentimento pessoal (...)".

(13) Nos termos do art. 316 do CPB, pratica crime de concussão aquele que "[e]xigir, para si ou para outrem, direta ou indiretamente, ainda que fora da função ou antes de assumi-la, mas em razão dela, vantagem indevida (...)".

(14) Nos termos do art. 317, pratica crime de corrupção passiva quem "[s]olicitar ou receber, para si ou para outrem, direta ou indiretamente, ainda que fora da função ou antes de assumi-la, mas em razão dela, vantagem indevida, ou aceitar promessa de tal vantagem (...)".

(15) OJ N. 124 DA SDI-2 DO TST: AÇÃO RESCISÓRIA. ART. 966, INCISO II, DO CPC DE 2015. ART. 485, II, DO CPC DE 1973. ARGUIÇÃO DE INCOMPETÊNCIA ABSOLUTA. PREQUESTIONAMENTO INEXIGÍVEL. Na hipótese em que a ação rescisória tem como causa de rescindibilidade o inciso II do art. 966 do CPC de 2015 (inciso II do art. 485 do CPC de 1973), a arguição de incompetência absoluta prescinde de prequestionamento.

I – Não caracteriza dolo processual, previsto no art. 485, III, do CPC, o simples fato de a parte vencedora haver silenciado a respeito de fatos contrários a ela, porque o procedimento, por si só, não constitui ardil do qual resulte cerceamento de defesa e, em consequência, desvie o juiz de uma sentença não condizente com a verdade.

II – Se a decisão rescindenda é homologatória de acordo, não há parte vencedora ou vencida, razão pela qual não é possível a sua desconstituição calcada no inciso III do art. 485 do CPC (dolo da parte vencedora em detrimento da vencida), pois constitui fundamento de rescindibilidade que supõe solução jurisdicional para a lide.

A segunda parte trata sobre a colusão entre as partes, ou seja, do acordo fraudulento com o intuito de fraudar a lei. Nesta situação, estaremos diante de uma lide simulada, induzindo o magistrado a erro e prejudicando terceiros. Sobre o tema, acompanhemos o que dispõe a OJ n. 154 da SDI-02 do TST:

> OJ N. 154 DA SDI-02 do TST: AÇÃO RESCISÓRIA. ACORDO PRÉVIO AO AJUIZAMENTO DA RECLAMAÇÃO. QUITAÇÃO GERAL. LIDE SIMULADA. POSSIBILIDADE DE RESCISÃO DA SENTENÇA HOMOLOGATÓRIA DE ACORDO APENAS SE VERIFICADA A EXISTÊNCIA DE VÍCIO DE CONSENTIMENTO.
>
> A sentença homologatória de acordo prévio ao ajuizamento de reclamação trabalhista, no qual foi conferida quitação geral do extinto contrato, sujeita-se ao corte rescisório tão somente se verificada a existência de fraude ou vício de consentimento.

Inciso IV: *"ofender a coisa julgada."*

Este dispositivo refere-se ao novo ajuizamento de demanda já apreciada judicialmente. Neste caso, a legislação brasileira entende que deve haver a preservação da 1ª coisa julgada. Este é o posicionamento da Justiça do Trabalho. Acompanhe o enunciado da OJ n. 132 da SDI-2, do TST:

> AÇÃO RESCISÓRIA. ACORDO HOMOLOGADO. ALCANCE. OFENSA À COISA JULGADA. Acordo celebrado – homologado judicialmente – em que o empregado dá plena e ampla quitação, sem qualquer ressalva, alcança não só o objeto da inicial, como também todas as demais parcelas referentes ao extinto contrato de trabalho, violando a coisa julgada, a propositura de nova reclamação trabalhista.

Inciso V: *"violar manifestamente norma jurídica."*

A esse respeito, não se pode deixar de registrar a mudança ocorrida com o CPC/2015 em comparação com o diploma processual de 1973. Neste, quando se tratava do cabimento da ação rescisória, em seu art. 485, V, prescrevia que cabia esta ação impugnativa quando a decisão rescindenda *violasse literal disposição de lei*.

Ao regular atualmente a ação rescisória, encampando entendimentos, até jurisprudenciais, o legislador de 2015 modificou o seu dispositivo correspondente no código revogado, e passou a dispor, em seu art. 966, V, que cabe ação rescisória quando a decisão de mérito *violar manifestamente norma jurídica*.

Como se sabe, a lei é apenas espécie de norma jurídica, motivo pelo que a redação do código revogado (CPC/1973) era insuficiente, sendo necessário ampliar esta hipótese de cabimento, quando houvesse violação de qualquer fonte de norma jurídica aceita pelo ordenamento jurídico, o que engloba também os negócios jurídicos[16].

Relativamente a isso, vejamos precedente do STJ ainda da época do CPC/1973:

> A expressão 'violar literal disposição de lei', contida no inciso V do art. 485 do CPC, deve ser compreendida como violação do direito em tese, e abrange tanto o texto estrito do preceito legal, com a ideia de manutenção de integridade do ordenamento jurídico que não se consubstancie, numa determinada normal legal, mas que dela possa ser extraída, a exemplo dos princípios gerais do direito. (STJ, REsp 329.267/RS, Rel. Min. Nancy Andrighi, 3ª T., julgado em 26.08.2002.)

Dessa forma, é indubitável que os negócios jurídicos são fontes de norma jurídica, consoante se pode auferir, por exemplo, pelas palavras de Hans Kelsen[17], em seu livro clássico *Teoria Pura do Direito*: "Negócio jurídico é fonte de norma jurídica e, por isso mesmo, também compõe o ordenamento jurídico."

Logo, a partir do CPC/2015, é possível cogitar do ajuizamento de ação rescisória quando a decisão de mérito transitada em julgado violar manifestamente norma jurídica oriunda de negócio jurídico, a exemplo de convenção coletiva de trabalho ou acordo coletivo de trabalho.

Com isso, necessário atualizar e reformular a orientação contida na OJ n. 25 da SDI-2 do TST, cuja

---

(16) Vejamos o que diz Fredie Didier Jr.: "O art. 485, V, CPC/1973, permitia a rescisão no caso de violação *literal a lei*. A substituição do termo 'lei' pelo termo 'norma jurídica' era reclamada pela doutrina. No ponto andou bem o CPC-2015." (DIDIER JR., Fredie. *Curso de direito processual*. 14. ed. Salvador: JusPodivm, 2017.)

(17) KELSEN, Hans. *Teoria pura do direito*. Tradução de João Batista Machado. 6. ed. São Paulo: Martins Fontes, 2000. p. 284.

redação ainda alude ao antigo art. 485, V, do CPC/1973, o qual tratava apenas, repita-se, de cabimento de ação rescisória quando houvesse *manifesta violação à Lei*.

Vejamos:

> OJ N. 25 DA SDI-2 TST: AÇÃO RESCISÓRIA. REGÊNCIA PELO CPC DE 1973. EXPRESSÃO "LEI" DO ART. 485, V, DO CPC de 1973. NÃO INCLUSÃO DO ACT, CCT, PORTARIA, REGULAMENTO, SÚMULA E ORIENTAÇÃO JURISPRUDENCIAL DE TRIBUNAL. Não procede pedido de rescisão fundado no art. 485, V, do CPC de 1973 quando se aponta contrariedade à norma de convenção coletiva de trabalho, acordo coletivo de trabalho, portaria do Poder Executivo, regulamento de empresa e súmula ou orientação jurisprudencial de tribunal.

Fora isso, destaque-se que não cabe ação rescisória por invocação de ofensa aos princípios da legalidade, devido processo legal, contraditório e ampla defesa, caso apresentados de forma genérica, pois devem estar fundamentados nos dispositivos legais específicos da matéria debatida, que são passíveis de análise no pleito rescisório (OJ n. 97 da SDI-2 do TST).

A ação rescisória não deve ser utilizada como substitutivo de recurso ou como medida para reanalisar fatos e provas, como se extrai da Súmula n. 410 do TST: "A ação rescisória calcada em violação de lei não admite reexame de fatos e provas do processo que originou a decisão rescindenda."

Por fim, a jurisprudência do TST exige, como regra geral, pronunciamento explícito acerca da violação a disposição de lei, mas não necessariamente sobre o dispositivo legal supostamente violado, mas sim que o conteúdo da norma violada haja sido abordado (Súmula n. 298, itens I e II, do TST).

Inciso VI: *"for fundada em prova cuja falsidade tenha sido apurada em processo criminal ou venha a ser demonstrada na própria ação rescisória."*

A falsidade material[18] ou ideológica[19] demonstrada na própria ação, ou colhida em outro processo criminal, quando tiver influenciado no julgamento da lide, poderá dar ensejo ao ajuizamento de rescisória.

Inciso VII: *"obtiver o autor, posteriormente ao trânsito em julgado, prova nova cuja existência ignorava ou de que não pôde fazer uso, capaz, por si só, de lhe assegurar pronunciamento favorável."*

A existência de documento novo, capaz de alterar a decisão do processo, também é hipótese de cabimento de rescisória. Nesse caso, precisamos prestar atenção, pois documento novo é aquele que já existia à época da decisão rescindenda, ou seja, velho cronologicamente, mas que não pôde ser utilizado no processo, ou porque era desconhecido, ignorado, pela parte, ou porque estava desaparecido. Sobre o tema a Súmula n. 402 do TST dispõe:

> SÚMULA N. 402 DO TST: AÇÃO RESCISÓRIA. PROVA NOVA. DISSÍDIO COLETIVO. SENTENÇA NORMATIVA
>
> I – Sob a vigência do CPC de 2015 (art. 966, inciso VII), para efeito de ação rescisória, considera-se prova nova a cronologicamente velha, já existente ao tempo do trânsito em julgado da decisão rescindenda, mas ignorada pelo interessado ou de impossível utilização, à época, no processo.
>
> II – Não é prova nova apta a viabilizar a desconstituição de julgado:
>
> a) sentença normativa proferida ou transitada em julgado posteriormente à sentença rescindenda;
> b) sentença normativa preexistente à sentença rescindenda, mas não exibida no processo principal, em virtude de negligência da parte, quando podia e deveria louvar-se de documento já existente e não ignorado quando emitida a decisão rescindenda.

Inciso VIII: *"for fundada em erro de fato verificável do exame dos autos."*

Neste inciso, estamos diante daquela situação na qual a decisão a ser rescindida do magistrado reconhece inexistente fato que existe ou reconhece existente um fato que inexiste. Nos termos do § 1º, é indispensável que o fato não represente ponto controvertido sobre o qual o juiz deveria ter se pronunciado, pois, caso haja controvérsia sobre o ponto, não poderá ser ajuizada rescisória, porque caberá recurso desta decisão.

Acerca do conceito de erro de fato, o TST se posiciona na Orientação Jurisprudencial n. 136 de sua Seção de Dissídios Individuais II:

> AÇÃO RESCISÓRIA. ERRO DE FATO. CARACTERIZAÇÃO. A caracterização do erro de fato como

---

(18) Considera-se falsidade material o ato de "Falsificar, no todo ou em parte, atestado ou certidão, ou alterar o teor de certidão ou de atestado verdadeiro, para prova de fato ou circunstância que habilite alguém a obter cargo público, isenção de ônus ou de serviço de caráter público, ou qualquer outra vantagem (...)", nos termos do art. 301, § 1º, do CPB.

(19) Nos termos do art. 301, *caput*, do CPB, caracteriza-se a falsidade ideológica pelo ato de "[a]testar ou certificar falsamente, em razão de função pública, fato ou circunstância que habilite alguém a obter cargo público, isenção de ônus ou de serviço de caráter público, ou qualquer outra vantagem (...)".

causa de rescindibilidade de decisão judicial transitada em julgado supõe a afirmação categórica e indiscutida de um fato, na decisão rescindenda, que não corresponde à realidade dos autos. O fato afirmado pelo julgador, que pode ensejar ação rescisória calcada no inciso VIII do art. 966 do CPC de 2015 (inciso IX do art. 485 do CPC de 1973), é apenas aquele que se coloca como premissa fática indiscutida de um silogismo argumentativo, não aquele que se apresenta ao final desse mesmo silogismo, como conclusão decorrente das premissas que especificaram as provas oferecidas, para se concluir pela existência do fato. Esta última hipótese é afastada pelo § 1º do art. 966 do CPC de 2015 (§ 2º do art. 485 do CPC de 1973), ao exigir que não tenha havido controvérsia sobre o fato e pronunciamento judicial esmiuçando as provas.

Encerrando essa hipótese, observemos a advertência de Coqueijo Costa, para quem o vício "reporta-se à própria sentença, e não ao juiz, a quem não se requer seja o erro imputável"[20]. O que o autor quer, nesse caso, acentuar é que é a sentença que está viciada, de forma objetiva, não o juízo, pois seu erro a respeito dos fatos da causa somente tornaria a sentença injusta, mas não rescindível.

7. COMPETÊNCIA FUNCIONAL (HIERÁRQUICA) DA AÇÃO RESCISÓRIA

Trata-se de regra de competência absoluta e, portanto, imodificável. A ação rescisória é de competência originária dos Tribunais – no caso da Justiça do Trabalho: Tribunais Regionais e Tribunal Superior do Trabalho –, dependendo da decisão a ser rescindida, como veremos adiante.

Assim é que, segundo Carlos Henrique Bezerra Leite, jamais ocorrerá de uma ação rescisória ser julgada por juiz do trabalho ou por juiz investido de jurisdição trabalhista[21].

Por conseguinte, existem duas regras para esta competência originária: a 1ª regra, prevista no art. 678, I, *c*, da CLT, que estabelece que compete ao TRT apreciar a ação rescisória quando a decisão de mérito for de juiz do trabalho e do próprio TRT; e a 2ª regra estabelece a competência do TST, nos termos dos arts. 2º e 3º da Lei n. 7.701/1988, quando a decisão a ser desconstituída for do próprio TST. À vista disso, temos que cada tribunal é responsável por desconstituir os seus próprios julgados.

Ainda, sobre a competência dos Tribunais, temos a Súmula n. 192 do TST que estabelece que se houver um pronunciamento de mérito do TST, ainda que de forma precária, já será competência do TST; não havendo este pronunciamento de mérito do TST, a competência será do TRT, ou seja, o que será rescindido será a última decisão de mérito.

8. ASPECTOS PROCEDIMENTAIS

1) Petição Inicial: Nos termos do art. 968 do CPC/2015, a petição inicial será elaborada com observância dos requisitos essenciais do art. 319 do CPC/2015.

Em regra, deverão ser feitos dois pedidos cumulativos na ação rescisória: o 1º direcionado ao juízo rescindente (*iudicium rescindens*), que é o pedido de rescisão da coisa julgada material; e o 2º direcionado ao juízo rescisório (*iudicium rescissorium*), que é o pedido de novo julgamento da causa pelo Tribunal.

Além disso, na petição inicial da ação rescisória, o autor deverá se pronunciar explicitamente sobre a violação ao dispositivo de lei que está sendo questionado. Nesse sentido, a Súmula n. 298 do TST:

> SÚMULA N. 298 DO TST: AÇÃO RESCISÓRIA. VIOLAÇÃO A DISPOSIÇÃO DE LEI. PRONUNCIAMENTO EXPLÍCITO.
>
> I – A conclusão acerca da ocorrência de violação literal a disposição de lei pressupõe pronunciamento explícito, na sentença rescindenda, sobre a matéria veiculada.
>
> II – O pronunciamento explícito exigido em ação rescisória diz respeito à matéria e ao enfoque específico da tese debatida na ação, e não, necessariamente, ao dispositivo legal tido por violado. Basta que o conteúdo da norma reputada violada haja sido abordado na decisão rescindenda para que se considere preenchido o pressuposto.
>
> III – Para efeito de ação rescisória, considera-se pronunciada explicitamente a matéria tratada na sentença quando, examinando remessa de ofício, o Tribunal simplesmente a confirma.
>
> IV – A sentença meramente homologatória, que silencia sobre os motivos de convencimento do juiz, não se mostra rescindível, por ausência de pronunciamento explícito.
>
> V – Não é absoluta a exigência de pronunciamento explícito na ação rescisória, ainda que esta tenha

---

(20) COSTA, Coqueijo. *Ação rescisória*. 7. ed. rev. e atual. por Gustavo Lanat Pedreira Cerqueira. São Paulo: LTr, 2002. p. 108.
(21) *Op. cit.*, 2017, p. 1.704.

por fundamento violação de dispositivo de lei. Assim, prescindível o pronunciamento explícito quando o vício nasce no próprio julgamento, como se dá com a sentença *extra, citra* e *ultra petita*.

Também deverá indicar o preceito legal tido por violado, nos termos da Súmula n. 408 do TST:

> SÚMULA N. 408 DO TST: AÇÃO RESCISÓRIA. PETIÇÃO INICIAL. CAUSA DE PEDIR. AUSÊNCIA DE CAPITULAÇÃO OU CAPITULAÇÃO ERRÔNEA NO ART. 966 DO CPC DE 2015. ART. 485 DO CPC DE 1973. PRINCÍPIO *IURA NOVIT CURIA*
>
> Não padece de inépcia a petição inicial de ação rescisória apenas porque omite a subsunção do fundamento de rescindibilidade no art. 966 do CPC de 2015 (art. 485 do CPC de 1973) ou o capitula erroneamente em um de seus incisos. Contanto que não se afaste dos fatos e fundamentos invocados como causa de pedir, ao Tribunal é lícito emprestar-lhes a adequada qualificação jurídica (*iura novit curia*). No entanto, fundando-se a ação rescisória no art. 966, inciso V, do CPC de 2015 (art. 485, inciso V, do CPC de 1973), é indispensável expressa indicação, na petição inicial da ação rescisória, da norma jurídica manifestamente violada (dispositivo legal violado sob o CPC de 1973), por se tratar de causa de pedir da rescisória, não se aplicando, no caso, o princípio *iura novit curia*.

Ademais, o autor deverá fazer o depósito prévio correspondente a 20% do valor da causa, salvo comprovação da miserabilidade do autor, nos termos do art. 836 da CLT, como discutimos anteriormente, neste texto.

2) Citação do réu: Estando a petição inicial adequada, o relator ordenará a citação do réu para apresentar resposta, nos termos do art. 970 do CPC/2015.

3) Defesa do réu: Será designado prazo não inferior a 15 (quinze) nem superior a 30 (trinta) dias para que o réu apresente a sua contestação. Esse prazo terá início com o recebimento da citação, nos termos do art. 774 da CLT/1943[22].

No que tange a essa defesa, convém mencionar o disposto na Súmula n. 398 do TST que dispõe que não há produção dos efeitos da revelia no bojo da ação rescisória, ainda que haja ausência de defesa.

> SÚMULA N. 398 DO TST: AÇÃO RESCISÓRIA. AUSÊNCIA DE DEFESA. INAPLICÁVEIS OS EFEITOS DA REVELIA.

Na ação rescisória, o que se ataca é a decisão, ato oficial do estado, acobertado pelo manto da coisa julgada. Assim, e considerando que a coisa julgada envolve questão de ordem pública, a revelia não produz confissão na ação rescisória.

Desta forma, não serão presumidos verdadeiros os fatos narrados na exordial, pois a finalidade desta demanda é desconstituir decisão de mérito eivada de vício.

4) Produção probatória: Depois da apresentação de defesa, o relator determinará que provas devem ser produzidas na ação, e delegará, nos termos do art. 972 do CPC/2015, a juiz de 1ª instância a função de produzir tais provas, que podem ser documentais, periciais etc. Essas provas devem ser produzidas no prazo fixado pelo magistrado, que pode ser de 1 (um) a 3 (três) meses. Após a produção das provas, os autos serão devolvidos para julgamento.

5) Razões finais: O art. 973 do CPC/2015 estabelece que após concluída a instrução as partes serão intimadas para apresentar razões finais em prazo sucessivo de 10 (dez) dias. Em seguida, os autos serão conclusos para julgamento pelo órgão competente.

6) Julgamento: O julgamento da ação rescisória pode reconhecer a procedência do pedido, desconstituindo a decisão rescindenda e, se for o caso, proferindo um novo julgamento ou pode julgar o pedido inadmissível ou improcedente, situação na qual, se for por unanimidade, autorizará a reversão, em favor do réu, da importância do depósito prévio.

7) Recursos: Acerca dos recursos cabíveis para atacar a decisão proferida na ação rescisória, temos que, se o acórdão for proferido pelo TRT, caberá recurso ordinário para o TST, nos termos do art. 895, II, da CLT/1943. Porém, se o acórdão foi proferido no TST, serão cabíveis embargos ao TST, à luz da Lei n. 7.701/1988.

8) Rescisória de rescisória: A Súmula n. 400 do TST admite ação rescisória de ação rescisória, quando o vício apontado na 2ª rescisória estiver relacionado ao procedimento e julgamento da 1ª ação, não sendo possível rediscutir o vício da 1ª ação rescisória.

> SÚMULA N. 400 DO TST: AÇÃO RESCISÓRIA DE AÇÃO RESCISÓRIA. VIOLAÇÃO DE LEI. INDICAÇÃO DOS MESMOS DISPOSITIVOS LEGAIS APONTADOS NA RESCISÓRIA PRIMITIVA.

---

(22) Sobre o tema vide OJ n. 146 da SDI-2 do TST: AÇÃO RESCISÓRIA. INÍCIO DO PRAZO PARA APRESENTAÇÃO DA CONTESTAÇÃO. ART. 774 DA CLT. "A contestação apresentada em sede de ação rescisória obedece à regra relativa à contagem de prazo constante do art. 774 da CLT, sendo inaplicável o art. 241 do CPC."

Em se tratando de rescisória de rescisória, o vício apontado deve nascer na decisão rescindenda, não se admitindo a rediscussão do acerto do julgamento da rescisória anterior. Assim, não se admite rescisória calcada no inciso V do art. 485 do CPC para discussão, por má aplicação dos mesmos dispositivos de lei, tidos por violados na rescisória anterior, bem como para arguição de questões inerentes à ação rescisória primitiva.

9. HONORÁRIOS ADVOCATÍCIOS

Nos termos do inciso II da Súmula n. 219 do TST, é cabível a condenação ao pagamento de honorários advocatícios pela mera sucumbência em ação rescisória no processo do trabalho.

10. PRAZO

O art. 975 do CPC/2015 estabelece que o prazo para a propositura da ação rescisória é decadencial de 2 (dois) anos contados do dia imediatamente subsequente ao trânsito em julgado da última decisão proferida na causa, seja de mérito ou não, nos termos do inciso I da Súmula n. 100, do TST[23].

Este prazo, por ser decadencial não sofre suspensão nem interrupção, porém, quando o seu término coincidir com feriados, finais de semana ou dia em que não tenha expediente forense ou férias forenses, será prorrogado para o primeiro dia útil subsequente, nos termos do inciso IX da Súmula n. 100 do TST.

Já o inciso II da mesma súmula estabelece que se houver recurso parcial, estaremos diante do "trânsito em julgado progressivo", que contará de cada decisão de mérito proferida.

11. CONCLUSÃO

A preservação da segurança jurídica e da coisa julgada é uma preocupação dentro do ordenamento jurídico brasileiro. Ainda assim, é necessário que esses institutos estejam em consonância com os ditames da justiça, pois, quando temos uma decisão eivada de vícios, essa não deve ser protegida pelo direito.

Isso justifica a ação rescisória que, como vimos, deve ser, primeiro, entendida como uma ação a ser manejada somente em circunstâncias excepcionais e, segundo, a partir de parâmetros rígidos, que conciliam essas duas ideias: a excepcionalidade, mas a necessidade – racional e finita – de seu uso, quando isso for necessário.

12. REFERÊNCIAS

BARBOSA MOREIRA, José Carlos. *Comentários ao Código de Processo Civil*. 12. ed. Rio de Janeiro: Forense, 2005. v. V.

COSTA, Coqueijo. *Ação rescisória*. 7. ed. rev. e atual. por Gustavo Lanat Pedreira Cerqueira. São Paulo: LTr, 2002.

DIDIER JR., Fredie. *Curso de direito processual civil*. 14. ed. Salvador: JusPodivm, 2017.

KELSEN, Hans. *Teoria pura do direito*. Tradução de João Batista Machado. 6. ed. São Paulo: Martins Fontes, 2000.

LEITE, Carlos Henrique Bezerra. *Curso de direito processual do trabalho*. 15. ed. São Paulo: Saraiva, 2017.

NERY JUNIOR, Nelson; ANDRADE NERY, Rosa Maria de. *Código de Processo Civil comentado*. 16. ed. São Paulo: RT, 2016.

SCHIAVI, Mauro. *Manual de direito processual do trabalho*. 11. ed. São Paulo: LTr, 2016.

TEIXEIRA FILHO, Manoel Antonio. *Ação rescisória no processo do trabalho*. 4. ed. São Paulo: LTr, 2005.

---

(23) SÚMULA N. 100 DO TST: AÇÃO RESCISÓRIA. DECADÊNCIA. I – O prazo de decadência, na ação rescisória, conta-se do dia imediatamente subsequente ao trânsito em julgado da última decisão proferida na causa, seja de mérito ou não; II – Havendo recurso parcial no processo principal, o trânsito em julgado dá-se em momentos e em tribunais diferentes, contando-se o prazo decadencial para a ação rescisória do trânsito em julgado de cada decisão, salvo se o recurso tratar de preliminar ou prejudicial que possa tornar insubsistente a decisão recorrida, hipótese em que flui a decadência a partir do trânsito em julgado da decisão que julgar o recurso parcial; III – Salvo se houver dúvida razoável, a interposição de recurso intempestivo ou a interposição de recurso incabível não protrai o termo inicial do prazo decadencial; IV – O juízo rescindente não está adstrito à certidão de trânsito em julgado juntada com a ação rescisória, podendo formar sua convicção através de outros elementos dos autos quanto à antecipação ou postergação do *dies a quo* do prazo decadencial; V – O acordo homologado judicialmente tem força de decisão irrecorrível, na forma do art. 831 da CLT. Assim sendo, o termo conciliatório transita em julgado na data da sua homologação judicial; VI – Na hipótese de colusão das partes, o prazo decadencial da ação rescisória somente começa a fluir para o Ministério Público, que não interveio no processo principal, a partir do momento em que tem ciência da fraude; VII – Não ofende o princípio do duplo grau de jurisdição a decisão do TST que, após afastar a decadência em sede de recurso ordinário, aprecia desde logo a lide, se a causa versar questão exclusivamente de direito e estiver em condições de imediato julgamento; VIII – A exceção de incompetência, ainda que oposta no prazo recursal, sem ter sido aviado o recurso próprio, não tem o condão de afastar a consumação da coisa julgada e, assim, postergar o termo inicial do prazo decadencial para a ação rescisória; IX – Prorroga-se até o primeiro dia útil, imediatamente subsequente, o prazo decadencial para ajuizamento de ação rescisória quando expira em férias forenses, feriados, finais de semana ou em dia em que não houver expediente forense. Aplicação do art. 775 da CLT; X – Conta-se o prazo decadencial da ação rescisória, após o decurso do prazo legal previsto para a interposição do recurso extraordinário, apenas quando esgotadas todas as vias recursais ordinárias.

Sites consultados

BRASIL. *Consolidação das Leis Trabalhistas*. Decreto-lei n. 5.452, de 1º de maio de 1943. Disponível em: <http://www.planalto.gov.br/ccivil_03/decreto-lei/del5452.htm>. Acesso em: 21 abr. 2018.

_____. *Código Penal Brasileiro*. Decreto-lei n. 2.848, de 7 de dezembro de 1940. Disponível em: <http://www.planalto.gov.br/ccivil_03/decreto-lei/Del2848compilado.htm>. Acesso em: 26 abr. 2018.

_____. *Código de Processo Civil*. Lei n. 13.105, de 16 de março de 2015. Disponível em: <http://www.planalto.gov.br/ccivil_03/_ato2015-2018/2015/lei/l13105.htm>. Acesso em: 26 abr. 2018.

_____. *Constituição da República Federativa Brasileira de 1988*. Disponível em: <https://www.planalto.gov.br/ccivil_03/Constituicao/Constituicao.htm>. Acesso em: 21 abr. 2018.

_____. *Tribunal Superior do Trabalho*. Disponível em: <http://www.tst.jus.br>. Acesso em: 23 abr. 2018.

29.
Métodos de Solução de Conflitos Individuais e Coletivos Extrajudiciais

Vólia Bomfim Cassar[1]

De acordo com o CNJ[2], o Poder Judiciário finalizou o ano de 2016 com 79,7 milhões de processos em tramitação aguardando alguma solução definitiva. Durante o ano de 2016, ingressaram 29,4 milhões de processos e foram baixados 29,4 milhões. Um crescimento em relação ao ano anterior na ordem de 5,6% e 2,7%, respectivamente. O estoque de processos cresceu em 2,7 milhões, ou seja, em 3,6%, e chegou ao final do ano de 2016 com 79,7 milhões de processos em tramitação aguardando alguma solução definitiva. A Justiça do Trabalho recebeu 4.262.444 novos processos em 2016 e julgou no mesmo ano 4.320.162 processos, mas ainda pendem de julgamentos cerca de 5.394.420. Diante destes assustadores números de processos judiciais, conclui-se pela natural litigiosidade do brasileiro e a necessidade urgente de soluções.

Portanto, a busca por meios alternativos extrajudiciais para resolver conflitos individuais e coletivos é a solução para um resultado mais rápido e eficaz de justiça, além de ajudar a desobstruir o Judiciário[3].

Neste sentido, a negociação, a conciliação, a mediação e a arbitragem se apresentam como mecanismos eficazes para solução de conflitos. Tais alternativas são espécies do gênero de autocomposição e heterocomposição, dependendo da corrente.

1. CLASSIFICAÇÃO

A seguir, apontaremos as muitas correntes acerca da classificação das formas de solução de conflitos.

Raimundo Simão[4], Amauri Mascaro Nascimento[5], Francisco Ferreira Neto[6], entre outros[7]-[8], acreditam que há apenas três formas de solução dos conflitos individuais e coletivos, adiante apontados:

a) Autodefesa

As formas de autodefesa seriam: a greve, o *lockout*, a boicotagem, a sabotagem, os piquetes obstativos e a legítima defesa, pois com estas medidas a parte tenta impor, pela força, seu ponto de vista, sua reivindicação.

Todavia, segundo parte da doutrina, tais manifestações não se caracterizam propriamente em formas de solução de conflito e sim de criação e demonstração de insatisfação. São instrumentos de pressão e "barganha para se obter um acordo favorável aos próprios interesses"[9].

---

(1) Doutora em Direito e Economia pela UGF. Mestre em Direito Público pela UNESA. Pós-graduada em Processo Civil e Processo do Trabalho pela UGF. Pós-graduada em Direito do Trabalho pela UGF. Desembargadora do TRT da 1ª Região. Coordenadora da pós-graduação do LFG. Professora e autora.

(2) Disponível em: <http://www.cnj.jus.br/files/conteudo/arquivo/2017/12/b60a659e5d5cb79337945c1dd137496c.pdf>. Acesso em: 5 maio 2018.

(3) O tempo médio de um processo na Justiça do Trabalho, incluindo a execução, é de cerca de 4 anos.

(4) *Apud* GANDRA FILHO, Ives. *Processo coletivo do trabalho.* 2. ed. São Paulo: LTr, 1996. p. 24.

(5) NASCIMENTO, Amauri Mascaro. *Direito sindical.* 2. ed. São Paulo: Saraiva, 1991. p. 8.

(6) JORGE NETO, Francisco Ferreira. *Manual de direito do trabalho.* Rio de Janeiro: Lumen Juris, 2013. p. 1.553.

(7) ARAÚJO CINTRA, Antônio Carlos de et al. *Teoria geral do processo.* 18. ed. São Paulo: Malheiros, 2002. p. 20.

(8) Amauri Mascaro Nascimento entende que os conflitos coletivos de trabalho só podem ser resolvidos por duas formas: autocomposição ou heterocomposição. Logo, não inclui a autodefesa e autotutela como formas de solução dos conflitos. (NASCIMENTO, Amauri Mascaro. *Iniciação ao direito do trabalho.* 27. ed. São Paulo: LTr, 2001. p. 536.)

(9) GANDRA FILHO, Ives. *Processo coletivo do trabalho.* 2. ed. São Paulo: LTr, 1996. p. 24.

b) Autocomposição

Forma de composição voluntária, em que as partes fazem concessões recíprocas, mesmo que sob a intervenção de um terceiro (negociação, conciliação ou mediação).

c) Heterocomposição

É a solução obtida pela imposição de terceiro estranho à relação (arbitragem ou decisão judicial).

Autodefesa ou Autotutela

Nas fases primitivas da civilização[10], a autotutela se dava quando aquele que pretendia alguma coisa de outrem o impedia de obtê-la e, para tanto, utilizava da sua própria força e, por si mesmo, obtinha a satisfação de sua pretensão. Este mecanismo de defesa demonstrava que vencia o mais forte e ousado, mas não tinha critérios de justiça. Por isso, são traços característicos da autotutela: a) a ausência de juiz distinto das partes; b) imposição da decisão por uma das partes à outra.

Diversos autores trabalhistas[11]-[12]-[13]-[14]-[15] apontam como exemplos da autodefesa ou autotutela a greve, o *lockout*, a boicotagem, a sabotagem, a legítima defesa, o *picketing* e todos os demais meios com uso de força, sejam legais ou ilegais, para pressão do adversário ou da classe oposta, em busca dos interesses do grupo.

Sabotagem é a destruição ou deterioração sorrateira dos produtos, das mercadorias, das matérias-primas ou dos instrumentos de trabalho. Pode vir juntamente com a greve ou não. É muito utilizada nos dias atuais na prática de retardamento do trabalho, sendo a forma mais usual através da "greve tartaruga" ou "fazer cera". Dependendo do ato praticado pode ser caracterizado como crime contra o patrimônio do empregador.

O *picketing* consiste na prática de alguns grevistas de impedir que outros trabalhadores assumam seus postos de trabalho no dia de greve, isto é, visam impedir a ação dos trabalhadores que tentam "furar" a greve. É considerado recurso antissocial, pois a ninguém é dado o direito de impedir outro de ir e vir, logo, o piquete obstativo é proibido e pode ensejar a aplicação da justa causa.

Boicotagem é o ato de difamação de uma pessoa para impedir que outras celebrem contrato ou estabeleçam relações com ela. Também considerada como recurso antissocial, estando sujeita às penalidades legais criminais.

Greve é a suspensão total ou parcial de trabalho, de forma pacífica e temporária, com a finalidade de reivindicar melhoria de condições de trabalho, competindo aos trabalhadores a decisão dos interesses que por meio da greve devem defender. Deve respeitar os procedimentos legais – Lei n. 7.783/1989. A greve é um direito reconhecido constitucionalmente aos trabalhadores – art. 9º da CRFB.

Lockout é uma espécie de greve patronal. Consiste no fechamento da empresa para impedir o trabalho de seus empregados. Muitas vezes, a finalidade é a de inibir a reunião ou associação dos trabalhadores mal-intencionados, ou desejosos na greve. O *lockout* é proibido pela nossa legislação – art. 722 da CLT c/c art. 17 da Lei n. 7.783/1989.

Autocomposição

Quando as partes ou uma delas abre mão do interesse ou parte dele para chegarem a uma solução, estamos diante da autocomposição. São três as formas de autocomposição de direitos disponíveis: a) desistência (renúncia à pretensão); b) submissão (renúncia à resistência oferecida à pretensão); e c) transação (concessões recíprocas).

Segundo alguns autores[16], a autocomposição é forma parcial de solução dos conflitos, porque, segundo esta tese, não precisa de uma terceira pessoa, já que as próprias partes podem chegar à solução.

As formas de autocomposição dos conflitos individuais ou coletivos trabalhistas não é assunto pacificado na doutrina. A discórdia está no fato de que para alguns só há autocomposição quando as partes solucionam o conflito sem qualquer interferência ou interveniência de terceiro, apontando, assim, apenas a negociação, a convenção e o acordo coletivo como os únicos meios de autocomposição[17]-[18]. Outros incluem a conciliação

---

(10) ARAÚJO CINTRA, Antônio Carlos de et al. *Teoria geral do processo*. 18. ed. São Paulo: Malheiros, 2002. p. 21.
(11) CESARINO JUNIOR, Antonio Ferreira. *Direito social*. São Paulo: LTr, 1980. p. 567.
(12) NASCIMENTO, Amauri Mascaro. *Curso de direito do trabalho*. São Paulo: Saraiva, 2010. p. 793.
(13) MARTINS, Sergio Pinto. *Direito do trabalho*. São Paulo: Atlas, 2014. p. 687.
(14) MAGANO, Octavio Bueno. *Direito coletivo do trabalho*. São Paulo: LTr, 1993. v. 3, p. 180.
(15) DELGADO, Mauricio Godinho. *Curso de direito do trabalho*. São Paulo: LTr, 2012. p. 1.383.
(16) ARAÚJO CINTRA, Antônio Carlos de et al. *Teoria geral do processo*. 18. ed. São Paulo: Malheiros, 2002. p. 23.
(17) MARTINS, Sergio Pinto. Ob. cit., p. 688.
(18) JORGE NETO, Francisco Ferreira. *Manual de direito do trabalho*. Rio de Janeiro: Lumen Juris, 2003. p. 1.553.

e a mediação, mas não a arbitragem, porque nesta a solução é imposta por um terceiro e não decorre do consenso das partes[19]-[20]. Para os defensores desta tese, a autocomposição ocorre apenas quando o conflito é solucionado voluntariamente, mesmo que com a interferência de um terceiro. Por fim, há ainda aqueles que incluem toda forma de composição extrajudicial, como tipo de solução por autocomposição. Neste grupo estão: a convenção coletiva, o acordo coletivo, a negociação, a conciliação, a mediação e a arbitragem, pois mesmo que imposta, é forma de composição extrajudicial[21].

Heterocomposição

A heterocomposição[22] caracteriza-se pela intervenção de um terceiro na disputa entre dois ou mais sujeitos, podendo decidir a questão ou aconselhar as partes para que cheguem a uma solução.

De acordo com César Augusto de Castro Fiuza[23], as principais espécies de heterocomposição são: arbitragem, conciliação, mediação, negociação, facilitação, *fact-finding* e *mini-trial*.

Dinamarco[24] informa que os primitivos sistemas também adotavam a heterocomposição, porque as partes passaram a preferir soluções imparciais, proferidas por árbitros ou pessoas de confiança mútua. Como consequência, surge a arbitragem facultativa, escolhida pelas partes para solução do conflito. Passado algum tempo, o Estado passou a interferir nas relações entre particulares como forma de pacificar os conflitos sociais. O autor informa que no Direito romano as partes recorriam ao pretor e, depois, elegiam um árbitro de sua confiança, porque esta função era delegada pelo pretor. No período clássico, o Estado passa a nomear os árbitros criando a arbitragem obrigatória. Numa etapa posterior, o pretor passa a decidir as lides, dando início à jurisdição do Estado.

O conceito de heterocomposição por nós adotado não é unânime na doutrina trabalhista, pois é considerada por alguns[25]-[26] como forma de resolução de conflitos quando a solução é oriunda de um terceiro, seja porque as partes voluntariamente escolheram aceitar esta decisão (arbitragem), seja porque a solução foi imposta por determinação judicial (sentença coletiva). Por último, encontramos aqueles que encontram na heterocomposição apenas os meios de solução judiciais[27].

Ultrapassada a discussão acerca da classificação das formas de solução extrajudiciais, vamos estudar uma delas apenas, em face da limitação de espaço do presente artigo. Escolhemos a *arbitragem para as lides individuais*, pois é novidade trabalhista trazida pela Lei n. 13.467/2017 e as *diversas formas de solução de conflitos coletivos* porque muito utilizados na prática.

2. CONFLITOS INDIVIDUAIS TRABALHISTAS – SOLUÇÕES EXTRAJUDICIAIS

Arbitragem

De acordo com o art. 507-A da CLT:

> Art. 507-A. Nos contratos individuais de trabalho cuja remuneração seja superior a duas vezes o limite máximo estabelecido para os benefícios do Regime Geral de Previdência Social, poderá ser pactuada cláusula compromissória de arbitragem, desde que por iniciativa do empregado ou mediante a sua concordância expressa, nos termos previstos na Lei n. 9.307, de 23 de setembro de 1996. (Artigo incluído pela Lei n. 13.467/2017)

O art. 507 da CLT permitiu a pactuação pela cláusula compromissória de arbitragem, desde que seja de iniciativa do empregado ou mediante sua concordância expressa. Entendemos que a regra pode ser aplicada imediatamente, pois equivale à norma processual, inclusive para os contratos iniciados antes da Reforma Trabalhista, mediante termo aditivo, escrito, assinado pelo trabalhador. Para os admitidos após 11.11.2017, o

---

(19) Neste sentido, Raimundo Simão de Melo, apud GANDRA FILHO, Ives. Ob. cit., p. 24.
(20) NASCIMENTO, Amauri Mascaro. *Iniciação ao direito do trabalho*. 27. ed. São Paulo: LTr, 2001. p. 536.
(21) Neste sentido MAGANO, Octavio Bueno. Ob. cit., p. 214; GANDRA FILHO, Ives. Ob. cit., p. 25.
(22) FIUZA, César Augusto de Castro; SÁ, Maria de Fátima Freire de; DIAS, Ronaldo Brêtas C. *Temas atuais de direito processual civil*. Belo Horizonte: Del Rey, 2001. p. 92.
(23) *Ibidem*, p. 93-99.
(24) ARAÚJO CINTRA, Antonio Carlos de et al. *Teoria geral do processo*. 18. ed. São Paulo: Malheiros, 2002. p. 21-23.
(25) NASCIMENTO, Amauri Mascaro. *Curso de direito do trabalho*. São Paulo: Saraiva, 2010. p. 859.
(26) No mesmo sentido, Francisco Neto, que defende que a heterocomposição denota a solução dos conflitos através de um terceiro, incluindo nestes casos a mediação, a arbitragem e a sentença: JORGE NETO, Francisco Ferreira. *Manual de direito do trabalho*. Rio de Janeiro: Lumen Juris, 2013. p. 1.553.
(27) MAGANO, Octavio Bueno. *Direito coletivo do trabalho*. São Paulo: LTr, 1993. v. 3, p. 214.

pacto de arbitragem poderá ser feito na admissão ou a qualquer momento, desde que expressa e bilateral.

A arbitragem é tratada pela Lei n. 9.307/1996 para dirimir litígios relativos a direitos patrimoniais disponíveis entre pessoas capazes – art. 1º.

Os árbitros são escolhidos pelas partes, sempre em número ímpar (art. 13, § 1º, da Lei n. 9.307/1996), e fazem o papel de juiz de direito e de fato (art. 18).

As partes escolhem o tipo de arbitragem que desejam, isto é, se de direito ou de equidade (art. 2º, §§ 1º e 2º). Se de direito, podem, ainda, indicar quais regras serão aplicadas, desde que não violem os bons costumes e a ordem pública. É facultado às partes renunciar ou não aos recursos. Poderão firmar arbitragem de propostas finais ou mesmo a tradicional. E, ainda, será possível ajustar a arbitragem por equidade, fora dos parâmetros legais. Maiores considerações sobre arbitragem no item a seguir destinado às lides coletivas.

Como visto, de acordo com o § 1º do art. 1º da Lei n. 9.307/1996, a arbitragem só pode ser utilizada para dirimir conflitos cujos direitos sejam de natureza *patrimonial disponível*, o que não ocorre com a maioria das *lides individuais* trabalhistas, principalmente aquelas que também têm amparo constitucional.

Como regra geral, não pode o empregado, antes da admissão, no curso do contrato ou após seu término, renunciar ou transacionar seus direitos trabalhistas, seja de forma expressa ou tácita.

O impedimento tem como fundamento a natureza das normas trabalhistas, que são de ordem pública, cogentes, imperativas, logo, irrenunciáveis e intransacionáveis pelo empregado. O art. 9º da CLT declara como nulo todo ato que vise desvirtuar, impedir ou fraudar a aplicação dos direitos trabalhistas previstos na lei. Da mesma forma, o art. 468 da CLT, que considera nula toda alteração contratual que cause prejuízo ao trabalhador. Reforçando o entendimento, o art. 444 da CLT autoriza a criação de outros direitos pela vontade das partes, desde que não contrariem aqueles previstos na lei e nas normas coletivas.

Todavia, a matéria não é tão tranquila como parece, principalmente depois da Reforma Trabalhista trazida pela Lei n. 13.467/2017.

Inicialmente, convém traçar as distinções mais importantes entre a renúncia e a transação.

A *renúncia* é uma declaração unilateral de vontade que atinge direito certo e atual, cujo efeito é a extinção deste direito. Plácido e Silva[28] conceitua renúncia como:

> (...) designa o abandono ou a desistência do direito que se tem sobre alguma coisa. Nesta razão, a renúncia importa sempre num abandono ou numa desistência voluntária, pela qual o titular de um direito deixa de usá-lo ou anuncia que não o quer utilizar. A renúncia pode vir expressamente ou pode ser deduzida. Daí a renúncia expressa e a renúncia tácita. A expressa é a que, claramente, positivamente, é declarada ou firmada em ato pelo qual se declara ou se anuncia o abandono ou a desistência. A tácita é a deduzida ou a presumida, decorrendo da omissão, ou da inexecução do ato, dentro do prazo legal, que viria assegurar o direito.

Já a *transação* é bilateral e recai sobre direito duvidoso, e o seu efeito é a prevenção do litígio. Pressupõe concessões recíprocas. Em ambos os casos, o objeto da renúncia ou da transação deve ser direito *patrimonial disponível*, na forma do art. 841 do Código Civil.

De acordo com o Vocabulário Jurídico,[29] transação:

> (...) é a convenção em que, mediante concessões recíprocas, duas ou mais pessoas ajustam certas cláusulas e condições para que previnam litígio, que se pode suscitar entre elas ou ponham fim a litígio já suscitado.

O objeto da renúncia e da transação são os *direitos patrimoniais trabalhistas de caráter privado*, seja antes da contratação, durante o contrato ou após a sua extinção. Portanto, é necessário traçar as diferenças entre os direitos patrimoniais de caráter privado e os direitos de caráter público, ou seja, os direitos disponíveis e os indisponíveis e, a partir de então, prosseguir no raciocínio.

Patrimoniais são os direitos suscetíveis de serem avaliados em dinheiro, isto é, aqueles em que é possível se atribuir valoração econômica, expressão monetária. *Indisponíveis* são os direitos que são controlados pelo Estado com maior ou menor intensidade, por protegerem interesses públicos. Não derivam da autonomia da vontade da parte e sim de imposição legal feita através de normas cogentes, impostas pelo Estado para tutelar

---

(28) SILVA, De Plácido e. *Vocabulário jurídico*. 23. ed. Atualizado por Nagib Slaibi Filho e Gláucia Carvalho. Rio de Janeiro: Forense, 2003. p. 1.201.

(29) *Ibidem*, p. 1.421.

algum interesse social. *Disponíveis* são os direitos cujos interesses são particulares, suscetíveis de circulabilidade.

A concepção liberal dos direitos trabalhistas, que partia da separação radical entre o Estado e a sociedade civil, entre o direito público e o direito privado, quando se percebia uma postura inerte do Estado diante dos problemas sociais, foi superada pela concepção do trabalhador como pessoa hipossuficiente, merecedora da proteção do Estado. A revalorização do trabalho subordinado toma contornos com a Constituição mexicana de 1917, Constituição de Weimar de 1919, criação da OIT e com a Declaração Universal dos Direitos do Homem (1948), hoje espelhada na nossa Carta de 1988. Ao consagrar os direitos fundamentais da pessoa, os textos constitucionais assumem conscientemente um sistema de valores, cujo maior fundamento é a dignidade da pessoa humana. A fixação, em sede constitucional, dos direitos trabalhistas, de valores éticos e de princípios protetores e democráticos, todos com força normativa, limitou ainda mais a liberdade contratual e os poderes patronais.

A constitucionalização do Direito do Trabalho tornou mais intenso o caráter de indisponibilidade dos direitos trabalhistas em face da irradiação da *eficácia horizontal* dos direitos fundamentais ali preconizados. Daí a ideia de que os direitos trabalhistas são fundamentais e, como tal, se impõem aos cidadãos em suas relações interpessoais e interprivadas, constituindo-se em limite à autonomia da vontade de negociar. Sendo assim, não podem ser negociados, transacionados ou renunciados, salvo quando a lei expressamente autorizar.

Não foi por outro motivo que a CLT, apesar de editada em 1943, já previa a nulidade de todo e qualquer ato que objetivasse fraudar ou burlar direitos trabalhistas nela previstos – arts. 9º, 444 e 468 da CLT.

Desta forma, é forçoso concluir que todos os direitos trabalhistas previstos na lei são indisponíveis (ou deveriam ser), imperativos, e só poderão ser disponibilizados quando a lei assim autorizar.

Da mesma forma, se posiciona a doutrina majoritária[30], quanto à transação ou à renúncia, de forma antecipada ou no curso do contrato de trabalho. Todavia, este entendimento não é pacífico, porque a Lei n. 13.467/2017 trouxe várias exceções.

Diferentes são aqueles direitos criados através do contrato de trabalho, regulamento interno de empresa, convenção ou acordo coletivo, isto é, de forma autônoma e privada, em que impera a vontade dos contratantes. Embora estes direitos privados sejam aqueles concedidos acima do patamar mínimo da lei, a CLT também impõe limites à sua alteração, quando isso representar em prejuízo ao empregado (art. 478 da CLT).

Portanto, quando o direito criado pelo ajuste entre as partes, isto é, um direito *privado*, a transação será possível, desde que não cause prejuízo direto ou indireto ao trabalhador. O mesmo não se pode dizer quanto à renúncia, que será sempre nula, porque causará prejuízo ao empregado.

No Direito do Trabalho, existem normas imperativas, que são indisponíveis pelas partes, mas que não impedem a vontade privada de criação de outras normas de disponibilidade. Todavia, a lei cerca o trabalhador de garantias para assegurar a não ocorrência de atos que lhe causem prejuízo – art. 468 da CLT. Este foi o mecanismo de defesa da lei para proteção da política social adotada pelo Estado.

A Lei n. 13.467/2017 incluiu na CLT dois artigos que tornam alguns dos *direitos trabalhistas destes trabalhadores disponíveis*: a) empregado portador de diploma de curso superior que receba igual ou mais que duas vezes o teto da Previdência pode negociar livremente com o patrão os mesmos direitos que aqueles previstos no art. 611-A da CLT, sendo possível, inclusive, a renúncia às normas coletivas – art. 444, parágrafo único, da CLT; b) empregado, portador ou não de diploma que perceba mais que duas vezes o teto da Previdência pode submeter eventual lide trabalhista ao juízo arbitral, excluindo da Justiça do Trabalho a apreciação da questão – art. 507-A da CLT.

Ora, a liberdade na autonomia da vontade do contratante é o fio condutor de todo o ajuste, inclusive o de arbitragem. Entretanto, essa liberdade é duvidosa na relação de emprego, em face da constante vulnerabilidade do trabalhador, mesmo que este perceba mais que o teto fixado no artigo. Permitir que o empregado que percebe mais que o teto possa ajustar com o empregador a cláusula compromissória[31], na admissão ou durante o contrato, é fechar os olhos para o medo do desemprego

---

(30) LACERDA, Dorval de. *A renúncia no Direito do Trabalho*. São Paulo: Max Limonad, p. 132. SÜSSEKIND, Arnaldo; MARANHÃO, Délio; VIANNA, Segadas; TEIXEIRA, Lima. *Instituições de direito do trabalho*. 18. ed. São Paulo: LTr, 1999. v. 1, p. 222. MARANHÃO, Délio. *Direito do trabalho*. Rio de Janeiro: FGV, 1987. p. 26. DELGADO, Mauricio Godinho. *Curso de direito do trabalho*. São Paulo: LTr, 2002. p. 212. BARROS, Alice Monteiro de. *Curso de direito do trabalho*. São Paulo: LTr, 2005. p. 180. RODRIGUEZ, Américo Plá. *Princípios de direito do trabalho*. São Paulo: LTr, 1978. p. 73-96.

(31) Maiores considerações sobre o instituto da Arbitragem e da cláusula compromissória no item a seguir acerca das soluções alternativas extrajudiciais de lides coletivas.

que qualquer trabalhador tem, inclusive os altos empregados, que facilmente se submeterão às cláusulas impostas pelo patrão como mero contrato de adesão. Aliás, o art. 190 do CPC autoriza o juiz a controlar a validade das convenções das partes quando houver inserção abusiva de cláusula de autocomposição ou quando a parte se encontrar em situação de vulnerabilidade.

Entretanto, a lei supera os argumentos supra e autoriza a arbitragem que, uma vez ajustada, exclui a lide da apreciação do Judiciário.

O art. 507-A da CLT tornou disponível todos os direitos trabalhistas dos empregados que recebem mais que duas vezes o teto da Previdência ao autorizar que a eventual lide decorrente desse contrato de emprego possa ser resolvida pela arbitragem.

O legislador partiu da premissa de que os empregados que percebem mais que duas vezes o teto da Previdência são hipersuficientes, pois tanto o empregado precisa do emprego como o patrão de seu serviço. Em pesquisa, o Legislativo aponta que apenas 2% dos empregados recebem este ou valor maior que o teto apontado no artigo. A intenção foi tornar disponíveis os direitos trabalhistas, podendo a lide ser apreciada pelo árbitro.

3. CONFLITOS COLETIVOS TRABALHISTAS – SOLUÇÕES EXTRAJUDICIAIS

As relações de trabalho, individualmente consideradas, são reguladas pelo direito objetivo, pela lei. O Estado impõe as regras mínimas contratuais, limitando a autonomia das partes e protegendo o mínimo existencial ao trabalhador. Na medida em que o processo econômico, no interior do qual se desenvolvem estas relações, é um fenômeno coletivo, comunitário, o modelo de relação de trabalho que melhor harmonize com o processo econômico tende a ser generalizado. Daí por que as relações de trabalho sempre podem ser consideradas tanto a partir de um plano individual e concreto, dos contratantes reais, em torno de um objeto específico e mediante condições empiricamente constatáveis, quanto de um plano coletivo, abstrato, resultante de uma atitude intelectual de generalização dos aspectos recorrentes nas relações individuais.

O Direito Coletivo é a parte do Direito do Trabalho que trata coletivamente dos conflitos do trabalho e das formas de solução desses mesmos conflitos. Trata da organização sindical e da forma de representação coletiva dos interesses da classe profissional e econômica. Sua maior finalidade é a pacificação de conflitos coletivos, a paz social.

Desta forma, o Estado impõe por lei as regras mínimas para regular os contratos de trabalho e delega aos sindicatos o poder de criar normas específicas para a categoria, complementando a legislação. Por isso, a maior matéria-prima do direito coletivo são os direitos privados, criados pelas partes e, excepcionalmente, o direito coletivo será utilizado para flexibilizar, relativizar, reduzir direitos legais.

Em seguida, analisaremos as diversas formas para resolver extrajudicialmente os conflitos coletivos.

Negociação coletiva do trabalho
Conceito e características

Negociação é a forma primária de um interessado obter daquele que tem interesse contraposto uma solução que atenda aos dois. As partes buscam aproximar seus entendimentos, discutindo e rediscutindo o assunto, sempre com a finalidade de resolver as questões.

"A negociação é, portanto, o conjunto de técnicas que leva as partes a uma solução pacífica, normalmente transacionada"[32], como assevera César Augusto de Castro Fiuza.

Os grupos sociais quando entram em negociação coletiva demonstram desenvolvimento e maturidade nas formas de composição de litígios, pois reduz a participação do Estado nas lides. A negociação coletiva é base de formação do Direito do Trabalho, pois se caracteriza como atividade típica de toda estrutura deste ramo do direito.

Nas palavras de Amauri Mascaro Nascimento[33]:

> Sua presença é inconteste, tanto no tempo, desde os primórdios da formação juslaboral, como no espaço, independentemente da estrutura política ou ideológica em que se desenvolve.
>
> O que muda é apenas o grau de desenvolvimento da negociação coletiva, mais evoluída nos sistemas políticos liberais e menos praticada nos sistemas jurídico-políticos centralizados pelo Estado, nos quais maior é a regulamentação estatal das condições de trabalho.

Caracteriza-se como fonte de elaboração de normas positivadas, portanto, como fonte material, as negocia-

---

(32) FIUZA, César Augusto de Castro; SÁ, Maria de Fátima Freire de; DIAS, Ronaldo Brêtas C. (Coord.). *Temas atuais de Direito Processual Civil*. Belo Horizonte: Del Rey, 2001. p. 97.

(33) NASCIMENTO, Amauri Mascaro. *Iniciação ao direito do trabalho*. 27. ed. São Paulo: LTr, 2011. p. 539.

ções coletivas têm como função a criação, modificação ou supressão de condições de trabalho, isto é, sua função é normativa ou flexibilizadora. Além disso, se destina à composição de conflitos, logo, também tem função pacificadora, servindo de importante instrumento de redução das demandas judiciais e estabilidade social. Não se está negando com isso o caráter obrigacional das normas resultantes da negociação coletiva, mas tão somente apontando as funções jurídicas mais importantes.

Acrescente-se, ainda, a estas funções jurídicas outras que também são encontradas na negociação coletiva, entre as quais, a função política, a econômica e a social.

Função política porque é forma de diálogo entre grupos com interesses antagônicos, capazes de desequilibrar a estrutura política em que o Estado se desenvolve. O Estado tem interesse que a luta de classes se resolva pacificamente e com isso valoriza as ações destes interlocutores sociais quando espontaneamente resolvem o conflito.

Cumpre função econômica, pois através das normas são distribuídas riquezas que ordenam a economia. Pode também ter caráter de concessões quando há necessidade de adaptação do quadro social da empresa à realidade socioeconômica do país, reduzindo custos operacionais e funcionais para sua sobrevivência (redução de salário – flexibilização).

A função social da negociação está caracterizada pela participação dos trabalhadores nas decisões empresariais, seja para a harmonia do ambiente social de trabalho, seja para a criação de novas e boas condições de trabalho, o que resolve inúmeras questões sociais.

A negociação coletiva tem efeito equilibrador, por isso, é elástica e flexível, ora pode tender para proteção do direito dos trabalhadores, ora para a proteção da saúde da empresa. Enquanto a lei engessa por ser rígida e inflexível, a negociação coletiva prima pela adequação de interesses, sempre levando em conta o momento que se está apresentando a problemática, a localidade, as bases e diretrizes, assim como a condição econômica dos partícipes desta barganha.

Existem diferentes teorias e técnicas de negociação que poderiam ser utilizadas de forma mais eficiente e atingir os anseios das partes na maioria dos casos; todavia, ainda há pouco interesse na matéria.

Entrementes, há algumas recomendações na seara trabalhista.

A CLT tentou desenhar e traçar procedimentos prévios para resolução dos impasses, sistematizando alguns atos: arts. 612, 616, 616, § 1º, 613, 614 e 614, § 1º. Todos estes procedimentos estão previstos como requisitos necessários para a validade da negociação prévia para a realização de acordo ou convenção coletiva de trabalho.

A Organização Internacional do Trabalho considera a negociação coletiva a melhor forma de composição dos conflitos coletivos e, por isso, incentiva a prática nos países através de várias convenções.

A Convenção n. 163 da OIT é o instrumento internacional de maior importância no assunto, pois reconhece que o direito à negociação coletiva deve ser amplo e assegurado a todas as regiões e formas de organização, em qualquer nível sindical, profissional ou empresarial. Apesar disto, é sabido que no Brasil a negociação sindical só pode ser exercida pelos sindicatos, salvo quando inexistir sindicato[34] ou houver recusa[35] do sindicato em assumir as negociações ou quando se tratar de assunto interno da empresa[36], hipótese em que os próprios interessados poderão negociar diretamente.

O Comitê de Liberdade Sindical da OIT, órgão que aprecia as denúncias e as reclamações de sindicatos a respeito de violações da liberdade sindical de um país, "considera o direito de negociar elemento essencial da liberdade sindical, bem como considera imprescindível o comportamento da boa-fé pelas partes negociantes"[37].

A Convenção n. 154 da OIT declara que a negociação coletiva deve ser praticada em todos os ramos de atividade econômica, inclusive no setor público, observada a legislação de cada país. Por sua vez, a Convenção n. 98 da OIT assegura a ampla liberdade sindical, tendo especial relevo no incentivo dos países no sentido de estimular internamente a criação de novas condições de trabalho através das convenções coletivas.

Procedimento da negociação coletiva

Os sindicatos e empresas, inclusive as que não tenham representação sindical, quando provocados, não

---

(34) Lei n. 7.783/1989, § 2º, do art. 4º.

(35) Art. 617 da CLT.

(36) Os empregados podem eleger representantes do grupo para tratar com o empregador questões relacionadas, por exemplo, com o uniforme, que está desconfortável. Esse poder foi realçado pela Reforma Trabalhista, que incluiu o art. 510 da CLT, que trata da estabilidade e dos poderes da Comissão de Representantes.

(37) NASCIMENTO, Amauri Mascaro. Op. cit., p. 547.

podem se recusar à negociação coletiva, na forma do art. 616 da CLT. Verificando-se a recusa, o interessado deve dar ciência à DRT que convidará as partes para a mesa-redonda, na tentativa de incentivar o acordo.

O procedimento da negociação coletiva é disciplinado pela CLT da seguinte forma:

> a) Em caso de acordo coletivo, o primeiro passo é a provocação de uma das partes, por insatisfeita, reivindicando vantagens para o grupo; b) notificação do sindicato, que terá oito dias para dizer se assume ou não a negociação (art. 617 da CLT); c) para todos os casos: assembleia sindical, devidamente convocada, para autorizar a diretoria a iniciar as negociações (art. 612 da CLT); d) notificação da parte contrária para iniciar os debates e discussões a respeito das propostas; e) a parte contrária, que é obrigada a negociar (art. 616 da CLT), sob pena de um terceiro intervir nas negociações; f) chegando as partes a um consenso, será reduzida a termo uma minuta das cláusulas negociadas (art. 613 da CLT); g) nova assembleia para aprovação das cláusulas ajustadas; h) o documento final é redigido, com todos os requisitos contidos nos arts. 613 e 614 da CLT; i) depósito do documento na DRT no prazo de oito dias de sua assinatura (art. 614 da CLT); j) publicidade da norma coletiva, de forma visível, na sede dos sindicatos e das empresas, dentro de cinco dias do depósito; k) início da vigência três dias após o depósito.

Classificação das negociações coletivas do trabalho

As negociações coletivas têm suma importância para o Direito do Trabalho, uma vez que a Constituição de 1988, em seu art. 114, § 2º, exigiu a comprovação da negociação frustrada ou da arbitragem frustrada, como requisito indispensável para o ajuizamento do dissídio coletivo[38]. O mesmo requisito foi exigido para legalidade da greve a ser deflagrada (art. 9º da CRFB c/c arts. 3º e 17 da Lei n. 7.783/1989 c/c OJs ns. 11 e 24 do SDC do TST – já cancelada). Da mesma forma, o art. 616 CLT proíbe a recusa de uma das partes em negociar, impondo, no caso de recusa, a obrigatoriedade da "mesa-redonda".

Assim, as negociações coletivas trabalhistas podem ser divididas, segundo José Augusto Rodrigues Pinto[39], quanto aos sujeitos, quanto à forma de sua intervenção e quanto ao resultado visado. Acreditamos que uma classificação deve ser acrescida àquelas nominadas pelo autor: quanto à legitimação que pode ser tipificada em lei ou não.

a) Negociação segundo a legitimação

Distinção há de ser feita quanto ao tipo de legitimação para as negociações coletivas. Para aquelas em que a lei autoriza a negociação com poderes para efetuar acordo coletivo ou convenção coletiva, para decidir acerca da conveniência para deflagrar greve ou para flexibilizar direitos trabalhistas, apenas estão legitimadas as associações sindicais em seus diversos graus.

Todavia, há negociações coletivas cuja finalidade pode ser de apenas modificar o regulamento interno da empresa, os costumes internos, uniforme, procedimentos burocráticos, criação de uma ouvidoria etc. que atingem apenas os empregados da empresa. Para estes atos, não há necessidade da presença da entidade sindical, podendo os trabalhadores eleger os representantes e o empregador, se desejar também poderá se fazer representar por um conselho ou comitê. Estes entes coletivos não têm a legitimação dos sindicatos e seus representantes não têm as garantias legais destinadas aos dirigentes sindicais.

Aliás, o art. 11 da CRFB expressamente exigiu que para as empresas com mais de 200 empregados fosse assegurado o direito à eleição de um representante dos trabalhadores com a exclusiva finalidade de promover-lhes o entendimento direto com os empregadores. Este direito foi regulamentado pelos arts. 510-A e seguintes da CLT.

b) Negociação segundo os sujeitos

As partes da negociação coletiva devem ser aquelas que, segundo a lei ou a convenção, representem os interesses de suas categorias. Assim, podemos ter de um lado o sindicato, federação ou confederação dos trabalhadores[40] e, do outro, a associação representativa da categoria econômica ou da(s) empresa(s) em caso de acordo coletivo. Na ausência do sindicato dos empregados ou na recusa de todas as associações sindicais, os trabalhadores poderão prosseguir nas negociações diretamente, formando uma comissão de negociação que terá legitimidade para negociar – art. 617 da CLT c/c art. 5º da Lei n. 7.783/1989.

Quando a negociação não tiver um viés coletivo abrangente de toda a categoria, um ou mais empregados

---

(38) Da mesma forma a OJ n. 6 da SDC do TST.

(39) PINTO, José Augusto Rodrigues. Direito sindical e coletivo do trabalho. São Paulo: LTr, 1998. p. 174.

(40) Estas duas últimas só têm legitimidade quando a negociação for recusada pela entidade sindical de instância inferior, ou quando inexistir entidade representante daquela categoria – art. 617 da CLT c/c art. 5º da Lei n. 7.783/1989.

ou um comitê poderá representar a coletividade daquela empresa.

A negociação pode ser simples ou compartilhada. Simples, quando os sujeitos agem sem a intervenção de um terceiro e, compartilhada, quando houver um coadjuvante intercedendo de forma mais ou menos intensa para a solução da lide.

c) Forma de intervenção

A identificação dos sujeitos implica forma de sua intervenção. Será sindical quando o agente representativo da classe profissional for um sindicato, federação ou confederação. Será direta unilateral quando a negociação for efetuada pela comissão de trabalhadores, por um ou mais trabalhadores, cujo representante tenha sido devidamente designado ou eleito, sempre que houver recusa das entidades sindicais em negociar ou quando inexistir sindicato representativo naquela base territorial. Negociação direta e bilateral ocorrerá quando de um lado se encontrar a comissão de negociação e, de outro uma ou mais empresas ou o representante do patrão.

d) Resultado

Nas palavras de José Augusto Rodrigues Pinto[41] os resultados da negociação podem ser de quatro classes:

1) a qualidade da vida do trabalhador;

2) a cogestão;

3) a participação acionária operária; e

4) a triparticipação.

Na primeira classe enquadram-se as negociações destinadas à fixação das condições gerais de trabalho (...).

Na segunda classe enquadram-se as discussões visando à presença dos empregados, por suas representações diretas, na formulação e execução da atividade da própria empresa (...).

Na terceira classe enquadra-se a espinhosa questão da participação do trabalhador nos lucros da empresa...

Por fim, a quarta classe diz respeito à convergência da representação de empregados, junto com a de empregadores e governamentais (...).

Conciliação[42]

Pressupõe a participação de um terceiro na negociação coletiva, que pode ser um particular ou algum órgão do Estado. O terceiro tenta aproximar os pontos de vista das partes, na tentativa de buscar concessões mútuas para compor o litígio voluntariamente.

d) Mediação

Intervenção de um terceiro que formula recomendações, conselhos e faz indicações das melhores soluções, sempre na tentativa de ajudar as partes a resolverem, voluntariamente, o conflito. O mediador é, geralmente, de escolha das partes e deve ser perito ou entendido na matéria. Deve conduzir as negociações, propiciando às partes condições para alcançarem a solução para a lide.

A mediação de que estamos tratando é a prevista na Lei n. 10.192/2001, que visa regular o art. 616 da CLT e é destinada às negociações coletivas de natureza trabalhista. Portanto, é *diferente* daquela regulada pelo Código de Processo Civil de 2015, que aponta conceitos diversos dos que estão aqui expostos.

De acordo com a Lei n. 10.192/2001:

> Art. 11. Frustrada a negociação entre as partes, promovida diretamente ou através de mediador, poderá ser ajuizada a ação de dissídio coletivo.
>
> § 1º O mediador será designado de comum acordo pelas partes ou, a pedido destas, pelo Ministério do Trabalho e Emprego, na forma da regulamentação de que trata o § 5º deste artigo.
>
> § 2º A parte que se considerar sem as condições adequadas para, em situação de equilíbrio, participar da negociação direta, poderá, desde logo, solicitar ao Ministério do Trabalho e Emprego a designação de mediador, que convocará a outra parte.
>
> § 3º O mediador designado terá prazo de até trinta dias para a conclusão do processo de negociação, salvo acordo expresso com as partes interessadas.

---

(41) PINTO, José Augusto Rodrigues. *Direito sindical e coletivo do trabalho*. São Paulo: LTr, 1998. p. 175-176.

(42) O CPC/2015 expressamente conceituou a conciliação e a mediação. Assim dispõe o art. 165 do CPC: "§ 2º O conciliador, que atuará preferencialmente nos casos em que não houver vínculo anterior entre as partes, poderá sugerir soluções para o litígio, sendo vedada a utilização de qualquer tipo de constrangimento ou intimidação para que as partes conciliem. § 3º O mediador, que atuará preferencialmente nos casos em que houver vínculo anterior entre as partes, auxiliará aos interessados a compreender as questões e os interesses em conflito, de modo que eles possam, pelo restabelecimento da comunicação, identificar, por si próprios, soluções consensuais que gerem benefícios mútuos." A Resolução n. 174/2016 do CSJT dispõe sobre a política judiciária nacional de tratamento adequado das disputas de interesses no âmbito do Poder Judiciário Trabalhista e conceitua, de forma processual, a Conciliação, Mediação, Conflito e Disputa.

§ 4º Não alcançado o entendimento entre as partes, ou recusando-se qualquer delas à mediação, lavrar-se-á ata contendo as causas motivadoras do conflito e as reivindicações de natureza econômica, documento que instruirá a representação para o ajuizamento do dissídio coletivo.

§ 5º O Poder Executivo regulamentará o disposto neste artigo.

O mediador para atuar nas negociações coletivas de natureza trabalhista deve ter comprovada experiência na composição dos conflitos no mesmo âmbito e conhecimentos técnicos relativos às questões laborais, na forma das alíneas *a* e *b*, do art. 4º, § 1º, do Decreto n. 1.572/1995.

Logo, *não se deve confundir* a mediação nas negociações coletivas com a mediação prevista na Lei n. 13.140/2015 e a prevista no CPC/2015.

Explico.

O Conselho Nacional de Justiça (CNJ) tratou da mediação e conciliação de todo o Judiciário por meio da Resolução n. 125/2010, salvo para a Justiça do Trabalho, que foi excluída pela Emenda de 2 de março de 2016.

O parágrafo único, do art. 1º, da Lei n. 13.140/2015, conceituou a mediação e a conciliação de forma diversa daquela adotada para as negociações coletivas, como se percebe do parágrafo único da referida lei:

> Parágrafo único. Considera-se mediação a atividade técnica exercida por terceiro imparcial sem poder decisório, que, escolhido ou aceito pelas partes, as auxilia e estimula a identificar ou desenvolver soluções consensuais para a controvérsia.

Entretanto, as lides trabalhistas foram excluídas da referida lei, na forma do parágrafo único do art. 42 da mesma Lei n. 13.140/2015 que dispôs:

> Parágrafo único. A mediação nas relações de trabalho será regulada por lei própria.

O CPC/2015 também conceituou conciliação e mediação tal como a Lei n. 13.140/2015, como se percebe do art. 165 do Código de Processo Civil:

> § 2º O conciliador, que atuará preferencialmente nos casos em que não houver vínculo anterior entre as partes, poderá sugerir soluções para o litígio, sendo vedada a utilização de qualquer tipo de constrangimento ou intimidação para que as partes conciliem.
>
> § 3º O mediador, que atuará preferencialmente nos casos em que houver vínculo anterior entre as partes, auxiliará os interessados a compreender as questões e os interesses em conflito, de modo que eles possam, pelo restabelecimento da comunicação, identificar, por si próprios, soluções consensuais que gerem benefícios mútuos.

Apesar de as regras do CPC serem aplicáveis de forma subsidiária ao processo do trabalho, o TST se posicionou no sentido da inaplicabilidade da audiência prévia de conciliação e mediação prevista no art. 334 do CPC ao processo do trabalho, art. 2º, IV, da IN n. 39 do TST.

A Resolução n. 174 do CSJT, de 30.09.2016, a fim de uniformizar os mecanismos consensuais de solução de litígios na Justiça do Trabalho tratou da mediação e conciliação do processo do trabalho, conforme art. 1º:

> Art. 1º Para os fins desta resolução, considera-se:
>
> I – "Conciliação" é o meio alternativo de resolução de disputas em que as partes confiam a uma terceira pessoa – magistrado ou servidor público por este sempre supervisionado –, a função de aproximá-las, empoderá-las e orientá-las na construção de um acordo quando a lide já está instaurada, com a criação ou proposta de opções para composição do litígio;
>
> II – "Mediação" é o meio alternativo de resolução de disputas em que as partes confiam a uma terceira pessoa – magistrado ou servidor público por este sempre supervisionado –, a função de aproximá-las, empoderá-las e orientá-las na construção de um acordo quando a lide já está instaurada, sem a criação ou proposta de opções para composição do litígio; (...)

Conclusão: O conceito de conciliação e de mediação contido no Código de Processo Civil, aplicável em parte ao processo do trabalho, não é o mesmo para as mediações realizadas nas negociações coletivas de trabalho.

e) Arbitragem

A utilização da arbitragem para solução dos conflitos coletivos trabalhistas é utilizada em vários países. Na Espanha, está prevista no Real Decreto Ley n. 17/1977, tanto para a hipótese de greve quanto para a negociação de acordos coletivos. Em Portugal, o Código do Trabalho (Lei n. 7/2009) autoriza a arbitragem em conflitos coletivos (art. 529) desde que não resultem da celebração ou revisão de convenção coletiva. Entre nós, no Brasil, tanto a Constituição de 1988 previu a arbitragem para conflitos trabalhistas coletivos (art. 114, § 2º) como também a Lei de Greve (Lei n. 7.783/1989).

As partes convencionam submeter o litígio à solução de um terceiro por elas eleito. Este árbitro formulará laudo que será respeitado pelas partes. O árbitro pode ser técnico, perito ou leigo e a arbitragem pode ser jurídica ou por equidade.

Arbitragem

Para Carreira Alvim[43], arbitragem é o sistema:

> (...) em que o Estado, em vez de interferir diretamente nos conflitos de interesses, solucionando-os com a força da sua autoridade, permite que uma terceira pessoa o faça, segundo determinado procedimento e observado um mínimo de regras legais, mediante uma decisão com autoridade idêntica à de uma sentença judicial.

A arbitragem é tratada pela Lei n. 9.307/1996 como um importante instrumento para dirimir litígios relativos a direitos patrimoniais disponíveis entre pessoas capazes – art. 1º.

Os árbitros são escolhidos pelas partes, sempre em número ímpar (art. 13, § 1º, da Lei n. 9.307/1996) e fazem o papel de juiz de direito e de fato (art. 18). A sentença que proferir tem a mesma força que um título executivo judicial (art. 31) e tem requisitos para validade similares aos da sentença judicial (relatório, fundamentação e dispositivo) – art. 26. Apesar de fazer coisa julgada, a sentença arbitral não pode ser desconstituída por ação rescisória, mas sim por ação anulatória (art. 33).

O art. 613, V, da CLT, dispõe que:

> Art. 613. As Convenções e os Acordos deverão conter obrigatoriamente:
> (...)
> V – normas para a conciliação das divergências surgidas entre os convenentes por motivos da aplicação de seus dispositivos; (...)

Entretanto, conforme bem salientou Amauri Mascaro do Nascimento[44], os sindicatos nunca se interessaram em dar efetividade a esse dispositivo legal e raros foram os acordos coletivos que continham cláusula obrigacional instituindo a arbitragem.

A *arbitragem* é uma forma alternativa de solução de conflitos de interesses onde estes são resolvidos pela participação de uma terceira pessoa, qual seja, o árbitro, tendo sido esta modalidade de resolução e solução de conflitos pactuada pelas próprias partes, através da confecção de uma cláusula compromissória ou do compromisso arbitral, onde, voluntariamente, os contratantes avençam que eventual conflito entre os mesmos deverá ser solucionado pela arbitragem, desde que os direitos em jogo sejam patrimoniais e disponíveis – art. 1º da Lei n. 9.307/1996.

Os doutrinadores[45] dividem a arbitragem em duas modalidades: arbitragem obrigatória e arbitragem voluntária. A primeira é imposta pelo estado para solução obrigatória de certo tipo de conflito. A segunda decorre da vontade das partes. O Brasil adotou o segundo modelo, pois para exclusão da lide da apreciação do Judiciário necessária é a existência prévia do compromisso ou da cláusula compromissória.

Cláusula compromissória é um pacto em que se estabelece que, na eventualidade de uma divergência futura entre os interessados na execução do negócio principal, estes deverão lançar mão do juízo arbitral. Antes da Lei n. 9.307/1996, a cláusula compromissória não tinha efeito vinculante, não levando, necessariamente, ao juízo arbitral. Após a Lei n. 9.307/1996, a parte que desejar que a outra honre a cláusula compromissória vazia poderá requerer judicialmente a *sua* citação para comparecer em juízo a fim de lavrar o compromisso arbitral. Não comparecendo, a sentença que julgar procedente valerá como compromisso arbitral – art. 7º, § 7º, da Lei n. 9.307/1996.

A cláusula compromissória transfere a solução de *futuros* (e eventuais) conflitos para a arbitragem, logo, é feita *antes* da existência da lide, enquanto no compromisso arbitral as partes submetem a lide (o conflito) *atual* ao julgamento do árbitro, logo, o compromisso é ajustado *durante* a controvérsia.

A cláusula compromissória pode ser "cheia" ou "vazia".

Cláusula completa ou "cheia" é aquela que tem elementos suficientes para instituir a arbitragem, sem a necessidade do compromisso arbitral. De acordo com o art. 5º da Lei n. 9.307/1996 e, desde que aceita a designação pelo(s) árbitro(s), a arbitragem poderá ser instituída independentemente da celebração do compromisso arbitral.

A cláusula compromissória "vazia" ou "cláusula patológica" é genérica, não tem a designação dos

---

(43) ALVIM, José Eduardo Carreira. *Comentários à lei de arbitragem* (Lei n. 9.307, de 23.09.1996). 2. ed. atual. Rio de Janeiro: Lumen Juris, 2004. p. 24.

(44) NASCIMENTO, Amauri Mascaro. *Curso de direito processual do trabalho*. 20. ed. São Paulo: Saraiva, 2011. p. 375.

(45) SÜSSEKIND, Arnaldo; MARANHÃO, Délio; VIANNA, Segadas; TEIXEIRA, Lima. *Instituições de direito do trabalho*. 21. ed. São Paulo: LTr, 2003. v. 1, p. 1.219.

árbitros ou do tribunal arbitral ou qualquer outro elemento que seja capaz de efetivar a arbitragem, daí a necessidade de se firmar o compromisso arbitral. O art. 6º da lei determina o procedimento a ser adotado para a execução da cláusula compromissória "vazia". O art. 7º prevê a demanda judicial adequada para compelir a parte inerte ao compromisso arbitral, ou seja, consagra a execução específica da cláusula compromissória.

Compromisso arbitral é o acordo bilateral em que as partes interessadas submetem suas controvérsias jurídicas à decisão de árbitros, comprometendo-se a acatar a decisão. Pode ser judicial ou extrajudicial.

Em se tratando de uma opção feita pelas partes, a exclusão da lide da apreciação do Judiciário não afronta a garantia de acesso ao Judiciário – art. 5º, XXXV, da CRFB.

Todavia, em se tratando de arbitragem obrigatória, a inconstitucionalidade é gritante, já que se estaria impondo a alguém a submissão prévia da lide a um meio de solução extrajudicial não escolhido pelas partes dissidentes. A lei dos portuários parece referir-se a uma arbitragem obrigatória – art. 33 da MP n. 595/2012, pois obriga os portuários à criação de uma Comissão Paritária para solucionar litígios decorrentes da aplicação das normas referidas nos arts. 28, 29 e 31 da referida Medida Provisória.

Mauricio Godinho[46], comentando sobre o assunto opina:

> A Lei n. 8.630, de 1993, que regula o trabalho portuário, em dispositivo que menciona o caminho arbitral obrigatório. Diz a lei que, inviabilizada a solução de litígios relativos a certos preceitos que menciona, pela Comissão Paritária criada pelo mesmo diploma legal, *as partes devem recorrer à arbitragem de ofertas finais* (art. 23, caput, e § 1º, Lei n. 8.630).[47]

Em verdade, não se trata de arbitragem obrigatória, pois o § 2º do art. 33 da MP n. 595/2012 preceitua que "firmado o compromisso arbitral, não será admitida a desistência de qualquer das partes". Logo, se as partes não estão obrigadas ao compromisso arbitral também não estão à arbitragem.

Nos EUA, existem diversas formas de arbitragem[48]:

a) convencional, a preferida dos árbitros, uma vez que eles têm plena liberdade para resolver as questões, tirar médias ou impor outras situações;

b) *final offer*, na qual o árbitro ficará limitado a escolher a oferta de uma parte ou a oferta de outra parte, tal como foram apresentadas;

c) *package* ou arbitragem por pacote. O árbitro adotará como decisão o pacote total das ofertas do empregador sobre todos os itens da negociação, ou o pacote global das pretensões do sindicato sobre todos os itens da negociação. Não decidirá alguns temas segundo a pretensão do sindicato e outros de acordo com a proposta do empregador; e

d) *med-arb*, que é a arbitragem na qual o árbitro pode atuar como mediador.

Acerca do tema, João de Lima Teixeira Filho[49] acrescenta:

> Cumpre recordar que a modalidade *final offer* de arbitragem está incorporada ao nosso direito positivo (Lei n. 8.630/1993, art. 23, § 1º). Também a Lei sobre participação nos lucros ou resultados prevê, no caso de impasse, a solução por mediação ou por "arbitragem de ofertas de razões finais" (art. 4º, II, da Lei n. 10.101, de 19.12.2000).

Havendo conflito coletivo de trabalho as partes poderão utilizar da arbitragem para dirimir o conflito, inclusive nas disputas sindicais.

REFERÊNCIAS

ALVIM, José Eduardo Carreira. *Comentários à lei de arbitragem* (Lei n. 9.307, de 23.09.1996). 2. ed. atual. Rio de Janeiro: Lumen Juris, 2004.

ARAÚJO CINTRA, Antonio Carlos de et al. *Teoria geral do processo*. 18. ed. São Paulo: Malheiros, 2002.

BARROS, Alice Monteiro de. *Curso de direito do trabalho*. São Paulo: LTr, 2015.

CASSAR, Vólia Bomfim. *Direito do trabalho*. 16. ed. São Paulo: Gen, 2018.

---

(46) DELGADO, Mauricio Godinho. *Curso de direito do trabalho*. São Paulo: LTr, 2012. p. 1.427.

(47) O referido diploma encontra-se revogado pela MP n. 595/2012, que passou a cuidar da matéria e tem por correspondente ao dispositivo citado o art. 33, *caput* e § 1º.

(48) *Apud* João Lima Teixeira, in SÜSSEKIND, Arnaldo; MARANHÃO, Délio; VIANNA, Segadas; TEIXEIRA, Lima. *Instituições de direito do trabalho*. 21. ed. São Paulo: LTr, 2003. v. 1, p. 1.220.

(49) *Ibidem*, p. 1.221.

_____; BORGES, Leonardo Dias. *Comentários à reforma trabalhista*. 2. ed. São Paulo: GEN, 2018.

CESARINO JUNIOR, Antonio Ferreira. *Direito social*. São Paulo: LTr, 1980.

DELGADO, Mauricio Godinho. *Curso de direito do trabalho*. São Paulo: LTr, 2012.

FIUZA, César Augusto de Castro; SÁ, Maria de Fátima Freire de; DIAS, Ronaldo Brêtas C. (Coord.). *Temas atuais de direito processual civil*. Belo Horizonte: Del Rey, 2001.

GANDRA FILHO, Ives. *Processo coletivo do trabalho*. 2. ed. São Paulo: LTr, 1996.

JORGE NETO, Francisco Ferreira. *Manual de direito do trabalho*. Rio de Janeiro: Lumen Juris, 2013.

LACERDA, Dorval de. *A renúncia no direito do trabalho*. São Paulo: Max Limonad.

MAGANO, Octavio Bueno. *Direito coletivo do trabalho*. São Paulo: LTr, 1993.

MARANHÃO, Délio. *Direito do trabalho*. Rio de Janeiro: FGV, 1987.

MARTINS, Sergio Pinto. *Direito do trabalho*. São Paulo: Atlas, 2014.

NASCIMENTO, Amauri Mascaro. *Curso de direito processual do trabalho*. 20. ed. São Paulo: Saraiva, 2011.

_____. *Curso de direito do trabalho*. São Paulo: Saraiva, 2010.

_____. *Direito sindical*. 2. ed. São Paulo: Saraiva, 1991.

_____. *Iniciação ao direito do trabalho*. 27. ed. São Paulo: LTr, 2001.

PINTO, José Augusto Rodrigues. *Direito sindical e coletivo do trabalho*. São Paulo: LTr, 1998.

RODRIGUEZ, Américo Plá. *Princípios de direito do trabalho*. São Paulo: LTr, 1978.

SILVA, De Plácido e. *Vocabulário jurídico*. 23. ed. Atualizado por Nagib Slaibi Filho e Gláucia Carvalho. Rio de Janeiro: Forense, 2003.

SÜSSEKIND, Arnaldo; MARANHÃO, Délio; VIANNA, Segadas; TEIXEIRA, Lima. *Instituições de direito do trabalho*. 21. ed. São Paulo: LTr, 2003.

30.
AÇÃO CIVIL PÚBLICA

Carlos Henrique Bezerra Leite[1]

INTRODUÇÃO

O presente estudo tem por objeto analisar a ação civil pública como remédio constitucional e sua utilização no âmbito da Justiça do Trabalho como instrumento de realização dos direitos metaindividuais dos trabalhadores diante da chamada "Reforma Trabalhista", instituída pela Lei n. 13.467, que entrou em vigor no dia 11 de novembro de 2017.

1. ORIGEM E EVOLUÇÃO

No elenco dos novos instrumentos jurídicos brasileiros destinados à defesa dos direitos ou interesses metaindividuais e à facilitação do acesso coletivo ao Judiciário, destaca-se a ação civil pública.

Como bem observa Édis Milaré:

> Numa sociedade como essa – uma sociedade de massa – há que existir igualmente um processo civil de massa. A "socialização" do processo é um fenômeno que, embora não recente, só de poucos anos para cá ganhou contornos mais acentuados, falando-se mesmo em normas processuais que, pelo seu alcance na liberalização dos mecanismos de legitimação *ad causam* vão além dos avanços verificados nos países socialistas. "Tudo é público e qualquer pessoa pode tutelar direitos" (...) A ação civil pública insere-se nesse quadro de grande democratização do processo (...) e num contexto daquilo que, modernamente, vem sendo chamada de "teoria da implementação", atingindo, no direito brasileiro, características peculiares e inovadoras. De fato, os direitos conferidos no plano material só fazem sentido quando o ordenamento jurídico coloca nas mãos de seus titulares ou de seus representantes ideológicos (Ministério Público, associações, etc.) mecanismos efetivos para seu exercício. Essa a missão da ação civil pública[2].

Prevista, inicialmente, na Lei Complementar n. 40, de 14 de dezembro de 1981, cujo art. 3º, III, vaticinava: "São funções institucionais do Ministério Público: (...) III – promover a ação civil pública, nos termos da lei." Era, pois, uma ação exclusiva do Ministério Público.

Em 24 de julho de 1985, o legislador brasileiro, influenciado por processualistas de primeira linha, entre eles Ada Pellegrini Grinover, Cândido Rangel Dinamarco, Kazuo Watanabe, Waldemar Mariz de Oliveira Jr., Édis Milaré, Nelson Nery Junior e Antônio Augusto Mello de Camargo Ferraz, editou a Lei n. 7.347, também conhecida por Lei da Ação Civil Pública ou pela sigla LACP.

De acordo com a redação original da LACP, o objeto desta ação especial residia apenas na reparação de danos causados ao meio ambiente, ao consumidor, a

---

[1] Doutor e Mestre em Direito das Relações Sociais (PUC/SP). Professor de Direitos Humanos Sociais e Metaindividuais e Direito Processual do Trabalho da Faculdade de Direito de Vitória (FDV). Desembargador aposentado do TRT da 17ª Região/ES. Advogado e Consultor Jurídico. Titular da Cadeira 44 da Academia Brasileira de Direito do Trabalho. Foi Professor Associado da Universidade Federal do Espírito Santo (1993 a 2013), onde lecionava Direito Processual do Trabalho e Direitos Humanos; Procurador Regional do Ministério Público do Trabalho (1993 a 2007); e Diretor da Escola Judicial do TRT/ES (2009 a 2011).

[2] Ação civil pública em defesa do meio ambiente. In: MILARÉ, Édis (Coord.). *Ação civil pública*: Lei n. 7.347/1985: reminiscências e reflexões após dez anos de aplicação. São Paulo: Revista dos Tribunais, 1995. p. 231-232. Registra-se que o texto foi parafraseado de CAPPELLETTI, Mauro; GARTH, Bryant G. Introduction policies, trends and ideas in civil procedure. In: *Civil procedure, international encyclopedia of comparative law*. Boston: Martinus Nijhoff Publishers, 1987. v. 16, p. 66.

bens e direitos de valor artístico, estético, histórico, turístico e paisagístico[3].

Com a promulgação da Constituição Federal, em 5 de outubro de 1988, a ação civil pública foi guindada à categoria de garantia fundamental, ampliando-se consideravelmente o seu objeto não apenas para a reparação de danos causados ao meio ambiente, ao consumidor e aos bens referidos no parágrafo anterior, mas também para "a proteção do patrimônio público e social" e "de outros interesses difusos e coletivos" (CF, art. 129, III).

A partir da Carta de 1988, portanto, já havia permissão para o manejo da ação civil pública no âmbito da Justiça do Trabalho, pois o art. 128, I, da CF, não fez – e realmente não faz – qualquer distinção entre os "ramos" do Ministério Público legitimados a promover a ação civil pública[4].

Sobreveio o Código de Defesa do Consumidor (Lei n. 8.078, de 11.09.1990), cujo art. 110 acrescentou o inciso IV ao art. 1º da Lei n. 7.347/1985, restabelecendo, assim, um dos objetivos previstos originariamente no anteprojeto da LACP: a proteção de "qualquer outro interesse difuso ou coletivo".

Mesmo diante da perfeita sintonia entre o CDC (arts. 90 e 110 *usque* 117) e a LACP (art. 21), formando ambos, sem nenhuma ressalva quanto aos órgãos jurisdicionais encarregados de conhecer e julgar a ação civil pública, um sistema integrado de proteção a quaisquer interesses metaindividuais, o certo é que, na prática, foi inexpressiva, durante esse período, a utilização da ação civil pública na Justiça do Trabalho.

Somente a partir de 20 de maio de 1993, quando entrou em vigor a Lei Complementar n. 75, também chamada de Lei Orgânica do Ministério Público da União – LOMPU, é que, por força do seu art. 83, III, a ação civil pública passou a ser expressamente cabível na Justiça do Trabalho[5].

Não obstante, ainda continuaram, na doutrina e na jurisprudência, diversas restrições de ordem processual para a utilização da ACP na seara laboral, tais como: competência funcional, que seria segundo alguns, a exemplo dos dissídios coletivos, originária dos tribunais, e a *legitimatio ad causam* do Ministério Público do Trabalho, que seria apenas para defender interesses coletivos *stricto sensu, em função da literalidade do* art. 83, III, da LOMPU, e não os interesses difusos e individuais homogêneos.

2. CONCEITO

Não há consenso doutrinário acerca do conceito de ação civil pública. Para uns, ela é o "direito expresso em lei de fazer atuar, na esfera civil, em defesa do interesse público, a função jurisdicional"[6]. Há quem conceitue a ação civil pública como "instrumento processual adequado para reprimir ou impedir danos ao meio ambiente, ao consumidor, a bens e direitos de valor artístico, histórico, turístico e paisagístico e por infrações da ordem econômica"[7].

Esses conceitos, *venia permissa*, são insuficientes para traduzir, com precisão, a ideia, a noção, dessa espécie de demanda. No primeiro caso, a proposta conceitual mostra-se demasiadamente ampla, uma vez que interesse público e interesses metaindividuais são categorias distintas.

A segunda formulação conceitual, ao revés, apresenta-se extremamente restritiva, porquanto despreza "patrimônio público e social" e "outros interesses difusos e coletivos", categorias que foram introduzidas com a nova ordem constitucional brasileira (CF, art. 129, III).

Considerando os elementos legitimidade, objeto e coisa julgada como características indispensáveis às ações coletivas, Antonio Gidi conceitua a ação coletiva,

---

(3) O projeto aprovado no Congresso Nacional e encaminhado à sanção presidencial alargava, no inciso IV do art. 1º, o âmbito da ação civil pública para "qualquer outro interesse difuso ou coletivo", mas esse inciso recebeu veto do então Presidente da República, José Sarney, que foi mantido pelo Poder Legislativo.

(4) Nesse sentido: MARTINS FILHO, Ives Gandra da Silva. *A defesa dos interesses difusos e coletivos da sociedade*, p. 13-14; ROMITA, Arion Sayão. *Sindicalismo, economia, Estado democrático*, p. 238-239; NAZAR, Nelson. *Novas ações judiciais da Procuradoria da Justiça do Trabalho*, p. 206-246. É importante ressaltar que esses dois autores mencionavam apenas a CF e a LACP, sem fazer qualquer referência ao CDC. Em sentido contrário: RIBEIRO, Lélia Guimarães Carvalho. *Procuradoria da Justiça do Trabalho* – ação civil pública, p. 274-276, para quem seria imprescindível a existência de lei específica dando competência à Justiça do Trabalho para conhecer e julgar ação civil pública.

(5) LC n. 75/18993, art. 83: Compete ao Ministério Público do Trabalho o exercício das seguintes atribuições junto aos órgãos da Justiça do Trabalho: (...) III – promover a ação civil pública no âmbito da Justiça do Trabalho, para a defesa de interesses coletivos, quando desrespeitados os direitos sociais constitucionalmente garantidos.

(6) MILARÉ, Édis. *A ação civil pública em defesa do meio ambiente*, cit., p. 235.

(7) MEIRELLES, Hely Lopes. *Mandado de segurança, ação popular...*, cit., p. 142.

gênero que tem como uma das espécies a ação civil pública, como "a ação proposta por um legitimado autônomo (*legitimidade*), em defesa de um direito coletivamente considerado (*objeto*), cuja imutabilidade do comando da sentença atingirá uma comunidade ou coletividade (*coisa julgada*)[8].

Pensamos que a conceituação deste tipo especial (e não excepcional) de demanda não pode deixar de levar em conta o seu novo perfil constitucional e a sua destinação precípua, qual seja, a de proteger quaisquer interesses coletivos *lato sensu*.

Com o escopo de oferecer modesta contribuição para o adequado estudo da matéria, parece-nos factível propor que a ação civil pública é o meio (*a*) constitucionalmente assegurado (*b*) ao Ministério Público, ao Estado ou a outros entes coletivos autorizados por lei (*c*) para promover a defesa judicial (*d*) dos interesses ou direitos metaindividuais (*e*).

É o meio (*a*), aqui empregado no sentido de remédio ou garantia fundamental que propicia o acesso dos titulares materiais metaindividuais à prestação jurisdicional.

Constitucionalmente assegurado (*b*), porque a ação civil pública encontra-se catalogada expressamente na Constituição Federal (art. 129, III), e isso é de extrema importância, uma vez que ela não poderá ser eliminada de nosso ordenamento por norma infraconstitucional.

Ao Ministério Público, ao Estado ou a outros entes coletivos autorizados por lei (*c*), pois a *legitimatio ad causam* em tema de ação civil pública decorre de expressa previsão na Constituição Federal (art. 129, III e § 1º) ou na Lei (LACP, art. 5º; CDC, art. 82).

Para promover a defesa judicial (*d*), porquanto a ação civil pública é concebida sob a perspectiva da função promocional do Estado contemporâneo, que cria novas técnicas de encorajamento para que sejam defendidos os interesses sociais, propiciando-lhes adequada tutela jurisdicional. Nesse sentido, leciona Norberto Bobbio:

> Nelle costituzioni liberali classiche la funzione principale dello stato appare essere quella di tutelare (o garantire); nelle costituzioni post-liberali, accanto alla funzione della tutela o della garanzia, appare sempre più frequentemente quella di promuovere (...) I nostri studiosi di diritto costituzionale hanno ormai da tempo richiamato l'attenzione sulla contrapposizione tra misure autoritative e coercitive e misure di stimolo o d'incentivazione: questa contrapposizione coglie bene il passaggio all'uso sempre più frequente delle tecniche d'incoraggiamento, su cui intendiamo richiamare l'attenzione in queste pagine.[9]

Dos interesses ou direitos metaindividuais (*e*), expressões juridicamente sinônimas que exprimem o gênero de que são espécies os interesses ou direitos difusos, coletivos e individuais homogêneos. Com efeito, a expressão "e de outros interesses difusos e coletivos", prevista no art. 129, III, da CF, comporta interpretação extensiva, isto é, permite ao legislador infraconstitucional catalogar outros interesses, de natureza metaindividual, que considerar socialmente relevantes, como é o caso dos individuais homogêneos.

O conceito ora formulado pode ser transplantado para a ação civil pública cometida ao Ministério Público do Trabalho, desde que acresça no seu objeto a defesa dos interesses metaindividuais decorrentes das relações jurídicas de trabalho ou de emprego que forem da competência da Justiça Especializada.

3. CABIMENTO NA JUSTIÇA DO TRABALHO

Segundo a literalidade do art. 83, III, da Lei Complementar n. 75, de 20 de maio de 1993 (ou simplesmente LOMPU), a Justiça do Trabalho é competente para processar e julgar ação civil pública, "para a defesa de interesses coletivos, quando desrespeitados os direitos sociais constitucionalmente garantidos".

Como essa norma refere apenas os "interesses coletivos" relativos aos "direitos socialmente garantidos", surgem três perguntas inevitáveis: será cabível a ação civil pública, no âmbito da Justiça Laboral, que tenha por objeto a defesa dos direitos ou interesses difusos? E dos individuais homogêneos? Será que a ação civil pública trabalhista é diversa da prevista na LACP?

---

(8) *Coisa julgada e litispendência em ações coletivas*. São Paulo: Saraiva, 1995. p. 16.

(9) BOBBIO, Norberto. *Dalla struttura alla funzione*: nuovi studi di teoria del diritto. Milano: Edizioni di Comunità, 1977. p. 25. Numa tradução livre: "Nas constituições liberais clássicas a função principal do Estado parece ser a de tutelar (ou de garantir); nas constituições pós-liberais, ao lado da função de proteção ou de garantia, parece mais e mais frequentemente aquela função de promover (...) Nossos constitucionalistas têm agora voltado a atenção para o contraste entre medidas autoritárias e coercitivas e medidas de estímulo ou de impulsão: esta contraposição recolhe bem a passagem ao uso mais e mais frequente das técnicas de encorajamento, sobre a qual dedicamos nossa atenção nestas páginas".

Com relação às duas primeiras perguntas, responde-se positivamente. Isso porque, como é cediço, não existe norma jurídica, por mais clara que possa parecer, que não comporte interpretação, principalmente no caso do direito brasileiro, que recebeu forte influência da teoria pura e da teoria do ordenamento jurídico. Vale dizer, as normas que compõem o sistema jurídico pátrio, que têm na Constituição a norma-ápice da pirâmide normativa, não se encontram isoladas; antes se interligam a outras normas, compondo todas a unidade e a coerência do ordenamento jurídico.

Destarte, o art. 83, III, da LOMPU, há de ser interpretado em sintonia com o art. 129, III, da CF, que não deixa margem de dúvida quanto à aplicação da ACP não apenas para a defesa do patrimônio público e social e do meio ambiente, mas, também, para a proteção "de outros interesses difusos e coletivos".

Em nível constitucional, outrossim, é lícita a interpretação extensiva e sistemática dos arts. 129, III e IX, e 127 da CF, no sentido de alargar o espectro da ação civil pública para a defesa dos interesses sociais, individuais indisponíveis e homogêneos.

A Eg. Seção Especializada em Dissídios Coletivos do TST extinguiu, sem resolução do mérito, um processo que veiculava ação civil pública intentada pelo Ministério Público do Trabalho, com base no art. 267, VI, do CPC/1973 (NCPC, art. 485, VI), sob o seguinte fundamento:

> ART. 83, ITEM III, DA LEI COMPLEMENTAR N. 75, DE 20.05.1993 – CONSTITUCIONALIDADE. A constitucionalidade do art. 83, III, da Lei Complementar n. 75/1993 repousa no art. 129, item III, da Carta Magna, que incluiu a ação civil pública entre as funções institucionais do Ministério Público da União, observadas as lindes ditadas por outras disposições constitucionais (§ 2º do art. 114, por exemplo) e pela Lei Complementar n. 75/1993. AÇÃO CIVIL PÚBLICA – CABIMENTO – LEGITIMIDADE DO MINISTÉRIO PÚBLICO. Cabível a ação apenas em defesa de interesses coletivos, sem intuito reparatório, mas de preservação da ordem jurídica, quando desrespeitados direitos de trabalhadores e empregadores constitucionalmente garantidos (art. 83, item III, da Lei Complementar n. 75/1993), desde que o desrespeito traga, ainda que recôndito, o germe da inquietação pública (arts. 1º, III e IV, XX, XXI e XXII, 6º, 7º, 8º, 9º, 10 e 11, da Constituição da República). Processo extinto com base no art. 267, VI, do Código de Processo Civil. (TST-ACP 92.867/93.1, Ac. SDC 400/94, de 18.04.1994, rel. Min. Manoel Mendes de Freitas, DJU 20.05.1994.)

É importante sublinhar o equívoco, *data venia*, existente no referido acórdão, uma vez que nele se invocou o art. 129, III, da CF, para afastar a alegação de inconstitucionalidade do art. 83, III, da LOMPU; mas, de maneira parcialmente contraditória, restringiu-se o cabimento da ação civil pública trabalhista à hipótese única de desrespeito aos interesses coletivos dos trabalhadores.

É de registrar, por outro lado, que a Medida Provisória n. 2.180-35, de 24 de agosto de 2001, dispõe, no seu art. 6º, que deu nova redação ao art. 1º da LACP, acrescentando-lhe o parágrafo único, assim redigido: "Não será cabível ação civil pública para veicular pretensões que envolvam tributos, contribuições previdenciárias, o Fundo de Garantia do Tempo de Serviço – FGTS ou outros fundos de natureza institucional cujos beneficiários podem ser individualmente determinados."

A par da manifesta inconstitucionalidade formal da Medida Provisória em apreço, em função da inexistência de urgência e relevância para a sua edição, parece-nos que ela também padece do vício de inconstitucionalidade material, na medida em que exclui do elenco das matérias defensáveis pela ação civil pública os interesses ou direitos sociais dos trabalhadores, como é o caso do FGTS. Aliás, o FGTS constitui inegavelmente um patrimônio social dos trabalhadores brasileiros, razão pela qual não poderia o ato normativo em estudo restringir o objeto da ação civil pública, que é, como já dito, uma garantia fundamental a serviço da sociedade em geral.

Daí a necessidade de adequar a interpretação da norma hierarquicamente inferior à previsão constitucional. Não é preciso declarar a inconstitucionalidade do inciso III do art. 83 da LOMPU, sendo suficiente, *in casu*, interpretá-lo conforme a Constituição[10].

---

(10) Diz Paulo Bonavides que a "interpretação das leis 'conforme a Constituição', se já tornou-se método autônomo na hermenêutica contemporânea, constitui fora de dúvida um princípio largamente consagrado em vários sistemas de onde promana o reconhecimento da superioridade da norma constitucional – e enfim do caráter de unidade que a ordem jurídica necessariamente ostenta. Em rigor, não se trata de um princípio de interpretação da Constituição, mas de um princípio de interpretação da lei ordinária de acordo com a Constituição. Método especial de interpretação, floresceu basicamente durante os últimos tempos à sombra dos arestos da Corte constitucional de Karls, na Alemanha, que o perfilhou decididamente, sem embargo das contradições de sua jurisprudência a esse respeito. A *Verfassungskounforme Auslegung*, consoante decorre de explicitação feita por aquele Tribunal, significa na essência que nenhuma lei será

Ademais, a norma de encerramento contida no art. 84, *caput*, da LOMPU, complementa o rol de atribuições do Ministério Público do Trabalho, nos seguintes termos: "Incumbe ao Ministério Público do Trabalho, no âmbito de suas atribuições, exercer as funções institucionais previstas nos Capítulos I, II, III e IV do Título I... ."

No Título I, Capítulo II (arts. 6º *usque* 8º), da LOMPU, estão os "instrumentos de atuação" de todos os ramos do MPU – que abrange, por força do art. 128, I, da CF, o MPF, o MPT, o MPM e o MPDF –, entre os quais a ação civil pública.

Com efeito, dispõe o art. 6º, VII, da LOMPU:

> Art. 6º Compete ao Ministério Público da União:
>
> (...) VII – promover o inquérito civil e a ação civil pública para:
>
> a) a proteção dos direitos constitucionais;
>
> b) a proteção do patrimônio público e social, do meio ambiente, dos bens e direitos de valor artístico, estético, histórico, turístico e paisagístico;
>
> c) a proteção dos interesses individuais indisponíveis, difusos e coletivos, relativos às comunidades indígenas, à família, à criança, ao adolescente, ao idoso, às minorias étnicas e ao consumidor;
>
> d) outros interesses individuais indisponíveis, homogêneos, sociais, difusos e coletivos.

No que concerne à terceira pergunta, convém registrar que num julgado da SDC do TST restou assentado no voto vencedor do ministro relator que as ações civis públicas "previstas nas Leis ns. 7.347/1985 e 7.913/1989 estão voltadas para situações bem diferentes da Ação Civil Pública de que cogita o art. 83, item III, da Lei Complementar n. 75/1993 (...). A ACP aproxima-se muito do Dissídio Coletivo de Natureza Jurídica, já que não visa nunca o estabelecimento de 'Normas e Condições de Trabalho' (...) A ACP do Ministério Público do Trabalho, por conseguinte, ficou com seu campo delimitado à infringência de disposições constitucionais referentes a empregados e empregadores..."[11].

Esse entendimento, *data maxima venia*, é equivocado, pois simplesmente ignora a existência do já mencionado sistema integrado (CF, LOMPU, LACP e CDC) de acesso coletivo dos trabalhadores à Justiça do Trabalho[12], que é o único, dada a inexistência de legislação específica em matéria laboral, capaz de propiciar a adequada e efetiva tutela, via ação civil pública trabalhista, de qualquer interesse ou direito metaindividual dos trabalhadores.

4. OBJETO E NATUREZA JURÍDICA

A leitura isolada das primeiras normas da LACP pode levar à conclusão apressada de que o fim único da ação civil pública é responsabilizar qualquer pessoa física ou jurídica, de direito público ou privado, por danos morais ou patrimoniais causados ao meio ambiente, ao consumidor, a bens e direitos de valor estético, artístico, histórico, paisagístico ou a qualquer outro interesse difuso ou coletivo (Lei n. 7.347/1985, art. 1º), podendo, para tanto, "ter por objeto a condenação em dinheiro ou o cumprimento de obrigação de fazer ou não fazer" (art. 3º).

Nessa ordem, seria factível afirmar que, abstraindo-se o conceito genérico de que toda ação possui conteúdo declaratório, a ação civil pública visaria, em linha de princípio, a um provimento jurisdicional de natureza condenatória.

Ocorre que, consoante já ressaltado, a ação civil pública foi guindada à categoria de garantia fundamental dos direitos ou interesses metaindividuais.

Esse seu novo perfil leva em conta não apenas a "reparação", mas acima de tudo a "proteção" daqueles importantes interesses (CF, art. 129, III).

O vocábulo "proteção" tem significado amplo, nele se compreendendo a prevenção e a reparação, como o fez, de forma explícita, o art. 25, IV, *a*, da Lei Orgânica do Ministério Público (Lei n. 8.625/1993 – ou simplesmente LONMP)[13].

Não se pode olvidar, no entanto, que o art. 21 da Lei n. 7.347/1985, com redação dada pelo art. 117 do CDC, manda aplicar "à defesa dos direitos e interesses difusos, coletivos e individuais, no que for cabível, os dispositivos do Título III da Lei que instituiu o Código de Defesa do Consumidor".

Entre as normas que integram o Título III do CDC, está a prevista no seu art. 83, que diz: "Para a defesa dos direitos e interesses protegidos por este Código são

---

declarada inconstitucional quando comportar uma interpretação 'em harmonia com a Constituição' e, ao ser assim interpretada, conservar o seu sentido ou significado" (*Curso de direito constitucional*, p. 474).

(11) TST-ACP n. 92.867/93.1, Ac. SDC n. 400/1994, de 18.04.1994, Rel. Min. Manoel Mendes de Freitas, *DJU* 20.05.1994.

(12) A esse novo sistema, atribuímos o nome de "jurisdição trabalhista metaindividual".

(13) LEITE, Carlos Henrique Bezerra. *Ministério Público do Trabalho*, p. 102.

admissíveis todas as espécies de ações capazes de propiciar sua adequada e efetiva tutela."

Assiste, pois, razão a Hugo Nigro Mazzilli, quando faz a seguinte observação:

> Em tese, são admissíveis quaisquer ações civis públicas ou coletivas, pois à LACP aplicam-se subsidiariamente o CDC ou o CPC. Cabem ações condenatórias, cautelares, de execução, meramente declaratórias ou constitutivas. Como exemplos, afigure-se a necessidade de reparar ou impedir um dano (ação condenatória ou cautelar satisfativa), ou de declarar nulo (ação declaratória) ou anular (ação constitutiva negativa) um ato lesivo ao patrimônio público ou ao meio ambiente. (...) Combinados os arts. 83 e 110 do CDC com o art. 21 da LACP, permite-se agora aos colegitimados à ação civil pública ou coletiva defendam qualquer interesse difuso, coletivo ou individual homogêneo, com qualquer rito, objeto ou pedido.[14]

Idêntico é o pensamento de Nelson Nery Junior, para quem a:

> LACP, em sua edição original, em 1985, previa apenas a possibilidade de serem ajuizadas ação de responsabilidade civil para reparação dos danos causados aos direitos por ela protegidos, ação de execução da sentença condenatória, ação de obrigação de fazer ou não fazer, bem como eventual ação cautelar antecedente ou incidente. Com o advento do CDC, o âmbito de abrangência da LACP foi ampliado, de sorte que podem ser propostas todas e quaisquer ações para a tutela dos direitos protegidos pela LACP (CDC 83, 90; LACP 21). Assim, hoje é possível, v. g., a propositura de ação de anulação de contrato administrativo lesivo ao meio ambiente (Nery, CDC Coment., 663). São admissíveis as ações constitucionais, como por exemplo o mandado de segurança e o mandado de injunção. Não há mais limitação ao tipo de ação, para que as entidades enumeradas na LACP 5º e CDC 82 estejam legitimadas à propositura da ACP para a defesa, em juízo, dos direitos difusos, coletivos e individuais homogêneos.[15]

As considerações supra são perfeitamente adaptáveis à ação civil pública proposta no âmbito da Justiça do Trabalho, na medida em que também nesse domínio ela pode ter caráter preventivo ou reparatório, condenatório, constitutivo, declaratório ou mandamental, sendo certo que seu objeto será sempre a proteção de qualquer interesse difuso, coletivo ou individual homogêneo.

A única condição para a sua adequada utilização no processo do trabalho é que a matéria nela tratada tenha conteúdo trabalhista, pois somente assim poderá adequar-se à moldura do art. 114 da CF, que trata da competência da Justiça do Trabalho.

5. COMPETÊNCIA

A rigor, o que delimita a competência – em razão da matéria ou da pessoa – da Justiça do Trabalho é o pedido e a causa de pedir contidos na ACP. Vale dizer, a matéria veiculada na ACP deve ser de natureza trabalhista e emergir das relações jurídicas entre empregados e empregadores ou, na forma da lei, de outras relações de trabalho.

Nesse sentido, o STF já decidiu, por exemplo, que compete à Justiça do Trabalho apreciar e julgar ACP promovida pelo MPT em matéria de meio ambiente do trabalho:

> COMPETÊNCIA. AÇÃO CIVIL PÚBLICA. CONDIÇÕES DE TRABALHO. Tendo a ação civil pública como causa de pedir disposições trabalhistas e pedidos voltados à preservação do meio ambiente do trabalho e, portanto, aos interesses dos empregados, a competência para julgá-la é da Justiça do Trabalho. (STF-RE 206.220-1, Rel. Min. Marco Aurélio, 2ª T., j. 16.03.1999, in *Informativo STF* n. 142, março/1999.)

No mesmo sentido, é a Súmula n. 736 do STF, *in verbis*:

> Compete à Justiça do Trabalho julgar as ações que tenham como causa de pedir o descumprimento de normas trabalhistas relativas à segurança, higiene e saúde dos trabalhadores.

A competência material e pessoal da ação civil pública na Justiça do Trabalho decorre da conjugação do art. 114, I e IX, da CF, e do art. 83, III, da LOMPU.

É importante assinalar que o art. 2º da LACP prescreve que a ACP deverá ser proposta "no foro do local

---
(14) *A defesa dos interesses difusos em juízo*. 9. ed. p. 67.
(15) *Código de Processo Civil comentado*. Nota 9. p. 1504.

onde ocorrer o dano, cujo juízo terá competência funcional para processar e julgar a causa".

Extrai-se dessa norma que o legislador elegeu dois critérios que devem ser aplicados simultaneamente em tema de competência para a ACP. Noutro falar, o juiz do local do dano é, a um só tempo, funcional e territorialmente competente para processar e julgar a ACP.

No âmbito do processo laboral, portanto, à míngua de legislação específica, a ação civil pública deve ser proposta perante os órgãos de primeira instância, ou seja, as Varas do Trabalho do local onde ocorreu ou deva ocorrer a lesão aos interesses metaindividuais defendidos na demanda coletiva. Nessa linha, a SBDI-1 do TST firmou o entendimento (TST-ACP 154.931/94.8, Rel. Min. Ronaldo Leal) de que a regra de competência fixada no art. 93 do CDC é aplicável à ACP no âmbito trabalhista, ou seja, se o dano for de âmbito local, a competência será da Vara do Trabalho territorialmente competente; se de âmbito regional, de uma das Varas do Trabalho da Capital; finalmente, se de âmbito suprarregional ou nacional, de uma das Varas do Trabalho do Distrito Federal. No mesmo sentido, era a OJ n. 130 da SBDI-2.

Todavia, a referida Orientação Jurisprudencial foi alterada pela Res. TST n. 186/2012 (DEJT divulgado em 25, 26 e 27.09.2012) e passou a ter a seguinte redação:

> AÇÃO CIVIL PÚBLICA. COMPETÊNCIA. LOCAL DO DANO. LEI N. 7.347/1985, ART. 2º. CÓDIGO DE DEFESA DO CONSUMIDOR, ART. 93.
>
> I – A competência para a Ação Civil Pública fixa-se pela extensão do dano.
>
> II – Em caso de dano de abrangência regional, que atinja cidades sujeitas à jurisdição de mais de uma Vara do Trabalho, a competência será de qualquer das varas das localidades atingidas, ainda que vinculadas a Tribunais Regionais do Trabalho distintos.
>
> III – Em caso de dano de abrangência suprarregional ou nacional, há competência concorrente para a Ação Civil Pública das varas do trabalho das sedes dos Tribunais Regionais do Trabalho.
>
> IV – Estará prevento o juízo a que a primeira ação houver sido distribuída.

De tal arte, e sob qualquer ângulo que se examine a questão, a competência originária, territorial e funcional para a ação civil pública será sempre das Varas do Trabalho, observados os critérios estabelecidos na OJ n. 130 da SBDI-2, não colhendo, *data venia*, a interpretação de que a ACP trabalhista teria feição de DC e, por isso, deveria ser julgada originariamente pelos TRTs ou TST.

Na esteira da OJ n. 130 da SBDI-2, o TST vem assentando o seguinte entendimento:

> CONFLITO NEGATIVO DE COMPETÊNCIA. AÇÃO CIVIL PÚBLICA. DANO SUPRARREGIONAL. COMPETÊNCIA TERRITORIAL DA VARA DO DISTRITO FEDERAL. 1. Trata-se de conflito negativo de competência, suscitado pela 7ª Vara do Trabalho de Brasília-DF, face à remessa dos autos pela 2ª Vara do Trabalho de Joinville/SC, ao acolher a exceção de incompetência suscitada pela ré nos autos da ação civil pública, com base no art. 93 do CDC, por entender que o suposto dano alcançaria os trabalhadores das filiais da referida, localizadas em vários estados da federação. 2. Ao analisar a documentação colacionada com a exceção de incompetência, constata-se que, de fato, a matriz da ré encontra-se localizada em Joinville/SC, com filiais nos estados do Rio Grande do Norte, Paraná, São Paulo, Pernambuco, Ceará, Maranhão, Piauí, Bahia, Alagoas, Paraíba, Sergipe, Pará, Rio de Janeiro e Espírito Santo. 3. O entendimento desta Corte, contido no item III da Orientação Jurisprudencial n. 130 da SBDI-2, consolidou-se no sentido de que em "caso de dano de abrangência suprarregional ou nacional, há competência concorrente para a Ação Civil Pública das Varas do Trabalho das sedes dos Tribunais Regionais do Trabalho", razão pela qual não há falar em competência do Juízo suscitante, 7ª Vara do Trabalho de Brasília-DF, para processar o feito. 4. Verifica-se, contudo, que o caso em exame possui uma particularidade, uma vez que a ação civil pública não foi ajuizada em uma das Varas do Trabalho das sedes dos Tribunais Regionais do Trabalho, tal como preconizado no supracitado verbete jurisprudencial, mas sim em Joinville/SC, que também não teria competência para julgar a ação. 5. Não se pode olvidar, contudo, que esta Corte Superior orienta-se pelos princípios da celeridade, efetividade e economia processual, devendo, pois, nesta oportunidade, eleger o foro competente para o processamento do feito. 6. *In casu*, a ação civil pública foi ajuizada em uma das Varas de Joinville/SC, a qual se encontra vinculada ao Tribunal Regional da 12ª Região. Assim, deve ser reconhecida a competência de uma das Varas do Trabalho de sua sede, em Florianópolis. 7. Conflito negativo de competência que se julga procedente. (TST-CC 1597-62.2012.5.10.0007, Rel. Min. Guilherme Augusto Caputo Bastos, SBDI-2, *DEJT* 18.10.2013.)

6. LEGITIMAÇÃO *AD CAUSAM*

A legitimação do MP para a ACP "não impede a de terceiros, nas mesmas hipóteses, segundo o disposto na CF e na lei". É o que se extrai da interpretação sistemática do art. 129, III, e seu § 1º da CF.

Vale dizer, em se tratando de ACP, a legitimação ativa *ad causam* emerge da aplicação conjunta da CF (art. 129, III e seu § 1º), da LACP (art. 5º), do CDC (art. 82), da LOMPU (art. 6º, VII)[16] e da LONMP (art. 25, IV). Isso significa, em síntese, que são legitimados para a ação:

> a) o Ministério Público (da União e dos Estados – art. 128 da CF, art. 5º, I, da Lei n. 7.347/1985 e art. 82, I, da Lei n. 8.078/1990);
>
> b) a União, os Estados, o Distrito Federal e os Municípios (art. 5º, III, da Lei n. 7.347/1985 e art. 82, II, da Lei n. 8.078/1990);
>
> c) as entidades e órgãos da Administração Pública, direta ou indireta, ainda que sem personalidade jurídica, especificamente destinadas à defesa dos interesses metaindividuais (art. 5º, V, da Lei n. 7.347/1985 e art. 82, III, da Lei n. 8.078/1990);
>
> d) as associações[17] legalmente constituídas há pelo menos um ano e que incluam entre seus fins institucionais a defesa dos interesses metaindividuais, podendo, no entanto, o requisito da pré-constituição ser dispensado pelo juiz, quando haja manifesto interesse social evidenciado pela dimensão ou característica do dano, ou pela relevância do bem jurídico a ser protegido (art. 5º, V, da Lei n. 7.347/1985);
>
> e) a Defensoria Pública (da União e dos Estados – art. 5º, II, da Lei n. 7.347/1985, com redação dada pela Lei n. 11.448/2007).

Além destes legitimados, lembramos que a OAB também detém legitimidade ativa *ad causam* para promover ACP, nos termos do art. 54, XIV, da Lei n. 8.906/1994, que dispõe, *in verbis*:

> Art. 54. *Compete ao Conselho Federal:*
>
> (...) XIV – ajuizar ação direta de inconstitucionalidade de normas legais e atos normativos, *ação civil pública*, mandado de segurança coletivo, mandado de injunção e demais ações cuja legitimação lhe seja outorgada por lei. (grifos nossos)

Plasma-se, assim, que nosso ordenamento adotou critério ampliativo em tema de legitimação ativa para a ACP, uma vez que a própria Constituição permite que a lei possa dispor sobre legitimação de terceiros para as ações civis constitucionalmente atribuídas ao Ministério Público. Por tal razão, entendemos não serem incompatíveis com a Constituição as leis que conferem legitimação às Defensorias Públicas (Lei n. 11.448/2007, que deu nova redação ao art. 5º, II, da LACP) ou ao Conselho Federal da OAB (Lei n. 8.906/1994, art. 54, XIV) para ajuizar ação civil pública.

De todos os legitimados para a ACP, parece-nos que somente o MPT detém legitimidade ativa para defender todos os direitos ou interesses metaindividuais (difusos, coletivos e individuais homogêneos). Há, porém, controvérsias a respeito da sua atuação em defesa dos direitos individuais homogêneos. Para alguns, somente os indisponíveis; para outros, os indisponíveis com repercussão social. Existem, ainda, os que sustentam a legitimação ministerial para quaisquer direitos individuais homogêneos.

A nosso ver, os direitos individuais homogêneos trabalhistas são também direitos sociais (CF, arts. 6º, 7º, 127 e 129, III e IX). Logo, o MPT estará sempre legitimado para defendê-los.

O TST vem reconhecendo a legitimação do Ministério Público do Trabalho[18] em ação civil pública que tenha por objeto a tutela de direitos ou interesses individuais homogêneos relacionados ao Direito do Trabalho. Nesse sentido:

> RECURSO DE REVISTA. AÇÃO CIVIL PÚBLICA. MINISTÉRIO PÚBLICO DO TRABALHO. LEGITIMIDADE ATIVA. DIREITOS INDIVIDUAIS HOMOGÊNEOS. INTERESSE SOCIAL RELEVANTE. INSALUBRIDADE NO AMBIENTE E NAS CONDIÇÕES DE TRABALHO. UTILIZAÇÃO DE MAQUINÁRIO OBSOLETO. ACIDENTES DE TRABALHO, INCLUSIVE CAUSADORES DE DEFORMIDADES FÍSICAS. PRESERVAÇÃO DA SAÚDE E DA SEGURANÇA DOS TRABALHADORES. 1. A Constituição da República de 1988, em seus arts. 127 e 129, confere legitimação ativa ao Ministério Público do Trabalho para, mediante ação civil pública ajuizada na Justiça do Trabalho, promover a defesa dos interesses sociais e individuais indisponíveis (subespécie de interesse coletivo). 2. De acordo com a jurisprudência do Plenário do Supremo Tribunal Federal, "Certos direitos individuais homogêneos podem ser classificados como interesses ou direitos coletivos, ou identificar-se com interesses sociais e individuais indisponíveis. Nesses casos, a ação civil pública presta-se à defesa dos mesmos, legitimado o Ministério Público para a causa. Constituição Federal, art. 127, *caput*, e art. 129, III." (RE-195056/PR – Paraná, DJ 14.11.2003). 3. O interesse de agir

---

(16) A legitimação do MPT para a ACP no processo do trabalho está prevista no art. 83, III, da LOMPU.

(17) Associações civis constituem o gênero do qual são espécies as associações cooperativas, os sindicatos etc.

(18) Sobre o tema, conferir: LEITE, Carlos Henrique Bezerra. *Ministério Público do Trabalho*: doutrina, jurisprudência e prática. 8. ed. São Paulo: Saraiva, 2017.

do Ministério Público do Trabalho, ao ajuizar ação civil pública trabalhista, radica no binômio necessidade-utilidade da tutela solicitada no processo, com a finalidade de que a ordem jurídica e social dita violada pelo réu seja restabelecida, hipótese de medida de proteção à higidez física e mental dos trabalhadores envolvidos no conflito. 4. A circunstância de a demanda coletiva envolver discussão acerca de direitos que variem conforme situações específicas, individualmente consideradas, como entendeu o Tribunal Regional, não é suficiente, por si só, para impor limites à atuação do Ministério Público do Trabalho na defesa de interesses sociais, sob pena de negar-se vigência ao art. 129, III, da Constituição Federal, que credencia o *Parquet* a propor ação civil pública relacionada à defesa do interesse coletivo amplo, consubstanciado, na espécie, em exigir a observância das normas trabalhistas, de ordem pública e imperativa, as quais disciplinam a saúde e segurança dos trabalhadores, em relação aos empregados da ré e constituindo a origem comum do direito reivindicado na ACP. 5. Na ação coletiva, a sentença será, necessariamente, genérica, fazendo juízo de certeza sobre a relação jurídica controvertida, e a individualização do direito far-se-á por meio de ação de cumprimento pelo titular do direito subjetivo reconhecido como violado na demanda cognitiva. Recurso de revista conhecido e provido. (TST-RR 176440-90.2002.5.03.0026, 1ª T., Rel. Min. Walmir Oliveira da Costa, *DEJT* 04.02.2010.)

Em relação à legitimação passiva, entendemos que qualquer pessoa, física ou jurídica, de direito público ou privado, poderá ser ré ou corré, assistente simples ou litisconsorcial do demandado na ACP[19].

Na ACP promovida para tutelar interesses ou direitos metaindividuais trabalhistas, o MPT (ou qualquer outro legitimado) poderá agir tanto na qualidade de legitimado autônomo para a condução do processo quanto na de substituto processual.

No primeiro caso, ele atua em defesa dos interesses ou direitos difusos ou coletivos, por força da aplicação conjunta da CF (art. 129, III), da LACP (*in totum*), do CDC (arts. 81 *usque* 90, 103 e 104) e da LOMPU (arts. 83, III, e 84 c.c. 6º, VII, *d*).

Já na segunda hipótese, o MPT (ou qualquer outro legitimado) defende direitos ou interesses individuais homogêneos, em consonância com o disposto na CF (arts. 127, *caput*, e 129, IX), na LACP (art. 21), no CDC (arts. 81 *usque* 100, 103 e 104), na LOMPU (arts. 83, III, e 84 c/c 6º, VII, *d*) e, subsidiariamente, no NCPC (art. 18)[20].

O sindicato, como espécie do gênero associação civil, também é legitimado ativo para promover a ACP no âmbito da Justiça do Trabalho. Há, porém, cizânia doutrinária a respeito de sua legitimidade para tutelar os direitos ou interesses difusos, na medida em que, "segundo o disposto na Constituição (art. 8º, III) e na lei (CLT, art. 513, *a*)", o sindicato brasileiro, em função do antidemocrático princípio da unicidade sindical, possui legitimidade apenas para defender direitos ou interesses coletivos e individuais da categoria (ou individuais homogêneos). Quanto à jurisprudência do TST, colacionamos os seguintes julgados:

RECURSO DE REVISTA – SINDICATO – SUBSTITUTO PROCESSUAL – HONORÁRIOS ADVOCATÍCIOS – SÚMULA N. 219, III, DO TST. O reconhecimento de novos direitos às coletividades requer a criação de novos mecanismos de tutela coletiva. As transformações sociais interferem na organização do Estado, ocasionando reflexos na ciência do direito e na forma de prestação da atividade jurisdicional. Surgem novos paradigmas na sistemática processual que impõem a necessária compreensão dos institutos, sob uma nova perspectiva desprendida dos esteios tradicionais. No Brasil, o grande marco foi a edição da Lei n. 8.078/1990 (Código de Defesa do Consumidor), que tratou de regulamentar, de forma direta e abrangente, os interesses e legitimados para as ações coletivas. Tem-se um verdadeiro microssistema para a defesa dos interesses coletivos, que não se confunde com o processo civil, de cunho individualista, mas também dele não é totalmente independente. A interpretação a ser conferida, diante da legislação já existente, deve adequar-se aos novos direitos que se pretende resguardar. Nesse sentido, os arts. 90 do Código de Defesa do Consumidor e 19 da Lei da Ação Civil Pública permitem a aplicação das normas do Código de Processo Civil, naquilo em que não contrariar suas disposições. *Especificamente em relação aos Sindicatos, por se constituírem em associações, estão legitimados para a defesa coletiva de interesses difusos ou coletivos, a teor dos arts. 82, IV, do CDC e 511 e seguintes da CLT*. Nessa condição sujeitam-se às disposições do Código de Defesa do Consumidor e da Lei da Ação Civil Pública, inclusive quanto aos honorários advocatícios. Tanto no CDC quanto na LACP,

---

(19) MAZZILLI, Hugo Nigro. *A defesa dos interesses difusos em juízo*, p. 215 e s.

(20) Sobre legitimação do MPT para defender interesses difusos, coletivos e individuais homogêneos, recomendamos a leitura do nosso *Direito processual coletivo do trabalho na perspectiva dos direitos humanos*. São Paulo: LTr, 2015.

há previsão específica no tocante à condenação da parte autora ao pagamento da verba de honorários, que somente ocorrerá quando for comprovada a má-fé (arts. 87, parágrafo único, do CDC e 17 da LACP). Resta saber se quando vencedor na demanda, faz jus o sindicato aos honorários advocatícios de sucumbência. Assegurar a percepção de honorários ao sindicato, quando atua como substituto processual, é inserir o processo do trabalho na moderna teoria processual que, longe da concepção dogmática do período conceitual do processo guiado pelo liberalismo jurídico, caminha para a coletivização das demandas, em face do reconhecimento das lesões a direitos ou interesses difusos, coletivos ou individuais homogêneos e, sobretudo, rompendo o individualismo processual. O pagamento de honorários advocatícios deve ser visto como forma de incentivo à promoção da defesa judicial coletiva. O CDC e a LACP, no tocante à parte ré da ação coletiva, nada dispuseram a respeito da verba de honorários, o que permite a aplicação das disposições pertinentes previstas no Código de Processo Civil, a teor dos arts. 90 do CDC e 19 da LACP. Sendo procedente a ação, caberá ao réu o pagamento dos honorários advocatícios, consoante diretriz do art. 20 do Código de Processo Civil, segundo o qual a sentença condenará o vencido a pagar ao vencedor as despesas que antecipou e os honorários advocatícios. A atuação coletiva deve ser prestigiada e, para tanto, faz-se necessário o oferecimento aos entes coletivos de meios para buscar os direitos dos integrantes da categoria, o que inclui o direito à percepção dos honorários advocatícios. O Tribunal Pleno desta Corte superior, atento à nova realidade que se descortina, na sessão extraordinária do dia 24.05.2011, firmou o entendimento de que são devidos os honorários advocatícios nas causas em que o ente sindical figure como substituto processual. Para tanto, acresceu o item III à Súmula n. 219 do TST. Recurso de revista conhecido e provido. (TST-RR 568-27.2010.5.04.0261, Rel. Min. Luiz Philippe Vieira de Mello Filho, 1ª T., *DEJT* 13.04.2012.) (grifos nossos)

(...) SINDICATO. SUBSTITUIÇÃO PROCESSUAL. Após o cancelamento da Súmula n. 310, esta Corte, na linha dos precedentes do Supremo Tribunal Federal, firmou o entendimento de que, em face do disposto no art. 8º, III, da Constituição Federal, é ampla e irrestrita a possibilidade de atuação dos sindicatos, na condição de substitutos processuais, na defesa dos interesses difusos, coletivos e individuais homogêneos da categoria que representam. Impõe-se, assim, o reconhecimento da legitimidade do Sindicato, *in casu*, para o ajuizamento de protesto judicial, visando a interromper a prescrição. Recurso de revista não conhecido. PDV. QUITAÇÃO GERAL. OJ N. 270/SBDI-I/TST. A transação extrajudicial, que põe termo ao contrato de trabalho, em virtude da adesão do empregado ao Plano de Demissão Voluntária, implica quitação exclusivamente das parcelas recebidas e discriminadas a título de indenização, não importando em quitação ampla e geral de todos os direitos decorrentes do contrato de emprego, porque incompatível com os termos do art. 477 da CLT. Nesse sentido, é o entendimento pacificado desta Corte, por meio da Orientação Jurisprudencial n. 270 da SBDI-1. Recurso de Revista não conhecido. BÔNUS SUBSTITUTIVO DA PARTICIPAÇÃO NOS LUCROS E RESULTADOS. Tratando-se de interpretação de regulamento da empresa, o recurso de revista se limita à hipótese de divergência jurisprudencial, nos termos do art. 896, *b*, da CLT, o que não foi demonstrado pelo recorrente. Recurso de revista não conhecido. SINDICATO. SUBSTITUTO PROCESSUAL. HONORÁRIOS ADVOCATÍCIOS. Nas demandas decorrentes da relação de emprego, a condenação ao pagamento de honorários advocatícios não decorre pura e simplesmente da sucumbência, devendo a parte estar assistida por sindicato da sua categoria profissional e comprovar a percepção de salário inferior ao dobro do salário mínimo ou declarar encontrar-se em situação econômica que não lhe permita demandar sem prejuízo do próprio sustento ou da respectiva família. Inteligência da Súmula n. 219 do TST. *In casu*, não houve manifestação pelo Regional do estado de hipossuficiência. Recurso de Revista conhecido e provido. MULTA POR EMBARGOS DE DECLARAÇÃO CONSIDERADOS PROCRASTINATÓRIOS. Tendo o acórdão recorrido sido omisso e o TRT suprido a omissão em sede de embargos de declaração, não há como ser considerado procrastinatório, sendo incabível a multa prevista no art. 538, parágrafo único, do CPC. Recurso de revista conhecido e provido. (TST-RR 56500-22.2007.5.17.0009, Rel. Min. Mauricio Godinho Delgado, 6ª T., *DEJT* 03.06.2011.)

RECURSO DE EMBARGOS. SINDICATO. SUBSTITUIÇÃO PROCESSUAL. LEGITIMIDADE. DIREITOS INDIVIDUAIS HOMOGÊNEOS. HORAS EXTRAORDINÁRIAS. A homogeneidade dos direitos buscados em juízo está vinculada à lesão comum e à natureza da conduta, de caráter geral, ainda que alcance a titularidade de diversos indivíduos envolvidos na relação jurídica. A norma constitucional, ao assegurar ao sindicato a defesa judicial dos direitos individuais da categoria, autoriza a defesa coletiva de direitos individuais homogêneos da categoria, cuja titularidade diz respeito a uma coletividade de empregados representados pelo sindicato, abrangendo ou não toda a categoria. Este é o conceito que se extrai do art. 81, III, da Lei n. 8.078/1990 (Código de Defesa do Consumidor), segundo o qual constituem interesses individuais homogêneos "os decorrentes de origem comum". Deste modo, tratando-se de ação que visa a condenação da ré ao pagamento de horas extraordinárias (adicional de sobreaviso e intervalo interjornada) "que embora materialmente individualizáveis, são de origem comum", resta consagrada a homogeneidade que viabiliza a defesa de interesses individuais homogêneos pelo Sindicato da categoria. Embargos conhecidos e desprovidos. (TST-E-ED-RR 275800-51.2009.5.09.0069, Rel. Min. Aloysio Corrêa da Veiga, SBDI-1, *DEJT* 14.11.2013.)

SINDICATO. SUBSTITUIÇÃO PROCESSUAL. DIREITOS INDIVIDUAIS. HOMOGENEIDADE. ADICIONAL NOTURNO. LABOR NO PERÍODO DIURNO EM PRORROGAÇÃO. 1. A controvérsia quanto à amplitude do instituto da substituição processual quedou superada pela interpretação conferida pela Suprema Corte ao art. 8º, III, da Constituição da República de 1988, no sentido de que expressamente autorizada a atuação ampla dos entes sindicais na defesa dos direitos e interesses individuais e coletivos da categoria respectiva. Daí o cancelamento da Súmula n. 310 do Tribunal Superior do Trabalho, cuja orientação impunha restrições ao instituto que a nova ordem constitucional não mais comporta. 2. A pretensão do sindicato-autor de que o empregador observe a incidência do adicional noturno também sobre as horas diurnas laboradas em prorrogação à jornada noturna reveste-se inequivocamente da natureza de direito individual homogêneo, na medida em que se origina da inobservância de condição de trabalho por ato do empregador que atingiu uniformemente a todos os empregados que laboram no período noturno e têm suas jornadas prorrogadas. Presentes, portanto, a origem comum e a relação jurídica de base a qualificar o direito vindicado em juízo. 3. Recurso de revista conhecido e provido. (TST-RR 792-55.2010.5.02.0443, Rel. José Maria Quadros de Alencar, 1ª T., *DEJT* 08.11.2013.)

7. A REFORMA TRABALHISTA E O PAPEL DA AÇÃO CIVIL PÚBLICA

Como a ação civil pública é uma garantia, um remédio, de natureza constitucional, para tutela de direitos ou interesses metaindividuais (difusos, coletivos e/ou individuais homogêneos), salta aos olhos que ela poderá ser utilizada no âmbito da Justiça do Trabalho diante das hipóteses em que o autor dessa demanda coletiva vislumbrar lesão ou ameaça a direitos metaindividuais dos trabalhadores.

Nessa ordem, a ação civil pública poderá questionar dispositivos da Lei n. 13.467/2017 que impliquem violação a direitos fundamentais sociais dos trabalhadores que tenham dimensão metaindividual, como nos casos de terceirização fraudulenta de serviços; "pejotização"; fraude à relação de emprego; trabalho autônomo "exclusivo"; limites à autonomia privada coletiva ("negociado x legislado"); quitação anual das obrigações trabalhistas; homologação judicial de acordos extrajudiciais; trabalho intermitente; liberdade sindical; jornadas de trabalho exaustivas; danos morais coletivos; acesso dos trabalhadores à Justiça do Trabalho etc.

Para tanto, a ação civil pública poderá ser manejada como instrumento de controle incidental de constitucionalidade e de convencionalidade dos dispositivos da Lei n. 13.467/2017.

Vale lembrar que o controle incidental de constitucionalidade, que pode ser exercido difusamente por qualquer juiz ou tribunal, não fica prejudicado com o ajuizamento de Ações Diretas de Inconstitucionalidades (ADIs) que estão tramitando no Supremo Tribunal Federal (STF) sobre a Reforma Trabalhista. É dizer, a ação civil pública será pertinente para questionar, *incidenter tantum*, inconstitucionalidades da Lei da Reforma Trabalhista que afrontam os Direitos Fundamentais trabalhistas e os princípios do regime de emprego socialmente protegido, do valor social do trabalho, da dignidade da pessoa humana, da função socioambiental da propriedade e da empresa e da vedação ao retrocesso social.

No tocante ao controle de convencionalidade, a ação civil pública poderá ser promovida para questionar os dispositivos da Lei da Reforma Trabalhista à luz da Declaração Universal de Direitos Humanos, do Pacto Internacional de Direitos Econômicos, Sociais e Culturais e demais Convenções Internacionais de Direitos Humanos ratificados pelo Brasil no âmbito da Organização das Nações Unidas (ONU), da Organização Internacional do Trabalho (OIT) e Organização dos Estados Americanos (OEA).

Nessa ordem, e tendo em vista que o STF vem entendendo que tais normas internacionais, quando não aprovadas pelo rito do § 3º do art. 5º da CF/1988, têm hierarquia supralegal, porém, infraconstitucional, exsurge a possibilidade do controle (direto ou incidental) de convencionalidade, a cargo de qualquer juiz do trabalho ou tribunal regional do trabalho, e última instância, *in casu*, seria o Tribunal Superior do Trabalho (TST), a quem caberia derradeira palavra sobre o controle de convencionalidade, e não o STF, pois a *quaestio iuris* diria respeito à interpretação e aplicação de normas de hierarquia infraconstitucional, e não de hierarquia constitucional.

CONCLUSÃO

Como síntese das conclusões tópicas já lançadas no desenvolvimento deste estudo, podemos dizer que a ação civil pública, como remédio ou garantia fundamental, constitui uma das mais importantes ferramentas judiciais para proteção dos direitos fundamentais sociais metaindividuais dos trabalhadores.

Além disso, poderá ser um instrumento eficaz para a interpretação e aplicação, em dimensão metaindividual, dos dispositivos infraconstitucionais, especialmente os da Lei n. 13.467/2017 (Lei da Reforma Trabalhista), que alterou substancialmente o sistema de proteção juslaboral brasileiro.

Para tanto, os legitimados *ad causam* para a ação civil pública poderão requerer e os órgãos da Justiça do Trabalho deverão declarar, por provocação ou *ex officio*, a inconstitucionalidade ou a inconvencionalidade dos dispositivos da Lei da Reforma Trabalhista que estejam em desarmonia com as normas (valores, princípios e regras) da Constituição Federal de 1988 e com os documentos (tratados, pactos e convenções) internacionais de proteção ao trabalho digno e decente dos quais o Brasil seja parte.

REFERÊNCIAS

BOBBIO, Norberto. *Dalla struttura alla funzione*: nuovi studi di teoria del diritto. Milano: Edizioni di Comunità, 1977.

CAPPELLETTI, Mauro; GARTH, Bryant G. Introduction policies, trends and ideas in civil procedure. In: *Civil procedure, international encyclopedia of comparative law*. Boston: Martinus Nijhoff Publishers, 1987.

LEITE, Carlos Henrique Bezerra. *Direito processual coletivo do trabalho na perspectiva dos direitos humanos*. São Paulo: LTr, 2015.

_____. *Ministério Público do Trabalho*: doutrina, jurisprudência e prática. 8. ed. São Paulo: Saraiva, 2017.

_____. *Curso de direito processual do trabalho*. 16. ed. São Paulo: Saraiva, 2018.

_____. *Curso de direito do trabalho*. 9. ed. São Paulo: Saraiva, 2018.

MAZZILLI, Hugo Nigro. *A defesa dos interesses difusos em juízo*. São Paulo: Saraiva, 2013.

MILARÉ, Édis (Coord.). *Ação civil pública* – Lei n. 7.347/1985: reminiscências e reflexões após dez anos de aplicação. São Paulo: Revista dos Tribunais, 1995.

31.
Execução Coletiva: Liquidação e Cumprimento da Sentença Coletiva

Joselita Nepomuceno Borba[1]

CONSIDERAÇÕES INICIAIS

A tutela dos direitos coletivos no nosso sistema jurídico é uma realidade consolidada. Realidade vivenciada pelo alargamento do conceito de sujeito de direito que passou a abranger, além do indivíduo, entidades representativas da sociedade.

Esses sujeitos coletivos defendem os chamados direitos de "massa". E, assim, o direito subjetivo de ação individual passa a conviver com o direito subjetivo de ação coletiva.

Surge – e consolida-se – o processo civil coletivo, baseado na Lei n. 7.347/1985 (Lei da Ação Civil Pública – LACP), integrada por regras processuais da Lei n. 8.078/1990 (Código de Defesa do Consumidor – CDC) que, entre outras, regem as ações de responsabilidade por danos morais e patrimoniais causados aos direitos coletivos.

É certo que, apesar dos esforços, ainda não se dispõe de um código de processo coletivo, encontrando-se Anteprojeto de Código Brasileiro de Processos Coletivos (Projeto de Lei n. 5.139) paralisado na Câmara dos Deputados em virtude de sua rejeição pelo Relator[2].

Enquanto isso, o processo coletivo se alicerça no microssistema vigente e, devido a lacunas, vale-se da subsidiariedade do processo civil clássico.

As realidades disciplinadas por tais normas processuais (processo clássico/processo coletivo) são distintas, a exigir estrita observância de peculiaridades inerentes: o autor individual busca a tutela do seu direito; o coletivo tem a missão de buscar a certificação, por força de mandato legal, de direito alheio.

Em face da tutela dos novos direitos, o cumprimento da sentença, que é de natureza genérica, tem relevância fundamental, a exigir que a atenção não se volte apenas para a dialética interna do processo, tendo em vista a entrega da prestação jurisdicional, mas também para a sua finalidade externa, com o propósito de entregar o bem da vida ao seu verdadeiro titular, ou seja, a vítima ou o prejudicado.

Por isso, afigura-se indispensável enfrentar, ainda que de forma sucinta, peculiaridades que levaram a criação de institutos próprios ou a readaptação de institutos originários do direito processual individual, capazes de conferir feição e autonomia ao processo coletivo, como legitimação, coisa julgada e liquidação da sentença.

AÇÃO COLETIVA

Ação coletiva, numa acepção ampla, envolve direitos coletivos (difusos e coletivos e individuais homogêneos), da qual são espécies a ação coletiva e a ação civil pública.

Esta, regulada pela Lei n. 7.347/1978, objetiva tutela de interesses transindividuais, compreensivos dos direitos difusos e coletivos em sentido estrito; aquela, disciplinada pela Lei n. 8.078/1990, tem por fim a defesa de direitos e interesses individuais homogêneos, indicativos de direitos coletivos em sentido lato.

Entretanto, a diferenciação a partir da extensão dos direitos a serem tutelados, como parece indicar a lei, não leva à efetiva dicotomia. À noção de direitos coletivos incorporou-se também a de direitos e interesses

---

[1] Da Academia Brasileira de Direito do Trabalho, titular da cadeira n. 8.
[2] Disponível em: <http://www.camara.gov.br/proposicoesWeb/fichadetramitacao?idProposicao=432485>. Acesso em: 26 maio 2018.

individuais homogêneos, passando a ação civil pública a agregar a defesa de todas as espécies de direito coletivo.

Ação coletiva é instrumento para se exercer direito de acesso à jurisdição, quando a pretensão tem por fim tutelar direitos ou interesses de determinado grupo ou comunidade, dentro do espaço de legitimidade conferida ao autor processual nos termos da lei.

Assim, o fenômeno da massificação dos direitos, com possibilidade de defesa coletiva, é elemento importante na caracterização da ação coletiva. Mas não é só. Também são relevantes peculiaridades que envolvem a titularidade, o objeto e o efeito da coisa julgada.

PECULIARIDADES DA AÇÃO COLETIVA

Todos os esforços para se chegar à ideia fundamental de ação coletiva passam pela titularidade da ação (litígio levado a juízo por uma pessoa que não é o titular do direito lesado ou ameaçado de lesão), pela extensão dos direitos a serem tutelados (coletivos e difusos) e pelo efeito da coisa julgada (envolvente de parte ou do todo coletivo). Segundo a doutrina, a partir da conjugação desses elementos, corresponde a uma "ação proposta por um legitimado autônomo (*legitimidade*), em defesa de um direito coletivamente considerado (*objeto*), cuja imutabilidade do comando da sentença atingirá uma comunidade ou coletividade (*coisa julgada*)[3].

Como se vê, a ação coletiva é expressão típica de nova realidade, decorrente de uma sociedade dividida entre complexidade e massificação das relações humanas sociais e econômicas. Enfim, de uma sociedade vocacionada, na expressão de Mauro Cappelletti[4], a "violações de massa".

Essa espécie de ação possibilita o acesso à justiça de forma coletiva por intermédio de terceiro – "corpo intermediário" ou "parte ideológica" – em defesa de direitos ou interesses que pertencem ao mesmo tempo a todos e a ninguém[5], ou a um e a todos na mesma medida.

NOVA FORMA DE ACESSO À JUSTIÇA: ALTERAÇÕES NO SISTEMA PROCESSUAL

A possibilidade de defesa coletiva de direitos e interesses leva profundas alterações à forma de *acesso à justiça*.

O que antes constituía prerrogativa do indivíduo em defesa de seu direito ou interesse agora constitui prerrogativa também de terceiro, que atua em defesa de grupo ou da coletividade.

O direito de ação que, no sistema processual clássico, é exclusivo do titular do direito material, no novo ramo do direito coletivo, passa a ser de terceiro, pessoa jurídica designada pela lei[6].

E assim, quando um terceiro não titular do direito material é autorizado a ingressar em juízo postulando direito que pertence a um grupo ou coletividade, opera-se desconexão entre direito de ação e direito material[7].

Outra relevante alteração diz respeito ao *objeto da ação*.

A tutela judicial ultrapassa a barreira do direito processual clássico (titular do direito material é o titular do direito subjetivo de ação) para se firmar no campo dos direitos ou interesses coletivos.

Todavia, a mudança não interfere no direito individual de ação. Este, por ser direito fundamental, continua envolto pela garantia da irrenunciabilidade, de forma que a possibilidade de ação individual e coletiva coexistem harmonicamente.

Se o prejudicado por ato lesivo de direito coletivo assim entender poderá exercer individualmente seu direito, inobstante a possibilidade de tutela coletiva pelo fato de o direito lesado ou ameaçado de lesão pertencer a um e a todos na mesma medida. Essa defesa por ter dimensão social e política[8] será exercida por representação.

Nessa hipótese – coexistência de ação individual e coletiva –, a lei confere ao autor individual a faculdade de desistir de sua ação e, com isso, beneficiar-se da

---

(3) GIDI, Antônio. *Coisa julgada e litispendência em ações coletivas*. Mandado de segurança coletivo, ação coletiva de consumo, ação coletiva ambiental, ação civil pública e ação popular. São Paulo: Saraiva, 1995. p. 16.

(4) CAPPELLETTI, Mauro. Formações sociais e interesses coletivos diante da justiça civil. *Repro* 5, p. 130.

(5) Idem, ibidem, p. 147

(6) O titular da ação é a comunidade, diz Antonio Gidi, para quem o "direito público subjetivo à prestação jurisdicional referente a tais direitos (direito de ação coletivo) é apenas a comunidade ou a coletividade como um todo, através das entidades legalmente legitimadas à sua propositura". (*Op. cit.*, p. 23).

(7) Cf. GIDI, Antonio. *Coisa julgada ...*, cit., p. 41.

(8) Direito processual coletivo. In: GRINOVER, Ada Pellegrini; MENDES, Aluisio Gonçalves de Castro; WATANABE, Kazuo. *Direito processual coletivo e o anteprojeto de código brasileiro de processos coletivos*. São Paulo: RT, 2007. p. 12.

coisa julgada coletiva; se não o fizer, não se beneficiará. Prevalece a coisa julgada intersubjetiva[9].

Tais aspectos relacionados à titularidade e ao objeto vão, indubitavelmente, repercutir na *sentença e seus efeitos*, na medida em que o comando decisório vai corresponder à proteção do interesse coletivo.

Dessa peculiaridade – vincular pluralidade de pessoas – decorre a nota caracterizadora da coisa julgada nas ações coletivas: efeito *erga omnes* ou *ultra partes*[10].

Isso significa que sentença dotada de tais efeitos atinge toda a coletividade titular do direito lesado ou ameaçado de lesão. Seus limites subjetivos se espraiam para alcançar, além do autor processual (corpo intermediário ou parte ideológica), quem for apto a se beneficiar do resultado favorável, ou seja, titulares do direito material[11].

Ada Pellegrini Grinover, ao tratar da abrangência da coisa julgada nas ações coletivas, destaca que "o regime geral dos limites subjetivos da coisa julgada, traçado pelo CDC, é de sua extensão *erga omnes* ou *ultra partes*"[12] no caso de procedência da demanda.

Isso porque, se a hipótese for de improcedência da ação coletiva, o terceiro, que não fez parte do processo, não se prejudica, mantendo a faculdade de os interessados a título individual ajuizarem sua ação pessoal.

CATEGORIA DE DIREITOS COLETIVOS

Os direitos coletivos foram sistematizados pela lei[13], consagrando o legislador o termo "transindividuais" como gênero de que são espécies os interesses difusos, os coletivos e os individuais homogêneos.

Na distinção entre classes ou categorias de direitos ou interesses *stricto sensu* (difusos e coletivos), a característica essencial eleita à configuração foi a *indivisibilidade* dos interesses e a *indeterminação* dos seus titulares, características estas que não constam na definição dos direitos individuais homogêneos.

Assim, a partir da sistematização legal, compreende-se[14] que *interesses ou direitos difusos*, conforme a lei, têm por titular pessoas indeterminadas ou de difícil determinação, ligadas por circunstâncias de fato; *interesses ou direitos coletivos* são aqueles cujos titulares, embora indeterminados, são passíveis de determinação e ligam-se entre si ou com a parte contrária, por meio de relação jurídica-base, enquanto os *individuais homogêneos* são compostos de direitos ou interesses *divisíveis*, decorrentes de origem comum.

Estes (individuais homogêneos), constituem categoria de direitos ou interesses coletivos *lato sensu*; aqueles (coletivos), integrados por direitos ou interesses indivisíveis, formam categoria de direitos ou interesses coletivos *stricto sensu*.

Os direitos individuais homogêneos não possuem, como observa Teori Albino Zavascki[15], características que lhes conferem natureza coletiva. Ao revés, são situações jurídico-subjetivas que, pela cumulação de situações similares, permitem aos titulares se unirem para fortalecer suas posições.

---

(9) CDC, Art. 104. As ações coletivas, previstas nos incisos I e II e do parágrafo único do art. 81, não induzem litispendência para as ações individuais, mas os efeitos da coisa julgada *erga omnes* ou *ultra partes* a que aludem os incisos II e III do artigo anterior não beneficiarão os autores das ações individuais, se não for requerida sua suspensão no prazo de trinta dias, a contar da ciência nos autos do ajuizamento da ação coletiva.

(10) CDC, art. 103; LACP, art. 16.

(11) Com a atenção voltada para o art. 103, I e II, do CDC, faz Antonio Gidi distinção entre coisa julgada *erga omnes* e *ultra partes*, nos seguintes termos: Diz *erga omnes* o CDC (art. 103, I), para significar (prescrever) que a autoridade da coisa julgada material atinge toda a comunidade titular do direito lesado – e somente esta. Mas *erga omnes* não significa exatamente "contra todos", como poderia parecer, porque é limitado a comunidade titular do direito superindividual violado e, na eventualidade de procedência, aos titulares dos correspondentes direitos individuais homogêneos. [...] Já o inciso II do art. 103 do CDC utiliza a expressão *ultra partes* para estender a coisa julgada aos membros da coletividade titular do direito lesado e aos titulares dos correspondentes direitos individuais homogêneos. Aqui, evitou-se a expressão *erga omnes* com acerto, porque somente a coletividade titular do direito violado e seus membros devem ser atingidos pela coisa julgada, e não todas as pessoas indiscriminadamente (*Op. cit.*, p. 108/109).

(12) *Código de Defesa do Consumidor comentado pelos autores do anteprojeto*. 8. ed. Rio de Janeiro: Forense Universitária, 2005. p. 915.

(13) CDC, Art. 81. A defesa dos interesses e direitos dos consumidores e das vítimas poderá ser exercida em juízo individualmente, ou a título coletivo. Parágrafo único. A defesa coletiva será exercida quando se tratar de: I – interesses ou direitos difusos, assim entendidos, para efeitos deste código, os transindividuais, de natureza indivisível, de que sejam titulares pessoas indeterminadas e ligadas por circunstâncias de fato; II – interesses ou direitos coletivos, assim entendidos, para efeitos deste código, os transindividuais, de natureza indivisível de que seja titular grupo, categoria ou classe de pessoas ligadas entre si ou com a parte contrária por uma relação jurídica base; III – interesses ou direitos individuais homogêneos, assim entendidos os decorrentes de origem comum.

(14) Nesse sentido BORBA, Joselita Nepomuceno. *Legitimidade concorrente na defesa dos direitos e interesses coletivos e difusos*: sindicato, associação, Ministério Público e entes não sindicais. São Paulo: LTr, 2013. p. 83.

(15) ZAVASCKI, Teori Albino. Defesa de direitos coletivos e defesa coletiva de direitos. *Revista de Informação Legislativa*, Brasília, a. 32, n. 127, jul./set. 1995.

Aliás, a lei não qualificou os chamados *direitos ou interesses individuais homogêneos* como coletivos[16], apenas conferiu mecanismo especial para a defesa coletiva. Daí por que, na percepção do citado autor, estes são individuais sob o aspecto subjetivo e divisíveis sob o aspecto objetivo, ou seja, eles podem ser satisfeitos ou lesados de forma diferenciada e individualizada, satisfazendo ou lesando um ou alguns titulares sem afetar os demais[17].

DIREITO PROCESSUAL COLETIVO: AUTONOMIA

Ao lado da ação individual, com seus princípios, regras e institutos consolidados, estrutura-se, na atualidade, a ação coletiva, com feição própria, princípios e institutos inerentes ou readaptados do processo clássico, para defesa dos interesses e direitos da coletividade.

Apesar de não se dispor ainda de um Código de Processo Coletivo, não tem dúvida a doutrina[18] em afirmar a autonomia do novo ramo do direito. Ele é regido não só por microssistema composto pela Lei da Ação Civil Pública n. 7.347/1985, pelo Código de Defesa do Consumidor n. 8.078/1990, como pela Lei do Mandado de Segurança Individual e Coletivo (Lei n. 12.016/2009).

Trata-se de novo ramo do Direito Processual para disciplinar, em juízo, as lides coletivas, com regras e princípios próprios ou adaptados do processo civil individual.

São, portanto, na atualidade, dois ramos distintos e autônomos (Direito Processual Individual e Direito Processual Coletivo), não se podendo aplicar disposições do processo clássico ao novo ramo por absoluta incompatibilidade, ressalvada aplicação subsidiária, se compatível.

A incompatibilidade decorre de peculiaridades das lides coletivas, entre elas a natureza da sentença coletiva. Por um lado, tutela o bem coletivo a partir de um comando mandamental e, por outro, fixa responsabilidade do réu por prejuízos individualmente causados.

SENTENÇA COLETIVA

Na tutela de direitos ou interesses coletivos, o autor processual busca não só a certificação do direito, mas também a declaração de sua violação, deduzindo-se pretensão de imposição ao vencido de uma obrigação que pode ser se dar, fazer ou não fazer alguma coisa.

À certeza jurídica da existência do direito postulado alia-se, cumulativamente, a certeza jurídica de sua violação, com imposição ao vencido de uma obrigação.

Da certificação da existência da lei e de sua violação – portanto, procedente o pedido – a consequência, nos termos do art. 95 do CDC, é a condenação genérica com fixação de responsabilidade do réu por danos causados.

A sentença condenatória, que a lei considera genérica, é certa quanto ao comando geral, mas incerta quanto à responsabilidade por danos advindos da conduta ilícita. Tal peculiaridade requer procedimento de liquidação, disciplinado pelo microssistema de direito coletivo, notadamente pela Lei n. 8.078/1990 (CDC).

O comando geral da sentença coletiva, por força do quanto dispõe o art. 84 do CDC, é do tipo mandamental (comando genérico, com imposição de obrigação, sob pena de multa). Destina-se à tutela de direitos coletivos *stricto sensu* ou essencialmente coletivos. Tal comando, por ser mandamental, não exige procedimento de liquidação e sim adoção de providências que assegurem o resultado prático equivalente ao adimplemento.

O mesmo não ocorre em relação ao comando da sentença coletiva, que fixa responsabilidade do réu por danos causados. A sentença quanto a esse aspecto é ilíquida e, como tal, sujeita-se a processo de liquidação.

Levando-se em conta que o processo coletivo, no particular, é dotado de regra própria, a liquidação se dá conforme previsão do art. 97 do CDC, aplicando-se disposições da lei processual comum apenas de forma subsidiária.

Em síntese, tendo em vista a natureza da sentença condenatória que impõe obrigação, o procedimento de liquidação da sentença não se faz necessário, salvo se, na impossibilidade de se executar a tutela específica, houver conversão de obrigação. Todavia, no que diz respeito à reparação de danos, por prejuízos individualmente suportados, a sentença coletiva sujeita-se a processo de liquidação a fim de se chegar a quem efetivamente sofreu prejuízo e ao valor do prejuízo suportado.

---

(16) Lei n. 8.078/1990, art. 81 [...] III – interesses ou direitos individuais homogêneos, assim entendidos os decorrentes de origem comum.

(17) Cf. ZAVASCKI, Teori Albino. *Comentários ao Código de Processo Civil*: processo de execução. São Paulo: Revista dos Tribunais, 2004. v. 8, p. 85.

(18) Conferir por todos Ada Pellegrini Grinover. Rumo a um Código Brasileiro de Processos Coletivos. In: MAZZEI, Rodrigo Reis; NOLASCO, Rita Dias (Coords.). *Processo civil coletivo*. São Paulo: Quartier Latin, 2005. p. 722-723 e Gregório Assagra de Almeida.

LIQUIDAÇÃO DA SENTENÇA COLETIVA

A natureza e o conteúdo da sentença coletiva, bem como peculiaridades inerentes à tutela, são aspectos determinantes para que a liquidação da sentença coletiva se dê com base no microssistema de processo coletivo.

Esse microssistema institui técnicas diferentes para execução da sentença coletiva, conforme a certificação do interesse predominante e a natureza do bem: divisível[19] ou indivisível[20].

A sentença condenatória em ação coletiva de defesa de interesses coletivos e difusos, em que o *interesse é essencialmente coletivo* e o *bem é indivisível*, a tutela se dá de forma específica[21] e sua execução prescinde de liquidação.

Isso porque do comando da sentença emana ordem com providência tendente a preservar ou restaurar situação jurídica violada. Dessa forma, o objetivo maior é a prestação *in natura* da obrigação.

A força coativa da sentença vem da potencialização dos poderes do juiz na condução e na implementação de providências com o propósito de assegurar a prestação[22], ressalvada a hipótese de conversão da obrigação em perdas e danos[23]. Mas a conversão somente se dará quando jurídica ou materialmente impossível a tutela específica ou a obtenção do resultado prático correspondente[24].

Liquidez e certeza são, portanto, qualidades inerentes a essa modalidade de sentença de natureza mandamental[25].

Tal atributo, no entanto, não é próprio da sentença condenatória em ação coletiva de defesa de interesses individuais homogêneos, em que os *interesses são acidentalmente coletivos* e o *bem divisível*, peculiaridade que impede que a tutela se dê de forma específica. Desse modo, em relação aos interesses individuais, necessariamente, a execução deve ser precedida de liquidação.

Assim, no que tange aos danos individualmente sofridos, a sentença necessita de prévia liquidação a ser promovida, segundo as disposições do art. 97 do CDC[26], pela vítima e seus sucessores.

O prejuízo que cada vítima suportou em razão da ilegalidade corrigida deve ser apurado em procedimento individual de liquidação, por meio de habilitação. Somente após a liquidação das indenizações individuais pelos respectivos titulares é que se dá possível legitimidade do autor processual (ou ente coletivo de que trata o art. 82 do CDC) para execução do prejuízo individualmente suportado.

Sem que as possíveis vítimas se apresentem e digam quanto foi seu prejuízo não tem como o substituto processual pedir reparação de danos individualmente suportados.

---

(19) CDC, Art. 81. A defesa dos interesses e direitos dos consumidores e das vítimas poderá ser exercida em juízo individualmente, ou a título coletivo. Parágrafo único. A defesa coletiva será exercida quando se tratar de: [...] III – interesses ou direitos individuais homogêneos, assim entendidos os decorrentes de origem comum.

(20) CDC, Art. 81. A defesa dos interesses e direitos dos consumidores e das vítimas poderá ser exercida em juízo individualmente, ou a título coletivo. Parágrafo único. A defesa coletiva será exercida quando se tratar de: [...] I – interesses ou direitos difusos, assim entendidos, para efeitos deste código, os transindividuais, de natureza indivisível, de que sejam titulares pessoas indeterminadas e ligadas por circunstâncias de fato; II – interesses ou direitos coletivos, assim entendidos, para efeitos deste código, os transindividuais, de natureza indivisível de que seja titular grupo, categoria ou classe de pessoas ligadas entre si ou com a parte contrária por uma relação jurídica base.

(21) CDC, Art. 84. Na ação que tenha por objeto o cumprimento da obrigação de fazer ou não fazer, o juiz concederá a tutela específica da obrigação ou determinará providências que assegurem o resultado prático equivalente ao do adimplemento.

(22) CDC, Art. 84. [...] § 3º Sendo relevante o fundamento da demanda e havendo justificado receio de ineficácia do provimento final, é lícito ao juiz conceder a tutela liminarmente ou após justificação prévia, citado o réu. § 4º O juiz poderá, na hipótese do § 3º ou na sentença, impor multa diária ao réu, independentemente de pedido do autor, se for suficiente ou compatível com a obrigação, fixando prazo razoável para o cumprimento do preceito. § 5º Para a tutela específica ou para a obtenção do resultado prático equivalente, poderá o juiz determinar as medidas necessárias, tais como busca e apreensão, remoção de coisas e pessoas, desfazimento de obra, impedimento de atividade nociva, além de requisição de força policial.

(23) CDC, Art. 84. [...] § 1º A conversão da obrigação em perdas e danos somente será admissível se por elas optar o autor ou se impossível a tutela específica ou a obtenção do resultado prático correspondente.

(24) Conferir nesse sentido Ada Pellegrini Grinover *et al. CDC Comentado pelos* autores..., cit., p. 842.

(25) Exatamente o que ocorre no mandado de segurança coletivo em que a sentença genérica que concede a segurança, impondo obrigação (fazer ou não fazer), sob pena de multa. Com isso, restabelece em nível coletivo o direito lesado.

(26) CDC, Art. 97. A liquidação e a execução de sentença poderão ser promovidas pela vítima e seus sucessores, assim como pelos legitimados de que trata o art. 82.

Por meio do procedimento de liquidação, ocorrerá verdadeira habilitação das vítimas e sucessores, transformando-se a condenação em prejuízos globais em indenizações pelos danos individualmente suportados.

Por isso, esclarece Ada Pellegrini Grinover[27] "cada liquidante, no processo de liquidação **deverá provar, em contraditório pleno e com cognição exauriente, o seu dano pessoal e o nexo etiológico com dano globalmente causado (ou seja, o *an debeatur*), além de quantifica-los (ou seja, o *quantum*)**" (negrito no original).

Ainda, acerca das peculiaridades do procedimento no processo coletivo, Cândido Rangel Dinamarco[28], com autoridade de sua lição invocada por Ada Pellegrini Grinover, explica que:

> o objeto do conhecimento do juiz incluirá fatos e alegações referentes ao dano efetivamente sofrido pelo 'liquidante', relação de causalidade com o fato intrinsecamente danoso afirmado na sentença genérica prevista no art. 95 etc., além dos fatos e alegações pertinentes ao dimensionamento do dano sofrido (aqui, verdadeira liquidação).

A situação, como se vê, é peculiar. Porém, a peculiaridade não se resume apenas à quantificação do dano, mas também em afirmar a legitimidade de cada vítima, o nexo com o prejuízo globalmente reconhecido pela sentença e o dano concretamente suportado, mesmo porque cada vítima pode ter sido afetada de maneira diversa, o que gera dano em extensão diferente.

Diante dos fatos e das alegações postos no procedimento de habilitação e de liquidação, o réu condenado na sentença genérica poderá articular fatos impeditivos, extintivos ou modificativos da pretensão individual, formando-se verdadeiro contraditório.

Por conseguinte, o procedimento adequado à liquidação em questão é o da modalidade por artigos, em razão dos fatos novos a serem comprovados pelo liquidante. Por esse motivo, segundo Ada Pellegrini Grinover[29], a "liquidação deverá necessariamente ser feita por artigos", na forma do CPC[30], de aplicação subsidiária.

Assim, na liquidação do processo coletivo, tem incidência regras do processo coletivo (CDC, arts. 95 a 98) e, subsidiariamente, disposições do CPC, embora a posição atual do Supremo Tribunal Federal seja diversa, como será destacado.

A sentença genérica deve ser liquidada pelos titulares do direito violado, a fim de, em processo de liquidação, comprovarem o nexo causal, averiguarem a dimensão do prejuízo individual e apurarem o *quantum debeatur*. A pretensão individual, a despeito de ter sua base em sentença genérica, somente pode ser exercida pelo titular do direito material ou seu representante devidamente autorizado, na forma do art. 5º, XXI, da CF.

Firmada premissa segundo a qual a liquidação, pela própria natureza das coisas, dar-se-á por artigos de liquidação, nesse procedimento tem aplicação subsidiária a lei processual civil comum.

Por essas razões de direito, o prejudicado/liquidante propõe a medida de habilitação e liquidação para, dando cumprimento à sentença coletiva, quantificar os prejuízos individualmente suportados. A medida envolve, pois, apenas habilitação e liquidação do julgado, e não atos de expropriação reservados para a fase de cumprimento da sentença. Portanto, o objeto é identificar o titular e o valor do prejuízo, complementando-se, assim, o processo de conhecimento.

Outra não é a conclusão a que chega Ada Pellegrini Grinover[31]. Ao fazer leitura didática do art. 95 do CDC, que versa sobre condenação genérica com fixação de responsabilidade, não deixa margem de dúvida para o fato de que há contornos bem delineados na fase de liquidação, atuando o titular do direito material e o autor processual em vertentes diversas: este, na busca do cumprimento da sentença relativamente ao bem coletivo (indivisível); aquele, na satisfação de seus interesses (ressarcimento dos danos individualmente sofridos).

Se, no entanto, não houver habilitação ou se houver em número insignificante em relação à gravidade do dano certificado pela sentença coletiva, excepciona a lei, facultando ao autor processual, depois de um ano, promover a liquidação e a execução da indenização devida, revertendo o produto da indenização para um fundo legal[32], jamais para o patrimônio privado ou de qualquer dos entes legitimados.

---

(27) *Código Brasileiro...*, cit., p. 815/816.

(28) GRINOVER, Ada Pellegrini. *O processo*. Brasília: Gazeta Jurídica, 2013. II Série. Estudos e Pareceres de processo civil, p. 421/422.

(29) *Código Brasileiro...*, cit., p. 818.

(30) Art. 509. Quando a sentença condenar ao pagamento de quantia ilíquida, proceder-se-á à sua liquidação, a requerimento do credor ou do devedor: [...] II – pelo procedimento comum, quando houver necessidade de alegar e provar fato novo.

(31) *Código Brasileiro...*, cit., p. 883.

(32) CDC, Art. 100. Decorrido o prazo de um ano sem habilitação de interessados em número compatível com a gravidade do dano, poderão os legitimados do art. 82 promover a liquidação e execução da indenização devida.

Portanto, a sentença condenatória genérica, na parte em que fixa responsabilidade, somente pode ser liquidada pelos titulares do direito material, a fim de, em processo de liquidação por artigos[33], comprovarem eles o nexo causal e, com essa certeza jurídica, prosseguir na averiguação da dimensão do prejuízo e apurar o *quantum debeatur*.

LEGITIMIDADE PARA O PROCEDIMENTO DE LIQUIDAÇÃO

O regime de legitimação é estabelecido pela lei. Regra geral, a legitimidade para o exercício do direito de ação é do titular do direito material. Só excepcionalmente, quando a lei expressamente autorizar, o direito público subjetivo de natureza constitucional pode ser exercido por terceiro, hipótese em que, em nome próprio, pode defender direito alheio.

Dessa forma, ao lado da legitimação ordinária, existe a extraordinária ou anômala. Trata-se do instituto da substituição processual ou de legitimação autônoma, própria do direito processual civil coletivo[34].

O instituto da substituição processual experimentou viva controvérsia quanto ao seu alcance, mas o Supremo Tribunal Federal pacificou a questão no sentido de que a Constituição Federal prevê substituição ampla e irrestrita[35].

Essa substituição, conforme entendimento prevalente na Corte[36], estende-se inclusive à execução, ou seja, o autor processual pode atuar na defesa de todos e quaisquer direitos subjetivos individuais e coletivos de integrantes da categoria por ele representado.

Entretanto, a substituição processual na fase de execução ainda não está pacificada, podendo retornar à pauta do Supremo Tribunal Federal, seja em virtude de entendimentos divergentes[37], seja para compatibilizar a regra do art. 95 do CDC, com a extensão do instituto na execução.

Pode, então, o substituto processual agir na fase de execução?

Segundo orientação do Supremo Tribunal Federal, por sua maioria, pode sim[38].

No entanto, tal amplitude não se encontra nas leis que disciplinam o processo coletivo, máxime as disposições dos arts. 95 a 98 do CDC, que regem a matéria em sede de execução.

Nos termos do art. 97 do CDC, diante da sentença genérica que fixa responsabilidade do acusado, compete à vítima e seus sucessores liquidar a sentença. Ao ente coletivo, só cabe atuar em favor da vítima se houver fixação do valor da indenização em sentença de liquidação, conforme expressa previsão do art. 98 do CDC.

Portanto, a condição do ente coletivo na execução é de representante e não de substituto processual. A representação se faz necessária em decorrência da necessidade de se identificar a vítima, bem como de mensurar a extensão e o valor do prejuízo individualmente suportado.

Além disso, no universo coletivo, se não identificada a vítima, o bem da vida pode ficar em poder de quem não tem a titularidade do bem material tutelado, passando a integrar seu patrimônio, com real possibilidade de inefetividade da tutela no momento de se entregar o bem da vida ao seu titular.

Exatamente por isso, inobstante posicionamento do Supremo Tribunal Federal em sentido contrário, continua-se a defender, inclusive com base no art. 97 do CDC, ainda vigente, que, na execução coletiva, a legitimidade para apurar danos individualmente sofridos é do titular do direito material, denominado pelo legislador de "vítima". Pode, no entanto, o autor processual promover a execução, desde que as indenizações já tenham sido fixadas em sentença de liquidação[39].

---

(33) Cf. GRINOVER, Ada Pellegrini. *Código Brasileiro...*, cit., p. 888.

(34) Esclarecem Nelson Nery Junior e Rosa Maria de Andrade Nery que direitos coletivos e difusos não podem ser regidos pelo mesmo sistema de substituição processual porque não se pode substituir coletividade ou pessoas indeterminadas, situando-se o fenômeno no campo do direito processual civil coletivo (*CPC comentado...*, cit., v. 5, p. 152). No mesmo sentido, Arruda Alvim (Ação civil pública. *Revista de Processo*, n. 87, p. 156, jul./set. 1997).

(35) STF. Súmula n. 630. A entidade de classe tem legitimação para o mandado de segurança ainda quando a pretensão veiculada interesse apenas a uma parte da respectiva categoria.

(36) STF RE n. 210029 em 12.06.2006. No mesmo sentido, julgados nesta data, RE ns. 193.503, 193.579, 208.983, 211.874, 213.111, 214.668, 214.830 e 211.152. Ao RE n. 211.303, interposto pela União, negou-se provimento (Informativo STF. Supremo Tribunal Federal. Disponível em: <http://www.stf.gov.br>.

(37) Cf. inteiro teor do Acórdão RE n. 210.029; Informativo STF. Supremo Tribunal Federal. Disponível em: <http://www.stf.gov.br>.

(38) Cf. Informativo STF. Supremo Tribunal Federal. Disponível em: <http://www.stf.gov.br>.

(39) Art. 98. A execução poderá ser coletiva, sendo promovida pelos legitimados de que trata o art. 82, abrangendo as vítimas cujas indenizações já tiveram sido fixadas em sentença de liquidação, sem prejuízo do ajuizamento de outras execuções. [destaques acrescidos]

HABILITAÇÃO

No sistema do processo coletivo (CDC), o condenado por danos provocados sujeita-se a reparar prejuízos que causar a vítimas que se apresentarem, ou seja, que se habilitarem, isso sem prejuízo de indenização fluída, reversível a fundo instituído por lei[40].

A fim de conferir efetividade à sentença genérica, com abrangência do universo de prejudicados na maior medida do possível, previu a lei[41] ampla divulgação da propositura da ação. Tal providência, aliás, deve ser estendida também ao momento culminante da ação, qual seja, do trânsito em julgado da decisão condenatória, fazendo-o o juiz com base nos amplos poderes que tem de conduzir o processo.

Assim, na sistemática da lei instrumental, com o trânsito em julgado da ação coletiva de responsabilidade por danos individualmente sofridos, a habilitação dos interessados se dá por meio do processo de liquidação.

CONCLUSÃO

O direito individual e direito processual coletivo cuidam de realidades distintas: um, idealizado para solucionar conflitos entre pessoas individualmente consideradas; outro, pensado para solucionar conflito de massa, em que pessoa jurídica (corpo intermediário ou pessoa ideológica) defende interesses ou direitos que pertencem na mesma medida a um e a todos os indivíduos de grupo, categoria ou classe de pessoas.

O processo coletivo tem sua regência nas disposições do microssistema de direito coletivo. Entre outras peculiaridades, cuida dos efeitos da sentença coletiva. Esta é de natureza genérica, declaratória do direito ou interesse lesado e condenatória quanto aos prejuízos individualmente suportados.

Os interesses tutelados e a natureza das prestações contidas no comando da sentença coletiva são fatores determinantes à satisfação do julgado.

Por isso, nos termos da lei, compete ao autor processual exigir o cumprimento do comando geral da sentença, fazendo cessar a ilegalidade perpetrada, que gerou prejuízo globalmente considerado. Entretanto, com relação aos danos individualmente suportados, compete à vítima ou ao seu sucessor desencadear o processo de liquidação. Isso porque somente a vítima tem a dimensão do prejuízo que suportou. Todavia, a questão não se resume à apuração do dano. Mais que isso, na comprovação da condição de vítima, com prova do nexo com o prejuízo globalmente reconhecido.

De fato, a lei processual não autorizou o autor processual a agir para dispor do patrimônio individual. Ao revés, prevê expressamente a inadmissibilidade de atuação na fase de liquidação da sentença, ressalvada a hipótese de representação. A restrição já não se impõe depois de liquidados os danos individuais, quando o ente coletivo está autorizado a atuar na condição de substituto processual.

REFERÊNCIAS

ALMEIDA, Gregório Assagra de. *Direito processual coletivo brasileiro*: um novo ramo do direito processual. São Paulo: Saraiva, 2003.

ALVIM, Arruda. Ação civil pública. *Revista de Processo*, n. 87, jul./set. 1997.

BORBA, Joselita Nepomuceno. *Legitimidade concorrente na defesa dos direitos e interesses coletivos e difusos*: sindicato, associação, Ministério Público e entes não sindicais. São Paulo: LTr, 2013.

_____. Legitimação, coisa julgada e liquidação de sentença no processo coletivo. Efetividade da Tutela Coletiva. In: BRAMANTE, Ivani Contini; CALVO, Adriana (Coord.). *Aspectos polêmicos e atuais do direito do trabalho*. Homenagem ao Professor Renato Rua de Almeida. São Paulo: LTr, 2007.

CAPPELLLETTI, Mauro. Formações sociais e interesses coletivos diante da justiça civil. *Repro 5*.

GIDI, Antonio. *Coisa julgada e litispendência em ações coletivas*. Mandado de segurança coletivo, ação coletiva de consumo, ação coletiva ambiental, ação civil pública e ação popular. São Paulo: Saraiva, 1995.

GRINOVER, Ada Pellegrini. *O processo*. Brasília Gazeta Jurídica, 2013. II Serie. Estudos e Pareceres de processo civil.

_____. Aparente restrição da coisa julgada na ação civil pública: ineficácia da modificação ao art. 16 pela Lei n. 9.494/1997. In: FIGUEIREDO, Guilherme José Purvim (Coord.). *Temas de direito ambiental e urbanístico*. São Paulo: Max Limonad, 1998.

_____. Rumo a um Código Brasileiro de Processos Coletivos. In: MAZZEI, Rodrigo Reis; NOLASCO, Rita Dias (Coords.). *Processo civil coletivo*. São Paulo: Quartier Latin, 2005.

---

(40) CDC, Art. 100. Decorrido o prazo de um ano sem habilitação de interessados em número compatível com a gravidade do dano, poderão os legitimados do art. 82 promover a liquidação e execução da indenização devida [destaques acrescidos ao original].

(41) CDC Art. 94. Proposta a ação, será publicado edital no órgão oficial, a fim de que os interessados possam intervir no processo como litisconsortes, sem prejuízo de ampla divulgação pelos meios de comunicação social por parte dos órgãos de defesa do consumidor [destaques acrescidos ao original].

_____. In: _____ et al. *Direito processual coletivo e o anteprojeto de código brasileiro de processos coletivos*. São Paulo: RT, 2007.

_____. In: _____ et al. *Código Brasileiro de Defesa do Consumidor comentado pelos autores do Anteprojeto*. 8. ed. Rio de Janeiro: Forense, 2005.

NERY JUNIOR, Nelson; ANDRADE NERY, Rosa Maria de. *Código de Processo Civil Comentado e legislação extravagante*. 9. ed. São Paulo: RT, 2006.

VENTURI, Elton. *Execução da tutela coletiva*. São Paulo: Malheiros, 2000.

ZAVASCKI, Teori Albino. Defesa de direitos coletivos e defesa coletiva de direitos. *Revista de Informação Legislativa*, Brasília, a. 32, n. 127, jul./set. 1995.

_____. *Comentários ao Código de Processo Civil*: processo de execução. São Paulo: Revista dos Tribunais, 2004. v. 8.

32.
AÇÕES ANULATÓRIAS

Tereza Aparecida Asta Gemignani[1]

> "Doutrinadores e operadores do processo, temos a mente povoada de um sem-número de preconceitos e dogmas supostamente irremovíveis que, em vez de iluminar o sistema, concorrem para uma Justiça morosa e, às vezes, insensível às realidades da vida e às angústias dos sujeitos em conflito."
> Cândido Rangel Dinamarco – *Nova era do processo*

I. INTRODUÇÃO

Até agora o manejo de ações anulatórias no processo trabalhista tem ficado restrito a poucas questões pontuais.

Entretanto, a reforma trabalhista, promovida pela Lei n. 13.467/2017, veio alterar significativamente este universo, quando abriu espaço para a autonomia privada individual no parágrafo único do art. 444 da CLT, além de ampliar o exercício da autonomia privada coletiva, ao conferir novo perfil à negociação coletiva no art. 611-A da CLT, traçando também novas regras para fixar seus limites no art. 611-B.

Este artigo se propõe a estudar a matéria e seus principais efeitos, tendo como foco a perspectiva constitucional.

II. OS PRINCÍPIOS CONSTITUCIONAIS QUE REGEM O PROCESSO

O art. 5º da CF/1988 elencou, entre os direitos fundamentais, as diretrizes reitoras do direito processual no Brasil, como Estado Democrático de Direito edificado com base na cidadania e na dignidade da pessoa humana. Entre as principais, podemos destacar a segurança jurídica, o devido processo legal, o direito ao contraditório e ampla defesa, a razoável duração do processo e o acesso à justiça

III. O CÓDIGO DE PROCESSO CIVIL DE 2015 E OS PRINCÍPIOS CONSTITUCIONAIS

A fim de dar efetividade aos princípios constitucionais, o Novo Código de Processo Civil abre seu Livro I instituindo uma Parte Geral, com o título "Das Normas Fundamentais e da Aplicação das Normas Processuais", contendo dois capítulos.

O primeiro, do art. 1º ao art. 12, trata das normas fundamentais do processo civil, estabelecendo logo no início que o processo "será ordenado, disciplinado e interpretado conforme os valores e normas fundamentais estabelecidos na Constituição". O segundo, dos arts. 13 a 15, indica que as referidas normas processuais serão aplicadas "supletiva e subsidiariamente" na "ausência de normas que regulem os processos eleitorais, trabalhistas ou administrativos".

Portanto, logo no início, não só reconheceu a primazia da principiologia constitucional, mas também a dinâmica articulação entre os diversos princípios na formação da base de sustentação do ordenamento processual.

Ademais, deixou expressa sua natureza instrumental de efetivação do direito material e o compromisso com a justiça das decisões, tendo em vista a economicidade na movimentação da máquina judiciária e a celeridade da prestação jurisdicional em prol da valorização da cidadania em inúmeros institutos.

---

(1) Desembargadora do TRT 15. Doutora em Direito do Trabalho pela Universidade de São Paulo (USP). Membro da Academia Brasileira de Direito do Trabalho (ANDT), cadeira n. 70.

A segurança jurídica referida no *caput* do art. 5º da CF/1988 passou a ser operacionalizada sob várias vertentes, tendo o CPC/2015 conferido especial destaque ao contraditório, a fim de bem solucionar os interesses em conflito, para tanto abrindo a interlocução com diferentes setores da sociedade, como possibilitam o instituto do *amicus curiae* e a convocação de audiências públicas.

Escorada no inciso LXXVIII do art. 5º da CF/1988, a razoável duração do processo ganhou ênfase significativa, com o reconhecimento da importância da eficiência na gestão do procedimento. Nesta esteira, como bem ponderam Marinoni, Arenhart e Mitidiero[2], é que a Constituição e o Novo Código determinam "a eliminação do tempo patológico – a desproporcionalidade entre a duração do processo e a complexidade do debate da causa que nele tem lugar. O direito ao processo justo implica direito ao processo sem dilações indevidas, que se desenvolve temporalmente dentro de um tempo justo". Isto porque o "direito à tutela tempestiva implica direito à economia processual", com o aproveitamento dos atos processuais já praticados, sem repetições desnecessárias, a fim de promover "um processo com consumo equilibrado de tempo".

Gizado pelo inciso XXXV do art. 5º da CF/1988, o direito de acesso à justiça passou a ter conotação não só formal, mas também substantiva, pois o sistema brasileiro veda a possibilidade de excluir do Poder Judiciário a apreciação de qualquer ameaça ou lesão. Deste preceito, decorre o direito à obtenção de uma decisão de mérito que efetivamente solucione o conflito e a preservação do resultado útil do processo, mediante a concessão das tutelas provisórias de urgência.

Não se pode desconsiderar que mudanças de porte significativo provocam reação, o que torna compreensível a resistência à aplicação das novas regras do CPC/2015 ao processo trabalhista. Entretanto, como bem alerta Dinamarco[3], nós "doutrinadores e operadores do processo, temos a mente povoada de um sem-número de preconceitos e dogmas supostamente irremovíveis que, em vez de iluminar o sistema, concorrem para uma Justiça morosa e, às vezes, insensível às realidades da vida e às angústias dos sujeitos em conflito".

Por isso, é preciso que "os princípios e garantias constitucionais sejam havidos como penhores da obtenção de resultados justos" sem, entretanto, "receber um culto fetichista que desfigura o sistema". Daí a imperiosidade de "ler os princípios por um prisma evolutivo".

IV. O CÓDIGO DE PROCESSO CIVIL DE 2015 E SUA APLICAÇÃO NO PROCESSO TRABALHISTA

O Livro I evidencia que, ao invés de limitar-se à referência estática e segmentada, o CPC/2015 fez clara opção pela aplicação dinâmica dos princípios constitucionais, articulando-os de forma dialógica em vários de seus institutos a fim de conferir unidade ao sistema, como "condição necessária e indispensável para obtenção de decisões justas".

Nesta perspectiva, como bem destacam Luiz Guilherme Marinoni, Sérgio Cruz Arenhart e Daniel Mitidiero[4], o direito ao processo justo também se constitui como um direito de natureza processual. Para tanto, "impõe deveres organizacionais ao Estado na sua função legislativa, judiciária e executiva. É por essa razão que se enquadra dentro da categoria dos direitos à organização e ao procedimento. A legislação infraconstitucional constitui um meio de densificação do direito ao processo justo pelo legislador. É a forma pela qual esse cumpre com seu dever de organizar um processo idôneo à tutela dos direitos. As leis processuais não são nada mais, nada menos do que concretizações do direito ao processo justo".

Assim sendo, a "atuação da administração judiciária tem de ser compreendida como uma forma de concretização do direito ao processo justo. O juiz tem o dever de interpretar e aplicar a legislação processual em conformidade com o direito fundamental ao processo justo. O Estado constitucional tem o dever de tutelar de forma efetiva os direitos. Se essa proteção depende do processo, ela só pode ocorrer mediante processo justo. No Estado Constitucional, o processo só pode ser compreendido como o meio pelo qual se tutela os direitos na dimensão da Constituição. O direito ao processo justo visa a assegurar a obtenção de uma decisão justa. Ele é o meio pelo qual se exerce pretensão à tutela dos

---

(2) MARINONI, Luiz Guilherme; ARENHART, Sérgio Cruz; MITIDIERO, Daniel. *Novo Código de Processo Civil comentado*. São Paulo: Revista dos Tribunais. p. 91 a 101.

(3) DINAMARCO, Cândido Rangel. *Nova era do processo civil*. São Paulo: Malheiros, 2007. p. 21 a 23.

(4) MARINONI, Luiz Guilherme; ARENHART, Sérgio Cruz; MITIDIERO, Daniel. In: *Novo Código de Processo Civil comentado*. São Paulo: Revista dos Tribunais, 2015. p. 91 a 101.

direitos. Esse é o seu objetivo central dentro do Estado Constitucional".

Para tanto, o direito ao processo justo passa a ter conotação "multifuncional", exigindo atuação "integrativa, interpretativa, bloqueadora e otimizadora".

A aplicação subsidiária e supletiva dessas diretrizes ao processo trabalhista encontra respaldo nos arts. 15 do CPC/2015 e 769 da CLT, ante a inequívoca compatibilidade, já que a prestação da tutela jurisdicional rápida e eficiente para a satisfação dos créditos de natureza alimentar se revela indispensável para a efetiva pacificação social, de sorte que estes novos preceitos positivados no CPC/2015 são aplicáveis ao processo do trabalho.

Com a finalidade de conferir operacionalidade a estes critérios de aplicação, o TST expediu a Instrução Normativa n. 39 (Resolução n. 203, de 15.03.2016), reconhecendo a importância da aplicação dos novos institutos processuais para garantir a pacificação dos conflitos sociais com segurança e justiça.

Nesta esteira, vamos proceder à análise das ações anulatórias no processo trabalhista.

V. AS AÇÕES ANULATÓRIAS NO PROCESSO DO TRABALHO

A CLT não disciplina a ação anulatória no processo trabalhista, o que atrai a aplicação subsidiária do regramento previsto no § 4º do art. 966 do CPC/2015, *in verbis*:

> § 4º Os atos de disposição de direitos, praticados pelas partes ou por outros participantes do processo e homologados pelo juízo, bem como os atos homologatórios praticados no curso da execução, estão sujeitos à anulação, nos termos da lei.

Ao alterar o art. 114 da CF/1988, a EC n. 45/2004 ampliou de maneira significativa as atribuições da Justiça do Trabalho, fixando a competência desta Especializada para processar e julgar não só os conflitos decorrentes das relações de emprego, mas também as ações oriundas da relação de trabalho.

Neste contexto, incluiu as ações relativas às penalidades administrativas impostas aos empregadores pelos órgãos de fiscalização trabalhista e conferiu maior abrangência às ações coletivas, assim respaldando o ajuizamento das ações anulatórias de auto de infração e de cláusulas coletivas negociadas.

As alterações promovidas pela Lei n. 13.467/2017 vieram ampliar ainda mais as possibilidades de manejo das ações anulatórias no processo trabalhista, como veremos a seguir.

1. Competência

A questão referente à competência funcional para conhecer e julgar as ações anulatórias no processo do trabalho deve ser analisada sob duas vertentes principais:

1.1. Competência originária dos Tribunais

As ações anulatórias, que visam desconstituir cláusulas previstas em acordos e convenções coletivas, são dotadas de inequívoca natureza coletiva, por provocarem efeitos que atingem os integrantes da categoria.

Destarte, considerando o princípio constitucional previsto no inciso LV do art. 5º da CF/1988 e, em consonância com a conotação substantiva que a lei processual conferiu ao princípio do contraditório, as partes que celebrarem acordo/convenção coletiva devem figurar no polo passivo, por se tratar de litisconsórcio necessário, nos termos do inciso I do art. 115 do CPC/2015.

Assim, em relação à competência funcional, aplica-se o mesmo critério previsto no inciso I, *a*, do art. 678, da CLT.

Isto porque, como bem explica Bezerra Leite[5] "a demanda assume feição de natureza coletiva, semelhante aos dissídios coletivos de natureza declaratória, razão pela qual a competência originária será do TRT".

Portanto, se a abrangência da norma autônoma estiver circunscrita à sua base territorial, a competência funcional/hierárquica será originária dos Tribunais Regionais, caso ultrapassada, a competência passará a ser do TST.

Em relação à matéria, dispõe a OJ n. 129 da SBDI-II do TST:

> 129. AÇÃO ANULATÓRIA. COMPETÊNCIA ORIGINÁRIA (DJ 04.05.2004).
>
> Em se tratando de ação anulatória, a competência originária se dá no mesmo juízo em que praticado o ato supostamente eivado de vício.

1.2. Competência das Varas

A jurisprudência consolidada pelo TST considera que, quando se trata de cláusula estabelecida por negociação coletiva, o empregado e a empresa, como

---

(5) LEITE, Carlos Henrique Bezerra. *Curso de direito processual do trabalho*. 16. ed. São Paulo: Saraiva Educação, 2018. p. 1.808 e seguintes.

membros da categoria, não podem pleitear individualmente a declaração de nulidade dessas cláusulas, com efeitos *erga omnes*.

Todavia, imperioso reconhecer ser possível o empregado, em reclamação trabalhista, incidentalmente, requerer que seja afastada a aplicação de determinada cláusula convencional ao seu contrato de trabalho.

Com efeito, se o juiz de 1º Grau pode, em controle difuso, afastar a aplicação de lei que repute inconstitucional, nada impede que, de forma incidental, proceda ao controle da legalidade/constitucionalidade da cláusula negociada, para afastar sua aplicação a um determinado contrato individual de trabalho, notadamente quando configurada violação aos direitos fundamentais individuais trabalhistas, expressamente albergados no art. 7º da CF/1988.

Mesmo raciocínio pode ser aplicado quanto à anulação de cláusulas estabelecidas no contrato individual de trabalho do empregado *hipersuficiente,* notadamente quando houver vício de vontade, ou restar configurado defeito do negócio jurídico nos termos disciplinados pelo Código Civil.

Portanto, quando se tratar de reclamação trabalhista proposta por empregado, que pleiteie o reconhecimento de nulidade de cláusula individual estabelecida nos termos do parágrafo único do art. 444 da CLT, ou a não aplicação de cláusula coletiva ao seu contrato de trabalho, a competência funcional será da Vara do Trabalho, devendo ser observados os critérios previstos no art. 651 da CLT, *in verbis*:

> Art. 651. A competência das Juntas de Conciliação e Julgamento é determinada pela localidade onde o empregado, reclamante ou reclamado, prestar serviços ao empregador, ainda que tenha sido contratado noutro local ou no estrangeiro.
>
> § 1º Quando for parte de dissídio agente ou viajante comercial, a competência será da Junta da localidade em que a empresa tenha agência ou filial e a esta o empregado esteja subordinado e, na falta, será competente a Junta da localização em que o empregado tenha domicílio ou a localidade mais próxima.
>
> § 2º A competência das Juntas de Conciliação e Julgamento, estabelecida neste artigo, estende-se aos dissídios ocorridos em agência ou filial no estrangeiro, desde que o empregado seja brasileiro e não haja convenção internacional dispondo em contrário.
>
> § 3º Em se tratando de empregador que promova realização de atividades fora do lugar do contrato de trabalho, é assegurado ao empregado apresentar reclamação no foro da celebração do contrato ou no da prestação dos respectivos serviços.

O TST vem reconhecendo que a entidade empresarial também pode postular a não aplicação da convenção coletiva em ação individual, suscitada perante o Juízo da Vara do Trabalho, desde que haja algum vício grave na constituição do instrumento normativo[6].

2. Legitimidade

Em decorrência do inciso IV do art. 83 da Lei Complementar n. 75/1993, o Ministério Público do Trabalho tem legitimidade ativa para propor ação anulatória de cláusulas constantes de acordos/convenções coletivas e, também, de contratos individuais de trabalho.

Imperioso registrar que a possibilidade deste ajuizamento ocorrer em relação aos contratos individuais passou a revestir-se de maior importância, após a alteração promovida pela Lei n. 13.467/2017, ao inserir o parágrafo único ao art. 444 da CLT instituindo a figura do empregado *hipersuficiente.*

Se houver vício de vontade ou defeito do negócio jurídico, nos termos assim estabelecidos pelo Código Civil (arts. 138 a 157), o empregado terá legitimidade ativa para propor ação anulatória também de cláusulas previstas em seu contrato individual de trabalho.

No caso de acordo coletivo de trabalho, excepcionalmente, as empresas signatárias e os sindicatos representantes das categorias econômica e profissional poderão ajuizar ação anulatória, quando demonstrado vício de vontade[7], ou alguma das hipóteses referidas pelo art. 166 do Código Civil[8], ao dispor que:

> Art. 166. É nulo o negócio jurídico quando:
>
> I – celebrado por pessoa absolutamente incapaz;
>
> II – for ilícito, impossível ou indeterminável o seu objeto;
>
> III – o motivo determinante, comum a ambas as partes, for ilícito;
>
> IV – não revestir a forma prescrita em lei;
>
> V – for preterida alguma solenidade que a lei considere essencial para a sua validade;
>
> VI – tiver por objetivo fraudar lei imperativa;

---

(6) RO n. 96-71.2013.5.06.0000, Rel. Ministro Mauricio Godinho Delgado, SDC, 13.04.2015, DEJT 24.04.2015.
(7) RO n. 621-91.2013.5.01.0000, Rel. Ministra Dora Maria da Costa, SDC, 23.02.2015, DEJT 06.03.2015.
(8) RO n. 3434-13.2011.5.10.0000, Rel. Ministra Dora Maria da Costa, SDC, 13.04.2015, DEJT 17.04.2015.

VII – a lei taxativamente o declarar nulo, ou proibir-lhe a prática, sem cominar sanção.

Entretanto, a jurisprudência dominante tem entendido que os sindicatos e as empresas não têm legitimidade para propor ação anulatória de cláusulas coletivas, quando se tratar de interesses próprios[9].

As idas e vindas da reforma trabalhista têm provocado situações inusitadas. A MP n. 808/2017 alterou o § 5º do art. 611-A da CLT para vedar a possibilidade de ajuizamento da anulatória "por ação individual", restringindo a participação obrigatória dos sindicatos subscritores de convenção coletiva ou acordo coletivo de trabalho, como litisconsortes necessários, à ação anulatória coletiva.

No entanto, caducou em 23.04.2018, por não ter sido votada no prazo legal, de sorte que prevalece o critério previsto na Lei n. 13.467/2017. Assim sendo, em observância à conotação substantiva do princípio do contraditório, quando se tratar de afastar a aplicação, ou decretar a anulação de cláusula coletiva, ou seja, tanto no caso de ação individual quanto de ação coletiva, devem ser incluídos os sindicatos convenentes no polo passivo, em cumprimento ao § 5º do art. 611-A da CLT, *in verbis*:

> § 5º Os sindicatos subscritores de convenção coletiva ou de acordo coletivo de trabalho deverão participar, como litisconsortes necessários, *em ação individual ou coletiva*, que tenha como objeto a anulação de cláusulas desses instrumentos.

Justificável em relação às ações coletivas, a formação obrigatória deste litisconsórcio nas ações individuais certamente será objeto de muita controvérsia. Se, por um lado abre a participação de todos os interessados no debate, por outro torna a relação processual muito mais complexa, além de suscitar novos e consideráveis questionamentos quanto aos efeitos que a coisa julgada, formada em ação individual, pode provocar nas relações coletivas.

Os arts. 611-A e 611-B, inseridos na CLT pela Lei n. 13.467/2017, vieram conferir novo perfil aos acordos e às convenções coletivas. Em consequência disso, poderão ocorrer novos tipos de lesão a direitos e interesses juridicamente protegidos. A análise deste novo contexto, à luz da garantia de acesso à Justiça, que a CF/1988 erigiu no inciso XXXV do seu art. 5º como direito fundamental, certamente reabrirá o debate acerca da ampliação dos detentores de legitimidade ativa para propor ação anulatória.

3. Natureza jurídica

A doutrina atribui natureza declaratória à ação anulatória. Neste sentido, assevera Bezerra Leite[10], por ter como objeto "a declaração de nulidade de cláusulas constantes não só de convenções e acordos coletivos, mas, também, de contrato individual de trabalho".

Por outro lado, importante considerar que a ação anulatória pode se revestir de natureza constitutiva negativa quando, além da declaração, pretender a desconstituição da cláusula que viola preceito constitucional/legal.

Assim ocorre, explica Bezerra Leite, quando a ação anulatória tiver o escopo de "fazer com que a cláusula inquinada de ilegal seja expungida do contrato individual, acordo coletivo ou convenção coletiva de trabalho, deixando de produzir efeitos em relação às partes contratantes ou a terceiros por ela atingidos".

Felipe Jakobson Lerrer[11] também segue este entendimento, ressaltando ser a anulatória uma "ação constitutiva negativa, pois se invalidam, ao mesmo tempo, o ato processual e o ato de direito material que nele está inserido".

Doutrina e jurisprudência têm se posicionado pela impossibilidade de cumular pedidos de natureza declaratória e condenatória, em ação anulatória, conforme reiterada jurisprudência do TST[12]-[13].

Contudo, as alterações trazidas pela Lei n. 13.467/2017, notadamente quanto à nova configuração dos acordos e convenções coletivas, vem dando ensejo a discussões quanto à possibilidade de reconhecer também sua natureza cominatória, notadamente quando imperioso fazer cessar violação às liberdades individuais/coletivas e aos direitos fundamentais dos trabalhadores.

---

(9) TST, RO n. 15600-05.2009.5.08.0000, Rel. Min. Mauricio Godinho Delgado; TST RO n. 821.58.2011.5.05.0000, Rel. Min. Kátia Arruda.
(10) LEITE, Carlos Henrique Bezerra. *Curso de direito processual do trabalho*. 16. ed. São Paulo: Saraiva Educação, 2018. p. 1.808 a 1.817.
(11) LERRER, Felipe Jakobson. *Ação anulatória*. Porto Alegre: Livraria do Advogado, 2009.
(12) RO n. 1291-76.2012.5.15.0000, Rel. Ministra Kátia Magalhães Arruda, SDC, 21.09.2015, DEJT 02.10.2015.
(13) TST, RO n. 167700-69.2009.5.07.0000, Rel. Ministro Ono, SDC, DEJT 24.08.2012.

VI. A REFORMA TRABALHISTA E A NOVA CONFIGURAÇÃO DAS AÇÕES ANULATÓRIAS

Até agora, as ações anulatórias eram ajuizadas de forma pontual, predominantemente em três situações: para anular autos de infração lavrados pelos órgãos de fiscalização do MTE, atos homologatórios praticados pelo Juízo no curso da execução e cláusulas constantes de acordos/convenções coletivas, que instituíam o recolhimento indevido de contribuições assistenciais e confederativas. Estas últimas eram ajuizadas pelo Ministério Público do Trabalho sob o fundamento de que violavam o princípio da liberdade de associação e de sindicalização (Súmula n. 666 do STF), além do princípio da irredutibilidade e intangibilidade dos salários, afrontando a diretriz jurisprudencial majoritária, constante da OJ n. 17 da SDC e Precedente Normativo n. 119, ambos do TST[14].

Tal quadro sofreu notória mudança em 2017.

Ao proceder a uma ampla reforma na CLT, a Lei n. 13.467/2017 alargou o espaço da autonomia privada coletiva não só por valorizar, mas, principalmente, por estimular a negociação coletiva quando inseriu o art. 611-A na CLT, dispondo que a convenção coletiva e o acordo coletivo de trabalho têm prevalência sobre a lei.

Ademais, sob uma saraivada de críticas, inovou ao abrir espaços também para a autonomia privada individual, quando inseriu o parágrafo único ao art. 444 da CLT, atribuindo a condição de *hipersuficiente* ao empregado portador de diploma de nível superior, que perceba salário mensal igual ou superior a duas vezes o limite máximo dos benefícios do Regime Geral de Previdência Social.

Assim sendo, é possível concluir que as ações anulatórias passaram a ter um campo maior de abrangência, podendo ser ajuizadas nas seguintes hipóteses:

a) ação anulatória de auto de infração lavrado pelos órgãos de fiscalização do MTE, impondo multas aos empregadores pelo descumprimento da legislação trabalhista;

b) ação anulatória de atos homologatórios praticados pelo Juízo, inclusive no curso da execução;

c) ação anulatória de cláusula constante de contrato individual de trabalho, notadamente em caso de empregado *hipersuficiente*;

d) ação anulatória de cláusulas constantes de acordos/convenções coletivas em sentido amplo, nos termos dois arts. 611-A e 611-B inseridos na CLT.

VII. AÇÃO ANULATÓRIA DE CLÁUSULAS CONVENCIONADAS

O art. 611-A da CLT veio ampliar de maneira significativa a abrangência da negociação coletiva para questões afetas à jornada de trabalho, intervalos, adesão ao Programa Seguro-Emprego (PSE), plano de cargos, salários e funções compatíveis com a condição pessoal do empregado, regulamento empresarial, representação dos trabalhadores no local de trabalho, condições de teletrabalho, regime de sobreaviso e trabalho intermitente, remuneração por produtividade e por desempenho individual, entre outras.

Por outro lado, a Lei n. 13.467/2017 inseriu o art. 611-B na CLT para fixar de forma expressa os limites da negociação coletiva, aumentando significativamente o leque das possibilidades de ajuizamento das ações anulatórias. Para tanto, considerou que constituem objeto ilícito de convenção coletiva ou de acordo coletivo de trabalho, a supressão ou a redução de direitos, entre os quais merecem ser destacados:

1 – normas de identificação profissional, inclusive as anotações na Carteira de Trabalho e Previdência Social;

2 – seguro-desemprego, em caso de desemprego involuntário;

3 – valor dos depósitos mensais e da indenização rescisória do Fundo de Garantia do Tempo de Serviço (FGTS);

4 – salário mínimo;

5 – valor nominal do décimo terceiro salário;

6 – remuneração do trabalho noturno superior à do diurno;

7 – proteção do salário na forma da lei, constituindo crime sua retenção dolosa;

---

(14) N. 119 CONTRIBUIÇÕES SINDICAIS – INOBSERVÂNCIA DE PRECEITOS CONSTITUCIONAIS – (mantido) – DEJT divulgado em 25.08.2014:
"A Constituição da República, em seus arts. 5º, XX e 8º, V, assegura o direito de livre associação e sindicalização. É ofensiva a essa modalidade de liberdade cláusula constante de acordo, convenção coletiva ou sentença normativa estabelecendo contribuição em favor de entidade sindical a título de taxa para custeio do sistema confederativo, assistencial, revigoramento ou fortalecimento sindical e outras da mesma espécie, obrigando trabalhadores não sindicalizados. Sendo nulas as estipulações que inobservem tal restrição, tornam-se passíveis de devolução os valores irregularmente descontados."

8 – salário-família;

9 – repouso semanal remunerado;

10 – remuneração do serviço extraordinário superior, no mínimo, em 50% (cinquenta por cento) à do normal;

11 – número de dias de férias devidas ao empregado;

12 – gozo de férias anuais remuneradas com, pelo menos, um terço a mais do que o salário normal;

13 – licença-maternidade com a duração mínima de cento e vinte dias;

14 – licença-paternidade nos termos fixados em lei;

15 – proteção do mercado de trabalho da mulher, mediante incentivos específicos, nos termos da lei;

16 – aviso-prévio proporcional ao tempo de serviço, sendo no mínimo de trinta dias, nos termos da lei;

17 – normas de saúde, higiene e segurança do trabalho previstas em lei ou em normas regulamentadoras do Ministério do Trabalho;

18 – adicional de remuneração para as atividades penosas, insalubres ou perigosas;

19 – aposentadoria;

20 – seguro contra acidentes de trabalho, a cargo do empregador;

21 – ação, quanto aos créditos resultantes das relações de trabalho, com prazo prescricional de cinco anos para os trabalhadores urbanos e rurais, até o limite de dois anos após a extinção do contrato de trabalho;

22 – proibição de qualquer discriminação no tocante a salário e critérios de admissão do trabalhador com deficiência;

23 – proibição de trabalho noturno, perigoso ou insalubre a menores de dezoito anos e de qualquer trabalho a menores de dezesseis anos, salvo na condição de aprendiz, a partir de quatorze anos;

24 – medidas de proteção legal de crianças e adolescentes;

25 – igualdade de direitos entre o trabalhador com vínculo empregatício permanente e o trabalhador avulso;

26 – liberdade de associação profissional ou sindical do trabalhador, inclusive o direito de não sofrer, sem sua expressa e prévia anuência, qualquer cobrança ou desconto salarial estabelecidos em convenção coletiva ou acordo coletivo de trabalho;

27 – direito de greve, competindo aos trabalhadores decidir sobre a oportunidade de exercê-lo e sobre os interesses que devam por meio dele defender;

28 – definição legal sobre os serviços ou atividades essenciais e disposições legais sobre o atendimento das necessidades inadiáveis da comunidade em caso de greve.

33.
CUSTAS

Jorge Cavalcanti Boucinhas Filho[1]
Rafael Lara Martins[2]

"As custas" constituem uma das espécies do gênero denominado despesas processuais, que compreende todos os gastos necessários despendidos para fazer com que o processo cumpra sua finalidade ontológica de pacificação social[3]. Além das custas, esta categoria compreende também, segundo a dicção legal, a indenização de viagem, a diária de testemunha e a remuneração do assistente técnico (inteligência do art. 84 do CPC). Este rol é, contudo, bem maior. Ele abrange ainda as multas impostas às partes, as despesas do oficial de justiça para citação, arrecadação, penhora, cumprimento de mandado judicial, além de outras despesas necessárias para condução das testemunhas. Os honorários advocatícios, no entanto, não integram este rol, vez que recebem tratamento diverso no art. 85 do CPC.

No processo civil, cabe às partes, sempre que não se lhes for concedido o benefício da justiça gratuita, prover as despesas dos atos que realizam ou requerem no processo. Na fase de conhecimento, devem antecipar o pagamento desde o início até sentença final e, na de execução, até a plena satisfação do direito declarado na sentença (inteligência do art. 82 do CPC).

No processo do trabalho, diferentemente, as custas correspondentes à fase de conhecimento são pagas pelo vencido somente após o trânsito em julgado da decisão. Se desejar recorrer precisará, contudo, pagar as custas e comprovar o recolhimento dentro do prazo recursal. Duas observações precisam ser feitas a partir da uma interpretação literal do § 1º do art. 789 da CLT. Primeiramente, há que se observar que, pelo texto legal, a comprovação das custas não precisaria acompanhar o recurso, podendo a parte, eventualmente, interpor o recurso no início do prazo e em momento posterior, mas antes do término deste, comprovar o recolhimento das custas[4]. A mesma leitura permite ainda que a parte que acidentalmente vier a preencher e pagar a guia DARF (Documento de Arrecadação da Receita Federal) indicando quantia menor do que a devida complemente este valor e comprove a quitação integral antes do decurso do prazo. O mais prudente, entretanto, para evitar surpresas decorrentes de interpretação diversa, é sempre recolher as custas em pagamento único e dentro do prazo recursal de oito dias. A segunda observação é absolutamente intuitiva. A parte só esperará o trânsito em julgado da decisão para pagar custas quando optar por não recorrer.

Outra diferença substancial entre a forma de pagamento das custas referentes à fase de conhecimento no processo civil e a sua correspondente no processo do trabalho diz respeito à quantidade de pagamentos e

---

(1) Titular da Cadeira n. 21 da Academia Brasileira de Direito do Trabalho. Professor de Direito Trabalhista da Fundação Getúlio Vargas – EAESP FGV e da Escola Superior de Advocacia da OAB/SP. Membro do Instituto dos Advogados de São Paulo. Mestre e Doutor em Direito do Trabalho pela Universidade de São Paulo. Pós-doutor em Direito pela Université de Nantes, França. Advogado.

(2) Diretor da Escola Superior de Advocacia da OAB/GO. Ex-Presidente do Instituto Goiano de Direito do Trabalho. Conselheiro Federal da OAB/GO (2019-2021).

(3) Neste sentido, é o magistério de Nelson Nery Junior e Rosa Maria de Andrade Nery (*Código de Processo Civil comentado e legislação processual civil em vigor*. 7. ed. São Paulo: RT, 2003. p. 377).

(4) Até o advento da Lei n. 10.537, de 2002, prevalecia o entendimento de que as custas deveriam ser recolhidas dentro de (cinco) dias da interposição do recurso, ficando liberado o prazo para comprovação. Neste sentido foi, inclusive, editada a Súmula n. 352, cancelada pela Res. 114/2002 que, fundamentando-se na legislação anterior, assim dispunha que "O prazo para comprovação do pagamento das custas, sempre a cargo da parte, é de 5 (cinco) dias contados do seu recolhimento (CLT art. 789, § 4º; CPC, art. 185)".

ao valor correspondente. Enquanto naquele deverá ser efetuado um pagamento para cada ato praticado, neste as custas referentes à fase de conhecimento serão pagas, na maioria dos casos, uma única vez em um percentual que incidirá sobre o valor da causa, sobre o valor da condenação ou sobre o valor do acordo, conforme o caso. É o que disciplina o art. 789 da CLT:

> Art. 789. Nos dissídios individuais e nos dissídios coletivos do trabalho, nas ações e procedimentos de competência da Justiça do Trabalho, bem como nas demandas propostas perante a Justiça Estadual, no exercício da jurisdição trabalhista, as custas relativas ao processo de conhecimento incidirão à base de 2% (dois por cento), observado o mínimo de R$ 10,64 (dez reais e sessenta e quatro centavos) e o máximo de quatro vezes o limite máximo dos benefícios do Regime Geral de Previdência Social, e serão calculadas:
>
> I – quando houver acordo ou condenação, sobre o respectivo valor;
>
> II – quando houver extinção do processo, sem julgamento do mérito, ou julgado totalmente improcedente o pedido, sobre o valor da causa;
>
> III – no caso de procedência do pedido formulado em ação declaratória e em ação constitutiva, sobre o valor da causa;
>
> IV – quando o valor for indeterminado, sobre o que o juiz fixar.

Segundo entendimento jurisprudencial consubstanciado na Súmula n. 36 do Colendo Tribunal Superior do Trabalho, "nas ações plúrimas, as custas incidem sobre o respectivo valor global". O que significa dizer, em outras palavras, que, sempre que houver litisconsórcio ativo, as custas incidirão sobre o valor da soma da parte que for devida aos reclamantes e não sobre o valor devido a cada um deles.

Verificar-se-á exceção à regra do pagamento único quando houver reconvenção. Sempre que esta for apresentada, haverá uma condenação referente à ação principal e outra referente ao pleito reconvencional. Pode ocorrer de a mesma parte precisar recolher os dois valores para recorrer, de ninguém recolher nada, caso a parte que saia perdedora nas duas ações seja beneficiária da justiça gratuita ou de cada uma das partes pagar uma das custas, como no caso de ação e reconvenção serem julgadas procedentes, cabendo ao réu e ao reconvindo o pagamento respectivo.

Quando há majoração no valor da condenação e, em decorrência desta, aumento no valor a ser recolhido a título de custas, não se está diante de pagamento de duas custas, mas de pagamento de um único valor em dois ou mais momentos distintos. É uma situação que demanda especial atenção dos advogados. Como em geral as custas são pagas uma única vez, por ocasião da interposição do primeiro recurso, alguns causídicos não mais se preocupam com elas nos recursos futuros, atentando mais para outras formas de preparo. É preciso, contudo, muita atenção, pois sempre que houver majoração no valor da condenação a parte que já efetuou o pagamento das custas deverá recolher a diferença sob pena de o recurso ser considerado deserto por preparo inadequado.

O Supremo Tribunal Federal confirmou o entendimento de que as custas têm natureza de taxa[5]. E como taxa corresponde à contraprestação devida por um serviço prestado pelo Estado, uma vez paga ela em seu valor integral, seja por que parte for, quitada estará a prestação jurisdicional. É por esta razão que, quando a decisão de primeiro grau é revertida no Tribunal, a parte inicialmente vitoriosa se, optar por recorrer da decisão que lhe foi desfavorável, não precisará recolher novas custas, devendo, contudo, restituir o valor pago pela parte contrária ao final do processo[6]. O Tribunal Superior do Trabalho estabeleceu uma exceção a esta regra ao estatuir que "*A parte vencedora na primeira instância, se vencida na segunda, está obrigada, independentemente de intimação, a pagar as custas fixadas na sentença originária, das quais ficará isenta a parte então vencida*" (Súmula n. 25). A justificativa é bastante simples. O benefício da justiça gratuita é personalíssimo. O seu deferimento não está condicionado a uma condição pessoal da parte que não se comunica ao *ex adverso* quando a decisão é revertida.

Em caso de reforma da decisão, sem que haja reajuste do valor da condenação, a jurisprudência do Tribunal Superior do Trabalho não tem considerado deserto o recurso que não vier acompanhado do recolhimento adicional[7]. E nem poderia. Não se pode

---

(5) STF, Pleno, Rp n. 1.094-5-SP, Rel. designado Min. Moreira Alves, j. 08.08.1984, m. v., DJU 04.09.1992, JSTF 170/221.

(6) OJ-SDI1-186: CUSTAS. INVERSÃO DO ÔNUS DA SUCUMBÊNCIA. DESERÇÃO. NÃO OCORRÊNCIA. No caso de inversão do ônus da sucumbência em segundo grau, sem acréscimo ou atualização do valor das custas e se estas já foram devidamente recolhidas, descabe um novo pagamento pela parte vencida, ao recorrer. Deverá ao final, se sucumbente, ressarcir a quantia.

(7) OJ-SDI1-104 CUSTAS. CONDENAÇÃO ACRESCIDA. INEXISTÊNCIA DE DESERÇÃO QUANDO AS CUSTAS NÃO SÃO EXPRESSAMENTE CALCULADAS E NÃO HÁ INTIMAÇÃO DA PARTE PARA O PREPARO DO RECURSO, DEVENDO, ENTÃO, SER AS CUSTAS

esperar que a parte recolha as custas ou a complemente calculando-as sobre um aumento que não foi expresso na condenação. Neste caso, o valor das custas deverá ser pago ao final.

Os juízes, órgãos julgadores e presidentes dos tribunais do trabalho de qualquer instância poderão conceder, a requerimento ou de ofício, o benefício da justiça gratuita, inclusive quanto a traslados e instrumentos, àqueles que perceberem salário igual ou inferior a 40% (quarenta por cento) do limite máximo dos benefícios do Regime Geral de Previdência Social e comprovarem insuficiência de recursos para o pagamento das custas do processo.

Observe-se que o texto legal, após a Lei n. 13.467/2017, deixa de exigir apenas a declaração de que a parte não está em condições de litigar sem prejudicar sua subsistência ou a de seus dependentes, para passar a exigir a comprovação da situação de fato. Entendia-se que bastava a declaração para que a parte tivesse direito ao benefício em questão.

A prática era que, quando havia suspeita acerca da veracidade do conteúdo da declaração, os magistrados trabalhistas mantinham o benefício e, no máximo, enviavam ofício para apuração de eventual delito.

Além dos beneficiários da Justiça Gratuita, também estão isentos do recolhimento das custas, por disposição expressa no art. 790-A da Consolidação das Leis do Trabalho, a União, os Estados, o Distrito Federal, os Municípios e respectivas autarquias e fundações públicas federais, estaduais ou municipais que não explorem atividade econômica e o Ministério Público do Trabalho. A isenção em questão não contempla as sociedades de economia mista, consoante entendimento jurisprudencial já pacificado[8]. Os entes fazendários precisam, contudo, segundo o estatuído no parágrafo único do art. 790-A da CLT, reembolsar as despesas judiciais realizadas pela parte vencedora. A mesma norma é expressa ainda ao excluir deste benefício as entidades fiscalizadoras do exercício profissional.

O § 2º do art. 789, por sua vez, estabelece que "Não sendo líquida a condenação, o juízo arbitrar-lhe-á o valor e fixará o montante das custas processuais". Ao fazê-lo, deixa a falsa impressão de que a regra geral são as sentenças líquidas, sendo as ilíquidas a exceção. E, pelo menos em termos numéricos, não é essa a realidade. Excepcionando-se as ações que tramitam pelo rito sumariíssimo, cuja sentença deve, por determinação legal, indicar o valor da condenação devidamente liquidado, e as decisões que só apresentam pleitos indenizatórios fundados em dano moral, hipóteses em que a determinação do valor fica a critério do juiz, não dependendo de cálculos, a maioria das decisões proferidas no processo do trabalho não indicam o valor exato da condenação. As custas são, por esta razão, fixadas a partir de um valor arbitrado pelo juiz que nem sempre representa valor exato ou pelo menos próximo daquele que será apontado como devido após a liquidação.

Para a regularidade formal do pagamento das custas, não é necessária a autenticação mecânica do banco, admitindo-se a substituição desta pelo carimbo da instituição financeira correspondente[9]. Também tem-se admitido o chamado "DARF ELETRÔNICO", emitido nos termos da IN SRF n. 162, de 04.11.1988, para comprovar o recolhimento das custas por entidades da administração pública federal[10].

Apesar de não ser tão rigorosa com este aspecto formal, a jurisprudência tem sido implacável com o recolhimento do valor integral da condenação considerando deserto o recurso mesmo quando a diferença entre o valor recolhido e o *quantum* for ínfima, referente a centavos[11].

O Tribunal Superior do Trabalho também já consolidou o entendimento de que o recolhimento do valor da multa imposta por litigância de má-fé, nos termos do art. 81 do CPC, não é pressuposto objetivo para interposição dos recursos de natureza trabalhista. A mais alta corte da justiça especializada entende que o art. 96 do CPC seria inaplicável ao processo do trabalho

---

PAGAS AO FINAL. Não caracteriza deserção a hipótese em que, acrescido o valor da condenação, não houve fixação ou cálculo do valor devido a título de custas e tampouco intimação da parte para o preparo do recurso, devendo, pois, as custas ser pagas ao final.

(8) SÚM-170 SOCIEDADE DE ECONOMIA MISTA. CUSTAS. Os privilégios e isenções no foro da Justiça do Trabalho não abrangem as sociedades de economia mista, ainda que gozassem desses benefícios anteriormente ao Decreto-Lei n. 779, de 21.08.1969.

(9) É o que estatui a OJ-SDI1-33, *in verbis*: DESERÇÃO. CUSTAS. CARIMBO DO BANCO. VALIDADE. O carimbo do banco recebedor na guia de comprovação do recolhimento das custas supre a ausência de autenticação mecânica.

(10) Cf. OJ-SDI1-158: CUSTAS. COMPROVAÇÃO DE RECOLHIMENTO. DARF ELETRÔNICO. VALIDADE. O denominado 'DARF ELETRÔNICO' é válido para comprovar o recolhimento de custas por entidades da administração pública federal, emitido conforme a IN-SRF n. 162, de 04.11.1988.

(11) Neste sentido, é a OJ-SDI1-140, que estatui que: DEPÓSITO RECURSAL E CUSTAS. DIFERENÇA ÍNFIMA. DESERÇÃO. OCORRÊNCIA. Ocorre deserção do recurso pelo recolhimento insuficiente das custas e do depósito recursal, ainda que a diferença em relação ao "quantum" devido seja ínfima, referente a centavos.

por ser incompatível com a forma de recolhimento das custas disciplinadas no art. 789 da CLT[12].

O valor das custas no processo do trabalho, em regra, não é dividido entre as partes, cabendo a uma delas arcar com o seu pagamento integral. Se a ação for julgada totalmente improcedente, quem o fará será o autor. Se a ação for julgada total ou parcialmente procedente, este encargo incumbirá ao réu. Poder-se-ia questionar o porquê de em caso de procedência parcial o ônus referente ao pagamento das custas não ser rateado entre as partes, já que cada uma delas sagrou-se vitoriosa em alguns pontos e perdedora em outros. A resposta é bastante simples. No processo do trabalho, as custas, que como vimos apresentam natureza de taxa pela prestação jurisdicional por parte do Estado, são sempre pagas por quem tornou necessário este serviço. Se o autor postula indevidamente e a ação ao final é julgada totalmente improcedente, somente a ele poderá ser imputada a responsabilidade pelo pagamento referente à prestação do referido serviço público. Quando a ação for julgada totalmente procedente ou procedente em parte o reclamante precisará arcar com a integralidade das custas, ainda que a menor parte dos pedidos ou ainda que apenas os pedidos monetariamente irrelevantes tenham sido julgados procedentes. Isto porque, uma vez acatado pelo menos o mais insignificante dos pleitos, demonstrado estará que o reclamante precisou ingressar em juízo para postular algo que não fora espontaneamente pago pelo réu no momento oportuno. Em outras palavras, se um único dos pedidos for procedente, justificada estará a opção do reclamante por ingressar em juízo e demonstrada estará a responsabilidade do reclamado pela utilização dos serviços judiciários os quais somente se tornaram necessários porque este não cumpriu todas as suas obrigações espontaneamente no momento adequado.

Em verdade, as custas no processo do trabalho eram devidas somente quando havia acordo, e nenhuma das partes assumia integral e expressamente esta responsabilidade. O § 3º do art. 789 da CLT, com a redação que lhe foi conferida pela Lei n. 13.467, estatui, com clareza solar, que, no silêncio das partes, o pagamento das custas devidas sobre o valor do acordo caberá em partes iguais aos litigantes.

A CLT apresenta, ou já apresentou, no tocante aos procedimentos especiais nela disciplinados, algumas regras expressas acerca da forma de cálculo das custas e do momento e da distribuição da responsabilidade pelo seu pagamento. O § 4º do art. 789, por exemplo, estatui que "nos dissídios coletivos, as partes vencidas responderão solidariamente pelo pagamento das custas, calculadas sobre o valor arbitrado na decisão, ou pelo Presidente do Tribunal". A redação do art. 789 da CLT que vigorou até o advento da Lei n. 10.537/2002 disciplinava uma base de cálculo diferente para o inquérito judicial para apuração de falta grave. Enquanto as custas nas reclamações e demais ações individuais ou coletivas eram calculadas, quando houvesse acordo ou condenação, sobre o respectivo valor e quando houvesse desistência ou arquivamento, sobre o valor do pedido; no caso de inquérito administrativo, elas eram calculadas sobre seis vezes o salário mensal do reclamado ou dos reclamados e eram custeadas pelo empregador, independentemente de quem saísse vitorioso na ação. Como a lei afirmava ainda que esse pagamento deveria ser efetuado antes do julgamento pelas antigas Juntas de Conciliação e Julgamento ou pelos Juízos de Direito investidos da jurisdição trabalhista, o TST dispunha, até não muito tempo, de verbete asseverando que "no inquérito judicial, contadas e não pagas as custas no prazo fixado pelo juízo, será determinado o arquivamento do processo" (Súmula n. 49). Como a Lei n. 10.537 revogou expressamente as disposições anteriores e a nova norma não trouxe nenhuma disciplina específica para o inquérito judicial, acabou prevalecendo o entendimento de que o valor das custas referentes a este tipo de procedimento passou a ser idêntico ao das demais reclamações, o que levou ao cancelamento da Súmula n. 49 em 21.11.2003.

Ao contrário do que ocorre no processo civil, em que as custas correspondentes devem ser pagas e comprovadas por ocasião da impetração, no processo do trabalho, as custas referentes ao mandado de segurança deverão ser pagas após o trânsito em julgado ou por ocasião da interposição de recurso ordinário, caso a segurança venha a ser denegada. Neste sentido, é a OJ SDI2 n. 148 do TST[13].

---

(12) OJ-SDI1-409 MULTA POR LITIGÂNCIA DE MÁ-FÉ. RECOLHIMENTO. PRESSUPOSTO RECURSAL. INEXIGIBILIDADE. O recolhimento do valor da multa imposta por litigância de má-fé, nos termos do art. 18 do CPC, não é pressuposto objetivo para interposição dos recursos de natureza trabalhista. Assim, resta inaplicável o art. 35 do CPC como fonte subsidiária, uma vez que, na Justiça do Trabalho, as custas estão reguladas pelo art. 789 da CLT.

(13) CUSTAS. MANDADO DE SEGURANÇA. RECURSO ORDINÁRIO. EXIGÊNCIA DO PAGAMENTO. É responsabilidade da parte, para interpor recurso ordinário em mandado de segurança, a comprovação do recolhimento das custas processuais no prazo recursal, sob pena de deserção.

Como mencionado adrede, as custas referentes à fase de execução no processo civil são antecipadas pelo autor até a plena satisfação do direito declarado pela sentença. O art. 82, § 1º, do Código de Processo Civil, estatui competir ao autor adiantar as despesas relativas a atos cuja realização o juiz determinar de ofício ou a requerimento do Ministério Público. Interpretando-o, Nelson Nery Júnior e Rosa Maria de Andrade Nery ponderaram que esta opção legislativa se justificaria em razão de o autor ter, em tese, interesse no rápido desfecho da demanda[14].

Bastante diversa é a solução adotada pelo processo do trabalho para o pagamento das custas na fase de execução. Inicialmente, é preciso salientar que, nos termos do art. 789-A da CLT, segundo redação que lhe foi atribuída pela Lei n. 10.537, de 27.08.2002, elas são devidas, são sempre de responsabilidade do executado e pagas ao final, a partir da seguinte tabela que foi acrescida ao texto legal:

I – autos de arrematação, de adjudicação e de remição: 5% (cinco por cento) sobre o respectivo valor, até o máximo de R$ 1.915,38 (um mil, novecentos e quinze reais e trinta e oito centavos);

II – atos dos oficiais de justiça, por diligência certificada:

a. em zona urbana: R$ 11,06 (onze reais e seis centavos);

b. em zona rural: R$ 22,13 (vinte e dois reais e treze centavos);

III – agravo de instrumento: R$ 44,26 (quarenta e quatro reais e vinte e seis centavos);

IV – agravo de petição: R$ 44,26 (quarenta e quatro reais e vinte e seis centavos);

V – embargos à execução, embargos de terceiro e embargos à arrematação: R$ 44,26 (quarenta e quatro reais e vinte e seis centavos);

VI – recurso de revista: R$ 55,35 (cinquenta e cinco reais e trinta e cinco centavos);

VII – impugnação à sentença de liquidação: R$ 55,35 (cinquenta e cinco reais e trinta e cinco centavos);

VIII – despesa de armazenagem em depósito judicial – por dia: 0,1% (um décimo por cento) do valor da avaliação;

IX – cálculos de liquidação realizados pelo contador do juízo – sobre o valor liquidado: 0,5% (cinco décimos por cento) até o limite de R$ 638,46 (seiscentos e trinta e oito reais e quarenta e seis centavos).

Além da que estatui o valor das custas devidas na fase de execução, a Consolidação apresenta também uma tabela com os valores correspondentes aos emolumentos, assim entendido o ressarcimento das despesas dos órgãos da Justiça especializada com o fornecimento de certidões, traslados, carta de sentença, cartas precatórias etc. Cabe ressaltar que os emolumentos ao contrário das custas não são devidos pela parte vencida, mas por aquele que fizer uso do serviço respectivo[15].

O Tribunal Superior do Trabalho tem entendido que o meio para impugnar decisão que nega seguimento a recurso por falta de pagamento integral das custas processuais não é o mandado de segurança, mas o agravo de instrumento. Esta é a interpretação que se extrai da OJ SDI2 n. 88 que estatui ser "incabível a impetração de mandado de segurança contra ato judicial que, de ofício, arbitrou novo valor à causa, acarretando a majoração das custas processuais, uma vez que cabia à parte, após recolher as custas, calculadas com base no valor dado à causa na inicial, interpor recurso ordinário e, posteriormente, agravo de instrumento no caso de o recurso ser considerado deserto".

Com o advento da Lei n. 13.467/2017, denominada Reforma Trabalhista, houve significativa mudança na dinâmica das custas processuais. Alteraram-se os arts. 790-B, caput, e § 4º, e 791-A, § 4º, da CLT, para autorizar o uso de créditos trabalhistas auferidos em qualquer processo, pelo demandante beneficiário de justiça gratuita, para pagar honorários periciais e advocatícios de sucumbência.

Da mesma forma, insere-se no § 2º do art. 844 da CLT previsão de condenação do beneficiário de justiça gratuita ao pagamento de custas, quando der causa a arquivamento do processo por ausência à audiência inaugural. Por fim, traz a previsão inserida no § 3º, que condiciona o ajuizamento de nova demanda ao pagamento das custas devidas no processo anterior.

A Procuradoria-Geral da República ajuizou, com pedido liminar, a Ação Direta de Inconstitucionalidade

---

(14) Op. cit., p. 377.

(15) Art. 789-B. Os emolumentos serão suportados pelo Requerente, nos valores fixados na seguinte tabela: I – autenticação de traslado de peças mediante cópia reprográfica apresentada pelas partes – por folha: R$ 0,55 (cinquenta e cinco centavos de real); II – fotocópia de peças – por folha: R$ 0,28 (vinte e oito centavos de real); III – autenticação de peças – por folha: R$ 0,55 (cinquenta e cinco centavos de real); IV – cartas de sentença, de adjudicação, de remição e de arrematação – por folha: R$ 0,55 (cinquenta e cinco centavos de real); V – certidões – por folha: R$ 5,53 (cinco reais e cinquenta e três centavos).

n. 5.766/DF contra dispositivos da Consolidação das Leis do Trabalho, inseridos pela Lei n. 13.467/2017, que mitigaram, segundo a Procuradoria, em situações específicas que enumera, o direito fundamental à assistência jurídica integral e gratuita (art. 5º, LXXIV, da CRFB) e, consequentemente, o direito fundamental de acesso à Justiça (art. 5º, XXXV, da CRFB).

Nas razões da ação, argumenta-se que os dispositivos impugnados (art. 790-B, *caput*, e § 4º, 791-A, § 4º, e 844, § 2º, da CLT), todos inseridos pela Lei n. 13.467/2017, no âmbito da reforma trabalhista, padecem de inconstitucionalidade material, pois impõem restrições inconstitucionais às garantias fundamentais de assistência jurídica integral e gratuita (art. 5º, LXXIV) e do acesso à Justiça (art. 5º, XXXV), afrontando também os princípios fundamentais da dignidade da pessoa humana (art. 1º, III) e dos valores sociais do trabalho (art. 1º, IV), os objetivos fundamentais de construção de uma sociedade livre, justa e solidária (art. 3º, I) e de erradicação da pobreza e da marginalização, bem como de redução das desigualdades sociais (art. 3º, III), além de afronta ao direito fundamental à isonomia (art. 5º, *caput*).

A ação submetida à análise da Suprema Corte aduz a inconstitucionalidade de restrições impostas ao direito fundamental à gratuidade e, por consequência, ao acesso à Justiça, perante a jurisdição trabalhista. As situações em que as restrições foram impostas são as seguintes:

a) pagamento pela parte sucumbente no objeto da perícia de honorários periciais, no caso em que, mesmo sendo beneficiário da gratuidade, tenha obtido em juízo, em qualquer processo, créditos capazes de suportar a referida despesa;

b) pagamento pela parte sucumbente no feito de honorários de sucumbência, no caso em que, mesmo sendo beneficiário da gratuidade, tenha obtido em juízo, em qualquer processo, créditos capazes de suportar a referida despesa;

c) pagamento de custas processuais, no caso em que, mesmo sendo beneficiário da gratuidade, não compareça à audiência sem motivo legalmente justificável.

O Ministro Roberto Barroso (relator) julgou parcialmente procedente o pedido formulado:

1) O direito à gratuidade de justiça pode ser regulado de forma a desincentivar a litigância abusiva, inclusive por meio da cobrança de custas e de honorários a seus beneficiários;

2) A cobrança de honorários sucumbenciais do hipossuficiente poderá incidir:

(i) Sobre verbas não alimentares, a exemplo de indenizações por danos morais, em sua integralidade; e

(ii) Sobre o percentual de até 30% do valor que exceder ao teto do Regime Geral de Previdência Social, mesmo quando pertinente a verbas remuneratórias;

3) É legítima a cobrança de custas judiciais, em razão da ausência do reclamante à audiência, mediante prévia intimação pessoal para que tenha a oportunidade de justificar o não comparecimento.

O relator observou, inicialmente, que a sobreutilização do Judiciário congestiona o serviço, compromete a celeridade e a qualidade da prestação jurisdicional, incentiva demandas oportunistas e prejudica a efetividade e a credibilidade das instituições judiciais, o que afeta, em última análise, o próprio Direito Constitucional de acesso à Justiça. Dessa forma, reputou constitucional, resguardados os valores alimentares e o mínimo existencial, a cobrança de honorários sucumbenciais dos beneficiários da gratuidade de justiça como mecanismo legítimo de desincentivo ao ajuizamento de demandas ou de pedidos aventureiros. Para o relator, a gratuidade continua a ser assegurada pela não cobrança antecipada de qualquer importância como condição para litigar. O pleito de parcelas indevidas ensejará, contudo, o custeio de honorários ao final, com utilização de créditos havidos no próprio feito ou em outros processos.

Também entendeu ser constitucional, em respeito e consideração à Justiça e à sociedade, que a subsidia, a cobrança de custas judiciais dos beneficiários da Justiça gratuita que derem ensejo ao arquivamento do feito em razão do não comparecimento injustificado à audiência, ônus que pode ser evitado pela apresentação de justificativa para a ausência.

Por fim, considerou constitucional o condicionamento da propositura de nova ação ao pagamento das custas judiciais decorrentes do arquivamento, medida adequada a promover o objetivo de acesso responsável à Justiça.

Em divergência, o Ministro Edson Fachin julgou integralmente procedente o pedido para declarar a inconstitucionalidade dos dispositivos combatidos, por vislumbrar ofensa aos direitos fundamentais da assistência jurídica integral e gratuita e de acesso à justiça, contidos, respectivamente, nos incisos LXXIV e XXXV do art. 5º da Constituição Federal (CF). Segundo ele, as normas estão em desacordo, ainda, com precedentes do STF e com o art. 8º da Convenção Interamericana de Direitos Humanos (Pacto de San José da Costa Rica).

O Ministro Fachin reconheceu, também, a relação da gratuidade da justiça e o acesso à justiça com a isonomia. Explicou que a desigualdade social gerada pelas dificuldades de acesso isonômico à educação, ao mercado de trabalho, à saúde, entre outros direitos que têm cunho econômico, social e cultural, impõe seja reforçado o âmbito de proteção do direito, que garante outros direitos e garante também a isonomia. A restrição das situações em que o trabalhador terá acesso aos benefícios da gratuidade da justiça pode conter, em si, a aniquilação do único caminho que esses cidadãos dispõem para ver garantidos os seus direitos sociais trabalhistas.

Asseverou que, mesmo que os interesses contrapostos sejam de assegurar maior responsabilidade e compromisso com a litigância para a defesa dos direitos sociais e trabalhistas, verifica-se, com as restrições impostas pela legislação impugnada, uma possibilidade real de se negar direitos fundamentais dos trabalhadores e de tornar inacessíveis os meios de sua reivindicação judicial.

Frisou não estar em consonância com os princípios fundamentais da Constituição o dispositivo que autoriza a utilização de créditos trabalhistas, ou de outra natureza, obtidos em virtude do ajuizamento de um processo perante o Poder Judiciário e que teria, por si só, condição de modificar a situação do reclamante. Ao impor o pagamento de despesas processuais, independentemente da perda da condição de hipossuficiência econômica, a legislação impugnada afronta o próprio direito à gratuidade da justiça e, consequentemente, do acesso.

O Ministro Fachin acrescentou não ser admissível impedir que o trabalhador, ainda que desidioso em outro processo trabalhista, quando comprovada a sua hipossuficiência econômica, ajuíze outra demanda sem o pagamento das custas processuais. Essa previsão também afronta o direito fundamental da gratuidade da justiça, atrelado ao direito fundamental de acesso à justiça, que não admite restrições relacionadas à conduta do trabalhador em outro processo, sob pena de esvaziamento desse seu âmbito de proteção constitucional.

Após o voto do Ministro Fachin, o julgamento foi suspenso em virtude do pedido antecipado de vista do Ministro Luiz Fux.

Fazendo uso do Direito comparado podemos citar situação similar ocorrida no Reino Unido que inseriu, em sua "reforma", regras sobre pagamento de custas que dificultavam o acesso à justiça. Lá, a Corte Constitucional, em decisão recente, julgou inconstitucionais tais artigos, exatamente porque implicam o impedimento do ajuizamento de demanda e, portanto, do exercício do direito à tutela jurisdicional.

A decisão foi proferida em julho de 2017, em razão de recurso apresentado pelo UNISON – Sindicato dos Servidores Públicos do Reino Unido –, o segundo maior sindicato britânico.

Por meio da *Employment Tribunals and the Employment Appeal Tribunal Fees Order* 2013, o governo britânico fixou taxas para o acesso de trabalhadores aos tribunais trabalhistas. Alegadamente buscava, com a exigência de tais taxas, transferir parte dos custos dos tribunais trabalhistas para os trabalhadores, dissuadir demandas improcedentes e estimular acordos prévios. (...). O valor de tais taxas dependia do tipo da demanda ajuizada.

Para o ajuizamento de demandas mais simples, passou-se a cobrar dos trabalhadores taxa no valor de 390 libras esterlinas (custo equivalente a mais de 1.500 reais), e para demandas mais complexas – envolvendo, por exemplo, questionamentos acerca de demissões injustas, equiparação salarial e discriminação de trabalhadores –, passou-se a cobrar o montante de 1.200 libras esterlinas (valor equivalente a quase 5.000 reais). A declaração de inconstitucionalidade retirou esses dispositivos do ordenamento jurídico inglês.

A Suprema Corte assim decidiu com base na Magna Carta, de 1297, que dispõe: "Nós não venderemos a nenhum homem, não vamos negar ou retardar para nenhum homem a Justiça ou o Direito" (*Nulli vendemus, nulli negabimus aut differemus rectum aut justiciam*). Conforme dispuseram os "Lords" que compõem a Corte, o Direito Constitucional de acesso aos tribunais é inerente e central ao Estado de Direito (*Rule of Law*) e à Democracia, o que significa que a sociedade é governada pelo Direito.

Vale analisar que o sistema econômico brasileiro caminha na contramão do sistema inglês. Depois de anos de Tatcherismo intercalados pelo *New Labour*, o governo anglicano se distanciou do discurso de livre mercado e passou a intervir progressiva e pontualmente nos rumos da economia.

As razões para isso são diversas, mas esse movimento se justifica pela maior queda dos salários britânicos, desde as guerras napoleônicas, habitação própria mais baixa dos últimos trinta anos, entre outras situações críticas.

No Brasil, padecemos dos mesmos problemas, entretanto, historicamente o Estado brasileiro sempre interviu e regulou a economia, talvez, por isso, as situações embora similares possam ter desfechos diferentes e que atendam aos interesses dos trabalhadores por caminhos diversos.

Resta-nos aguardar o desfecho da ADI n. 5.766 pois, após o seu julgamento, estarão vinculados à decisão todos os órgãos dos Poderes Judiciário e Executivo. Com esse arremate, haverá maior segurança tanto para Reclamantes, no momento da propositura da ação, quanto para Reclamados, no momento de exercerem o contraditório e ampla defesa.

Ainda que o Poder Judiciário atue diuturnamente como freio e contrapeso para as atividades típicas do Legislativo e do Executivo, não podemos olvidar da construção histórica, social e econômica que envolve a conquista, manutenção e mudança dos direitos trabalhistas.

34.
HONORÁRIOS ADVOCATÍCIOS

Estêvão Mallet[1]
Flávio da Costa Higa[2]

I. INTRODUÇÃO

A Lei n. 13.467, de 2017, que consubstancia a chamada Reforma Trabalhista, traz inovação importante no campo dos honorários advocatícios no processo do trabalho. A regra geral de inexigibilidade da parcela, nunca posta claramente pela lei, mas afirmada de maneira pacífica pela jurisprudência, cede passo para disciplina mais próxima da que vigora no processo civil. Com a sua entrada em vigor, há que buscar compreender o sentido das disposições do art. 791-A da CLT, de modo a determinar os pressupostos para que incidam os seus limites e, inclusive, a sua aplicação ou não aos processos em curso. Antes disso, porém, não se afigura ocioso percorrer a evolução experimentada pelos honorários advocatícios no processo do trabalho. Ela não se deu de forma linear e apresenta algumas contradições e curiosidades.

II. *JUS POSTULANDI* E HONORÁRIOS ADVOCATÍCIOS

A CLT, na sua redação original, nada dispunha sobre a exigibilidade ou não de honorários advocatícios nas ações sujeitas aos procedimentos por ela disciplinados. Simplesmente não havia nenhuma referência ao tema. O que o legislador previu, desde o início, foi a possibilidade de postulação feita diretamente por empregados e empregadores, sem a necessidade de participação de advogados, conforme a conhecida regra do art. 791. Buscava-se, com essa franquia, além da preservação da gratuidade do processo – o que alguns elevavam à condição de verdadeiro princípio[3] –, a facilitação do acesso à justiça, que se supunha ficaria entravada com a exigência de representação por advogado, especialmente em um país com as características do Brasil da década dos 40 do Século passado, ainda no início de sua industrialização, com largas áreas afastadas dos grandes centros, sem advogados em número suficiente para atender às necessidades dos que buscariam a tutela de seus direitos, especialmente os trabalhadores.

Para admitir a atuação pessoal das partes, sem representação por advogados, partiu o legislador da suposição de que o processo por ele concebido envolveria também controvérsias mais simples, estruturando-se o correspondente procedimento de maneira menos formalista, sem as sutilezas do processo civil, muito mais técnico e complexo, especialmente em comparação com o Código de Processo Civil de 1939, repleto de procedimentos especiais[4], entre outras complicações. Daí a permissão, no processo do trabalho, para o oferecimento de reclamação verbal (art. 840, § 2º, da CLT), com defesa igualmente verbal (art. 847), e julgamento na mesma sessão de audiência (art. 850), com exclusão

---

(1) Professor de Direito do Trabalho da Faculdade de Direito da Universidade de São Paulo. Advogado.

(2) Juiz do Trabalho em Coxim/MS. Mestre e Doutor em Direito do Trabalho pela Faculdade de Direito da Universidade de São Paulo. Professor da Escola da Magistratura do Trabalho de Mato Grosso do Sul – EMATRA/MS.

(3) Por exemplo: "Descabem honorários de sucumbência relativamente a parte não assistida por procurador credenciado pelo sindicato da categoria, sucumbente em parte na ação, já que viola princípio da gratuidade do Processo do Trabalho." (TRT – 4ª Reg., Proc. n. 0058200-22.1995.5.04.0201, Rel. Vânia Mattos, julg. em 31.08.2000.)

(4) Cf. o Livro IV, com os seus trinta e oito títulos, e a crítica feita na Exposição de Motivos do CPC de 1973, em que os quase quinhentos artigos voltados aos assim chamados processos especiais mereceram o seguinte comentário: "Vergando ao peso da tradição, conservou as linhas básicas dos recursos que herdamos de Portugal, com as distinções sutis que os tornam de trato difícil." (item 4)

de nulidades rituais (art. 794), tudo para assegurar fácil manejo do procedimento, concentração e celeridade.

Dessa simplicidade e da consequente possibilidade de atuação direta das partes, sem necessidade de representação obrigatória por advogados, tirou a jurisprudência a inexigibilidade de honorários advocatícios em lides trabalhistas. Se a contratação de advogado é facultativa, quem decide por ela deve arcar com os custos correspondentes, sem o poder de imputar à outra parte, sucumbente no objeto do processo. De uma coisa (*jus postulandi*) decorre outra (inexistência de honorários de sucumbência)[5].

III. A FALSIDADE OU SUPERAÇÃO DA PREMISSA

A premissa para a permissão de atuação pessoal de trabalhadores e empregadores, se não era desde o início falsa, com o passar do tempo, mostrou-se desajustada.

Se o processo do trabalho era simples ao tempo em que aprovada a CLT[6], tornou-se cada vez mais complexo, cheio de sutilezas, tecnicalidades e, até mesmo, de bizarrices[7], ao lado de formalismos exacerbados[8]. Os litígios passaram a envolver temas intricados, como mostram as ações civis públicas sobre os mais variados assuntos; ações sobre acidentes de trabalho e doenças profissionais, inclusive de caráter exclusivamente psicológico; ações sobre assédio moral e sexual; ações com pedidos cominatórios, para a não realização de certas atividades – como a proibição do exercício da função de provador de cigarro[9] – ou para a proibição de adoção de certas formas contratuais; ações com pedido de tutela inibitória, como proibição de adoção de determinados critérios para a seleção dos trabalhadores a serem admitidos[10]; ações relacionadas com a não celebração de contratos de trabalho ou com o descumprimento de promessa de contratação de trabalhadores ou, ainda, para impor a contratação de deficientes;

---

(5) A proposição está presente, por exemplo, no seguinte acórdão, citado como mera ilustração: "Na esfera da Justiça do Trabalho, deve ser assegurado ao trabalhador amplo acesso à justiça. Assim, vige a disposição que permite o *jus postulandi* e suas consequências. Portanto, não há que se falar em indenização, pois não há ato ilícito ou culpa, na medida em que não há obrigatoriedade de contratar advogado, bastando comparecer ao setor de reclamações verbais. Destarte, se o reclamante não se encontra assistido pelo sindicato de classe, não faz jus aos honorários advocatícios, por não preenchidos os requisitos da Lei n. 5.584/1970 e pela não observância do entendimento esposado pelas Súmulas ns. 219 e 329 e pela Orientação Jurisprudencial n. 305 do C. TST." (TRT – 2ª Reg., 12ª T., Proc. n. 01687-2005-382-02-00-8, Rel. Delvio Buffulin, julg. em 01.06.2006 in DJ de 13.06.2006.)

(6) No início, de fato, a Justiça do Trabalho lidava com questões mais simples, como pedidos de pagamento de horas extras, de décimo terceiro salário, de aviso-prévio ou, quando muito, de reconhecimento de contrato de trabalho não registrado. O rol do art. 652 da CLT, especialmente na alínea *a*, item II, não é gratuito. Não foi feito por acaso nem decorreu de mera elucubração. Ao contrário, ilustra bem as matérias mais comumente examinadas pela Justiça do Trabalho em sua origem: dissídios sobre "remuneração, férias e indenizações por motivo de rescisão do contrato individual de trabalho".

(7) Houve um caso em que a procuração, utilizada para a impetração de mandado de segurança, embora perfeitamente regular e trazida na petição inicial, veio após o substabelecimento. Apenas a ordem de juntada do documento não era a ideal. Nada além disso. Extinto o mandado de segurança, sob o impróprio fundamento de falta de poderes de representação, por manifesto erro de percepção das peças dos autos, os embargos de declaração apresentados para correção do equívoco não mereceram provimento. Aduziu-se: "O normal é que o instrumento de procuração esteja juntado antes do substabelecimento. Este veio aos autos à fl. 17; a procuração, à fl. 395, o que torna impossível (*sic*) a localização da mesma (*sic*). Ademais, não é através de Embargos de Declaração que se discute esta questão, pretendendo o autor apenas modificar a decisão." (TRT – 2ª Reg., SDI 5, MS n. 13357200700002001, Rel. Iara Ramires da Silva de Castro, julg. em 03.09.2008 in DJ de 25.09.2008); a doutrina dá conta de que o problema não ocorre apenas no Brasil. Também na Italia "*pretesi vizi della procura alle liti*" são invocados como "*una sorta di riflesso di autodefesa contro la semiparalisi indotta dall'aumento incontrollato dei ricorsi.*" (CHIARLONI, Sergio. Etica, formalismo processuale, abuso del processo em *Revista de Processo*, São Paulo, n. 239, p. 113/114, RT, 2015).

(8) Vejam-se dois exemplos, bem expressivos: "Petição protocolizada com número errado. Preclusão. Compete à parte zelar pela prática dos atos processuais, restando inconcebível a pretensão de repasse de sua responsabilidade à Secretaria da Vara, devendo ser mantida a preclusão quanto à discussão relativa a meros cálculos." (TRT – 2ª Reg., 2ª T., AP n. 02641200105602001, Ac. n. 20080284412, julg. em 03.04.2008 in DOE de 22.04.2008 e TRT – 2ª Reg., 13ª T., Proc. n. 0000321-81.2011.5.02.0062, Ac. n. 20120951104, julg. em 14.08.2012 in DJe de 24.08.2012). Na mesma linha: "O erro na indicação do número do processo no comprovante de recolhimento do depósito recursal, impossibilita o conhecimento do recurso por deserção." (TRT-10ª Reg., 1ª T., Proc. n. 00217-2007-011-10-00-3, julg. em 27.06.2007 in DJ de 13.07.2007.)

(9) TST-SDI 1, Proc. ED-E-ED-RR n. 120300-89.2003.5.01.0015, Rel. Min. João Oreste Dalazen, atualmente pendente de exame de recurso extraordinário.

(10) É a matéria em discussão no processo TST-RR-142040-87.2000.5.01.0022, em que a 1ª Turma do Tribunal Superior do Trabalho reconheceu, em voto do Min. Vieira de Mello Filho, o cabimento de ação civil pública e a legitimidade do Ministério Público do Trabalho para questionar critérios de edital com oferta de empregos em sociedade de economia mista (cf. julgamento de 08.06.2011 in DEJT de 17.06.2011).

ações relativas ao meio ambiente de trabalho, em suas mais diferentes manifestações; ações voltadas a impedir a prestação de serviço por trabalhadores vinculados a cláusulas de não competição; ações pela perda de uma chance pré-contratual, contratual e pós-contratual[11]; ações revisionais, decorrentes da mudança do quadro fático ou jurídico existente ao tempo em que proferida a condenação[12], em caso de relação jurídica continuativa[13]; ações para a tutela da intimidade dos trabalhadores[14], além de outras. As distinções que a jurisprudência por vezes propõe não raro escapam à compreensão até mesmo dos técnicos[15]. Isso para não falar dos problemas suscitados pelas sucessivas alterações legislativas[16].

No cenário descrito, a parte que comparece em juízo sem advogado incorre em elevado risco de comprometer o exame de sua pretensão, por desconhecimento técnico. No fundo, a condução do processo torna-se sempre mais complexa e até mesmo mais difícil a sua composição amigável, por não serem bem assimilados os riscos envolvidos na ação. Aos leigos, que participam diretamente do conflito, não é fácil abstrair o componente emocional que dele emerge, para aceitar composição racionalmente justificável. No Tribunal Superior do Trabalho, certa feita, assentou-se, com muita propriedade: "Sob um prisma psicológico, sem o concurso do advogado, a parte louva-se do processo para um desabafo sentimental pouco produtivo; obcecada pela paixão e pelo ardor, não tem, como regra, a serenidade para captar os pontos essenciais do caso para melhor resguardo dos seus interesses, ao passo que o advogado, sem rancores pessoais, garante uma defesa mais persuasiva e eficaz."[17]

Já se apenas a parte mais pobre comparece pessoalmente, para evitar, com o exercício do seu *jus postulandi*, maior dispêndio de dinheiro com a contratação de advogado, confrontando-se com litigante tecnicamente orientado, a desigualdade econômica transforma-se *ipso facto* em desigualdade processual. Por isso mesmo Calamandrei escreveu: "*per assicurare praticamente nel processo la libertà e la uguaglianza delle parti bisogna porre accanto a ciascuno di esse, in ogni momento del processo, un difensore che colla sua intelligenza e colla sua conoscenza tecnica dei meccanismi processual ristabilisca l'equilibrio del contraddittorio.*"[18] No fundo, o direito à representação por um advogado implica, no âmbito do

---

(11) Sobre o tema, de maneira aprofundada, HIGA, Flávio da Costa, *Responsabilidade civil* – A perda de uma chance no Direito do Trabalho. São Paulo: Saraiva, 2012, *passim*, texto em que se encontra compreensivo estudo do assunto, com indicação de vários precedentes jurisprudenciais.

(12) Ou até mesmo mudança da jurisprudência predominante na altura em que celebrado termo de ajustamento de conduta – cf. TST – 7ª T., Proc. TST-RR-1030-74.2010.5.08.0001, Rel. Douglas Alencar Rodrigues, julg. em 16.11.2016, em que se admitiu a revisão do negócio, uma vez que "após intensos debates acerca da questão jurídica suscitada – ausência de dano moral em razão de revistas íntimas, realizadas de forma impessoal e discreta, sem contato físico ou exposição da intimidade do trabalhador –, consolidou-se (a jurisprudência) em sentido diverso do que orientou a celebração do TAC, revela-se perfeitamente cabível a revisão do quanto convencionado, assegurando-se a isonomia e a segurança jurídica aos envolvidos...".

(13) A propósito, Antonio Galvão Peres e Luiz Carlos Amorin Robortella. Ação revisional e meio ambiente do trabalho: a coisa julgada em face das alterações de fato ou de direito em *O direito material e processual do trabalho dos novos tempos* – Estudos em homenagem ao Professor Estêvão Mallet. São Paulo: LTr, 2009. p. 38-49.

(14) Confira-se, a propósito, o seguinte precedente: "A divulgação, pela empresa, de lista nominal, contendo a remuneração específica de cada empregado implica difusão abusiva de dados pessoais dos trabalhadores, violando o direito à intimidade, porquanto extrapola a determinação contida no art. 39, § 6º, da CF, que admite, tão somente, a publicação dos valores destinados aos cargos e empregos públicos sem individualização dos titulares." (TST – 6ª T., AIRR n. 340041-22.2007.5.09.0322, Rel. Min. Mauricio Godinho Delgado *in* DEJT de 25.02.2011.)

(15) Pense-se na discussão sobre a medida adequada para a defesa de quem é atingido por ato executivo, nos mais variados contextos. Nem a jurisprudência fornece indicação segura: "Embargos de terceiro. Suposto integrante de grupo econômico. Cabimento. A empresa incluída no polo passivo da execução sob o fundamento de pertencer ao mesmo grupo econômico da executada, ainda que supostamente responsável pela dívida, *não deixa de ser terceira para fins da legislação processual, quando afirma essa condição*. (TRT – 2ª Reg., 14ª T., AP n. 00018417720135020039, Relator: Manoel Ariano, julg. em 24.07.2014 *in* DJ de 01.08.2014) e "Carece de legitimidade ativa para a utilização dos embargos de terceiro a parte que é incluída no polo passivo dos autos principais de reclamação trabalhista. Inteligência dos arts. 884, da CLT, e 1.046, do CPC... Incluída a parte no polo passivo da execução, a defesa cabível contra a execução dos seus bens são os embargos à execução, após a garantia do juízo, na forma prevista no art. 884, da CLT." (TRT – 1ª Reg., 7ª T., AP n. 00012184720115010027, Rel. Rogerio Lucas Martins, julg. em 09.12.2013 *in* DJ de 16.12.2013.)

(16) Será ainda, diante do art. 966, § 4º, do vigente CPC, a ação rescisória o meio próprio para desconstituir termo de acordo homologado judicialmente, como pretende a Súmula n. 250 do Tribunal Superior do Trabalho, editada ao tempo do CPC anterior, sobre cuja subsistência nada disse o Tribunal até agora?

(17) TST – Pleno, E-AIRR e RR-8558100-81.2003.5.02.0900, Rel. Min. João Oreste Dalazen, julg. em 13.10.2009 *in* DEJT de 01.04.2011.

(18) *Il rispetto della personalità nel processo* em *Processo e democrazia, Opere giuridiche*. Napoli: Morano, 1964. v. 1º, p. 693.

processo, "*l'espressione più importante del rispetto della persona: dove non è diffensore, la personalità del giudicabile à monomata*"[19].

Assim, se o *jus postulandi* pode formalmente facilitar o acesso à justiça, em termos concretos e práticos, expõe os litigantes a vários riscos, inclusive o de perecimento do direito, por falta de domínio da técnica processual, das sutilezas da jurisprudência ou das cizânias teóricas. É, em rigor, um acesso apenas aparentemente mais simples, que atrai a advertência formulada pela Suprema Corte dos Estados Unidos, no importante julgamento tomado em *Powell v. Alabama*, nos seguintes termos: "*The right to be heard would be, in many cases, of little avail if it did not comprehend the right to be heard by counsel. Even the intelligent and educated layman has small and sometimes no skill in the science of law.*"[20]

Por outro lado, a gratuidade do processo não deve ser assegurada com o comprometimento da defesa técnica. O caminho é outro e envolve, em linhas gerais, patrocínio custeado por advogado público ou ligado à entidade de classe e, nos casos de sucumbência do litigante pobre, isenção de pagamento de custas, despesas processuais e honorários advocatícios para o advogado da outra parte. Mais uma vez, pode-se invocar a jurisprudência da Suprema Corte dos Estados Unidos, em enunciado três décadas posterior ao que se supratranscreveu, formulado em *Gideon v. Wainwright*: "*...reason and reflection require us to recognize that in our adversary system of criminal justice, any person haled into court, who is too poor to hire a lawyer, cannot be assured a fair trial unless counsel is provided for him.*"[21]

Ademais, a ausência de honorários de sucumbência leva a que o litigante que não deseja correr o risco de comprometer sua postulação, por deficiência técnica – e resolve, portanto, utilizar-se do trabalho de advogado, tendo de suportar os custos decorrentes –, receba, ao fim e ao cabo, tutela parcial, e não tutela integral. E o problema não se resolve inteiramente com a atribuição do crédito dos honorários para o advogado, por força dos arts. 22 a 24 – especialmente o art. 23 – da Lei n. 8.906, de 1994. Há o risco, que somente as forças do mercado podem evitar, de que o advogado receba honorários do seu representado, além dos honorários de sucumbência. A ser mesmo assim, surgirá o problema lembrado por Crisanto Mandrioli: "*se...per ottenere il riconoscimento del diritto a 100 si dovesse spendere (senza poter recuperare) 20, se ne dovrebbe desumere che l'ordinamento tutela i diritti all'80 per cento e non nella loro integralità.*"[22] É imperioso, para que haja verdadeira e plena tutela do direito reconhecido, que a necessidade de servir-se do processo não cause prejuízo algum a quem tem razão, conforme a clássica e sempre repetida proposição de Chiovenda[23]. Mas isso não se dá quando a parte vencedora não é ressarcida das despesas ocasionadas pelo processo, incluídas as efetuadas com advogado, cuja atuação mostra-se imprescindível para a tutela, de modo adequado, do direito violado.

Por fim, a ausência de honorários de sucumbência, além de prejudicar o litigante pobre, compromete a eficácia da norma trabalhista. Se o devedor sabe que não há ônus adicional relevante para o inadimplemento da obrigação, tende, sob a perspectiva econômico-financeira, a deixar de cumpri-la pontualmente ou é, no fundo, estimulado a agir assim. É o que ocorre, em alguma medida, no campo das relações de trabalho. Quando a hora extra não é quitada, a consequência, para o empregador é, na maioria das vezes, ter apenas de a liquidar em juízo, com poucos acréscimos relevantes, arcando o próprio empregado com os honorários do seu advogado. Se o ônus é transferido para o empregador, o seu inadimplemento passa a gerar custo adicional, que pode estimular o pagamento pontual da parcela. Afinal, é importante que "*the party who is in the wrong faces costs which are higher than those which he would pay if he simply carries out the law*"[24]. Foi o que notou também a Corte de Apelações do Nono Circuito dos Estados Unidos, em julgado em que se lê: "*...a fee award serves a purpose beneficial to society by encouraging the City of San Diego to ensure that all of its police officers are well trained to avoid the use of excessive force, even when they confront a person whose conduct has generated the need for police assistance.*"[25] *Mutatis mutandis*, o mesmo pode ser dito no processo do trabalho.

---

(19) *Il rispetto della personalità nel processo cit.*, p. 693.

(20) 287 U.S. 45, 69.

(21) 372 U.S. 335.

(22) *Corso di diritto processuale civile*. Torino: Giappichelli, 1993. I, § 52, p. 300/301.

(23) A proposição é antiga e foi formulada por Chiovenda em *Sulla 'perpetuatio iurisdictionis'*, publicado posteriormente em *Saggi di diritto processuale civile*. Roma: Foro Italiano, 1930. v. 1º, p. 273.

(24) TULLOCK, Gordon. *Trials on trial* – The pure theory of legal procedure. New York: Columbia University Press, 1980. p. 19.

(25) *United States Court of Appeals for the Ninth Circuit, Guy v. City of San Diego*, n. 08-56024, publicado em 17.06.2010.

IV. A JURISPRUDÊNCIA, AS PROGRESSIVAS EXCEÇÕES E OS PARADOXOS CRIADOS

As circunstâncias indicadas anteriormente, em particular a complexidade crescente dos litígios trabalhistas, levaram a jurisprudência a relativizar, aos poucos, a franquia do *jus postulandi* e, por conseguinte, a afirmação de inexistência de honorários sucumbenciais. Mas a evolução não se fez de maneira linear. São evidentes algumas graves contradições.

A regra do art. 133 da Constituição, na qual alguns viram o fim do *jus postulandi*, não alterou em nada o quadro[26]. Tampouco o fez o art. 1º, inciso I, da Lei n. 8.906, de 1994, ao menos segundo a decisão tomada pelo Supremo Tribunal Federal[27]. O passo mais significativo veio como desdobramento da Emenda Constitucional n. 45. A redação dada ao art. 114 fez com que passasse à competência da Justiça do Trabalho o julgamento de outras causas não decorrentes da relação de emprego, especialmente ações relacionadas com anulação de certos atos administrativos e com litígios decorrentes de relação de trabalho, sem a existência de relação de emprego[28]. Em pouco tempo, o Tribunal Superior do Trabalho afirmou a exigibilidade dos honorários advocatícios em lides não decorrentes da relação de emprego[29]. E assim concretizou-se o primeiro paradoxo. O empregador vencido em ação trabalhista paga apenas o crédito devido, sem acréscimo de honorários advocatícios. Já quem contrata o serviço de pequeno empreiteiro, sendo condenado em ação trabalhista (CLT, art. 652, *a*, III), tem de liquidar o crédito acrescido de honorários advocatícios. Em tese, também na ação do trabalhador portuário deveria ocorrer o mesmo, dado não haver relação de emprego, mas mera relação de trabalho. Dificilmente se compreende e se justifica a solução díspar.

Outro passo significativo foi a afirmação da exigibilidade dos honorários advocatícios em ação rescisória, nos termos da Súmula n. 219, inciso II. Não é sem importância notar que essa parte do verbete decorre de precedentes em que se nega a aplicabilidade do *jus postulandi* às ações rescisórias[30]. Mas a previsão induziu grave paradoxo. Ação de empregado cujo pedido é julgado procedente desde logo não gera condenação em honorários. Se, porém, o pedido é julgado improcedente, transita em julgado, e sobrevém ajuizamento de ação rescisória, cujo pedido de rescisão e rejulgamento é acolhido, deve haver condenação em honorários advocatícios. Como explicar tão inusitada realidade?

O último problema surgiu com a aprovação da Súmula n. 425 do Tribunal Superior do Trabalho: "O *jus postulandi* das partes, estabelecido no art. 791 da CLT, limita-se às Varas do Trabalho e aos Tribunais Regionais do Trabalho, não alcançando a ação rescisória, a ação cautelar, o mandado de segurança e os recursos de competência do Tribunal Superior do Trabalho." Se a ausência de honorários advocatícios decorria da possibilidade de exercício do *jus postulandi*, haveria de reconhecer-se a necessidade de condenação no pagamento da parcela sempre que a tramitação do processo envolvesse o Tribunal Superior Trabalho, onde somente passou-se a admitir a representação por advogado. Mas a esse resultado a jurisprudência nunca chegou. Tem-se, então, obrigação de contratação de advogado, sem possibilidade de recebimento de honorários de sucumbência.

V. A REFORMA TRABALHISTA E OS HONORÁRIOS ADVOCATÍCIOS

Com a Lei n. 13.467, passam a ser devidos os honorários advocatícios nas ações trabalhistas, sem que se tenha revogado a possibilidade de exercício de *jus postulandi* pelas partes. Os arts. 791 e 839, alínea *a*, da CLT não são afetados pela nova legislação[31]. A harmonização de um sistema híbrido é adequada a um país de dimensões continentais e realidades tão distintas quanto o Brasil, pois permite acomodar experiências de locais ermos, onde o acesso ao Judiciário para causas simples e de pequeno valor só se realiza graças à possibilidade de postulação pessoal, ao lado da vivência de metrópoles e grandes centros urbanos, dotados de enormes

---

(26) Súmula n. 329 do Tribunal Superior do Trabalho.

(27) Cf. ADI n. 1.127-8, Rel. Min. Marco Aurélio, julg. em 17.05.2006, *in* DJ de 11.06.2010.

(28) Cf. art. 114, incisos I, VII e IX. Para algumas anotações, em doutrina, Estêvão Mallet, Apontamentos sobre a competência da Justiça do Trabalho após a Emenda Constitucional n. 45 in *Revista do TST*, Brasília, vol. 71, n. 1, p. 198 e segs., jan./abr. 2005.

(29) Instrução Normativa n. 27, art. 5º e, posteriormente, Súmula n. 219, inciso IV.

(30) TST-SDI II, AR n. 1853596-77.2007.5.00.0000, Rel. Min. Antônio José de Barros Levenhagen *in* DEJT de 05.12.2008 e TST-SDI II, ROAR n. 295979-22.1996.5.08.5555, Rel. Min. João Oreste Dalzen, *in* DJ de 14.05.1999.

(31) Sem embargo de a jurisprudência já ter amainado consideravelmente o alcance dessa regra, ao entendê-la inaplicável à ação rescisória, à ação cautelar, ao mandado de segurança e aos recursos de competência do Tribunal Superior do Trabalho, na forma da já lembrada Súmula n. 425.

escritórios de advocacia e processos tão complexos que "o exercício da capacidade postulatória se tornou uma caricatura de si mesma"[32].

Diferentemente do que se intui, todavia, o pagamento de honorários de advogado, com fundamento na derrota da parte adversa, não está atrelado – epistemologicamente – à capacidade ou incapacidade postulatória da parte. Há, basicamente, duas regras opostas quanto aos honorários de advogado, desatreladas, em princípio, desse fundamento: de um lado, a chamada *english-rule* ou *costs-shifting rule*, segundo a qual "a parte vencedora ('ou recebedora') deve recuperar seus 'custos-padrão' de seu opositor ('a parte pagadora')"[33] e, do outro, a denominada *american rule*, segundo a qual cada litigante responde apenas pelos honorários do seu próprio advogado[34].

Não obstante a imprescindibilidade de o advogado possuir previsão constitucional (art. 133), o processo do trabalho, no Brasil, sempre adotou a "regra americana", restringindo as condenações à verba honorária às hipóteses em que o autor estivesse assistido por entidade sindical (Lei n. 5.584/1970, art. 14) e às ações e recursos em que a jurisprudência exige a presença de advogado (TST, Súmula n. 425). A Lei n. 13.467, todavia, quebra esse paradigma, ao generalizar o direito aos honorários de advogado com base em regra de sucumbência, mediante inserção, na CLT, do art. 791-A, nos seguintes termos, *verbis*:

> Art. 791-A. Ao advogado, ainda que atue em causa própria, serão devidos honorários de sucumbência, fixados entre o mínimo de 5% (cinco por cento) e o máximo de 15% (quinze por cento) sobre o valor que resultar da liquidação da sentença, do proveito econômico obtido ou, não sendo possível mensurá-lo, sobre o valor atualizado da causa.

O desmembramento das expressões contidas no dispositivo ora transcrito é pedagogicamente favorável à sua compreensão:

a) "*Ao advogado*" – o sujeito da oração torna inequívoco o destinatário da verba, como consta, aliás, da regra geral do art. 23 da Lei n. 8.906, de 4 de julho de 1994, e também do art. 85, § 14, do CPC.[35] Com isso, os honorários de advogado perderam, também na esfera trabalhista, a sua justificativa original – e a também a natureza jurídica de dano emergente –, qual fora a de recompor integralmente o patrimônio do vencedor, diante do dano experimentado pela contratação de advogado a fim de obter a tutela jurisdicional.[36]

b) "*Ainda que atue em causa própria*" – repete-se comando semelhante ao do § 17 do art. 85 do CPC. Assumido o pressuposto de que os honorários pertencem ao advogado, não faz sentido, deveras, distinguir a condenação ou não na parcela pelo fato de o profissional advogar em causa própria ou de outrem.

c) "*Serão devidos honorários de sucumbência*" – esse fragmento deixa patente que os honorários são devidos em razão unicamente do "princípio da causalidade", ou seja, pelo fato objetivo da derrota. Pertinente observar, todavia, que, apesar da ausência de explicitação legal, eles são devidos – nos mesmos percentuais e arbitrados sob os mesmos critérios – independentemente do conteúdo da decisão, inclusive nas hipóteses de improcedência e de extinção sem resolução meritória, por aplicação subsidiária e supletiva (CLT, art. 769 e CPC, art. 15) do § 6º do art. 85 do CPC.[37]

---

(32) SILVA, Homero Batista da. *Comentários à reforma trabalhista*. São Paulo: Revista dos Tribunais, 2017. p. 140.

(33) ANDREWS, Neil. *O moderno processo civil*: formas judiciais e alternativas de resolução de conflitos na Inglaterra. Orientação e revisão da tradução Teresa Arruda Alvim Wambier. São Paulo: RT, 2009. p. 214.

(34) "*In the United States, the losing party does not generally pay the winner's legal fees. Each party is only obligated to pay his or her own attorney's fees, regardless of the outcome of the litigation. This practice is called the 'American Rule'; the practice that allows shifting of legal fees is called the 'English Rule.'*" (VARGO, John F. The American Rule on attorney fee allocation: the injures person's access to justice. *The American University Law Review*, v. 42, p. 1.568-1.636, p. 1.569, esp., 1993).

(35) Art. 23. Os honorários incluídos na condenação, por arbitramento ou sucumbência, pertencem ao advogado, tendo este direito autônomo para executar a sentença nesta parte, podendo requerer que o precatório, quando necessário, seja expedido em seu favor. (BRASIL. Lei n. 8.906, de 4 de julho de 1994.)

(36) De acordo com o comentário de Aguiar Dias, acerca do art. 912 do CPC/1939: "Na indenização, deve ser computada a verba para honorários de advogado, conforme estabelece o art. 912 do Código de Processo Civil. De outra maneira, a reparação não seria completa, desfalcando o *quantum* da quantia necessária a solver essa obrigação." (AGUIAR DIAS, José de. *Da responsabilidade civil*. 4. ed. Rio de Janeiro: Forense, 1960. v. II, p. 823).

(37) Art. 85, § 6º Os limites e critérios previstos nos §§ 2º e 3º aplicam-se independentemente de qual seja o conteúdo da decisão, inclusive aos casos de improcedência ou de sentença sem resolução de mérito.

d) *"Fixados entre o mínimo de 5% (cinco por cento) e o máximo de 15% (quinze por cento)"* – optou-se pela fixação em patamares inferiores aos do processo civil, que procede ao escalonamento entre 10% (dez por cento) e 20% (vinte por cento), *ex vi* do art. 85, § 2º, do CPC. Conquanto não haja razão lógica para o tratamento discriminatório aos profissionais que advogam perante a Justiça do Trabalho, não se vislumbra inconstitucionalidade no texto legal, porquanto também não havia mácula à Lei Maior quando nem sequer eram atribuídos honorários de advogado. Sob o prisma fenomênico, as transformações sociais costumam ocorrer – e são, por vezes, melhor digeridas – gradativamente do que em giros de cento e oitenta graus. É possível que o legislador tenha tomado como referência, sem maior cuidado técnico, o percentual existente no art. 11 da Lei n. 1.060, de 5 de fevereiro de 1950[38] que, durante muito tempo, serviu de teto para as condenações em honorários assistenciais. É de se lamentar, porém, caso tenha sido esse o referencial, uma vez que tal dispositivo fora expressamente revogado pelo novo CPC (art. 1.072, III), e o Tribunal Superior do Trabalho já havia adaptado sua jurisprudência com o escopo de assimilar os percentuais da legislação processual comum (Súmula n. 219, V). Ainda sobre a fixação dos percentuais, a regra do § 4º do art. 90 do CPC – redução por metade dos honorários em casos de reconhecimento da procedência do pedido seguida do cumprimento integral da prestação reconhecida –, por ser integralmente consentânea com os escopos do processo do trabalho, também comporta aplicação subsidiária e supletiva.

e) *"Sobre o valor que resultar da liquidação da sentença, do proveito econômico obtido ou, não sendo possível mensurá-lo, sobre o valor atualizado da causa"* – a parte final do artigo estabelece a base de incidência dos honorários. Contudo, a primeira dúvida a ser dirimida diz respeito à utilização do vocábulo "sentença", enquanto espécie de pronunciamento judicial sobre a qual serão apurados os percentuais. Malgrado o julgamento antecipado parcial do mérito[39] (CPC, art. 356, I e II) não possa ser conceituado como tal, haja vista não se tratar do "pronunciamento por meio do qual o juiz, com fundamento nos arts. 485 e 487, põe fim à fase cognitiva" (CPC, art. 203, § 1º), mas apenas a algum(ns) de seus capítulos, é indubitável que a lei disse menos do que deveria, sendo devidos honorários nas hipóteses de decisão parcial, conforme Enunciado 5 do CJF.[40] No que concerne ao "valor que resultar da liquidação da sentença", a tendência é de que esse valor seja tomado sem o desconto de contribuições fiscais e previdenciárias (Orientação Jurisprudencial n. 348 da SbDI-I/TST).[41] *Mutatis mutandis*, o "proveito econômico obtido" pode significar, *v. g.*, para o réu, o valor que ele deixa de desembolsar com uma eventual sentença de improcedência. Por isso, aliás, é de suma importância que os pedidos passem a ter indicação fidedigna do valor (CLT, art. 840, § 1º, com redação dada pela Lei n. 13.467),[42] em observância aos critérios do art. 292 do CPC,[43] ainda que a

---

(38) Art. 11, § 1º Os honorários do advogado serão arbitrados pelo juiz até o máximo de 15% (quinze por cento) sobre o líquido apurado na execução da sentença. (BRASIL. Lei n. 1.060, de 5 de fevereiro de 1950.)

(39) Aplicável ao processo do trabalho, por força do art. 5º da Instrução Normativa n. 39 do TST, *verbis*: "Art. 5º Aplicam-se ao Processo do Trabalho as normas do art. 356, §§ 1º a 4º, do CPC que regem o julgamento antecipado parcial do mérito, cabendo recurso ordinário de imediato da sentença." (BRASIL. Tribunal Superior do Trabalho. Resolução n. 203, de 15 de março de 2016. Disponível em: <http://www.tst.jus.br/documents/10157/429ac88e-9b78-41e5-ae28-2a5f8a27f1fe>. Acesso em: 10 set. 2017.)

(40) "ENUNCIADO N. 5 – Ao proferir decisão parcial de mérito ou decisão parcial fundada no art. 485 do CPC, condenar-se-á proporcionalmente o vencido a pagar honorários ao advogado do vencedor, nos termos do art. 85 do CPC." (Conselho da Justiça Federal. Centro de Estudos Judiciários. *I Jornada de Direito Processual Civil*. Brasília/DF, 24 e 25 de agosto de 2017.)

(41) 348. HONORÁRIOS ADVOCATÍCIOS. BASE DE CÁLCULO. VALOR LÍQUIDO. LEI N. 1.060, DE 05.02.1950. Os honorários advocatícios, arbitrados nos termos do art. 11, § 1º, da Lei n. 1.060, de 05.02.1950, devem incidir sobre o valor líquido da condenação, apurado na fase de liquidação de sentença, sem a dedução dos descontos fiscais e previdenciários.

(42) CLT, Art. 840, § 1º. Sendo escrita, a reclamação deverá conter a designação do juízo, a qualificação das partes, a breve exposição dos fatos de que resulte o dissídio, *o pedido, que deverá ser certo, determinado e com indicação de seu valor*, a data e a assinatura do reclamante ou de seu representante. (sem destaques no texto original)

(43) Notadamente aos itens V e VI, que tratam das pretensões de danos extrapatrimoniais e da cumulação objetiva, hipóteses mais recorrentes perante a Justiça do Trabalho: "CPC, Art. 292. O valor da causa constará da petição inicial ou da reconvenção e será: [...] V – na

jurisprudência trabalhista continue a entender que o valor atribuído seja mera estimativa e não vincule o juízo.[44]-[45] A lei adota como referência, ainda, o valor atualizado da causa, nas hipóteses em que o proveito econômico for inestimável. Apesar de ser um referencial seguro, não se pode perder de vista a possibilidade de apreciação equitativa, prevista no § 8º do art. 85 do CPC, principalmente nas hipóteses em que o valor atribuído à causa for irrisório e, em consequência, implicar honorários aviltantes[46] ou, por que não?, excessivos, desproporcionais ao trabalho realizado[47].

A Lei n. 13.467 determina que "os honorários são devidos também nas *ações contra* a Fazenda Pública e nas ações em que a parte estiver assistida ou substituída pelo sindicato de sua categoria" (§ 1º). Aprioristicamente, nada mais fez do que se apoderar daquilo que a jurisprudência já consolidara, tanto em relação às *ações "em face"* – e não *"contra"*, mas a norma definitivamente não primou pela técnica – da Fazenda Pública[48], quanto nas ações em que o sindicato for substituto processual. Depois de oscilações sumulares, primeiramente concedendo[49] e depois negando[50] honorários de advogado, a jurisprudência evoluiu no sentido de entender a verba devida "pela simples sucumbência da parte contrária"[51]-[52].

O § 2º arrola os critérios a serem observados para fixação de honorários advocatícios: I – o grau de zelo do profissional; II – o lugar de prestação do serviço;

---

ação indenizatória, inclusive a fundada em dano moral, o valor pretendido; VI – na ação em que há cumulação de pedidos, a quantia correspondente à soma dos valores de todos eles; [...]."

(44) "Diante da complexidade que envolve os cálculos trabalhistas, além das inúmeras discussões doutrinárias e jurídicas acerca da incidência de reflexos, seria desarrazoado atribuir, ao valor do pedido lançado na petição inicial, a certeza absoluta de um mesmo valor que se fixa, por exemplo, no caso de uma execução de um título extrajudicial. Não se exige, no Processo do Trabalho, a mesma indicação "precisa" a que referia o CPC de 1939, nem tampouco o refinamento na individualização do valor da causa, disciplinado nos arts. 42 a 49 do CPC de 1939. O valor atribuído pelo reclamante, no caso dos autos, representou mera estimativa, simplesmente para a fixação de alçada (art. 852-B, I, da CLT), não servindo como limite ao valor efetivamente auferido, após regular procedimento de liquidação de sentença. Ao deixar de limitar a condenação aos respectivos valores indicados na reclamação trabalhista, o juiz de primeiro grau não violou o princípio da congruência, como reconhecido pelo Tribunal Regional, razão pela qual, impõem-se a reforma do julgado, a fim de se restabelecer o critério de liquidação indicado na sentença." (BRASIL. Tribunal Superior do Trabalho. RR – 11064-23.2014.5.03.0029, Rel. Des. Conv. Marcelo Lamego Pertence, 1ª Turma, DEJT 23.06.2017.)

(45) Todavia, deveria servir, no mínimo, para que o juiz avaliasse o comportamento da parte (CPC, art. 5º), sob pena de a norma tornar-se absolutamente anódina.

(46) Nesse sentido, a propósito, o Enunciado n. 6 do CJF, *verbis*: "ENUNCIADO N. 6 – A fixação dos honorários de sucumbência por apreciação equitativa só é cabível nas hipóteses previstas no § 8º do art. 85 do CPC." (Conselho da Justiça Federal. Centro de Estudos Judiciários. *I Jornada de Direito Processual Civil*. Brasília/DF, 24 e 25 de agosto de 2017.)

(47) Cf., na jurisprudência formada ao tempo do CPC anterior: "...4. Quanto à fixação de honorários advocatícios, o STJ, via de regra, mantém o valor estabelecido na origem, por força do óbice da Súmula 7/STJ; todavia, em situações excepcionais, quais sejam: fixação da condenação em patamares ínfimos ou exorbitantes, a jurisprudência deste Tribunal autoriza a revisão do *quantum* estabelecido no acórdão *a quo*. 5. Na hipótese dos autos, a fixação da condenação em honorários advocatícios em torno de R$ 102.000,00 (cento e dois mil reais), que corresponde a 1/11 do valor da dívida, configura valor excessivo; portanto, nesse ponto, merece reparo a decisão agravada, exclusivamente para determinar a redução do montante fixado a título de honorários advocatícios em R$ 50.000,00 (cinquenta mil reais). Agravo regimental provido em parte." (STJ – 2ª T., AgRg REsp n. 980.349/RS, Rel. Min. Humberto Martins, julg. em 10.06.2008, *in* DJe 24.06.2008.)

(48) Súmula n. 219 do TST. HONORÁRIOS ADVOCATÍCIOS. CABIMENTO. VI – Nas causas em que a Fazenda Pública for parte, aplicar-se-ão os percentuais específicos de honorários advocatícios contemplados no Código de Processo Civil.

(49) Súmula n. 220 do TST. HONORÁRIOS ADVOCATÍCIOS. SUBSTITUIÇÃO PROCESSUAL. Atendidos os requisitos da Lei n. 5.584/1970, são devidos os honorários advocatícios, ainda que o sindicato figure como substituto processual.

(50) Súmula n. 310 do TST. SUBSTITUIÇÃO PROCESSUAL. SINDICATO. VIII – Quando o sindicato for o autor da ação na condição de substituto processual, não serão devidos honorários advocatícios.

(51) "O Tribunal Superior do Trabalho, em face do cancelamento da Súmula n. 310, item VIII, desta Corte e na linha das diretrizes traçadas pelas Súmulas ns. 219 e 329 do TST, havia pacificado o entendimento de que o sindicato, na condição de substituto processual da categoria profissional, faz jus à percepção dos honorários de advogado, desde que preenchidos os requisitos elencados no art. 14 da Lei n. 5.584/1970. Contudo, *a jurisprudência desta Corte* recentemente *evoluiu* ainda mais *para firmar o entendimento de que o sindicato faz jus ao recebimento de honorários assistenciais pela simples sucumbência da parte contrária, ou seja, quando o ente sindical resultar vencedor em demanda em que atua na qualidade de substituto processual, independentemente da exigência de comprovação da hipossuficiência de cada um dos substituídos*[...]." (BRASIL. Tribunal Superior do Trabalho. E-ED-RR – 38400-75.2009.5.09.0072, Rel. Min. José Roberto Freire Pimenta, SbDI-I, DEJT 17.3.2017 sem destaques no original.)

(52) Súmula n. 219 do TST. HONORÁRIOS ADVOCATÍCIOS. CABIMENTO. III – São devidos os honorários advocatícios nas causas em que o ente sindical figure como substituto processual e nas lides que não derivem da relação de emprego.

III – a natureza e a importância da causa; IV – o trabalho realizado pelo advogado e o tempo exigido para o seu serviço –, matéria em que o legislador agiu por mimetismo, limitando-se a replicar o disposto no art. 85, § 2º, do CPC.

Já o § 3º determina que, "na hipótese de procedência parcial, o juízo arbitrará honorários de sucumbência recíproca, vedada a compensação entre os honorários". Em que pese o dispositivo também reproduzir, com outras palavras, o disposto no § 14 do art. 85 do CPC[53], seu impacto é muito mais avassalador no Direito Processual do Trabalho, marcadamente caracterizado pela cumulação objetiva de pedidos. Há um lado positivo na inserção de elementos de risco na postulação, que é escoimar a formulação de pedidos sabidamente irresponsáveis. A Análise Econômica do Direito trabalha com a premissa de que todo agente racional tende a maximizar suas preferências, agindo de modo a otimizar seus ganhos, mediante análise de custo-benefício. Desse modo, a "árvore de decisões"[54] do autor de embutir ou não pedidos frívolos está diretamente imbricada às perdas e aos ganhos que podem resultar dessa atitude. Pode-se afirmar que a regra vigente até a Lei n. 13.467 potencializava a inclusão desmedida de pretensões com um custo de transação muito baixo para quem as veiculava. Isso porque significativa parcela dos autores de ações perante a Justiça do Trabalho obtinha, sem dificuldade, os benefícios da justiça gratuita, o que os isentava do pagamento de despesas processuais. Outrossim, caso sucumbissem nas pretensões levianas, não pagavam honorários de advogados, além de o risco de condenação por litigância de má-fé – ou de ela ter alguma consequência pedagogicamente eficiente[55] – ser baixo, por força de uma jurisprudência indulgente. Nesse quadro, a análise preditiva – a partir da "teoria dos jogos" – demonstrava ser irracional – do ponto de vista econômico – que a parte abdicasse de formular pedidos banais, ainda que as chances de êxito fossem extremamente escassas. O problema desse raciocínio individualista é que alguém pagava a conta de administrar cortes assoberbadas de processos recheados de pretensões destituídas de fundamentos. "*There's no Such Thing as a Free Lunch*", já advertia Milton Friedman[56]. A conta desse "almoço grátis" parece ter chegado aos contribuintes e aos jurisdicionados, seja pelo custo do Poder Judiciário[57] – que envolve, evidentemente, uma série de outras razões –, seja pela dificuldade de cumprir a promessa constitucional de celeridade e duração razoável do processo (CF, art. 5º, LXXVIII).

Advirta-se, porém, que essa conjuntura deontologicamente desfavorável não pode ser corrigida de modo açodado. O instituto da sucumbência recíproca – capitular e intracapitular –, sem compensação, constitui ferramenta poderosa no afã de aplacar a veiculação de pretensões descabidas, mas convém utilizá-la de modo escrupuloso, colmatando lacunas que o texto do parágrafo em questão não tratou com denodo.

A primeira delas diz respeito à decadência em parte mínima do pedido – entendido em seu conjunto e não de cada pedido isoladamente –, caso em que não faz sentido falar em "sucumbência recíproca", e a prudência recomenda determinar ao outro (sucumbente na quase totalidade) que pague, por inteiro, os honorários de sucumbência, como já ocorre no processo civil (art. 86, parágrafo único)[58]. Assim, se o autor pede A, B, C, D, E, F, G e H – como é tão comum no processo do trabalho –, correspondendo o pedido H a reflexos do pedido G em DSR, o indeferimento apenas desse pedido não altera a sucumbência do réu, a quem deve ser atribuído o pagamento dos honorários advocatícios integralmente.

Outro ponto, ainda mais importante, pela frequência e relevância de sua veiculação perante a Justiça do Trabalho, diz respeito aos pedidos de compensação de danos extrapatrimoniais. É certo que o arbitramento do valor é dotado de alta carga de subjetividade, o

---

(53) Que assim prescreve: "CPC, Art. 85, § 14. Os honorários constituem direito do advogado e têm natureza alimentar, com os mesmos privilégios dos créditos oriundos da legislação do trabalho, sendo vedada a compensação em caso de sucumbência parcial."

(54) COOTER, Robert; ULEN, Thomas. *Direito & Economia*. Tradução de Luis Marcos Sander, Francisco Araújo da Costa. 5. ed. Porto Alegre: Bookman, 2010. p. 403-466.

(55) "A litigância de má-fé imputada ao Autor não é suficiente para que seja indeferido o benefício da justiça gratuita. Isto porque, as penalidades previstas a quem pleiteia de má-fé, nos termos do art. 18 do CPC, são taxativas, e por se tratarem de norma de caráter punitivo, devem ser interpretadas restritivamente." (BRASIL. Tribunal Superior do Trabalho, RR-235-50.2010.5.15.0041, 8ª Turma, Julgado em 07.12.2011.)

(56) FRIEDMAN, Milton. *There's no such thing as a free lunch*. LaSalle: Open Court Publishing Company, 1975.

(57) BRASIL. Conselho Nacional de Justiça. *Justiça em Números 2016*. Despesas e Receitas Totais. Disponível em: <http://www.cnj.jus.br/files/conteudo/arquivo/2016/10/b8f46be3dbbff344931a933579915488.pdf>. Acesso em: 9 nov. 2017.

(58) CPC, Art. 86, Parágrafo único. Se um litigante sucumbir em parte mínima do pedido, o outro responderá, por inteiro, pelas despesas e pelos honorários.

que torna absolutamente impossível à parte mensurar o valor do ressarcimento que lhe pode ser concedido, ainda que assistida pelo melhor dos advogados. Em tais casos, a jurisprudência acertadamente entende que o valor dado à causa é meramente estimativo[59], sob pena de incorrer em um terrível dilema: ou os autores formularão pedidos cada vez mais tímidos, a fim de evitar a sucumbência, ou demandarão pela quantia que realmente julgam justa, com o risco de o valor devido a título de honorários sucumbenciais suplantar o montante deferido a título de indenização do prejuízo extrapatrimonial[60]. A questão é tão pacífica perante o Superior Tribunal de Justiça que chegou a ser solidificada em 2006, por meio da Súmula n. 326, segundo a qual "na ação de indenização por dano moral, a condenação em montante inferior ao postulado na inicial não implica sucumbência recíproca"[61].

O mais polêmico de todos os dispositivos relativos à disciplina dos honorários de advogado ficou reservado ao § 4º, cujo teor é o seguinte:

> § 4º Vencido o beneficiário da justiça gratuita, *desde que não tenha obtido em juízo, ainda que em outro processo, créditos capazes de suportar a despesa*, as obrigações decorrentes de sua sucumbência ficarão sob condição suspensiva de exigibilidade e somente poderão ser executadas se, nos dois anos subsequentes ao trânsito em julgado da decisão que as certificou, o credor demonstrar que deixou de existir a situação de insuficiência de recursos que justificou a concessão de gratuidade, extinguindo-se, passado esse prazo, tais obrigações do beneficiário.[62]

O problema do dispositivo em questão reside no fato de ele determinar que as obrigações decorrentes da sucumbência são exigíveis, *ainda que o vencido seja beneficiário da justiça gratuita*, desde que ele tenha obtido em juízo, ainda que em outro processo, créditos capazes de suportar a despesa. O desafio – quiçá intransponível – é dar uma leitura constitucionalmente conforme a essa regra, diante da garantia de que "o Estado prestará assistência jurídica integral e gratuita aos que comprovarem insuficiência de recursos" (CF, art. 5º, LXXIV). O artigo não colabora em absolutamente nada nesse mister: i. ele não possibilita ao juiz revogar o benefício da justiça gratuita; ii. não cria uma espécie de presunção – elidível, por prova em contrário – de que a obtenção de créditos, ainda que em outro processo, confere ao beneficiário condições de pagar as despesas de processos; iii. também não permite aquilatar que a declaração de pobreza, por ser relativa ao estado da pessoa, é ontologicamente mutante e, com o recebimento de crédito em outro processo, tem o condão de alterar a condição econômica – o que já seria extremamente discutível – e possibilitar o pagamento dos honorários de sucumbência, sem prejuízo do sustento próprio e dos familiares.

Deveras, o dispositivo em questão não faz nada disso. O que ele faz é criar a esdrúxula figura da "justiça gratuita paga". Por isso, ele foi questionado pelo Procurador-Geral da República, na Ação Direta de Inconstitucionalidade n. 5.766, ajuizada em 28.08.2017, ainda não decidida pela Suprema Corte[63].

A própria leitura do dispositivo impõe o trancamento de interpretações constitucionalmente legítimas. Não é possível, por exemplo, entender que o dispositivo está a dizer o mesmo que dizia o art. 12 da Lei n. 1.060, de 5 de fevereiro de 1950, segundo o qual "a parte beneficiada pela isenção do pagamento das custas ficará obrigada a pagá-las, desde que possa fazê-lo, sem prejuízo do sustento próprio ou da família, se dentro de cinco anos, a contar da sentença final. [...]"[64]. Se assim

---

(59) "Dada a multiplicidade de hipóteses em que cabível a indenização por dano moral, aliado à dificuldade na mensuração do valor do ressarcimento, tem-se que a postulação contida na exordial se faz em caráter meramente estimativo, não podendo ser tomada como pedido certo para efeito de fixação de sucumbência recíproca, na hipótese de a ação vir a ser julgada procedente em montante inferior ao assinalado na peça inicial." (BRASIL. Superior Tribunal de Justiça. *REsp n. 432.177-SC (2002/0050630-3)*, Rel. Min. Aldir Passarinho. DJ. 28.10.2003.)

(60) "Nos casos de indenização por danos morais, fixado o valor indenizatório menor do que o indicado na inicial, não se pode, para fins de arbitramento de sucumbência, incidir no paradoxo de impor-se à vítima o pagamento de honorários advocatícios superior ao deferido a título indenizatório." (BRASIL. Superior Tribunal de Justiça. *Ag no AI n. 459.509-RS (2002/0074813-5)*, Rel. Min. Luiz Fux, DJ. 19.12.2003.)

(61) BRASIL. Superior Tribunal de Justiça. *Súmula n. 326*. DJ 07.06.2006.

(62) Sem destaques no texto original.

(63) BRASIL. Supremo Tribunal Federal. ADI n. 5.766. Rel. Min. Roberto Barroso. Disponível em: <http://www.stf.jus.br/portal/processo/verProcessoAndamento.asp?incidente=5250582>.

(64) Art. 12. A parte beneficiada pela isenção do pagamento das custas ficará obrigada a pagá-las, desde que possa fazê-lo, sem prejuízo do sustento próprio ou da família, se dentro de cinco anos, a contar da sentença final, o assistido não puder satisfazer tal pagamento, a obrigação ficará prescrita. (Lei n. 1.060, de 5 de fevereiro de 1950.)

o fosse, não se divisaria incompatibilidade com o texto constitucional, como já entendeu a Suprema Corte, porque haveria mera condição suspensiva de exigibilidade, qual seria, a obliteração, no prazo legal, dos pressupostos aquisitivos dos benefícios da justiça gratuita[65]. Isso – e somente isso – é o que faz a legislação processual civil com os beneficiários da justiça gratuita. Mas o § 4º veda de modo hermético tal exegese, na medida em que ele é resoluto ao dispor que a exigibilidade das verbas de sucumbência só fica suspensa se o vencido não receber créditos. Portanto, se ele receber créditos, por menores que sejam, por mais pobre que seja ele e por mais que não reúna condição nenhuma de suportar as despesas do processo sem comprometer a sua subsistência e a dos que dele dependerem, deverá pagar os honorários de sucumbência, conquanto o texto constitucional prometa-lhe assistência jurídica integral e gratuita.

Não bastasse a ofensa direta ao art. 5º, LXXIV, da CF, o § 4º do art. 791-A também molesta a isonomia (CF, art. 5º, *caput*), pois malgrado os sistemas processuais possuam características e peculiaridades diferentes, nada justifica o tratamento mais rigoroso dispensado ao sucumbente na esfera trabalhista. Além disso, o dispositivo perturba a concepção de "acesso à justiça" (CF, art. 5º, XXXV), pois, por mais difícil que seja definir a expressão, é certo que ela deve contemplar um sistema acessível a todos e que produza resultados individual e socialmente justos, como afirmam Cappelletti e Garth[66]. A Suprema Corte do Reino Unido teve a oportunidade de pronunciar-se recentemente sobre questão similar. Por lá, em 2013, passou a vigorar o "*The Employment Tribunals and the Employment Appeal Tribunal Fees Order 2013*[67]", que previa taxas de até 1.200 libras para ações trabalhistas, de acordo com a classe da ação. O impacto no acesso à justiça foi instantâneo e completamente devastador. Em apenas dois anos, o número de processos decresceu 67%, em ações que veiculavam diferentes pretensões, assim distribuídas: Discriminação de gênero (– 87%); Redução salarial (– 64%); Equiparação salarial (– 70%); Dispensas injustas (– 70%).[68] A legalidade dessa norma fora desafiada perante a Suprema Corte, no caso *R v. Lord Chancellor [2017] UKSC 51* que, em decisão de 26 de julho de 2017[69], declarou sua ilegalidade, por violação da garantia de acesso à justiça. E uma constatação merece destaque: o próprio discurso moralista segundo o qual a introdução das taxas judiciárias corrigiria os abusos nos pedidos – fazendo com que apenas pleitos legítimos fossem veiculados –, caiu por terra, haja vista os estudos terem demonstrado que os índices de ações improcedentes aumentaram constantemente a partir da cobrança de taxas[70].

O § 5º do art. 791-A estabeleceu serem devidos honorários de sucumbência na reconvenção. A disposição é mais restrita do que o § 1º do art. 85 do CPC[71], no que traz polêmica acerca de eventual "silêncio eloquente" sobre as demais hipóteses versadas no diploma

---

(65) "O art. 12 da Lei n. 1.060/1050 foi recepcionada quanto às custas processuais em sentido estrito, porquanto se mostra razoável interpretar que em relação às custas não submetidas ao regime tributário, ao 'isentar' o jurisdicionado beneficiário da justiça gratuita, o que ocorre é o estabelecimento, por força de lei, de uma condição suspensiva de exigibilidade. Em relação à taxa judiciária, firma-se convicção no sentido da recepção material e formal do art. 12 da Lei n. 1.060/1950, porquanto o Poder Legislativo em sua relativa liberdade de conformação normativa apenas explicitou uma correlação fundamental entre as imunidades e o princípio da capacidade contributiva no Sistema Tributário brasileiro, visto que a finalidade da tributação é justamente a realização da igualdade." (BRASIL. Supremo Tribunal Federal. Tribunal Pleno, RE n. 249.003, Rel. Min. Edson Fachin, DJe 10.05.2016.)

(66) Que assim afirmaram: "A expressão 'acesso à justiça' é reconhecidamente de difícil definição, mas serve para determinar duas finalidades básicas do sistema jurídico – o sistema pelo qual as pessoas podem reivindicar seus direitos e/ou resolver seus litígios sob os auspícios do Estado. Primeiro, o sistema deve ser igualmente acessível a todos; segundo, ele deve produzir resultados que sejam individual e socialmente justos." (CAPPELLETTI, Mauro; GARTH, Brian. *Acesso à justiça*. Tradução e Revisão de Ellen Gracie Northfleet. Porto Alegre: Fabris, 1998. p. 8.)

(67) REINO UNIDO. *The employment tribunals and the employment appeal tribunal fees order 2013*. Disponível em: <http://www.legislation.gov.uk>. Acesso em: 9 set. 2017.

(68) REINO UNIDO. *Labour disputes*: labour disputes annual estimates. Disponível em: <http://www.personneltoday.com/hr>. Acesso em: 9 set. 2017.

(69) REINO UNIDO. *R (on the application of UNISON) (Appellant) v Lord Chancellor (Respondent) [2017] UKSC 51*. UKSC 2015/0233. 26 jul. 2017. Disponível em: <https://www.supremecourt.uk/cases/uksc-2015-0233.html>. Acesso em: 9 set. 2017.

(70) "57. A secondary objective of the introduction of fees was to deter the bringing of unmeritorious claims. The Review Report analysed the outcomes of single claims which had been presented after fees were introduced, and compared them with the outcome of cases during the three quarters preceding the introduction of fees. The results show that the proportion of successful claims has been consistently lower since fees were introduced, while the proportion of unsuccessful claims has been consistently higher. The tribunal statistics, which record the figures for all claims, show the same trend. The Lord Chancellor accepts that there is no basis for concluding that only stronger cases are being litigated." *Idem*.

(71) CPC, Art. 85, § 1º São devidos honorários advocatícios na reconvenção, no cumprimento de sentença, provisório ou definitivo, na execução, resistida ou não, e nos recursos interpostos, cumulativamente.

processual civil ou da possibilidade de sua aplicação subsidiária. Se, por um lado é aceitável – sob o viés de opção de política judiciária, concordando-se ou não – vislumbrar a sucumbência globalmente e arbitrar uma única vez os honorários de advogado, o que justifica a sua exclusão nos recursos interpostos e no cumprimento da sentença, não faz sentido negar a parcela na hipótese de execução de título extrajudicial.

VI. APLICAÇÃO NO TEMPO DAS NOVAS REGRAS

A Lei n. 13.467, publicada no Diário Oficial de 14 de julho de 2017,[72] estabeleceu, em seu art. 6º, que ela entraria em vigor "após decorridos cento e vinte dias de sua publicação oficial". Considerando o disposto no § 1º do art. 8º da Lei Complementar n. 95, de 26 de fevereiro de 1998, segundo o qual "a contagem do prazo para entrada em vigor das leis que estabeleçam período de vacância far-se-á com a inclusão da data da publicação e do último dia do prazo, entrando em vigor no dia subsequente à sua consumação integral", simples operação aritmética permite lobrigar que a alcunhada "reforma trabalhista" passou a vigorar a partir de 11 de novembro de 2017.

Contudo, o singelo raciocínio esboçado no parágrafo anterior está longe de equacionar a miríade de questionamentos advindos da chamada "eficácia temporal das leis" – também denominada de "direito intertemporal" ou "direito transitório" –, taxonomia adotada para tratar do modo como a lei nova afeta – notadamente – os processos em curso. Trata-se de questão delicada, que não pode ser solucionada de modo unívoco, uma vez que as respostas oferecidas reclamam preservação das garantias processuais e dos direitos constitucionalmente assegurados, o que implica certas peculiaridades e sutilezas.

A CLT, ora acusada – um tanto injustamente – de ter cometido o mesmo pecado do Rei Lear, qual fora o de "ter ficado velho, antes de ter ficado sábio"[73], ocupou-se do tema, ao estabelecer, em seu art. 912, que "os dispositivos de caráter imperativo terão aplicação imediata às relações iniciadas, mas não consumadas, antes da vigência desta Consolidação"[74]. Na mesma trilha, o Código de Processo Civil de 1939 também não se esquivou do assunto ao preconizar, no art. 1.047, que "em vigor este Código, as suas disposições aplicar-se-ão, desde logo, aos processos pendentes"[75].

Embrionariamente, então, fora essa a concepção que inspirou o legislador da década de 1930-1940: a ideia rudimentar de que as regras processuais apanham os processos em curso, sem nenhum tipo de ressalva. E essa compreensão mais rústica teve significativos influxos na jurisprudência. Deveras, quando promovida a alteração do art. 64 do CPC de 1939 – que expandiu o direito aos honorários advocatícios, antes restrito às ações resultantes de dolo ou culpa[76], passando a ser fundamentado na mera causalidade, *rectius*, no princípio da sucumbência[77] –, o Supremo Tribunal Federal interpretou a eficácia temporal da mudança a partir da noção de que a regra alcançava os processos em curso, independentemente de outras circunstâncias[78]. E esse entendimento teve um grau de aceitação tão elevado perante a Suprema Corte que foi cristalizado na Súmula n. 509, cujo teor é o seguinte: "A Lei n. 4.632, de 18.05.1965, que alterou o art. 64 do Código de Processo Civil, aplica-se aos processos em andamento, nas instâncias ordinárias."[79] O contexto axiológico-cultural da época não permitiu que se inferissem distinções ou aprimoramentos ao postulado.

Conquanto as regras processuais tenham se tornado mais sofisticadas, a disciplina de que elas se aplicam aos processos em curso, essencialmente, não

---

(72) BRASIL. Imprensa Nacional, *Diário Oficial da União*, ano CLIV, n. 134, 14 jul. 2017. Disponível em: <http://pesquisa.in.gov.br/imprensa/jsp/visualiza/index.jsp?data=14/07/2017&jornal=1&pagina=1&totalArquivos=96>. Acesso em: 7 set. 2017.

(73) SHAKESPEARE, William. *O Rei Lear*. Tradução de Millôr Fernandes. Porto Alegre: L&PM, 2016. p. 40.

(74) BRASIL. *Consolidação das Leis do Trabalho*. Decreto-Lei n. 5.452, de 1º de maio de 1943.

(75) BRASIL. *Código de Processo Civil*. Decreto-Lei n. 1.608, de 18 de setembro de 1939.

(76) Eis a redação original do art. 64 do Código de Processo Civil de 1939, *verbis*: "Art. 64. Quando a ação resultar de dolo ou culpa, contratual ou extra-contratual, a sentença que a julgar procedente condenará o réu ao pagamento dos honorários do advogado da parte contrária."

(77) Com a redação dada pela Lei n. 4.632, de 18 de maio de 1965, o dispositivo passou a dizer: "Art. 64. A sentença final na causa condenará a parte vencida ao pagamento dos honorários do advogado da parte vencedora, observado, no que fôr aplicável, o disposto no art. 55."

(78) Cite-se, por todos, o seguinte acórdão: "EMENTA. HONORÁRIOS DE ADVOGADO. A Lei n. 4.362, de 18.05.1965, que alterou a redação do art. 64 do C. Pr. Civ., adotando o princípio da sucumbência, aplica-se aos processos em andamento, quando de sua entrada em vigor. Recurso extraordinário conhecido por dissídio jurisprudencial, mas não provido". (BRASIL. Supremo Tribunal Federal. RE 62.273-MG, 2ª Turma, Rel. Min. Evandro Lins e Silva, 02.05.1967.)

(79) BRASIL. Supremo Tribunal Federal. *Súmula n. 509*, DJ de 10.12.1969. Disponível em: <http://www.stf.jus.br/portal/jurisprudencia/listarJurisprudencia.asp?s1=509.NUME.%20NAO%20S.FLSV.&base=baseSumulas>. Acesso em: 7 set. 2017.

se modificou. Importantes salvaguardas, todavia, foram edificadas ao instituto do direito intertemporal, que passou a absorver, paulatina e intuitivamente, as noções de ato jurídico perfeito processual e direito adquirido processual. Com efeito, já no início da década de 1940, o art. 2º do Código de Processo Penal[80] – regra de superdireito – estabeleceu que "a lei processual penal aplicar-se-á desde logo, *sem prejuízo da validade dos atos realizados sob a vigência da lei anterior*". Confira-se, a propósito, que o processo penal traçou – ainda que sem declarar expressamente – os primeiros contornos da "teoria do isolamento dos atos processuais"[81]. Justiça seja feita também à CLT que – em âmbito mais restrito – demonstrou idêntica preocupação ao dispor que "não serão prejudicados os recursos interpostos com apoio em dispositivos alterados ou cujo prazo para interposição esteja em curso à data da vigência desta Consolidação" (art. 915)[82]. Para se ter a dimensão do vanguardismo dessas disposições, basta lembrar que o Código de Processo Civil de 1973[83] se limitou a dizer que "[...] ao entrar em vigor, suas disposições aplicar-se-ão desde logo aos processos pendentes" (art. 1.211).

No ano seguinte à promulgação do Código de Processo Penal, a Lei de Introdução ao Código Civil[84] – atualmente denominada "Lei de Introdução às Normas de Direito Brasileiro"[85] – passou a integrar o ordenamento jurídico, disciplinando o efeito geral e imediato da lei – *tempus regit actum* –, mas resguardando o ato jurídico perfeito, o direito adquirido e a coisa julgada (art. 6º). Esse dispositivo foi nitidamente recepcionado pelo texto constitucional (CF, art. 5º, XXXVI)[86] e permitiu que se fizessem as devidas depurações até que se atingisse o atual estágio da técnica: o processo civil rege-se pela teoria do isolamento dos atos processuais, de modo que as novas regras apanham os processos em curso, desde que não prejudiquem situações já consolidadas, sob pena de ser retroativa[87]. É esse, aliás, o alcance do art. 14 do Código de Processo Civil atual – corolário do art. 5º, XXXVI, da CF[88] – segundo o qual "a norma processual não retroagirá e será aplicável imediatamente aos processos em curso, respeitados os atos processuais praticados e as situações jurídicas consolidadas sob a vigência da norma revogada". No escólio de Luiz Fux: "o problema da eficácia da lei no tempo é de solução uniforme, porquanto toda e qualquer lei, respeitado

---

(80) BRASIL. *Código de Processo Penal*. Decreto-Lei n. 3.689, de 3 de outubro de 1941.

(81) BEBBER, Júlio César. *Recursos no processo do trabalho*. 4 ed. rev. e ampl. São Paulo: LTr, 2014. p. 51.

(82) Abre-se aqui um parêntese para mostrar como o Direito possui movimentos pendulares e paradoxais. A Corte Europeia de Direitos Humanos, no caso *Brualla Gómez de la Torre v. Spain*, julgado no final de 1997, reputou correta a decisão da Suprema Corte da Espanha de denegar seguimento ao recurso já anunciado, mas ainda não apresentado, se nesse interregno a legislação aumentou o valor da taxa recursal. E assim o fez justificando que a Corte não deveria ficar "sobrecarregada de processos de menor importância", *verbis*: "35. The Court notes that the solution adopted in the instant case by the Spanish courts followed a generally recognised principle that, save where expressly provided to the contrary, procedural rules apply immediately to proceedings that are under way. 36. Further, the Court considers legitimate the aim pursued by this statutory amendment, namely increasing the financial threshold for appeals to the Supreme Court in this sphere, so as to avoid that court's becomi.ng overloaded with cases of lesser importance. [...] 38. Given the special nature of the Supreme Court's role as a court of cassation, the Court is able to accept that the procedure followed in the Supreme Court may be more formal." (COUNCIL OF EUROPE. European Court of Human Rights. *Affaire Brualla Gómez de la Torre v. Spain*. (155/1996/774/975) December/1997). A doutrina assim comentou o caso: "La Cour européene des droits de l'homme a considéré qu'un pourvoi en cassation non encore présenté, mais déjà déclaré irrecebable au regard de la loi nouvelle qui actualisait le taux du ressort applicable aux pourvois en cassation; la Cour européenne prend en considération la spécificité du rôle du tribunal suprême comme juridiction de cassation et l'équité de procédure devant deux juridictions du fond pour admettre 'une entrave non disproportionée au droit d'accès à un tribunal". (GUINCHAND, Serge; CHAINAIS, Cécile; FERRAND, Frédérique. *Procédure civile*. Droit interne et droit de l'Union européenne. 32 ed. Paris: Dalloz, 2014. p. 83-84.)

(83) BRASIL. *Código de Processo Civil*. Lei n. 5.869, de 11 de janeiro de 1973.

(84) BRASIL. Decreto-Lei n. 4.657, de 4 de setembro de 1942.

(85) Por força do art. 1º da Lei n. 12.376, de 30 de novembro de 2010, que ampliou, formalmente, o campo de aplicação do Decreto-Lei n. 4.657, de 4 de setembro de 1942, mediante alteração de seu nome.

(86) BRASIL. *Constituição da República Federativa do Brasil de 1988*.

(87) Consoante a doutrina: "La nouvelle n'a pas d'effet vis-à-vis des 'facta praeterita', des faits ou des actes accomplis, car elles serait rétroactive; mais sous cette réserve, elle a un effet immédiat sur les procédures en cours." (ROUBIER, Paul. *Les conflits des lois dans le temps*. Paris: Recueil Sirey, 1933. v. II, p. 685.)

(88) Conforme escólio de Didier: "Cada ato que compõe o processo é um ato que merece proteção. Lei nova não pode atingir ato jurídico perfeito (art. 5º, XXXVI, da CF/1988), mesmo se ele for um ato processual. Por isso o art. 14 determina que se respeitem 'os atos processuais praticados' [...]. O direito processual é uma situação jurídica ativa. Uma vez adquirido pelo sujeito, o direito processual ganha proteção constitucional e não poderá ser prejudicado por lei." (DIDIER JR., Fredie. *Curso de direito processual*. Introdução ao Direito Processual Civil, Parte Geral e Processo de Conhecimento. 17. ed. Salvador: JusPodivm, 2015. v. I, p. 56-57.)

o seu prazo de *vacatio legis*, tem aplicação imediata e geral, respeitados os direitos adquiridos, o ato jurídico perfeito e a coisa julgada." Segundo ele, "muito embora a última categoria pareça ser a única de direito processual, a realidade é que todo e qualquer novel diploma de processo e de procedimento deve respeitar o ato jurídico-processual perfeito e os direitos processuais adquiridos [...]". Em arremate, conclui ele que se trata "da transposição para todos os ramos de direito, do cânone constitucional da 'irretroatividade das leis' [...]"[89]. A jurisprudência trabalhista reconhece expressamente a existência de "direito adquirido processual"[90] e de "ato processual consumado"[91], a partir da formulação moderna da "teoria do isolamento dos atos processuais".

Portanto, apesar de inquestionável a aplicação geral e imediata da Lei n. 13.467, a partir de 11 de novembro de 2017, é certo que ela deve ser obtemperada com o escopo de proteger legítimas expectativas. Aliás, no atual estágio do processo civil brasileiro, que internalizou (CPC, arts. 9º e 10) regras semelhantes às de diversos ordenamentos europeus – tais como Portugal (art. 3º)[92], França (art. 16)[93], Itália (art. 101)[94] e Alemanha (art. 139)[95] – que vedam o que se convencionou chamar de "decisão-surpresa", seria um enorme contrassenso admitir, agora, uma espécie de "legislação-surpresa". "A lei nova, ao incidir em processo pendente, não pode causar "surpresas". Essa proteção à situação das partes acaba por ligar-se inexoravelmente a uma figura, se não idêntica, análoga à do direito adquirido."[96]

Os valores claramente mudaram. Em que pese o STF não ter revogado a Súmula n. 509 – o que é mais do que justificado, pois já se vão dois outros Códigos de Processo Civil desde a sua edição e, ademais, o STJ foi criado, há quase trinta anos, para debruçar-se sobre matérias infraconstitucionais –, é possível entrever outra percepção acerca da superveniência de lei nova em face de situações jurídicas consolidadas. Por ocasião do julgamento da incidência de lei nova que definia "obrigações de pequeno valor", para efeito de pagamento de precatório, assim se pronunciou a Suprema Corte:

> RECURSO EXTRAORDINÁRIO – LEGISLAÇÃO LOCAL QUE DEFINE OBRIGAÇÕES DE PEQUENO VALOR (CF, ART. 100, § 3º). APLICABILIDADE IMEDIATA, DESDE QUE OBSERVADAS SITUAÇÕES JURÍDICAS JÁ CONSOLIDADAS NO TEMPO (DIREITO ADQUIRIDO, ATO JURÍDICO PERFEITO E COISA JULGADA), SOB PENA DE OFENSA AO POSTULADO DA SEGURANÇA JURÍDICA. [...] O postulado da segurança jurídica, enquanto expressão do Estado Democrático de Direito, mostra-se impregnado de elevado conteúdo ético, social e jurídico, projetando-se sobre as relações jurídicas, mesmo as de direito público (RTJ 191/922), em ordem a viabilizar a incidência desse mesmo princípio sobre comportamentos de qualquer dos Poderes ou órgãos do Estado, para que se preservem, desse modo, sem prejuízo ou surpresa para o administrado, situações já consolidadas no passado. A essencialidade do postulado da segurança jurídica e a necessidade de se respeitarem situações consolidadas no tempo, especialmente quando amparadas pela boa-fé do cidadão, representam fatores a que o Poder Judiciário não pode ficar alheio.[97]

---

(89) FUX, Luiz. *O novo Código de Processo Civil e a segurança jurídica normativa*. 22 de março de 2016, 16h06. Disponível em: <www.conjur.com.br>. Acesso em: 7 set. 2017.

(90) "Em observância ao caráter irretroativo da norma e, ainda, com esteio na Teoria de Isolamento dos Atos Processuais, a nova lei não poderá prejudicar o direito adquirido processual, de modo que deverá respeitar os atos já consumados, bem como os efeitos dele decorrentes (fatos processuais)." [...] (BRASIL. Tribunal Superior do Trabalho. AIRR n. 113700-11.2002.5.15.0108, Rel. Min. Cláudio Mascarenhas Brandão, 7ª Turma, DEJT 28.04.2017.)

(91) "Prevalece, no sistema normativo pátrio, o sistema do isolamento dos atos processuais, segundo o qual 'a lei nova, encontrando um processo em desenvolvimento respeita a eficácia dos atos processuais já realizados e disciplina o processo a partir de sua vigência. [...] Em outros termos, a lei que rege o ato processual é aquela em vigor no momento em que ele é praticado, em estrita observância ao princípio *tempus regit actum*, devendo cada ato ser considerado separadamente dos demais para o fim de se determinar qual lei que o rege, recaindo sobre ele a preclusão consumativa, não podendo a lei processual retroagir, sob pena de violar direito adquirido processual, ato jurídico perfeito e ato processual consumado, protegidos pelo art. 5º, XXXVI, da Constituição Federal." (BRASIL. Tribunal Superior do Trabalho. Ag-E-ED-RR-107-08.2013.5.03.0090, Rel. Min. José Roberto Freire Pimenta, SbDI-I, DEJT 16.09.2016)

(92) PORTUGAL. *Código de Processo Civil*. Lei n. 41/2013, de 26 de junho. Disponível em: <www.dgpj.mj.pt>. Acesso em: 7 set. 2017.

(93) FRANÇA. *Code de procédure civile*. Disponível em: <http://www.legifrance.gouv.fr>. Acesso em: 7 set. 2017.

(94) ITÁLIA. *Codice di procedura civile*. Disponível em: <http://www.altalex.com>. Acesso em: 7 set. 2017.

(95) ALEMANHA. *Zivilprozessordnung*. Disponível em: <http://www.gesetze-im-internet.de>. Acesso em: 7 set. 2017.

(96) MEDINA, José Miguel Garcia. Segurança jurídica e irretroatividade da norma processual. *Revista Jurídica da Seção Judiciária de Pernambuco*, p. 315-336, esp. p. 319, 2009.

(97) BRASIL. Supremo Tribunal Federal. RE n. 646.313, AgRg, Rel. Min. Celso de Mello, 2ª T., DJE 10.12.2014.

O Código de Processo Civil também alberga mitigações à teoria do "isolamento dos atos processuais", de modo a preservar garantias processuais. O *caput* do art. 1.046 estabelece que, "ao entrar em vigor este Código, suas disposições se aplicarão desde logo aos processos pendentes, ficando revogada a Lei n. 5.869, de 11 de janeiro de 1973". O dispositivo parece totalmente estéril diante do disposto no art. 14 do mesmo diploma. Entretanto, a sua importância aparece nos parágrafos. Confira-se, *e. g.*, o § 1º, que determina a aplicação do Código de Processo Civil de 1973 às ações propostas e não sentenciadas até a vigência do novo código, relativas ao procedimento sumário e aos procedimentos especiais, ou seja, o estabelecimento de um marco regulatório temporal diverso para determinados casos.

Esse abrandamento não constitui novidade no âmbito do processo do trabalho. Em 12 de janeiro de 2000, foi promulgada a Lei n. 9.957, que instituiu o chamado "procedimento sumariíssimo", introduzindo alterações que reduziram prazos, diminuíram ou concentraram provas e restringiram a recorribilidade das decisões proferidas. Sob o fundamento de que as partes tinham o direito de não ser surpreendidas por novas regras restritivas, a jurisprudência do Tribunal Superior do Trabalho entendeu que tal rito era inaplicável aos processos iniciados antes de sua vigência[98], pacificando tal entendimento a ponto de expressá-lo na Orientação Jurisprudencial n. 260 da Subseção de Dissídios Individuais I[99].

Dulcificar o rigor de uma norma que apanha de surpresa os litigantes com ônus e deveres outrora não previstos fere o direito fundamental a um processo justo e equitativo, previsto no art. 6º da Convenção Europeia de Direitos Humanos[100].

No que concerne mais especificamente aos honorários de advogado, o Tribunal Superior do Trabalho também já teve a oportunidade de confrontar o tema sob a vertente do "direito intertemporal", e assim o fez de forma coerente com a lógica de tutelar legítimas expectativas. O enfrentamento deu-se por ocasião da remessa dos processos ajuizados perante a Justiça Comum à Justiça do Trabalho, nos quais o autor veiculava pretensão de reparação de danos patrimoniais e extrapatrimoniais decorrentes de acidente do trabalho. Como a jurisprudência iterativa e notória até a promulgação da Emenda Constitucional n. 45, de 30 de dezembro de 2014, posicionava-se no sentido de que a competência era da Justiça Comum, na qual o autor não detinha capacidade postulatória, era justa e legítima a expectativa de condenação em honorários por simples sucumbência. Nesses casos, de forma igualmente acertada, o TST procedeu ao *distinguishing*, de modo a afastar a aplicação das Súmulas ns. 219 e 329[101], pacificando, por meio da Orientação Jurisprudencial n. 421, da Subseção de Dissídios Individuais I, o entendimento de que "a condenação em honorários advocatícios nos autos de ação de indenização por danos morais e materiais decorrentes de acidente de trabalho ou de doença profissional, remetida à Justiça do Trabalho após ajuizamento na Justiça comum, antes da vigência da Emenda Constitucional n. 45/2004, decorre da mera sucumbência, nos termos do art. 85 do CPC de 2015 (art. 20 do

---

(98) "Certo que é próprio e característico da norma processual a incidência imediata e, por conseguinte, não se pode descartar-lhe a aplicação aos processos pendentes, conforme faz ver o art. 1.211 do Código de Processo Civil. Semelhante diretriz, contudo, subordina-se à observância de princípios e mandamentos constitucionais cardeais, máxime o direito adquirido processual das partes e o devido processo legal (CF/1988, art. 5º, XXXVI e LIV). Entendo que proposta a demanda e citado o réu, assiste às partes o direito de exigirem a observância do rito então previsto em lei para a causa. *Trata-se, em primeiro lugar, de direito adquirido processual da parte que se perfaz no instante em que o processo alcança estabilidade*, objetiva e subjetiva, na forma do que estatui o art. 264 do CPC. A partir daí, sendo defeso às partes alterarem o pedido e a causa de pedir, o rito do processo há de ser o disciplinado na lei então vigente. *As partes têm o direito processual de que assim seja visto que a abrupta conversão de rito, apanhando-as de surpresa, pode afetar-lhes, em maior ou menor medida, a defesa em juízo, quer pela redução de prazos, quer pela redução ou concentração de provas, quer pela menor recorribilidade da decisão que nele se proferir*." (BRASIL. Tribunal Superior do Trabalho. RR n. 740.716/2001, 1ª Turma, Rel. Min. João Oreste Dalazen, DJ 28.06.2002 – sem destaques no original.)

(99) 260. AGRAVO DE INSTRUMENTO. RECURSO DE REVISTA. PROCEDIMENTO SUMARÍSSIMO. LEI N. 9.957/2000. PROCESSOS EM CURSO I – É inaplicável o rito sumaríssimo aos processos iniciados antes da vigência da Lei n. 9.957/2000.

(100) CONSEIL DE L'EUROPE. Cour européenne des droits de l'homme. *Convention européenne des droits de l'homme* (Roma, 4 XI. 1950). ARTICLE 6. Droit à un procès équitable.

(101) "Não há atrito às Súmulas ns. 219 e 329 do TST, já que a ação não foi proposta perante esta Justiça Especializada, mas na Justiça Comum, em que os honorários advocatícios decorrem da mera sucumbência e postulada indenização por danos morais, em razão de acidente de trabalho. A competência foi declinada a esta Especializada antes da prolação da sentença. Se o momento satisfação dos requisitos insertos nas referidas Súmulas é o do ajuizamento da ação, não se pode, ante a modificação da competência pela Emenda Constitucional n. 45/2004, exigir da parte que tivesse satisfeito requisito até então não exigido. Embargos não conhecidos." (BRASIL. Tribunal Superior do Trabalho. EEDRR n. 34.700-66.2006.5.04.0030, Rel. Min. Carlos Alberto Reis de Paula, SbDI-I, DEJT 17.06.2011/J-09.06.2011.)

CPC de 1973), não se sujeitando aos requisitos da Lei n. 5.584/1970"[102]. Coerentemente, a propósito, o parecer da Comissão de Jurisprudência e de Precedentes Normativos do TST – em um dos projetos de revisão de sua jurisprudência consolidada –, sugeriu a inclusão de um item "VII" à Súmula n. 219, a fim de esclarecer que "às ações ajuizadas a partir de 11 de novembro de 2017, aplica-se o princípio da sucumbência em relação aos honorários advocatícios, nos termos do art. 791-A da CLT, acrescido pelo art. 1º da Lei n. 13.467/2017"[103].

Registre-se, por fim, que o Superior Tribunal de Justiça também atenuou o rigor do art. 14 do Código de Processo Civil – e, por consequência, da teoria do "isolamento dos atos processuais" – para a aplicação das novas disposições relativas aos honorários advocatícios, ao estabelecer a sentença como marco para aplicação do art. 85. A primeira sinalização veio com o Enunciado Administrativo n. 7, ao afirmar que "somente nos recursos interpostos contra decisão publicada a partir de 18 de março de 2016, será possível o arbitramento de honorários sucumbenciais recursais, na forma do art. 85, § 11, do novo CPC".[104] A jurisprudência da Corte, por seu turno, tem seguido tal enunciado[105], e afirmado que as normas sobre honorários advocatícios não são alcançadas pela lei nova, com o escopo de preservar-se o direito adquirido.[106]

Em conclusão, pode-se afirmar provisoriamente que: a) as normas processuais têm efeito geral e imediato – *tempus regit actum*; b) as normas processuais apanham os processos em curso, segundo a teoria do "isolamento dos atos processuais"; c) as normas processuais devem respeitar as situações jurídicas já consolidadas, o ato jurídico perfeito e o direito adquirido; d) a aplicação da lei nova deve ser feita de modo a tutelar a segurança jurídica, as legítimas expectativas dos litigantes e o direito à não surpresa; e e) o fato de a demanda ter sido ajuizada quando não havia, segundo as regras do ordenamento jurídico vigente, imposição de honorários por mera sucumbência, implica impossibilidade de condenação do vencido em tal parcela[107].

---

(102) BRASIL. Tribunal Superior do Trabalho. Orientação Jurisprudencial n. 421 da SbDI-I.

(103) BRASIL. Tribunal Superior do Trabalho. *Ofício CMJPNN. 16/2017*. Brasília. 13 nov. 2017. Disponível em: <http://www.tst.jus.br/documents/10157/2374827/Parecer+2.pdf/ba0eea9b-3f9a-02d8-c821-e9d49da33484>. Acesso em: 12 mar. 2018.

(104) BRASIL. Superior Tribunal de Justiça. Enunciados administrativos. Enunciados aprovados pelo Plenário do STJ na Sessão de 2 de março de 2016. Enunciado administrativo n. 7. Disponível em: <http://www.stj.jus.br/sites/STJ/default/pt_BR/Institucional/Enunciados-administrativos>. Acesso em: 7 set. 2017.

(105) "[...] o acórdão contra o qual foi interposto o recurso especial foi publicado na vigência do CPC/1973. Desse modo, as alterações relativas ao cálculo dos honorários advocatícios e à impossibilidade de compensação, introduzidas pelo novo CPC/2015 não têm aplicação ao caso dos autos, em observância à regra de direito intertemporal prevista no art. 14 da nova Lei Adjetiva Civil (Enunciado Administrativo n. 7/STJ). Ademais, a majoração pretendida, prevista no art. 85, § 11, do novo CPC, está adstrita à atividade desenvolvida pelo causídico na instância recursal, e não a cada recurso por ele interposto no mesmo grau (Enunciado n. 16 da ENFAM). [...]" (BRASIL. Superior Tribunal de Justiça. EDcl no AgInt no AREsp n. 913.393/SP, Rel. Ministro Sérgio Kukina, Primeira Turma, julgado em 22.11.2016, DJe 07.12.2016.)

(106) "HONORÁRIOS ADVOCATÍCIOS. NATUREZA JURÍDICA. LEI NOVA. MARCO TEMPORAL PARA A APLICAÇÃO DO CPC/2015. PROLAÇÃO DA SENTENÇA. (...) 7. Os honorários advocatícios repercutem na esfera substantiva dos advogados, constituindo direito de natureza alimentar. 8. O Superior Tribunal de Justiça propugna que, em homenagem à natureza processual material e com o escopo de preservar-se o direito adquirido, AS NORMAS SOBRE HONORÁRIOS ADVOCATÍCIOS NÃO SÃO ALCANÇADAS PELA LEI NOVA. 9. A sentença, como ato processual que qualifica o nascedouro do direito à percepção dos honorários advocatícios, deve ser considerada o marco temporal para a aplicação das regras fixadas pelo CPC/2015. 10. Quando o capítulo acessório da sentença, referente aos honorários sucumbenciais, for publicado em consonância com o CPC/1973, serão aplicadas as regras do antigo diploma processual até a ocorrência do trânsito em julgado. Por outro lado, nos casos de sentença proferida a partir do dia 18.03.2016, as normas do novo CPC regularão a situação concreta. 11. No caso concreto, a sentença fixou os honorários em consonância com o CPC/1973. Dessa forma, não obstante o fato de esta Corte Superior reformar o acórdão recorrido após a vigência do novo CPC, incidem, quanto aos honorários, as regras do diploma processual anterior. 12. Recurso especial provido." (BRASIL. Superior Tribunal de Justiça, 4ª Turma, RE n. 1.465.535-SP (2011/0293641-3), Rel. Min. Luis Felipe Salomão, DJe 07.10.2016.)

(107) Assim, por exemplo, o seguinte acórdão: "Os princípios da segurança jurídica, da irretroatividade (*tempus regit*) e da teoria de isolamento dos atos processuais, impõem, assim, que a *actum* condenação à verba decorrente da sucumbência só poderá ser imposta nos processos iniciados após 11.11.2017." (TRT – 2ª Reg., 9ª T., Proc. n. 1001535-80.2016.5.02.0720, Rel. Mauro Vignotto.)

35.
REFORMA TRABALHISTA. LIMITES AO ATIVISMO JUDICIAL

Luiz Carlos Amorim Robortella[1]

1. A MODERNA INTERPRETAÇÃO JUDICIAL

Segundo a doutrina clássica, a sentença judicial declara a vontade da lei. O juiz, ao decidir o caso concreto, expressa o que se contém na norma, estando a ela subordinado em face do princípio da separação de poderes.

A interpretação é dinâmica. O juiz já não se limita a revelar e atualizar o conteúdo da norma para produzir o direito. Em verdade, passou de aplicador a intérprete da lei em seus aspectos jurídico-sistemático, econômico, político e social.

Dessa maneira, não aplica meramente os comandos de forma inflexível e acrítica; a exegese contemporânea admite até mesmo uma espécie de "recognição" da lei.

Não há sentido negativo na expressão "ativismo" quando se trata de uma atualização e adaptação do direito positivo às exigências sociais e novas pautas axiológicas, em contraposição ao "passivismo", que leva à sua estratificação (RAMOS, 2010).

2. ATIVISMO JUDICIAL SUBVERSIVO

Entretanto, correntes extremadas consideram a lei apenas um projeto de ordenamento jurídico, pois este só nasceria através da sentença.

O juiz, consequentemente, se confundiria com o legislador.

Esse ativismo propõe concretizar princípios fundamentais do ordenamento com a recriação e ressignificação do sistema, mesmo que signifique ampliar, reduzir ou desconsiderar a lei.

Bom exemplo dessa corrente nos dá Alessandro Santos de Miranda, quando afirma que o juiz deve guardar e proteger os direitos fundamentais mediante interpretação intervencionista e transformadora das relações sociais.

Sem rodeios, sustenta que o ativismo judicial responsável, para a afirmação dos direitos sociais, deve rechaçar omissões intoleráveis ou abusivas do Governo ou do Legislativo (MIRANDA, 2013).

Como se vê, é uma proposta clara de interpretação jusnaturalista, inspirada na filosofia kantiana, marcada por moralismo jurídico tão desmedido que chega a romper com a noção de ordenamento estatal.

Promove, ao cabo, completa e definitiva fusão entre direito e moral.

A isto, melhor se deve denominar voluntarismo judicial. O juiz, obedecendo ao seu código pessoal axiológico e ideológico, faz uma escolha e depois se dedica a preparar a necessária fundamentação jurídica, para cumprir a exigência do devido processo legal.

A argumentação jurídica se subverte em simples pretexto ou maquiagem para criar supostos fundamentos objetivos (DAMIÁN MORENO, 2013).

Segundo Cappelletti, os três principais fatores do ativismo são: modelo social intervencionista, excesso de leis e vontade de dar efetividade interna a documentos internacionais que protegem os direitos humanos (CAPPELLETTI, 2008).

---

[1] Advogado. Doutor em Direito do Trabalho pela Universidade de São Paulo. Professor de Direito do Trabalho da Faculdade de Direito da Universidade Mackenzie (1974-1995). Professor Titular de Direito do Trabalho da Faculdade de Direito da Fundação Armando Álvares Penteado (2000/2008). Membro da Academia Iberoamericana de Direito do Trabalho e da Seguridade Social (cadeira n. 29). Diretor de Relações Internacionais da Academia Brasileira de Direito do Trabalho (cadeira n. 91). Membro do Instituto Latino-americano de Derecho del Trabajo y de la Seguridad Social. Membro da Asociación Iberoamericana de Derecho del Trabajo y de la Seguridad Social.

Entretanto, os reconhecidos defeitos do positivismo em matéria de interpretação não justificam tão descontrolado pragmatismo jurídico, que invoca vagos e imprecisos conceitos constitucionais e os supervaloriza (RAMOS, 2010).

Para essa corrente moralista, a lei é apenas possibilidade ou projeto de construção da sociedade, só adquirindo concretude com a vontade do juiz. Desse modo, se afasta e se desvincula do texto legal, fragilizando-o e tornando-o dispensável (GARRIDO GÓMEZ, 2013).

Esse ativismo judicial caminha para desqualificar a legitimidade da lei, podendo conduzir à crise do estado de direito, da separação de poderes e da própria democracia.

Ora, o juiz está subordinado à lei quanto aos métodos de interpretação, pois a essa tarefa todo operador do direito se dedica intensamente. O ato de julgar é constituído por processos lógicos formais e materiais que, por sua vez, defluem do ordenamento jurídico.

Para Rui Barbosa, "a justiça é a grandeza da lei dominando na serenidade do seu órgão supremo a impotência das opiniões radicais, a rebeldia dos incrédulos da legalidade (*apud* SALOMÃO, Verbete 807).

A escola da lógica do razoável, embora aponte os erros do positivismo jurídico, também denuncia os excessos da interpretação judicial jusnaturalista.

Critica até o monopólio estatal da produção do direito e, coerentemente, condena o dogmatismo da jurisprudência, forma de saber jurídico baseada no princípio da autoridade (LAFER, 1988).

Por tudo isto, são necessários limites para que se afaste o risco de desvirtuamento da jurisdição.

Há que impedir o arbítrio judicial. Não se admite que a interpretação leve à criação – salvo em caso de lacuna – ou mesmo à revogação da norma.

A aplicação do direito não pode depender do bom ou mau humor do magistrado ou de suas atuais convicções ideológicas.

A lei provém da vontade popular através de representantes eleitos. É instrumento de governança da sociedade.

Critérios legais e legítimos de interpretação garantem ao juiz amplo espaço de liberdade para dar efetividade aos princípios constitucionais.

Pode inclusive declarar a inconstitucionalidade da lei, mas não pode se transformar em cético diante do comando legal. Não lhe é dado se comportar como o absolutista desiludido a que aludiu Hart (DAMIÁN MORENO, 2013).

Se a interpretação é evolutiva, não lhe é dado afastar a legalidade como instrumento de estabilidade e segurança jurídica.

O próprio Dworkin, um dos mais influentes pensadores frequentemente citados pelos defensores do pragmatismo e moralismo jurídico, nega que sua concepção do direito como integridade signifique liberdade para o exagerado exercício do ativismo judiciário; ao contrário, sua metodologia permite extrair a melhor interpretação, que não se confunde com o pragmatismo jurídico.

Vale aqui transcrever seu pensamento:

> O ativismo é uma forma virulenta de pragmatismo jurídico. Um juiz ativista ignoraria o texto da Constituição, a história de sua promulgação, as decisões anteriores da Suprema Corte que buscaram interpretá-la e as duradouras tradições de nossa cultura política. (*apud* RAMOS, 2010.)

Também sobre os limites da interpretação há uma página indelével do Professor Miguel Reale:

> Não nos atemoriza, em mais esta oportunidade, afirmar que a verdade está no meio-termo, na conciliação dos extremos, devendo o juiz ser considerado livre, não perante a lei e os fatos, mas dentro da lei, em razão dos fatos e dos fins que dão origem ao processo normativo, segundo a advertência de Radbruch de que a interpretação jurídica, visando o sentido objetivamente válido de um preceito, "não é pura e simplesmente um pensar de novo aquilo que já foi pensado, mas, pelo contrário, um saber pensar até o fim aquilo que já começou a ser pensado por outro, observação que deve ser completada com a de que a interpretação de uma norma envolve o sentido de todo o ordenamento a que pertence. (RAMOS, 2013)

Tudo está a recomendar que a interpretação judicial, como ato humano sujeito a variáveis ideológicas, axiológicas e psicológicas, se contenha dentro dos limites legais. Como disse De Page, o direito jurisprudencial é o direito positivo aplicável. (PRADO, 2013

Cabe agora analisar o que se passa nos domínios da jurisprudência brasileira e os impactos da reforma trabalhista de 2017.

3. SÚMULAS DE JURISPRUDÊNCIA

As súmulas do TST cumprem importante função uniformizadora. Favorecem a coerência e previsibilidade das decisões judiciais, facilitando a tarefa dos juízes e o funcionamento do aparelho judiciário, pois limitam o direito de recurso.

É a chamada força normativa da jurisprudência, semelhante ao direito anglo-americano.

O sistema da *common law* é aberto, eis que vai do fato à norma; o modelo romano-germânico, ao contrário, é fechado, dividido por matérias, indo da norma ao fato (PREBIANCA, 2013).

Nos últimos anos, ficou claro que as súmulas do TST estão lamentavelmente afetadas pelo ativismo judicial, produzindo impactos negativos nas relações e no mercado de trabalho.

Embora sejam apenas persuasivas, na prática, as súmulas são vinculantes para os operadores, especialmente membros da Justiça do Trabalho, o que poderia ter como consequência maior harmonia do sistema de justiça e mais segurança jurídica.

Efetivamente, os juízes costumam aplicá-las com mais convicção do que o fazem em face do texto da lei.

Não há dúvida de que muitos magistrados as obedecem porque a lei dificulta recursos contrários e, ademais, porque preferem se acomodar ao pensamento predominante, o que facilita a tarefa de julgar.

Todavia, é verdade também que frequentemente as circunstâncias especiais do caso concreto são desconsideradas pelo juiz, que invoca a súmula apenas por provir de um grau superior e não por considerá-la justa e adequada ao conflito.

No sistema da *common law*, o precedente há de estar fundado em fatos específicos (*ratio decidendi*); o tribunal não pode considerá-lo como regra genérica e abstrata, adaptável a qualquer situação, como ocorre com a lei.

Bentham era contrário ao precedente. Descreveu-o como forma de "atuar sem razão, para a exclusão explícita da razão e, ao cabo, em oposição à razão" (SCHAUER, 2013).

Há quem considere, sob o ponto de vista lógico, que os precedentes constituem verdadeiras falácias porque o fato de se chegar a uma solução no passado não significa que seja a mais correta para todos os casos semelhantes (SCHAUER, 2013).

As súmulas têm origem em conflitos reiteradamente julgados no TST, cada qual com suas peculiaridades.

A relação conflitiva pode ser chamada patológica.

Já a relação não conflitiva, ao contrário, é fisiológica: nasce, cresce e morre sem desembocar no Judiciário.

A relação conflitiva, por ser patológica, exige a intervenção judicial.

A solução repetida pelos juízes se transforma em súmula.

O problema é que a súmula, por sua vez, torna-se uma fonte de novos conflitos. Relações jurídicas que até então não tinham potencial conflitivo passam a ter.

A razão parece evidente: o patológico serve de modelo para o fisiológico, estimulando o conflito ao invés de amainá-lo.

Há outro ponto que aflora da dogmática jurídica e merece destaque.

As leis tutelares pressupõem uma abstrata homogeneidade do mercado de trabalho que, em verdade, é cada vez mais heterogêneo. O tratamento coletivista típico da lei se revela disfuncional e anacrônico quando incide sobre uma realidade multiforme, variada.

Esse questionável coletivismo é agravado e reproduzido pelas súmulas abstratas e genéricas, que acentuam o tratamento homogêneo de situações heterogêneas.

Como toda gente sabe, a igualdade abstrata, em face de uma realidade heterogênea, cria uma desigualdade concreta (ROBORTELLA, 2013).

Nem mesmo a igualdade clássica entre trabalho manual, técnico ou intelectual é justificável nos dias de hoje. Já se admite um direito do trabalho intelectual ou de alta qualificação, com tipos especiais de contrato e proteção diferenciada (DRAI, 2005).

A jurisprudência do TST tem uma tradição enraizada: interpretar as leis de forma ampliativa mediante verbetes genéricos, tornando cada vez mais onerosa a contratação.

Algumas nem sempre resultam de precedentes, o que talvez seja um resquício da época dos prejulgados, há muito tempo abolidos.

O problema é que a lei alterada no sentido teleológico, gera obrigações novas, criando desequilíbrios no futuro e desarranjos no passado.

As oscilações da jurisprudência, por vezes em sentido diametralmente oposto, fazem lembrar a famosa ironia de que, no Brasil, até o passado é imprevisível...

Princípios constitucionais são invocados a torto e a direito para justificar decisões, súmulas e orientações jurisprudenciais contrárias à lei.

Esse ativismo judicial definitivamente tem extrapolado os limites.

De que vale a lei, fruto da vontade popular, se pode ser descumprida ou deformada arbitrariamente pelo juiz?

Os tempos são outros. Com a crescente valorização dos direitos humanos fundamentais, não se pode comparar o capitalismo de nossos dias com a sórdida exploração de mão de obra do século 19.

As atuais práticas empresariais e a evolução dos direitos humanos na sociedade trazem fortes ingredientes de respeito ao trabalhador.

Houve uma evolução comportamental e social como fruto de princípios adotados nos tratados internacionais e incorporados pelo nosso sistema jurídico.

Infelizmente, a aparatosa legislação trabalhista e as súmulas de jurisprudência não conseguem, impedir os desvios, as condutas patronais nocivas ao trabalhador.

Em outras palavras, o velho protecionismo não resolve a questão. O excesso de proteção pode redundar em prejuízo do trabalhador.

Apenas como exemplo, a multiplicação de estabilidades no emprego aumenta a contratação atípica, precária, deixando intocável o sistema. Surge uma grande quantidade de novos contratos periféricos; é uma flexibilidade pelas pontas, com a tutela do emprego permanente à custa de maior precarização dos demais.

A lei e a jurisprudência deveriam ser mais seletivas quanto às matérias que disciplinam. Há que abrir, certamente, espaço para a proteção aos direitos humanos, mas cabe ao Estado se abster de excessos de regulação de aspectos econômicos da relação de trabalho.

É difícil conciliar a visão moderna do direito do trabalho com súmulas que punem o empregador ao oferecer maior conforto no transporte dos empregados, para compensar o abominável e intolerável transporte público.

O deslocamento até o local de trabalho em indústrias foi transformado pela jurisprudência em jornada itinerante, o que se afigura ilegal.

Muitos empregados, nas grandes cidades, utilizam o transporte público por horas e ainda caminham para chegar ao posto de trabalho, mas esse tempo não é computado como jornada itinerante.

Quando se teme a desindustrialização do país, lançar tal ônus sobre empresas industriais não favorece a atividade econômica.

Pode-se imaginar a perplexidade de um desempregado, de um autônomo, de um informal ou de um trabalhador precário, todos com escassa proteção legal, diante de súmulas que ampliam sem parar os benefícios do emprego permanente.

4. IMPACTOS DA REFORMA TRABALHISTA SOBRE SÚMULAS E ORIENTAÇÕES JURISPRUDENCIAIS DO TST

Todos os excessos supra-apontados foram objeto de preocupação do legislador ao editar a Lei n. 13.467, de 2017, que trouxe profundas modificações em nosso ordenamento.

Muitas súmulas e orientações são incompatíveis com a nova legislação e certamente só se aplicarão aos casos pretéritos.

Vale citar algumas das mais importantes inovações que vão impactar o direito processual do trabalho.

Criação de súmulas

O novo art. 702 criou um procedimento para edição ou alteração de súmulas e orientações jurisprudenciais a fim de que resultem de efetiva discussão e reiteração de julgados, além de permitir a participação do Ministério Público do Trabalho, da Ordem dos Advogados do Brasil, da Advocacia-Geral da União, das confederações sindicais e entidades de classe de âmbito nacional.

Limites à criação e aplicação das súmulas

O novo art. 8º, § 2º, da CLT, veda a criação de súmulas que ampliem ou restrinjam direitos e obrigações previstos em lei.

Nova hierarquia de fontes normativas. Maior flexibilidade. Fim da ultratividade. Limites à anulabilidade de instrumentos coletivos

A reforma alterou o sistema de financiamento dos sindicatos, criou nova hierarquia de fontes das normas e diminuiu a interferência estatal na negociação coletiva mediante:

- extinção do imposto sindical obrigatório (art. 578);
- limites ao direito adquirido com o fim da ultratividade da norma coletiva, o que imporá o cancelamento ou modificação da Súmula n. 277 do Tribunal Superior do Trabalho (art. 614, § 3º);
- prevalência sobre a lei da convenção coletiva e do acordo coletivo de trabalho no que tange a várias matérias expressamente previstas, sem exclusão de outras (art. 611-A);
- prevalência do acordo coletivo sobre a convenção coletiva de trabalho (art. 620);
- validade da norma coletiva, independentemente da expressa indicação de contrapartidas em caso de redução de direitos ou vantagens (art. 611-A, § 2º);
- intervenção mínima da Justiça do Trabalho no conteúdo da negociação coletiva, devendo

ater-se à observância dos elementos essenciais do negócio jurídico (art. 8º, § 3º);

- quando se trata de típica transação, com concessões recíprocas, a nulidade judicialmente declarada de uma norma atinge a contrapartida ou cláusula compensatória expressa, sem direito à restituição (art. 611-A, § 4º);
- representação interna dos empregados da empresa (arts. 510, 510-A, 510-B, 510-C, 510-D).

Foi ampliada a flexibilização por negociação coletiva em várias matérias contempladas no novo art. 611-A da CLT, sem exclusão de outras, desde que respeitados os limites constitucionais.

Com isto, todas as súmulas e orientações jurisprudenciais que limitam a autonomia coletiva na fixação de jornada, intervalos, remuneração e outras matérias se tornaram insubsistentes para situações jurídicas constituídas após a reforma.

Prescrição intercorrente

O novo art. 11-A da CLT dispõe que "ocorre a prescrição intercorrente no processo do trabalho no prazo de dois anos".

Com isto, torna-se insubsistente a Súmula n. 114 do TST, que estabelece o contrário.

5. CONCLUSÕES

1. O modelo de relações de trabalho tem importante papel no nível de emprego, na prosperidade das empresas e na qualidade de vida dos trabalhadores.
2. Os tribunais devem contribuir para o direito do trabalho assumir seus valores econômicos e sociais, atuando como síntese dos interesses comuns ao capital e ao trabalho.
3. O TST doravante está submetido a novos procedimentos de criação, redação e aplicação das súmulas. Isto vai imprimir maior funcionalidade ao nosso sistema jurídico por inibir o tratamento homogêneo de uma realidade heterogênea causado pela excessiva liberdade e discricionariedade da jurisprudência.
4. A regulação do mercado de trabalho, após a reforma, será menos vulnerável ao ativismo judicial que vinha impregnando a jurisprudência.

São Paulo, primavera de 2018.

6. REFERÊNCIAS

ALMEIDA, Renato Rua. Das cláusulas normativas das convenções coletivas de trabalho: conceito, eficácia e incorporação nos contratos individuais de trabalho. *LTr Legislação do Trabalho*, São Paulo, n. 60-12/1604, 1996.

BRONSTEIN, Arturo S.; CÓRDOVA, Éfren. A negociação coletiva. In: *As relações coletivas de trabalho na América Latina*: um estudo de seus autores, suas diversas manifestações e seus conflitos, com especial referência ao setor privado. Tradução de Maria Luiza Jacobsons. São Paulo: LTr: OIT: IBRART, 1985.

CAPPELLETTI, Mauro. *Processos, ideologias e sociedades*. Porto Alegre: Sérgio Antonio Fabris, 2008. v. 1.

CORREDOR LANAS, Cristina; PENÃ ECHEVERRÍA, Javier (Coord.). *Derechos con razón*: filosofía y derechos humanos. Valladolid: Fundación Aranzadi Lex Nova, 2013.

COUTINHO, Grijalbo Fernandes. *Fragmentos do ativismo da magistratura*. São Paulo: LTr, 2006.

DAMIÁN MORENO, Juan. El juez ante la ley. In: ROVIRA, Antonio (Coord.). *Gobernanza democrática*. Madrid: Marcial Pons, 2013.

DELGADO, Mauricio Godinho. *Introdução ao direito do trabalho*: introdução ao direito do trabalho e relação de emprego. São Paulo: LTr, 1995.

DRAI, Laurent. *Le droit du travail intellectuel*. Paris: LGDJ, 2004.

GARRIDO GÓMEZ, Isabel. *La democracia en la esfera jurídica*. Pamplona: Civitas, 2013; Thomson Reuters, 2013.

GIUGNI, Gino. *Direito sindical*. São Paulo: LTr, 1991.

GOLDIN, Adrian. Autonomía colectiva, autonomía individual e irrenunciabilidad de derechos. *Cuadernos de Investigación del Instituto de Investigaciones Jurídicas y Sociales de la Facultad de Derecho de la Universidad de Buenos Aires*, Buenos Aires, n. 22, p. 14, 1991.

LAFER, Celso. *A reconstrução dos direitos humanos*: um diálogo com o pensamento de Hannah Arendt. São Paulo: Companhia das Letras, 1988.

MIRANDA, Alessandro Santos de. *Ativismo judicial na promoção dos direitos sociais*: a dimensão política da jurisdição constitucional na realização dos direitos sociais: o Supremo Tribunal Federal como formador de novos parâmetros de civilidade social e propagador do ativismo judicial. São Paulo: LTr, 2013.

PÉREZ DEL CASTILLO, Santiago. Hierarquia das fontes no direito do trabalho. In: *Estudos sobre as fontes do direito do trabalho*: grupo das quartas-feiras. São Paulo: LTr, 1998.

PLÁ RODRIGUEZ, Américo. La revisión del convenio para disminuir los beneficios. In: OJEDA AVILÉS, Antonio; ERMIDA URIARTE, Óscar (Coord.). *La negociación colectiva en América Latina*. Madrid: Trotta, 1993.

PRADO, Lídia Reis de Almeida. *O juiz e a emoção*: aspectos da lógica da decisão judicial. São Paulo: LTr, 2013.

PREBIANCA, Leticia. *Súmulas e Orientações Jurisprudenciais do Tribunal Superior do Trabalho*: procedimentos para elaboração e controle de validade em face de sua tendência vinculante. Monografia de mestrado em direito. Universidade de São Paulo, 2013.

RAMOS, Elival da Silva. *Ativismo Judicial:* parâmetros dogmáticos. São Paulo: Saraiva, 2010.

ROBORTELLA, Luiz Carlos Amorim. O novo conceito de proteção no direito do trabalho. In: ZAINAGHI, Domingos Sávio *et alii* (Coord.). *Temas de direito do trabalho e seguridade social*. São Paulo: LTr, 2013.

ROMITA, Arion Sayão. Efeitos da cessação de vigência da convenção coletiva de trabalho. *Trabalho & Doutrina:* processo jurisprudência, São Paulo, n. 23, 1999.

SALOMÃO, Jorge. *Dicionário de conceitos e pensamentos de Rui Barbosa*. São Paulo: EDART, 1967, verbete 807.

SCHAUER, Frederick. *Pensar como un abogado:* uma nueva introducción al razonamiento jurídico. Madrid: Marcial Pons, 2013.

TEODORO, Maria Cecília Máximo. *O juiz ativo e os direitos trabalhistas*. São Paulo: LTr, 2011.